大学堂 051-03

Introduction to Geography　　（插图第 11 版）

地理学与生活

［美］阿瑟·格蒂斯　朱迪丝·格蒂斯　杰尔姆·D.费尔曼　著

黄润华　韩慕康　孙　颖　译

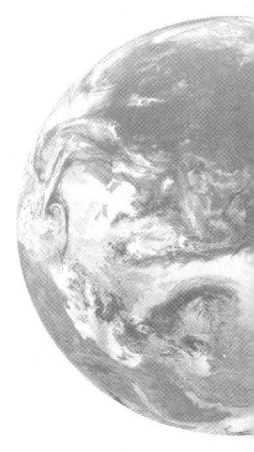

北京联合出版公司
Beijing United Publishing Co.,Ltd.

"大学堂" 开放给所有向往知识、崇尚科学，对宇宙和人生有所追问的人。

"大学堂" 中展开一本本书，阐明各种传统和新兴的学科，导向真理和智慧。既有接引之台阶，又具深化之门径。无论何时，无论何地，请你把它翻开……

Introduction to Geography
地理学与生活

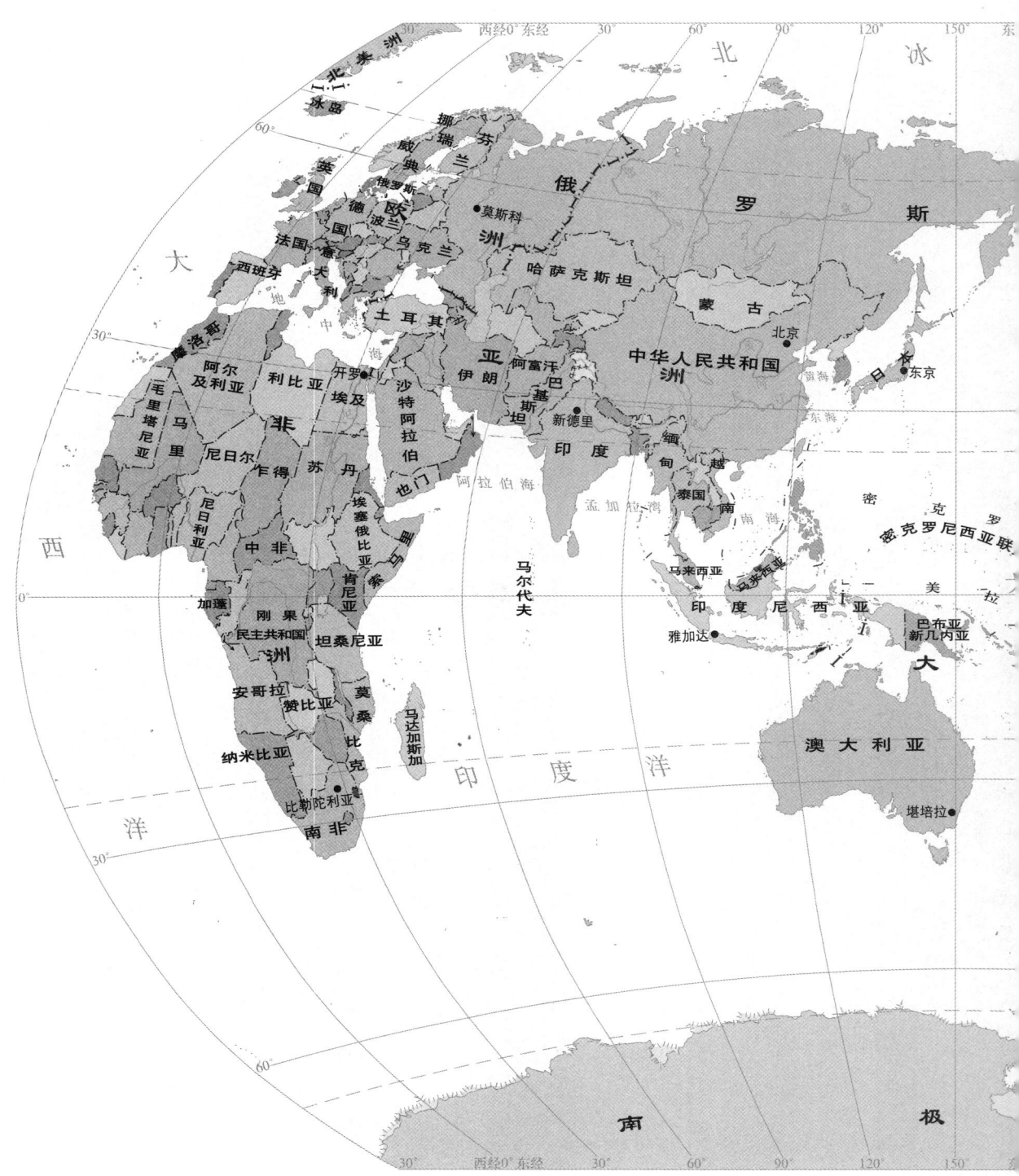

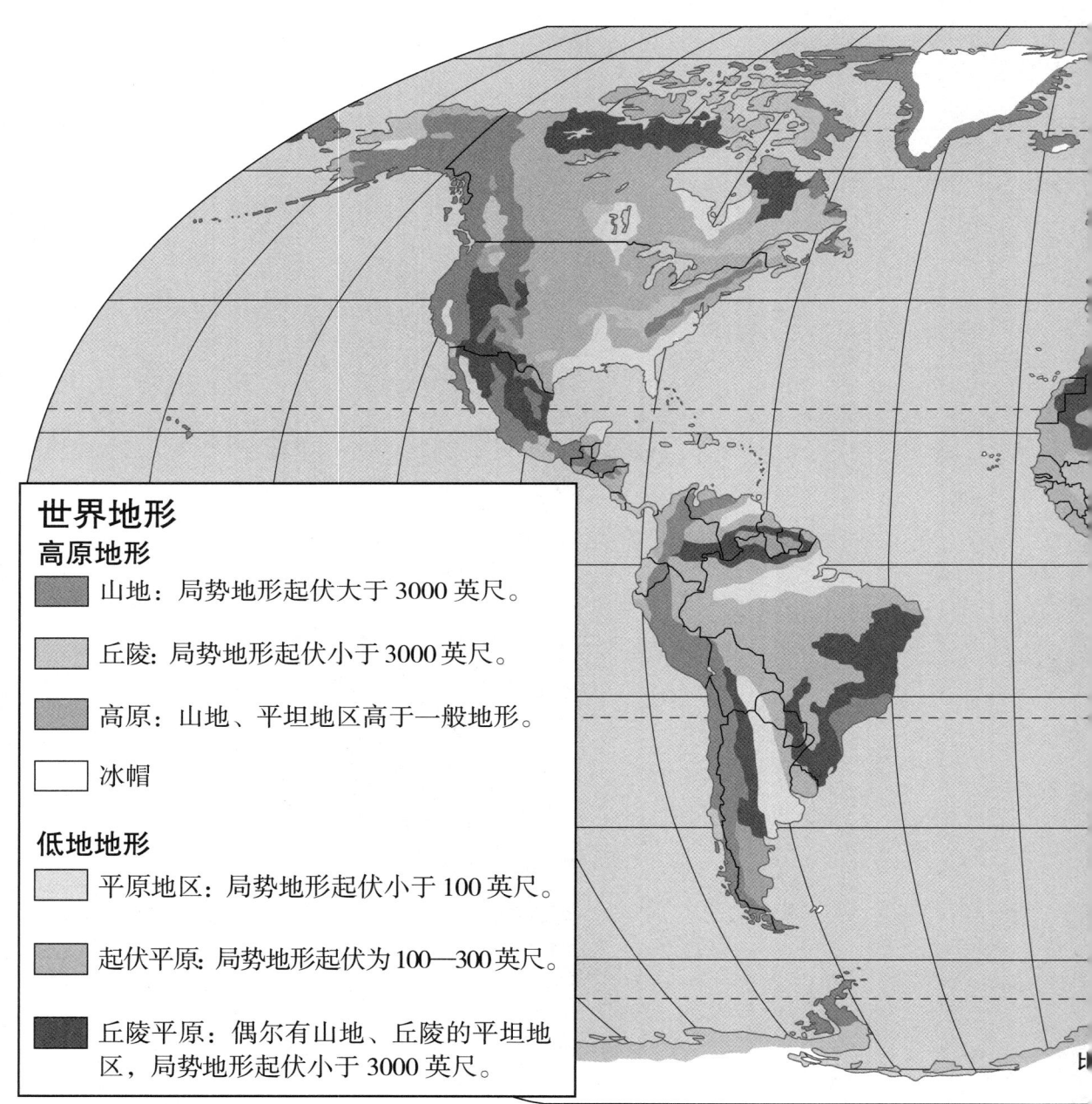

本书中所有插图系出自英文原书，停火线、军事分界线符号相同。——编注

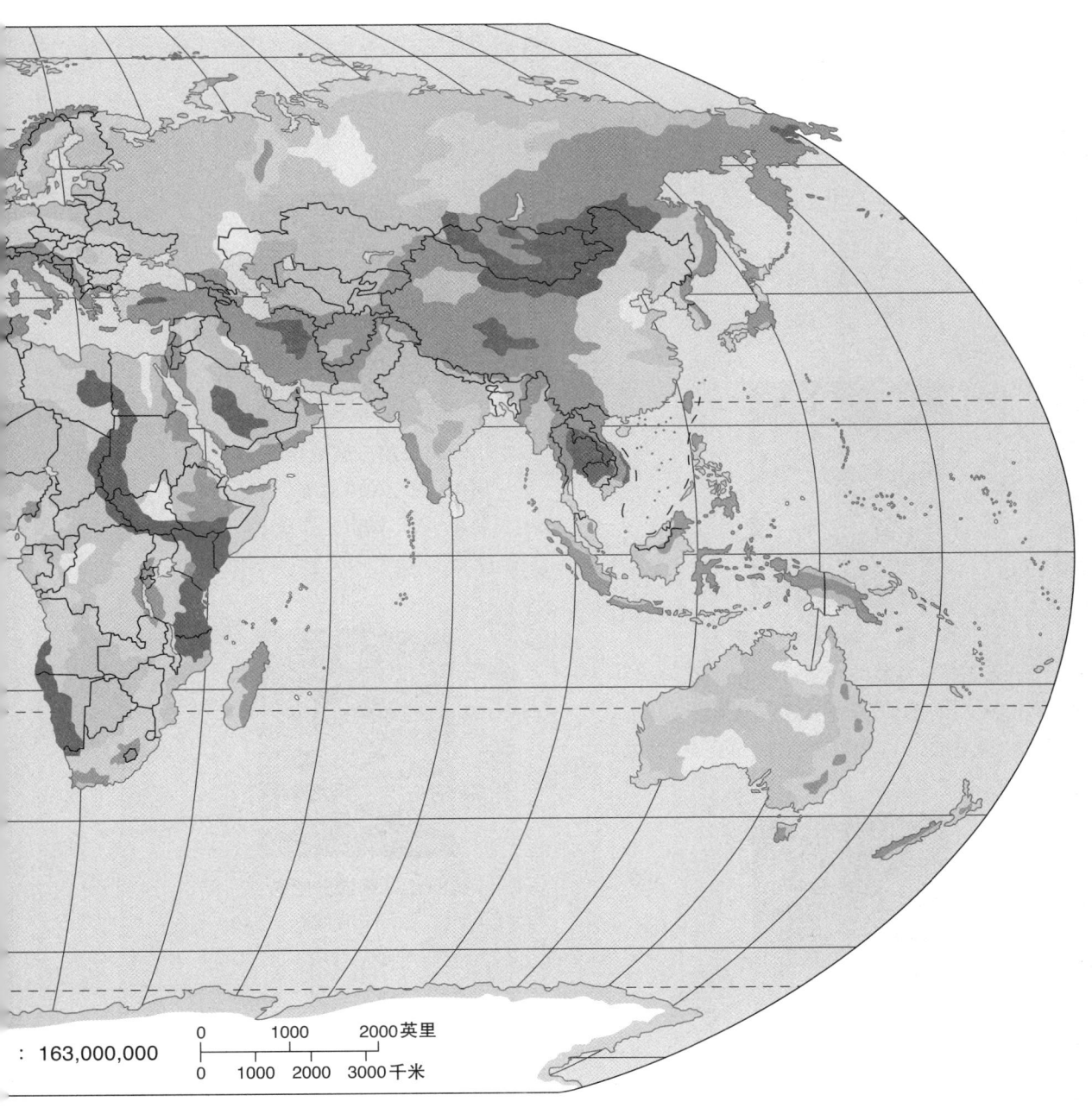

: 163,000,000

0　　　1000　　2000英里
0　1000　2000　3000千米

简 目

前 言 20

第1章 绪 论 3
第2章 地 图 29

第一篇 地球科学传统
第3章 自然地理学：地貌 65
第4章 自然地理学：天气与气候 101
第5章 自然资源地理 151

第二篇 文化–环境传统
第6章 人口地理学 203
第7章 文化地理学 247
第8章 空间相互作用 307
第9章 政治地理学 345

第三篇 区位传统
第10章 经济地理学 395
第11章 城市地理学 455
第12章 人类对环境的影响 503

第四篇 区域分析传统
第13章 区域概念 549

附录：地图投影 576

重要词汇 585
译后记 607
出版后记 609

目 录

前 言 20

第1章
绪 论 3

1.1 地理学是什么? 4
1.2 学科的发展 5
　　地理学的分支 7
　　地理学的重要性 7
1.3 地理学的若干核心概念 9
　　位置、方向与距离 10
　　位 置 10
　　方 向 11
　　距 离 11
　　大小与尺度 12
　　自然属性与文化属性 12
　　地方属性永在变化 13

地方之间的相互关系 15
地方的相似性与地理区域 16
　　空间分布 17
　　区域的类型 17
1.4 地理学的论题与标准 20
1.5 本书的结构 22

第2章
地 图 29

2.1 地理学的工具: 地图 30
2.2 在球体上定点 31
　　网格系统 31
　　全球定位系统 33
2.3 地图投影 35
　　面 积 36
　　形 状 36
　　距 离 37
　　方 向 38
2.4 比例尺 39
2.5 地图的类型 40
　　地形图和地形表示法 41
　　专题地图与数据表示法 44
　　点状符号 45

面状符号　46
　　　线状符号　47
　　　障眼法　47
2.6　遥　感　50
　　　航空摄影　51
　　　非摄影成像　51
　　　传感器的类型　52
　　　卫星影像　54
2.7　地理信息系统　56
　　　地理数据库　57
　　　GIS 的应用　57

第一篇　地球科学传统

第 3 章

自然地理学：地貌　65

3.1　地球物质　66
　　　火成岩　67
　　　沉积岩　67
　　　变质岩　68
3.2　地质年代　68

3.3　大陆运动　69
3.4　构造力　71
　　　地壳运动　71
　　　广泛挠曲作用　73
　　　褶皱作用　73
　　　断层作用　73
　　　火山作用　80
3.5　均夷作用　82
　　　风化作用　83
　　　机械风化作用　83
　　　化学风化作用　83
　　　块体运动　83
　　　侵蚀营力与堆积作用　84
　　　流　水　84
　　　河流景观　86
　　　地下水　88
　　　冰　川　88
　　　波浪，洋流与海岸地貌　92
　　　风　94
3.6　地貌区　96

第 4 章

自然地理学：天气与气候　101

4.1　大气温度　102
　　　地轴倾斜　103
　　　反射与逆辐射　104
　　　直减率　107
4.2　气压与风　107

气压梯度力 109

对流系统 109

陆风与海风 109

山风和谷风 110

科里奥利效应 110

摩擦效应 111

全球大气环流模式 111

4.3 洋 流 113

4.4 大气层中的水分 114

降水的类型 117

风 暴 120

4.5 气候、土壤与植被 123

土壤与气候 123

土壤的形成 123

土壤剖面与土壤层 124

土壤性状 124

土壤分类 126

自然植被与气候 126

演 替 127

自然植被区 128

4.6 气候区 131

热带气候类（A） 131

热带雨林气候（Af：1，1） 131

萨瓦纳气候（Aw：3，2） 133

季风气候亚类（Am：3，1） 135

干旱气候类（B） 135

热荒漠气候（BWh：7，4） 135

中纬度荒漠和半荒漠气候（BWk：4，4；BS：10，4） 137

中纬度湿润气候类（C，D） 137

地中海气候（Cs：6，3） 137

副热带湿润气候（Cfa：6，12） 139

西海岸海洋性气候（Cfb：10，6） 139

大陆性湿润气候（Dfa，Dfb：10，2；14，2与15，6） 139

亚北极气候（Dfc，Dfd，Dwb：16，7）和极地气候类（E：16，11） 140

高地气候类 142

4.7 气候变化 142

长期气候变化 143

短期气候变化 144

温室效应与全球变暖 144

第 5 章

自然资源地理 151

5.1 资源术语 152

可再生资源 153

非可再生资源 153

资源储量 153

5.2 能源资源与工业化 154

5.3 非再生能源 156

 原　油 156

 煤　炭 161

 天然气 162

 油页岩和沥青砂 164

 核　能 165

  核裂变 166

  核聚变 167

5.4 可再生能源 168

 生物质燃料 168

  木　材 168

  废弃物 169

 水　能 169

 太阳能 173

 其他可再生能源 175

  地热能 175

  风　能 175

 非燃料矿物资源 177

 非燃料矿物的分布 178

 案例研究：铜 178

5.5 土地资源 181

 土　壤 181

 湿　地 186

 森林资源 188

  美国的国有林 191

  热带雨林 192

5.6 资源管理 195

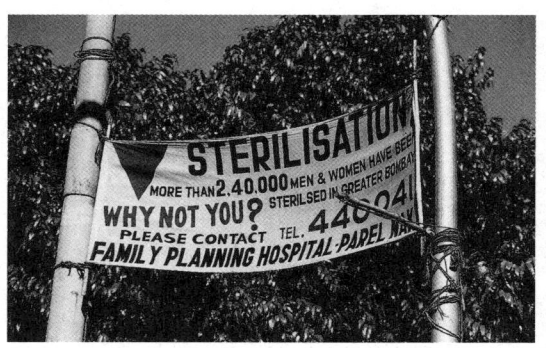

第二篇　文化 – 环境传统

第 6 章

人口地理学 203

6.1 人口增长 204

6.2 关于人口的一些定义 206

 出生率 206

 生育率 207

 死亡率 213

 人口金字塔 216

 自然增长与倍增时间 218

6.3 人口转型 222

 西方的经验 222

 分裂的世界日渐趋同 224

6.4 人口方程 227

 人口重置 227

 移民的影响 229

6.5 世界人口分布 230

6.6 人口密度 232

 人口过剩 233

 城市化 235

6.7 人口数据与人口预测　237

　　人口数据　237

　　人口预测　237

6.8 人口控制　238

6.9 人口前景　241

　　惯　性　241

　　老龄化　242

第 7 章

文化地理学　247

7.1 文化的组成　248

7.2 人类与环境的相互作用　251

　　环境对人类的制约　251

　　人类对环境的影响　251

7.3 文化的子系统　252

　　技术子系统　253

　　社会子系统　255

　　意识形态子系统　257

7.4 文化变迁　260

　　创　新　260

　　扩　散　261

　　文化互渗　265

7.5 文化多样性　268

7.6 语　言　269

　　语言的传播和变化　271

　　标准语和变体语　274

　　语言与文化　278

7.7 宗　教　282

　　宗教分类与分布　283

　　世界主要宗教　285

　　犹太教　285

　　基督教　287

　　伊斯兰教　290

　　印度教　292

　　佛　教　293

　　东亚民族宗教　294

7.8 族　群　296

7.9 性别与文化　297

7.10 多样性的其他方面　302

第 8 章

空间相互作用　307

8.1 空间相互作用的定义　308

8.2 距离与空间相互作用　308

8.3 相互作用的障碍　309

8.4 空间相互作用与新发明　309

8.5 个人活动空间　311

　　生命阶段　315

　　机动性　315

　　机　会　315

8.6 扩散与新发明　315

　　传染扩散　316

　　等级扩散　317

8.7 空间相互作用与技术　318

　　汽　车　318

　　电　讯　318

8.8 迁　移　322

　　迁移类型　322

　　迁移动机　324

　　迁移屏障　330

　　迁移模式　333

8.9 全球化　336

　　经济一体化　336

　　国际银行　336

　　跨国公司　338

　　全球营销　338

　　政治一体化　338

　　文化一体化　341

第 9 章

政治地理学　345

9.1 国家政治制度　347

　　国家、民族与民族国家　347

　　现代国家的演变　349

　　对国家的挑战　350

　　国家的地理特征　351

　　　大　小　351

　　　形　状　352

　　　区　位　356

　　　核心与首都　356

　　国界：国家的边界　358

　　　天然边界和人为边界　359

　　　按聚落分类的边界　360

　　　成为冲突之源的边界　361

　　向心力：提升国家的凝聚力　365

　　　民族主义　365

　　　一元化机构　367

　　　组织与行政部门　368

　　　交通与通讯　368

　　离心力：对国家权威的挑战　370

9.2 国家间合作　375

　　超国家主义　375

　　联合国及其下属机构　376

　　海洋边界　377

　　国际海洋法　377

　　联合国分支机构　378

　　地区性联盟　379

　　经济联盟　379

　　军事联盟与政治同盟　382

9.3 地方性与地区性政治组织　383

　　地理表象法：区划问题　384

　　政治力量碎裂化　385

第三篇 区位传统

第 10 章
经济地理学 395

10.1 经济活动和经济体的分类 396
　　活动类型 396
　　经济制度类型 397
　　发展阶段 399
10.2 初级活动：农业 401
　　自给农业 404
　　粗放型自给农业 404
　　集约型自给农业 406
　　不断扩大的种植业 409
　　集约化和绿色革命 410
　　商品农业 411
　　产品控制 413
　　农业区位模型 414
　　集约型商品农业 416
　　粗放型商品农业 417
　　特种作物 418
　　计划经济下的农业 420
10.3 其他初级活动 421
　　渔业 421
　　林业 423
　　采矿业和采石业 423
10.4 初级产品贸易 426
10.5 第二产业活动：制造业 429

　　工业区位模型 429
　　其他区位因素 431
　　交通特征 432
　　集聚经济 432
　　即时生产和柔性生产 433
　　比较优势、外部采购和境外业务 434
　　强制性因素 436
　　跨国公司 438
　　世界制造业格局和发展趋势 439
　　高科技模式 441
10.6 第三产业和超第三产业 444
　　第三产业服务 446
　　超第三产业 447
10.7 世界贸易中的服务业 448

第 11 章
城市地理学 455

11.1 城市化的世界 457
11.2 城市的起源及演变 457
　　城市聚落的区位 460
11.3 经济基础 462
11.4 城市职能 463
　　作为中心市场的城市 464
　　作为生产和服务中心的城市 466
　　作为行政和公共机构中心的城市 466
11.5 城市体系 467
　　城市等级体系 467
　　等级-规模关系 468

世界城市　469

11.6　城市的内部　470

定义今天的城市　470

土地利用模式　471

中央商务区　471

中央商务区之外　472

城市形态模型　473

城市形态的变化　475

郊区化　476

中心城区的衰落　478

市中心复兴和中产阶级化　481

城市的社会区域　484

家庭状况　484

社会地位　486

种　族　486

制度控制　488

11.7　世界城市的多样性　489

西欧城市　489

东欧城市　491

快速成长的非西方城市　493

前殖民地和非殖民地城市　494

城市首位度与快速增长　494

非法聚落　496

经规划建造的城市　497

第 12 章

人类对环境的影响　503

12.1　生态系统　504

12.2　对水的影响　506

水的可利用性　506

河流整治　509

水　质　510

农业水污染源　512

化　肥　512

生物杀灭剂　512

动物粪便　513

其他水污染源　513

工　业　513

矿　业　514

城市和居民区　515

控制水污染　516

12.3　对空气和气候的影响　516

空气污染物　516

影响空气污染的因素　517

酸　雨　518

光化学烟雾　520

臭氧层损耗　522

控制空气污染　523

12.4　对地貌的影响　524

挖掘作业产生的地貌　524

　　　倾倒产生的地貌　526

　　　地面沉陷的形成　526

12.5　对动植物的影响　527

　　　生境破坏　528

　　　捕猎与商业性开发　529

　　　外来物种　530

　　　中毒与污染　532

12.6　固体废物处理　534

　　　城市垃圾　534

　　　填　埋　535

　　　焚　化　537

　　　源头减量与循环利用　538

　　　危险废物　540

第四篇　区域分析传统

第 13 章

区域概念　549

13.1　区域的性质　549

13.2　本章结构　552

13.3　地球科学传统中的区域　553

　　　地形区　553

　　　天气与气候动力区　554

　　　自然资源区　556

13.4　文化 - 环境传统中的区域　558

　　　作为区域核心的人口　558

　　　语言区　560

　　　心像区　561

　　　政治区　563

13.5　区位传统中的区域　565

　　　经济区　565

　　　城市区　567

　　　按生态系统划区　571

附录：地图投影　576

重要词汇　585

译后记　607

出版后记　609

专栏目录

专栏 1-1　地理学的职业　8
专栏 1-2　国家标准　23
专栏 2-1　区-列系统　34
专栏 2-2　大地测量控制数据　44
专栏 2-3　红色州，蓝色州　48
专栏 3-1　珠穆朗玛峰——王冠上的宝石　74
专栏 3-2　地震的分级　77
专栏 3-3　海啸　79
专栏 3-4　多年冻土　91
专栏 4-1　多诺拉悲剧　108
专栏 4-2　厄尔尼诺　115
专栏 4-3　土壤系统分类　127
专栏 5-1　什么是能量？　155
专栏 5-2　维护土壤的生产力　185
专栏 5-3　热带森林与药物资源　195
专栏 6-1　中国方式及其他方式　208
专栏 6-2　人口剧减？　211
专栏 6-3　做母亲的风险　214
专栏 6-4　1亿女性缺失　217
专栏 6-5　我们脆弱的健康状态　225
专栏 6-6　世界人口预测　239
专栏 7-1　查科峡谷的废墟　253
专栏 7-2　是地理条件注定的吗？　262
专栏 7-3　本土文化　264

专栏 7-4　原生态文化与流行文化　267
专栏 7-5　世界英语　277
专栏 7-6　好战的原教旨主义　286
专栏 7-7　种族问题　298
专栏 7-8　铲除不平等　302
专栏 8-1　心像地图　313
专栏 8-2　有据可查的扩散　320
专栏 8-3　性别与迁移　327
专栏 8-4　资本操作系统（DOSCapital）　337
专栏 9-1　袖珍国　353
专栏 9-2　枝节横生的内飞地政治　355
专栏 9-3　体育运动与国家认同　366
专栏 9-4　立法机关的女性　369
专栏 9-5　恐怖主义与政治地理　371
专栏 10-1　刀耕火种农业　407
专栏 10-2　中国农村经济　409
专栏 10-3　女性与绿色革命　412
专栏 11-1　中心地理论　465
专栏 11-2　人以群分……或者你的邻居都是谁？　485
专栏 11-3　封闭式社区　487
专栏 11-4　加拿大的城市　491
专栏 12-1　灾难"蓝图"：河流改道与咸海　511
专栏 12-2　贻贝之祸　531
专栏 12-3　电子垃圾　536

地理学 & 公共政策目录

第2章
民用侦察卫星　55

第3章
处于危险边缘的海滩　95

第5章
燃油经济性与平均燃油经济性标准　158
筑坝的烦恼　171

第6章
开罗计划　228

第7章
英语是美国的官方语言吗？　280

第8章
破碎的边界　331

第9章
选举权与种族　386

第10章
公共土地，私人得利　424
竞争与贿赂　437

第11章
无家可归者　480

第12章
尤卡山　541

前　言

在电影《梦幻之地》(Field of Dreams)中，凯文·科斯特纳(Kevin Costner)所扮演的角色要在他位于艾奥瓦州的玉米地里建造一个棒球场。激励他建造这个球场的信念，就是"竖起招军旗，自有吃粮人"。1975年，当我们第一次想到要着手编写《地理学与生活》一书的时候，同样的愿望也在鼓舞着我们。那时美国和加拿大没有几所大学的地理系为学生开设这样一门通论课——就是试图使学生全面了解本学科的课程。相反，大多数地理系分别开设自然地理学和人文地理学或文化地理学的课程。

我们意识到大多数学生只修一门大学地理学课程，只有一本地理学教科书，于是想编写一本涵盖地理学家所研究各种专题的课本。当然，我们的愿望是使本书能够令人信服并能满足很多地理系开设本学科总论性入门课程的需要，现在梦想已经成真。

途　径

我们的目的是精确而清晰地讲授地理学的基本性质、它所面临的知识上的挑战，以及各分支学科之间逻辑上的相互联系。即使学生们不再进一步学习地理学课程，我们也感到十分宽慰。因为他们业已接触到本学科丰富而广博的内容，并且作为一个有教养的成年人为了完成当前和未来的任务而掌握了新的洞察力与理解力。有些学生可能有机会而且有兴趣进一步选修地理学课程。我们认为，本书会让他们清楚地了解地理学各分支学科的内容与研究范围，强调地理学一元化的主题，并为进一步在感兴趣的领域学习打下基础。

全书内容围绕本学科四大研究传统安排。第1章向学生介绍在长期以来的地理学思想与著作中形成的四个系统性的传统：地球科学传统、文化–环境传统、区位传统和区域分析传统。本书四篇中每一篇都集中论述这些地理学观点的一个方面。前三篇中每一篇专门介绍地理学的分支学科，每个分支学科都归入其所属的传统中。例如，气象气候学研究归入地球科学传统部分；人口地理学归入文化–环境传统之内；城市地理学被包括在区位观点中。而区域分析传统——区域地理传统——则单独成为最后一章，相互参照前述三种传统和主题，并对三者进行综合。第1章（第22页）对本书结构提出了较全面的阐述。

当然，由于每个传统都有许多重点和主题，我们为一个论题安排的任务可能并不适合每个读者。有些分支学科在逻辑上可能归附于不止一个公认的传统。书中每一部分前的简介都给出了我们对各章安排的理由。

一本好的教科书的组织必须有足够的灵活性，使教师能适应该课程的课时与主题的限制。虽然本书按一个短学期或长学期[①]设计，但如果教师将它用作某些专题的入门读物，或者用作补充读物和课堂计划的补充，那么本书也可用作全年的地理学导论。

此外，本书各章相对独立，无须按顺序讲授。各"传统"的安排可以酌情减少，各章也可重新安排，以适应教师首选的或者认为学生最有兴趣的重点和顺序。课程的形式应该完全反映教师和课本共同的贡献，而不仅只是遵从课本的指示。

本版的变化

虽然我们保留了前几版的框架，但是出于种种原因，我们还是修改、增补和删除了一些资料。

- 当前的事件总是要求对事实和分析进行修正，还可能提出对迄今被忽视的话题的讨论。如果不述及本书上一版出版以后出现的三大自然灾害，第11版就挂一漏万了。这些灾害是：2004年12月26日东南亚大海啸；2005年8月29日新奥尔良及邻近地区因卡特里娜飓风登陆造成的大破坏；2005年10月8日克什米尔地区发生的7.6级地震。本书每个新版也会更新较平凡的事态，例如自然资源生产与消费的变化和人口增减在空间格局上的变化。为了精确和通用起见，本书每张图表均经检查，必要时予以更换、更新或修改。
- 技术上、社会上、经济上、政治上以及环境结构和环境联系方面的变化，同样要求对过去的材料进行修正。本版新增或修订的话题包括"燃油经济性与平均燃油经济性标准"（第5章）、"美国–墨西哥非法越境移民"（第8章"破碎的边界"）、"外部采购和境外业务"（第10章），以及"电子垃圾"（第12章）等。
- 我们总是依靠之前版本读者提供的建议，提醒我们注意地理学各领域新的侧重点或研究成果。我们力图体现他们想法的努力，不仅反映在几乎对每一章内容的简单修改或增补上，而且还反映在更重大的修订上。例如，第2章对遥感和地理信息系统的处理；第7章的新专栏"是地理条件注定的吗？"；第10章对全国性与区域性经济发展理论和各阶段评述等部分。

[①] 原文one-quarter和one-semester，相应于美国学制中3个月的短学期和6个月的长学期。——译注

此外，对以下两章内容进行了重要修改：

- 第1章从东南亚海啸的讨论开始，包括对"地理学是什么"的修改，并增加了"地理学的重要性"一节。
- 对第11章做了重大重组与修订。本章原有大部分材料被删除。新内容包括"城市的起源及演变""市区的功能"，以及"经规划建造的城市"等。本章还有两个专栏："中心地理论"和"加拿大的城市"。

致　谢

许多书评人通过他们的评论与建议，使《地理学与生活》各版本的内容得到极大的改进。虽然我们无法做到遵从每项有益的建议，也不能采纳每份有用的观测资料，但是我们对所有这一切都满怀感激地给予了慎重考虑。除了对原先版本列出的提供帮助的各位表示谢意外，我们要特别感谢下列提供富有思想性建议的各位。

密苏里州州立西北大学的杰夫·布拉德利（Jeff Bradley），中康涅狄格州立大学的查尔斯·E. 巴顿（Charles E. Button），阿克伦大学的莫·克劳德赫莱（Moe Chowdhury），西自由州立学院的布莱恩·L. 克劳福德（Brian L. Crawford），康涅狄格大学的埃伦·克罗姆利（Ellen Cromley），南卡罗来纳大学的卡尔·达尔曼（Carl Dahlman），东肯塔基大学的布鲁斯·戴维斯（Bruce Davis），佛罗里达国际大学的詹妮弗·格贝莱因（Jennifer Gebelein），布朗克斯社区学院的戴夫·戈登（Dave Gordon），伊利诺伊东北大学的丹尼斯·格拉门诺斯（Dennis Grammenos），中阿肯色大学的布鲁克斯·格林（Brooks Green），东卡罗来纳大学的罗德尼·D. 杰克逊（Rodney D. Jackson），埃姆斯社区学院的迈克尔·L. 凯尔希（Michael L. Kelsey），加利福尼亚州立大学奇科分校的盖伊·金（Guy King），中康涅狄格州立大学的彼得·凯埃姆（Peter Kyem），北得克萨斯大学的唐纳德·莱昂斯（Donald Lyons），东北州立大学的约翰·米尔鲍尔（John Milbauer），南伊利诺伊大学的弗朗西斯·欧迪墨赫（Francis Odemerho），盖茨堡学院的莫妮卡·V. 奥格拉（Monica V. Ogra），州立莫尔黑德大学的史蒂文·帕坎斯基（Steven Parkansky），盖茨堡学院的卢瑟福·V. 普拉特（Rutherford V. Platt），南康涅狄格州立大学的南茜·雪莉（Nancy Shirley），肯特州立大学的李·斯托克斯（Lee Stocks），南康涅狄格州立大学的埃里克·S. 韦斯特（Eric S. West），新墨西哥州立大学的约翰·B. 莱特（John B. Wright），阿肯色州立大学的佩姬·莱特（Peggy Wright），南伊利诺伊大学爱德华兹维里分校的周斌（Bin Zhou）。

我们满怀感激之情鸣谢上述各位和许多未能提及的人的帮助和奉献，并明确表示本书内容的取舍与读者可能发现的书中对事实解释的任何错误均与他们无关。

我们要特别感谢美国环境系统研究所（ESRI）的劳伦·斯科特（Lauren Scott）、艾琳·巴克利（Aileen Buckley）、梅丽塔·肯尼迪（Melita Kennedy）、谢恩·克拉克（Shane Clark）和贾森·威利森（Jason Willison），他们认真负责地审阅了第2章和附录。十分感谢他们经深思熟虑的评论、修正和建议。

最后，我们深深感谢和钦佩出版社"出书团队"的努力，他们共同指引着本版的完成。在此对他们高度的职业精神、指导和支持表示感谢。

阿瑟·格蒂斯
朱迪丝·格蒂斯
杰尔姆· D. 费尔曼

绪 论

第 1 章

2004年的圣诞节，泰国的海滨就像那个季节的每一天一样，天气炎热、潮湿，但是海水温暖而清新。普吉岛——东南亚最负盛名的游览胜地——充满了前来游泳、潜水、休闲和品尝泰国香辣美食的游客（图1.1）。在旅游酒店后方，员工们像往常一样忙碌着，他们提供的优质服务使海滩社区成为了迷人的乐园。这些旅游者和员工，就像世界上其他大多数人一样，不知道第二天——12月26日的清晨，在印度尼西亚苏门答腊岛近海海底的两个板块交界处，会形成一条1300千米长的断裂和15米的位移，进而引发破纪录的9.2级大地震。

地震持续了大约10分钟，并且迅速使大约1000千米之外的普吉岛产生震感。虽然地震引起了大量的怪异现象，却没有造成直接破坏。而早起去享受清凉的晨间海风，或者准备迎接新一天的人们则继续着他们的活动。

与此同时，海底断裂处上部的海水猛然下落，产生的冲击波形成了高达10米的海啸波，以每小时700千米的速度向四面八方横扫印度洋，并在大约1小时后袭击了普吉岛。海水在没有任何预兆的情况下，以一系列波浪的形式涌上海滩，并继续向陆地推进了大约1.6千米，席卷了沿途的一切。成千上万人被淹死，普吉岛满目疮痍。

苏门答腊、斯里兰卡和印度沿海，以及数小时后的非洲东海岸也经历了同样的遭遇。这些区域中的大部分都人口稠密。虽然没有精确的数字，但估计最终的死亡人数高达30万人，

图1.1　在被2004年12月26日的海啸破坏以前，印度洋中的泰国普吉岛曾是东南亚最负盛名的度假胜地。每年大约有100万人到这里享受绵延的沙滩，壮观的珊瑚礁，高水准的酒店，各种档次的饮食、娱乐和水上运动设备。
（© Henny Westheim / Alamy）

◀ 变化中的景观：蚕食着华盛顿州普尔曼农田的新住宅。
（© Ryan McVay / Getty Images）

重建需要数十亿美元。这次40年来最大的地震和有记录以来破坏性最大的海啸，造成了程度难以形容的自然和人类灾害。

新闻报道往往将这些灾害归为"自然灾害"。但是地震和海啸对人类的破坏性结果并不单是由于自然。归根结底，这是由于人类没有在印度洋投资建立海啸预警系统——而在太平洋早就建立了这样的系统。据报道，泰国气象委员会在获悉地震之后曾做了一个"人性化"的决定，"出于对旅游业的关照"而不发布可能发生的海啸预警。有些科学家争论说，对泰国和印度红树林沼泽的大量砍伐增加了海啸的破坏作用。虽然地震和由此引发的海啸确实是自然事件，但是这些事件的可怕后果表明，人类的决策能对自然界的极端事件产生影响。发生在环境的背景下，人类的社会和经济活动会产生不可预见的和灾难性的环境后果。对于人类与环境的这种相互作用的研究，已经成为地理学中永恒的课题。

1.1 地理学是什么？

许多人从"地理学"一词只是联想到事物位处何处。例如，缅甸和乌拉圭等国家、廷巴克图（现名通布图）或阿拉木图等城市，或者石油或铁矿等自然资源，它们都位处何方？有些人以自己知道哪些河流最长，哪些山脉最高，哪些荒漠最大而自鸣得意。这些关于世界的实际知识是有价值的，它可以让我们把当前的事件放在应有的空间位置。当我们听说土耳其的一次地震，或者在某处的一次袭击时，我们至少能够想象它们发生在什么地方。然而，知道它们为什么发生在那里则重要得多。

地理学要远比地名和位置丰富得多。地理学是研究空间变化的学科，是研究地球表面的事物从一个地方到另一个地方是如何不同和为何不同的学科。更进一步说，地理学是研究所观察到的空间格局是如何随着时间而逐渐形成的学科。正如知道了人体各个器官的名称和位置，并不能使一个人会做心脏外科手术一样，知道事物的位置，只是走向了解事物为什么会在那里，以及是哪些事件和过程决定或改变了它们分布的第一步。为什么地震通常发生在土耳其，而不是发生在俄罗斯？为什么山地在美国东部是浑圆的，而在美国西部是高峻而崎岖的？为什么讲法语的人在加拿大集中在魁北克省，而不是加拿大其他地区？

在回答这些问题时，地理学家集中注意力于人类的相互作用和社会群体彼此之间，以及它们同环境－地球之间的相互作用。他们寻求了解自然与文化的空间格局"怎样"和"为什么"随着时间而变化，并且持续发生变化。因为地理学家既研究自然环境，也研究人类对这种环境的利用。地理学家对于影响一个地方的各种力量，以及这些力量之间的相互作用是敏感的。例如，为了解释巴西人为什么每年燃烧大片热带雨林，地理学家们利用了以下方面的知识：亚马孙河流域的气候与土壤，人口压力，失地现象，巴西农村对更多农业区的需要，国家外债状况，中纬度地区市场对于木材、牛肉和大豆的需要，以及巴西经济发展的目标。为了了解焚烧森林的环境后果，在其他方面还需要了解以下的知识：地球上氧和碳的平衡，焚烧对于温室效应的贡献率，酸雨，臭氧层损耗，以及砍伐森林、土壤侵蚀和洪水之间的相互关系。

由此可见，地理学是研究空间和空间所容纳事物的学科。我们在思考和反映一个地方时所持的立场，不仅是它位于哪里，更为重要的是了解那里有什么，或者我们认为那里有什么。一个地方或者一个区域，往往使我们联想起那里的自然特征，或者那里的人们在干什么，这通常表明我们会不假思索地联想起那些自然事物和活动是怎样相互关联的。例如，提起孟加拉国，就会联想到"农耕"和"洪水"，或者提到科罗拉多州，就会联想到"山地"和"滑雪"。也就是说，一个区域所包含的事物，既有自然方面的，也有文化方面的。而地理学始终涉及对二者的探讨（图1.2）。

1.2 学科的发展

即使在古希腊地理学家——正是他们最先提出这个学科的结构——的著作中，也可以明显看到地理学是各种兴趣的结合。"Geography"这个词汇，据说是2200年以前由希腊科学家埃拉托色尼（Eratosthenes）拟定的。其中，"geo"意指"地球"，而"graphein"意指"描述"。从一开始，描述的重点就是地球的自然结构和性质，以及居住在当时人们所知世界的各地人民的活动。斯特拉波（Strabo，公元前64—公元24）认为，地理学的任务是"描述人类居住的世界的各个部分……描述对世界各国的评价，并探讨国家之间的差异"。甚至在更早时期，希罗多德（Herodotus，约公元前484—前425）已经发现，作为了解波斯战争原因与过程所必需的背景，在其著作中需要用大量篇幅描述波斯帝国各部分的土地、人民、经济和习惯。

希腊（和稍后的罗马）地理学家量度了地球，发明了地球的纬度线和经度线网格（标识经纬度之用），对他们所知道的世界画出了令人惊奇的精致的网格化地图（图1.3）。他们探索了气候在纬度上的明显变化，在许多著作中描述了他们所熟悉的地中海盆地和比较遥远的、在一定程度上是传说中的北欧、亚洲和法属赤道非洲的土地。他们应用接近现代的概念，描述河流系统、探索侵蚀循环和沉积模式、引述砍伐森林的危险、描述自然景观、指出滥用环境的后果。在那种自然背景上，他们集中研究家乡和遥远地区人们的行为——他们怎样生活，他们在语言、宗教和习惯上有什么明显的相似性和差异性，他们怎样利用、改变或者破坏所居住的土地。斯特拉波甚至提出了警告，认为人类的本性和活动决定于人类居住的自然环境。他观察到，人类在人与自然的伙伴关系中是积极的要素。

指引早期希腊和罗马地理学家的兴趣是长久而普遍的，现在也是如此。例如，虽然在他们之间没有交流，但古代的中国人同西方人一样，将解释性的观点引入到地理学中。此外，当欧洲基督教在公元800—1400年之间进入中世纪，丧失了希腊和罗马地理学著作的知识时，保存着那些知识的穆斯林学者却着手从自然、文化和区域变化等方面描述和分析他们所知道的世界。

现代地理学发源于17世纪开始的对学术的探求浪潮，这股浪潮也引发了我们今日所知的许多传统学科的诞生。在欧洲复兴时期，地理学从一开始——像曾经总是被认为的那样——就被公认是一项基础广泛的综合性研究。自然景观的格局和过程早就受到关注，而人类作为地球上因地而异的组成部分同样受到关注。18世纪末，地质学、植物学、动物学、气候学，以及其他自然科学的迅速发展，加强了区域地

图1.2 滑雪活动在加拿大不列颠哥伦比亚省惠斯勒山（Whistler Mountain）的发展，清楚地表明了自然环境与人类活动的相互作用。气候和地形使人类的某种专项利用成为可能并且具有吸引力。人类的开发活动在自然环境中造就了一种文化景观，从而改变了自然环境。（© Karl Weatherly / Corbis Images）

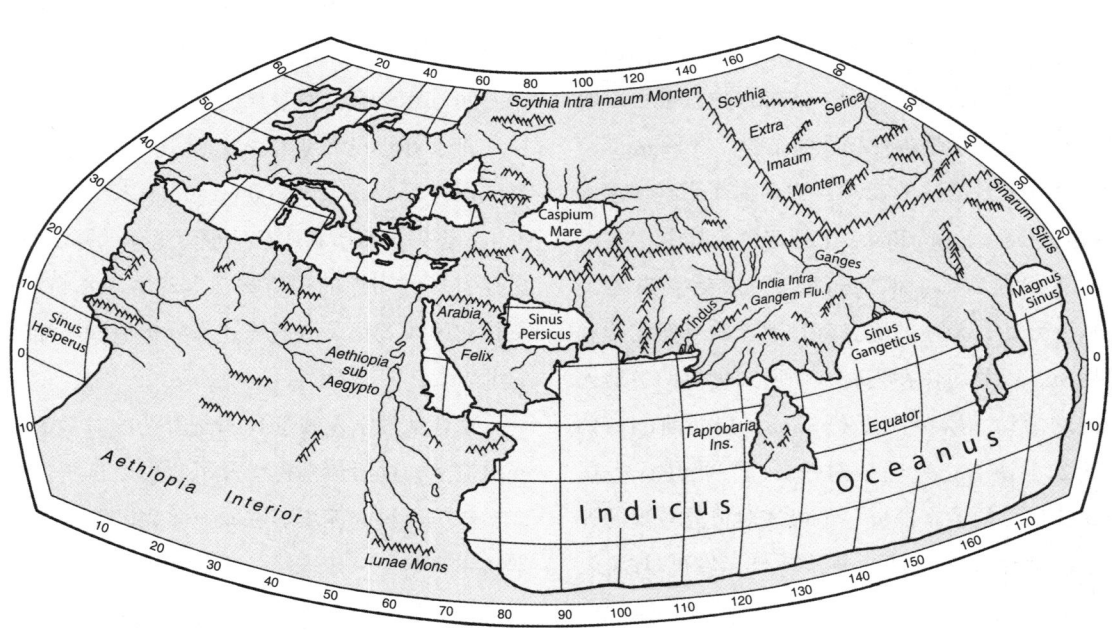

图1.3 公元2世纪希腊-埃及地理天文学家托勒密（Claudius Ptolemy）绘制的世界地图。托勒密采纳了之前发展的根据圆周划分为360°的经纬度网格地图，使每一个记录到的地方都有精确的数学定位。不幸的是，推断和量度上的误差使地图和所附的6册地名索引不够精确。托勒密的地图在欧洲作为权威性的地图使用了将近1500年，在15世纪和16世纪出版了多种不同版本。本图所示版本概括了原作的范围和内容。该图对地球的大小估算过低，导致哥伦布确信他向西航行不远就能到达亚洲。

理调查，增加了从学术方面和普及方面对于事物在空间和地方之间错综复杂的相互联系的认识。在同一时期，对地球经纬度的精确测定和科学制图使得对地方信息的陈述更加可靠和全面。

地理学的分支

19世纪，全国人口调查、贸易统计和民族地理研究给人文地理学研究打下了坚实的基础。至19世纪末，在整个欧洲和遵循欧洲学术模式的其他地区的大学里，地理学已经变成一门独特的和受尊敬的学科。专业地理学家的增长和地理学学科的发展导致一系列专业学科分支的出现，其中许多分支学科已体现在本书的各章节中。政治地理学，城市地理学和经济地理学就是这些分支的实例。

地理学专门化分支并不彼此孤立，而是密切相关的。地理学所有分支的共同特点是有三个主要的兴趣点。第一，地球表面自然和人类现象的区域差异。地理学研究人类社会与人类所占据和改变着的自然环境之间的关系。第二，关注地球上联结一个区域和其他区域自然现象与人类活动的系统。这两种兴趣相结合导致第三个恒久的论题：在特定的区位条件下，对人类－环境（或者生态）关系和空间系统的地理学研究进行区域分析。一些地理学家所从事的这种区域方向称为区域地理学。

另有一些地理学家选择某些特定的事物，而不是地球表面的某些区域进行界定，做专门化的研究。这些系统地理学家可能关注自然环境或者人口和社会的一个方面或是几个相关方面。在不同情况下，所选取的研究题目是考察它们与其他空间的相互关系和区域格局。自然地理学关注的方向是人－环境结构中的自然环境方面。它关注地貌及其分布，大气状况和气候格局，土壤或植被组合等。系统地理学的另一个分支是人文地理学。它的重点是研究人类：他们住在哪里，他们是什么样的人，他们在空间上是怎样互动的，以及人类在其所占据的自然景观中建立了什么样的人文景观。

地理学的重要性

有三个充足的理由说明人们为什么要研究地理学。第一，地理学是唯一一个关注于了解不同地区自然现象和文化现象为什么不同和怎样不同的学科。本书每一章都旨在向读者提供塑造地球面貌的许多过程的基本知识。例如，第3章向读者介绍使地貌发生挠曲、褶皱和断裂、产生火山、引发地震和海啸的构造力；第7章对文化地理学的讨论，将为读者提供一个了解文化中技术、社会和意识形态成分的框架，以及认识到一个使文化随时间发生变化的力量。

第二，对地理学和地理学论题的广泛关注，对于了解每日新闻报道中的国家与国际问题非常重要。温室效应和全球变暖，艾滋病和其他疾病的扩散，国际贸易的不平衡，发展中国家粮食供应和人口增长，非洲和中东地区的动乱，所有这些问题都有其地理特点，而地理学有助于对这些问题进行解释。有地理学的素养，不仅不会对当地问题和世界问题茫然无知，而且还能有机会对处理这些问题的政策制定做出有意义的贡献。

最后，由于地理学的研究领域是如此广泛，因此有极为多样的就业机会等待着投身该学科大学教育的人们。地理学的训练为就业领域开辟了广泛的渠道（见"地理学的职业"专栏）。地理学的分析技术被应用于遥感影像的判读，

地理学的职业

地理学非常符合通识教育的目标。它可以使我们成为见多识广的公民，更能力了解我们的社区、国家和世界所面临的重要问题，并能更好地提出解决问题的方法。

地理学也能成为愿意以这门学科为专业的那些人的就业途径吗？对许多不同类型的职业而言，答案是肯定的。有许多职业与这个领域相关——从教学到研究。教学的机会包括从小学到大学研究生院的所有层次。美国的小学和中学对于受过一些地理学训练的教师的需求量越来越大，这是对联邦所通过的《美国教育法》(Educate America Act) 将地理学列为核心课程和国家决定建立地理教师协会（见第23页"国家标准"专栏）的反应。在大学，地理学所有分支中的专业教学和研究早已建立，而经过地理学训练的学者主要从事城市、社区和环境研究，区域科学，区位经济，以及其他跨学科项目等方面的工作。

由于学科领域广大而多样，地理学的训练涉及各种学术界以外的工作所应用的技术和方法。现代地理学既是一门自然科学，也是一门社会科学，而且还要培训各种各样的技艺。正如各种机关、企业既要同自然环境和人类活动打交道，又要进行空间数据的收集与分析一样，地理学提供的就业机会也同样丰富多彩。

地理学关注的领域	就业机会
制图学与地理信息系统	联邦政府各个部门（例如国防制图局，美国地质勘探局，环境保护署）或者私营部门的制图师（例如环境系统研究所，ERDAS公司[①]，Intergraph公司[②]，或本特利公司）；地图管理员；为规划师、土地开发师、房地产局、设备公司、地方政府服务的地理信息系统专家，遥感分析师，测量师。
自然地理学	天气预报员，户外向导，海岸带管理员，水文学家，土壤保护与农业推广员。
环境研究	环境管理员，林业技术员，公园保护员，有毒废料规划师。
文化地理学	社区开发师，美国和平队志愿者，卫生保健分析师。
经济地理学	企业和工业选址分析师，市场研究员，交通／路线调度管理员，房地产中介／经纪人／评估师，经济开发研究员。
城市与区域规划	城市与社区规划师，交通运输规划师，住房、公园与休闲规划师，医疗保健规划师。
区域地理学	联邦政府区域专家，国际业务代表，旅行社，旅行作家。
地理教育	小学、初中教师，普通地理学高校教授，海外教师。

资料来源："Careers in Geography", by Richard G. Boehm. Washington.D.C.: National Geographic Souety, 1996. Previously by Peterson's Guides, Inc.

[①] 据查，ERDAS公司是一家遥感软件公司，创建于1978年，总部设在佐治亚州亚特兰大市。——译注
[②] 据查，Intergraph是一家技术全球领先的专为安全部门、国家机构和公用基础设施企业提供空间解决方案的供应商。——译注

新企业最佳区位的确定，传染病传播的监测，选举区的划分，以及大量其他任务。

1.3 地理学的若干核心概念

地理学广泛领域中的课题多种多样。然而，正是这种多样性本身突出了一种现实——所有地理学家，不论他们的特定专题或者区域兴趣怎样，都是被他们所探索的类似问题以及他们应用于考虑其答案的一套共同的基本概念所维系的。无论对自然现象或者文化现象，他们都要探究：这种现象是什么？位于何处？它是如何形成并出现在那里的？它同其他自然或文化现实处于何种关系，即它是影响者还是被影响者？它怎样成为功能性整体的一部分？它的位置怎样影响人们的生活，以及在它被发现的区域内的内涵？

这些类似的问题都源自地理学对地球空间的关注，也是从地理学中永恒的中心课题衍生出来的。在回答这些问题时，地理学家利用共同储积和共同构成地理学基本结构与词汇的概念、术语和研究方法。地理学家相信，认识空间格局是了解人们怎样生活在地球表面和塑造地球表面形态的重要出发点。

地理学家使用"空间"一词作为框定问题和构成概念的重要修饰语。他们说，地理学是一门空间科学，它关注的是空间分布的现象、区域的空间范围、人们的空间行为、地球表面各个地方之间的空间关系，以及那些行为和关系后面的空间过程。地理学家利用空间数据界定空间格局和分析空间系统、空间交互、空间扩散，以及从一个地方到另一个地方的空间变化。

"空间的"（spatial）一词当然来自"空间"（space），然而对于地理学家来说，它总是带有事物分布方式、运动发生方式，以及过程对于整体或部分地球表面作用方式的观念。因而，地理学家的空间是地球空间，是人类已占据或者有可能被人类占据的地表区域。空间现象在地球表面是有位置的，而空间交互是发生在地区、事物和人类之间的。必须了解这些相互关系、交互作用和过程，以帮助框定地理学家所探索的问题。

这些问题在对地方的位置和性质，以及各个地区彼此间如何类似或相异进行基本观察时，有它们的出发点。这样的观察虽然讲起来很简单，但对于全面了解我们所居住的世界是非常重要的。

- 地区（place）有位置、方向和彼此之间的距离。
- 一个地区有大小——大、中、小。规模很重要。
- 一个地区既有自然结构，也有文化内涵。
- 地区的属性或特征随时间而发展和变化。
- 地区的内涵是有结构的并且是可说明的。
- 地区的要素同其他地区是相互关联的。
- 地区可以概括为具有类似性和差异性的**区域**（region）。

其实这些基本概念都是地理学家表述他们所研究的地球空间的一些基本观测结果，是置于一个共同的参照框架之中的手段。每个概念都值得进一步讨论，因为它们并不完全像看起来的那样简单。

位置、方向与距离

位置、方向和距离是评估我们周围空间和鉴定我们相对于其他有关事物及地区位置时常用的方法。这对于了解空间交互作用过程也是很重要的。因为那些交互作用过程无论是在自然地理还是人文地理的研究中都显得极为重要。

位　置

地区和事物的位置是所有地理研究，以及我们日常个人运动和空间活动研究的出发点。我们认为位置至少有两重不同的意义：绝对位置和相对位置。

绝对位置（absolute location）是经由精确的和公认的坐标系统所确定的地点，因此有时称为"数学位置"。我们有好几个公认的定位系统。全球经纬线网格——即经纬度——是其中之一（第2章所讨论的）。利用这种网格，地球上任何一点的绝对位置都可参照经度和纬度中的度、分和秒被精确地描述出来。

还有一些坐标系统也在被使用。例如在美国的大部分地方，城镇、山脉的测绘系统和地产的分区描述可提供区域层级的数学位置，而街道地址则根据一种单独的城镇参考系统精确地定位一座建筑物。绝对位置对于每一个所描述的地方都是唯一的，与该地其他任何特征或记录无关。而且，在对于地区的法律性描述中，对量度分隔各地区之间的距离及对地球表面各地区之间的方向进行确定时，绝对位置都具有明显的价值。

然而，当地理学家——或者房地产商——评述"位置问题"时，他们所指的通常不是绝对位置，而是**相对位置**（relative location），也就是一个地方或物体相对于其他地方或者物体的位置（图1.4）。相对位置表示的是空间上的相互联系和相互依存，并且可以具有社会（邻里性质）和经济（闲置地估价）涵义。我们在直接和个人的层面上考虑学校图书馆位置时，并非从其街道地址或房间数量方面，而是从其相对于教室、咖啡室或者其他参考点的位置考虑。在更大的范围中，相对位置告诉我们：人、事物和地区不是存在于一个真空的空间里，而是存在于一个各地彼此具有不同自然和文化特征的世界中。

例如，纽约市可以用"绝对位置"描述为位于（接近）北纬40°43′（读作北纬40度43分）和西经73°58′。但是，如果用空间关系来谈论其位置，说它位于穿过哈德孙-莫哈克低地走廊的大陆内部，或者说它位于美国东部海床上，我们对于它位置的意义就会有更好的了解。在纽约市内，我们对中央公园或者下东区（Lower East Side）①区位含义的了解，不仅依靠

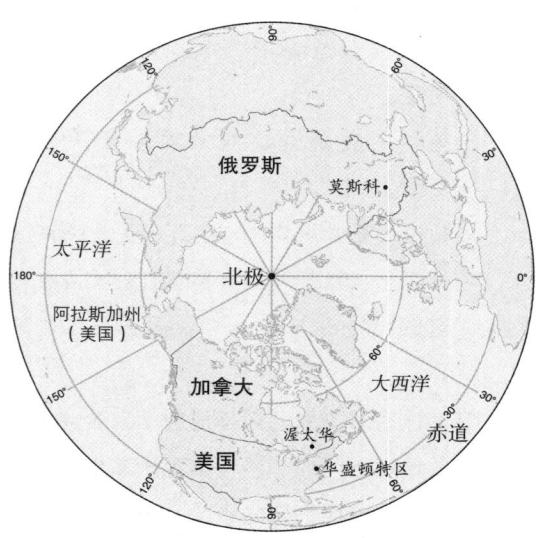

图1.4 地球上相对位置的现实情况同我们对平面地图产生的印象也许极其不同。当我们从北极的视角考虑北美和俄罗斯的位置时，可以明显看出正确视野下的相对位置对于了解世界上这两个地区相互关系和相互作用的重要性。

---

①纽约市的下东区指曼哈顿沿东河南端一带，为犹太人聚居区，又称"小意大利"。——译注

街道的称谓，或者它们所占据的街区，而且还要依靠它们在空间和功能上与纽约市总体土地利用、活动和人口格局的关系。

鉴于观测地点的这些不同方式，地理学家对一个地方的地点和位置做出了区分。**地点**（site）是一种绝对位置的概念，指的是一个地方本身的自然和文化特征与属性。它不仅是一个数学位置，因为它告诉我们一个地方某种独特的特征。而**位置**（situation）指的是一个地方的外部关系。它是对所研究的某一地方的相对位置的一种表示。城市背景下的地点和位置，将在第11章中进一步考察。

方　向

方向是第二个通用的空间概念。它同位置一样，也有不止一个含义，可以表达为绝对性的和相对性的方向。**绝对方向**（absolute direction）根据的是南、北、东、西的方位基点。这些出现在所有的文化中，源自大自然显而易见的"安排"：太阳从东方升起和从西方降落，中午太阳在天空中的位置，某些恒星在南方和北方的位置。

我们通常也使用**相对方向**（relative direction）。在美国，我们"西出""东归"，或者"南下"；我们担心"近东"的冲突，或者来自"远东国家"的经济竞争。虽然它们参照的是罗盘上的方位基点，但是这些方向是以文化为基础，在位置上是变化的。"近东"和"远东"是由欧洲人对亚洲部分的观察定位的。这两种位置观由于习惯和沿用而在美洲被保留下来。例如，即便一个人正常地从加利福尼亚、不列颠哥伦比亚或者智利向西穿过太平洋到达"远东"，但对于许多美国人来说，"东归"和"西出"是上几代移民道路的反映，因为他们的家园位于国家东部。从东向西，他们要回头望。"北上"和"南下"反映我们在地图上习惯把北置放在顶部和把南置放在底部。

距　离

距离将位置和方向相结合，成为地理学家普遍了解的一个具有双重意义的术语。同与它相伴的两个空间概念一样，距离既可以从绝对的含义，也可以从相对的含义来考虑。

绝对距离（absolute distance）指的是经公认的标准单位——例如用于间隔较大的英里或千米，较小的英尺或米——所测定的地球表面两个点之间的空间间隔。**相对距离**（relative distance）是将上述那些线性量度转换成对要探讨的空间关系更有意义的其他单位。

在你计划购物路线时，知道两个竞争中的购物中心与你住地的距离在里程上大致相等并不十分重要，更重要的是要知道街道的情况或交通拥堵状况：一处是距离5分钟，另一处是距离15分钟（图1.5）。实际上，大多数人在他们的日常活动中想到的是时间距离，而不是直线距离。例如，去市中心乘公交车20分钟，而去图书馆步行5分钟。有些情况下，在距离的转换中，对钱的考虑比对时间的考虑更多。一个城市中的目的地可能被估计为10美元出租车费的距离，这种信息既可影响对整个行程的决定，也会影响对到达目的地方式的选择。作为一个大学生，你肯定知道，离学校较远的房屋和公寓租金较低。

也常有一种对于线性距离的心理转换。你会觉得深夜里独自穿过陌生或危险的小区回到自己的车上，要比白天在熟悉而友好的街区走过同样距离遥远得多。第一次旅行到一个新的目的地，往往感觉去时路线比回程所经的同样路线长得多。非线性距离和空间的相互作用将在第8章进一步探讨。

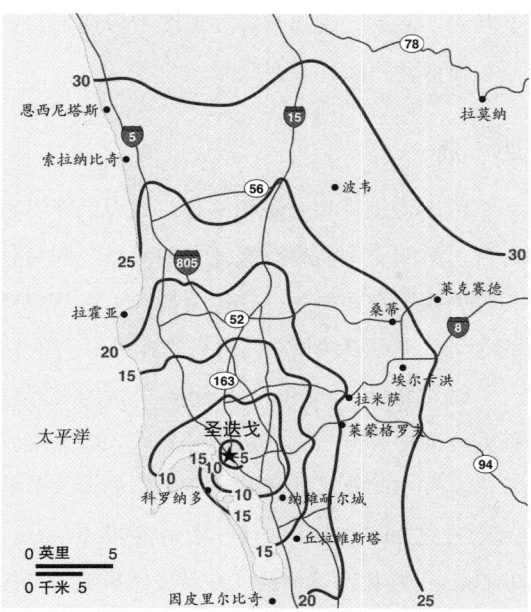

图1.5 从圣迭戈市中心出发的旅行时间，2002年，以分钟为单位。交通等时线（isochrone，源自希腊文：isos［相等的］，chronos［时间］）——代表在给定的时间范围内从一个点出发可以到达的不同的直线距离。交通等时线边界的指纹形轮廓反映道路条件、地形、交通拥挤情况，以及其他有利和不利情况的变化。要注意高速路对旅行时间的影响。

大小①与尺度②

当我们说一个地方可能或大、或小、或中等，我们说的既是这个地方本身的自然状态，也是对该地状况的概括。地理学家关注**尺度**（scale，或称比例尺），然而我们可以用不同的方式来应用这个术语。例如，我们可以用地方或全球的尺度来研究人口或地貌问题。在这里，涉及的纯粹是所研究的单元大小。更严格地说，比例尺告诉我们地图上一个地区的大小与所绘地区在地球表面上实际大小的关系。在这个意义上，如第2章所阐明的，比例尺是每一幅地图的特色，而且对于认识绘制在地图上的内容极为重要。

在这个词的两重意义中，尺度（或比例尺）意味着所表现出来的概括程度（图1.6）。地理调查可以是粗略的也可以是精密的，它可以以许多不同的大小和尺度体现。气候可能是一个研究对象，但是，以世界气候为着重点的研究和概括与对于一个城市小气候的研究在程度和性质上有所不同。对尺度的了解是非常重要的。在地理学研究中，在一种尺度上有意义的概念、关系和理解并不适用于另一种尺度下的情况。

例如，对于世界农业格局的研究可涉及全球的气候状况、文化上对食物的偏爱，以及经济发展水平和世界贸易格局。这类大尺度的关系很少关注美国每个县内部的粮食格局的研究。每个县的地形、土壤和排水状况、农庄的大小、所有权和资本总额，甚至个人的经营偏好都可能有较大的解释性意义。

自然属性与文化属性

所有地方都具有区别于其他地方的自然属性和文化属性，并赋予它们以特征、潜力和意义。地理学家关注的是对这些属性的细节进行鉴别和分析，特别是识别一个区域内自然和文化要素之间的相互关系——即人与环境的相互关系。

一个地方的自然特征是指这样一些自然面貌：气候、土壤、供水状况、矿产资源和地形特点等。这些**自然景观**（natural landscape）的属性提供了人类活动发生的背景条件。它们有助于形成——而不是支配——人类的生活方式。例如，资源基础是受自然决定的，但资源

---

① 原文size在中文地学文献中用于量度时有多种译法——大小、尺寸、体积和规模等。——译注
② 原文scale在中文地学文献中曾有多种译法——尺度、比尺、比例尺、缩尺，在涉及地图时多译为比例尺。——译注

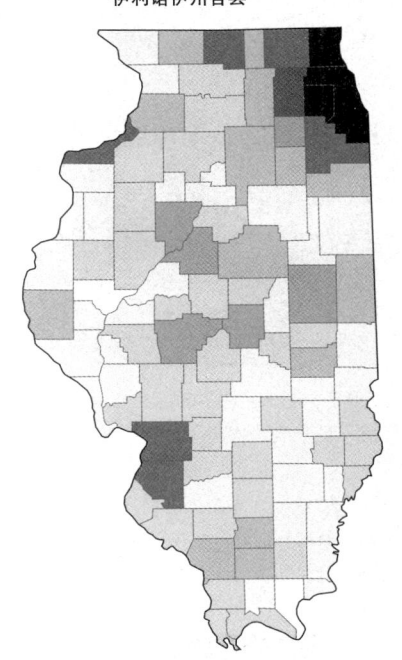

图1.6 人口密度与地图比例尺。"真实程度"取决于人们的调查比例尺。地图（a）揭示的是中西部几个州人口最多年份2000年的人口密度不多于每平方千米123人（每平方英里319人）。然而，从地图（b）上我们看到伊利诺伊州3个县的人口密度在2000年超过了每平方千米494人（每平方英里1280人）。如果我们进一步缩小调查比例尺来考察芝加哥市内各个街区，就能发现每平方千米的人口密度达到2500人（每平方英里1万人）或者更大。由此可见比例尺的重要！

如何被认识和利用是受文化决定的。

环境条件既能直接影响农业潜力和可靠性，又能间接影响诸如雇佣方式、商业往来、人口分布、民族饮食等问题。自然环境同时也必然会给人类带来必须面对的有利和不利因素。因此，泰国沿海的海啸危险一定与该地区从气候条件、农业和渔业生产力，以及旅游名胜等获得的经济利益方面相平衡。自然环境的类型和过程将在本书第3章与第4章论述。

同时，人类通过占据某个地方而改变它的自然属性。美国国家环境保护局（和在其他地方的对应机构）的存在是一种提醒——即人类在文化世界和自然世界之间的持续相互作用中是积极的，也常常是有害的介质（图1.7）。实际上，如第12章清楚表明的那样，人类的每一项活动都在地球的土壤、水、动植物和其他资源，以及遍及全部地球空间的大气层中留下了印记。

人类活动的那些可见印记称为**文化景观**（cultural landscape）。它也有不同的尺度和不同水平的可见度。墨西哥和南加利福尼亚的农业实践和土地利用之间的反差，在图1.8中明显可见。而洛杉矶"中国城"的标志、结构和居民则在大都市区本身较大的文化景观内留下了较小的、比较有限的印痕。

地方的自然和人文特征是了解人类及其所占据和改变着的环境之间或简单或复杂的相互作用与相互联系的关键。这类相互联系和变化不是静止的或永恒的，而是在不断变化的。

地方属性永在变化

环绕着我们的自然环境好像是永恒和固定不变的，但情况显然不是这样。在地质时代的框架范围内，变化是不断发生且明显的。岛屿形成，然后消失；山地上升，然后被侵蚀削低

图1.7 这张照片中的地点和景象是人类及其废弃物对环境不良影响的屡见不鲜的提醒。照片中的拾荒者在翻拣充塞在河道里的垃圾。许多这样的影响较为隐晦，隐藏在土壤侵蚀、水污染、河流堆积作用增强、动植物的灭绝和毁林之类的过程中。（© AP / Wide World Photos）

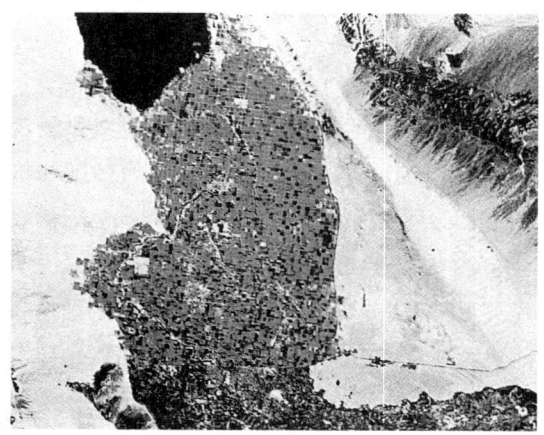

图1.8 这幅陆地卫星影像显示了沿墨西哥－加利福尼亚边界的文化景观的反差。请你将目光从索尔顿湖（Salton Sea，影像顶部的暗色斑块）向南移动到延伸至图像边缘的农田。注意有规则的农田和较暗的色彩（代表生长着植物）之间如何显现出一处明显的突变，下方明显可见形状不规则的农田和不甚兴旺的农业。突变处上方是加利福尼亚的因皮里尔谷地，而下方是墨西哥边界。（© NASA）

成布满沼泽的平原；辽阔的大陆冰川形成、运动、消融，而海平面相应地发生下降和上升。地质时代是漫长的，但是塑造陆地形状的力量是永不停息和永无止境的。

即便在最近一次大陆冰川消退以来——1.2万或1.3万年以前——的短暂时期中，人类所占据的环境也已发生了变化。冰川消退本身就标志着一个气候更替的时期，它笼罩着人类可居住的区域，包括欧亚大陆和北美北部从前曾被数千英尺[①]厚的冰层所覆盖的地带。随着气候条件变得温和，植被和动物区系发生变化。这些自然环境的变化是全球规模的。那时人类的数量仍然太少，技术上也极其有限，不足以从实质上改变自然事件的进程。然而，即便是早期的人类社会，在区域的尺度上也会对他们所处的环境产生影响：放火清除森林下层的植物，维护或扩展草地用以放牧动物和狩猎，后来，又清理林间空地用以发展原始农业。

随着文明的萌芽和农业技术的开创与传播，人类加快了他们对现今已不再是"自然"环境的管理和改变。甚至古代希腊人也注意到了他们所处的景观如何从它的最初情况变坏。随着人类数量的增长，特别是工业化和欧洲资源开发技术在全世界的传播，区域内事物变化步伐也在加快。建筑景观——人类努力的产物——日益取代了自然景观。每一个新的聚落或城市，每一次农业对森林的侵袭，每一座新的矿山、堤坝或工厂，都改变了区域的内涵，改变了人类与环境之间暂时建立的空间上的相互联系。

今天各地方的特征是过去状况不断变化的结果。这些特征是人类与环境之间变化多样且仍会改变的平衡的前兆。地理学家关注的是地方的特定时间段。但是，为了充分了解地方的性质和发展，评估它们相对位置的意义和了解它们的自然

[①] 作者在书中同时使用公制与英制单位，为保证数据准确性，书中个别单位按原书译出。1英尺可转换为30.48厘米。——编注

(a) (b)

图1.9 一处文化景观的变化过程。(a)佛罗里达州迈阿密在1913年只是迈阿密河岸上森林和湿地中的一个小聚落。(b)到20世纪末，它的居民已从数千人增长到大约35万人，建筑物、街道和公路完全改变了它的自然景观。
资料来源：(a) © *Historical Museum of Southern Florida*；(b) © *South Florida Water Management District.*

与文化特征之间的相互作用，地理学家必须把一个地方看作独特自然与文化过程在过去运行的现代结果（图1.9）。

你可以回忆一下，地理学家在探索一个地方或者一件事物时所问的问题是："为什么是它？它在哪里？"这是一种关于过程和变化的询问。塑造地方自然环境的力量和事件，以及解释现今的文化环境是地理学的重点和本书大部分章节的议题。为了了解它们，就要评估当今世界上不断变化的空间秩序的性质。

地方之间的相互关系

上文介绍过的相对位置和距离的概念直接涉及另一个空间的现实：一个地方同其他地方在结构和全局上是相互关联的。地理学家在描述**空间相互作用**（spatial interaction）的过程和模式时，对位置和距离的概念添加了可达性和连通性。

托布勒（Tobler）的地理学第一定律告诉我们，每一个事物在空间上都是同另一个事物相互关联的，但是当事物彼此距离相近时相互关系要密切得多。因此，我们的观察结果是：地方之间相互作用的强度和频率随着它们之间的距离增大而减小——这是对距离衰减概念的表述，我们将在第8章探讨。你是愿意去隔壁的一家快餐连锁店，还是穿过整个市镇去近乎完全相同的一家餐厅？我们的决定有时是难以预料的，但在这种情况下你可以看出，大多数人应该会选择较近的地方。

对于距离的考虑意味着对**可达性**（accessibility）进行评估。要克服"**距离摩擦**"（friction of distance）是简单还是困难——即要克服将地方在时间和空间上分隔的障碍是简单还是困难？距离分隔了北美洲与欧洲，直到轮船和飞机发明以后，才减少了这两个大陆之间的有效距离。古代和中世纪城市中的所有区域都是步行可达的，它们都曾是"步行的城市"。当城市的面积和人口随着工业化而扩展后，这种状态就不复存在了。城市各地区间的可达性只能靠发展公共交通系统来维持，其固定线路使所连接各地点之间的出行更方便，而不在线路上的区域之间则无此便利。

因此，可达性使人联想到**连通性**（connectivity）

的概念。后者是一个较广的概念，意味着地方被有形和无形的路径联系着：有形的电话线、街道和道路系统、管道和下水道、穿过开阔乡村的随意的小径、从中心向外发送的无线和TV发射网，甚至自然界的风系运动和洋流流动。在路线固定和流动信道化的地方，网络——联结许多地方的线路的模式——决定了运动的效率和各个地点的连通性。对于世界性瞬间联系的要求，在现今的先进社会中已经是很普通和毫无争议的。如我们的生活方式所表明，实现这种联系的技术和装备正在剧增。手机、电子邮件、无线宽带互联网、即时通信等已经消除了以前分隔和阻碍个人和群体在时间和距离上的障碍，减少了我们对固定在景观中的自然运动和网络的依赖。

在相互联系的各个地方之间，不可避免地存在着交换。空间扩散就是一种观念或事物（例如一种新的消费品或者一首新歌曲）从一个来源中心向比较遥远的各个地点的扩散。这种扩散的速度和规模还受到新观念或新技术的来源地与最终接受地之间的分隔距离的影响。扩散的速度还受到如人口密度、交通方式、新发明的优势，以及始发节点的重要性或声望等因素的影响。关于空间扩散的进一步讨论请见第8章。

地理学家研究空间关系的动态。运动、联系和相互作用是赋予地方和区域以特性的社会和经济过程的一部分（图1.10）。地理学对于这类关系的研究认识到：空间相互作用并不是一种多余的需要，而是自然和社会环境的一个基本组织原则。这种**认知**（cognition）已经普遍且反复地表现在全球化这个术语中。**全球化**（globalization）意味着世界上越来越多的人和地区处于日益增强的相互联系之中。因为整个社会、文化、政治、经济和环境过程，无论在规模或是影响上，都已变成了国际性的。在世界范围的可达性和连通性的持续进步的推动下，全球化已涵盖了空间相互作用、可达性、连通性和扩散作用等地理学的其他核心概念。全球化较详细的涵义将在第8章和第10章探讨。

地方的相似性与地理区域

各地方明显不同的特征——自然的、文化的、位置的特征——直接表明了地理上两个重要观念。第一个是地球表面没有两个地方是完全相同的。它们不但有不同的绝对位置，而且如同人脸部的特征一样，地方的自然和文化特征有精确的组合，是绝不能被精确复制的。由于地理学是一门空间科学，地方的独一无二性似乎会使空间信息的概括变成不可能的问题。

第二个重要概念所产生的结果与此不同：在有些地区，一些地方的自然与文化特征表现出相似的格局。例如，一个在法国做野外工作的地理学家可能会发现，在某个区域，所有农民应用了类似的专业技术在他们的田地周边建造围栏。这样的类似性往往相当突出，足以使我们得出存在着空间规律的结论。这种空间规律使我们认识与定义区域，区域就是地球上显示了重要元素的内部一致性与周围地域的外部差异的地方。因此，有些地方既不同于、但又相似于其他地方——既产生区域差异格局，又有互相耦合的空间相似性。

地理学家和历史学家的问题是类似的。他们必须概括实质上独特的研究项目。历史学家建立了武断但有意义和作用的历史分期，作为参考和研究之用。"兴旺的20年代"和"维多利亚时代"都是对特定时段的简称，这些时段

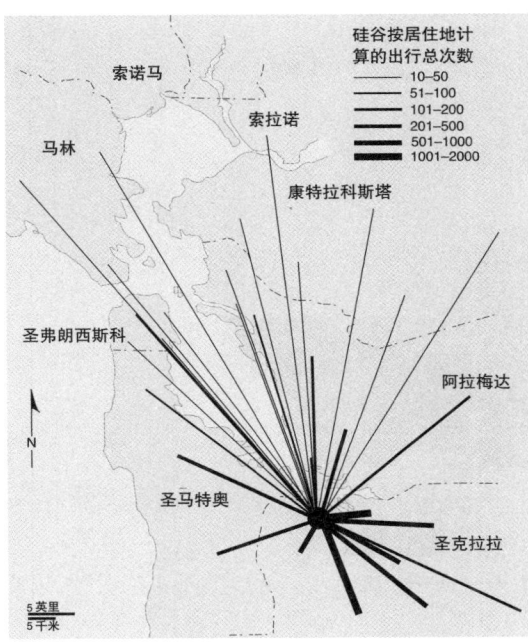

图1.10 空间相互作用和连通性的一种形式的表现，可用这种"愿望线"图表示。该图记录了圣弗朗西斯科湾区内每日去硅谷的上下班旅程量。愿望线的终端确定了联结街道和道路网络所界定的有形相互作用区域的外沿。随着网络的扩大和改善，硅谷的就业基地扩展，以及工作人员的通勤范围增大，区域的范围和形状也随时间而变化。当然，该图给出的并不是全球到达硅谷的可达性或通过其他通讯交流手段的相互作用。

资料来源：*Redrawn with permission from Robert Cervero, Suburban Gridlock.* © 1986 Center for Urban Policy Research, Rutgers, the State University of New Jersy.

内部相当复杂而多变，但和之前或之后的时段有着明显的区别。地理学家的"区域"是和历史学的"时代"对等的词，它是一种策略，可将地球表面复杂的现实情况分类成可以处理的各个部分。正如历史学家聚焦于关键事件以阐明某些历史时期的特征一样，地理学家聚焦于独特的要素或者类似性以确定区域之间的边界。借助于对区域进行鉴定和命名，一组复杂的相互关联的环境或文化属性就能比较容易的通过一种较为简单的概念表达出来。

空间分布

自然界并未"划定"任何区域，就像人类事件进程并未划定"时代"一样。区域是划分出来的，是对空间的概括，旨在使地球表面无限的多样性井然有序。区域从根本上是以对空间分布的认识和制图为基础的。所谓"**空间分布**"（spatial distribution），就是对研究所选取的环境、人类，或组织特征的空间排列。例如，英国威尔士议长们的位置[1]是一种可以确定和制图的分布。正如有许多种空间分布一样，可以想象也有着同样多的自然、文化或区域连通性因素需要研究。然而，选作研究的对象必须是有助于了解一个专门议题或问题的那些分布。

让我们假设对美国盗窃率的研究感兴趣。从图1.11可看出，有些州的盗窃率比其他州高得多。一个亚利桑那州的居民所受盗窃之害可能3倍于一个北达科他州的居民。盗窃率的分布是否表现为随机的，或者盗窃率最高的那些州是否沿着南部边界和西海岸密集分布？对空间分布进行制图只是第一步。现在我们必须尝试来解释它们。在盗窃案情方面，我们会问，有哪些因素造成了所观察到的格局？这种格局是否同其他犯罪类型——例如谋杀、故意伤害——的格局类似？是否大部分农业州的盗窃率较低？通常认为，大城市和贫穷同犯罪相关，而青年人的犯罪行为比老年人多。我们还需要确定，这些犯罪的分布情况中是否有一种同盗窃率有相互关系？

区域的类型

区域可能是形式区、功能区或感知区。对一种单一的自然特征或文化特征，或者有限组

---

[1] 属于选举地理学的研究范畴。——译注

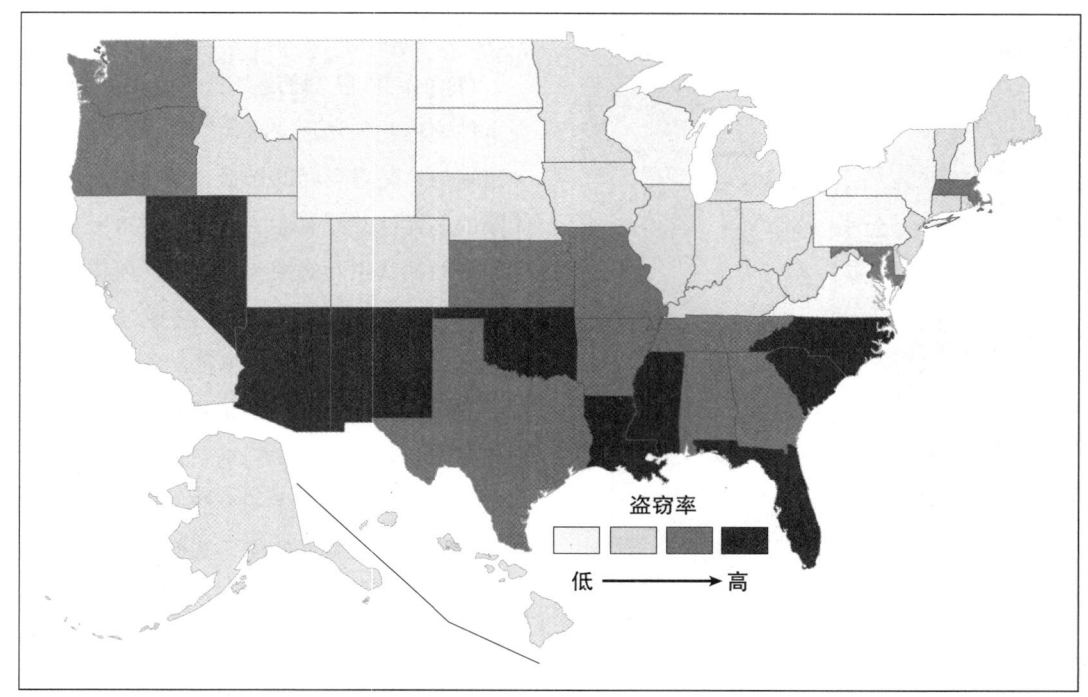

图 1.11 1998年每10万人中的相对盗窃率。这种简化了的例子表明，所有的空间数据都可以绘制成图，揭示要求分析的区域格局。图中，较高的盗窃率在南部和西部各州表现明显。问题在于为何如此？要解释盗窃率，需要在不同尺度下收集州一级与较小空间单元——例如以县或者人口普查区——的数据。人们可能还要考虑犯罪率与性别、收入、罪犯的年龄等因素之间可能的相互关系。

资料来源：*U.S. Department of Justice*，Crime and Justice Atlas 2000，p. 55.

合的几种自然特征或文化特征而言，**形式区**（formal region，或**均质区**［uniform region］）基本上是一个均质性地区。你的家乡是一个精确划定的、正式的行政区域。区域内存在着法律和行政上的一致性。"玉米带"（Corn Belt）这个名称表明一个区域以农业经济和农作物特征为基础。本书后面还会遇见在语言、宗教、人种或经济等方面具有标准化特征的形式上的（均质的）文化区。图1.12和对开页的地貌区地图与世界地图表明了另一种形式区模式。这种模式的形式区所依据的是客观的，常常是来源于统计的数据。不论其定义的根据如何，形式区是一种相当大的区域，其中对同一性的有效概括可以参照某个或某些属性做出，也就是说，属性控制着整个区域的实质。

与此相反，**功能区**（functional region）或者**节点区**（nodal region）可以视为一个空间系统，它们的各个部分是相互依存的。功能区在整个范围内作为一个有组织的动态单元运行。同形式区一样，功能区在客观上也是有一定范围的。但是，功能区在运作的联系性上——并非在静态的内容上——是统一的。功能区内的相互作用和相互联系的最典型特征在其节点或者核心上表现得最清楚，其优势向四周减少。当一个区域的控制和相互作用程度与范围发生变化，功能区的边界也相应地发生变化。也就是说，一个节点区的边界在产生它们的相互变化保持不变的情况下，是持久不变的。例如，像芝加哥、亚特兰大或明尼阿波利斯等从属于区域首府金融、行政、批发或零售中心的城镇

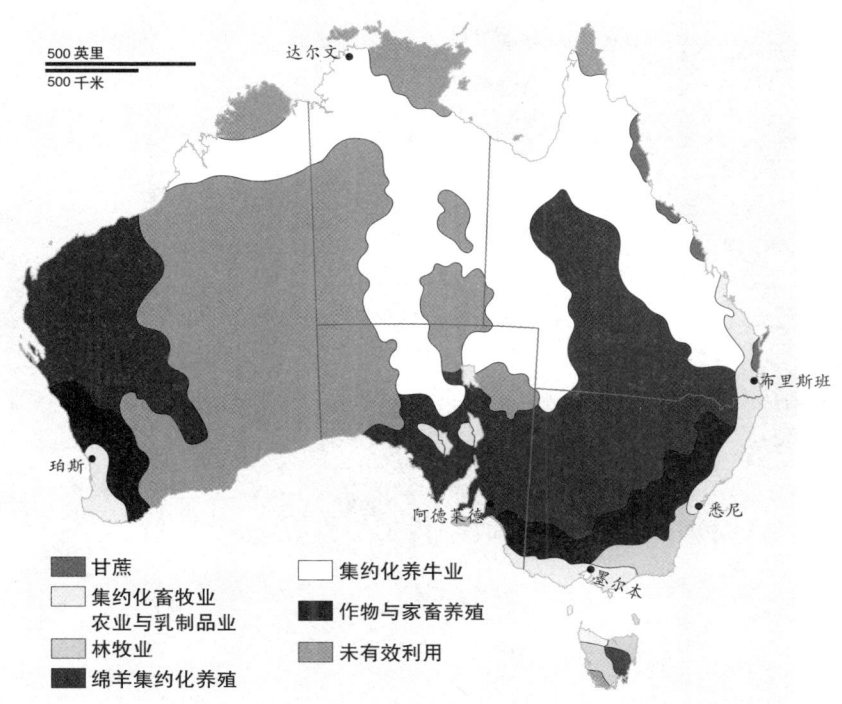

图 1.12 澳大利亚土地利用简图，由形式区组成。区域的内部经济特征表明实质上的一致性，这使得这些区域有别于不同条件或利用状况的邻近地域。

贸易区，全国性"影响范围"和商业推销区，就是这类例子（图 1.13）。

感知区（perceptual region，或**方言区**[vernacular region]/**俚俗区**[popular region]）是比地理学家所拟定的形式区和功能区在结构上不太严谨的名称。在当地居民的概念和一般社会中，这种区域是存在的、真实的。作为大众**心像地图**（mental map）的复合物，这种区域概念反映的是一些感觉和印象，而不是客观的数据。因此，感知区在个人日常生活中可能要比地理学家提出的更客观的两种区域概念更加有意义。

普通人对于空间变化有清楚的概念，他们应用区域概念去区别各个地域实体。人们作为个人和集体，对于所生存的地方意见一致。他们所认知的方言区在他们心目中是现实的，而且反映在以区域为根据的名称上。这些名称被应用在商业上、用作运动队的名称，或者用在广告语中。就像通常了解的和字面上所指的"中西部"一样，在美国东南部频繁提到的"迪克西"（Dixie）代表着一种对区域的共识和认知（图 1.14）。当然，方言区的边界，在不同群体的心像地图上，不论是在认知区域以内或者以外，都是有变化的。但是，区域本身反映着人们观察空间、确定他们的忠心和解释他们的世界的方式。在不同的尺度上，像"小意大利"和"唐人街"这样的城市民族飞地，在他们的居民心目中含有可比较的区域身份。对于城市俱乐部或城市帮派"地盘"（turf）的感知，外来者不太清楚，但是当地的居民不会弄错。这些区域边界明显，区域间所感应到的特征在日常生活和居民活动中是首要的。

第 1 章 绪 论

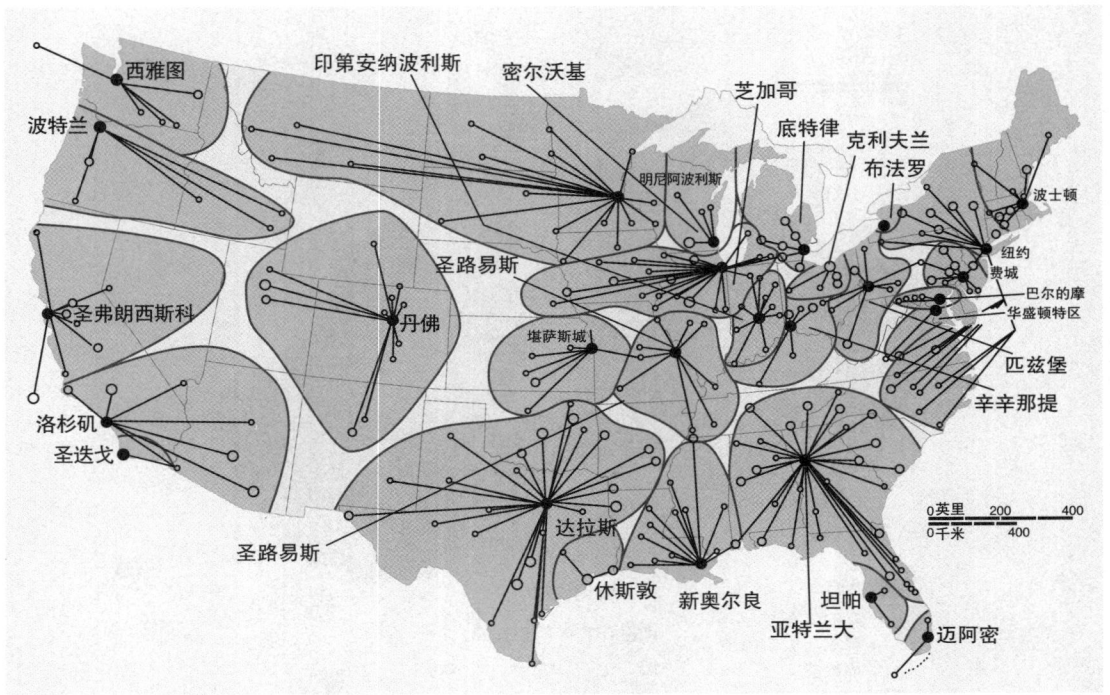

图1.13 本图所示的功能区,是根据主要中心城市的大银行和它们从前服务于小城镇的"代理"银行之间的联系编绘的。虽然全国性银行的兴起已经减小了这些代理银行的作用,但是它们曾经是主要城市和紧邻大都市的地点之间连通性的一种重要形式。

资料来源: Redrawn by permission from Annals of the Association of American Geographers, *John R. Borchert, vol. 62, page 358, Association of American Geographers, 1972.*

当你阅读本书的各章节时,要注意有多少区域和区域化实例以地图的形式表现出来,并在书中被探讨。还要注意,在实例的主题和目的改变时,对三个不同区域类型的描述和讨论是怎样变化的。第13章有补充的独特区域研究,主要阐明作为第3章至第12章学科专门主题的形式区和功能区。

1.4 地理学的论题与标准

到目前为止,本章所讨论的地理学核心概念既反映了"地理学的基本论题",也反映了"国家地理课程标准"(National Geography Standards)。在过去几年里,这些"论题"和"标准"结合在一起,对中小学各年级和大学地理学研究的组织和结构大有裨益。这两者都着重于提高地理学素养。前者——"论题"——代表指导性的方法,是确定与指导学生应该从地理教育的结构性课程中获得知识、技能与视角的要诀。而后者——"标准"——则将地理的基本主题、技能和视角编辑成典,作为所有受过教育的成年人必不可少的智能装备。

被国家地理教育委员会和美国地理学家联合会的联合委员会总结为基本概念和课题的五大基本论题,就是在所有地理调查和各级指导书中反复出现的那些基本概念:

- 区位:地球表面相对位置和绝对位置的意义。

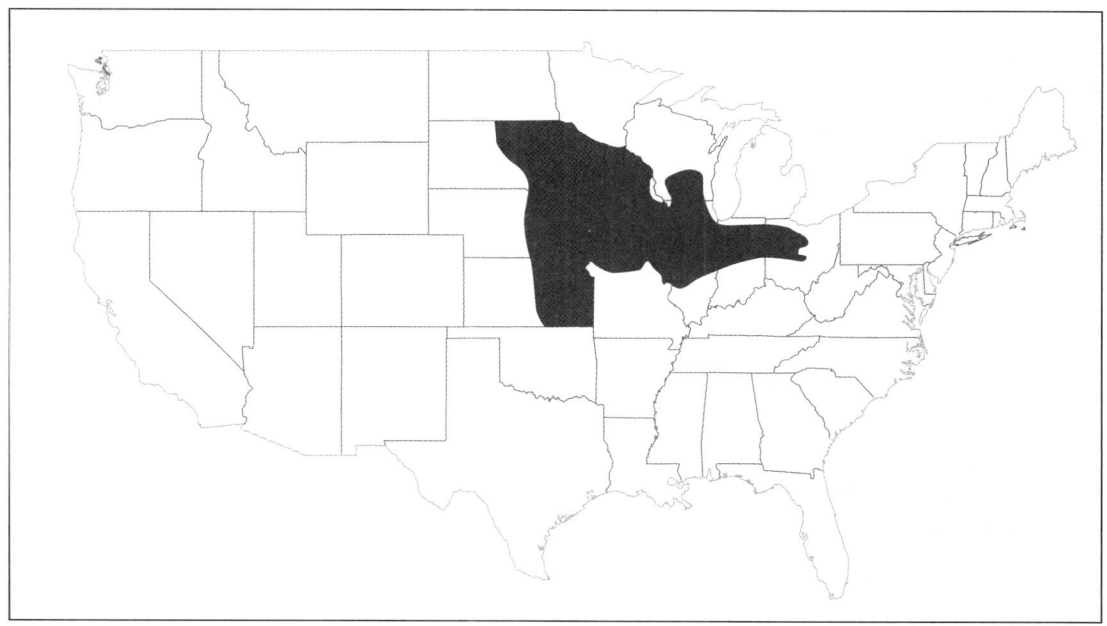

(a)

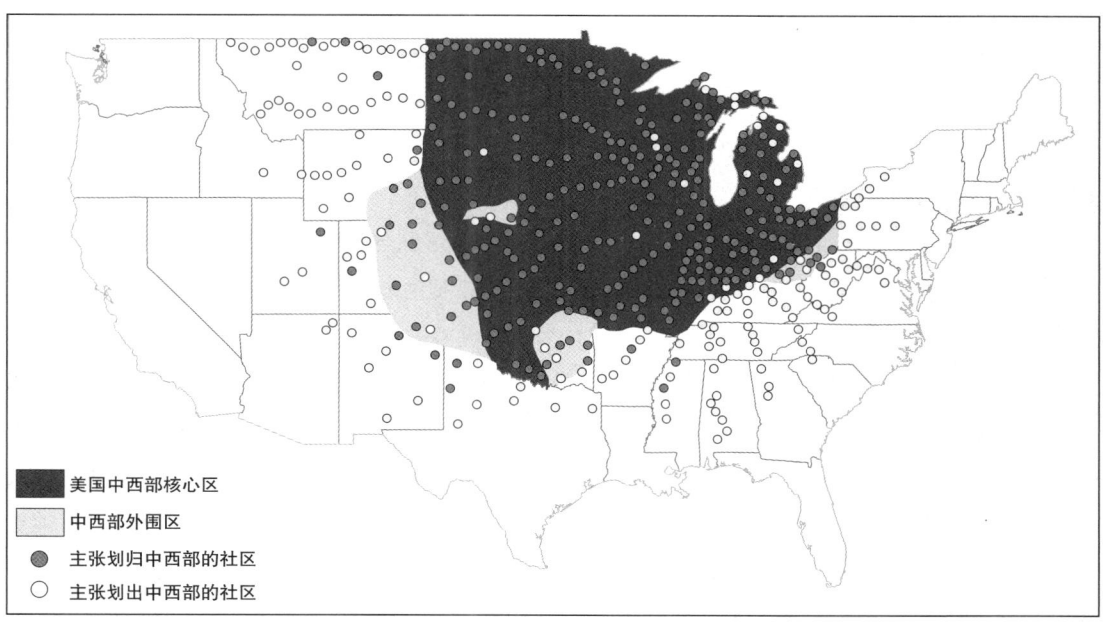

■ 美国中西部核心区
□ 中西部外围区
● 主张划归中西部的社区
○ 主张划出中西部的社区

(b)

图 1.14 中西部的方言区。方言区的范围和形状可能各不相同,就像普通个人所制的或抽样群体集体判断总结而成的独特的心像地图那样变化多端。图(a)是以州为基础所做的大众文学调查,结果揭示作者们一致同意的中西部核心区的范围,小于图(b)根据向536个社区邮政局长所发问卷调查回应所总结出的核心区。所询问的问题是:他们所在的村庄是否位于中西部。另见图13.1。

资料来源:(a) From James R. Shortridge, The Middle West: Its Meaning in American Culture. *Lawrence: University of Kansas Press, 1989. Figure 6.1, p. 98. Redrawn with permission*.(b) From Joseph W. Brownell, "The Cultural Midwest" *in* Journal of Geography. *Vol 59, Figure l, p. 82. Redrawn with permission.*

- 地方：场所与众不同且显著的自然与人文特征。
- 地方内的相互关系：人与环境相互关系的发展和结果。
- 运动：地球上人类空间互动的格局与变化。
- 区域：它们如何形成与变化。

国家地理课程标准是作为在全国范围内采用的《美国2000年教育目标法》（Goals 2000: Educate America Act，见"国家标准"专栏）的一部分而确立的。该标准作为基本地理素养的指导方针而专门设计，并且是毕业于美国公立学校系统的学生所必须学习的。这些标准的目标与本版《地理学与生活》的基本信念相同——地理学素养是一切有知识人士的思维框架中不可或缺的部分。

1.5　本书的结构

地理学兴趣与学科内容的广度、地理研究所关注的问题的多样化，以及地理学家应用的概念与术语的多样性，这些都要求对论题有简单而合乎逻辑的组织，以便向刚入门的学生讲授。地理学虽然有其复杂多样的外在表现，但是应当被视为具有广泛一致性的目标。这种目标是通过对有限不同但密切相关的"传统"的认识而达到的。威廉·D. 帕提森（William D. Partison）提出了这种统一观点，而J. 路易斯·鲁滨逊（J. Lewis Robinson）等人采纳和扩展了帕提森的论据，发现了汇集地理研究的逻辑性和包容性方法之大成的四种传统。虽然并非所有的地理工作都要受每一种传统的限制，但是大多数地理学研究会隐含有一种或多种传统。这些一元化的类别——地理学家借以从事研究的四种传统——是：

- 地球科学传统；
- 文化-环境传统；
- 区位（或空间）传统；
- 区域分析（或区域）传统。

图1.15表明这四种传统是相互依存的，正如四者中的每一种和全体都与地理学家从事的全部研究与学习技术联系在一起。这些技术包括：地图、遥感、统计工具、地理信息系统，以及其他空间分析技术。

我们应用四种传统作为整合本书（第3章以后）各章的手段，希望它们能帮助读者在评鉴地理学家研究课题多样性的时候，认识地理学的统一性。从某种意义上说，这四项传统是通过第2章来介绍的——把地图（以及相关的工具和技术）看作地理学家最重要、独特和统一的工具。

地球科学传统（earth science tradition）是致力于把地球当作人类栖息地来研究的学科分支。它在古希腊代表了地理学的根本，即描述造成地球复杂面貌的自然结构和自然过程。用现代的术语来说，它研究的是人与环境系统中至关重要的环境方面——人类与环境共同构成了地理学的主题。地球科学传统训练自然地理学家了解地球和作为人类共同遗产的地球资源，以及为地球上不断膨胀的、苛刻的人类占领者施加在地球上的日益复杂的压力网络（web of pressures）寻找解决方案。对于地球科学传统要素的思考构成了本书的第一篇（第3章至第5章）。

第二篇（第6章至第9章）详述**文化-环境传统**（culture-environment tradition）的一些内容。

国家标准

将地理学列入到国家教育计划——《美国2000年教育目标法》中，反映了这样一种信念：掌握地理学技能和了解地理学，对于美国教育制度"根据需要在经济全球化中培养有效率和负责的公民"是非常重要的。1994年国家地理课程标准与本书中所论述的"基本观察资料"，有助于框定我们将在随后几页中探索的各种认识，并且表明进一步研究地理学的目的和益处。

地理学的18个标准告诉我们学习地理学知识的人应当知道和了解：

空间术语中的世界

1. 如何应用地图和其他工具与技术从空间角度获取、加工和报道信息。
2. 如何应用心像地图从空间"上下文"组织关于人类、地方和环境的信息。
3. 如何分析地球表面人类、地方和环境的空间结构。

地方与区域

4. 地方的自然与人文特征。
5. 人类区域划分，以解释地球的复杂性。
6. 文化和经验如何影响人类对于地方和区域的感知。

自然系统

7. 塑造地球表面形态的自然过程。
8. 地球表面生态系统的特征与空间分布。

人文系统

9. 地球表面人口的特征、分布和迁移。
10. 地球文化镶嵌的特征、分布和复杂性。
11. 地球表面经济相互依赖的格局和网络。
12. 人类聚落的进程、格局与功能。
13. 人与人之间的合作和冲突如何影响地球表面的划分与控制。

环境与社会

14. 人类活动如何改变自然环境。
15. 自然系统如何影响人类系统。
16. 资源在含义、利用、分布和重要性上所发生的变化。

地理学的应用

17. 如何应用地理学来解释过去。
18. 如何应用地理学来解释现在和规划将来。

资料来源：*Geography for Life: National Geography Standards 1994*. Washington, D.C.: National Geographic Research and Exploration, 1994.

在地理学的这个论题中，最初把地球作为一个纯自然实体来考虑，而现在主要兴趣转向人类如何感知他们所占据的环境，将注意力集中于文化方面。所考察的景观和作为中心内容的空间格局，其起源和表现都是人文的。人口的数量、分布和多样性，人类的社会与政治组织格局，人类的空间感应与行为，这些都是文化-环境传统中的导向性概念。这个传统的要点是与众不同的，但是同地球科学传统相关联。因为人类的生存、文化的形成、行为的发生，都是在地球表面的物质现实和社会文化习惯的特有形式之中。

区位传统（locational tradition），有时也被

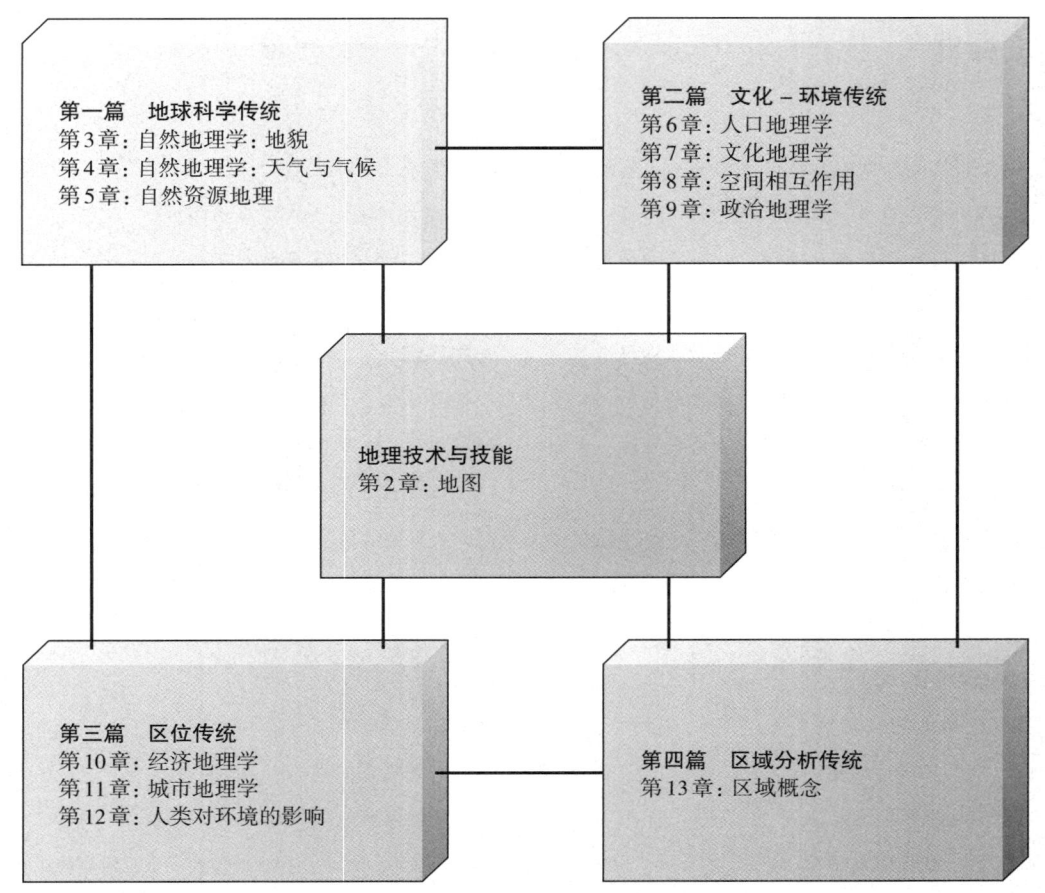

图1.15 地理学的四种传统并不是孤立的。相反，每一种传统都是同其他传统相互联系的，而所有传统均依靠统一的研究技能和工具。正如此图所示，本书各章是参照"传统"进行分组，以帮助读者认识地理学各部分的宽广，以及它们的基础和统一性。为了避免结构图过于杂乱，对于本应画出的每一个方框连接另一个方框的线条，在此未予画出。

称为空间传统，是第三篇各章（第10章至第12章）的主题。区位传统是作为所有地理研究基础的一种传统。如鲁滨逊所提出的，如果我们能同意地质学是岩石，历史是时间，社会学是人类，那么我们就可以断定地理学就是地球空间。区位传统关注的主要是文化现象或地球上人类占用的重要有形物体的分布，它也探索人类与支持人类的生态系统之间相互作用的空间格局。

区位传统的一部分（但绝不是全部）与分布格局相关。更为重要的是尺度、运动和区域关系。地图、统计数据、几何特征和**系统分析**（systems analysis）研究也属于在区位传统内工作的地理学家所应用的技术。然而，如果不考虑所应用的分析工具或者所研究的现象——经济活动、城市系统或是文化对自然景观的影响，那么区位传统的基础论题是所研讨现象的分布，以及将其统合到有关的自然与文化事件的流动和相互关联中。

区域分析传统（area analysis tradition）将在第13章中探讨。它构成了本书的第四篇。这个传统的根源也可以追溯到古代。斯特拉波的《地理学》(Geography)是向奥古斯都——罗马领导人——所做的陈述，是对各地方独特的特征与状况中的性质的概括——对一位帝国保卫者而言，这是关系重大的知识。罗马皇帝所关心的问题可能早已消失，但是，对于区域的研究以及对于区域空间一致性和差异性的认识依然存在。这样的一致性和差异性当然会从地理学所研究的人类–环境系统的结构和相互关系中得到发展。为了说明区域研究在地理学中的作用和多样性，第13章的大部分由专门区域调查和阐述特定主题的范例组成，这些专题就是本书第3章至第12章的主题。对那些独特例证的参考已列举在表1.1中，并且在与之相关的各个章节中加以重述。

对于地理学四个传统的确认，不仅是一种组织上的便利，而且也是一种认知——即在称为地理学的多样性学科中，兴趣的一致性是要永远被维护的。传统虽然明显可辨，但仍然是错综复杂和重叠的。我们希望，将它们用作组织性的论题，以及进一步确认为本书各个章节的简要概述，将会帮助读者从多样性中领会一致性，这就是地理学研究的精髓。

表1.1 第13章所包含的区域研究

主　题	在第13章中的页码
地形区	553
天气与气候动力区	554
自然资源区	556
人口区	558
语言区	560
心像区	561
政治区	563
经济区	565
城市区	567
生态区	571
参考章节	**参考页码**
第3章：自然地理学：地貌	65
第4章：自然地理学：天气与气候	101
第5章：自然资源地理	151
第6章：人口地理学	203
第7章：文化地理学	247
第8章：空间相互作用	307
第9章：政治地理学	345
第10章：经济地理学	395
第11章：城市地理学	455
第12章：人类对环境的影响	503

问题与讨论

1. 地理学家讲的"位置"有哪两种涵义，有什么不同的目的？当地理学家说"位置非常重要"时，支配他们兴趣的是位置的什么方面？
2. "文化景观"这个术语指的是什么？文化景观的性质受自然环境的制约吗？
3. "相对距离"这个术语提出了哪几种距离转换？"心理距离"的概念如何与相对距离相联系？
4. 距离、可达性和连通性的概念如何与空间相互作用过程相联系？
5. 地理学家为什么关注区域？形式区和功能区在概念和定义上有何不同？
6. 地理学的四种传统是什么？对于地理的理解力而言，它们是代表统一的还是分裂的方法？

延伸阅读

Abler, Ronald F., Melvin G. Marcus, and Judy M. Olson, eds. *Geography's Inner Worlds: Pervasive Themes in Contemporary American Geography.* New Brunswick, N.J.: Rutgers University Press, 1992.

Demko, George J., with Jerome Agel and Eugene Boe. *Why in the World: Adventures in Geography.* New York: Anchor Books/Doubleday, 1992.

Geography for Life: National Geography Standards. Washington, D.C.: National Geographic Research and Exploration, 1994.

Holt-Jensen, Arild. *Geography: Its History and Concepts.* 3d ed. Thousand Oaks, Calif.: Sage, 1999.

Janelle, Donald G., Barney Warf, and Kathy Hansen, eds. *World Minds: Geographical Perspectives on 100 Problems.* Dordrecht: Kluwer Academic, 2004.

Lanegran, David A., and Risa Palm. *An Invitation to Geography.* 2d ed. New York: McGraw-Hill, 1978.

Livingstone, David N. *The Geographical Tradition.* Cambridge, Mass.: Blackwell, 1992.

Martin, Geoffrey J. *All Possible Worlds: A History of Geographical Ideas.* 4th ed. New York: Oxford University Press, 2005.

Massey, Doreen. "Introduction: Geography Matters." In *Geography Matters! A Reader*, ed. Doreen Massey and John Allen, pp. 1–11. New York: Cambridge University Press, 1984.

Montello, Daniel R. "Regions in Geography: Process and Content." In *Foundations of Geographic Information Science.* ed. M. Duckham, M.F. Goodchild, and M.F. Worboys, pp. 173–189. London: Taylor & Francis, 2003.

Morrill, Richard L. "The Nature, Unity and Value of Geography." *Professional Geographer* 35, no. 1 (Feb. 1983): 1–9.

National Research Council. Rediscovering Geography Committee. *Rediscovering Geography: New Relevance for Science and Society.* Washington, D.C.: National Academy Press, 1997.

Pattison, William D. "The Four Traditions of Geography." *Journal of Geography* 63(1964): 211–16.

Robinson, J. Lewis. "A New Look at the Four Traditions of Geography." *Journal of Geography* 75 (1976): 520–530.

Rogers, Alisdair and Heather A. Viles, eds. *The

Student's Companion to Geography. Malden, Mass.: Blackwell, 2003.

Sauer, Carl O. "The Education of a Geographer." *Annals of the Association of American Geographers* 46 (1956): 287–299.

Wood, Tim F. "Thinking in Geography." *Geography* 72 (1987): 289–299.

万维网上和地理学有关的网站极其丰富。与本章主题有关的网站请见与本书有关的在线学习中心的"Web Links"部分。网址：www.mhhe.com/getis11e。

第2章 地图

2005年1月8日，核攻击潜艇圣弗朗西斯科号（San Francisco）正在从关岛到澳大利亚布里斯班的途中——在南太平洋水下大约150米处全速航行。136名水手中的大多数人在吃午餐时，听到一声恐怖尖锐的声音，紧接着一声雷鸣般的爆炸。几秒后，水手们就像人体模型那样被抛得横七竖八。圣弗朗西斯科号撞到了一座海底山上——那是海底火山链和珊瑚礁的一部分。1名船员死亡，98人受伤，其中多人伤势严重。虽然该海底山脉的高度达到海平面下30米，但是并没有标在潜艇的海图上，海图没有表明在触礁处4.7千米范围内有任何潜在的障碍物。

此前3年，宾夕法尼亚西南部奎克里克（Quecreek）煤矿透水，9名矿工被困在73米深的井下的事故引起了美国人的关注。2002年7月24日，一个采矿工人凿通了邻近废弃了38年的充满水的矿井。几百万升水涌了进来，9名矿工发疯似地寻找出路，但是区域内所有出口都已被水淹没。据劳工部发布的报告称：

> 矿工们根据水位上升的速度估计，他们还有1小时时间。他们花费了一些时间思考他们所处的情况，并为最坏的结局做好准备——有几个矿工相互绑在一起，以便一旦淹死能一起被人发现；他们将给家人留下的字条放在塑料桶内，盖上桶盖，并用绝缘胶带密封，挂在顶板固定螺丝上以防被水冲走。

地面上的营救人员钻孔抽水，并向矿工所在的地方压入直径0.8米的通风管道。在地下被困78小时后，所有矿工安全回到地面。

这是一起不该发生的事故。矿业公司所使用的1957年地图表明，老矿井距奎克里克138米。但是1964年该矿井关闭之前，这里又开采了42.1万吨煤炭，正是那次额外的采掘把一个竖井直接布设在紧邻奎克里克矿井的地方。

上述两个事例说明，精确的地图确实关乎生死。政府部门依靠有关受洪水、火山爆发、地震灾害和山崩威胁地区的地图，制定这些地

◀ 华盛顿特区红外航空照片。（USGS）

区的长期规划。流行病学家对疾病流行的时间和空间进行制图，帮助他们确定流行病爆发的源地，制订阻止疾病传播的计划。执法部门越来越多地使用地图来鉴定某些特殊犯罪类型的模式，帮助他们预测未来哪些地方可能发生此类犯罪。因此无论怎样强调仔细研究空间信息的价值都绝不为过。

2.1 地理学的工具：地图

地图对地理学具有特殊意义。地图是地理学家进行空间分析的首要工具。出于种种理由，地理学家感兴趣的空间分布、格局和相互关系，在地景本身往往不易观察到，或不容易得到解释。

- 许多地形、农业区或大城市之类的目标，在空间上十分广阔，以至于不能从一处或几处有利的位置对整体进行观察或研究。
- 许多语言区或宗教信仰区等对象都是空间现象，但是并非是有形或可见的。
- 许多传递着相互作用、流和交换等与空间相互作用有关的动态性质，也可能根本无法直接被观察。

即使地理学家感兴趣的一切事物均可通过野外考察进行观察与测量，但一个地区所包含的多种多样的有形与无形事物几乎不可能为了研究与解释而分离出少数主题被专门调查。

因此，地图就成了地理学家必备而独特的工具。只有通过地图才能把任何一种空间分布和相互作用减少到一种可观测的尺度、将其分离开进行个别研究，并将其组合或重新组合起来以揭示地景本身不能直接量测的相互关系。

制作地图的艺术、技巧与技术称为**地图学**（cartography）。虽然古希腊地球科学家的贡献也相当大，但现代科学制图起源于17世纪。古希腊地球科学家认识到地球是球形的，并开发了地图投影与网格系统。令人遗憾的是，中世纪希腊的地图学传统在欧洲多已失传，必须重新发现。文艺复兴时期各方面的进展给予地图学一种推动力。其中包括印刷术的发展、重新发现托勒密与其他希腊人的成果，以及地理大发现。

此外，随着许多欧洲国家民族主义的崛起，这些国家必须确定和精确描绘边界和海岸线，以及描述一国边界之内的地貌类型。17世纪，法国和英国进行了意义重大的全国性测量。把数据呈现在地图上的许多惯例都起源于这些测量。

认识地图上记录信息的方式使我们能够对地图进行正确的阅读和解译。为了防止得出不精确的结论，或者为了避免因失真的或带偏见的表现方法而导致偏差，我们一定要理解并评估地图上表现事实的方式。当然，由于要把圆形的地球展示到平面上，要用符号来表示某些对象，要进行综合归纳，以及要用不同于其真实大小的尺寸记录各种事物的外貌，因此一切地图都必然会有失真。这种对现实的失真是必然的，因为地图小于其描绘的事物，还因为地图上给人印象深刻的信息取决于对现实中的一小部分进行选择性强调。只要地图的读者了解了通常使用的地图类型的局限性，并了解哪些关系是失真的，他们就能正确解读地图。

2.2 在球体上定点

我们在第1章中看到,一切地理研究的起点是地方和事物的位置,而绝对位置是用精确且被认可的坐标系对地方的识别。

网格系统

为了使地球上定位点的基本系统形象化,把世界想象为一个上面没有任何标志的球体。当然,不建立一个参考系就无法描述地球上某个特定地点的准确位置。我们利用一个**网格系统**(grid system),该系统由一套想象的通过地球表面的线组成。系统的关键控制点是天然存在的北极、南极和**赤道**(equator),以及本初子午线。

北极和南极是地球绕之旋转的地轴的端点。两极之间一半处,环绕地球一周、与地轴相垂直的线就是赤道。我们可以根据一个地点离赤道以南或以北的距离,用其与地心的交角来描述其位置。因为一个圆有360度,两极之间的距离为180度,所以赤道和南北极之间的距离就是90度。**纬度**(latitude)就是离赤道南北的角度距离,以度(°)来量测,其范围从0°(赤道)到90°(北极和南极)。从图2.1(a)明显可见,相互平行并平行于赤道的纬线呈东西走向。

地球两极的圆周长约为24,899英里;因此,相邻两个纬度圈的距离为24,899÷360,即约为69英里(111千米)。如果地球是一个完美的球体,则相邻纬度圈的间距均应等长。但是,由于地球两极地区略微扁平,所以两极附近的相邻纬度圈间距(111.7千米)要略长于赤道附近的间距(110.56千米)。

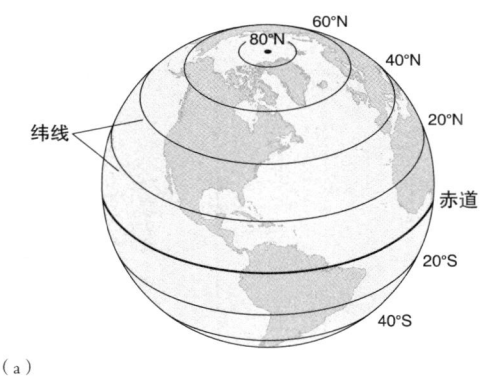
(a)

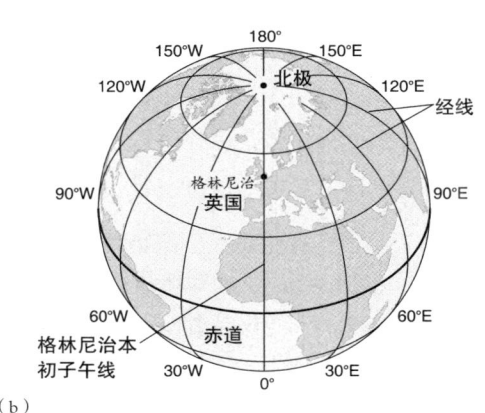
(b)

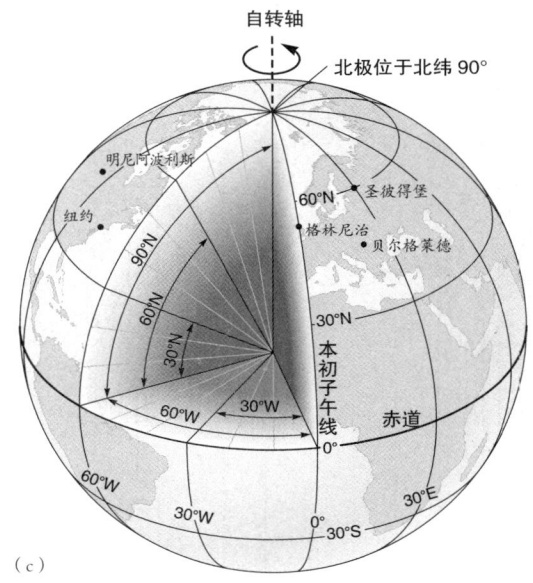
(c)

图2.1 (a)网格系统:纬度圈。请注意离两极越近纬度圈越短。在地球仪上,从赤道向南北两极各第60条纬线的长度为赤道的一半。(b)网格系统:经度线。东西向的量度范围从0°到180°——就是说,从本初子午线向两边的第180条经线。因为经线在两极交汇,所以当你从赤道离开时,两条经线间的距离变短。(c)地球网格(或方格图),由纬度圈和经度线组成。

第2章 地 图 31

为了更精确地记录某一地点的纬度，每度又分为60分（′）；每一分又分为60秒（″），与1小时完全一样。纬度的1分大约是1.85千米，1秒大约是31米。芝加哥市中心的纬度为北纬41°52′50″。

由于与赤道之间的距离本身不足以确定一个地点在空间的位置，我们需要制定第二个坐标来指示从一条一致同意的基准线向东或向西的距离。大多数国家的地图学家用假想中通过英国格林尼治天文台的经线，即**本初子午线**（prime meridian），作为东西方向量度的起点。1884年的一次国际会议上，本初子午线被选定为零度经线。它和所有经线一样，是一条连接地球两极的真正南北向的线（图2.1[b]）（"真北"与"真南"有别于"磁北"和"磁南"，后者是地球磁极的方向，罗盘指针指向磁北和磁南）。赤道上经线相距最远，随纬度增加越来越近，到南极和北极相交汇。经线和**纬度圈**（parallel of latitude）不同，所有经线长度相等。

经度（longitude）就是从本初子午线（零度经线）向东或向西的角度距离，以度（°）来表示，范围由0°到180°。与本初子午线相对的子午线就是180°经线——位于太平洋。经度和纬度圈一样，也可以细分为分（′）和秒（″）。不过，相邻经度之间的距离从赤道向两极变短，因为经线在两极交汇。北美洲和南美洲所有地方均位处西经地区，唯有阿拉斯加几个岛屿除外；亚洲和澳大利亚所有地方均位处东经地区，但西伯利亚的楚科奇半岛的一部分除外。

时间取决于经度。地球分为24个时区，每天24小时完成一次360°的自转，在经线上大体上以15°的间距划分。**格林尼治标准时**（Greenwich mean time，GMT）就是本初子午线的时间。**国际日界线**（International Date Line，

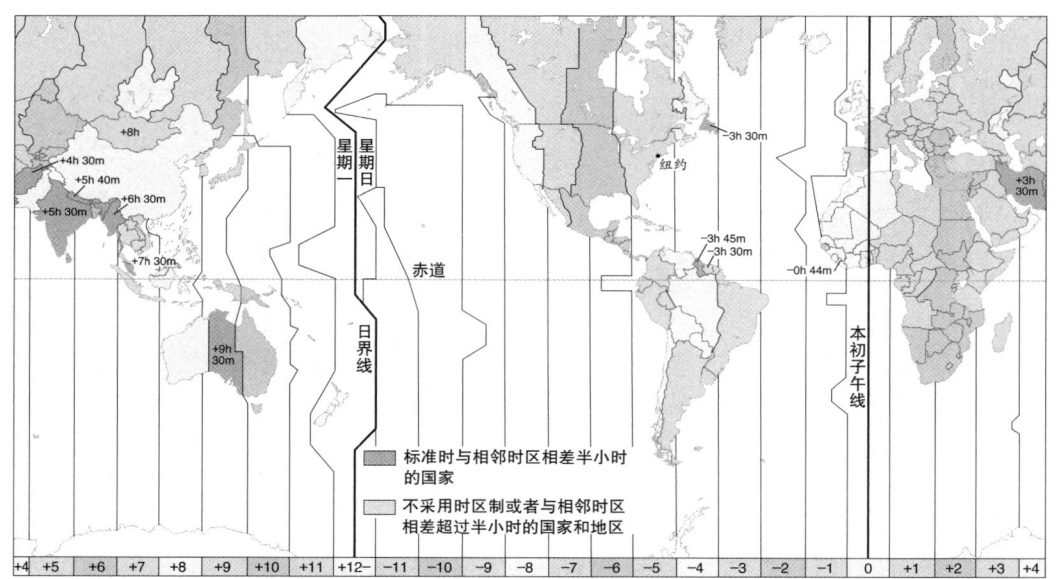

图2.2 世界时区。每个时区宽约15°，但为了适应政治界限而有些变化。图最下方表示时差，即与以英国格林尼治为中心的时区在中午12时相差的小时数。纽约位处 −5 区，因此，当格林尼治为中午时，纽约是上午7时。对世界时区系统有多种修正。例如，虽然冰岛和英国不在一个时区，但是冰岛实行和英国一样的时间。西班牙完全在格林尼治标准时间内，但是把时钟定为 +1 时，而葡萄牙则遵从格林尼治标准时。中国跨越5个时区，但全国都实行北京时间（+8小时）。在南美洲，智利（−5 时区）使用 −4 小时的标准；阿根廷则使用 −3 小时，而不是它更适合的 −4 小时。

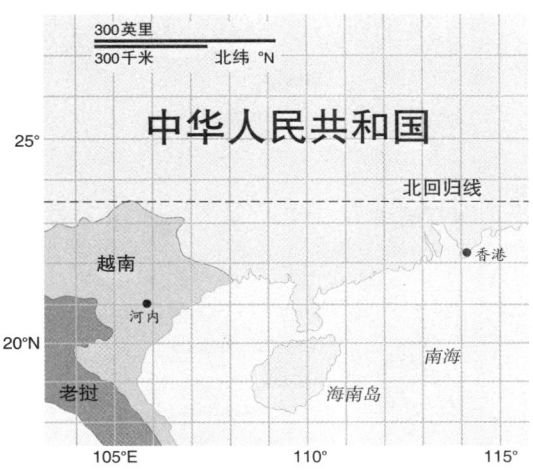

图 2.3 香港的经纬度为 22°17′N，114°10′E。河内的坐标是多少？

以下简称为"日界线"），即新的一天开始的地方，主要沿着 180°经线。但是，正如图 2.2 所示，有些地方日界线有所偏离，以免一国或一个群岛内有两个不同日期。因而，日界线呈"之"字形，以便西伯利亚和俄罗斯其他地方有同一个日期，而且使阿留申群岛和斐济岛不致被划分开。新的一天从日界线开始并向西推移，因此这条线以西一般比其东面提前进入新的一天。

通过使用经度和纬度的度和分，必要时使用秒，我们就能描述地球表面任何地点的位置。例如，芝加哥市中心位于 41°52′50″N，87°38′28″W；香港位于 22°17′40″N，114°10′26″E（图 2.3）。

经纬度网格系统是描述位置的一种方法。另两种主要的土地识别系统是美国公共土地测量系统（U.S. Public Land Survey System，PLSS）和加拿大土地测量系统（Canada Land Survey System，CLSS）（见"区–列系统"专栏）。

全球定位系统

近年来，全球定位系统（Global Positioning System，GPS）使位置的确定比过去容易得多。这种导航与定位系统形成于 20 世纪 70 年代并得到美国国防部的扶持。这种技术利用美国国防部一系列——24 颗至 28 颗——的卫星，于地球上空约 2 万千米处运行，每 24 小时通过同一地点。每颗卫星携带 4 只精密的原子钟，它们平均每 3 万年只快或慢 1 秒钟。

卫星在轨道上运行的时候，不断发射其位置、时间信号和其他数据。这些卫星被安排为任何时刻都有 4 颗卫星在地平线以上，全球都能进行同步测量。GPS 接收器同时记录到许多卫星的位置，然后确定接收器的经纬度、高度和时间（图 2.4）。为了精确测量某一地点的位置，接收器必须至少检测到 4 颗卫星。

GPS 技术原先是为军事应用、尤其是为海军与空军导航而设计的。1991 年美国与伊拉克进行的海湾战争见证了这种技术的成功。那时在"沙漠盾牌"与"沙漠风暴"行动中，美国军队用这种设备寻找穿越沙特阿拉伯沙漠的道

图 2.4 这种手持 GPS 接收器在一个小型液晶显示屏上显示经纬度和一张地图。（*Courtesy Garmin Corporation*）

专栏 2-1 区-列系统

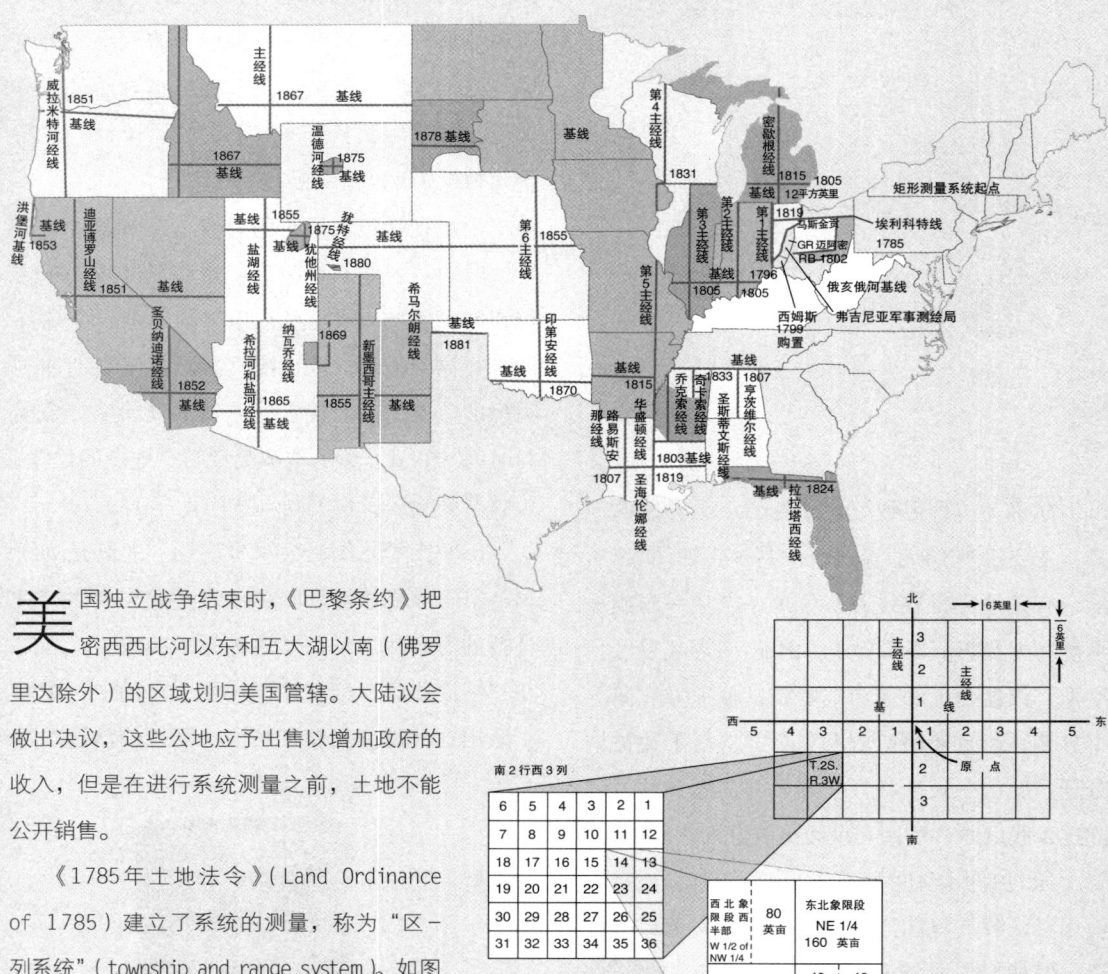

美国独立战争结束时,《巴黎条约》把密西西比河以东和五大湖以南（佛罗里达除外）的区域划归美国管辖。大陆议会做出决议，这些公地应予出售以增加政府的收入，但是在进行系统测量之前，土地不能公开销售。

《1785年土地法令》（Land Ordinance of 1785）建立了系统的测量，称为"区-列系统"（township and range system）。如图所示，该系统以测量线的基本方向为依据：东西走向的基线和南北走向的经线。间距为9.7千米的网格线把土地细分为一系列方块。一个区（township）由边长为9.7千米的方块组成；区进一步划分为36个地段（section），每个地段面积为1平方英里。每个1平方英里的地段细分为4个160英亩的象限段（quarter-section），而这些象限段——被认为是一个农场的标准大小——原本是能被购买作为小住宅区的。后来把最小单位减少到80英亩，然后又减少到40英亩。每个地块都有一份唯一的证书。

（a）管理美国公地测量的主要基线测量系统。（b）美国公地测量系统中的区、地段以及进一步的细分。区-列测量系统对每片土地均授予唯一的证书。区按行（tier）和列（range）编号。本图的实例中，该区位处基线以南第二行和主要经线以西第三列，标志为T.2S, R.3W。每个区又划分为边长1.6千米的地段，自区的东北角开始从1—36编号。地段再细分为1/4、1/8（1/4的一半）和1/16（1/4的1/4）。图中右下方深色区域，按国有土地管理局（Land Office）的编码为"SW 1/4 of the SE 1/4 of Sec. 14, T.2S, R.3W"。

资料来源：(a) *From U.S. Department of the Interior, Bureau of Land Management,* Surveying Our Public Lands. *Washington, D.C.: U.S. Government Printing Office, 1980.*

俄亥俄州东部率先使用区一列测量系统，随后该系统被推广到西抵太平洋，北达阿拉斯加的美国大部分地区。加拿大土地测量系统与美国开发的上述系统相似，也采用基线和经线，将土地细分为镇区、牧场、地段和地段以下的小区。

这种矩形调查系统对美国中西部和加拿大的地景有着深远的影响。道路与地界通常都依从测量系统的直线，形成棋盘式的开发模式。甚至房舍和谷仓也倾向于按基本方位定向。矩形测量系统导致的另一个结果是许多政治管辖权也具有直角的边界。

路。这种技术还促进了精确制导武器的开发，这种叫作"聪明炸弹"（smart bomb）的武器靠雷达导向追踪目标。美国政府在其他方面的应用包括用GPS接收器监测地质断层和洋流、传感大气层的全球变暖、消防和灾情制图等方面。

例如，为了寻找航天飞机哥伦比亚号（Columbia）2003年2月1日重新进入大气层时解体的线索，联邦政府调查员使用GPS技术圈定航天飞机残片散落的地域——包括得克萨斯州的一部分、路易斯安那州和其他若干个州的部分地区。几百名志愿者和执法官员发现并收集了成千的碎片，把碎片的精确位置输入装有特殊制图软件的计算机。悲剧发生后只过了几天，设在得克萨斯州拉夫金（Lufkin）的联邦突发事件管理局灾难现场办公室就每天打印出1000多张地图。这些地图帮助紧急救援人员集中需要搜索的地区，以便找回更多的航天飞机残片。

由于GPS接收器越来越小、越轻、越便宜，民用数量倍增。有些汽车厂家在新车上安装了车载导航系统供用户选择，有些租车公司在汽车中装备这种系统。系统选择GPS信号监测汽车的位置，将其与储存在压缩光盘中的电脑地图相比较。不断更新的汽车位置显示在固定在仪表盘的电脑屏幕上。导航系统令驾车者找到自己的所在地和到达目的地的路径。例如，驾车者可以给出街道地址，电影院、旅馆或别的建筑物的名称，系统就会将其展示在屏幕上，

指出驾车者离目的地还有多远，还需要多长时间才能到达，系统在屏幕地图上给出建议路线方向，或用电子语音"说出"指导意见。经常开车到陌生地点的推销员、房产经纪人和修理工常使用车载导航系统。

娱乐休闲人士也普遍使用GPS接收器，例如徒步旅行者、露营者和乘船旅游者。最近几年来，此类系统还开发出各种微型GPS接收器，可安装在手表、手镯、手机乃至狗项圈上，以便确定目标位置。许多州使用GPS监视装置作为监视系统，跟踪假释和缓刑人员，以确保他们没有擅自走进禁入的地区，例如学校、游戏场所或受害人的住宅等。

2.3 地图投影

只有地球仪才能相当精确地表现地球的面貌，但是地球仪不像平面地图那样易于保存和使用，而且地球仪也不能描述得很详细。例如，假如有一个直径为1米的大型地球仪，我们也只能在边长几厘米的面积上把超过10万平方千米的地表信息安放在地球仪上。显然，一个常规大小的地球仪不能表示城市的交通系统，或者很小的市镇和村庄的位置。

把地球仪转化为地图的时候，我们不能把曲面展平而不改变其原有的全部属性。**地球仪**

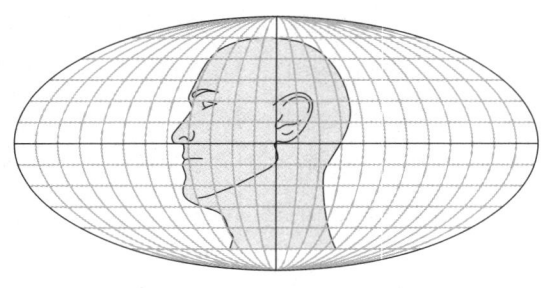

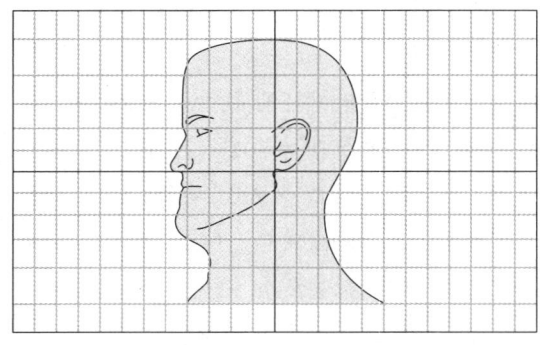

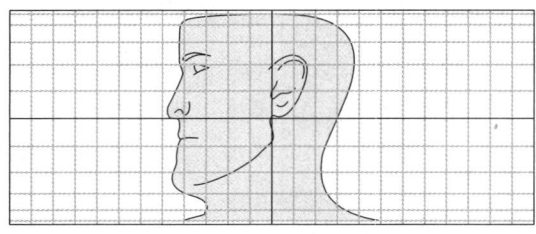

图 2.5 本图表示三种不同地图投影固有的变形。画在一种投影上的头像，在保持其经纬度不变的情况下，被转移到另外两种投影上。这并不意味着第一种投影优于其他两种。头像可以先描绘到任何一种投影上，然后再描绘到其他二者上。

资料来源：*Arthur Robinson et al.*, Elements of Cartography, 5th ed., Fig. 5.6, p. 85.（New York, Wiley, © 1984）

属性（globe property）有：

- 所有经线等长，每条经线的长度为赤道长度的一半；
- 所有经线在两极会合，而且是真实的南北向；
- 所有纬线（纬度圈）与赤道相平行，彼此也相互平行；
- 接近两极的纬线长度减小；
- 经线与纬线以直角相交；
- 地球仪表面任何地方在所有方向上比例尺相同。

只有**地球仪网格**（globe grid）本身能保持所有这些特性。把地球仪投影到能够展平的表面上，就要扭曲这些属性的一部分或全部，并因此歪曲了地图试图描绘的现实。

地图投影（map projection）一词就表明了将地球仪曲面描绘到平面地图上的方法。所有平面地图都以不同方式在不同程度上扭曲了真实地球表面下述四种主要属性的一部分或全部：面积、形状、距离和方向。图 2.5 举例说明了一些地图投影固有的变形。

面　积

有些投影使地图学家能够以正确或不变的比例表示区域的面积。这意味着地图上每平方厘米代表地图上其他任何地方同样多的平方千米（或其他类似单位）数。结果，所描绘的形状就不可避免地变形。例如，地球上的正方形在地图上可能变成矩形，但该矩形的面积是正确的。这样的投影叫作**等积投影**（equivalent projection）（图 2.6 [a]）。表示正确面积关系的地图总是使区域的形状失真。

一张地图要想表现地球表面一种现象的面积广度的真实情况时，就使用等积投影。例如，想比较世界上两部分农业用地的面积，如果使用一张按两种不同比例尺表示相同面积的地图，将会在视觉上造成极大的误导。

形　状

虽然没有哪种投影能使大面积区域得到正

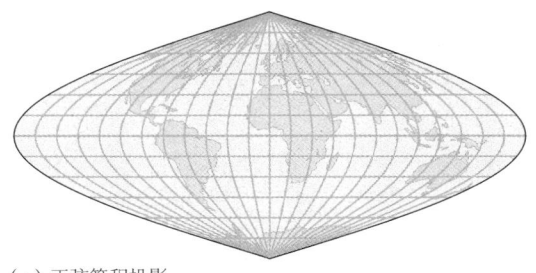

（a）正弦等积投影

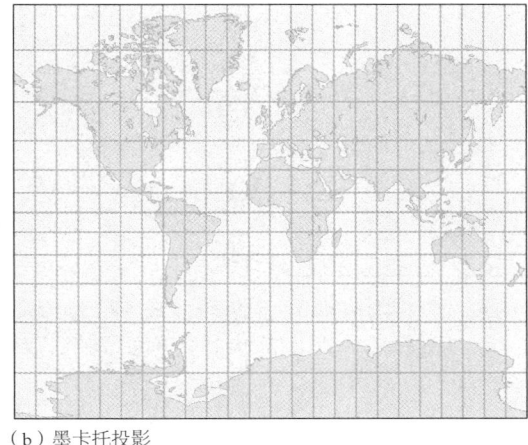

（b）墨卡托投影

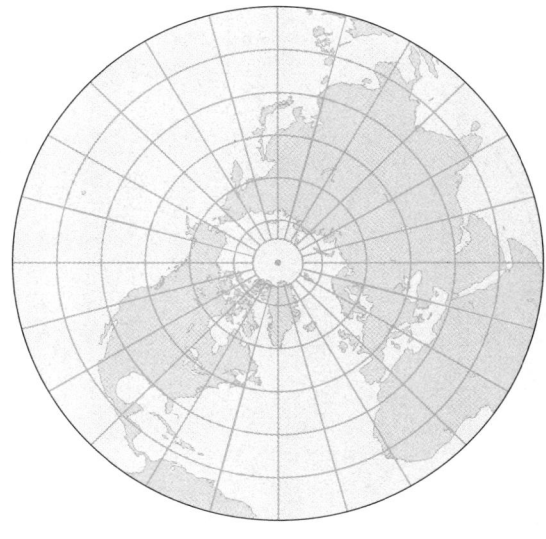

（c）等距方位投影，以北极为例

图2.6 表现特定地图属性的几例投影。（a）正弦等积投影使形状失真但面积大小准确；（b）正形投影方法之一，形状失真但保持了小区域的真实形状；（c）在特殊的等距投影上，只有从中心（北极）开始，所有地方的距离和方向才是真实的。任何平面地图都不能做到既等距又等积。

确的形状，但是有些投影能够通过保留正确的角度关系精确描画小面积的形状（图2.6［b］）。这些真实形状的投影称为**正形投影**（conformal projection），正形投影的重要性在于地图上的区域和特征"看似正确"，并且方向的关系也正确。对于小区域而言，这些投影通过确保经线和纬线彼此以直角相交，以及任何地点所有方向上比例尺相同，获得了这些特性。地球仪上存在这两种情况，但在地图上仅限于相对较小的区域。由于这种情况，较大区域——例如各大陆——的形状总是与其真实形状有所不同，即使在正形投影地图上也是如此。一张地图不可能既是等积的又是正形的。

距　　离

地图上距离的关系几乎总是失真的，不过有些投影在一个方向或沿一定路线上保持真实距离。在所有方向上都能表示真实距离（但只能从一个或两个中心点出发）的其他投影，称为**等距投影**（equidistant projection）（图2.6［c］）。所有其他地点之间的距离都是不正确的，而且很可能极度失真。例如，以底特律为中心点的平面地图，能在地图上正确表示底特律和波士顿、洛杉矶以及其他任何地点的正确距离。但是，不能表示洛杉矶和波士顿之间的正确距离。一张地图不能既是等距的又是等积的。

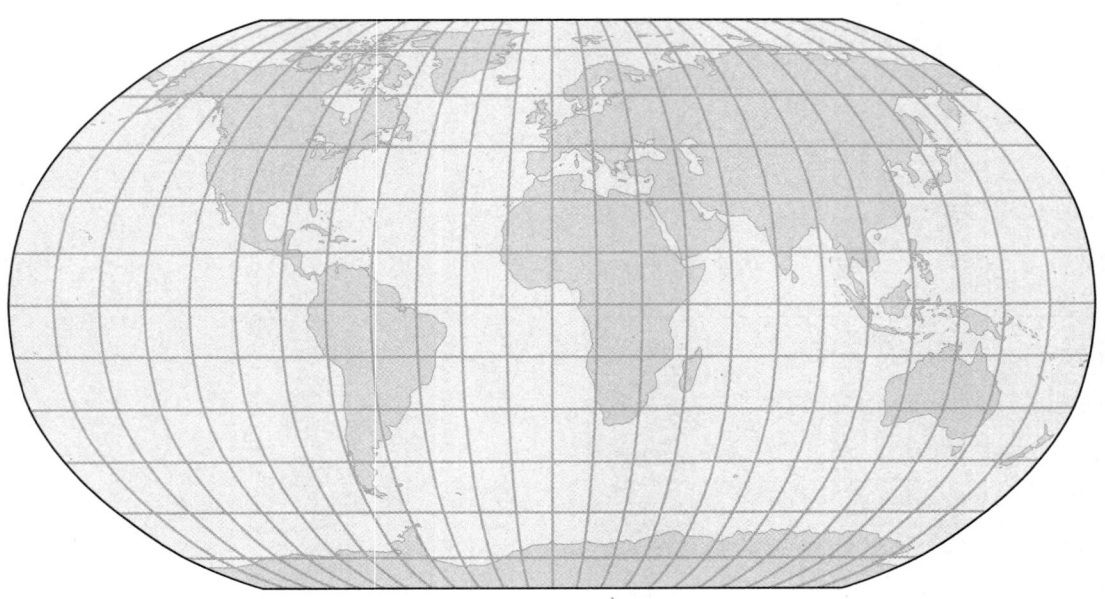

图2.7 鲁滨逊投影是一种介于等积投影与正形投影之间的投影方法，较真实地表现了世界的面貌。最显著的变形是在人口较少的高纬区域，例如加拿大北部、格陵兰岛和俄罗斯。在该地图上，加拿大比实际大21%，而美国相连的48州比实际小3%。

方　向

地图上所有地点的方向，如距离一样，不可能没有失真。然而，**方位投影**（azimuthal projection）上从中心点到所有其他地点的方向却是真实的。（方位角就是一条直线的起点与经线的夹角。）中心点以外的地点的方向或方位角都是不精确的。投影的方位角特性并不是唯一的——就是说，方位投影可能也是等积的、正形的，或者是等距的。图2.6（c）所示的等距地图同时也是一个以北极为原点的真实距离地图。

并非所有地图都是等积的、正形的，或是等距的，许多地图是折中的。这种折中的一个例子是鲁滨逊投影，是为了以视觉上满意的方式表现世界而设计的，本书大部分世界地图采用这种投影（图2.7）。它不能表示真实的距离或方向，并且既不是等积的也不是正形的。它为了改善大陆的形状，宁可允许高纬度地区的大小有些夸大。人口最多的温带和热带的大小和形状是最精确的。

制图师必须了解他们所用投影的特性，选用最适合其目的的一种。如果只是小面积的地图，投影的选择并不重要——实际上可以使用任何一种。如果要表现地跨若干经纬度的面积，投影的选择就比较重要，这时投影的选择取决于地图的目的。有些投影对航海很有用。如果用数字资料制图，所涉及区域的相对大小应该是正确的，因此可能要选用许多等积投影中的一种。挂图通常采用正形投影。多数地图集都指出每张地图所使用的投影，从而把地图的特性及其失真情况告知地图的读者。有关地图投影的详情请见"附录：地图投影"。

地图网格取决于投影，选择地图网格是制图师的首要任务。下一步则要决定所要绘制地图的比例尺。

2.4 比例尺

地图**比例尺**（scale）就是地图上某对象的尺寸和地球上相应地物的比例。比例尺一般有3种表示法：文字表示法、图示法或用分数表示的数字表示法（图2.8）。正如其名称所表示的那样，**文字比例尺**（verbal scale）就是用文字说明，例如"1英寸等于1英里"或"10厘米等于1千米"。**图示比例尺**（graphic scale，有时又称为直线比例尺[bar scale]）是地图上一条线或一个长方块，划分为几段，表示地球上距离单位在地图上的长度。

数字比例尺（representative fraction, RF）用两个数字表示，第一个代表地图上的距离，第二个表示地面的实际距离。分数可以写成多种方式。1英里有5280英尺，而1英尺有12英寸，5280乘以12等于63,360，这就是1英里的英寸数。地图上1英尺等于1英里的数字比例尺可写成1∶63,360或1/63,360。在较简单的公制比例尺上1厘米等于1千米就是1∶100,000。数字比例尺两边所用的单位相同，因此，1∶63,360就是地图上1英寸代表地面63,360英寸，或12英里。当然，等同于1英寸代表1英里。数字比例尺是所有比例尺中交代得最精确的，而且任何语言都能理解。

地图比例尺，或者地图上的尺寸和实际尺寸的比例，变化范围很大。**大比例尺地图**（large-scale map），例如城市规划图，能相当详尽地表现一个地区。就是说，地图与地面距离的比率相当高，比如1∶600（地图上1英寸代表地面600英寸或50英尺）或1∶24,000。在这种比例尺的地图上，像房舍和公路等地物可以按比例绘制。图2.10就是大比例尺地图的例子。**小比例尺地图**（small-scale map），例如国家地图或大陆地图，比率要小得多。房舍、道路和其他小地物不能按比例绘制，必须放大并用符号表示才能看得到。图2.2和图2.3就是小比例尺地图。虽然大比例尺地图和小比例尺地图之间并无硬性的数值界限，不过大多数地图学家认为大比例尺地图的比率为1∶50,000或更大，而比率为1∶500,000或更小者为小比例尺地图。

图2.9中每张地图的比例尺都不相同。虽然每张地图都以波士顿为中心，但是，请注意比例尺是怎样影响着每个边长2英寸的方块中所能描绘的细节数量的。图2.9（a）的比例尺为1∶25,000，大约2.6英寸代表1英里，因此2平方英寸代表不足1平方英里。在这种比例尺下，你可以辨别单独的建筑物、公路和其他地景特征。图2.9（d）的比例尺为1比

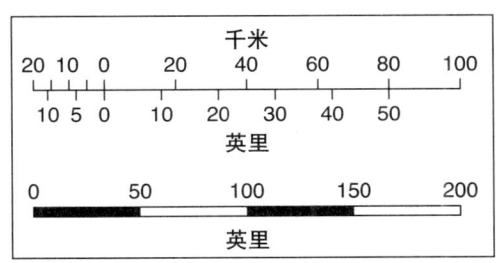

1英寸等于1英里
1厘米等于5千米

（a）**文字比例尺**

（b）**图示比例尺**

$\dfrac{1}{62,500}$ 1:62,500

（c）**数字比例尺**

图2.8 地图比例尺把地图上的距离和地球表面的距离联系起来。(a) 文字比例尺用文字表示。(b) 图示比例尺把一条线分成几个单位，每个单位代表地面两点之间的距离。图示比例尺帮助地图使用者从地图上量测距离。当地图翻拍和复制为不同大小时，图示比例尺自动放大或缩小。(c) 数字比例尺就是一个简分数或比率。比例尺两边的距离单位必须相同，无须声明。

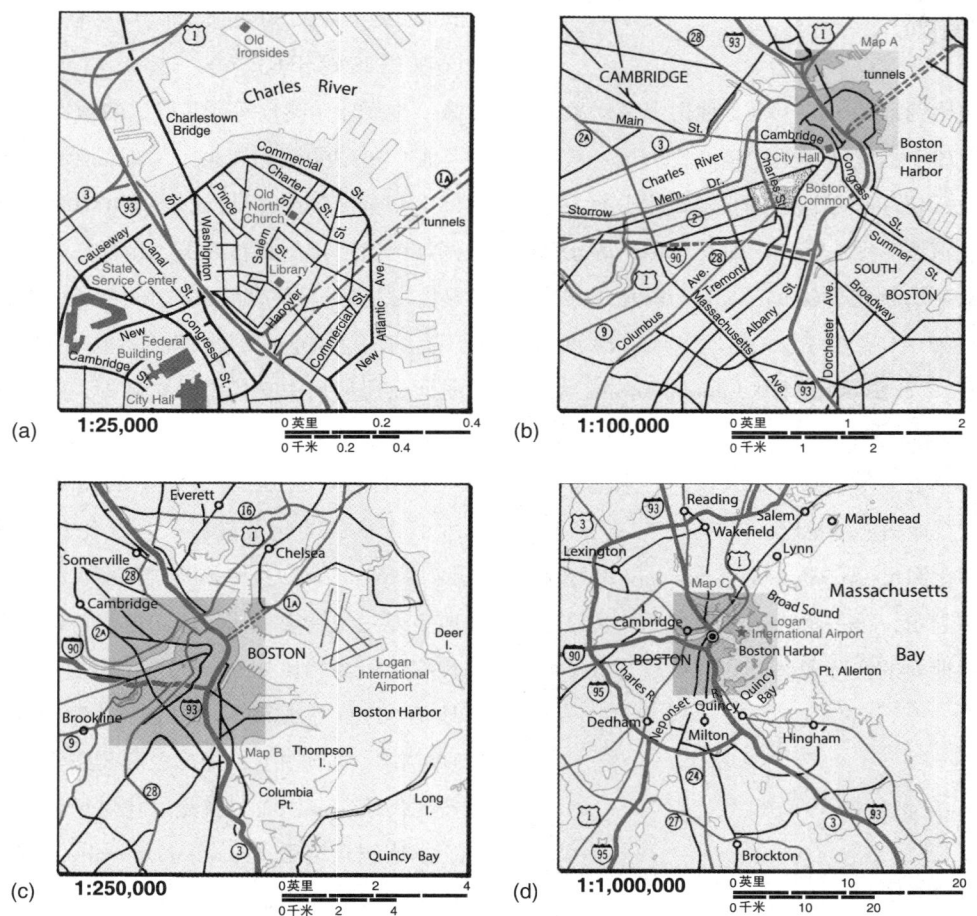

图2.9 比例尺对面积与细节的影响。4幅地图均属波士顿地区，只是比例尺不同。比例尺越大，所能包含地形地物的数量和类型越多。在比例尺为1：25,000的地形图上，地图（a）表现出街道、街名和一些建筑物。地图（d）比例尺较小，只能表示大城市、公路和水体。

100万（1：1,000,000，或者说1英寸代表差不多16英里），展示出面积将近1000平方英里的地区。此图中只能显示公路干线和城市的位置，即使表示此类目标的符号也经过概括而且占用比实际更多的空间。

小比例尺地图，如图2.9（c）和图2.9（d）所示，是经过高度概括的。此类地图只表现主要地形地物相对位置的一般概念，但不能进行精确的量算。小比例尺地图明显不如大比例尺地图详细，而且通常都将海岸线、河流和公路等的轮廓平滑化。

2.5 地图的类型

在地图所能表示的许多形态特征中，地理学家必须首先选择与所研究的问题有关的那些特征，继而决定如何将其展示在地图上，以便显示这些形态特征的信息。为了做到这一点，他们可以从各种地图类型中做出选择。

多用途地图、基准地图（reference map）或位置图属于所有人都熟悉的一大类型。这类地图的主要目的只是展示一个地区或全世界的一种或几种自然要素和（或）文化要素。地图上表现的自然要素一般为水文要素（海岸线、河流、湖泊等）以及地形的形状和高程。文化要素包括交通线路、居民区、地产界线、政治界线和**地名**（toponym）等。

另一大类地图叫作"**专题地图**"（thematic map）或"特种地图"，是一类表现特定事物空间分布或某种数据的地图。制图的对象也可能是自然要素（气候、植被、土壤等）和（或）文化要素（例如，人口、宗教、疾病或犯罪的分布等）。不同于基准地图，专题地图仅限于显示某些特定事物的空间分布。

地形图和地形表示法

如前文所述，有些多用途地图描绘地形的形状和高程。这些地图叫作**地形图**（topographic map）。这种地图描画较小区域的地表面貌，精度往往很高（图2.10）。图上不仅展示地形、河川，以及其他自然面貌，还展示出人类添加到自然地景中的事物，包括交通线路、建筑物和土地利用情况，例如果园、葡萄园和墓地等。地形图上还绘制有各种界线，大至国界，小至田地或飞机场的边界。

美国地质调查局是该国进行地形测绘主要的联邦机构，出版了几个系列的地形图，均以标准比例尺印制。完全覆盖全美的地形图有两种比例尺：1∶250,000和1∶100,000。还有各种其他比例尺的地图。各州地形图的比例尺取决于州的大小，从1∶125,000（康涅狄格州）到1∶500,000（阿拉斯加州）不等。

这些系列中的单张地图称为**图方**（quadrangle）。现有的覆盖美国48个相连的州以及夏威夷和其他行政区的比例尺为1∶24,000的地形图，大约有57,000方，蔚为壮观。每个图方覆盖的矩形面积为纬度7.5分乘以经度7.5分。如图2.10所示，这些7.5分的图方载有该地区自然与文化特征两方面的详尽信息。由于阿拉斯加州面积辽阔、人口稀少，该州地图的比例尺主要为1∶63,360（1英寸等于1英里）。阿拉斯加州的图方系列超过2900方。

加拿大负责全国制图的部门是加拿大自然资源部（Natural Resources Canada, NRCan）的自然资源调查制图与遥感研究所。全国都有1∶250,000比例尺的地形图，人口较密集的南部有1∶50,000比例尺的地形图。省级制图部门还出版比例尺更大的详细地图。

美国地质调查局制定了一套用于地形图的符号（图2.11），有些旧地图上把图例列在另一边。请注意，对流水而言，用不同的符号表示四季不竭（永久性）的河流和间歇性河流；还要标明急流和瀑布的位置和大小。水坝有4种符号，而各种桥梁有4种以上的符号。在城市地图上，在不可能标出每一栋建筑物的地方，则用专门的色彩表示建成区，只表现街道和公共建筑物。

如前所述，地形图描绘地球的外貌。地图制图员使用种种技术把三维的地球表面描绘到二维的地图上。表现地势或高程变化最容易的方法，是用所谓的独立高程点（spot height）的方法，用数字标注所选择地点的高程。水准基点（bench mark）是独立高程点的特殊类型，作为计算附近地点高程的参照点（见"大地测量控制数据"专栏）。

不过，地形图上使用的主要符号是**等高线**（contour line），线上所有的点都处于基准面（通常为平均海平面）以上同样的高度。等高线是想象中的线，也许这样最好理解，即把一处直立的地形按等距离、平行地切成一系列水平的薄片，这时出现的轮廓线就是等高线。图2.12展示了一个虚构岛屿的等高线。

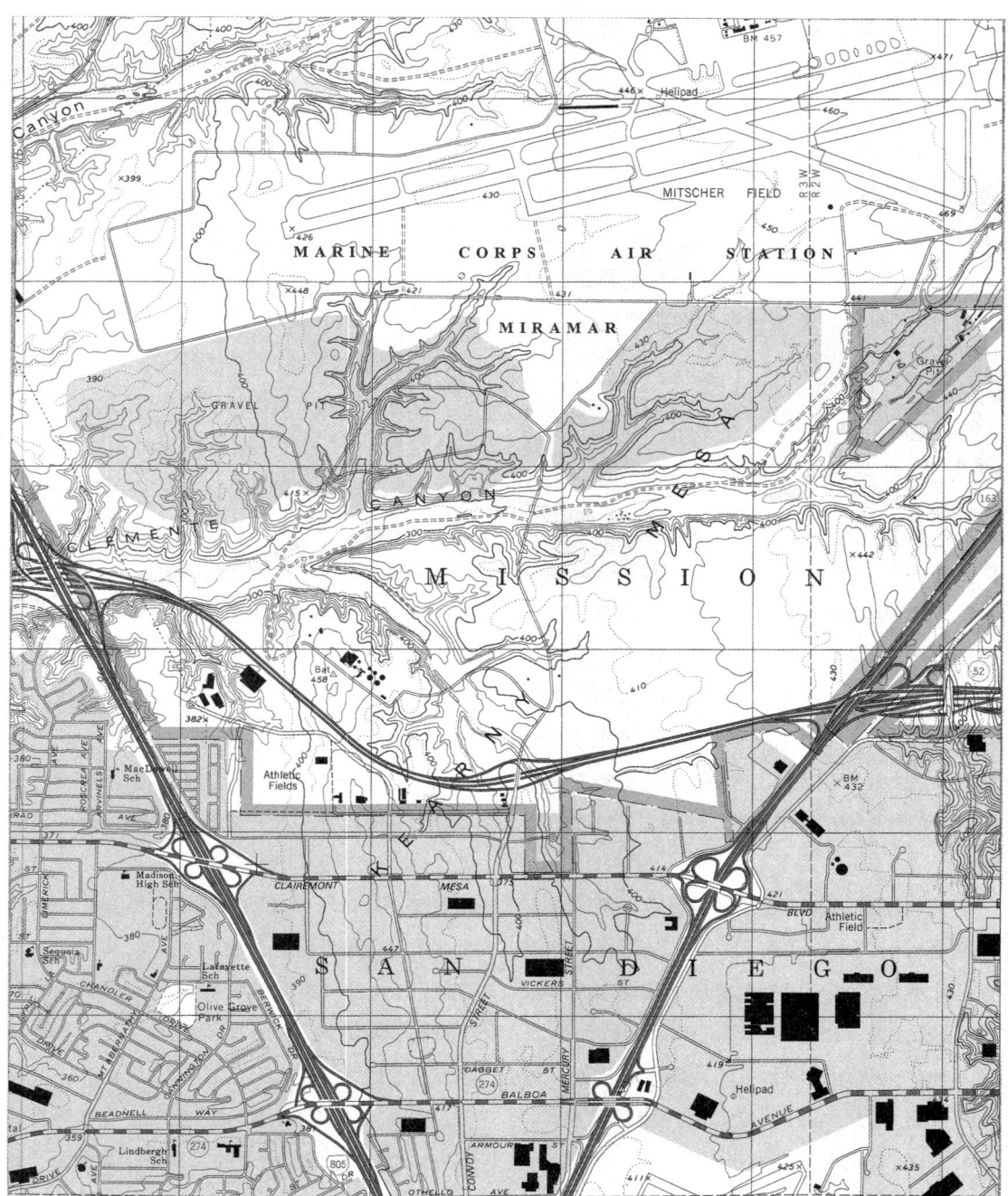

图2.10 美国地质调查局7.5分系列地形图,绘制了加利福尼亚州拉霍亚(La Jolla)的一部分。该部分的比例尺为1∶24,000(1英寸约等于1/3英里),细节表现得相当详尽。黑色表示建成区中的学校、教堂、墓地、公园和其他公共设施。资料来源: *U.S. Geological Survey*.

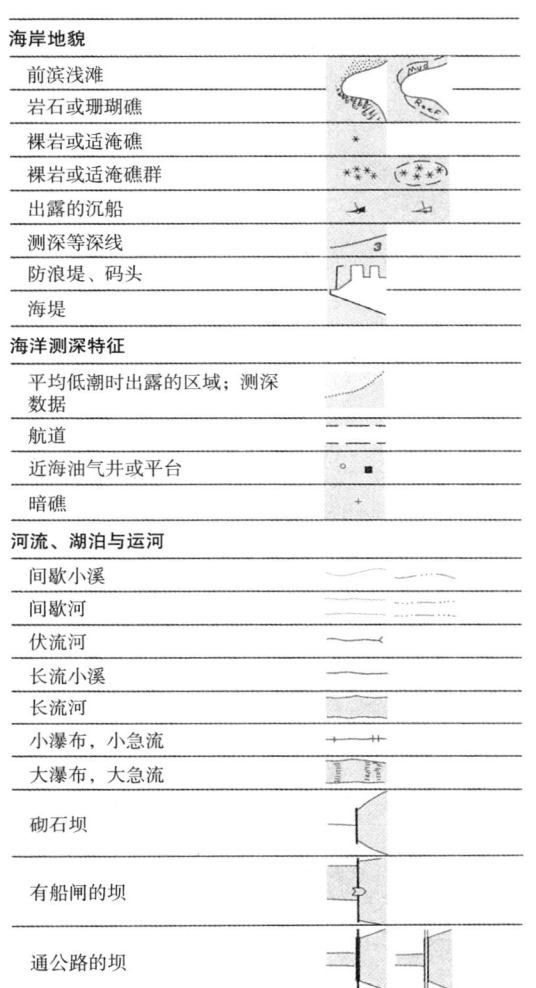
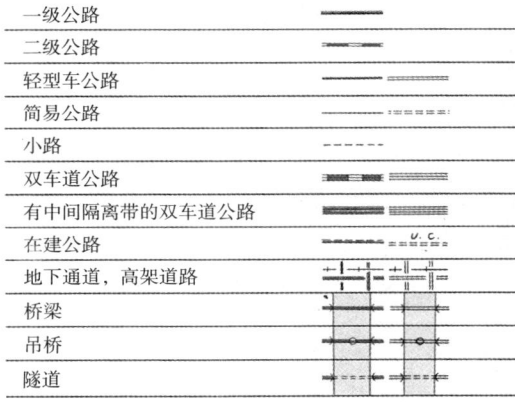

图2.11 美国地质调查局出版的地形图使用的一些标准符号。
资料来源：U.S. Geological Survey.

等高线间距（contour interval）是等高线之间的垂直间距，并通常在地图上有所说明。一般来说，地表越不规则，所需要的等高线越多；坡度越陡，表现这种山坡的等高线越密。经常使用的等高线间距是10英尺和20英尺，不过在比较平坦的地区也可能使用5英尺的间距。而在山区，等高线之间的间距则较大：40英尺、100英尺，甚至更大。

虽然等高线表现地形，给地图读者提供地图上任何地方的高度以及所有地形要素的

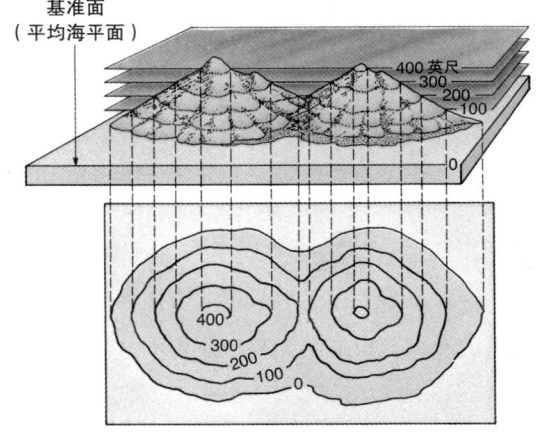

图2.12 一个虚构岛屿的等高线图。被平行于海平面的平面所切的横断面轮廓线，就是该平面在该海拔高度上的等高线。

第2章 地 图 43

专栏 2-2

大地测量控制数据

根据经纬度确定一处地方的水平位置，只需要在三维空间定位所需信息的 2/3。还需要一个确定高程的垂直控制点——这通常根据离海平面的高度来确定。水平位置和垂直位置共同构成**大地测量控制数据**（geodetic control data）。现在已经有一个覆盖全美的网络，包括 100 多万个点，其纬度、经度和高度均已被精确确定、记录在案，并做了标记。

每个点都有一个固定在地面上的青铜标志物。你可能在山丘顶部，甚至在城市的人行道上，见过一些直立的标志物，它们叫作"水准基点"。这些标志物指明其建立的部门、它的位置，有时还有建立的日期。美国地质调查局的每张地图都标明地图覆盖地区的这些标志物，而且保存着每一个包括种类、位置和高程等信息的大地测量控制清单。地图上的水准基点都用大写字母"BM"、小写字母"x"和高程来说明。

1987 年，经过 12 年的努力，联邦的科学家完成了对全国大约 25 万个水准基点的重新计算，修订了这份清单。例如，美国国家海洋与大气管理局（National Oceanic and Atmospheric Administration, NOAA）利用卫星定位系统，进行自 1927 年以来首次全国性控制点的重新测量，发现纽约的帝国大厦现位于它先前所在地东北 36.7 米处；华盛顿纪念碑向东北方向移动了 28.8 米；加利福尼亚州萨克拉门托的州议会大厦圆顶重新定位在原来位置西南 91.7 米处；西雅图的"太空针塔"（Space Needle）的位置在原来地图所示的西面 93 米、南面 20 米处。卫星测量提供了远比过去地面距离与角度测量精确的位置，带来的结果是更精确的地图和更准确的导航。

© Elizabeth J. Leppmen

大小和形状的信息，但是大多地图读者觉得难以凭等高线使地貌形象化。为了提高地形图的图形效果，有时会在等高线上添加一些阴影。可以想象一束一般从西北方向照射该地区模型的光源，模拟其光亮与阴影的外貌，从而造成三维地形的错觉。此外，可以用代表等高线等级的彩色条纹在等高线的"线间着色"（color between），这种方法被称为高程分层设色（hypsometric tints）。

地形图所具有的巨量信息对工程师、区域规划师、土地利用分析师与开发商，以及徒步旅行者和偶尔使用者都很有用。根据如此丰富的信息，有经验的地图使用者能够推断出该地区的自然特征和土地耕作利用的情况。

专题地图与数据表示法

地理学的本质就是研究事物（无论是人、

农作物还是交通流）的空间格局与相互关系。专题地图上用各种符号记录这些现象的位置和数量。这些符号可能是定性的，也可能是定量的。

定性地图的主要目的是表现某类信息的分布。例如，世界油田的分布、国家公园的分布，以及一国之内农业专门化地区的格局等，都是这类地图的主题。人们感兴趣的是这些事物位处何方，而无须报道抽取了多少桶石油，游览公园的人数，或农作物的产值等。

相反，定量专题地图表示数字资料的空间特征。通常只选择一个变量，例如人口、收入或地价，而且这种地图还展示这些变量在各地的变化。多变量地图则同时表示两个以上的变量。

点状符号

空间中某个特定地点存在的地物，在地图上用点状符号表示。地球上存在着无数此类地物：教堂、学校、墓地和古迹等等。其代表符号包括点、十字形、三角形以及其他形状。在定性专题地图上，每个这样的符号仅记录地球上某个特定地点特定地物的位置。

但是，有时候我们感兴趣的是若干地点某些事物数量的变化——例如，某些城市的人口、某些终端处理货物的吨位，或某些机场旅客的数量等。

用符号表示此类现象的方法主要有两种，如图2.13和图2.14所示。一种方法是选择一种符号——通常是点，用来代表制图项目的一定数量（如50人），这种符号可以视需要而重复多次。这样的地图便于理解，因为这些点在视觉上给地图读者以格局的视觉印象。有时候改用形象化符号——例如用人像或油桶——来模拟制图的主题。

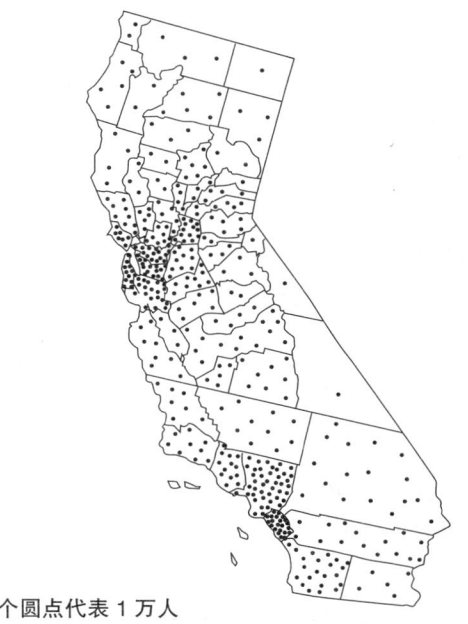

· 一个圆点代表 1 万人

图2.13 加利福尼亚州各县人口分布点状地图。在点状分布图上，如图所示，所有的点都具有相同的数值。图中点的位置并不是该县人口的准确位置，只是人口的总数。点状地图能够为一种现象的分布与相对密度提供良好的视觉印象——在本例中表现了从一个县到另一个县人口数量变化的图像。

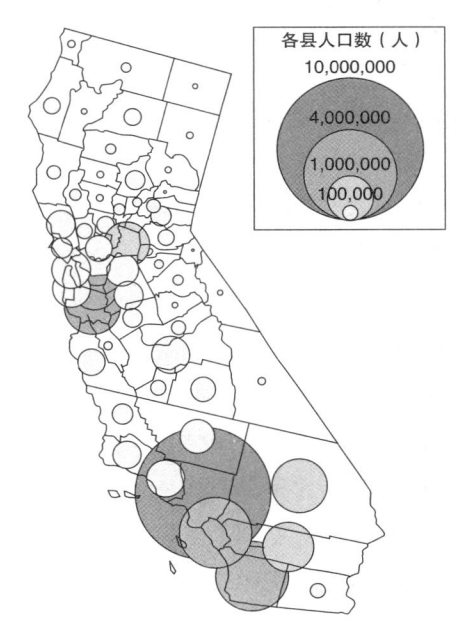

图2.14 加利福尼亚州各县人口分布比例圆地图（graduated-circle map）。圆面积与各县人口数量成正比。地图上方圆的等级帮助读者解译该地图。

如果数据变化范围很大，地理学家可能会觉得反复使用一种符号不方便。例如，如果一国人口500倍于另一国，或者一港口的吞吐量50倍或100倍于另一港口，这可能使地图上有过多的点且互相混淆。为了避免这种问题，地图学家可以选择第二种方法——使用分等级的符号。符号的大小随所表示的数量大小而异。这样，如果使用方形或圆形，符号的面积通常就与所表示的数量成正比（图2.14）。

但是，也有这样的情况，数据变化范围极大，即使用圆形或方形还是要占据地图上很大的空间。在这种情况下，可以用球体或立方体，令其体积与数据成正比。遗憾的是，许多地图读者未能理解体积上这个固有的第三维，因此大多数地图学家不推荐使用这种符号。

面状符号

地球表面轮廓分明的面状地物，在地图上用面状符号表示。如点状符号一样，这些地图也分两大类：表示类型差别的地图和表示数量差别的地图。地图集包含许多第一类的例子，如宗教类型地图、语言地图、政治实体地图、植被图或岩石类型地图等。这些地图通常用不同颜色或图案表示不同的类型区域，如图2.15所示。

表现一种现象的数量随地区变化而变化的一种方法是利用**分级统计图**（choropleth map）。该词源自希腊语"地方"（choros）和"大小"或"数值"（pleth）。所表示的数量可能是绝对值（例如各国的人口）或派生的数值，例如百分数、比例数、比率和密度等（如县的人口密度）。数据被归并为有限的几个等级，每个等级用醒目的颜色、阴影或图案表示。图2.16就是地区分布图的一个实例。在该图中，面积单位是州。其他常用的分区是县、区、城镇和人口普查分区等。

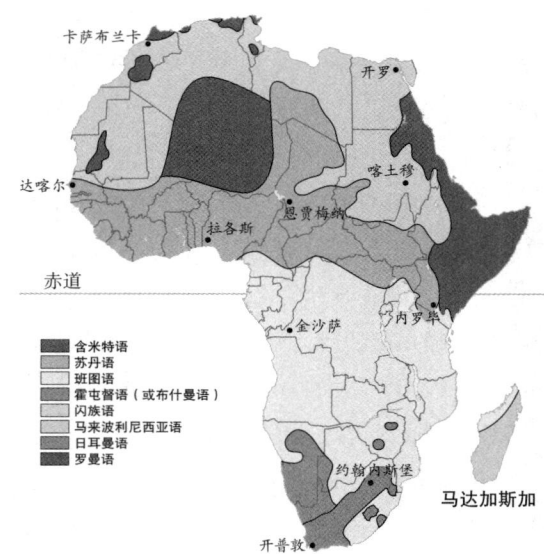

图2.15 非洲的语言区。像这样的地图有可能给人以某个地区内部具有一致性的假象。例如，非洲南部大部分地区只讲班图语，但这种地图只是为了表示一个地区内最流行的语言。

如图2.15和图2.16所示，表现一个地区某种现象分布特征的地图（无论是定性的还是定量的）有3个主要问题：

- 地图给人们以各区域相一致的印象，而这些区域可能有着显著的差异；
- 界线达到不切实际的精确且显著的程度——这意味着地区间存在急剧的变化，但实际上变化可能是逐渐的；
- 除非精心选择颜色，否则某些区域可能看起来比其他区域更重要。

有一种特殊类型的区域地图叫作**面积分区统计图**（area cartogram）或**面积数值地图**（value-by-area map），图中单位面积与所表现的数据呈正比（图2.17）。人口、收入、成本或其他变量成为量测的标准。面积的大小和形状都可能发生改变，距离和方向可能失真，邻接关系可能保持，也可能不保持，这些

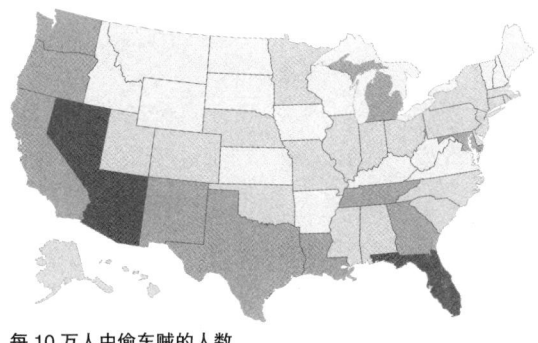

图 2.16 地区分布图表示1998年美国各州盗窃机动车比率的变化。在地图上用面积表示数量变化比表格更形象化。
资料来源：*Redrawn from* Crime and Justice Atlas 2000, U.S. Department of Justice, p. 55.

都取决于制图师想要传达的思想（见"红色州，蓝色州"专栏）。

线状符号

线状符号就像该术语所表明的那样，代表具有长度而宽度并不重要的地物。地图上有些线条在数量上并不重要。例如，代表河流、政治界线、公路和铁路的线条并不是定量的。这些地物用下图中和图2.11所示的标准化符号表示在地图上。

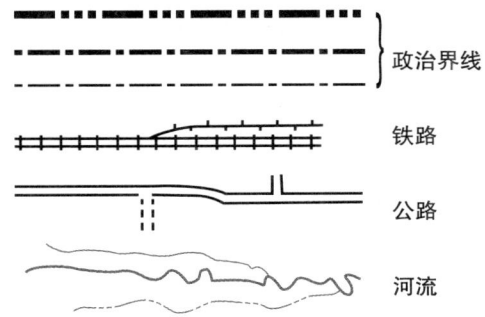

但是，地图上的线的确常常表示某些特定的数值。连接平均海平面以上高度相等地点的等高线是一种**等值线**（isoline），或恒值线。等值线的例子还有等降雨量线（isohyet，雨量相等）、等温线（isotherm，温度相等）和等压线（isobar，大气压相等）。

流线地图（flow-line map）被用以描绘各地点之间的线状运动。这种地图可能是定性的或定量的。定性流线地图的例子是显示洋流或航空线路的那些地图：图上的线条宽度一致，通常用箭头指示运动方向。另一方面，在定量流线地图上，流线与其表示对象的数量成正比。移民流、交通流和商品流通常用这种方式表示。线路的位置、运动方向和流动的数量均可在图上表示。流线地图所表示的数量可以是绝对值，也可以是一种派生值——例如，真实的交通流或者是每千米的数字。在图2.18中，流线的宽度与美国州际移民的数量成正比。图5.7则是另一种流线地图。

障眼法

大多数人倾向于相信他们在印刷品上看到的信息。地图尤其有说服力，因为图上的线条、比例尺、符号位置以及信息量的精确性是不言而喻的。不过我们要记住，所有地图都是现实的抽象表达，因此，真相可能失真。地图也和各种信息一样，它所传达的信息反映了作者的意图，而且可能是偏见。地图可能巧妙地或明目张胆地篡改其传达的信息，或者包含有意制造的假信息。

地图失真的原因有时是出自无知——例如中世纪——的地图学家，他们把神话中的怪兽画在不了解的大陆内部；有时歪曲的动机是为了宣传，纳粹德国有些地图即属此类。有时造假的原因还是为了挫败外国的军事和情报行动。

1988年苏联的首席地图学家承认，50年来苏联的政策是有意对几乎所有公开出版的地图

红色州，蓝色州

每张地图都有一定的目的。制图师要表现什么资料和如何表现这些资料，可能影响着我们对现实的看法。媒体用"红色州"和"蓝色州"的说法来讨论2004年美国总统选举。多数选民投共和党候选人乔治·布什票的是"红色州"，而蓝色则是偏向民主党候选人约翰·克里的那些州。因此，本页的两张地图表明，美国本土48州着色的原则是：红色和蓝色分别显示共和党人和民主党人占多数的结果。

在全国范围内，选民选举两个候选人的百分比几乎是相等的——选布什的占51%，选克里的占48%。不过，图（a）给人以"红色州"在全国占优势的印象。虽然地图是精密的，但是它却误导为大多数"红色州"人口少而大多数"蓝色州"人口多。密歇根大学复杂系统研究中心（Center for the Study of Complex Systems）的3位研究人员设计了一种面积分区统计图，这就是按人口多少重新安排各州的图（b）。现在红色和蓝色的面积更接近于相等。

研究人员创建了许多其他预测选举结果的地图。有些地图显示各县的选举结果；另一些地图表示各州的大小与其选举人票的比例关系；还有些地图在红色和蓝色之外加入第三种颜色——紫色，用来表示民主党人和共和党人选票百分比近于平衡。

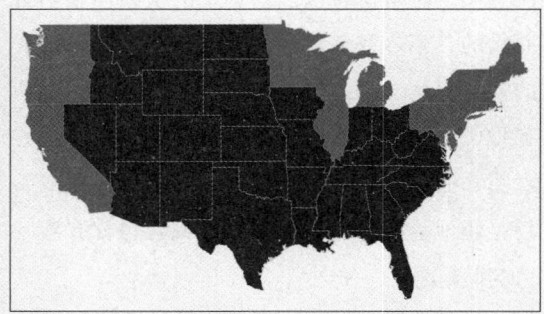

（a）传统图像。这张2004年11月2日总统选举地图中，分别用红色（深色区域）和蓝色（浅色区域）表示共和党和民主党占优势的结果。

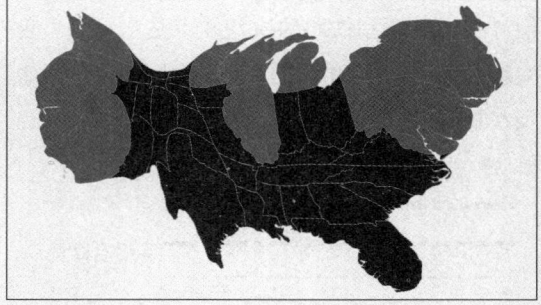

（b）人口比较统计地图。选举结果表示在州的大小以人口而不是土地面积为依据的比较统计地图上。

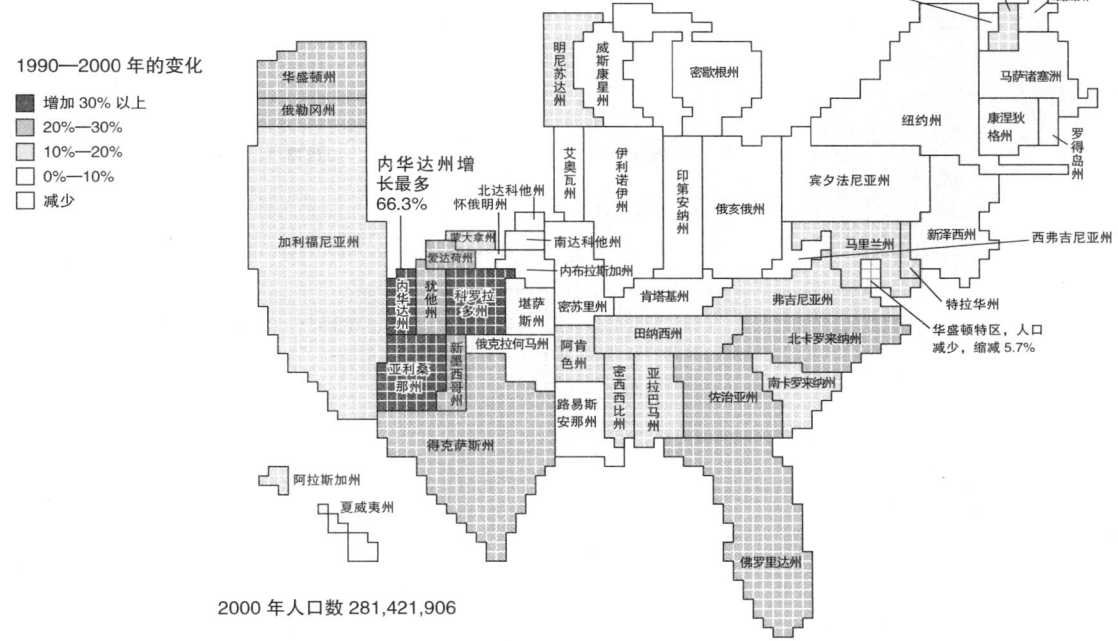

图 2.17 分区统计图上每个州的大小以2000年美国人口普查局统计的居民人数为依据。图上还显示1990—2000年人口变化的百分数。

资料来源：*U.S. Bureau of the Census*.

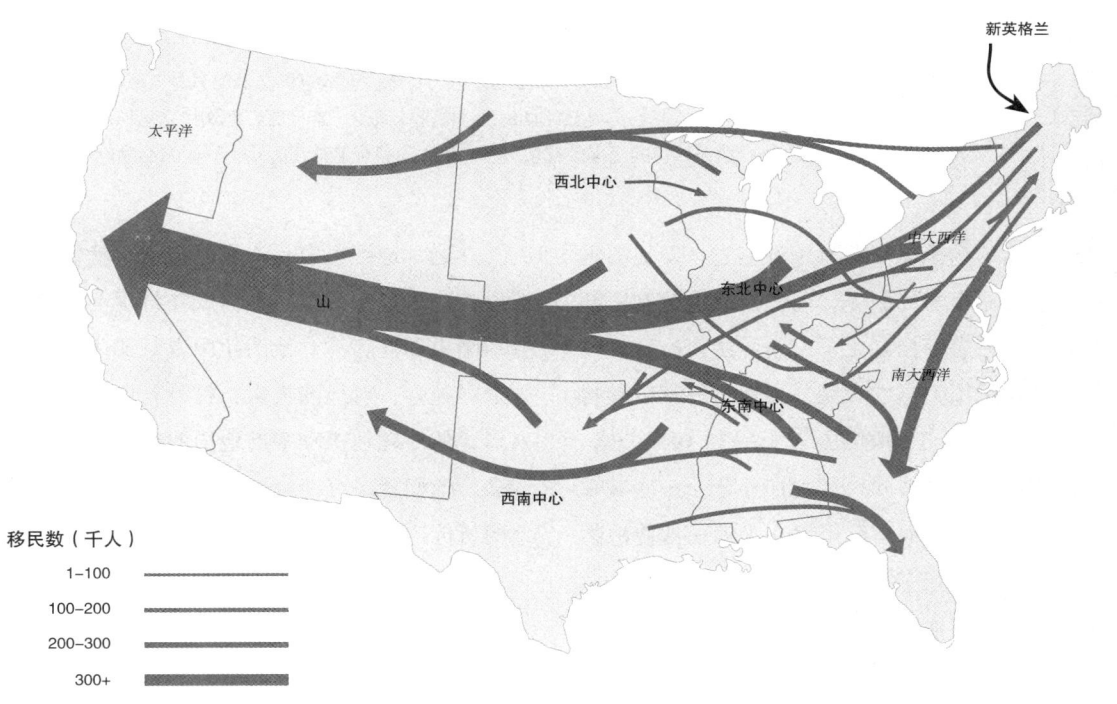

图 2.18 20世纪50年代美国移民形势定量流线地图。

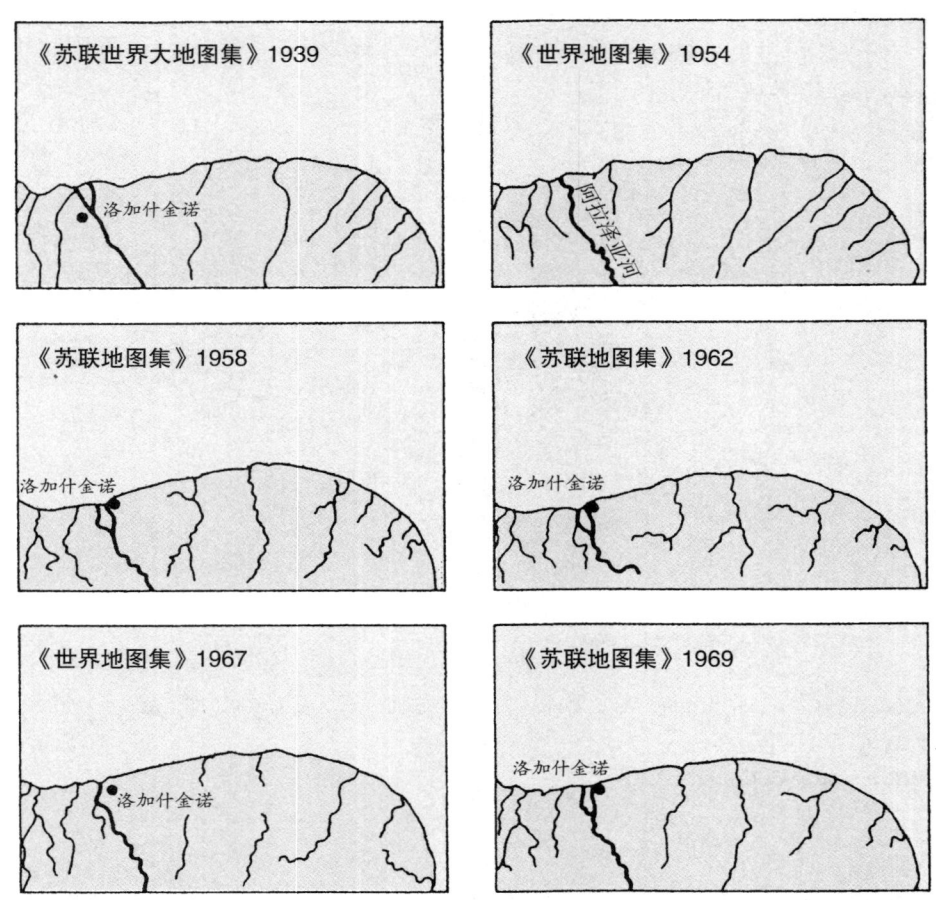

图2.19 苏联不同地图上展现的洛加什金诺（Logashkino）及毗邻地区。在地图上故意制造假信息是苏联的冷战策略。通常我们都相信地图告诉我们事物位于何处。但是，图上表明随着河增加或减少一条支流，洛加什金诺城从河西岸移到了河东岸，到1954年，城市消失了。错误信息的变化是有意向潜在敌人隐藏可能存在的军事目标的准确位置。

造假。这项政策显然源自一种信念，即地图学家应该为军事需要服务，而一旦政府的制图部门置于秘密警察控制之下时就开始执行这种政策。苏联地图失真的类型包括地物的移位和省略，以及使用不正确的网格坐标（图2.19）。公路、河流和铁路有时被挪动多达10千米。一座城镇可能标在河东，而实际上是在河西。即使地物标示正确，但是经纬度网格却可能放错了地方。这种歪曲还可能随时间而变化。比如，在一张地图上标在河流一侧的市镇，在后来的地图上却出现在河流另一侧，在此后的版本中又移动了几千米，而在再后来的地图上又彻底消失了。

总之，地图很容易失真或造假，就像地图能够传达可证实的空间数据或在科学上有效的分析结果那样容易。地图使用者对那些可能性知道得越多，对地图投影、符号表现以及对普通形式的专题地图和基准地图的制图标准了解越多，他们就越可能合理地质疑并清醒地解读地图所传达的信息。

2.6 遥　感

地形图研制之初，必须为其获取野外数据。

这是一个缓慢而乏味的过程，包括通过测量地表上一个点与其他点的距离、该点方向与高程，把这个点和其他点联系起来。20世纪30年代以来航空摄影技术的进展，使得加速地图制作与增大地形图所表现的土地面积成为可能。航空摄影只不过是现在采用的许多遥感技术之一。

遥感（remote sensing）是一个比较新的术语，但是它描述信息的过程——探测一个物体的形状而不直接与其接触——已被采用了100多年。照相机问世后不久，人们就从气球和风筝上拍摄过照片。甚至用信鸽携带微型照相机，设定每隔一定时间自动曝光来拍摄巴黎的航空相片。20世纪30年代首次使用飞机为照相机和摄影师提供制图平台，这样就可以从计划好的位置拍摄相片。

航空摄影

尽管现在有了各种传感器，但是使用照相机返回底片的航空摄影仍然是被广泛采用的遥感技术。空中制图优于地面测量的最明显之处，就是制图师得到的鸟瞰图。制图师利用立体镜装置，就能确定各种地貌（如山地、河流和海岸线）的准确坡度和大小。用其他方法难以测量的地区——例如高山和荒漠——从空中就很容易被绘制成地图。而且，几百万平方千米的地区可以在很短的时间内被测量。当然，利用航空摄影制图之前，必须对所记录的物体的大小、形状、色调和颜色等线索进行判读。以航空摄影为基础，能迅速绘制地图且很容易对其进行修订，从而能不断更新地图。利用航空摄影，对地球的制图能比过去更精确、更完整、更迅速。

1975年，美国内政部创立了"国家制图计划"（National Mapping Program）以改善地图数据的收集与分析，改善地图的编制，这对处理资源与环境问题的决策者有所帮助。该项目的首要目标是用正色摄影影像完全覆盖全国未经1∶24,000比例尺制图的地区。

正射影像地图（orthophotomap）是一种多彩色、不失真的航空摄影影像，上面添加了某些增补的信息（如地名、位置网格、界线、等高线等符号）。这个英语单词使用前缀"ortho"（源自希腊语orthos，意为"正确"），是因为航空摄影经过矫正或校正，可消除因地形高度和照相机倾斜造成的误差。正射影像地图兼备照片的影像特性和地图的几何特性。请注意图2.20不同于传统地图之处，是以影像作为表述信息的主要手段。正射影像地图有着多种用途，包括森林管理、土壤侵蚀评估、洪灾与污染研究，以及城市规划等。

标准照相胶片检测到电磁波谱可见光部分所反射的能量（图2.21）。虽然近红外线波长是不可见的，但是能被特别感光的红外胶片所记录。红外胶片能辨识和记录人眼看不见的物体，因此对植被和水文特征的分类特别有用。彩红外照片产生所谓的**假彩色图像**（false-color image），所谓"假"，是因为胶片产生的影像不是自然界的原样。例如，健康植被的叶子对**红外线**（infrared）的反射比很高，在彩红外胶片上记录为红色，而不健康或休眠期的植被则呈现蓝色、绿色或灰色。清水呈现黑色，但含大量泥沙的水可能呈浅蓝色。

非摄影成像

对于电磁波谱上大于1.2微米（1微米就是1/1,000,000米）的波长，必须使用照相胶片以外的传感器。传感器可能是被动的，记录来自地球反射的辐射，也可能是主动的，自行发射

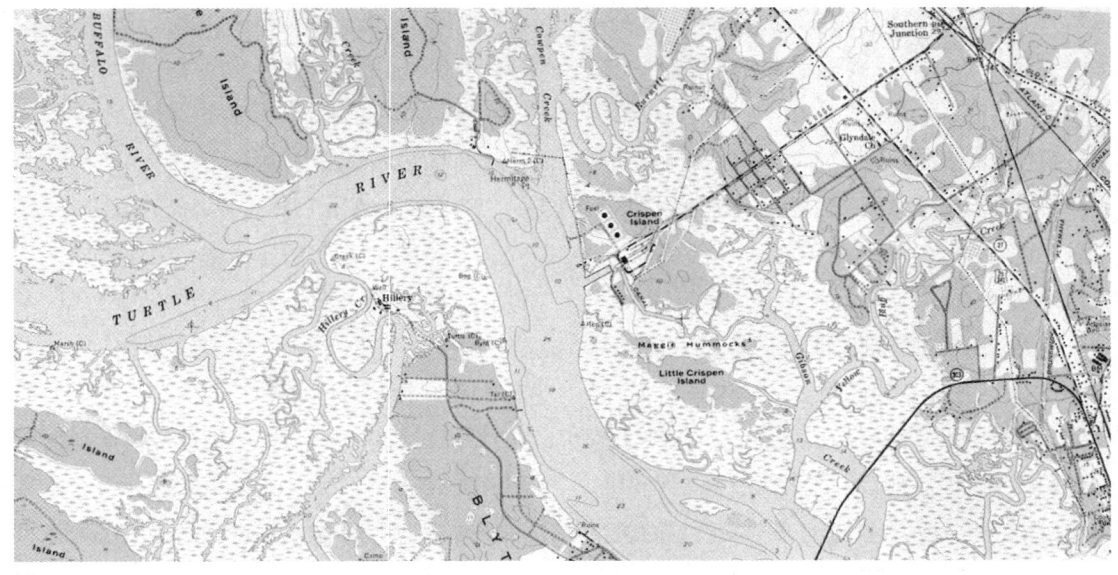

(a)

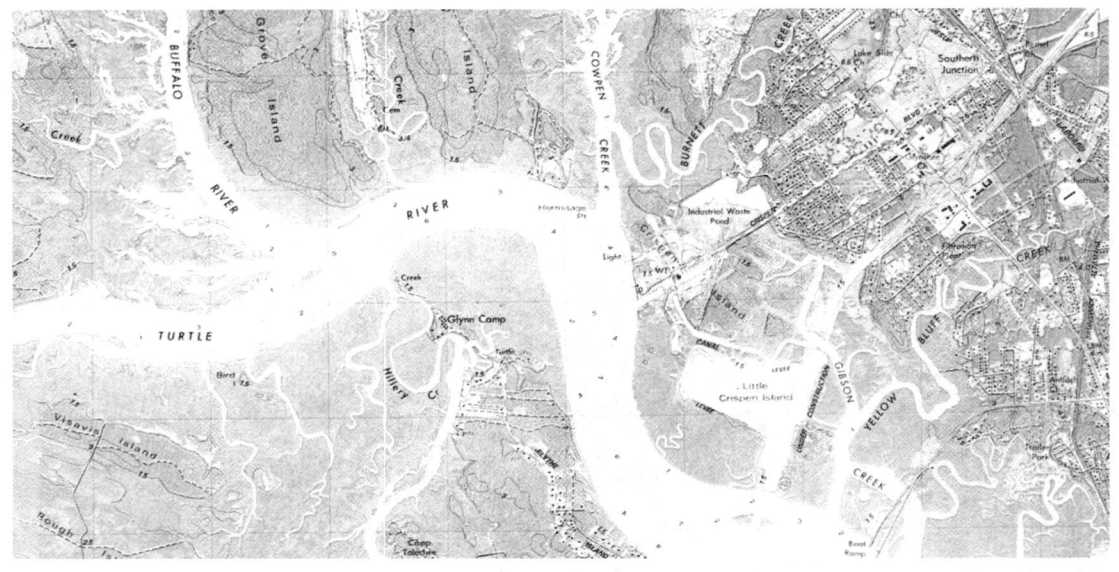

(b)

图 2.20 （a）佐治亚州东南部不伦瑞克（Brunswick）西部图方的地形图；（b）同一处的正射影像地图。因为航空照片表现了非常低平的区域的地形细部，所以正射影像地图很适合于表现沼泽地和海岸带。正射影像地图是美国地质调查局标准地形图有用的补充，用以更新和修正现有的地图。

资料来源：*U.S. Geological Survey.*

能量。照相机是被动的，而雷达工具自己产生能量，并记录从地面向它反射回来能量的数量。尽管地面景象被记录为数字形式，但是打印成照片后即可传播。

传感器的类型

能感知地球上物体发射能量的**热扫描仪**（thermal scanner），被用以产生热辐射影像（图2.22）。就是说，热扫描仪记录水体、云、植

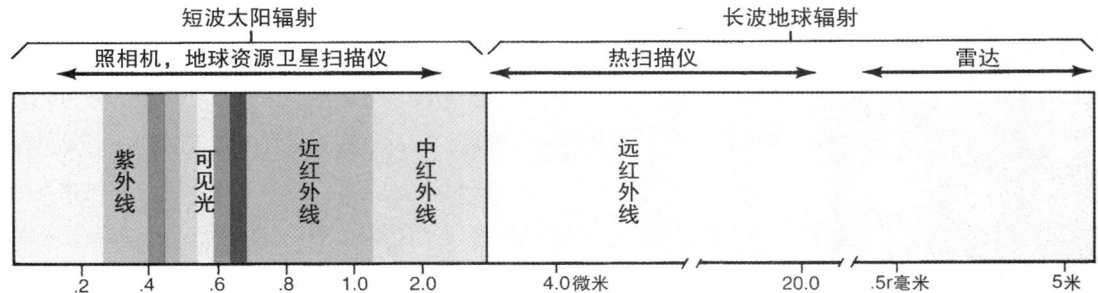

图2.21 以微米表示的电磁波谱的波长。阳光由不同的波长组成。肉眼只对某些波长敏感,这就是我们所能看见彩虹的颜色。虽然肉眼看不见近红外线,但是特别感光的胶片和卫星上的传感器能够将其记录下来。传感器的量程既能反映光谱中的可见光,也能反映近红外线部分。地面辐射的特征是光波波长大于4.0微米。

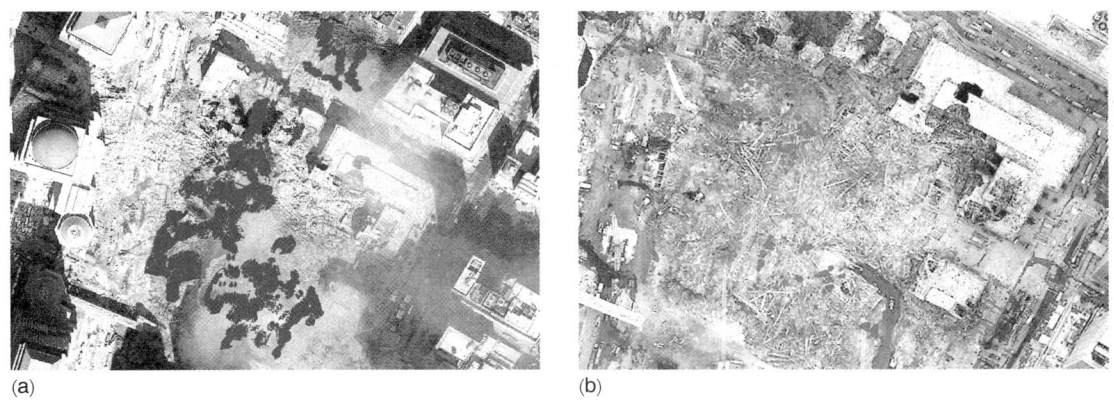

图2.22 2001年纽约市世贸中心的热辐射影像。2001年9月11日双子塔倒塌后,消防队和救援队依靠该废墟每天的热图像侦察瓦砾中和地下的火情,并根据所揭示的火情决定当天的工作。(a)袭击后几天内,一片热扫描场(深色表示)几乎连续覆盖着约4000平方千米场地的大部分地区;(b)一个月后,地下的火光在很大程度上勾画出双子塔曾经屹立的地方。

资料来源:*The New York State Office of Cyber Security and Critical Infrastructure Coordination*(CSCIC)© 2001

被以及建筑物或其他构筑物所发射的长波辐射(长波辐射与物体的表面温度成正比)。与传统摄影不同,热传感既能用于夜间也能用于白天的特点,使其能应用在军事上。它被广泛使用于研究水资源的各方面,如洋流、水污染、地表热平衡和安排灌溉等。

雷达(radar,radio detecting and ranging 的缩写)系统运行在电磁波谱的不同波段,能在白天或晚上使用。此类传感器传输射向物体的能量脉冲,同时感测返回的能量。所得数据被用以创建如图2.23所示的影像——这是安装在飞机上的雷达设备拍摄的。由于雷达能够穿透云层、植被以及黑暗,因此特别适用于监测飞机、船只和暴风雨系统的位置,用于像亚马孙流域那样总是烟雾弥漫或云雾覆盖的地方的制图。

激光雷达(lidar,light detection and ranging 的缩写)是一种比较新的遥感技术,利用机载雷达把光线传输到物体上。仪器对反射回来的光线进行分析,产生有关目标的信息。虽然激光雷达与雷达是基于相同的原理,但其发射的

图2.23 加利福尼亚洛杉矶市的机载侧视雷达镶嵌图。安装在飞机或卫星上的机载侧视雷达（side-looking airborne radar, SLAR）向地面传送微波能量。返回传感器的部分信号被记录为数字值，能表现在照相胶片上。"侧视"的景色造成长度不同的阴影，增强了地形的细部特征。本镶嵌图由许多雷达图像带编绘而成。
资料来源：U.S. Geological Survey.

波长比雷达短1万—10万倍。现有若干种激光雷达。例如，差分吸收激光雷达（differential absorption lidar）用以测量大气层中的化学品——如臭氧或其他污染物——的浓度。激光雷达测距仪（range-finder lidar）是最直接应用于制图的仪器。由于激光雷达数据加工产生极其精密的地形高程以及经纬度坐标，因而对于任何需要精确描绘地表状况的制图都是最理想的选择（图2.26）。

卫星影像

30多年来，载人和无人航天飞机已经作为飞机的补充，成为地形成像的航天器。与此同时，还采用了很多自动制图的步骤，包括电子制图技术的使用、自动绘图仪和自动数据加工等。现在很多影像或来自在轨道上连续运行的卫星，如美国的地球资源卫星和法国的"SPOT"系列（Small Programmable Object Technology）观测卫星，或来自载人航天飞机，如"阿波罗"（Apollo）和"双子星"（Gemini）太空计划。卫星的优势之二就是其覆盖的速度快以及能获得广大区域

的视野。

此外，由于此类航天器上的装备能记录人类视力范围以外的电磁波谱段的信息，并将其传回地球，因此这些卫星使我们能够对不可见的信息进行制图。美国、日本和俄罗斯许多机构发射了许多专门用以监测天气的卫星。卫星所获得的数据大大提高了对日常天气和大风暴预报的准确度，并在这个过程中挽救了无数的生命。卫星是每天电视和报纸上播发的天气图的来源之一。

制作地图只是遥感应用之一，遥感还被证明是进行资源调查和自然环境监测的有效方法。地质学家发现，遥感对荒漠和偏远地区的资源调查尤其有用。例如，有关植被和岩石褶皱类型的信息有助于帮助圈定矿产和石油勘探的可能地点。遥感影像已被用于监测各种环境现象，包括水污染、酸雨的影响和热带雨林的破坏。由于遥感影像能够用以计算蒸腾与光合作用速率之类的因素，所以在大气层与地表之间关系的建模中是非常有用的。

遥感影像的军事应用包括改善飞机导航、改进武器瞄准和加强战场管理与战术计划，这就提出了谁应该有权使用这些信息的问题（见"民用侦察卫星"专栏）。

也许最著名的遥感航天器是首次发射于1972年的**地球资源卫星**（Landsat satellite，又叫陆地卫星）。目前仍在运行的5号和7号地球资源卫星，轨道高度为705千米，大约每1小时40分钟绕地球一周。这些卫星携带电磁波能量范围内的传感器。例如，7号地球资源卫星获取光谱中可见光、近红外、短波红外和热红外等波段的数据。地球资源卫星把电子信号传输到地面接收站，那里的计算机将电子信号转变为能够校正为适合基本地图投影的图片影像。将各种波长信息进行综合，就能制成合成图像。

地球资源卫星有能力分辨相隔15米以上的

民用侦察卫星

虽然遥感卫星已在地球轨道上运行了大约30年，但是1999年以后才有如本文所示的详细的卫星影像供公众使用。直到最近，从商用卫星所得的影像都比较模糊，而且也不如军用卫星那样详细。但现在的情况已不再是这样。1994年，联邦政府撤销了对私立公司的限制，允许他们建造新一代民用"间谍"卫星并向顾客出售图像。总部在科罗拉多州丹佛的空间成像公司（Space Imaging Corporation）于1999年首次发射了高分辨率商用卫星"伊科诺斯"1号（*Ikonos 1*，以希腊文"影像"命名）。翌年又有另两家美国公司发射了类似的卫星。新的成像技术强大到能够检测和记录地面上宽度小到1米的目标：汽车、房屋，乃至热水浴缸。

军事规划人员正在发现商用卫星高分辨率图像不可估量的价值，这些图像足以提供最新的信息，其详细程度和精度水平高于常规地图。把多个数据图层叠加到影像上，例如将从地形图信息、当前天气状况与士兵在战场上的报告进行叠加，就能帮助制订军事任务计划。例如，在伊拉克的军队指挥官就曾利用此类图像查明有可能被狙击手利用的高层建筑，确定哪座桥梁已被摧毁，确定哪些小巷可能是伏兵的通道等。

新的影像同样受到地质学家、城市规划师和救灾官员的欢迎。非政府的公益团体把影像用于向政府施加压力以实践环境法和条约、追踪难民运动、探测非法废料堆，以及监视军控协议等方面的活动。与此同时，卫星影像清晰可见的细节和广泛的实用性增加了对国家安全的担忧。一位情报官员谈到："每当引进一项强有力的新技术，就会引发一场关于把它用在何处的争斗。总而言之，这方面有益用途的潜力很高。但是，肯定也存在被滥用的可能——我们无疑会看到一些这样的情况。"

人们的主要关切之一是在军事侦察清晰度和精确度方面相互竞争的影像可能被威胁国家福祉的人员购买。例如，在战时，敌人可能将其用以攻击军队和军事装置的所在地。恐怖分子可能利用这种图像计划奇袭。美国空间司令部领导人理查德·B.迈尔斯（Richard B. Myers）将军警告说，政府必须决定武装冲突时要如何行事。"当你出售可能用以反对你的东西时，就会存在风险"。

不过，美国公司的操作受到许多安全限制。他们被禁止向若干国家的顾客出售图像，包括古巴和朝鲜。考虑到国家安全利益，政府可以划定任何禁区。例如，2001年9月11日之后不久，五角大楼就从空间成像公司购买了阿富汗和巴基斯坦所有卫星影像的专有权。

思考题

1. 你是否认为新的精细卫星影像是对国家安全的潜在威胁？敌方有权使用这些影像是否可能使好战的国家比现在更加危险？为什么？
2. 有权使用卫星影像为何会滋长环境与社会不稳定的趋势？
3. 为卫星发放许可证的联邦政府是否应该允许实行"快门控制"——战时切断影像销售？论证你的答案。

圣弗朗西斯科国际机场的卫星影像。只是最近才能通过商用卫星得到并向公众提供像本图这样详细、精确的高质量影像。资料来源：© 2000 Space Imaging. All Rights Reserved.

杂的交互作用。1972年以来，这些卫星用图像向用户提供在数据获取格式、几何学、空间分辨率、校正、覆盖度和光谱特性等方面兼容的连续的数据集。

地球资源卫星影像在研究上有广泛的应用，包括：

- 追踪洋流；
- 评估湖泊水质；
- 雪盖、冰川和极地冰原制图；
- 分析土壤与植被状况；
- 监测全球森林采伐；
- 监测露天开采再利用；
- 识别地质构造与相关的矿藏；
- 大都市地区人口变化制图。

有些地球资源卫星数据并非用于长期科学研究，而是用于对台风、洪水、地震、火山、林火和溢油等自然灾害与人为灾害进行监测、制图和做出反应（图2.24）。

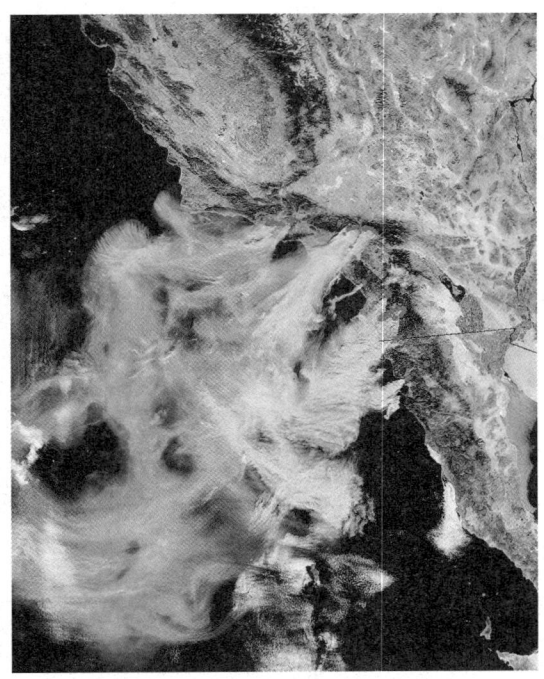

图2.24　2003年10月26日拍摄的加利福尼亚南部卫星照片，影像上三处大火团明显可见：一处在洛杉矶附近、一处在圣贝纳迪诺山脉（San Bernardino Mountains）、一处在圣迭戈。从遥感影像得到的数据可用于了解火灾的范围和强度，还可以每日数次更新明火的地图。这些地图帮助地面消防管理人员决定消防队员最佳的灭火位置、评估火灾后的损失，并帮助他们计划灾后的恢复工作。

资料来源：© Jacques Descloitres, MODIS Rapid Response Team, NASA / GSFC.

目标。这种卫星在极地轨道上运行，这意味着它们从南向北飞行，地球在卫星下面自转，因此每条轨道就会覆盖上次轨道相邻地表的一个条带。卫星在相同地方时连续通过的时候会传输地面宽度185千米的条带，以16天的间隔重复连续的地面轨道的模式，并以此监测所发生的变化。

地球资源卫星是美国航空航天局（NASA）的首个民用项目，供研究地球和地球环境变化之用。其主要目的是创造一套长期不间断校正的地球影像，以帮助研究人员研究地球系统所有组分——空气、水、陆地和动植物——的复

2.7　地理信息系统

地理学的主要进展是使用计算机帮助制图与空间分析。过去25年内，计算机已经几乎变成每个制图过程都必不可少的一部分——从数据收集与记录到地图的编制与修订。尽管设备的最初成本较高，但是投资能以更高效的方式、更精确的地图编制和修订而得到回报。

计算机被认为是**地理信息系统**（geographic information system，GIS）的核心，基于计算机的程序组用以组合、储存、处理、分析和展示与地理相关的信息。任何能够被空间定位的数据都能进入GIS。以下是GIS的5个主要组成部分：

- 数据输入部分：把地图和其他数据从其现存形式转变为数字形式或计算机可读的形式；
- 数据管理部分：用以储存和提取数据；
- 数据操作功能：允许来自异源的数据能同时被使用；
- 分析功能：能够从数据中提取有用信息；
- 数据输出部分：使形象化的地图和表格显示在计算机显示器或硬拷贝上（如打印在纸上）。

地理数据库

开发GIS的第一步是创建**地理数据库**（geographic database），它是地理信息的数字记录，信息来自地图、野外观测、航空摄影和卫星影像等信息源。只要是与地理有关的数据——来自许多不同来源、各种形式——GIS就能够利用。研究目的决定了进入数据库的数据。对于研究一个特定地区湿地对伤害的敏感性的自然地理学家来说，源数据可能包括各地点的降水量图、土壤类型图、植被覆盖图、水污染源图、等高线图以及河水流向图等。另一方面，对城市地理学家和区域规划师而言，要使用的GIS数据集可能包括美国人口普查局收集出版的大量地方专门信息，包括政治界线、人口普查街区、人口分布、建筑物清册、人种、种族划分、收入、住房、就业等等。

数字形式的地理信息一旦进入计算机，就可以对数据进行运算、分析和展示，其速度与精度无可比拟。因为计算机可以在几秒钟之内处理上百万的数据，所以对需要同时分析许多变量的研究者特别有用。地理信息系统的开发降低了用地图储存信息的重要性，同时使研究人员能够专注于地图分析与传送空间信息。利用适当的软件，计算机操作员就能展示数据的任何组合，几乎立即就可以显示各变量之间的关系（图2.25）。在这种意义上，GIS使操作人员能够编制各种地图或进行空间分析，而在几十年前这几乎是不可能做到的。

GIS运算有几种输出类型：展示在计算机显示器、数据清单或硬拷贝上。当需要编制地图时，地图学家就能够迅速提取想要得到的数据。地理信息系统对现有地图的修订特别有用，因为过时的数据——例如人口数量——很容易被修改或替换。此外，GIS还能通过一次操作迅速改变一些变量和（或）模型参数，并能使用多重空间尺度，有助于进行探索性分析。

GIS的应用

谁使用地理信息系统？各领域成千上万人士为各种不同目的使用此类系统。环境系统研究所公司（Environmental System Research Institute, Inc.，简称ESRI）出版的月刊*ArcNews*[①]记述了许多领域"GIS在行动"的无数实例。在人文地理方面，数量巨大且日益增长的大批空间数据促进了利用GIS来研究区域经济与社会结构模型、交通系统和城市发展格局、选举行为模式等等。对自然地理学家来说，要了解自然环境中的过程与相互关系，GIS的分析与建模能力是十分重要的。

除了地理学家以外，从考古学到动物学等各领域的研究人员，都使用地理信息系统，下面仅举几例。

- 生物学家和生态学家利用GIS研究环境

[①] *ArcNews*是该公司向用户终生免费赠送的月刊。——译注

图2.25 信息图层是GIS的精髓。转化为数字资料的地图信息以不同的"图层"被储存在计算机中。GIS让使用者能够把想用的那些图层进行叠合，编成一幅合成地图，借以分析那些变量是如何相互联系的。

资料来源：*Reprinted by permission of Shaoli Huang.*

问题，包括空气污染和水污染、地景保护、野生动物管理和濒危物种保护等。
- 流行病学家需要精确的地图信息来研究疟疾、非典型肺炎、艾滋病和登革热等疾病的传播，以及昆虫学的风险因素。
- GIS软件使政治学家能够利用紧密度和邻接度等标准对现行的立法区进行评估，并提出重新划定区域边界的方法。
- 社会学家利用GIS软件识别不同种族的人群，并研究种族隔离结构随时间的变化。

许多私营公司也使用计算机绘图系统。其

中油气公司、连锁酒店、软饮料灌装企业以及租车公司依靠GIS系统完成各种任务，例如确定井位、为新特许经营权企业选址、分析销售区域，以及计算最佳驾驶路线等。

全国级部门与州、县等地方各级政府部门都使用地理信息系统，如公路与交通管制、公用设施规划等部门。执法部门利用基于空间的软件包来分析犯罪模式、确定犯罪活动的"热点"，从而重新部署警察的储备力量。

政府官员还利用GIS帮助制定对龙卷风、飓风、地震、洪水和森林火灾等自然与人为诱发灾害的应急措施。由于这些威胁人类和建筑物的灾害往往是突然发生的，因此会造成混乱和惊慌。GIS技术日益用于帮助社会制定防灾与应急的计划。例如，规划人员可以将有关道路类型、消防队位置、预期对火灾发生与救援队的反应时间等方面的信息结合起来，编绘撤退地带、疏散路线以及避难场所的地图。一旦灾难降临——无论是亚利桑那州的森林火灾还是俄克拉何马州的龙卷风，在进行房屋定位、产权确认、帮助救援负责人决定把野外工作队和救援人员派往何处、设置野战医院和救护基地等任务时，用GIS编绘的地图已被证明是极其有价值的。灾害发生之后，此类地图还用于圈定受损的建筑物、评估财产损失，以及为清理瓦砾垃圾做准备。

关于GIS应用最具戏剧性的实例之一是2001年9月11日世贸中心遭到袭击之后的几天。应急与重建队伍需要了解瓦砾与残余建筑物的稳定性、哪里的地铁遭毁损、自来水总水管位于何处，以及何处的公共设施运转中断等方面的情况。在受袭地点大火仍在燃烧，市长的计划办公室被毁时，GIS专家就立即开始收集用于编制该地点高精度地图所需的数据。这些不断更新的地图帮助紧急事件负责人跟踪

图2.26 世贸中心现场的三维激光雷达影像。"9·11"袭击后利用遥感、GPS和GIS集成的世贸中心残骸精确地图在恢复与清理工作中的价值是无法估量的。全球定位系统被用以部署地面和空中传感器。装备了3种传感器的航空器收集高分辨率的航空照片、热影像和激光雷达（光探测与测距）数据。资料收集后的几小时内，来自政府、工业界和学术界的GIS专业人员把数据进行合并，编制出大楼与周围地区的高分辨率大幅影像。根据激光雷达系统编绘的三维模型使工程技术人员能够计算瓦砾堆的体积，跟踪其运动与变化，并确定起重机将其清除所需的范围。

资料来源：*NOAA / U.S. Army JPSD.*

地下火灾扩大与灭火的情况，使他们能够决定如何把救援装备运抵现场，何处能安全地布设大型修复设备，以及经由什么路线清运瓦砾垃圾（图2.26）。

由于GIS在各种公共与私人空间查询中的重要性日益增长，就业市场对擅长此项技术的人才的需求也在增长。许多大学的GIS课程也在相关地理部门教授，而且"GIS/遥感"是许多主修地理学的本科生和研究生力图具备的首要职业特长。

章节摘要

我们并未试图在本章讨论地图学领域的所有方面。我们有意省略绘图法与地图设计、土地调查系统、地图编绘,以及地图复制技术等主题。本章的意图是介绍有助于地图阅读与判读的那些方面,同时提示地图创作与设计的新技术,以及地理信息系统的用途。

地图是最古老、最基本的沟通工具之一。对地理学家而言,地图就像文字、照片和定量分析技术那样不可或缺。地理学家不是唯一依赖地图的人。这个时代涉足分析与解决各种问题的人们同样依赖地图。需要对地球表面各要素进行精确描绘的问题很多,全球变暖、污染、全球化、能源供应、国家安全、犯罪以及公共卫生等仅是其中的几个例子。

现代地图绘制源自17世纪。有3项关键性进展使编制地表特征的地图既能令人满意又有可操作性,就是重新发现古希腊地球科学家的著作、越洋航行,以及印刷机的发明。

经纬度网格系统被用以定位地表地点。纬度是赤道南北距离的量度,而经度是本初子午线东西的角距离。经度和纬度二者均以度数表示,度又更精确地细分为分和秒。全球定位装置使用者能够确定他们在地球上的位置。

把曲面的地球表现在平面地图上的所有系统都会使一种或更多的地球特征失真。任何一种投影都会使面积、形状、距离和(或)方向失真。制图员选择最适合其目的的投影,他们可能选用等积投影、正形投影、等距投影,或者选用能表示从一点到所有其他点方向都正确的投影。不过,许多有用的投影都不具备这些特性。

大比例尺地图中最精确、最有用的是国家主要地图机构出版的地形图方。这些图方信息丰富——包含自然景观与文化景观的信息,可应用于多种目的。

近年来,遥感技术使我们能够更快、更精确地编绘世界地图。航空摄影和卫星影像二者能够分辨光谱的可见光和近红外波段。遥感的应用包括编绘地图、环境监测和资源调查。遥感所获取的海量数据的储存、处理与提取推动了地理信息系统的开发。计算机和相关软件日益增强的性能与灵活性,使GIS制图在寻求各种问题答案方面的价值无法估量。

你在阅读本书后面的章节时,注意地图的各种不同用途。例如,你会在第3章看到地图对理解大陆漂移理论是多么重要;第7章,地图怎样帮助地理学家识别文化区;第8章,地理学家如何用地图记录人们对空间的感受。

问题与讨论

1. 本初子午线用作地图和地球仪坐标的重要性是什么?本初子午线或其他任何经线是实际存在的还是人为划定的?本初子午线是如何被划定或被普遍接受的?
2. 当你向两极靠近时,经度的长度有什么变化?赤道与两极之间纬度的长度有什么变化?
3. 在世界地图集中,以度和分确定美国纽约、俄罗斯莫斯科、澳大利亚悉尼以及你家乡的位置。
4. 列举地球仪网格5种以上的特性。
5. 简要说出正形投影、等积投影和等距投影在性质和目的上的不同。试举出能够在每种投影上得到最好表现的各类地图信息的一两个例子。另举出表现在不适当投影上的数据可能导致误解的一两个例子。
6. 地图比例尺能以哪些不同方式表示?把下列地图比

例尺变成相应的文字形式。

　　1∶1,000,000　1∶63,360　1∶12,000

7. 等高线的用途是什么？什么叫等高线间距？等高线密集意味着什么地景特征？

8. "遥感"一词所指的是哪种数据采集方式？描述能传感各光谱波段的一些方式。遥感影像用于哪些方面？

9. 地理信息系统的基本组成是什么？空间信息如何被记录在地理数据库里？计算机化的地图绘制系统应用在哪些方面？

延伸阅读

American Cartographic Association. Committee on Map Projections. *Choosing a World Map: Attributes, istortions, Classes, Aspects.* Special Publication No. 2. Falls Church, Va.: American Congress on Surveying and Mapping, 1988.

———. *Matching the Map Projection to the Need.* Special Publication No. 3. Falls Church, Va.: American Congress on Surveying and Mapping, 1991.

———. *Which Map Is Best? Projections for World Maps.* Special Publication No. 1. Falls Church, Va.: American Congress on Surveying and Mapping, 1986.

Barnes, Scottie B. "GPS Comes Down to Earth." *Mercator's World* 4, no. 3（May/June 1999）: 62–63.

Brown, Lloyd A. *The Story of Maps.* Boston: Little, Brown, 1949; reprint ed., New York: Dover, 1977.

Campbell, James B. *Introduction to Remote Sensing.* 2d ed. New York: Guilford, 1996.

Campbell, John. *Map Use and Analysis.* 4th ed. New York: McGraw-Hill, 2001. Dent, Borden. *Cartography: Thematic Map Design.* 5th ed. Dubuque, Iowa: WCB/McGraw-Hill, 1999.

Easterbrook, Don, and Dori Kovanen. *Interpretation of Landforms from Topographic Maps and Air Photographs.* Englewood Cliffs, N.J.: Prentice Hall, 1998.

Lillesand, Thomas M., and Ralph W. Kiefer. *Remote Sensing and Image Interpretation.* 4th ed. New York: John Wiley & Sons, 1999.

MacEachren, Alan M. *How Maps Work.* New York: Guilford, 1995. Monmonier, Mark. *Drawing the Line: Tales of Maps and Cartocontroversy.* New York: Henry Holt, 1995.

———. *How to Lie with Maps.* 2d ed. Chicago: University of Chicago Press, 1999.

———. "Perfectly Flat: Orthophotos and Orthophotoquad Maps." *Mercator's World* 6, no. 1（Jan./Feb. 2001）: 50–53.

———. *Spying with Maps.* Chicago: University of Chicago Press, 2002. Muehrcke, Phillip C. *Map Use: Reading, Analysis, Interpretation.* Revised 4th ed. Madison, Wis.: JP, 2001.

Robinson, Arthur H., et al. *Elements of Cartography.* 6th ed. New York: John Wiley & Sons, 1995.

Thrower, Norman J.W. *Maps and Civilization: Cartography in Culture and Society.* 2d ed. Chicago: University of Chicago Press, 1999.

———. "A Primer on Projections." *Mercator's World* 5, no. 6（Nov./Dec. 2000）: 32–38.

Tyner, Judith. *Introduction to Thematic Cartography.* Englewood Cliffs, N.J.: Prentice Hall, 1992.

Wilford, John Noble. "Revolutions in Mapping." *National Geographic* 193, no. 2（Feb. 1998）: 6–39.

———. *The Mapmakers.* Revised ed. New York: Alfred A. Knopf, 2000.

万维网上和地理学有关的网站极其丰富。与本章主题有关的网站请见与本书有关的在线学习中心的"Web Links"部分。网址：www.mhhe.com/getis11e。

第一篇
地球科学传统

山 雷已经隆隆作响了将近一个月，喷发出滚滚的烟雾和火焰。在过去的一周里，洪水、泥土滑坡和落下的石块在山坡上和坡麓附近造成了死亡。1902年5月8日早晨8点刚过，马提尼克岛上的培雷火山和繁忙的圣皮埃尔港的活动达到高峰。在世界上一次空前巨大的喷发的怒吼和摇晃着的教堂尖塔大钟的巨响中，一个庞大的火球从火山坡的上部喷发而出。熔岩、火山灰、水蒸气和炙热的空气吞没了市镇，导致29,933人死亡。

更为罕见的受害者例子，是1836年12月20日袭击伊利诺伊州中部的一次突发的"天气变化"。在一小时内，一阵时速达113千米的狂风使气温从大约4℃猛降到大约-34℃。伊利诺伊州杰克逊维尔的莱思罗普（Lathrop）先生在穿过半融化的大雪前往邮局的路上发现，当他刚刚经过女子学院时，"一阵寒风向我袭来，在我向上抬起的脚还未及着地时……我的靴子上就结了冰，宛如一只大象的脚，而不是一只7号靴子"。有两个年轻商人被发现连同他们的马匹一起已被冻死。"一个人半跪着，他一只手上拿着火绒盒，另一只手上拿着打火石，双眼张开，似乎想要点燃火绒盒"。还有一些死者，有的藏在开膛的马匹——作为掩体——中，有的位于田野、森林中，他们都在离目的地不远的路上，却永远也不能到达了。

◀ 俄罗斯堪察加半岛一个火山口湖。（© Yann Arthus-Bertrand / Corbis Images）

幸运的是，人与环境之间像这样的悲惨事件不多。反之，自然界通过它全部的空间变化为人类活动的舞台提供了永恒且一般是被动的背景。正是这种自然背景，吸引了在该专业的地球科学传统范围内从事研究的自然地理学家的关注。他们关心的主要是自然景观，以及围绕自然界和人类活动的相互作用，而不是文化景观。

因此，对于那些在地理学的地球科学传统范围内工作的研究者而言，他们的兴趣不一定以自然科学为目标，而是在于自然过程，因为是自然过程建造了景观和对人类有意义的环境。他们的目的不仅是追踪形成一块火成岩的物理和化学反应，或者描述一条冰川如何冲蚀岩石，而是追踪岩石与人类的关系。地理学家感兴趣的是：对于作为我们家园的地球的演变，岩石能告诉我们一些什么；或者是某种类型的岩石对于矿产资源和肥沃土壤分布的意义。

自然地理学家要问的问题通常并不涉及灾变，尽管它是人类-地球-地表相互关系中的一种随机性要素。确切地说，自然地理学家提出的问题是要深入了解作为人类家园和工作场所的地球。作为人类家园的地球是什么样的形状？它的各种要素是怎样形成的？它们在怎样变化，以及将来由于自然和人类的原因可能发生哪些变化？各种环境特征以其独特的空间组合，是如何与人类过去、现在和未来对地球的利用相关联的？

在本书第一篇——我们对地理学评述的3章——中，依次探讨地貌、天气与气候，以及自然资源。虽然每一章的对象已经从学科的基本地球科学背景方面做了明确的界定，但是对每一章的内容和目的稍作说明还是适当的。

对于像地貌（第3章）这样广泛的领域，必须对入门性内容做仔细的选择。这一部分的目的就是概述主要的地貌形成过程，并对由这些过程所形成的地貌类型进行描绘，而不过分拘泥于科学论证和技术名词。

在第4章"自然地理学：天气与气候"中，讨论了大气层的主要成分——温度、降水和气压，介绍它们的区域规律和世界气候类型的组合。对天气与气候的研究增加了我们对于作为人类家园的地球的连贯性理解。在本书稍后的章节中论述人类活动的气候背景时，还要经常加以参照。

第一篇以第5章"自然资源地理"作为终结。在该章，我们首先探讨可再生和不可再生的能源，以及非燃料矿产资源，它们是现今多元化工业经济和服务性经济的基础。然后，我们在该章中讨论支持整个人类生活和活动的土地资源，并且评论资源管理的策略，以求达到环境上可持续的经济。

所以，第一篇聚焦于作为人类环境和栖息地的地球。无论是人与环境间相互作用的多样性还是交互性，都使得它们不仅在接下来的3章里，而且在所有地理学的探求中都重复显现。

自然地理学：地貌

第3章

虽然，要了解下述事实对于日光浴者和潜泳者来说还太早，但是将会有一座新的岛屿加入到包括瓦胡岛、毛伊岛和考爱岛（Kaua'i）等美丽岛屿在内的夏威夷群岛中。这座新岛就是洛依希岛（Loihi）。它位于距离夏威夷主岛27千米处的海面下0.8千米。因为这座新岛上升的速度必须以地质年代来量计，所以它大概不会在下一个100万年里出现在海面以上。然而，这是说明地球表面在不断发生变化的一个好例子——群岛的最西部在遭受侵蚀并下沉到海平面以下，而新的岛群在它们的东边上升。鉴于洛依希岛最近的一次喷发是在1996年，科学家曾担心海面产生的巨浪可能会彻底摧毁这片群岛，包括火奴鲁鲁（Honolulu）和人口众多的怀基（Waikiki）海滩。幸而这种情况没有发生。

人类在人生旅途中不断与变化不停的、积极活动着的自然环境接触。在大多数时光里，我们能舒适地生活在这种环境变化中。但是，当高速公路被一次地震撕裂，或者洪水迫使我们抛弃家园时，我们才突然认识到，我们要消耗一生中的很大部分去应对自然环境带给我们的挑战。

对于地理学家来说，事物绝不是静止不变的。这不仅是指海洋中的冰山、出露的新岛屿或喷发的火山改变自身外形，而且还包括那些极为巨大的物体，诸如像流浪者一样漂荡着的大陆，以及扩展、收缩并在其中部像破旧长袍那样被撕裂开的海洋盆地。

地质年代是漫长的，但是塑造陆地形状的力量永无止境。建设作用和破坏作用持续不断地进行着，改变着人类生活和工作于其上的看似永恒的构造。有两种力量在被称为地貌（landform）的地球表面相互作用，形成了无限的地域变化：一种是挤压、推移和抬升地球表面的力量；另一种是刨刮（scour）、冲刷（wash）和磨损（wear down）地球表面的力量。山脉被抬升，然后被侵蚀。侵蚀下来的物质——土壤、砂粒、卵石、石块被搬运到新的位置，形成新的地貌。这些过程作用多久，如何作用，以及作用的效果就是本章探讨的对象。

创建地貌故事所必需的许多研究来自地貌学家的工作。作为地质学和自然地理学领域一个

◀ 加拿大艾伯塔省班夫（Banff）国家公园。（© Daryl Benson / Masterfile）

分支的**地貌学**（geomorphology）就是对于地貌成因、特征和变化的研究。它着重研究形成**地景**（landscape）①的各种过程。地貌学家考察物质的侵蚀、搬运和堆积作用，以及它们与气候、土壤、植物和动物生活、地貌的相互关系。

在这一章有限的篇幅里，我们只能探索地貌学家的各种贡献。在讨论了地貌变化发生的内容之后，我们将考察建造地球表面然后又将其磨损的力量。

3.1 地球物质

地壳里的岩石随着矿物成分变化而变化。岩石是由包含氧、硅、铝、铁、钙等各种常见元素与含量较少的元素结合而成的微粒所组成。具有某一硬度、密度和固定晶体结构的独特化合物称为**矿物**（mineral）。最常见的矿物有石英、长石和云母。随着组成矿物性质的不同，岩石硬度不同，密度有大有小，颜色也不同，化学上或稳定或不稳定。有些岩石抗分解，另一些岩石则容易破裂。最常见的岩石是花岗岩、玄武岩、石灰岩、砂岩和板岩。

（a）玄武岩（火成岩）

（b）石灰岩（沉积岩）

（c）页岩（沉积岩）

（d）片麻岩（变质岩）

图3.1　各种岩石的类型。（© *Hubband Scientific Company*）

---

①landscape在地理学中有两层意思：一是广义的景观，一是地貌学方面比较狭义的地景。——译注

图3.2 亚利桑那州大峡谷里的沉积岩，在此照片中很明显。(© Robert N. Wallen)

虽然人们可以根据物理性质对岩石进行分类，但是比较常见的观点是根据岩石形成的方式对其进行分类。岩石可以分成三大类：火成岩（岩浆岩），沉积岩和变质岩。

火成岩

火成岩（igneous rock）是熔融的岩石冷却和硬化之后形成的。地壳中的孔洞使熔融的岩石有机会进入地壳中或上升到地壳上。熔融的岩石冷却时就会固结，变成火成岩。地下的熔融岩石称为**岩浆**（magma），地上的熔融岩石称为**熔岩**（lava）。岩浆在地面以下固结而形成的岩石是**侵入岩**（intrusive rock），而熔岩在地面上固结而形成的岩石是**喷出岩**（extrusive rock）（图3.1）。

岩浆和熔岩的成分，以及冷却的速度决定了所形成的矿物性质。冷却速度主要控制结晶的大小。大的石英晶体——一种坚硬的矿物——在地球表面以下缓慢地形成。石英同其他矿物相结合而形成的侵入岩称为花岗岩。

熔岩流到地球表面，占据了海洋盆地的大部分，形成喷出岩。玄武岩是地球表面最常见的喷出岩。如果熔岩不是流出，而是从火山口喷出，就会非常迅速地冷却。有些以这种方式形成的火成岩含有孔穴且分量轻，例如浮岩；有些呈玻璃质，例如黑曜岩。玻璃质是熔岩遇到静水和突然冷却而形成的。

沉积岩

有些**沉积岩**（sedimentary rock）是由已经存在的岩石**侵蚀**（erosion）下来的砾石、砂粒、粉砂和黏土形成的。**地表水**（surface water）将沉积物携带到海洋、沼泽、湖泊，或者潮汐盆地中。这些物质受到叠加在其上部的沉积物的重力压实作用，以及由水和某些矿物的化学活动所产生的胶结作用，就形成了沉积岩。

逐渐形成的一层层的沉积岩称为地层（图3.2）。通常，一种类型的沉积物聚积在一定的地区。如果岩石的颗粒大而圆——例如像砾石般大小和形状的碎石构成的岩石——称为砾岩。砂岩的组分由砂粒构成，而粉砂和黏土则构成粉砂岩和泥岩。

沉积岩也可来源于**有机物**（organic），例如来自珊瑚、贝壳和海洋生物的骨骼。这些物质沉积在浅海的海床中，形成石灰岩。如果有机物主要由分解了的植物形成，它就能发育成一种称为烟煤的沉积岩。**石油**（petroleum）也是一种生物产物，它是在数百万年埋藏中，生物体经过化学反应，其中某些有机物转变成液体和气体化合物之后而形成的。油和气的分量轻，因此它们通过周围岩石的孔隙运移到像页岩那样渗透性差、阻碍油气向上运动的地方。沉积岩在颜色（从黑色到白色）、硬度、密度和抗化学分解程度方面都是极其多样的。

大部分大陆都发育沉积岩。例如，几乎整个美国东半部都覆盖着沉积岩。海相岩层表明，在地质历史中海洋覆盖地球的部分远比今日大得多。

变质岩

变质岩（metamorphic rock）是由火成岩和沉积岩在地球作用力产生的热力、压力或化学反应作用下形成的。"变质作用"这个词的意思就是"形状发生了变化"。地球的内部力量可能大到其产生的热力和压力足以改变岩石的矿物结构，从而形成新的岩石。例如，页岩（一种沉积岩）在巨大压力下可变成一种性质不同的岩石——板岩。在一定的条件下，石灰岩可变成大理岩，而花岗岩可变成片麻岩（其发音同nice，即精美的）。在很大深度处变质的物质只有在覆盖于其上的地面被缓慢侵蚀掉以后才会暴露出来，它们是地球上已知最古老的岩石。然而，它们的形成像火成岩和沉积岩一样，也是一种持续的过程。

岩石是大多数地貌的组成部分。岩石的硬度，渗透性和矿物的含量控制着岩石对将其塑造和再塑造成形的力量的反应方式。两种主要的进程改变着岩石：①趋向于建造地貌的作用力；②磨损地貌的夷平过程。所有岩石都是老岩石不断转变成新岩石的"岩石循环"中的一部分。在整个地球历史中，没有一种岩石是一成不变的。

3.2 地质年代

地球大约形成于47亿年以前。如果我们觉得一个人活到100岁就已经算是长寿，那就能明白地球的确是令人难以置信得"老"了。因为通常我们关于年代的概念是短暂的，所以当我们谈起几十亿年时，将地球的年龄同某些比较熟悉的事物做一番对比是有好处的。

试想，芝加哥西尔斯大厦（Sears Tower）的高度代表地球的年龄。该大厦有110层，或者说412米高。相对而言，甚至铺放在大厦楼顶的一张纸的厚度也比人类的平均寿命长得多。在整个大厦的高度中，仅4.8层就代表2亿年，相当于如今的洋底形成以来所经历的时间。

在这种情况下，我们生存于其上的地貌，只是被极其细微地建造和破坏。所有有关的作用进行得如此长久，以至于任何一处地方在它们过去的不同时间段中都极可能是大洋或陆地。今天，地球上的许多地貌特征只能追溯到几百万年前。生成和侵蚀那些地貌的过程是同时发生的，但通常是以不同的速率进行。

在过去40年中，科学家已经研发了一种有用的框架，使人们能很好地研究持续变化的自然环境。这项工作依据的是阿尔弗雷德·魏格纳（Alfred Wegener）在20世纪初期的地质研究，他提出了**大陆漂移**（continental drift）理论。魏格纳认为，所有的大陆曾经是一个联合的超级大陆，被称为"泛大陆"（"联合古陆"）。该大陆在千百万年中发生破裂，陆块彼此分开，缓慢地漂移到它们现今的位置。虽然魏格纳的理论最初被彻底否定，但是近年的新证据和对旧知识的再认识使地球科学家广泛接受了大陆移动的概念。魏格纳的概念是广义**板块构造论**（plate tectonics）的先行者。关于板块构造理论将在下一节"大陆运动"中解释。

3.3 大陆运动

由地图学家绘制的地貌图只是薄薄的岩石覆盖层，即地壳表层的起伏形态（图3.3）。在地球内部的上部，是一层部分的熔融层，称为**软流层**（asthenosphere）。它支撑着一层薄而坚硬的岩石层——**岩石圈**（lithosphere）。其中，外侧较轻的部分就是地壳。地壳由一组位于大洋下面的岩石和另一组构成大陆的岩石组成。

岩石圈分裂成大约12个巨大的和许多小的刚性板块。根据板块构造理论，每一个板块在重而半熔的软流层上缓慢地滑动或者漂移。一个单一的板块往往既含有大洋地壳，也含有大陆地壳。例如，图3.5表示了北美板块，它包含了大西洋的西北部和北美的大部分——虽然不是全部。墨西哥半岛（下加利福尼亚）和加利福尼亚州的一部分则位于太平洋板块上。

科学家还不清楚岩石圈板块为什么会运动。一个合理的理论解释是，有来自地球内部的热力和受热的物质通过对流作用上升，从而进入到特定的地壳软弱带。这些软弱带就是板块分裂的源头。然后，冷却的物质下沉到俯冲带。板块被认为以这种方式开始运动。强有力的证

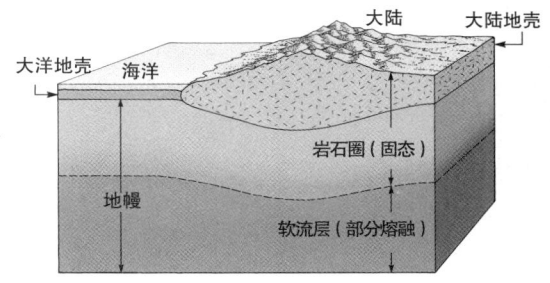

图3.3 地球的外圈（未按比例尺）。岩石圈包含地壳，软流层位于岩石圈之下。

据表明，在2.25亿年前，整个大陆地壳是连接成一个超级大陆的。后来，它由于洋底开始扩展而分裂成许多板块。分裂作用来自如今大西洋的扩展。图3.4表示了大陆漂移的四个阶段。

来自软流层的物质沿着大西洋中间的裂缝上升，导致海底不断扩展。如今大西洋在赤道的宽度是6920千米。科学家曾估算，如果海底以每年略小于2.5厘米的速度分裂，人们可以计算出，大陆确实是在大约2.25亿年前开始分裂。注意图3.5（a）和图3.6，构成大西洋的中脊线是如何与南、北美东岸以及欧洲和非洲西岸平行的。

板块彼此分离开的边界称为离散型板块边界。在一个板块同另一个板块之间发生水平滑动的地带产生转换型边界。而两个板块彼此相向运动的地带则产生汇聚边界（图3.5[b]）。有时，岩石圈板块运动时会发生碰撞。在板块交会处所产生的压力能引发**地震**（earthquake）。地震在多年的活动期里改变着地貌的外形和特征。图3.7表示近期近地表地震的位置，将本图与图3.5（a）对比，可以看出最大的地震活动区位于板块的边界。

加利福尼亚著名的圣安地列斯断层是分割北美和太平洋两大岩石圈板块的一条长裂缝的一部分。当交界带的张力或挤压力变得非常巨大，以致只有发生一次地壳运动才能释放这种

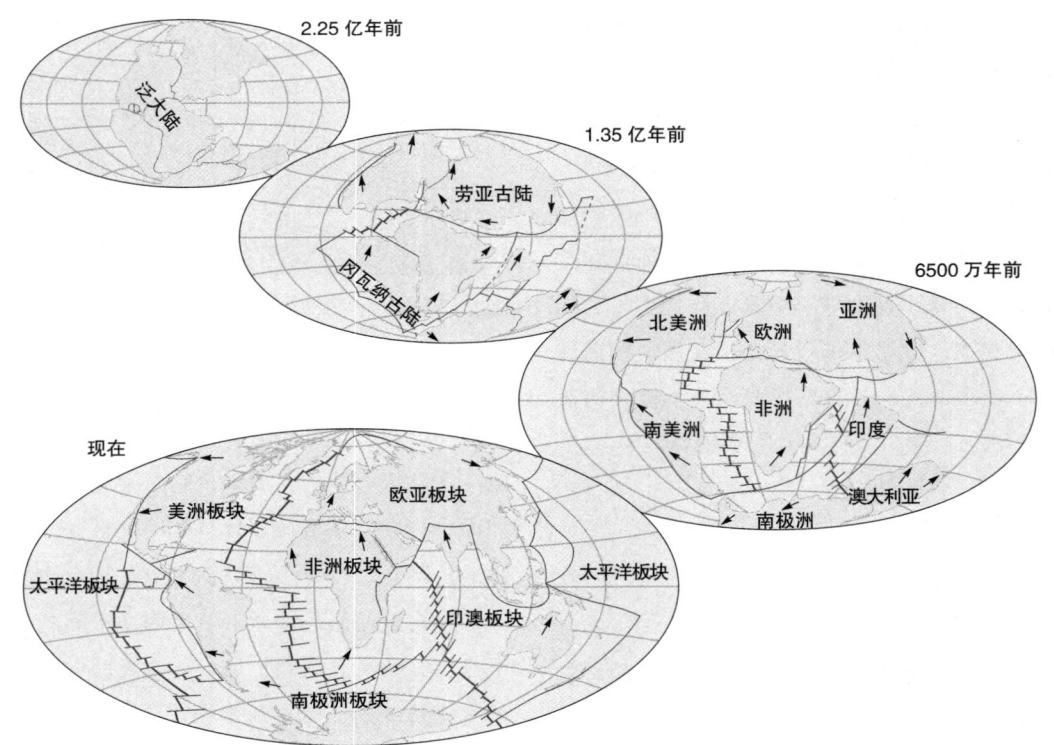

图3.4 过去2.25亿年中板块运动的重建。泛大陆的北、南部分分别被称为劳亚古陆和冈瓦纳古陆。大约2.25亿年以前，各个大陆曾连接成一个巨大的陆块。在它们分裂开以后，各大陆逐渐移动到它们如今的位置。请注意印度大陆是怎样从南极洲脱离，以及同欧亚陆块碰撞的。喜马拉雅山脉形成在板块交界带。

资料来源：*American Petroleum Institute.*

压力时，地震便沿着**断层**（fault，岩石中曾经沿之发生运动的断裂）发生。

虽然人们已经有了关于地震带的系统知识，但是普遍忽略它的危险仍然是一种疑难文化现象（见第71页开始的关于地壳运动的内容）。每年有成百甚至成千的伤亡来源于对地震准备不足。在一些人口高度稠密区，毁灭性地震发生的机率很高。图3.7所表示的地震分布显示，日本、菲律宾、东南亚部分地区以及美洲西缘的人口稠密区都有潜在的地震危险。

岩石圈板块汇聚运动的结果是形成深海沟和大陆尺度的山脉，以及发生地震。大陆地壳是由比大洋地壳轻的岩石构成的。在不同类型地壳板块边缘的汇聚处，密度大而厚度小的大洋地壳往往向下挤入软流层。深海沟就形成在洋底的这种汇聚边界。这种类型的碰撞称为**俯冲**（subduction，图3.8）。图3.5（a）标示了全世界的俯冲带。

太平洋的大部分都下伏着一个板块。它像其他板块一样在不断地推挤着别的板块，并被别的板块所推挤。在相邻板块上的大陆地壳被挤压、抬升，发生破裂，产生了一条环太平洋的活动火山带，有时称为"太平洋火圈"。1980年华盛顿州圣海伦斯火山（Mount St. Helens）的剧烈喷发，就是沿太平洋火圈火山持续活动的实例。近年来，有许多破坏性地震沿着圣安地列斯断层发生。这些地震的震中（震源正上方的地面对应的一个点）都位于断层上。最近一次——2003年12月发生的强烈地震就对加利福尼亚州的帕索罗布尔斯（Paso

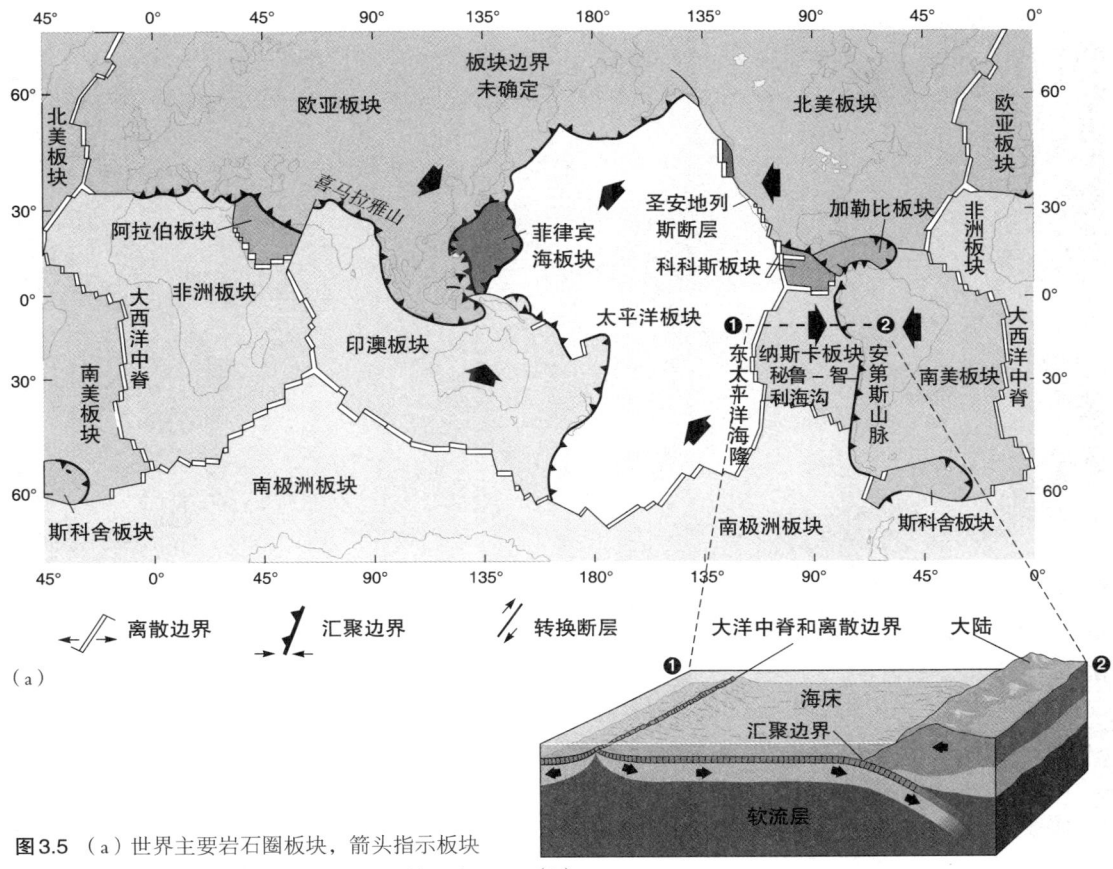

图 3.5 （a）世界主要岩石圈板块，箭头指示板块运动的方向。（b）板块从离散边界向汇聚边界运动。

Robles）造成了重大的破坏。

板块交汇带不仅仅是岩石圈再调整的敏感地带。当岩石圈板块发生运动时，地壳发生破裂或者破碎为成千上万的碎块。有些裂口薄弱到一定程度而成为热点（hot spot），也就是由于熔融物质上升而引起火山喷发的地区。熔融物质可能从火山中喷发而出，或者从裂口中涌出。稍后我们在讨论地球构造力时还将回到火山活动上来。

3.4 构造力

地壳因导致板块运动的持续力量而改变。产生于地壳内部的构造力形成并改变着地壳的形状。**构造力**（tectonic force）有两种类型，即地壳运动和火山作用。**地壳运动**（diastrophism）是一种巨大的压力，作用于板块，使岩石发生褶皱、扭曲（twisting）、挠曲、破裂或者压缩岩石。**火山作用**（volcanism）就是将炙热的物质运移或者搬运到地球表面的力量。当大陆上的特定地点遭受到地壳运动或者火山作用时，所发生的变化可能简单到岩石的弯曲和破裂，也可能激烈到使熔岩在圣海伦斯火山口或山坡处喷发。

地壳运动

在板块构造作用下，地壳的各个部分产生压力，使地壳发生缓慢的——通常是千万

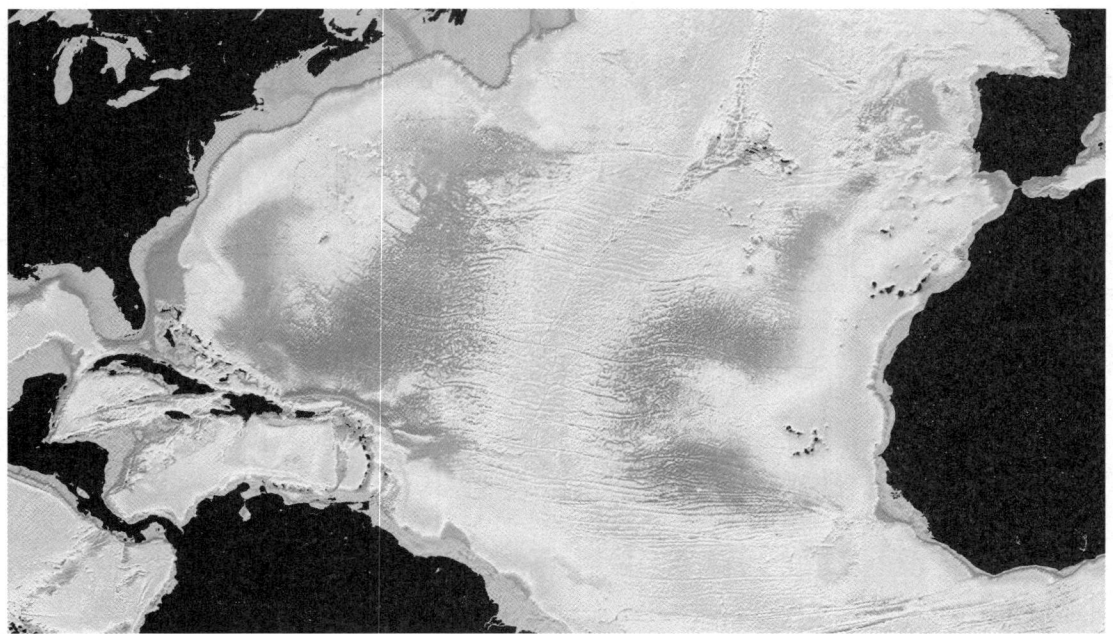

图3.6 美国国家海洋与大气管理局编绘的一幅精确的北大西洋洋底地图。该图利用了卫星观测的重力测量数据。洋底的轮廓是造成大陆和洋盆形态的动力作用的证据。(© *David T. Sandwell, 1995. Scripps Institution of Oceanography*)

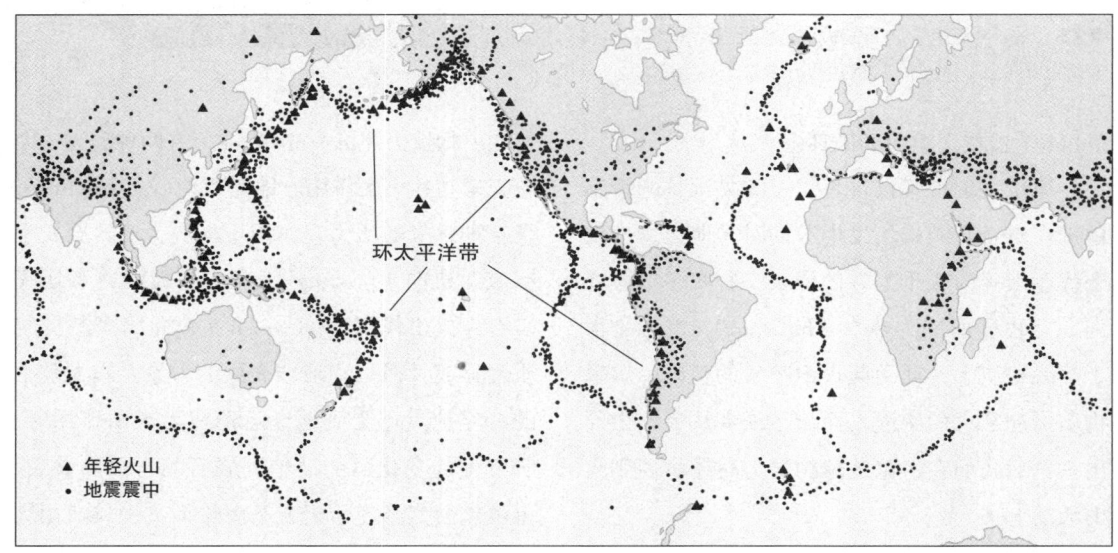

图3.7 年轻火山和地震震中的位置。注意与图3.5（a）所揭示的情况进行对比，它们集中在岩石圈板块的边缘。最重要的地震集中带是环太平洋带。它环绕着太平洋周边，通常称为"太平洋火圈"。火山也能形成于板块的中部。例如，夏威夷火山群就位于太平洋板块的中部。

资料来源：*Map plotted by the Environmental Data and Information Service of NOAA; earthquakes from U.S. Coastand Geodetic Survey.*

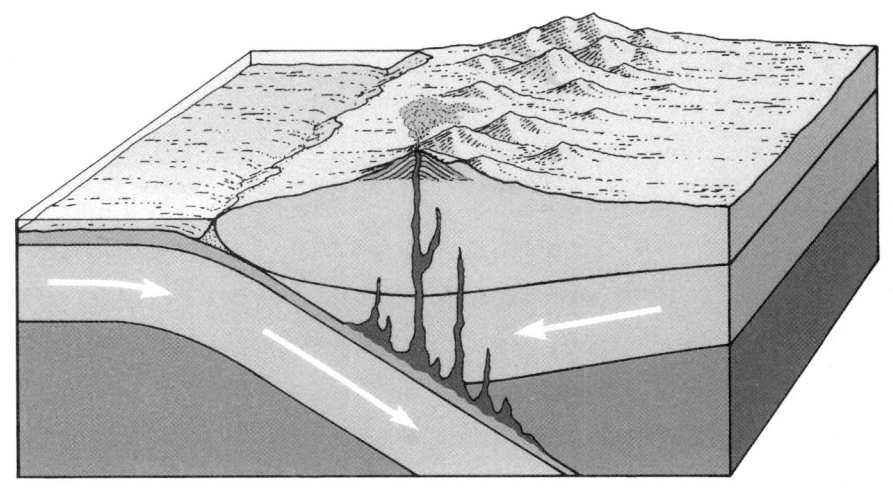

图3.8 俯冲作用。当板块碰撞时，密度较大的大洋地壳通常挤插到较轻的大陆地壳的下部。图3.5（a）标示了世界上的俯冲带。

年——变化（见"珠穆朗玛峰——王冠上的宝石"专栏）。地质学家通过研究岩层，就能追溯一个地区的发展历史。在地质时期中，大部分大陆地区都曾既经受了构造活动——建设活动，也经受了均夷作用——减削作用。它们往往有一部含有广泛挠曲作用、褶皱作用、断层作用和夷平作用的复杂历史。有些如今仍然存在的平原可能隐藏着一段曾是庞大山脉的历史。

广泛挠曲作用

来自大陆运动的强大构造力可能使整个大陆发生弯曲。同样，一块大面积地区的重量变化也可使地面发生**挠曲作用**（warping）。例如，美国东部的向下挠曲明显表现为许多形态不规则的河口湾。而当沿海地区向下挠曲，受到海水入侵时，便形成了河口湾和海底峡谷。

褶皱作用

当板块运动引起的挤压力很大时，岩层便发生弯曲。结果可能形成挠曲或者弯曲（bending）效应，发展出褶皱脊或者一系列平行的**褶皱**（fold）。图3.9表示由褶皱作用形成的各种构造。褶皱可能向上逆冲数千米或侧向延伸数千米。美国东部的岭谷区（Ridge and Valley Region）现在表现为海拔300—900米的低矮平行山地。但是岩层方面的证据表明，现今部分山地的顶部曾一度是海拔9100米的山脊之间的谷地（图3.10）。

断层作用

断层是岩石中发生过运动的破裂处或断裂处。引起断层的压力导致地壳沿着断裂带发生位移。图3.11用图解展示断层类型。断层的一盘上升，而另一盘下降。有些情况下会形成陡坡，称为**断层崖**（fault escarpment）。它高可达数百米，长度可达数百千米。应力能将一盘向上推到另一盘之上，而沿断层发生的两盘拉开可能导致地面下沉，形成裂谷（图3.12）。

有许多断裂仅仅表现为被称作"节理"（joint）的裂隙，沿之有细微的运动发生。而在另一些情况下，例如像加利福尼亚内华达山脉这样的山地，可由于断层作用而上升。有时运

珠穆朗玛峰——王冠上的宝石

地球上增长最快的山脉恰巧也包含了世界上最高的山峰。靠近喜马拉雅山脉的中央耸立着世界最高峰——珠穆朗玛峰。现今，珠穆朗玛峰经测定拔海是8844米。然而，最近的测量表明，珠穆朗玛峰和许多其他山峰，例如乔戈里峰，仍在以每年大约1厘米的速度升高。

当山地增长到前所未有的高度时，它们巨大的重量使下面的物质发生变形，导致山地沉降。换言之，这里有两种力量在起作用。一种是建造山地的力量——就是使印度板块向北运动，挤入欧亚板块的力量。位于欧亚板块边缘的喜马拉雅山脉对于这种巨大力量的反应就是被推挤得越来越高。但是，显然还有与前一种力量起着相反作用的第二种力量，它阻碍地球上的山地上升到1.5万—1.8万米的高度。人们可以想象这些巨大的山地处于一种平衡状态——山地上升越高，变得越重，它们就越可能下陷。

两大板块之间的斗争大约开始于4500万年以前。通常是一个板块被推挤（俯冲）到比较稳定的板块之下。然而在喜马拉雅山，两个板块的岩石在重量和密度上类似，因此没有发生俯冲，而是在地球表面产生适度的褶皱，并转变成地球上最高和最崎岖的山脉。特别有趣的就是喜马拉雅山脉的景象。印度板块包含着高度较低的印度次大陆。结果，从印度北部平原望去，喜马拉雅山脉显示出地球上最宏伟的景象之一。珠穆朗玛峰因此成为山地王冠上的宝石就不足为奇了。埃德蒙·希拉里（Edmund Hillary）和丹增·诺盖（Tenzing Norgay）在1953年首次登上峰顶。截至2005年，有1500多名登山者到达峰顶——大多数是在1990年以后。有176名登山者在攀登过程中罹难。

© Corbis / Royalty Free

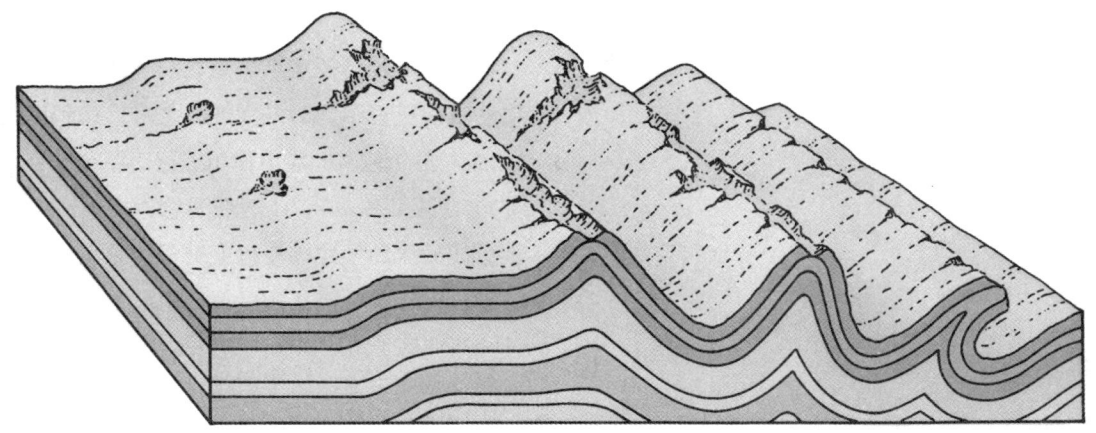

图 3.9 褶皱的典型形态。褶皱的程度从稍微偏离水平，到地层轻微的波状起伏，直到被高度挤压，甚至发生倒转。

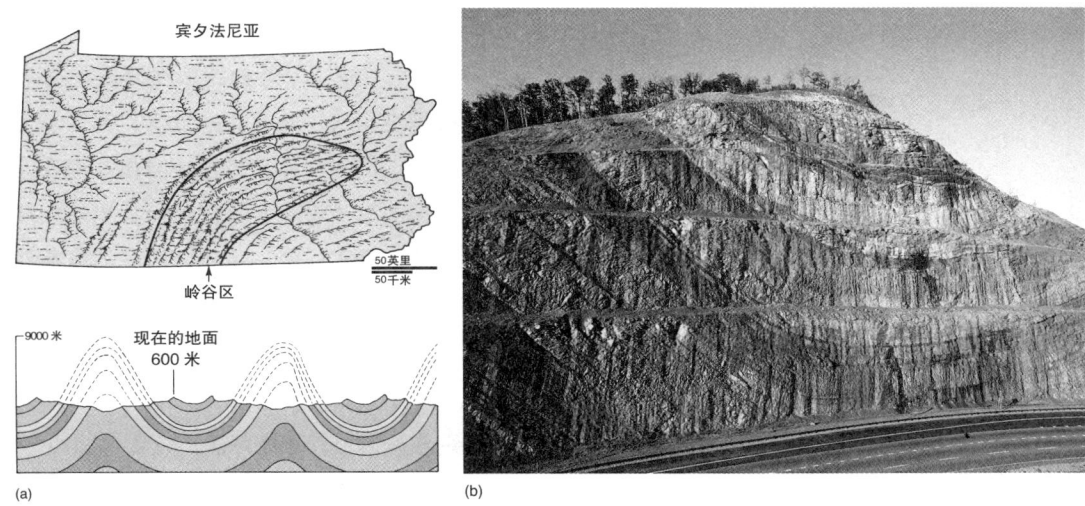

图 3.10 （a）宾夕法尼亚的岭谷区——现今已被侵蚀成丘陵地——是9100米高的褶皱的残余，被削低形成了向斜型（倒穿式）丘陵和背斜型（正穿式）谷地。原始谷槽中的岩石受到挤压，不易被侵蚀。（b）位于马里兰州与宾夕法尼亚州边界处的一处向斜，由路堑所揭露。（© *Mark C. Burnett* / *Photo Researchers*）

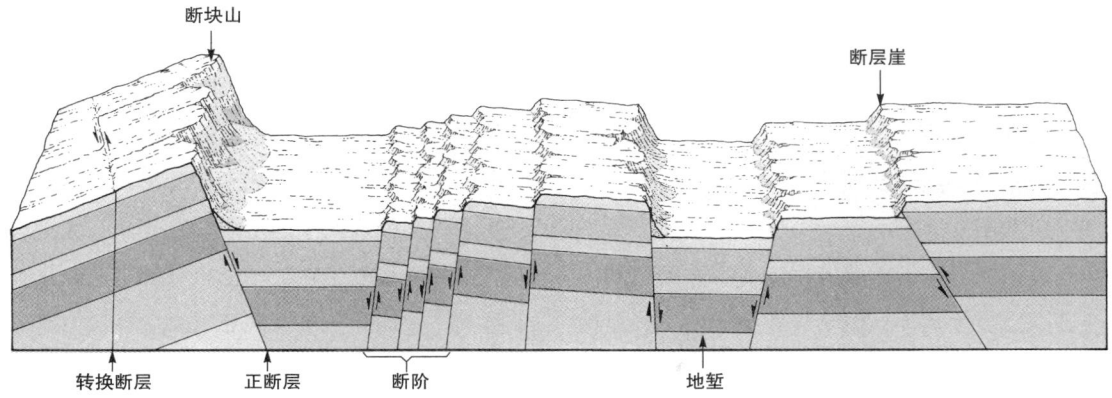

图 3.11 断层有多种变化，是发生巨大变形的山脉的共同特点。断层作用的不同形式可以根据沿破裂面发生的运动方向进行分类。这里所表示的各类断层并非在一次单一作用下产生。

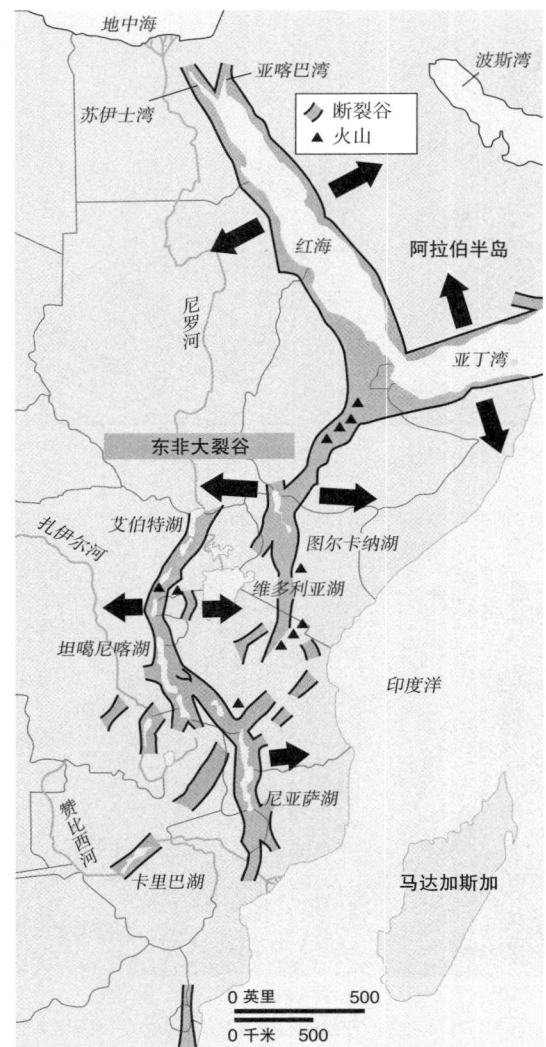

图3.12 东非裂谷带。因地壳中巨大裂隙带下沉而在东非形成的宽广裂谷系统（图3.11）。彼此平行的断层有些可深达海平面以下610多米，与相邻的高原陡壁相接壤。而高原在构造下沉处高居海平面以上1500米。

动沿着地面水平发生，而不是向上或者向下发生。圣安地列斯转换断层就是这样的情况，如图3.13和图3.14所示。

任何时候沿着一条断层，或者在断层的一个薄弱点发生运动，就会导致地震发生。运动量越大，地震的震级就越大（见"地震的分级"专栏）。作为构造力而产生于岩石中的应力作用于岩石，当最终达到临界点时，就会发生地震，张力也就随之减弱。

1964年耶稣受难节发生在阿拉斯加州的地震是目前所观测到的最大地震之一，达到里氏8.2级。虽然地震的应力作用点位于距离安克雷奇市（Anchorage）121千米的地面以下，但是地震波的振动导致该市地下脆弱的黏土层发生移动。安克雷奇市区的一部分向坡下滑动，而部分商业区下沉了3米。

如果一次地震、火山喷发或者水下滑坡发生在海洋底部，震动了其上的水体，就会产生一种海洋波浪，称为**海啸**（tsunami，源自日语，tsu意为海港，nami意为波浪，又译作"津浪"，见"海啸"专栏）。这种波浪在开阔的海洋上传播的速度很快，几乎难以觉察，就像迅速上涨的潮水，因此往往被错误地当作"潮汐波"，尽管它们与潮汐没有关系。然而，当它们接近海岸和进入浅水区时，由于同海底的摩擦作用而使波浪速度减缓，水面升高到海平面以上15米，甚至更高。海水带着巨大的力量扫荡沿岸陆地，特别是在将浪波约束在狭小空间的狭窄的海港或海湾，其势尤甚。

地震每天发生在全世界许多地方，大部分是轻微的，只能被记录**地震波**（seismic wave）的地震仪所觉察。但是不时会有大尺度的地震发生，例如2003年的伊朗地震（3.5万人死亡）和1976年的中国唐山大地震。大多数地震发生在环太平洋带（图3.7）。在那里，来自汇聚中的岩石圈板块的应力最大。阿拉斯加州的阿留申群岛、日本、中美洲和印度尼西亚每年都经受着许多强度稍小的地震。近年来，大地震和火山活动也发生在太平洋以外的地区，例如土耳其、伊朗和阿尔及利亚。

2005年10月8日克什米尔的大地震提醒人们，沿着三大构造板块边界延伸的喜马拉雅山脉正在使西至阿富汗和巴基斯坦、东到缅甸的

地震的分级

1935年，C. F. 里克特（C. F. Richter）制定了地震的震级，即对一次地震所释放出的能量的量计。一次地震实际上是穿过地球表层的地震波的能量表现形式。地震波从震源向各个方向辐射，能量随着距震中的距离增大而逐渐减少。在里氏震级表中，一次地震释放出的能量大小通过量计所发生的地面运动而估算出来。地震仪记录的是地震波，通过比较波高就能确定地震的相对强度。**里氏震级**（Richter scale）的级数虽然是从0到9，但地震的强烈程度并没有绝对的上限。经推论，自然界有可能发生超过迄今所记录到的最强烈（8.5—8.6级）的地震。

烈度是根据地震对人和建筑物的影响而对地震大小所做的量度。相对于烈度而言，震级能够精确测量，所以里氏震级表被广泛接受了。尽管如此，里氏震级仍然只是一次地震所释放的能量的近似值。此外，地震波的波高可能受到地震台下面的岩石物质的影响。有些地震学家认为，里氏震级表低估了大地震的震级。

近年来，地震学家应用了一种称为"矩震级"（moment magnitude）的量度。它所量测的是地球表面在一次地震中的运动。如果与断层的尺度（长度）相比，运动（滑动）大，那么矩震级就大。在一条大断层上，滑动小，就被认为是一个小震。1994年发生在加州北岭（Northridge）的地震，其里氏震级和矩震级类似。但是，在30年之前发生在阿拉斯加的"耶稣受难节"地震，里氏震级为8.2级，而矩震级为9.0级。

里氏震级[1]	发生在近地面的地震对城市的影响	矩震级分级	定义
1, 2	无感	小于3	微小
3	有些人有感	3—3.9	小
4	窗户格格作响	4—4.9	轻微
5	广泛有感，接近震中处建筑有轻微损坏	5—5.9	中度
6	质量差的建筑被破坏，10千米内的建筑有损坏	6—6.9	强度
7	100千米内的建筑普遍遭受损坏	7—7.9	强大
8	数百千米内建筑受到巨大损坏	大于8	特大
9	罕有的大震（2004年苏门答腊地震）		

[1] 里氏震级之间是对数关系，整个数量级中的每一个增量意味着增大10倍。所以，一个4级地震的影响要为一个3级地震的10倍。地震对于人类的实际影响不仅随着地震的强烈程度而变化，而且还随着一些次生影响而变化，例如海啸、滑坡，地震影响区的人口密度和建筑物质量等。矩震级为地震的大小提供了最可靠的估算。

图3.13 加利福尼亚州的圣安地列斯断层系统，20世纪以来震中震级在6级及以上的地震发生地。

资料来源：*Map updated from "The San Andreas Fault System, California", ed. By Robert E. Wallace, U.S. Geological Survey Professional Paper 1515, 1990.*

图3.14 圣安地列斯断层一部分的图像，朝着圣弗朗西斯科的方向北望。图中，断层带为湖泊所占据。这是一条**转换断层**（transform fault）。圣安地列斯断层标志着太平洋板块和北美板块之间滑动边界的一部分。左侧小图表示北美板块相对太平洋板块向南运动，位移量平均每年达到1厘米。（© BurtAmundson）

海　啸

第1.1节曾谈到2004年12月26日印度洋海啸的破坏性影响。那次海啸导致大约18万人死亡，150万人无家可归。受到影响的主要是印度尼西亚（特别是苏门答腊岛）、泰国、斯里兰卡、印度和索马里沿岸。苏门答腊岛北端班达亚齐市（Banda Aceh）的影像表明了海啸袭击前数月和海啸以后两天的当地情况。

海啸形成于海底地震、火山爆发或者滑坡所引起的海水扰动。洋底沉陷使海水涌入因沉陷而产生的凹地中，进而使涌浪（swell）向四面八方传播。最初波浪传播很快，接近喷气式飞机的速度，可达每小时640千米，但是它的波高并不是很大。当这种波浪接近陆地时，由于海水变浅，波浪传播的速度降低到每小时大约48千米，但是波高增大。1946年阿拉斯加近岸地震后产生的海啸袭击夏威夷的希洛（Hilo）时，估算其波高是14—30米。海水携带着巨大的力量奔向海岸。每立方码[①]的海水重量将近1吨。当汹涌的海水推向陆地、沿着海岸淹没低洼地区时，树木、汽车、道路或建筑物的碎块变成了致命的"炮弹"。

印度洋海啸由苏门答腊西北近海罕见的里氏9.2级大地震引发。地震发生在1300千米长的印度－南极洲构造板块和欧亚构造板块之间的边界带上，将前一板块向后一板块的下方推进了大约15米。

美国海岸与大地测量局为了尽量减小太平洋沿岸社区的损失，在1948年以夏威夷为基地，建立了海啸预警系统。在太平洋地区，任何一个足以产生海啸的地震扰动都向位于火奴鲁鲁的海啸预警中心报告。如果海啸被监测到，该中心就把关于海啸发源地、速度和估计到达时间等信息传送到处于危险中的沿海低洼社区。遗憾的是，印度洋地区还没有建立类似的监测海啸的预警系统。

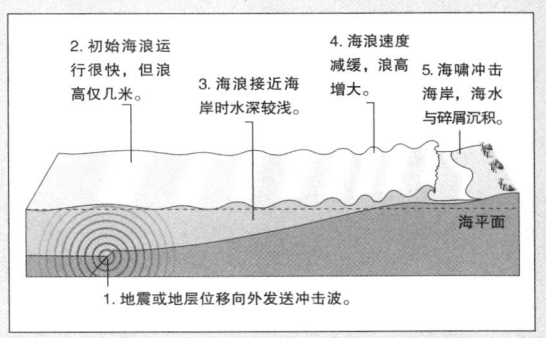

(a)

(b)

苏门答腊岛上班达亚齐的卫星影像。(a)2004年6月23日；(b)12月26日海啸的两天以后。(© Globe / GettyImages)

[①] 1码＝3英尺＝0.914米。——译注

各国面临地震危险（图3.15）。

火山作用

火山作用是第二种构造力。熔融物质最可能流到地表的地方就是板块汇聚处或其附近。但是，另一些地带——例如热点——也容易受到火山的作用（图3.16）。例如夏威夷火山群就形成在地球内部比较稳定的热点上。

如果有足够的内部压力促使岩浆上涌，地壳中的薄弱处或者断层就能使熔融物质到达地面。熔融物质通过一系列喷发到达地面时，形成的由凝固的熔岩与火山灰、火山渣交互层构成的陡坡的火山锥，称为"层状火山"（stratovolcano）或者"复合火山"（composite volcano）（图3.17[a]）。喷出时也可能没有爆发发生，而是形成坡形和缓的盾状火山（shield volcano）（图3.17[b]）。

世界上的主要火山带同主要的地震带和断层带吻合。这类火山带存在于板块的汇聚带。另一类火山带发生在板块的离散带，例如大西洋的中央。

熔融物质既可能从火山口平缓地流出，也可能夹带着爆发力射向大气中。有些比较平静的火山具有长而和缓的坡地，表明熔岩流平缓；而爆发型火山坡地陡峭。现今世界上有将近300座活火山，不断地喷出水蒸气和其他气体。

当压力增强时，火山口能变成一个有水蒸气、气体、熔岩和火山灰从中滚滚喷溢出的沸腾的"大锅炉"（图3.18）。就1980年圣海伦斯火山而言，有一个巨大鼓包在火山北坡形成。一次地震之后发生了一次爆发，将碎屑物射到空中，彻底破坏了大约400平方千米的一片地区，使大约1厘米厚的火山灰降落到华盛顿州东部和爱达荷与蒙大拿州的部分地区，而火山的高度降低了300多米。

图3.15 巴基斯坦穆扎法拉巴德（Muzaffarābād）一处倒塌的房屋。该地位于2005年10月8日沿着印度、伊朗和欧亚构造板块边界袭击印度和巴基斯坦北部克什米尔地区的一次地震震中附近，地震的矩震级为7.6级。巴基斯坦首当其冲地受到损坏。估计在地震中有7.3万人死亡，数千人受伤，彼时临近冬季而数百万人无家可归。（© AP/Wide World photos）

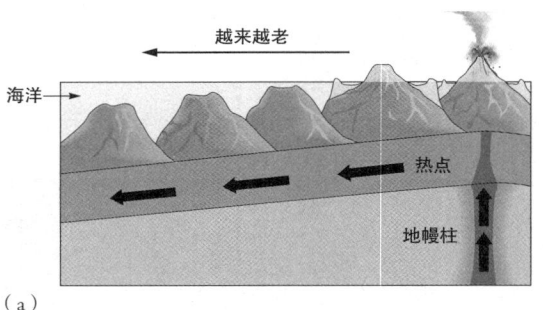

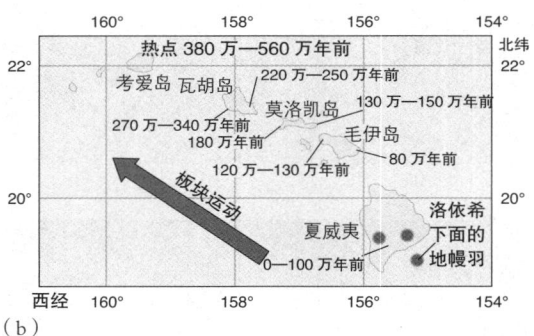

图3.16 （a）地幔柱，炙热地幔岩石的狭窄柱状体，能在地球表面形成火山活动的热点。有些地幔柱是从大洋板块中央的下面，而不是从板块的交会带上升起来的。夏威夷岛下面的一个地幔柱是从太平洋板块中部升起来的。当板块在地幔柱上面运动时，就形成了火山带。随着太平洋板块向西北运动，每一座火山就被从热点搬移开。（b）夏威夷群岛火山岩的年代。注意火山的年代向西北逐步变老。如图所示，夏威夷岛包含两座活火山。

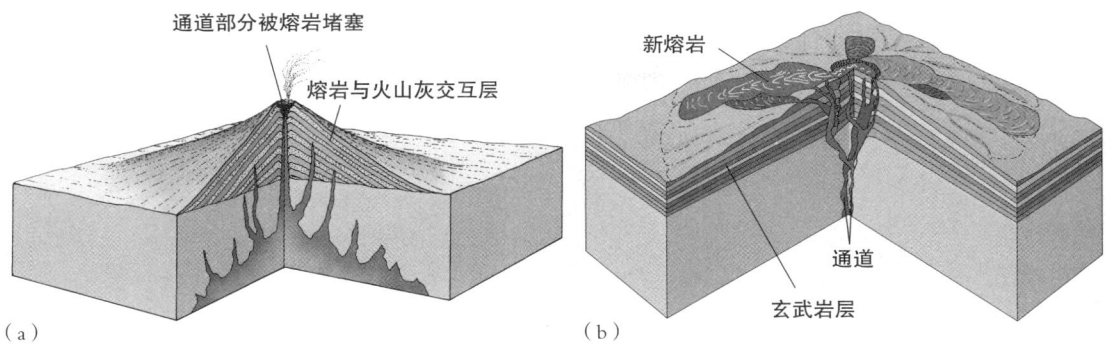

图3.17 （a）包含在熔岩里的气体突然减压，导致岩石物质爆发，形成火山灰和火山渣。如图所示，复合火山，由凝固的熔岩和火山灰等交互层组成。（b）盾状火山解剖图，由凝固的熔岩流组成。盾状火山宽广而坡度和缓。

图3.18 （a）1980年5月18日爆发前的华盛顿州圣海伦斯山。（© *David Muench*）（b）从火山锥喷出了一片蒸汽云，并将炙热的火山灰喷入15千米高空。一处山崩将火山灰和粗大岩屑夹带到山坡下部。（© *1980 Keith Ronnholm*）（c）爆发作用掀掉了山顶和火山一侧的大部分山坡，使山顶降低了近400米。（© *U.S. Geological Survey. CVO*）

第3章 自然地理学：地貌

图3.19 流体状的熔岩形成了哥伦比亚高原，覆盖了13万平方千米的地面。有些单独的熔岩流厚达100米，从其源头的裂隙向外蔓延60千米以上。(© Wolfgang Kaehler)

在许多情况下，地壳下的压力不强，不足以使岩浆到达地面。这种情况下，岩浆就凝固成各种地下的火成岩，它们有时影响地表的地貌特征。然而，夷平作用力能侵蚀上覆的岩石，使通常坚硬而抗蚀的火成岩出露地表。纽约城西面裸岩遍地的帕利塞兹山脉（Palisades Ridge）和佐治亚州大西洋城附近的斯通山（Stone Mountain）都属于这种地貌类型。

在另一些情况下，地球表面下部的岩层可能容许大量岩浆增长，但是由于厚重的上覆岩石而不能到达地面。然而，岩浆侵入所施加的压力，仍然可能使地表岩层发生弯褶、鼓起和破裂。此外，还可能产生体积很大的熔岩穹丘，例如南达科他州的布莱克丘陵（Black Hills）。火山喷发的一个副作用是将大量火山灰喷到大气层中，有时影响到数千千米以外的天气和气候格局。

过去的历史表明，熔岩有时通过裂隙或者断裂流出，没有形成火山。这类缓慢流出的熔岩流覆盖了大洋的底部。在大陆上，印度的德干高原和美国西北部太平洋沿岸的哥伦比亚高原都是这种作用的实例（图3.19）。

3.5 均夷作用

均夷作用（gradational process）是陆地表面削低的原因。如果某处陆地表面曾经一度有山地耸立，现在变成了低矮平坦的平原，这就表明那里发生了均夷作用。磨削、刨刮或者吹刮下来的物质堆积到新的地方，就形成了新的地貌。从地质年代角度说，落基山是近期的现象。那里进行的均夷作用如同所有陆地表面一样活跃，只不过还没有足够的时间将该处巨大的山地削平。

均夷作用有三种：风化作用、块体运动和侵蚀作用。风化作用——无论是机械风化还是化学风化，所起的作用都是将岩石变成碎屑，便于形成土壤和通过重力作用或侵蚀作用将碎屑移动到新的地方。块体运动通过重力作用将较高处的松软物质——包括岩石碎屑和土壤，向坡地下部运送。而流水、流冰、风、波浪和水流等营力则将这些物质搬运到其他地方，形成或者改变地貌。

风化作用

风化作用（weathering）就是地球表面或其附近的岩石和矿物，在大气因素（水、空气和温度）作用下，发生破碎和分解。风化作用是机械作用和化学作用的结果。

机械风化作用

机械风化作用（mechanical weathering）是地球物质在地面或近地面发生的物理解体，即较大块的岩石破碎成较小的碎片。有许多作用可引起机械风化作用。其中最重要的有三种：冻融作用，盐分晶体的发育和植物根的活动。

如果水渗进岩石（渗入颗粒之间或者沿着节理裂隙）并发生冰冻，生成的冰晶就会对岩石产生压力。当这种过程重复发生——冰冻、融化、冰冻、融化，反复进行，岩石便开始解体破碎。盐分晶体在干旱气候下的作用与此类似。地下水（groundwater）经由毛细管作用（水由于表面张力而上升）被吸引到地面。这种作用与植物体内的液态养分通过茎叶系统向上运动的作用类似。蒸发作用（evapotranspiration）留下的盐分在岩石中形成结晶、逐渐增大，最终将岩石分解。树木和其他植物的根也能寻找通道进入岩石的节理裂隙。当它们生长时会破坏和分解岩石。所有这些活动都是机械作用，因为它们是物理性的，并不改变所作用物质的化学成分。

化学风化作用

有许多化学风化作用（chemical weathering）使岩石分解，而不是破碎解体。换言之，组成岩石的矿物是通过矿物的化学反应，而不是通过崩解、碎裂分离成为组成部分。化学风化包括三种重要的过程：氧化作用、水解作用和碳（酸）化作用。由于它们中的每一种都依赖于水，因此化学风化作用在干旱和寒冷地区比潮湿和温暖地区差。在湿热条件下，化学反应加速发生。所以，在寒冷、干旱地区发生的化学风化作用比温暖、潮湿地区少。

氧化作用是氧与铁这类矿物成分结合，形成氧化物的作用。这导致了有些与氧接触的岩石表面开始分解。当水同铝硅酸盐之类的某些岩石矿物接触时也会发生分解作用，这样发生的化学变化称为"水解作用"。当来自大气中的二氧化碳气体溶解于水中时，就形成弱的碳酸，这种碳的作用称为"碳（酸）化作用"。因为在此作用中产生的碳酸氢钙易于溶解，被地下水和地表水运走，所以在石灰岩中特别明显。

无论机械风化作用还是化学风化作用，本身都不产生独特的地貌。然而它们为侵蚀作用和土壤的形成准备了岩石颗粒。在风化作用将岩石分解之后，流水、风，以及流冰等重力和侵蚀作用力就能将风化的物质搬运到新的地点。

机械风化和化学风化作用形成土壤。土壤是含有机质、空气、水和风化岩石的细粒物质薄层，发育在下部的坚硬岩石上。所形成的土壤类型是土壤发育地区的气候和土壤下部的岩石类型共同作用的结果。温度和降水作用于矿物，与覆盖在矿物上的植物的分解作用相结合，就形成了土壤。关于土壤这个论题，将在第4章做较详细的讨论。

块体运动

重力——即地球对其表面或附近物体的吸

引力，永恒地吸引着所有的物质。因重力而发生的物质向坡地下部的运动称为**块体运动**（mass movement）。细小的颗粒或者较大的砾石，如果没有被坚硬的岩石或者其他牢固的物质所支撑，就会落到坡地下部。块体运动的独特表现还有雪崩和滑坡。比较普遍而不易被觉察的块体运动还有向坡下运动的土体蠕动和泥流（图3.20）。

特别是在干旱地区，有一种由在坡脚和山麓堆积的岩石碎屑所形成的普遍而又显明的地貌，称为"**倒石堆**"（talus），如图3.20（a）所示。砾石、岩屑，甚至山坡上因风化作用而从裸露的基岩中破裂开的大石块，这些物质大量下落和堆积，形成大型的锥状地貌。较大的石块移动得比细小的砂粒远，后者则遗留在坡地顶部附近。

侵蚀营力与堆积作用

侵蚀营力（erosional agent）——如风、水和冰川——将原先存在的地貌刻蚀成新的外形。快速运动的侵蚀营力搬运碎屑，而慢速运动的侵蚀营力将碎屑堆积下来。磨削、刨刮或者吹刮下来的物质堆积到新的地点，便形成新的地貌。每一种侵蚀营力都伴随一套独特的地貌。

流　水

流水是一种最重要的侵蚀营力。水，无论是漫流在陆地表面还是流淌在河道中，都在磨损和建造地貌方面起着巨大的作用。

流水的侵蚀能力依赖于以下几个因素：①降水量；②坡地的长度和坡度；③岩石和植被的类型。坡地较陡、水流较快，侵蚀速度当然就较大。植被有时减慢水流。当植被由于农业耕作和放牧牲畜而减少时，侵蚀就会加强，如图3.21所示。

甚至降水——大雨或者冰雹——的冲击也能引起侵蚀。在强烈的雨水冲击土壤之后，雨水的力量使地面变得比较紧实。因此，继续发生的降水难以渗入土壤中，导致较多的雨水不能渗进土中而转变成侵蚀地面的水。水中的土壤和岩石碎屑被携带入江河，沉落在沟谷和小河的河床中。

无论是水，还是河流携带着的岩石颗粒，都是侵蚀营力。当岩石颗粒撞击河床的床壁和床底时，就会发生磨蚀作用，亦即磨削（wearing away）。由于水流的力量，大的颗粒——例如卵石——沿着河底滑动，沿途磨削河床中的岩石。

洪水和迅速流动的水使河床的规模和外形发生剧烈的变化，有时形成新的河床。在那些地面覆盖了压实土壤的城市，地表径流会更加严重，因为土壤本身已经吸收或控制了一部分水。所以一旦有大量的降雨，这些城市附近河流和小溪中的水量会急剧增加，水流也会变快，会造成山洪和严重的水土流失。

黏土和粉砂一类的细小岩石颗粒悬浮在水中，连同溶解在水中的物质或者沿河底拖曳的物质一起，构成了河流的含沙量（load of stream）[①]。快速运动的洪水携带大量泥沙。当高水位或洪水退后，河流的流速减小，所携带的沉积物不再处于悬浮状态，碎屑颗粒开始沉降。粗重的物质沉降得最快，较细小的颗粒被携带得较长久而且被搬运得较远。流速降低和由此发生的堆积作用在河流同海湾、海洋和湖泊中缓慢运动的水汇合时特别显著和突出。粉砂和砂堆积在汇合处，形成了**三角洲**（delta），如图3.22所示。

像中国长江这样的大江有着巨大而不断增长的三角洲。但是有许多河流的河口三角洲不太明显。尼罗河的巨大三角洲，在阿斯旺大坝建成以前是不断增长的；现在，大部分泥沙已

[①] load of stream 和 stream load 除译作河流的含沙量之外，后者也常作为河流中泥沙砾石的统称。——译注

(a)

(b)

图 3.20 （a）由一座孤山的山崩形成的倒石堆，破碎的岩石堆积在陡崖的基脚。（© *Robert N. Wallen*）（b）土体蠕动使树木倾斜。（*Courtesy of Victoria Getis*）

图 3.21 大雨和耕作技术不良，包括过度放牧，或者多年的顺坡开垄耕作而造成沟壑化。表土因植被太稀疏得不到保护而易被地表径流冲走。（© *Grant Heilman/ Grant Heilman Photography*）

第3章 自然地理学：地貌 85

图3.22　密西西比河三角洲。注意正在发生的泥沙堆积作用，以及河流和墨西哥湾流对泥沙运动的影响。

沉积在大坝后面的纳赛尔湖中。

在河流附近的平原上，土地有时是靠河流的泥沙堆积形成的。如果堆积下来的物质肥沃，就有可能受欢迎，成为农业活动的必要部分，就像历史上著名的埃及尼罗河沿岸。但是如果堆积物是贫瘠的沙子、砾石，从前肥沃的滩地就可能被破坏。洪水本身当然也可能淹没庄稼或者居民区，从而造成人类生命和经济的重大损失。中国的黄河在1887年发生的洪水就使90万人罹难。

河流景观

河流景观是处于陆地抬升与其受侵蚀之间的一种特殊的平衡状态。迅速抬升后并未出现顺序分明的侵蚀阶段。试回想一下，抬升与侵蚀是同时发生的。即使在某一特定地方、特定时段内，一种力量可能大于另一种力量，但是我们仍然无法精确预测景观演化的下一个阶段。

也许，区分河流对地貌影响的最重要的因素，是近代气候（例如过去数百万年）是否曾经趋向于湿润或者干旱。

湿润区的河流景观　也许，软弱的地表物质或者岩石中的低洼处使河床得以发育。在山区谷坡下部，河流可能流过悬崖，形成跌水。陡峻的坡麓梯度使河流流动迅速，在岩石中切割出狭窄的V形谷（图3.23 [a]）。在这种情况下，侵蚀过程大大加速。随着时间的流逝，河流可能侵蚀掉足够多的岩石，使跌水变成急流，并使河床切入到周围的地形高度之下。这种现象在康涅狄格河、特拉华河上游和田纳西河中表现得很明显。

在湿润地区，河流侵蚀的结果是使地形变得浑圆。在坡度和缓处流动的河流，趋向于切割比山区宽阔的河谷。周围的山丘变浑圆，进而随着河谷的拓宽和变平，最终变成**泛滥平原**（floodplain）。河流的作用使泛滥平原逐渐展宽。河道变得蜿蜒曲折，不断地切割出新的河床。当新的河床出现后，原来的河床遗留下来，变成**牛轭湖**（oxbow lake）。在密西西比河泛滥平原上就有数百个牛轭湖（图3.23 [b]）。牛轭湖呈新月形，占据着曲流河的废弃河床。

在近似平坦的泛滥平原上，最高的地方就是

(a)

(b)

图3.23 （a）怀俄明州黄石公园中河流迅速下切而成的V形谷。（© Robert N. Wallen）（b）阿拉斯加州与曲流河毗邻的牛轭湖。（© B. Anthony Stuwart / National Geographic Image Collection）

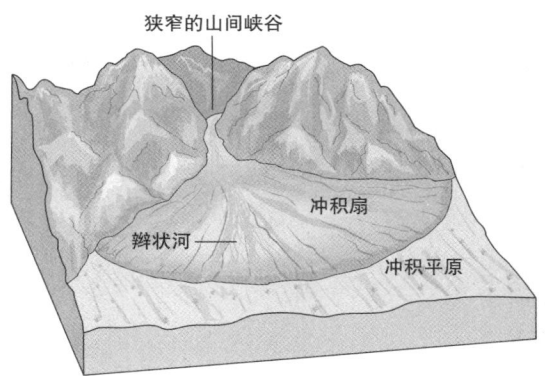

图3.24 当河流流到坡麓比较平坦之处，流速减小，便形成了冲积扇。坡度和流速急剧变化，大大降低了河流搬运粗粒沉积物的能力。于是发生堆积作用，充塞河床，并使水流改道。上游谷口固定了冲积扇顶部，河流来回摆动，形成和延展出一片宽广的堆积区。（Redrawn from Charles C. Plummer and David Mc Geary, Physical Geology, 8th ed.）

河流的河岸，那里有**天然堤**（natural levee），是发洪水时泥沙在河边堆积而成的。冲溃天然堤的洪水破坏性特别大，因为洪水会淹没整个泛滥平原，直到与上涨的河水高度相同。在特别敏感的地区——例如密西西比河下游两岸，美国陆军工程兵团加固了天然堤。

干旱区的河流景观 必须区分湿润区与干旱区河流侵蚀作用的结果。干旱区缺少植被，因此显著增强了流水的侵蚀力。如果河床穿过荒漠，那么发源于山区的河水有时不会流入海洋。实际上，除了雨季外，河床可能空荡无水，雨水从山坡汹涌而下时，汇集成的暂时性湖泊称为"干盐湖"（playa）。在此过程中，**冲积物**（alluvium）堆积在湖中和海拔较低的地方，沿着山坡形成**冲积扇**（alluvial fan）（图3.24）。冲积扇是当河流横穿坡麓到达低地时，泥沙和砾石向外堆积产生的。如果这种过程持续得特别长久，冲积物可能掩埋被侵蚀的山体。在内华达、亚利桑那和加利福尼亚的荒漠区，透过被侵蚀的物质，能看到不少被部分掩埋的山地。

由于河流在干旱区只能暂时性存在，因此其侵蚀力不如湿润区自由流动的河流那样始终如一。有些情况下，它们几乎不能成为景观的标志。在另一些情况下，急速流动的河水可能刻蚀出深而两侧笔直的**旱谷**（arroyo）。流水可能以复杂的格局，呈多股的辫状，奔流在冲积平原上，而把冲积扇留在后面。这种季节性急流形成的河床被称为**冲蚀沟**（wash）。图3.25所示犹他州的那些**孤峰**（butte）和**方山**（mesa，大型平顶丘）陡峭壁立的构型，醒目地表明了干旱区这种脱缰野马般流水的侵蚀力。

地下水

有些由雨雪补给的水下渗到地下的岩石孔洞、裂隙和土壤中，不是形成地下池塘或地下湖，而是构成浅层物质。当地下水聚集时，形成的一层饱和带，称为**含水层**（aquifer），水在该层中能轻易地流动。如图3.26所示，饱和带的上层就是**地下水位**（water table）。在此水面以下，土壤和岩石被水饱和。一个水井必须打到含水层，才能保证水的供给。地下水不断地运动，但是非常缓慢（通常每天只有数厘米）。大部分地下水存留于地下，力图达到最深处。然而，当陆地地面下降到地下水位以下，就会形成池塘、湖泊和沼泽。有些地下水通过土中毛细管作用或者植被的作用寻找到通向地面的途径。当地面延伸到地下水面以下时，最常见的就是发育一条河流。

地下水，特别是在同二氧化碳结合时，通过被称为溶解作用的化学过程，溶解了可溶性物质。虽然地下水往往能分解许多种岩石，但是对石灰岩的效应最为独特。世界上许多大洞穴都是地下水穿过石灰岩区形成的。通过上覆岩层向下渗流的地下水在滴入空洞时留下了碳酸盐沉积物。这种沉积物有从洞顶下垂的钟乳石，也有从洞底向上生长的石笋。有些地区，地下水对石灰岩侵蚀的效应不均匀，在洞穴崩塌区形成了一种沉洞景观，表现为一系列落水洞和地表洼地。

喀斯特地貌（karst topography）是指以落水洞、深大洞穴和地下河为代表的大片石灰岩区，如图3.27所示。佛罗里达州中东部的一个喀斯特区由于落水洞的形成和扩大而深受其害。这种地形由位于意大利与斯洛文尼亚交界的亚得里亚海的一个地区而得名。肯塔基州的猛犸洞区是另一类喀斯特区，那里有长达数千米、彼此相通的石灰岩洞。

冰 川

引起侵蚀和堆积作用的另一种营力是冰川。虽然如今不太广泛，但早在1万—1.5万年以前，冰川曾经覆盖了地球陆地很大部分。许多地貌是由冰川的侵蚀或堆积作用形成的。

冰川只有在夏季短暂或者不存在，年降雪量超过年融雪量和蒸发量，十分寒冷的地区才能形成。雪的重量使雪的底部压实而形成冰。当降雪厚度达到大约100米时，底部的冰就变

图3.25 犹他州峡谷地国家公园。方山顶盖的抗蚀岩层保护了下伏的软弱岩层免受下切侵蚀。当顶盖岩层被搬运后，侧向侵蚀降低了地面，留下了方山作为以前高位景观广阔而明显的遗迹。（© *Carr Clifton / Minden Pictures*）

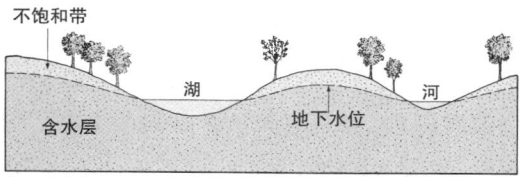

图3.26 地下水位一般随地表等高线起伏，但是起伏较和缓。地下水缓慢地通过被水饱和的岩石，在低于地下水面的地表洼地中出露。在干旱时期，地下水位降低，河床变干。

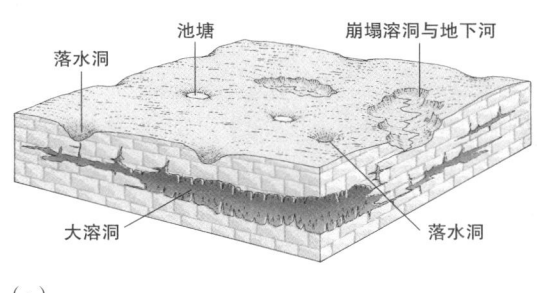

(a)　　　　　　　　　　　　　　　(b)

图3.27　石灰岩在有水的情况下容易被侵蚀。(a)如图所示的喀斯特地形发生在湿润区,那里水平的石灰岩层出露于地表。(b)佛罗里达州中东部的卫星照片显示,喀斯特景观的落水洞中形成了许多圆形的湖泊。(© NASA)

成黏稠的牙膏状,并且开始缓慢地运动。而**冰川**（glacier）就是在陆地表面向外扩展或缓慢地从山坡向下运动的大片冰体（图3.28）。有些冰川看起来完全静止,因为冰川边缘的融化量和蒸发量与冰川前进的速度平衡。但是,冰川也能以高达每天1米的速度移动。

大多数冰川形成理论都与气候变冷有关。也许,下述一些理论的结合能解释冰川的演变。第一种理论将气候变冷归因为大气中有过量的火山灰。其论据就是灰尘减少了到达地球的太阳辐射量,有效地降低了地面的温度。第二种理论将冰期归因为已知的地球绕太阳运动的轨道形状、倾角和季节位置在最近50万年内的变化。这种变化改变了地球所吸收的太阳辐射量及其在地球上的分布。最近有一种理论提出：当巨大的大陆板块漂移到极地地区,地球上的温度变得极端化,导致了冰川的发育。当然,这种理论不能解释最近的一次冰期。

现在,大陆规模的冰川存在于南极洲、格陵兰岛和加拿大的巴芬岛。但是山地冰川可见于世界上的许多地区。地球上大约10%的陆地面积被冰川覆盖。在最近一次冰川前进时期,格陵兰的大陆冰曾经是覆盖将近整个加拿大（图3.29）以及美国和欧亚大陆最北部巨大冰川的一部分。巨大的冰川厚度达3000米（现今格陵兰的深度）,封盖了整个山系。最后一次冰期的另一个特征就是**多年冻土**（permafrost）的发育,即一种长期冻结的土层,其深度可达300米。由于多年冻土层阻碍了水分的下渗,因此只有当表面的薄层融化时,地表土壤才能在短暂的夏季被水饱和（见"多年冻土"专栏）。

冰川的重量使下伏的岩石破裂,为运动冰体的搬运作用做好了准备。因此,冰川就通过侵蚀作用改变了地貌。冰川在运动时刨削陆地,在残留的岩石上留下了刮痕或者擦痕。加拿大东部的许多地方曾经被冰川刨削,留下的土壤很少,但有许多冰蚀湖和河流。由冰川刨削而形成的侵蚀地貌有各种名称。**冰川槽谷**（glacial trough）是一种很深的U形谷,只在冰川后退以后才能见到。如果冰川槽谷现今位于海平面以

图 3.28 高山冰川地貌。冰劈作用和冰的运动刻蚀出冰斗。冰斗不规则的底部可能有因冰川融化而形成的湖(冰斗湖)。在冰斗壁同背后山坡邻接之处形成刀刃状的山脊,称为"刃脊"。刃脊被过度侵蚀的山隘所截断,三个或者更多的刃脊相交就形成了角峰。从冰斗壁落下的岩屑被运动中的冰带走。在冰和谷壁之间形成了侧碛。中碛标志着两条山谷冰川交汇处的侧碛相汇合。后退碛在冰川末端长期固定不动,使沙石堆积而成,而终碛是冰川前进最远处的标志。沉积物堆成的锥状小丘称为"冰砾阜"。

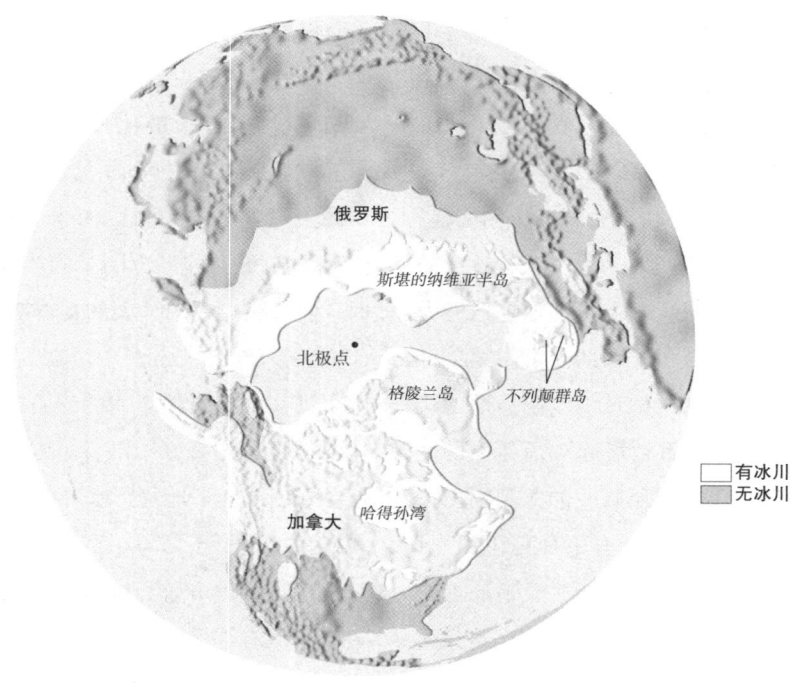

图 3.29 北半球大陆冰川的最大规模(大约1.5万年前)。由于大量水分以冰的形式保存在陆地上且冰川扩展到现今的大陆岸线以外,所以海平面比现今为低。分离的积雪中心和成冰作用发展。在北美西部山地和前进的冰川前缘之间有大湖区形成。在南部,巨大的河流排出冰川融水。

多年冻土

1577年，当马丁·费罗比歇（Martin Frobisher）爵士在为了寻找西北航道而前往新世界的第二次航行中报告，在最远的北部发现了"甚至夏季冻结深度仍达4—5㖊[①]"，而且冻结状况为"把石块结合得紧密到使用工具花大气力也几乎不能将其分开"的土地。永冻土现在称为多年冻土，大概占据地球陆地表面的1/5（图[a]）。在北冰洋周围的陆地中，它的最大厚度大约是600米。

在马丁·费罗比歇发现冻土后的大约300年中，几乎无人注意这种现象。直到19世纪和20世纪，在建造横贯西伯利亚的铁路、在阿拉斯加和育空（Yukon）由于发现黄金而修造建筑物，以及铺设连接现今阿拉斯加北部的普拉德霍湾（Prudhoe Bay）和南部的瓦尔迪兹（Valdez）的石油管道时期，人们才注意到多年冻土的独特性质。

不加控制的建设活动导致多年冻土的融化，进而又造成了冻土容易发生土体运动和滑坡、土体沉陷，以及寒冻隆起的不稳定性（图[b]）。科学家发现，为了对冻土进行成功利用，需要尽可能少损毁冻土。阿拉斯加输油管架设在地表以上，以便迁徙的野生动物穿过，又可降低相对温暖的石油干扰冻土，进而毁坏输油管的可能性。必须尽可能保持地表的绝热程度，使垫状植被不致被清除。相反，还要在输油管下面的地表加铺粗砾石。

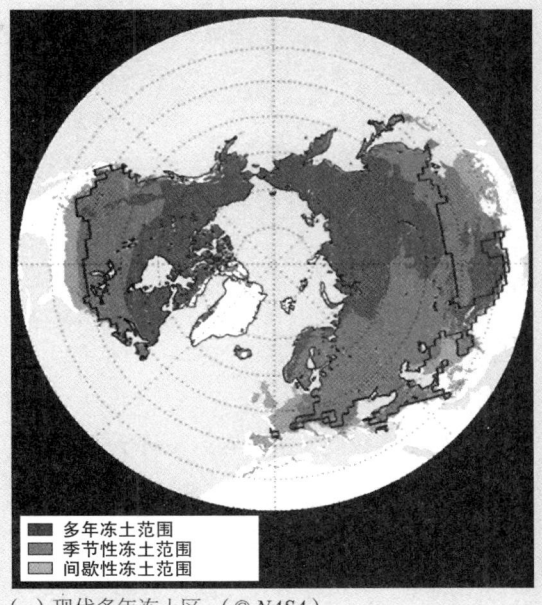

（a）现代多年冻土区。（© NASA）

（b）阿拉斯加铁路线受多年冻土融化的影响而发生挠曲。（© O. J. Ferrains / U.S. Geological Survey / L. A. Yehle photo）

[①] 1㖊=6英尺或1.829米。——译注

图3.30 冰斗中的冰斗湖及其后的刃脊。照片中由冰川形成的湖位于华盛顿州冰川峰火山自然保护区。(© Bob & Ira Spring)

下——如在挪威或加拿大不列颠哥伦比亚，就称为"峡江"(fiord)，或者"峡湾"。由刨削作用形成的某些地貌表示在图3.28中。图3.30表示了冰斗湖——由冰斗向外敞开凹地中的小湖和刃脊——分隔相邻的冰川侵蚀谷的锐脊。冰斗是冰蚀作用在冰川谷首处形成的。

冰川所搬运的岩屑堆积下来也会形成某些地貌。冰川的堆积物称为"冰碛"(glacial till)[①]，它们由砾石和粉砂组成。当巨大的冰舌向前运动时，岩屑堆积在冰川的各个部分。刨刮谷壁的冰，以及在前进中的冰舌前端的冰，尤其富含岩屑。当冰川融化时，地表就留下了大小和形状不同的冰碛丘岗，例如冰碛丘、蛇形丘和鼓丘等（图3.31）。

冰川还形成其他多种地貌。最重要的是**外冲平原**(outwash plain)。这是融化中的冰川前缘的一片和缓倾斜区。沿着宽广的冰川前缘发生的融化作用产生数千条小河，它们呈辫状从冰川中流出，留下由砂和砾石组成的层理清晰的冰川堆积物。外冲平原实质上是巨大的冲积扇，覆盖了广大的地区，并为土壤的生成提供了新的母质。美国中西部的大部分地区由于风对冰川堆积作用的影响而使土壤具有一些肥力（图3.35）。

在最近一次冰期结束以前的**更新世**(Pleistocene)的150万年期间，至少发生过三次大的冰进。还没有确凿的证据说明我们已经离开了冰进与冰退的循环期。关于地球上温度变化的因素将在第4章中讨论，但是在评估一次新冰进的可能性之前必须对这些因素加以考虑。在20世纪前半期，世界上冰川的融化快于冰川的形成。虽然有人担心温室效应（第4章将要讨论）正在使地球变暖，并将引起海平面上升，但当前的趋势还不清楚。

波浪，洋流与海岸地貌

虽然地球历史中冰川的活动是间歇性的，但海洋波浪对大陆海岸和岛屿的破坏则永无休止，并且其使海岸地貌产生重大的变化。当波浪进入接近海岸的浅水区时，其因强力摩擦海底而变高，直至形成破浪，如图3.32所示。海水的上冲不但携带沙粒进行堆积，并且也侵蚀海岸上的地貌，而回流的海水则将侵蚀的物质带走。这种活动的结果是因条件不同而形成各种地貌。

如果海岸上的陆地显著高于海平面，波浪的作用将形成海蚀崖。海蚀崖随后受到侵蚀，其受侵蚀的速度取决于岩石对海水持久袭击的抵抗程度。暴风雨时，大量的能量从上冲的波浪中被释放出来，因而发生严重侵蚀。沿海风暴发生时，会发生滑坡灾害，特别是在软弱的

[①] 在中、英文冰川地貌学中有些名词使用较为混乱。据美国地质学词典的解释，新、老冰川区由冰川和冰缘水流形成的堆积物统称为冰川堆积物(glacial deposit 或 drift)；在冰川区内由冰川旁或下部直接形成的无分选、不分层、大小混杂的堆积物专称为冰碛（物）(till or moraine，其中 moraine 又兼指由它构成的冰碛丘岗地貌；till 有时又指主要由砾石和黏土组成的泥砾 [boulder clay]）。在冰川外缘的水流堆积下形成有相当分选和成层的堆积物，专称为"冰水堆积物"(fluvial glacial deposit)。——译注

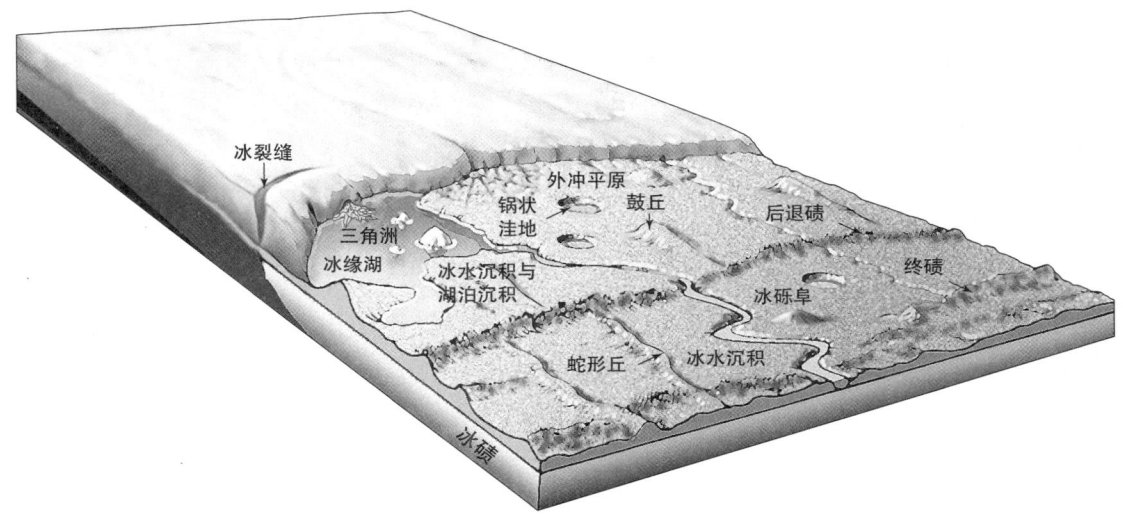

图 3.31 由冰盾形成的堆积地貌特征。大陆冰川所携带的碎屑物质在冰川后退时堆积下来形成各种地貌。冰碛是在冰川后退边缘形成的无分类的冰川堆积。外冲平原由河流搬运的冰砾物形成。冰砾阜是冰水沉积物形成的圆锥状小丘。鼓丘是冰碛物构成的长条形丘,指示冰川运动的方向。蛇形丘是冰川融水的沉积物所构成的长条丘脊。锅状洼地是由停滞的冰块融化形成的封闭洼地,为沉积物所掩盖,周边为沉积物环绕。

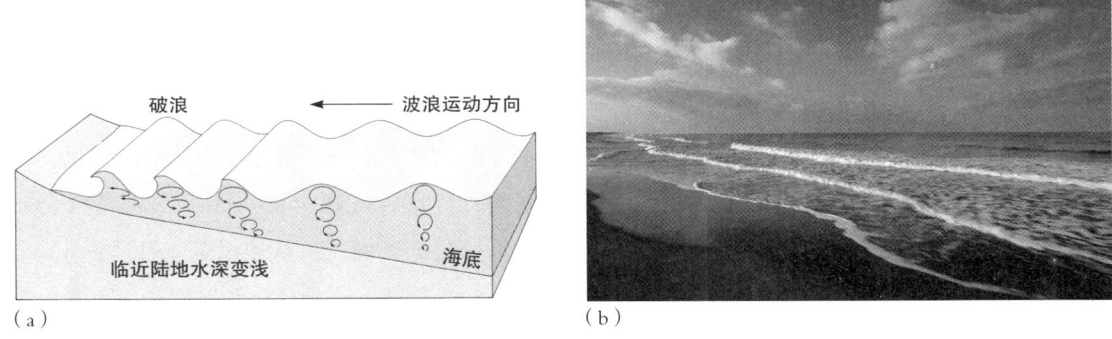

图 3.32 波浪和破浪的形成。(a) 当浅海的涌浪接近缓斜的海滩底部时,形成波峰尖锐的波浪,直至使海水产生陡波,破碎前进,形成前冲的破浪,亦称"激浪"(surf)。(b) 首尾相接的波浪在均匀倾斜的岸坡下触底形成等间距的破浪。(© George Lepp / Getty Images)

沉积岩区或者冰碛物分布区。

海滩是海水夹带沙粒发生堆积作用而形成的。沙粒来源于巨量的海岸侵蚀和河流带来的泥沙(图3.33)。**沿岸流**(longshore current)大体上平行于海岸运动,搬运沙粒,形成海滩和沙嘴。有掩护的浅水区增大了沙粒堆积的机会。

然而,如果没有沿岸流存在,后退的波浪会将沙粒从海滩搬运走。结果,会有从海岸线伸出一段距离的**沙坝**(sandbar)① 形成。沙坝如果扩大,最终可能封闭海岸,形成新的海岸轮廓、封闭潟湖或者小海湾。在这种地区内及其周边,

---

① 在我国海岸带的地学文献中,同一个英文术语常有多个中译文。例如:breaker——破浪,碎波;surf——激浪,碎浪;storm——风暴,暴风浪,风暴潮;bar, sandbar——沙坝;off-shore bar——滨外坝,岸外(沙)坝;barrier——障壁坝;barrier island——沙坝岛,障壁岛,等。——译注

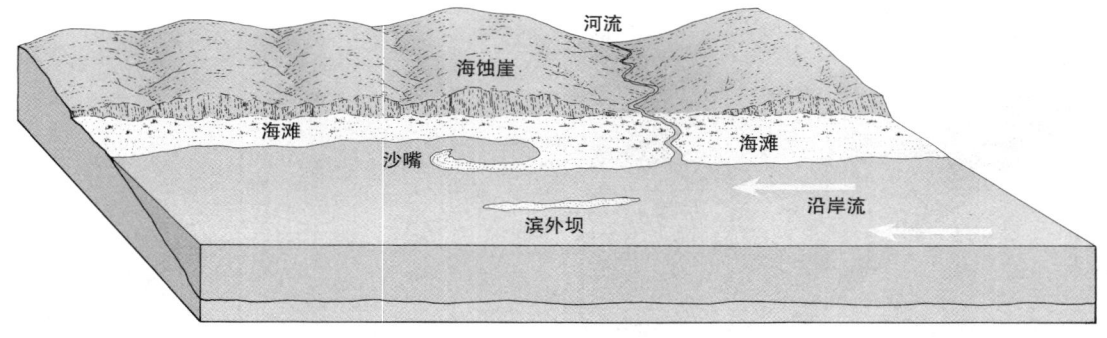

图 3.33 岸滨后部的海蚀崖，是由暴风雨和高潮位时的波浪侵蚀而成。来自海蚀崖和河流的沉积物形成了海滩堆积物。沿岸流将部分沉积物顺流运下，形成沙嘴。滨外坝是海滩上的物质经后退的波浪再搬运和沉积而成。这里所表示的所有地貌一般不会出现在同一个地点。

常有盐沼发育。例如，北卡罗来纳州的外浅滩（Outer Banks）由若干条带状长沙坝构成，因沿岸洋流和暴风雨的作用而在不断地移动。

珊瑚礁（coral reef）不是由沙粒构成，而是在热带浅海，由生长于温暖而阳光充足的海水中的珊瑚虫分泌的碳酸钙而成。珊瑚礁由数百万彩色的珊瑚骨骼构成，形成于近海范围内。在澳大利亚东北的岸外浅海中，分布着最著名的珊瑚礁——大堡礁。

环礁（atoll）见于南太平洋，是浅海中环绕已被海水淹没或者接近淹没的火山而形成的礁体。

风

在湿润地区，覆盖于地表的植被主要限制了风对沙质海滩的影响。但是在干旱地区，风是一种强烈的侵蚀和堆积营力。干旱地区植被有限，这使裸露的沙、尘土颗粒受制于风的运动。因此，在干旱地区可见到许多机械风化产生的刻蚀地貌，即因沙和尘土颗粒在岩石表面发生磨蚀作用而形成的地貌。在遭受旱灾的农场地区发生的沙尘暴使那里变成农业上的荒芜之地。20世纪30年代是俄克拉何马、得克萨斯和科罗拉多三州大片农田变成美国"尘暴区"（Dust Bowl）[①]的时期，当地居民深受其害。

被风吹起的沙可形成几种地貌。图3.34描绘了其中的一种。虽然沙漠（sandy desert）不如砾漠（gravelly desert，又称荒漠砾幂［desert pavement］）那么普遍，但它们的独特地貌却比较闻名。撒哈拉沙漠的大部分、戈壁沙漠和美国西部的荒漠都覆盖着石块、砾石和卵石，而不是沙。每一处都有一小部分（而沙特阿拉伯荒漠则是大部分）覆盖着沙，由风吹积成一系列的沙垄，或者**沙丘**（dune）。除非沙丘被植物固定，否则，风从迎风面把沙子向上吹，越过沙丘顶部，沙丘就会发生移动。沙漠沙丘中最独特的一种就是**新月形沙丘**（barchan）。在海岸带和内陆的湖岸上，无论是湿润还是干旱气候下，风能够形成高达90米的沙脊。有些情况下，沿海的社区和农田受到流沙的威胁，或者被其破坏（见"处于危险边缘的海滩"专栏）。

另一种质地为粉砂的风积物称为**黄土**（loess）。黄土通常见于中纬度西风带，覆盖了美国（图3.35）、中欧、中亚和阿根廷的广大地区。黄土在中国北方最为发育，覆盖了数万平方千米的土地，厚度常达30米以上。黄土在成因上为风成，这一点已经为它从广大的荒漠区向下

[①] 或作黄尘地带或灰盆地区。——译注

处于危险边缘的海滩

诸如"处于危险边缘的海滩""狂风暴雨角是一处脆弱的环境"[①],"向开发潮开战""国家寻求经费修复海岸"等一些报章标题,标志着对海岸线状况不断增加的关注。此外,这些标题提出了一个中心问题:我们如何能在利用海岸线的同时避免破坏它。

由于世界上有许多人居住在海岸上,或者在那里度假,还由于沿海地区往往人烟稠密,因此海岸作用过程对人类产生了重大的影响。自然力量不断地修整和改造海岸的面貌;海岸带是活跃的环境,总是处于动荡不定的状态。有些作用很剧烈,而且造成迅速的变化——如热带气旋(飓风和台风)、海啸,以及洪水,它们能带来浩劫,仅仅在几个小时之内就夺走成千上万人的生命,并造成数百万美元的损失。海滩侵蚀虽然易于扩大风暴的影响,却是一种危害稍轻的作用。

有些海滩侵蚀是自然作用——既有海洋的,也有陆上的——引起的。波浪搬运着大量的悬浮泥沙,而沿岸流持续地沿海岸线运移泥沙。海岸陡崖受到风化和侵蚀作用产生沉积物,而河流将泥沙从山地

位于北卡罗来纳州基蒂霍克(Kitty Hawk)的海滩房屋被2003年9月的伊萨贝尔飓风破坏。(© AP / Wide World Photos)

---

① 《基督教科学箴言报》1992年12月31日一篇报道的标题。——译注

搬运到海滩。

人类的活动既影响到侵蚀作用,也影响到堆积作用。例如,通过建造大坝拦截上游的泥沙,减少了流到海滨的泥沙。人们填垫湿地,建造大堤,推平沙丘或者砍伐沙丘上起自然稳定作用的植物。人们在陡崖顶部和沙丘上建造道路、房屋和其他构筑物,或者在其上种植树木、修建草坪,由此而促发了侵蚀作用。

岛(障壁岛)——与大陆平行的狭窄沙地——最易遭受侵蚀。它们在自然状态下是不稳定的地方。其典型的特点就是容易移动。在暴风雨时,波浪能直接冲刷它们。有些堰洲岛——包括大西洋城和迈阿密海滩——已经被高度开发,居住了稠密的人口。

一旦酒店、公寓住宅区、铁路和公路沿着海边建成,人们就试图通过保护海滩来防止侵蚀,以保护他们的投资。他们建造防波堤、岸外构筑物来吸收大型破碎波的力量,在岸滨打造静水环境、拦集海沙,以阻止侵蚀。但是这些构筑物并不总是成功的。尽管有一些可能造成新的堆积区而局部受益,但它们几乎会加速邻近地区的侵蚀。一个社区的努力常常因附近的城镇而付诸东流,后者强调需要由政府部门来协调各方面的努力,对广阔的海岸线开展综合的土地利用规划。

建造人工构筑物的一个替代措施是进行"海滩补沙"(beach replenishment),也就是给海滩添加海沙,以补偿被侵蚀掉的部分。这种措施带来了海滩再生的机会,同时还使不动产得到缓冲,免受风暴的毁坏。海沙可通过海港疏浚取得,或者从岸外的沙坝获得。这种措施的不利之处是:取沙干扰了海洋生物,难以取得质地合适的海沙,以及补沙后的海滩可能寿命不长。例如,新泽西州大西洋城的海滩在1982年花费了500多万美元进行了补沙,但经过东北风多

次对该地区的袭击，三个月后沙滩就消失了。同样，2000年在圣迭戈沿岸，有一个庞大的疏浚采挖项目，耗资1700多万美元给8千米长的海滩补沙。然而经过数月的惊涛拍岸，有一半以上的沙子被冲走。

维护海岸带的费用引起了两个基本问题："谁受益？谁应当付费？"有些人主张，那些沿海地产拥有者的利益同公共利益并不一致，而且花费大量的公共经费去保护仅仅是少数人的地产是不明智的。人们争论说，海滨企业和地产所有人是海岸保护措施的主要受益者，而且他们常常拒绝使用他们地产前面的公共通道前往海滩。因此，他们应当付岸线维护费用的主要部分。然而，当今很少有这样做的。典型的做法是：费用由社区、州和联邦政府分担。确实，截至2005年有51个联邦项目在资助沿海的开发和重建。其中美国国家洪水保险项目最大。它对洪灾危险区的房产主提供低廉的保险。人们已经利用这项保险提供的保障在很多地方——甚至在高危险的沿海地区——进行建筑。

思考题

1. 1994年至今，陆军工程兵每年花费数百万美元在新泽西州将海沙从海底抽吸到被侵蚀的海滩上。这个进行中的项目依据的是由于海滩受到侵蚀而每5—6年要进行一次补沙的推断。目前联邦政府支付费用的65%，州政府支付25%，而地方政府支付10%。新泽西州参议员弗兰克·劳滕伯格（Frank Lautenberg）力陈海滩补沙对于该地区未来的重要性，"人民的生命和财产处于危险之中，新泽西的海滩带给国家重要的旅游收入"。但是环境保护基金会的詹姆斯·特里普（James Tripp）反驳说海滩重建简直就是将纳税人的钱撒入大海，"将世界上所有的沙抽取来，也不可能扭转败局"。你是否认为海滩补沙项目是合理使用纳税人的钱？联邦政府是否有义务保护或者重建被暴风雨破坏的海滩？为什么？

2. 海岸侵蚀对于海滩来说不是问题，而对于要利用海滩的人才是问题。你是否认为我们要学会与侵蚀共处，不在海岸带建造房屋，除非认为我们的建筑物是临时性的或者是可牺牲的？社区是否应当采取规划，禁止在未开发的土地上（如在岸滨50米以内）进行建筑？

3. 联邦政府是否应当削减为海滨房屋和企业所提供的廉价风灾保险项目，以及保险以外的维修费用，如对被风暴灾害损坏的建筑的快速拨款和贷款？是否允许重建被风暴毁坏的建筑，即便它们在未来还是易被破坏的？为什么？

4. 由于全球气候变暖引起海水膨胀或者极地冰盖融化，当前的海平面上升——每12年大约上升2.5厘米。如果这种上升继续进行，或者加大，海岸侵蚀将变得越来越严重。世界上许多大城市将受到这种海平面上升的威胁。这样的大城市有哪些？它们应怎样保护自己？

风方向的典型分布状态所确证。不过其主要堆积物被推断是由冰川后退融水堆积下的裸露沉积物经过风蚀而成。由于肥沃的土壤通常来自黄土堆积，因此如果气候条件合适，黄土区便可成为世界上生产率最高的农田区。

3.6　地貌区

每一块没有被建筑及其他构筑物所占据的陆地，都包含着一些线索，揭示它在时间上是如何变化的。地貌学家解读这些线索，研究诸如地壳物质和土壤，水的可用性和排水模式，侵蚀的证

图3.34 来自左侧的盛行风形成了这些迎风坡和缓、背风坡陡而不规则的横向沙丘。(Courtesy of *James A. Bier*)

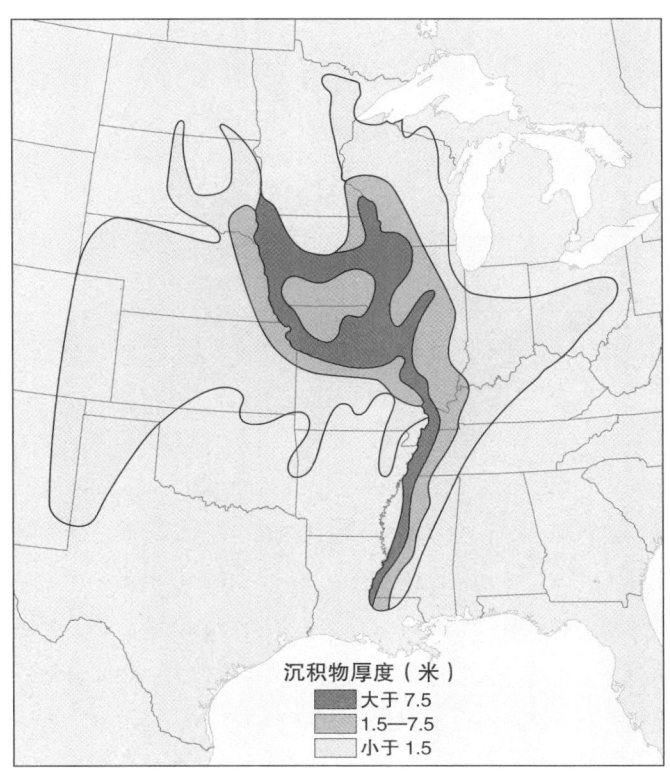

图3.35 美国风积粉砂(包括黄土)的位置。较厚的堆积层分布在密西西比河上游河谷地区,与冰川碎屑堆积受风的运动影响有关。再往西部,在大平原上,风积物质质地为沙质而不是黄土质。(*Adapted from Geology of Soilsby Charles B. Hunt, copyright 1972 W.H. Freeman and Company. Reprinted by permission of the author.*)

据，冰川的历史等事物。分析的规模可能小到一条河流，或者大到一个地貌区，甚至大到地球表面的一个大剖面——其中作为其特征的地貌类型有大量的同一性。

本书的对开页地图概略地表明了分布在世界各地的地貌区（landform region）类型。请注意山脉带通常与海底所没有的汇聚型板块边界（图3.5[a]），以及地震多发区（图3.7）高度一致。辽阔的平原存在于南美洲、北美洲、欧洲、亚洲和澳大利亚。许多这类地区是在以前的海底形成的，并且在海洋收缩时曾经出露为陆地。这些平原以及一些较小的平原区都是世界上一些大河的流域盆地，例如密西西比-密苏里河、亚马孙河、伏尔加河、尼罗河，以及底格里斯-幼发拉底河。由这些河流雕刻出来的河谷和由它们堆积下来的泥沙构成了世界上农业生产率最高的地区。地球上有各种各样的高原，其中非洲高原区最大。许多非洲景观以低山和丘陵为特征，其山麓或丘麓高出海面大约700米。非洲从构造活动性的角度来看是平静的，它大部分由地质学上古老的，并且已经经历了数百万年侵蚀作用的大陆块组成。

人类影响景观、地貌、运动中的大陆和地震，并且反过来又受它们的影响。然而，除了不时的自然灾害以外，这些自然要素对于我们大多数人来说是宁静的、可接受的。其中直接影响我们生命和财富的，是气候的大格局。气候有助于解释现代技术水平在经济上的局限、解释影响野餐和作物收成成败之类的天气日变化，以及解释植被和土壤的格局。我们将在第4章关注自然环境中的这些要素。

章节摘要

岩石是组成地球表面的物质。它们分为火成岩、沉积岩和变质岩。在地球47亿年历史中的最近2亿年中，各大陆板块在软流层上漂移到它们现今的位置。在板块交会带或其附近，构造活动突出地表现为两种形式：一种是地壳运动，例如断层活动导致地震，有时也引起海啸；另一种是火山作用，使熔融物质运动到地球表面。

地球表面的塑造受到三种均夷作用——风化作用、块体运动和侵蚀作用——的制衡。风化作用——无论机械风化或是化学风化，通过分解岩石而为搬运作用准备了物质。它也对土壤的发育起了促进作用。块体运动的例证是倒石堆和土体蠕动。流水、地下水、冰川、波浪与洋流、风等侵蚀营力将物质搬运到新的位置。由被侵蚀下来的物质聚集而成的地貌实例有冲积扇、三角洲、天然堤、冰碛丘和沙丘。

问题与讨论

1. 岩石如何分类？按照成因列举岩石的三大类型。用什么方式可以将它们区分开？
2. 什么证据使板块构造理论看起来言之成理？
3. 两个板块相撞时发生的事件有何意义，叫什么名称？
4. 解释均夷作用和火山作用的过程。
5. 褶皱、节理和断层是如何形成的？
6. 画一个示意图说明各种断层作用的方式。
7. 地震同何种地球运动有关？海啸是什么，它是怎样发生和发展的？
8. 机械风化与化学风化之间的区别是什么？风化作用能形成地貌吗？冰川用什么方式进行机械风化？
9. 解释通常能在荒漠环境看到的各种地貌的成因。
10. 冰川是怎样形成的？哪些景观特征与冰川侵蚀作用和堆积作用有关？
11. 冲积扇、三角洲、天然堤和冰碛地貌是怎样形成的？
12. 如何区分地下水侵蚀作用与地表水侵蚀作用？
13. 波浪和洋流变化所发生的作用与风力变化所发生的作用有何关系？
14. 你所居住地区的地貌特征是由哪些作用形成的？

延伸阅读

Ahnert, Frank. *Introduction to Geomorphology.* London: EdwardArnold, 1998.

Benn, DouglasI. *Glaciers and Glaciation.* London: Edward Arnold, 1998.

Bland, Will J., and David Rolls. *Weathering: An Introduction to Basic Principles.* London: Edward Arnold, 1998.

Briggs, David, et al. , eds. *Fundamentals of the Physical Environment.* 2d ed. NewYork: Routledge, 1997.

Chorley, Richard J. *Water, Earth, and Man.* London: Methuen, 1969.

Easterbrook, Don J. *Surface Processes and Landforms.* 2d ed. Upper Saddle River, N. J.: Prentice Hall, 1998.

Evans, David J. A., and Hugh M. French, eds. *Periglacial Geomorphology.* NewYork: Routledge, 2004.

Goudie, Andrew. *The Changing Earth: Rates of Geomorphological Processes.* Oxford, England: Blackwell, 1995.

Haslett, Simon. *Coastal Systems.* NewYork: Routledge, 2001.

Huggett, Richard J. *Fundamentals of Geomorphology.* NewYork: Routledge, 2002.

Knighton, David. *Fluvial Forms and Processes.* Rev. ed. London; Arnold, 1998.

Kump, Lee, James Kasting, and Robert Crane. *The Earth System.* 2d ed. Upper Saddle River, N. J. : Prentice Hall, 2003.

Livingstone, Ian, and Andrew Warren. *Aeolian Geomorphology: An Introduction.* Upper Saddle River, N. J. : Prentice Hall, 1996.

Montgomery, Carla W. *Environmental Geology.* 6th ed. Boston: McGraw-Hill, 2003.

Ollier, Cliff, and Colin Pain. *The Origin of Mountains.* NewYork: Routledge, 2000.

Plummer, Charles, David McGeary, and Diane Carlson. *Physical Geology.* 10th ed. Boston: McGraw-Hill, 2004.

Progressin Physical Geography. London: Edward Arnold. Various issues.

Spencer, Edgar W. *Earth Science.* Boston: McGraw-Hill, 2003.

Strahler, Alan, and Arthur Strahler. *Physical Geography: Science and Systems of the Human Environment.* 2d ed. NewYork: John Wiley & Sons, 2001.

Trenhaile, Alan S. *Coastal Dynamics and Landforms.* Oxford: Oxford University Press, 1997.

 万维网上和地理学有关的网站极其丰富。与本章主题有关的网站请见与本书有关的在线学习中心的"Web Links"部分。网址：www.mhhe.com/getis11e。

自然地理学：天气与气候

第4章

2005年8月29日，大部分建在密西西比河三角洲附近海平面以下的"自由城"（Big Easy）——新奥尔良市，位于卡特里娜飓风的路线上。由于大多数居民遵从了飓风前的撤退命令，因此城市大部分地区已经渺无人烟。当飓风来袭时，留下来的居民大都是穷人和无车族。时速大约200千米的大风袭击了城市，拔倒树木和电线杆。大风掀起的海水淹没了沿海地带。

乍看起来，新奥尔良市似乎可以避免比预想大得多的毁坏，但是最糟糕的情况仍然出现了。好几处地方——海堤、密西西比河河堤以及庞恰特雷恩湖（Lake Pontchartain）的湖堤坍塌了，堤坝出现灾难性的溃决。两天以后，洪水持续上涨并涌进城市。新奥尔良市大约80%被1—3米的洪水淹没。据信，风暴在田纳西州上空减弱以前，在新奥尔良以及路易斯安那、密西西比和亚拉巴马州的其他城市中，有将近1200人被淹死（图4.1）。

风暴结束后，新奥尔良市被摧毁了。卡特里娜飓风已被证明是美国历史上最严重的一次自然灾害。所有维持城市功能的系统——上下水道、电力网、交通网、电话网——全被损坏。三个星期以后袭击了墨西哥湾的瑞塔飓风更是雪上加霜。虽然瑞塔飓风的袭击偏向西部，但是新奥尔良再次遭受洪水灾害。两次飓风之后一个多月，大多数居民仍未被允许返回，因为

◀ 一架海岸警卫队直升机在卡特里娜飓风过后从屋顶援救一个灾民。（© Getty Imayes）

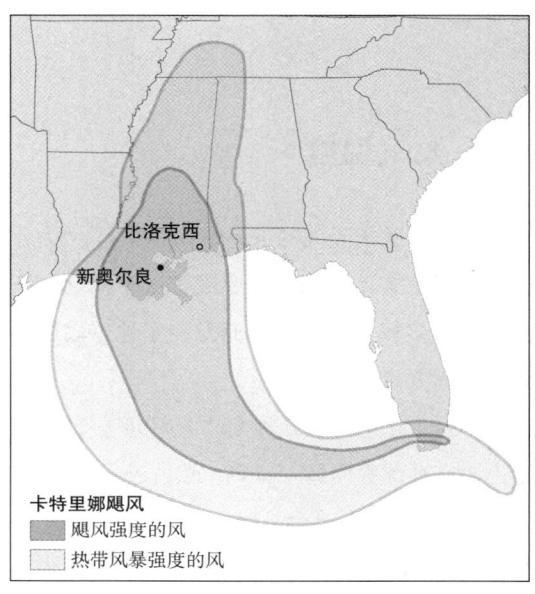

图4.1　2005年8月卡特里娜飓风的路径。

城市的大部分地区没有电力，饮用水也没有恢复供应。

重建新奥尔良需要数十亿美元。在重建开始以前，有许多任务必须先行完成：清除碎屑渣土，排走洪水，维修河堤、海堤，清洗有毒物质，重建电力和下水道系统。

像卡特里娜飓风这样的风暴无论发生在亚洲还是北美洲，都会造成重大破坏，影响飓风路径上的每个人的生命。热带风暴是天气现象的一种极端类型。大多数民众都是"天气观察员"，他们怀着很大兴趣关注电视上的天气预报，围绕天气事件计划他们的生活。本章是自然地理学中与天气和气候有关的一章，涉及处理诸如卡特里娜飓风这样的随机产生的极端天气事件中存在的正常的、模式化的现象。

一个天气预报员要描述某一范围内（例如一个都市区）当前的状况，并预报未来的天气状况。如果构成**天气**（weather）的要素（如温度、风和降水）是按给定的时间段（如每一小时）记录下来的，就能编制出天气状况的报表。从长期收集的数据中找出各种趋势，我们就能表示出典型的天气状况。这种状况的特征就描述了一个地区的**气候**（climate）。天气是下层大气的瞬间情况，而气候则是对一个地区或一处地方在一个时期内典型天气状况的描述。地理学家分析各个地方天气和气候的差异，是为了了解气候要素如何影响人类在地球上的居住地。

在地理学中，我们特别关注我们周围的自然环境。这就是地球大气层最下部的**对流层**（troposphere）吸引我们注意的原因。这个圈层伸展到地面以上大约10千米，几乎包含了地球上全部的空气、云和降水。

在本章中，我们试图回答通常由下层大气特征所产生的问题。通过平均的或平均变量的观点来讨论这些问题，我们试图提供一个地球气候差异的情景，这种情景对于了解人类利用土地的方式非常重要。概括地说，气候是了解世界人口分布的关键。一般而言，人们很难生活在非常寒冷、炎热、干旱、或者潮湿的地区。人们还受到大风暴或洪水的负面影响。在这一章，我们首先探讨构成天气状况的要素，然后描述地球上的各种气候。

4.1　大气温度

也许，关于天气的最基本问题就是："为什么各地温度各不相同？"要回答这个问题，需要讨论许多概念来帮助我们专注于地球表面热量聚集的方式。

来自太阳的能量，称为"太阳能"，这些能量主要在地球表面转变成热，然后进入大气层。并不是地球的每一部分，或者它上空的大气层都接受同样数量的太阳能。任一给定地点，所得到的太阳辐射量——**日射**（insolation），受控于来自

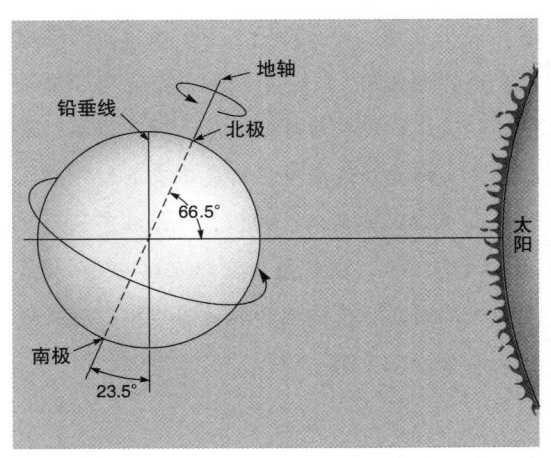

图4.2　地球相对于太阳的位置变化。图为北半球在夏季的位置（即南半球在冬季的位置）。

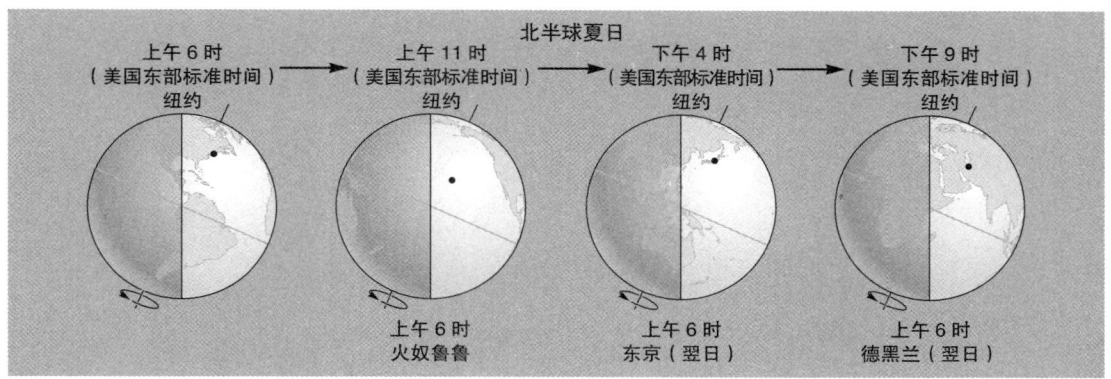

图 4.3 地球 24 小时绕轴自转的过程。

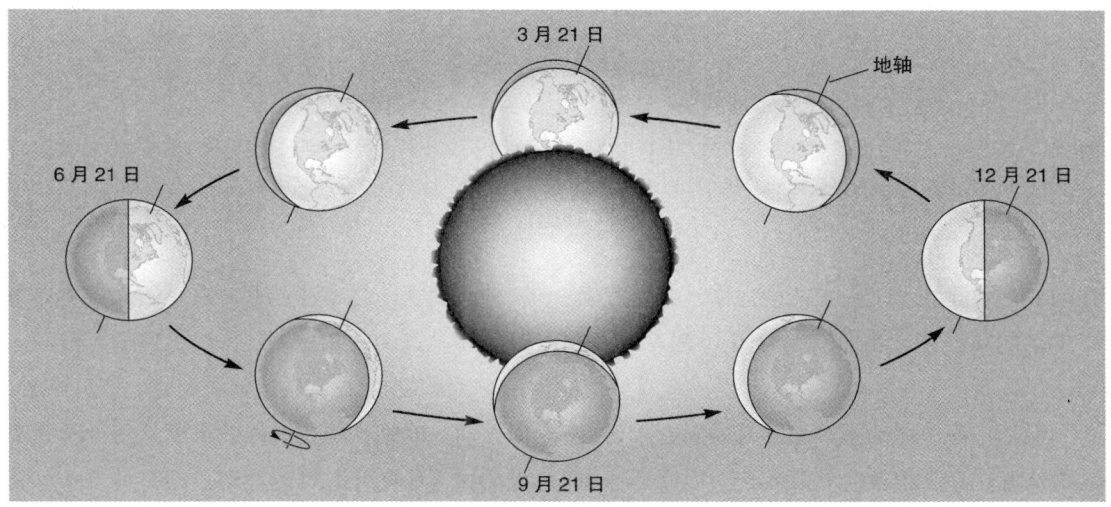

图 4.4 地球每年绕太阳公转的过程。太阳距离地球大约 1.496×10^8 千米,在图中未按比例画出,太阳的体积要比地球大得多。

太阳的辐射强度和时间。它们取决于太阳光线射到地球的角度和白天日照的时数。这 2 个基本因素,加上以下 5 个变量,决定了任何给定位置的温度:

- 空气中的水汽量;
- 云量(或总的覆盖度);
- 地球表面的类型(陆地或水);
- 海拔高度;
- 空气运动的强度和方向。

下面将简述这些因素。

地轴倾斜

地球的轴——假想的南北极连线,总是处于同样的位置。它倾斜于铅垂线约 23.5°(图 4.2)。地球每 24 小时绕地轴自转一圈,如图 4.3 所示。地球自转的同时,又每年沿着近似圆形的轨道环绕太阳缓慢地公转(图 4.4)。如果地球不是偏离铅垂线而倾斜,那么在一年的公转过程中,在给定纬度上所接受的太阳能是没有变化的。太阳光线将直射赤道。随着太阳离赤道的距离增大,射向地球的太阳光线的角度也

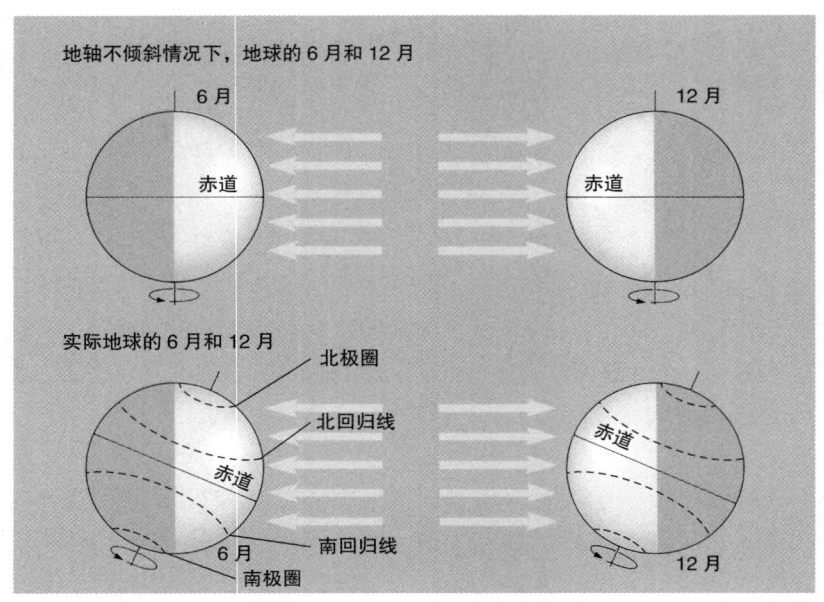

图4.5 注意下方的两个图，当地球旋转时，北极区在6月份沐浴于24小时阳光照射下，而南极区处于黑暗状态。赤道以北在6月经受的太阳光线最强烈，而赤道以南是在12月。上方两个地轴不倾斜的图中则不存在这种情况。

在增大，因此减小了太阳能的强度，并使气候产生了随纬度变化的规律性变化（图4.5和图4.6）。

但是，由于地轴是倾斜的，太阳能入射的最高位置在一年中就会有所变化。当北半球向太阳倾斜时，太阳的直射光线向北可以远达北纬23.5°（北回归线），这大约出现在6月21日，也就是北半球的夏至点和南半球的冬至点。大约在12月21日，当太阳光线直射点到达南纬23.5°（南回归线）附近时，就预示着南半球夏季和北半球冬季的来临。在一年中的其他时期，地球相对于太阳的位置直接导致太阳光线从大约北纬23.5°向南纬23.5°移动，然后再返回。大约在3月21日和9月21日（春分点和秋分点），太阳光线垂直射向赤道。

地轴倾斜也意味着昼夜长度在一年中会发生变化。地球的一半总是在接受光照，但是只有阳光直射赤道时，全年的每一个白昼才是12小时。随着太阳离赤道的距离增大，白昼或黑夜的时间也随之变长，这取决于阳光直射赤道以北还是以南。在夏季，白昼长度从北极圈向北极逐渐增加，在北极达到最大值——24小时。而在同一时期，黑夜时间的长度从南极圈到南极增加，最终可达到24小时。

由于极地夏季白昼有24小时，看起来应该有充分的太阳能可资利用。但是，由于太阳的入射角极为狭小（太阳在天空中的位置低），因此所有太阳能分摊在宽广的地面上。相比之下，南北纬15°—30°之间的地区，夏季白昼时间较长且阳光入射角接近90°，两者结合使这两个地区有大量的能量可供利用。

反射与逆辐射

大部分可能被吸收的太阳辐射，实际上都被反射回外太空，或者扩散到大气层中，这一过程称为**反射**（reflection）。由悬浮的稠密水分微粒或冰粒聚集而成的云，反射了大量的能量。浅色的

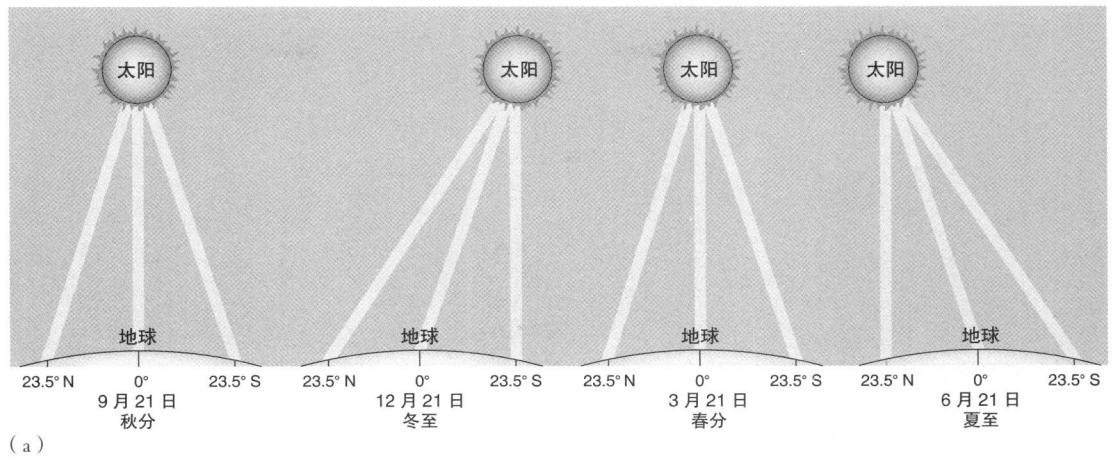

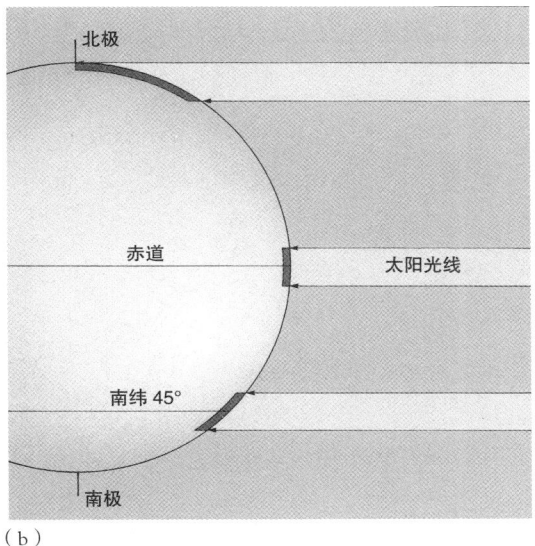

(b)

图4.6 （a）假想的太阳光线在春分和秋分，以及夏至和冬至时的情况。（b）假想来自太阳的三束相等的光线在春分、秋分时射向地球的不同纬度。随着离赤道的距离增大，太阳光线变得比较分散。这表明太阳光线的强度在高纬度地带变弱。

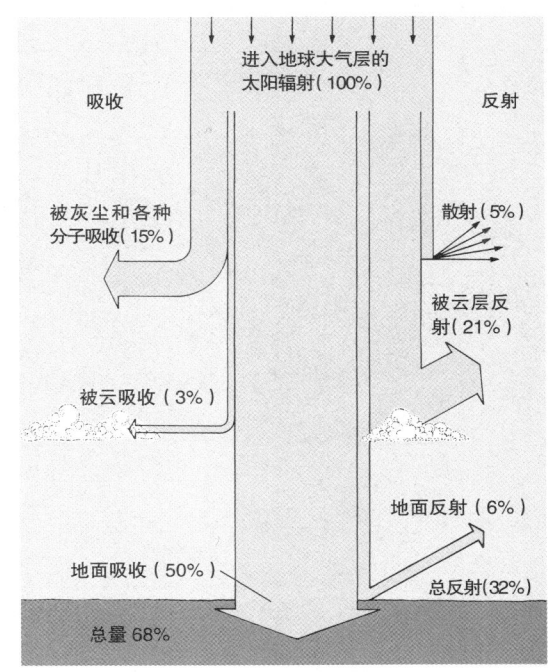

图4.7 设定来自太阳的辐射是100%，被地球吸收的部分（50%）最终被释放到大气层中，然后被逆辐射到太空。

地面——特别是积雪，也反射大量的太阳能。

太阳能量经逆辐射和反射而消失。在**逆辐射**（reradiation）过程中，地球表面起着能量交换器的作用。如图4.7所示，被吸收到陆地和水中的能量以地面辐射的形式返回到大气层中。在晴朗的夜晚，没有云的遮挡或扩散运动，地球把白天吸收和储存的能量以热的形式逆辐射出去，温度就会持续下降。

地球表面某些种类的物质——特别是水，储存太阳能的效率较高。由于水是透明的，太阳光线能穿透到水面以下很大深度。如果有水流存在，热量的分散效率甚至更大；另一方面，陆地是不透明的，所以来自太阳的全部热量都集中在地表。由于陆地表面有较多的热量，所

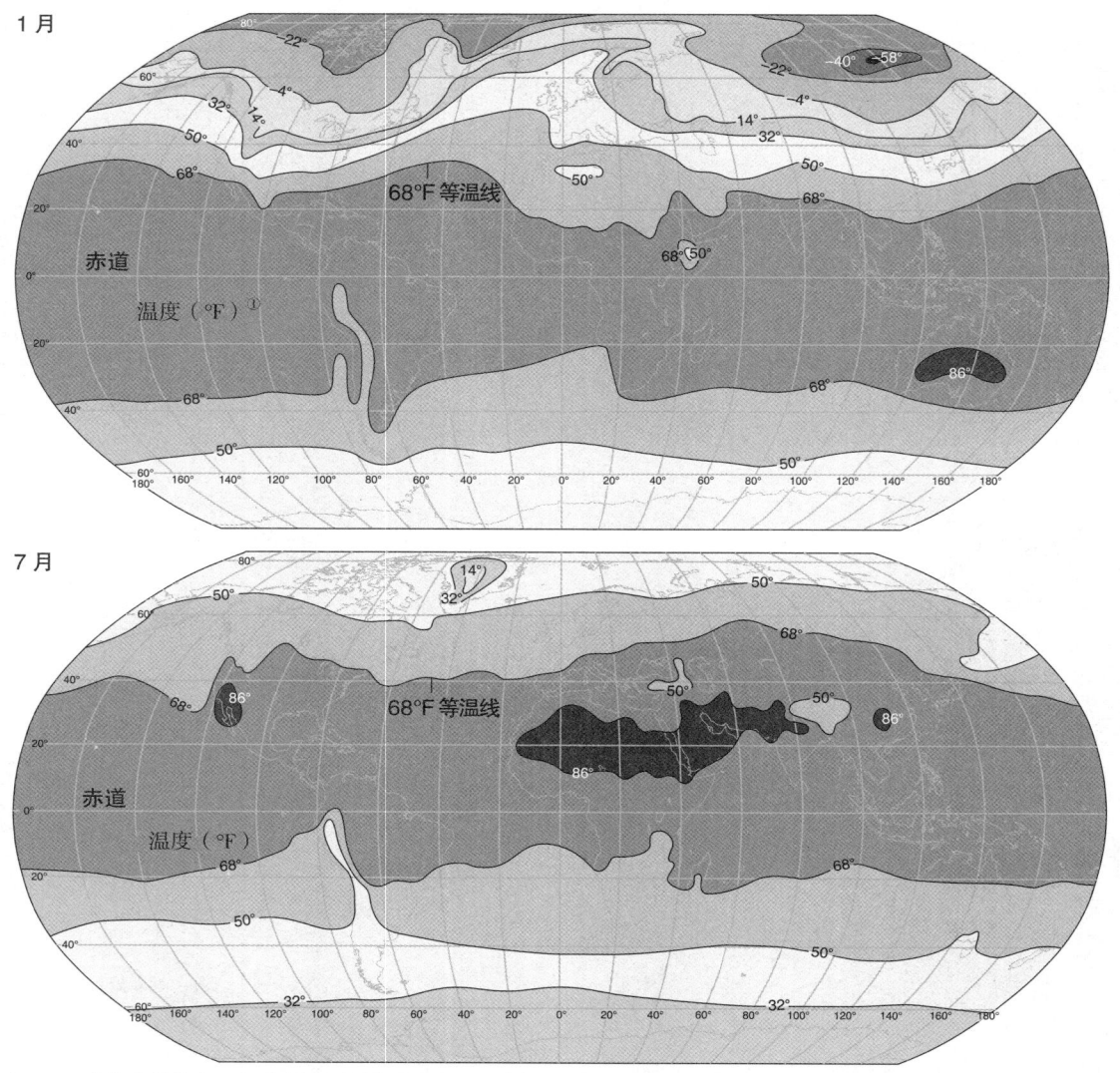

图 4.8 在特定的纬度,冬季水域比陆域温暖,而夏季水域比陆域凉爽。等温线是相同温度的连线。

以其对能量的逆辐射要比水快。空气是被地球逆辐射的过程所加热,而不是被来自太阳的能量穿过空气时直接加热的。由于陆地的受热和变凉比水快,因此,极端炎热和寒冷的温度都是在陆地上,而不是在海洋上记录到的。

陆地附近如果有巨大水体,其温度变化就比较和缓。请注意图4.8,与离赤道同样距离的其他地方(除海岸带)相比,沿海地区夏季温度较低而冬季温度较高。受到水调节作用影响的陆上地区被认为是海洋性环境,而没有受到附近水体影响的地区则被认为是大陆性环境。

温度每日以周期性方式变化。在一天中,入射的太阳能超过反射与逆辐射失去的能量,温度就开始上升。地面储存的一些热量,使温度继续上升,直到太阳光线的角度变得窄小,所吸收的能量不再超过反射和逆辐射过程失去的能量。并非全部热量损失都发生在夜里,只有漫长的黑夜才能耗尽所储存的能量。

---

① 华氏度(°F)=32+ 摄氏度(°C)×1.8。——编注

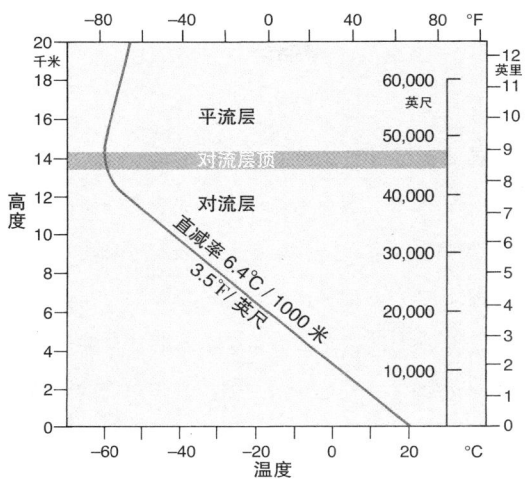

图4.9 典型条件下的温度直减率。对流层顶是对流层和平流层之间的过渡带。它标志着温度不再随高度而下降。

直减率

可以想象,当我们垂直离开地面向着太阳运动时,温度就会升高。但是对流层里并非如此。地球吸收热量并且将其逆向辐射出去。因此,温度通常在地面最高,随着高度增加而降低。请注意图4.9,温度**直减率**(lapse rate,温度在对流层里随着高度而变化的速率)大约平均每1000米为6.4℃。例如,丹佛与派克斯峰(Pikes Peak)之间的高差大约是2700米,通常产生17℃的温差。在9100米高度飞行的喷气式飞机所穿行的大气的温度大约比地面低56℃。

然而,正常的直减率并非一成不变。急剧的逆辐射有时能使地球表面以上的温度高于地面本身的温度。这种特殊状况——高度较低处的空气比高空的空气凉爽——称为**逆温**(temperature inversion)。逆温现象很重要,因为它影响空气的运动。地面上通常向上升的暖空气,可能被逆温层更暖的空气所阻隔(图4.10),地面的空气因此被封盖。如果空气中充满了汽车尾气或烟尘,就会发展成严重的烟雾(见"多诺拉悲剧"专栏)。洛杉矶由于被群山

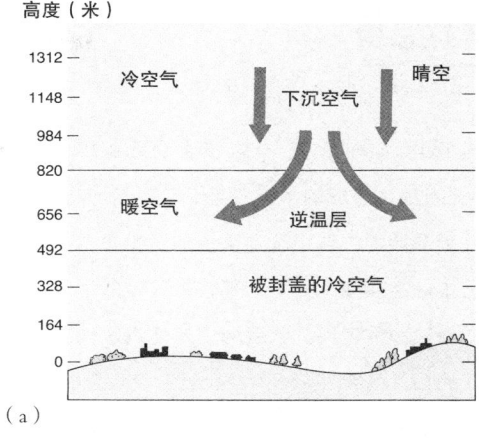

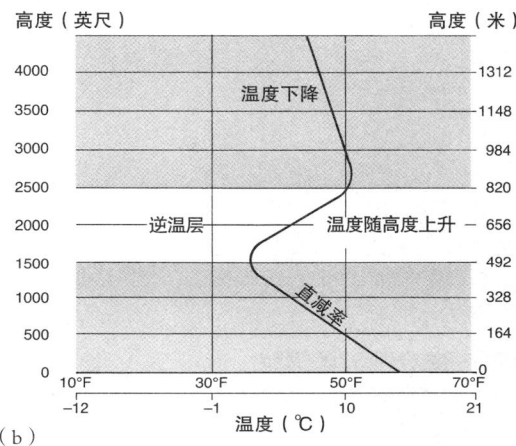

图4.10 逆温。(a)温暖、下沉的空气层形成盖层,在接近地面处暂时封盖了较冷的空气。(b)注意温度随着距离地面的高度升高而降低,直至温暖的逆温层,在逆温层温度上升。

环抱,常常出现逆温现象,导致阳光变暗形成阴霾(图4.11)。

空气运动对温度的影响将在随后的"气压与风"一节中详加阐释。

4.2 气压与风

关于天气与气候的第二个基本问题是**气压**(air pressure)。各地气压的差异是如何影响天气状况的?回答这个问题之前首先需要解释为

专栏 4-1

多诺拉悲剧

1948年10月下旬,一场浓雾降落在宾夕法尼亚州的山谷城镇多诺拉(Donora)。充满水分的空气因被四周的群山及逆温现象所封盖,而停滞在山谷中。逆温使地面与上部较轻而暖的空气盖层之间隔着较冷的空气,该区域逐渐充满了来自城镇中锌厂的烟气和废气。5天之内,烟雾浓度不断增加;从锌厂排放出的二氧化硫,经过与空气接触,不断地转变成致命的三氧化硫。

不论老年人或是青年人,不论有无呼吸病史的人,都向大夫和医院报告感到呼吸困难和难以忍受的胸部疼痛。在烟雾产生将近一周以后,雨水将空气冲洗干净以前,有20人死亡,数百人住院。一次通常无害的、水分饱和的逆温,由于自然的天气过程与人类活动悲剧性的结合,转变成致命的毒害。

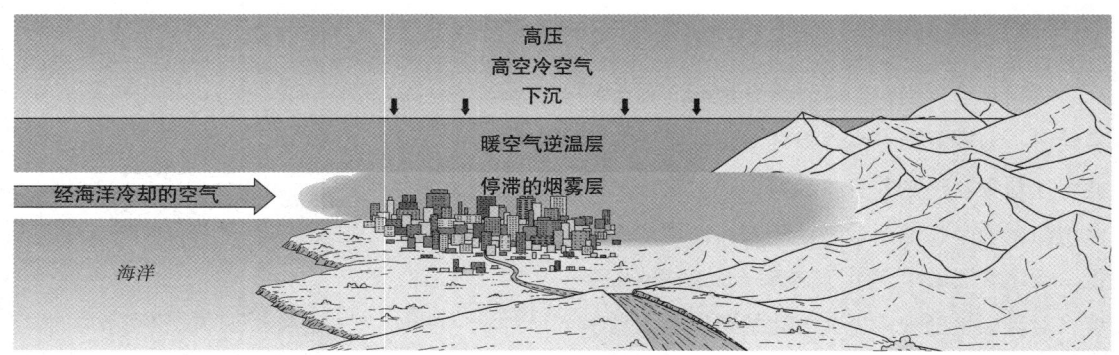

图4.11 洛杉矶地区的烟雾。在逆温层以下,停滞的空气充满了逐渐增多的主要由汽车尾气产生的污染物。另见图12.14。

什么气压会产生差别。

空气是一种气态物质,它的重量影响着气压。如果能在地球表面切取16.39立方厘米的空气并连同其上方所有空气一起称重,那么在海平面标准状况下,其总重量应该大约为6.67千克。实际上,如果你想到该空气柱的尺度,就不会觉得它很重——2.54厘米×2.54厘米×9.7千米,或大约6.2立方米。然而,距地面4.8千米以上的空气重量远小于6.67千克,因为这里的空气相对较少。所以,很显然,在越接近地球表面处,空气就越重,而气压也越高。

这是一条自然规律,即对于同样体积的冷空气和热空气来说,冷空气比较稠密。这条规律的例证就是充填了较轻气体的热气球能够升空。寒冷早晨以空气相对较重为特征。但是到了下午,温度上升,空气就变得较轻。

各种类型的气压计可用来记录气压的变化。以毫米汞柱[①]或毫巴表示的气压读数,连同所记录的温度,都是每一份气象记录的标准组成部分。某一给定地点的气压随着地面变热

---
①原文为英寸汞柱,是英美的习用单位。——译注

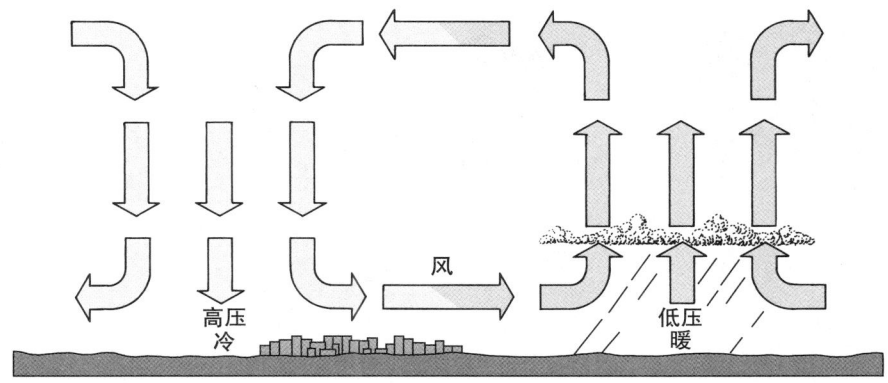

图4.12 对流系统。下降的冷空气流向低压处。降水最常发生在低压带,当暖空气上升时,空气变冷,并且空气的水分变得过饱和,形成降水。

或变冷而变化。气压计记录着空气变热而发生的气压下降和空气变凉而发生的气压上升。

为了使空气运动对天气的影响可视化,可以将空气设想为两种密度不同的液体(分别代表轻空气和重空气),例如汽油和水。如果将液体同时放入一个容器中,较轻的液体将移动到上方而较重的液体移动到下方,请以此来想象空气的垂直运动。较重的液体水平地沿着容器底部扩散,在各处形成同样的厚度。这种流动就代表着空气或风在地球表面的水平运动。空气力图使由于变热和变冷过程所产生的不平衡气压达到平衡状态。空气从重(冷)空气位置向轻(暖)空气位置运动。因此,两个地方之间的气压差异越大,风就越大。

气压梯度力

由于地球表面自然环境——水、积雪、深绿色的森林、城市等,以及影响能量吸收和保持的其他因素的差异,逐渐形成了高、低气压带。有时,这些高、低气压带覆盖了整个大陆。但是,它们通常要小得多——宽数百千米,这类地区内部,短距离内会有微小的差异。当气压差发生在两个区域之间,**气压梯度力**(pressure gradient force)就使空气从高压区域吹向低压区域。

为了平衡已形成的气压差,空气要从较重的高压区域流向低压区域。较重的空气停留在近地表处,当它移动时就产生了风,并迫使暖空气向上运动。风速同气压差成正比。由气压差引起的风导致气流从高压带流到低压带。如果高、低气压带之间的距离较短,气压梯度就急剧升降,风速就大。当不同的气压带彼此相距较远时,压差不大,空气的运动就比较和缓。

对流系统

房间内接近地板处的温度要低于天花板处,因为暖空气上升而冷空气下降。下降的冷空气和上升的暖空气的环流运动被称为**对流**(convection)(图4.12)。在地面受热的暖空气上升,并被上面的冷空气所替代,就产生了对流风系统(convectional wind system)。

陆风与海风

对流系统的最好例子就是**陆风**(land

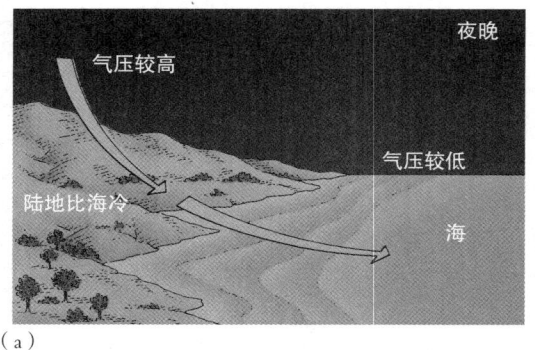

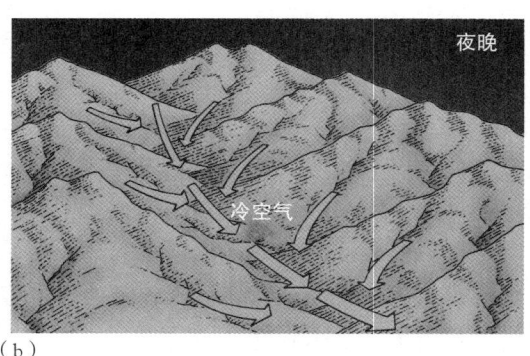

图4.13 由于受热和变冷的差异而发生的对流风效应。(a)陆风和海风;(b)山风和谷风。

breeze)与**海风**(sea breeze)(图4.13[a])。在接近大片水域的地方,陆地与水体之间白天的受热差异巨大。结果,陆地上的较暖空气垂直上升,只能被来自海上的较冷空气所替代。在夜里,情况正好相反。海水比陆地温暖,因为陆地上大部分热量已经被逆辐射散失,结果就有陆风吹向海洋。这两种风使海岸带气候温暖,十分宜人。

山风和谷风

聚集在山区雪地上的沉重的冷空气受重力作用而下降到较低的谷地,如图4.13(b)所示。结果,谷地变得比坡地寒冷得多,进而发生逆温。因为**山风**(mountain breeze)带来的冷空气会在谷地造成霜冻,所以坡地是山区农业最适宜的地方。在工业集中、人烟稠密的狭窄谷地,空气污染特别危险。山风通常在夜晚出现,而**谷风**(valley breeze)由于是山区暖空气沿着坡地向上运动产生的,所以通常出现在白天。加利福尼亚州南部的峡谷是强烈的山风与谷风活动区。此外,那里在干旱季节还是林火蔓延的危险区。

科里奥利效应

在从高压向低压运动的过程中,风的前进方向在北半球向右偏转,而在南半球向左偏转。这种偏转作用被称为**科里奥利效应**(Coriolis effect)。如果没有这种效应,风将严格地沿着特定的气压梯度的方向运动。

用一个熟悉的例子来说明科里奥利效应对

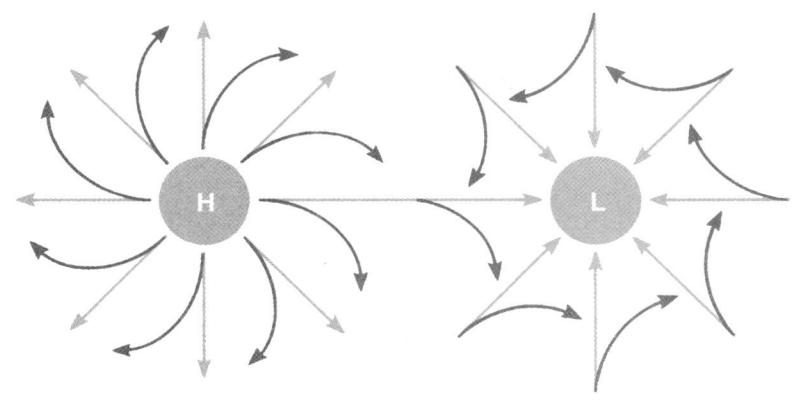

图4.14 科里奥利效应在北半球对空气流动的影响。直线箭头指示因气压差造成一个高压区向外吹风应遵循的路径，或一个低压区向内吹风应遵循的路径。弯曲的箭头表示科里奥利效应明显的致偏效应。弯曲箭头在图中所指示的风向始终受来源方向控制。

风的影响。设想有一排溜冰者彼此手拉手做圆形滑行，其中一个溜冰者距离圆心最近。这个溜冰者缓慢地旋转，而最外侧的溜冰者为了保持直线队形，必须非常快速地滑行。地球以类似的方式围绕地轴旋转，赤道地区就要用比两极地区快得多的速度旋转。

接下来，假设位于圆心的溜冰者直接向这一排末端的溜冰者扔一个球，当球到达时，它将从溜冰者的后面穿过。如果溜冰者沿逆时针方向滑行——如同从北极位置观察地球运动那样——位处北极点上的人看来皮球好像是传向外侧溜冰者的右方。如果溜冰者沿顺指针方向滑行——如同从南极位置观察地球运动那样——则皮球好像传向左方。因为空气（就像这个皮球）并非牢牢地附着在地球上，因此也仿佛发生偏转。空气保持自己的运动方向，但是地面从空气下面移开。由于空气的位置是以它相对于地面的表面测量的，因此空气就好像偏离了自己的直线路径。

如图4.14所示，科里奥利效应和气压梯度力产生的是风的螺旋形运动，而不是简单的直线形运动。旋风是许多风暴的基本运动形式，对于地球的空气环流系统非常重要。这些风暴形式稍后将在本章讨论。

摩擦效应

风的运动受到地球表面摩擦力的拖曳而减慢。这种效应在地面最强，向上逐渐减小，直到地面以上1500米处才不起作用。摩擦力不仅使风速降低，而且会改变风向。风的运动既未遵循完全受气压梯度力控制的路径，也未遵循受科里奥利效应控制的路径，**摩擦效应**（frictional effect）使风沿着一条中间路径运动。

全球大气环流模式

地球上的赤道地区是低压地带。在这一地区，强烈的太阳加热造成对流效应。从图4.15可以看出，温暖空气如何上升，其趋向于从赤道低压向南、北方向运动。赤道空气上升后，变冷并最终变得稠重。近地面较轻的空气支持不了冷而重的空气，因此沉重的空气下降，形成地面的高压带。这些亚热带高压区域大致位于赤道以南和以北30°。

当这种变冷的空气到达地球表面时，分

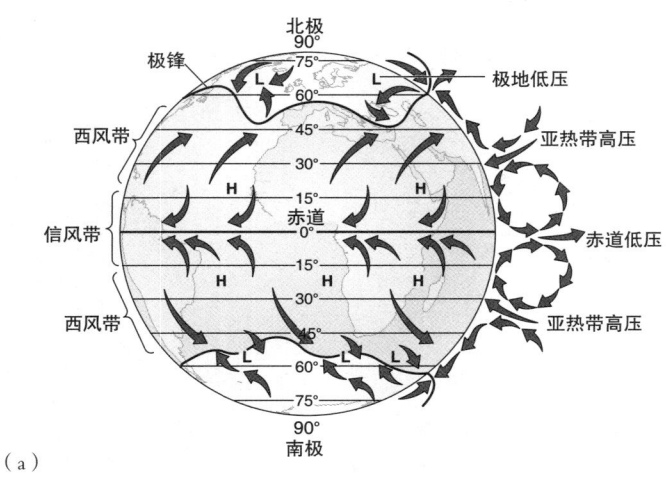

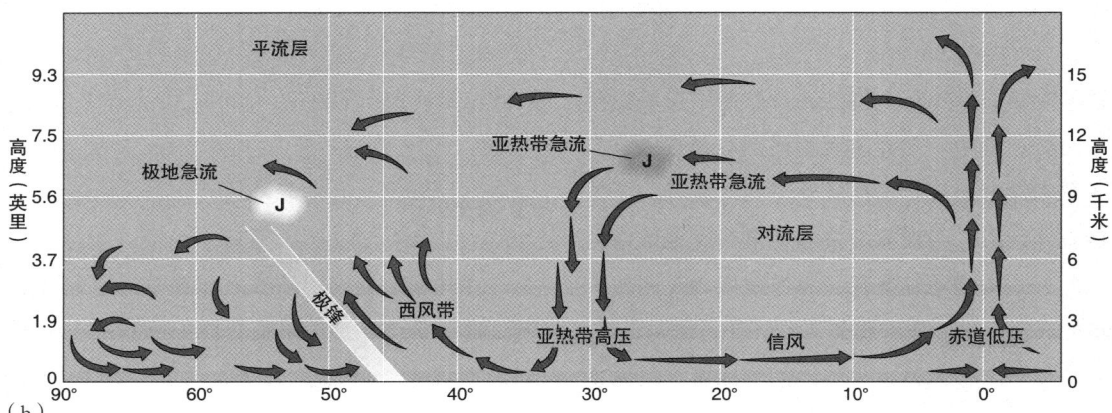

图4.15 （a）地球为均质表面状态下的行星风系和气压带。高、低气压带代表地球表面的气压状态。风向带是地球表面盛行风的运动带，反映了气压梯度和科里奥利效应。地球表面陆地和水面的反差在北半球特别明显，使这种简单的模式发生复杂的扭曲。（b）地球表面随高度增加而形成的风系总体模式。空气下降时形成高压，空气上升时——例如在赤道——形成低压。

别向南、北方运动。然而，科里奥利效应改变了风向，在北半球的热带形成了东北信风带，在中纬度地区形成了西风带（实际上是西南风带）。这些名称指的是风吹来的方向。美国的大部分地区位于西风带内，也就是空气总是从西南横贯全国吹向东北。在西风带北部的海洋上空，也有一系列上升气流区，为副极地低压，这些区域往往寒冷多雨。副极地低压区通过极地东风带与极地高压相连。全球环流的总体模式受到地方风向的改变。

应当明了的是，这些风向带的移动是同太阳垂直光线的位置变化相一致的。例如，赤道低压状态最明显的位置是在北半球夏季紧靠赤道的区域和南半球夏季时紧靠赤道的地区。大气环流将在"降水类型"一节做较详细的讨论。

最强的高空气流是**急流**（jet stream），位于9—12千米的高处。这种气流的运动速度在南、北半球从西向东都达到160—320千米/时，以波浪起伏的形式环绕全球，当它们向西运动时先向北，然后向南流动。在北半球的任何时间都有3—6个波形，但波形并不总是连续的。这些波状气流，或可称之为"波浪"，控制着地球表面气团的流动。比较稳定的波状气流有可能形成日复一日类似的天气状况。这些波状气流往往将极地的冷空气同热带的暖空气分隔开。在北半球，当一股波状气流远远插入南方时，冷空气就向赤道运动，而暖空气则向极地运动，从而将恶劣的天气变化带到中纬地带。急流在冬季表现得比夏季明显。

没有任何地方像南亚和东亚人烟稠密地区那样更能感受到季节变换对人类的深刻影响。夏季，来自印度的西南风从温暖的印度洋上空携带了大量水分到达陆地。当风越过沿海山地和喜马拉雅山麓时产生了季风雨。**季风**（monsoon）就是按季节改变风向的风。夏季的季风给东南亚的大部分地区带来大量的雨水。

在亚洲的南部和东部，农业经济——特别是稻米生产，完全依赖夏季的季风雨水。如果风向由于几个可能原因中的任何一个而转换延期，或者降雨显著超过或少于最适当的数量，就会导致粮食歉收。1978年夏季的季风雨时期过长，在印度东部和东南亚造成灾难性的洪水灾害、粮食歉收和生命的损失。

向来自北方、横贯全区的冬季季风的过渡，是逐渐发生的。这一过程在9月份首先见于北部。到了1月，次大陆大部分变干燥。然后，南部地区从3月开始，每年循环发生。

4.3 洋 流

表层洋流大体上同全球的风向模式相一致，因为是地球上的风驱动洋流运动。此外，正如气压差引起风的运动一样，海水的密度差异也引起了海水的运动。当海水蒸发时，不会蒸发的盐分和其他矿物质残渣被留下，使海水密度变大。高密度的海水存在于高压区，那里下沉的干燥空气能迅速地吸取水分。在低压区，雨水丰富，海水密度低。风向（包括科里奥利效应）和海水密度差异使海水在宽广的路径上从大洋的一个海域向另一海域运动（图4.16）。

地表的空气运动和海水的表层运动有一个重大的差别：陆地是海水运动的障碍，使洋流偏离，有时迫使洋流向主要洋流相反的方向运动；而空气在陆地和海洋上是自由运动的。

洋盆的形状也对洋流的模式产生重大影响。例如，北太平洋洋流从西向东运动，流到加拿大和美国西岸，然后被迫向北和向南分流——虽然主要的洋流是沿着加利福尼亚海岸向南运动的寒流。然而在大西洋，如图4.16所示，洋流受到海岸形状的影响（远远深入大西洋的新斯科舍和纽芬兰），向东北方向偏转，然后径直横穿大西洋，穿过不列颠群岛和挪威，最后到达俄罗斯最西北的海岸。这种温暖海水向北方陆地大规模运动的现象被称为**北大西洋漂流**（North Atlantic drift），对于那些地区的居民有巨大的意义。如果没有这股暖流，欧洲北部将会寒冷得多。

洋流不仅影响邻近海洋的陆地的温度，还影响那里的降水。邻近陆地的寒流只是使紧靠水面的空气变得寒冷，而其上部的空气是温暖的。该区域很少有机会发生对流，因此不会有水汽流向附近的陆地。世界上的沿海荒漠通常与寒流相毗邻。而另一方面，暖流——例如印度沿岸的洋流——则向邻近的陆地供给水分，尤其是盛行风吹向陆地时(见"厄尔尼诺"专栏)。

上文曾经提出过关于气压差以何种方式影响天气状况的问题，现在可以根据冷暖空气在一年的不同季节和一天内的不同时间在地

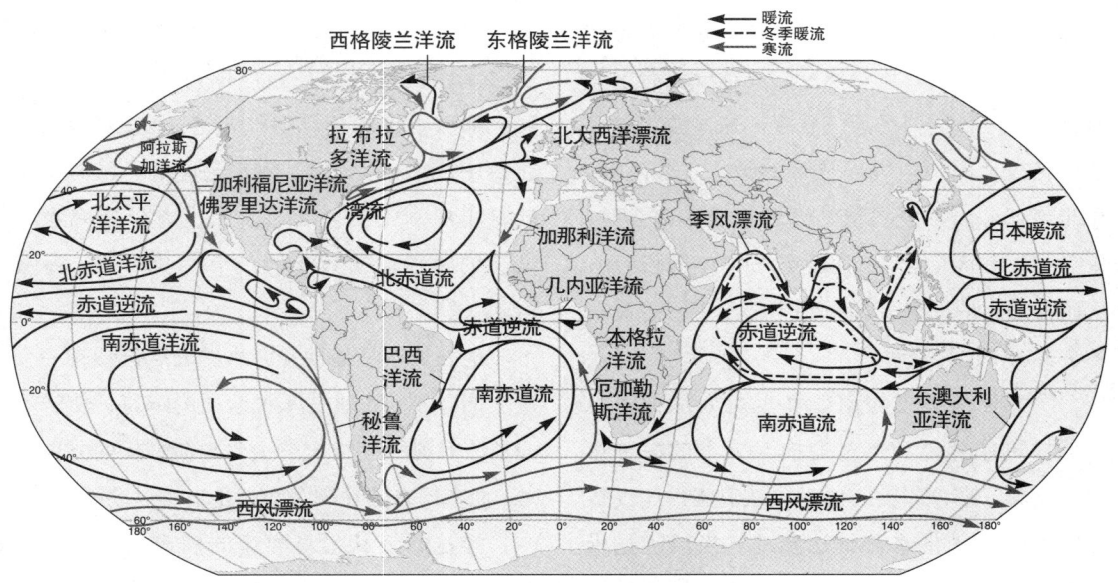

图4.16 世界上主要的表层洋流。注意加勒比海墨西哥湾和大西洋热带的温暖海水如何向北欧运动。

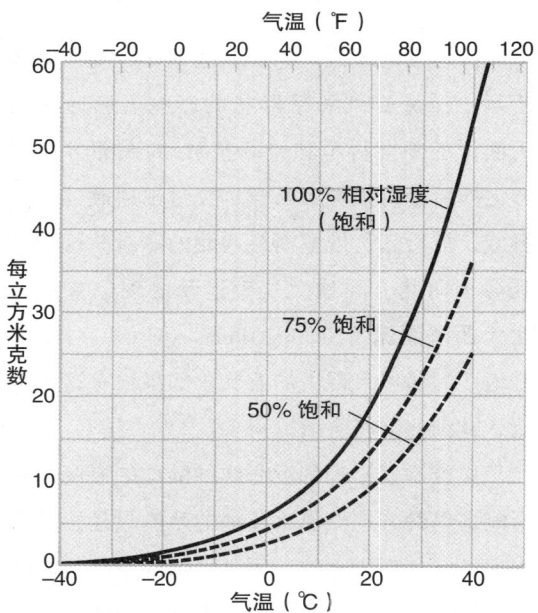

图4.17 空气中的水分含量和相对湿度。空气中的实际水分（水汽）除以其最大水汽含量（×100）等于相对湿度。实线表示不同温度下的空气中最大水汽含量。

4.4 大气层中的水分

空气包含着水汽（我们对它的感觉就是湿度），它是所有降水的来源。**降水**（precipitation）是大气层中降落到地球表面的任何形式水的颗粒——雨、冻雨、雪、雹。上升的空气由于上面的气压小而容易膨胀。当来自下部的暖空气在对流层中扩散成巨大体积时，空气就变得较冷。比起暖空气，冷空气不易保留水汽（图4.17）。

当空气中含有大量水汽，且又存在着叫作凝结核的微粒，水汽就会凝结（从气体变成液体），形成微滴。空气中几乎总会存在尘埃、孢粉、烟尘和盐分结晶之类的颗粒。最初，细微的水滴往往太轻，不能落下。当许多小水滴结合成大水滴时，由于变得太重，所以大水滴不能悬浮在空气中，就成为雨水降落。当温度低于冰点时，水汽不再形成水滴，而是形成冰晶，由此产生雪（图4.18）。

大量的雨滴或冰晶形成云，由轻微向上运动的空气所支持。云的形状和高度取决于空气

球表面的运动来回答。然而，要对不同类型天气状况的原因做出比较完整的回答，需要对各种地方接受降水的敏感性做出解释，因为降水和风的模式是高度相关的。

厄尔尼诺

厄尔尼诺（El Niño）是多年以前由渔民创造的一个术语。他们发现，厄瓜多尔和秘鲁沿海的冷海水通常每隔三四年在圣诞节前后显著变暖。因此，将其命名为厄尔尼诺——西班牙文的"婴儿"，意指圣婴耶稣。在这段时期，渔获量显著减少。如果那时渔民们能识别今天海洋学家和气候学家所认识的科学联系，他们就能意识到厄尔尼诺带来的一系列其他影响了。

在1997—1998年冬季，一次异常强烈的厄尔尼诺现象造成了巨大的灾害和数百人的死亡。美国西海岸，特别是加利福尼亚州，被雨量达两三倍甚至四倍于常年的雨水所淹没。在11月到翌年3月的冬季里，圣弗朗西斯科降水量达到1022.4毫米，而正常的降水量是416.3毫米。1998年2月的380毫米降水量是圣弗朗西斯科150年以来该月所记录到的最大雨量。墨西哥的疗养城阿卡普尔科（Acapulco）受到猛烈的暴雨和风暴潮的摧残。南美洲的许多国家，特别是厄瓜多尔、秘鲁和智利，遭到洪水和泥石流的破坏。而南美洲东部、澳大利亚和亚洲的一些国家，特别是印度尼西亚，则饱受旱灾和火灾的煎熬。由厄尔尼诺产生的比平常更强劲的南支急流，孕育了数十个龙卷风，在亚拉巴马、佐治亚和佛罗里达导致100多人死亡。

太平洋中部上空的风通常从东向西吹、经寒流吹向东亚的温暖海面，而在厄尔尼诺发生期间，风速会减慢，甚至逆转。这种现象每2—7年发生一次，但强度不同。例如，在1986—1987年发生过一次厄尔尼诺，而1991—1992年又一次发生的厄尔尼诺形成的不太温暖的海水并没有引起极端的情况。而1982—1983年和1997—1998年的厄尔尼诺现象属于

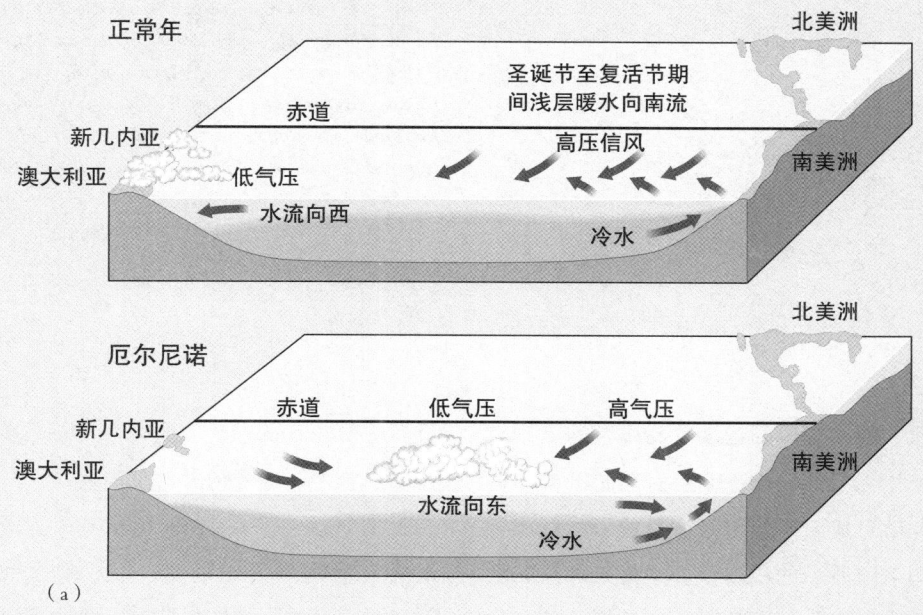

（a）上图表明南太平洋的正常状态。信风将温暖的表层海水向西吹送，使冷海水到达南美沿岸的海面。下图表明当厄尔尼诺发生时，风从澳大利亚附近将温暖的海水向东吹到南美海岸。

有记录以来最极端的情况。两次厄尔尼诺现象之间出现的寒冷海水峰值称为**拉尼娜**（La Niña）现象。最近一次大的拉尼娜发生在1988年，该年的标志是北美的大部分地区发生干旱。

厄尔尼诺状况是气压和海洋温度之间相互作用的一个例子。大气和海洋相互激励。在正常状态下，横贯大洋的温度反差有助于驱动风，进而风也持续将海水向西推动，维持着海水温度的反差。但是，当一种称为**南方涛动**（southern oscillation）的现象出现时，东太平洋就会变暖，使赤道与地球两极之间的温度反差加强。澳大利亚附近的气压上升，风的作用转弱，因此厄尔尼诺就在南美沿海发生。海水温度差异越大，加上来自太平洋的水汽，天气状况就越发恶劣。

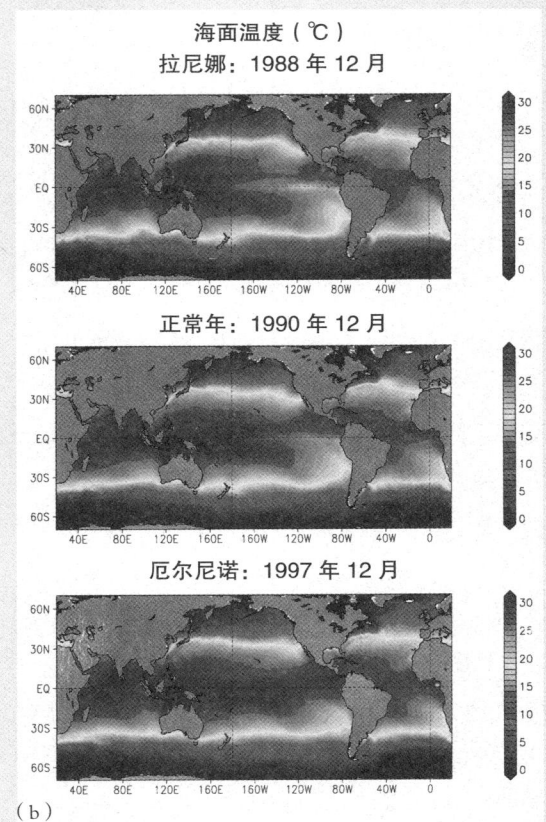

（b）拉尼娜状况、正常状况和厄尔尼诺状况下的海水表面温度（℃）。注意温暖海水变化的规模，特别是在东太平洋。

资料来源：*(a) From Michael Bradshaw and Ruth Weaver, Physical Geography: An Introduction to Earth Environments, p. 211. Reprinted by permission of the McGraw-Hill Companies, Inc. (b) Richard W. Reynolds, National Centers for Environmental Prediction, National Weather Service, National Oceanic and Atmospheric Administration (NOAA).*

中的水汽、温度和风的运动。高压带的上升空气往往产生无云的天空。一旦有温暖潮湿的空气上升，就形成云。最引人注目的云的形成可能就是图4.19所示的积雨云。这是一种铁砧形的云，常常伴有暴雨。低矮的灰色层云较常见于凉爽的季节，而不是出现在较温暖的月份。最高的窄条状的卷云完全是由冰晶构成的，在任何季节中都有可能出现。

相对湿度（relative humidity）是空气中水分含量的百分比量度，以相对于当前温度下所能存在的最大水汽含量的水汽量表示。当空气变暖时，它所含有的水汽量就增加。

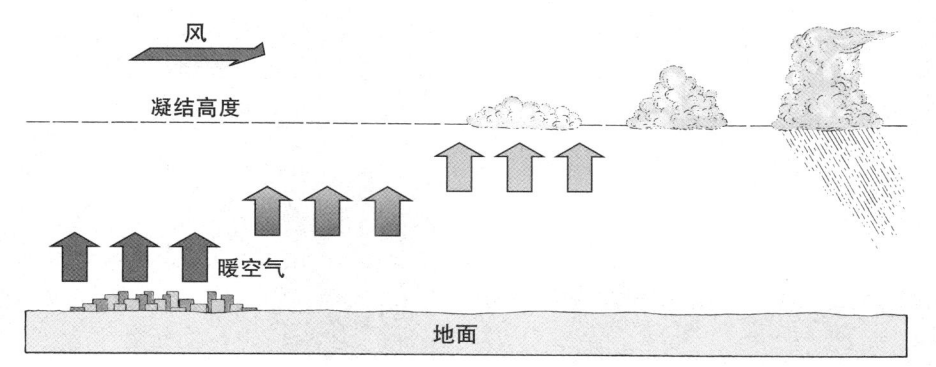

图4.18 温暖的空气在上升时变冷。在它变冷的过程中,其中的水汽凝结成云。如果空气变得过饱和,就会发生降水。

如果相对湿度是100%,空气就完全被水汽饱和。在炎热的日子,相对湿度为60%意味着空气极端潮湿并且令人非常不适。然而,在一个寒冷日子里60%的读数则表明,虽然空气含有较大数量的水汽,但是水汽在绝对数量上要比一个炎热湿闷日子少得多。这个例子说明,相对湿度只有在我们考虑到空气温度的情况下才有意义。

早晨地面上的露水意味着夜晚的温度曾经降低到水汽发生凝结的程度(图4.17)。凝结时的临界温度称为**露点**(dew point)。地球表面形成雾或者多云的天气意味着已经达到露点,相对湿度可能已达100%。

降水的类型

当大量空气上升时,就可能发生降水。降水有三种类型:①对流性降水;②地形性降水;③气旋性或者锋面性降水。

第一种类型 —— **对流性降水**(convectional precipitation)产生于上升、受热和充满水分的空气。空气在上升时变冷,达到露点后发生凝结和降水,如图4.20所示。这是热带和大陆性气候夏季风暴,形成阵雨的典型过程。通常,地面在早晨和午后受热。聚集的热空气开始上升,首先形成积云和积雨云,最终出现闪电、雷鸣和大雨。在风暴移动的过程中,可能在很短的时段内就影响到地面的每个角落。这类对流性风暴常出现在午后或傍晚。

如果快速上升的气流使空气在云内发生迅速的环流,就会有冰晶在云的顶部附近形成。当这种冰晶增大到足以降落时,含有水分的新的上升气流能迫使它向上倒退,使冰晶增大。这种过程可能反复进行,直到向上气流不能再支撑冰粒,冰粒便以冰雹的形式降落到地面。

第二种类型 —— **地形性降水**(orographic precipitation)。如图4.21所示,地形性降水是由于丘陵或山脉阻挡了富含水分的风,暖空气被迫上升而形成的。这种类型的降水在丘陵或山脉位于海洋或大湖的下风向时最常见。水面上空的饱和空气被吹到岸上,在陆地高起处上升。接着发生空气变冷、水汽凝结和降水过程。山地的迎风坡——朝向盛行风的山坡——接受大量的降水。相背的山坡被称为"背风坡"或者"雨影区",且毗连的下风区往往异常干旱。越过丘陵和山脉的空气下降和变暖。如我们所见到的,下降的空气并不产生降水,温暖的空气反而从它所越过的地面吸收水分。有时在很短的距离内雨量就有巨大的差别,图4.22华盛顿州地图所描述的就是这种情况。

第三种类型 —— **气旋性降水**(cyclonic precipitation)或者**锋面性降水**(frontal prec-

图4.19 云的类型:(a)晴天积云;(b)积雨云;(c)层云;(d)卷云。([a] © Roger Scott, [b] © The McGraw-Hill companies, Inc./BarryBarker, photographer, [c] © A. Copley / Visuals Unlimited, [d] © NOAA.)

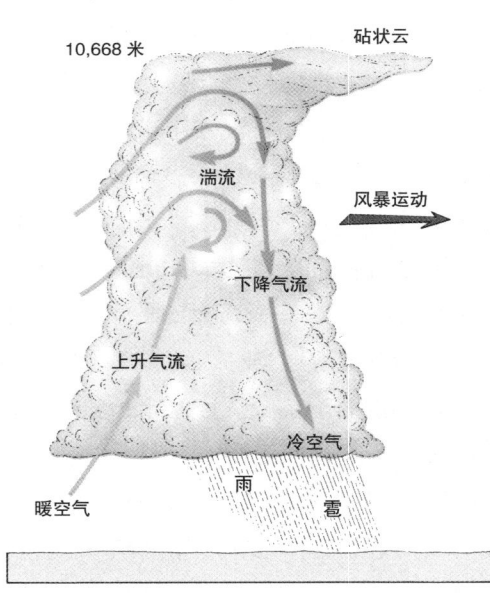

图4.20 对流性降水。当充满水分的暖空气上升时,就可发展成积雨云和对流性降水。在云雨系统内下落的颗粒在上部高处的寒冷空气中产生下降气流。

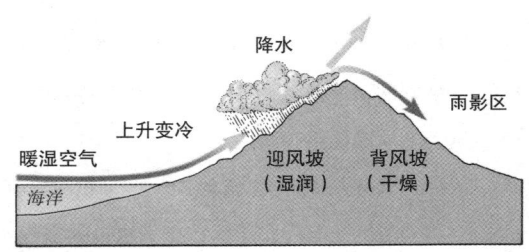

图4.21 地形性降水。地面风在位于其路径上的丘陵或山脉附近上升到较高的高度。如果这种由于地形而上升的空气变得足够冷,就会产生降水。下降的空气在高地屏障的背风坡变得较暖,其保持水分的能力增加,将吸收而不是释放水分。

118 地理学与生活

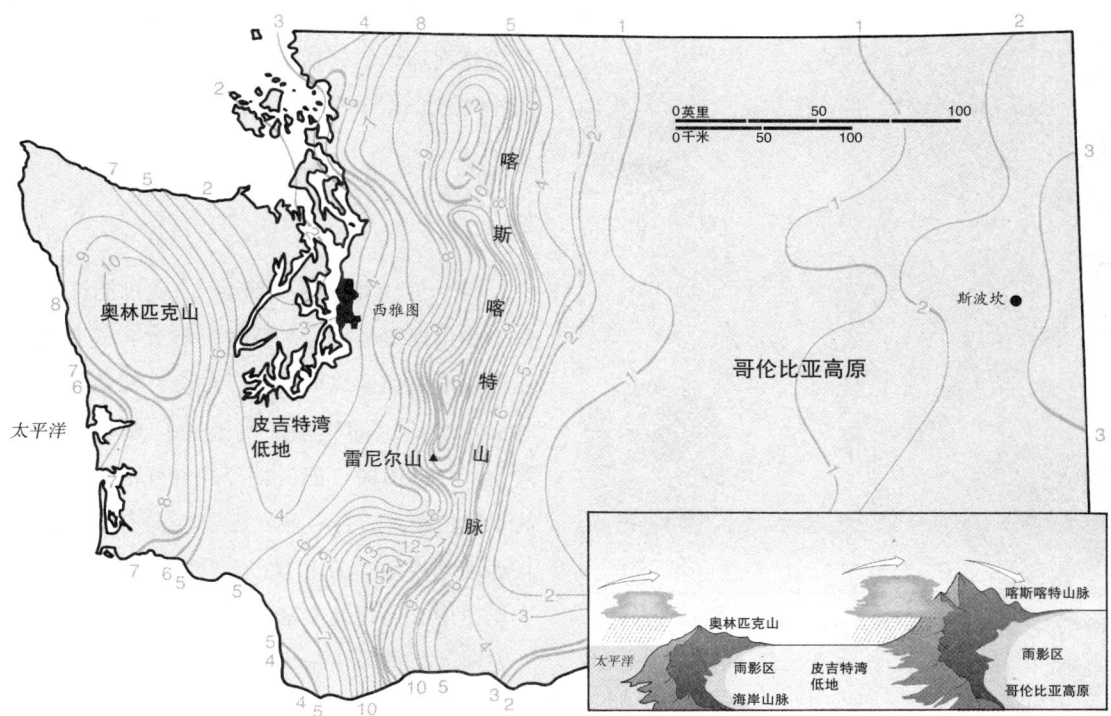

图4.22 华盛顿州1985年11月以英寸为单位的降水。充满水汽的太平洋空气先被迫上升，越过1500—2100米的奥林匹克山，然后下降到皮吉特湾（Puget Sound）低地，再上升到2700—4300米的喀斯喀特山脉（Cascades Mt.），最后下降到华盛顿州东部的哥伦比亚高原。

资料来源：*From Robert N. Wallen, Introduction to Physical Geography. Copyright © 1993. McGraw-Hill Company, Inc., Dubuque, Iowa. All Rights Reserved. Reprinted by permission.*

ipitation），通常见于中纬度地区冷、暖气团相遇处。虽然不是频繁出现，但这种类型的降水也发生在热带飓风和台风发源地。为了了解气旋性或者锋面性降水，首先要观察气团的性质和气旋发展的方式。

气团（air mass）是形成在一个源区上空、温度和湿度特征相似的一大团空气。**源区**（source region）包括大面积的均一的地面和相对稳定的温度，例如加拿大北部和俄罗斯北中部的寒冷大陆区，以及接近赤道的热带温暖海洋水域。图4.23所示的就是北美的源区。一个气团可以在数天或一周的时间里形成。例如在加拿大北部的秋季，当广大的亚极地景观覆盖着积雪时，寒冷、稠密而干燥的空气就在冰冻的陆地上空形成。

这种极地大陆气团开始向南方较轻而温暖的空气运动。舌状空气的前缘称为**锋**（front）。在这种情况下，锋面将干冷的空气同它路径上的其他空气分隔开。如果有一个暖湿气团位于一个极地气团的前方，浓密的冷空气将紧贴地面，并迫使其上部的较轻空气上升。上升的湿空气凝结，从而发生锋面性降水。另一方面，上升的暖空气在冷空气上方的运动将冷空气向后推，再次引起降水。在第一种情况下，当冷空气向暖空气运动时，就形成积雨云，降水时间短而雨量大。当锋面通过时，温度略有下降，天空晴朗，空气明显变得干燥。在第二种情况下，当暖空气运动到冷空气上部时，便形成钢灰色的雨层云，降水稳定而持续时间长。当锋面通

第4章 自然地理学：天气与气候

过时，地区的空气特征是温暖而闷热。图4.24是对锋面运动的概括。对于作为区域特征的气团将在第13章中进一步讨论。

风 暴

两个气团相接触（锋面），就可能产生风暴。如果温度和湿度的反差足够大，或者两个相接触的气团的风向相反，就会在锋面处形成如图4.25所示的气浪。气浪一旦形成，就会增大。在锋面的一侧，较冷的空气沿着地面运动；而在锋面的另一侧，暖空气向上运动，并且运动到冷空气的上方。上升的暖空气形成一个低压中心。在北半球，环绕低气压地区逆时针方向运行的风带来大量的降水。以低气压区

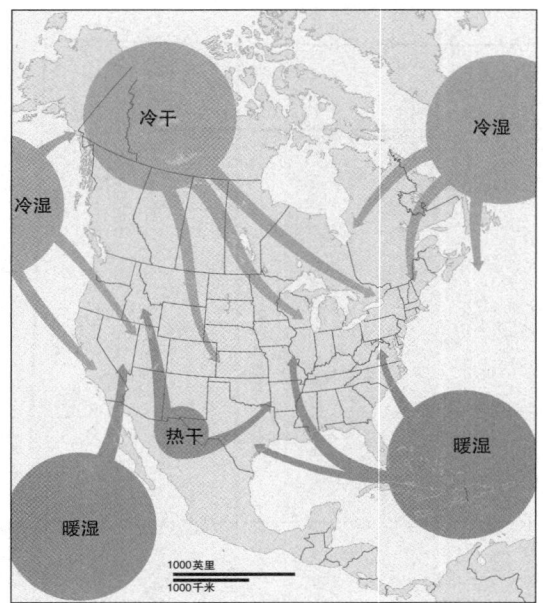

图4.23 北美洲气团的源区。美国和加拿大位于差别悬殊的气团源区之间，经受无数雪暴和天气变化。另见图13.6。（*From T. McKnight,* Physical Geography: A Landscape Appreciation, *4th ed. Copyright © 1993. Adapted by permission of Prentice Hall, Englewood Cliffs, New Jersey*）

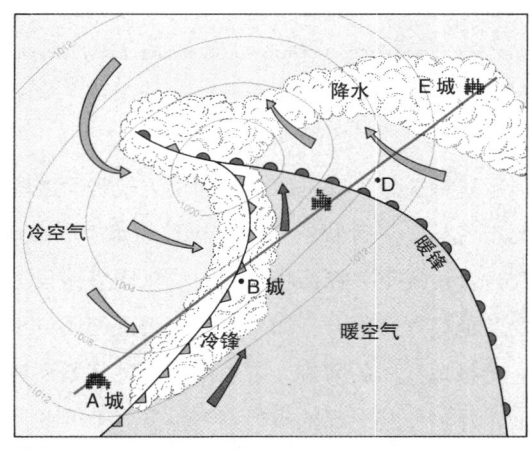

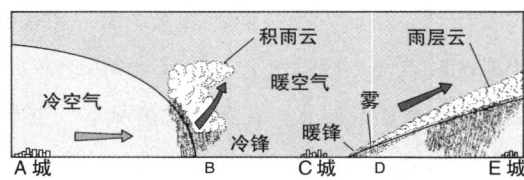

图4.24 在此图中，北半球的一个冷锋刚通A城上空，正向B方向运动。不同气团的会合线称为锋线。暖锋正在离开B，向C城运动。风向用箭头表示，气压表示为等压线——相同气压点的连线。等压线表明，最低气压出现在暖锋同冷锋的相交处。

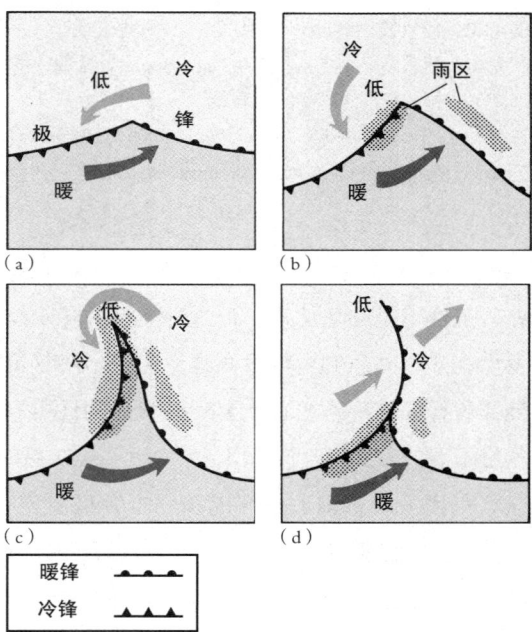

图4.25 冷暖空气在北半球中纬带沿低压槽相遇时，就可能形成气旋式风暴。（a）气浪开始沿极锋形成；（b）冷空气开始转向南，而暖空气向北移动；（c）冷空气通常运动得比暖空气快，随后冷空气越过暖空气并迫使它上升，而在此过程中，风暴加强；（d）最终，两部分冷气团合并，暖空气在顶部形成袋状气团，并将它从能量源区和水分源区移走。当冷锋再形成时，气旋性风暴消失。

为中心的大型大气环流系统，称为中纬度**气旋**（cyclone），它能发展成风暴。

通常，在北半球温暖海水上空的低压带，会形成一种强大的热带气旋，称为**飓风**（hurricane）。在飓风形成过程中，海面上暖湿空气上升，有助于从海面吸收水分，由此形成高大的积雨云。从这类塔状云产物释放出来的能量对增长中的风暴中心进行加温。风暴的特征是中心有一个明显的平静的核心，称为风眼（图4.26［a］）。位于西太平洋的飓风专称为**台风**（typhoon）。

图4.26（b）表示世界上飓风通常的路径。这种风暴中的风按逆时针方向运动，在中心附近聚合，在数条同心圆带内上升。强风（速度每小时大于119千米）和涌入沿海低地的风暴潮会造成巨大损失。在飓风的中心，即飓风眼，空气下降，形成和缓的微风和相对晴朗的天空。在陆地上空，这种风暴因失去温暖海水的能源而迅速减弱。如果飓风继续移动到较冷的北方海水区，就会被其他的气团推移或封阻，失去能源而衰减。表4.1描述了破坏力越来越大的飓风级别。

1996年1月8日，《纽约时报》（New York Times）报道说，"一次巨大的、造成严重破坏的、被专家们形容为创历史纪录的暴风雪，于昨天袭击了美国东部的大部分地区，其所夹带的漫天大雪，预计在今天结束以前会造成60厘米深的积雪"。**暴风雪**（blizzard）是大雪和强风的产物。"96年暴风雪"是由落基山区9150米上空的气团发生撞击，使急流沿着东部海岸转向东北而形成的。

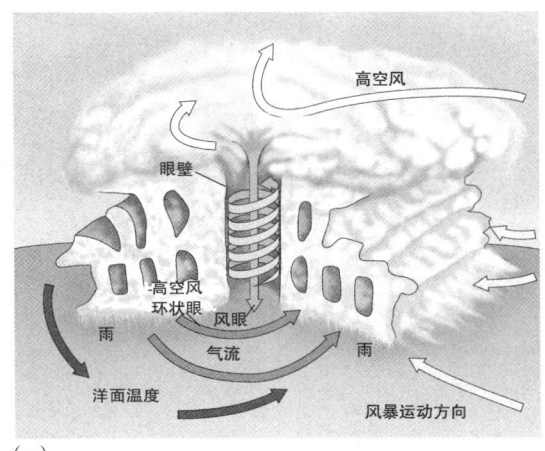

(a)

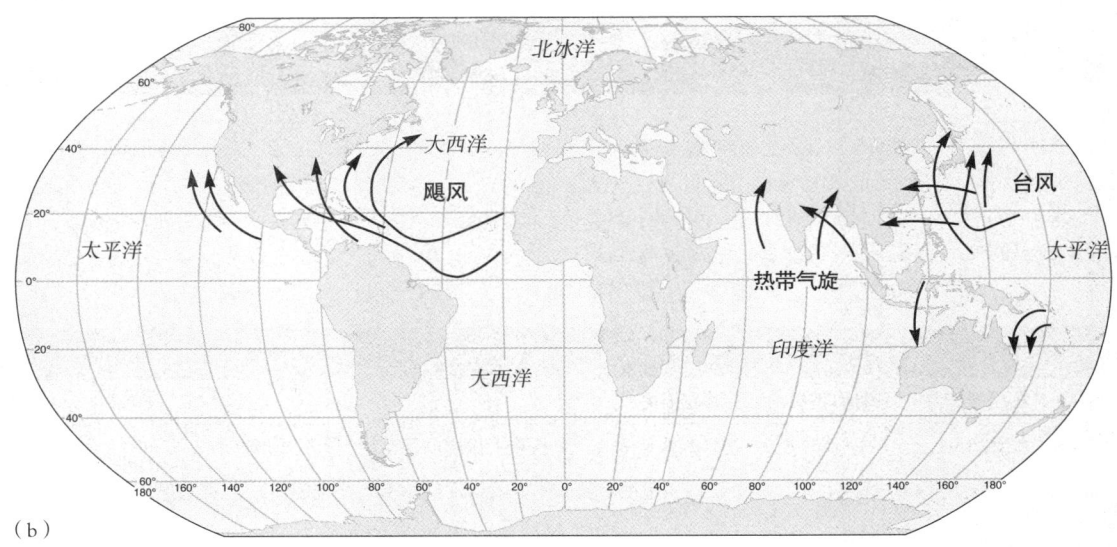

(b)

图4.26 （a）一个成熟飓风的特征。积雨云的螺旋带产生大雨。空气在飓风中心附近的云中上升。从中心下降变暖的空气形成的风眼，在地面上是一个静风的小区域。强烈的对流循环造成了飓风眼外面的强风。（b）一般飓风的路径。（From Michael Bradshaw and Ruth Weaver, Physical Geography: An Introduction to Earth Environment, pp. 177, 179. Reprinted by permission of The McGraw-Hill Companies, Inc）

图 4.27 风暴。(a) 暴风雪使城市交通停顿。(b) 在美国,龙卷风最常发生在中部和南部(特别是在俄克拉何马州、堪萨斯州和得克萨斯州的西南部狭长地区)。在这些地区,极地空气经常同暖湿的墨西哥湾空气相遇。(c) 俄克拉何马市1999年5月3日的龙卷风是F5级,它扫平了图中所示的这种街区。([a] © Leland Bobbe / Getty Images, [b] © Alan R. Moller / Getty Images, [c] © Jeff Mitchell / Reuters.)

			表4.1 飓风风力表
等级	气压表读数	风速(英里/时)	潜在损失
1	大于28.94	74—95	主要毁坏树木、灌丛和未加固的活动房屋;风暴潮荡平一切。
2	28.50—28.94	96—110	一些树木被吹倒,敞露的活动房屋受到严重破坏;对屋顶有一些破坏。
3	27.91—28.49	111—130	树木被吹光枝叶,大树被吹倒;活动房屋损坏;小建筑物受到一些结构性破坏。
4	27.17—27.90	131—155	所有招牌被吹落;门窗屋顶广泛受到破坏;洪水倒灌陆地远达10千米,沿海构筑物的底层受到严重破坏。
5	小于27.17	155以上	门窗屋顶受到严重破坏,小建筑物被吹翻或吹走;距海岸458米以内、高出海面低于4.6米的构筑物受到严重破坏。

与此同时，一个夹带着大西洋湿气流的典型低压系统沿墨西哥湾向北移动。同时，一个高压带随着北极的空气从加拿大南移。这几个气团在美国东北部会合，导致的结果是将近1米厚的积雪使华盛顿、巴尔的摩、费城、纽约和波士顿这类大城市陷入停顿（图4.27［a］）。

所有风暴中最猛烈的是**龙卷风**（tornado）。它也是最小的一种风暴（图4.27［b］），直径通常小于30米。龙卷风孕育于巨大的积雨云中，有时在冷锋前方沿着飑线①运动。每当春季或秋季邻近的气团差别最大时，美国中部容易遭受这种漏斗状杀手云的危害。虽然风暴可以达到时速500千米，但是这种风暴规模较小，通常在地面移动距离不到2千米，虽然它是破坏性的，但只是有限的区域受到影响（图4.27［c］）。

藤田级数（Fujita scale）将已报道的龙卷风灾害同风速相对应。强度的分级始于F0——"轻度"龙卷风，对应的风速高达时速116千米，直到F5——"剧烈"，风速高达时速512千米。大多数（74%）龙卷风属于F0和F1，而有25%属于F2和F3。"强烈"龙卷风能对主要的建筑结构造成破坏。"剧烈"龙卷风（F4和F5）只占1%。

4.5 气候、土壤与植被

我们已经追溯了当空气从高压带流向低压区时导致天气变化的几个原因——锋面过境、气浪增强、达到露点，以及海风形成。地球上有些地区经受这些变化比另一些地区迅速而频繁。

每日的天气状况可以根据本章所述的原则

---

① 据气象学词典解释，飑是以风速具有剧烈变化为特征的一种大气现象，它开始很突然，持续几分钟后速度骤然减小。这种飑常伴随着阵雨或雷暴。而飑线是指有飑出现的运动着的一条虚设线，有时范围相当大。——译注

来解释。然而，除非人们明白地球表面的特征，否则就不可能了解天气要素——温度、降水、气压和风。地球上每一个地方的天气预报员必须从当地的自然和人为的环境方面熟悉天气要素。

日常天气状况的复杂性可以用当地气候的表述来概括。一个地区的气候是以每日和每个季节的天气状况为基础所做的概括。一般地说，夏季温暖吗？冬季可能有大雪吗？风通常是来自东南方的吗？气候平均值是典型的每日天气状况吗？或者每日、每周的变化如此巨大，所以应该谈论平均变化而不只是平均值？为了对各地气候差异做出合理的描述，我们必须提出这些问题。

在开始讨论地球上的气候区之前，先描述地球表面的两项主要特征——土壤和植被——是必要的。我们星球的自然地理中，这两大要素与气候变化是密切相关的。当我们观察气候差异时，会立即看到土壤类型和各种植被与温度高低和降水的季节分布相一致。

土壤与气候

土壤是自然环境中最重要的组成部分。众所周知，没有土壤就不可能有生命。土壤在水的储存和净化中起着重要的作用，所以对于植物以及动物和人类的生命至关重要。

土壤的形成

土壤可以定义为一层包含有机质（死亡的植物和动物）、无机质（风化的岩石物质）、空气和水的细粒物质，它位于下伏的基岩之上。岩石的物理和化学碎裂分解作用称为"风化作用"（见第3章），这是成土作用的开始。风化作用使固体的岩石崩解，最终形成细粒的矿物颗粒。它们同位于其顶部的分解了的有机质，经由水、热量和使有机物发生分解的各种生物

营力（例如细菌和真菌）的作用而转变成土壤。成土作用是一种动力过程。发生这种过程的物理、化学和生物活动在不断地起作用。

虽然主要土类在地球表面分布面积很广，但是给定地点土壤所具有的个别特性，在短距离内会有显著的不同。这种变化主要是由成土作用所涉及的五个主要因素造成的。

（1）地质因素是母岩（下伏岩石），影响着土壤的深度、质地、排水和营养物质含量。
（2）气候因素指温度和降水对土壤的影响。温度影响生长季的长度、植被腐烂速度和蒸发速率。降水总量和强度影响生长在一个地区的植被类型，因而也影响腐殖质（即已腐烂分解的有机质）的供应。
（3）地形因素指陆地的高度、坡向（坡地的朝向）和坡度。所有这些都影响降水量、云量、风、温度、地面径流，以及排水和土壤侵蚀速率。
（4）生物因素指活的和死亡的动植物，它们给土壤添加有机质，并在营养循环中相互作用。植物从土壤中吸收矿物营养物，然后在死亡时返回土壤。微生物，例如细菌和真菌，协助死亡的有机质分解。而较大的生物，例如蚂蚁和蠕虫，则使土壤混合和通气。
（5）年代因素指上述四个因素相互作用形成某种土壤的时间长度。试回想，成土作用是一种正在进行的，而且是渐变的过程。形成时间较短的土壤保持着母质的许多特征，而形成时间很长的土壤则受到气候和生物之类的成土因素的影响较多。

土壤剖面与土壤层

随着时间的推移，土壤往往发育形成不同厚度的层次。这些层次称为**土壤层**（soil horizon），简称为土层。它们在结构、质地、颜色和其他特征上各不相同。**土壤剖面**（soil profile）是显示从地面往下到母质的不同层次的土壤垂直横断面（图4.28）。

- 地表层[①]，即O层（O代表有机质organic），主要由新鲜和腐烂的枝、叶、动物粪便、死亡的昆虫等有机质组成。
- A层——表层土，是位于O层之下，以矿物质为基础的肥沃土层。植物营养物丰富，生物活动最强、腐殖质含量最高。腐殖质使该层呈现深色。
- E层——淋洗层，水渗透过土壤，在称为"淋溶作用"（eluviation）的过程中，从A层底部移走了一些有机质和矿物质，使E层呈浅色。
- B层——淀积层，从E层移来的物质堆积在B层，即淀积层（illuviation）中。此层由于所含有机质少，所以肥沃程度比A层差。颜色或暗或深于E层，这取决于堆积在此层的矿物类型。
- C层，风化作用将基岩逐渐变为土壤颗粒的过渡层。土壤越老、气候越温暖潮湿，该层位置就越深和越容易辨识。
- R层是最下层，未变化的基岩，R代表"风化层"（regolith）一词。此名称仅限于基岩位于距地面大约两米以内使用。

土壤性状

土壤的四个主要组成要素——矿物、有机质、水和空气——相互作用，就产生了独特的土壤。**土壤性状**（soil property）就是使我们能

[①] 我国土壤学界称为"有机层"。——译注

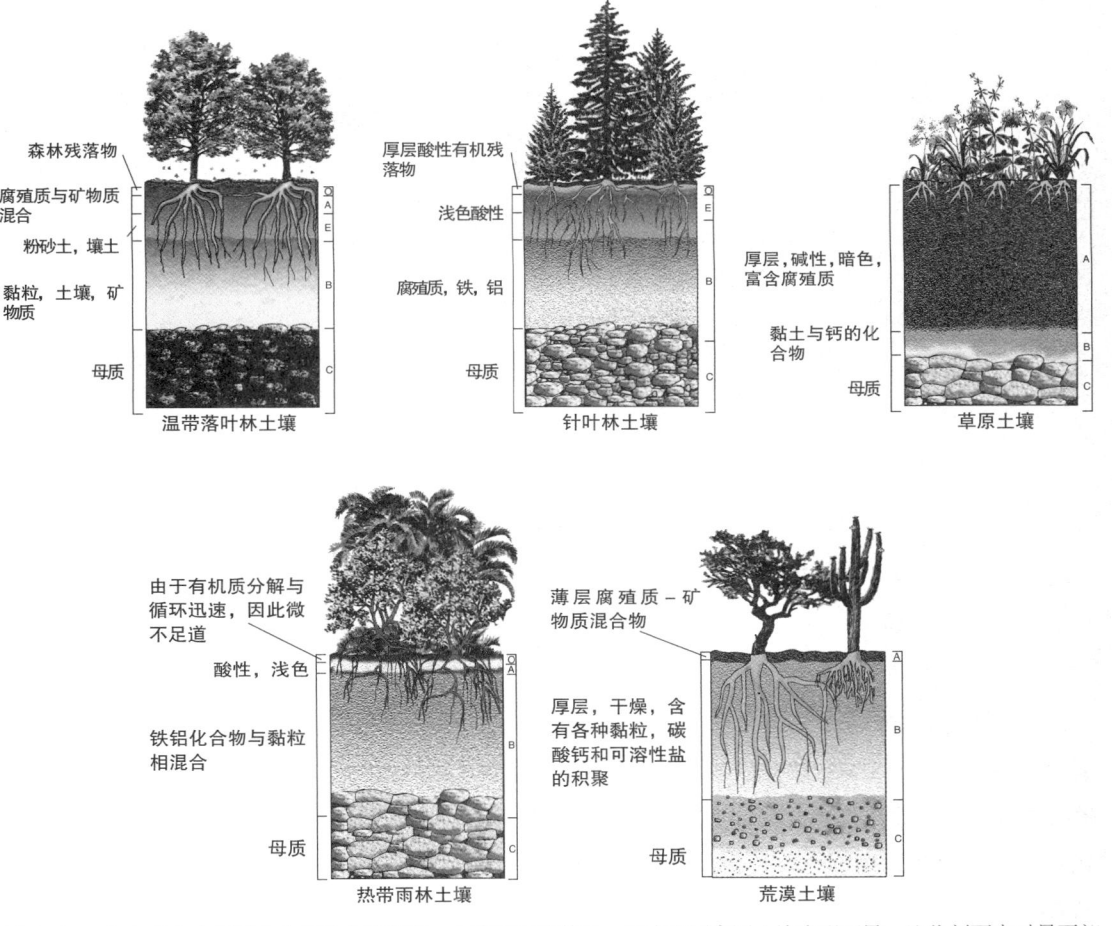

图4.28 5个主要生态系统中的简化土壤剖面。土壤层次的数目、组成和厚度因土壤类型而异。这些剖面中对最下部的土层（未变化的岩石），即R层均未予表示。

资料来源：Biosphere 2000: Protecting Our Global Environment, *3d ed. by Donald G. Kaufman and Cecillia M. Franz. (New York: Harper Colins Publishers, 2000), Fig. 16.3, p.313.*

辨别各种土壤类型的特征。

土壤既包含有机物，也包含无机物。无机物是风化作用形成的，由石英、硅酸盐黏土，以及氧化铁和氧化铝之类的矿物组成。当风化作用将岩石粉碎成土壤颗粒时，矿物就被释放出来，滋养植物的生长。

质地是指土壤中矿物质颗粒的大小，它取决于砂粒、粉粒和黏粒的比例。砂粒是最大的颗粒类型，其次是粉粒，再次是黏粒。农业上生产率最高的土壤质地是**壤土**（loam），它包括大约40%的砂粒，40%的粉粒和20%的黏粒。

质地影响着土壤结构。后者取决于单个颗粒聚集成较大土块的方式。土块的大小、形状和排列影响着土壤保持水分、空气和植物营养物的能力。

土壤所含的营养物变化较大。诸如氮、磷和钙之类的化学元素对于植物的生长极为重要，并且维持着土壤的肥力。土壤中营养物不足可以通过人工添加肥料而改善。

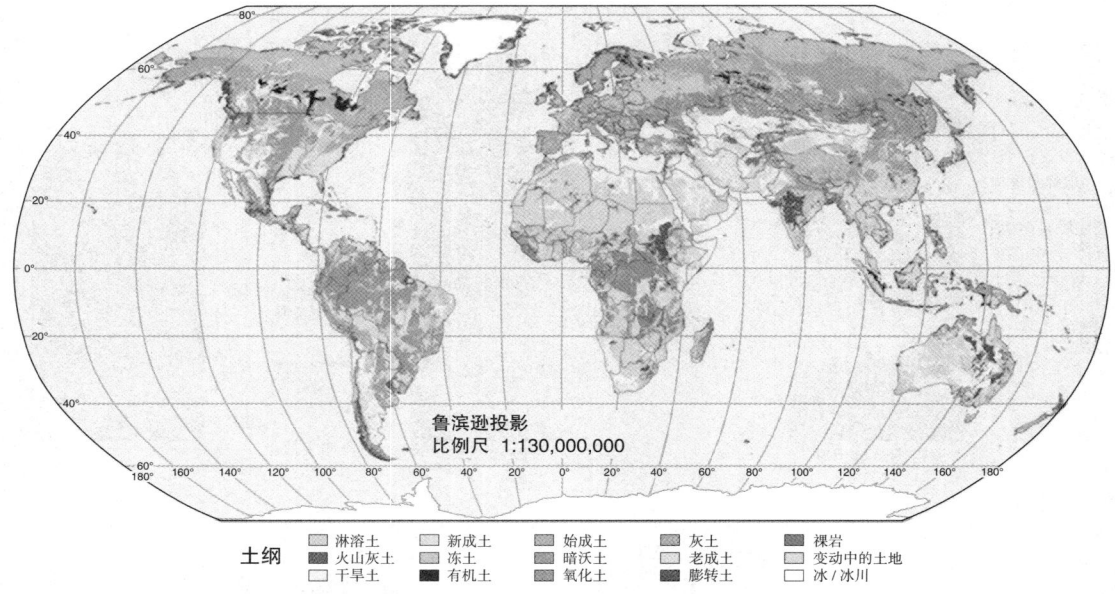

图4.29 世界土壤分布。
资料来源：U.S. Dept. of Agriculture, Natural Resources Conservation Service, Soil Survey Division.

如前所述，有机质，或者腐殖质主要来源于死亡和分解的动植物。腐殖质保持水分，给植物供应养料。北美洲肥沃的北美草原，阿根廷的潘帕斯草原和俄罗斯无树草原腐殖质含量最高。

颜色是土壤的另一种性质，腐殖质含量高使土壤呈暗棕色或者黑色。在热带和亚热带地区，铁的化合物可使土壤呈黄色或者浅红色。浅色（灰色或白色）常常表明潮湿地区高度淋洗的土壤和干旱地区的碱性土壤。淋溶土是地下水将可溶性矿物分解和移走所形成的。

第12章将讨论pH等级表，它可以衡量土壤的酸度或碱度。农业上生产力最高的土壤往往是在强酸性和强碱性之间取得平衡的。

土壤分类

多年以来，科学家已经制定出许多土壤分类的方法。最通行的分类是美国农业部所研制的，简称为"土壤系统分类"（Soil Taxonomy）[①]，它以土壤的现今特性为根据（见"土壤系统分类"专栏）。该方法将土壤分为12个土纲。之后又细分为亚纲、土类、亚类、土族，以及数千个土系。**土纲**（soil order）是具有相似组成、层次、风化程度和淋溶过程的一类土壤最概括性的归类。每一个土纲名词后面的"sol"源自拉丁文"solum"，意即"土壤"。图4.29表示土纲的世界分布。

自然植被与气候

每一种气候都以同**自然植被**（natural vegetation）

[①] Soil Taxonomy 分类法的特点是以土壤的诊断层（diagnostic horizon）和诊断特性（diagnostic characteristic）来鉴定土壤类型。国内翻译为"土壤系统分类"不甚确切。因为其他土壤分类法也都有一定的系统，美国这个分类法的特点在于"诊断"而不是"系统"。而且英文的Taxonomy就是分类学或分类法，丝毫没有"系统"的含义。译者曾建议改称为"土壤诊断学分类"，以区别于其他土壤分类法，如土壤发生学分类和土壤形态学分类等。——译注

土壤系统分类

土纲	简要描述
氧化土（oxisols）	红色、橙色和黄色；高度风化，受到淋洗和酸化；肥力低；分布于南美和非洲的湿热带。
老成土（ultisols）	红色和黄色；高度风化和淋洗；同氧化土相比呈弱酸性；肥力低，发育于温暖、潮湿或干旱热带和亚热带。
淋溶土（alfisols）	灰棕色；中度风化和淋洗；肥沃，营养物极丰富；分布于湿润中纬度地区。
灰土（spodosols）	A层浅色沙质，B层红棕色；中度风化、淋洗和酸性；形成于针叶林下。
暗沃土（mollisols）	暗棕色至黑色；中度风化和淋洗；营养物极丰富，是世界上最肥沃的土壤；形成于中纬度地区草地下面。
干旱土（aridisols）	浅色；沙质；通常盐渍化或碱化，干而有机质含量低，但如适度灌溉可获得农业生产力。
始成土（inceptisols）	不成熟、发育差的土壤；形成于高纬度寒冷气候区，尤其是苔原和山地；农业潜力有限，除非在河谷中有季节性洪水堆积下的新鲜沉积层。
膨转土（vertisols）	深色，黏粒含量高；形成于热带与亚热带有明显干、湿季地区的草地下面；肥沃，但难以耕作。
新成土（entisols）	薄层沙质，不成熟，发育差；养分低；形成于苔原、山坡和近代的泛滥平原上。
有机土（histosols）	黑色，酸性，主要由各个腐烂阶段的有机物形成；全年或部分时期积水；分布于高纬度和苔原排水差的地区（泥炭，沼泽湿地，草甸），排水后有肥力。
火山灰土（andosols）	发育在火山成因母质（例如火山灰和玄武岩）上的年轻而不成熟的土壤；有机质含量高；酸性。
冻土（gelisols）	形成于多年冻土区。

的独特结合为其典型。所谓自然植被，就是生长在人类没有改变或干扰其生长过程的地区的植物。现今已很少残存在人类居住区的自然植被，不但同气候，而且同土壤、地貌、地下水，以及包括动物在内的其他生境特征密切相关。

演 替

一个特定地区的自然植被是在被称为**演替**（succession）的阶段顺序中发育的，直到同自然环境达到平衡的最终阶段为止。演替通常从比较简单的先锋植物群落——即第一批生物（例如地衣）开始，占据裸露的岩石。它们开始了土壤形成过程。随着时间推移，先锋群落改变着环境，当环境变化比较明显时，在原始条件下不能生存的植物出现了，并且最终战胜了先锋群落。例如苔藓和蕨类代替了地衣（图4.30）。

由于每个演替中的群落通过改变表土、土壤结构和土壤保持水分的能力等方面为后续的群落准备好条件，所以这种植被演替过程便能继续进行。一般而言，每一个后续的群落都呈现出物种数量和植物高度的增加。沿用先前的例子，苔藓和蕨类又可被草类替代。一旦土壤中有足够多的腐殖质积累，后者就又被灌木，以及随后被乔木代替。图4.30所描述的植物演

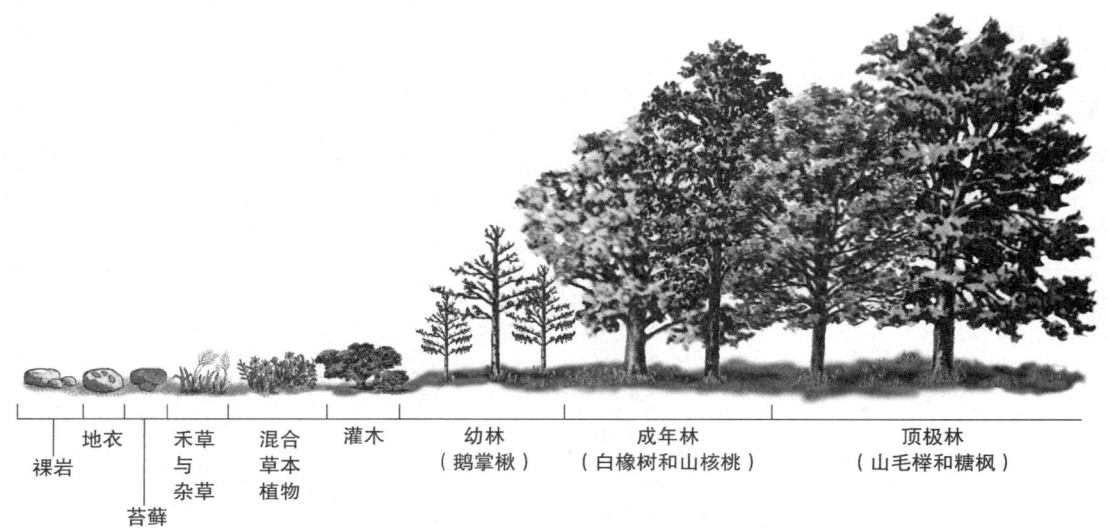

图4.30 温带落叶林区理想化的植物演替。在每个演替阶段,通常都有数量日益增多的植物种类。任何地方,独特的植物种类取决于基岩、高度、温度、阳光和降雨等因素的局部差异。
资料来源: Biosphere 2000: Protecting Our Global Environment, 3d ed. by Donald G. Kaufman and Cecillia M. Franz. (New York: Harper Colins Publishers, 2000), Fig. 5.3, p.86.

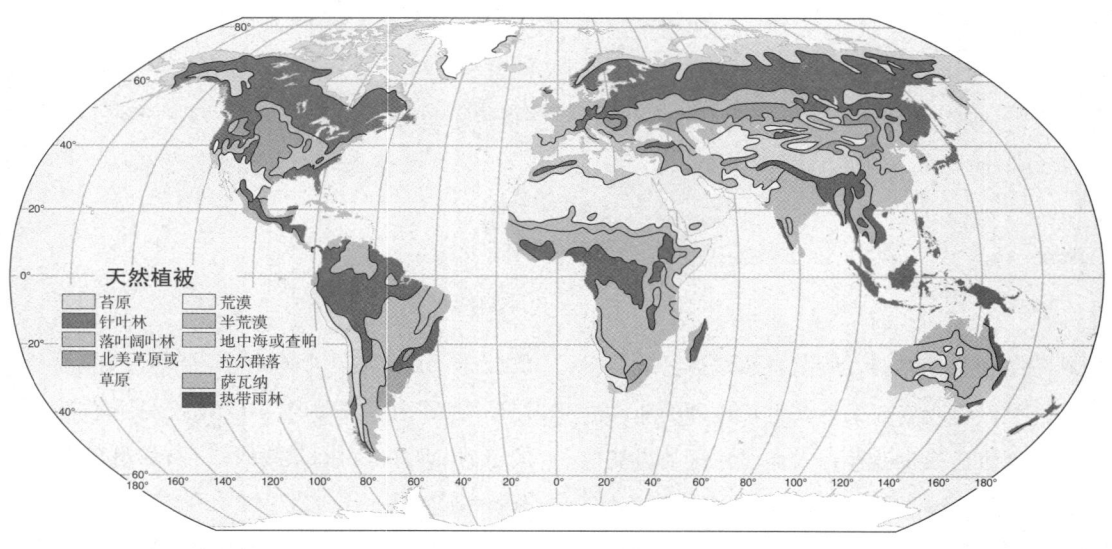

图4.31 世界自然植被分布。

替理想图式需要数百年,甚至数千年才能实现。

植物群落在一个特定区域演替的最终阶段称为**顶极群落**(climax community),也就是植物在一个区域同气候和土壤处于平衡的自我延续的组合。然而,顶极群落并不是永久的,它们随着环境状况的改变而变化。火山爆发、森林大火、水灾、旱灾和其他干扰可改变环境,使植物发生变化。

自然植被区

图4.31表示了世界自然植被区的总格局。在全年雨量大而分配均匀的比较炎热的地区,植被类型是**热带雨林**(tropical rain forest)。森林通常由

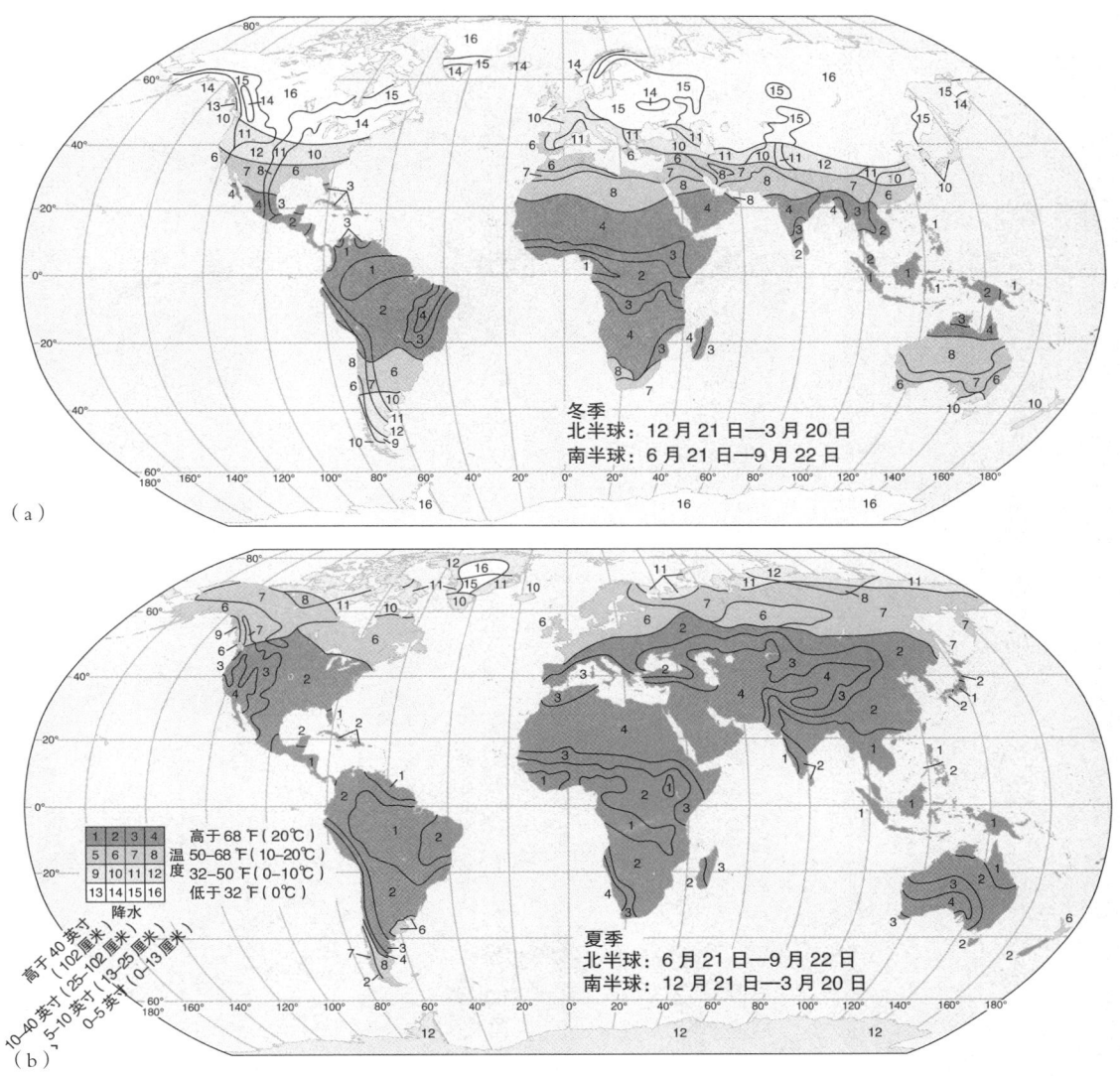

图4.32 这些地图将温度同降水数据相结合，显示气候基本要素的季节性变化。在读图时要记住，图（a）所表示的气候代表北、南两个半球的冬季。这意味着12月、1月和2月的数据用来说明地球上的北纬部分，而6月、7月和8月的数据用来说明南纬部分。此结果是全球冬季的情景——一幅温度变化大且降水量小的冬景。(b) 夏季的情景表明全球几乎普遍高温且降水量大。

生长浓密的乔木组成，形成树叶互相覆盖延绵不断的林冠层。在热带，任何一片小地区的森林都由数百个树种组成。由于林冠层阻挡了阳光的照射，因此林下植物只能稀疏地生存。在热带季节性降雨的地方，就产生了**萨瓦纳**（Savanna）[①]植被，其特点是低矮的草地，偶尔夹有小片森林或单株的树木。高蒸发率使萨瓦纳植被没有足够的水分生长茂密。

在夏季炎热、冬季温和潮湿的中纬度地区发育地中海型或查帕拉尔型（Chaparral）植被。以美国加利福尼亚州、澳大利亚、智利、南非和地中海地区为代表。这种植被类型主要由灌

[①] 我国地理学界曾译作"稀树草原型"。——译注

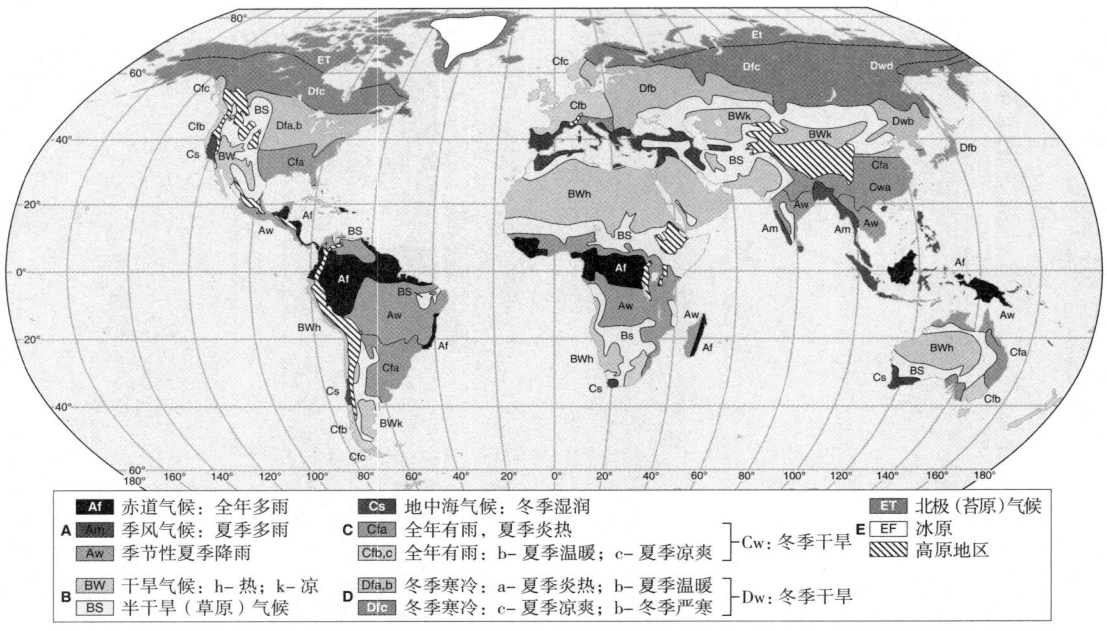

图 4.33 世界气候。

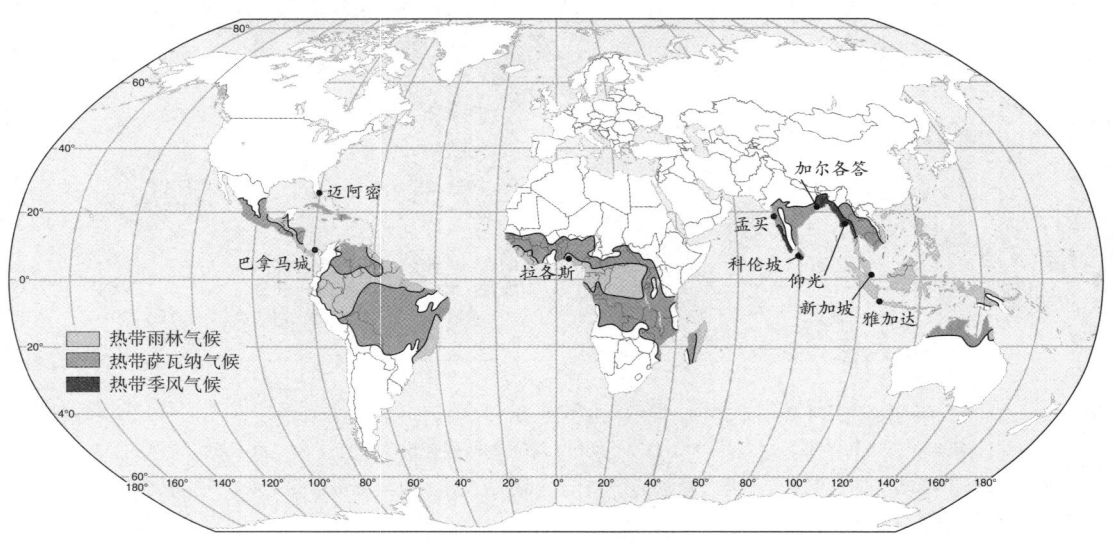

图 4.34 热带气候的位置。

木和植株不大的乔木组成，如槲树。这些灌木和小乔木共同组成低矮浓密的植被，雨季翠绿，旱季褐黄。尽管在多砾石和沙土的地区几乎没有植物，但是多数干旱地区还是能发育一些植被，半荒漠植被和荒漠植被由矮乔木、灌木和各种仙人掌组成。

在世界上全年雨量中等的温暖地区，最普遍的植被类型是**北美草原**（prairie）[①]或者**草原**（steppe）——例如北美中部，南美南部和亚洲

[①] "prairie" 一词来自法语，曾译作高草原、湿草原和普列利，《地理学名词》定名为"北美草原"。——译注

中南部。这些地区是广袤的草地，通常发育腐殖质含量高的土壤。在降雨量较多的温暖地区，自然植被就转变为落叶林。这种类型的树木在寒冷季节落掉树叶，例如栎树、榆树和美国梧桐树等。

在温带以外的北部地区，夏季温和、冬季寒冷，常见的是针叶林。这些地区蒸发率低。通常只有几个树种占优势，例如松树和云杉。再向北，森林让位于苔原植被。苔原植被由很低矮的灌木、苔藓、地衣和草类的复杂混合组成。

4.6 气候区

使天气状况发生差异的两个重要因素是温度和降水。虽然气压也是重要的天气要素，但是如果不用气压计几乎不能察觉气压的差异。因此，我们可以把温度的温暖、温和、寒冷或者严寒当作一个地方或者地区的特征。此外，降水量的大、中、小也是一个地方或地区潮湿程度或干旱程度的良好指标。对于这两种量度，我们将定义比较精确的术语，并且按照温度与降水的各种组合对世界各地区制图。

由于存在极端的季节变化，图4.32表示两种全球气候图：一种是冬季的，另一种是夏季的。本来可以编制出四季中每个季节的**气候图**（climograph），还可以编制出全年12个月的气候图。不过，这两张气候图已能对气候差异提供良好而简要的描绘。请记住，夏季世界气候图是北半球6月21日到9月21日的气候和南半球12月21日到3月21日的气候的组合，因为这两个半球的季节是相反的。

图4.33描绘了世界上的各种气候，而且是基于图4.32中所表示的信息类型。该图是许多同类气候分类方案中最著名的，称为"柯本气候分类系统"（Köppen climate classification system）。此系统研制于1918年，其依据除了温度和降水等级之外，还有自然植被。

表4.2描述了柯本所划分的多级系统。该系统有六大类，表示为A、B、C、D、E和H。A类是热带气候，B类是干旱气候，C类是中纬度温和气候，D类是中纬度冬季严寒气候，E是极地气候，H是高原气候。

各节标题后面的柯本气候分类系统字母与图4.33和表4.2相关联。标题后的数字与图4.32图例中的数字相对应。第一个数字表示典型的冬季状况，第二个数字代表夏季状况。每一个数字都代表理想化的状况。

热带气候类（A）

热带气候通常使人联想到地球上阳光直射最北和最南两条线——北回归线和南回归线——之间的地区。热带气候的位置已表示在图4.34中。

热带雨林气候（Af：1，1）

该地区横跨赤道，大体上位于赤道低压带内。这些地区具有**热带雨林气候**（tropical rain forest climate），这一气候无论冬夏都是温暖、潮湿的（图4.35）。降雨通常来自每日的对流性雷阵雨。虽然大多数时间充满阳光和炎热，但是到下午则形成积雨云，产生对流雨。图4.35（a）中的说明文字解释了如何判读气候图。

热带雨林通常长满了自然植被，目前这些雨林植被依然存在，但是由于南美洲亚马孙盆地和非洲扎伊尔河流域广大地区的人为纵火，此类植被正在迅速减少。森林中以高大茂密的阔叶树和粗大的藤蔓类占主体。在发育千百个树种的热带雨林中，既有幽暗的森林，也有明亮的树林，还有巴尔沙木（balsa wood）之类的海绵状软木和像

表4.2 气候特征

气候类型	柯本的分类	温度与降水	土壤，植被与野生生物
热带气候	A		
热带雨林气候（1，1）	Af	持久的高温 全年大雨，对流雨 云盖度高 湿度高	树木浓密而树种多 光线透入处丛林发育 多小动物和昆虫 氧化土
萨瓦纳型（稀树草原型）气候（3，2）	Aw	高温 夏季高日照期大雨，对流雨 冬季低日照期干旱	森林到草地，依赖于降雨量 大型动物 老成土、膨转土和干旱土
季风气候（3，1）	Am	季风，最高温开始于雨季前	
半荒漠和干旱气候	B		
热荒漠气候（7，4）	BWh	夏季极高温，冬季温暖 降雨很少 湿度低	灌木，发育于砾石或沙地环境 爬行动物 干旱土
半荒漠气候（10，4）与荒漠气候（4，4）	BS BWk	夏季温暖至炎热 冬季寒冷 夏季有些对流雨 冬季有些锋面性降雪	草类和荒漠灌木 草地暗沃土 荒漠中的干旱土
中纬度湿润气候类	C 与 Dfa, Dfb		
地中海气候（6，3）	Cs	夏季高温，冬季温和 夏季干旱 冬季锋面性降水 通常湿度低	查帕拉尔型植被（矮小栎树和灌木丛） 淋溶土，干旱土
副热带湿润气候（6，12）	Cfa	夏季炎热 冬季温和 夏季对流性阵雨 冬季锋面降水 全年西风	落叶林 针叶林，尤其在砂质土壤；灰土 主要为淋溶土
西海岸海洋性气候（10，6）	Cfb	夏季温和 冬季凉爽至寒冷 夏季降雨少 冬季为锋面雨	山区的广大针叶林 平原上为落叶林 灰土
大陆性湿润气候亚类（10，2；14，2与15，6）	Dfa 与 Dfb	夏季炎热至温和 冬季凉爽至寒冷 夏季对流性阵雨 冬季锋面性降雪	针叶林 灰土
极地和亚北极气候类	E		
亚北极气候（16，7） 苔原气候（16，16），（16，12）	ET	夏季短，凉爽至寒冷 冬季极端寒冷	针叶林（完整大小至矮小） 苔藓和地衣
极地气候类	E		
苔原气候（16，11）	ET	夏季寒冷，冬季极端寒冷	苔藓和地衣，灰土
冰盖气候（16，16）	EF	极端寒冷，有轻度降水	
高地气候类	H	根据高度、盛行风、阳坡或阴坡、纬度、谷地或非谷地、粗糙度等有大量的状况变化	

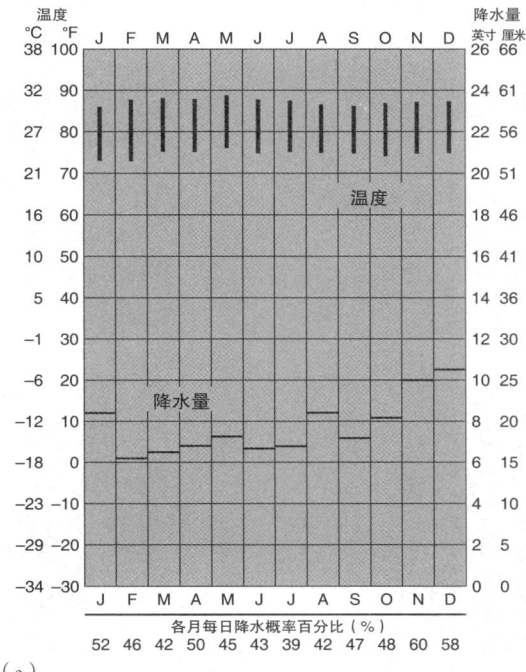

(a)　(b)

图4.35 （a）本图和下文中的气候图解（气候解析图）展示的是每月的日平均高温或低温，每月的平均降水量和指定月份中任何特定日期的降水概率。对于新加坡而言，8月份平均每日最高气温是30.5℃，最低气温是24℃。月平均降水是21厘米，而且8月份某日的降雨机会是42%。城市名称后面括号中的数字是指冬季和夏季的温度与降水量数据，如图4.32（a）和（b）所示。（b）热带雨林。这里植被的特征是高大、阔叶，以硬木乔木和藤本植物为主。（© Gary Braasch / Peter Arnold）

柚木、桃花心木之类的硬木（图4.35［b］）。雨林从赤道沿着由盛行风带来稳定水分来源的海岸延伸到沿海高地。此外，地形效应也提供足够的降水使茂密的植被在这些森林中发育。

这些地区的土壤是氧化土。由于风化作用迅速而缺乏农作物所必需的大部分土壤养分。只有大量施肥，土壤才能维持农业的持续利用。

萨瓦纳气候（Aw：3，2）

由于夏季时直射的阳光从赤道向两侧延伸，赤道低压带也随太阳移动。所以，雨林带南北两侧地区在夏季月份虽然酷热，但处于湿润状态，而其余月份因为湿润的赤道低压带已经被副热带高压所取代，所以很干燥。这些地区也因生长在那里的自然植被称为萨瓦纳。

萨瓦纳气候下的自然植被像是一种灌木丛，但是这样的地区现今被认为是树木分布范围很广的一种草地。向高森林覆盖率发展的自然趋势，已被当地农民和猎人定期放火清除草地所减弱。有时，萨瓦纳植被由于其公园状的外观而看似曾被特意设计，如图4.36（a）所示。东非的肯尼亚和坦桑尼亚有一些著名的草地——例如塞伦盖蒂（Serengeti）国家公园——和耐火的树种，那里有诸如长颈鹿、狮

图4.36 热带萨瓦纳气候下的草地和乔木构成的公园状景观。(a) 干旱热带萨瓦纳；(b) 湿润热带萨瓦纳。([a] © Aubrey Lang/Valan Photos, [b] © Thomas J. Bassett, Dept. of geography, University of Illinois.)

子和大象等大型动物出没。南美洲的坎普斯（campos）[①]和亚诺斯（llanos）[②]是另一类广袤的萨瓦纳地区。

萨瓦纳地带较湿润的部分往往覆盖着老成土。这是一种发育在温暖、干湿交替地区森林植被下（图4.36 [b]）的土壤，这种土壤对于栽种植物而言养分较差，但对施用石灰和肥料的反应较好。萨瓦纳地带较为干燥的部分，以膨转土为特征。这种土壤形成在温暖气候的草地下。降雨时，地面变得具有可塑性，且部分土壤滑动，在干旱季节形成裂隙。因此，膨转土难以耕作，但可作为放牧场被有效利用。

通常，不同气候类型之间的界限难以区分和辨别，而过渡带却很明显。这类过渡带在平原和高原很典型，而在山区则并不表现出明显的渐变。在茂密的热带雨林和萨瓦纳

[①] 原文系葡萄牙语，曾译作热带干草原，主要分布在巴西。现按音译。——译注
[②] 原文系西班牙语，曾译作热带无树大草原，主要分布在南美洲北部和美国西南部。现按音译。——译注

之间，有不太茂密的森林。

季风气候亚类（Am：3，1）

但是在亚洲有一种特殊情况需要指出。当夏季季风携带饱含水分的空气吹向大陆时，在丘陵、山地和邻近的平原上，雨量显著增大。请注意图4.37中的降水模式。因此，尽管冬季干旱，植被仍然很稠密。丛林和大森林是自然植被。然而，很多地方的这种植被由于历经许多世代被开辟为稻田和茶园而不复存在。

干旱气候类（B）

图4.38显示了这类气候的位置。在有山地阻挡西风的大陆内部，或者远离热带潮湿空气到达范围的陆地，会出现广大的荒漠和半荒漠环境。

热荒漠气候（BWh：7，4）

在萨瓦纳朝向极地的一侧，草类开始变短而荒漠灌丛逐渐明显。那里就是接近副热带高压带的地方，阳光照射强烈，夏季天气炎热，降水很少。请注意图4.39（a）中微不足道的降雨量。确实降水是对流性的，而且是零星的。当环境变得更加干旱时，耐旱的灌丛越来越少。在有些地区，只有砾漠和沙漠存在，如图4.39（b）所示。

世界上巨大的热荒漠——例如撒哈拉沙

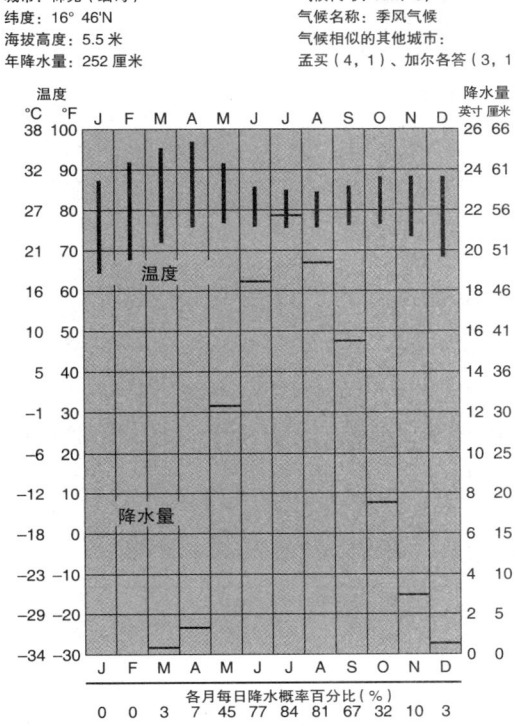

图4.37 缅甸仰光的气候。（图例参看4.35 [a]）

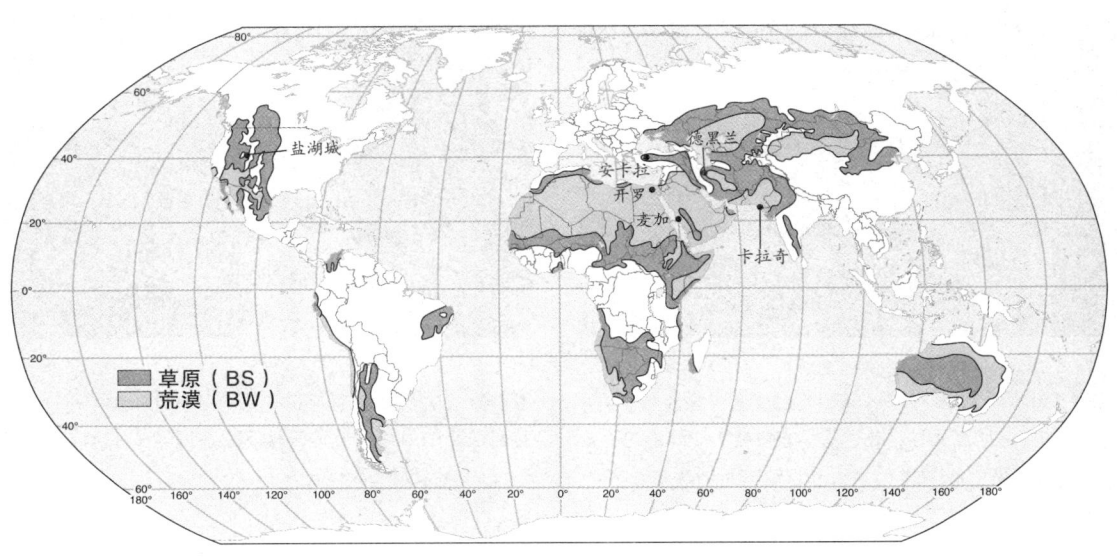

图4.38 草原和荒漠气候的位置。

城市：开罗（埃及） 气候代号：BWh: 7, 4
纬度：29° 52'N 气候名称：热荒漠气候
海拔高度：116米 气候相似的其他城市：
年降水量：2厘米 麦加（4，4）、卡拉奇（8，4）

城市：德黑兰（伊朗） 气候代号：BS: 10, 4
纬度：35° 41'N 气候名称：中纬度干旱气候
海拔高度：1220米 气候相似的其他城市：
年降水量：26厘米 盐湖城（12，4）、安卡拉（10，4）

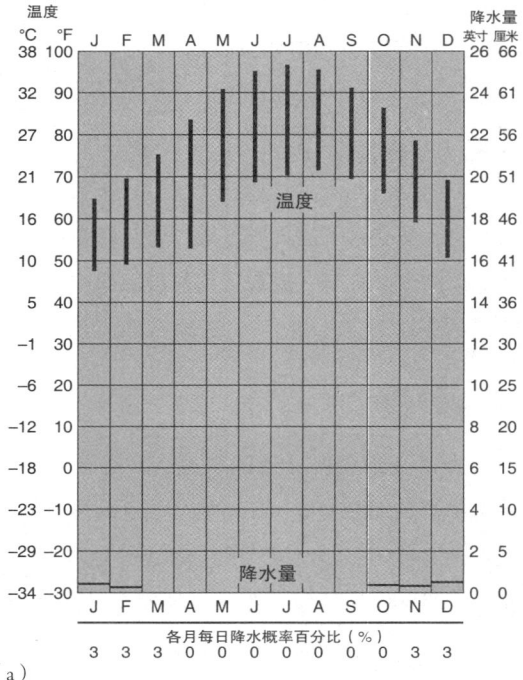

图4.39 （a）埃及开罗的气候（图例参看图4.35［a］）；（b）加利福尼亚死谷。缺乏稳定的植被，沙漠中的沙子不断重新排列成复杂的沙丘群。(© Dietrich Leis Stock Photography)

图4.40 （a）伊朗德黑兰的气候（图例参看4.35［a］）；（b）墨西哥北部中纬度干旱气候下的荒漠灌丛。(© Leonard Lee Rue, Jr. / Photo Researchers)

136　地理学与生活

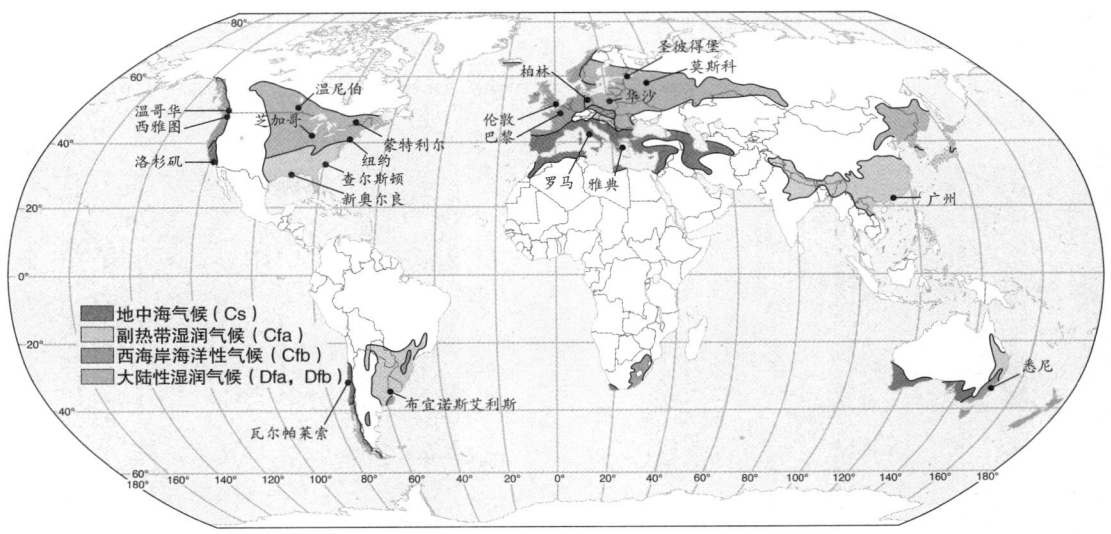

图 4.41 中纬度湿润气候类的位置。

漠、阿拉伯沙漠、澳大利亚沙漠和卡拉哈里沙漠①，全都是高压带的产物。这类沙漠最干旱的部分常沿着有寒流出现的西海岸分布。那里的土壤为干旱土，如果能进行灌溉，可有好收成。上文曾经述及寒流和荒漠的关系。

中纬度荒漠和半荒漠气候（BWk: 4, 4; BS: 10, 4）

图4.40（a）说明了在这类中纬度干旱气候下典型的温度和降水模式。偶尔有夏季对流性风暴和携带一些水分的锋面系统产生。极端干旱的地区被称为"冷荒漠"。中度干旱的地区被称为草原。虽然图4.40（b）表示有荒漠灌木出现在草原中较干旱的部分，但是草原的自然植被是草类。这一气候区雨量并不丰沛，但是土壤肥沃——因为有草类将养分反馈到土壤中。这里的土壤为暗沃土。其A层呈暗棕色至黑色，属于世界上自然肥力最高的土壤。因此，美国、加拿大、乌克兰和中国的草原形成了世界上产量最高的农业区。草原也有干热的夏季和寒风凛冽、不时有暴风雪的冬季。

中纬度湿润气候类（C，D）

图4.41表示几种全属湿润气候的地区，就是在冬季、夏季或者冬夏两季都没有荒漠状态的气候区。此外，冬季温度显著低于热带气候的冬季温度是中纬度湿润气候的特征。如果没有山脉、暖流或寒流，特别是海陆配置的作用，就可以整齐地划出这类气候平行于纬度线的界线。但是这些因素引起了中纬度地区极大的变化。

地中海气候（Cs: 6, 3）

南、北半球中纬度地带的风通常从西部吹来，因而锋面系统产生大量降水。所以，重要的是要知道：接近陆地的海水是寒冷的还是温暖的。在中纬度地带有几个气候带需要注意，它们全都以夏季的温度为标志，来自大洋的西风所形成那些凉爽地区除外。

在热荒漠向极地的一侧，在副热带高

---

① 位于非洲南部的博茨瓦纳。——译注

城市：罗马（意大利） 气候代号：Cs: 6, 3
纬度：41°48'N 气候名称：地中海气候
海拔高度：115米 气候相似的其他城市：
年降水量：85厘米 雅典(6, 3)、洛杉矶(6, 4)、瓦尔帕莱索(6, 4)

城市：悉尼（澳大利亚） 气候代号：Cfa: 6, 2
纬度：33°58'S 气候名称：副热带湿润气候
海拔高度：9米 气候相似的其他城市：
年降水量：116厘米 广州(6, 2)、查尔斯顿(6, 2)、新奥尔良(6, 2)

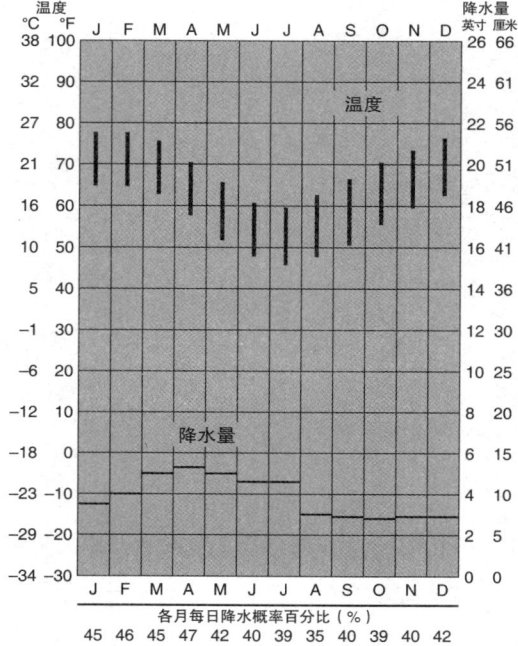

图4.43 澳大利亚悉尼的气候（图例参看4.35［a］）。由于悉尼位于南半球，所以最温暖的日子在1月，最冷的日子在7月。

图4.42 （a）意大利罗马的气候（图例参看图4.35［a］）；（b）地中海气候区的典型植被，像胭脂栎之类的乔木低矮而稀疏。（© Carr Clifton / Minden Pictures）

移动时——带来降雨。由于副热带高压带微微地向极地移动，所以夏季干燥炎热（图4.42［a］），冬季温和。这些情况是**地中海气候**（Mediterranean climate）的写照。它往往出现在中纬度大陆西部的海岸。加利福尼亚州南部、地中海地区本身、澳大利亚西部、南非的尖端，以及南美洲的智利中部都以这种气候类型为特征。这些地区降水丰沛，生长着灌木和小型落叶树，例如胭脂栎[①]（图4.42［b］）。

地中海气候区是一条绵延于南欧、近东和北非人烟稠密的地带。同荒漠相比，这里水分充足，植被和土壤类型繁多。空气以晴朗干燥为主；冬季较短而温和，植物和花卉终年生长。

压带和湿润的西风带之间有一条过渡带。这里，气旋风暴只在冬季——当西风带向赤道

---

① scrub oak，又称小叶栎或矮栎。——译注

即使在炎热的夏季，夜晚通常也是凉爽晴朗的。现在，这个地区的植被大多数是粮食作物。

副热带湿润气候（Cfa：6，12）

在大陆东岸，形成了自赤道型气候向**副热带湿润气候**（humid subtropical climate）过渡的地带。对流型的夏季阵雨和冬季的气旋性风暴是降水的来源。如图4.43所示，这种气候的特征是夏季炎热潮湿，冬季温和湿润。在秋季，有时有飓风在热带海水中形成，袭击沿海地区。

这一气候通常雨水调匀，从而使诸如栎树、枫树等硬乔木组成的阔叶林能够发育。秋季林木的树叶在脱落前变成橙色和红色。此外，针叶树能同落叶树混合成次生林。

向极地方向的大陆性气候的过渡伴随有日益寒冷的冬季和短促的夏季。沿着这个方向，气旋性风暴也越来越多于对流性阵雨。这种地区就不再具有副热带湿润气候的特征，而呈现为大陆性湿润气候（见"大陆性湿润气候"一节）。巴西南部、美国东南部和中国南部都属于副热带湿润气候。

在副热带湿润气候和大陆性湿润气候区的阔叶林下，发育的是淋溶土。其A层通常呈灰棕色。这种土壤往往富含植物养分。阔叶林落叶形成富含盐基的腐殖质，淋溶土在炎热的夏季保持着水分，使农业能获得高产。

西海岸海洋性气候（Cfb：10，6）

西海岸海洋性气候（marine west coast climate）离两极较近，但仍然在西风带内。这里，气旋性风暴和地形性降水起着较大的作用。较之地中海气候，这一气候冬季降水较多，温度也普遍较低。请比较一下图4.42（a）和图4.44。从地中海气候带向极地方向的过渡带，夏季降雨很少。然而，在接近两极的地方，夏季降雨显著增多，冬季甚至更多。由西部吹来的海风使得冬夏两季的温度变得温和。因此，夏季凉爽宜人，而冬季虽然寒冷，但通常不出现霜冻。

这种气候虽然对一个地区影响较大，但在地球上受影响的面积相对较小。因为欧洲北部没有高大山脉阻挡由西向东流动的潮湿空气，西海岸海洋性气候可以通畅地横贯大陆，直到波兰。在波兰，仍可明显感受到发源于北极地区的气旋性风暴。北欧的温和气候也应归功于相对温暖的洋流，从爱尔兰到中欧将近1600千米的地带都能感受到其影响。

山地所导致的地形效应，在美国西北、加拿大和智利南部等地区，常常以迎风坡降雪的形式产生大量的降水（图4.22）。广袤的针叶林，诸如松树、云杉和冷杉分布在山地的较低处。由于山地阻挡着潮湿空气继续吹向背风坡，所以在这些西海岸地区的东面可以见到中纬度的荒漠。

西海岸海洋性气候区的土壤是灰土。土壤呈强酸性，植物养分含量低，是由落下的针叶林树叶形成酸性腐殖质所造成的。为了进行耕作，必须施用化肥以中和酸性。

大陆性湿润气候（Dfa，Dfb：10，2；14，2与15，6）

起源于极地附近、吹向赤道的气团，以及从赤道吹向极地的其他气团，会产生锋面性降水。一旦温暖空气或海洋性空气阻挡了寒冷的大陆气团，或者反之，就会产生锋面性风暴。这些气团所影响的气候就被称为**大陆性湿润气候**（humid continental climate）。图4.45和图4.46（a）表明了这种气候类型冬季温度的优势和变幅。

大陆性气候可以同西海岸海洋性气候形成反差：前者有来自陆地的盛行风，而后者有来自海洋的盛行风。针叶林在朝向极地的方向变得比较丰富，直到温度变得太低，以致树木不

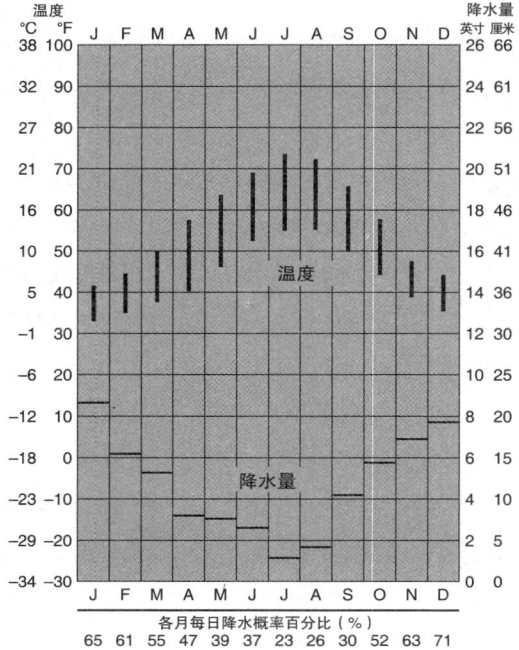

图4.44 加拿大温哥华的气候（图例参看4.35[a]）。

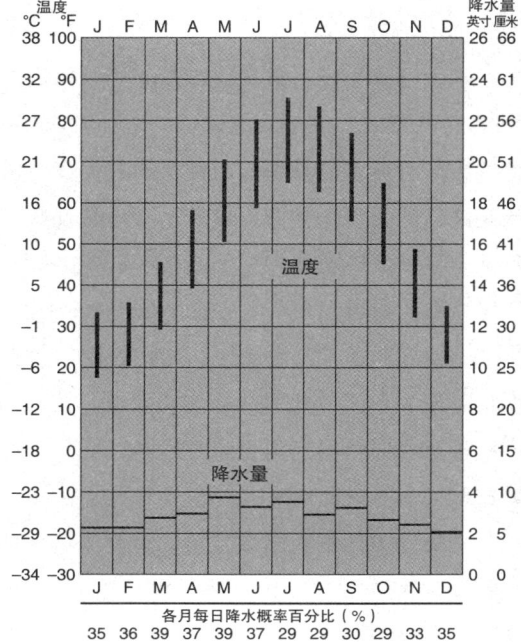

图4.45 伊利诺伊州芝加哥的气候（图例参看4.35[a]）。

再有足够长的生长季节，才发育停滞（图4.46[b]）。灰土与针叶林相伴而生。从非常寒冷的冬季气团转变为偶发性的夏季对流性风暴就意味着分明的四季。

世界上有三个以大陆性湿润气候为特征的幅员广阔的地域：① 美国北部、中部和加拿大南部；② 俄罗斯欧洲部分的大部分地区；③ 中国北部。由于南半球相应的纬度带没有陆地，所以也就没有这种气候。实际上，南半球仅有的非山地的寒冷气候是南极洲的极地气候。

亚北极气候（Dfc，Dfd，Dwb：16，7）和极地气候类（E：16，11）

日益寒冷的气候在北美与欧亚板块北部地区和内陆部分占据优势（图4.47和图4.48）。乔木生长受阻，最终只有图4.48（b）所示的苔藓和其他适应凉爽天气的植物能够生长。

苔原（tundra）一词常用于描述那些亚北极树木生长区以外的北部边缘带。由于漫长、寒冷的冬季占主导地位，因此一年中大部分时间土地冻结。夏季几个凉爽月份连同大量滋生的蚊子，才能打破严寒的单调。虽然苔原的特征是严寒，不过降雪量并不大。强劲的东风吹刮着与冰雾混合的积雪，加上冬季阳光稀少，形成了非常阴冷的气候。美国阿拉斯加州、加拿大北部和俄罗斯北部均分布着亚北极气候下矮小的树木和没有树木的荒凉苔原。而南极洲和格陵兰岛则是一片冰封的荒漠。

在广阔的北极地区，土壤变化多样。最典型的土壤也许是有机土。这种土壤是由聚积在水中的植物残体组成的泥炭或腐殖土。在森林

城市：莫斯科（俄罗斯）　　气候代号：Dfb: 15, 6
纬度：55°46′N　　气候名称：大陆性湿润气候（冬季严寒）
海拔高度：154 米　　气候相似的其他城市：
年降水量：55 厘米　　蒙特利尔（14, 6）、温尼伯（15, 6）、
　　　　　　　　　　圣彼得堡（15, 6）

(b)

(a)

各月每日降水概率百分比（%）
35　32　26　30　29　33　39　39　30　35　33　29

图 4.46　（a）俄罗斯莫斯科的气候（图例参看 4.35[a]）。（b）加拿大中东部的广大区域与莫斯科附近地区漫长而温暖的夏季可以存活茂密的针叶林。继续向北，植被就变得稀疏。（© Vol. 36 / PhotoDisc / Getty Images）

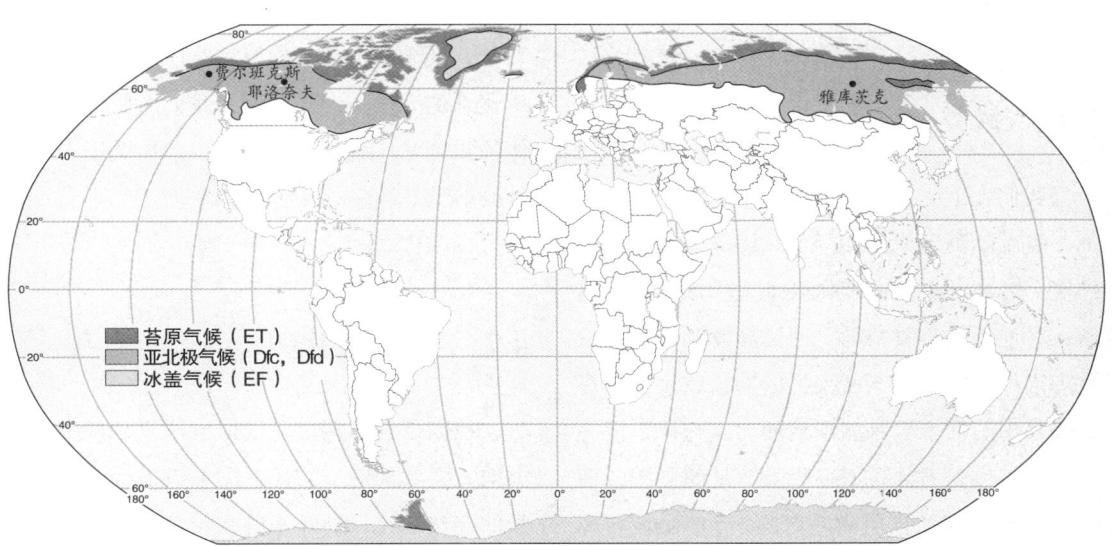

图例：
■ 苔原气候（ET）
■ 亚北极气候（Dfc, Dfd）
□ 冰盖气候（EF）

图 4.47　北极和亚北极气候区位置。

第 4 章　自然地理学：天气与气候　141

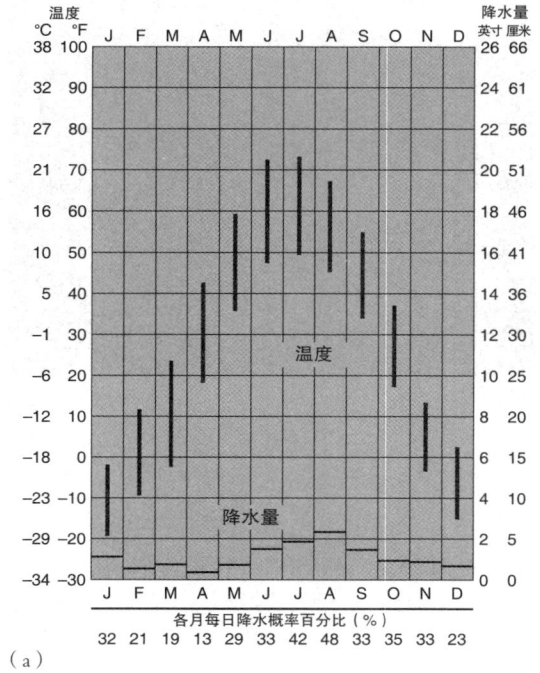

图4.48 （a）阿拉斯加州费尔班克斯的气候（图例参看4.35［a］）；（b）加拿大的苔原植被。（© John Shaw / Tom Stack & Associates）

区，土壤往往是类似于北极和中纬度地带排水不良地区的灰土。

高地气候类

我们在上文曾经提到过，在正常的直减率下，温度随高度增加而降低。因此，在同样的纬度上，高地上的温度比低地上的温度低。然而，高地气候是复杂的，因为高度和纬度仅仅是决定气候特征及其所支持的动植物生命的多个因素中的两个。有些山坡面向盛行风，而另一些山坡则是背风的；有些山坡是朝阳的，而另一些山坡则是背阴和凉爽的；有些山坡在凉爽的上午接受阳光，另一些山坡则在炎热的下午接受阳光。山谷的气候较之崎岖的山峰有所不同。每条山脉所包含的复杂气候要远比图4.33所显示的详细得多。

对全世界气候状况的简单勾画向我们提供了各大气候区的基本模式。在任何一个给定的日子，气候状况都可能与本章所讨论的或图上所显示的完全不同。然而，我们所关注的是总体的物理气候过程。我们可以应用关于天气要素的知识来加深对气候的了解。

4.7 气候变化

我们已经强调过，气候也许只是日变化极大的天气状况的平均值。图4.49描绘了年降水量的全球变化。同降水的逐年变化相比，温度的年变化较小，但也在变化。我们怎样来说明这些变化呢？世界各地研究站的科学家正在研究这个问题。他们所应用的数据范围从每日的温度和降水记录，到地球相对于太阳位置的计算结果。由于大多数地方的每日记录只能往回追溯50—100年,因此科学家们就从岩层、地球物质的化学成分、冰芯、湖底沉积、树木年轮等其他来源中寻找关于过去气候的补充信息。

长期气候变化

整个地质时期都发生过显著的气候变化。例如,大约在6500万年前的白垩纪末期,发生过地球气候的突然变冷。这次降温被认为导致了大约当时75%的动植物**灭绝**(extinction),包括大多数恐龙。再举一个例子,在持续了10万年、在1.1万年前才结束的最后一次冰期中,至少有5个冰盾形成和崩解的周期。

气候学家已经鉴定出仅在过去的1000年中就有两大气候期:一个中世纪的温暖期和一个"小冰期"。大约在公元800—1200年之间的中世纪温暖期,温度曾经同现在一样温暖或者比现在更暖。聚落和农业向北扩展,到达较高的纬度。维京人拓殖了冰岛和格陵兰岛,葡萄园在不列颠岛生长繁茂。在大约从1300年延续到1850年的小冰期中,北极冰盖扩展,冰川前进。地球上干旱的地区扩大,收成恶化,饥饿蔓延。

科学家对这种长期的气候变化提出了几种解释。有些气候变化被认为源于地球运动的三个方面的变化,这些变化都影响了到达地球表面的阳光辐射量。第一个变化是地球环绕太阳的轨道形状。它在大约10万年期间从接近圆形变为更接近椭圆形。当轨道接近圆形时,地球经历着较冷的温度;当轨道像现在这样呈椭圆形时,地球有几个月更接近太阳,接受更多的太阳辐射,因此有较高的温度。

另一个周期同地轴相对于黄道面的倾角有关。倾角每4.1万年从21.5°变化到24.5°。投射到两极地区的辐射量,随着倾角的变化而改变。倾角低——也就是地球处于比较垂直的位置——与寒冷气候时期相伴随。较凉爽的气候被认为是冰盖形成的关键因素。

最终,地球就像一个未平衡的陀螺顶部一样,在旋转时轻微地摇摆不定,改变着朝向太阳的方向。旋转轴的回转每2.3万年重复一次。当地轴倾斜达到最大时,极地地区接受的太阳

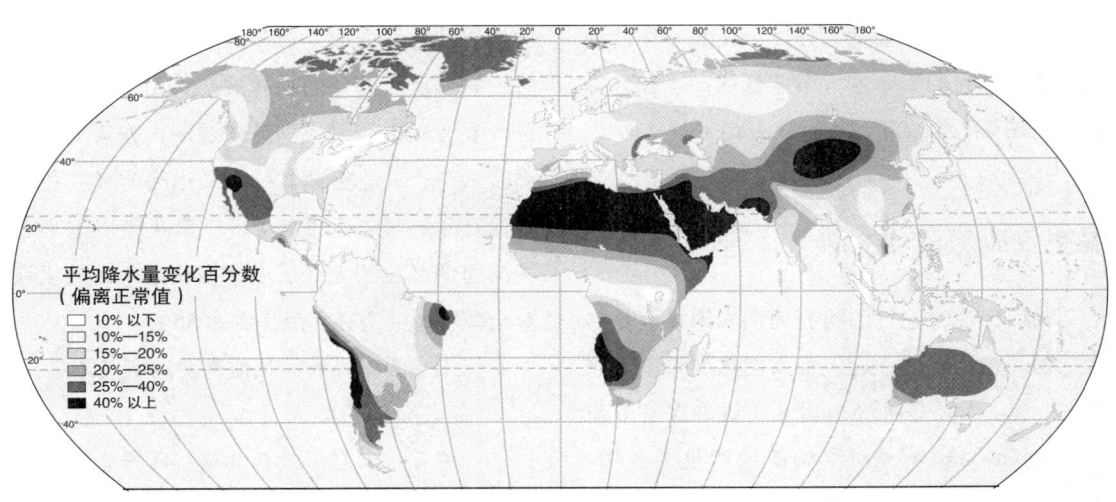

图4.49 世界降水变化的模式。降水总量低的地区往往变化大。总体上,气候越干旱,相邻两年的降雨和(或)降雪差异的几率越大。

辐射少于其他时期，因而变得比较寒冷。

短期气候变化

同地球的周期性变化相比，气候变化得更快、更不规则。规模巨大的火山爆发能改变几年的气候。火山将大量火山灰、水蒸气、二氧化硫，以及其他气体喷射到上层大气。当这些固体和液体的颗粒布满地球的大部分地区时，它们阻挡了通常能到达地面的一部分太阳辐射，产生冷却效应。著名的新英格兰"无夏之年"——1816年，6月下雪，7月结冰——可能就是由前一年印度尼西亚坦博拉火山爆发造成的。那次爆发把大约2亿吨气溶胶和50立方千米灰尘喷射到大气层中。冷却效应持续了一年。20世纪90年代初另一次不算过度的温度下降则归因于1991年7月菲律宾皮纳图博火山的爆发，它使全球平均温度降低了大约0.5℃。

造成短期气候变化的另外两个因素是海洋环流模式和太阳黑子活动的变化。如"厄尔尼诺"专栏所说，当厄尔尼诺现象发生时，温暖的表层海水从西太平洋向东运动，改变了南北美西部沿岸的气候。太阳黑子——太阳表面比较凉的部分——在数量和强度上发生多年的周期性变化。它们影响着太阳能量的产生和地球上层大气臭氧的浓度。

温室效应与全球变暖

我们已经讨论过的所有周期和因素都是自然过程。相比之下，近年来人们热烈辩论的议题之一是：人类是否经由通常所说的**温室效应**（greenhouse effect），对气候变化产生了作用。简而言之，这个理论是说，聚集在大气层中的某些气体，在其所在处起着绝热层一样的作用，将本应辐射回上层大气和向地球逆辐射的红外辐射封堵起来。换言之，这些气体就像温室的玻璃，允许太阳辐射进入，但阻止其逆辐射回到太空中。如果你曾在寒冷但阳光灿烂的日子进入汽车里，那么你就体验过这样的温室效应——汽车里面的空气比外面暖和。

地球有一种天然的温室效应，主要是由海洋蒸发或从陆地蒸腾的水蒸气形成的。水蒸气基本保持恒定，但是在过去的大约150年期间，人类活动在大气层中增加了其他**温室气体**（greenhouse gas）的数量，增强了大气层对热量封堵的能力。许多科学家担心，增强的温室效应会逐渐提高地球表面的平均温度，这一过程称为**全球变暖**（global warming），将显著影响地球的生态系统。温室效应可远不像这个名称所说的那样仁慈和温文尔雅。

二氧化碳（CO_2）是主要的温室气体，其含量已因人类活动而增加。虽然二氧化碳是自然产生的，但过量的二氧化碳则是燃烧**化石燃料**（fossil fuel）所释放出来的。自18世纪中期开始的**工业革命**（Industrial Revolution）以来，大量的煤、石油和天然气被燃烧作为工业动力、为城市供暖和制冷，以及驱动车辆。化石燃料的燃烧使之转变成二氧化碳和水蒸气。与此同时，世界上大部分的森林被砍伐用作木材和开辟为农业用地。砍伐森林通过两种方式增加了温室效应：一是减少了对二氧化碳的吸收和氧气的产生；二是燃烧木柴将二氧化碳以越来越快的速度释放到大气层中。据认为，二氧化碳对全球变暖的潜在贡献率约占55%。

受人类活动影响的其他重要温室气体是：

- 甲烷，来自天然气和煤矿开采、农业和畜牧业、沼泽和填埋场。
- 氮氧化物，来自机动车、工业和含氮氧

化物的肥料。
- 氯氟碳化合物、氢氟碳化合物和全氟碳化合物，广泛用于工业化学。

虽然这类气体的数量少，但是其中有些气体封堵热量的作用要比二氧化碳大得多。例如，氮氧化物封堵热量的能力是二氧化碳的360倍，即使甲烷吸收地球附近热量的能力也是二氧化碳的24倍。

由于工业革命在19世纪开始于欧洲和北美，大气层中二氧化碳的浓度从工业革命前的274×10^{-6}上升到1958年的315×10^{-6}，从那以后到2004年又上升到370×10^{-6}。甲烷在下层大气的浓度已经比工业化以前的水平增加了一倍，而当前仍在以每年大于1%的浓度增加。

温室效应理论的支持者认为，人类活动已经排放了足够多的各种气体到大气层中，影响着气候。他们担心，过去50年中的加速变暖趋势可能已经超过了典型的气候变动，并且援引了下列证据支持他们的论点：

- 20世纪是过去600年里最温暖的世纪，大部分最温暖的年份集中在世纪末期。全世界的地面平均温度在20世纪上升了大约0.6℃，而20世纪90年代是该世纪最热的10年（图4.50）。
- 北极的冬季温度自20世纪50年代以来已经上升了大约4℃。整个北极的冰盖正在消失之中。1978—2000年，北极海冰在冬季的覆盖率减小了6%，而北极冰的平均厚度减小了42%——从3.1米减小到1.8米。同样的，南极半岛西部的海冰自20世纪70年代以来已经消失了20%以上。
- 在每个大陆上，冰川都在变薄和后退。例

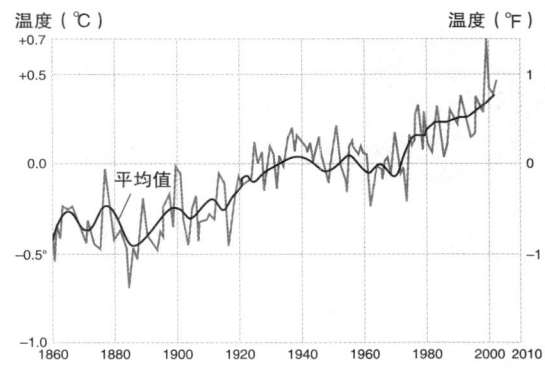

图4.50　1860—2002年全球平均温度的变化。（NOAA）

如，非洲乞力马扎罗和肯尼亚山顶的冰川在20世纪缩小了70%以上，而瑞士阿尔卑斯山上的冰川自20世纪50年以来估计已经失去其体积的一半。这种冰川变薄和后退的局面也出现在美国阿拉斯加州、秘鲁、俄罗斯、印度、中国、印度尼西亚的伊里安查亚省、新西兰等其他地区。有些地方（例如美国蒙大拿州的冰川国家公园和喜马拉雅山东部），冰川在20世纪全都融化和消失。虽然几千年来冰川时长时消，但许多科学家都相信冰川融化速率在过去数十年间已经加快，而且现已超过最近几个世纪中的任何一个世纪。

无论全球变暖归于什么原因，地球持续变暖，大多数气候学家对其总后果的看法和意见是一致的（图4.51）。海洋温度的增加将会引起海水轻微膨胀（热膨胀），而且极地冰盖至少发生些许的融化。更严重的后果可能是格陵兰岛冰盖的消融和迅速后退，或者全世界冰川的总体消融。虽然融化的海冰对海平面没有影响，但来自大陆的融化水会增加海洋的体积。海平面上升在所难免，或许每百年达1米，并伴随毁灭性的影响——特别是在热带和温带居民极端稠密的许多沿海地带。如图4.52所示，

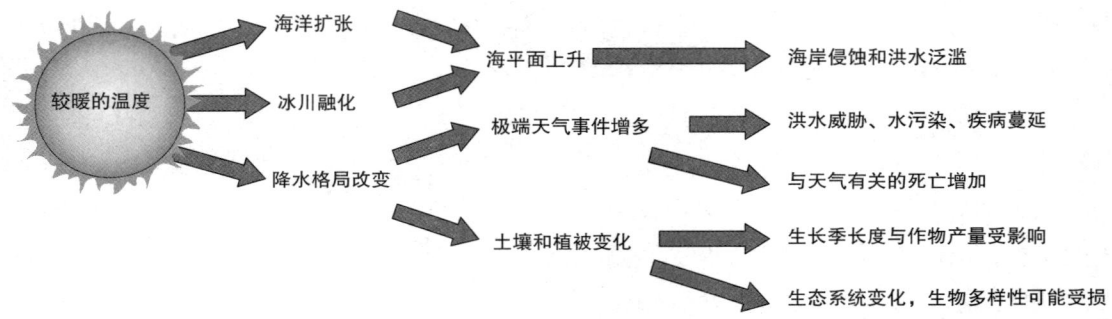

图4.51 全球变暖的潜在影响。全球变暖的特点是引起极端天气事件和与天气相关的灾害——暴雨、洪水、飓风、热浪、旱灾和野火等——的频率和严重性增加。短期极端天气的次生影响将会涉及动植物，水污染的加重，传染病的传播，较暖、较湿的天气状况扩大了携带病菌的昆虫的活动范围。

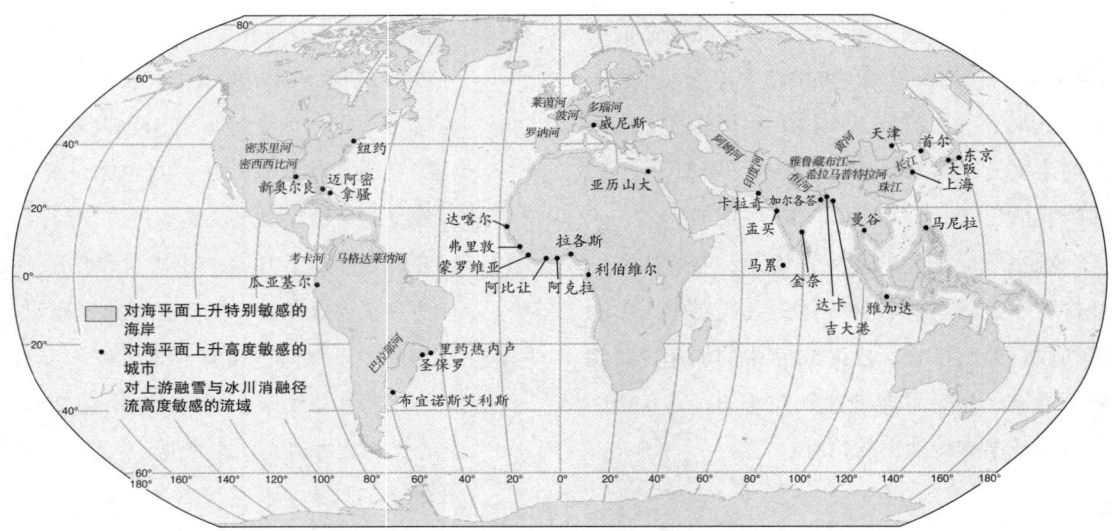

图4.52 全球加速变暖可使海平面和降水模式发生重大变化。世界上大约1/6的人居住在海平面附近，或仅在海平面几米以上。还有数亿人居住在地处山地下游的城市中，加速融化的冰川和积雪会在山地下酿成严重的洪水灾害，特别是在流域中的森林已被大规模砍伐的情况下。即使海平面上升1米也足以淹没马尔代夫群岛和其他的低地岛国。5000万—1亿人的家园将被淹没，埃及尼罗河三角洲上有1/5的农田将被淹没。对居住在成千上万个叫作"沙洲"（chars）的冲积小岛上的孟加拉人来说，其影响也将是灾难性的。

资料来源：Redrawn from "The Melting of the World's Ice," from WorldWatch, Nov./Dec. 2000, pp. 5-7. Reprinted by permission of Worldwatch Institute, www.worldwatch.org.

最脆弱的区域是非洲、南亚和东南亚的西岸地带，以及太平洋和印度洋中低洼的珊瑚环礁。

其他问题可能来自降水模式的变化。湖泊和海洋的变暖会加速蒸发作用，使大气层中的对流作用更加活跃。重要的问题是降水的变化将是区域性的。与现今的状况相比，有些区域接受的降水较多，而另一些区域接受的降水较少。极地和赤道地区可能获得较多的降雨，而中纬度地带的大陆内部会变得比较干旱，至少会遭受周期性的旱灾。较北地区的农业区，例如加拿大、斯堪的那维亚半岛和俄罗斯的一部分可能得益于温度的普遍上升，较长的生长季节会使这些地区的生产力提高。温度和降水的变化会影响土壤和植被。森林的组成将发生变化，因为有些区域将变得不利于某些植物种属，但却有利于另一些植物种属。

需要提出几个注意点。有些分析家指出，在以陆地为基地的观测站所记录到的温度升高是不可避免的，但会产生误导。因为有许多气象站原先位于农业区域，由于城市扩展，现在已变成城市"热岛"的一部分。他们断言，这种观测结果歪曲了正规记录的长期温度趋势，是温度稳定上升的虚假表现。

此外，许多接受全球气候正在变暖观点的人指出，气候预测并不是一门精确的学科。他们不同意部分学者所提出的变化情景。温度差异是驱动全球风的环流和洋流的动力，有助于形成、诱发或者抑制冬夏降水和每日天气状况的条件。还不确定的是，这些重要的气候细节在本地和区域上如何体现。

有些评论家认为，气候模式对于云还没有足够的解释，并且他们争辩说，随着温室气体浓度的增加，全球温度可能保持稳定甚至下降。他们说，大气层变得较热将会增大蒸发作用，产生较多的水蒸气，凝结成云。增大了的云盖能反射很多阳光，以致减慢地球被加热的速度。还有些人认为，蒸发量的增大会产生更多的降雨。雨水降落，将使陆地冷却，随之使陆地上的空气冷却。

有些科学家走得更远，提出了相反的论点，认为全球变暖能导致另外一个冰期的开始。理由是和温效应室有关的温度上升将使较高纬度带变暖，足以使一些目前罕有降雪的地区——例如格陵兰岛北部——下大雪。高纬度地区降水的增加将使极地海洋的淡水流入量显著增加并使冰块融化。流入的淡水会稀释海洋的含盐度。主要的洋流，例如给欧洲带去比较温暖气候的墨西哥湾暖流将减慢，它对北方地区的升温效应也会减缓。极地温度的骤然下降也会使世界气候模式发生重大变化。持这种观点的人声称，最近的证据表明，极地地区在前一个冰期开始之际确实曾稍微变暖，正像这些地区如今正在变暖一样。

章节摘要

在这一章，我们考察了有助于了解天气和气候的各种概念和术语。我们已认定太阳能是温度、湿度和气压等主要气象要素的巨大发动机。这些要素的空间变化是由两个因素引起的：一是地球广泛的物理特征，例如太阳辐射在赤道大于两极；二是地方性的物理特征，例如水体或者山地对当地天气状况的影响。

气候区有助于简化由诸如亚洲季风或南美西海岸寒流等特殊状况所产生的复杂性。只要用几句描述性的句子，就能确定存在于一个地方的年度天气状况的本质。例如，当人们说西雅图是处于大洋西岸气候区的时候，日平均状况图像所传达的就不仅是天气的实况，而且也传达了出现这种状况的原因。此外，气候知识还告诉我们，每人是在何种状况下完成其日常工作的。

天气和气候属于帮助我们更清楚地了解人类对地球作用的基本因素。虽然后续各章主要聚焦于人类文化景观的特征，但我们应当牢记自然景观显著地影响着人类的行为。

问题与讨论

1. 天气与气候有什么不同?
2. 哪些因素决定了一个特定地点所接受的日射量? 所有可能被接受的太阳能实际上能到达地球吗? 如果不能,是什么原因?
3. 大气层是如何被加热的? 什么是温度直减率? 它怎样反映大气层的热量来源? 请叙述逆温现象。
4. 气压和地表温度之间是什么样的关系? 何谓气压梯度,它和天气预报有何关系?
5. 陆地和海洋区域以何种方式对同样的日射做出不同的反应? 这些反应同大气层温度和气压有何关联?
6. 画出全球风和气压系统的示意图,并标出各组成部分的名称。说明每一个风带和气压带的形成与特性。为什么这些带是按纬度带排列的?
7. 何谓相对湿度? 它如何受气温变化的影响? 什么是露点?
8. 大规模降水有哪三种类型? 每一种类型是怎样发生的?
9. 什么是气团? 什么是锋? 描述一个气旋性风暴的发展,说明它同气团和锋有何关系?
10. 哪些因素是形成今天天气的主要原因?
11. 叙述影响土壤形成的五个因素。各土层之间有何不同? 我们如何区别不同的土壤类型? 你所在区域的土壤属于哪个土纲?
12. 叙述称为"演替"的植被演化过程。先锋植物群落与顶极群落之间的差别是什么?
13. 总结每种气候类型下温度、湿度、植被和土壤的特征。
14. 东京、伦敦、圣保罗、圣彼得堡和曼谷分别属于什么样的气候?
15. 温室效应是由什么因素引起的? 对环境会产生哪些影响?

延伸阅读

Aguado, Edward, and James E. Burt. *Understanding Weather and Climate.* 4th ed. Upper Saddle River, N.J.: Prentice Hall, 2007.

Bair, Frank E. *Climates of States.* 5th ed. Detroit: Thomson Gale, 2005.

Barry, R. G., and R. J. Chorley. *Atmosphere, Weather, and Climate.* 8th ed. New York: Routledge, 2003.

Carroll, Chris. "Hurricane Warning." *National Geographic,* August 2005, pp. 72–85.

Danielson, E., J. Levin, and Elliot Abrams. *Meteorology.* 2d ed. Boston: McGraw-Hill, 2002.

Gardiner, Duane T., and Raymond Miller. *Soils in Our Environment.* 10th ed. Upper Saddle River, N.J.: Prentice Hall, 2003.

Geiger, Rudolf, Robert Aron, and Paul Todhunter. *The Climate Near the Ground.* 6th ed. Lanham, Md.: Rowman and Littlefield, 2003.

Glantz, Michael H. *Currents of Change: Impacts of El Niño and La Niña on Climate and Society.* 2d ed. Cambridge, England: Cambridge University Press, 2001.

"Global Warming." *National Geographic,* September 2004, pp. 2–75.

Gordon, Adrian, et al. *Dynamic Meteorology: A Basic Course.* 2d ed. London: Edward Arnold, 1997.

Kolbert, Elizabeth. "The Climate of Man." 3-part series, *New Yorker,* April 25, May 2, May 9, 2005.

McGregor, Glenn R., and Simon Nieuwolt. *Tropical*

Climatology: An Introduction to the Climates of the Low Latitudes. 2d ed. New York: Wiley, 1998.

Pielke, Roger A. *Hurricanes: Their Nature and Impact on Society.* New York: Wiley, 1998.

Schneider, Stephen H., ed. *Encyclopedia of Climate and Weather.* Oxford, England: Oxford University Press, 1996.

Strahler, Alan H., and Arthur N. Strahler. *Physical Geography: Science and Systems of the Human Environment.* New York: Wiley, 2002.

Tarbuck, Edward J., and Frederick Lutgens. *Earth Science.* 11th ed. Upper Saddle River, N.J.: Prentice Hall, 2005.

Thompson, Russell D., and Allen Perry, eds. *Applied Climatology.* New York: Routledge, 1997.

U.S. Global Change Research Program, National Assessment Synthesis Team. *Climate Change Impacts on the United States: The Potential Consequences of Climate Variability and Change.* New York: Cambridge University Press, 2000.

The Weather Channel (television) provides information on and explanations of current weather conditions throughout the world.

Weatherwise. Issued six times a year by Weatherwise, Inc., 230 Nassau St., Princeton, N.J., 08540.

Wells, Neil. *The Atmosphere and Ocean: A Physical Introduction.* 2d ed. New York: Wiley, 1997.

万维网上和地理学有关的网站极其丰富。与本章主题有关的网站请见与本书有关的在线学习中心的"Web Links"部分。网址：www.mhhe.com/getis11e。

自然资源地理

第 5 章

"世界上最富裕的国家",《国家地理》(National Geographic) 1976 年的一篇文章如此描述瑙鲁。瑙鲁是太平洋中的一个岛国,位于夏威夷与澳大利亚中间的位置上。瑙鲁现今是一片荒原,它的荒芜不毛和不适宜居住的景观完全可以创作一部科幻小说。1976 年至今,瑙鲁一种有价值的自然资源——蕴藏了数百万年的高品质磷酸盐——几乎被采掘殆尽,以致岛屿的大部分不再适合人类居住。

紧邻赤道南部的小国瑙鲁面积只有 21 平方千米。一条狭窄的海岸带环绕着一座海拔 65 米的中央高原。高原覆盖了 80% 的陆地面积,却蕴藏着宝贵的磷酸盐矿。只有一条铺筑的道路,圆环般地围绕着这个小岛。

数千年来,虽然旱灾频发,但瑙鲁人还是生活在岛屿范围以内。大约 1000 人的人口依赖于从海洋和热带植物中获得的食物。1888 年瑙鲁变成德国的殖民地,这个小岛从此遭到掠夺。在第一次世界大战结束时,国际联盟赋予英国、澳大利亚和新西兰对该岛的管理权,建立了英国磷酸盐委员会(British Phosphate Commission),经营磷酸盐工业。大部分磷酸盐被船运到澳大利亚制作肥料。在 1968 年获得独立时,瑙鲁人选择继续开采磷酸盐,这为该国每年带来数千万美元的收入,使瑙鲁成为世界上人均收入最高的国家。

然而,如今大部分磷酸盐矿已被开采,预计矿产将在几年内被采光。除了某些热带水果之外,这里没有其他资源。1.3 万名居民所需的每一样东西:食品,燃料,制成品,机器,建筑材料等几乎都要进口。当海水淡化厂发生故障时,甚至要进口淡水。投资欠缺和对一笔 10 亿美元的信托基金管理不善使国家债务缠身。露天开采的采矿方式对环境的破坏达到极致。为了便于采矿而砍伐了茂密的森林,数千年来,这些森林曾经是当地鸟类和外来候鸟的庇护所。现在,高原变成了一片嶙峋的荒地,其上耸立着高峻的礁石塔。它们全都是位于其间的磷酸盐矿被开采后遗留下来的(图 5.1)。

瑙鲁的实例说明了一个可持续社会与一个

◀ 耕地缺乏导致人们在卢旺达维龙加(Virunga)山脉的山坡地开辟梯田种植粮食。(© George Steinmetz)

图 5.1 环境的破坏、深度开采磷酸盐矿使瑙鲁的大部分地方成为了一片荒地。那些高峻的珊瑚尖石同一度生长在它们上面的热带森林形成明显的对照。(©Don Brice Photography)

掠夺积累了数百万年资源的社会之间的差别。人口数量和经济发展扩大了人类消耗地球财富的规模和强度。土地资源、矿产资源和大部分形式的能源是有限的，但是人口的无限增长和经济发展扩大了资源需求。对资源存储量和利用之间不平衡的担心，已有一个多世纪，至少从马尔萨斯和达尔文时代就已经存在。但是直到20世纪70年代，资源消耗速率与相伴而生的环境退化才变成争论的重大问题。

资源的分布在种类、数量和质量上是不均衡的，而且人口的分布和需求也是不均衡的。在这一章，我们将考察社会所依赖的自然资源，它们生产与消费的格局，以及表现在需求不断增长和储量不断减少方面出现的资源管理问题。

我们首先从一些通常使用的术语的定义开始讨论。

5.1 资源术语

资源（resource）是天然形成的，可开发的，社会上认为在经济上可利用和作为物质福利的物质。愿意工作的、健康的和有技能的工人构成了有价值的资源，但是如果没有机会取得某些物质——例如肥沃的土壤或石油，人力资源的有效性也是有限的。在这一章，我们集中注意力于自然形成的资源，或者通常所称的**自然资源**（natural resource）。

自然资源的有效性是两种事物的函数：资源本身的自然特征和人类的经济与技术条件。控制着自然资源的形成、分布和产状的自然过程取决于人类不能直接控制的自然法则。我们所取得的是自然给予我们的。但是，要将某种物质用作资源，就必须先意识到它是一种资源。这是一种文化上的，而不是纯粹的自然状况。美洲原住民可能将宾夕法尼亚州的资源基础视为由作为庇护所和燃料的森林，以及赖以糊口的狩猎动物的生境（另一种资源）所组成。欧洲移民将森林视为不需要的覆盖物，因为他们认为对农业有价值的土壤才是资源。再后来，工业家将较早时期的居住者所忽略或未认识到是资源的、地下的煤矿评价

图 5.2 覆盖在弗吉尼亚州丘陵上的原始硬木森林被早期移民砍伐，他们认为森林下面的土壤有较大的资源价值。为了开采下部更有价值的煤矿，又转而剥去了土壤。有些资源是因一种文化对其的认知才成为资源，虽然开采会将其消耗，并损毁一个地区交替使用的潜力。(© Corbis /Royalty Free)

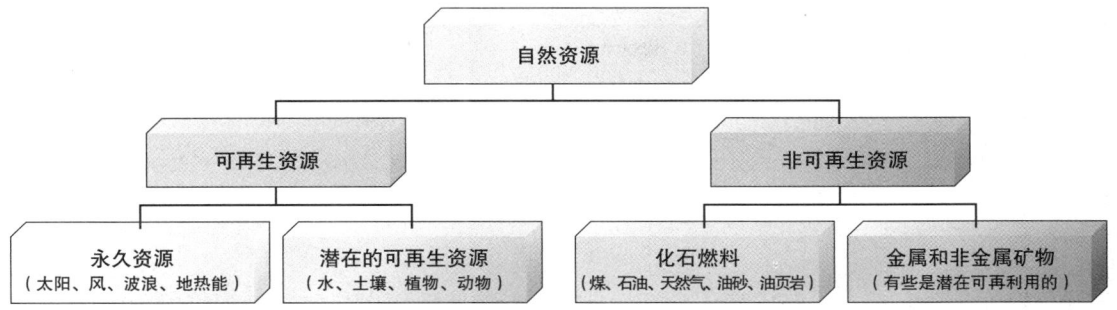

图5.3 自然资源分类。如果使用率超过再生率，可再生资源可被耗尽。

为有开发价值的对象（图5.2）。

自然资源通常被归入可再生资源和非可再生资源这两大类中的一类。

可再生资源

可再生资源（renewable resource）是由自然过程所更新或补偿的物质，能被重复利用，取之不尽。然而，可再生资源可以分为两类：永恒的资源和只有谨慎管理才能再生的资源（图5.3）。**永久资源**（perpetual resource）来自于几乎耗之不尽的来源，例如太阳，风，波浪，潮汐和地热。

潜在的可再生资源（potentially renewable resource）可以自然再生，但是如果被人类不谨慎利用就可能遭破坏。这类资源包括地下水、土壤、植物和动物。如果开发速率超过再生速率，这类可再生资源就会被耗尽。干旱区的地下水抽取超过补给，如果没有可再生的水源就可能被彻底耗尽。土壤可能完全被侵蚀掉，而某种动物可能完全消失。森林是一种可再生资源，只要人们的种植量至少同砍伐量一样多。

非可再生资源

非可再生资源（nonrenewable resource）存在的数量有限，或者在自然界中生成极其缓慢，以致实际上只能有限被开采。此类资源包括化石燃料（煤、原油、天然气、油页岩和油砂）、核燃料（铀和钍）和多种非燃料的金属与非金属矿物。虽然组成资源的元素不可能被破坏，但它们能变化成不太有用或者较难利用的形式，然后就被消耗尽。蕴藏在单位体积中的化石燃料可能经过极长的时间才聚集为可用的形式，而一瞬间就转变成热量，完全被耗尽。

幸运的是，有许多矿物可被再利用，即便它们不能被代替。如果它们在化学上没有被破坏——就是说，如果它们维持着原始的化学成分——就有再利用的可能。铝、铅、锌和其他金属资源，加上许多非金属——例如金刚石和石油的副产品，能被反复使用。但是，这类物质中的许多种在任何特定对象中被使用的数量都很小，以致考虑到经济因素还无法回收它们。此外，许多物质已被用到制成品中，无法被回收，除非将产品破坏。因此，"可重复利用资源"这个术语必须小心使用。现今，对所有矿物资源的开采都比回收快得多。

资源储量

有些地区蕴藏很多资源，而其他地区相对

第5章 自然资源地理 153

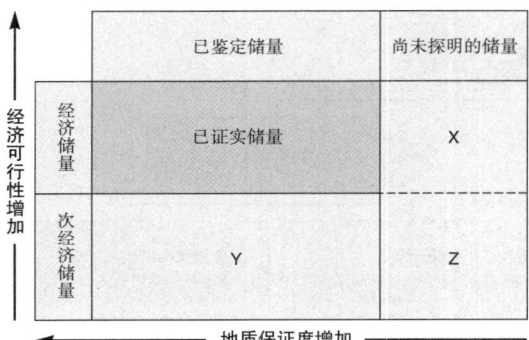

图5.4 可变的储量定义。已证实或可用的储量，由已被鉴定的以及在现有价格和技术下可开采的数量构成。X表示经济上有吸引力，但尚未被发现的数量。Y表示已鉴定，但经济上尚无吸引力的数量。Z表示尚未发现，即便现在被发现也无吸引力的数量。

资料来源：General classification of resources by the U.S. Geological Survey.

图5.4举例说明一种估算储量的有用方法。设想大长方形包含着一种资源的总储量，即存在于地球内或地球表面的全部资源。该资源的某些矿床已被发现，在方框中表示为"已鉴定储量"；尚未探明的矿床，称为"尚未探明的储量"；应用现今技术在经济上可采的矿产标记为"经济储量"；而"次经济储量"是由于种种理由（品位不够高，开采后处理费用高，开采不到等）而没有吸引力的已鉴定储量。

图中只有深色表示的部分可以恰当地被称为**已证实储量**（proved reserve），或者**可用储量**（usable reserve），即从已知矿床中能够被有利可图地开采的资源数量。这些都是已被鉴定以及在现有经济和运作条件下可开采的数量。如果资源中有新的矿产被发现，储量的等级将向右方移动；随着技术改进或者产品价格上升，储量边界可下移。例如，如果发现了经济的开采方法，那么在1950年没有被考虑为储量的矿产在2010年可以变成储量。

5.2 能源资源与工业化

虽然人们依赖蕴藏在生物圈里各种各样的资源，但能源却是"主导资源"。我们利用能源使所有其他资源为人类所用（见"什么是能量？"专栏）。没有能源，所有其他资源将存留在原地，不可能被开采、加工和分配。当水变得稀缺时，我们利用能源从较大深度处抽取地下水或者从江河引水和建造渡槽。同样的，在面对贫瘠土壤管理的情况下，我们投入化肥、农药和农具等能源来增加产量。通过能源的使用，把原材料转化为商品以及服务的绩效都远远超过任何个人所能做到的水平。而且，应用能源可克服人类开发的物质世界的不足。高质

较少。然而，没有哪个工业化国家拥有支持它所需的所有资源。美国有丰富的矿藏，但是有些矿产——例如锡和锰——要依赖其他国家。对实际上稀缺或可能稀缺的关键性非可再生资源，最好进行未来可用性的预测。例如，我们需要知道，地球上还剩下多少石油，我们能继续使用多久。

任何回答只能是一种估计。而且由于各种理由，这种估计是难以做出的。开采揭示了某种矿产的存在，但是我们没有可靠的方法知道，还有多少未被发现。再者，我们对构成一种有用资源的组成的定义，依赖于当今的经济和技术条件。如果这些条件变化了——例如，提取和加工矿产有可能变得更有效——我们对储量的估计也将变化。最终，答案部分地依赖于资源被利用的速率。但是，想要比较确切地预测被利用的速率是不可能的。如果发现了成问题的资源有代用品，现有的利用速率可能下降；如果人口增长或者工业化对资源的需求增大，利用速率就有可能上升。

什么是能量？

人们借助非生物能源建立了发达社会。**能量**（energy）——做功的能力——不是**势能**（potential energy）就是**动能**（kinetic energy）。势能是被储藏的能量，当被释放出来时，处于一种能被利用做功的形式；动能是运动能，所有运动中的物体都具有动能。

设想一座水库蓄满了大量的水，水就是势能的储藏库。当水库大坝蓄水的闸门打开时，水汹涌流出，势能就变成了动能。它能被利用做功，例如驱动发电机。能量没有消失，只是从一种形式转变为另一种形式。

遗憾的是，能量的转变并不是完全的。并非水的全部势能都能转变成电能。有些势能常常转变成热量然后消失到周围环境中。能源效率就是我们如何能很好地将能量从一种形式转变成另一种形式而没有浪费——即生产出来的能量与生产过程中所消耗的能量之比。

量的铁矿可能被耗尽，但是通过广泛应用能源，可以将岩石中含量极低的铁提炼、富集以供工业利用。

能源可以用多种方法提取。人类本身就是能量的转换者，从蕴藏在食物中的能量获取燃料。我们的食物来源于植物通过光合作用而储存的太阳能。实际上，几乎所有能源都是当初太阳产生的能量的储存库。其中有木材、水、风和化石燃料等。人类已经不同程度地利用了其中的每一种。农业社会之前，人们主要将储藏在野生植物和动物中的能量作为食物，不过也开发了某些工具（如矛）和养成了开拓能源基地的习惯。例如，人们通过火来取暖、做饭和清理林地从而增加自己的能源。

定居性的农业社会发展了技术以利用越来越多的能源。动植物的**驯化**（domestication），利用**风力**（wind power）推动船只和风磨，利用水转动水轮，这些都扩大了能源的基础。在人类的大部分历史中，木材是主要的燃料来源。甚至在今天，世界上至少还有一半的人将木材作为燃料烹饪和取暖。

然而，正是在从可再生资源到非可再生矿物的过渡期中，主要的化石燃料激发了工业革命，使得第6章所讨论的人口增长成为可能，并且给予一些地区远超过其未使用非生物能源时所能达到的人口承载力。在工业化国家，个人和国家财富的大量增加，在很大程度上是建立在煤、石油和天然气的经济基础上的。这些能源被用于供热、发电和开动机器。

能源的消耗与工业化生产和个人财富的增加密切相关。一般来说，能源消费水平越高，人均国民总收入就越高。能源消耗与经济发展的这种相互关系表明了各社会之间的基本差异。能承受大量能源消耗的国家，就可以继续扩张他们的经济和提升人民的生活水平。那些无法获得能源、或者承受不起能源消费的国家，他们的经济发展远景与那些发达国家的差距日益加大。

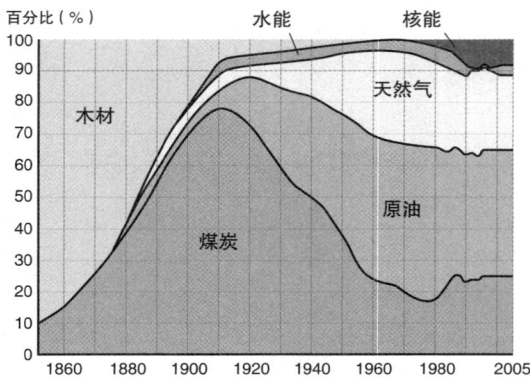

图5.5 1850—2004年美国的能源。2004年化石燃料提供大约90%的能源。

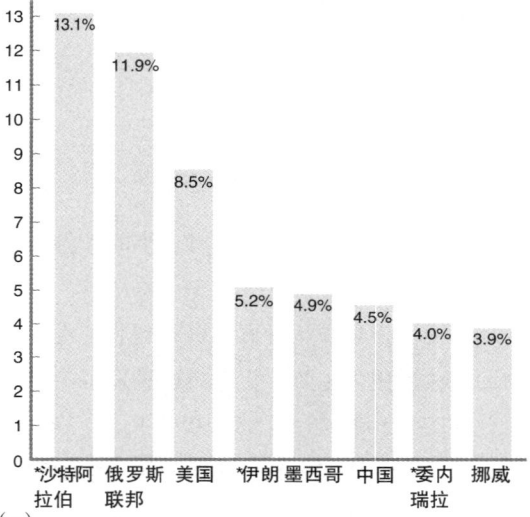

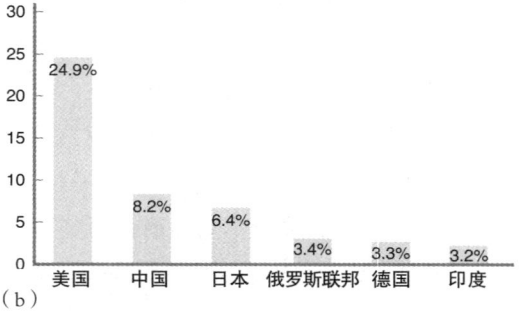

图5.6 （a）石油主要生产国。2004年这8个国家生产了世界石油的56%。石油输出国组织成员国以星号标注，共占2004年石油生产量的41%。（b）石油主要消费国。这里只表示了6个国家。每国在2004年消费了世界石油的3%或更多。
资料来源：Data from The BP Statistical Review of World Energy, June 2005.

5.3 非再生能源

原油（crude oil）、天然气和煤构成了工业化的基础。图5.5表明了美国过去的能源消费格局。大约1885年之前，燃烧木材提供了大部分的能源需求。从1885年起，煤炭上升到主要地位。由燃煤满足的能源需求所占比例大约在1910年达到顶峰。之后，石油和天然气逐渐取代了煤炭。如图所示，化石燃料作为能源在最近100年占据绝对优势，2005年占美国全国能源消费的90%左右。

原　油

今天，原油及其副产品几乎占全世界所有商业能源消费的40%（木材和其他传统燃料未计在内）。世界上有些地区和工业化国家对原油的依赖远高于此数。图5.6表明了原油（也称石油）的主要生产国和消费国。

原油被从地下开采出来以后，必须精炼。碳氢化合物被分离出来，蒸馏出蜡和焦油（制取润滑油、沥青和许多其他产品），以及各种燃料。石油由于可燃烧并且是一种浓缩的能源适合于驱动车辆，因而跃升至重要地位。虽然以石油为基础的产品有数千种，但家用燃料油、柴油、喷气机燃油和汽油等燃油是精炼厂的主要产品。在美国，运输用燃油占所有石油消费的2/3。

如图5.7所示，原油主要靠水路从许多生产中心运往工业先进国家。请注意，美国从许多地区进口原油。其他的主要进口商——西欧和日本主要是从中东进口原油。

输油管、超级油轮以及其他运输方式的高效率和低廉的原油价格，助长了世界对燃油的依赖，尽管煤炭仍是普遍使用和廉价易得的。

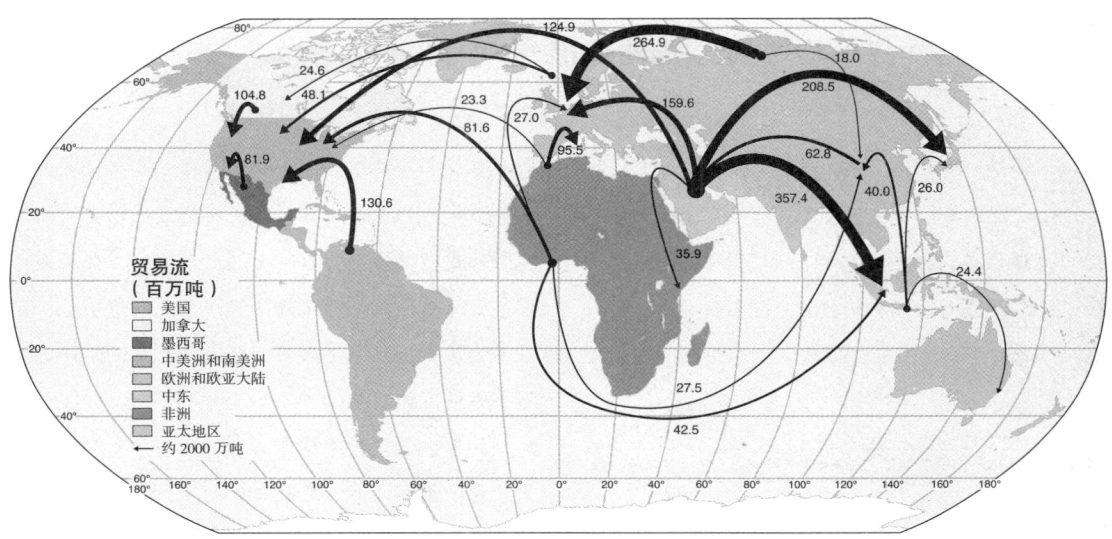

图 5.7 2004年国际原油的海路运输方向。注意中东在石油出口方面的主导地位。箭头指示来源地和目的地，不是具体路线。线条的宽度与运输量成正比。2004年，美国进口了国内使用原油的3/5。
资料来源：*Data from* The BP Statistical Review of World Energy, *June 2005.*

美国对于外国石油的依赖很贴切地说明了这种格局。许多年来，美国的原油生产始终处于同样的水平——每天800万—900万桶。但是在1970—1977年间，由于国内供应的原油比开采出来的贵得多，因此对外国来源的原油消费急剧增加，全国消费的原油几乎一半是进口的。美国和其他工业先进国家的经济对于进口原油的依赖，使得原油输出国拥有强大的力量，这反映在20世纪70年代原油价格的暴涨上。在这10年中，油价剧烈上升大部分是由于石油输出国组织（Organization of Petroleum Exporting Countries, OPEC）强大的市场地位。

1973—1974年和1979—1980年石油危机的副作用有世界性经济衰退、石油进口国巨大的纯贸易逆差、世界资本流向的转向，以及美元相对于许多其他货币的贬值。在积极方面，20世纪70年代的油价暴涨激发了非石油输出国的石油开采、石油钻探技术的改进和对替代能源的搜寻。也许，最重要的是在许多年中，

部分由于衰退，部分由于价格高涨促成对资源的保护，这些副作用减少了能源的总需求量。工业化国家学会利用少得多的石油取得单位产量。一般来说，汽车、飞机和其他机器的能源效率已经比20世纪70年代高得多，工业和建筑业在近年来也是如此。

然而，自1985年以来，无论是石油的全球生产或是消费都已稳步地增长。而美国，其国内生产的石油在1982—1986年间满足了每年需求的69%，之后美国对进口石油的依赖不断增大，至2005年，对外国石油资源的依赖已经占到年消费量的60%（见"燃油经济性与平均燃油经济性标准"专栏）。

估算石油储量的大小尤其困难。储量的估算由于石油的开采和新储量的圈定而不断被修改。但是，许多政府主张对储量的大小保密，少报国家的官方储量。尽管如此，明显的是，石油是一种有限的资源，石油的储量在世界各国的分布很不均匀（图5.8）。截至2005年，已

燃油经济性[①] 与平均燃油经济性标准

美国是一个石油"瘾君子",依赖于每天注射一定剂量的石油。美国人平均每天消费大约2000万桶石油,相当于每人每天将近3升,或每人每年大约3800升。这种依赖性意味着什么?

请考虑下列表中的数据。

国家	2004年已证实储量 (百万桶)	2004年年产量 (百万桶)	2004年年消费量 (百万桶)
美国	29.4	2.6	7.5
加拿大	16.8	1.1	0.8
墨西哥	14.8	1.4	0.7

请注意美国年产量和消费量之间的不平衡。与同一半球的邻居加拿大和墨西哥相比,美国的石油消费量远超过其产量。以目前的消费率,并假定没有进口,已证实储量仅能满足国内4年的需求。美国人能够继续开车,工厂里能够继续生产各种基于石油的产品,是由于国家每天进口近1300万吨石油。就是说,美国依赖外国资源满足其60%以上的原油需求。

美国大约有44%的石油用作私家车、越野车和轻型卡车的燃油。20世纪70年代中期石油价格增至3倍时,国会设立了燃料效率的新标准,美国人开始购置较小的汽车,降低了人均石油消费量。1973—1987年,美国新汽车的平均燃料效率从每加仑21.1千米增加到35.6千米。仅此一项每年就削减汽油消费7500万升,每天减少进口石油130万桶。

然而,到了20世纪90年代,随着汽油价格下降,美国人又恢复了过去的做法,购买燃油效率低的大型汽车,例如运动型多用途车(越野车)、箱式旅行车和两排座椅的家用小货车等。这些车型在美国大受欢迎,目前占全国客车的半壁江山以上。大型越野车是汽油饕餮,这种车的流行压低了在美国行驶的汽车的平均油耗(燃油经济性)的等级。尽管在节油技术上有所进展,但是目前新车的平均燃油经济性还不如1988年。

汽车的燃油效率差别很大,效率最高的汽车每升汽油行驶20千米,而效率最低者平均不到1千米。高油耗的大型越野车不仅加剧了美国对外国石油资源的依赖,而且还带来负面的环境影响。全国汽车的平均燃油效率只要提高1.3千米/升,美国每天就可从进口的约1000万桶石油中节省100万桶。全国二氧化碳排放量中汽车占大约20%。一辆每升11.1千米的汽车,其排放量仅为平均每升5.5千米汽车的一半。每燃烧1升汽油,就向大气层排放1.6千克二氧化碳,进而起到增加温室效应和全球变暖的作用。汽车排放的氮氧化物和碳氢化合物还分别造成酸雨和臭氧烟雾(第12章讨论的话题)。

针对这些环境问题,同时减少美国对进口石油依赖的方法之一应该是提高**能量效率**(energy efficiency)。目前联邦平均燃油经济性(Corporate Average Fuel Economy,CAFE)标准要求每个汽车制造商的新客车要达到平均每升11.7千米,轻型卡车(家用客货两用车、越野车和箱式旅行车)达到每升9千米的标准。对轻型卡车较宽的燃油经济性标准原本是想避免处罚建筑工人、农民和其他依靠客货两用车工作的人,但却为汽车制造商利用符合轻型卡车定义的汽车(越野车和箱式旅行车)替代小旅行车和箱式轿车开了绿灯。

提高平均燃油经济性标准的支持者注意到,已经有既显著提升汽车效率又不牺牲安全性的种种技术。他们指出,日本标准执行每升12.9千米;欧洲

[①] Fuel Economy,原意为燃料经济学或耗热率。——译注

法规甚至更高，达每升14千米。他们力主提高能量效率是减少燃料消费和让世界更洁净、更健康的最快、最便宜的途径。此外，他们还断言越野车对其他驾车人构成威胁，因为越野车限制了能见度，并且碰撞时会造成更大伤害。

但是，汽车工业的官员指出，他们提供了各式各样的汽车，燃油效率有高有低，人们可以自由选择其喜爱的车型。他们说，大多数美国人更关心汽车的安全、舒适和性能而不是耗油量。有些买主赞扬越野车的安全性。一位越野车主说："这是一种十分安全的车辆，之所以买它，是因为它是一个宁折不弯的钢铁坦克手。无论你撞上什么东西上都会毫无感觉。"其他人则重视箱式旅行车或越野车提供的空间，他们说："如果要拖拽一艘小船或者全家出游，你别无选择，你需要大容量。"

车辆被认为主要供商业使用。但是，现在这种车辆主要用作客车。你认为这些车辆是否应该免受燃油标准的管理？为什么？

思考题

1. 你是否同意下列说法？为什么？

    "美国自由市场制度无法满足美国的能源需求。不能相信汽车工业会自律。除非政府强制，否则汽车制造商不会改善汽车的燃油经济性。"

    "政府法规不是正途，可能每升0.8美元的汽油会堵住越野车和箱式旅行车里程数的漏洞。"

    "我们不能强迫人们购买高效率车辆。我们必须权衡环境问题和消费者的欲望，许多消费者喜爱大发动机和大车辆而不是燃油效率。"

2. 你认为国会应该提高平均燃油经济性标准、要求汽车制造商改善行车里程吗？

3. 越野车和箱式旅行车是否应该继续享受比其他客车宽松的法规吗？为什么？

4. 像悍马H2、福特远足和雪佛兰巨无霸这些自重3856—4536千克的大型越野车无须遵守平均燃油经济性标准，因为该标准制定时这种重量的

© *J. Crawford / Image Works*

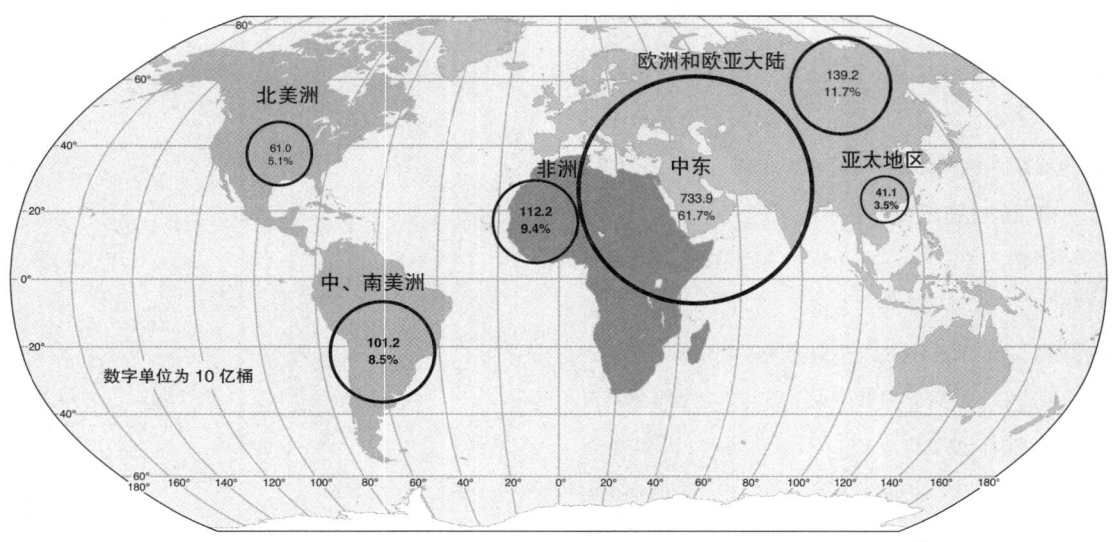

图5.8 各地区已证实石油储量所占的份额，单位：10亿桶，2003年1月1日。石油的供应是有限的，有些国家在可预见的将来可能耗尽它们的储量。美国大约消费了世界石油供应的1/4，但只拥有世界储量的2.5%。中东国家大约蕴藏着已证实储量的3/5（沙特阿拉伯一国就占了世界石油储量的22%）。2005年初，世界已证实的储量估计为11,890亿桶。由于采用石油矿藏圈定和开采的新方法、提取石油储量，以及价格的变化，这个数字趋向于随时间而增大。2005年，全球的石油消费大约是每年290亿桶。

资料来源：*Data from* The BP Statistical Review of World Energy, *June 2005.*

证实的储量确定为略小于1.2万亿桶。另外，认为尚未发现的储量有9000亿桶。即使所有已知的储量能开采出来，且现今的生产速率一直维持着，已证实的石油储量也只够开采大约40年。不过，一些中东国家生产量占储量的比例较低，在他们的油田枯竭以前，能以现今的速率抽取一个多世纪。

关于世界上的石油将被耗尽的预测，已经存在了40多年。悲观主义者仍然相信全球的石油生产将在2010年以前达到顶峰，而乐观主义者认为，本世纪大部分（如果不是全部）时间内我们还将会依赖石油。他们争辩说，开采和生产的技术进步——例如深井注水提高回收率，将会显著增加从地下开采的石油的数量，我们不必担心加油站里没有油。

人们一度认为浅海油田只存在于浅水区，而现今的认识是，巨量的石油蕴藏在墨西哥湾、巴西和西非沿海海平面下数千米处。现在，许多石油公司从墨西哥湾超过1000米深度处抽取石油已经好几年。

从现有的储积区开采更多石油甚至更有希望。当前，一个储积区平均只有30%—35%的石油被开采到地面，大部分石油依然留在原地。石油工业的乐观主义者认为，强化了的开采技术（向油井中注入水、气体或化学物质使更多的石油被开采）能开采出一个储积区里60%—70%的石油。

最后，虽然大多数地质学家同意，已经没有多少大油田有待发现，其中有些新发现的油田还是已经被大量开采，但工业分析家认为，产量的显著增加可能来自俄罗斯和许多原苏联国家（哈萨克斯坦、塔吉克斯坦、乌兹别克斯坦、土库曼斯坦、吉尔吉斯斯坦和阿塞拜疆）。例如，哈萨克斯坦正在开发新的大油田，铺设延伸到

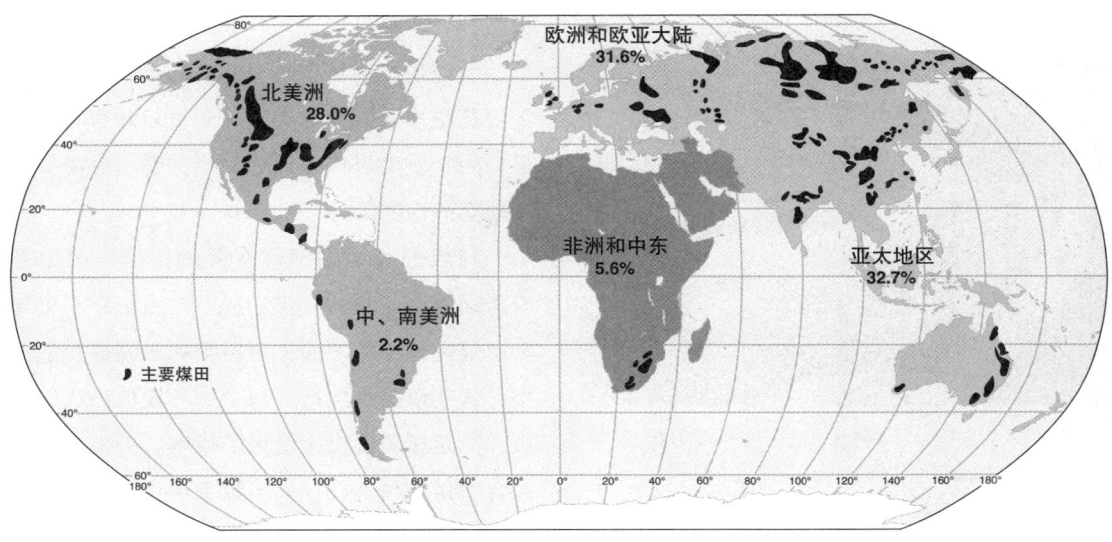

图 5.9 2005年1月各地区已证实的煤储量所占份额。主要含煤盆地集中在北半球。尽管这些含煤盆地面积很大,但是非洲和南美洲的煤却很少。2004年,中国是世界上最大的煤生产国和消费国,其次是美国。在"亚太地区",几乎所有的煤储量都位于中国(12.6%),印度(10.2%)和澳大利亚(8.6%)三个国家。

资料来源:*Reserve data from* The BP Statistical Review of World Energy, *June 2005.*

里海盆地以外的新油管。而俄罗斯已开始在其远东的鄂霍次克海和库页岛附近,开发巨大的浅海油田。

煤 炭

煤是工业革命的燃料基础。1850—1910年,美国由煤供应的能量比例从10%上升到大约80%。虽然煤的消费由于对石油利用的扩大而降低,但是直到1950年(图5.5),煤仍然是美国最重要的国内能源。

煤虽然是非可再生资源,但是它的世界供应量如此巨大,以致煤的预期资源寿命可能要以世纪来量计,不会是通常量计石油和天然气那样短得多的寿命。单美国就拥有2500亿吨以上的煤,这被认为是在现今技术下可开采的潜在经济基础。依现今的生产水平,这些已展现的储量将足够满足另外两个半世纪美国国内对煤的需求。

就全世界而言,蕴藏量最大的煤矿,集中在北半球的中纬度地带,如图5.9所示。中国和美国这两个国家,最近许多年来在煤的生产中处于主导地位,占有世界一半以上的煤产量。自1990年以来,世界上对煤的利用处于比较稳定的状态,但是煤的使用有明显的地区性变化。煤的产量在美国有轻微上升,但在欧洲和原苏联各国,煤产量由于政府停止了对工业的补贴而下降。煤的使用在许多亚洲国家与地区继续增长(印度、印尼、韩国、中国台湾和日本)。中国的煤产量与消费自2000年以来由于经济快速增长而翻了一番。在美国和其他工业化国家,煤主要用于发电和炼制生产钢铁的焦炭。在欠发达国家,煤广泛用于家庭取暖和烹饪,以及用于发电和作为工厂的燃料。

煤并不是一种质量稳定的资源。它从褐煤(由原生的泥炭轻微压实而成),经由沥青质煤(软煤)到无烟煤(硬煤),每一级都反映有机质转变的程度。无烟煤有固定的含碳量,约在

图5.10 长距离运输显著增大了美国西部低硫煤的成本，因为它距离美国东部市场遥远。为使成本最低化，专门的运煤列车需要在西部的煤矿带与东部的公用事业公司之间保持连续的穿梭运输。（© Craig Nelson / Index Stock Imagery）

90%左右，水分很少。相反，褐煤水分含量最高，而碳元素含量最低，因而热量值也最低。在美国，大约有一半已探明的储量是沥青质煤，主要集中在密西西比河以东各州。

煤除了分级以外，还分等，等取决于杂质（尤其是灰分和硫）的含量，这有助于确定煤的质量。优质沥青煤因其所含热量和物理性质适合于生产炼钢工业所需的焦炭。这种煤越来越少，价格越来越高。无烟煤从前是家庭取暖的主要燃料，但其现今的开采费用昂贵得多，且没有稳定的工业市场。东宾夕法尼亚州产无烟煤的斯库尔基尔（Schuylkill）已在第13章作为独特类型的资源区来探讨。

煤矿的价值不仅取决于煤的分级和分等，还取决于它的可达性。后者依赖于煤层的厚度、深度和煤层的连续性，以及煤层相对地面的倾斜度。有许多煤可以通过露天开采技术比较便宜地被开采。由巨大的挖土机在矿坑中剥除地表沙石，采掘暴露出的煤层。但是，也有许多煤只能通过昂贵且比较危险的矿井开采，例如在阿巴拉契亚山脉和欧洲大部分地区。尽管美

国西部煤的热量值普遍较低，但由于其含硫量低，所以现在仍具有吸引力。但是，那里的煤需要花费昂贵的运输费用才能被运到市场，如果要用于发电以供应遥远的消费者，也需要成本很高的输电线路（图5.10）。

与煤的开采和燃烧有关的生态、卫生和安全问题也必须列入煤的成本。由于露天采煤和燃煤而使原始地面支离破碎和河湖遭受酸污染，这些情况虽然部分地受到环境保护法的约束，但是相关的措施增大了成本。美国东部的煤含硫量较高，现今大多数工业化国家，包括美国，需要应用费用高昂的技术从烟道气中去除硫和其他杂质。

煤的运输成本影响着煤的生产和消费格局。煤炭体积庞大，不像非固体的燃料那样容易运输。通常，煤在煤矿附近消费。煤的高运输成本使主要的重工业中心直接在煤田发展，例如匹兹堡、鲁尔、英格兰中部地区，以及顿涅茨克。

天然气

煤是最丰富的化石燃料，而天然气则被称为近乎完美的能源。它效率高、用途广、无须加工又对环境无害。在化石燃料中，天然气的主要成分是甲烷，对环境的影响最小。它燃烧清洁，燃烧后的化学产物是二氧化碳和水蒸气，虽然它们是温室气体，但这两者都不是污染物。

如图5.5所示，20世纪见证了天然气在美国能源供应份额中的可观增长。在1900年以前，天然气约占全国能源供应的3%，到1980年，天然气供应量已上升到30%，但是到2005年又下降到25%。世界其他地区的天然气供应量则呈相反的趋势。全球的天然气生产和消费在1973—1974年石油危机以后显著增加，在

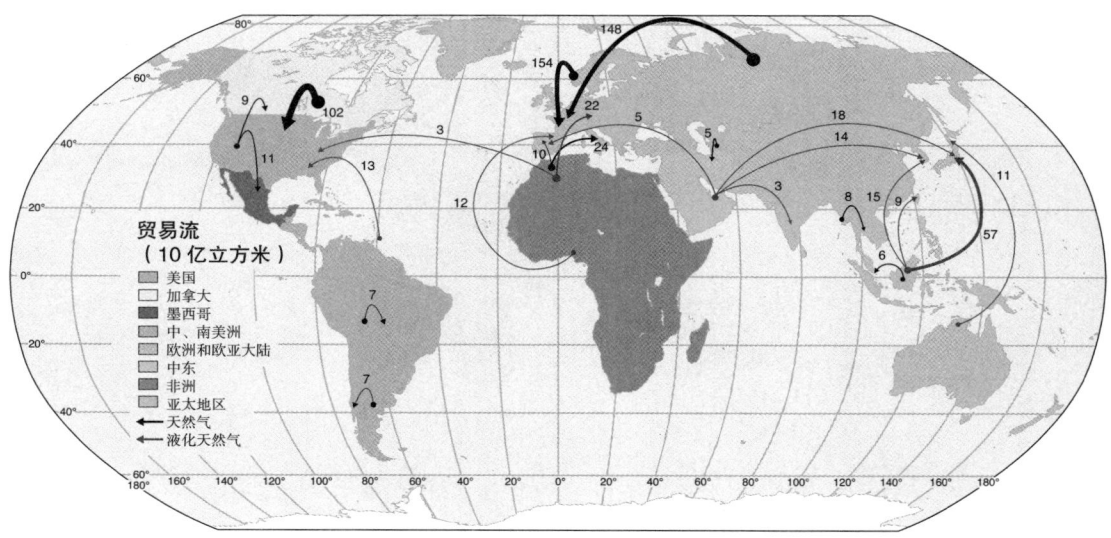

图5.11 天然气的世界贸易路线，2004年。俄罗斯向20多个欧洲国家出口天然气，占世界贸易量的30%。荷兰和挪威的出口量占另外的25%。大部分天然气经由管道输送，但是天然气在发达国家的供应量日渐减少。大储量天然气在遥远地区的发现和伴随着液化天然气贸易成本的降低使得液化天然气更有吸引力。在2004年，只有4个国家——日本、韩国、西班牙和美国进口大量的液化天然气，占世界燃料贸易的80%。但是这种格局在下一个10年将会变动。
资料来源：*Data from* The BP Statistical Review of World Energy, *June 2005.*

2005年增长了将近一倍，大约占全球能源消费的25%。

大部分天然气直接用于工业和居民采暖。实际上，天然气作为室内取暖燃料，其用量已经超过煤和石油。而在美国，现在已经有超过一半的家庭利用天然气取暖。一部分天然气还用于发电厂。有些天然气生产品种多样的化工产品，例如汽车燃油、塑料、合成纤维和杀虫剂。

早在1916年，得克萨斯州和路易斯安那州就已发现非常巨大的天然气田，而后又在堪萨斯-俄克拉何马-新墨西哥州地区发现了大天然气田。在那个时期，美国中南部人口稀少，以致未利用天然气。但无论怎样，当时在寻找的是石油，而不是天然气。许多只产出天然气的井被加盖封存。与石油共生而产出的天然气，被当作石油工业上不需要的副产物而从井口排放或者燃烧掉。这种情况直到20世纪30年代才发生改变，那时铺设了输送管道，将南方的天然气输送至芝加哥、明尼阿波利斯，以及其他北方城市消费。

天然气同石油一样，很容易用管道输送而且价格低。但是与石油不同，在国际贸易中天然气不能自由地由海路输送（图5.11）。穿越海洋的船运涉及到将天然气冷却到-126℃、使其液化的昂贵装备，因为船只需要在适当的温度条件下装载这种液体，而在目的港要有再将其气化的装备，并将气体注入当地的管道系统。**液化天然气**（liquefied natural gas，LNG）危险性极大，因为甲烷和空气的混合物具有爆炸性。虽然美国主要从特立尼达和多巴哥进口一些液化天然气，但大部分天然气用管道输送。在美国，管道系统的长度在160万千米以上。

同其他化石燃料一样，天然气是不可再生的，它的供应量有限。天然气的储量难以估计，因为这取决于顾客愿意为这种燃料花多少钱，而随着天然气价格上升，对储量的估计也增加

第5章 自然资源地理 163

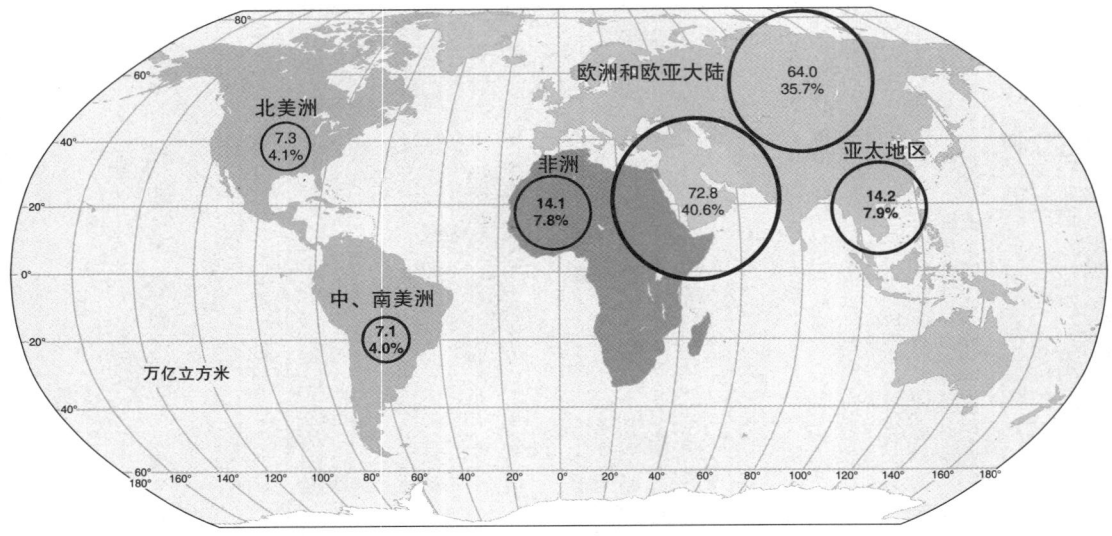

图5.12 已证实的天然气储量，2005年1月。俄罗斯在单个国家中拥有的天然气储量最大，约占世界总储量的27%（为美国储量的9倍以上）。大量的储量也分布于中东国家。
资料来源：*Data from* The BP Statistical Review of World Energy, *June 2005.*

了。使天然气供应量的估计进一步复杂化的是，潜在的天然气资源在非常规地层类型中发育的不确定性。这包括致密的砂岩地层、盆地深层（埋深在6000米以下），以及页岩和煤层。

全世界仅两个国家和地区就蕴藏了已证实天然气储量的2/3——俄罗斯（27%）和中东（41%），见图5.12。其余32%的储量大致平均地分布在北美、西欧、非洲、亚洲和拉丁美洲。其中每一处拥有总量的4%—8%。按现有的生产率，已证实储量的天然气大约可供开采65年以上。但是发展中国家，特别是南亚和东南亚国家很可能有尚未发现的天然气田，如果加以开发，可使世界天然气储量的预期寿命显著延长。

在美国，得克萨斯-路易斯安那州和堪萨斯-俄克拉何马-新墨西哥州地区大约占有国内天然气产量的90%。但是，据说几乎所有州的地下都蕴藏有天然气。此外，许多岸外浅海区已知发育有天然气。阿拉斯加的潜在储量很大，估计至少两倍于美国其他地区现今已证实的储量，其所蕴藏的天然气足够美国全部房屋取暖10年。如果能够开发非传统资源区生产天然气所必需的技术，天然气储量可能足够另一个世纪之需。当然，这些不易取得的供应开发成本较高，因此费用昂贵。

油页岩和沥青砂

相似的情况影响着用**油页岩**（oil shale）提炼石油的前景，油页岩就是富含被称为**干酪根**（kerogen）[①]的有机物的细粒岩石，这是一种潜力异常巨大的碳氢化合物储藏。所包括的岩石不只是页岩，还有更像石灰岩而不像页岩的以碳酸钙和碳酸镁为主要成分的岩石。而且干酪根这种碳氢化合物不是石油而是一种蜡，一种沥青状物粘附在碳酸盐颗粒上。把岩石碾碎加热到足够高的温度（480℃以上）以分解干酪根，释放出液态石油产物——**页岩油**（shale oil）。

[①] 过去曾译为油母质。——译注

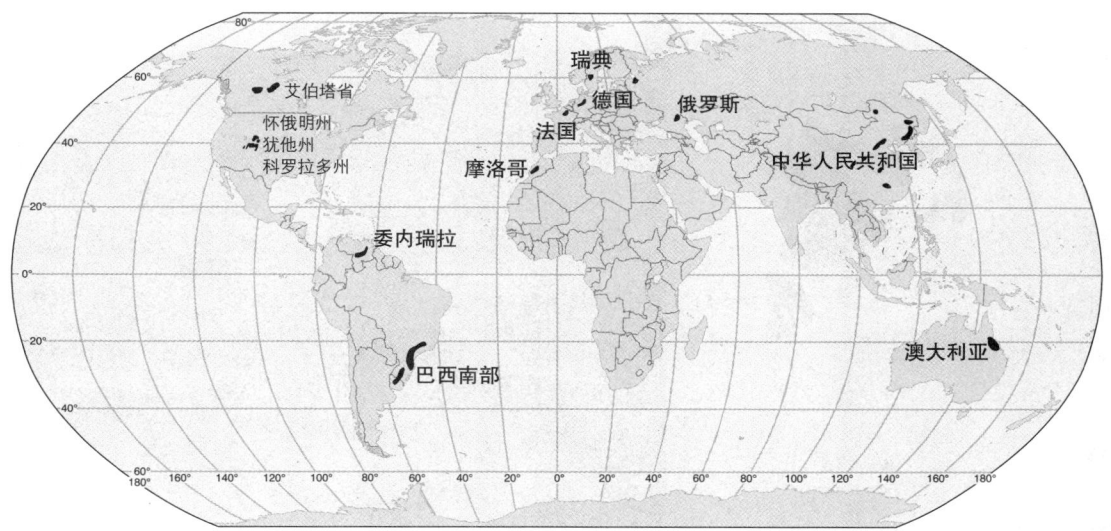

图 5.13 油页岩矿床。美国最丰富的油页岩矿床蕴藏于绿河组,拥有世界已知油页岩储量的大约 2/3。在找到经济地进行加工、解决废弃物处理和修复采矿点土地的方法之前,油页岩不大可能成为主要的资源。

全世界油页岩储量非常巨大。美国、巴西、俄罗斯、中国和澳大利亚均已发现估计储量数十亿桶页岩油含量的矿藏(图 5.13)。美国最大的矿藏是科罗拉多州、犹他州和怀俄明州接壤处的绿河组(Green River Formation)。这几个州拥有的石油足以供应美国另一个世纪的需求,且在 20 世纪 70 年代被认为是国家能源自给的答案。美国在科罗拉多州大章克申(Grand Junction)附近的皮申斯盆地(Piceance Basin)投资了几十亿美元进行油页岩的研发工作,但是到了 20 世纪 80 年代,由于油价下跌,对该项目的兴趣也消失了。1991 年位于科罗拉多州帕拉楚特溪(Parachute Creek)的最后一家炼油厂也被废弃了。

另一种潜在的石油液体资源是**沥青砂**(tar sand),被一种叫作沥青(bitumen)的黏稠的、高碳石油饱和的砂岩。人们认为全球沥青砂的储量比常规的石油储量大许多倍——含有几万亿桶沥青,大部分在加拿大。据估计,艾伯塔省 4 处大矿床就拥有相当于 1.6 万亿桶的石油。阿萨巴斯卡(Athabasca)矿床是其中最大的,供应加拿大每年石油需求量的约 10%(图 5.14)。委内瑞拉、特立尼达岛、俄罗斯和美国犹他州也发现了沥青砂矿床。

无论从油页岩还是从沥青砂中生产石油都需要高额资本支出和承担重大的环境代价。要破坏大面积的土地并产生极大量的废弃物。虽然如此,由于油页岩和沥青砂储量巨大,此类物质有可能是丰富的气态和液态燃料资源。这些矿物不同于核能或大多数可再生能源(如太阳能或水电),它们可以提供工业社会所依赖的汽油、喷气机用油和其他燃料。20 世纪 80 年代油气价格下降,加上政府支持力度减弱,使替代燃料在经济上与石油竞争的努力暂告一段落。然而,随着油气储量渐趋耗竭,总有一天其价格必然上升。出现这种情况的时候,各国就很可能转向这些非常规的燃料资源。与此同时,采用核能作为非燃料动力的技术将被开发。

核 能

核能的支持者认为核动力是长远解决能源

图5.14 （a）加拿大艾伯塔省的沥青砂矿床。（b）从沥青砂生产合成油有4个步骤：（1）去除覆盖层；（2）开采和运送沥青砂到提炼单位；（3）注入蒸汽和热水把沥青和尾矿残渣分离；（4）沥青提纯为焦炭和各种馏分。大约要用两吨沥青砂生产一桶油。（Courtesy of Suncor Energy, Inc）

短缺问题的主要办法。他们主张，假如技术问题能够解决，核燃料将提供几乎取之不尽的能源。其他评论者指出，任何依靠放射性燃料的系统都有固有的危险，核动力会引起技术上、政治上和环境方面的问题，而社会尚无解决办法。产生核能主要有两个途径：核裂变和核聚变。

核裂变

核裂变（nuclear fission）发电的传统方式涉及铀-235（U-235，自然界存在的唯一可分裂的同位素）原子核的"分裂"。U-235分裂时，约有千分之一的原始质量转化为热。释放的热通过热交换器产生蒸汽，驱动汽轮机发电。

1千克U-235蕴含的能量相当于近12 125桶石油。全世界400多个商业核反应堆开发核能，大约生产世界电力的16%（图5.15）。其中大约1/4核电站在美国。

有些国家比其他国家更依赖核动力。两个欧洲国家——法国和比利时，核动力提供超过65%的电力。不过这仅等于或少于美、加两国电力的20%。有几个国家完全反对核方案。丹麦、意大利、希腊、澳大利亚和新西兰属于此类国家，它们决定保持"无核化"状态，永不建核电站。还有几个国家，包括德国、瑞典和菲律宾，计划逐步停止开发核能直至反应堆被拆除。

但是，很多国家最近对核动力的兴趣复苏，部分是由于相信核能是减少碳排放和减缓气候变化的最佳途径。在世界范围内，有10个国家的25座反应堆在建设中，另有112座已列入计划或在拟议中。核动力工业位居世界第三（次于美国和法国）的日本，依靠52座核电站生产近1/3的电力，而政府计划要求修建11座新的核电站。在中国，电力需求的迅猛增长和减少对进口石油、天然气以及减少污染严重的燃煤火电站的愿望，促使政府继续修建新的反应堆。

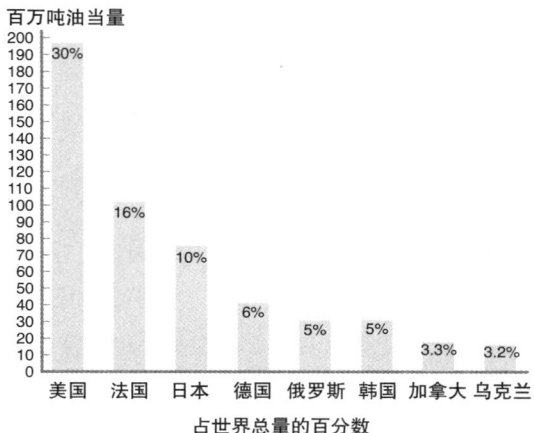

图5.15　2004年核能的主要生产国和消费国。这8国生产和使用的核能占全世界近3/4。图中标明了每个国家所占全世界核能消费的百分数。发展中国家的核电站很少。
资料来源：*Data from* The BP Statistical Review of World Energy, *June 2005.*

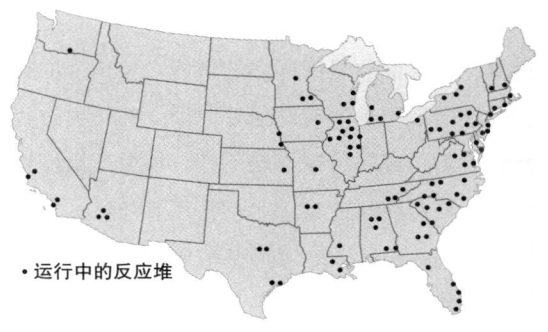

图5.16　2005年美国在运营的核电站。103座核电站集中在密西西比河以东，生产全国大约20%的电力。
资料来源：*Data from U.S. Nuclear Regulatory Commission.*

其他兴建新的核电站的国家和地区有韩国、中国台湾和俄罗斯，共有6座新核电站在兴建中，另有19座列入计划。[①]

美国核动力扩展的情况尚未确定。由于种种原因，自1979年以来尚未安排新的计划（图5.16）。核电站建设、审批和运行的高额费用使它比其他能源更加昂贵。1979年宾夕法尼亚三里岛部分反应堆熔毁和1986年乌克兰核电站爆炸加重了人们对核安全的担心。缺乏安全储存放射性废物的地点也减弱了公众对核能的支持。最后，尤其是2001年9月11日以后，许多人把核电站视为引诱恐怖袭击的目标。

尽管有这些担心，但是美国的核动力可能处在回归的边缘。由于许多旧反应堆的蒸汽发生器被腐蚀，钢铁压力容器变脆而不能安全运转，所以这些反应堆将在若干年内被关闭。有几家公司已经向核管理委员会申请替换其反应堆，或者表明他们想替换反应堆的意图。2005年国会通过的能源法案把几亿美元纳入奖励措施——包括税收抵免、补贴、贷款担保和联邦保险——来鼓励核能生产。

核聚变

核聚变不同于把原子裂解的核裂变，**核聚变**（nuclear fusion）反应是强行把叫作氘和氚的氢原子结合起来形成氦，释放出极其巨大的能量。聚变是使太阳和其他恒星燃烧的过程；也是氢弹的基本原理，氢弹使用的是一种短暂的不受控的热核聚变。

核聚变比裂变更困难，需要把原子加热到极高的温度，直到原子核发生碰撞而融合。聚变研究者面临的一个技术问题是寻找制造反应堆安全壳的物质，其要能耐受辐射和1亿摄氏度以上的温度。2005年6月，美国、欧盟、俄罗斯、中国、韩国和日本组成的六方联盟，选择法国作为世界第一个大规模核聚变反应堆的地点。"国际热核聚变实验堆计划"（ITER）企图成为一个示范电厂，以此证明核聚变能够被驾驭并成为经济上可行的能源。建设这个电厂至少需要10年。

如果与核聚变相关的开发问题得以解决，大概能满足全世界数百万年的电力需求。海水

[①] 此为2005年前的数据。——编注

第5章　自然资源地理　167

是氘原子的来源，1立方千米海水就含有和全世界已知石油储量同样多的潜能。核聚变的拥护者还引证了其他有利之处。聚变的辐射过程是短暂的，废物可以忽略不计。核聚变反应堆不同于核裂变反应堆，它不使用 U-235 这种紧缺的原料；它也不像传统电站那样排放二氧化碳、二氧化硫或氮氧化物等。

怀疑主义者指出，尽管进行了 50 年的研究，科学家还是没有解决控制核聚变以使其释放的能量能被利用的问题。他们坚称聚变电站的成本会异常巨大，而常规方法能供应价廉得多的电力。最后，他们说，聚变能量可能带来我们想象不到的健康与环境问题。

5.4 可再生能源

核能提出的种种问题，加上一些有限的化石燃料将要耗竭的威胁，以及希望减少对外国能源的依赖，使许多工业国增加了对可再生能源的兴趣。这类能源的优点之一是无所不在，地球上大部分地区都充满阳光、繁茂的植物、强风，或者大雨；另一优点是容易被利用。无需先进技术就能利用许多可再生能源，这是发展中国家普遍使用这些能源的原因。最普通的可再生能源是植物。

生物质燃料

世界上超过一半人依靠木材和其他形式的**生物质**（biomass）满足对日常能源的需求。**生物质燃料**（biomass fuel）是指动植物或微生物生产的、能直接燃烧作为热源或转化为液体或气体的任何有机物质。除了木材以外，生物质燃料包括树叶、农作物残茬、泥炭、畜粪，以及其他动植物材料。

在埃塞俄比亚和孟加拉国，生物质燃料提供能量消费总量的 90% 以上；在印度和巴基斯坦，也占 40% 左右。相反，发达国家从草木和其他有机物质转化而来的能量微不足道。

生物质能源有两大类：一类为树木、谷物和糖料作物，以及含油植物——如向日葵等；另一类为废料，包括农作物残茬、动物粪便和垃圾。把生物质转化为燃料的方法很多，包括直接焚烧、气化和**厌氧消化**（anaerobic digestion）等。而且，除了发电以外，还能在转化过程中生产固体（木材和木炭）、液体（油类和酒精）和气体（甲烷和氢气）燃料，以便储存和运输。

木　材

生物质产生的能量很大一部分来自木材。1850 年，美国能源的 90% 来自木材。虽然目前木材只提供全国各种能源的 3%，但是各地区的百分数差别很大，缅因州和佛蒙特州木材燃料就提供两个地区使用能源的 15%。在发展中国家，木材是一种关键的能源，用以取暖、烹饪、烧水和照明。对木材的这种依赖造成有些地方森林严重损耗，这是本章后面讨论的主题（见"森林资源"）。

生物质对能源的第二个贡献是乙醇，它能用各种各样的植物制造。20 世纪 70 年代石油短缺以后，化石燃料贫乏的巴西开始着手开发本国的能源，以减少对进口石油的依赖。巴西所出售的汽油都含有 25% 用甘蔗制造的乙醇，常规汽车发动机无须改造就能使用这种混合燃料。2003 年，"混合燃料"（flex-fuel）[①] 汽车在巴西登场。这种汽车的发动机经改造被设计为用汽油、乙醇或二者按任何比例的混合物都能驱动；油箱的体积不大于装雨刷液体的容器。买家被乙醇的

[①] 亦作弹性燃料。——译注

图5.17 尼泊尔的沼气发生器。动物粪便和植物废料是尼泊尔、巴基斯坦、印度和中国等国家重要的燃料来源。加进前院发酵罐中的废料和水与有机物混合。随着废料的分解，沼气逸出。图上的装置是集气罐，导管把沼气引入各家厨房。（© Sean Sprague / Panos Pictures）

低价和全国几乎所有加油站都出售这种燃料的事实所吸引。采用这种汽车和燃油两年后，这种混合动力汽车占巴西新车销售额的一半以上。

废弃物

废弃物包括农作物残茬、动物粪便和人类的垃圾，代表第二大类有机燃料。特别是在乡村地区，可以用此类废弃物通过叫作厌氧消化的过程发酵产生的甲烷（亦称沼气）作为能源（图5.17）。包括印度、韩国和泰国在内的许多国家有全国性沼气项目，但是为农村家庭产生大量沼气做了最大努力的是中国。他们用农家后院的发酵罐（沼气池）里产生的沼气，为多达3500万人提供做饭、照明和取暖的燃料。沼气技术被有意做得很简单：石头砌成的发酵池内装了废弃物——除人畜粪尿外还有秸秆和其他农作物残茬，在压力之下任其发酵产生甲烷，然后用软管通入农家厨房。沼气用完后，剩余废物可抽出用作田地里的肥料。

水 能

生物质，特别是木材，是最常用的可再生能源。其次最常用的是**水力发电**（hydropower）——从下降的流水中开发的能量。水能是水流从一个基准面落下到另一个基准面时——无论自然下落还是经水坝下落——产生的。下落的水流被用来推动水车，像古埃及人所做的那样；或者推动现代的涡轮叶片，驱动发电机发电。水能是一种清洁能源。虽然干旱区水库中有些水分可能经蒸发而损失，但是发电过程中水分既不受污染也没有消耗。一般而言，只要流水不断，水能就可再生。

由于水能是系于水的一种资源，水力发电只能受制于特定的位置。在美国，47个州的1900多个地点有水力发电。尽管水电站分布如此广泛，但是全国60%以上的水电开发能力仅集中于3个地区：太平洋沿岸各州（华盛顿州、俄勒冈州和加利福尼亚州）、东南部田纳西河流域和东北部各州（图5.18）。形成这种格局的原因，一方面是由于资源基地的位置，另一方面是由于水电开发中田纳西河流域管理局（Tennessee Valley Authority，TVA）等机构所起的作用。

水电的长途输送代价很高，因此水电通常都在当地消费。这个事实有助于说明某些地区使用混合能源的格局。因此，虽然美国水力发电只占全国电力供应的1/10，但是爱达荷州的全部电力、俄勒冈州和华盛顿州约90%的电力是由水电供应的。

图5.19表示全世界能源消费的格局。水电对各国能源的贡献差异很大。挪威、阿尔巴尼亚、埃塞俄比亚、赞比亚和巴拉圭水电占电力的97%以上。加拿大是全球领先的电力生产者，其中大约有70%来自水电，其份额堪与巴西、瑞士和新西兰相比。亚洲、非洲和南美洲将近40个国家从水电获得一半以上的电力。南美洲巴拉那河（Parana River）伊泰普（Itaipu）

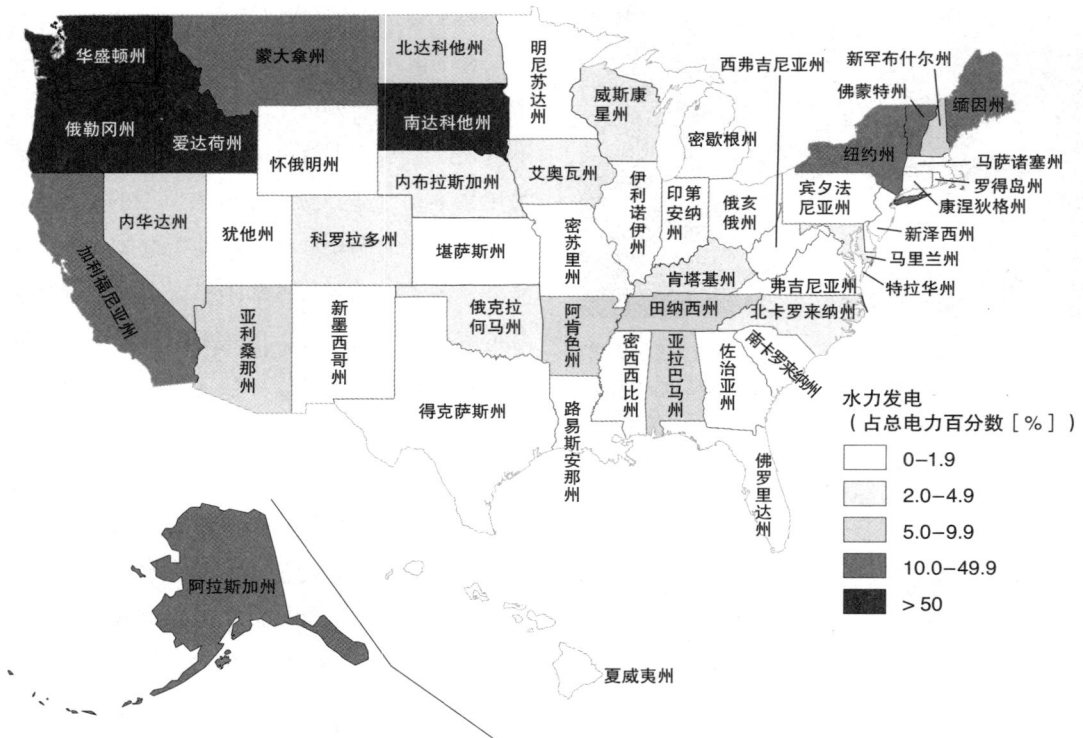

图5.18 2002年美国各州水力资源发电占全部电力的百分比。美国已开发了约一半的水电潜力。

资料来源：Energy Information Administration, State Electricity Profiles 2002.

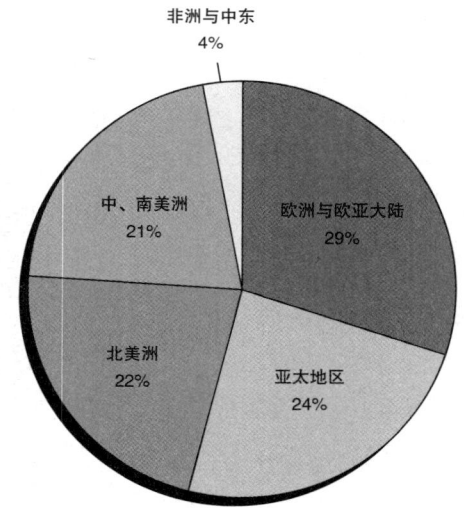

图5.19 2004年按地区统计的水电消费。图中表明各地区水电消费的百分比。水电对电力供应的贡献并非只限于工业化国家。例如，南美洲水电供给75%的电力；发展中国家作为一个整体，供给44%。

资料来源：*Data from* The BP Statistical Review of World Energy, *June 2005.*

筑坝的烦恼

筑坝目的有三：发电、防洪和为农业与城镇提供可靠水源。水坝具有许多优势：开发了一种免费又无尽的可再生能源——水；初期投资以后，运行费用相对较低；许多合适的坝址在欠发达国家。水坝让许多人居住和垦殖于干旱区——使荒漠繁荣；有些水坝开通了原是荒凉河流的航道，例如，哥伦比亚河和斯内克河（Snake River）下游的水坝使驳船上溯近800千米，爱达荷州刘易斯顿成为西海岸最深入内陆的海港。

20世纪30年代和20世纪40年代美国修建了一些大型水坝，田纳西河、科罗拉多河、哥伦比亚河和其他一些河流都修建了水坝。一方面，那时环保人士的影响还不大，而且大部分筑坝的负面后果尚未被认识。另一方面，种种利益却显而易见。民谣歌手伍迪·格思里（Woody Guthrie）颂扬科罗拉多河大坝的部分歌词如下：

> 大古力坝（Grand Coulee Dam）耸立在河上。
>
> 这是男子汉最伟大的杰作，运转大工厂，浇灌农田。
>
> 滚滚向前，哥伦比亚河，滚滚向前！①

美国最适宜水电开发的地点都已被开发，但是世界上其他地方并非如此。许多地方都在筑坝，如印度的讷尔默达河（Narmada River）以及土耳其的底格里斯河和幼发拉底河。1994年第一斗混凝土倒入将要成为世界最大水电工程的地方——三峡大坝。这个巨无霸建筑物将在画家和诗人所崇敬的惊涛拍岸的三峡风景区拦断长江。虽然大坝本身并不是世界之冠，但是其水电输出将超过1.8万兆瓦（相当于18座大型燃煤电站或核电站），遥遥领先于世界。

虽然任何一座水坝的具体效应取决于如区域地貌、水坝大小、被水坝拦断的河流的性质、气候，以及当地动植物区系等因素，但是水力发电的社会与环境代价是有代表性的。

- 水库蓄水淹没河谷时，居民和野生动物要迁徙，森林被毁。600千米长的超大型水库高踞三峡大坝后面，大约相当于苏必利尔湖的长度，正在淹没房舍、农田和曾居住190万人的无数村庄。对这项工程持批评态度的人坚称，要成功地重新安置这么多人是不可能的。把他们迁徙到周围山坡上是不现实的，山坡无法支持新的耕作。其他地区把移民安置在远离故土的地方并不成功。许多人回流到他们的出生地，还有些人成为贫困的难民、失业者和无地劳动者。

- 虽然建坝的拥护者坚信水电是一种清洁能源，但是大水坝常常淹没大片森林。植被腐烂，释放出甲烷，这是一种强有力的促使地球变暖的温室气体。

---

① 《哥伦比亚河滚滚向前》（*Roll On, Columbia*），由伍迪·格思里作词。乐曲基于赫迪·莱德贝特（Huddie Ledbetter）和约翰·A. 洛马克斯（John A. Lomax）的《晚安艾琳》（*Goodnight Irene*）。（™© 1936[renewed], 1957[renewed], and 1963 [renewed] Ludlow Music, Inc., New York, NY. Used by permission）——原注

- 水坝上游水流变缓,在库底留下大量泥沙;水库充满泥沙后,上游就可能发生洪水。
- 几十年内泥沙淤积可能减少水坝原来发电量的70%;长此以往,水库会被泥沙填满,河流就会越坝而下。
- 由于被拦截在大坝和涡轮机后面的泥沙中含有滋养下游食物链的有机物质,因此会使河流生物缺乏营养。
- 虽然水库提供农作物的灌溉用水,但是也将盐分浓集到表土上,尤其是在干旱区。像尼罗河和科罗拉多河等荒漠长河尤其含有盐分,灌溉1万平方米农田会留下数吨盐分散布到土壤中。
- 许多地方建库以后,水库、灌渠和河流中水传疾病发生率增加了。埃及阿斯旺大坝扩大了钉螺的繁殖区域,而钉螺传播血吸虫病——一种几乎不能被治愈的令人衰弱的疾病。热带地区的大坝建成后,疟疾会显著增加,因为数百平方千米的理想蚊虫繁殖区会在水位下降时期暴露出来。
- 旱季水流减少会搅乱长江口的状况,导致海水上溯。由于不再有洪水带来泥沙,海岸线可能受侵蚀。随着河口湾、海滩和湿地缩小,野生生物的栖息地也将缩小。
- 大坝影响下游水体的温度和含氧量,改变水生物种的组合。河流变得不适合于一些物种,而更适于另一些物种。有些分析家预言,由于水温降低和春汛缩短影响产卵,所以长江鱼类数量会显著减少。业已证明美国太平洋地区西北部的一些大坝对该地区的大马哈鱼是致命的。大马哈鱼需要从河流迁移到太平洋,然后再返回其出生地产卵。工程兵团为了找到大马哈鱼与水坝共存的方法奋斗了25年,但几乎毫无进展。
- 最后,由于使用年限、设计与建筑不良或发生地震,存在着灾难性溃坝的可能性。

建设超大型水坝的选择确实存在。例如可以提高现有水坝效率,用高效率的新发电机置换低效率的旧发电机就能将大坝发电量提高至3倍,用远低于大坝的成本修建小水坝就能提供许多利益而且无须移民。许多发展中国家正在建筑小水坝,安装小发电机组,为远离电力网的地区提供电力。

思考题

1. 水力的利益是多方面的,但是有观察家指责水电开发实际上是在人类与自然界之间进行浮士德交易[①]。他所指的是什么?
2. 如果你是水利部长,你会建议修建大坝吗?为了评估大坝可能带来的利弊,你要考虑什么问题?如果有人主张中国在长江及其支流加固堤坝并修建较小的水坝能更快、更节省地满足中国的能源与防洪需求,你会怎样回应?
3. 美国正在出现一种信念,超期服役的老水坝和那些环境代价超过其效益的水坝应予拆除,恢复河流健康良好的状态及其自由流动的本性。到2005年为止,缅因、佛蒙特、北卡罗来纳、威斯康星、加利福尼亚等州已经有500多座水坝停止工作和被拆除。美国水坝大约有1/4至少已使用了50年,许多水坝亟待修护。你是否赞同拆除这些水坝?为什么?
4. 大约有10万座水坝调控着美国的河流,但是根据美国地质调查局的资料,洪水仍是美国最具破坏性和代价最高的自然灾害,每年因洪水死亡的平均人数并无降低,即使按通货膨胀进行调整,自1951年以来,洪水造成的财产损失仍然增加了近2倍。你能想出这是什么原因造成的吗?

[①] 出自传说——浮士德以灵魂为代价交换对他三个愿望的满足,意指出卖关键性的东西以获取短期利益。——译注

水电站是目前世界上最大的此类设施,为巴拉圭提供几乎全部的电力,并为巴西提供20%的电力。

水库大坝除了供发电外,还可用于防洪和灌溉。尽管具有这些和其他种种优势,但是水电开发也有值得注意的环境与社会代价(见"筑坝的烦恼"专栏)。水库蓄水淹没河谷中的森林、农田和村庄,有时造成数以万计的移民。水库淹没天然湿地和河流生境,改变水流模式,拦截本来流向下游沉积在农田上的泥沙,导致土壤肥力长期下降。河流下游利用不时发生的洪水发育起来的生态系统被破坏,减少了水生物种的多样性。

太阳能

地球每年接受的太阳能是人类目前使用能量的数千倍。取之不尽又无污染的**太阳能**(solar energy),是我们使用的大多数能量形式——化石燃料与植物、水能与风能——的根本来源。无论如何,许多人都把直接捕获的太阳能看作满足未来大部分能量需求而对地球环境损害最小、对地球资源保护最大的希望所在。太阳能的主要缺点是其具有分散与断续的性质。由于其分散,所以必须在大面积上收集才能确保实际可用,而由于其间断性,又需要某些储存方法。

将太阳能用以烧水和取暖之类的居家使用技术已众所周知。在美国,被动式和主动式利用太阳能供暖技术已在市场上站稳了脚跟。超过50万家庭使用太阳辐射烧水和取暖。据报道日本有大约400万套太阳能热水装置,而以色列2/3以上的家庭用太阳能烧水。在温暖、阳光充足、云量不大且冬季(这时能量需求最高)黑夜时间较短的条件下,独立的房屋使用太阳

图5.20 加利福尼亚州达盖特(Daggett)附近莫哈维沙漠太阳能热电厂的抛物线型槽反光片。该设备利用太阳能生产水蒸气发电。抛物线反光片由计算机引导追踪日光,把太阳能聚焦到充满换热液体的钢管上。(© Cameramann International)

能电池板是最好的。

太阳能利用的第二种类型是把聚集的太阳能转化为热能来发电。研究工作集中于各种热电转化系统,包括发电塔、抛物线型槽和太阳能池等。多数研究专注于收集系统上聚集的太阳光线。在抛物线型槽系统中,用计算机引导曲面镜长槽追踪太阳,把太阳能聚焦到充满合成油的钢管上(图5.20)。将油加热到390℃,进而把水加热产生水蒸气来驱动发电机。莫哈维沙漠(Mojave Desert)中有几座这样的发电站在运行,产生的电力足够27万居民的需要。

上述发电厂先把光转化成热间接发电,但是也能够通过**光伏电池**(photovoltaic [PV] cell,也叫作"太阳能电池")——用硅制造的半导体器件——用阳光直接发电。在北美洲,这样的太阳能电池用于各种特殊目的,首先用于那些不受成本因素限制的地方,例如航天器、山顶通讯中继站、导航浮标和雾号[①]等。随着价格的下降,光伏电池找到了新的市场:为公路信号灯、移动通信信号塔以及计算机和

[①] 雾号(foghorn),或雾喇叭,是对船只发出的浓雾信号。——译注

第5章 自然资源地理 173

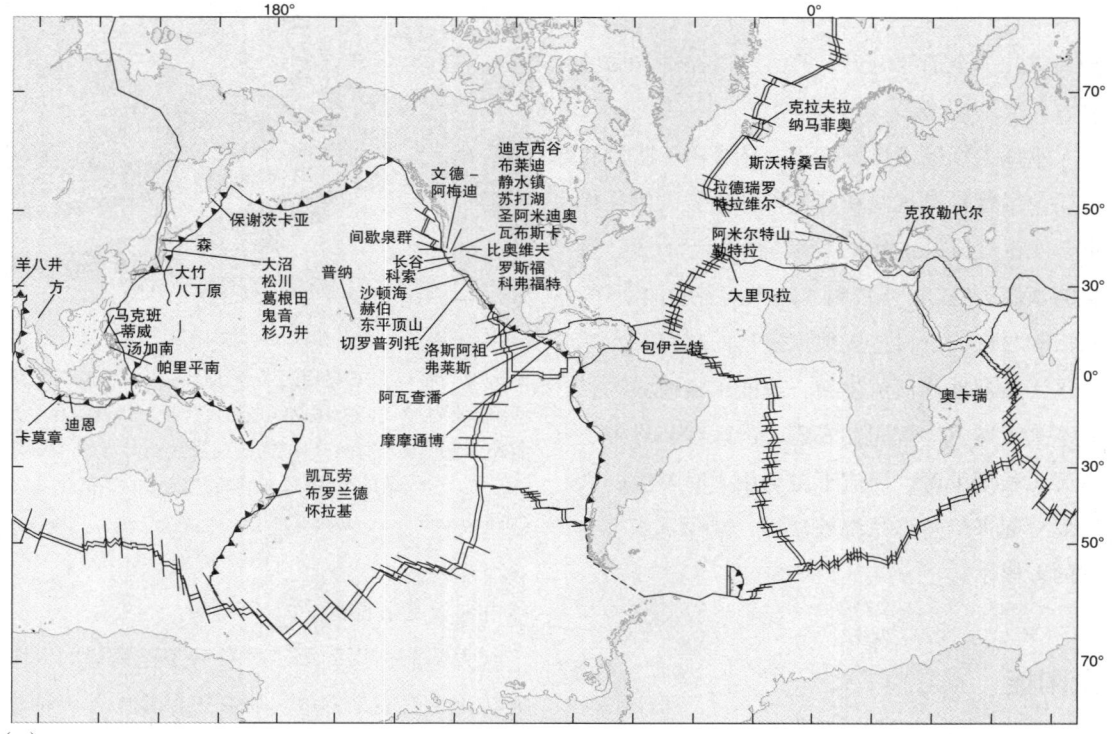

图5.21 （a）全世界的地热电站。地热开发的大多数地区都沿着或接近板块的边缘分布。由于适合地热发电的地点有限，大多数地热电站都远离电力需求很大的大城市，因此地热能对世界能源的贡献可能依然较小。（b）一座世界大型湿蒸汽地热电站位于新西兰怀拉基（Wairakei）。岩浆辐射的热量通过其上面的岩石加热地下含水层中的水。钻井把蒸汽引到地面，使其经管道通向发电厂。如照片所示，地热电站的缺点之一是把气体释放到大气层，虽然烟囱中所用的气体净化器能把气体的逸出量降低到可接受的水平。（[a] Carla Montgomery, Environmental Geology, 6e, Figure 14.22, p. 353. McGraw-Hill: Boston, 2003；[b] © Nicholas DeVore / Getty Images.）

收音机等小型设备提供动力。发展中国家还用光伏电池驱动灌溉水泵，为偏远地方的卫生所的冰箱供电并给电池充电。太阳能技术最新成果是光伏屋顶材料，这种材料把太阳能电池连成一体，实际上把屋顶变成该楼的发电站。日本和法国许多新房舍都在安装含光伏电池的屋顶系统。

到2005年为止，日本因为政府资助太阳能消费，所以安装的**太阳能动力**（solar power）容量最大，紧随其后的是德国和美国。尽管制造工艺的改进导致光伏太阳能动力系统成本明显下降，但要使其对国家电力供应做出更大贡献，仍须进行大量的研究。

其他可再生能源

除了生物质、水能和太阳能以外，还有许多可再生能源可供开发。其中两种就是地热能和风能。虽然二者都好像能为世界能量需求做出重大贡献，但是二者的潜力是有限的，而且是区域性的。

地热能

人们总是被火山、间歇泉和温泉深深吸引，这些都是**地热能**（geothermal energy）的证明。地热是被封存在地表下几千米的热水或蒸汽中的热量，有几种方法可以从中获取能量。开发地热能的常规方法取决于地下热水储藏的可利用程度。只要深井钻入这些储藏中就可以利用热能发电或者直接用其加热各种设备，例如房屋取暖或烘干农作物。

地热田通常都与岩浆附近的地方相关联，也就是俯冲带上面现代火山活动的区域。因此，冰岛、墨西哥、美国、菲律宾、日本和新西兰等国都是生产地热能的国家（图5.21）。冰岛有一半地热能用于发电，另一半用于取暖。首都雷克雅未克几乎所有住宅和商业楼都用地热蒸汽取暖。

虽然能够开采地热蒸汽用以发电的地方不多，但是地热能也可以直接用于取暖和制冷。地热泵（亦称地源热泵）利用土壤中冻结线以下的恒温，将地热能泵到建筑物中取暖或制冷。把环形管道系统埋入地下，电动压缩机使制冷剂在管道中循环，把分送到建筑物中的空气冷却或加热。由于能效高而且洁净无污染，近年来美国地热取暖系统大受欢迎，尤其是用于新建筑物。

风 能

虽然美国几百年来就利用风能抽水、磨谷和驱动机械，但是风能对能源的贡献在100多年前几乎完全消失了，因为那时风车先后被蒸汽与化石燃料取代了。利用风车作为电力的能源有很多优点。风车能不用任何燃料直接驱动发电机，又能被较快地建造和安装，只需强劲稳定的风来运转，而且许多地点都具有这些条件。此外，风力发电机不污染大气和水体，也不消耗自然资源。设计技术的进步降低了使用风力发电机发电的成本，因此对传统发电厂越来越具有竞争力。目前风电成本每千瓦时3—6美分，大约与化石燃料的火电同价。

20世纪80年代，受前几年汽油短缺的刺激以及联邦和州政府的税收鼓励，加上长期公用事业合约的优惠，加利福尼亚州在风能开发中独步天下。到1987年，该州在3个地方安装了大约1.5万座风力发电机，占全世界风电容量的90%（图5.22）。20世纪90年代，随着美国各州和许多欧洲国家开始投资**风电场**（wind farm），风力发电机群生产商业用电，这个百分比稳步下降。到2005年，美国只占全世界运营风电容量的14%。

20世纪90年代，减少对化石燃料的依赖并承诺发展可再生能源，促使数个欧洲国家发展风电装置，尤其是德国、西班牙和丹麦。德国在世界风电生产中居领先地位[1]，2004年占世界风电容量的38%，而丹麦则是人均风电产量最高的国家。亚洲国家中除印度外，都在某种程度上减缓了风电场的建设，但是中国和日本仍然有大量在建项目。

未来几年内近海风电装置有望较大增长，尤其是在北欧。世界最大的近海风力发电场位

---

[1] 此处为2004年数据排名。——编注

(a)

图5.22 （a）加利福尼亚州棕榈泉附近圣戈尔戈尼奥山口（San Gorgonio pass）的风电场。风力发电机利用风力发电。（b）2004年按州统计的风电容量，单位：兆瓦。1000兆瓦能满足大约30万美国家庭的能量需求。虽然美国风能潜力只有一小部分被利用，但是许多州都有新的风电项目正在进行。20世纪90年代风力发电机技术进展显著，新式发电机比先前更强大、更可靠。近年来无论在美国还是全世界，风能是电力生产中增长最快的能源。（[a] © Roger Scott. [b] Source of data: American Wind Energy Association.）

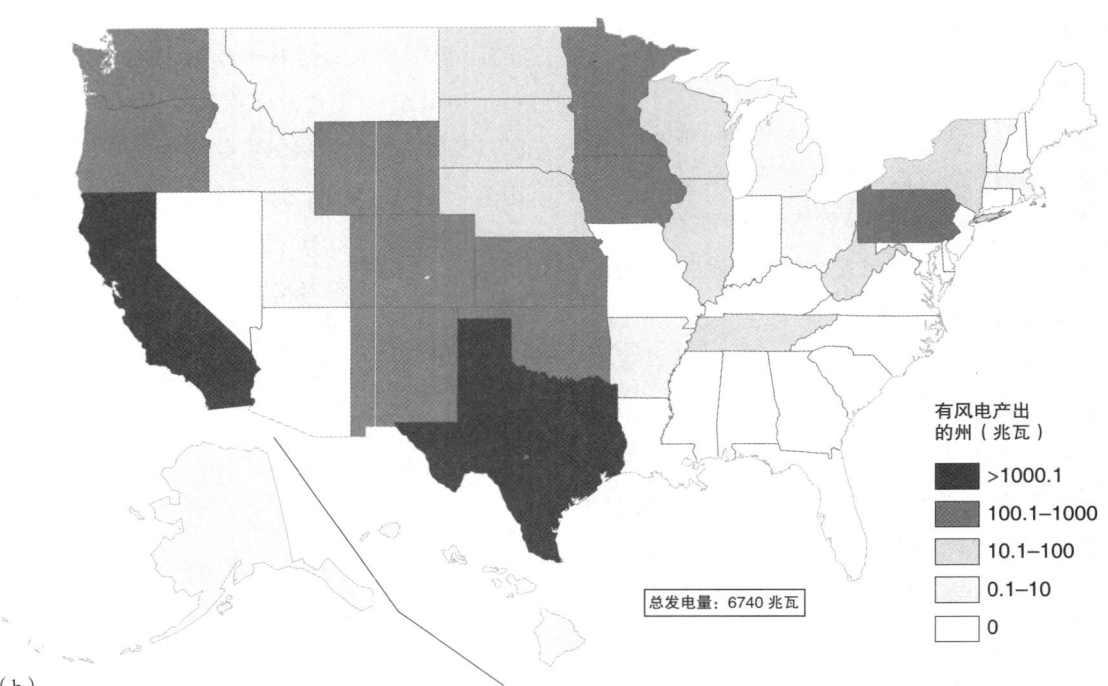

有风电产出的州（兆瓦）

- >1000.1
- 100.1–1000
- 10.1–100
- 0.1–10
- 0

总发电量：6740 兆瓦

(b)

于哥本哈根港入口处，该处和其他地方的装置提供大约全国电力的20%。荷兰和瑞典也有近海风电场，英国、爱尔兰、比利时、德国和西班牙也有计划或正在兴建近海风电场。

　　风能的短处是不可靠性和间歇性，风能不易存储，需要备用系统。此外，有些国家在偏远地区才有丰富的风力资源，这些地区远离现有电力网，因而必须建立昂贵的输电线路给消费者供电。批评者指出，要几千个风力发电机才能生产与一座核电站等量的电力。环境方面的顾虑包括风电场的美学影响（它们非常显眼，常常覆盖整个山坡，占据景观的主要地位），以及对候鸟的伤害。

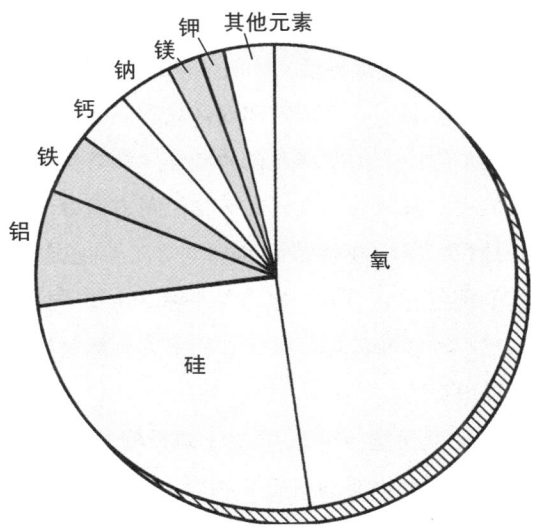

图5.23 地壳中按重量计相对丰富的元素。只有4种经济上重要的元素——图中以深色表示——在地质上是丰富的,共占地壳重量1%以上。幸而,这些元素和其他有商业价值的矿物集中在地壳的特殊区域。如果均匀分布在地壳中,这些元素和矿物的开采就不具备可行性。

非燃料矿物资源

上文所讨论的矿物资源提供使人类能够做功的能量。对我们的经济福祉同样重要的是非燃料矿物,因为这些矿物能加工成钢铁、铝和其他金属,加工成玻璃、水泥和其他产品。我们的建筑物、工具和武器主要来自矿物。

事实上我们认为必不可少的资源,包括金属、非金属矿物、岩石和燃料,均蕴藏在地壳薄薄的表皮——地壳中。92种天然元素中,仅8种就占地壳质量的98%以上(图5.23)。我们可以认为这几种元素是地质上丰富的,而所有其他元素则是地质上稀有的。在大多数地方,矿物富集程度太低以致开采无利可图。如果富集程度足够高,使开采可行,那么这种矿床开采出来的矿物就叫作**矿石**(ore)。因此,是或不是矿石及能否开采取决于需求、价格与技术,而且因时而异。

矿物资源的开采一般有6个步骤:

(1)勘探(寻找物料富集的矿床);

(2)开采(从地层中取出);

(3)选矿(从矿石中分离出所需的物料);

(4)冶炼和(或)精炼(把矿物分解为所需的纯物质);

(5)将矿石运输到要使用的地方;

(6)把矿石加工为成品。

上述每一步都需要能量和物料的输入。

决定某种矿床开采的可行性和收益有5个因素:矿物的价值、可采量、特定矿床中矿石的丰度、与市场的距离,以及征地费用和专利使用费。即使这些因素都有利,但如果有更廉价的竞争性资源可用,那么可能还是不会开发这些矿山,甚至留其待日后进行投机交易。20世纪80年代美国和加拿大共有产量超过2500万吨的铁矿被永久关闭。北美的铜、镍、锌、铅和钼矿因市场价格下降到低于国内生产的成本,也出现同样的衰退。从20世纪90年代初开始,由于资源耗竭与低价进口两方面的原因,美国首次成为非燃料矿物净进口国。虽然矿物价格上升可能导致开采或重新开采矿石被认为无利可图,但是市场经济发达的工业国发现自己在和具有廉价劳动力与丰富国有矿山的发展中国家生产者的竞争中处于不利地位。

自然过程生成矿物如此缓慢,以致我们将矿物列入存量有限的非再生资源的范畴。不过,其中有些资源储备很丰富,在长远的未来仍有现成的储备。此类资源包括煤炭、砂石和钾盐。其他矿物,如锡和汞之类储备量很少,而且因工业社会对其与日俱增的需求而日益减少。表5.1给出一些重要金属"剩余年限"的估计数。由于矿物资源难以估算,因此表上数据应看作是提示性的而不是确切的。化石燃料的情况也是如此,这样的估计是基于经济与技术状况,而我们既不能预知未来的矿物价格,也不能预知技术上的改进。对一种有价值矿物,现已探明可用储量的耗竭将提升这种矿物的价格,使得现在划归亚经济等级的矿山有利可图(图5.4)。然后那些矿床就被重新归入已证实储量中。新矿床的发现和(或)矿物加工技术的改善也会增加储量数字,因此也延长了储量预期寿命。

虽然人类社会早在公元前3500年就开始使用金属,但直到工业革命之前,全世界对金属的需求仍旧很小。直到第二次世界大战以后,资源的日益短缺和价格的上升(加上美国日益依赖外国资源),才让大众意识到金属资源问题的严重性。世界范围内的技术进步造成人们的生活离不开矿物。工业化进行得如此迅速又如此廉价,是早期所需要的物料储量丰富又唾手可得的直接结果。经济体因撇取蛋糕上的奶油而获益匪浅。迄今尚未有答案的问题是:稀缺矿物余下的储备量是否会限制工业化和发达经济体的扩展,或者人们是否能够找到和如何找到应对短缺的出路。

非燃料矿物的分布

由于矿物资源的分布是长期地质过程中某些元素富集成有商业价值的矿床的结果,由此推断,国家越大就越可能拥有此类矿床。事实上,俄罗斯、中国、加拿大、美国、巴西和澳大利亚都拥有丰富多样的矿物资源。如图5.24表明,这些国家都是领先的矿业国。它们拥有近一半的**非燃料矿物资源**(nonfuel mineral resource),并且出产金属(例如铁、锰和镍)和大部分非金属(例如钾盐和硫)。

很多种非金属只集中于少数国家,而且有些稀缺元素只存在于世界上几个地区。例如,大量的钴和钻石矿床局限于俄罗斯和非洲中南部。南非拥有世界近一半的金矿、3/4以上的铬与铂族金属。有些国家和地区只有一两种可开采的矿物——如摩洛哥的磷酸盐,新喀里多尼亚的镍。有些人口大国在矿物储藏方面处于不利地位,其中包括法国和日本等工业化国家,它们能够进口资源;也包括一些发展中国家,如尼日利亚和孟加拉国,它们不大可能负担得起进口费用。

认识到这点非常重要,即没有任何国家拥有经济上重要的所有矿物资源。有些国家,如美国,曾经得到大自然慷慨的供应,但现在他们已经耗费了这些"资产",要依靠外国的资源。虽然20世纪40年代和20世纪50年代美国在矿物供应方面几乎能够自给,但现在已不是这样。由于美国长期使用国内资源而且经济持续扩张,现在许多重要矿物的供应对其他国家的依赖程度超过50%,其中一些矿物列于表5.2中。金属成本的增加和可用性的下降促进了对替代品的研究。工业化学家和冶金学家在探索替代传统资源的新材料方面做得非常成功,这使得对资源可能耗竭的担心有所减轻。但也必须了解,某些矿物(例如钴和铬)还未找到合适的替代品。其他替代品常常是合成材料,在其生产过程中往往使用日益稀缺而且昂贵的烃类化合物。其中许多合成材料在使用或弃置时,会造成环境危害,并且所有这些替代品标价很高,而且日益增高。

案例研究:铜

表5.1表明,基于现有生产率和消费率,并假定没有可开采的新资源,则全世界的铜矿资源只能开采32年左右。铜是较稀有的矿物,

表5.1 若干种已证实储量矿物的预期寿命

矿物	证实资源的剩余年限	
	世界	美国
银	14	21
铅	21	18
锌	24	39
铜	32	30
锡	24	0
镍	44	0
磷酸盐	130	38
锰	35	0
钴	149	0
铝土矿	147	0
铬	48	0
钾盐	277	75

注释：这些数字所反映的，是基于目前生产与消费速率预测的若干种矿物已证实储量能持续年限的近似值。由于总储量和消费速率随时间波动，这些数字仅是提示性的。开采成本降低、矿物价值提高，和（或）新矿床的发现都会延长表中所示的寿命。

资料来源：Mineral Commodities Summaries 2004, U.S. Geological Survey.

但它对工业化社会却很重要，每年铜矿的开采量超过除铝以外的其他非铁金属即可证明这一点。

铜有三种优越的属性：导热与导电性极佳、能延展成薄片或细线、抗腐蚀。所有生产的铜中，有一半以上用于制造电线和电气设备。美国生产的铜有1/3左右用于制作青铜和黄铜。其余部分用于工业与农业机械、交通运输和建筑物的管路系统。

铜矿就像大多数其他矿物一样，在地壳中的分布是不均匀的。在北美洲、南美洲西部和澳大利亚的构造汇聚带边缘发现了非常大的铜矿。从英国到波兰绵延于欧洲北部，以及非洲中部（赞比亚和刚果民主共和国）的铜矿带属于沉积盆地中的铜矿。据信智利和美国蕴藏着世界铜矿的40%左右。两国在世界的铜生产中居领先地位。因为美国铜的消费量超过其生产量，所以要进口可观的数量才能满足其需要。其他大进口国是日本和德国。

铜的这种危急的稀缺性以及最终会被耗竭的情况产生了几种效应，表明各社会应对其他

图5.24 几种矿物的主要生产国。图中所示的国家不一定是储量最大的国家。例如，印度有铝矾土、中国有锰、南非有磷酸盐，但它们都不是这些矿物的主要生产国。（*Data from World Resources Institute*）

第5章 自然资源地理

表5.2 2004年美国几种非燃料矿物供应对外国的依赖

矿物	进口（%）	主要来源	主要用途
铝土矿和铝	100	澳大利亚、牙买加、几内亚	铝的生产
铌	100	巴西、加拿大、爱沙尼亚	炼钢和超合金的添加剂
锰	100	南非、加蓬、澳大利亚	炼钢、电池、农业化学品
云母	100	印度、比利时、中国	电子和电气设备
石英晶体	100	巴西、德国、马达加斯加	电子和光学仪器
锶	100	墨西哥、德国	电视显像管、铁氧体磁铁、烟火
铂	91	南非、英国、德国	汽车和化学工业催化剂
钽	80	澳大利亚、哈萨克斯坦、加拿大	电容器、超合金、硬质合金刀具
重晶石	79	中国、印度	油气井钻井液、化学品
钴	76	芬兰、挪威、俄罗斯	喷气发动机超合金、切削工具、磁铁、化学品
钨	73	中国、加拿大	电气与电子元件、工具钢
铬	72	南非、哈萨克斯坦、津巴布韦	钢、化学品、耐火材料
钾盐	70	加拿大、白俄罗斯、俄罗斯	化肥、化学品
锌	56	加拿大、墨西哥、秘鲁	镀锌、锌基合金、黄铜和青铜
银	54	墨西哥、加拿大、英国	摄影材料、电子产品、催化剂

资料来源：U.S. Geological Survey.

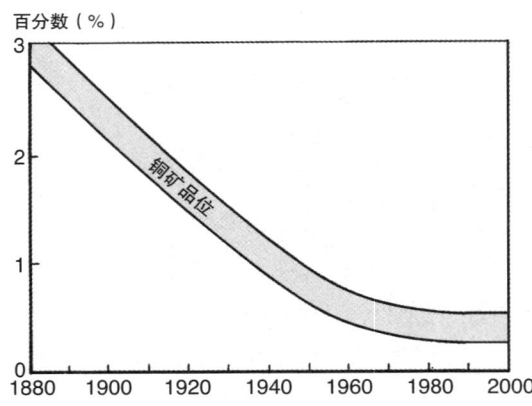

图5.25 经济上有开采价值的铜的品位。1880年铜矿石的品位必须达到3%，但今天开采的矿石品位为0.5%或更低。随着金属供应减少和价格上升，经济开采所要求的品位降低。

资料来源：Data from the U.S. Bureau of Mines, U.S. Department of the Interior.

原料短缺的可能措施。首先，美国矿产开采的品位不断下降。最高品位的铜矿（2%及以上）早已被开采殆尽（图5.25），目前的平均品位为0.5%。因此，必须开采和加工1000吨矿石才能产出5吨铜——或者更实际地说，要装备一辆汽车中用于散热器和其他电气部件所需的铜，就必须开采3吨矿石。在采矿、选矿和冶炼过程中产生的其余2.985吨岩石就成了废渣。

其次，增加了铜的循环利用。铜与某些金属不同，大部分铜以纯金属的形式被使用，以便于再生。把再生铜制造成新产品比开采和冶炼新矿石更便宜。美国每年所用的铜，大约有1/3来自装配工序中回收的废料。

最后，价格的上升刺激了对替代品的寻找。铜正在被其他较低廉的物料所取代。铝取代了一些电气产品和热交换器中的铜；塑料取代了管路系统和建筑材料中的铜；许多电话线中采用了玻璃纤维；制造弹壳和硬币可以使用钢铁。然而，由于铜在发动机和电气设备中用量的增加，自20世纪80年代以来铜在汽车中的使用量实际上增加了40%。

5.5 土地资源

上文讨论的矿物资源属于非可再生资源。现在我们转向有可能再生的土地资源，考察下述三种可再生资源的分布和现状：土壤、湿地和森林。由于这些资源是生物的支持者，或者本身就是生物，因此有时也被称为生物资源。

土 壤

人们有意无意地给土壤的物理、化学和生物学性质带来了很大改变，从而改变了土壤的结构、肥力和排水的特性。任何地区土壤的变化都取决于过去的做法以及土地原有的性质。

地球表面大部分地区，生命所赖的表土层只有几厘米厚，通常不超过30厘米。土壤下面的岩石圈，是岩石颗粒、无机矿物质、有机质、活有机体、空气和水等物质的复杂混合物。在自然状况下，土壤通过岩石物质的物理和化学分解以及有机质的腐烂在不断地形成。与此同时，土壤又被侵蚀，因为**土壤侵蚀**（soil erosion）——土壤颗粒通常被风或流水带走——就像土壤形成一样与生俱来，即使土地完全被森林或草地覆盖也是如此。不过，在大多数自然状态下，土壤形成的速率等于或大于土壤侵蚀的速率，因此，土壤厚度和肥力与日俱增。

在土地被清理并种植作物后，或者当地表植被因过度放牧或其他干扰而遭损坏时，侵蚀过程就会加速。当侵蚀速率超过土壤形成速率时，表土就变薄，甚至完全消失，只留下贫瘠的底土或裸岩。就这点说，可再生的土壤资源通过人类影响变成了非再生和被浪费了的资产。土壤侵蚀发展为基岩裸露的山坡或风蚀平原的极端环境时，就意味着土地农业利用的"末日"。

土壤资源被如此大规模地破坏，有可能危及它曾支持的文明的生存。不过，绝大部分农民想出种种巧妙的方法来保护乃至改良他们赖以为生的土壤资源。近年来农耕技艺并未退化，但是随着人口增长，对农田的压力增加了。农牧业被迫向陡坡爬升，更多林地改用耕作，牧场和农田被更远、更集中地推向半干旱地区，对现有农田则是进行更高强度的耕作而疏于保护。现在，许多像1950年（那时世界人口为25亿）那样生态稳定而安全的传统农业体系和农业区，在60多亿人口的压力下正在瓦解。

人口数量增长的压力对热带雨林有着破坏性的影响。对薪柴和商业用材的需求，以及中纬度地区通过砍伐热带雨林、开拓牧场以满足市场对牛肉增长的需求，都是热带雨林减少的原因，但是清理林地将其变成农田才是**毁林**（deforestation）的主要原因。热带雨林绵延于亚洲、非洲和拉丁美洲等地，是地球上生物多样性最丰富的地方，但是每年都有大片林区被毁。大约有45%的大片原始热带雨林已经被砍伐或退化。随后我们对毁林有更详尽的讨论，但是这里强调很重要的一点：森林采伐区加速的土壤侵蚀很快就把热带雨林下的土壤冲刷殆尽。为发展农业而进行土地清理，几乎立即就会使土壤变得不适合农业用途，部分原因就是

图5.26　巴西亚马孙地区的热带雨林被清除，为锡矿开采让路。暴露土壤的结构和肥力迅速退化，而且易遭侵蚀。（© Mark Edwards / Still Pictures）

水土流失（图5.26）。

热带雨林会屈从于人类大规模的肆意砍伐且无可挽回地被毁灭。对全世界的干旱区和半干旱区而言，人类并未花费很大的精力，也并非有意去破坏或改变环境，但是也对其产生了同样的影响。这个过程叫作**荒漠化**（desertification），也就是土壤和植被遭破坏或退化地区的扩大或强化，这种情况多发生于干旱和半干旱环境中。气候变化——不可预测的降水与干旱周期——是这些地区环境退化的原因之一，但荒漠化因人类活动而加速，这些活动包括过度放牧、为砍柴而毁林、为耕种而清除原始植被，以及烧荒等。"荒漠化"一词意味着从轻到重的一系列生态变化（图5.27）。

当荒漠化过程是由人为活动而不是气候变化所造成的时候，无论其发展程度如何，都是以同样的方式开始：通过耕作或过度放牧毁坏或清除天然草地（图5.28）。如果破坏很严重，则原始植被不能自行重生，暴露的土壤就很容易遭受短时间的暴雨（这是半干旱地区降水的主要形式）的侵蚀。雨水沿地表流动而不下渗，携带着土壤颗粒一起流失。同时，地下水位下降。最后，即使深根灌木也接触不到地下水，天然植被就丧失殆尽。当过多的食草动物践踏土地把土壤压紧时，阻塞了空气和水分进入土壤的通道。覆盖植被和土壤水分都丧失了，荒漠化就会发生。

随着对土地压力的持续增加，地球上许多地区越来越频繁地发生荒漠化，其中非洲最为危险。据联合国估计，该大陆40%的非荒漠土地有遭受人为导致的荒漠化的危险。亚洲近1/3和拉丁美洲近1/5的土地也受到同样的威胁。在荒漠化特别广泛而严重的一些国家中（阿尔及利亚、埃塞俄比亚、伊拉克、约旦、黎巴嫩、马里和尼日尔），从1950年到20世纪90年代末期，人均粮食产量下降了近40%。由此造成的饥饿

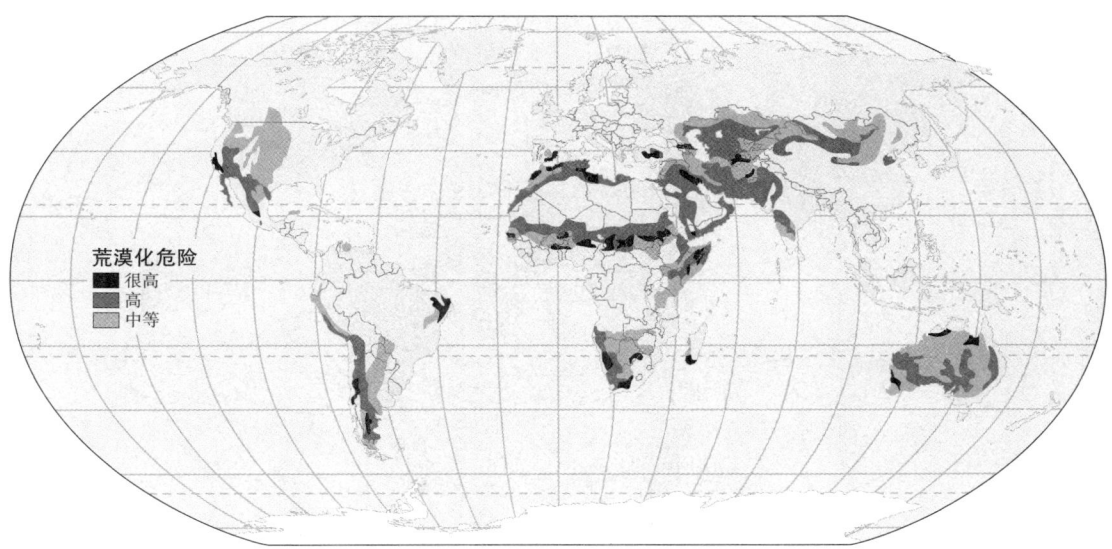

图5.27 荒漠化影响了100多个国家,约10亿人。根据联合国资料,现在全世界1/4土地表面可归入退化的半荒漠。通常认为荒漠化是指全世界荒漠边缘不断侵入相邻的干旱地区,因人类对原先的草地和农田使用不当使其变成贫瘠不毛的景观。实际上,这种过程也可能由自然的气候波动所造成,和人为利用不当相似。

图5.28 在马里通布图附近这片深受干旱影响的地区,风吹扬尘正在吞没矮树林。该地区是非洲撒哈拉地区的一部分,那里的荒漠化因同时受到气候和人类对土地压力的影响而加速。对边缘土地的垦殖、过度放牧,以及反复的干旱已导致天然植被的破坏、土壤侵蚀和土地退化。(© Wolfgang Kaehler)

- ● 2平方千米极易被侵蚀地的水土流失
- ○ 2平方千米非极易被侵蚀地的水土流失
- ▢ 95%或更多联邦地区

图5.29 土壤过度侵蚀的农田。这张点密度图表示因风蚀和水蚀形成的农田中过度水土流失的地区。过度水土流失的定义是流失的速率超过土壤能够在经济上和无限期地维持作物生产力的速率。图中灰色阴影区域是未收集联邦政府土地数据的地区。
资料来源：U.S. Department of Agriculture.

威胁迫使受影响地区的居民扩大其耕地和畜群，进而增加了对不毛之地的压力，进一步造成土地的荒漠化。

荒漠化只不过是土壤加速侵蚀导致土地退化的一种表现。土地退化的证据在世界各地随处可见。例如，在危地马拉，大约40%有生产能力的土地已因土壤侵蚀而丧失，该国若干地区已经被抛弃，因为农业已变得在经济上不切实际。萨尔瓦多的数字是50%，而海地已经完全没有高价值的土壤。土耳其大约一半土地受到严重或非常严重的侵蚀。印度土地总面积的1/4受到严重侵蚀。

近年来，美国的土壤侵蚀达到了空前的最高纪录（图5.29）（见"维护土壤的生产力"专栏）。在艾奥瓦州和密苏里州的农田、大平原的牧草地和得克萨斯州的牧场中，农田土壤被风吹走和被水冲走。美国农田每年因土壤侵蚀损失几乎20亿吨土壤，平均每年每平方千米损失1000吨以上。有些地区的平均数为15—20吨。在美国约1167万平方千米集约经营的土地上，1/3以上土地表土损失的速度超过其自然更新的速度（更新2.5厘米表土需要100年）。艾奥瓦州和伊利诺伊州部分地区，过去表土厚达30厘米，现在只存留不到一半。

土壤侵蚀也像大多数过程一样，有些次生效应。随着土壤质量和数量下降，耕地生产性能降低，产量下降。河流和水库经受加速的泥沙淤积。有些国家的表土充满农业化学品，土壤侵蚀产生的泥沙造成供水被污染。河边低地因充满泥沙而提高了遭受洪水的风险，还增加了维护航道的费用。

加速侵蚀是农业土壤退化的主要原因，但是在干旱区和半干旱区，盐分积累可能也是一个影响因素。**盐碱化**（salinization）就是由地表水分蒸发造成的表土中盐分的集中。在蒸发

维护土壤的生产力

世界上大部分地区中，人口数量不断增加是土壤侵蚀的主要原因。在美国，常常是经济状况而不是人口压力造成过高的侵蚀速率。20世纪70年代联邦赋税法和农田的高价鼓励农民开垦草原处女地并砍伐防风林以增加耕地和产量。农业部长鼓励农民耕种他们的全部土地，提出"从这行篱笆直到那行篱笆"的口号，生产更多谷物以供出口。随着家畜价格下降，土地也从放牧改为生产玉米和大豆。

到了20世纪80年代，土地和农产品的价格都下降的时候，农民不得不尽可能多地生产，以抵偿其债务并至少赚取一点利润。为了维持或增加产量，许多农民无视水土保持的惯例，耕种只具备边际条件的土地，并在田地上每年种植同一种作物。

当然，人们并没有忘记水土保持技术。许多人仍然采取水土保持措施，各农场组织和水土保持小组也一贯提倡此事。把土壤保持在原地以减少侵蚀的技术众所周知。这些技术包括等高耕作、修梯田、等高密植[1]和轮作、建立防风墙和建筑分水槽，并实行免耕法或少耕法农业（不翻耕土壤就播种的做法，使植物生长在前茬作物的残茬之间）。

另一种减少侵蚀和修复严重受损土地的方法，是有偿支付农民费用，令其停止种植极易受侵蚀的农田。20世纪80年代中期以后，一些联邦农业项目试图逆转因过去的经济压力与农业实践所造成的某些损害。其目的是为了水土保持而退耕约18.6万平方千米的农田，这些农田受侵蚀的速率比土壤自然形成的速率快2倍。1985年水土保持储备金项目向弃耕高度易受侵蚀土地的农民予以补偿；作为回报，农民同意在土地上植树、种草或豆科植物，然后在10年内不再耕种。

但是，到了1996年，国会通过了《联邦农业改良及改革法案》，其中将一项被称为"给农场以自由"的计划作为该法案基石。该计划的前提是：决定种植何种作物的，应该是市场而不是联邦政府。农民几乎立即就扩大了他们的田亩，在曾经弃置的土地上种植市场价值高的农作物。过去受水土保持方法保护的土地有多少会受到破坏性耕种方法的影响，其结果有待观察。

只有减轻导致农田被滥用的经济压力，持续采用已知的水土保持技术，才能保持土壤的长期生产力，而这是人人所依赖的资源基础。

免耕法。（© Gene Alexander / Soil Conservation Service / USDA）

等高耕作和等高密植。（© Jerry Irwin / Photo Researchers）

---

[1] strip-cropping，为减少坡地土壤侵蚀而间种密根与松根两类作物的农业技术。——译注

图5.30 盐碱化在土壤表面留下一层白色的盐壳。在实行灌溉的炎热干旱地区,这种问题最为严重。(© *Mark Gibson*)

量超过降水量的干旱气候下,排水不良的土壤就会出现这种情况。随着水分的蒸发,有些盐分就滞留下来,在土壤表面形成一层白色的外壳(图5.30)。

盐碱化和土壤侵蚀一样,也是人类活动所加速的自然过程。不良的排灌系统是其元凶,因为灌溉水一般下渗缓慢而蒸发迅速。一切灌溉水都含有可溶盐,当水分从地表蒸发后盐就留在地表。轻微或中等的盐度降低土壤生产力,使农作物减产;极端的盐度能使土地不再适合农业利用。

伊朗和伊拉克成千上万平方米的过去很肥沃的农田被抛弃了。印度、巴基斯坦、叙利亚和埃及25%以上的灌区受到盐碱化的影响。加拿大萨斯喀彻温省(Saskatchewan)和艾伯塔省的耕作土地中有近1.6万平方千米被列为过度含盐区。美国西南部,尤其是科罗拉多河流域和加利福尼亚中央谷地,也出现严重的盐碱化。令人啼笑皆非的是,过去把长达430千米的干旱河谷变成该国最富生产力农业区的灌溉水,现在却成了将该地区部分土地重新变得一文不值的威胁。

湿 地

周期性或永久性被静水淹没或饱和的生长植被的地面叫作**湿地**(wetland)。在水陆之间的过渡带,湿地有多种形式,包括草本沼泽、木本沼泽、潮滩和河口湾。各大陆都有湿地,有些湿地永远有水,也有些湿地只在一年中某些时段有静水。北美洲湿地的大小,由美国中西部和加拿大艾伯塔的草原小坑塘到佛罗里达大沼泽地(Evergrades)不等。美国最有名的湿地有佐治亚州的奥克弗诺基沼泽(Okefenokee Swamp)和路易斯安那州与密西西比州的牛轭湖(bayou)[①]。阿拉斯加也有大片沼泽,大多为泥炭地。

湿地有两大类型:内陆湿地和海岸湿地。美国大部分湿地是内陆淡水湿地,包括bog、marsh、swamp,[②]以及河边的泛滥平原。无论是

[①] bayou一词主要流行于路易斯安那和密西西比两个州。——译注

[②] 这几个词尚未有定译,均可译为沼泽。中文类似的词汇也很多,如池、沼、浜、塘、淀、荡等,都是各地对沼泽的称谓。——译注

被淡水或是被咸水淹没的海岸湿地，对海洋生态系统都是很重要的。海洋中大陆架上方的部分在所有海洋水体中生产力最高，支撑着主要的商业性海洋渔业。由于那里的水不是很深，这个**浅海带**（neritic zone）可被阳光穿透和加温，还接受从江河流入海洋的营养物质，因此各种各样水生生物得以繁荣发育。不过浅海带在相当大程度上有赖于**河口带**（estuarine zone）持续的运行，这个地带是沿海湿地较窄的地段，咸水和淡水在此交汇混合（图5.31）。

湿地是极其珍贵的生态系统，履行着一系列重要功能：阻留并过滤河流下泄的泥沙、污染物和营养物质，改善水质，帮助补给地下含水层等。在所有生态系统中，湿地属于最多样和生产力最高的，它为各种各样动植物提供栖息地和食物。湿地是多种鱼类和甲壳类的产卵场，对于这些物种的存活至关重要。湿地还是多种鸟类繁殖、觅食、筑巢和越冬的主要场所（图5.32）。这些地区不仅本身格外高产，而且有助于提高浅水带的生产力，而浅水带是鱼类捕食从湿地流入海洋的生物的地方。

重要的是，湿地能吸纳洪水，还对海岸侵蚀提供屏障，进而有助于海岸线的稳定。卡特里娜飓风对新奥尔良造成严重损害的一个原因，就是

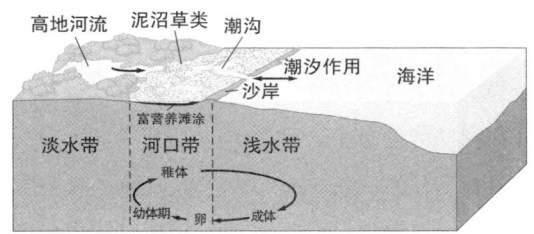

图5.31 河口带。淡水从河流流出，与潮汐和风浪作用相结合，使深层海水与河口湾的表层水相混合，提高了海水的生产力。河口湾的含盐量低于远洋。许多鱼类和贝类生命周期的某个阶段需要较低的盐度。

图5.32 路易斯安那州一处盐沼。潮汐沼泽被挖掘和填埋以供住宅和工业开发之用。此类地区的丧失减少了水禽、鱼类、甲壳类和软体动物所必需的栖息地。许多水禽在海岸沼泽繁殖和觅食，并用以作为长途迁徙时的落脚点。（© Franke Keating / Photo Researchers）

原来用以使城市减轻风暴影响的湿地不见了——其原因是疏干沼泽营建新的住宅和商业用地，还因为美国陆军工程兵团改造密西西比河、修筑运河与水闸以利航运的工程。

人们并非总能认识或欣赏湿地的价值，大多将其视作松软发臭的场所，是蚊虫滋生之地，有碍人类栖居，因此应该予以改造供农业或商业开发等生产性用途。19世纪中叶，美国国会通过了《沼泽地法案》（Swamp Land Act），把疏干和填埋湿地作为一项国家政策。据学者估计，全世界一半湿地已遭破坏。他们认为澳大利亚和新西兰已经丧失了约90%的原始湿地，欧洲至少丧失了60%。18世纪80年代以来，美国大陆相连各州已丧失湿地的一半以上，从大约87万平方千米减少到42万平方千米。

湿地被疏干、挖掘、填埋，用于建筑、改作农田和用作垃圾场，被化学品、过量的营养物和其他上游带来的废物所污染。天然海岸线被推土机清除，人工堤坝和防浪堤干扰了输入新鲜泥沙和活水以滋养湿地的洪水。生境的改变或破坏不可避免地瓦解复杂的湿地生态系统。

对湿地重要性和对大面积的湿地已受损或破坏的日益增长的意识，促进了美国和各国对湿地保育和保护的努力。在美国，1972年的《清洁水法案》（Clean Water Act）和后来的修正案赋予湿地以联邦保护的手段。该项法律规定，没有美国陆军工程兵团签发的许可证就禁止填埋湿地。评论家把这项规定比喻为把看护鸡舍的责任推给狐狸，因为工程兵长期以来的工作重点就是挖掘、河流取直和筑堤。自1989年以来，美国政府采取了一项"严禁净损失"政策。如果一个开发项目破坏了湿地，就必须在他处重建或创建一处大小相近的湿地作为补偿。

但是，联邦政府的保护并非意味着不能破坏湿地，美国陆军工程兵团签发了几千份许可证，让房主和开发商填埋了成千上万平方米湿地。因使湿地退化或填埋湿地，或者未能补偿其损失的事件极少被起诉。结果，虽然近年来湿地损失的速率有所减缓，但是现存的许多湿地仍然处在退化或丧失的危险中。

森林资源

湿地只是人类活动所造成的处于无可挽回边缘的可再生资源之一。在世界各地，森林也处在同样的危险中。

自1.2万年前——大陆冰川后退、农业兴起之前——开始，全世界的森林和林地很可能覆盖除南极以外全球陆地面积的45%左右。早期社会的先民依靠从乔木和灌木中采集果实、坚果、树叶、树根和纤维以维持生活，森林曾是他们的栖身之处和有生产力的环境。尽管如今采集林产品仍然是一项补充性的活动，对那些自给性农业社会尤其如此，但是此类文化已经所剩无几。

数千年来，人们为了发展农业进行土地清理，近年来又进行商业性采伐、发展大型养牛场和砍伐薪柴。即使如此，森林仍然覆盖着世界大约1/3的土地面积。然而，作为一种工业原料资源，森林面积越来越有限了。虽然某些类型的森林断断续续地从赤道向北延伸到北极圈以北，向南达到南半球大陆尖端，但是，商业性森林仅局限在两个很大的地带（图5.33）。其一，近乎连续地占据着北半球中纬度上方。其二，跨越南美洲和中美洲的赤道地带、非洲中部和东南亚。这两条林带发育的树种不同，市场类型或用途也各异。

北方针叶林，或称软木林，是最大的近乎连续的林木，环绕着北极地区下方。其松树、

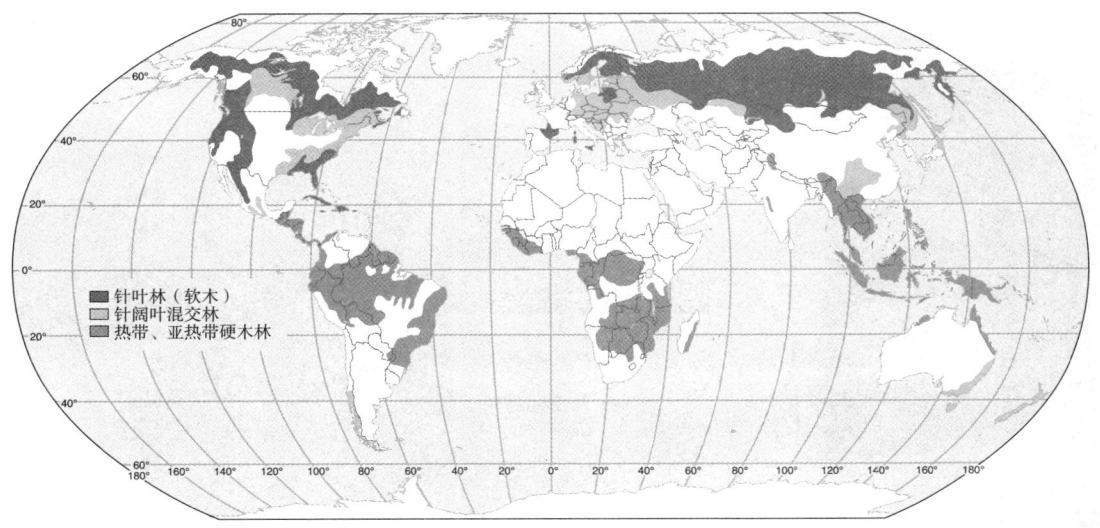

图 5.33 主要商业性森林。大部分原始林——尤其在中纬度地区——已遭采伐，留下有树林的景观而无商业性林木。绝大部分的北方森林不易进入，按现行价格计，不能认为其有商业价值。

云杉、冷杉和其他类型针叶树是建筑用材，并用以生产纸浆、人造纤维和其他纤维素产品。针叶林区以南是温带硬木林，含有橡树、山核桃木、枫树和桦树等落叶树种。这些树木和分布于硬木林和软木林带之间的混交林，由于几个世纪的农业与城市聚落的发展，面积已经大大减少，不过在制造家具、贴面板和铁道枕木等方面，硬木仍然具有重要商业价值。

热带低地硬木林主要用作薪柴和木炭，是发展中国家居民生活的主要依靠。全世界大约有90%的薪柴产自非洲、亚洲、大洋洲和拉丁美洲的森林。越来越多特种质量的木材在热带森林里被采伐以供出口。现在缅甸和印度尼西亚等东南亚国家占世界硬木出口很大份额（图5.34）。

"只见树木不见森林"的古训，很适用于只看见森林中树木商业价值的那些人。森林不只是树木，建筑用材也只是森林服务的目的之一。其他目的中重要的是水土保持、为野生生物提供栖息地和休闲娱乐。森林在全球水分、碳和氧循环中也起着至关重要的作用。

因为森林服务于各种各样的目的，所以任何地方所采用的经验管理技术都取决于所偏重的特殊用途。因此，如果森林的目的是为了维持本土植物种类的多样性，为野生生物提供数量最多的生态位，则这片森林的经营管理就不同于以公众休闲或流域保护为目的的森林。即使是偏重于木材生产的用途，也可能采取不同的经营方法。例如，生产胶合板或刨花板与生产优质木材的采伐技术不同。

只有采用可持续生产的方法，就是说，如果采伐能被新的增长所补偿（见第10章中"最大可持续产量"一词），才能认为商业性森林是可再生资源。木材公司采用了许多伐木和再生的方法。有两种迥异的做法——皆伐和间伐——表明了此类方法的多样性（图5.35）。

皆伐是最受争议的采伐做法之一。顾名思义，就是一次性地从某块林地中砍伐所有树木，然后让其自然再生或重新栽种——通常种植单一树种的速生苗木。过度的皆伐，尤其是在陡坡上，会摧毁野生生物的栖息地、加速土壤侵蚀和水污染。遗传多样性不大的木材种植园

第5章 自然资源地理 189

图5.34 堆放在缅甸曼德勒附近等待出口的柚木。(© *Larry Tuckett / Tom Stack & Associates*)

(a)

(b)

图5.35 (a)华盛顿州吉福德·平肖(Gifford Pinchot)国家森林的皆伐。不管树种和大小一律砍光、驱赶野生动物、破坏流域、中断自然更新、去除保护性地被物，使山坡遭侵蚀。(b)加拿大东部地区的间伐。先砍伐老龄、成熟的树木，而将较幼小的树木留待下次砍伐。([a] © *Milton Rand / Tom Stack & Associates.* [b] © *R. Moller / Valan Photos*)

取代了混交林，并降低或破坏当地的娱乐休闲价值。

在包含各种树龄、大小和树种的混交林中多采用间伐。逐棵或小片地采伐中等大小的树木或大树，以促进幼树生长留待日后采伐。久而久之，森林就会自行更新。从伐木者的角度看，间伐在效率和经济上都不如皆伐。此外，间伐的做法常常不严格执行，而且伐木道路上的建筑物仍然对森林造成大面积的破坏。

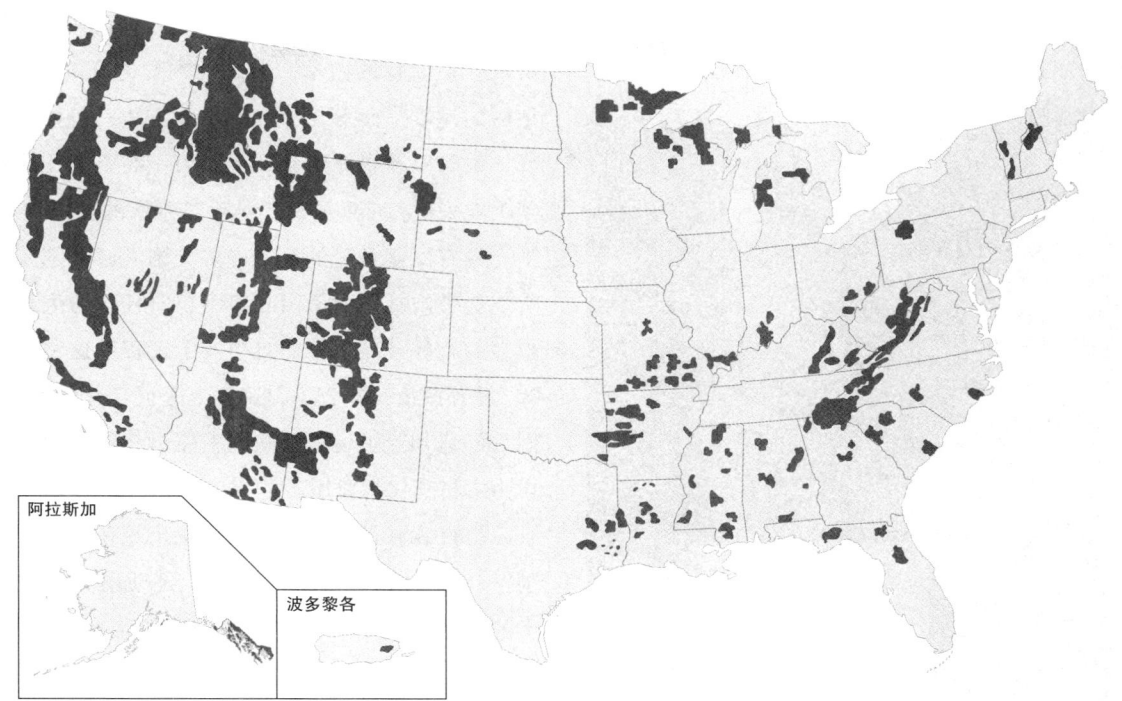

图5.36 美国的国有林。每年有1800平方千米林木从这些森林中被砍伐——大约每天4平方千米。到2001年为止,为采伐需要,在原始林地区修建了长54.7万千米的林间伐木道路(10倍于美国的州际公路)。

美国的国有林

与全世界的比例相同,美国国土大约1/3是有林地。这些森林中只有大约40%供每年商业木材采伐。其余部分或不含有商业价值的树种为分散的小业主占有、难以触及,或处于保护区内。40%的商业林地中,有近一半(155处)是公有或美国林业局管理的国有林(图5.36)。国有林允许私人企业进行采伐;木材公司交款取得伐木权,采伐指定数量的木材。目前,林业局处于森林应如何经营管理的辩论的中心。辩论的问题有关采伐方法、对老龄林木的采伐、道路修筑和再造林的速率。

1960年的《多用途永续生产法案》(Multiple Use Sustained Yield Act)规定,国有林经营管理目的有四方面:娱乐休闲、木材生产、流域保护和野生生物保育。尽管法令并未特别偏袒哪一方面,但是保护主义者指责说,林务局日益支持商业性采伐,而且森林正在以前所未有的速率遭到砍伐。

近年来,从国有林中采伐了数十亿板英尺[①]的木材。环保人士特别关切的是其中近一半来自俄勒冈州和华盛顿州的国有林,其中大多数又是无可取代的"原始林"。这些原始森林拥有世界上最高和最老的树木,甚至在移民美洲的英国清教徒到达普利茅斯岩的时候就已存在。

原始林包含各种年龄和大小的活树和死树。有些古树异常巨大,能长到90米高,存活1000年以上,包括花旗松、西部红刺柏、红杉和美国红杉。大量死树和腐烂的木材铺在林床

[①] 板英尺(board foot),是木板的计量单位。——译注

图5.37 通加斯国家森林，北美最大的国家森林，覆盖近7万平方千米的土地。无数小岛、小湾和峡湾与海岸山脉背景相映成趣。20世纪50年代后期以来，联邦政府承诺从通加斯长期获取廉价木材来补助木材加工业。自然保护主义者认为，林产品不需要原始林木，通加斯除了伐木以外，应该被用作野生生物管理、垂钓和旅游。(© Don Pitcher / Alaska Stock)

上，吸饱水分，有助于控制侵蚀和防止林火。落木腐烂时将养分释放回土壤中。这样的森林为千百种昆虫和动物提供栖息地，其中有些是受威胁物种和**濒危物种**（endangered species）。

美国仅存最大片的原始林位于太平洋西北部，大部分为联邦政府拥有。这些古老的森林曾覆盖喀斯喀特山脉和太平洋之间60%左右的林地，从加利福尼亚州到阿拉斯加绵延3200千米。而今天，只剩下10%的原始林，而且还以每年250平方千米的速率被采伐。如果按目前的速率继续采伐，这些森林将在20年内消失，

今日风光将不复存在。尽管林业公司栽种新树苗取代被砍伐的树木，但是伐木的速度2倍于植树的速度。而且，传统的经营方法，包括皆伐、筑路以及森林重建几十年后（而不是几百年）就采伐，都妨碍原始林生态系统的发育。

具有讽刺意味的是，许多美国人谴责别人焚烧热带雨林，而美国政府不仅听任作为生态珍宝的森林被破坏，而且事实上还资助这种破坏。联邦政府每年在木材销售上亏损10亿美元，因为修建和养护运材公路的费用远超过木材公司为木材支付的费用。

也许森林被滥用最坏的情况出现在通加斯国家森林（Tongass National Forest），那是北美最大的温带雨林，沿阿拉斯加东南海岸绵延800千米（图5.37）。据信这是美国仅存的、含有欧洲殖民之前就存在的每一种动植物的地方之一。这个生物多样性宝库是灰熊和秃鹰之类受威胁物种的家园；水体中有大量水生生物——从鲑鱼到鲸鱼。然而，皆伐和修路威胁着这些野生动物栖息地的存在。联邦政府花费数亿美元修筑了大约7400千米的通道，促进商业性采伐，而只得到微薄的回报。500年树龄、直径3米、高度超过32米的树木，每棵仅售3美元，被碾成纸浆发往国外然后变成人造丝和玻璃纸之类的产品。

热带雨林

因政府经济政策而加速森林破坏速率的不仅是美国，热带地区的森林采伐多半也得到当地政府的支持。巴西、印度尼西亚和菲律宾等国政府就资助旨在将森林改作他用的项目，例如耕种、建养牛场和采矿。这些国家政府的经济政策受到多方面压力的驱动，包括日益增长的人口、更多农田需求、更大的燃料与商业性用材需求、海外市场对牛肉的需求（清除森林代之以放牧地），以及中国对大豆、豆油等豆

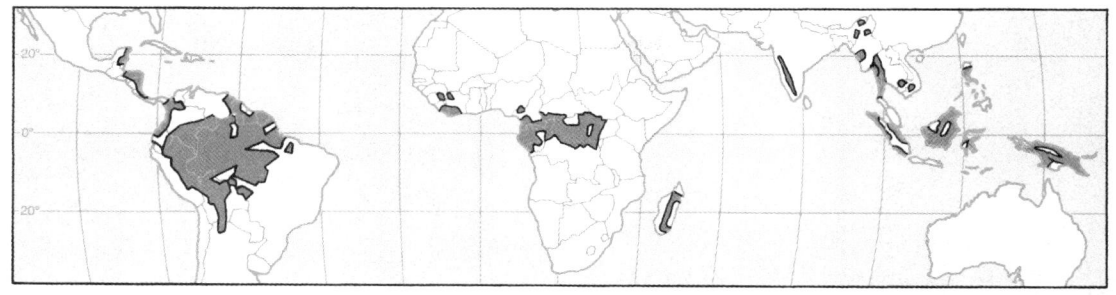

图5.38　热带雨林存在于全年高温潮湿的热带地区。亚马孙河流域有着世界上连续面积最大的雨林。巴西、刚果民主共和国和印度尼西亚3个国家拥有一半以上的热带雨林。大片林地正在被清除，为农业、养牛场、商业用材和开发项目让路。

制品日益增长的需求。

热带森林从亚洲部分地区向非洲和拉丁美洲延伸（图5.38）。每年有几万平方千米被完全清除，将近一半原始森林不是被清除就是已退化。在中美洲和加勒比海地区，70%的热带雨林已经消失。亚马孙河流域从巴西延伸到8个邻国，包含超过400万平方千米的广阔地区，据信拥有全世界现存热带雨林的一半左右。非洲热带雨林占世界总量的30%左右，现在大部分分布在非洲中部，因为在西非，从塞拉利昂到喀麦隆的热带雨林大部分已经被毁。其余20%的热带雨林分布在亚洲/太平洋地区。印度、马来西亚和菲律宾的大部分森林业已丧失，缅甸、柬埔寨、泰国、越南和印度尼西亚近年来森林采伐速率急剧上升。总的说来，据估计亚洲天然林近一半已消失。

虽然毫无疑问热带雨林正在消失，但是对消失的速率仍有相当大的不确定性。联合国估计近年来每年平均大约有4万平方千米森林被清除，折合为略少于所剩森林的1%。从亚马孙流域巴西森林的卫星影像中我们也得到同样的数字。在巴西，该数字意味着平均每年有一片大体相当于康涅狄格州面积的森林被砍伐。

巴西的森林砍伐已经成为国际关注的焦点，因为它既是面积最大的，也是消失速率最快的热带雨林。没有哪个国家对下述事实表达得更清楚：森林采伐是一项复杂的事务，使发展中国家和发达国家政府、国际发展组织和环保小组、跨国公司和人权斗士互相斗争。巴西人这样回应对其有意开发亚马孙流域政策持反对意见的批评家：这项政策降低了人口稠密的东北地区的人口密度、给农民和农场工人赖以谋生的土地、允许国家发掘未利用的自然资源，还帮助巴西偿还巨额外债，因此这项政策是合理的。他们还指出，西欧和美国大部分森林都在几十年（如果不是几百年的话）之前被清除掉，随后的资源开发带来了财富与繁荣。巴西人问：为什么我们就不该把自己的自然资源用在我们认为最大利益所在处？

但是北美人有充分理由说明，为什么他们应该关心热带雨林所发生的情况。热带雨林的破坏引起了3个全球性关注点和大量地方性问题。首先，所有森林都在维持全球氧和碳的平衡中起主要作用。人类及其工业均须消耗氧气；植被一方面从大气层吸收二氧化碳，另一方面又把氧气释放到大气层中。事实上，亚马孙森林因对人类所呼吸的氧气的贡献而被称为"世界之肺"。当热带森林被清除的时候，它作为"碳汇"和充氧器的作用就丧失了。

第二个全球关注点是清除森林对空气污染

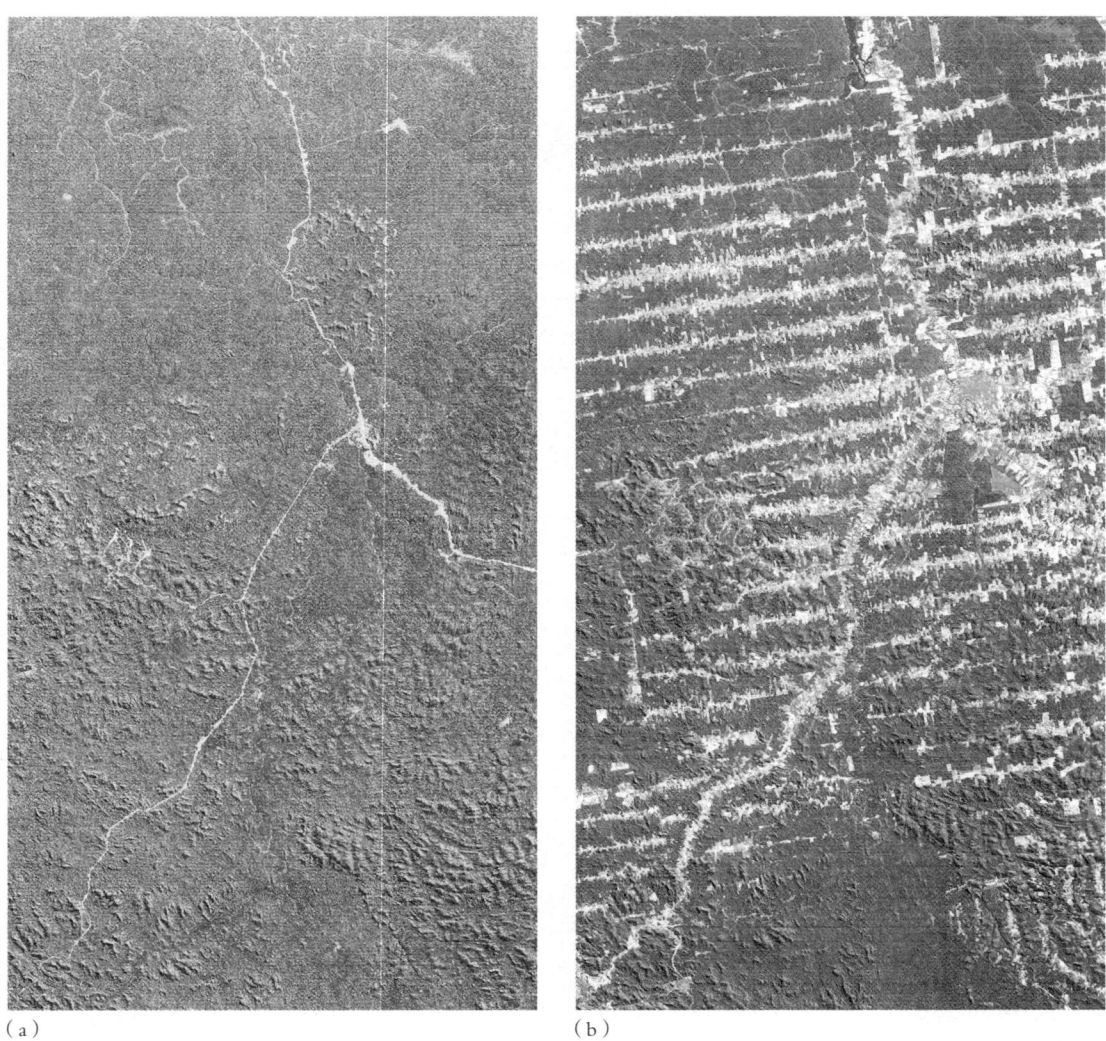

(a) (b)

图5.39 巴西朗多尼亚（Rondônia）地区热带雨林部分被清理之前和之后。在1975年（[a]）和1992年（[b]）拍摄的两张卫星影像中，健康植被呈橘红色；清除了森林的土地和城市地区呈浅蓝绿色。森林植被的系统性砍伐沿公路开始，然后呈扇形展开，造成"鱼骨状"格局，这在1992年的影像中明显可见。为耕种而清除一个地区的最快、最廉价的方式就是放火焚烧。虽然马托格罗索州（Mato Grosso）和帕拉州（Parú）也有大量采伐，但是巴西各州中面积大约等同俄勒冈州的朗多尼亚地区森林被放火破坏的百分率最高。有些人将其比喻为"环境大屠杀"，林火产生千百万吨造成全球变暖的气体，同时消耗保护地球的臭氧层。(Landsat images courtesy of Eros Data Center / USGS)

与气候变化的影响。用放火焚烧的方法清理森林，把巨量二氧化碳释放到大气层中。巴西科学家估计，为清理而在亚马孙森林点燃的数千处林火成为大气变暖的因素，占全球二氧化碳产量的1/10（图5.39）。此外，林火产生各种气体（氮的氧化物和甲烷），造成酸雨和臭氧层的损耗，这是第12章将讨论的问题。

最后，根除热带森林很易导致地球生物多样性的丧失。森林是经几百万年发育而成的错综复杂生态系统的一个成分。树木、藤本植物、有花植物、动物和昆虫相互依存。每年因清除林木、破坏生境造成仅存此地的成千动植物品

热带森林与药物资源

热带森林是生物的聚宝盆，拥有丰富得让人惊讶的植物和动物。面积大体等于南卡罗来纳州的哥斯达黎加，其鸟类种类之多堪与整个北美洲相匹敌，昆虫种类更是多于北美，植物种类几及北美洲的一半。科学家在秘鲁雨林中鉴定了1 300种蝴蝶。加里曼丹岛（前婆罗洲）的一片雨林拥有700多种树木，同北美洲一样多。秘鲁有一棵树上栖居着72种蚂蚁，以树为食、为巢，反过来又为其他昆虫提供保护。

热带森林出产大量化学品，用以制造生物碱、类固醇、麻醉剂和其他药剂。现代约50%的药品——包括番木鳖碱、奎宁、马钱子碱和吐根，都来自热带森林。一种单瓣的长春花（Madagascar periwinkle）生产用以治疗白血病和霍奇金氏病的两种药剂。

科学家认为，如同源自热带植物的这些药品和其他现代药品一样意义重大的，是热带森林的医药潜能仍几乎未得到开发。他们担心毁林使我们在认识这些植物之前就根绝了药用植物和口传处方，剥夺了人类可能永远认识不到的、数不清的潜在利益。部落民族随手使用雨林植物来医治蚊虫叮咬和毒蛇咬伤、减轻烧伤和皮癣、治疗发烧和耳痛，但是生物学家只是最近才开始鉴定热带植物，研究传统草药以发现可能含有药用价值的化合物。

种灭绝。虽然目前热带雨林占据地球土地面积不及10%，但是，据信那里拥有世界全部动物、植物和微生物物种的50%—70%。其中很多植物已成为全世界重要的主食作物，包括稻米、玉米、木薯、南瓜、香蕉、菠萝和甘蔗等。还有许多未知的、潜在的粮食物种有待开发。此外，热带雨林出产大量工业原料（油类、树胶、乳胶和松脂），而且是全世界药用植物的"大仓库"（见"热带森林与药物资源"专栏）。

毁林还给当地环境、经济和社会带来沉重的代价。所有森林都能固定表土和吸收过量的水分。清除森林加速土壤侵蚀，泥沙沉积在河流和灌渠中，使当地易遭水旱灾害，反过来又导致粮食与薪柴短缺，形成恶性循环。在数年之内，由清除森林发展的土地可能变得不再适合农业利用。在喜马拉雅流域、埃塞俄比亚高原和其他许多地方，毁林、土壤侵蚀和降雨径流业已加剧了洪水，夺走了千万人的生命，使几百万人无家可归。

5.6 资源管理

雨林的破坏是一场不能带来长远利益的悲剧。世界正在步入一个资源廉价、信手拈来和挥霍使用时代的末日。几百年来，人们曾经认为地球是一个近乎无穷无尽供人开采的资源仓库，同时，又是一个巨大的社会废物储藏室。现在人们日益认识到资源是可能耗竭的，即使像森林这样的可再生资源也是如此。许多可再生资源的寿命只有几十年，空气和水——也是资源——不能在吸收大量污染物后仍能保持其生命支撑能力。

这种认识反映在1992年于里约热内卢举行

的地球峰会中。那时世界各国政府同意建立联合国可持续发展委员会。自那时起，超过70个国家——包括美国在内，开始谋划通向**可持续发展**（sustainable development）的道路。一般把可持续发展定义为既满足当前需要又不危及未来世代满足其需要的发展。可持续性的原理是简单明了的。可再生资源可持续利用的意思就是在它们再生速率的范围内进行利用。在很长的时期内：

- 土壤侵蚀不能超过土壤的形成；
- 森林的破坏不能超过森林的更新；
- 物种的灭绝不能超过物种的进化；
- 鱼类的捕捞不能超过渔场的再生能力；
- 污染物不能超过系统吸收污染物的容量。

一个社会可以在短期内违反可持续原则，但不能长期违反这些原则。

定义可持续发展很容易，但是要做到却很困难。落实可持续发展政策，除了注意相关事项以外，还要对公众进行实行此类政策的必要性教育；政府领导人、企业界和环保人士之间在政策决断方面要取得一致意见；还要保证政府履行协议的一致性。发达国家在提出可持续发展方面处于最好的地位，因为这些国家很富有，有足够的投资用于必要的研究和技术。与此同时，发达国家还必须认识到，发展中国家：①把发达国家对物质资源的消费（有人会说过度消费）看作许多资源供应日益减少的主要原因；②不想听人教训他们说不能走其他国家已经走过的迈向经济发展与繁荣的道路。

然而，转向资源的明智管理不是不可能的。这需要实行三种策略：保育、重复利用和代用。**保育**（conservation）的意思是对资源慎重使用，使后代能像我们现在那样从中得到种种利益。这包括减少我们对资源的消费、避免不经济的使用和保护其质量。这样，通过等高耕作、轮作和各种其他做法，使土壤得到保护、肥力得以维持。通过正确的经营管理，即使森林资源被开发也能得到保护。

减少能源消费的机会很多，方法也多种多样。几乎所有事情都能做得更节能。机动车使用了世界石油产量相当大的份额。减轻车辆的重量和使用更高效的发动机和轮胎至少能节约世界石油年产量的20%。工业上更高效的设备和工艺也有巨大的节能潜力。例如，日本的钢铁业能够用比大多数国家1/3还少的能量生产1吨钢。只要适当地修建房屋，就能减少用于家庭和办公楼取暖、制冷和照明的能量。

物料的重复利用也能减少资源的消耗。我们能够把废物焚烧、分解、发酵以提供能量，而不是将其埋入垃圾堆。我们能够大量增加钢铁、铝、铜、玻璃和其他金属的回收，不仅回收物料本身，而且也回收了其生产时投入的能量（图5.40）。有人曾经估算过，丢弃一个铝制软饮料罐，等于浪费了半饮料罐的汽油，并把这些汽油倾倒到地上。

我们能够更积极地寻求取代天然气和石油的其他能源代用品。如果能够经济地采用煤炭和油页岩的开采技术，那就能满足未来对燃料的需求。此外，像生物质能、太阳能和地热能等可再生能源的数量和种类几乎是无限的。虽然没有哪一种可再生能源像石油和天然气那样重要，但是它们能够共同为人类对能源的需求做出重大贡献。最后，对紧缺的非燃料矿物质的置换能够延长其储量的使用寿命。像陶瓷或纤维产物等非金属材料能够取代金属在某些方面的应用。

图 5.40 等待被回收的铝罐。用废旧铝罐制铝所用能量只及用原料制铝的 5%。换言之，用新原料制造一个铝罐的同等能量能够用回收旧料制造 20 个。循环利用的另一个充分理由是，一个被丢弃到垃圾填埋场里的铝罐可放置 100 年。(© *Ann Duncan / Tom Stack & Associates*)

章节摘要

我们的健康和物质福祉有赖于对自然资源的使用。土壤和植物等可再生资源是自然界中再生速率等于或快于社会对其开采速率的那些资源。即使是可再生资源，如果使用速率超过再生速率，也是能够耗竭的。非可再生资源——化石燃料和非燃料矿物——再生过于缓慢，被认为储存量有限。资源的已证实储量就是已经鉴定而且有开发价值的数量。

工业革命是以社会依赖可再生资源转变为源自非再生矿物（主要是化石燃料）的资源为特征的。工业发达国家的商业能大约40%依靠原油，这是一种稀有而且分布不均的资源。只有两个地区——俄罗斯和中东拥有大的天然气储藏，这是到21世纪中叶很可能日益变得稀缺的另一种资源。有很多其他资源可以生产石油和天然气，例如油页岩和焦油砂，但是目前所有替代燃料的经济与环境代价都很高。虽然核电站的发电量不足全世界电力的1/3，但这是一种不平衡的格局。有些国家一半以上的电力来自核电站，而其他国家则完全没有。

可再生自然资源比非可再生资源的分布更广泛、更均匀。木材和其他形式的生物质是世界一半以上人口的主要能源。水力是许多国家的主要电力能源。其他可再生能源包括地热能和风能，对能源需求的贡献较为局部与有限。

地壳中拥有各种各样的非燃料矿物资源，人们从中制造出金属、玻璃、石材和其他产品。所有这些都是不可再生的。有些存量巨大，其他则相对较少；有些分布广泛，其他仅分布于几个地点。

人类活动业已并继续对三类土地资源产生严重影响：土壤、湿地和森林。虽然世界很多地方的土壤遭到过度侵蚀、荒漠化和盐碱化，但是这三类土地资源都起着至关重要的生态作用。世界很多地方的湿地已经退化，而很多森林被毁的速度超过其更新的速度。热带雨林的消失不仅是当地，而且是全世界关切的大事。

因人口增长和经济发展造成对资源日益增长的需求，加剧了地球上许多资源供应的紧张关系。由于世界的未来将取决于当代人的思想和行为的方式，因此对一切自然资源明智而审慎的经营管理对于世界一切经济体都至关重要，无论这些经济体处于哪个发展阶段。

问题与讨论

1. 可再生资源和非可再生资源的基本区别是什么？为什么对已证实储量的估计随时间而不同？
2. 为什么能源被称为自然资源之母？能源消费与工业生产之间的关系是什么？简述美国历史上能源消费的模式。
3. 为什么原油成为商业能源的主导类型？哪些国家是主要原油生产国？为什么难以预测已证实石油储量的开采年限？
4. 1974年美国进口其消费石油的35%，尼克松总统在国情咨文中说："让这成为我们民族的目标……美国将无须依靠任何别国提供我们所需的石油来提供就业、为我们的房屋取暖、保持我们的交通运行。"能源自给长期计划的目标，是到1980年不再依赖外国能源。到2004年，美国进口其消费石油的60%以上，你如何解释过去30年的转变？
5. 为什么自1961年以来煤炭对美国能源的供应比例增大了？使用煤炭带来的生态问题和社会问题是什么？
6. 产生核能的不同方法是什么？为什么公众反对

核动力？

7. 使用可再生资源产生能量的常用方法有哪些？使用此类资源的优点是什么？缺点是什么？

8. 一般来说，什么是矿业大国？发展中国家在重要原料生产中起什么作用？生产国对铜紧缺的威胁做出了怎样的反应？

9. 既然土壤侵蚀是一种自然过程，为什么它还受到关切？通常减少侵蚀的方法有哪些？在什么情况下、在哪些类型的地区会出现荒漠化和盐碱化？

10. 湿地有哪些类型？湿地为什么重要？为什么如此之多的湿地消失了？

11. 森林履行哪些至关重要的生态功能？热带雨林位处哪些地方？雨林的破坏引起哪些方面的关切？

12. 请讨论减少资源需求的三种途径。

延伸阅读

Brown, Lester R., et al. *Vital Signs.* New York: Norton. Annual.

Cutter, Susan, and William H. Renwick. *Exploitation, Conservation, Preservation: A Geographic Perspective on Natural Resource Use.* 4th ed. New York: John Wiley & Sons, 2003.

Diamond, Jared. *Collapse: How Societies Choose to Fail or Succeed.* New York, Viking, 2005.

Dower, Roger, et al. *A Sustainable Future for the United States.* Washington, D.C.: World Resources Institute, 1996.

Enger, Eldon D., and Bradley Smith. *Environmental Science: A Study of Interrelationships.* 9th ed. Boston: McGraw-Hill, 2004.

Geller, Howard. *Energy Revolution: Policies for a Sustainable Future.* Covelo, Calif.: Island Press, 2003.

Hinrichs, Roger A., and Merlin H. Kleinbach. *Energy: Its Use and the Environment.* 3d ed. New York: Harcourt Brace Jovanovich, 2001.

Josephson, Paul R. *Industrialized Nature.* Covelo, Calif.: Island Press, 2003.

Kesler, Stephen E. *Mineral Resources, Economics and the Environment.* New York: acmillan, 1994.

Marsh, William M., and John M. Grossa, Jr. *Environmental Geography: Science, Land Use, and Earth Systems.* 3d ed. New York: John Wiley & Sons, 2004.

Matthews, Emily, Richard Payne, Mark Rohweder, and Siobhan Murray. *Pilot Analysis of Global Ecosystems: Forest Ecosystems.* Washington, D.C.: World Resources Institute, 2000.

Montgomery, Carla W. *Environmental Geology.* 6th ed. Boston: McGraw-Hill, 2003.

Parfit, Michael. "Powering the Future." *National Geographic,* August 2005, pp. 2–31.

Ristinen, Robert A., and Jack Kraushaar. *Energy and the Environment.* New York: John Wiley & Sons, 1998.

Spencer, Edgar W. *Earth Science: Understanding Environmental Issues.* Boston: McGraw-Hill, 2003.

Tuxhill, John. *Nature's Cornucopia: Our Stake in Plant Diversity.* Worldwatch Paper 148. Washington, D.C.: Worldwatch Institute, 1999.

World Resources Institute and the International Institute for Environment and Development. *World Resources.* New York: Oxford University Press. Annual or biennial.

World Watch, a bimonthly magazine published by the Worldwatch Institute, Washington, D.C.

Worldwatch Institute. *State of the World.* New York: Norton. Annual.

Worldwatch Institute. *Worldwatch Papers* issued several times a year. Washington, D.C.

万维网上和地理学有关的网站极其丰富。与本章主题有关的网站请见与本书有关的在线学习中心的"Web Links"部分。网址：www.mhhe.com/getis11e。

第二篇
文化-环境传统

> 这里是克劳地区。圣灵把它安排得恰到好处，置身其中，你就会乐不思蜀，一旦离开，无论你身处何地，你都会后悔不迭……天下之大，唯有克劳地区最好。它有着白雪皑皑的山峰，阳光普照的原野；四季分明，物产丰饶。夏日骄阳烘烤草原之时，你可以徜徉于山下，吸吮清凉甘甜的空气……秋高气爽之日，你放牧于山间牧场的马群又肥又壮，你可以到原野上猎取水牛，泛舟河溪捕捉河狸。冬季来临，你可以隐居河边林下的小窝。
>
> 克劳地区的确尽得地利，万事胜常，克劳山水甲天下。

这就是19世纪初克劳地区长官阿拉普什（Arapoosh）对怀俄明州比格霍恩县（Big Horn County）的评价。但20世纪60年代，雷诺兹（Reynolds）上尉向国防部长报告称，该盆地"处处令人生厌，群山环绕，农业上一无所长"。

第一篇的3章，我们主要关心自然景观。虽然自然环境可以用过程和数据来描述，但是只有通过文化的筛选才能使其具有人文意义。阿拉普什和雷诺兹所看到的是同一景观，只不过所依据的是他们各自的文化和所受到的训练。文化就像一片彩色玻璃，影响、扭曲着我们对地球的看法。文化决定人们对土地的想法，决定人们对土地的利用和改造，决定人们彼此与土地间的相互作用。

这种状况就是地理学文化-环境传统的重点，是依旧关心景观的一种传统，但这不是本书第一篇中自然科学意义上的那种关心。本篇着重讨论人文方面。当然，当我们提出文化差异的含义与现实性的同时，也时刻把自然环境谨记在心。不过，我们的景观就具有了另一个维度，变得人文化而非纯属自然。

因此，本篇的4章着重讨论"地理环境-文化-人"三者关系中"人"的部分。第6章"人口地理学"，从人口数目、组成、分布和增长趋势以及他们对所占据的土地资源施加的压力开始讲述。目前人们非常关心人口数量与分布等问题，例如大众经常提到的"人口爆炸"，对于合法和非法移民的公众辩论，以及关于人口增长与粮食供应问题的思索。当然，更根本的是人口的数目和区位，这是人口地理学中最基本的背景资料。

但是，人不只是全球统计中的数字。他们是一个个的人，他们对所居住的自然环境和社会环境有想法、有行动、有反应。反过来，那些想法、行动和反应又受到那些个人所从属的文化结构与标准的强烈控制。世界是由这些文化群体和人文景观组成的马赛克，引发我们对它进行地理学研究。第7章"文化地理学"，研究文化的组分和亚系统，文化变化的途径，定义一种文化和使各地文化发生变化的关键变量，通过这些方面介绍文化地理。

世界上那些变化的种种模式并非永恒不变。这些模式仅代表过去人们的活动、思想与技术输出，以及征战和殖民历史等造成的结果。就是说，它们代表着过去和现在人们与其文化在全球空间范围内相互作用的结果。第8章"空间相互作用"的主题是人类空间行为的规律性，并说明人们对地球表面使用的方式。人类个人和群体的行为创造了各种各样的文化，包括生产、资源利用和城市聚落等方面的差异，这些都是本书第三篇的话题。

第9章"政治地理学"探讨了操控着那些文化因素的背景。政治制度和过程强烈地影响着许多文化要素的形态与分布。经济系统和运输系统与国家边界相一致。政治管理，无论是详细的分区编码还是一般的环境保护法，都会对经济和城市景观产生显著影响。某些国家中，即使有关宗教、文学、音乐和美术等明显非政治性的事项，也可能受到政府支持某些表达方式而排斥和禁止其他方式的影响。当然，在建立与维持决定资源开发与世界各地人民谋生模式的各种经济制度的时候，政府管理和政治意识形态是根本的要素，像政府倒台或超民族政治联合——例如欧盟——这样的制度变化，把一些新的行为模式强加到已确立的民族文化上面。

因此，第二篇的主题是人，以及他们所创造或所设想的集体和个人的文化景观。现在让我们在考虑人的文化与行为之前，先从人的本身开始。

◀ 马来西亚传统舞蹈是一年一度在吉隆坡独立广场（Dataran Merdeka）举行的"多彩马来西亚节"中最引人注目的节目。（© Sergio Pitamilz / Superstock）

人口地理学

第6章

"（人口）零增长甚至负增长"是东南亚岛国新加坡的总理于1972年提出的口号。第二次世界大战结束时（1945）该国人口为100万，到20世纪60年代中期已经翻了一番。为了避免他所预见的人口过多的情况发生，该国政府颁布了一项法令——"生男生女，两个够了"。同时对第三胎和多胎取消产假和健康保险权。堕胎和绝育合法化，第四胎以上的孩子受到入学政策的歧视。结果，到20世纪80年代中期，新加坡出生率下降到低于人口更新的水平，堕胎率超过妊娠的1/3。

"至少两个，三个更好，如养得起，请生四个"，这是同一位总理在1986年提出的口号，反映了其对原先发起的运动"走得太远"的担忧。李光耀总理对人口过多会使**第三世界**（Third World）陷入永久贫困的关切，转变为对限制人口会削弱增长潜力与国力的担忧，暗示要有足够受过教育的年轻劳动力来替换与赡养正在老龄化的人口。他在1990年的国家预算中，对28岁以下的母亲生育第二胎提供了可观的长期减税额度。现在尚不确定单凭财政上的刺激能否足以使人口增加，但新加坡政府每年都重申1997年香港回归时的意向：每年接受10万名愿意移居的香港居民。

新加坡政策的逆转反映了一种不可改变的人口现实：当前的人口结构控制着未来的人口总量。今天人口的大小、特征、增长趋势和迁移有助于我们设想尚未出生、但其数量与分布现在就可确定的人口的福祉。人口的数量、年龄和性别分布，人口出生率和死亡率的格局与趋势，聚落的密度与增长率，所有这些都影响着、又受影响于社会的政治组织和经济组织。我们可以通过人口数据来了解某个地区人民如何生活，他们之间如何相互作用，他们怎样利用土地，对资源有什么压力，以及他们会有怎样的前途。

人口地理学（population geography）提供那些令人感兴趣的问题的研究方法和解答。这门学科侧重研究与地球空间状况有关的人

◀ 开罗数以千计的埃及人正在做黎明祈祷。（© Aladin Abdel Naby / Corbis Images）

的数量、组成和分布。这门学科与对人口进行统计研究的**人口学**（demography）不同，它关心空间分析——人口数量与区域的关系。资源基地的区域状况、经济发展的类型、生活水平、粮食供应，以及健康与福利等，这些都是人口地理学所关心的基本问题。这些问题也是所有人文地理学研究的人地关系实质的基本表述。

6.1 人口增长

2007年初某一天，地球人口达到了66亿。而1994年的年中，该数字为56亿。就是说，这之间的13年里，世界人口每年平均增加7700万，或每天增加21.1万人。然而，这个平均值掩盖了这样的事实，即每年所增加的人口数业已减少。20世纪90年代初，联合国人口司报道，每年增长的人口为8500万—9000万人；到了21世纪初，增长数下降到7400万—7500万人。即使按照人口增长减缓的记录，2004年联合国预测，2050年世界人口仍可能达到91亿。尽管每年继续增加几百万人口，但到2100年世界人口也许会达到94亿或95亿。

然而，许多人口学家对2005年底人口众多的许多发展中国家——特别是印度——所报告的出生率大幅下降留下深刻印象，因此他们改变了对本世纪末世界人口的预测：峰值为80亿—90亿之间，随后数量下降，但仍未稳定。不过，大家一致认为，从根本上说，未来所有的人口增长都发生在现在所称的"发展中"国家（图6.1）。我们将在本章后面再回过头来讨论这些预测，并讨论各种困难与做出这些预测固有的分歧。

数以百万计和十亿计究竟意味着什么？我们用什么来比较2005年欧洲爱沙尼亚（约130万人）和中国（约13亿人）的人口？除非我们对这些国家的规模和国情在某种程度上有所掌握，否则我们对这些数据和人口学家对数据处理的理解是极其浅薄的。很难体会像百万和十亿这样巨大的数字以及它们之间的巨大差别。美国人口咨询局（Population Reference Bureau，PRB）提供的一些例子可以帮助我们想象这些数字的浩瀚和含义。

- 2.5厘米厚的一沓美元纸币有233张。如果你有100万美元，每张面值1000美元，这沓美元就有11厘米厚。如果你有10亿美元，每张面值1000美元，钱摞起来就有109米厚——大约等于一个足球场的长度。
- 如果你活了11.6天，就是100万秒。直到你31.7岁，你才有10亿秒寿命。
- 如果你乘协和式超音速飞机飞行，理论上其巡航时速为2150千米，环绕地球仅需18.5小时。一个乘客乘协和式飞机飞行161万千米要31天，而16亿千米的旅程则要85年。

当前人口数目及其可能的增长所涉及的因素，在社会、政治和生态上都有着重要意义。1.2万年前大陆冰川开始消退时，人口数目很少，那时人们扩散到地球上原来无人占据的地区，人类对粮食资源的试验开始了农业革命。后来组成全人类的那500万或1000万人显然在客观上有着扩大人口数目的可观潜力。回顾往事，我们看到地球的自然资源基础对人口支撑的能

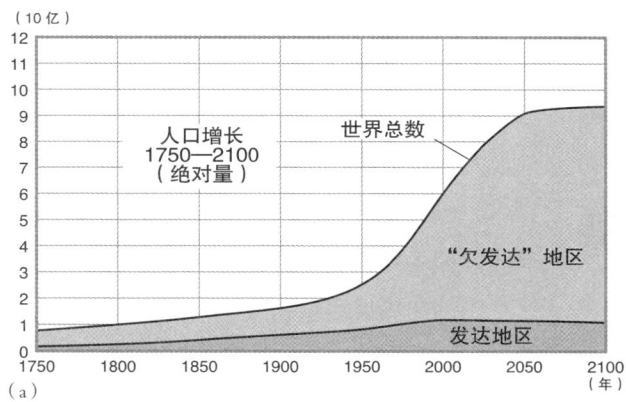
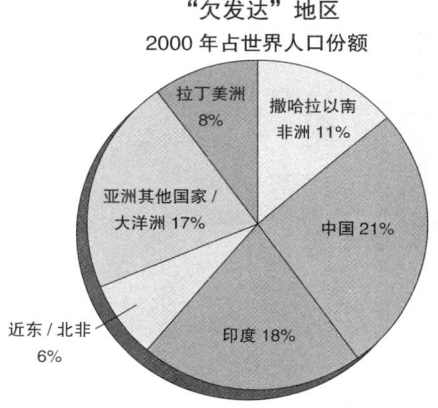
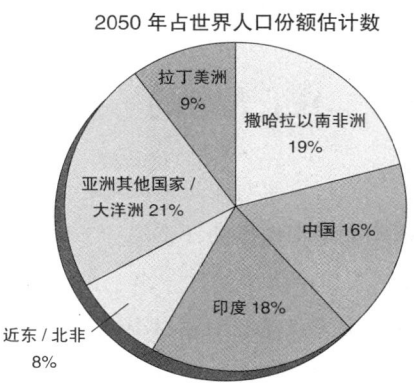

图6.1 世界人口数量和预测。(a) 历经两个世纪缓慢增长以后,第二次世界大战(1939—1945)后世界人口开始爆炸性膨胀。美国人口学家预测2050年全球人口为91亿。发展中世界多数国家人口增长率的下降,使原先预测的2100年世界人口100亿下降到不超过94亿—95亿;有些人口学家认为该数字会进一步下降到80亿—90亿。由于2000年初51个发达国家和地区人口趋于稳定或减少,这些地区的人口到21世纪中叶将保持不变或少于世纪初。但是在美国,由于较高的出生率和移民,其人口在2000—2050年间将会增加50%,而大量移民进入欧洲则可能改变其人口下降的预测。相反,2000—2050年"欠发达"地区人口有可能增加60%以上。(b) 虽然2000年"欠发达"地区人口已经略微超过世界人口的80%,但到2050年每增加的10个人中有9个会在这些地区。
资料来源: *(a) Estimates from Population Reference Bureau and United Nations Population Fund. (b) Based on United Nations and U.S. Bureau of the Census data and projections.*

力远远超过早期猎采族群对它施加的压力。

有些观察家断言,尽管从目前的或未来能够合理预测的人口数目来考虑,人类的适应能力和充分利用资源的聪明才智尚无遭受重负之虞。但是,其他观察家把地球比作一艘自给自足的宇宙飞船,他们令人寒心地宣称,这艘小小的飞船不能承受永无休止地增加的乘客的重负。这些观察家提出一再出现的**营养不良**(malnutrition)和饥饿问题(虽然在世界范围内,这些问题事实上主要是由粮食分配不公而不是由生产不足造成的)。他们引证种种危险状况——空气污染和水污染、森林和耕地损失、许多矿物和化石燃料明显近于耗竭,以及其他地球资源紧缺的证据,预言了人口增长明确的上限。

从全世界看,人口增长只有一条路:某个时期内出生人数超过死亡人数。如果忽略人口迁移造成某区域人口的变化,我们可以断定,观测到的和所预测的人口增加,必定是因控制出生人数或增加死亡人数的天然机制失效,而某区域人口的减少则是在此类控制方面取得的成功。相反,目前对世界人口增长正在减缓,甚至稳定或下降的估计清楚表明,人类因个人或集体的决定,有可能有效地限制人口增长和控制全球人口的数目。当我们定义了世界人口研究中某些重要词汇并揭示其意义以后,这些观察将会变得愈加清楚。

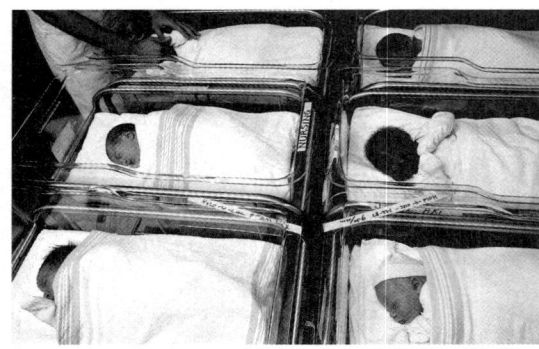

图6.2 无论这些婴儿的种族、性别或民族有什么差别，他们在人口学上都聚集在一个出生年龄组里。(© Herb Snitzer / Stock Boston)

6.2 关于人口的一些定义

人口学家对人口组成和趋势采用各种度量标准，尽管他们的计算都从一些事件的计数开始：人口中的个体数、出生数、死亡数和婚嫁数等。人口学家对这些基本计数进行了改进，使这些数字对人口分析更有意义、更有用。其中包括各种"比率"和"同生群"的度量。

比率（rate）就是特定人口在某时间框架内以一种事件出现的频率——例如，婚嫁率就是去年美国每千人中婚嫁的数目。**同生群**（cohort）度量是指具有某种共同特征的一组人口——1—5岁年龄组或大学2010级——的数据（图6.2）。

出生率

粗出生率（crude birth rate, CBR）通常也简称"出生率"，就是每年每千人出生的活产数。之所以称为"粗"，是因为它与总人口的出生有关，而不问该人口的年龄或性别组成。一个有200万人口的国家，每年出生4万人，其粗出生率就是20‰。

$$\frac{40,000}{2,000,000} = 20‰$$

当然，一国的出生率受其人口年龄和性别结构、居民习惯与对家庭大小的期望，以及国家采取的人口政策等诸方面的强烈影响。由于这些情况变化很大，所以有记录的出生率也差别很大——21世纪初，从西部非洲某些国家高达45‰—50‰，到欧洲20多个国家的低至9‰—10‰。虽然出生率30‰以上就被看作高出生率，但世界上几乎1/5（自1990年下降一半）的人生活在出生率这样高或更高的国家里（图6.3）。这些国家——主要在非洲、西亚和南亚，以及拉丁美洲——占优势的是农业和乡村人口，而且年轻女性人口比例很高。这些国家中许多国家的出生率可能远高于其官方记录。现有数据表明，每年大约有5000万人无出生记录，因此未纳入统计。

低于18‰被认为是低出生率，是工业化、城市化国家的特征。所有欧洲国家，（包括俄罗斯），英语美洲国家、日本、澳大利亚和新西兰都属于低出生率国家，尤为重要的是越来越多的发展中国家也是这样。其中有些国家，如中国（见"中国方式及其他方式"专栏）采取了有效的计划生育。其他改变了文化准则的国家也减小了家庭的规模。过渡性出生率主要是一些新近工业化小国的特征，虽然庞大的印度在1994年也加入了其中。

正如近年来新加坡和中国历史显示的那样，出生率常有变化。目前欧洲国家以及它们曾经殖民的一些地区，出生率的下降通常归因于工业化和城市化，以及近年来趋于成熟的人口。中国严格的计划生育政策迅速降低了出生率，从1970年的33‰降低到1986年的18‰；而日本则在几乎没有政府干预的情况下，在1948—1958年10年间下降了15点。许多国家

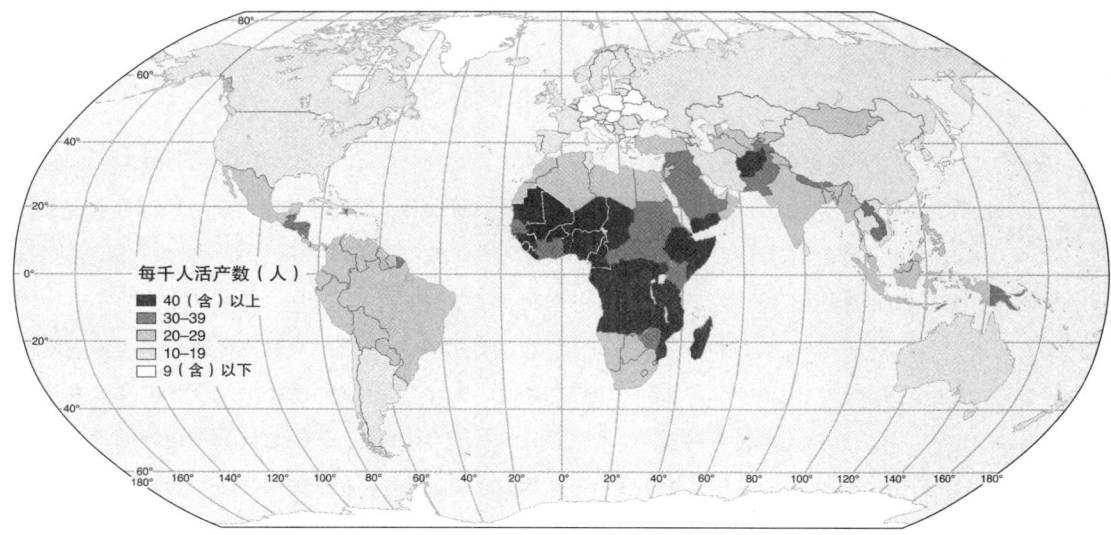

图 6.3 2005 年粗出生率。该图有某种精密度，但因缺乏可信的、普遍的生育登记所以可能造成误导。不过，如果不十分认真地看待图中的分级，那么该图的格局可概略地作为一种有用的相对生育一般模式。有报告的或估计的数据每年不同，因此本图和其他人口图中的数字可能不尽一致。

资料来源：*Data from Population Reference Bureau.*

的经济发展阶段似乎确实与出生率变化密切相关，尽管对这种相关的严格检验表明并非完全如此（图 6.3）。发达国家 21 世纪初的粗出生率为 11‰；欠发达国家（中国除外）在册的出生率（从 1990 年的 35‰）下降至 27‰ 或 28‰。

宗教和政治信仰对出生率也有影响。许多罗马天主教徒和穆斯林，因宗教上禁止使用人工生育控制技术，所以他们的信念常导致信徒的高出生率。不过，天主教占优势的意大利则有着全世界最低的出生率，伊斯兰教本身并不禁止避孕。同样的，有些欧洲国家政府——出于对出生率过低难以维持现有人口水平的忧虑——还资助生育，力图提高出生率。图 6.4 总结了各地区预期人口变化对世界人口增长贡献的百分比。

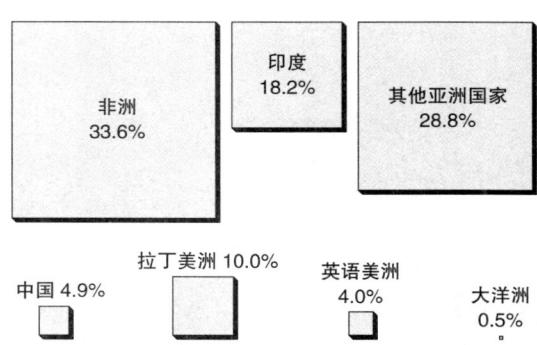

图 6.4 2000—2050 年按地区统计预测的世界人口增长百分比。按不同年龄结构记录的大小不等的地区人口出生率变化，正在改变世界人口增长的格局。2000 年占世界人口 13% 的非洲，到 2050 年很可能增加到世界人口的 1/3。1965—1975 年，中国对世界人口的贡献是非洲的 2.5 倍；2000—2050 年，非洲增长的数目将比中国大 7 倍以上。印度在 2000 年达到 10 亿人口的水平，预计到 21 世纪上半叶将增加 50%，在世界人口上遥遥领先。按联合国 2002 年的人口预测，与世界各地区的增长相反，同一时期欧洲人口预期将减少 9000 万。

资料来源：*Projections based on World Bank and United Nations figures.*

生育率

粗出生率能够揭示由年龄与性别组成差

中国方式及其他方式

1965年毛主席宣称不断增长的人口是"好事",那时中国出生率为37‰,人口总数为5.4亿。1976年,虽然出生率下降到25‰,但人口还是达到了8.52亿。到了20世纪70年代,人口增长显然正在消耗国家一半以上的国内生产总值,中国发动了一场广泛的宣传运动,提出"两孩家庭"(two-child family)并提供包括人工流产在内的各种服务,以支持这项计划。结果,到20世纪70年代末中国人口出生率下降到19.5‰。

"一对夫妻,一个孩子"(one couple, one child)变成了1979年提出的更严格的人口控制新口号,通过奖惩两方面的支持以保证其成功实施。鼓励晚婚,对各家庭提供免费避孕、金钱奖励、人工流产与绝育等服务以达到只生一胎的目的。惩罚手段包括对第二胎征收高额罚款。1983年运动达到高潮时,政府要求超过一个孩子的丈夫或妻子进行绝育手术。

到1986年底,中国官方报道总出生率下降到18‰,远低于那时其他较不发达国家登记在册的37‰。1984年独生子女政策被有效地减弱了,但到2002年,随着农村出生率被低估的大量证据显现,独生子女政策又恢复为全国性法律。相反,新近富有起来的城市人自愿将生育率降低到远低于替代水平,无子女夫妇日益增加。

从全国范围看,过去和现在的人口控制如此成功,以至于到2000年底,人口数量比不实行控制政

© Owen Franken / Corbis Images

策少出生了3亿人。的确,到2001年底,人口学家和政府对于人口减少而不是增加会成为下一个面临的问题表示严重关切。预测表明,到2042年,由于生育率降低,中国人口数量将真正开始下降,同时将面临紧迫的社会问题:就业年龄人口比例下降和缺乏适当的福利网络照顾数目迅速增加的老年公民。

许多发展中国家出于对人口日益增长的关切,也提出了自己的家庭计划,着重使用避孕与绝育手段。孟加拉国在1970—1990年间,在广泛的家庭计划鼓励与经常性的指导下,已婚育龄女性使用避孕措施的比例从3%猛增到40%,其生育率下降了21%,国际机构为此类计划表面上的成功而欢欣鼓舞。但是,每防止一例生育,至少要消耗其国内生产总值的160美元。

研究表明,生育率下降是由于女性决定她们想要较小的家庭,而不是由于她们未能满足避孕的忠告与设备的需求。观察表明,19世纪北欧在没有科学帮助的情况下,比其他中等收入国家如今的生育率还要低。现在一些有说服力的证据表明,要降低生育率,提高女性的受教育程度是比鼓励避孕或强制性措施更为可靠的途径。对个别国家的研究表明,女性接受一年教育能够降低5%—10%的生育率。不过,未受教育的泰国女性的生育率只及受过中学教育的乌干达女性的2/3。显然,对婴儿的需要并非绝对与教育水平有关。

相反,这种需要似乎与发展中世界某些贫穷家庭对儿童使用价值的看法密切相关。在那些许多家庭分享薪柴、牲口饲料、放牧地和渔场之类公共资源的地方,谁能够把更多的此类集体资源转变为家庭私有财产,谁就越富裕。的确,可供"夺取"的这些公共资源越多,一个家庭就有越大的动力要更多孩子以占用这些资源。有些人口经济学家断定,只有当人口数量增长到全部公共资源转变为私有财产的那个点——而且儿童必须是被抚养和教育而不是被雇佣——发展中国家贫穷家庭才不会想要那么多孩子。如果是这样,强制性措施、避孕和教育等作为控制生育的手段,可能并不比人口增加造成的经济效果本身更有效。

异,或者育龄妇女生育的差异而不是由总人口造成的这种区域变化。之所以称这个比率"粗",是因为它的名称包括了所有没有生育机会的人——男人、小女孩和老年妇女。为了表明有生育能力女性(人口中能孕育小孩的那部分)生育的比率和概率,提出了**总生育率**(total fertility rate, TFR),这是比粗出生率更精准因而也是更满意的说明。

总生育率(图6.5)告诉我们以现有生育率计算每个女性在其育龄期间可能生育孩子的平均数。因此,总生育率3.0就意味着人口中平均每个女性在其有生之年可望生育3个儿女。生育率减小了人口结构波动的效应,从总体上说明女性已证实的和预期的生育行为。因此它对人口的区域对比与预测而言,比出生率更加有用和可信。

虽然总生育率2.0似乎足以准确替代现有人口(一个孩子替代父母的一方),但是,实际上只有生育率为2.1—2.3时才能达到替代水平。需要用高于2.0的部分来补偿婴幼儿死亡率、总人口中无儿女的女性及意外死亡。

这里有一个有用的概念,"替代水平生育率"——在这种生育水平下,每个连续世代中女性生育足够多的儿女以确保本世代同样数目的女性拥有她们自己的后代。一般说来,人口死亡率越高,其替代生育水平就越高。例如,

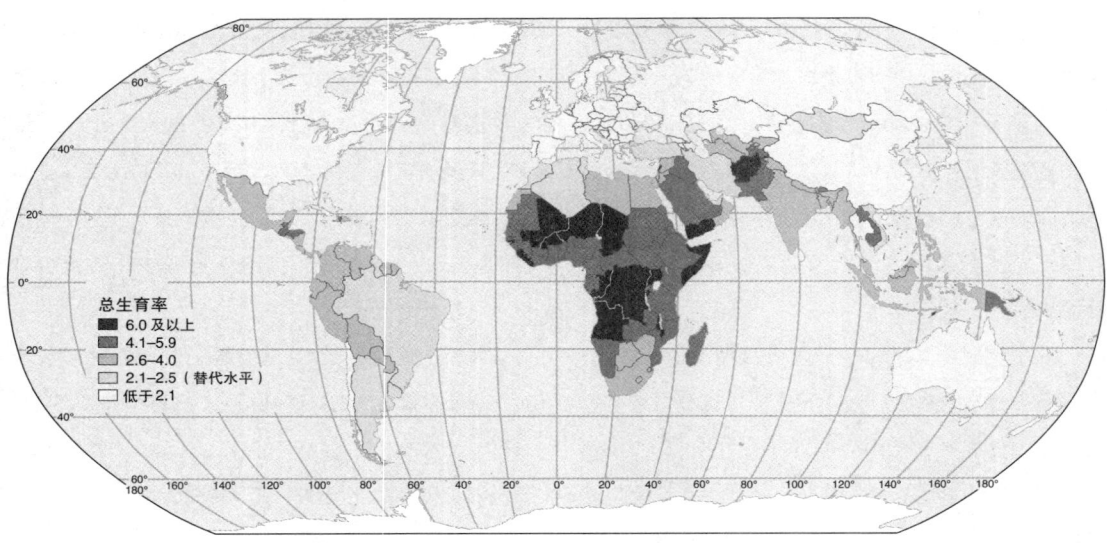

图6.5 总生育率是指每个女性在其育龄期间，以某一年其他同龄女性同样的生育率所生育儿女的平均数。由于总生育率采取了年龄校正，所以两个出生率相同的国家，其生育率可能颇不相同，因此它们的人口增长预期值也不同。每个女性的总生育率在2.1—2.5间被认为是人口的"替代水平"——就是人口最终停止增长的水平，当然这还取决于死亡率的情况。

资料来源：*2005 data from Population Reference Bureau.*

莫桑比克在21世纪初的替代生育水平为每个妇女生3.4个孩子。

2005年全世界的总生育率为2.7，20年前为3.7。发达国家从1985年接近替代水平的2.0下降到2005年的1.6。这种下降因大多数发展中国家生育行为的急剧变化而在数量与重要性上相形见绌。1960年以来，欠发达世界的平均总生育率从传统的6.0下降到今天的3.0左右。20世纪60年代到世纪末，生育率最大的下降出现在拉丁美洲和亚洲（分别下降55%和52%）。下降最小的——15%——是撒哈拉以南的非洲。

然而，发展中国家近来生育率下降比任何人预期的更快、更广泛。的确，如此之多的发展中国家的总生育率自20世纪60年代初（图6.6）以来比过去大幅下降，使得过去普遍认为本世纪末人口达到100亿的预测大打折扣并遭摒弃。实际上2005年占全球人口近50%的88个国家和地区生育率已低于2.1，还有更多国家悄然加入其中。中国每个女性的总生育率从1960—1965年的5.9下降到2000年的1.8左右（估计2005年为1.6），而孟加拉国、巴西、莫桑比克和其他国家总生育率的相对下降表明，生育率反映的是文化价值而不是生物学的需要。如果现在的价值取向与过去相比倾向少些儿童，则基于先前较高总生育率的人口预测必须予以调整。

事实上，人口学家长期以来就假定现在观察到的发展中国家——因此也是全球——生育率下降到替代水平后将会持续下降，从长远看，这会导致人口数量的稳定。然而，逻辑或历史从不需要人口稳定在任何水平上。毫无疑问，相比过去的假设，事实上生育率在以2.1的恒定比率下降，2004年联合国的世界人口预测，预期长期（2050）的生育率为2.05——在替代水平以下。如果联合国对生育率的估算被证明是正确的，那么世界人口将不仅是停止增长——如同过去的预测所想象的那样，还将不可避免地下降（见"人口剧减？"专栏）。当然，

人口剧减①？

20世纪下半叶大多数时间内，人口学家和经济学家都十分关注"人口爆炸"问题，以及其中所暗含的对一个人口过多而支持人口的粮食与矿物资源过少的世界的威胁。到了20世纪末，某些观察家的那些忧虑正在被一种新的预测所取代——担心这个世界人口过少而不是过多。

有两种相关趋势表明这种可能性。第一种在1970年已经很明显，那时有19个国家，几乎都位于欧洲，其总生育率都已下降到**替代水平**（replacement level）——在这种水平上人口自行更替——以下的2.1。同时，欧洲人口金字塔开始显著扭曲，年轻人口较少而中年和退休老年居民数量增长。到了1970年，本土工作年龄组人口的减少促使非欧洲的"外来工人"流入，因为欧洲需要这些劳动力以维持经济增长和向任何大陆都正在变得老龄的人口提供慷慨的安全保障。

西欧和东欧许多国家都试图采取鼓励出生的政策以改变其出生率的下降。东欧共产主义国家用慷慨的家庭津贴、免费医疗、延长产假和儿童保育等措施奖励怀孕和生育。法国、意大利和斯堪的纳维亚半岛以及其他国家，对头胎、二胎和以后的生育给予类似的奖金或奖励。然而，即使有了那些优惠条件，生育率仍然在下降。到2003年，由于文化和个人生活方式决策的广泛影响，43个欧洲国家和地区的生育率均低于替代水平。影响决策的因素包括女性学历较高、婚龄推迟、女性体验挑战性职业或一般就业的机会增加、抚养多名儿童的费用增加、享受没有家庭义务束缚的乐趣、财富日增提供越来越多的休闲娱乐机会等等。这些方面对人口增长预测的影响令人瞩目。例如，西班牙和意大利人口在2000—2050年将减少1/4，而欧洲作为一个整体，到本世纪中叶将减少7000万人。"从人口学上看，"法国总理说，"欧洲正在消失。"

欧洲的经历很快就反射到各大陆经济发达的其他社会中。到1995年，美国、加拿大、澳大利亚、新西兰、日本、韩国、新加坡和其他新兴工业化的国家，其登记在册的生育率低于替代水平。这些社会的人口如欧洲一样，简单的预测就能预言其人口老龄化与人口下降。例如，日本人口自2006年开始下降，那时它的人口年龄长于欧洲。即使在中国，人口也将于21世纪30年代开始下降。联合国预测，到2050年有50个国家人口将低于2006年的水平。

第二种趋势向许多人表明，在如今一代大学生的有生之年，世界人口数量将会稳定甚至下降，这种趋势只不过是简单地延伸了第一种趋势：总生育率正在世界各地、各种经济发展阶段的国家里下降到替代水平以下。1975年只有18%的世界人口生活在生育率低于替代水平的国家中，而本世纪末这种人口将达到45%。人口学家估计，到2015年，全世界将有一半国家和2/3人口中每个女性生育的孩子少于2.1个。处于这种趋势之外的仍将是非洲，尤其是撒哈拉以南的非洲，以及南亚、中亚和西亚的一些地区。然而，即使这些地区，近年来生育率也正在下降。"在全球化的强大力量作用下，世界各地向降低生育率的方向前进"，这是1997年法国国立人口研究所（French National Institute of Demographic Studies）观察到的情况。

这个结论看来是正确的，2004年联合国的预测支持这个结论，认为多数欠发达国家长期生育率会下降到平均为1.9的水平。据联合国同一评估，这些国家的生育率会在2050年或之前就降低到替代生育率的水

---

① 原文 implosion 直译为向内爆炸，与向外爆炸相对。此处译作剧减似更易理解。——译注

平。如果那些假定能实现，本世纪中叶之前全球人口就会开始减少。有一种预测表明，2040—2050年世界人口将减少大约8500万人（大体相当于20世纪90年代大多数年份的年增长量），此后每个连续世代进一步减少25%左右。

如果联合国预想的情景全部或部分实现，就有望出现一种十分不同的人口与经济前景，而不是最近所做的"人口爆炸"的预报。将来随着全球、区域与国家经济的收缩而不是扩张，对世界粮食与矿物资源的压力也将会减小而不是增加。即使达到了人口零增长（zero population growth，ZPG），即一国的生育人数加上外来移民数等于死亡人数加上出境移民数的时候，其社会后果和经济后果也并不总是像其鼓吹者所理解的那样。随着退休人口的日益增加，这些后果不可避免地存在着由不断缩减的劳动人口赡养日益增长的老龄人口和社会服务成本增加的问题。目前欧洲普遍存在人口减少的状况，且将会在全世界范围内放大其后果。

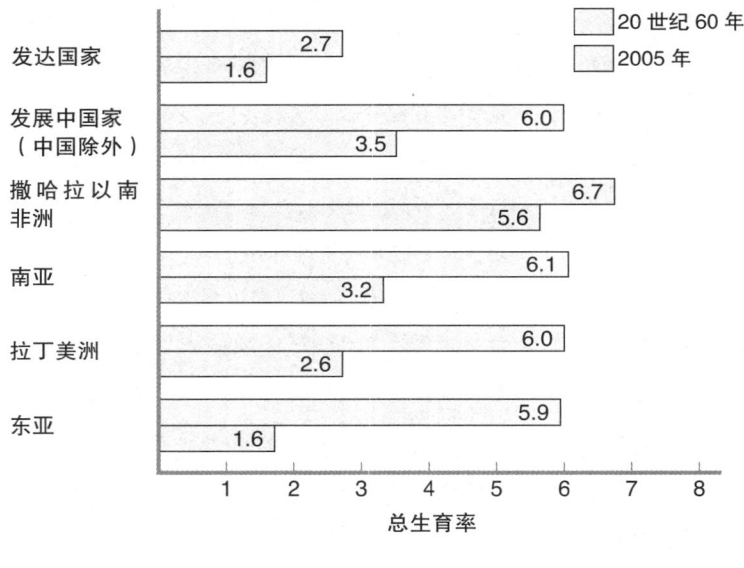

图6.6 生育率下降各有不同。拉丁美洲和亚洲生育率下降最快，撒哈拉以南非洲的下降慢得多。现在发达国家作为一个整体，其生育率低于替代水平。欧洲更低，2005年总生育率为1.4，但是美国2.0的总生育率接近于2.1的替代点。
资料来源：*Population Reference Bureau, 2005 and United Nations Population Fund.*

如果文化价值又改向喜爱儿童，人口就会恢复增长。不同的总生育率估算意味着相互矛盾的人口预测和对各区域与世界人口的关注。

应该注意到，个别国家基于当前生育率的人口预测，可能不会精密地预测到即使是最近的未来人口水平。由于政治动乱或认识到经济机遇的差异，国家内部人口常发生大规模迁移。这些移民流可能使正在下降的人口趋于稳定甚至增长。例如，近年来欧盟人口出现自然增长率的负值，但是自2000年以来却实质上经历了人口稳定的过程，这完全是由来自东欧、亚洲和非洲的移民造成的。

许多来源的数据所报道的区域性和各国生育率只是概略的状况，它掩盖了各人口族群之间的重大差异。例如，加勒比海地区2005年的总生育率为2.6，但各国的总生育率差别很大，低至古巴的1.5，高到海地的4.7。美国2005年全国平均生育率为2.0，这并不能揭示西班牙族群的2.8、非洲裔美国人的2.1和非西班牙裔白人的1.8。

死亡率

粗死亡率（crude death rate, CDR）又称**死亡率**（mortality rate），和粗出生率的计算方法相同：每年每1000人中死亡的人数比例。过去有一种正确的概括：与出生率一样，死亡率也随国家的发达程度而变化。典型的事例是高死亡率（20‰以上）出现在欠发达的非洲、亚洲和拉丁美洲各国；低死亡率（10‰以下）和欧洲与北美发达国家相关。随着第二次世界大战以后发展中国家死亡率大幅下降，这种相关关系减弱了。由于抗生素、疫苗接种和杀虫剂等疾病防治手段几乎遍及世界各地，以及对城乡卫生设施与安全饮用水方面投资的加大，**婴儿死亡率**（infant mortality rate）和预期寿命都得到了改善。

发达国家与欠发达国家之间死亡率方面的差异（图6.7）确实已经减少到这样的程度：欠发达国家作为一个整体，1994年的死亡率实际上已下降到发达国家之下，并从此保持低水平。值得注意的是，这种下降并未延伸到产妇死亡率方面（见"做母亲的风险"专栏）。对死亡率的研究，也像总出生率一样，只有对具有相同结构的人口才有意义。假如影响健康与长寿的国情相同，则可以预期像丹麦和瑞典等老龄人口比例高的国家，其死亡率会高于像冰岛这样年轻人口比例高的国家。像卫生与健康状况改善一样，发展中国家人口明显的年轻化，是近年来这些地区死亡率下降的重要因素。

为了克服可比性不足，死亡率可以按某个年龄组来计算。例如，婴儿死亡率就是每1000个存活婴儿1岁以下的死亡率：

$$\frac{1岁或1岁以下死亡数}{1000个存活婴儿}$$

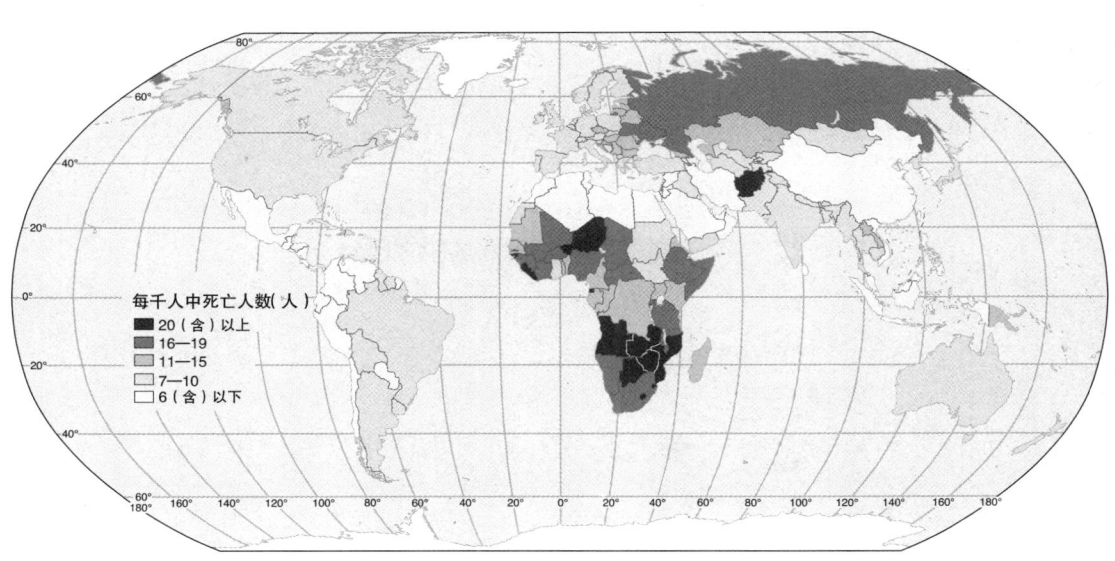

图6.7 粗死亡率在世界范围内变化较小，不像图6.3所示的出生率变化那样大。发展中国家最低限度的医疗手段和一般较年轻的人口组成造成其死亡率常常低于那些"老龄化"的欧洲国家。

资料来源：*2005 data from Population Reference Bureau.*

专栏 6-3 做母亲的风险

全世界的死亡率并不适用于与妊娠有关的死亡。事实上，孕产妇死亡率——每10万次活产的孕产妇死亡人数——是发达国家和发展中国家之间健康方面最大的差别。据世界卫生组织资料，每年大约有53万名女性因妊娠或分娩有关的原因死亡；其中99％生活在欠发达国家中，那里孕产妇死亡率大约是发达国家的30倍。尽管如图表所示那样，孕产妇死亡的发生率绝不相同，但是妊娠、分娩和人工流产并发症是发展中国家育龄女性致死的头号杀手。

根据2000年的数据，非洲每20起妊娠中就有1起死亡的风险，相比之下拉丁美洲和加勒比海地区为1/160，欧洲为1/7700。在国家水平上其差别更加令人瞩目：例如，安哥拉每7起妊娠中就有1起死亡，而瑞典只有1/30,000。

发展中国家作为一个整体，2000年的孕产妇死亡率为4.4‰，而所有死亡中的10％是由于围产期和母系的原因；最欠发达国家登记在册的死亡率为8.9‰。2000年亚洲和非洲有几乎相等的孕产妇死亡数字（分别为世界总数的48％和47％），但承受着全世界孕产妇死亡人数45％的重负的撒哈拉南部的女性，才是统计意义上风险最大的。那里，2000年安哥拉、马拉维和尼日尔的孕产妇死亡率达到16‰以上，而塞拉利昂则超过20‰；撒哈拉以南非洲女性每16人中就有1人死于做母亲。相反，发达国家作为一个整体（包括俄罗斯和东欧），其母亲死亡率为万分之二，而且一些国家——例如爱尔兰、澳大利亚和瑞典——更低至每10万中只有2—5人（2000年加拿大为6人，美国为17人）死亡。

发展中国家大多数孕产妇的死亡是可以预防的。此类死亡的主要原因是她们家庭环境中女性终生所面临的社会、文化和经济障碍：营养不良、贫血、缺乏对母亲及时的基本医疗保健、因矮小而发育不成熟，以及没有适当的产前医护或训练有素的助产士。尽管女性地位与孕产妇死亡率之间的相关性并不精确，但造成这种问题的部分原因是女性的社会地位低下，女性被认为是社会上可牺牲的部分。在那些文化中，人们极少注意女性的健康或营养和妊娠状况，死亡的主要原因被认为只不过是一种正常情况，无须给予专门考虑或处理。为了改变这种认识并增强采取负担得起的方法以减少全世界孕产妇死亡率的意识，联合国把1998年定为"母亲安全年"。

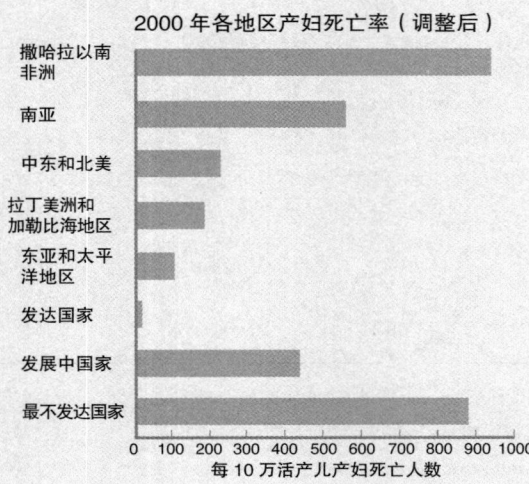

2000年各地区产妇死亡率（调整后）
每10万活产儿产妇死亡人数

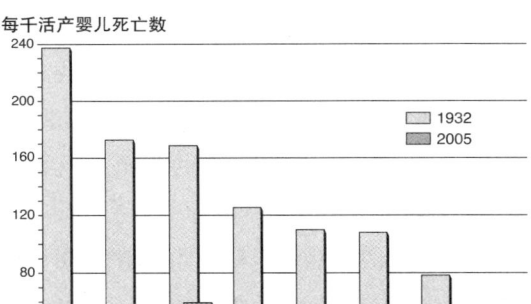

图6.8 部分国家的婴儿死亡率。由于实施了针对发展中国家婴儿和儿童的国际医疗保健计划，所有国家死亡率均出现大幅降低。然而，按比率下降最大的还是正在城市化的工业化国家，那里广泛使用卫生设施、安全饮用水和高质量的医疗保健。

资料来源：*Data from U.S. Bureau of the Census and Population Reference Bureau.*

婴儿死亡率具有重要意义，因为在很大程度上，由于加强了医疗保健服务，所以这个年龄段上出现了最大的死亡率降低。婴儿死亡率降低是过去几十年总死亡率降低的原因，因为生命中第一年的死亡率常常高于其他年纪。

两个世纪之前，每千名婴儿在第一年死亡200—300名并不罕见。即使在今天，尽管过去60年来许多国家死亡率大为降低（图6.8），但各地、各国之间的差别依然很惊人。整个非洲的婴儿死亡率仍高达90‰，个别非洲国家（例如安哥拉、利比里亚、尼尔和塞拉利昂），本世纪初该比率高达150‰以上。一个国家之内死亡率也不一致。苏联曾报道，该国婴儿死亡率为23‰（1991年），但其中亚地区有110‰以上的记录。相反，北美白人和西欧、北欧该比率较均一，在4‰—7‰之间。

现代医药卫生状况延长了人类预期寿命并改变了出生率与死亡率之间由来已久的关系。20世纪50年代初，只有北欧的5个国家婴儿出生时的预期寿命高于70岁。2001年，欧洲和北美以外大约有60个国家——尽管没有一个在撒哈拉以南的非洲——也名列其中。能得到并采用现代医疗保健方法的国家因区域而不同，最不发达的国家获益最少。在这些欠发达和贫困的地区，如撒哈拉以南大部分地区，除HIV/AIDS以外的主要死亡原因是发达国家不再关心的那些疾病，如疟疾、肠道感染、伤寒、霍乱等，尤其是婴幼儿的营养不良和痢疾造成的脱水。

在评论全球性预期寿命延长和成人死亡率及婴幼儿死亡率降低的时候，HIV/AIDS是一个悲剧性而且（尤其是在发展中国家中）普遍的例外。艾滋病在世界常见死亡原因中位列第四，而且据预测将超过14世纪的黑热病——估计造成2500万欧洲人、1300万中国人死亡——成为有史以来最严重的传染病。据联合国艾滋病规划署（UNAIDS）报道，2000—2020年间，艾滋病感染最严重的45个国家因该病死亡的人数可能高达6800万人，其中5500万发生在撒哈拉以南的非洲国家。联合国预计2005年HIV阳性人数为4000万，其中大约95%生活在发展中国家，70%住在撒哈拉以南的非洲，那里女性病例占60%。在感染最严重的地区，一些国家高达1/4成年人口为HIV阳性，平均期望寿命急剧下降。南非21世纪初出生的婴儿期望寿命应为66岁，艾滋病使之降低为47岁；在博茨瓦纳为36岁而不是70岁；津巴布韦从69岁降到43岁。总体上，自20世纪50年代HIV（原本是猴子的一种疾病）在非洲被确定为一种人类致命传染病品系以来，已有1500万非洲人因艾滋病死亡。随着撒哈拉以南地区预期寿命急剧降低，现在预测2015年其总人口将比没有这种疾病时少6000万人。在经济上，到2010年，受艾滋病之害最严重的撒哈拉以南非洲国家的国民收入将减少8%。非洲南部经济以农业为基础，女性负担大部分农活和家务。因艾滋病致死的女性多于男性,撒哈拉以南的粮食不安全性增加了,又由于许多年轻成年人过于虚弱不能从事耕作,因此粮食短缺。营养不良、饥饿且易感染其他疾病使艾滋病加重了客观的国民收入(impersonal national income)减少的代价。

虽然如此,但由于除南非以外所有撒哈拉以南国家的高生育率,2000—2050年人口仍有可观的增长,非洲人口还将增加近10亿。的确,尽管HIV/AIDS造成了高死亡率,但据联合国预测,50个最不发达国家作为一个群体,在2000—2050年间,高生育率将使其人口增加近2倍。然而,即使出现某些非洲和东南亚国家传染病和死亡率正在下降的充满希望的报告,俄罗斯、乌克兰、南亚和东亚——特别是印度——艾滋病迅速蔓延的警告还是引起了新的全球性人口学关切。

人口金字塔

进行人口对比的另一种方法是绘制**人口金字塔**(population pyramid)——一种表现人口年龄和性别组成的图解。"金字塔"一词是17世纪创造用以描述许多国家人口状况的图解:底部是宽阔的年轻年龄组,上部因年长人口的死亡而渐次变窄。现在形成的各种不同形态的年龄金字塔,各自反映不同的人口史(图6.9),有些人认为"人口剖面"是一种更合适的称谓。把几个世代的人口组合到一起,金字塔或"剖面"突出显示了"婴儿潮"、导致人口减少的战争、出生率下降和外来人口迁入的效果。

像乌干达这样最低年龄组占人口大多数的国家迅速增多,较年长年龄组所占百分比持续下降,形成一个斜边明显的金字塔。最具代表性的特征是欠发达国家年长年龄组中女性预期寿命缩短,因此乌干达年长年龄组女性的比例低于瑞典等其他国家。女性预期寿命和死亡率可能受到文化因素而不是经济发展因素的影响(见"1亿女性缺失"专栏)。瑞典是一个出生率很低的富国,各年龄组人口近乎相等,"金字塔"两边几乎呈直立状态。在老龄人口组中,像奥地利表明的那样,男女比例可能不平衡,原因是后者的预期寿命较长。战争的影响也很明显,俄罗斯1992年的人口金字塔生动地显示出该国因战争减少的年龄组和男女比率的不平衡。撒哈拉以南非洲和西欧之间金字塔组成的尖锐对比概括地表现了世界发展中地区和发达地区人口的差异;从博茨瓦纳人口的预测可以看出,一般公认的人口金字塔的形状能迅速改变(图6.10)。

人口剖面便捷地提供了一幅直观、有实用价值和预测价值的示意图。例如,某国每个年龄组人口的百分数强烈地影响其国民经济中对货物和服务的需求。国家年轻人比例高就会造成对教育设施与某些种类医疗保健服务的大量需求。当然,还有大量年轻人口就业的问题(图6.10和图6.11)。另一方面,老龄人口比例高的国家同样需要面对为这个特殊群体提供医疗药械与服务的问题,而且这些人还需要比例较小的劳动力人口来赡养。随着国家人口剖面发生变化,国家对社会与经济制度会有不同的需求(图6.12)。**赡养率**(dependency ratio)是每100名劳动年龄(一般为15—64岁)人口要赡养老幼人口数量的简单度量。人口金字塔对该比率给出了直观的显示。

人口金字塔还能预示当前人口政策和措施造成的未来问题。例如,中国严格控制家庭人口和普遍偏爱男孩的情况,使金字塔偏向男性一方。根据现有证据,从2010年起,中国每年进入婚龄的男性将比女性多100万。即使现在,中国的人口金字塔也已表明,20—44岁从未结婚的男性已经比单身女性多出将近1/2。2020

1亿女性缺失

全世界"缺少"1亿女性,缺少的原因除了性别别无其他。印度、巴基斯坦、新几内亚和许多发展中国家,传统上对男孩的偏爱意味着对女孩的忽视和谋杀,成百万女婴刚出生就被杀死、被剥夺食物,或有病不予治疗,而儿子则受优待,因为他们是赡养老年双亲和挣钱养家的保证。在印度,人们常常违反政府指令,用超声波和羊水诊断试验测定胎儿性别,如是女孩则进行流产。

女性缺失的证据始自一个事实:每孕育100个女孩就有大约106个男孩。一般情况下,女孩比男孩健康、对疾病抵抗力强。在营养和医疗条件相同的情况下,人口性别比例大约为105个或106个女性对100个男性。但是,2001年印度人口普查发现,男女比例为100:93.2,同时中国(根据最近的人口普查①)20世纪90年代年龄段全部女孩的10%"消失"了,2000年5岁以下儿童中,每120个男孩才有100个女孩。2000年中国人口普查记录了全国性差距,平均117个男孩对100个女孩——加深了1990年人口普查时111个新生男孩对100个新生女孩的不平衡状态。2000年海南省和广东省记录了更大的差距,新生儿比率分别为130个和140个男婴对100个女婴。

这种不正常比率最惊人的是第二胎和随后的生育。例如,根据中国、韩国最新数字,第一胎性别比近于正常,但是中国第二个孩子的性别比上升为121个男孩比100个女孩,韩国第三个孩子该比例为185:100。基于这些迹象,女性缺少问题每况愈下。保守计算显示,仅在中国就缺少6000万女性,占全国人口的近5%,大大高于其他国家。

这种问题随处可见。据联合国人口基金会报道,像巴林、也门、卡塔尔、沙特阿拉伯和阿拉伯联合酋长国等国家男女比例变动范围从116:100到186:100。在南亚、西亚和北非多数国家中,该比率为100个男性对94个女性,比西方的期望值低12%左右。2000年联合国基于南亚数据的报告称,全世界缺少"1亿"女性是一种保守的说法。报告宣称,对女胎实行人工流产,加上溺婴和对男孩的食物偏袒,意味着南亚缺少7900万女性(仅印度就缺少4000万)的原因是性别歧视。

但并不是所有穷国都有这样的失衡。在撒哈拉以南的非洲,那里贫穷与疾病也许比任何其他大陆更普遍,但那里的比例为每102个女性对100个男性,而在拉丁美洲和加勒比海地区,男女人数相等。造成全世界缺少1亿女性的厄运和这个数字增大的原因,似乎是文化规范②和习俗,而不是贫穷或欠发达。

---

① 此处应为我国2000年第五次人口普查,最近的人口普查为2010年第六次人口普查。——编注

② 文化规范(cultural norm)是指团体集体的信念、态度、价值、迷思、仪式与自我印象。——译注

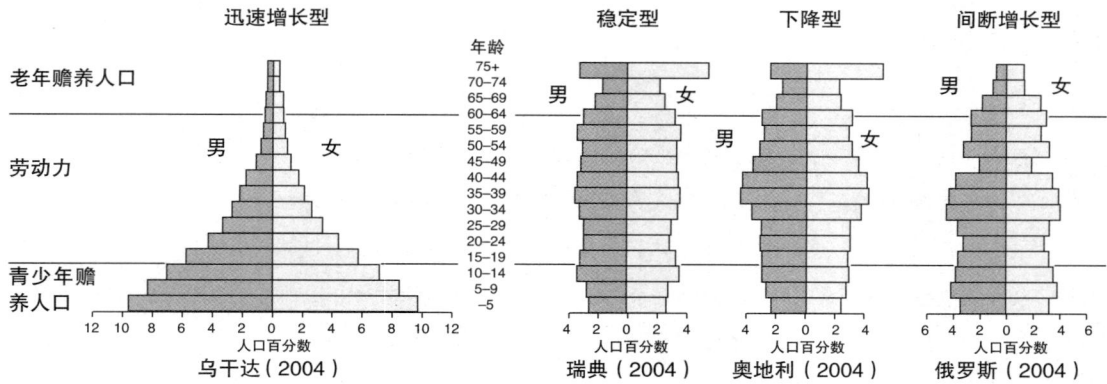

图6.9 人口结构的4种模式。这些图解表明，人口"金字塔"有多种形式。这些国家人口年龄分布反映了过去、记录了现在，并预测了未来的情况。像乌干达那样的国家，与年轻人口有关的社会成本很重要，而且经济增长为新劳动力进入市场提供就业机会。奥地利的负增长意味着未来要以较少的劳动人口去赡养老龄人口日益增长的社会服务需求。俄罗斯1992年的金字塔记录了第二次世界大战期间的出生锐减的情况，形成了45—49岁年龄组的"收敛"，并表明第二次世界大战中男性大量伤亡和战后俄罗斯男性寿命急剧缩短造成65岁以上男性不足。

资料来源：*U.S. Bureau of the Census, International Data Base*; for Russia: Carl Haub, "Population Change in the Former Soviet Republics," Population Bulletin 49, no. 4 (1994).

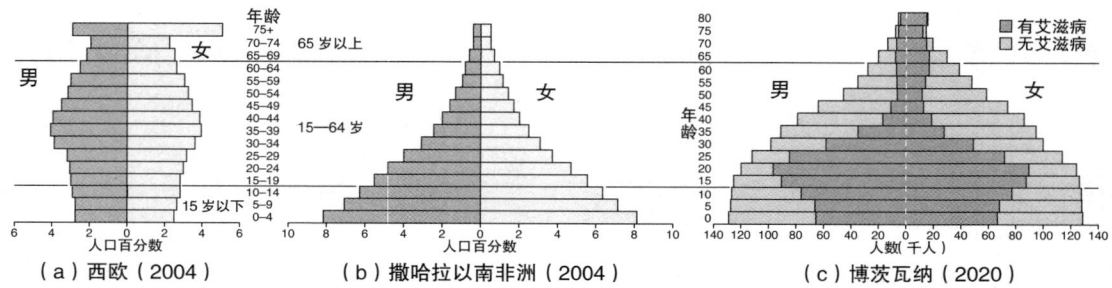

图6.10 简化的人口金字塔。2004年西欧（[a]）和撒哈拉以南非洲（[b]）地区的年龄金字塔表现出强烈对比：成熟的发达地区以低出生率和低总生育率为特征，而发展中的撒哈拉以南各国则年轻人多。即使在2004年，撒哈拉以南各国人口仍有44%在15岁以下。但是，这个比例已经低于5年前，并意味着未来更明显下降的可能性。所预测的这种下降，部分由于经济发展和家庭大小决策的改变，但对某些国家（[c]）甚至对整个地区而言，金字塔的极度扭曲很可能受艾滋病的影响。到2020年，博茨瓦纳本应"正常"的金字塔很可能变形为"人口烟囱"，届时60—70岁的成年人将超过40—50岁的成年人。

资料来源：*(a) and (b) U.S. Bureau of the Census, International Data Base; (c) U.S. Bureau of the Census,* World Population Profile 2000.

年中国很可能有4000万单身汉，无妻无儿游离于社会之外，这是推行计划生育时未曾预见也未纳入计划的，但是现在人口金字塔的扭曲已经清楚暗示了这种前景。

自然增长与倍增时间

有关一国人口性别与年龄分布的研究，还能够让人口学家预测未来的人口水平，尽管预测的可靠性随着预测年份的增长而降低（图6.13）。因此，年轻人比例高的国家将经历高自然增长率，除非其婴幼儿死亡率非常高或生育率与出生率有重大变化。人口**自然增长率**（rate of natural increase）是用粗出生率减去粗死亡率算得的。所谓"自然"是不包括因人口迁出或迁入造成的增加或减少。如果一个国家某一

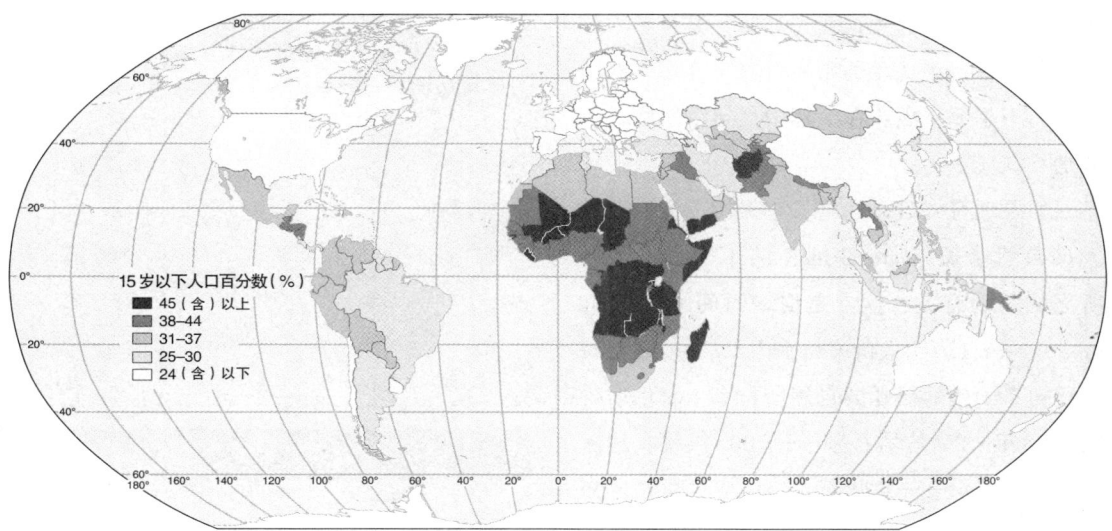

图 6.11 15 岁以下人口百分数。一国 15 岁以下人口的高比率增加了该国的赡养率，并预示着未来年轻年龄组进入孕育年龄时人口的增长。

资料来源：*2005 data from Population Reference Bureau.*

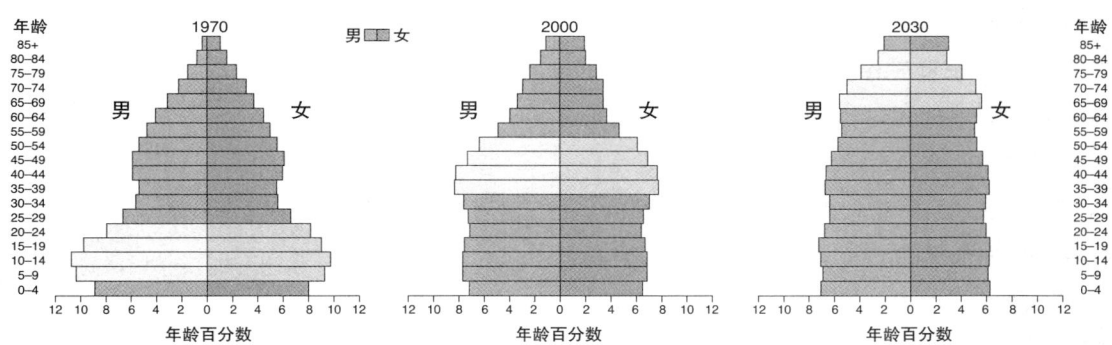

图 6.12 "婴儿潮一代"的进程。婴儿潮——1946—1964 年出生的年龄组——通过美国人口金字塔联系着美国生活方式和费用构成。1970 年国家的重点是儿童与青年的利益与需求、教育以及对幼年组的赡养。21 世纪初婴儿潮一代构成工作年龄成年人口的大多数，他们的需求与消费模式塑造了国家的文化与经济。到 2030 年，该金字塔预示着他们的愿望与赡养需求—当前对退休人口服务的设施与对老年人的照料——将再次成为关心的焦点。

资料来源：*Redrawn from Christine L. Himes, "Elderly Americans." Population Bulletin 56, no. 4 (Dec. 2001), Fig. 1.*

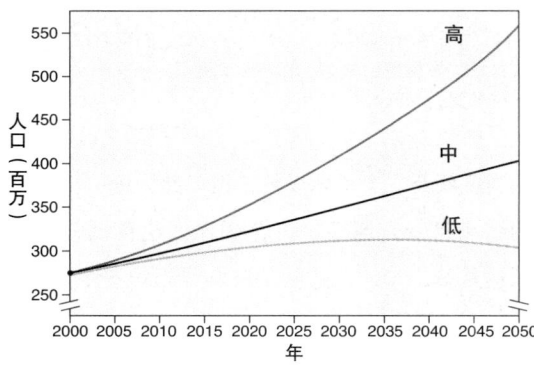

图6.13 美国未来人口前景。这些对2050年人口的预测表明，由于对生育率、出生率、死亡率和移民流假设的根据不同，所以对未来人口的预测数字变化很大。根据这些假设，2000年人口普查局对美国2050年人口估计为3.135亿(低限)—5.527亿(高限)。最常引用的居中估计数字为4.036亿。美国人口普查局还展示了一种荒诞的规划结论，基于一些非常长期的预测，将人口发展趋势外延整整100年。据此估计，到2100年美国人口可能介于2.827亿与10.18亿之间。

资料来源：*U.S. Bureau of the Census.*

第6章 人口地理学

年出生率为22‰、死亡率为12‰，其自然增长率就是10‰。该比率通常用百分率表示，即每百人而不是每千人。在上例中，年自然增长率就是1%。

如果现有人口自然增长率保持不变，那么人口**自然增长**（natural increase）与人口倍增所需的时间有关，这就是**倍增时间**（doubling time）。表6.1表明人口增长率为1%（接近于21世纪初泰国或阿根廷的自然增长率）时倍增时间为70年。2%的增长率——2005年埃及和萨尔瓦多的记录——意味着人口倍增时间仅为35年。（人口倍增时间可大致用"72规则"测定，即只需用72除以增长率）。每1000人增加20人为何使人口增长如此之快？其原理就如同银行所用的复利一样。表6.2表示2%的增长率每5年所产生的人口数。

迄今，全世界作为一个整体，在人类历史范围内，人口增长率都在上升。因此，倍增时间稳步减小（表6.3）。各地区之间增长率变化很大，在高自然增长率的国家中（图6.14），其倍增时间低于2005年全世界作为一个整体的58年。假若全世界生育率下降（如同近年来那样），人口倍增时间就相应地下降，如同1990年以来那样。

下面就是上文所提出问题的答案：即使每年增加一个小数目也会累加成一个大的总增量，因为我们处理的是几何级数或指数（1，2，4，8）增长而不是算术级数（1，2，3，4）增长。不断增长的世界人口基数业已达到这样的规模，以至于每一次倍增（如果真正实现的话）都会造成天文数字般的增加。只须做一次简单的心算即可明白这种倍增或J型曲线（J-curve）的必然后果。找一张足够大的纸张，把它对折再对折。七八次折叠以后，这沓纸就有一本书那么厚——厚到不能再用手来折叠。如果你能折叠20次，这沓纸

表6.1	不同增长率下的倍增时间（年）
年自然增长百分数（%）	倍增时间（年）
0.5	140
1.0	70
2.0	35
3.0	24
4.0	17
5.0	14
10.0	7

表6.2	2%人口增长率产生的人口增长
年份	人口数
0	1000
5	1104
10	1219
15	1345
20	1485
25	1640
30	1810
35	2000

表6.3 公元元年以来人口倍增时间		
年份	估计人口	倍增时间（年）
1	2.5亿	
1650	5亿	1650
1804	10亿	154
1927	20亿	123
1974	40亿	47
世界人口可能达：		
2030	80亿	56[a]

[a] 最后的倍增时间反映了正在下降和稳定的生育率。现在没有进一步倍增至160亿人口的预测。
资料来源：United Nations.

的高度就有一个足球场的长度。此后进一步倍增的结果将令人惊骇。折叠40次，这沓纸就足以到达月球，70次就达到地球与最近恒星距离的2倍。图6.15表明，世界人口确实是在1900年前后

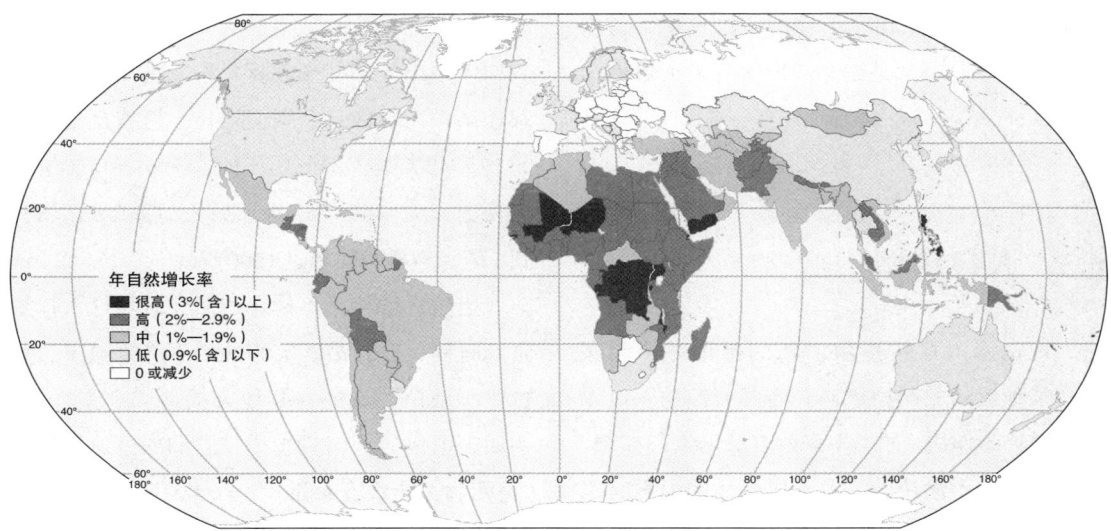

图6.14 年自然增长率。2005年世界人口自然增长率（1.2%）意味着人口倍增时间为58年。因为人口学家期望世界人口——目前约为72亿——将（于2100年前后）稳定在95亿左右，此后也许会真正下降，"倍增"的含义以及当前人口自然增长率的时间框架，所反映的是数学上的而不是现实的预测。当然，若干大陆和许多国家偏离全球平均增长率很远，这些大陆和国家人口倍增时间差别很大。非洲总体上的增长率最高，中美洲和西亚次之。21世纪欧洲总体上（包括俄罗斯）为负增长，个别国家有增长，但增长率太低，其倍增时间以千年计。资料来源：*2005 Data from Population Reference Bureau.*

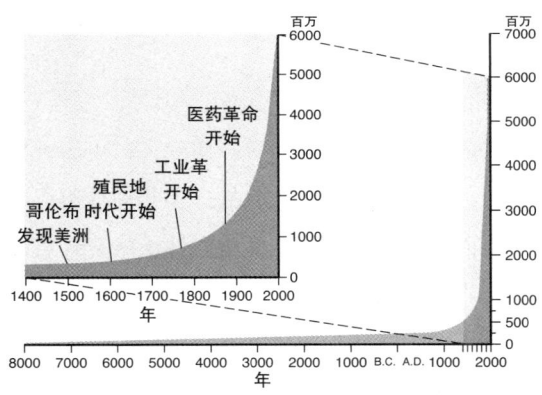

图6.15 公元前8000—公元2000年世界人口增长。注意J型曲线的转弯从18世纪中叶开始，那时工业通过农业和粮食供应上的革命性变革，开始为支持人口增长提供新手段。20世纪初，工业化国家在医学科学、卫生和营养方面的进步降低了死亡率。

转过了J型曲线的弯，促成了1950年以后人们做出的人口压力不可避免地超过地球人口承载力的可怕预测。

然而，到了2000年，事情已经变得很明显，少数发达国家，尤其是在欧洲，如果单纯依靠其自然增长率预测人口增长——像通常所做的那样——很可能在可预见的将来或永远都不会倍增其人口规模。但是个别国家的增长还有赖于移民入境和出境的格局以及预期寿命的情况。就是说，一国单独基于出生率和死亡率的人口"自然"增长，较之同一国家包括移民迁入在内的"总和"增长率而言，可能产生明显较低的人口预测和较长的倍增时间。二者的对比可能是惊人的。美国21世纪初的自然增长率为0.6%，倍增时间为117年，但是，其总和增长率为1.2%，倍增时间为58年。

大多数发展中国家没有移民迁入，生育率下降，加上撒哈拉以南非洲国家和人口众多的亚洲国家受艾滋病影响，即使对目前高增长率的国家而言，进行长期人口倍增时间预测的实用性和适用性也是值得怀疑的。虽然联合国估计，2000—2050年50个最欠发达国家的人口将很可能增加近3倍，但我们应该理解，倍增时间的假设原本就是误导，而实际的人口增加有限。

6.3 人口转型

理论上人口按指数增长的推论并不能实现。某种形式的制动机制必定起着控制人口无节制增长的作用。如果不采取自愿的人口控制，就会有一种不愉快的、非自愿性质的因素起控制作用。

有一种概括历史上观察到的自愿控制人口增长的尝试——把人口控制与经济发展相联系——叫作**人口转型**（demographic transition）模型。这种模型假定出生率和死亡率变化的轨迹与工业化和城市化有关。这种模型假定，随着时间的推移，高出生率和高死亡率将逐渐被低出生率和低死亡率所取代（图6.16）。取代过程以及人口转型模型的第一阶段以高出生率和虽然高但变化起伏的死亡率为特征。

一旦出生率稍高于死亡率，甚至两个比率都较高，人口就只会缓慢增长。这就是迄至公元1750年人类大部分历史的情况。人口学家认为从公元元年到1650年前后人口从2.5亿增长到5亿，倍增时间超过1500年。

当然，增长是不稳定的。在区域性人口扩张的时候，总有某些灾难性的下降抵消了这种扩张。战争、饥馑和其他灾祸造成大量伤亡。例如，据估计，14世纪横扫欧洲的淋巴腺鼠疫（黑死病）导致该大陆1/3—1/4人口死亡，而且欧洲人带到西半球的传染病据信在随后一两个世纪内使新世界的土著人口减少了95%。现在任何国家都不再存在人口转型第一阶段。到20世纪末，没有几个国家——即使是撒哈拉以南的贫困地区——死亡率高于20‰。然而，若干非洲国家的出生率达到或超过50‰。

西方的经验

人口转型模型是为解释西欧人口史而被提出的，其中有些部分甚至在1750年前后工业革命之前，因流行病转变为地方性疾病，开始经历死亡率下降的过程。然而，人口转型的第二阶段通常与欧洲工业化的现代化后果有关。转型的效应——死亡率下降伴随着持续走高的出生率——逐渐扩散到全世界，即使尚未普遍转变为工业经济也是如此。由于预期寿命的大幅延长造成了第二阶段人口急速增加。这种情况又由于医药卫生的进步、食物保存与分配的改善、人均收入的增加，以及城市化提供一种集卫生、医疗与粮食分配改善于一身的环境，导致死亡率下降（图6.17）。出生率的下降不像死亡率那样快，即根深蒂固的文化格局变化不像技术变化那么迅速。许多农业国家认为大家

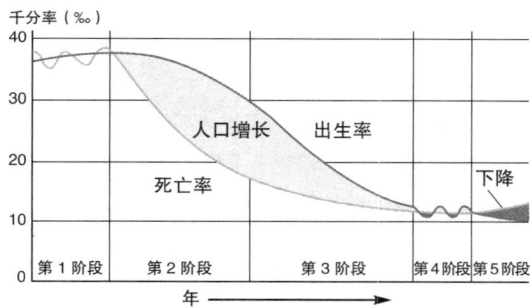

图6.16 人口转型几个阶段。第一阶段出生率和死亡率都高，人口增长缓慢；第二阶段死亡率下降而出生率仍旧偏高，人口数量急速增加；第三阶段出生率下降，人口增长不快；第四阶段的标志是低出生率与低死亡率，自然增长缓慢，如果死亡率超过出生率，人口甚至减少。许多欧洲国家的负增长率和其他地区出生率下降表明，第五阶段即人口下降阶段，是人口转型模型的区域性——最终全球性——合理延伸。

图6.17 19世纪后期的英国利物浦。在那个进步的世纪，正在现代化的欧洲经历了居住条件的改善和死亡率的下降。（© Topham / Image Works）

庭有好处，儿童通过早参加劳动与赡养其年迈的双亲对家庭有所贡献。

南亚和拉丁美洲许多国家表现出人口模型第二阶段的特征。最典型的是出生率为34‰、死亡率为9‰的不丹和这两个比率分别为32‰和5‰（2005年估计数）的尼加拉瓜。这些国家的年增长率接近或高于25‰，其人口将在25年内翻一番。当然，这样的比率并不意味着工业革命的全部影响是世界性的，但的确意味着欠发达国家从生命保全技术中受益。

随着人们开始控制家庭的规模，出生率下降，社会进入第三阶段。农业社会多子女的好处在城市化的工业文化中不那么明显。事实上，后者可能把孩子视为经济负担而不是资产。当出生率下降而死亡率仍较低时，人口规模开始稳定。许多国家正在写下第三阶段较低死亡率和过渡出生率的记录。

经典的人口转型模型以第四个——即最后阶段宣告结束，该阶段以非常低的出生率和死亡率为特征。本阶段仅产生非常少的人口增长百分比，而倍增时间也延伸到千年以上。世界人口具有重大意义且不可逆转的老龄化是全世界范围内模型第四阶段生育率和死亡率从高到低转型的结果。少数国家死亡率开始等于或超过出生率，人口确实在下降。

从第四阶段延伸到人口的第五阶段，迄今在很大程度上局限于一些富有的工业化国家——特别是欧洲和日本——但日益有望影响到世界上的其他地方。20世纪80年代以来几乎所有国家都记录到生育率大幅下降的现象，这表明最迟到2010年，世界人口的大多数将居住在这样的区域，这些区域人口的重大增长不是由第二阶段的扩张所致，而是由人口动力造成的。

最初的人口转型模型是为描述西北欧国家的经历而设计的，那时这些国家从乡村农业社会转变为城市工业社会。模型可能并不能完全反映目前发展中国家的前景。有些欧洲教会和市政的记录可追溯到16世纪，这些记录表明那时人们倾向于晚婚或不结婚。英国工业革命前，15—50岁年龄组多达半数的妇女不结婚。婴儿死亡率高，预期寿命低。随着18世纪和19世纪工业化的到来，直接支付的工厂薪金制代替了长期的学徒制度，提供了较早结婚和生育更多儿女的可能性。由于医疗卫生方面的进步进展较慢，死亡率依然较高。到1800年前后，瑞典25%的婴儿在1周岁前死亡。法国整个19世纪人口增长率仍然低于1%。

1860年前后开始，先是死亡率，然后是出生率开始下降，虽然下降缓慢但是意义重大。首先出现的是作为疾病转型标志的"死亡率革命"，它是与死亡率有关的人口转型的反映。许多原先致命的流行病——一个世纪前已经开始下降——变成了地方性疾病。就是说，基本上只在一个地区中经常发生，而且死亡率的格局表明其由传染性转变为非传染性。由于人们逐渐有了部分免疫力，所以与这些疾病有关的死亡率下降。畜牧业和轮作等农业实践的进步，以及从海外殖民地传来的新粮食品种（马铃薯

图6.18 19世纪欧洲和北美城市日益用自来水管取代了各户或邻里共用的水井,下水道与垃圾处理厂代替了简易厕所。其后继者,照片中的拉斯维加斯和内华达等地的处理厂,彻底完成了发达国家的"疾病转型"。
资料来源:USDA, Natural Resources Conservation Center.

就是早期的例子),从总体上提高了欧洲人口的健康水平。

与此同时,城市中逐渐普及了下水道系统和清洁供水系统,各地一般卫生水平也有所改善(图6.18)。在源于传染病、寄生虫、呼吸道疾病和营养不良的死亡减少的同时,与成年和老年人口有关的慢性病死亡增加了。西欧从"瘟疫与饥馑的时代"过渡到一个假想的最终"退化性疾病和源自人类的疾病(Human-Origin Disease)的时代"。但是,近来由于抗药性、耐抗生素的疾病和携病昆虫对杀虫剂抗药性的增加,以及欠发达和发达国家像艾滋病之类的新灾难,使人对"最后阶段"的定局产生怀疑(见"我们脆弱的健康状态"专栏)。不过,即使旧灾难的复苏和新灾难的出现,例如疟疾、肺结核和艾滋病(1945—2005年这些疾病造成约1.6亿人死亡),也不大可能造成全球规模的人口后果。

在欧洲,由于社会开始改变关于理想家庭规模的传统概念,在死亡率显著下降的同时出生率也下降了。城市中,儿童劳动法与义务教育意味着儿童不再是家庭经济的重要贡献者。

由于"扶贫"的立法以及其他形式的公共福利改变了家庭赡养的结构,养儿防老的价值下降了。工业革命不仅能够提供基本生活的多种需求,而且能制造种种商品满足各种消费欲望,家庭消费模式也因此发生改变。儿童不是有助于而是阻碍人才流动与改进生活方式取得成功的因素。也许最重要的是妇女地位的改变以及她们对生育是自己的权利与利益的信念。通过某些措施,这种情况在工业革命之前已经出现,而且与工业革命并行不悖。

分裂的世界日渐趋同

人口转型模型描述了现代化之前(不发达)社会高出生率与高死亡率向先进(发达)国家低而稳定的出生率和死亡率这种假想人口模式转型的必然过程。但是,模型未曾预料到欧洲人口史显然不适用于20世纪中后期所有发展中国家。许多发展中国家仍停留在模型的第二阶段,不能实现进入第三阶段出生率下降所必需的经济增长与社会变革。

西方医学与公共卫生技术的引入,包括抗生素、杀虫剂、卫生设施、免疫、婴幼儿卫生保健,以及天花的根除,使发展中国家迅速而且大幅降低了死亡率。这些重要技术和治疗在若干年内就完成了,而在欧洲经过50—100年才得以实现。例如,在斯里兰卡,广泛喷洒DDT(双对氯苯基三氯乙烷)以防治疟疾,使国民预期寿命从1946年的44岁延长到1954年的60岁。印度在1947年以后用同样的公共卫生计划经历了死亡率稳定下降的过程。与此同时,发展中国家遭遇旱灾和其他灾害时,在国际粮食援助下也大大减少了死亡人数。欧洲各国死亡率的大幅下降是渐次出现的,而1950年以后发展中国家的死亡率以惊人的速度大幅下降。

我们脆弱的健康状态

死亡率直线下降，加上现代医药、抗生素和卫生习惯的效益，使发达国家和许多发展中国家提高了生命质量和预期寿命。但是，预防传染病的斗争远未取得胜利，而且寄生虫病日益严重——也许永远难有胜算。在抗生素被发现的半个多世纪后，原想用它根除的疾病反而增加了，原有的和新的致病微生物传播到全世界。因传染病和寄生虫病致死的人数每年达1700万—2000万人；按官方计算，占全球死亡率的1/4—1/3，但由于诊断不确，所占份额无疑还要高得多。全世界这些疾病的发病率仍在上升。

前5位的传染病杀手是肺炎之类的急性呼吸道感染、痢疾、肺结核、疟疾和麻疹。此外，本世纪初艾滋病每年致死300万人，远多于麻疹和疟疾。当然，传染病的发生频率远高于死亡率。例如，全世界几乎30%的人受到致肺结核病的细菌感染，但每年因此而死的人只有200万—300万。有5亿多人受到像疟疾、嗜睡病、血吸虫和河盲症之类的热带病感染，每年可能因此死亡300万人。新病原体不断出现，诸如造成拉沙热、裂谷热、埃博拉出血热、汉坦病毒肺综合征、西尼罗河脑炎、丙型肝炎、非典型肺炎的那些病原体，导致残疾和受伤害的人群远多于其致死的人数。事实上，自20世纪70年代中期以来，至少出现了30种未知的传染病。

传染病的传播和毒性与地球自然环境、社会环境的大幅变化有关。气候变暖使得受制于温度的病原体侵入新的区域，产生新的受害者。砍伐森林、水污染、疏干湿地和自然环境的种种人为改变扰乱了生态系统，同时破坏了自然系统对这些传染病的控制。人口迅速增长、高速城市化、日益增长的全球性旅游业、使人流离失所的战争与移民，以及不断扩大的世界贸易，这一切都增加了人与人之间传播疾病的几率，增加了致病微生物的活动性与范围，包括因新开辟的陆路与空中交通系统而从原先孤立地区带来的那些微生物。计划不周或执行不好的公共卫生计划、卫生基础设施投资不足、医务人员与设备分配不当，以及种种人为的原因，在目前许多疾病的流行中清晰可见。

鉴于此，1993年建立了一个世界性的发病监测项目（Program for Monitoring Emerging Diseases, ProMED），并开发了一个全球性传染病在线系统，联系着100多国卫生工作者与科学家，向日益增长的被称为"传染病中的传染病"开战。我们已经知道在这场战争中应该使用哪些有效的武器，包括改进卫生教育、对疾病的预防与监控、对疾病媒介物与病区的研究（包括对某些疾病适宜的生境进行GIS和其他方法制图）、对药物治疗的谨慎监控、供应卫生饮用水、推广简易低廉的药物与预防方法，如儿童免疫、口服补水治疗与补充维生素A等。但是，这一切都需要对那些正在传播的传染病——其中许多是新近发展的对抗生素有抗性的品系——加大投入和给予更多关注，而最近人们还认为不再需要对其予以关注。

出生率并未立即随之下降,并且世界人口总数飙升——从1950年的25亿增加到1960年的30亿和20世纪80年代中期的50亿。关于"人口爆炸"及预期对全球粮食与矿物资源的毁灭性冲击的警钟频传而刺耳。从人口学的意义上说,许多人把世界看成永恒不变的两部分:一边是已实现了人口转型、人口数目稳定的发达国家;一边是人口不断增长、尚未实现人口转型的发展中国家。

当然,出生率的水平有别于预期寿命,对技术与援助的依赖较少,更多有赖于社会对小家庭和较少孩子的认同(图6.19)。在区域与世界人口增长似乎不可控制的情况下,这种认同开始在世界范围内显著但不均衡地增强。

1984年,世界上只有18%的人口生活在生育率处于或低于替代水平(即已经达到人口转型)的国家。但是,到了2000年,生活在这种国家的人口已达44%,而且到21世纪初,已经越来越难以按生育率来区分发达国家与发展中国家。在印度的个别邦(例如喀拉拉邦和泰米尔纳德邦)和斯里兰卡、泰国、韩国以及中国等国家,生育率比美国和一些欧洲国家还要低。亚洲和拉丁美洲近年来许多经济高速增长的国家也出现了在一个世代的时间内生育率明显下降到接近替代水平的情况。低生育率似乎日益成为富国和穷国、发达国家和发展中国家的一种共同特征。

尽管生育率总体上呈现实质性趋同,但是发展中世界仍有相当重要的少数国家保持着替代水平1.5—2倍以上的平均出生率。的确,21世纪初几乎有14亿人还生活在总生育率3.5以

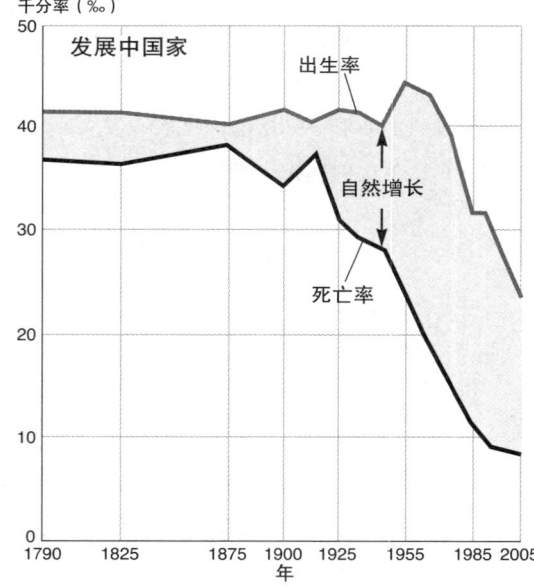
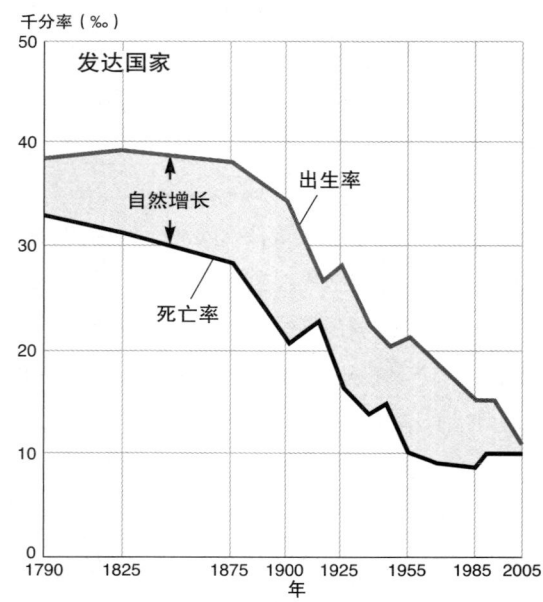

图6.19 世界人口出生率和死亡率。第二次世界大战(1939—1945)后的"人口爆炸"反映了发展中国家死亡率的急剧降低及出生率并没有同步的补偿性减少。但是,到20世纪末,许多发展中国家出现了3种相互联系的趋势:(1)生育率比25年前全面下降得更大、更快;(2)接受并使用避孕方法的人数明显增加;(3)婚龄上升。结果,一些发展中国家人口转型时间从一个世纪压缩到一个世代。其他国家生育率从20世纪70年代中期开始减缓,但仍反映了许多国家中的家庭依旧愿意有4个以上的孩子。

资料来源:*Revised and redrawn from Elaine M. Murphy,* World Population: Toward the Next Century, *revised ed. (Washington, D.C.: Population Reference Bureau, 1989).*

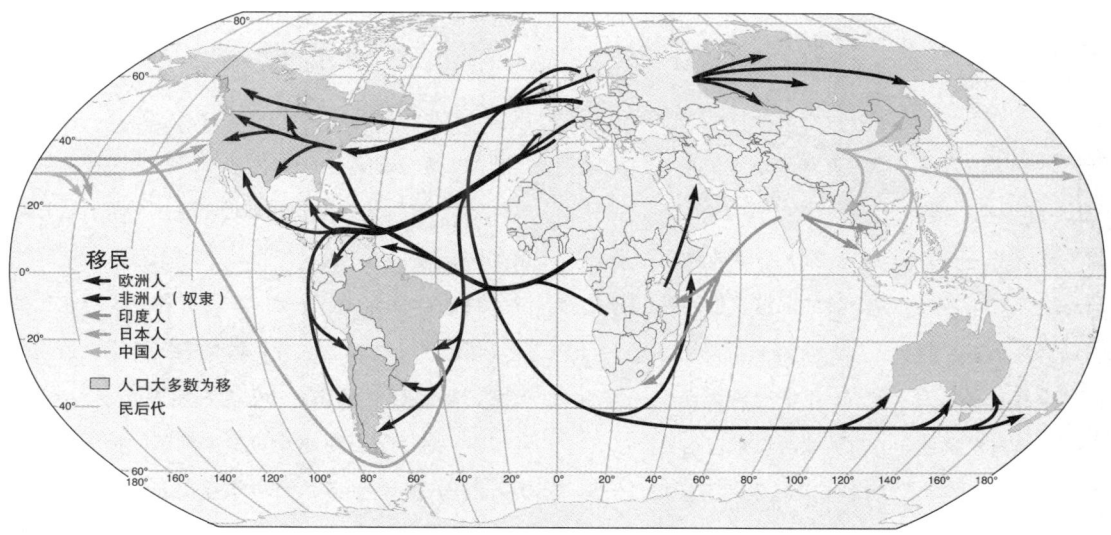

图6.20 最近几个世纪主要的移民群。箭头表示1700年以来主要的国际性人口自主移动或被迫移动方向。图中深色区域是占现有人口50%以上的近几个世纪移民后代的地区。

资料来源：*Shaded zones after Daniel Noin,* Géographie de la Population *(Paris: Masson, 1979), p. 85.*

上（当然，在20世纪50年代这种水平并不算高，那时只有1/4的世界人口总出生率低于这个数字）的国家或地区。目前这种总出生率高的国家和地区，在极大程度上位于撒哈拉以南的非洲、南亚中部和中东（图6.5）。联合国人口学家预测，至少在2050年以前，总出生率高的地区将是世界人口增长的主力。

已确立的高生育率和低生育率格局都趋向于自我强化。人口低增长使提高生活质量与生命安全的个人收入增加和资本积累成为可能。反之，在高出生率地区，人口增长消耗了社会服务与国家对投资资本的补助，而这些方面本应有可能刺激经济的扩展。日益增加的人口对土壤、森林、水、草地和耕地资源施加了越来越大的压力。由于环境基础退化，农作物产量下降，人口支持能力缩小到使人口转型所赖的经济增长难以为继，这是国际上日益关心的明显的因素（见"开罗计划"专栏）。

6.4 人口方程

一个地区人口的出生和死亡——自然增长或减少——仅仅告诉我们人口变化故事的一部分。人口迁移包括人口从一个居住地点向另一地点的长途运动。当这种重新安置跨越政治边界时，就会影响迁出地和目的地两方面的人口结构。**人口方程**（demographic equation）概括了因人口自然变化（出生与死亡之差）和**净移民**（net migration，迁入与迁出之差）相结合造成的地区人口随时间的变化。[①] 当然，在全球范围内，所有人口变化都是由自然变化造成的。迁移对人口方程的影响随着所研究地区人口规模的增大而减小。

人口重置

过去，人口迁移被证实为减轻人口迅速增

[①] 方程的计算请参阅书末"重要词汇"表中的定义。——原注

开罗计划

1994年9月在开罗召开的联合国人口与发展国际大会,经过9天不时的针锋相对以后,签署了一项至迟于2015年把世界人口稳定在72.2亿的战略文件。这项被179个签约国接受的为期20年的行动计划,旨在避免人口过度增长的环境后果。因此该会议的建议与1992年在里约热内卢召开的联合国环境与发展大会的讨论与决议紧密相关。

开罗计划摒弃了几十年来基于多目标和多份额的鼓励"人口控制"(大会所避讳的措词)组织管理严密的政府计划,首次代之以给予女性对生活更大的控制权、更好的经济质量和机会,以及在生育决策方面更大的发言权的一项政策。会议承认,限制人口增长取决于这样的计划,它能够引导女性形成少生孩子的意愿并使女性成为经济发展的伙伴。基于这样的认识,大会文件认可增加女性教育与就业机会和降低出生率与小家庭之间的联系。先前的人口大会——1974年在布加勒斯特和1984年在墨西哥城——并未完全针对平等、机会、教育与政治权利这些问题;那两次大会表决通过的目标未能达到所期待的出生率转变,大部分是由于在许多传统社会中女性无权坚持避孕,而且害怕作为避孕替代方法的绝育。

先前两次大会小心避免或有意回避把人工流产作为一种可接受的计划生育方法。但在开罗大会上各国更公开地讨论了人工流产问题,并引起了激烈的辩论。梵蒂冈和许多穆斯林与拉丁美洲国家的修道士,针对把合法人工流产作为卫生保健的一部分以及对婚外性关系的认可,从宗教的角度提出异议。虽然大会宣言的最后文件不鼓励把人工流产作为普遍的权利,并排除将其作为计划生育的手段,但有些代表仍然对文件中关于性与人工流产两方面的措词持保留态度。但是,在大会闭幕时,梵蒂冈认可了宣言中潜在的原则,包括把家庭视为"社会的基本单元",鼓励经济增长和促进"性别平等、公正与妇女权益"。

1999年联合国"开罗+5"特别会议对原先的协议提出了一些调整。会议敦促人工流产合法化的国家把重点放在保证人身安全与容易实施两方面,提倡对在校生进行性与生育健康问题的指导,并告诉各国政府向性活跃的青少年提供专门的计划生育与保健服务的指导,特别强调减少青少年患艾滋病的风险。

2004年联合国召开了一系列区域会议,评估在实现开罗计划和"开罗+5"会议目标方面取得的进展。大多数人认为要做的事情仍然很多:要向最贫穷的人群推广这项计划,要为乡村发展和城市规划进行投资,要加强终止歧视女性的立法,还要敦促援助国全面兑现对此项计划已商定的资金(2002年只兑现了所允诺总数的一半)。尽管如此,从人口较多的许多国家生育率下降也可以看出开罗计划的正面成果。有些人口学家和妇女卫生组织断言,生育率的下降和政府的计划政策不相干。相反,他们声称,目前生育率较低而且仍在下降是由于女性对其经济生活与生育有了更大的控制权。联合国人口署主任称:"一个乡村女性做出要一两个或最多三个孩子的决定本身不算大事。但是……乘以百万又百万……的印度、巴西和埃及女性,就有了全球性重大意义。"

人口专家注意到,自开罗计划以来女性正在做出的那些决定,反映了正在出现的一些重要的文化因素。卫星电视把避孕信息传播到哪怕是很偏远的村庄,并向想要效仿的观众播放看起来很幸福的小家庭的节目。日渐加速的城市化减弱了一些传统家庭对女性的控制,也使避孕方法较容易操作,婴儿死亡率下降使母亲对婴儿存活更有信心。人口专家断言,也许最重要的因素是大多数发展中国家女性入学率大幅增加和即将做出生育决定的女孩与女青年的文盲率相应减少。

思考题

1. 你认为国际团体提倡像生育和家庭计划这样纯属个人或国家关心的问题的政策是否适当或有用?为什么?
2. 你认为目前国际上对人口增长、发展和环境等问题的关切是否十分有效,是否有把许多传统社会悠久的文化准则与宗教习惯推向丧失的风险?为什么?
3. 开罗计划要求发达国家提供相当可观的金钱保证,以支持发展中国家强化人口计划。那些保证在极大程度上没有被兑现。考虑到援助国政府面临许多其他国际需要和国内要务,你认为分配给援助国的财政义务是否有道理?为什么?
4. 许多环境学家把世界看作一个不能支持无休止增加人口的有限系统,超过了该系统的极限将会造成可怕的环境伤害和全球性灾难。许多经济学家反驳说,自由市场将会持续供应不断增长的需求商品,而必要时科学将会以替代品或扩大生产的方式提供技术性解决方法。面对人口增长后果如此截然相反的观点,把国际计划基于其中单独一方是否适当或明智?为什么?

长压力的一种重要策略,至少对某些欧洲国家而言是如此(图6.20)。例如,在一个90年跨度上,不列颠群岛自然增长人口的45%向外移民,1846—1935年,大约有6000万各民族欧洲人离开了该大陆。尽管目前大量经济和政治难民越过亚洲、非洲和拉丁美洲的界线,但移民并未对发展中国家提供一种类似的减压方式。因为发展中国家人口总数太大了,即使有上百万移民也影响不大。只有少数国家——例如阿富汗、古巴、萨尔瓦多和海地——近年来才有多达10%的向外移民。第8章将以空间相互作用的方式对国际和国内移民过程和格局做更详尽的论述。

移民的影响

在越境移民数量足够大的地方,移民对人口方程可能产生显著影响,并对迁出地和目的地双方造成人口结构的重大变化。例如,过去欧洲和非洲的移民,不仅改变了而且实质上造就了西半球和澳大利亚新殖民地人口稀疏地带的人口结构。18世纪末到19世纪初的几十年间,美国人口增长的30%—40%以上是移民造成的。同样,东进的斯拉夫人向人口稀少的西伯利亚殖民完全吞没了当地人口。

移民很少能代表他们所离开的人口年龄组的横断面,但给他们所加入的年龄组增加了年龄与性别组成的不平衡。反复研究的观测资料表明,移民强烈地向年轻单身年龄组倾斜。外流移民究竟以男性还是女性为主,视当时当地的情况而不同。虽然传统上国际移民流中男性远超过女性,但近年来女性已占越境移民的40%—60%。

因而,移民受纳国人口年龄结构至少因外来年轻人、而且很可能是未婚群体的增加而有所改变。其结果直接表现在对人口金字塔的修改及其对未来生育率以及额外的出生与死亡的潜在影响两方面。向外移民源地将损失部分生育年龄的年轻人口,也许还将面临年轻人性别

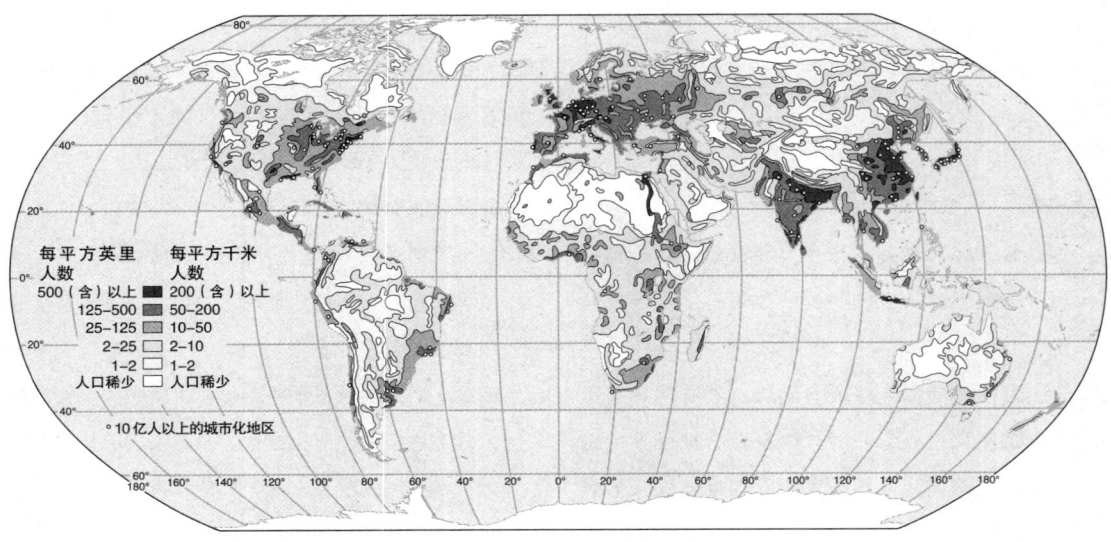

图6.21 世界人口密度。

比例失调的问题，当然也将被记录到统计学上的人口老化中。目的地社会可能因新移民而出生率增加，而且一般其平均年龄下降。

6.5 世界人口分布

我们所讨论的几百万和几十亿人在地球上的分布并不均匀。世界人口分布图（图6.21）上最引人注目的是分布异常不均匀的格局。陆地上有些地区几乎无人居住，有些地区人口稀少，其他地区则人口稠密。世界稍多于一半的人口居住——不均匀地聚居——在乡村地区。但是，有将近一半的城里人是百万以上人口大城市的居民，而且其比例还在不断增大。

地球上自然条件十分相似的地区，人口数量和密度往往差异很大，这可能是由定居时间长短不同或文化族群不同造成的。例如，北欧和西欧定居的时间比北美早上千年，土地面积不及美国的70%，却容纳着同样多的居民；现在西半球不同种族的人口密度远高于原先土著美洲人。

我们可以从图6.21所示的人口不均、但远非不合理的分布中得出一些一般性结论：首先，将近90%的人口居住在赤道以北，2/3住在北纬20°—60°之间的中纬度地区（图6.22）。其次，全世界大多数居民只占据陆地表面一小部分。一多半的人住在5%的土地上，2/3住在10%的土地上，几乎9/10住在不及20%的土地上。第三，人口聚集在低平地区，随着高度增加，人口数量急剧减少。温度、生长季长度、坡度和土壤侵蚀问题乃至高海拔缺氧问题，似乎都限制着高海拔地区的可居住性。有人估计，百分之五六十的人住在海拔低于200米的地区（仅占陆地总面积的不到30%）；将近80%的人住在海拔500米以下。第四，虽然低平地区是人们喜爱的定居区域，但我们并非对所有这样的地区一视同仁。大陆边缘曾吸引最稠密的聚落。据联合国估计，大约有38亿人——世界人口60%左右——住在离海洋100千米的范围内，其中大多数住在冲积低地和河谷。平均而言，海岸地区每平方千米约有80人，2倍于世界平均人口密度。但是，纬度、干旱程度和海拔高度也限制着许多面海地点的吸引力。北极沿岸

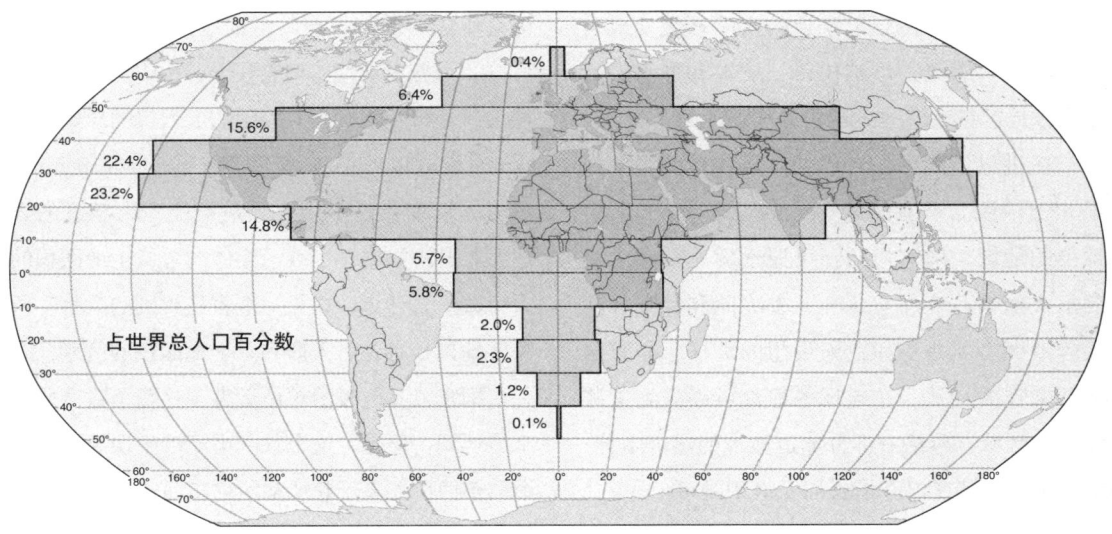

图6.22 从长方形的宽窄可以非常醒目地看出北半球的人口优势。由于南半球主要是海，因此只有1/9的人口住在赤道以南。

低地的低温与贫瘠土壤限制了人们在那里定居。任何纬度上的山地或荒漠海岸，热带地区那些沼泽遍布、森林茂密和瘴疠肆虐的低地与河谷，居民数量也很悬殊。

世界上有利于定居的地域中，有4个地区容纳了大量人口：东亚、南亚、欧洲、美国东北部（加拿大东南部）。东亚地区包括日本、中国和韩国等国，在面积与人口数量两方面都是最大的集群。这3个国家包含了地球人口的25%，其中仅中国就约占世界人口的1/5。南亚集群主要由印度次大陆国家——孟加拉国、印度、巴基斯坦和岛国斯里兰卡——构成，虽然有些人把东南亚的柬埔寨、缅甸和泰国也算在其中。这4个核心国家包含了世界另外1/5（22%）的人口。因此，南亚和东亚人口密集区是世界近一半人口的家园。

欧洲——南欧、西欧和东欧，包括乌克兰和俄罗斯位于欧洲的大部分——是世界人口密集的第三个地区，占世界人口的12%。其人口密集程度与总量均小于美国东北部（加拿大东南部）。地球上还有些面积比较小但很明显的

图6.23 坡地梯田化是把受自然条件限制的土地扩大为耕地的一种策略，照片中显示了这种技术被有效地用于日本本州南部的歌山县。（© Robert Essel / Corbis Images）

人口密集地区：印度尼西亚的爪哇岛、埃及尼罗河沿岸，以及非洲和拉丁美洲一些不连续的地区。

宜居地（ecumene）[①]一词是指地球表面适宜永久定居的地方。古代希腊人使用的这个词，源自动词"定居"，用来描述他们所知晓的介于炎热的赤道以南被认为无人居住的地方到地球北极永久冰冻地段之间的地区。显然，自然状况并不像古希腊地理学家所想的那样局限。古

[①] 曾译作适居地。——译注

第6章 人口地理学

代和现代技术都使难以亲近的自然环境变成可居住之地。灌溉、修筑梯田、筑堤和排水等就是用以局部扩大宜居地的方法（图6.23）。

在世界范围内，古代对可居住地的观察似乎非常敏锐。**非宜居地**（nonecumene）和人口稀少的地区，确实包括了极遥远的北极和南极的永久冰帽、亚洲与北美北方冻原和针叶林的大片地区。但是正如古人设想的那样，非宜居地并未连成一片。在地球各地都可以遇到这些间断的区域，包括一部分赤道地带的热带雨林、南北半球中纬度的荒漠，以及高山地区。

即使这些无人居住和居民稀少的地区，也有基于灌溉农业、采矿与工业之类的活动而出现的稠密居民点或居住区。最惊人的案例就是南美洲安第斯山脉和墨西哥高原稠密的人口。在这两个可能被它处认为是非宜居的地区，土著美洲人发现了不同于干旱的海岸地带和湿热的亚马孙盆地的温和环境。肥沃的高原盆地供养大量人口长达1000多年。

即使有这些局部的重大例外，地球上非宜居地部分还是很广袤的；世界陆地表面35%—40%是不适合居住的，没有多少聚落。这就是地球上在古代甚至到19世纪还被描述为不可居住的小部分地区。自从大约1.2万年以前冰期终结以来，人类业已稳步地扩展了定居地。

6.6 人口密度

当然，由于人类学会了用新聚居区的资源来养活自己，因此我们居住的范围就只有扩大一途。旧居住区和新拓居区所能支持的人口数，过去和现在都与那些地区的资源潜力以及占用该地区人口所具有的文化水平与技术水平有关。**人口密度**（population density）一词所表述的是定居者的数目与其占据地区之间的关系。

人口密度即使有时会误导，也仍然是描述区域人口分布变化有用的表示法。人口的**原始密度**（crude density）或**算术密度**（arithmetic density）是对人口变化最常用也是最不能令人满意的表述。它通常根据一个政治实体内单位土地面积的人口数量来计算。这是一个容易识别的数字。所需要的只是有关总人口和总土地面积的信息，对一个国家或其他政治单位而言，这两个数字通常都能得到。但是，这个数字可能产生误导，所隐藏的东西可能多于它所揭示的东西。这种算法只涵盖了一国不可开发或人口稀疏地区连同居民密集的发达地区的一个平均值。全国平均人口密度的数字并不能揭示其领土的任何等级。一般来说，用以计算人口原始密度或算术密度的政治单位越大，该数字的用处越小。

我们可以对人口密度做各种修正，把人口密度改进为描述人口分布的有意义的抽象概念。如果把所研究的区域细分为可比较的地区或单元，描述的精度就会提高。这样，如果知道2005年新泽西州的人口密度为每平方千米陆地面积454人而怀俄明州为2人，就比光知道美国相连48州每平方千米38.5人的数字更有启迪作用。如果把夏威夷和幅员广大、人口稀少的阿拉斯加包括在内，则美国人口密度的数字就减少到每平方千米32.4人。这种计算还可以改进，按居民的种类——比如说，城市人口与农村人口——提供人口密度的差别。美国农村人口密度很少超过每平方千米115人，而大城市在同样空间里可能有几千人。

对原始密度另一种有启迪意义的改进是把人口和一国已经耕种或能够用于耕种的面积——即**可耕地**（arable land）——而不是和它的国土总面积相联系。总人口除以可耕地面积所得出的数字叫作**生理密度**（physiological

表6.4 几个选定国家人口密度的比较						
	原始密度		生理密度[a]		农业密度[b]	
国家	平方英里	平方千米	平方英里	平方千米	平方英里	平方千米
阿根廷	36	14	384	149	44	17
澳大利亚	7	3	100	38	10	4
孟加拉国	2594	1002	4083	1577	3219	1208
加拿大	8	3	176	68	36	14
中国	353	136	2654	1025	1829	706
埃及	191	74	6350	2452	3362	1298
印度	869	336	1605	620	1176	454
伊朗	110	42	1213	486	414	160
日本	876	338	7321	2827	1562	603
尼日利亚	369	142	1131	437	653	252
英国	635	245	2634	1017	272	105
美国	80	31	404	156	93	36

[a] 总人口除以可耕地面积。
[b] 农村人口除以可耕地面积。
数字取整可能造成表面上的换算差异。
资料来源：World Bank, *World Development Indicators* and Population Reference Bureau, *World Population Data Sheet 2005*.

density），在一定程度上，它表示人口对农业用地所施加的压力。表6.4展示了各国生理密度的差别，还对比了一国的原始密度与生理密度，清楚地表明了单用算术密度不能揭示实际的定居压力。然而，生理密度的计算取决于可耕地和耕地含糊的定义，它假定所有可耕地同样肥沃，利用情况也相同，而且只包括国家基础资源的一部分。

农业密度（agricultural density）是一个更有用的变量。它把城市人口从生理密度计算中排除出去，只描述单位面积农业生产用地上的农村居民数。所以，它是一国农村人口对农村地区压力的一种估算。

人口过剩

人口密度的概念常令人很容易想到人口过剩或过度拥挤。记住以下这点是明智的，即**人口过剩**（overpopulation）所反映的是一种基于观察的价值判断，或者是一处环境或地域不能支持当地现有人口的情况（**人口不足**［underpopulation］是与之相关而对立的概念，指一国或一地区人口过少，难以充分开发其资源以改善居民生活水平的情况）。

人口过剩不一定是人口密度高的必然后果。摩纳哥是位于欧洲南部的一个公国，面积仅及纽约中央公园的一半，人口原始密度高达每平方千米1.7万人。位于中国和俄罗斯西伯利亚之间的蒙古，面积达156.5万平方千米，每平方千米只有1.6人；比它面积大一点的伊朗，每平方千米42人。中国沿海城市澳门，每平方千米2.4万人；阿根廷大西洋沿岸马尔维纳斯群岛[①]，境内

[①] 又称为福克兰群岛。——译注

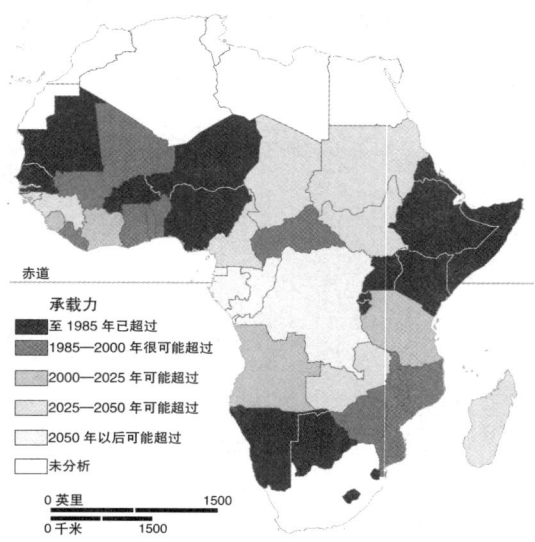

图6.24 撒哈拉以南非洲的人口承载力及其潜力。该图假定：（1）一切耕地均种植粮食；（2）粮食进口很少；（3）农业采用低技术水平的方法。

资料来源：World Bank; United Nations Development Programme; Food and Agriculture Organization (FAO); and Bread for the World Institute.

每5平方千米至多1人。从这些人口密度的对比中，我们不能得出任何有关这些地区生活状况、收入水平、粮食供应或繁荣程度的结论。

人口过剩所反映的是土地的人口**承载力**（carrying capacity）——在现行技术条件下一个区域在可持续的基础上所能支持的人口数——而不是单位面积上的人口数。一个大量使用灌溉、化肥和杀虫剂的高能耗商品农业地区，能支持的高生活水平人口的数量，远高于第10章所述的刀耕火种地区。利用煤矿、铁矿之类的资源，而且可以进口粮食的工业社会与技术不甚发达的社会相比，在同样人口密度下不会感到人口压力。

由于人口承载力与经济发展水平有关，图6.21之类的地图所展示的，是当前人口分布与密度的格局，而与生活状况无关。许多工业化、城市化国家比发展中国家人口密度低、生活水平高。美国还有许多未被利用、未有人定居的土地，其人口密度低于所有土地均为可耕地的孟加拉国，后者2005年每平方千米有大约1000人，是世界上人口最稠密的非岛屿国家。同时，许多非洲国家人口密度低，生活水平也低，而日本人口密度既高又富裕。

人口过剩可以和生活水平或生命状况相提并论，它反映了人口数量与土地人口承载力之间不平衡的情况。衡量的这种不平衡状况或许是食物的热量供应不能满足个人日常能量需要，或不能满足正常营养平衡的需求。不幸的是，膳食不足——对预期寿命、体力和精神发育都有长期的负面影响——是发展中国家最可能遇到的情况，这些国家人口大部分属于年轻的年龄组（图6.11）。

如果发展中国家中依赖国内粮食的人口数量增长迅速，那么其前景必定是持续性营养不良和人口过剩。撒哈拉以南非洲大多数国家均为这种状况。20世纪90年代其人均粮食产量一直在下降，随着人口-粮食缺口的加大，预计随后25年内粮食产量仍将继续下降（图6.24）。北非国家的情况同样紧张。埃及已经需要进口所消费粮食的一多半。不仅非洲如此，据联合国粮食及农业组织（Food and Agriculture Organization, FAO）估计, 21世纪初，占发展中国家30%以上的至少65个国家，在低农业技术水平与低投入情况下，依靠本国领土不能养活其居民。即使高速工业化的中国，1994年以前还是谷物出口国，现在大多数年份都是谷物净进口国。

当今世界上，本国农业生产不足以满足全国热量需求的情况，不能被认为是人口过剩或贫穷的量度标准。只有少数国家在农业上是自给的。处于发达国家中领先地位的日本，是世界上最大的粮食进口国，本国只能提供其人口

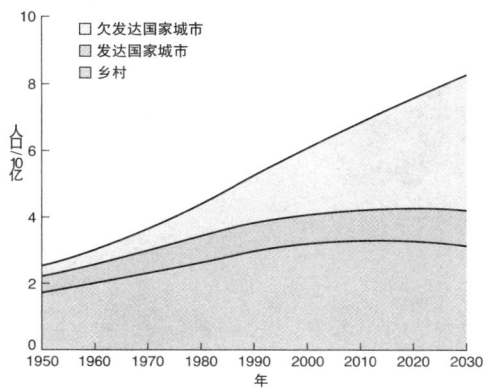

图6.25 过去与预期的城市人口和农村人口增长。据联合国预测，到2030年世界总人口中大约65%为城市人口。目前对于"城市"还没有现成的定义，不过，据人口咨询局解释，"居民在2000人以上者……就归类为'城市'"。

资料来源：Redrawn from Population Bulletin vol. 53, no. 1, Figure 3, page 12 (Population Reference Bureau, 1998).

消费热量的40%。如表6.4所示，日本人口生理密度很高，但目前的发展显然不依赖其可耕地资源。它在很大程度上既缺乏农业资源又缺乏工业资源，但其国民福利与财富的所有指标仍然名列前茅。日本、韩国、马来西亚——它们目前都进口所消费粮食的70%以上——等国家和地区，如果突然停止出口工业产品与进口粮食和原料的国际贸易，其后果将是灾难性的。和许多欠发达国家相比，现在国内粮食生产不能维持其人口日常饮食水平的国家，才是十足的"人口过剩"。

城市化

各国对土地资源压力的增加不仅是由于其人口增长，还由于人口增长造成的可耕地减少。世界上增加的人口越来越多地离开农村而住在城市里，那里就业、医疗、福利和其他公共服务的机会均较多。结果，发展中国家人口的**城市化**（urbanization，根据个别国家对城市的定义，是指从农村转化为城市的社会地位）程度大幅增加。自20世纪50年代以来，几乎所有发展中国家城市的增长都比农村地区快。的确，由于现在从农村向城市的移民流急剧增加，发展中国家农村人口实际上已经停止增长。例如，尽管拉丁美洲人口总体上经历着实质性增长，但根据多数国家关于"城市"的定义，其农村人口规模确实在下降。

据联合国预测，2000—2030年间全世界人口增长基本上出现在城市地区，而且几乎全部出现在发展中国家和地区——持续着1950年确立的模式（图6.25）。这些地区的城市每年的增长超过3%，而且最贫穷的地区正在经历着最快的增长。联合国预期，到2020年，欠发达国家多数的人口将居住在城市里。例如，非洲东部、西部和中部，城市每年扩张5%，这是人口倍增时间为14年的步伐。1950年全球城市人口为7.5亿，到2005年增长到30亿以上，而到2030年预计将上升到51亿。过去城市化导致的不均衡的结果概括于图6.26中。

城市人口与地域的陡增增加了对可耕地的压力，并调高了人口的算术密度与生理密度。城市化每年消耗成百万平方千米耕地。例如，1965—1985年埃及的旧城扩张和新城开发所占用的沃土，可以和尼罗河上阿斯旺大坝蓄水后因灌溉而新开发的耕地面积相匹敌。20世纪90年代大多数年份中，中国因城市化、道路建设和工业化每年损失耕地近1万平方千米。目前中国是世界历史上人口从农村向城市迁移最多的国家。有些发展中国家的城市本身，常常被人口密集的失控聚落、贫民窟和棚户区所包围（图6.27），成为世界上人口最稠密的地区。这些城市面临着为其居民提供住房、就业、教育、医疗卫生和社会服务等方面的大量问题。城市

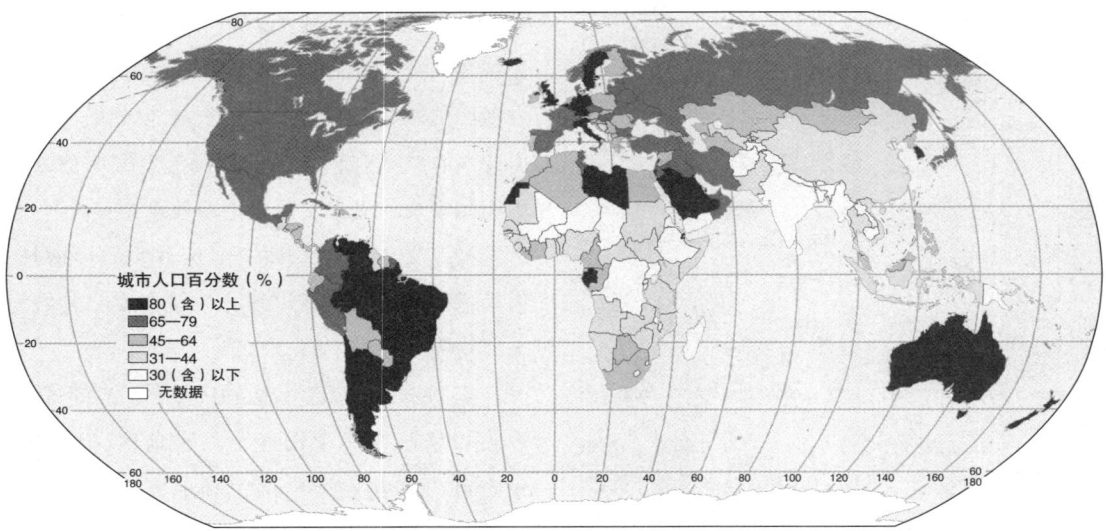

图6.26 2005年城市的人口占国家人口的百分比。发展中国家城市化速度特别快。1950年，亚洲城市人口只有17%、非洲只有15%；到2003年，1/3以上的非洲人口和将近40%的亚洲人口为城市居民，而欠发达地区总体的城市人口占世界城市人口的71%。

资料来源：Data from Population Reference Bureau.

图6.27 发展中国家数以百万计的人住在大城市边缘的棚户区，没有自来水、电力、下水道系统或其他公共服务。据联合国报告，世界范围内高达40%的城市居民住在这种非法聚落和棚户区中。照片中山坡上的棚户区是巴西许多贫民区之一，居住着里约热内卢1000万居民的近一半。(© *Luiz Claudio Marigo / Peter Arnold*)

236　地理学与生活

地理学的这些问题和相关问题是本书第11章的主题。

6.7 人口数据与人口预测

人口地理学家、人口学家、规划师、政府官员和其他许多人，要依靠详细的人口数据对当前全国和世界人口格局进行评估，并估算未来的状况。人口的出生率和死亡率、生育率和自然增长率、年龄组成和性别组成以及其他项目，都是他们工作所需要的材料。

人口数据

学者所使用的人口数据主要来自联合国统计办公室、世界银行、人口资询局，最后还来自各国人口普查和抽样调查。令人遗憾的是，这些数据可能产生误导而不是提供可靠信息。对大多数发展中国家而言，全国人口普查是一项艰巨任务。地方偏远、交通不便、资金不足、缺乏训练的普查人员、文盲率高限制了问卷的内容，居民对政府人员收集数据的怀疑等因素，限制了人口报告的频率、覆盖范围和精确度。

无论这些数据是用何种方法得到的，有关当局还是将详细的数据印发给全国各单位，即使那些数字基本上不符合事实或者根本是编造的。例如，多年来，索马里定期报告并每年更新总人口、出生率、死亡率和其他基本统计数据。但是，事实上索马里从未有过人口普查，也没有什么记录出生率的制度。埃塞俄比亚也报告看似精确的数据。1985年该国进行了有史以来首次人口普查，至少有了一种数据来源把该国对15%的出生率估计降了下来，并把总人口增加了20%以上。1992年尼日利亚有争议的人口普查，正式报道其总人口为8850万，虽然仍属非洲最高，但是远低于当时被普遍接受而广泛引用的1.1亿—1.2亿的估计数。

幸而，世界范围内人口普查覆盖率正在改善。几乎每个国家现在都至少进行过一次人口普查，而且多数国家倾向于进行定期抽样调查（图6.28）。不过，发展中国家只有大约10%的人口住在有完善出生率和死亡率登记的地方。估计印度尼西亚、巴基斯坦、印度和菲律宾等国，经官方登记出生存活的婴儿不超过40%；据联合国儿童基金会（United Nations International Children's Emergency Fund, UNICEF）估计，撒哈拉以南非洲国家无出生率记录最高（71%）。显然，全亚洲死亡率的报告比出生率更不完全。无论亚洲各国的数据多么不完整，非洲的统计数据更不完整、更不可靠。当然，这只是对其出生率和死亡率数据而言，这些数据是预测人口增长率和人口组成的基础。

人口预测

尽管数据不充分、不精确，但以国家为单位的数据仍是**人口预测**（population projection）的基础，即基于现有数据估计未来人口的规模、年龄与性别组成。预测不是预报，人口学家也不等于社会科学方面的"气象学家"。天气预报员可以依靠经过验证的大气模型，使用无数精确的观测数据进行工作。相反，人口学家只能把贫乏的、不精确的、过时的、缺失的数据用以预测人类的行为，而这些行为只是对尚未见端倪的各种刺激因素难以预料的反应。

因此，人口预测基于现有数据对未来的设想，而这些数据本身常常是靠不住的。由于预测不是预报，所以准确性低。预测只不过是对现有人口各年龄组生育率、死亡率和迁移率，以及对

图6.28 21世纪初,大多数发达国家和发展中国家都进行了新的人口普查,虽然其中有些不甚完善和欠精确。照片为2001年厄瓜多尔一位人口调查员正在采访首都基多的居民。(© Guillermo Granja / Reuters America)

尚未出生年龄组出生率、存活率与迁移率设想的计算结果。当然,把这些计算得出的绝对有根据的未来人口规模与结构预测用作预报就有可能是错误的。

由于公众总是把那些预测当作科学的期望值,因此他们忽略了这些预测后面的假设。例如,联合国对2025年非洲人口的估计结果不是一个而是三个或更多:高等、中等、低等(见"世界人口预测"专栏)。对于像非洲这样广大的地区,采用中等预测有利于修正各种误差和对十分庞大的人口统计数据预测的行为。对单个非洲国家和较小的人口而言,中等预测可能不甚令人满意。在预测上通常倾向于假定目前的情况能够适用于未来。显然,越是遥远的未来,这种假定就越可能不正确。由此得到的观测结果对小区域人口的预测来说,越是遥远的未来,预测的结果就越有疑问,误差越不可避免(图6.13)。

6.8 人口控制

所有人口预测都包含一种假设,即到某个时刻人口将会停止增长而稳定在替代水平上。如果没有这个假设,未来人口数字就会大得难以想象。像当前这种不受控制的增长率,会使全世界人口在3个世纪内达到1万亿,4个世纪后达到4万亿,以此类推。虽然对当今世界是否人口过剩、什么是适度人口或者可持续的最大人口应该是多少等问题还存在理性的争论,但是数以万亿计的总数还是远远超过任何合理的期望值。

人口压力并非来自人类所占据空间的大小。例如,有人曾经做过这样的计算,美国特

世界人口预测

人口预测可能是有用的和建设性的,但是,这种预测必然基于现在情况对未来事件的估计。人口学家在进行预测的时候,是以未来出生率和死亡率水平受控的假设为指导的,有些情况下,还包括人口迁移的数量。这些假设基于下述问题的答案:目前的出生率水平、文化水平和教育水平如何?政府有无影响人口增长的政策?女性的地位如何?有哪些因素(比如说HIV/AIDS)可能对预期寿命有影响?

除了这些问题外,还必须权衡社会经济变化的可能性,因为一般认为随着国家的"发达",对较小家庭的偏爱将造成生育率下降到每个女性生育约两个孩子的人口替代水平。但谁能够预期欠发达国家什么时候会出现这样的变化?大多数发达国家目前生育率低于替代水平,生育率是否会上升以防止人口最终消失?如果是,又会何时发生?

联合国原先对非洲一项长期预测表明,预测生育率下降的过程至关重要。和许多其他预测一样,这些预测得出一个"系列",表明不同假设的结果。对非洲的"低"预测假定替代水平生育率应出现于2030年,到2100年该大陆人口为14亿。如果替代水平生育率延迟到2065年方能达到,则到2100年人口将达到44亿。这30亿的差额可用作一种警示,在长期预测时不仅要考虑其可能性,还要考虑未来事件的概率。

不幸的是,人口学家在抛出他们的人口预测时常常不顾环境实际状况,忽略了土壤、植被、供水和气候等对人口支持起最终决定作用的可行或可能的水平。不同分析家对地球的绝对承载力可能会做出不同的评价。20世纪90年代"世界饥荒研究计划"(World Hunger Project)以不现实的低水平计算,在农业技术与粮食公平分配的情况下,全世界生态系统在可持续基础上有可能支持55亿人,这是一个业已远远地被超过的数字。相反,许多农业经济学家——引证当前农作物产量、化肥效率和生产方法增长的趋势与前景——确信地球能够轻易地在可持续的基础上养活100亿人。不过,几乎所有观察家都同意,自然环境的实际情况使得在纯人口学基础上预测承载人数两三倍于现有世界人口是不切实际的。

拉华州就能轻松容纳整个人类。压力出自人口所必需的粮食、能源和其他资源,以及日益增长的需求和满足这些需求的技术对环境产生的冲击。目前许多国家的人口增长率使之几乎不可能达到他们所希望的社会与经济发展。

显然,从某种意义上说,人口必须尽快停止增长。就是说,或者应该采取人口转型方面所暗含的自行导致的限度,或者达到人口与资源之间以更戏剧性的方式建立起的一种平衡。这种认识并不新奇。公元2世纪神学家德尔图良(Tertullian)就持这样的观点:"必须把瘟疫、饥荒、战争和地震看作对民族的救治,就如同修剪人类的繁枝一样。"

英国经济学家和人口学家**托马斯·罗伯特·马尔萨斯**(Thomas Robert Malthus)在1798年发表的一篇论文中简洁地提出这个问题:一切生物种群都有一种超过实际增长率的增长潜力,而支持这种增长的资源是有限的。此后马尔萨斯在其著作中拓展了这个理论,指出:

(1)人口不可避免地受生活资料的制约。

(2)人口不可避免地因生活资料的增加而

增长，除非受阻于强有力的障碍。

（3）约束人口再生产能力并阻碍其与生活资料保持平衡的因素或是"私密的"（道德上的克制、独身和贞节），或是"破坏性的"（战争、贫穷、瘟疫和饥荒）。

马尔萨斯关于不受控人口以几何级数增长，而粮食生产只能以算术级数[①]增长的可怕推论在人类历史中已有记录，就如同今天看到的一样。饥饿作为资源耗竭的最终表现，在现在和过去都不陌生。据保守估计，在你阅读本页的2分钟内，全世界死于饥饿和营养不良的人超过40（每年1100万），其中一半是5岁以下的儿童。当然，同一个2分钟内又有更大数量的新生儿取代他们。损失几乎总能得到补偿。人类历史上过去300年来死于战场上的人数也许为7000万，略少于目前自然增长率下1年置换期的数字。

然而，不可避免地——根据马尔萨斯的逻辑、历史上明显的证据以及对动物种群的观察——在人口数目与资源支持之间达到平衡。任何物种种群过大时，种群的群体死亡是不可避免的。J型曲线疯狂上升的斜边被扳成水平状，使J型曲线变成**S型曲线**（S-curve）。人类历史上曾经出现过这种情况，如图6.29所示。S型曲线顶部代表一个种群的规模与可利用的资源基础相协调并得到资源基础的支持。当该种群规模等于它所占据地区的承载力时，就达到**自稳平台**（homeostatic plateau）。

在动物界，过分拥挤和环境压力显然会在生理上释放一种自动的生育抑制。虽然饥荒和慢性营养不良可能降低人类的生育率，但是人口的限制通常必须通过强迫或自愿的手段方能奏效。人口转型为与死亡率相匹配的低出生率被引为马尔萨斯第一条假设错误的证据：人口不一定呈几何级数增长。人们观察到，生育行为受社会决定因素的控制，而不是只受生物学或资源规则的控制。

虽然根据欧洲的人口经验，马尔萨斯的思想在19世纪末就已被摈弃，但他所表示的关切在20世纪50年代又复活了。发展中国家人口增长和这种增长对其资源的压力导致了这样的观点，即生活水准的改善只有通过提高对每个工人的投入方能达到。人口快速增长被看作稀缺资源严重偏离其资金总额，进入无休止的社会福利程序。为了提升生活水准，现有全国性降低死亡率的努力必须和政府降低出生率的计划取得平衡。因这个观点而为人所知的**新马尔萨斯主义**（Neo-Malthusianism），成为主要通过控制生育与家庭计划达到人口控制的国际计划的基础（图6.30）。

人们对新马尔萨斯主义所采取的态度颇不相同。以中国和印度为首的亚洲国家从总体上——虽然所取得的成就不同——采取了家庭计划生育的政策和程序。1965年新加坡成立了计划生育和人口理事会（Family Planning and Population Board, FPPB），那时每个女性终生的生育率为4.9；到1986年生育率下降到1.7，远低于发达国家2.1的替代水平，该机构也因没有存在的必要而被撤销。加勒比海和南美国家，即使最贫穷而且多为农业国，也经历了生育率下降的过程，虽然这种下降常常是在受罗马天主教影响的政府鼓励多生育的观点下形成的。

非洲和中东对新马尔萨斯主义的论点反响一般不大，因为民间的文化信仰根深蒂固，如果不在政府影响范围之内，大家庭——6、7个孩子——是最合意的。虽然撒哈拉以南大多数

[①] "在大约100年里，人口能够增长4—20倍，而生活资料……只能增加3—5倍"，这是19世纪初与马尔萨斯同时代的中国学者洪亮吉（1746—1809，字君直，一字稚存，号北江）的观察结果。——原注（洪亮吉的中文名和括号中的资料系译者摘自互联网）

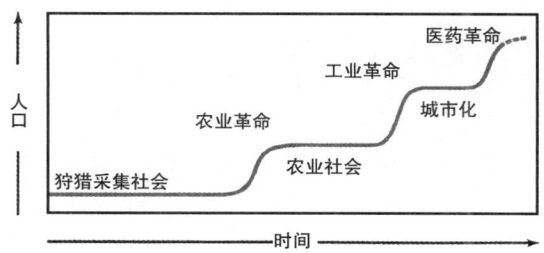

图6.29 人类达到较高的自稳平台（平衡状态）证明了我们通过技术进步增加土地人口承载力的能力。每个新平台代表J型曲线向S型曲线的转变。"医药革命"意味着极大地降低发病率和死亡率的现代卫生和公共保健技术与疾病预防和医疗进步所涵盖的范围。

国家的总生育率开始下降，但几乎仍然停留在替代水平之上。宗教激进主义反对限制生育也是近东和北非的一种文化因素。然而，伊朗的穆斯林神权政治批准了一系列避孕方法，推行了世界上最积极的家庭计划生育程序。

生育控制还存在着其他障碍。当西方国家首次提出为了发展必须实行家庭计划生育的新马尔萨斯主义论点的时候，遭到许多欠发达国家的反对。他们断言，是殖民时代社会、经济和阶级结构的残余而不是人口增加阻碍了发展，这反映了民族主义和马克思主义两方面的观念。有些政府领导人认为在人口数量、权力和鼓励生育政策之间有相关性，如同20世纪50年代和20世纪60年代初的中国那样。从20世纪80年代开始，许多美国经济学家主张人口增长对发展是一种促进因素而不是阻碍，人的智力和技能是世界上最根本的资源基础，他们把这种观点称之为"丰饶角论"（cornucopian）①。自马尔萨斯的时代以来，他们观察到世界人口已从9亿增长到60亿以上而没有出现可怕的后果——证明了马尔萨斯未能认识到技术对提高地球承载力的重要作用。他们认为，即使人口数量更多，甚至所有人都提高了生活水准，地球还是能够供养得起。

第三种观点是对"丰饶角论"乐观主义的修正，该观点承认像绿色革命之类人类天才的发明使粮食产量已经赶上1970年以来人口急剧增长的步伐。但这种看法的鼓吹者坚称，科学技术增加粮食生产的能力并不会自动出现，近年来自满与对研究支持不足已经阻碍了进步。他们还观察到，即使取得更大的进步，也并非所有国家或地区都有利用这些进步的社会意愿和政治意愿。第三种观点的鼓吹者警告说，那些不这样做的国家或地区，将会赶不上老百姓需求的步伐，陷入不同程度的贫困与环境退化，造成国家和地区——虽然不一定是全球——的危机。

6.9 人口前景

不管人口的人生观、理论或文化准则如何，事实依然是：许多或大多数发展中国家人口增长率都表现出明显的下降。全球生育率和出生率似乎以悲观的马尔萨斯主义者未曾料到的程度在下降，下降的速度使人想到世界人口达到峰值的时间要比先前所设想的更快，而且总数更少（见"人口剧减？"专栏）。近年来世界各地区都有生育率稳步下降的记录，生育率从20世纪50年代初全球平均每个妇女5个孩子下降到21世纪初的3个以下。

惯　性

生育率下降到每个妇女大约2.1个孩子的替代水平，并不意味着人口增长立即终结。由于许多社会人口的年龄组成，即使每个女性的生育率

---

① 希腊神话中给宙斯哺乳的羊角，绘画与雕刻中表现为装满花果象征丰饶的羊角。此处把cornucopian暂译作"丰饶角论"。——译注

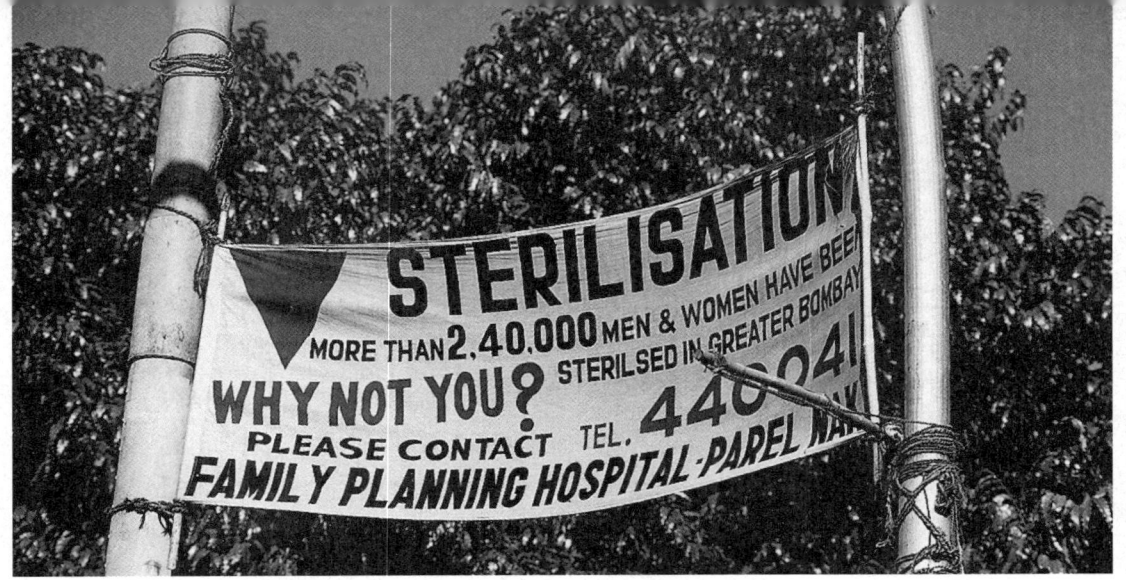

图6.30 印度孟买一处宣传政府坚持降低本国高生育率的计划的广告牌。女性绝育手术是世界上计划生育最流行的形式,有报告称,印度、巴西和中国1/3以上已婚妇女已经接受绝育手术。相比之下,全世界已婚男性的绝育率仅为4%。(© Carl Purcell)

下降了,出生人口的数目也将继续增长。其原因可以从**人口惯性**(population momentum)(或**人口学惯性**[demographic momentum])中找到,其中关键在于一国人口的年龄结构。

当人口大部分为年轻人时,过去高生育率期出生的人口每年越来越多地进入生育年龄,这就是21世纪初世界大部分地区的情况。发展中国家人口较业已工业化地区的人口年轻(图6.11),15岁以下人口占30%(亚洲和拉丁美洲)到40%(非洲)。这些年轻人生育率的结果尚未体现出来。年轻人数目较大的人口,无论其分娩水平如何,都倾向于迅速增长。在现有的年轻年龄组步入成年并逐步通过人口金字塔之前,这种结果将持续被感受到。

在这种情况下,即使实行最严格的限制增长的国家政策,也不能完全停止人口增长。现在人口基数大的国家,尽管出生率下降,但仍将经历人口大量增长。实际上,原先的生育率越高、向低水平下降越急速,人口惯性的作用就越大,即使生育率下降到低于替代水平之后也是如此。将韩国与英国做简单比较就能显示这一点。2002年两国生育率处于同一水平,每个妇女平均生育1.6个小孩。从2002年到2025年,预期人口数量较大的英国(不考虑移民或与新移民有关的生育)将减少200万人,而人口规模较小、较年轻的韩国人口预计会继续增长,增加200万人。

对某些人口学家而言,人口惯性的现实已经对联合国2003年所做的世界人口将于2075年达到大约92亿峰值的预测提出严肃的疑问。他们注意到,目前世界人口大部分集中在出生率高的15—40岁年龄段。即使各处每个人都接受每对夫妇2个孩子的政策,若想使世界人口稳定在120亿也需要(由于人口惯性)大约70年,比联合国的预测长得多。

老龄化

当然,年轻人口最终会变老,即使年轻的发展中国家也开始面临这种现实。现在发展中国家也开始认识到工业化经济已经遭遇人口迅速老龄化的问题。在全球范围内,到2025年60岁及以上的人口将超过10亿人,到2050年将达到19亿人,

242 地理学与生活

图6.31 图中摩洛哥养老院的居民是发展中国家迅速老龄化人口的一部分。到2050年全世界60岁以上年龄组人数将占总人口的22%左右，超过15岁以下儿童的数目。到2020年，1/3新加坡公民年龄将达到55岁以上，中国超过60岁以上的公民也将和欧洲占同样大的份额——大约1/4。世界上一些最穷的国家的老年人数目开始使富国相形见绌。21世纪开始时，发展中国家超过60岁老人的数目已两倍于发达国家，但没有发达国家早已落实到位的老龄补助和福利计划。（© *Nathan Benn / Corbis Images*）

那时世界上60岁及以上的人口将超过15岁以下的人口。1998年较发达地区已经出现青年人与老年人这种重大相对比例的逆转。人口老龄化的走向被认为是不可逆转的，这是当前全球人口从高水平生育率和死亡率向低水平转变的结果。过去年轻人居多的情况不大可能重新出现，因为本世纪初全球范围内老年人每年增长2%——比整个人口增长快得多——2025—2030年间，60岁以上人口增长率达到每年2.8%。到2050年，据联合国预测，全世界每5人中就有1人在60岁以上。

本世纪中叶将有大约80%老年人住在欠发达国家，因为发展中国家老年人的增长率为发达国家的3倍。到2050年，发展中国家老年人预计占人口的20%，相比之下2000年60岁以上人口只占8%。因为发展中国家人口老龄化的步伐很快，所以他们和发达国家相比，用以调整老龄化后果的时间较少。而且老龄化的后果将是在个人与国家收入水平，以及经济实力都较低的情况下承担的。

无论是富国还是穷国，劳动年龄人口都将面临日益增加的负担和义务。潜在赡养率（potential support ratio，PSR）——每个65岁以上公民对应15—64岁公民的数目——业已稳步下降。1950—2000年，每个老年人相对应的工作年龄人员从12个降低到9个，到21世纪中叶预期降至4个。这对社会安全体系和社会赡养义务的影响是很明显的，而由于较老龄人口本身也日益变老，问题就会更加严重。到21世纪中叶，1/5老人将达到平均80岁以上，较之年轻的长者，对他们的医疗保健和长期照顾需要更多的赡养费用。世界上最穷的国家似乎最难处理人口老龄化的后果，这些国家一般都缺乏保障老年公民需求的保健、收入、住房和社会服务的制度。因此，发展中国家在考虑目前人口惯性的社会影响和经济影响时，必须结合过去人口格局老龄化的结果和增长率（图6.31）。

章节摘要

想要了解人口的数量、组成、分布和空间趋势，出生率、死亡率和增长率具有重要意义。对近期人口数目的"爆炸性"增长和持续扩张的前景，可追溯到死亡率的急剧下降、寿命延长和人口惯性对主要集中在发展中国家的年轻人口的冲击。历史上对人口数量的控制是通过人口转型达到的，欧洲社会首先经历了这种转型，在死亡率下降、预期寿命延长的同时向下调整了他们的生育率。防病、治病的医药先进技术的引进以及饥荒救助，降低了发展中国家的死亡率，但迄今并未引起出生率的补偿性下降。目前许多发展中地区生育率的下降表明，人口转型不再局限于先进工业国，世界人口的稳定时间有望比前几年预想的早，而且人口数量也较少。

虽然生育率普遍下降，但20世纪末60亿的人口可能仍将增长，到21世纪中叶达到91亿左右。这种增长不可避免，因为发展中国家人口规模较大且年轻人口众多。最后人口数量和地球承载力达到新的平衡，这种平衡总是随着人口快速增长到来的。

地球上人口分布不均。地球上的宜居地或可永久居住的部分并不相连，各地人口密度和数量显著不同。虽然其他地区、其他大陆也有小片人口高密度的地方，但东亚、南亚、欧洲和美国东北部/加拿大东南部分布着世界上最大的人口集群。由于人口增长率更高和倍增时间一般更短的地方均出现在这4个人口密集地区以外，因此人口配置的新格局和优势正在形成。

一位受尊敬的地理学家曾发表过这样的评论："人口是一个基准点，从中可以观察到所有其他（地理）要素。"诚然，人口地理学是地理学研究人地关系中人类要素的起点。但是人口并不仅是数量单位的集成，也不仅是只通过统计分析就能有所了解的。各种社会不仅用人口的数量、比率与趋势等抽象数据来区分，还要考虑自身的经历、信仰、智能和愿望，这些要素被称为文化，它们共同构成人类的空间变量与行为变量。这就是下文我们要讨论的人类的多样性。

问题与讨论

1. 粗出生率和生育率有何区别？哪个是对人口再生产数量更精确的说明？

2. 粗死亡率如何计算？说明自1945年来世界死亡率下降的原因是什么？

3. 人口金字塔如何构建？何种形状的"金字塔"反映人口快速增长的人口结构？何种"金字塔"反映人口增长缓慢的人口结构？根据"金字塔"的形状能对未来人口数量做出怎样的判断？

4. 我们从自然增长率的格局中能够察觉怎样的变化，并由此了解人口增长的情况？什么样的自然增长率会使人口在35年内倍增？

5. 根据现有人口状况如何预测未来人口数量？预测是否和预报一样？如果不是，它们在哪些方面有所不同？

6. 描述人口转型的各阶段。转型的最后阶段出现在何处？看来适用于世界上其他地方人口转型的是什么？

7. 对比人口原始密度、生理密度和农业密度，它们各自可能用于何种目的？为何承载力与密度概念有关？

8. 对于人口增长与粮食供应之间的关系，马尔萨斯所隐含的假设是什么？新马尔萨斯主义和原来的学说有何差别？新马尔萨斯主义暗示了怎样的政府政策？

9. 为何人口惯性对人口预测至关重要？在预测人口增长、稳定或下降状态的时候，世界上哪些地区的人口惯性影响最大？

延伸阅读

Brea, Jorge A. "Population Dynamics in Latin America." *Population Bulletin* 58, no. 1. Washington, D.C.: Population Reference Bureau, 2003.

Brown, Lester R., Gary Gardner, and Brian Halweil. *Beyond Malthus: Nineteen Dimensions of the Population Challenge.* New York: Norton, 1999.

Bulatao, Rodolfo A., and John B. Casterline, eds. *Global Fertility Transition.* Supplement to *Population and Development Review* 27 (2001).

Castles, Stephen, and Mark J. Miller. *The Age of Migration: International Population Movements in the Modern World.* 3d ed. New York: Guilford Press, 2003.

Cohen, Joel E. "Human Population Grows Up." *Scientific American,* September 2005, pp. 48–55.

De Souza, Roger-Mark, John S. Williams, and Frederick A.B. Meyerson, "Critical Links: Population, Health, and the Environment." *Population Bulletin* 58, no. 3. Washington, D.C.: Population Reference Bureau, 2003.

Gelbard, Alene, Carl Haub, and Mary M. Kent. "World Population Beyond Six Billion." *Population Bulletin* 54, no. 1. Washington, D.C.: Population Reference Bureau, 1999.

Harrison, Paul, and Fred Pearce. *AAAS Atlas of Population and Environment,* ed. Victoria D. Markham. Berkeley, Calif.: American Association for the Advancement of Science and the University of California Press, 2001.

Haupt, Arthur, and Thomas Kane. *Population Handbook.* 5th ed. Washington, D.C.: Population Reference Bureau, 2004.

Kent, Mary M., and Carl Haub. "Global Demographic Divide." *Population Bulletin* 60, no. 4. Washington, D.C.: Population Reference Bureau, 2005.

Kinsella, Kevin, and David R. Phillips. "Global Aging: The Challenge of Success." *Population Bulletin* 60, no. 1. Washington D.C.: Population Reference Bureau, 2005.

Martin, Philip, and Jonas Widgren. "International Migration: Facing the Challenge." *Population Bulletin* 57, no. 1. Washington, D.C.: Population Reference Bureau, 2002.

McFalls, Joseph A., Jr. "Population: A Lively Introduction." 4th ed. *Population Bulletin* 58, no. 4. Washington, D.C.: Population Reference Bureau, 2003.

Newbold, K. Bruce. *Six Billion Plus: Population Issues in the Twenty-First Century.* Lanham, Md.: Rowman and Littlefield, 2002.

Olshansky, S. Jay, Bruce Carnes, Richard G. Rogers, and Len Smith. "Infectious Diseases—New and Ancient Threats to World Health." *Population Bulletin* 52, no. 2. Washington, D.C.: Population Reference Bureau, 1997.

O'Neill, Brian, and Deborah Balk. "World Population Futures." *Population Bulletin* 56, no. 3. Washington, D.C.: Population Reference Bureau, 2001.

Peters, Gary L., and Robert P. Larkin. *Population Geography: Problems, Concepts, and Prospects.* 7th ed. Dubuque, Iowa: Kendall/Hunt, 2002.

Population Reference Bureau staff. "Transitions in World Population." *Population Bulletin* 59, no. 1. Washington, D.C.: Population Reference Bureau, 2004.

United Nations Population Fund. *The State of World Population.* New York: United Nations, annual. See the 2004 report, "The Cairo Consensus at Ten."

U.S. Census Bureau. *The AIDS Pandemic in the 21st Century.* International Population Reports WP/02-2. Washington, D.C.: Government Printing Office, 2004.

U.S. Census Bureau. *Global Population at a Glance: 2002 and Beyond.* International Population Reports WP 02-1. Washington, D.C.: U.S. Census Bureau, 2004.

U.S. Census Bureau. *Global Population Profile.* International Population Reports WP/02. Washington, D.C.: Government Printing Office, 2004.

万维网上和地理学有关的网站极其丰富。与本章主题有关的网站请见与本书有关的在线学习中心的"Web Links"部分。网址：www.mhhe.com/getis11e。

第7章 文化地理学

高达①的儿子18个月大了。每天早晨，高达雇佣的男仆抱着这个孩子走过戈巴尔布尔（Gopālpur）的街道。这个孩子衣着整洁入时。当他被抱着走在街上时，街边的老妇们停下了手中舂磨谷物的活计围在他的四周。孩子想要什么玩具都会得到满足。孩子哭了，人们就会惶惶然。如果他和其他孩子玩耍，警惕的成年人就要确保其他孩子不会惹恼高达的儿子。

高达的儿子被仆人护卫着，实质上也是被村庄里每个人呵护着，他很快就知道眼泪和狂怒会让他得到想要的一切。同时，他开始知道，使他能拥有号令他人，并需要他人服务的，这种优越地位也使他身处险境。村子里所有其他孩子都食用的青芒果会使他发烧，粗粝的饭食会使他胃痛。其他孩子满身泥土，而他却有人为他不停地洗浴。他作为一个婆罗门（宗教神职者），学会了远离一切不洁之物，履行洗浴、就餐、睡眠和所有其他日常生活过程中的烦琐的常规礼仪。

到了上学的年龄，高达的儿子就入学读书。他将一动不动地坐几个小时，记忆梵文圣经的大段文字和英语与乌尔都语长诗。他将学习每个婆罗门都有义务履行的礼仪。他将每天都用自家的井水进行冷水浴、背诵祈祷文并遵从严格的程序。他屋子里供奉的是必须每天诚惶诚恐长时间膜拜的主神②。

正如上文的引述和典故所表明的那样，高达一家不是美国人。细心的读者会正确推断出，他们是印度人——如果你进一步阅读这段引文出处的那本书，就会明白高达住在印度南方的村庄里。上文所述的阶级结构、宗教、语言、食物和生活内容中的其他细节，把高达、他的家庭和村庄置于特定时间和地点中。正是这些细节把该地区的人民结合在一起，分享共同的文化，并使他们有别于具有不同文化传统的其他地区的人。作为第6章主题的70多亿人同属

---

① Gauda，村庄的头人。——原注
◀ 人们在以色列耶路撒冷旧城的哭墙前祈祷。（© Nathan Benn / Corbis Images）

② Excerpt from *Gopalpur: A South Indian Village,* by Alan R. Beals, copyright © by Holt, Rinehart and Winston, Inc., and renewed 1990 by Alan R. Beals, reprinted by permission of the publisher. ——原注

（a） （b）

图7.1 明显的文化差异。(a) 津巴布韦自给性玉米地；(b) 美国中西部广阔的田地和机械化耕作。
资料来源：*(a) © Ian Murphy / Getty Images; (b) Tim McCabe, U.S. Dept. of Agriculture, Natural Resource Conservation Service.*

一个人类大家庭，但这是一个有着许多支系的家庭，各自以其独特的文化为标志。

对某些报纸和大众出版物的作者而言，文化是指艺术（文学、绘画、音乐等）。对社会学家而言，**文化**（culture）是用来概括一群人生活方式的特定行为模式、理解力和适应性的术语。从这种广义的理解来说，文化是地球自然环境中像地形、气候和其他方面那样的区域分异的一部分。可见的和不可见的文化迹象——建筑物和耕作方式、语言和政治组织——是引发地理研究并作为地理学主题的空间多样性的要素。文化的区域差异导致了变化多端的人文景观，其微妙之处就像对巴黎、莫斯科和纽约等城市的不同"感觉"，其强烈对比就像津巴布韦农村和美国中西部商品谷物农场一样明显（图7.1）。

由于存在着这样的差别，文化地理学才应运而生，而且文化地理学的分支所研究的就是"为什么""什么"和"怎么样"等一系列问题。人类是由单一物种组成的，但是为什么文化差异如此巨大？区分文化和文化区最明确的方法是什么？我们现在看到的各文化区的起源是什么？个别文化特质及其混合物是在何种局限的地区形成和发展的？它们又是怎样扩散到世界各地的？即使像美国那样看似"大熔炉"的社会或表面上均质化的欧洲文明古国，为什么明显不同的族群之间还长期存在着文化差异？有关文化差异的知识今天对我们有怎样的重要意义？此类问题就是本章所关心的问题，也是第8章和第9章涉及的部分内容。

7.1 文化的组成

文化通过模仿、教育和示范在一个社会中代代相传。文化需要习得而不是与生俱来的，而且与本能或遗传基因无关。个人作为社会群体的成员，学会了一整套的行为模式、学会了对环境和社会的理解，也学会了现存的各种技术知识。我们必须从养育我们的文化中学习，但是我们不必——事实上也不能——学习文化的全部。年龄、性别、地位和职业决定着在整个文化中我们被灌输的是哪些方面。

一种文化显示一种社会结构——个体与所在群体的角色和相互关系的框架。尽管一种文化总体上有着普遍和确定的特征，甚至有一致性的外观，但它却不是均质的。例如，"美国"文化就包含着无数复杂的、组合的、常常是相互竞争的亚群体：农民和城市居民，男人和女人，青少年和退休人员，自由派和保守派，业主和雇员，各种宗教、政治、社会或其他正式组织的成员，诸如此类。每个人都要学习而且被要求遵从文化的规则和惯例——不仅是作为整体的文化，而且还有个人所从属的亚群体独有的文化。这些亚群体可能拥有他们各自公认的社会结构。

文化是一种复杂的行为与心态相互交织的网络。事实上，如果我们只把注意力集中在几种有限的、明显的特质上，就不可能领会且事实上可能完全误解文化完整而多样的含义。一个漫不经心的观察者可能用独有的餐具、所用的手势或者宗教典礼的仪式来概括和表征一种文化。但是，文化结构要复杂得多，这些只是其中个别的无关紧要的部分，只有深入体验其全部才能领略个中三昧。

我们试图从丰富多彩的人类生活中为专门的研究提炼出对社会赋予结构和空间秩序的基本文化变量。我们从文化特质开始，这是最小的独特的文化细节。**文化特质**（culture trait）就是学到的行为——从所使用的语言到用的工具和各种游戏等。文化特质可能是某种物体（例如鱼钩）、一项技术（编织渔网）、一种信仰（住在水中的精灵）或一种看法（鱼肉优于其他兽肉的信念）。当然，同一文化特质——基督教或者西班牙语——可能是多种文化的组成部分。文化特质是对文化最基本的表述，是不同群体复杂行为模式的构件。

功能上相关的单个文化特质构成**文化情

图7.2 东非原先游牧的马赛人现在大部分已经定居，部分人移居城市，他们常常是有围栏农场的主人。牛构成马赛文化的传统基础，是财富与社会地位的象征。牛还提供马赛人食物中重要的牛奶和牛血。照片中一个牧民正在从牛颈小切口中放血。（© Kennan Ward / Corbis Images）

结**（culture complex）。此类情结的存在是一种普遍现象。养牛曾经是肯尼亚马赛人（Maasai）和坦桑尼亚人的文化特质。相关的特质包括以拥有牛的数目衡量个人财富，包含喝牛奶和牛血的饮食习惯，蔑视与放牧无关的劳动等。这些特质和其他相关特质的聚合产生了一种描述马赛人社会一个方面的文化情结（图7.2）。用完全同样的方法，可以很容易地识别美国或其他任何社会的宗教情结、商业行为情结、体育运动情结和其他文化情结。

文化特质和文化情结可能是空间上相连而各具特色的民族的共有属性。如果有足够多的共性，就可以识别出一个**文化系统**（culture system），把它看作一个较大的空间实体而将其泛化。一些多种族社会，也许可以根据语言差别、食物喜好和许多其他内部差异进一步细分，但对他们自己和他人说来，仍然可能共享足够的共同特征，从而可被识别为独特的文化实体。当然，"大熔炉"美国的公民愿意把自己看成"美国人"，共同组成世界舞台上一种独特的文化系统。

文化特质、文化情结和文化系统都具有一定的空间范围。把这些要素标绘在地图上，就可以揭示文化组分的区域特征。虽然地理学家对这些单个要素的空间分布也感兴趣，但是他们通常关心的是**文化区**（culture region），即地球表面上共享可识别而又独特的文化特征的人们所占据的部分。文化特征的例子包括政治组织的社会传承——宗教、经济形态，乃至服饰、饮食器具和住宅。此类文化区的数量就像各人口群的个别文化特质和文化情结一样多。

最后，一组具有相关文化情结和文化景观的文化区可能组合成一个**文化泛区**（culture realm）。该词语承认地球表面一大片地区在文化特征上具有根本的一致性，而且明显有别于其相邻的泛区。在某种意义上，文化泛区是对文化区最大尺度的概括。事实上，尺度如此宽泛且某泛区内的多样性如此巨大，使得泛区的概念可能造成误导而不是使这个概念更清楚。

实际上，对图7.3所提出的特殊文化泛区的正确性，因人类社会和经济各方面所谓的全球化而受到质疑。有些观察家断言，由于经济全球化，加上跨国公司生产的标准化商品满足了千人一面的消费者的需求，全球化的结果就是文化的同质化。然而，其他观察家强调，世界还远未同质化，他们观察到全球化不断受到地方主义、地方认同和族群等方面强有力的对抗。图7.3提供了人类文化泛区划分的许多方案之一。文化泛区、文化区、文化系统、文化情结和文化特质等都是文化地理空间层级系统中的要素。本章全部内容都将直接和间接涉及这些要素。

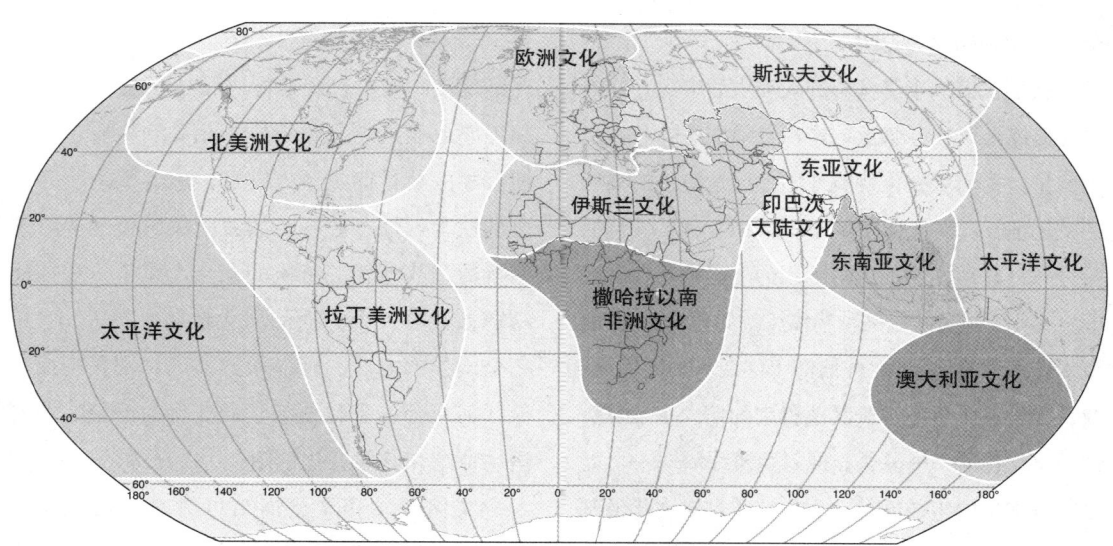

图7.3　现代世界的文化泛区。文化泛区、文化区、文化系统、文化情结和文化特质等都是文化地理空间层级系统中的要素。本图仅表示把世界划分为多因素文化区的许多方案中的一种。

7.2 人类与环境的相互作用

文化在自然环境中以自己的方式发展，造成不同人群之间的差异。在现代化之前的自给社会，衣、食、住——全是文化的组分——的获取取决于对附近自然资源的利用。人类与某个地区环境的相互关系、他们对环境的感知和利用，以及他们对环境的影响是地理学中相互交织的主题。这些方面是探讨**文化生态学**（cultural ecology）的地理学家和人类学家特别关心的问题，文化生态学所研究的是文化群体与其占用的自然环境的关系。

文化生态学家注意到，自给社会牧民、猎采者和园丁的生产活动——并延伸到他们的社会组织和社会关系——与他们所在地生境特殊自然条件的局限性相适应。可以假定的是，各自独立、互不相连的场所相似的自然环境状况影响着相似适应反应的发展和相似的文化成果。当然，初始的影响并不能预先决定随后文化发展的细节。

环境对人类的制约

地理学家早已摈弃了站不住脚的、理性上有局限性的**环境决定论**（environmental determinism）思想——认为自然环境本身塑造了人类以及他们的思想与行为的理念。世界各地文化的差异并不取决于社会的自然环境。技术水平、社会组织制度和对真实与正义的理解同环境状况并没有明显关系。

环境确实对人类的土地利用施加了某些限制。然而，不能把此类限制看作绝对的和永久的束缚，它们只不过同技术、成本回报、民族的愿望，以及同外部世界的联系等方面有关。人类对地理景观使用的选择，受群体对其定居地与自然资源开发的可能性与愿望的认识的影响，而这些方面并不是土地与生俱来的状况。

或然论（possibilism）是这样一种观点，认为文化发展的动力是人而不是环境。一种文化的需求、传统和技术水平既影响着这种文化如何评估一个地区的可能性，也决定了该文化在这些方面的选择。每个社会对自然资源的使用都与其文化相一致。一个群体在技术能力或目标上的变化也改变着他们对土地效用的理解。当然，对区域的利用也存在一些环境限制。例如，一个地区缺乏衣、食、住方面的资源，或者并不缺乏，只是我们没有认识到这些资源，人们就没有占用该区域的动机。确实蕴藏此类为人所知的资源的环境为文化在其中的发展提供了框架。

人类对环境的影响

人类也能改变环境，这是地理学关心的人类-环境关系的另一半。包括文化地理在内的地理学，既研究人类对自然环境的反应，也研究人类对环境的影响。我们在利用环境的同时也改变了环境——这种改变部分是通过我们施加到环境中的实物来实现的：城市、农庄、道路等等（图7.4）。这些变化所采取的形式是我们生活在其中的文化群体的产物。文化景观——地球表面因人类活动产生的变化，是某种文化有形的实体记录。房舍式样、交通网络、公园和墓地，以及聚落的规模和分布，都是人类使用土地的标志。

从一般规律来讲，技术越进步、文化越复杂，对环境的影响通常也越大，固然前工业化社会也能经常对他们所占用的土地施加破坏性压力（见"查科峡谷废墟"专栏）。在城市蔓延的工业社会，文化景观对人们日常生活的影响已经超过自然地

图7.4 自然景观与文化景观相邻。先进社会有能力对自然环境做如此巨大的改变,以至于其创造的文化景观支配了环境。南非开普敦市是一种"建筑环境",在很大程度上与周围的自然环境无关。(© Charles O'Rear / CorbisImages)

理环境的影响。文化景观插足于"自然"与人类之间。工业社会的城市居民——居住和工作于有空调的建筑物里,开车去封闭的购物中心——能够终生几乎不接触也不关心自然环境。

7.3 文化的子系统

对于一个不属于某种文化的人,要充分了解这种文化也许是不可能的。然而,为了进行分析,我们可以把文化特质和文化情结——文化的构件和表现——进行分类,并将其作为整个文化的亚单元(subset)[①]进行研究。人类学家莱斯利·怀特(Leslie White)提出,可以把文化看作由三个子系统组成的三分结构,并

[①] subset 在数学上称为子集,此处试译作亚单元可能更易理解。——译注

名之为"技术子系统""社会子系统"和"意识形态子系统"。他在另一个类似的分类中又识别出文化三个相互联系的组分:**人工产物**(artifact)、**社会产物**(sociofact)和**精神产物**(mentifact)。把这些解释结合起来,这些子系统——根据它们各自的组分识别——就组成了文化结构的整体。不过这些子系统是相互联系的,彼此相互作用,反过来也互相影响。

技术子系统(technological subsystem)由实物组成,人们借助技术才能生活。这样的实物有工具和其他器械,使我们能够解决衣、食、住、防卫、交通和娱乐等方面的问题。一种文化的**社会子系统**(sociological subsystem)是人们所期待和接受的人际关系格局的总和,在经济、政治、军事、宗教、亲缘关系和其他关系中都可见这种人际关系的存在。**意识形态子系统**(ideological subsystem)由一种文化的思想、

查科峡谷的废墟

现在还不清楚阿纳萨兹人（Anasazi）什么时候首次来到此地，但是公元1000年他们就在今天亚利桑那州和新墨西哥州营造了繁荣的文明。仅在查科峡谷一地，他们就建立了多达75座城镇，城镇周围都有印第安村庄，城镇中有高达5层、多达800个房间的巨大砖石公寓大楼。这些建筑物是19世纪末北美大城市建造钢结构的"摩天大楼"之前最大和最高的建筑物。精心建造的公路网和灌溉渠连结并支撑着印第安村庄。大约公元1200年这些聚落突然被废弃了。拥有农业与建造公共寓所先进技艺的阿纳萨兹人——一些学者如是说——因他们给脆弱环境带来压力而造成的生态灾难而不得不迁居他乡。

他们将森林用作燃料，将成百上千原木用作住宅的房梁和围墙。峡谷中的矮松-刺柏（pinyon-juniper）群落迅速耗竭。为了获取建筑所需的大木料，他们首先砍伐了40千米以外的西黄松（ponderosa pine）。早在公元1030年，这些黄松就被砍光了，于是他们转向峡谷四周远方山顶上的云杉和花旗松。到公元1200年这些树木被砍光以后，阿纳萨兹人气数已尽——不仅由于森林的损失，而且还由

© Jon Malinowski / Human Landscape Studio

于毁林和农业引起不可逆转的生态变化。随着森林的消失，侵蚀作用破坏了表层土壤。用以灌溉的地表渠道因加速侵蚀而加深，变成了不断扩大的、对农业毫无用处的干谷。

文化的物质根基被破坏了，阿纳萨兹人开始相互攻击，战事撼动了整个地区。较小群体远走他乡寻求避难所，以较小的规模重建他们印第安村庄，不过现在是建在近乎不可通达的、可严密防御的平顶山和悬崖等地。阿纳萨兹人所造成的破坏反过来毁了他们自己。

信仰、知识，以及用讲话或其他交流形式表达这些方面的方式所组成。

技术子系统

对文化的变化和各地人们生活方式的变化的研究，集中于一些常见的问题：某地区的人以什么为生？他们利用什么资源和工具——什么样的人工产物——解决自己的衣、食、住、行问题？从事农业生产人口的比例是否大于从事制造业的人口比例？人们开车、骑自行车还是步行上班？他们买粮食还是自己种地？

这些问题涉及各种文化用以"维持生计"的适应策略。在广义上，这些问题所针对的是那些文化所利用的技术子系统——人们日常生活周期中所使用的器械和工具。人类在历史上

大部分时间里，靠狩猎和采集为生，利用大自然的慷慨恩赐而最小限度地依靠武器、工具和有限地用火。他们的适应技巧很高但技术水平很低，几乎没有什么专门工具，只能开发有限的几种可利用的资源，很少或根本不使用人力以外的能源。他们对环境影响很小，但同时各处土地"承载力"（第6章讨论过这个概念）也很低，因为所有群体所用的技术和人工产物基本上是一样的。

1.2万—1.3万年以前末次冰期冰川退却，标志着一个文化空前发展时期的开始。它带领最初的原始猎采经济经过农业和动物养殖业革命，最终进入城市化、工业化和错综复杂的现代技术子系统。因为并非所有文化都同时经历各阶段，甚至会差异巨大，所以各群体之间就有了明显的**文化趋异**（cultural divergence）。

古代社会的文化差异反映了随着食物保障度增加和有可能更广泛、更集约利用资源而带来的技术增殖。在相互隔离的环境状况下，各群体开发了用以开采他们所认识的资源的专门工具和行为方式。但是，始自18世纪的工业革命开始了一种相反的趋势——走向技术的同质化。

今天各先进社会所掌握的工具和技术几乎毫无区别。他们经历了文化趋同（cultural convergence）——分享技术、组织结构甚至文化特质和人工产物，这在今天这个通过广泛分布的即时通讯和高效交通而联系在一起的世界是非常明显的。发达社会和欠发达社会之间在技术传统上仍然存在的那些差别，部分地反映了国家和个人财富、经济发展阶段和复杂性等方面的情况，以及重要的能源消费的水平和类型（图7.5）。

在技术先进的国家里，许多人就业于制造业或与之相联系的服务业部门，人均收入一般较高，教育与营养水平、预期寿命和医疗卫生服务水平也较高。这些国家掌握较强大的经济与政治力量。反之，技术较落后的国家有较大百分比的人从事农业，而且农业大多为自给水平（图7.6）。这些国家**国民总收入**（gross national income，GNI，对一国居民每年国内外所有商品与服务价值的增加量的衡量）远低于那些工业化国家。人均收入（图7.7）、预期寿命与识字率一般也较低。

贴上"先进-落后""发达-欠发达"或"工业化-非工业化"这样的标签可能产生误导，使我们想到"非此即彼"。在一般文化术语上，这些说法也可能被曲解为"高级-低级"。这样的理解完全不正确，因为这些术语仅联系着经济与技术状况，而与音乐、艺术或宗教等重要文化方面没有定性关系。

不过，正确理解这些术语和经济发展指标，能够揭示不同国家和世界各地区不同文化与社会在所蕴含的技术子系统方面的重要差异。图7.8表示几乎所有欧洲国家和日本、美国和加拿大——"北方"——的技术水平较高，大部分欠发达国家位于拉丁美洲、非洲和南亚——"南方"[①]。

但是，重要的是要认识到这些指标所反映的全国平均值掩盖了内部差异。所有国家都有发展水平不同的地区。我们还必须牢记，技术发展是一个动态概念。把世界各国看作一个在技术水平和子系统方面不断变化的连续序列，才是最有用和最精确的。

[①] 用"北方"和"南方"两个词来描述相对发展水平是1980年国际发展问题独立委员会出版的《北方-南方：生存计划》（*North-South: A Programme for Survival*）（有时称为《勃兰特报告》[*Brandt Report*]）一书中提出的。那时苏联包括在北方之内，1991年苏联解体后，联合国把格鲁吉亚、乌兹别克斯坦和其他地处亚洲的苏维埃共和国归入"欠发达"之列。——原注

图7.5 （a）巴厘岛农民使用畜力和代表自给经济中低技术水平的农具进行耕作。（b）拥有先进技术子系统的文化使用复杂的机械，利用非生命能源进行生产。（[a] Dave G. Houser / Hillstrom Stock Photos; [b] Scott Bauer / USDA Agricultural Research Service）

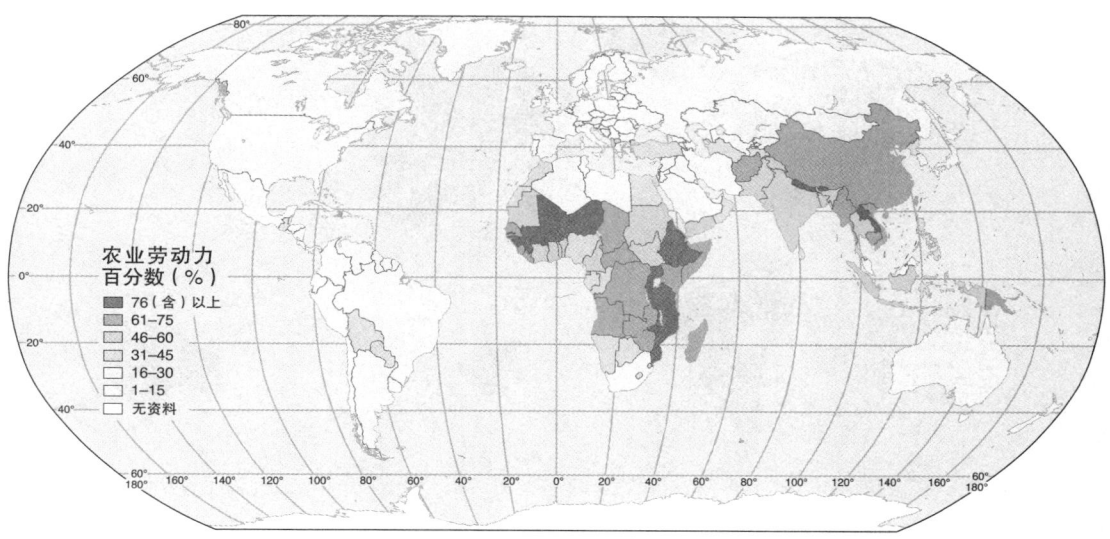

图7.6 2002年从事农业劳动力的百分比。全世界总体上农业人员占总劳动力数的近一半。在高度发达的经济体中，农业部门占用劳动力比例通常非常低，但发达国家和欠发达国家农业劳动力比例的差距正在缩小。发展中国家人口迅速增长造成了农村无地情况和贫困人口增加，他们逃离农村移居城市。由此造成的农业人口比例减少，是贫困与失业的重新安置，而不是经济进步的表现。

资料来源：*FAO 2004.*

社会子系统

连续性和变化也是宗教机构、政治机构、正式与非正式教育机构和其他机构的特色，这些机构构成了文化的社会子系统。这些社会产物共同确立了文化的社会组织形式。它们调控着个人在群体中的功能，无论这个群体是家庭、教会还是国家。

对于这些机构中任何一种相互作用模式而言，没有什么"特定的"模式，有的只是大多数文化的结构性行为都具有的种种正式和非正式方式。不同行为模式的社会重要性对各种文化有所不同，这也构成了各种文化的明显差异。不同行为模式是学而知之的文化表达，通过正

第7章 文化地理学 255

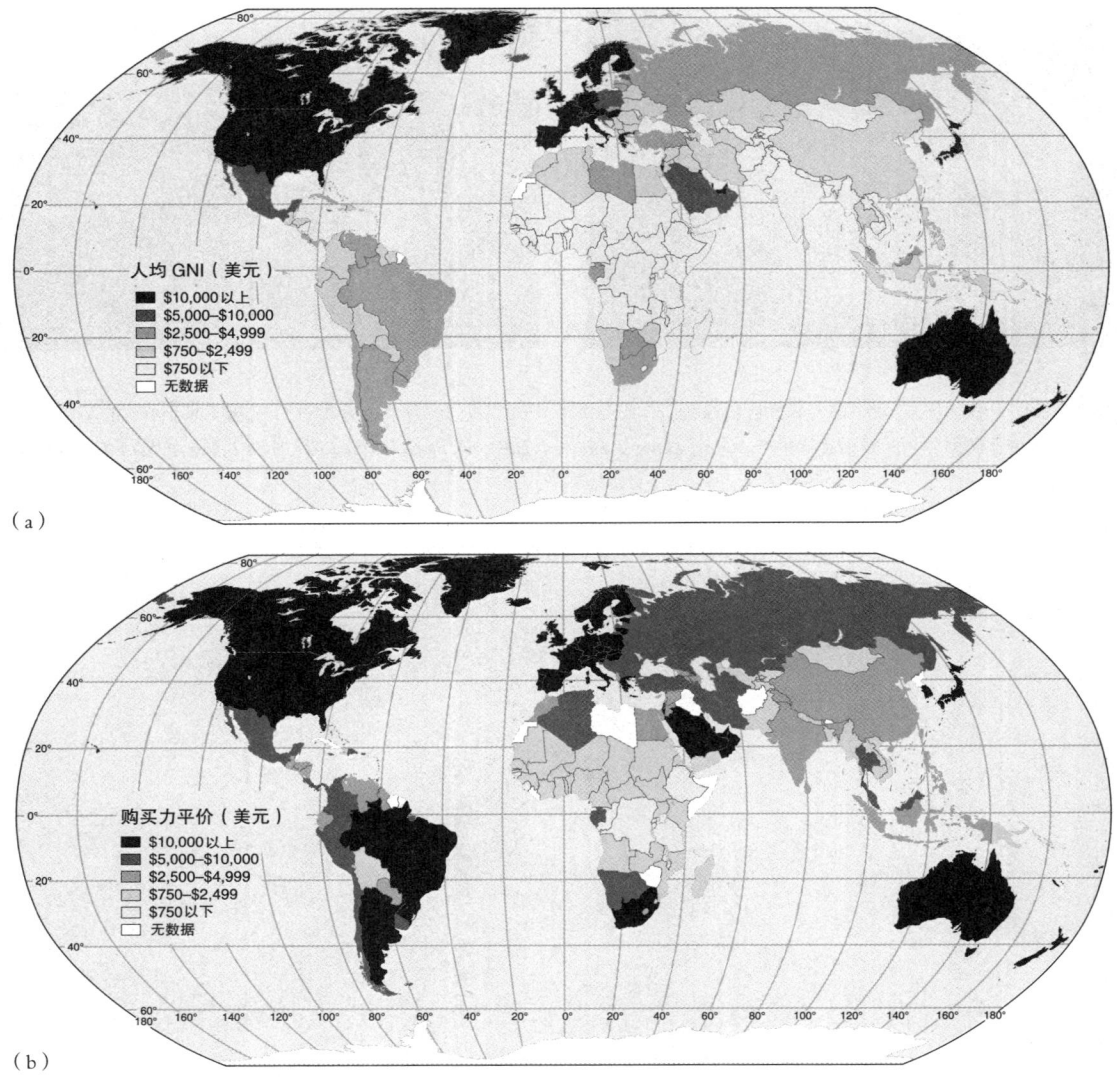

图7.7 对收入的两种截然不同的观点。二者均假定国民总收入平均分配到所有公民，但对这样分配的人均收入的含义各自持不同看法。（a）2003年人均国民总收入。人均国民总收入表示按官方市场汇率转换为美元推算的个人收入。由于这个指标表现了较先进和较落后经济之间的强烈对比，因此常用以概括技术开发的程度。虽然从子系统上看，人口稀少的富油国的高收入和工业发达国家的人均数值相比，可能有着不同的含义。本图并不具备实际的精确度。对许多国家而言，不可靠的国民总收入除以不可靠的人口总数，得出的人均国民总收入最多也只是一种粗略的估计。将本图与图7.6比较是一种有趣的区域对比研究。（b）2003年**购买力平价**（Purchasing power parity，PPP）考虑了价格水平的变化以衡量经济的相对大小。该指标基于这样的概念，即同样一篮子货物在所有国家都应该值同样多的钱，并试图以此来衡量当地货币的相对国内购买力。用这个更现实的尺度，发展中国家按人均国民总收入算出的赤贫国数目大量减少了。

资料来源：Data from the World Bank and United Nations.

规教育或通过榜样和期许世代相传（图7.9）。本章开头高达儿子的实例阐明了这一点。

一个文化群体的社会机构与其技术体系密切相关。因此，猎采者有一套机构，而工业社会则有截然不同的机构。农业社会以前一般由基于血缘关系的小群体组成，群体内少有社会分化或专

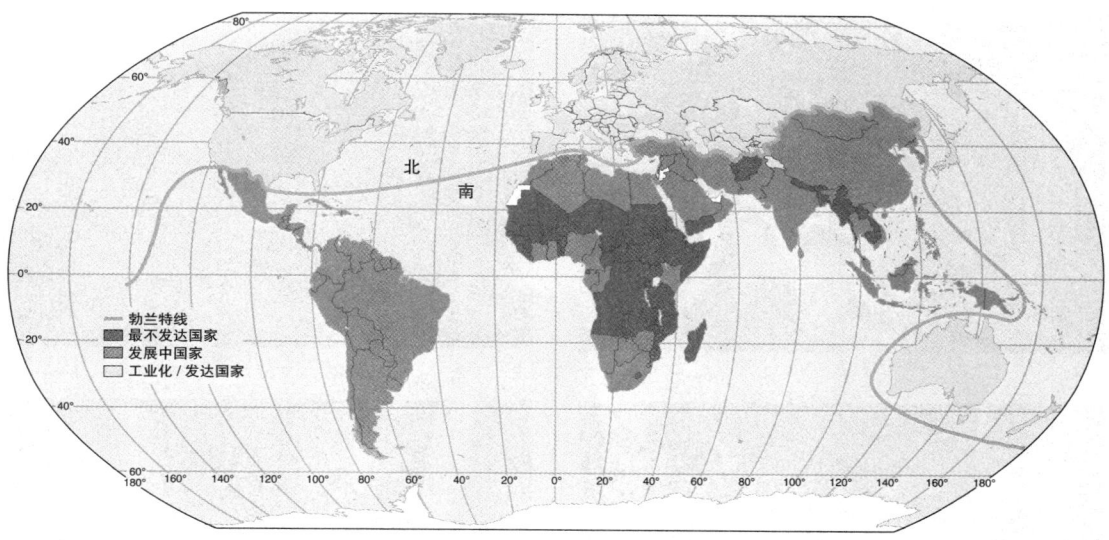

图 7.8　相对发展水平。1980 年《勃兰特报告》中的"南－北"界限在很大程度上是基于当时所记录的工业化程度和人均财富提出的一种发达与欠发达世界的简单对比。2004 年联合国经社理事会和联合国贸易与发展会议（United Nations Conference on Trade and Development，UNCTAD）确认了 50 个"最不发达国家"。这种认识现在反映 3 个标准方面等级比较低：人均国内总收入、用一系列"生活质量指标"衡量的人力资源，以及经济多样化水平。包罗范畴广泛的"发展中国家"忽略了若干亚洲和拉丁美洲国家目前在经济和社会方面取得的重大进步，它们现在正在提升到"工业化/发达"的地位。有些"最不发达国家"是一些本图比例尺无法表示的小岛国。

资料来源：*UNCTAD and United Nations Development Programme.*

门功能。干旱的非洲南部的桑族（San）（布须曼[Bushmen]）人和亚马孙雨林中孤立的族群就是现代的例子（图 7.10）。

约 1 万年前开始，因动植物驯化引起的粮食革命触发了社会转型，包括人口增加、城市化、劳动分工和社会内部结构性分化等。在政治上，支配人们行为的规则和机构也随着定居农业社会的形成而发生变化。忠诚由血亲群体转向国家，资源变成私人财产而不是所有人共有的资产。18 世纪的工业革命以后发生了同样深远的变化，形成了人类社会组织的情结，这是我们今天在发达国家所能体验到并受其控制的，世界各地所有文化也日益受其影响。

文化是一个复杂交织的整体。每一种组织形式或机构都以错综复杂的种种方式影响着相关的文化特质与文化情结，而前者又受到后者的影响。例如，土地与财产所有权和控制制度都是社会子系统在制度上的表现。这些同时又都是经济分类和了解经济发展空间格局与结构模式的明确核心——第 10 章将予以研究。此外，对每个国家而言，所采取的法律与审判制度是与社会子系统相一致的文化变量，不过它的影响延及经济和社会组织所有方面，包括第 9 章要讨论的政治地理系统。

意识形态子系统

界定与鉴别一种文化的第三级要素是意识形态子系统。该子系统由思想、信仰、知识，以及我们在讲话和其他形式交流中表述这些方面的所有方式组成。神话、神学、传说、文学、哲学、民间智慧以及常识均归入此类。这些代代相传的抽象信仰体系或精神产物告诉我们，应该相信什么、重视什么、如何行动。信仰构

图7.9 一切社会都把儿童培养为该文化群体的成员。照片中每个场景里的人都在把某种价值观、信仰、技艺和得体的举止方式传授给年轻人。（［a］© Cary Wolinsky / Stock Boston；［b］© John Eastcott / Momatiuk / The-Image Works；［c］© Yigol Pardo / Hillstrom Stock Photo；［d］© Stephanie Maze / Corbis Images）

图7.10 猎采是人类历史上持续时间最长的生活方式，随着人口增长，人们需要更多和较单一的食物，从而使生活方式转变为更艰苦的农民生活。不同于与其相对的定居农民及其后代，猎采者的人际关系和劳动分工的首要基础，无论过去还是现在都是年龄和性别的差异而不是社会地位或经济地位的不同。照片中的博茨瓦纳桑族（布须曼人）猎人是非洲至全世界迄今仍至少部分地延续这种古老生活方式的一个很小族群中的一员。（© Aubrey Lang / Valan Photos）

258　地理学与生活

成了社会化过程的基础。

通常，我们从书面材料知道——或者认为我们知道——一个群体的信仰是什么。然而，有时我们必须依靠一个群体的行为或目标告诉我们，他们的真实思想和价值观是什么。"事实胜于雄辩"和"说一套，做一套"就是对实际中存在的言行不一的常见认识。一个群体的价值观不能仅凭文字记录来推断。

一种文化中没有完全孤立之物。社会所持有的思想变化影响着社会制度和技术体系，就像技术上的变化推动社会制度的变化一样。第一次世界大战（1914—1918）后俄国意识形态结构急剧改变，从君主制农业资本主义制度变为工业化共产主义社会，包括国家文化制度全方位相应的突然改变。20世纪90年代初俄国共产主义同样急剧的解体，对该国确立的一切经济、社会和行政组织同样是分裂性的。文化的各方面相互结合的性质被称为**文化整合**（cultural integration），或文化融合。

对三个有特色的文化子系统的识别，虽然有助于我们认识文化的结构和复杂性，但同时可能模糊了单个文化元素的多面性。文化整合意味着任何文化的目标或行动都可能有许多含义。例如住所是一种人工产物，为其占有者提供栖身之处。同时，它又是一种社会产物，反映了它被设计用来容纳家庭或血亲群体的性质，它还是一种精神产物，概括了一个文化群体对居住单元适当的设计、朝向和建筑材料等方面的信念。沿着同一思路，服装作为人工产物用以蔽体，要适合气候状况、采用可用的面料和技术，还要适合穿用者参与的活动。但是服装也可能是社会产物，用以识别个人在群体的社会结构或文化中的角色。在精神产物方面，衣着使人联想起更大的社会价值体系（图7.11）。

(a)

(b)

(c)

图7.11 （a）衣服用以蔽体、保暖或帮助进行各种活动时，它是人工产物。（b）有些服装是社会产物，用以识别穿着者在社会结构中的角色或地位：士兵、神父或佩有绶带的大使的与众不同的"制服"立即显示出他们在一种文化的社会组织中受人尊敬的地位。（c）穆斯林妇女有时被强制穿着的蒙面长袍是精神产物，并不特别表明穿着者的身份，而是反映穿着者所代表的文化价值观。（[a] © Vol. 94 / Corbis Royalty Free; [b] © W. Marc Bernsau / Image Works; [c] © Vol. 145 / Corbis Royalty Free）

7.4 文化变迁

变迁是文化地理反复涉及的话题。没有哪种文化是(或者曾经是)以一套永恒不变的物质实体、组织制度或意识形态为特征的,尽管在一个稳定的、与世隔绝的社会里,所有这些方面可能持续很长时间,但这样的隔绝和稳定性总是罕见的。总体上看,虽然文化本质上是保守的,但是它永远处在一种不稳定状态。

当然,许多个别的变化十分微小,开始时几乎不会引起人们的注意,但综合起来就可能实质上改变受影响的文化。回想一下今天的美国文化和1940年有多么不同——也许不是本质上的不同,而是所推广无数的电气、电子和交通设备,以及由于这些和其他技术变化引起娱乐、社会和行为方面的调整。这些调整包括就业格局的变化:妇女更多地加入到有薪酬的劳动力中,对妇女社会地位的态度也因此发生很大转变。之所以出现这样累积性变化,是因为任何群体的文化特质都受外界影响,是以互相耦合和互相协调的方式聚合在一起的。小规模的变化会因相关的特质为适应所采取的调整而变化,从而引起广泛的反响。一种文化中或大或小的变化,都是由创新、空间扩散和文化互渗引起的。

创 新

创新(innovation)是指社会群体内部所产生的思想和该文化所接纳的思想导致的文化变化。新奇的事物可能是弓箭或喷气式发动机之类实质性的技术发明改进,也可能包括社会结构和相互影响等非物质形态的发展,例如封建主义或基督教。

现代化之前和传统社会以不创新或不接受变化为特征。在与环境达到均衡而别无所求的社会里,变革没有适应性,也就没有发生变化的理由。的确,所有社会都与生俱来地反抗变革,因为创新不可避免地在新现实与其他已确立的社会经济状况之间造成紧张状态。这些紧

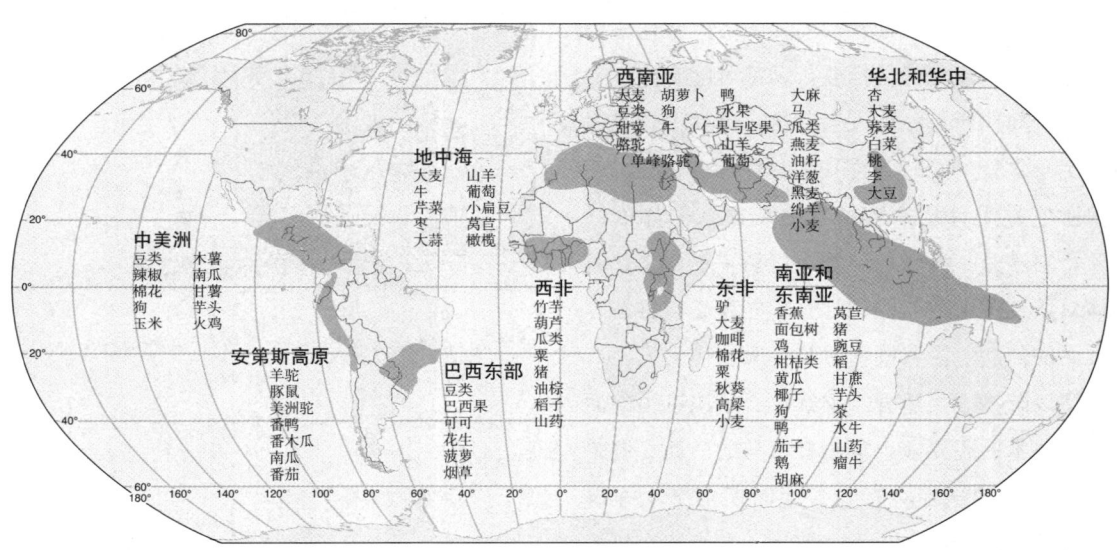

图7.12 动植物驯化的主要中心。南亚和东南亚中心以芋头等植物驯化为特征,此类植物通过现有植物的分株和移植来繁殖(营养繁殖)。通过种子播种繁殖(例如玉米和小麦)则以中美洲和西南亚为典型。非洲和安第斯地区发展了用上述两种方法繁殖的农作物。图中所列各源地的农作物和家畜名单并非全部,而是经过选择的。

张状态只有整个系统的各部分都做出适应变革时才能解决。例如，新采用的技术和步伐缓慢的社会特质之间可能产生的差距，被称为**文化滞后**（cultural lag）。抱怨年轻人的时髦或赞美往日的好时光，这些都是我们熟悉的不愿接受或不适应变革的例子。

创新——发明——常常因压力而出现，并成为人类历史上的标志性事件。冰期结束时粮食基地的扩大是伴随着人口增长压力而发生的。动植物的驯化似乎是各自独立地在图7.12所示的几个公认的农业"发明"地区发生的。由此想见，不迟于2000年前，大多数的人类从猎采社会进入定居农业社会时，食物类型、生产技术和新的经济与社会组织模式得以迅速传播。一切创新对文化网络都具有辐射作用，越是基本的创新，其结果越是普遍、深入。

人类历史上没有什么发明创造比农业革命更根本。它影响着社会的每个方面，造成了农业社会前猎采文化与定居农耕文化之间不可调和的冲突。在这两种文化接触的地方，在对领土控制的竞争中，农民是胜利者而猎采者是失败者。这种竞争一直延续到近代。过去500年来，欧洲人的扩张完全控制了他们在北美和澳大利亚等世界大部分地区所遇到的猎采文化（见"是地理条件注定的吗？"专栏）。农业及其定居的生活方式，使文化以加速的步伐改变，而农业本身也变成了一种生活方式。人类学会了用动植物纤维纺织的技艺，学会了使用制陶转轮烧制黏土制造器具，开发了制砖、制灰泥和建造房舍的技术，发明了采矿、冶炼和金属铸造技术。某些地方的资源或产品优势促进了长途贸易关系的发展。在这些技术进步的基础上，一种更复杂的、带有剥削性的文化出现了，这包括一个分阶层的社会代替了大体上平等的猎采经济。

这些社会和技术革命的源地起初在空间上是有限的。**文化源地**（culture hearth）一词用以描述那些创新的地区，关键的文化要素从这些地区向外扩散，对其周围地区施加影响。文化源地可看作任何文化群体的"摇篮"，所形成的谋生和生活方式造成了一种独特的文化景观。世界上所有地区和自然环境下形成的千百个文化源地，大多数仍停留在社会与技术发展的低水平上，只有少数产生了象征文明的符号——通常认为包括文字（或保存记录的其他形式）、冶金、长途贸易关系、天文学与数学、社会阶层的形成与劳动分工、定型化的政府体系，以及结构化的城市社会等。最初的粮食革命之后出现了若干主要文化源地，有些早达7000—8000年以前。最突出的早期创造中心位于埃及、美索不达米亚、印度次大陆的印度河流域、中国北方、东南亚、非洲若干地点、美洲，以及其他地方（图7.13）。

大多数现代社会里，创新的变化业已成为寻常、可预期和必然的现象，尽管某些单独的文化群体可能拒绝接受这些创新（见"原生态文化与流行文化"专栏）。发明创造的速率——至少按专利授权的数目计算——是稳步增长的，而且从概念到形成实用产品之间的周期也越来越短。有如一条普通的公理：即有用的思想越多，能开发与结合这些思想的头脑越多，则发明创造的速率越快。这条公理的空间含义是经济发达的大城市中心往往也是发明创造的中心，这不仅是由于其大小，而且也由于这里有大量思想交流的机会。的确，多种想法不仅激励新的想法，而且必定创建一种产生解决方案的环境，以维持社会前进的势头（图7.14）。

扩　散

空间扩散（spatial diffusion）是一种过程，

第7章 文化地理学

专栏 7-2 是地理条件注定的吗？

贾雷德·戴蒙德（Jared Diamond）在其获得1997年普利策奖的著作《枪炮、病菌与钢铁：人类社会的命运》①（Guns, Germs, and Steel: The Fates of Human Societies）中提出："不同民族的历史遵循不同的道路前进，其原因是民族环境的差异，而不是民族自身在生物学上的差异。"起作用的——以及导致世界以欧亚人占优势的——环境差异是欧亚大陆有丰富的适合驯化的动植物可资利用，东西向延展的陆地使动物、粮食作物和技术的长距离传播成为可能。其他大陆都不具备这两方面的任一种优势。

粮食生产是问题的关键。虽然冰期结束后世界上若干地区分别发展了农业，但是中东地区的居民有幸拥有众多适合种植的植物，包括8种最重要的禾本作物中的6种，其中有小麦品种的原型。这些植物很适合栽种、生长迅速、营养价值高、能够支持大量人口。欧亚大陆还有丰富的能被驯化的大型动物——包括牛、羊、猪和马，进一步刺激了人口增长。此外，由于同动物亲密接触，欧亚人也感染了后来被证明对其他大陆居民极具破坏性的各种流行病，与此同时形成了他们自己对那些疾病的免疫性。

像中东这样的文化源地所开发的粮食生产技术很容易沿着欧亚大陆无垠的东西轴线扩散，该大陆宽广地域上大体相似的气候适合培育同样的农作物组合，从西班牙到中国都能看到同样的家畜。欧亚大陆的巨大面积还意味着数量众多的不同民族，每个民族都具有开发新技术的能力并将新技术扩散到远方。人口增长、农业生产力和富有创造力的头脑产生了各种文明——中央政府、城市、劳动分工、纺织、制陶、文字、算术、长途贸易、金属加工，最后是四处征战的欧亚人带到其他大陆的枪炮。

世界上没有哪个地区享有欧亚大陆那样的环境优势以及因之而来的人口与技术优势。非洲或美洲开发的几种粮食作物，不能穿越这两个南北向延伸大陆的气候和生态屏障而有效扩散。撒哈拉以南的非洲和澳大利亚，由于大自然的意外事件或先民对大型动物的捕猎，没有产生家畜，而美洲只驯化了美洲驼。其他地方缺乏欧亚大陆的粮食基地和便捷的纬向运动，人口规模停留在较小水平，比较孤立，总体上创造性不够。15世纪开始的大发现和殖民之旅，证明欧亚人的优势无可阻挡。其他大陆的居民对许多疾病缺乏抗性，没有马匹、甲胄、火器和像征服者那样的组织，只能迅即臣服、受制于人——按照戴蒙德的观点，不是由于天生自卑，而是因为限制或延缓其发展前景的地理劣势。

① 谢延光译，2006年由上海世纪出版集团出版。——编注

使一种概念、实践、发明或一种物质，通过扩散从其起源地传播到新的地域。扩散可以采取多种形式，但基本上包括两种过程：或者是人们带着他们的文化迁徙到新地区（如同移居美国的侨民那样），或者是一种新的技术信息（例如带刺铁丝网或杂交玉米）能够传遍整个文化。

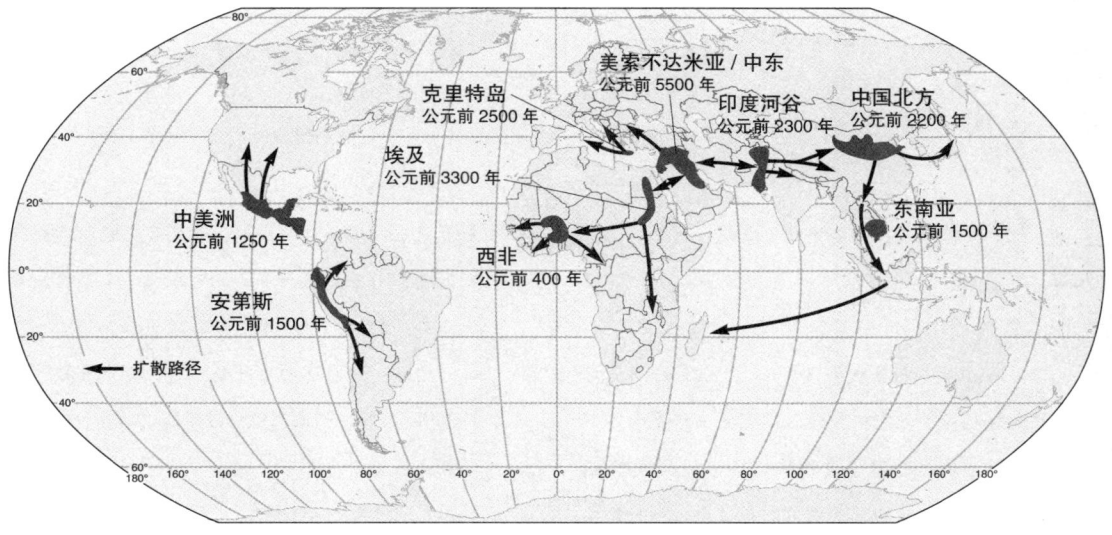

图7.13 旧大陆和美洲的早期文化源地。"公元前"（Before the Common Era，B.C.E.）是指文化源地形成复杂社会、知识与技术基础并作为文化扩散中心的近似时间。

在任何一种情况下，新思想都是从其源区向新区和新文化群体传播。空间扩散将在第8章详加讨论。

并不总是能够确定两个不同地区存在的一种文化特质是扩散还是独立（或平行）创新的结果。文化上的相似之处并不一定能证明发生过空间扩散。埃及和中美洲都有金字塔，但这很可能是各自的构思，而不是有些人认为的哥伦布时期之前人们从地中海航行到美洲的证据。石器时代建造纪念碑的文化也是如此，毕竟那时没有几种式样可供选择。

历史上有无数独立、平行发明的例子：纳皮尔（Napier，1614）和布吉（Burgi，1620）发明对数、牛顿（Newton，1672）和莱布尼茨（Leibnitz，1675）发明微积分、以利沙·格雷（Elisha Gray，1876）和亚历山大·格雷厄姆·贝尔（Alexander Graham Bell，1876）发明电话，这些都是经常引用的例子。农业不仅是新大陆和旧大陆各自独立发明的，而且在东西半球都有不止一个文化源地，这似乎是毋庸置疑的。

所有文化都是从其源地向四周传播并融入受体社会结构的无数发明创造的混合物。据估

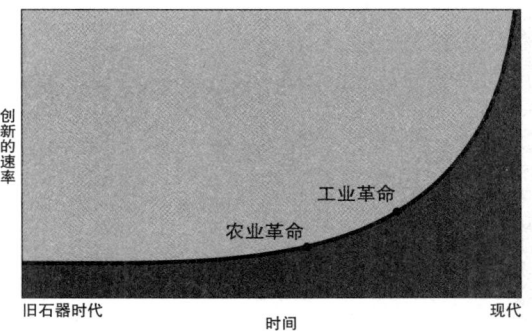

图7.14 人类历史上创新的趋势。猎采者的生活与其环境和资源基础达到平衡，几乎没有创新的需要，其文化也无须改变。农业革命加速了思想和动植物驯化、城市化与贸易的扩散。随着工业革命，社会经济全方位创新的大幅增加开始改变世界各地的文化。

计，任何社会只有不超过10%的文化项目可追溯为本土人员创造，而其余90%以上是通过扩散进入该社会的（见"本土文化"专栏）。

当然，确实存在着扩散的屏障，如第8章所述。一般地说，两个文化区越接近、彼此越相似，那些屏障就越小，接受发明的可能性就越大，因为扩散是一个选择的过程。当然，受体文化有可能选择性地接纳供体社会的某些物品和想法而拒绝另一些商品或想法。接纳的决定取决于受体群体本身的文化。扩散的文化

第7章 文化地理学 263

专栏 7-3

本土文化

拉尔夫·林顿(Ralph Linton)指出，一个"100%美国人"平日的早晨活动如下：

　　一个真正的美国公民在床上醒来——那张床的式样起源于近东，但传入美国之前已在北欧经过修改。他掀开用印度种植的棉花制造的棉毯，或者在近东种植的亚麻制作的被，或者同样在近东制作的羊毛毯，或者中国发明的丝棉被。所有这些材料都是用近东发明的工艺纺织的……他脱掉睡衣，那是印度发明的服装，用古代高卢人发明的肥皂洗脸……

　　回到卧室……穿上亚洲草原游牧民式样的皮衣，套上用古埃及人发明的鞣革工艺和按地中海古典文明式样裁剪制成的皮鞋……到餐厅吃早餐之前，他向窗外瞥了一眼——玻璃是埃及人发明的。如果正在下雨，他要穿上套鞋，那是用中美洲印第安人发现的橡胶制成的，还要带上东南亚发明的雨伞……

　　(吃早餐)他面前是一整套舶来的元素。盘子是中国发明的一种陶器。钢制餐刀所用的合金最先是在印度南部制成的，餐叉是中世纪意大利的发明，勺子起源于罗马。他先吃一个来自地中海东部的甜橙、一个来自波斯的香瓜，或者一片非洲西瓜。就着这些水果喝咖啡，那是一种阿比西尼亚①植物……他可能吃印度驯化的一种鸟产下的蛋，或者一薄片东亚驯化的一种动物的肉，肉是用北欧开发的工艺腌制和熏制的。

　　我们的朋友吃完以后……他阅读当天的新闻——是在中国发明的材料上用古闪米特人②发明的字符书写、用德国人发明的工艺印刷的。当他得知这些舶来品的种种辛劳时，如果他是一位保守派好公民，他就会用一种印欧语言感谢一位希伯来神：我是100%的美国人！

资料来源：Ralph Linton, *The Study of Man*, © 1936, renewed 1964, pp. 326–327. Reprinted by permission of Prentice Hall, Inc., Englewood Cliffs, New Jersey.

---

① 阿比西尼亚是埃塞俄比亚的旧称。——译注
② 闪米特人又称闪族人或塞姆人，是起源于阿拉伯半岛的游牧民族，相传诺亚的儿子闪为其祖先。——译注

屏障包括政治限制、宗教禁忌和其他社会风俗等。法裔加拿大人虽然在地理上紧邻许多扩散中心，如多伦多、纽约和波士顿，但受这些中心的影响极其有限。他们在语言和文化情结两方面，使法裔加拿大人有选择地接受英国人的影响。传统的群体，也许受严格宗教信念的控制——如纽约市哈西德派犹太社区——可能在很大程度上拒绝他们所在地社会主流的文化特质与技术（见"原生态文化与流行文化"专栏和图7.15）。

受纳的文化通常并非全盘接受外来的事物。思想和器物的扩散常常在意义上或形式上有些改变，使之能够为借鉴的族群所接受。被称为**融合**（syncretism）的新老结合的过程，是文化变迁的主要特色。这种情况可见于皈依某种宗教的社会常在宗教仪式和教条上做些改变，以便在新旧信仰之间寻求可接受的一致性；海地天主教派和伏都教的混合就是一例。更熟

悉的文化融合例子是对引进的烹调法做出细微的或明显的改变，使其适合美国的快餐口味。

文化互渗

文化互渗（acculturation）是一种过程，一个文化群体通过这种过程接纳另一个通常占优势文化群体的许多特色而经历较大的改变。在实际生活中，文化互渗可能包括所涉及的两个群体在长期接触中一方或双方原有文化模式的改变。这种接触和随后的文化改变可能出现在被征服或被殖民的地区。臣服于人或受制于人者被迫或自愿接受征服者在人数或技术水平上占压倒优势的文化传入。

罗马人征服时代的欧洲各部族、土著居民仿效占领西伯利亚的斯拉夫人、土著美洲人追随北美的欧洲移民，这些地方都经历了此类文化互渗。文化互渗另一种不同方式是第二次世纪大战后，因美国占领军的影响，或者是由于日本人接受了美国生活方式某些较为肤浅的方面，引起日本政治组织和人生观所发生的变化（图7.16）。反之，美国人的生活又因为对日本的食物、建筑和哲学的了解而更加丰富多彩，这显示了双向文化互渗的状态。

入侵的族群有时会同化到被征服的社会中。例如，13—14世纪，悠久丰富的中原文化就战胜了入侵的蒙古部族。宗主国与其殖民地的关系也可能造成殖民者文化永久性改变，即使人口间很少直接接触也可能如此。这里可以引用吸烟行为在早期欧洲传播的例子（见第8章"有据可查的扩散"专栏），还可举出从美洲引进马铃薯、玉米和火鸡对旧大陆饮食和农

图7.15 伊利诺伊州中东部的阿米什人受宗教信念的激励，认为"好生活"必须简化到最简朴的生活方式，他们摒弃了周围主流世俗社会的现代奢华。儿童骑马或乘轻马车到乡村学校上学，而不是乘校车或汽车。（Courtesy of Jean Fellmann）

图7.16 从美国引进的棒球是日本最流行的运动之一,每年吸引几百万观众。同样,一代人以前,大多数美国人认为足球是外国的或外来的运动项目而对其缺乏兴趣。今天,大多数美国大学生曾经或仍旧热衷于参加这项运动,足球俱乐部联合会和对世界足球比赛的热切心态是美国运动场上经常看到的景象。(© Geoffrey Hiller / eStock Photography / Leo de Wys)

业影响的例子。

第6章所讨论的现代人口迁徙与移民的影响,已造成遍及世界的空前的文化混合。传统的"熔炉"观——更正式地被称为**集聚理论**(amalgamation theory)——对外来移民融入像美国或加拿大等社会的看法是,接受移民的社会和新来的各色人等,最终,将融合到复合的主流文化中,把各成员的许多文化特质融为一体。实际上,新来的群体为了被人接受,必须学习他们所进入的文化的行为模式和反应,以及在工作单位和政府居支配地位的语言。对他们来说,文化互渗包括接受该社会的价值、态度、行为方式和民族语言,该社会本身也因吸收新来族群而改变。在这个过程中,外来移民群体逐渐丧失了其独特的文化特质,随着时间的推移,他们接受了较大的主体社群的文化。

虽然文化互渗通常牵涉到少数群体接纳优势人口的行为模式,但是这种过程也可能是相互的。就是说,优势群体也可能至少吸收新来少数群体的某些模式和习惯,形成更加广泛、多样的复合文化。这就不是原来"熔炉"的概念,而是形成文化混合的"沙拉碗"。

这种融合过程完成后,就出现了文化的**同化作用**(assimilation)。但是同化作用并不一定意味着原有文化身份意识的减弱或丧失。事实上,竞争论提出以下观点:当文化上的少数派取得成功并进入主流社会的经济生活时,文化差异的意识可能得到提升,使迁入族群强化为"我行我素"的少数派,在主流社会内努力追求保卫其地位的目标和利益。好斗的少数派将"我行我素"发挥到极致,可能招致文化互渗过程想要确保的主流社会和文化融合过程的丧失——这正是西欧和英语美洲等移民目的地国家日益关心的问题。

原生态文化① 与流行文化

即使在"发达"社会里,也并非所有文化群体都乐意接受或适应文化的变化。按一般理解,文化用以表示"我们的生活方式"——我们如何(和为何)行事、吃什么、穿什么、如何消遣、信仰什么、赞美谁。然而,在人们所接受"生活方式"普遍性的问题上,有些方面还须加以区分。

原生态群体得以存在,或是由于空间的隔离,或是由于自愿与周围主流文化实行社会隔离,但他们本应是这个社会的一部分。**原生态文化**(folk culture)意味着同族的、内聚的、在很大程度上自给自足群体的传统和不入时的生活方式的特征,从根本上孤立或抵制外来的影响。传统控制着原生态文化,强烈地抵抗变革。在工具、食物、音乐、故事和礼仪等方面,自制和手工居主导地位。原生态生活是一种文化整体,由有形和无形的元素组成。**物质文化**(material culture)是有形的部分,由物质的、可见的事物组成:从乐器到家具、工具和建筑物等一切事物。在原生态社会中,这些事物都是家庭或社区自己的产物而不是批量的商品。无形的**非物质文化**(nonmaterial culture)包括口头流传及民歌、民间故事和习惯性行为表达的精神产物和社会产物;讲话方式、礼拜模式、各种见解和价值体系都是通过教育和示范世代相传的。

在英语美洲②,真正的原生态群体已很少见而且日益减少。过去此类群体数目较多,是由于移居新大陆的移民带来不同的风俗习惯与宗教信仰。这些族群有着各自的语言、宗教信仰与地区来源。随着时间流逝,他们带来的民族特性逐渐变成美国的"民族"风貌。例如,弗吉尼亚州西部的传统歌曲可以认为是上南方(Upland South)③的非物质原生态腔调,也可以认为是移民传承英国乡村先民的证据。

就此而论,我们每个人都具有民族起源和原生态生活的痕迹。我们每个人都使用自己家庭或我们所属文化的谚语,每个人都熟悉孩童时代的童谣和神话。我们击木祈福,听说过如何观月相和种植花草,知道什么是节日庆祝或者制作佳肴的"正确"方法。然而,此类原生态文化证据至多是我们生活中的次要元素,只有少数群体——如旧规阿米什人(Old Order Amish)④,拒绝电力、内燃机和其他"世俗的"装备而热衷于马车、人力工具和传统服装——残存在美国,使人回想起这是原先广为人知的原生态文化的特别之处。另一方面,加拿大保留了大量清晰可辨的、具有民族特色和装饰艺术的传统。

按一般理解,**流行文化**(popular culture)是原生态文化的对立面,也是其替代物。"流行"是指一般大众而不是原生态文化小群体的独特性和个性,暗示一种不断接纳、追随并迅速摈弃的变幻莫测的时尚和共同行为模式的过程。在这个过程中,本地独特生活方式和物质与非物质原生态文化特质多半被取代和丧失;同一性取代了多样性,小群体身份渐次消失。对我们大多数人而言,同一性深受欢迎。18世纪50年代,乔治·华盛顿写信向英国代理商要求买"……两副刺绣褶裥边饰……如果它已过时,就请发送时尚的……",又说"无论你给我发送何等货物……一定要流行的式样"。折射到今

---

① 原文中的folk译作"民间"似乎不甚贴切。按行文意思,此处套用近来流行的"原生态"一词似更接近原意。——译注
② Anglo America,美国和加拿大地区的总称。——译注
③ 指美国南部偏北的地区。——译注
④ 亦作旧秩阿曼门诺教派。阿米什人(Amish)是美国宾夕法尼亚州的一群再洗礼派门诺会教徒,以拒绝汽车及电力等现代设施,过简朴的生活而闻名。阿米什人是德裔瑞士人移民的后裔,承袭了传统而拥有紧密的宗教组织。——译注

天，他的要求就是要融入其同龄人和他所从属的社会环境之中。

我们既可以把流行文化看作一种趋同的力量，也可看作一种释放的力量。一方面，它泯灭了群体在隔离和自给状态下形成的、具有地方特色的原生态文化生活方式；另一方面，群体中的每个人又有更多机会接受种种影响——衣着、饮食、工具、娱乐和生活方式等方面——而在原来文化环境受风俗习惯和隔离状态的控制所限制的且选择有限的情况下，这种影响很小。广泛的区域一致性——形式上雷同的全国性折扣店商品目录、完全相同的大型购物中心里千人一面的零售商，或是无处不在的快餐连锁店——可能取代原生态文化的地方主义。但这种文化上的一致性，其内容、多样性和可能性均比其取代的文化丰富得多——虽然它所包含或鼓吹的社会价值和宗教价值不一定是一种进步。

7.5　文化多样性

我们从文化的技术、社会和意识形态子系统开始进行文化的讨论。我们知道这些子系统独特的组成——特定文化特质与文化情结特征的结合与相互作用——因创新、空间扩散、吸收和文化互渗而发生变化，同时也是这些变化的产物。然而，文化发展和改变的那些过程并未导致世界文化的均质化，即使自农业起源以来经过千百年的文化接触和交流也是如此。

的确，从上文可以看出，在一个日益一体化的世界中，大多数民族和社会都能广泛使用现代生活和经济所需的各种物品和技术。结果，逐渐形成了重要的文化共性。不过，我们全部经验和观察均表明，世界文化依然分而未合。作为地理学家，我们关心的是识别一种具有空间显示的文化特质，指出一种文化如何明显有别于其他文化情结。

我们可能不接受从种种琐事中得出肤浅而无意义的概括：例如人们早餐的食物或他们所用餐具的类型。这种反对意见是我们所追求的那种理解类型和概括水平的反映。没有哪种最合适的方法能单独指明或认识一种文化、界定一个文化区。由于地理学家关心的是世界系统，所以我们感兴趣的是世界广阔区域和各种社会风格明显不同的那些文化外貌。

语言、宗教、族群和性别符合我们的标准，是各种社会和各地区文化特质分异最显著的一些方面。语言和宗教是文化最基本的成分，帮助识别个人是谁和属于什么身份，把个人明确地归入具有相似特色的由人组成的社会中。用上文的术语表示，这些都是精神产物，是文化中意识形态子系统的组分，帮助我们塑造一个社会的信仰系统，并将其传承给后代。

族群（ethnicity）是对一种文化的概括而不是一种单一的特质。这基于一个群体的成员坚信他们在某些根本方面有别于其他群体，那些群体和他们有着不同的特质，可能包括语言、宗教、民族起源、独特的习俗或其他识别标志。像语言和宗教一样，族群具有空间识别性。在文化上复杂的社会和国家里，族群和语言与宗教一样，还可能是用作界定多样性与分区的要素。

语言、宗教和族群对社会所有成员（或所有成年人）一视同仁。然而文化结构中最显著的线索是社会结构（社会产物）和确定男性与女性在指定的义务和各自得到的回报方面差异的关系。"性别"是承认那些社会造成的差别的参考词汇。它调控着人们利用空间的方式，评估区域在经济和文化上的可能性，使人确信女性的地位是一个至关重要的文化空间变量。

7.6 语　言

永远在变化发展的口语和书面语言使族群的协作、理解和用以区别各文化群体的共享行为模式成为可能。**语言**（language），可简明地定义为有组织的说话系统，人们通过语言相互交流、相互理解，语言是文化传播最重要的媒介。语言使父母能够教育儿童，让他们知道生活在其中的世界是什么，他们必须如何行事才能成为社会上称职的成员。有些人主张一个社会的语言构成了其使用者洞察的工具。人们说，语言通过其所包含的词语及其构成的概念，决定了社会的态度、理解力和反应。因此，语言既是文化分异的原因，又是文化分异的标志（图7.17）。

如果这个结论是正确的，文化异质性问题就不难理解。地球上70多亿人使用6000—7000种不同语言。如果你知道非洲总共包含所有仍在使用的活语言的近1/3，那么就会对该大陆的政治和社会分野有较清楚的判断了。单是欧洲就有约230种语言和方言（图7.18）。语言是文化多样性的一种标记，当今世界上主要语言的分布（图7.19）所记录的不仅是我们语言上的祖先迁徙和征服的过程，也是近几个世纪人类迁徙、定居和殖民的连续动态模式。

如果把"重要性"看成是使用这种语言的人数，那么语言的相对重要性差异很大。世界一半以上居民的母语仅是数千种语言中的8种，至少有一半人常常使用或有能力使用其中

图7.17　巴斯克人（Basque）的故乡群山环绕，虽然2000多年来被周围低地说拉丁语或罗马语的人包围，但巴斯克人保持了其语言的独特性。照片中是西班牙语和巴斯克语友好道别的表示。(© *Mark Antman / Image Works*)

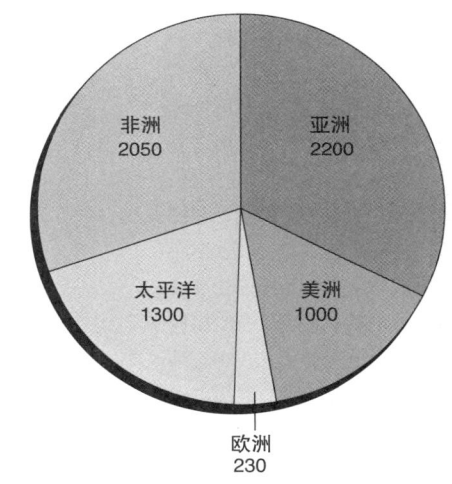

图7.18　2005年世界活语言的分布。目前仍然在使用的6800种语言中，有33%在亚洲、30%在非洲、19%在太平洋地区、15%在美洲、3%在欧洲。语言学家估计地球上曾经使用过的语言大概有3.1万种至30万种。即使采用较低的估计数甚至更小的数目，"死语言"也远远多于"活语言"。在巴布亚新几内亚或印度尼西亚的森林里，每周都有一两种语言在消失。相反，由于各族人民与各种文化大量混合，过去400年内创造了100多种新语言。

资料来源: *Estimates based on* **Ethnologue** *and other sources.*

的4种。表7.1罗列了那些使用人数在6000万以上的语言，该名单包括了世界将近90%的人口。而另一个极端是，很多种使用者人数为数百或多达数千的语言正在迅速消逝。的确，今

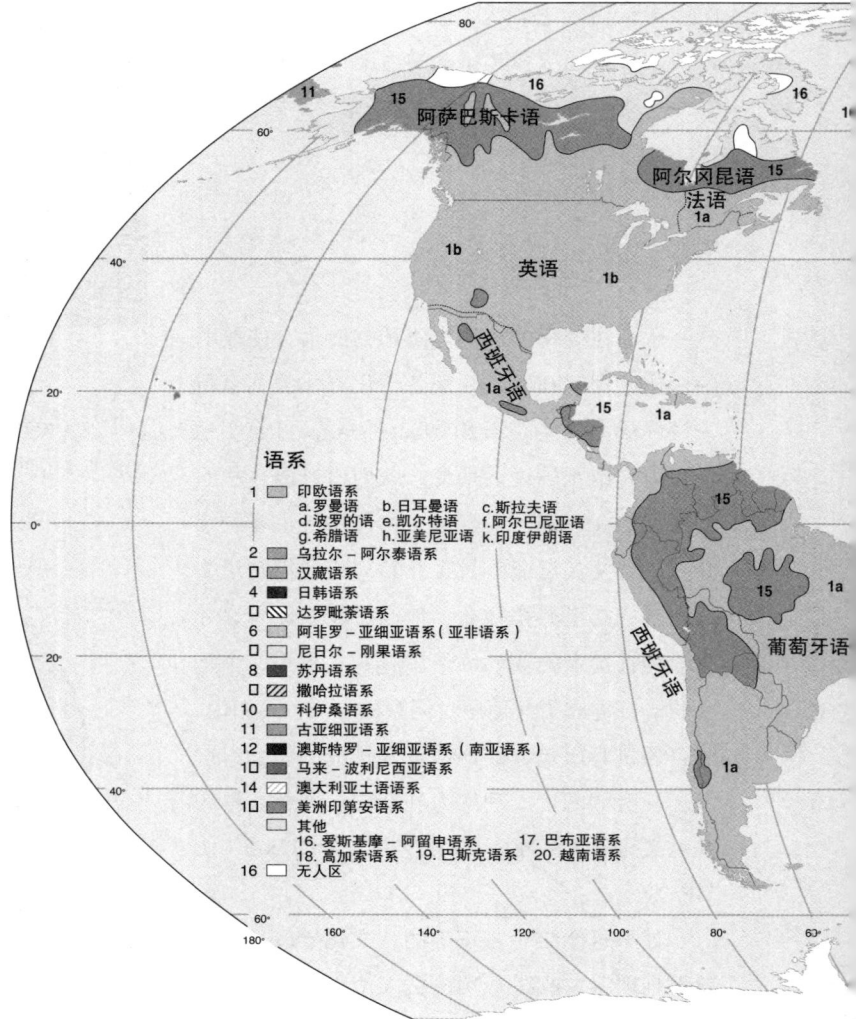

图7.19 世界语系。语系是具有共同的、但年代久远的先人独特语言的群组。图中通过划定专门使用一种语言或一个语系的地区，省略了重要的语言细节。许多国家或地区都有一些区域使用方言，这些区域太小，不能按此比例表示在图上。图上也未能报道许多地区能流利使用不止一种语言的人口，或者在商务、教育或政府中必须用第二种语言作为媒介的情况，也没有给出说不同语言人数的重要信息，在这种比例尺的地图中甚至没有表示出印度或非洲说英语的人数多于澳大利亚的事实。

天世界上语言多样性远少于过去，每年都有附庸方言（additional tongue）①在消失，被广为传播的英语和其他"大"语种取代。有关学者估计，现有口语中大约有一半濒临消失——即儿童不再学习这些语言，最年轻的使用者也步入中年——并将在下一世纪消失。

当我们认识了各种语言的亲缘关系时，语言的多样性就被简化了。**语系**（language family / linguistic family）就是被认为共同起源于某种单一早期语言的一组语言。印欧语系就是这种分组中最著名的，它包括大多数欧洲语言和亚洲语言的大部分，以及引入的——而非本土的——美洲的语言（图7.19）。使用印欧语系语言的人数总计约占世界人口的一半。

语言学家通过识别大多数印欧语系中相似的词语，演绎出这些语言起源于被称为原始印欧语（Proto-Indo-European）的共同祖先的口语，那是大约5000年前生活在欧洲东部的人所说的语言（虽然有些人断言土耳其中部更可能是起

---

① 本词语未见中译，按原文意思揣摩，应该是指附加于某些语言中另有一些口音和词汇的口头言语。——译注

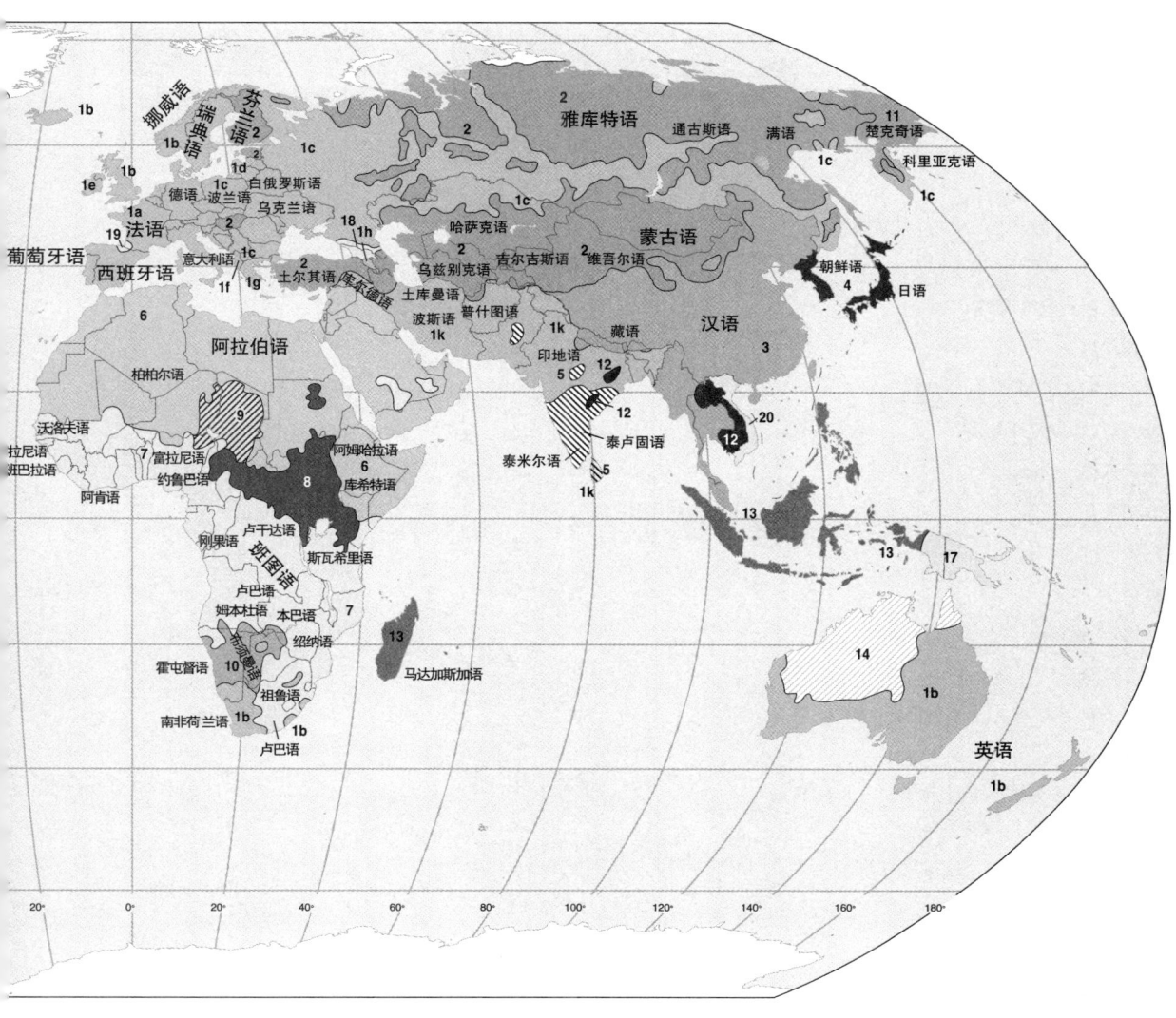

源地）。到公元前2500年，他们的社会显然分裂了，部分人离开故土，部分母体文化四散迁移。无论这些佼佼者定居在哪里，他们似乎都能在当地人口中占优势，并向当地推广他们的语言。

在一种语系内，还可区分出亚语系（subfamily）。罗曼语（包括法语、西班牙语和意大利语）——拉丁语的后代——和日耳曼语（如英语、德语和荷兰语等）就是印欧语系的亚语系和分支。亚语系中的各种语言虽然无法相互理解，但是在发音、语法结构和词汇上常具有相似性。例如，日耳曼语中的"女儿"在英语中作daughter、德语中作Tochter、瑞典语中作dotter。

语言的传播和变化

语言传播作为一种地理事件，表现为随着时间的迁移讲某种语言的区域逐渐扩大或迁移到新的地方。例如，撒哈拉以南非洲"班图线"以南发现的300多种班图语就是原始班图语的变种，是由不断向外扩张的文化上的先进民族

表7.1 2005年世界上被6000万以上人口使用的语言

语言	用作第一或第二语言的人数（百万）	约占世界人口百分数(%)
普通话[a]（中国）	1100	17
英语	1000	16
印地语/乌尔都语[b]（印度、巴基斯坦）	750	12
西班牙语	450	7
俄罗斯语/白俄罗斯语	270	4
阿拉伯语[c]	260	4
孟加拉语（孟加拉国、印度）	250	4
马来语/印度尼西亚语	205	3
葡萄牙语	195	3
日语	132	2
法语	125	2
德语	121	2
泰语/老挝语	90	1
旁遮普语	85	1
吴语（中国）	85	1
爪哇语	80	1
土耳其语/阿塞拜疆语/土库曼语（土耳其/阿塞拜疆/土库曼斯坦）	80	1
朝鲜语/韩语（朝鲜、韩国、中国、日本）	78	1
马拉地语（印度）	77	1
越南语	75	1
泰卢固语（印度）	75	1
泰米尔语	74	1
粤语（广州话）（中国）	70	1
意大利语	68	1
乌克兰语	65	1

[a] 讲普通话的人数可能大于6.5亿；还有多达1500种其他方言，其中许多种相互听不懂的语言，也归入"普通话"之列。
[b] 印地语或乌尔都语基本上是同一种语言：印度斯坦语。用符号书写的叫作印地语，是印度官方语言；用阿拉伯符号书写的叫作乌尔都语，是巴基斯坦的官方语言。
[c] 所给出的数字包括许多讲各种常常互不相通的阿拉伯口语的人数。经典的或文学上的阿拉伯语，即《古兰经》的语言，是统一的、标准的，但作为一种口语仅限于正式的使用。由于阿拉伯语和宗教的结合，它是许多伊斯兰国家居民除本土语言之外的第二语言。
资料来源:Based on data from *Ethnologue: Languages of the World,* 15 thed.; *Linguisphere 2000;* and other sources.

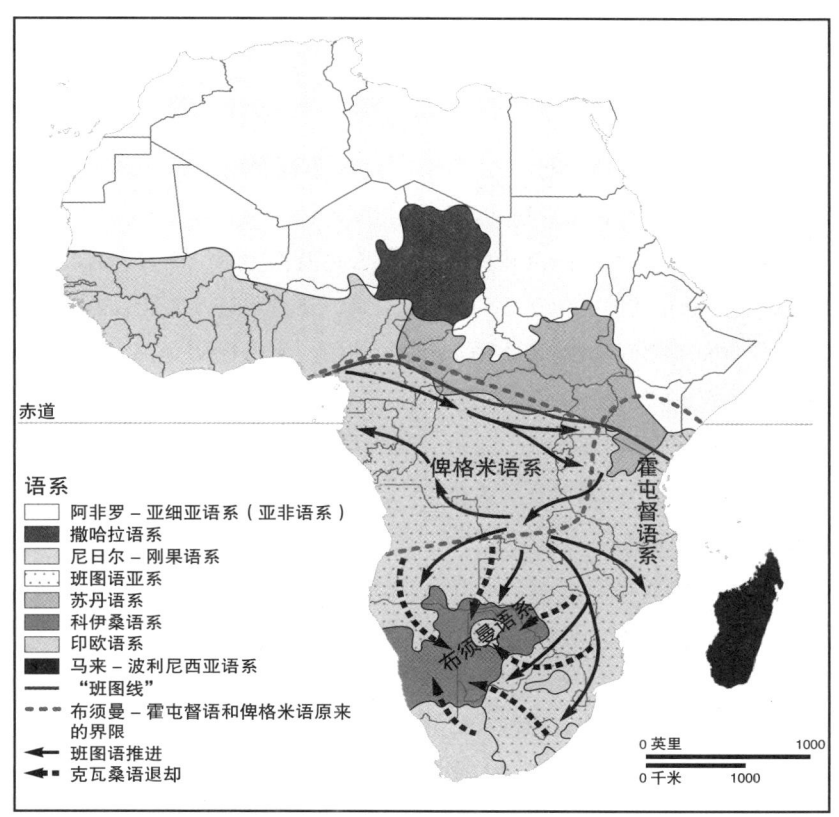

图7.20 非洲班图语扩展，克瓦桑语退却。语言学证据表明，原始班图语起源于喀麦隆-尼日利亚边境，向东传播越过苏丹南部，然后向南到达中非。从那里缓慢向东、西扩散，在向南扩散时遇到轻微的阻力。早期居住在撒哈拉以南非洲讲克瓦桑语的人无法抗衡使用先进金属工具的班图农学家。采用班图语的俾格米人退居密林中。布须曼人和霍屯督人保留了他们独特的克瓦桑式"咔嗒"语言，但是被迫离开森林和草地，进入西南部的干草原和荒漠。

带来的，他们取代了原先存在的语言不同的群体（图7.20）。近年来，欧洲殖民者的语言同样取代了他们在美洲、澳大利亚和西伯利亚殖民地的土著语言。就是说，语言可能因其使用者占领新区域而传播。

然而，拉丁语在西欧取代凯特尔语的原因，不是迫于人数的力量——罗马军团、行政官和殖民者从未代表人口的多数，而是在罗马帝国的影响和控制下，土著人口逐渐放弃了其原先的语言。对语言的接纳而不是驱逐，似乎是历史上大多遵循的规律，也是当代语言传播的情况。就是说，语言可能因获得新的使用者而得以传播。

语言传播的两种方式——原使用者扩散或获得新使用者——可能由于种族隔离和孤立，社会所说的原始母语已不复完整，产生一些单独的、相互不能理解的语言。一种语言内，在词义、读音、词汇和**语法**（syntax，词语安排在短语和句子中的方式）等方面，通常也会自然而然地出现类似变化。这些变化是逐步出现的，一般不易察觉，然而逐步积累起来就会造成巨大的语言变化，经历若干世纪的演变后，最终创造出全新的语言。17世纪莎士比亚的英语作品和詹姆斯国王钦定版的圣经（1611）今天听起来就很不自然。我们当中没有几个人能流利阅读乔叟（Chaucer）14世纪用中世纪英语写作的《坎特伯雷故事集》(*The Canterbury Tales*)原著，8世纪的古英语诗歌《贝奥武夫》(*Beowulf*)[①]也少有人领会。

语言的演变可能是渐进的和累积性的，每个时代稍微偏离其旧语言的说话风格和词汇，也可能是大规模的和急骤的改变——反映出征服、移民、新的贸易接触和其他文化孤立的中断。英语的形式要归功于不列颠群岛最初的定居者凯尔特人和随后入侵者的浪潮，包括讲拉丁语的罗马人和讲日耳曼语的盎格鲁人、撒克逊人和丹麦人。11世纪讲法语的诺曼征服者把大约1万个新词加进正在发展的英语口语中。

16—17世纪新土地和新大陆的发现与殖民，遇到和接纳了新的食物、植物、动物和器物，也接纳了原有土著美洲人、澳大利亚人、印第安人或非洲人所用的名称，英语也极大地和必然地丰富了。仅美洲的印第安语言就把200多个相对普通的日常用语带进英语中，其中80多个来自北美土著的语言，其余来自加勒比海地区、中美洲和南美洲的语言。还把2000多个更专业的或地方化的词汇，如 moose, raccoon, skunk, maize, squash, succotash, igloo, toboggan, hurricane, blizzard, hickory, pecan[②] 等，和一大群其他名称直接加入英语中；还有一些间接取自南美洲土著词汇的西班牙语变体，如 cigar, potato, chocolate, tomato, tobacco, hammock[③] 等。

由于英国殖民者把英语带到西半球和澳大利亚，又由于贸易、占领和领土要求把英语带到非洲和亚洲，所以英语得以在全世界传播。在这种地域传播过程中，英语又因接触其他语言而更加丰富。由于英语逐步成为商业和科学研究普遍采用的语言，它又以通用词汇反哺其他语言。在大约400年内，英语已经从欧洲海外700万岛民的地方性语言发展为一种真正的国际语言——成为大约4亿人的母语，大约有6亿人将其作为第二语言，有时还是国家的官方语言，还有数百万人能较熟练地把英语作为外语使用。大约有60个国家把英语作为官方语言（图7.21），远远超过当今其他主要的国际语言，如法语（32国）、阿拉伯语（25国）或西班牙语（21国）。21世纪初，78%以上的互联网网页使用英语（其次为日语，占2.5%）。历史上没有哪种语言能在世界舞台上占据如此重要的地位。

标准语和变体语

讲像英语这样一种共同语言的人是某种言语社区的一员，但是这种成员身份并不一定意味着语言上的一致性。言语社区通常既包括由公认的言语社区标准语法、词汇和发音组成的**标准语**（standard language），还包括很多多少有点独特的**方言**（dialect），即总人口中不同地区、社会、职业等组成部分的普通百姓的日常语言。

官方或非官方的标准语是政府、教育部门或社会认可的语言形式。例如，在阿拉伯国家，阿拉伯语是清真寺、教育机构和报纸使用的语言，在整个阿拉伯语世界被标准化。家庭、街道和市场里——以及其区域变体语里——使用的阿拉伯口语，其差异可能像葡萄牙语和意大利语那样大。另一方面，美国、加拿大英语区、澳大利亚和英国，其标准英语形式上只有微小的差别。

就像没有两个人能说得一模一样，除了最小和联系最密切的言语社区外，几乎所有言语

[①] 歌颂英雄的古诗。——译注
[②] 相应中文为驼鹿、浣熊、臭鼬、玉米、南瓜、豆煮玉米（一种印第安食物）、冰雪屋、平底雪橇、飓风、大风雪、山胡桃、美洲山核桃。——译注
[③] 相应中文为雪茄、马铃薯、巧克力、番茄、烟草、吊床。——译注

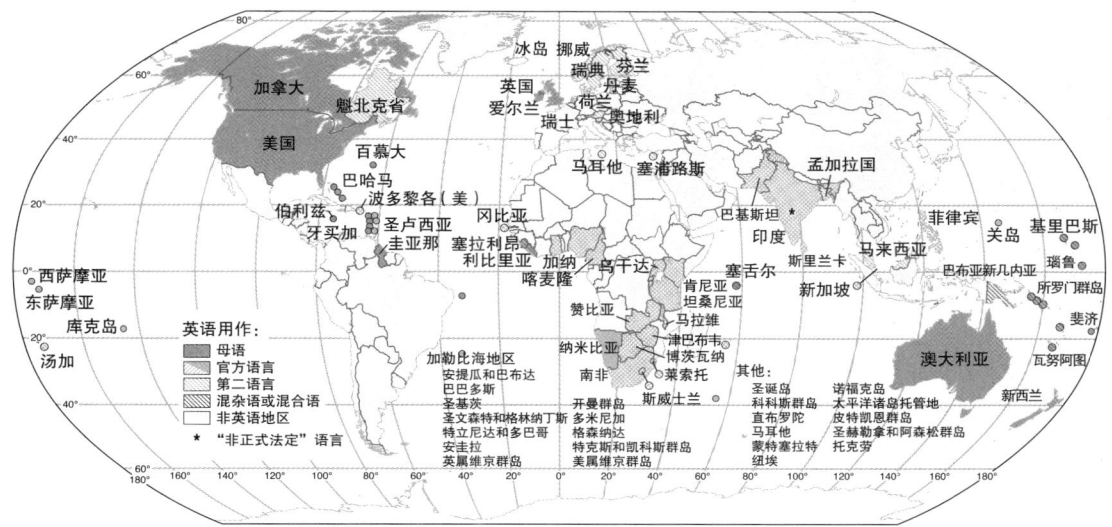

图 7.21　国际英语。英语在全世界的传播和被接受，无论在过去还是在现在都无可匹敌。英语和法语都是联合国的工作语言，也是欧盟机构员工和各委员会有效的通用语言；全球科学论文大约有2/3用英语公开发表，使英语成为科学论述的首要语言。英语除了是国际航空运输管制所采用的语言外，还是比任何其他语言都更多地被一些国家和地区确定为唯一或共同的官方语言的语种——其中有些国家面积过小无法在图中表达。英语也是其他拥有不同正式官方语言的多语种国家中用作行政管理的非官方有效语言。有些国家在公立学校近于普及或实行强制性英语教育，将"英语作为第二语言"。图上无法全面表示英语在欧洲大陆渗透的情况，那里超过80%的中学生（在欧盟国家中是92%的中学生）把英语作为第二语言，1/3以上的欧盟居民能用英语流利交谈。

社区都有可识别的、被称为方言的变体语言。讲话中所用的词汇、发音、节奏和语速都有可能清楚区分出说话者属于不同的话语族群。不同方言可能在同一地方共存。讲伦敦腔和有教养的英国人共享伦敦的一些街区；美国的每个校园里都能同时听到黑人英语（Ebonics）和标准美语。许多社会里，方言标志着社会阶层和教育水平，社会经济地位或教育程度较高的人讲话最可能遵从他们标准语的规范。受教育较少或地位较低的人，或有意识地置身于主流文化之外的族群更倾向于使用"土话"（vernacular）——非标准语或被社会团体采用的方言。不过，在某些情况下，如在德国和瑞士德语区，地方方言受到保护并被珍视为地方身份的标志。

下面我们更一般地从空间角度考虑方言。语音是一个地理变量。每个场所都可能有自己的语言，和相邻地方也许有微小的差异。这些在发音、词汇、词义和其他语言特征上的差异，有助于界定广义言语社区的语言地理学——研究地理方言或区域方言特征和空间模式的科学——的范畴。图7.22所显示的只是一条短语用法的变异。在美国，南部英语和新英格兰地区的语言是最容易根据其独特的口音来识别的区域方言。某些情况下，地理方言之间的变异如此之大，以至于讲同一种语言的人中一些人所说的话，别人听起来几乎就是外语。美国人要听懂澳大利亚英语或者英格兰利物浦人与苏格兰格拉斯哥人讲的话就比较费劲（见"世界英语"专栏）。第13章的区域研究"作为一种语言的嘎勒语"讨论了一个有趣的美国实例。

我们难以预料地方方言和口音一致或变化的模式。例如，在民族和区域方面都较复杂的

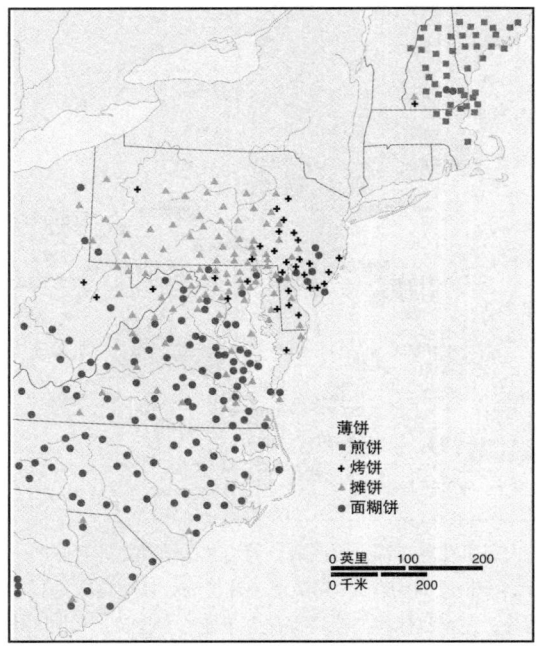

图7.22 像本图一样的地图用以记录社会阶层之间在词汇使用、口音和发音方面的空间变化。造成这些差异的原因不仅是最初的聚落格局,还是近年来大规模人口迁移——例如从乡村移向城市地区和从南到北。尽管全国性广播和电视节目的影响可能会助长"通用"或"标准"美国口音和用法,但是地区性或种族语言的差异依然存在。

资料来源:Redrawn with permission from *A Word Geography of the Eastern United States* by Hans Kurath. Copyright © 1949 by The University of Michigan Press.

美国,有些研究人员研究流动性越来越大的人口、从其他国家和文化来的移民、大众传媒的深入人心和可能产生的趋同效应等方面对语言影响,他们对地方语音的模式得出相互矛盾的结论。芝加哥、纽约、伯明翰、圣路易斯和其他城市之间讲话风格和口音差异日益增大的明显证据,与经历了大量北方人流入的达拉斯和亚特兰大这样的中心城市方言发音减少的现象正好相反。其他研究发现,有些口音在小城镇和乡村地区正在消失,这大概是由于大众传媒的标准化比地区人口下降和自然与社会机动性增加对地方方言的强化更具影响力。

语言很少成为人际交往的全部障碍。双语主义或多语主义可以让熟练的语言学家以共同理解的第三种语言交谈,但是两个没有这种能力的人群之间的长期接触可能需要创造一种双方都要学习的新语言——混杂语。**混杂语**(pidgin)①是一种语言混合物,通常是由两种语言相互借鉴简化而成,例如英语或法语所借鉴的也许是一种非欧洲的地方语言。混杂语的原始形式不是任何一方的母语,对任何一个使用者而言都是第二语言,是一种一般限于像商业、行政管理或工作指导等特殊功能使用的语言。

混杂语的特征是用高度简化的语法结构和大量减少的词汇就能表达基本思想而无需复杂的概念。例如,法纳加罗语(Fanagalo)是早先南非金矿地区创造的混杂语,让不同部落和民族的工人之间以及工人和南非白人矿主之间能用语言沟通,但现在已大范围遭摈弃。20世纪90年代中期以来,由于法纳加罗语越来越无用——缺乏描述如何操作新的自动化采矿机械和用英语表示的具有多传感器和警示的程控绞盘的词汇——工人越来越多地接受学校基础英语教育。当一种混杂语成为使用群体的第一语言时——他们可能因不使用而丧失了原来的母语——就发展成了**克里奥尔语**(Creole)。克里奥尔语总是不断补充更复杂的语法结构和词汇量。

事实证明克里奥尔语在多语言地区是一种有用的沟通工具,有几种已经成为国家地位的象征。斯瓦希里语(Swahili)是由许多班图语方言形成的混杂语,添加的主要词汇来自阿拉伯语,起源于东非沿海地区,先是通过阿拉伯象牙和奴隶商队传播,后来在英国和德国殖民统治时期通过贸易向内陆传播。当肯尼亚和坦桑尼亚获得独立的时候,他们把斯瓦希里语定

---

① 亦作上海话中的洋泾浜语。——译注

世界英语

母语非英语却讲英语的人远多于第一语言为英语的人。把英语作为第二语言、讲英语和至少懂一点英语的10多亿人大多住在亚洲，他们正在借用这种语言并以当地独特风格将其改造，使英语适合自己的文化、语言背景和需要。

广泛使用的语言不可避免地被距离、隔离和文化差异所分隔，分化为各种方言，然后发展为新的语言。拉丁语分化为法语、西班牙语、意大利语和其他罗曼语，许多国家阿拉伯语口语的变体事实上已经成为不同的语言。英语同样经历了这种区域分化，被其广泛使用者社会的各种需求和投入所塑造，越走越远，最终衍生的语言无法相互理解。尽管标准英语可能是有些人出生国的一种或唯一的官方语言，但是世界上声称精通英语或把英语作为国语的千百万人并不能相互交流。例如，即便是印度、马来亚、尼日利亚或菲律宾的英语教员，也不能用他们想象中的共同语言交流——而且发现伦敦土话绝对是迥然相异的英语。

英语口语的分化是语言生活中的事实，而这种分化的产物——语言学家称之为"世界英语"——不顾各国政府经常采取的消除方言、鼓励坚持国际标准的意图。新加坡英语（Singlish）和菲律宾英语（Taglish，英语和菲律宾优势语言塔加洛语的混合）就是世界英语不断扩大的常见例子。但同样显著的区域变体也出现在印度、马来西亚、尼日利亚、加勒比海和其他地区。有一位语言学家提出，在"内圈"国家，即以英语为第一语言和母语的国家——如加拿大、澳大利亚和美国——之外，存在着一个以英语作为第二语言的"外圈"（孟加拉国、加纳、印度、肯尼亚、巴基斯坦、赞比亚和其他许多国家），那里具有区域特色的世界英语发展最为明显。甚至外面还有一个"扩大圈"，像中国、埃及、韩国、尼泊尔和沙特阿拉伯，在这些国家中英语是一门外语，尚未形成有共同用法特色的地方变体。

虽然现代世界不同地区英语之间不断有电子与文字的互动，使得这种共同语言仍能得到普遍理解，但是，尽管英语在脱离与第一语言使用者接触的地区进行教学和使用，但这似乎也不容易改变英语变体之间不能相互理解的情况。一位法国官员悲叹欧盟内法语地位的下降："我们唯一的复仇方式是英语因这些外国人把它讲得如此糟糕而被消灭。"

为行政部门和教育的国语。其他语言克里奥尔化的例子是南非荷兰语（Afrikaans）（南非共和国使用的17世纪荷兰语混杂语）、海地克里奥尔语（海地的语言，起源于奴隶贸易时期使用的混杂语化法语）和集市马来语（混杂语化马来语，其中一种变体是印度尼西亚正式国语）。

混合语（lingua franca）是一种新创建的语言，习惯上用于母语不能互通的人们之间的交往。对他们来说，这是除了母语以外还要学习的第二语言。混合语（字面上的意思是"法兰克语"）因天主教在宗教战争中采用法语作为共同语言而得名。后来拉丁语成为地中海地区的混合语，最后被欧洲各国语言所取代。7世纪以后随着穆斯林的占领，阿拉伯语成为这种国际宗教的统一语言。中国普通话和印度的印地语在语言多样化的国家传统中起着混合语的作用。非洲语言巨大的复杂性使得那里区域性的混合语成为必须和不可避免的存在——例如东非的斯瓦希里语和西非部分地区的豪萨语（Hausa）。

语言与文化

语言具体表达一个民族的文化情结，反映了环境和技术两方面。阿拉伯语中有80个关于骆驼的词语，因为骆驼是该地区文化中赖以解决食物、运输和劳动力问题的动物。日语中描述各种水稻的词汇有20多个。俄语中有关冰雪的术语特别丰富，表现出作为其语言"摇篮"的主要气候状况。亚马孙河1.5万条支流和次级支流，迫使巴西人的葡萄牙语中关于"河流"的词远不止一个。如paraná，指流出后重新流回同一河流的河川；igarapé，指流到干涸为止的支流；还有furo，是连接两条河流的水道。

大多数——也许是所有——文化中男性和女性对语言的使用都显示出微妙的或明显的差别。这些差别大多与词汇有关，对个别文化而言还与语法形式有关。例如，加勒比海地区的加勒比人、非洲祖鲁人和其他地方的人，男人所用的有些词汇，由于习惯上或宗教上的原因，不许女性使用；而女性使用的一些词汇和短语男人也绝不使用，"否则他们就会成为笑柄"，一位被调查的人这样说。从英语和许多其他与英语无关的语言中得到的资料表明，男人与女人说话存在一定的规律性：女性说话的方式通常比同一阶层男人"更好"或"更正确"。某种文化中男女社会角色差异越大、越固定，所观察到的性别之间语言差异也越大、越严格。

共同语言促进民族团结。共同语言增进地区感，如果全国通用一种语言，则会培养民族主义。因此，语言常具有政治意义，当人们感到外来的控制时，语言就成为反抗的核心。尽管几乎所有威尔士人都说英语，但是很多人还要保留威尔士语，因为他们认为威尔士语是他们文化的重要方面。他们认为，如果忘记了语言，他们的整个文化也会受到威胁。法裔加拿大人获得政府对他们语言的承认，并将法语确定为魁北克省的官方语言；加拿大本身是一个正式的双语国。印度有18种宪法语言和1652种其他语言，人们因反对强制推行印地语作为单一官方国语而出现严重骚乱。

双语主义和多语主义使国家语言结构复杂化。如果有大部分人口说不止一种语言，这些地区就被认为是双语地区。有些国家——例如比利时和瑞士——就有不止一种官方语言。其他许多国家——如美国，虽然也说几种语言，但只有一种语言被默认或得到政府认可（见"英语是美国的官方语言吗？"专栏）。讲其中某种语言的人可能集中在有限的地区（例如加拿大说法语的人多数住在魁北克省），但也有相当均匀地散布于全国的情况。在一些国家中，授课、商业交易和政府事务所用的根本不是本国语言。在语言复杂的撒哈拉以南地区，几乎所有国家都选择一种欧洲语言——通常是其前殖民统治者的语言——作为官方语言（图7.23）。

地名——地方的名称——是关于土地的语言，记录过去和现在的文化，其命名作为过去和现在存在的长久提示。因此，**地名学**（toponymy）就是对地方名称的研究，是历史文化地理学的展示工具，因为命名者从场景中消失很久之后，地名依旧是文化景观的一部分。

例如，在英格兰，以chester（彻斯特）结尾的地名（如Winchester[温彻斯特]和Manchester[曼彻斯特]）来自拉丁语的castra，意思是营地。盎格鲁-撒克逊人常用来表示部族和家庭定居地的后缀是ing（人或家庭）和ham（小村庄，或者可能是草地），如Birmingham（伯明翰）和Gillingham（吉灵厄

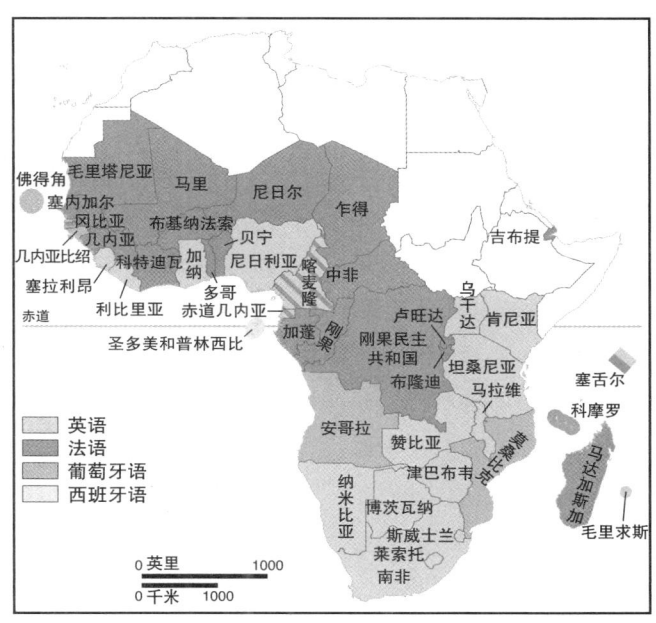

图 7.23 通过官方语言形成非洲中的"欧洲"。非洲撒哈拉以南地区语言的复杂性和现存政治单位的殖民历史,造成各国均指定一种欧洲语言作为单一的或共同的"官方"语言。

姆)。挪威和丹麦殖民者提供了以 thwaite(草地)结尾的地名,还有一些表示诸如 fell(荒丘)和 beck(小溪)等景观特色的地名。阿拉伯人从阿拉伯半岛出发,经北非进入伊比利亚半岛,在地名上留下了他们的印记,标志着他们的征服和控制。开罗(Cairo)为"胜利"之意,苏丹(Sudan)是"黑色的土地",撒哈拉(Sahara)是"荒地"或"荒野"。在西班牙语中,蹩脚的阿拉伯语 wadi,即"河道",见于 Guadalajara(瓜达拉哈拉)和 Guadalquivir(瓜达尔基维尔河)等地名中。

在新大陆,不是一个而是多个民族把名称冠予一些景观和殖民地特征。他们在冠名的时候,或想起了他们的家乡和故国,或表示对他们的君主和英雄的敬意,或从对方借用但读音有误,或采纳和篡改美洲印第安人的名称,或追随时尚,或记起了圣经。用新英格兰、新法兰西、新荷兰,表示对故乡的敬意;殖民者出于对故乡的回忆,带来了源自英格兰、瑞士和法国的波士顿、新伯尔尼和新罗谢尔这样的地名。对君主的纪念,表现在用弗吉尼亚对伊丽莎白女皇(Virgin Queen Elizabeth)、用卡罗来纳对某位英国国王、用佐治亚对另一位国王和用路易斯安那对法国国王的纪念。华盛顿特区,密西西比州和密歇根州的杰克逊,得克萨斯州的奥斯丁和伊利诺伊州的林肯等地名都是为纪念英雄和领袖。

荷兰人给予纽约的一些地名往往被英语歪曲。Breukelyn,Vlissingen 和 Haarlem 变成了 Brooklyn(布鲁克林),Flushing(法拉盛)和 Harlem(哈勒姆)。法语名称也遭到类似的扭曲或转化,而西班牙语名称则被采纳、改变或后来写成双语的结合体,如 Hermosa Beach(赫莫萨比奇)。美国印第安部落名称——Yenrish,Maha,Kansa——被修改,首先被法国人、后来被英国人改成 Erie(伊利),Omaha(奥马哈)和 Kansas(堪萨斯)。美国独立战争后赶时髦的古典复兴留给我们 Troy(特洛伊)、Athens(雅典)、Rome(罗马)、Sparta(斯巴达)等古城

英语是美国的官方语言吗?

近年来马萨诸塞州洛厄尔市公立学校开设的课程用西班牙语、高棉语、老挝语、葡萄牙语和越南语讲授,学校给学生家长提供的信息也被翻译为5种语言。多语种的纽约市播放西班牙语、汉语、海地克里奥尔语、俄语、韩语、越南语、法语、希腊语、阿拉伯语和孟加拉语与英语的双语电视节目。美国大多数州的人都有可能不必懂英语而获得同样有效的中学文凭,因为可以用法语和西班牙语进行考试。至少有39个州可以用外语考取驾照:加利福尼亚州提供30种语言,纽约州23种,密歇根州20种——包括阿拉伯语和芬兰语。按照1965年联邦《投票权法案》(Voting Rights Act)的要求,在30个州内的大约300个选区提供多语选票。

这些做法和政府认可的语言多样性的无数其他证据,可能使认为英语是美国官方语言的许多美国人感到意外。英语不是美国的官方语言,宪法并没有规定一种官方语言,联邦法律也没有指定哪一种语言为官方语言。美国是由文化和语言极其多样的移民建立起来的,但是他们都有进入主流美国生活的热忱。据报道,21世纪初美国有18%的居民在家里使用的不是英语。加利福尼亚州公立学校中,1/3的学生在家里不讲英语。在华盛顿特区的学校里,学生们共讲127种语言和方言,其他大城市学校系统里也同样存在语言的多样性。

始自20世纪60年代,作为民权运动一个分支的全国性双语教学受到最高法院威廉·O.道格拉斯(William O. Douglas)法官提出的观点的鼓励,美国教育部根据1974年《双语教育法案》(Bilingual Education Act)的规定将双语教学作为地方学校董事会的义务而大力推行。双语教学的目的是向少数民族学童用他们的语言讲述课程内容,引导他们学习英语,希望他们在2—3年内能熟练使用英语。

对双语教学结果的失望导致1998年加利福尼亚州取得反双语教育的立法提案权——提出废止双语教学计划的第227号提案。其他地方也追随加利福尼亚州这个"榜样",拒绝双语教学——例如2000年在亚利桑那州和2003年在马萨诸塞州。

政府鼓励的多语种教育、双语选票和种族分离主义等问题的反对者主张,共同语是美国和所有国家统一的黏合剂。他们担心要是没有这种黏合剂,"美国化"和文化互渗过程——外来移民接受当地社会的价值观、态度、行为和民族语言的过程——就会遭到损坏。人们深信,少数民族新移民尽早浸淫并迅速掌握英语是他们获得必需的就业、接受高等教育和完全融入当地经济和社会生活唯一可靠的途径,公共教育、选举和州与地方政府机构中"只用英语"的支持者从20世纪80年代末到2002年在27个州成功通过了"官方英语法"(Official English laws)和宪法修正案。

尽管修正案获得选民中绝大多数人的支持,但是在任何场合下对修正案的反抗——对其政治和文化含义——仍然是强烈而持久的。有些民族团体——尤其是受影响最大的西班牙裔语言群体——强烈主张他们在各方面都是令人侧目的英美中心种族主义、种族歧视和压制现象的证人。有些教育家言之凿凿地主张,一切证据都已表明,虽然移民儿童最终也获得了英语能力,但是如果最初用他们自己的语言教他们,对他们自信心和对课程内容掌握的损害要小一些。和少数民族劳工与顾客联系密切的商人和政治领导人——他们本身常常也是少数民族团体成员或拥有大量少数民族选民——反对"种族歧视性"的语言限制。

历史学家注意到这些主张过去都曾试验过,但并不成功。20世纪初,中欧和欧洲东南部移民的流入使国会规定英语口语成为归化的必要条件，第一次世界大战期间和战后，反德情绪使有些州禁止使用德语。1923年最高法院取消了这些法律，裁定"宪法的保护遍及所有人，对讲其他语言的人和生而讲英语的人一视同仁"。遵照宪法，近来有些地方语修正案也被州法院宣布为无效。1998年亚利桑那州最高法院裁定"只说英语法"（English-only law）违背宪法，指出该项法律"漠视了第一修正案规定的权利"。

为了还击那些司法限制与把美国变成一个多语言、多文化国家的可能（其中英语为主，也许西班牙语等语言具有同样的地位和认可）"美国英语"（U.S. English）——一个献身于信仰"英语是而且必须永远是美国人民唯一官方语言"的组织——积极支持前参议员早川（S. I. Hayakawa）1981年在国会提出（随后几年又和他人多次提交）的宪法第一修正案。所提出的修正案只把英语确定为国家的官方语言，但是人民并没有必须学习英语的义务，而且不侵害使用其他语言的人的权利。无论想指定一种美国官方语言的这些最新尝试最终是否成功，这些努力毕竟都代表了影响美国社会所有部门的引起争议的论题。

思考题

1. 你认为多语言和种族隔离制度是对美国文化统一的威胁吗？是否只有把英语看作必要的一体化力量才能避免这种威胁？你是否认为把英语规定为官方语言会分裂美国公民，并伤害其宽容与多样的传统？
2. 你是否认为如果减少移民儿童的双语课程并更彻底地专注于英语会使他们更快地掌握英语？或者你是否认为，如能增强对课程内容的理解和文化自尊心，即使放慢对英语的掌握也是值得的？
3. 你是否认为使英语成为官方语言的法律激起了对移民的偏见，或者认为这是为新来者提供了一种融入国家政治与文化主流的共同标准？

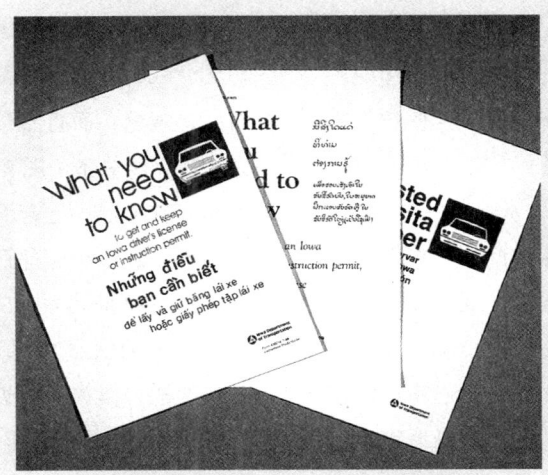

© Bob Coyle and courtesy of Iowa Department of Transportation

名称，后来将它们推广到全国。Bethlehem（伯利恒）、Ephrata（埃夫拉塔）、Nazareth（拿撒勒）和Salem（塞勒姆）则来自圣经。

当然，欧洲殖民者及其后代也把地方名称给予当地人业已恰当命名的自然景观。这些名词有时会被采用，但常常经过缩短、改变——无可避免地——被读错发音。美国当地印第安人的广阔地区叫作"Mesconsing"意即"长河"，刘易斯和克拉克把它记录为"Quisconsing"，后来其被进一步曲解为"Wisconsin"（威斯康星）。Milwaukee（密尔沃基）、Winnipeg（温尼伯）、Potomac（波托马克）、Niagara（尼亚加拉）、Adirondack（阿迪朗达克）、Chesapeake（切撒皮克）、Shenandoah（谢南多厄）和Yukon（育空），美国50个州中28个州的名称，还有北美洲现存的几千处大大小小的地点和有地理特色的地方名称，都起源于土著美洲人的语言。

7.7 宗　教

语言是民族文化情结中一种强大的联结纽带，以及受到强烈保护的一个独特社会群体的个性和历史的象征，长远流传的地名只是其重要性的一种衡量方法。但是语言在这方面的作用并不是独一无二的。在某些方面，作为文化的聚焦点，语言不如宗教。16世纪法国天主教以宗教的名义屠杀法国胡格诺派教徒(新教徒)。英国国教建立后全国追捕英国罗马天主教徒。1947年英国人离开印度次大陆后，穆斯林和印度教之间的仇恨迫使次大陆分裂。近年来我们又见证了持续不断的宗教冲突，例如北爱尔兰天主教徒和新教基督徒之间，黎巴嫩、伊朗和伊拉克的穆斯林各教派之间，巴勒斯坦地区的穆斯林和犹太教徒之间，巴尔干半岛、菲律宾和黎巴嫩的基督教徒和穆斯林之间，以及斯里兰卡的佛教徒和印度教徒之间。

然而，宗教不同于语言，后者是一切民族的特质，而宗教在各文化中所起的作用差别很大——在有些社会中起主导作用，而在有些社会中则无关宏旨甚至遭到抵制。所有社会都有将其成员团结在一起而有别于其他社会和文化族群的价值体系——共同信仰、认识、期望和控制等。这样一种与正式或非正式的对神圣的崇拜和信仰联系起来的价值体系就是宗教。在更宽泛的意义上，宗教可视为一种统一的信仰与实践体系，把所有追随者都联合到一个专一的精神团体中。

宗教可能深刻地影响文化的方方面面。根据宗教信仰的定义，它是意识形态子系统的一个要素；有组织的正式宗教是社会学子系统在制度上的一种表现形式。宗教信仰强烈地影响对技术子系统所用工具和回报的态度。

非宗教的价值体系——例如人道主义——可能正像更传统的宗教信仰那样成为社会上其拥护者的黏合剂。不过，即使是强烈抵制宗教的一些社会，也受到其前辈所信奉宗教的传统价值观和习惯的强烈影响——例如在工作、休息的天数和法律原则等方面。

因为宗教是个人对现世和来生关系的正式看法，因此每种宗教都包含对今生意义和价值的独特观念，而且多数还包括为了得到拯救而必须遵守的戒条（图7.24）。这些信仰和文化传统相互交织。不了解印度教就无法了解印度，不了解犹太教也不能了解以色列。

经济格局可能和古今宗教信仰缠结在一起。传统的饮食禁忌可能影响饲养或禁养家畜和种植农作物的种类，以及这些食物在日常饮食中的重要性。印度教的**种姓**（caste）制度对职业的分配在一定程度上得到了宗教的支

图7.24 麦加朝圣时聚集的礼拜者。(© *Topham* / The Observer / *Image Works*)

持。许多国家都有一种国教，就是说，宗教和政治结构是交织在一起的。例如，佛教是缅甸、老挝和泰国的国教。巴基斯坦伊斯兰共和国和伊朗伊斯兰共和国的正式名称本身就宣告了其政教合一的体制。尽管印度尼西亚的穆斯林占压倒性的多数，但是它通过承认五种正式批准的宗教和一种国家意识形态潘查希拉（pancasila）[①]——其第一信条是只信仰一神——寻求并达到了国内的和睦。

宗教分类与分布

宗教是文化上的创新。宗教对一个文化族群来说可能是唯一的，也可能与附近地区宣称的教义密切相关，或者是从遥远地区的信仰系统衍生出来，或与该系统完全一致。尽管各种宗教之间的相互联系和衍生关系常能清晰辨别——例如基督教和伊斯兰教能从犹太教追溯其渊源，但是进行宗教分类时，其世系分组却不像语言研究时那样有用。信仰单一神祇的**一神教**（monotheism）和信仰多神的**多神教**（polytheism）之间的差别是存在的，但并非专门与地域有关。对那些对地域感兴趣的地理学家而言，更有用的是把宗教归类为普世宗教、民族宗教或部落宗教（传统宗教）。

基督教、伊斯兰教和佛教是全球性**普世宗教**（universalizing religion），宣称适用于全人类并寻求通过传教士的工作和改宗，向各国人民传播他们的信仰。决定做出一种象征性承诺的

[①] 印度尼西亚1945年宪法序言中规定建国五项原则（即潘查希拉）是：信仰神道、信仰正义和文明的人道主义、印度尼西亚团结、信仰在代议制和协商的明智思想主导下的民主、为全体印度尼西亚人民实现社会正义。——译注

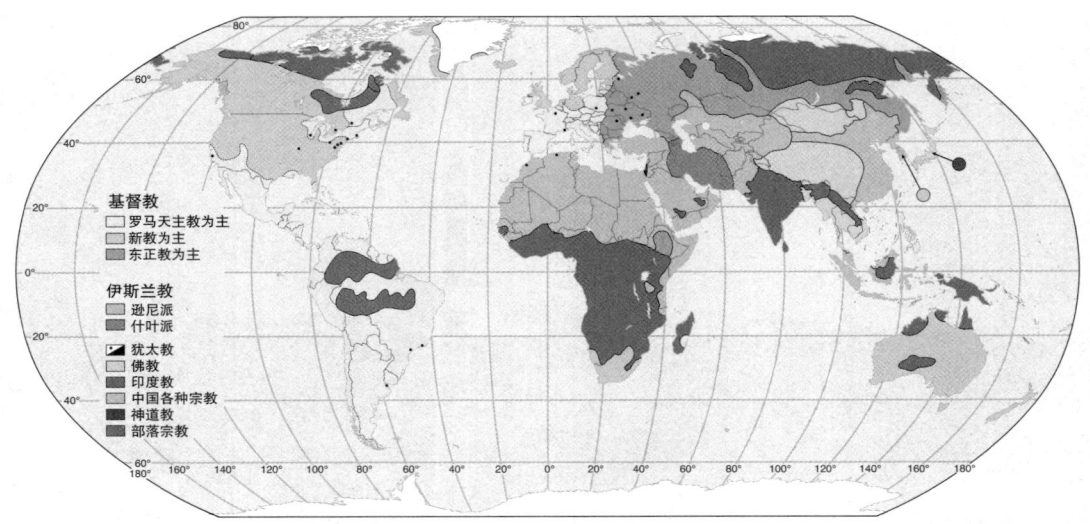

图 7.25 世界主要宗教。对一个国家指定一种宗教掩盖了这样的事实，即当代经历了大量移民潮的欧洲和其他西方国家宗教信仰混杂的状况日益复杂化。有些情况下，移民潮即使不是在数量上也是在实质上改变着宗教的平衡。例如，在名义上信奉基督教和天主教的法国，去教堂的低比率表明现在住在那里的穆斯林比虔诚的天主教徒还多，如果考虑到出生率的差异，以实际信徒的数量来衡量，有朝一日伊斯兰教可能成为法国的主要宗教。许多国家流行世俗主义——拒绝宗教信仰——但图中未显示其位置。

任何人——比如实行基督教的洗礼——都可以成为普世宗教的成员。任何人都不会因国籍、种族和原来的宗教信仰而被拒之门外。

民族宗教（ethnic religion）具有强烈的地域性和文化族群身份。一个人往往生来就成为某民族宗教的成员，或者因为接受了一种复杂的生活方式和文化身份（而不是通过简单宣布对宗教的信仰）成为民族宗教的成员。这些宗教通常不改宗（变为非信徒），其信徒形成一个靠特定民族群体、地域或政治单位融为一体的独特的封闭社会。一种民族宗教——例如犹太教、印度的印度教或日本的神道教——是一种特定文化的综合性要素。成为这种宗教的成员就是融入这种文化的全部。

部落（或传统）**宗教**（tribal [traditional] religion）是民族宗教的特殊形式，其特点是人数较少、其地方性文化族群尚未完全被现代社会同化、和大自然联系密切。**泛灵论**（animism）是人们赋予它的名称，这种信仰认为生命存在于一切物体之中，从岩石和树木到湖泊和山丘都有生命，或者认为这些物体是死者、灵魂和神的寓所。**萨满教**（shamanism）是部落宗教的一种，该部族的公众信任一位萨满，其能够通过特殊力量通灵并向人解释灵界。

各类宗教的性质反映在这些宗教在全世界的分布上（图 7.25），也反映在其信徒的人数上。普世宗教有扩张性倾向，将其教义传播到新的民族和新的地区。民族宗教则除非其信徒散布四方，否则一般局限于某些区域或者经过长时期才缓慢扩散。部落宗教在地域上有缩小的趋势，因为其信徒日益融入现代社会而改变宗教信仰。

如同我们对文化地理学的期望一样，这张地图也只记录了不断变化的现实的最近状态。虽然已建立的宗教组织一般都比较保守、反对变革，但是作为一种文化特质的宗教还是不断变化的。个人和集体的信仰可能因不断发展的个人需求、社会需求和挑战而改变。宗教可能通过征服而强加于人，也可能因改宗而皈依，或者面对周围的敌意或冷淡而予以捍卫和保护。

图7.25也没有全面反映当前宗教区域化或从属关系的情况。几乎没有哪个社会是均一的，多数现代社会都有多种信仰，或者至少会有占优势的公开承认的宗教变体。许多宗教中有些变体不能容忍或反对其他信仰，或者不能容忍或反对信仰本宗教的各教派和信徒——认为他们效忠不足或不够正统（见"好战的原教旨主义"专栏）。

某种宗教的成员经常集中在一国的某区域内。例如，在北爱尔兰城市地区，新教徒和天主教徒分别居住在不同地区，界限分明而且彼此尊重。黎巴嫩贝鲁特的"绿线"是城市东面基督徒和西面穆斯林之间的警戒线，同时在全国范围内不同信仰和教派信徒聚集的地区也楚汉分明（图7.26）。国家内部宗教的多样性可能反映主流文化对少数民族宗教容忍的程度。在穆斯林占支配地位（90%）的印度尼西亚，巴塔克族基督徒、巴厘岛印度教徒和爪哇岛的穆斯林长期和平共处。相反，伊朗的宗教激进主义伊斯兰政权则迫害和处死那些信奉巴哈伊教（Bahá'í）的人。

不能认为图上一个宗教区内所有人都是这种宗教的信徒，也不能认为一个宗教社会的成员身份意味着该成员积极参与该信仰系统的活动。**世俗主义**（secularism）——对宗教和宗教信仰漠不关心或持拒绝态度——在许多现代社会里日益增长，特别是在工业化国家。例如英国国教声称有20%的英国人领圣餐，但人口中只有2%参加星期天的宗教仪式。即使在笃信罗马天主教的南美各国，礼拜出席率之低至少证明了非正式的世俗主义的兴起，哥伦比亚只有18%的人出席星期天的宗教仪式；智利的数字为12%；墨西哥11%；玻利维亚5%。

世界主要宗教

每一种主要宗教都是各自独特的文化价值观与表述方式的融合，都有各自的创新与空间扩散模式（图7.27），以及各自对文化景观的影响。将所有这些综合起来可知，各种宗教对全世界人类多样性格局都有重大贡献。

犹太教

我们可以从犹太教开始进行世界信仰的评述，它信仰单一的神，这也为基督教和伊斯兰教打下了基础。犹太教有别于其普世化的衍生产物，它和一个族群、一套复杂并有限制性的信仰及法律密切相关。大约3000—3500年前犹太教出现在近东，那是古代文化源地之一（图7.13）。

犹太教是一种特殊的民族宗教，其决定性因素沿袭以色列（族长雅各）、《律法书》（法律和圣经）和文化与信仰的传统。早年军事上的成功给予犹太人一种领土和政治上的认同感，来补充他们对宗教的自我意识。后来到了公元500年前后因被不信教者所征服，犹太人流散（diaspora）到地中海大部分地区，并进一步向东到达亚洲（图7.28）。

从13世纪到14世纪，在西欧和中欧受到迫害的许多犹太人到波兰和俄国寻求庇护；19世纪晚期到20世纪初期，犹太人是从欧洲到西半球移民潮的重要组成部分。1948年以色列建国实现了犹太复国主义（Zionism）的目标，即实现了必须在巴勒斯坦地区创建一个犹太人自治国家的信念。它显示了犹太人不因吸收外国文化与纳入外国社会而丧失其身份的决心。它还在空间上把两个分开的犹太社会联合

好战的原教旨主义

用以描绘宗教正统的原教旨主义（fundamentalism）一词是20世纪晚期进入社会科学词汇的，所谓"正统"就是倡导宗教复兴运动和极端保守主义。这个词汇最初用以指一场美国基督教运动，后因沿用1910—1915年出版的一套丛书——《基本原则：真理宣言》(*The Fundamentals: A Testimony to the Truth*)——的名称而得名，这套丛书包含了绝对宗教正统和将其信仰注入政治与社会舞台的使命这两方面的内容。近年来，原教旨主义已经成为对一切此类宗教运动的一般描述，此类宗教运动寻求恢复公众中通常来源于经书或文字教义传授的传统社会与文化价值观，并使其制度化。

每一种占统治地位的宗教，包括伊斯兰教、基督教、印度教、犹太教、锡克教、佛教、儒教和拜火教，一旦发展并进入西方式的社会，就会从拒绝现代世俗主义的倾向中涌现出原教旨主义。因此，原教旨主义是对现代世界的一种反作用，它代表想利用"黄金岁月"的宗教传统来应付和对抗因试图消除真正的宗教信仰和传统的宗教价值而遭到谴责的已经在变化的社会。某些人把近乎席卷一切的原教旨主义运动看作广泛对抗被非宗教全球化培育起来的"邪恶"的另一种表现。

原教旨主义者总是把符合教义和必须得到救赎置于很高的优先地位。此外，他们确信其信仰无可争辩的正确性和全社会毫无疑问地接受那些信仰的必要性。由于真理是可知的和无可争辩的，因此原教旨主义者强调没有必要在公开论坛上进行讨论或辩论。因此，在某些观察家看来，原教旨主义就其本质而言，是不民主的，被原教旨主义者控制政权的政教合一的国家必然扼杀辩论、惩罚异己。

然而，在大多数现代国家里这样的承诺既不是公开的也不是法定的，而原教旨主义者常常认为他们和他们的宗教信念受到致命威胁。他们认为当代世俗社会——及其对不同声音与价值观平等的设想——正在试图根除真正的信仰和宗教真理。因此，每次原教旨主义运动最初都是因为感到受到他们所在的自由主义或世俗社会的攻击，而对本教派信徒和国人进行的宗教内部斗争。开始的时候，这些人可能责备自己对他们所感到的压迫和全社会的腐败的软弱无力和优柔寡断。这些觉醒的人群想重建社会秩序以达到其理想化标准，他们可能劝其追随者要热情祈祷、苦行修炼和进行体育锻炼或军事训练。

如果不能将其信仰和平地灌输给他人，原教旨主义团体——自视为社会救星——就可能认为有充分理由采取更极端的行动对付他们认为的压迫者。最初的抗议和非暴力行动可能逐步升级为对不同意其远见的腐败公众人物的攻击，并升级为国内游击战。目前在许多社会里，尤其是在中东，当强硬的宗教激进主义和人们感受到的社会无休止的贫困和政治上的软弱相结合时，就会进一步升级并得到自愿的支持者。当一种外来文化或力量——一般是被妖魔化的美国——毋庸置疑地被视为挫败其社会美好前景的污染和剥削根源时，有些原教旨主义者就认为，为了追求他们的目标而采取任何极端行动和个人牺牲都是正当的。在他们的斗争中，似乎很容易就从国内争论和破坏升级为国际恐怖主义。

了起来：15世纪后期从伊比利亚半岛被驱赶出去，最初逃到北非和近东的西班牙或葡萄牙籍的犹太人后裔（Sephardim），和13世纪到16世纪在西欧和中欧遭迫害，迁往东欧寻求庇护，散布在德国、波兰和苏联境内的犹太人（Ashkenazim）。

犹太教对文化景观的影响是微妙而不显著的。犹太社区为公民的葬礼习俗保留了空间，古罗马时代广泛传播于地中海地区的香橼种植原因可追溯到犹太典礼的需要，葡萄酒的宗教用途确保了他们定居地区的葡萄种植。犹太教会堂作为礼拜之地一般不如基督教堂那样精美。举行宗教仪式最必要的是有一个至少有10个成年人的团体而不是一所专门的建筑。

基督教

基督教起源于耶稣的生活和教导，耶稣是公元1世纪的一位犹太传教士，其追随者相信他就是上帝暗示的弥赛亚。他布道的《新约》不是对传统犹太教的拒绝，而是对拯救全人类（而不是所选择的部分人）的承诺。

基督教的使命是使非教徒皈依，而传教士的工作对其传播至关重要。基督教作为一种意

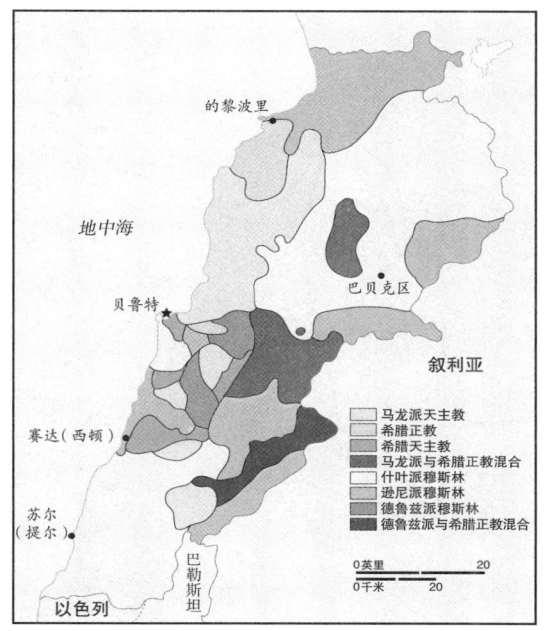

图7.26 黎巴嫩的教区。长期存在的宗教地盘之争导致了这个地中海东部国家的穆斯林和基督徒之间、各大宗教内部教派之间在20世纪60年代和20世纪70年代的公开冲突。

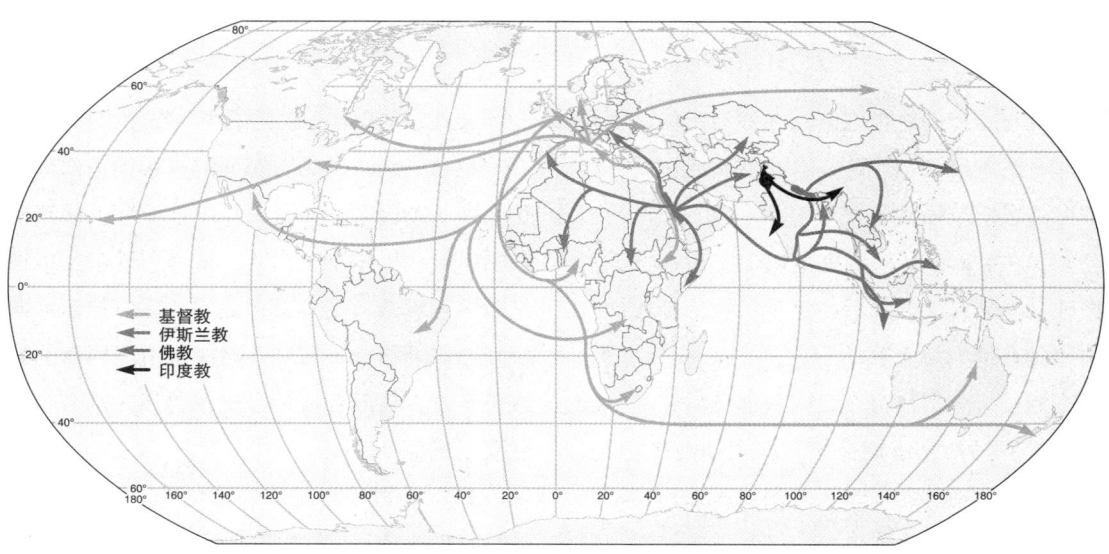

图7.27 世界主要宗教发源地和传播路线。犹太教、基督教和伊斯兰教的一神论（单一神）信仰兴起于亚洲西南部，前两者在地中海东部的巴勒斯坦地区，后者在红海附近的阿拉伯西部。印度教和佛教起源于印度次大陆北部狭小的地区。图中显示了这些宗教传播的速度、范围和方向，随后的几张地图中还有更详细的描述。

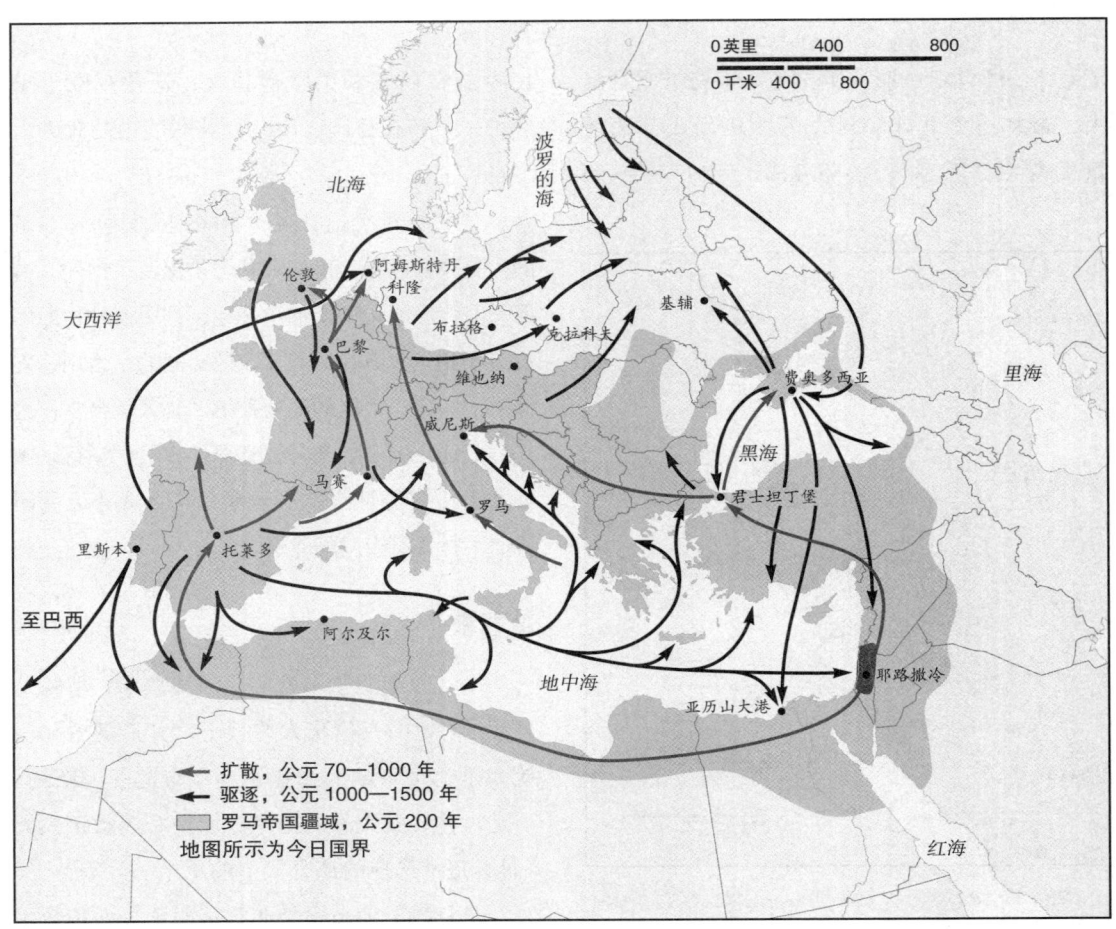

图7.28 公元70—1500年犹太教的传播。由于公元66年对罗马人统治的反抗，接着是4年后犹太教圣殿的破坏和皇帝使耶路撒冷城罗马化的决定，犹太教从其源地随着信徒外迁而散布到欧洲、非洲，最后到达西半球。虽然犹太人本身及其宗教已在新的土地上安居，但是他们并未丧失其文化身份，也没有停止吸引他人皈依他们信仰的追求。

为拯救与希望的普世宗教，在罗马帝国东部和西部下层阶级中迅速传播，经便利的罗马道路和海路系统传播到各大城市和港口（图7.29）。公元313年，罗马皇帝康斯坦丁宣布基督教为国教。当然，很久以后，这种宗教信仰才被欧洲殖民者带到新大陆（图7.27）。

罗马帝国解体为东、西两部分后，基督教也随着罗马的衰落而分裂。在黑暗的中世纪，以罗马为基地的西部教派是团结西欧的有限几个稳定与文明的力量之一。基督教主教成为缺乏有效政府管理的广阔地区中市民和教会的权威。教区的教堂是城乡生活的中心，大教堂作为社会秩序的象征，取代了罗马纪念碑和神庙。

以君士坦丁堡为首都的罗马帝国东部被世俗皇帝长期控制。在其保护下成长壮大的东部教派扩展到巴尔干、东欧、俄国和近东。15世纪帝国东部落入土耳其人之手，暂时把东欧向伊斯兰教开放，不过东正教（拜占庭国教的直接传承者）在其各民族分支中仍然是基督教的主要组成部分。

15世纪和16世纪的宗教改革分裂了西方的教派，把罗马天主教的最高机构留在欧洲南部，而在西欧和北欧建立了多种新教教派和国教。这种分裂也反映在基督教后来在全世界的传播

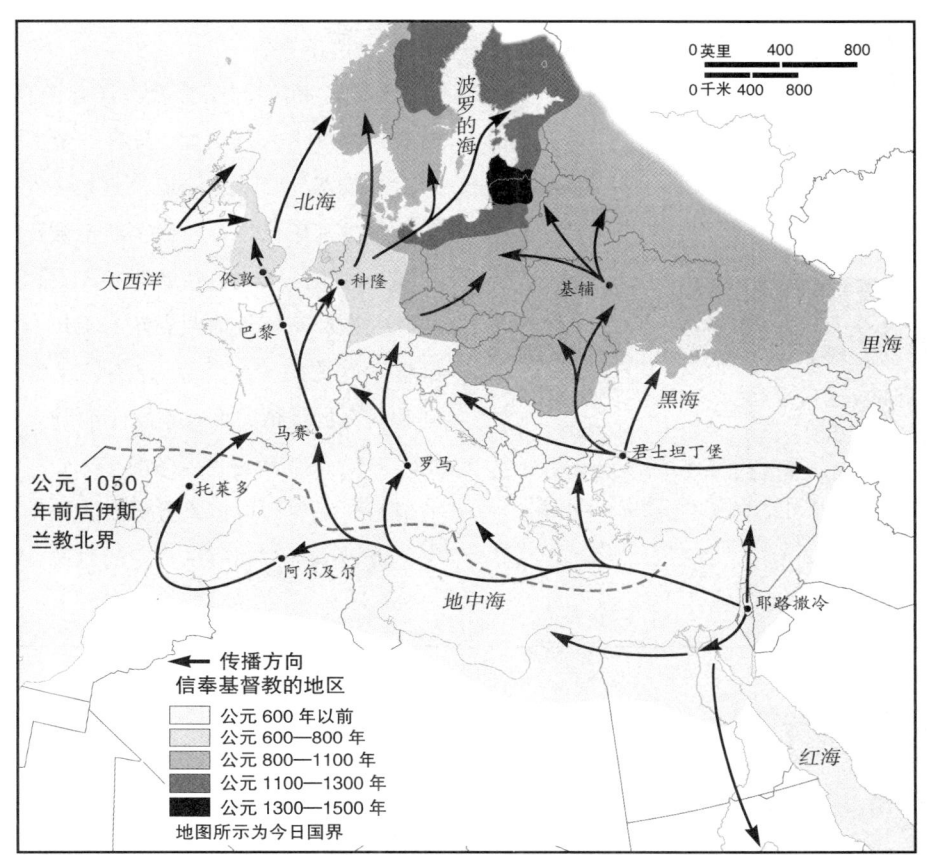

图7.29 公元100—1500年基督教的传播途径。图中显示作为一种综合信仰的基督教传播的途径和日期。但并未区分西部教派与东正教各种流派之间的差别。

过程中。信奉天主教的西班牙人和葡萄牙人殖民于拉丁美洲，把他们的语言和罗马教派带到该地区（图7.27），就如同他们在菲律宾、印度和非洲等殖民地的所作所为一样。信奉天主教的法国人殖民于北美洲的魁北克。许多从天主教国家或压迫新教的国家中出逃的新教徒是英语美洲、澳大利亚、新西兰、大洋洲其他地区与南非的早期移民。

虽然当前美国宗教的现状是区域内各种宗教互相掺杂，而不是在地域上严格划分界限（图7.30），但是不同移民族群的信仰与习俗和本国会众的改革，造成了美国"教区"格外多样的空间模式（图7.31）。

基督教形成的文化景观的标志明显而持久。宗教改革前的天主教欧洲，教区教堂是每个城镇小区生活的中心，乡村教堂是每个乡村聚落的中心，而大城市中的中心大教堂则同时作为对上帝赞颂、虔诚的象征和宗教与世俗生活的中心（图7.32[a]）。

新教教义上并不把作为纪念碑和象征的教堂置于最高地位，不过许多社区——例如在殖民地新英格兰——主要教派的教堂处在村庄的中心（图7.32[b]）。许多教堂和公墓相毗邻，因为基督教——与伊斯兰教和犹太教一样——把死者埋葬在为其保留的地方。尤其是在基督教国家中，公墓——无论是和教堂相连、分开或与某教派不相干——传统上都是城市地区内部一种重要的土地利用方式。

第7章 文化地理学 289

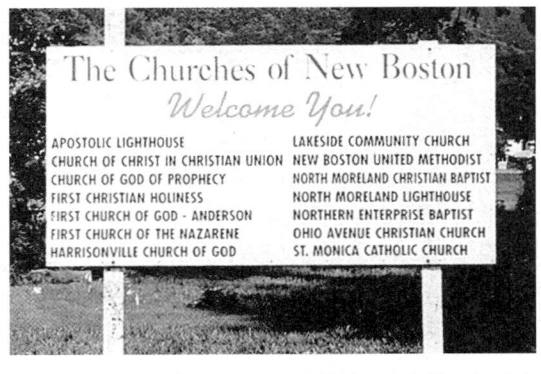

图7.30 从广告看美国宗教的多样性。广告牌上仅列出几种基督教圣会。事实上,美国已成为世界上宗教最多样化的国家,境内基本上囊括了世界上所有宗教信仰。其他较大城市的欢迎广告牌可能还包括伊斯兰教、印度教、佛教和许多其他宗教混合的圣会。(*Photo courtesy of Susan Reisenweaver*)

伊斯兰教

伊斯兰教如同基督教一样起源自犹太教,两者包含许多共同信仰:只有一个上帝,他能通过先知显示于世人;亚当是第一个人类;亚伯拉罕是其后代之一。穆罕默德被尊为真主的先知,传承并完成包括摩西、大卫和耶稣在内的犹太教和基督教前辈先知的工作。真主宣示给穆罕默德的《古兰经》,不仅包含着礼拜规则和教义的详情,而且包含了引导人类行为的指示。对宗教激进主义者而言,《古兰经》因此成为对宗教与世俗事务毋庸置疑的指南。遵守"五大信条"和遵从真主的意愿,把信徒团

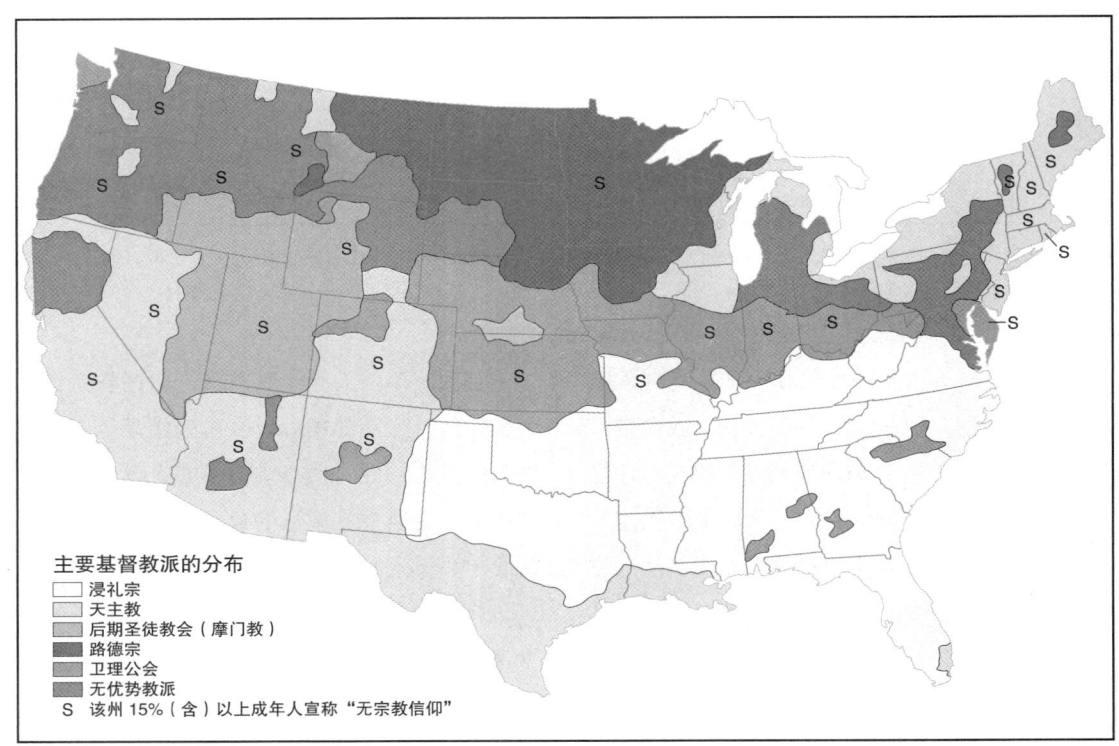

图7.31 美国相连各州的教派。图中所示经高度概括的居优势地位的教区,掩盖了美国各地教派具巨大多样性的现实。"主要"只不过是指所显示的教派比其他教派有更高的响应率,响应率通常不超过50%。相当大量的美国人声称自己"无宗教信仰"。西部各州、工业化的中西部和东北部的世俗主义(图中标志为S)明显占优势。

资料来源: Based on data or maps from: the 2001 "American Religious Identity Survey" by the Graduate School at City University of New York; religious denomination maps prepared by Ingolf Vogeler of the University of Wisconsin, Eau-Claire based on data compiled by the Roper Center for Public Research; and Churches and Church Membership in the United States (Atlanta, Georgia: Glenmary Research Center, 1992).

图7.32 基督教社会里教堂在文化景观中占据突出的中心地位。(a) 法国巴黎圣母院始建于1163年,历时100多年才建成。1170—1270年间仅在法国就建造了大约80座大教堂。所有欧洲天主教国家中,大教堂均位于大城市中心。教堂广场是集市、公众集会和宗教仪式的场所。(b) 遍布美国大小城镇的新教教堂,作为个体不如天主教地区的中央大教堂那样壮丽,但常常位于社区中心的这些教堂共同构成了一种重要土地利用形式。图中所示的是佛蒙特州韦兹菲尔德的教堂。([a] © David A. Burney; [b] © David Brownell)

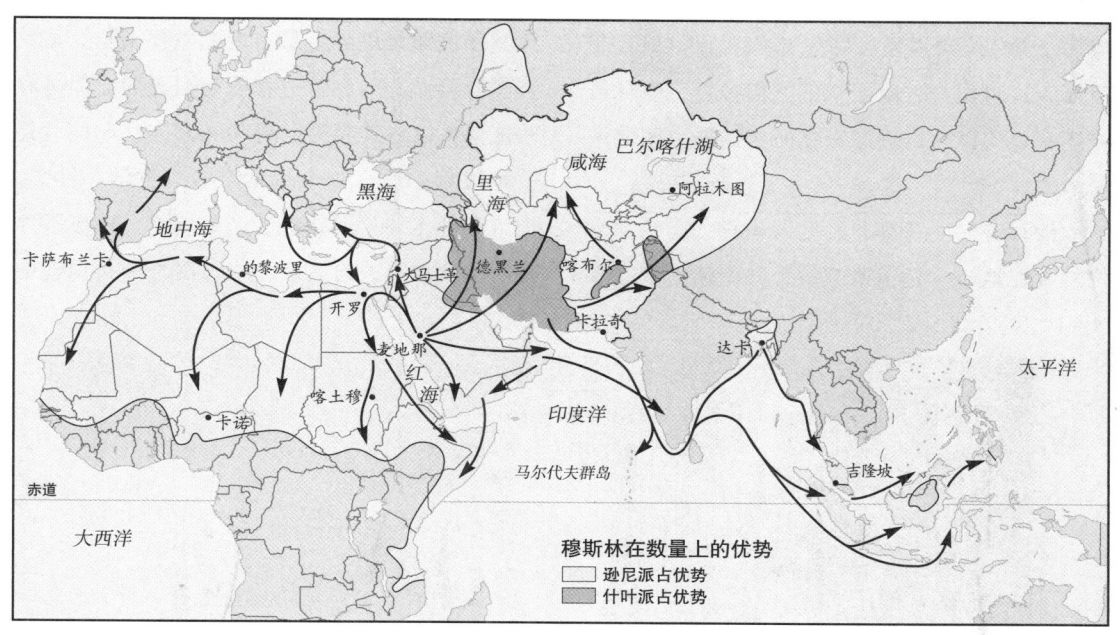

图7.33 伊斯兰教传播范围。伊斯兰教在超过35个国家中占优势,从北非到中亚直到印度次大陆北部。再往东,印度尼西亚是所有国家中穆斯林人口最多的国家。伊斯兰教最大的发展是在亚洲,仅次于印度教,有些观察家相信伊斯兰教可能成为非洲第一位的宗教信仰。目前伊斯兰教在南半球扩展速度最快。

结到一个共同体之中而无论其种族、肤色或社会等级。

正是共同体的法律,把因部落、社会等级和多个地方神而四分五裂的阿拉伯世界团结起来。穆罕默德原是麦加居民,但于公元622年到达麦地那,在那里先知宣布了一部宪章并通告了伊斯兰社会共同的使命。那次出走——穆罕默德从麦加"圣迁"(Hegira)——标志着伊斯兰(太阴)历法纪元的开始。到穆罕默德于伊斯兰教纪元11年(公元632年)去世的时候,整个阿拉伯都加入了伊斯兰教。新宗教迅速从源地向外席卷中亚大部分地区，并在战胜印度教的情况下进入印度北方（图7.33）。其西进北非尤其迅速而且所向披靡。后来，伊斯兰教传入印度尼西亚、南非和西半球。目前它依然是空间扩展最快的主要宗教。

先知去世后，继承领导权的争执导致伊斯兰教分裂为两大派，逊尼派（Sunnis）和什叶派（Shi'ites）。占多数（穆斯林的80%—85%）的逊尼派承认前4个哈里发（caliph，最初是"接班人"的意思，后来成为伊斯兰国家宗教和国民领袖的头衔）为穆罕默德的合法接班人。什叶派否认前3位的合法性，认为穆斯林领导权应属于第4位哈里发，即先知的女婿阿里及其后裔。21世纪初，除了伊朗、伊拉克、巴林或许还有也门以外，逊尼派在所有伊斯兰国家中居多数。

清真寺——礼拜、社区俱乐部、会堂和学校的所在地——是伊斯兰教公共生活的焦点和宗教对文化景观留下的首要印记。清真寺的主要作用是提供星期五举办社区宗教仪式的场所，所有男性穆斯林都必须参加。更重要的是举行圣会而不是寺院建筑物本身，小社区或穷社区的仪式在无装饰的粉白房子里举行，就像大城市的仪式在豪华的清真寺里举行一样。清真寺建筑有着完美的比例，常常有镀金的或铺瓦的穹顶、高耸入云的高塔或尖塔（从塔上召唤信徒做祷告）、精细锻造的栏杆和圆屋顶，这些被小心照管着的清真寺常常是城镇中最精美、最壮丽的建筑物（图7.34）。

印度教

印度教是世界上最古老的主要宗教。虽然它没有可考证的创建过程或始祖先知，但是有些证据可以将其起源上溯4000多年。印度教是一种民族宗教，这个包括宗教、哲学、社会、经济和艺术要素的错综复杂的网络，构成了独特的印度文明。据估计，印度教的10亿信徒中

图7.34 土耳其伊斯坦布尔的清真寺。清真寺共有的建筑特色使之成为任何地方文化中伊斯兰教存在的明显景观证据。
（© Getty Images Royalty Free）

主要是亚洲人，大部分在印度境内，并宣称印度人口的80%为印度教信徒。

印度教从其发源地印度河谷向东传播到恒河，向南通过次大陆和毗邻地区，经过融合、吸收，最终取代了当地原先的宗教和风俗习惯。印度教最终传遍东南亚，进入印度尼西亚、马来西亚、柬埔寨、泰国、老挝和越南，以及相邻的缅甸和斯里兰卡。最大的印度教神庙建筑群是在柬埔寨而不是在印度，而巴厘岛则是伊斯兰教占优势的印度尼西亚中一处印度教"飞地"。

印度教并无共同的信条、单一教义或中央教会组织。印度教徒就是出生于某个种姓的人，一个复杂社会与经济——还有宗教——社区的成员。印度教接受所有宗教信仰并与其结合，其信徒可能信奉一个或多个神祇或者不信神。社会的种姓（意为"出生"）结构是灵魂永恒轮回的表现。对印度教徒来说，今生的首要目标是遵从规定的社会义务与宗教义务，遵从本种姓的和职业的行为准则。那些必要条件构成了个人的律法（dharma）——法律和义务。传统上每种手艺或职业都是某个种姓的固有特性。

印度教习俗非常丰富，有着各种典礼和仪式、节日和庆典、上百万人参加的游行和宗教集会。习俗还包括严格遵守饮食与婚庆规则，以及履行种姓制度架构下的义务。信徒们必须在每个村庄都有的庙宇和神殿里做礼拜（图7.35），并留下祭品以确保得到神的褒奖。庙宇、神殿、每天的礼拜和宗教仪式、无数有专门着装或有特殊标记的神职人员和苦行僧，以及无处不在的神牛，这些就是印度教社会文化景观的标志，这种景观充满了宗教的象征和景象，是全部文化体验的一部分。

佛　教

几个世纪以来，印度教历经无数次的改革运动，其中有些改革一直持续至今。佛教成为地区性或世界性的主要宗教。例如，公元15世纪晚期，印度西北部旁遮普地区发展起来的锡克教，结合了印度教和伊斯兰教的元素，一般将其看作二者的融合（不同宗教信仰形式或惯例的结合），锡克教抛弃二者的形式主义并宣示一部旨在普遍宽恕的福音书。2000万锡克教徒大部分仍然住在印度——多数在旁遮普，其他定居在马来西亚、新加坡、东非、英国和北美。

"异见运动"[①]中规模最大、最具影响力的是佛教，公元前6世纪为乔达摩·悉达多（Siddhārtha Gautama）——即佛（"大彻大悟者"）在印度北方所创立的普世信仰。佛陀的教义更多的是对邪恶和人的受难提供解释的一种道德哲学体系，而不是一种正式的宗教。他把开悟和超度之道寓于对"四圣谛"的理解，四圣谛就是苦谛、集谛、道谛和灭谛，即活着总要受苦；苦难源于欲望；痛苦止于欲望的毁灭；欲望因悟到正确的思想行为而破灭。佛教导门徒把他的预言作为一种教义传达给各社会阶层，因为人生而平等。在他的预言中，人人都能追求终极的点化，这是一种超度的承诺，把大众眼中佛的地位从导师提升到点化者，而佛教教义也从哲学提升为一般化宗教教义。

这种宗教信仰传遍印度，并于公元前3世纪成为国教。传教士、僧侣和商人将其带到亚洲各地。在向海外传播的过程中，到了公元4世纪佛教在印度本土却开始缓慢地且无可逆转地衰落，被重新复活的印度教所兼并。到了8

[①] 原文是dissident movements，译者未能查明其具体情况。原文movements为复数，可能是指在佛教从印度教中分化出来的过程中，出现过多次不同意见的运动。——译注

图7.35 印度中部克久拉霍（Khajurāho）印度教庙宇群。3000多年来创建的庙宇及其供奉的塑像一直都是印度艺术的主要源泉。村庄的庙宇结构可能比较简单，只有一间无窗户的内室用以供奉神像，上部为尖顶，前面有门廊或露台拱卫着内室门口。体量巨大的庙宇只不过是同一基本格局的华丽扩大版。（© Fred Bruemmer / Valan Photos）

世纪，它在印度北方的优势也被伊斯兰教打破，到15世纪，佛教基本上从次大陆消失。

现今佛教徒分布的空间格局反映了基本信仰体系在不同传播时期占优势的思想流派或传播媒介（图7.36）。在众多变体中，佛教的存在给文化景观留下了生动的烙印。从公元1世纪开始，佛的形象以程式化的人类外形出现，在佛教世界中常见于绘画和雕塑中。同样广为传播的是三种主要建筑物：佛塔，即纪念性的圣地；供奉佛像或佛的遗物的寺庙或宝塔（图7.37）；以及寺院，有些寺院的大小有如小城镇。

东亚民族宗教

大约在1500—2000年前佛教从南方传入中国，6世纪又经朝鲜传入日本，与早已确立的民族宗教信仰体系相对抗，后来又与其相互融合。远东各民族宗教是宗教的融合，是各种不同形式的宗教信仰与习惯的结合：在中国，是和儒教与道教的联合，它们本身又在佛教传入前相互混合；而在日本，佛教与信奉多神的泛灵论和萨满教的神道相结合。

中国人的信仰体系与其说是看重来生，不如说是更看重现世最佳生活方式的实现。这种信仰在更大程度上是伦理或哲学上的而不是纯粹意义的宗教上的。大体和释迦牟尼生活在同一时代的孔子集传统智慧之大成，强调统治者和臣民之间、家庭成员之间举止得当的重要性。把家庭誉为国家的核心，颂扬百善孝为先。儒教没有教堂或神职人员，不过其创始人信仰自然主义的天，中国

294 地理学与生活

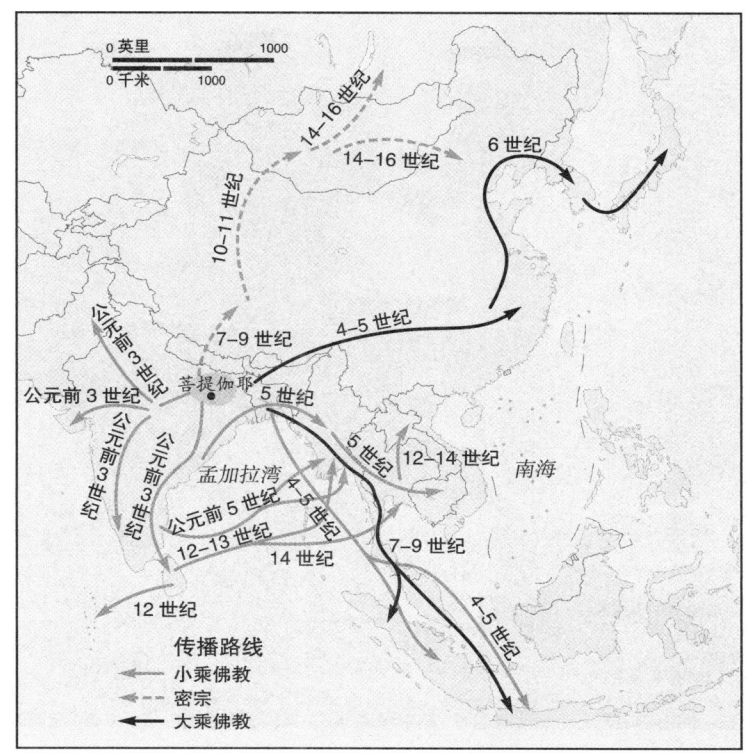

图7.36　佛教传播的途径、时间和媒介。

图7.37　缅甸仰光雪达根宝塔（Shwedagon Pagoda）的黄金佛塔。（© *Wolfgang Kaehler*）

图7.38　日本东京明治神社门前的鸟居。(© Kevin R. Morris / Bohemian Nomad Picturemakers / Corbis Images, Chicago)

人把祭祖的习俗看作感恩和尊重的象征并加以提倡。

儒教和道教相结合或融合。相传道教是公元前6世纪首先为老子所传授的一种意识形态。其中心思想是"道"（即"方法"），它是这样一种思想体系：教导人们永恒的幸福在于天人合一，而谴责激情、不必要的发明、不需要的知识以及政府对个人俭朴生活的干预。佛教在创造了今生即可到达极乐世界的概念以后，就很容易被接受为中国传统信仰体系的同道。于是，佛教就和儒教与道教一起，成为光荣的儒释道三教之一。对普通人而言，孔庙、道观和佛塔之间在意义或重要性上并无差别。

佛教同样影响了日本传统宗教神道教并与之结合。神道——神的道路——源自对大自然和祖先的崇拜，它基本上是一种习俗礼仪的架构而不是一种伦理道德体系。神道教尊敬一整套的神，包括神化的皇帝、家神和寄寓于河流、树木、某些动物、山岳，特别是太阳和月亮中的神。最初佛教受到抵制，后来和传统的神道教融合。佛教的神被视为另一种形式的日本神灵，佛教僧人从前曾被认为掌控着神道教众多神社中的大多数，人们相信神社是神灵居住的地方，人们可以穿过神社前面的鸟居（torii）或拱门进入神社（图7.38）。

7.8　族　群

讨论文化多样性而不涉及族群是不完整的。这个词基于词根"种族"（ethnos），意思是"人民"或"民族"，一般用以指某民族的世系，他们有着与生俱来的共同的独特特征。不能用单一的特质描述一个族群。要识别族群可能要靠语言、宗教、民族起源、独特风俗，或者不恰当地说，要靠一个定义不当的"种族"概念（见"种族问题"专栏）。无论是哪种统一的纽带，族群都会通过集体保持其语言、宗教、节日、烹饪、传统，以及族群内部的工作关系、友情和婚姻，从而竭力保护他们特有的共同祖先和文化遗产。那些保存下来的联系得到**民族优越感**（ethnocentrism）——觉得自己的民族更优越——的滋养并维系着这种民族优越感。

族群通常是指其居少数的状态，而该国或该地区内有另一个占优势的文化群体。我们不把住在韩国的朝鲜族人当作少数族群，因为他们的文化是本国占优势的文化。但是，住在日本的朝鲜族人组成了他国之内一个可识别的独立的族群。因此，族群是地区文化多样性的一种证据，也提醒人们文化区内的全部居民极少显示出文化特征上的同质性。

领土上的种族隔离是族群身份特点强烈而持久的特性，有助于各族群保持其特色。在世界舞台上，本土族群是在特定地点上长期发展而成的，在他们自己心目中和他人眼里，都是有其特定乡土范围的独特人群。世界上多数国家的边界内都有许多少数种族或族群（图7.39）。如同第9章指出的那样，随着经济发展和自我意识的增强，他们对特定领土区域的要求也增加了。在领土分界不清楚而民族身份截然不同且相互仇视的地方，一个政治单元内可能爆发悲剧性冲突。近代历史上，卢旺达图西族和胡图族之间，或波斯尼亚和黑塞哥维那塞尔维亚人与克罗地亚人之间惨烈的战争，就是种族不和和分离主义持续不断的生动实例。

在人口流动的世界中，民族问题越来越不是原住民的问题，而在更大程度上是异族文化中外来者的问题。世界各国的合法和非法移民，和由战争、饥荒或政治迫害导致的难民日益增加。向一国移民通常有两种选择。他们可能希望通过放弃过去的许多文化特质、丧失他们与众不同的特性，融入占优势的主流文化中而被同化，或者可能试图保留其独特的文化传统。无论哪种情况，他们通常首先定居在其族群其他成员居住的地方，以此作为庇护所与学习之地（图7.40）。随着时间的流逝，他们可能离开其栖身的社区，迁往寻常百姓中。

英语美洲城市里的唐人街、小哈瓦那和小意大利，都为新移民在外国文化区里提供必要的支持。日本人、意大利人、德国人和其他国家的人在巴西形成的一些农业侨居地，在很大程度上也是基于同样的想法。这种族群"飞地"可以提供一个"停靠站"，使新来的个人和团体在那里经历文化和社会方面的适应，直到他们能有效地进入这个新的主流社会。当然，有些移民有时并不想被同化或不可能被同化，因此他们及其后代就或多或少地形成了该社会中的永久性亚文化群。马来西亚的中国人就属于此类。第9章还要更全面地讨论国家民族意义上的族群。

7.9 性别与文化

性别（gender）是指社会造成的——不是生物学上——女性与男性之间的区别。由于各种社会中性别的关系和角色分配有所不同，女性的地位是一种文化上的空间变量，因此性别差异成为地理学感兴趣和进行研究的课题。性别差异是一个复杂的问题，不同社会男性和女性所扮演的角色和报酬分配差别很大。在很多根本方面，这种分配受到地区经济发展水平差异的制约。因此，我们完全可以想象，相同技术进步水平下，不同文化中男性和女性在经济

种族问题

人口可以从许多基本方面进行细分：性别、民族、经济发展阶段等。进行细分的一种常用形式基于可识别的生理特征，即**种族**（race）。

种族通常被理解为一个人口团体，其成员具有某些共同的生物学遗传特征，使他们的身体有别于其他人群。人类在向全球散布、占据各种环境的同时，身体上也发生种种变化，包括肤色、毛发质地、头发和眼睛的颜色、面部特征、血液成分，以及在很大程度上和软组织有关的其他特性。各民族之间还存在某些细微的骨骼差异。

有些人类学家根据这些差异建立了把人类区别为不同种族群体的基础，尽管近年来的研究表明，任何种族群体之间遗传学上最大的差别远小于任何一个人种内部的差别。至少两个世纪前一个武断分类的创建、修改和提炼过程，确认了高加索人种（白人）、尼格罗人种（黑人）、蒙古人种、美洲印第安人种、澳大利亚土著人种和其他人种。一般认为人种分异——主要基于外观——由来已久，至少可追溯到旧石器时代（10万年至大约1.1万年以前）人口群的迁徙和隔离。

虽然人种的分类因学者而异，但是这些分类大多是根据公认的人口在地理上的变化划分的。因此，蒙古人种与东北亚有关，澳大利亚土著人种就是澳大拉西亚（Australasia）的土著人，美洲印第安人种是在美洲起源发展的，等等。如果全人类都属于同一个物种，能够自由婚配并产生有繁殖力的后代，又怎能形成这种种族区域分异？尽管历经千百年的混居和迁徙，但为什么具有不同身体特质的人似乎仍聚集在世界上一些特定的地区？

造成这种现象最重要的原因似乎是两种力量。第一，通过进化的**自然选择**（natural selection）或**适应性**（adaptation），使人们能够适应像气候之类特殊环境条件的特征能够遗传下去。有些研究提出了一种似乎合理的关系，例如太阳辐射与皮肤颜色之间的关系和温度与体格大小的关系。比如在热带气候下，身材矮小可能较为有利，因为这意味着使汗水蒸发的身体表面积较大。而在寒冷的北极地区，因纽特人和其他土著族群头颅和身体近于球形以增加身体体积并减少蒸发表面积。第二种力量是**基因漂移**（genetic drift），即某一族群偶然出现并经内部繁殖而得到强化的可遗传特性（例如脸部扁平）。如果两个群体在空间上分隔很远、难以交流（隔离），一个群体就可能发展某种特性而另一群体则没有这种特性。与自然选择不同，基因漂移以一种非适应性的方式区分不同群体。

自然选择和基因漂移促进了种族分化。与之相反的是通过异血缘婚配（又称混血）形成的**基因流**（gene flow），起着相邻群体均质化的作用。从遗传学角度讲，从来就没有观察到"纯粹"的人种，因为人们可以在其地方群体以外自由繁殖。异血缘婚配的机会一直是人口扩散与混血的一部分，几个世纪以来，随着人们流动性与迁徙机会的增加，这种机会也一直在增加。尽管我们可能有一种将人类按"人种"归类的强烈愿望，但我们还是不能用生物学证明其合理性，而人类学家已在很大程度上摈弃了把人种作为一种科学概念的想法，遗传学家也拒绝接受这种想法。

即使人种应用于在文化上获得的任何人类特性也毫无意义。人种不等于族群或民族，与宗教或语言差异也毫不相干。例如，并不存在"爱尔兰人种"或"西班牙人种"。这种归类法是以文化而不是以基因为基础的。文化概括了人群的生活方式，而人群成员采用这种生活方式与其个人的遗传基因或人种无关。

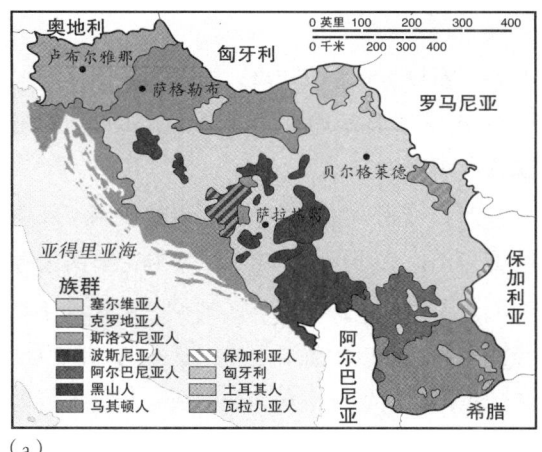 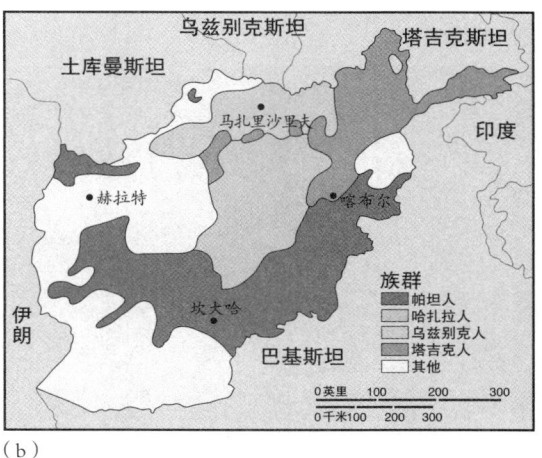

图7.39 （a）南斯拉夫的族群。南斯拉夫是第一次世界大战（1914—1918）后由巴尔干半岛诸国和地区合并而成的，包括原来的王国塞尔维亚和黑山、波斯尼亚－黑塞哥维那、克罗地亚－斯洛文尼亚和达尔马提亚。当非塞尔维亚人的族群于1991年投票赞成区域独立和民族分裂时，1945年成立的中央独裁政府开始解体。东正教、罗马天主教和伊斯兰教信徒之间的宗教分歧加剧了由民族和对故土竞相争夺而导致的冲突。（b）阿富汗居住着阿富汗人、塔吉克人、乌兹别克人和哈扎拉人等族群，讲普什图语、达里语、乌兹别克语和其他几种少数族群语言，并造成居多数的逊尼派和居少数的什叶派穆斯林信徒之间的分裂。

图7.40 纽约市皇后区法拉盛联合大街的招牌明确表明这里存在一个独特的、由来已久的朝鲜族人－华人混居社区。遍布美国和西欧许多城市的唐人街、小意大利和其他族群"飞地"，在外国文化泛区里为新来者提供必要的空间庇护所和支持系统。（© Lee Snider / Corbis Images）

上所起的作用和产品分配的份额——以及女性的地位——十分相似。的确，有人说现代非洲和亚洲自给农业族群和18世纪美国边远地区的性别关系，比美国拓荒时代的乡村社会和同期后工业化社会的性别关系更为相似。

而且可以合乎逻辑地认为，技术意义上的进步会反映在所有发展中社会男人和女人地位的提高和报酬的增加上。但是我们实际观察到的模式却并非如此简单和直接。对性别关系和女性威望而言，一种文化的经济发展阶段固然重要，但宗教和风俗习惯也起着重要作用。而且，至少在技术变革和发展的早期阶段，女性的地位和报酬似乎普遍失多于得。近年来，只有在最发达的国家社会内部和社会之间的性别差异才有所减少。

猎采文化奉行全面的平等主义，亲属群体中两种性别都受尊重、都参与生产且地位平等（图7.10）。农业社会中性别关系更加复杂多变（见第10章"妇女与绿色革命"专栏）。农业革命——技术子系统中的重大变革——改变了原先与性别有关的职责结构。在锄耕农业阶段——超越猎采文化后的最初发展阶段，而且现今仍存在于撒哈拉以南非洲和南亚与东南亚大部分地区——女性负责大部分实实在在的田间劳作，同时保留传统的育儿、做饭之类的职责，她们的经济作用与地位和男性持平。另一方面，犁耕农业阶段一般降低了女性的地位和

图7.41 几乎在所有发展中国家中，女性都在每周一次的集市中占主导地位。她们在市场上出售自家菜园或家庭农场的农产品，或提供她们用劳动增值生产的加工品：从自己田地里种植的菜籽榨出的油或者——例如在尼日尔——从花生中榨取的食用油，煮熟、晾干或腌制的食物，较粗糙的陶器、篮子或装饰过的葫芦。照片中的市场是在西非国家加纳。撒哈拉以南非洲和南亚一半以上、北非和亚洲其余地区1/3以上经济上活跃的女性属个体经营，主要工作在非正式部门。发达国家中只有约14%活跃的女性属于个体经营。（© Liba Taylor / Corbis Images, Chicago）

平等的水平。女性只能用锄头，而男性能犁地，因此女性的田间劳作量大幅度减少了。这就是今天拉丁美洲的情况，而且也是撒哈拉以南非洲日益明显的情况，这些地方女性在集市上的作用显然比在田地里的作用更为重要（图7.41）。随着女性在农业生产中作用的下降，她们在家庭中的权威和对自己生活的控制被削弱了，而且独立于男性家庭成员的财产权利即使还有，也非常少了。

同时，考虑到女性所有付酬和不付酬的劳动，她们每天工作的时间比男人长。据联合国估计，在发展中国家，如果把不付酬的田间劳动、家务劳动和付酬劳动一起考虑，女性的工时超过男人的30%，而且可能包括至少同样艰苦的——或更艰苦的——体力劳动。联合国粮食及农业组织报告称，"发展中国家的农村女性每年要把80多吨燃料、水和农产品搬运1千米的距离，而男人所搬运的要少得多"，而各地的女性做同类工作得到的报酬均少于男人。

西方工业（"发达"）社会直接脱胎于农业社会，无论女性承担着多么繁重和必要的家务劳动，人们都不把处于从属地位的女性看作是经济上活跃人口的重要组成因素。例如，19世纪的美国，随着城市与工业的成长，进入劳动力市场的女性人数日益增加，作为对市场和工厂层面竞争压力的反映，形成了一种"真正女人气质的崇拜"。这种观念认为女性在道德品行上优于男人，女性的角色是私密的而不是公开的。女性的职责是养儿育女、去教堂，尤其重要的是维持一个庄重、体面和有教养的家庭，为男性养家人提供一处安全私密的容身地。这种维多利亚式的理念在美国和西欧大部分地区助长了社会和经济两方面对劳动女性的歧视。

只是到了20世纪后期，而且只有在很发达的国家，女性从属的角色才得到改变。女性在经济上日益变得活跃并前所未有地置身于与男子直接竞争同样的职位和报酬的地位。当代工业化社会中的女权主义运动，是针对从前仅将经济和法律上特权地位归于男子的藩篱的直接反应。虽然2003年美国女性占就业劳动力总数的47%以上，而且人们日益接受同工同酬的标准，但是女性在高薪酬、高威望职位上的比例要低得多。消除法律、社会和经济上残余的性别歧视一直是北美"女权主义革命"的首要目标。

这样一场革命在极端保守而传统的经济与社会中的成功希望甚微或者可能性不大（见"铲除不平等"专栏）。当今世界与性别相联系的制度与经济上的角色分配不仅受一国经济发展水平的影响，而且受到文化对女性施加的宗教上和风俗习惯上的限制，以及经济——尤其是农业——基

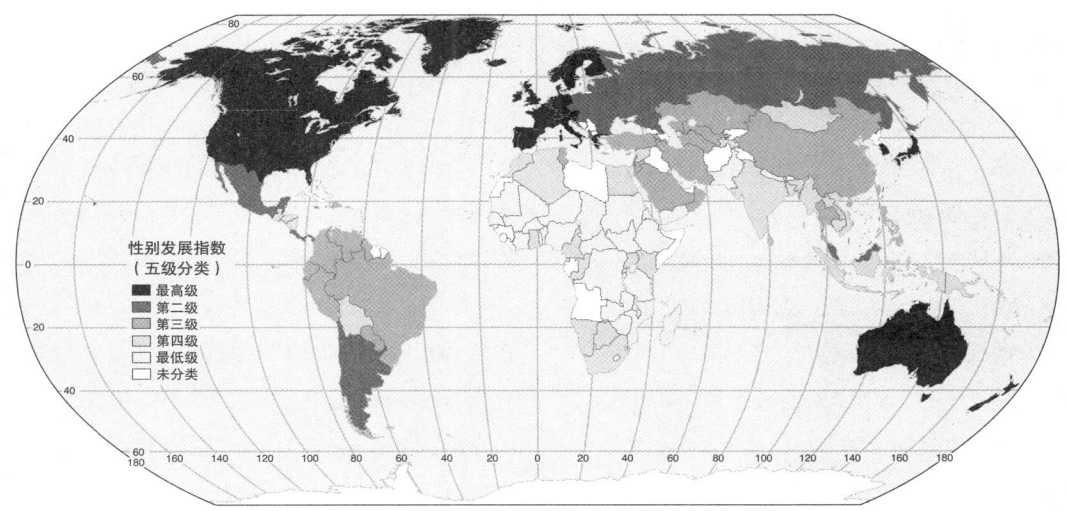

图7.42 性别相关发展指数是一个综合指数，试图通过下列指标衡量男人和女人之间成就的不平等：出生时预期寿命、读写水平和受教育程度，以及女性和男性收入的份额。一国不同性别成就悬殊越大，其GDI越低。对测得的成就和所得排名次序的分析表明：首先，没有任何一个社会对女性和男性一视同仁。其次，性别平等并不取决于一国的总收入水平。
资料来源：Rankings from United Nations Development Programme, *Human Development Report 2004*.

础性质的影响。第一个支配因素反映在发达国家与发展中国家之间的差异中，第二和第三个支配因素则见证了发展中国家本身的内部变化。

无论如何，经济全球化对女性加入有酬劳动力大军或对经济上的性别差异具有多重影响。就世界范围看，全球化贸易更大的开放性似乎增加了女性有酬就业的份额，并且在发展中国家，生产出口商品的企业会雇佣更多的女工，其中大多从事需要技能的劳动。但是女性劳动力就业增加并不一定能减少性别歧视。发展中国家的女性劳动力在日益扩大的非正式转包合同和血汗工厂薪酬微薄、劳动条件很差的计件工作——通常是三班倒、不稳定的制衣业和制鞋业——工人中所占比例最大。

已经出现了专门指向性别的独特的**区划**（zoning）。在西亚和北非阿拉伯国家和受阿拉伯影响的穆斯林地区，经济上活跃的女性人口比例很低，宗教传统限制着女性接受家庭以外的经济活动。同样的文化限制却不适用于农村经济状况迥异的南亚和东南亚穆斯林，例如，印度尼西亚和孟加拉国女性劳动力的比例就远高于西部的伊斯兰国家。在以家长制社会结构著称的拉丁美洲，女性一直在努力克服对她们外出就业人数日益增多的文化上的限制。

在文化与经济高度多样化的撒哈拉以南非洲，一般情况是社会高度依赖女性从事田间劳动和集市贸易的收入。然而，随着农业技术现代化和正规的、男性主导的财政与行政农业制度的引进，女性在传统农业和村庄制度下高度独立并拥有财产的传统角色，日益被男性取代，使女性居于从属地位。对于有足够统计数据的国家，综合了一套指标来建立"性别相关发展指数"（Gender-related Development Index, GDI）和排名，图7.42中清楚地表明了世界上各种文化和不同地区女性地位的区域性差异。

发展中国家先进的经济与工业部门中也存在性别关系的区域差异和文化差异。例如，正走向现代化的东亚诸国，女性仍须努力去赢得大多数西方经济体中女性享有的地位。截至2005年，中国GDI虽然位列中游（五级中的第

专栏 7-8 铲除不平等

1995年9月在北京举行的第四次世界妇女大会发表了妇女权利与平等的声明,这是从1975年墨西哥城开始的有关本论题一系列国际会议中最强硬、最广泛的声明。要特别指出的是,来自185个国家的代表所接受的结论完全符合联合国宪章,完全符合国际法,北京大会号召各国政府制定确保妇女平等与发展的全部人权的战略、计划和法律。大会的最后声明逐项推介了有关性事与分娩、针对妇女的暴力、歧视女孩、妇女继承权和家庭保护等领域的政策。声明特别强调要尽力"保证妇女平等使用各种经济资源的权利,包括土地、信贷、科学技术、职业培训、信息、通讯与市场营销等,以作为妇女与女孩取得更大进步和主动权的手段"。一位美国代表认为:"这是一份保证妇女享有男人早就拥有的同等权利的文件。"声明中有关经济方面的重点,后来被联合国粮食及农业组织的"性别与发展计划(2006—2007)"(Gender and Development Plan [2006-2007])所强化,后者旨在鼓励那些在掌控生产性资源方面增强性别平等的努力,并向妇女提供获得信贷的机会,使她们能够成为小工厂、商业或服务业的创业者和所有主。

由于各种主流文化赋予妇女的角色千差万别,如果不经过激烈的辩论,就不能达成大会的决议与推荐建议。大会宣言的序言中把那些差异以及它们所反映的人权与各民族的风俗习惯之间的关系置于国际视角之中:"虽然我们必须牢记民族与地区的特殊性和各种历史、文化与宗教背景的意义,但是各国无论其政治、经济与文化制度如何,都有责任促进与保护所有的人权与基本的自由。"

2000年6月联合国召开的"北京+5"(Beijing Plus Five)大会上保留了北京大会明确表述的关于妇女基本人权的所有声明。此外,与会代表还在一些原则问题上取得一致:要求惩治家庭暴力、惩治跨国贩卖妇女和女童从事卖淫和血汗劳动的犯罪行为。此外,不同国家的代表主要分裂为不稳定的保守派国家阵营(大部分为伊斯兰教国家和罗马天主教国家)的代表和更多非宗教国家(包括大部分欧洲国家和大多数拉丁美洲国家)的代表,对大会的很多提案持保留意见。尽管有了正式通过的"北京+5"决议和2005年3月在纽约举行的"北京+10"(Beijing Plus Ten)对这些决议的重新肯定,但那些强硬的、根深蒂固的保留态度表明"竞技场"仍不平坦。

三级,图7.42),但是女性一般不能在实际生活中和男人相匹敌,尤其罕见于最高的经理层和行政管理部门。日本男性几乎毫无例外地操纵着该国巨大的工业机器和政治机构。反之,斯堪的纳维亚半岛各国较之任何其他工业化国家,经济和社会上的性别平等更胜一筹。

7.10 多样性的其他方面

文化是社会生活方式的总和。分别论述技术、社会和意识形态等子系统中的几个要素——就像我们在本章所做的那样,用这种孤立的分析来暗示这些就是用以识别各文化族群的特征，这种做法其实是一种误导。经济发展水平、语言、宗教、种族和性别等方面都是重要和常见的有区分度的文化特质，不过这些还不是问题的全部。还有一些其他方面，虽然也许不那么常见，但仍属颇具启发性的基本要素。

在美国城市中，即使公共建筑和私人宅邸的建筑风格杂乱地混搭在一起，仍能唤起人们对其起源地区的回忆。哥特式和新英格兰式的教堂、新古典主义的银行和摩天写字楼所表现的，不仅是它们所具有的不同功能，而且还表现了赋予这些建筑以形式的文化和区域上不同的设计方式。西班牙风格、都铎王朝风格、法国乡村风格或大农场风格的民居虽然可能并未揭示其居住者的民族背景，但这些民居是风格源起的地区和社会的文化表现。

音乐、食物、游戏和其他生活情趣也是和世界或各国特定地区相联系的文化标志。音乐是见诸所有社会的一种情感交流形式，不过，音乐是由文化打造的，因此极其多样。乐器、音阶和曲式都是可变的技术形式，音乐的暗示在人们心中激发的感情和反应是一种习得的行为。异教的新几内亚氏族对基督教圣歌无动于衷。欧洲人可能不太能理解中国京剧的魅力。只有在音乐风格和乐器演奏方面有足够相似性的地方，才有可能出现混（融合）和移植。美国爵士乐代表一种混合，"卡里普索"和"弗拉明戈"音乐已经传播到英美舞台。被确认来自其他文化区的食物也已转化为美国"大熔炉"烹调环境的组成部分。

这些只不过是被称为文化的人类马赛克多样而错综的相互关系中几种次要的附加表现。然而，这些方面的区域表现和变异，无论是个别的还是全体的，都只是文化地理学家研究主题的一部分。空间相互作用和行为的模式与调控、国家和国际政治结构、经济活动与导向，以及城市化的水平与模式——当代文化的一切基本问题——就是随后各章研究的主题。

章节摘要

文化是各色人等学而知之的行为与信念。文化特质，即文化中能够显示差异的最小细节，是组成综合性文化情结的"积木"。在空间格局中，文化特质与文化情结一同造就了人文——"文化"——景观，勾画出文化区，并区分出文化族群。由于人类社会与其环境相互作用，开发了解决其集体需求的新方法，或者是采用了族群以外的发明，那些景观、地区和族群的特征就会随时间而发生变化。

文化复杂性的详情可以通过识别构成它的子系统而被简化。技术子系统由赖以谋生的实物（人工产物）与技术组成。社会子系统由控制一个文化族群的社会组织的正式与非正式机构（社会产物）组成。意识形态子系统由一种文化通过言语和信仰体系所表达的思想与信仰（精神产物）组成。

世界上许多地区对动植物的驯化，导致了产生广泛发明的文化源地的出现，以及不同族群之间的文化趋异，人们所设想的农业社会以前世界文化的一致性不再存在。虽然当代共享的技术促进了全世界文化的趋同，但是许多文化特殊元素的存在，仍然足以识别和区分不同社会族群。所有文化特质中区分作用最明显的是语言、宗教、种族和性别。

语言和宗教二者是文化的传导者，并标识着文化族群的特质。二者都具有独特的空间格局，反映着过去和现在的相互作用和变化过程。虽然语言能够根据其起源和历史发展被归类，但是某种语言在世界上的分布，既取决于其语言学上的发展过程，也取决于人口的迁移以及征服和殖民的历史。研究地方名称的地名学有助于记录人口迁移的历史。语言地理学研究语言的空间变化，这些变化可能因鼓励推广标准语而减少到最小限度，或者因为语言变成混杂语、克里奥尔语和通用语而日渐式微。

与语言相比，宗教作为文化识别者与传播者的作用较不显著，但即使在世俗社会，宗教也可能影响经济活动、法律制度、节日庆典等。虽然宗教本身不易被分类，但其空间格局是明显的，它揭示了过去和现在的移民、征服和人口扩散的历史。这些格局也是与各种宗教信仰制度相适应而产生的，是在空间上各不相同的文化景观的重要组成部分。

族群，即共享独特文化特质的人群的归属，是因地域上的隔离或孤立而形成的，并且在种族构成复杂的社会里因自我感觉优于其他种族而得以保持。世界上许多国家的种族多样性是一种现实，而且其中许多国家还在进一步多样化。许多少数族群可能谋求通过文化互渗与同化而被吸收到其周围的主流文化中，但是其他族群则选择通过空间分离或公开拒绝主流文化而保持其固有的特征。

性别是以文化为基础的男女之间的社会差别，它反映着宗教和风俗，而更重要的是反映着社会的经济发展阶段以及在经济中赋予妇女的生产性角色。性别角色随着经济结构的变化而变化，虽然这种角色的修正常常遭到文化中保守势力的抵抗。女性地位的区域差异既特色鲜明，又是世界文化泛区格局的重要贡献者。

我们业已看到，文化泛区本身处在永恒变化之中。文化泛区只不过暂时反映了种族和文化族群的迁移、语言与宗教的扩散或接纳、新技术的传播与接受，以及随着经济现代化与文化传统响应而发生的两性关系的转变。此类人口迁移、扩散、接纳与响应本身就是空间行为地理学更广义的概念和模式的表现，而空间行为地理学则是文化－环境传统不可缺少的组成部分，我们将在下文给予关注。

问题与讨论

1. 文化的概念包括哪些内容？文化如何传播？个人的哪些特征影响着每个人学到的或完全掌握的文化表象？
2. 什么是文化源地？何种新文化特质标志着早期的源地？从文化地理学意义上讲，创新意味着什么？
3. 区分文化特质与文化情结之间、环境决定论与或然论之间的差别。
4. 文化三分系统中的三个组分或子系统是什么？每个子系统中包括哪些特征——文化表象？
5. 为什么有人会认为语言是文化相分离的社会最具影响力的识别要素？
6. 宗教可能以什么方式影响一个社会的其他文化特质？
7. 把宗教分类为普世宗教、民族宗教或部落宗教如何能够帮助我们了解其分布与扩散模式？
8. 文化互渗是怎样发生的？文化互渗过程中民族优越感是否会造成障碍？文化互渗与同化有何区别？
9. 族群、种族和文化概念如何相互联系？

延伸阅读

Bamshad, Michael J., and Steve E. Olson. "Does Race Exist?" *Scientific American*, December 2003, pp. 78–85.

Brewer, Cynthis, and Trudy Suchan. *Mapping Census 2000: The Geography of U.S. Diversity.* Washington, D.C.: U.S. Bureauof the Census, 2001.

Comrie, Bernard, ed. *The World's Major Languages.* New York: Oxford University Press, 1987.

Crystal, David. *The Cambridge Encyclopedia of Lanuage.* 2d. ed. Cambridge: Cambridge University Press, 1997.

———. *Language Death.* Cambridge: Cambridge University Press, 2000.

———. *The Stories of English.* Woodstock, N.Y.: Overlook Press, 2004.

Domosh, Mona, and Joni Seager. *Putting-Womenin Place.* New York: Guilford Press, 2001.

Encyclopedia of World Religions, ed. Wendy Doniger. Springfield, Mass.: Merriam Webster, 1999.

Freeman-Grenville, G.S.P., and Stuart Christopher Munro Hay. *Historical Atlas of Islam.* New York: Continuum, 2002.

Gaustad, Edwin Scott, and Philip L. Barlow, with Richard W. Dishno. *The New Historical Atlas of Religionin America.* New York: Oxford University Press, 2001.

"International Migration and Ethnic Segregation: Impactson Urban Areas," special issue, *Urban Studies* 35, no. 3 (March 1998).

Lane, Belden C. *Landscapes of the Sacred: Geography and Narrativein American Spirituality,* expanded ed. Baltimore: Johns Hopkins University Press, 2001.

Momsen, Janet H. "Gender Biasin Development." In *The New Third World,* 2ded., ed. Alonso Gonzalez and Jim Norwine, pp. 93–111. Boulder, Colo.: Westview Press, 1998.

Moseley, Christopher, and R.E. Asher, eds. *Atlas of the World's Languages.* London: Routledge, 1994.

Noble, AllenG., ed. *To Buildina New Land: Ethnic Landscapesin North America.* Baltimore: Johns Hopkins University Press, 1992.

Ostler, Nicholas. *Empires of the Word: ALanguage History of the World.* New York: Harper Collins, 2005.

Park, Chris C. *Sacred Worlds: An Introduction to Geography and Religion.* London: Routledge, 1994.

Pollard, Kelvin M., and William P. O'Hare. "America's Racialand Ethnic Minorities." *Population Bulletin* 54, no. 3. Washington, D.C.: Population Reference Bureau, 1999

Sauer, Carl. *Agricultural Originsand Dispersals.* New York: American Geographical Society, 1952.

Seager, Joni. *The Penguin Atlas of Women in the World.* 3d ed. New York: Penguin USA, 2003.

Stewart, George R. *Nameson the Globe.* New York: Oxford University Press, 1975.

Thomas, William L. Jr., ed. *Man's Rolein Changing the Face of the Earth.* Chicago: University of Chicago Press, 1956.

United Nations. *The World's Women 2000: Trends and Statistics.* Social Statistics and Indicators, Series K, no. 16. New York: United Nations, 2000.

Zelinsky, Wilbur. "The Uniqueness of the American Religious Landscape." *Geographical Review* 91, no. 3 (July2001): 565–585.

 万维网上和地理学有关的网站极其丰富。与本章主题有关的网站请见与本书有关的在线学习中心的"Web Links"部分。网址：www.mhhe.com/getis11e。

空间相互作用

第 8 章

1860年4月到1861年10月短短的18个月内，驿马骑手创造了一项勇气加耐力的不朽记录。这些骑手马不停蹄，穿越内布拉斯加州、怀俄明州、犹他州和内华达州，携带着写在轻薄信纸上的信件（每28.35克邮资2—10美元）从一个驿站奔向下一个驿站。他们在11天内狂奔3164千米，从密苏里州圣约瑟夫到达加利福尼亚州萨克拉门托。报纸上的广告对骑手要求的条件是：体重小于60千克、不饮酒、不寻欢作乐的"大胆青年男子——最好是孤儿"①。如果骑手不得不躲避印第安人或成百万头的野牛群，这项两周的旅程还要花更长的时间(图8.1)。

1860年每28.35克10美元的邮资相当于今天的220美元。现在只有运送钻石之类的东西才如此昂贵。注意到以下这点是很有趣的：现在每天从圣路易斯到圣弗朗西斯科（分别在圣约瑟夫和萨克拉门托附近）有6个直达航班，单程每人平均票价约为200美元（一个人的体重加上行李约为80千克）。乘飞机进行这段旅程约需4小时。两者的时间差异为一个航班6小时对驿马快信84小时，费用是飞机每28.35克7美分对驿马快信2.2万美分。

这样的对比清楚地表明，过去144年间，美国中西部和西部之间的相互作用已经大大增强了。相互作用的水平是旅行需求、旅行速度和费用的函数。所有这些因素都受技术的调控。在本案例中，技术的变化从驿马快信时代间距16—24千米的快马变成喷气式飞机。今天，两个地区人口数以百万计，而且旅行费用低廉，所以两个城市每天有6班飞机往返就不足为奇了。

图8.1 驿马快信公司服务广告招贴画，该公司骑手骑着专门饲养的快马高速穿越西部。该公司仅在1860—1861年运营，随即因铁路和电报的兴起而被废弃。1861年，一条从纽约到圣弗朗西斯科的电报线路把两岸通讯时间从若干天减少到几秒钟。(*Courtesy of Pony Express Museum, St. Joseph, MO.* © *Bettmann / Corbis Images.*)

---

① *The Story of America*, The Reader's Digest Association, Pleasantville, New York, 1975, p. 199.

◀ 阿富汗喀布尔的曼达维（Mandawi）集市。（© *Steve McCurry / National Geographic Image Collection*）

8.1 空间相互作用的定义

空间相互作用（spatial interaction）是一个地理学词汇，用以描绘地理区域之间的相互依存。空间相互作用可以是各地之间人的运动，也可以是从一个地区到另一个地区货物的流动，从一个知识中心到另一个区域的思想扩散，或是生活在一个地区人群的传染性疾病向另一地区的人群传播。所有这些例子都有一个共同点，就是在把人们分开的一段距离中存在着某种流动。空间相互作用是人类相互作用的地理对应物。其差别在于相互作用所涉及的那些区位都能够清楚地被描绘在地图上。

如果一个地点渺无人烟（例如冰山上），这个地点和任何其他地点之间就不能有空间相互作用。反之，如果一个地点有很多人（例如芝加哥），其与另一个有很多人的地点（如纽约）之间就有大量空间相互作用。但如果第二个地点是一个像从东京到芝加哥那样遥远的城市，那么芝加哥和东京之间的相互作用就比芝加哥和纽约之间的相互作用少。两个地区间的吸引力类似于重力。因此，相互作用多少是相互依存的人口的大小和他们之间距离的函数。

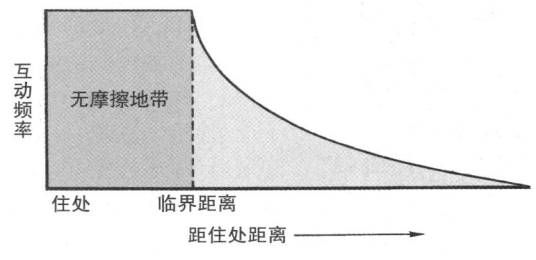

图8.2 本示意图表明多数人是如何看待距离的。对每项活动而言，都有一个超越之后接触强度就会降低的距离，这就是临界距离。临界距离之内是无摩擦地带，在该距离内对时间或距离的考虑对出行没有实际影响。

8.2 距离与空间相互作用

由于人们的短途旅行多于长途旅行，所以人们的短距离相互作用大于长距离相互作用。这就是**距离衰减**（distance decay）原理，即一项活动、一种功能或相互作用的大小，随离原点距离的增加而减小。趋势显示，超过个人的**临界距离**（critical distance）后，出行频率就急剧下降。所谓临界距离就是超过这个距离后所需的费用、努力、手段和观感对我们出行的意愿起着首要作用的距离。图8.2就是对离家出行原理的说明。临界距离因人而异。各人的年龄、灵活性和机会等变量，以及个人的兴趣和需求，都有助于解释个人出行的频率和距离。由于距离阻碍空间相互作用，所以可以说我们的生活和活动中有一种距离摩擦力。

例如，一个小孩可以在本小区内来来往往，但是父母会警告他不许穿越街道。控制成年人行为的因素虽有不同，但同样有效。每天或每周的购物可能在个人的临界距离内进行，而很少考虑所需的费用或所做的努力。但如果要偶尔出行购买特殊的商品时，我们就会考虑所需的付出与费用。我们大多数人倾向于在邻里的短距离之内建立社会关系或者和住在附近的人交朋友，而探访社交距离较远的亲戚就不太频繁。然而，在所有此类出行中，距离衰减原理都起着明显的作用。

所做的努力可以用时间距离（timedistance）——即完成旅行所需的时间——来衡量。就上班的行程而言，决定临界距离的主要因素常常是时间而不是费用。当我们对距离的认知和真实情况之间有着明显差别的时候，我们用**心理距离**（psychological distance）一词描述我们对距离的感觉。许多研究都表明，人们在心理上觉得熟悉的地方比其实际距离近，而陌生地方比实际距离远。图8.3是这种感觉的一个滑稽的例子，图8.4则是一个较严肃的例子。还可参阅"心像地图"专栏。

我们从多种来源获取有关世界的信息。虽然从无线电、电视、互联网和报纸上获取信息是很重要的途径，但是面对面的接触还是最有效的交流手段。距离衰减原理意味着随着离开家或工作场所的距离增加，人们能进行面对面交流的次数一般会减少。我们认为短距离的空间相互作用多于长距离的相互作用。在像城市（尤其是处于上班时间的中心商务区）那样人口密度高的地方，人与人之间的空间相互作用可能达到很高的水平，这是商务中心往往也是新思想发展中心的原因之一。

8.3 相互作用的障碍

现代技术的进步使我们能够更安全、更迅速地旅行到比过去更远的地方，无须身体接触就能比过去更容易、更完美地与人交流。这种接触的强化造成了新发明的加速和货物与思想的迅速传播。几千年前，像金属熔炼之类新发明的传播需要几百年。而今天，世界范围内的传播几乎是瞬时的。

然而，相互作用的可能性较高并不一定意味着相互作用有效发生的事例也较多。因为存在着许多障碍来阻止相互作用事件的发生。这些障碍阻碍信息流或人们的运动，从而延缓或妨碍人们接受一种发明。距离本身对相互作用就是一种障碍。一般说来，两个地区距离越远，相互作用的可能性就越小。距离衰减的概念断定，在其他条件相同的情况下，相互作用的数量随着两地距离的增大而减少。

费用是相互作用的另一障碍。居住分散的亲朋好友可能难以相互探访。打电话和通电子邮件这些较便宜相互作用方式的时间和频率，在很大程度上是亲朋所在地的函数——当然，他们喜欢短距离的互动。

地区与地区之间的相互接触也可能被自然环境障碍和不同宗教、语言、意识形态、性别和政治体制等文化障碍所阻滞。作为自然屏障，高山、荒漠、海洋和河流可能（或已经）起着减缓和阻碍相互作用的作用。文化障碍的作用可能同样强烈。信仰不同宗教或操另一种语言的近邻可能不和他们的邻居接触。有些政府（如朝鲜）干扰无线电接收、控制外国文学的流入，并且通过阻止其公民和外国人接触来公开阻止文化接触。

在人口密集地区，人们通常在自己周围设置心理屏障，因此人与人之间只有数量有限的互动。为了抵御信息超载和保护心理安宁，人们又增强了这些障碍。为了滤去和我们没有直接关系的信息，我们必须具有私密性意识。结果，当我们发现自己处于闭塞状况时，就倾向于把兴趣缩小到一个狭窄的范围内，让我们更广泛的兴趣通过传媒的使用得到满足。

8.4 空间相互作用与新发明

从旧思想中产生新思想的几率是现有的各种旧思想相互接触机会的函数。专长于特定兴趣领域的人们从他们想要接触的人之中找到其他领域的人。拥挤的中心城市一般是兴趣领域非常狭窄的专家聚集的地方。结果，在短距离内人口高度密集的情况下，旧思想得到被倾听的机会，而新思想在互动中诞生。新发明和新社会运动通常在拥有大量空间相互作用的情况下出现。当然也有例外，在强势传统社会中——例如17世纪和18世纪的日本，其文化反对革新,坚持传统思想和方法。

早期的文化源地（见第7章）都是世界上人口最密集、高水平相互作用的中心。目前国

图8.3 心理距离：一个纽约艺术家对美国的概念。（*Copyright Florence Thierfeldt, Milwaukee, Wisconsin*）

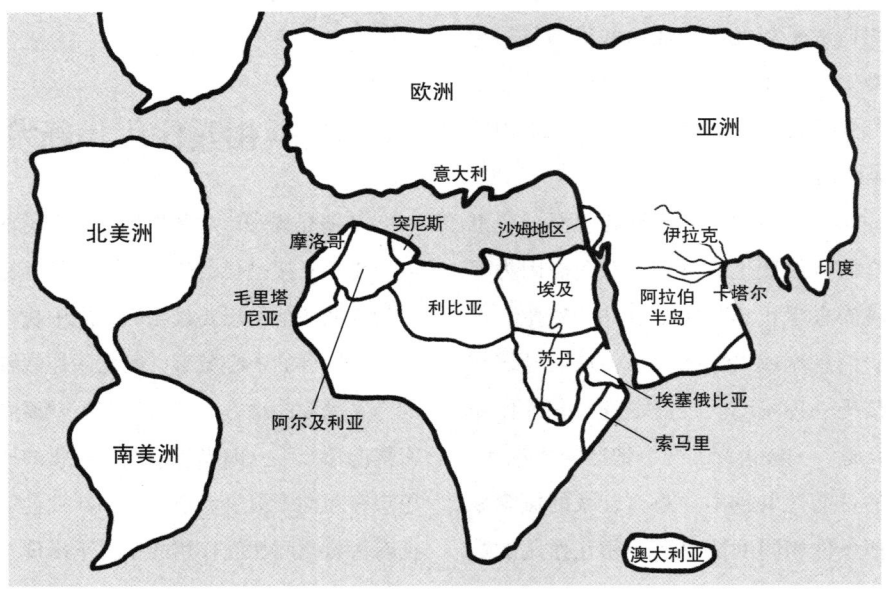

图8.4 世界心像地图。这张地图是由巴勒斯坦加沙一个中学生绘制的。该图反映了该作者所接受的中学教育与埃及国立学校课程相一致，因此反映出尼罗河和泛阿拉伯主义的重要性。沙姆地区是一个仍在使用的旧地名，包括叙利亚、黎巴嫩、约旦和巴勒斯坦。如果加沙学校的课程由巴勒斯坦人设计或地图由以色列人绘制，这张地图就可能大不一样。

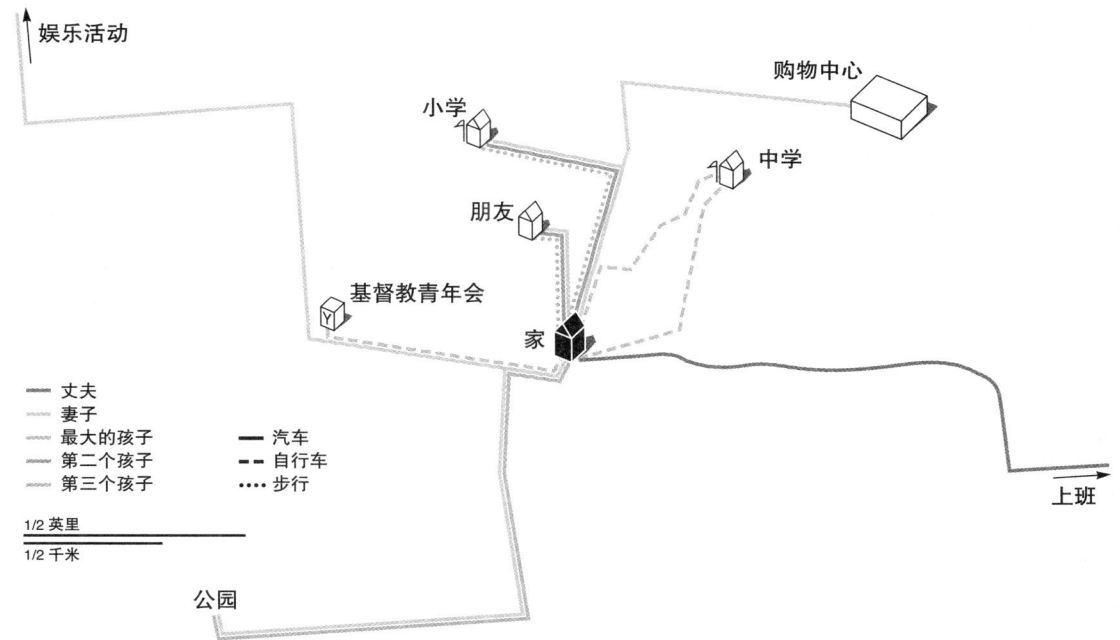

图8.5 在一个典型工作日内一个五口之家每个成员的活动空间。双亲之一每天开车上下班,另一个操持家务。有规律地运动和一再访问某些地区有助于培养地域意识并影响个人的空间感。

家和地区大城市吸引着希望和需要与其他专门兴趣领域相互作用的人。我们早已注意到人口集中与天才发明的联系。美国专利局对20世纪专利申请人的家庭地址进行统计,结果表明,发明人一般都是大城市中心的居民,这大概是因为这些人相互接触密切,并有可能与共同兴趣领域的那些人交流思想。似乎还由于世界上的大都市中心吸引那些有进取心的年轻人,而且在新思想和新产品的创建中,面对面的或口头的接触似乎起着重要作用。近年通讯方面的革命,通过各种电话和互联网降低了相互作用的费用,这种新情况使我们想到,将来城市作为创造性天才汇集之地的传统重要性可能下降。

8.5 个人活动空间

我们将在第9章看到,有些族群和国家在自己周围划定界线,把空间划分为各自的领土,必要时进行防卫。有些人把**领域性**(territoriality)的概念——感情上所依附并进行防卫的私人领域——看作许多人行为和反应的根本原因。的确,有些团伙行动似乎是由保卫地盘的反应造成的:街区各团伙之间主张并保卫自己的"势力范围"(和对远离此地生活的担心)造成的冲突,以及有时会激烈排斥他们认为有威胁的外族团伙入侵。

但是对大多数人而言,我们的领域性是适度的。我们把自己的住宅和财产看作是应当保卫的私人领地,但是也向相识或不相识的,或者因公因私的合法来访者开放。也没有谁像街道团伙成员那样把自己的活动严格控制在本地领域之内。相反,我们都有一个或多或少扩大了的活动范围,一个**活动空间**(activity space)或区域——在我们常规活动的范围内自由行动,并与从事日常事务的其他人分享那个空间。

图8.5表示一个五口之家一天内可能的活

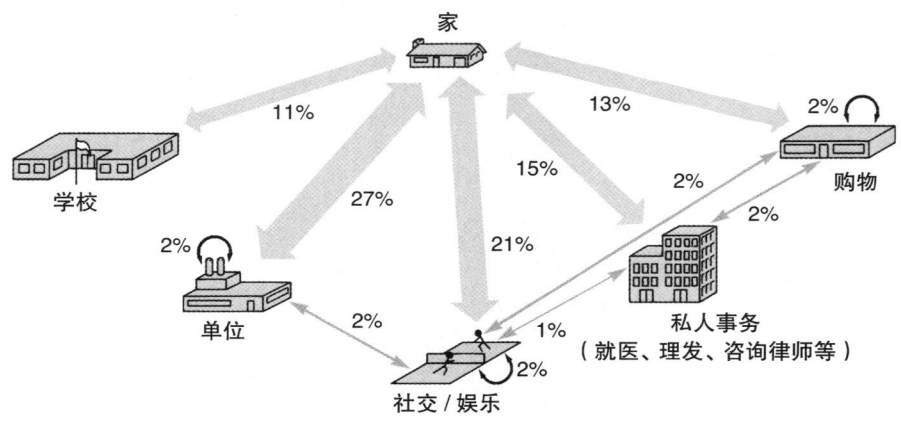

图8.6 加利福尼亚州南部出行格局。图中数字为城市居民在一周的工作日内出行的百分数,最多的单项活动是上下班。
资料来源: *Data from 1991 Association of Governments Survey.*

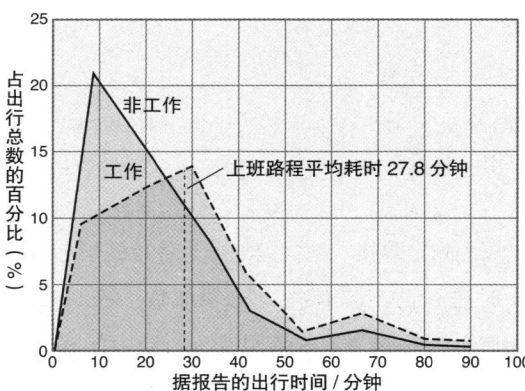

图8.7 多伦多人工作出行和非工作出行耗时长度(以分钟计)的频率分布。对各大都市地区进行研究的成果支持本图所证明的结论:工作出行所花的时间通常多于其他目的的出行。20世纪90年代初期,美国人平均工作出行距离为17.1千米,一半人上班工作路程耗时不超过22分钟;住在郊区的人到中心商务区工作,通勤时间为30—45分钟。到2000年,城市不断向外蔓延加大了通勤的距离,同时由于交通拥堵日甚一日,使通勤时间平均增加25分钟,15%的上班族通勤时间超过45分钟。其他地方情况与此类似。20世纪90年代中期,英国人平均通勤距离为12.5千米。研究中的国家非工作出行距离都比较短。
资料来源: *Maurice Yeates, Metropolitan Toronto and Region Transportation Study, figure 42. The Queen's Printer, Toronto: 1966.*

动空间。请注意,即使有两个家庭成员使用汽车,每个人一天的活动空间还是比较有限的。

如要表示一周的活动,就必须增加更多的路径,而若是表示一年内的活动,很可能还要补充若干次长途旅行。长途旅行通常无规律可言。

个人参与活动的类型可按出行的类型划分:上班、上学、到购物中心采购、娱乐休闲等。几乎世界所有地区的人都进行着同样类型的出行,尽管因文化、经济与个人境遇等方面变化的空间需求决定着每个人出行的频率、期限和时间分配的重要性。

图8.6表明了城市人口工作出行的重要性。到工作场所上下班在阐释多数成年人的活动空间方面起着决定性作用。过去上下班的临界距离受步行距离或公交线路和运行时间的限制,现在随着私家车在工作者出行中起的作用越来越大,欧洲和英语美洲城市工作者上班的临界距离稳步增加(图8.7)。但是,近年来对大多数人而言,上下班实际上是一种多目的的出行,可能包括顺路到日托中心、洗衣店、学校和各种商店。

个人出行的类型以及由此带来的活动空间的范围,一部分是由三个变量决定的:人们的生命阶段(年龄)、他们能支配的机动性手段和他们日常活动中隐含的机会。

心像地图

空间相互作用受人们对地方感知方式的影响。如果有关某地的信息不完整，就会产生模糊的图像，进而影响我们对该地方的印象。不能忽视我们与自身认为陌生或未知的地方相互作用的意愿或能力。可以说每个人都有一幅世界心像地图。当然，没有哪个人对世界有一个真实、完整的印象，因此没有一幅完全精确的心像地图。事实上，大多数人拥有的最好的心像地图是他们自己所居住的小区，因为那是他们度过大部分时光的地方。

无论是谁，一旦想去某个地方或思考着如何到达那里，他就会产生一幅心像地图。他认为不必要的地方就会被忽略，只有重要的因素才会被具体表现出来。那些要素通常包括确实存在的对象或目的地、出发点和目的地之间的距离，以及对各地点之间方向关系的感觉。一张心像地图可能还包括所选定的连接通道上或备用旅行路线上可能遇到的控制点。虽然心像地图是高度个性化的，但是经历相同的人在面对环境问题时倾向于给出相同的答案，并绘出大体可相比较的草图。

对某些地方的认识通常伴随着对这些地方的看法，但是在认识的深度和所持的感觉之间并无必然联系。通常，对一个场所越熟悉，我们的心像地图就越接近实际。但是一旦对自己一无所知的地方形成牢固印象，这些印象就可能影响我们的出行、移民决策，或其他形式的空间相互作用。

要想查明一个人对环境作何感想，方法是询问他们对各种地方的想法。例如，可以要求他们按照自己的愿望——也许是居住的愿望——给一些地方分级，或者列出一个地区（例如美国）最好和最坏地方的名单。此类研究表现出某些规律性。附图表现了从加拿大三个省份的大学生中得出的一些居住愿望。这些图像和类似的心像地图表明，人们喜爱

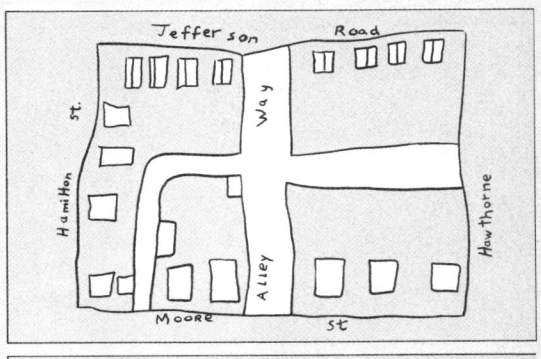

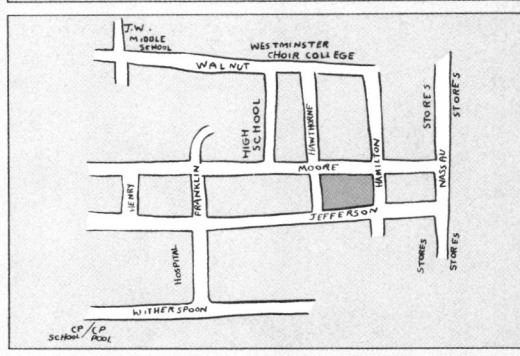

住在同一所房屋里的3个儿童，年龄分别为6岁、10岁和13岁，在没有更多指导下让他们绘制邻里的地图。请注意，对邻里的看法随着年龄增长而拓宽。对6岁的孩子来说，邻里是由她自己两边的房屋构成的；对10岁的孩子来说，她居住的方形街区就是邻里；而13岁孩子活动的地方显然更广阔。10岁孩子所画出的方形街区就是13岁孩子草图中加了阴影的部分。

近处胜过远处,除非可以得到很多关于远处的信息。人们首选具有相同文化形式的地方,正如首选生活水平高的地方一样。一般人不关心不熟悉的地方,也不喜欢有着竞争性文化利益(诸如不喜欢的政治和军事活动)或已知令人不愉快的自然环境的陌生地方。

另一方面,有着宜人气候或悦目景观的胜地在心像地图中级别很高,这些地区也是旅游业所青睐和人们易于决定移民的地方。在气候潮湿多云的英国,英格兰南部和西南部海岸对英国公民独具吸引力,而假日到西班牙、法国南部和地中海各岛屿旅游也是英国人青睐的行程。美国人口普查局的研究指出,"气候"是所有年龄段成年人跨州移居最经常提及的理由,仅次于工作和亲属。国际研究揭示了相似的移民动机:不单是基于气候,也基于自然美和舒适的环境。

三张地图分别表明了以魁北克省、安大略省和不列颠哥伦比亚省的加拿大人为样本群体的居住偏好调查结果。请注意每个群体都喜爱他们自己的地区,但是也都喜爱加拿大和美国的西海岸。

资料来源:Redrawn with permission from Herbert A. Whitney, "Preferred Locations in North America: Canadians, Clues, and Conjectures," in Journal of Geography, Vol. 83, No. 5, p. 222. Copyright © 1984 National Council for Geographic Education, Indiana, PA.

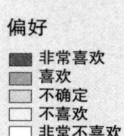

偏好
- 非常喜欢
- 喜欢
- 不确定
- 不喜欢
- 非常不喜欢

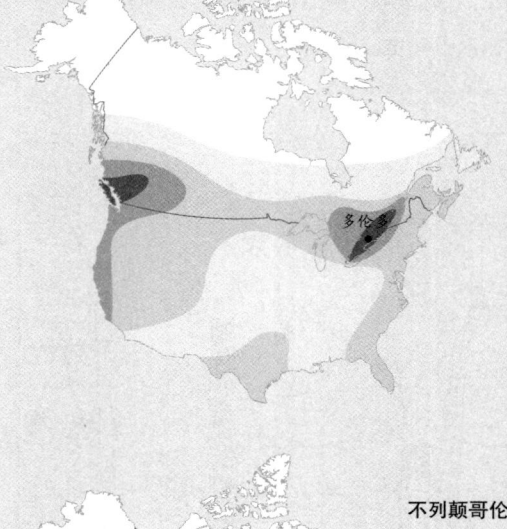

安大略

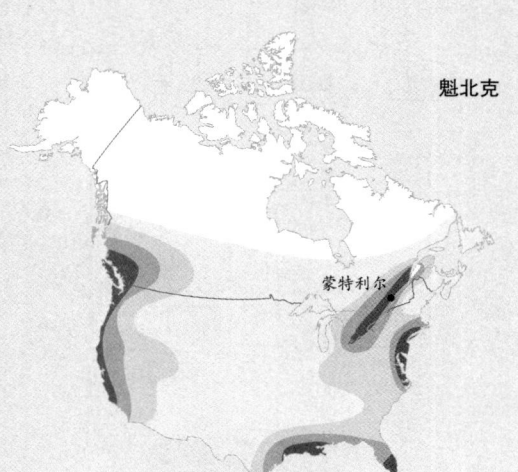

魁北克

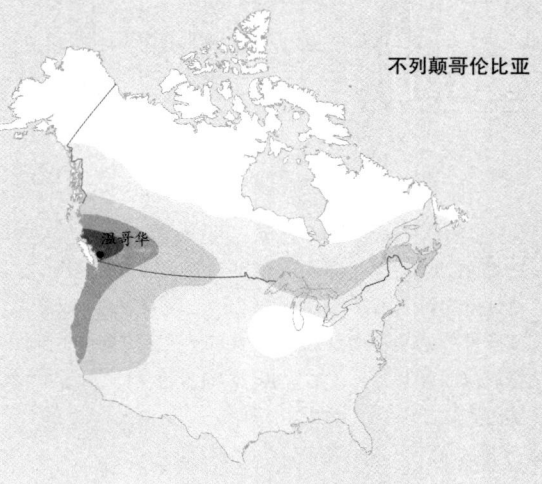

不列颠哥伦比亚

生命阶段

决定个人出行类型的第一个变量是**生命阶段**（stage in life），这是对某个年龄组的全体成员而言的。生命阶段包括学龄前、学龄、青年、成年和老年。学龄前儿童除非有父母或保姆陪伴，否则他们的活动范围只限于住宅附近。低年级学龄儿童出行距离通常较短而高年级学生出行距离较长。课外活动一般限于散步、骑自行车或父母驾车把他们带到不远的地方。中学生和其他年轻人比幼小儿童流动性大、参加的活动多。他们参与更多的空间相互作用。成年人对家务负有责任，要为购物和有关儿童保育等事项而出行，还要离家进行社交、文化娱乐等方面的活动。赚钱养家的成年人通常会比其他家庭成员出行的距离更远。老年人可能由于年迈体衰或兴趣方面的原因，活动空间有所缩小。

机动性

影响活动空间范围的第二个变量是机动性，或出行能力。这里暗含着对出行费用和克服距离摩擦力需要做出努力的非正式考虑。如果收入高、有汽车，而且燃料费用只占家庭预算的小部分，那么出行机动性就大，而且个人活动空间也大。在汽车不是常规个人交通工具的社会，日常活动空间可能局限于自行车或步行所能达到的较短距离内。显然，出行决心的强度和道路状况都影响着出行决心的执行。

各国或各地区收入较高者的机动性相对较大，人们活动空间范围较广。但是活动范围也不是无限的。一天24小时是固定的，大多数时间用于工作、做饭和睡觉。另外，公路、铁路和航空线路也是固定的，因此，即使最具机动性的人也受制于他们能够利用的活动空间的数量。没有谁能轻易声称他的活动空间是全世界。这种限制的一个例子是：住在市郊社区的女性，她们必须平衡做饭与照顾孩子等家庭责任和在工作场所活动之间的关系。在这种情况下，女性的机动性就受到限制，结果就导致了她们职业机会有限。

机　会

限制活动空间的第三个变量是个人对有可能进行的活动的可行性或机会的评估。例如，在亚洲大量涌现的城市中，赤贫者就近满足其日常所需，而从住地外出旅行的动力极小。在穷困的国家和邻里中，低收入限制了出行的动机、机会、目的地和必要性。同样，如果一个人住在人口稀少的偏远地区，公路、学校、工厂或商店的数量都很少或没有，其出行的动力和机会就有限，因而活动空间也有限。受生命阶段调控的机会和机动性，在很大程度上与个人所参加的空间相互作用的数量有关。

8.6　扩散与新发明

正如第7章所述，空间扩散是一种过程，一种观念、办事方式或物质通过这种过程从其发源地向新领域传播。观念就是一种思想或发明，例如一种新的思路——举例来说，认为通过网络购物是可取的。办事方式可能是网络购物的实际过程。物质是真实的事物，比如通过网络购买的货物。扩散是空间相互作用地理概念的核心。

一个活动中心产生的思想可能会留在原地，除非存在有利于其扩散的某些作用。新发明——因接受新思想而发生的一种文化的改变——有几种传播方式。有些新发明的优势如此明显，以至于很快就被能负担得起或能从中获益的人所使用。石油提炼方面的新进展，无论其传入地点多么遥远,迅速采用这种进展的所有大石油公司都渴望得到非常高的回报。小麦和水稻的新品种能够大幅度提高世界上大多数地区农作物产量——是"绿色革命"(在第10章讨论)的组成部分,很快就为所有谷物生产国农学家所知晓。但是,可能因此得益的大多数贫穷国家对其接受要慢得多,部分原因是农民难以支付所需费用,而且空间相互作用受到限制。

许多新发明看似无重要性,但是长期来看,广泛采用表面上无关紧要的新发明偶尔会带来很大的变革。一支被少数人"选唱"的悦耳曲调,可能引领更多人喜爱这支曲调和其他类似的曲调。这本身又可能影响到舞蹈编排,服饰的选择,然后又可能影响零售商的广告战和消费者的消费方式。最后,它可能被确认为一种新的文化形式,对接受这种形式的人和那些与接受者接触的人的思考过程产生重要影响。请注意,这里指广义的新发明,但也要注意,其重点是新发明是否被接受。

就空间而言,我们能够确定与新发明扩散有关的许多过程。每种过程都是基于新发明在人与人之间、因而也是地方与地方之间传播的方式。以下两节"传染扩散"和"等级扩散"就讨论这些过程。

传染扩散

假如一位科学家开发了一种汽油添加剂,明显改善了汽车的性能,又假定他向亲朋展示了这一发明,亲朋转而告诉其他人,那么这个过程就像传染病的传播一样。这种新发明就继续扩散,直至遇到障碍(即人们对这种新想法不感兴趣)或该地区达到饱和(即所有用户都采纳了这种新发明)为止。这种**传染扩散**(contagious diffusion)过程每一步都遵从空间相互作用距离衰减的规律。短距离接触的可能性大于长距离接触,但是随着时间的推移,新思想有可能从发源地传播到远方。图8.8表示理论上的传染扩散过程。

此类扩散的许多特征值得注意。如果一种思想在潜在的采纳者眼里是有价值的,那么他们就会成为采纳者,采纳者和潜在采纳者的基数就会增加。因此,新发明的传播开始较慢,然后越来越快,一直达到饱和或遇到障碍为止。采纳的发生率可用图8.9所示的S型曲线来表示。受那些新发明影响的地区起初很小,然后以越来越大的速率扩大。当涉及的地域和(或)人群减小时扩散过程就会减缓。图8.10表示一种疾病的传染扩散。

如果一个发明家的想法落在营销商手中,扩散过程就可能和上文讨论的扩散进程有所不同。经销商可能利用传媒把这种思想"强加"到每个人的心中。如果传媒的影响是地方性的,比如地方性报纸,则采纳的格局会和上文描述的相似(图8.11)。然而,如果所用的宣传媒介是全国性的电视、报纸或杂志广告,则了解这种新发明的人数就大体与人口密度相关。人口越多的地方,当然就有越多的潜在采纳者。经济障碍和其他障碍也可能影响扩散。因此,你立即就会明白,为什么大型电视市场如此宝贵,为什么全国性广告如此昂贵。

传染扩散过程的模式可能和距离衰减过程一同发生作用。从大众传媒中得知并采纳新发明的许多人会告诉其他人,因此地方性传染效应在最初的接触之后很快就传到其他地方。每种类型的媒体都有自己的影响力水平。广告商已发现,在人们把这些新发明作为重要消息接受之前,他们必须反复宣传。这一事实在某种程度上说明大众传媒的效力与其他接触——比如面对面的接触——有所不同。

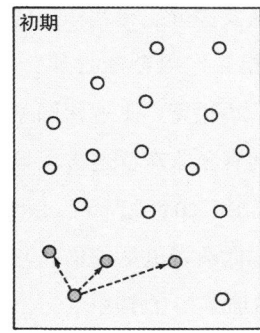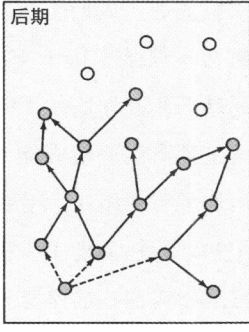

图8.8 传染扩散。一种现象从一个地区向相邻区位传播的现象,但在此过程中这种现象仍然保留在起源地且常常得到强化。

资料来源: *Reproduced by permission from* Resource Publications for College Geography, Spatial Diffusion, *by Peter R. Gould, page 4. Association of American Geographers, 1969.*

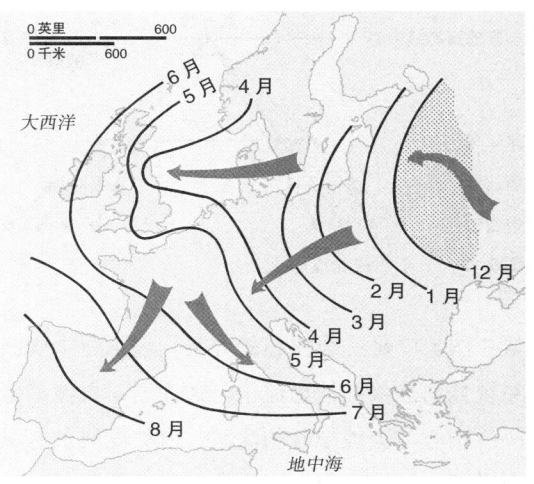

图8.10 传染扩散过程对时间和距离敏感,例如1781年欧洲流感大爆发的扩散。流感从俄国开始向西传播,在大约8个月内遍及全欧洲。

资料来源: *Based on Gerald F. Pyle and K. David Patterson,* Ecology of Disease *2, no. 3 (1984):179.*

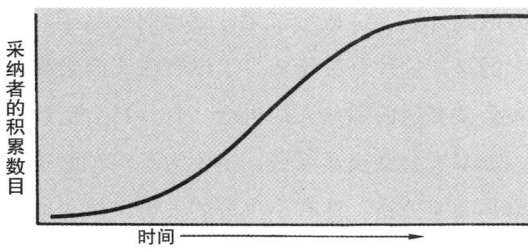

图8.9 新发明随时间的扩散趋势。一种新发明采纳者的人数以递增的速率上升,直至达到最终决定采纳这种新发明人数的一半为止。在这一点上,采纳者人数的递减速率增加。

等级扩散

新发明的第二种传播方式是和传染扩散的某些方面相结合进行的,并且包括一种新要素:等级。等级就是把物体划分为各种类别,而后这些类别日益复杂化或具有日益高级的地位。许多组织系统都有等级,例如政府官员(组织系统图)、大学(讲师、教授、院长和校长)和城市(村、镇、地区中心和大都市)。**等级扩散**(hierarchical diffusion)就是新发明在地方系统中向上或向下传播的过程。

举一个例子,让我们设想某个大城市采用

图8.11 危地马拉城街景。广告是现代社会一种强大的扩散手段。充斥于广播、电视、报章杂志和广告牌的广告,传达着各种产品和新发明的信息。(© *Laurence Fordyce; Eye Ubiquitous / Corbis Images*)

了一种新的汽车交通管理方法。这种新方法在扩散,但是可能只有规模相近城市的官员首先接受这种新思想。情况可能是传播到大城市的信息质量较好,或者大城市比小城市在财政上更有可能采用这种思想。最后,由于这种新方法变得更广为人知,或者财政上更加可行,小城市也采用了这种新方法,并这样逐级向下扩

第8章 空间相互作用 · 317

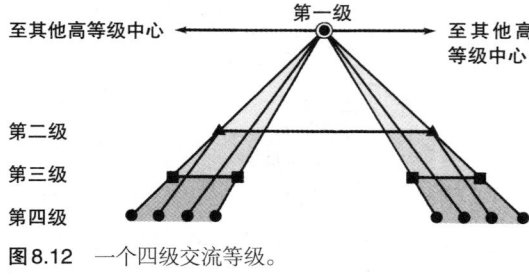

图8.12 一个四级交流等级。

散。图8.12是一个假想的方案，表示一个四级系统如何连接到信息流中。请注意，虽然最低一级中心与上级中心相联系，但彼此间没有横向联系。还可以观察到这些联系可能绕过中间等级，只和较高等级的中心联系。

许多时候，等级扩散和传染扩散同时发生。可以预期，当高等级中心密度较大而且这些中心彼此距离较近时，情况会有所变化。传播一种思想既迅速又便宜的方法是在高等级水平上进行信息交流，然后就能够最有效地利用这三种方式扩散。即使一种思想在高等级水平上扩散，它也是从高等级中心向外扩散。结果，离高等级中心较近的低等级中心可能先于距离较远的中等级中心了解到这种新技术。住在郊区和大城市附近小镇的人比大城市的新市民更知情，新市民如同半个大陆以外其他大城市里的人一样。图8.13和图8.14是来自日本的这种模式的案例。

这些扩散方式在文化传播中也起作用。其结果就是上文已讨论过的空间相互作用和创新。同时，第7章所述的迁移、入侵、对文化选择性吸收和文化转移均有助于新技术的扩散。这些较广泛的运动和交流，表现了人们超越其通常活动空间的相互作用（见"有据可查的扩散"专栏）。

8.7 空间相互作用与技术

在空间相互作用机会很多的时候，这种作用就成为了人们生活的主要部分。相互作用的机会不仅基于用于空间相互作用金钱的多少，还基于相互作用的手段。20世纪，工业化国家的工薪阶层一般有能力拥有私家车，这极大地增加了空间相互作用的范围。20世纪末到21世纪初，我们见证了手机、低话费电话通信和互联网如何在一定程度上增加了相互作用。

汽 车

汽车给个人日常生活提供了快速灵活的出行方式。它增强了人们克服空间距离的能力，对工作和服务场所产生深刻影响。很多工作被分散到郊区，造成城市无计划地向外蔓延。不幸的是，这种分散化减少了没有汽车而必须依赖公共交通的那些人的机会。有些社会反对进一步发展公共交通系统，主张为小汽车修建公路和高速公路。拥有小汽车的人可以便捷地上下班、购物、探访亲朋、参加各种聚会。而小汽车变得更舒适和高科技化，又进一步激励人们寻求更多相互作用的机会。除非当地政府控制城市增长和发展，否则其结果就是城市环境的蔓延——人们似乎总是从一个地方迁居到另一个地方。越来越多的人有能力购买小汽车，使得空间相互作用增加的过程不间断进行。

电 讯

空间对信息流而言，较之对人和物的运动具有不同的含义。例如，通讯并不意味着要花时间将物体搬来搬去（虽然在通常情况下信件和印刷品仍须如此）。的确，现代电讯中信息流无论距离远近都能够瞬时到达。其结果是——时空收敛到乌有之乡。贝尔系统报告告

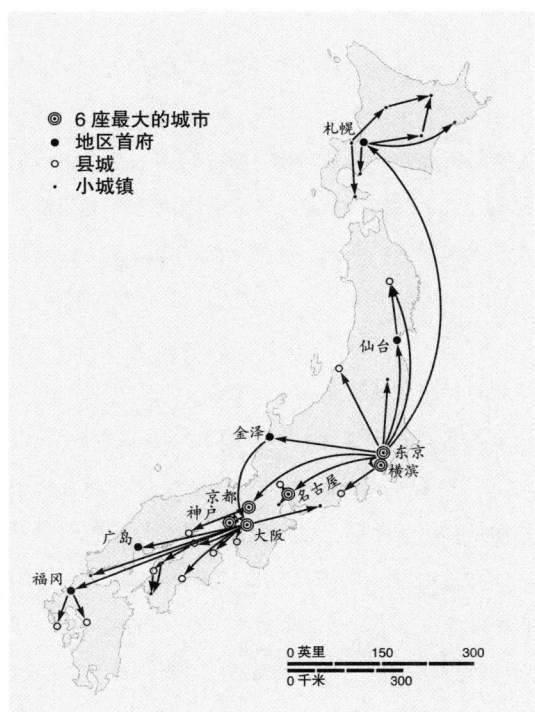

图8.13 作为国际服务性社团组织成员的扶轮社,是在20世纪20年代的日本大城市中建立起来的。在创始机构赞助下建立了新分支机构。本图展示了等级扩散和传染扩散两种格局。

资料来源:Redrawn with permission from Yoshio Sugiura, "Diffusion of Rotary Clubs in Japan, 1920–1940: A Case of Non-Profit Motivated Innovation Diffusion under a Decentralized Decision-Making Structure," in Economic Geography, Vol. 62, No. 2, p. 128. Copyright © 1986 Clark University, Worcester, MA.

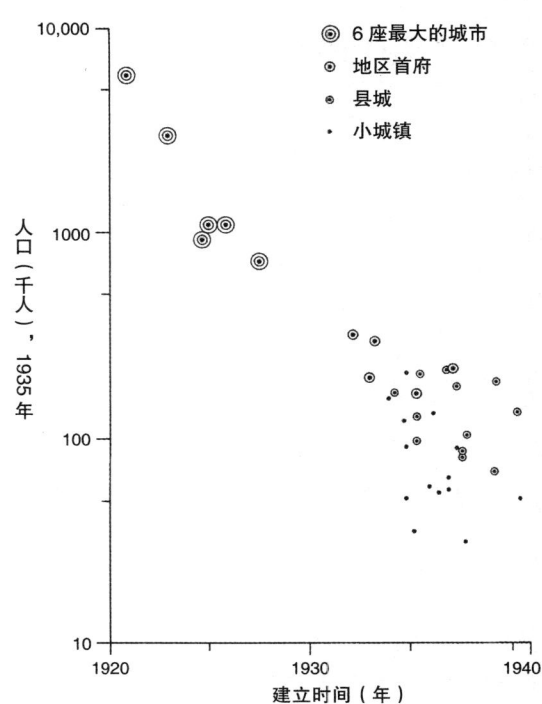

图8.14 本图展示了扶轮社在日本传播的等级扩散的组成部分。一些大城市是扶轮社活动的一级中心,下面是城市人口与城市功能逐级降低的等级。

资料来源:Redrawn with permission from Yoshio Sugiura, "Diffusion of Rotary Clubs in Japan, 1920–1940: A Case of Non-Profit Motivated Innovation Diffusion under a Decentralized Decision-Making Structure," in Economic Geography, Vol. 62, No. 2, p. 128. Copyright © 1986 Clark University, Worcester, MA.

诉我们,1920年,一个3分钟的横贯大陆的电话费时14分钟、动用8个接线员、花费15美元以上。1940年,同样电话的完成时间减少到1.5分钟、话费降低到4美元。而20世纪60年代,横贯大陆的长途直拨电话接通时间不到30秒,而现在电子转接使接通时间减少到只须拨号和接听的时间。到20世纪90年代末期,随着互联网上语音通讯的出现,长途电话的话费已不复存在。

互联网和通信卫星使世界范围内的个人与群体通讯和数据传送瞬间可达。这些使通讯时空收敛的技术往往也有利于空间–费用收敛。从前按距离计价的国内邮件,现在可以同一价格发送到全国各地。

可以想象,与汽车相比,目前的通讯技术革命将为人们的生活、从而对社会与产业结构带来更深刻的影响。对拥有通讯能力的人而言,他们空间相互作用的水平得到了可观的提高(图8.15)。手机、电子邮件、互联网通信和廉价电话服务造就了一种生活方式:人们可以在白天较好的时段和其他人通话。因为企业借助

专栏 8-2 有据可查的扩散

对现代文化具有重要意义的思想、事物和技术的发源地，我们只有模糊的认识或推想，对其扩散途径至多也只是猜测性的。人们推测火药、印刷术和面条是中国人发明的，斜挂大三角帆的出现可追溯到近东文明，铧式犁的发明归功于6世纪东北欧的斯拉夫人。这些发明传播的顺序和路径并没有文献记录可资证明。

其他案例中则留存在着相关记录，而扩散过程可以从不同角度进行分析。最明显的例子是源自美洲印第安人吸烟习惯的扩散途径。沃尔特·雷利爵士（Sir Walter Raleigh，1554—1618年）[①]手下的弗吉尼亚殖民者于1586年回到英格兰老家，把吸烟行为引进英国上层社会，而后这种行为很快就在平民中传播开来。英格兰成为欧洲北部这种新习俗的发源地，1590年英国医科学生把吸烟引入荷兰。荷兰人和英国人一起把这种习俗传播到波罗的海和斯堪的纳维亚地区，又经陆路通过德国传入俄国。这种新习俗继续向东扩散，在100年内传播到西伯利亚，到18世纪40年代又被俄国皮毛商重新传入美洲大陆的阿拉斯加。吸烟扩散的第二条路径是从西班牙经过地中海地区进入非洲、近东和东南亚。

在距现今更近的年代，20世纪30年代中期，伊利诺伊州北部和艾奥瓦州东部一些有想象力的农户最先种植杂交玉米；20世纪30年代晚期和20世纪40年代初，这些新种子向东传播，远达俄亥俄州和明尼苏达州北部、威斯康星州和密歇根州北部等地。到20世纪40年代晚期，美国和加拿大南部所有种植商品玉米的地区都栽种了杂交品种。

沃尔玛连锁店的扩展也是一种传染扩散模式。这些有折扣的连锁店1962年从阿肯色州西北部的发祥地开始，到20世纪90年代就已遍布美国，成为全国营业额最大的企业。沃尔玛在其扩展过程中展示了一种"反向等级"扩散，先从小城镇铺开，然后在各大中城市和大都会地区开设其当地首家商店。

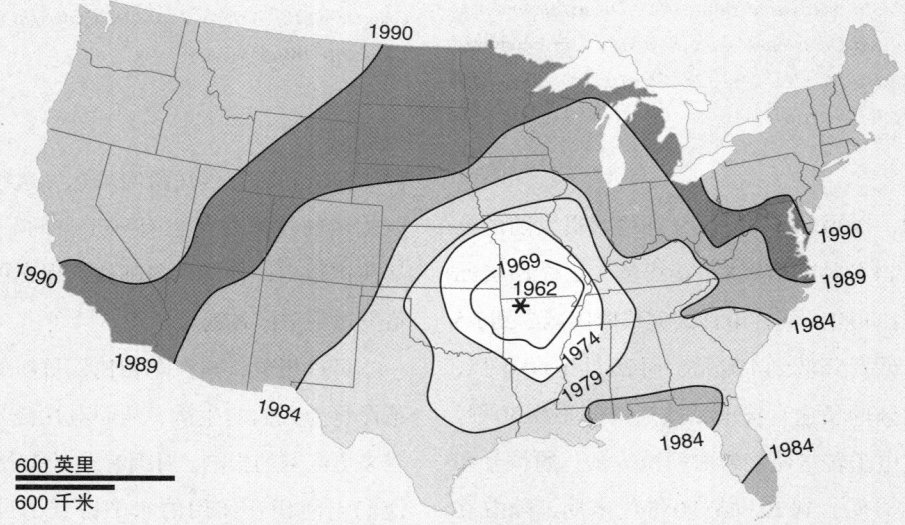

资料来源：Redrawn from data in Thomas O. Graff and Dub Ashton, "Spatial Diffusion of Wal-Mart," *The Professional Geographer*, 46, No. 1, pp. 19–29. Association of American Geographers, 1994. Reprinted by permission of Blackwell Publishers.

[①] 英国探险家、美洲殖民者。——译注

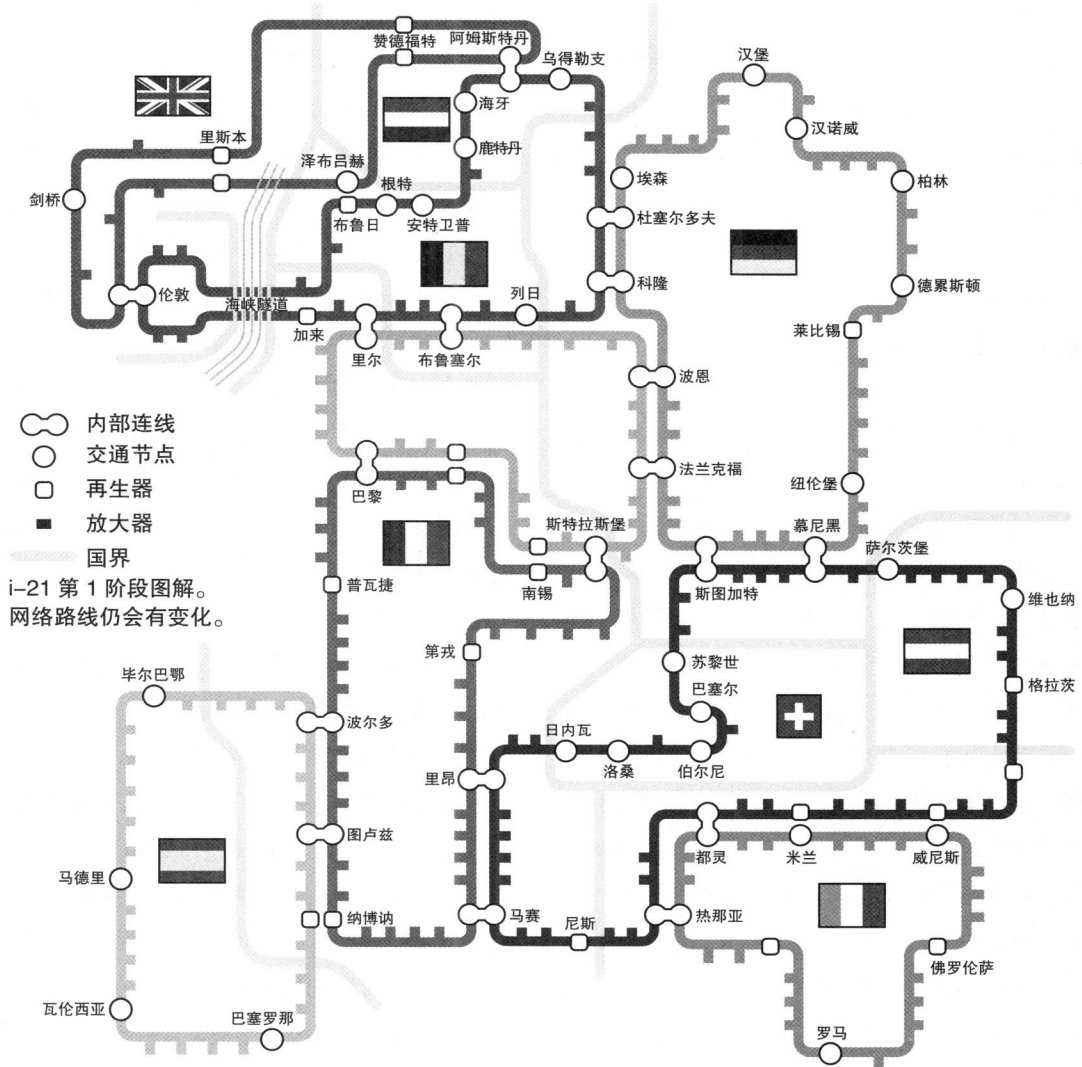

图 8.15 欧洲部分地区互联网 i-21 网络地图,这是一张连接 16 国 61 座城市的光缆网络。它具有每秒钟携带 10 亿兆比特信息通讯量的容量。

资料来源:Martin Dodge and Rob Kitchin, *An Atlas of Cyberspaces,* Copyright Martin Dodge, 2004. This work is licensed under a Creative Commons License. Available at http://www.cybergeography.org/atlas/interoute_large.gif.

于这种技术优势,通过在线提供服务和商品,减少了人们各种外出购物的次数。此外,许多人在远程办公环境中谋生。就是说,他们在互联网上做生意,因此不必加入每天早晚上下班的行列。这意味着许多人发现自己不必勉强住在拥挤的城市环境中,因此城市向外蔓延的步伐可能加快。

多种行业将变得相对自由,也就是说,这些行业在空间上不必受其他行业或城市环境的约束。因此,一些工薪低廉的区位很可能繁荣昌盛起来。这是因为,如果厂主或网上商业公司有权选择任何地点,他们就会寻求工资低、技术水平高和像热带环境那样温暖又舒适宜人的地方。

虽然汽车使人们能够长途上下班，但远程办公从根本上减免了通勤的必要。同时也刺激了城市的无计划扩张。由于电讯革命开始于20世纪90年代中期而且方兴未艾，因此我们还不能预测它将如何影响我们的生活方式。

8.8　迁　移

人类历史上的一个重要方面是**迁移**（migration），即住所和活动空间的永久性重新安置。迁移能促进相互分隔的文化的发展、有助于那些文化的扩散，并且有助于世界各地人民和文化的交融。北美、澳大利亚和新西兰的殖民地牵涉到人们长距离的迁移。提起大规模迁移，我们立即就会联想到古今战争中难民的逃亡、犹太人在以色列定居、当前墨西哥和中美洲劳工向美国迁移，此外还有其他无数的例子。在以上情况下，各种社会将其文化移植到新地区，因此他们的文化向外扩散并相互混合，历史也由此改变。

一国之内、跨越国界和大陆之间的大规模人口移动，业已成为近几十年人们紧迫关心的事项。这种人口移动影响国家的经济结构，决定人口密度和分布格局，改变传统意义上种族、语言和宗教的混合方式，以及加剧国内的纷争和国际紧张关系。迁移的模式和冲突触及社会与经济关系的许多方面，成为当代地理实体中的重要角色。本章中我们把迁移作为人类空间行为的一种确凿无误的、反复发生的、近乎世界性的表述。

迁移类型

我们可以在不同尺度上讨论迁移流，从大规模的洲际涌流到个人在同一大都市内的迁徙。尽管不同尺度控制空间行为作用的机制始终如一，但是直接影响空间相互作用的原因却各有不同，对人口格局和文化景观的影响也有不同。

迁移距离的长短和其对人们生活的干扰程度，无疑会凸显出对移民研究具有重要意义的种种差异。住处从市中心向郊区的迁徙，必定改变许多学童和成人的非工作活动空间，但上班族可能依然以该城市——实际上是同一个就业场所——作为活动空间。另一方面，从欧洲到美国和19世纪末到20世纪初美国人从农村到城市的大规模迁移，则意味着行为模式全方位的彻底改变。

在全球尺度上，洲际移民的迁移范围从最早定居的适宜居住的地方到最近亚洲和非洲难民逃往的欧洲和西半球。美国、加拿大、澳大利亚和新西兰、阿根廷、巴西和其他南美国家的人口结构，反映了始自16世纪和17世纪的涓涓细流变为19世纪和20世纪初期如洪水般的大规模洲际迁移的过程。此后在20世纪第二次世界大战中和紧随的战后时期，2500多万人永久性地跨国定居，但不全是洲际的迁移。

洲际迁移和地区之间迁移包括跨国的与国内的迁移，最常见的是个人和群体为改善经济前景或为了逃避困难或危险的环境、军事、经济或政治状况而迁移。随着包括苏联和南斯拉夫在内的东欧共产主义国家的解体，成百万难民离开本国，这就是此类群体迁徙的例子。1980—2000年，欧洲接受了大约2000万新移民——其中多为难民，包括20世纪90年代初已经进入西欧的1500万流动工人（"外来工人"）。21世纪初大约有1.75亿人——世界人口的3%——住在他们出生地以外的国家里。移民已经成为一项世界性的，社会、经济和政治

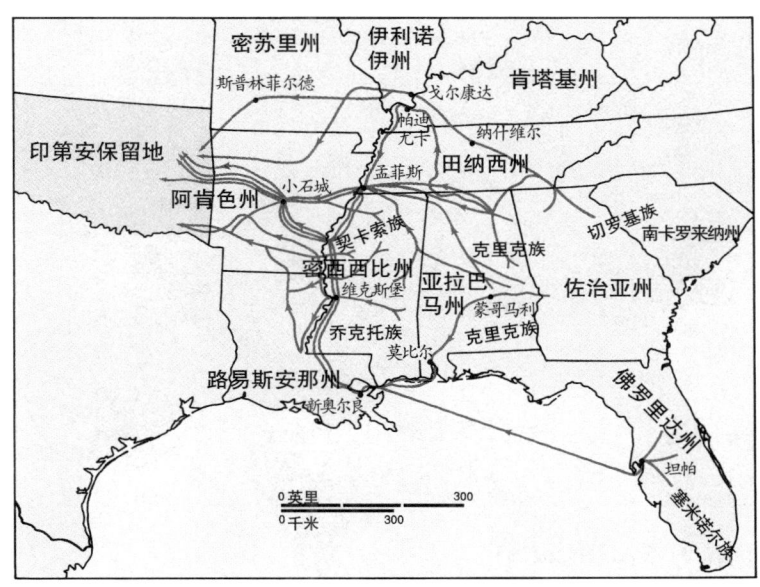

图8.16 被迫迁移：5个开化的部落。1825—1840年，美国东南部约有10万印第安人被军队赶出故乡，迁移到密西西比河对岸，即今天俄克拉何马州的"印第安人保留地"。到目前为止，印第安人数最多的是南部5个开化的部落：切罗基族、乔克托族、契卡索族、克里克族和塞米诺尔族。这些定居的、基督教化的、有文化的小农，在被武力驱赶的艰辛旅程——特别是在1837—1838年严酷冬季的迁移，被切罗基人称为"泪水之路"——中经历苦难和死亡。

上的首要问题。

迁移有可能是被迫的，也可能是自愿的，或者在很多情况下是被境况所迫而勉强移居。在被迫或非自愿迁移的情况下，重新定居的决定完全是由移民本人以外的人做出的（图8.16）。从16世纪晚期到19世纪初期，1000万—1200万非洲人作为奴隶强行迁往西半球。虽然有近百万人抵达美国，但一半以上被遣往加勒比海地区，其余大部分到达中美洲和南美洲。澳大利亚最早的欧洲殖民地为18世纪80年代以后英国人因流放罪犯而在其东南部（新南威尔士）建立的苦役营。较近期的非自愿迁移包括数以百万计的苏联人被强行从农村迁往城市，以及20世纪20年代开始从西部地区强行迁往西伯利亚和俄罗斯远东的劳动营。

从1969年开始，印度尼西亚政府开展了一项咄咄逼人的计划，即从人口密集的爪哇岛向本国其他岛屿和地区移民，这项被称为"历史上最大的殖民计划"使大约800万印度尼西亚人在非完全自愿的情况下重新定居——非自愿迁移。据世界难民调查（World Refugee Survey）的资料，2003年因战争、政治动乱和压迫造成的国际难民约为1500万人——当时地球人口中每415人中就有1人是难民。过去难民主要到欧洲或其他发达地区寻求庇护。近年来人们主要从发展中国家逃往其他发展中地区，难民较多的许多国家也是世界上较穷的国家。1990—2003年，伊朗成为大约240万阿富汗难民和同样数量的逃避镇压、迫害和战争的伊拉克人的东道主。只撒哈拉以南非洲一地，就容留了300多万难民（图8.17）。世界范围内，还有2200万人"内部转移"，实际上是其本国内部的难民。他们为了安全或为了生计，离开故里但并未越过国界。

不过，迁移运动的主体是自愿的，表现出对影响一切空间相互作用决策因素的个人反

第8章 空间相互作用 323

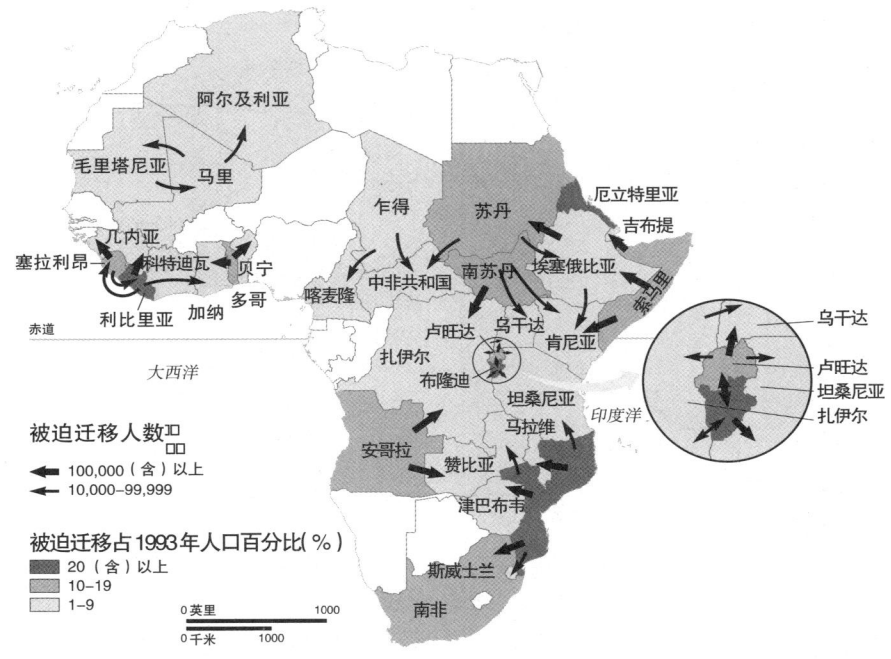

图8.17 非洲难民流。近年来政治动乱迫使成百万非洲人离开家园穿越国界。

资料来源：*Redrawn from William B. Wood, "Forced Migration,"* The Annals of the Association of American Geographers, *84, no. 4, Figure 3, p. 619. Association of American Geographers, 1994.*

应。迁徙之所以发生，其根本原因是移民相信，移居目的地带给他们的机会和生活会比目前状况好。

迁移动机

迁移决策是一种文化和时间上的变化因素。游牧民逃避饥馑和非洲**萨赫勒**（Sahel）地区不断蔓延的沙漠，其动机显然有别于为了得到一个职位而移居到芝加哥的经理人员，有别于为了寻求城市里工厂的工作而移居城市的阿巴拉契亚居民，也有别于为了寻求阳光和沙滩而移居的退休夫妇。一般来说，自愿决定迁移的人是为了寻求更好的经济、政治或文化环境，或者舒适宜人的地方。对许多人而言，迁移的理由常常是上述各种因素的结合。

因家境不佳被迫决定迁移的情况被称为**推力因素**（push factor），包括失业、缺少就业机会、过分拥挤和其他各种影响——如贫穷、战争和饥馑等。预想中迁移目的地的吸引力被称为**拉力因素**（pull factor），包括被认为存在于新地点的一切有吸引力的属性——也许是安全和食物，或者是就业机会、良好的气候、低税率、更宽敞的住房等。迁移经常是迁移者感觉到的推力因素和拉力因素共同作用的结果（图8.18）。这是对至关重要的机会和对需求满足的直觉，而不管这种直觉是否会得到客观现实的支持。

比起其他任何单个动机，经济考虑对迁移有着更大的推动力。如果迁移者在原住地面临不满意的状况（比如失业或饥馑），并相信其他地方经济机会较好，他们就会被移居的想法所吸引。贫穷是巨大的激发因素。世界大约有30%的人口——几乎有20亿人——每天收入不足1美元。还有许多人是干旱、洪水和其他自

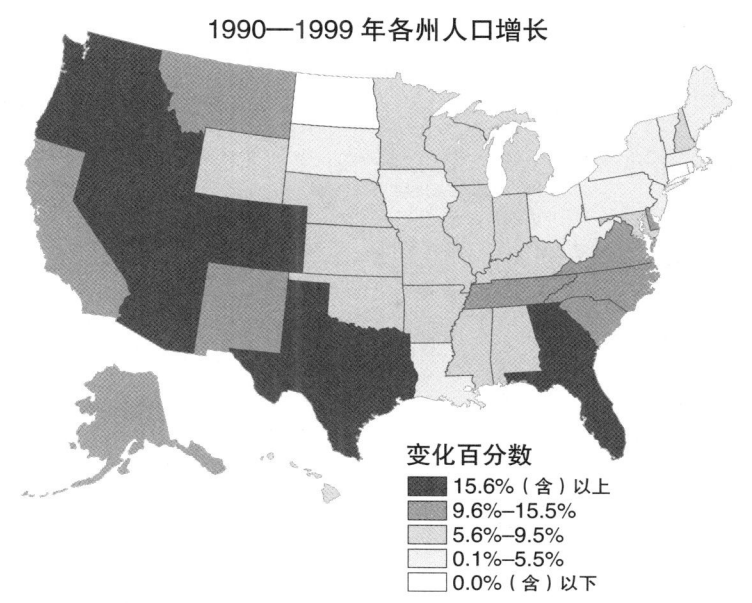

图 8.18 美国的移民。虽然出生率和死亡率与人口增长密切相关,但1990—1999年美国人口增长的格局在很大程度上是由向西部、西南部和东南部净移民所致。拉力因素包括就业机会和温和的气候,推力因素包括就业机会丧失和严酷的气候。

资料来源:*Population Reference Bureau.*

然灾害或战争和恐怖主义的受害者。发展中国家的乡村最为贫困,农村地区是世界上最贫穷的7.5亿人的家乡,其中每年有2000万—3000万人移居城镇——许多人是"环境难民"。他们丢弃了被严重侵蚀或因地力耗竭而不能再支持他们的土地,加入城市中40%以上失业或不充分就业的本国劳动力大军,或寻求合法或非法手段进入发达世界更有前途的经济中。所有这些农村或城市的移居者,都是对相同作用力——贫穷的推动力和察觉到的或预期机会的吸引力——的反应。

逃避国内战争与迫害的愿望和对新地点自由的追求是迁移的政治动机。美国人都熟知为了寻求宗教与政治自由而移居北美的殖民者的历史(图8.19)。美国在近代接受了成千上万的难民,他们来自不同国家,诸如1956年暴乱后的匈牙利、菲德尔·卡斯特罗接管政权后的古巴,以及南越政权倒台后的越南。1947年,当巴基斯坦和印度作为统治实体而建立的时候,印度教徒和穆斯林大规模横越印度次大陆是出自宗教原因;20世纪30年代大量犹太人为躲避迫害而离开纳粹德国,则是政治原因引起迁移的例子。更近的年代里,在图西族人(Tutsis)掌控卢旺达政府后,约100万胡图人(Hutus)逃亡到相邻非洲国家。①住在波斯尼亚的穆斯林被塞族人赶出其家园,而许多海地人在一次政治危机中因遭受严重经济匮乏的影响而逃往美国。

迁移通常要牵涉到决策的层次,但也不总是这样。人们一旦决定移居,而且选定了大体的目的地(例如美国或"阳光地带"),他们就必须进一步选择定居的具体地点。在这个尺度上,文化变量可能是重要引力因素。移居者趋

---

① 卢旺达有两个主要的种族:胡图族和图西族,图西族一直是卢旺达最强大的种族政治势力,胡图族则多为奴隶。——译注

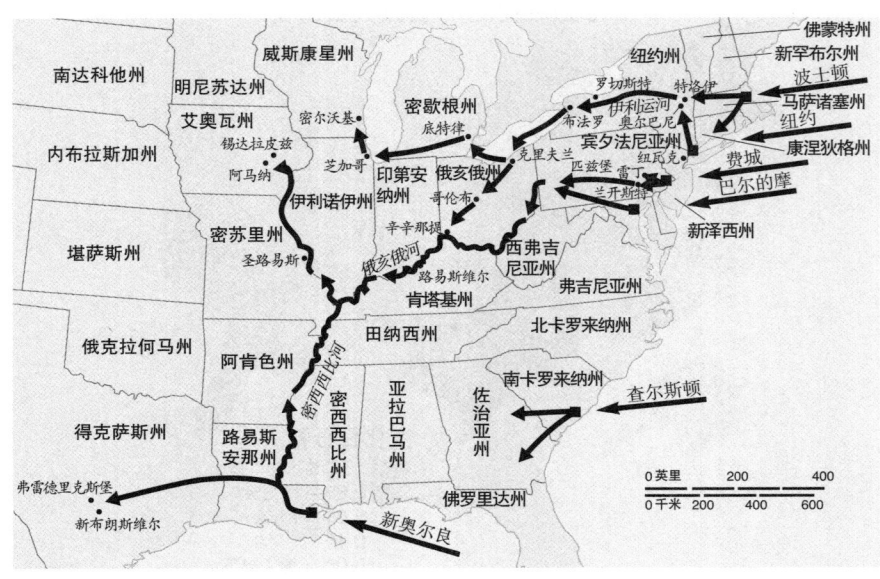

图8.19 早期从德国向美洲移民的主要路线。大多数离开德国的移民是由于受到宗教和政治迫害。他们选择美国不仅是由于移民受欢迎，还由于美国需要劳动力且又有耕地可资利用。首批移民到达波士顿、纽约、费城、巴尔的摩、查尔斯顿和新奥尔良，许多人定居下来。这些移民带来了他们的文化、宗教、语言和饮食爱好等方面的特色。

向于被语言、宗教、种族或民族背景等方面和他们相近的地区吸引。这种相似性有助于使他们到达目的地的时候感到自在，还可能使他们较容易找到工作并融入新文化中。大城市中的唐人街和小意大利证实了文化因素的吸引力，如第7章所述。

另一组诱因可归纳为舒适宜人的环境，即一地特有的别具吸引力或令人愉快的特征环境。这种环境可能是自然方面的（山地、海洋、气候等），也可能是文化方面的（例如大城市欣赏艺术和音乐的机会）。这些条件对追求"好生活"的相对富裕的人尤为重要。舒适宜人的环境有助于说明美国所谓的"阳光地带"对退休人员的吸引力。在英国和法国等国家也观察到类似的向南方海岸的迁移。

各种动机的重要性因移民的年龄、性别、教育和经济状况而异（见"性别与迁移"专栏）。对当代美国而言，移居的理由可归结为互不排斥的有限几类：

（1）生活进程改变，例如结婚、生子、离婚或孩子离家等；

（2）职业周期改变，例如大学毕业、得到第一个职位或升迁、调任或退休等；

（3）因城市开发、建筑项目之类造成的被迫或不情愿的移居；

（4）邻里改变，这种改变也许会由于新来的不受欢迎的种族群体、房屋破旧、活动空间中因街道团伙之类引起令人不快的变化；

（5）与个人性格有关的住所变化（慢性流动）。

有些人频频迁徙并没有明确的原因，反之，有些人则永远定居在一个社区，叫作固守者（stayer）。当然，像中国这样的国家，由于对移居的限制和住房严重短缺，另有一套影响迁徙的因素。所谓"移居"（emigration），

性别与迁移

每个层面上的迁移都涉及性别问题。在一个家族或家庭中，对照看孩子之类的活动做出决定或反应时，女人和男人很可能扮演不同角色。这些差别及其背后的不平等，决定了由谁来做出家庭是否要迁徙、哪个家庭成员要移居和迁往何方的决定。在家族以外，有关女性机动性与自主性的社会准则常常限制了她们移居的能力。

原居住地区和接纳地区的经济状况也起一定作用。如果接纳地区有适合女性的工作，她们就有移居的动机，在必要和有利的情况下，家庭也更可能鼓励女性移居。例如，东亚和东南亚成千上万女性移民到中东产油国做服务性工作。

移民对女人和男人的影响也可能不同。移民到一种新经济或新的社会背景可能影响到家族或家庭内惯常的关系和活动。有些情况下，女性可能仍旧从属于家中的男人。对伦敦的希腊-塞浦路斯移民女性和荷兰的土耳其移民女性的一项研究发现，虽然这些女性在新的社会中也有薪酬，但这些新的经济角色丝毫也没有影响她们在家庭中的从属地位。

不过，在其他情况下，移民可能给予女性在家庭中较多的权力。在刚果民主共和国，农村女性移居城市得到就业的机会，并在这个过程中从男人那里得到独立的地位。

了解性别在移民中作用的关键之一是解读家庭决策的过程。许多研究者把移民看成一种家庭的抉择或策略，但是有些家庭成员比其他成员有着更大的影响力，而有些成员从移民抉择中得到更多好处。

多年来，从墨西哥到美国的移民流中男人占优势。但女性即使留在墨西哥，仍然对这种移民流起着重要作用。墨西哥女性影响其他家庭成员移民的决定；她们嫁给移居者，从移民中得到利益又为移民提供机会；她们忍受或接受这种移民产生的家庭中的新角色。

20世纪80年代，墨西哥女性移民美国的数量日益增加。墨西哥的经济危机和美国适合女性工作的职位增多——尤其是工厂、家政服务和服务行业的职位，改变了个人移民决定的背景。今天，女性常常是家庭移居或重新定居的发起者。

墨西哥女性已经开始建立自己的移民网络，这是向美国移民和重新定居成功的关键。这些网络向移民提供有关工作和住地的信息，使许多墨西哥女性能够独立做出移民的决定。

在美国的移民社区里，女性常常是与社会机构服务和与其他移民联系的关键。因此，女性在墨西哥移民定居和融入新社会方面起着重要作用。

资料来源：*Reprinted with permission from Nancy E. Riley, "Gender, Power, and Population Change,"* Population Bulletin, *Vol. 52, No. 1, May 1997, pp. 32–33. Copyright (c) 1997 by the Population Reference Bureau, Inc.*

是从某人的国家或地区移居到其他国家或地区。

造成人口流动的因素因时而异。但是，在大多数社会中，有一个年龄组最容易流动：刚成年的青年人（图8.20）。他们是社会上正在开创事业、开始做出就业与住所决定的一群人。他们在所有成年人中所负的责任最小，因此，他们不像较年长的人那样强烈地依附于家庭和公共机构。自愿迁移人口大多数由这些年轻人组成，他们饱受本地缺乏就业机会之苦，

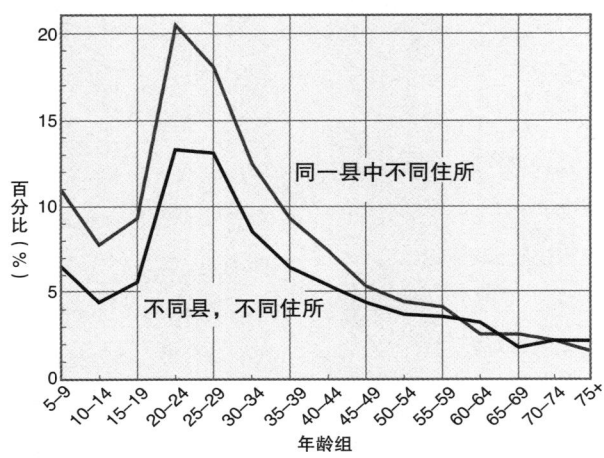

图 8.20 和 1999 年相比较，2000 年 5 岁以上人口拥有不同住所的百分比。美国刚成年的年轻人的数字在短距离和长距离移居方面均最为显著，机动性与年龄相关的格局并不随时间而改变。采样年份的数据表明，33% 的人在十几岁的时候移居，而 65 岁及以上的移居者低于 5%。移居以短距离为主；1999 年 3 月至 2000 年 3 月，美国 4300 万移居者中 56% 移居本县，另有 20% 移居本州的其他县。大约 2/3 的县内（机动性）移居原因与住房有关，长距离移居（移民）可能与工作有关。

资料来源：*U.S. Bureau of the Census.*

很容易利用其他地方的机会。

地方效用（place utility）的概念帮助我们理解潜在自愿迁移的决策过程。地方效用就是个人赋予某个居住地的价值。移居的决定是可能移居的人对目前住地同他们略有所知或所期望的其他地点进行评价——领悟——的反映。个人可能因为适应目前住地的情况而决定不移居。

在评价地方效用的时候，决策者不仅要考虑对目前区位已认识到的价值，而且要考虑每个潜在目的地所期望的地方效用。这种评价和个人的期望水平——个人设想自己的成就或雄心的水平——相匹配。这些期望倾向于调整到个人认为可以达到的程度。如果某人满足于目前的状况，他就不会进行调查。反之，如果某人不满足于家乡的区位，他就会把地方效用指向每个潜在的新地点。地方效用是基于不同地点过去或可望未来的回报的。由于个人不熟悉新地点的情况，他们所得到有关这些新地点的信息就起着替代个人住地体验的作用。决策者除了收集有关新址的信息以外别无良策，当然，在收集信息和解读信息两方面都可能有差错。

潜在移民的目标是使不确定性降到最低。除非能够充分降低不确定性，否则大多数决策者会选择不迁移或者推迟做出迁移的决定。移民可能通过一系列过渡性阶段或仿效前人榜样达到迁移的目的。**逐步迁移**（step migration）包括地点的过渡，例如，从农村到中心城市居住可以通过一系列不甚极端地点的过渡——从农庄迁到小城市，再到市郊，最后迁移到中心大城市。**链式迁移**（chain migration）指移居者是从共同源地向选定目的地定居的移民流中的一分子。第二批和随后的移民跟随已经在新区定居的先遣移民，他们来自同一家乡而且常常是亲戚或朋友。这些人为合法移民建立公共设施和私人服务，为无合法文件的或非法的移民建立非正式的服务网络，而这些又促成连锁移民流的持续或扩大。其直接后果是在许多国家的大城市和农村地区形成了一些异族的和国外出生者的飞地。

有时链式迁移用以特指某种职业以及某些族群。例如，据传印度北方新德里几乎所有报贩都来自印度南方泰米尔纳德邦（Tamil Nadu）中一个很小的地区。新德里多数建筑工人不是来自印度东部的奥里萨邦（Orissa）就是来自西北部的拉贾斯坦邦（Rajasthan），而出租车司机多来自旁遮普地区。一个由大约250个来自几百千米以外小城的相关家庭组成的网络主宰着印度孟买的宝石贸易。

美国也有单个族群主宰某种行业的相似情况。这些种族生态位行业（ethnic niche business）包括韩国人的水果店和希腊人的小餐馆，此外还有很多类似例子。越南女性移民控制了美甲行业，占从事这种职业的女性人数的一半以上。大部分来自菲律宾的女性移民充当护士——尤其是在纽约。纽约市和郊区大约30%的菲律宾女性从事护士或其他保健工作，这种现象是由美国医院对她们积极招聘，以及移民局使护士容易得到签证和获得永久居留身份的绿卡导致的。主要来自印度古吉拉特邦（Gujarat）的移民拥有美国1/3以上的旅馆，其中大多数属于中档或低档经济型旅馆①，如假日酒店（Holiday Inn）、戴斯酒店（Days Inn）和华美达（Ramada）等。

潜在移民做出移民最终决定的另一个目的，是避免人身危险和经济上无利可图的结局。因此，地方效用评价不仅需要对意识到的新地点的拉力因素进行评估，而且还要估计到移民在新地点可能经受的经济和社会接纳方面存在的负面因素。此类观察结果的一个例子是近30年来从加勒比海地区、墨西哥和中美洲合法或非法移民到美国的大量年轻人（图8.21）。

这些刚成年的青年面临家乡的贫困，认为本国地方效用极其有限。然而，他们对空间探寻的能力既受制于缺乏金钱，又受制于在其出生地别无出路。他们怀着到美国工作的愿望和对成功——也许是财富——的渴望，从亲朋那里获知北方邻国的工作机会，虽然可能报酬不高。成百上千的年轻移民立刻把地方效用高的、也许是临时的（可能5年或10年）定居地选在美国。许多人知道如果他们企图非法进入美国要冒险，但即便是合法移民也面临着种种法律约束，这些法律的本意就是降低美国对移民的吸引力（见"破碎的边界"专栏）。那些认为值得冒风险而来的人表明，他们认为新地点的地方效用高于原住地。

20世纪，几乎所有国家都经历过农村人口向城市的大规模运动，延续着18世纪和19世纪发达国家工业革命从农村到城市移民的模式。移民的数目大概相应于人们察觉到的城市就业机会，以及乡村地区所缺乏的地方效用的数量。当然，人的感觉并不一定符合现实。发展中国家贫困农村人口的迅速增加，对乡村地区土地、燃料和水资源都施加了日益增大和无法支撑的压力。无地和饥饿，加上日益衰退的资源导致竞争加剧，推动了乡村人口向城市移民。结果，虽然发达国家城市增长率在下降，但发展中的世界城市化持续加速，这一点在第11章将予以更全面的讨论。

---

① 经济型旅馆有多种分类法，Hotel & Motel Management将旅馆行业分为luxury、upscale、midprice、economy和budget（豪华、高级、中档、经济和便宜）等五种类型；原文指出budget和midprice两种类型，按照这个分类系统，应属于经济型旅馆中的中档或低档者。——译注

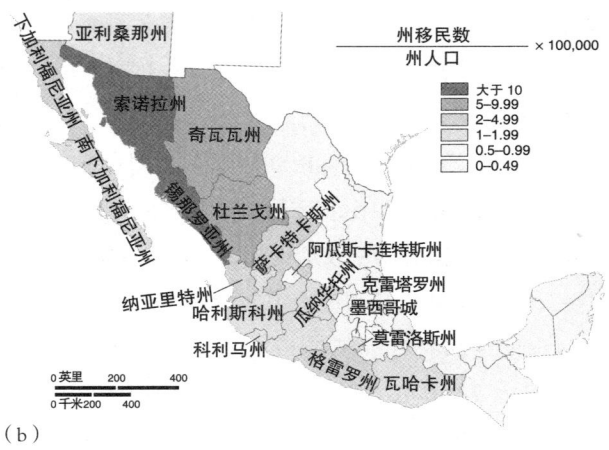

(a) (b)

图 8.21 （a）逃避边境巡逻的墨西哥非法移民。（b）亚利桑那州无证移民的比率。亚利桑那地区和邻近墨西哥各州的历史性联系可追溯到19世纪初。这条边界在许多方面穿过一个文化区。请注意距离在做出移民美国的决定时所起的重要作用，过半移民来自墨西哥和美国邻近的四个州：索诺拉（Sonora）、锡那罗亚（Sinaloa）、杜兰戈（Durango）和奇瓦瓦（Chihuahua）。

资料来源：*(a)* © AP / Wide World Photos; *(b)* Redrawn from John P. Harner, "Continuity Amidst Change," *The Professional Geographer*, 47, No. 4, Fig. 2, p. 403. Copyright © Association of American Geographers, 1995. Reprinted by permission of Blackwell Publishers.

迁移屏障

与迁移诱因相并行的是对迁移的种种阻碍或屏障。这些因素有助于说明这样的事实：即使家乡境况不佳而且知道他乡较好，但许多人仍不认为移居更可取。移民决定取决于人们对其他地区机遇的认识。对他乡机遇知之不多的人移居的可能性，比那些掌握较多信息的人小。其他阻碍因素还有地理特点、移民费用、与原活动空间的个人和组织的联系，以及政府管控等。

出行的天然屏障包括海洋、山脉、沼泽、荒漠和其他自然形态。史前时代，天然屏障对迁移的制约起着特别重要的作用。因此，更新世覆盖欧洲大部分地区的冰盖扩张对人类的迁移和定居都是一种屏障。直到最近400年，天然屏障对移动的限制可能才变得无足轻重。始自公元1500年、使"地理大发现"成为可能的各种进步，以及工业革命带来的技术进展，使人们更容易实现对空间的征服。随着工业化的到来，交通状况得到改善，旅行变得更迅速、更容易、费用更低廉。即使这样，如同仅仅一个半世纪之前驿马骑手所经历的情况所表明的那样，旅行可能是艰辛的，而且今天世界上有些地方的情况依然如此。

移民的经济屏障包括旅行费用和在他乡建立住所的费用两方面。维持与留在原住地亲朋的联系所需的额外费用，常常也是和费用有关的因素。所有这些费用通常都随着旅行距离而增加，而且对穷人来说，这是一个更重要的屏障。许多独自移民到美国的男子是已婚的，赚到足够的钱后寄给家人前来团聚。这种现象在从加勒比海地区到美国的移民和已定居在北欧和西欧国家的土耳其人、南斯拉夫人和西印度群岛人中间仍很普遍。费用因素制约着长距离迁移，但是原住地当前境况与所知目的地机遇的差异越大，就有越多人愿

破碎的边界

移民可以合法——持有护照、签证、工作许可证或其他授权文件——或者非法进入一个国家。有些外侨只是临时性地进入一个国家（例如以学生或旅游者身份），但会在法定离境日期过后滞留。另有些要求政治避难的人实际上是为寻求经济机会。近年来美国反对非法居留的趋势日益高涨。

虽然无法确定非法居留美国的精确人数——这个数字每日不同，但是大多数权威人士估计其总数在1000万—1200万之间。其中55%—60%来自墨西哥，还有20%—25%来自拉丁美洲和加勒比海地区。他们一旦进入美国，就会寻找农业、屠宰业、建筑业、旅馆业和餐饮业等方面的工作。许多人在私人住所里充当女佣、保姆和园丁。虽然大多数非法外侨——亦称为无证工人——从加利福尼亚州、亚利桑那州和得克萨斯州进入美国并大多留在这些州里，但部分人会到能找到工作的其他地方。许多人不仅融入了洛杉矶、埃尔帕索（El Paso）和休斯敦等地的移民社区中，而且还融入了芝加哥、迈阿密和纽约等地。艾奥瓦州和北卡罗来纳州也有一些增长迅速的非法移民族群。

对非法侨民数量的关切反映在近年来美国采取的许多行动上。

- 自从2001年9月11日世界贸易中心和五角大楼遭到攻击以来，对安全的担心已导致对签证申请者背景审查更严格、对难民和寻求庇护者限制更多、移民局对侨民的住所报告和签证期限执行得更严格，以及边境控制更严格等。

- 为阻止非法穿越美国-墨西哥边界而正在做出的更大努力：在得克萨斯州埃尔帕索、亚利桑那州诺加利斯（Nogales）和加利福尼亚州圣伊西德罗（San Ysidro）修建铁围栏，并增加边境巡逻队人数。除了巡逻车辆外，还使用直升飞机、被称为"雄蜂"的无人驾驶飞机、夜视照相机和隐蔽的电子监控传感器。2005年春天在亚利桑那州和加利福尼亚州部分地区出现了自称为"一分钟人"（Minutemen）的志愿民兵边境巡逻小组，就像一位义务警员所说的那样，"墨西哥40年来从我们南部边界入侵，保卫我们的国家不再遭受此事"。

- 由于应付非法移民的负担落到州政府和地方政府头上，4个州（佛罗里达、得克萨斯、亚利桑那和加利福尼亚）向联邦政府提出请求，要求退还他们因非法移民所耗费的费用。同样的，由与墨西哥毗邻的美国24个县的代表组成的"美墨边境县联盟"（U.S.-Mexico Border Counties Coalition），也正在请求联邦政府退还地方当局为非法外侨法律和医疗服务所支付的费用。这些服务包括对移民的拘留、诉讼和辩护，紧急医疗，救护车服务，乃至每年试图穿越边界的上百死亡者的尸检和埋葬费等。

- 大量未经认可的移民强加于纳税人的财政负担，使学校和公共医疗卫生机构变得拥挤不堪，并造成合法居民所得到的服务减少，有两个州——加利福尼亚和亚利桑那——的选民出于对这些问题的关切，赞成拒绝为非法侨民提供某些服务的提案。其中第一个是加利福尼亚州第187号提案，该提案禁止非法移民及其家庭进入学校，享受社会服务和非急诊的卫生保健。这种措施还要求州和地方机构向移民局和该州某些官员报告可疑非法移民的数目。法院取消了第187号提案，宣布其大多数条款违反宪法，使这些措施未得以施行。2004年亚利桑那州选民通过了第200号提案，该提案拒绝对非法移民提供某些公共利益。虽然该提案并不阻断联邦授权的服务项目——诸如教育或急救等，但提案要求州和地方政府查证每一个申请其他公共利益的人的身份及其是否符合申请条件，还要求人们登记参加选举以出示其作为公民的证据。未能向移民当局通报非法移民而寻求利益的政府工作人员将面临罚款和监禁。

成百万非法居民设法利用1984年和2000年政府颁布的特赦令使自己合法化。布什总统在2005年的国情咨文演说中要求制定一项使现有成百万无证工人合法化的计划。他宣称："我们不应满足于旨在法办一心想养家糊口而努力工作的人的那些法律……现在是制定一项移民政策的时候了，让那些临时性外来工担任美国人不愿干的工作。"在总统建议下，非法移民——"外来工"——将得到长达6年的在美国工作的身份证明，此后他们必须回国。在工作期间他们可以回国而不必担心重返美国被拒绝。有些评论家称布什先生的计划会鼓励更多非法移民，而且认为移居者在美国住了6年之后会自愿回国是不现实的。他们质疑，由谁来识别和负责驱逐数百万超期移民出境？他们还指出移居者在美国生的孩子会获得在美国居留的权利。

© AP/Wide World Photos

思考题

1. 你认为吸引移民穿越边界的"磁铁"是什么：工作还是利益？拒绝服务是否会降低美国的地方效用并因此减少非法移民，或者只要美国和拉丁美洲国家的收入差距依然巨大移民就将持续下去？
2. 加利福尼亚州增加非法越境的难度并未减少向北方迁徙的移民数量，只不过把带领移民越境的蛇头①推向亚利桑那州，现在该州通过蛇头入境的移民占全部非法入境者的30%—40%。有些人相信足智多谋的移民总有办法穿越边界。正如一位观察家所指出的："就像把一块石头扔到河里那样——河水立刻就把它吞没了。"你认为有什么办法能封锁美国与墨西哥之间全长3200千米的边界吗？
3. 对布什总统的议案，持自由论观点的加图研究所（Cato Institute）主张，当不存在迁移屏障，即流动工人可以随意出入境的时候，就会出现循环式迁移（circular migration）。该研究所引用了波多黎各的例子：移居大陆的许多人只不过暂住几年，现在该岛向外移民的情况已经很少。另一方面，"临时工计划"鼓励移民偕同全家移居北方，而那些业已进入美国的人会永远留下来，因为穿越边界的费用越来越高昂且越来越危险。如果你是一位国会议员，你是否赞同创建一项"临时工计划"？为什么？
4. 几乎无人否认美国企业得益于由移民提供的廉价而可靠的劳动力。有些企业——如沃尔玛就是依靠雇佣无证合约者充任美国人不愿干的工作。这些公

---

① 原文为coyote，相应的中文名称是郊狼或丛林狼，这里指帮助移民偷渡而从中赚钱的人。——译注

司声称他们不是移民官,不能指望他们核查雇佣证书的合法性。有意雇佣无证工人是一种犯罪行为,政府是否应强化对雇佣非法移民行为的处罚并加强执法?

5. 你是否认为联邦政府有义务返还州和地方政府为无证移民在教育、医疗保健、监禁和其他法律服务方面所支付的全部或部分费用?为什么?

6. 美国是否应要求公民持有本国身份证并出示给检查的官员?如果是这样,所有看起来像在外国出生的人是否会觉得他们必须随时携带公民身份的证明?

意为移居支付这笔费用。对很多人来说——尤其是对年长者而言,这种差异必须非常大才能使移民成行。

文化因素也是造成放弃移民的因素。家庭、宗教、种族和社会的种种关系不服从"机遇差异原理"(principle of differential opportunities)。许多人在任何情况下都不移居,除非境况极端窘迫。对变革的担心和人的惰性——在家千日好,出门一朝难——可能大到这样的程度,以至于人们在考虑移居的时候除了反对别无他途。对自己的国家、文化群体、邻里或家庭的依赖可能强烈到可以补偿家乡的种种不利条件。回归的移民可能使潜在的移民相信,他乡的机会事实上也不见得更好,或者即使好一些,也不值得因此而加入到一种外国文化中,或是牺牲自己的住宅和家庭。

对移民出入境的限制构成了迁移的政治屏障。许多国家政府不赞成进出其边界的活动并限制本国人向外移民。这些限制可能使潜在移民无法离开,当然也限制着向外移民人口的数量。另一方面,苦于劳动力过剩的国家则常常鼓励移民。19世纪末和20世纪初进入美国的大量移民是他们察觉到经济收益机会远高于本国的例证。许多欧洲国家人口过多,而且其政治与经济制度有时遏制了国内的经济机会,而那时美国企业家需要这些盼望到资源丰富但未被充分开发的地区去赚钱的人。

最发达的国家人均收入较高,或者被认为较高,一般是国际移民最理想的目的地。这些国家——如美国、澳大利亚、法国和德国——为了保护自己避免不可阻挡的移民流,制定了限制性的移民政策。除了有移民数量的绝对份额外(通常按来源国分类),还可能强加一些其他必要条件,诸如工作许可证或被认可的社团的赞助等。

迁移模式

有几个地理学概念与迁移模式有关。第一个是**移民场**(migration field),即迁入和迁出移民模式占优势的一个或几个地区。对任何地方,其迁入移民的源地和迁出移民的目的地在一段时间内会保持稳定。可以预期,源地附近的地区是构成移民场的最大部分(图8.22)。但是,相距遥远的地方——尤其是大城市,也可能是重要的移民场。移民场的这些特性是向较大地方等级运动的函数,而如此众多的人居住在大都市地区的事实,可能使人认为国内大多数地区都有移民迁入和迁出。

移民场并非完全与前面"扩散与新发明"一节的概念相吻合。如图8.23所示,有些移民场显示出一种独特的渠道化移民流模

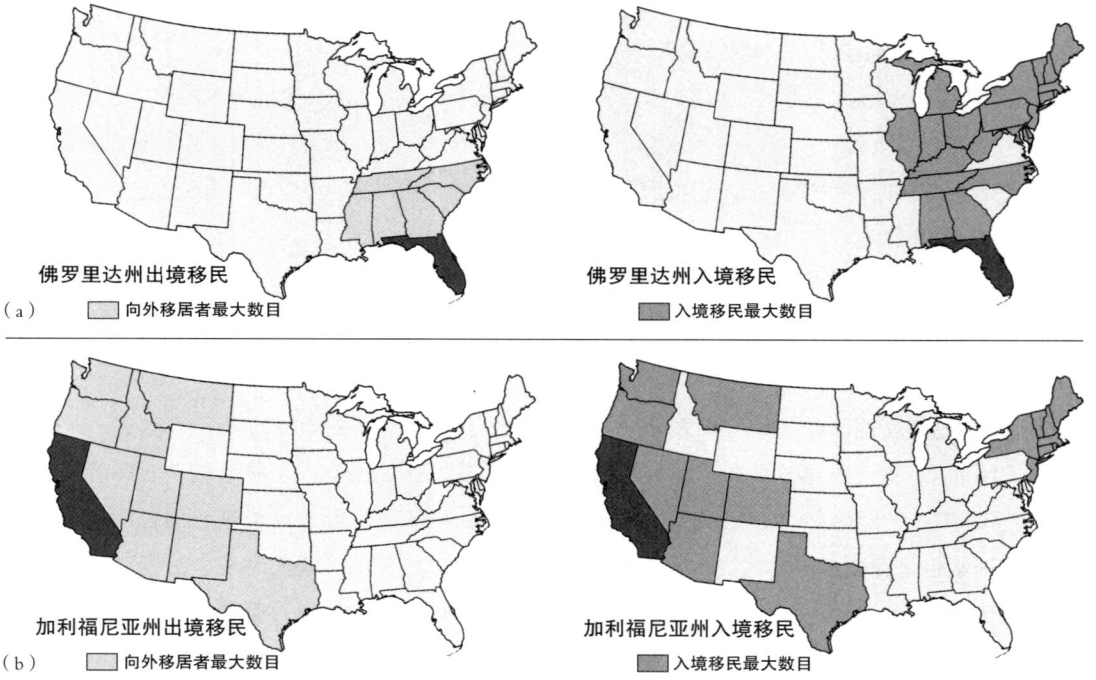

图8.22 1980年佛罗里达州和加利福尼亚州的移民场。(a) 就佛罗里达州而言，相邻南方各州接受大多数迁出移民，但是迁入移民——尤其是退休人员，多来自美国东部。(b) 就加利福尼亚州而言，迁出移民的地区是西部各州。迁入移民的源地包括西部和人口密集的东北部各州。

资料来源：From Kavita Pandit, "Differentiating between Subsystems and Typologies in the Analysis of Migration Regions," *The Professional Geographer*, 46, No. 3, Figs. 5 & 6, pp. 342–343. Association of American Geographers, 1994.

式。这些渠道联系着社会和经济上因过去的移民模式、经贸利益或其他亲密关系而相互依赖的地区。结果，沿着这些渠道运动的移民流大于其他迁移模式的移民流。从前美国黑人从南方到北方的迁移、斯堪的纳维亚人向明尼苏达和威斯康星的迁移、墨西哥人向加利福尼亚、得克萨斯和新墨西哥等边境各州的迁移，以及退休人员向佛罗里达和亚利桑那的迁移就是**渠道化迁移**（channelized migration）的例子。

当然，并非所有移民都永久停留在第一个目的地。1900—1980年间进入美国的大约8000万移民中，约有1000万人返回故里或迁移到另一国。对加拿大移民的估算表明，每100名移民中也许有40人最终会离去，到澳大利亚的移民也有大约25%最终会永久离去。因此，迁出移民流的必然结果是**回归迁移**（return migration）或**逆向迁移**（counter migration），即移民们向原先迁出的地方回迁（图8.24）。

在美国境内，回归迁移——迁回自己出生的州——约占全部国内迁移的20%。不过这个数字在各州之间变化很大。例如目前迁入西弗吉尼亚州的人有1/3以上是回归者，那些迁入宾夕法尼亚州、亚拉巴马州、艾奥瓦州和其他少数几个州的人中，25%以上也属于这种移民。像新罕布什尔州、马里兰州、加利福尼亚州、佛罗里达州、怀俄明州、阿拉斯加州等差异很大的州则名列回归者少于10%的州之中。访谈结果表明，被认为有吸引力的州吸引大量新移民，而在移民流中回归者比例高的那些州，除

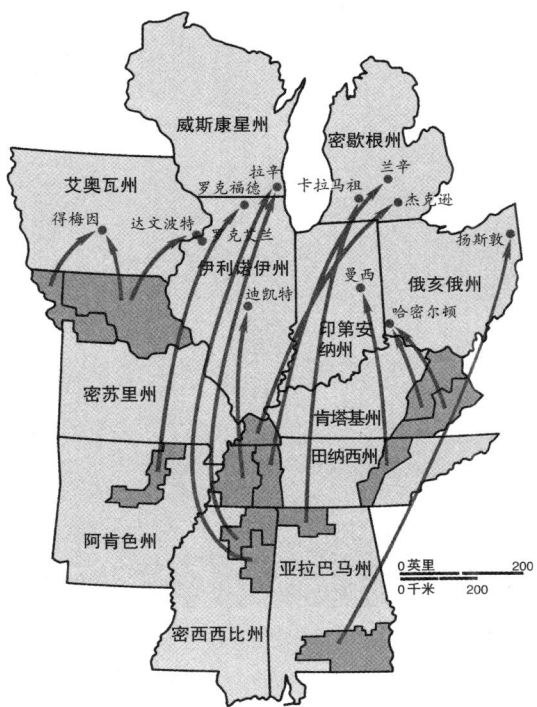

图8.23 从南部乡村向中西部中等城市的渠道化迁移流。距离不一定是流动方向的主要决定因素。南部农村地区可能通过亲朋与中西部某个目的地发生联系。

资料来源：Redrawn by permission from Proceedings of the Association of American Geographers, C. C. Roseman, Vol. 3, p. 142. Copyright © Association of American Geographers. Reprinted by permission of Blackwell Publishers.

了原先的居民外，其他人都认为那里不是理想的目的地。

如果移居的自由不受限制，全部移民中有多达25%的人回归其源地就不足为奇了。移民不成功有时是因为人们无法适应新环境，更常见的情况是移居时基于误传的印象对目的地做出错误期望。道听途说、第二手信息或虚假信息，以及人们自己的夸张是造成错误移民决策的原因。虽然移民回归常常表明他们未能适应新环境，但并不一定意味着他们带回该地区的负面信息。这通常意味着迁移渠道的加强，因为不成功的移居者与有意移居者之间的交流有着别样的含义和理解。

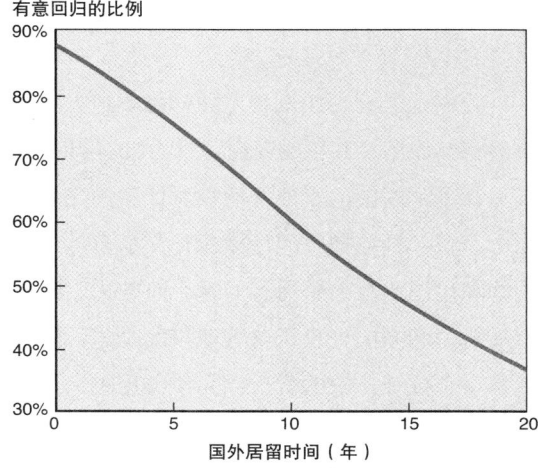

图8.24 从南斯拉夫移居德国后想要回归故里的移民。随着在德国居留时间的增加，有意回归的人数比例下降，但是即使在国外居住10年以后，还是有一半以上的人愿意回国。

资料来源：Redrawn from B. Waldorf, "Determinants of International Return Migration Intentions," The Professional Geographer, 47, no. 2, Fig. 2, p. 132. Association of American Geographers, 1995.

除了渠道化以外，大城市的影响造成移民场对距离衰减模式的偏离。**逐级迁移**（hierarchical migration）的概念有助于理解移民场的性质。上文谈及信息传播有时遵从分等级的规律——即级别最高的城市向级别较低的城市逐级传播。从某种意义上说，逐级迁移是对流动的一种响应。对国内移居者而言，其趋势是向上迁往较高的等级，从小地方迁往较大的地方。在向上迁移的过程中可以跳越一些等级，在总体经济下滑的情况下才考虑向下面的等级移动。大城市郊区被认为是大都市地区的一部分，因此从市镇向大城市郊区迁移是向较高等级移动。我们可以从这个等级模式想象从城市和大都市地区向下流向小地方的信息，以及从农村向上流向城市地区的移民流。

8.9 全球化

我们已经看到通讯费用如何影响地方之间空间相互作用及其影响程度。过去20年间，我们见证了互联网的发展并从相对低廉的交通费用中获益。日益增长的计算机化交易使从国外购物和出国旅行简单易行。这个时期内，降低贸易壁垒和向国外投资与置业风靡全球。欧盟就是一个佐证。它的货币欧元使得用单一货币进行金融交易成为可能，就像美国的情况一样。计算机技术使投资者可以在国外证券交易所购买股票，或者购买在世界各地设有总部的公司的共有基金。新技术造就了一个让人们比过去任何时代都更加相互依存的全球化世界。**全球化**（globalization）——世界各地日益增强的相互联系——影响着经济、政治和文化的格局与发展过程。

经济一体化

你可以把20世纪50年代至20世纪80年代的世界看作一个分界，那时西方世界和共产主义世界的人们之间存在着一道鸿沟。双方对应该如何组织经济和政治制度持相反的观点。那是一个割裂的而不是一体化的世界（见"资本操作系统"专栏）。

一体化和相互依存是全球化的特征。东欧和西欧正在结合为一个经济实体、东亚和南亚国家的经济正在和欧美经济结成一体，这种事实在很大程度上与通讯革命和计算机技术密切相关，事实上也是世界政治领袖和金融巨头的意愿。价格低廉的高速计算机、通信卫星、光学纤维网络，以及互联网等都是这次革命的主要技术，但是像机器人、微电子、电子邮件、传真机和便携式电话等其他技术也起着重要作

图8.25 新旧交相辉映：意大利威尼斯平底船船夫用移动电话谈生意。（*Courtesy of Arthur Getis*）

用（图8.25）。希腊雅典的一位消费者能够从亚马逊（Amazon.com）订购一本书或从Lands' End订购衣服、从美国有线电视新闻网（CNN）获取新闻，或者在用移动电话和东京的同事通话的同时又和伦敦证券交易所进行交易，这种事实就是革命。当希腊的消费者进行其日常活动的时候，对美国人、日本人和英国人起作用的力量对他们也起着同样的影响。因此，全球化导致更大的一体化和更大的空间相互作用。

国际银行

国际银行业已成为一种一体化与金融市场相互依存的复杂体系，这样一来世界各地证券交易所趋向于同进退就不足为奇了。当然，也有不少例外，但是像辉瑞制药公司（Pfizer）收购沃纳－兰伯特制药公司（Warner-Lambert）这样的情况，就会影响全世界的医药股票交易。世界各地的股票经纪人和债券交易商严密监控着各公司之间的财务平衡。结果，有可能在所有市场上发生瞬间

资本操作系统（DOSCapital）[①]

在下面的引文中，托马斯·弗里德曼（Thomas Friedman）把冷战和全球化做了对比。

现在显然有一种新的体系取代了冷战，那就是全球化。的确如此，全球化以一种将世界从中型缩小为小型，并使我们每个人都能比从前任何时候更快、更远和更便宜地到达世界各地的方式，使市场、金融和技术一体化。这不仅是一种经济趋势，也不仅是某种时尚。它和以前一切国际体系一样，直接或间接地塑造着国内政治、经济政策和几乎每个国家的对外关系。

冷战作为一种国际体制，具有其本身的权力结构：美国和苏联以及各自盟国之间的平衡。冷战有着自己的规律：在外交事务上，双方均不能侵犯对方的核心势力范围。冷战有着自己的主导思想：共产主义和资本主义之间的冲突，以及缓和、不结盟和改革。

冷战体制有一个根本的特征：分裂。世界被劈成两半，而危险与机会二者都往往来自把你分割开的人。恰当地说，冷战体制可以用一种形象符号表示：一堵墙。全球化体制也有一个根本特征：一体化。今天，一个国家所面临的危险与机会都来自把它联结在一起的人。全球化体系也可以用一个符号来概括：万维网（World Wide Web）。因此，最广义地说，我们已经从一种被围墙包围的体制走向一种日益被网络包围的体制。

一体化在很大程度上被全球化特色的技术所推动：计算机化、小型化、数字化、卫星通讯、纤维光学和互联网。而一体化又反过来造成冷战体系和全球化体系两者之间的许多其他差别。

尽管衡量冷战的尺度是重量，尤其是导弹发射重量，而衡量全球化体系的尺度却是速度——商务、旅行和创新的速度。冷战和爱因斯坦的质量-能量方程 $E = mc^2$ 有关。全球化与摩尔定律有关，该定律表明，微处理器的性能每18个月提高一倍。

约翰霍普金斯大学教授迈克尔·曼德尔鲍姆（Michael Mandelbaum）说，如果把冷战比作一项运动，那就是相扑。"就像台上两个相扑选手，使出各种招数、仪式，但很少接触，直到比赛结束前一次短暂的猛烈推搡，被推到圈外的人失败，但谁也没有被杀死"。相反，如果全球化是一项运动，那它就是100米赛跑，超越、超越、再超越。无论你赢了多少次，第二天你还必须再跑。如果你输了哪怕百分之一秒，也和输掉一小时没有什么两样。

资料来源：Excerpted from "DOSCapital" by Thomas L. Friedman, in *Foreign Policy*, Fall 1999, pp. 110–127. Copyright © 1999. Reprinted by permission of Carnegie Endowment for International Peace via Copyright Clearance Center, Inc.

[①] 本词尚未有中译，是指发达资本主义国家市场经济、共产主义计划经济和混合经济等不同经济制度下政府对资本运作的体系，仿照计算机操作系统分为DOScapital 0.0，DOScapital 1.0……DOScapital 4.0等。但专栏内容并未涉及这些操作系统。——译注

的变化。2001年9月11日世贸中心和五角大楼遭到袭击后的几分钟内，由于投资者感到国际市场有失衡的危险，因此各地股票市场纷纷走低。

金融国际化还反映为大量资金流向海外。例如，许多美国人或者直接地或者通过共有基金和养老金计划拥有外国股票和债券。同样的，美国以外许多人拥有美国公司的大量资产。

跨国公司

过去的20年间，我们见证了**跨国公司**（transnational corporation，TNC）数量惊人的增长。跨国公司就是总部设在某一国，而子公司、工厂和其他设施（实验室、办公室、仓库等）设在其他国家的公司。多达6.5万家跨国公司——和全世界几十万家分支机构——从事国际范围的经济活动（图8.26）。有人估计，这些跨国公司占有几万亿美元的销售份额，控制着世界生产性资产的1/3左右（见第10章"跨国公司"部分）。

跨国公司生产和提供商品与服务的方式也是全球化过程的一部分。跨国公司利用世界各地工资率的巨大差额来降低其生产成本，这又导致制造业集中化。美国、日本和西欧的公司越来越多地在中国、泰国和墨西哥等劳动力成本低廉的国家生产其制成品，把这些发展中国家整合到全球经济之中。

在美国，由于制造业部门的衰退，服务业部门大幅上升。美国经济向生产高科技商品和服务业，而不是生产重型制成品的方向发展。由于金融交易数量增加，服务部门繁荣兴旺。因新技术对生产过程的影响造成财富的增加，使美国人得以更多地外出旅行、在旅馆住宿和经常在外就餐。这种情况在很大程度上和人们所从事的职业类型有关，不仅美国如此，全世界的商业和旅游业也是如此。这些进展在第10章中有更详尽的讨论。

全球营销

得益于全球化的那些人所获取的大量财富，创造了一个商品与服务的巨大市场。跨国公司把它们的产品销往全世界，无论是像瑞士手表、意大利皮鞋或是可口可乐之类的商品，还是像遍布世界的连锁旅馆或移动电话公司这样的服务业都是如此。就像随处可见的快餐连锁店一样，世界各地均可见到日本汽车。由此产生的某些效果将在"文化一体化"一节中讨论。

但是，记住这一点很重要：全球化是相当晚近的发展，迄今受益者也只是全球70多亿人中的少数。只有1/12——大约6亿——的人，富裕到足以过舒适的生活，能够购买上面提到的商品和服务。根据联合国发展基金的资料，世界人口的1/4每天依靠不足1美元的钱为生。西藏偏远村庄一个不识字的农民几乎不可能使用电话，更不可能使用通讯革命方面的新技术。

政治一体化

环绕世界的货币（资本）流、商品流、思想流和信息流，以种种超越国界的方式把人们联系到一起。一种结果就是激励超国家的新联盟形成或是旧联盟的重组。为了加强商业，一些国家签署自由贸易协定——如《北美自由贸易协定》（North American Free Trade Agreement，1994），并参加像世界贸易组织（1995）这样的组织。如同我们将要在第9章讨论的那样，1980年以来世界上已经建立了军事、政治和文化的许多国际联盟，有些较老的联盟——如北大西洋公约组织（NATO）——

（a）英国石油公司—英国（中国）

（b）诺基亚—芬兰（巴基斯坦）

（c）雀巢—瑞士（埃及）

（d）索尼—日本（越南）

（e）福特—美国（中国）

（f）IBM—美国（越南）

图 8.26 全世界跨国公司的数目从1970年约7000家增加到2003年近6.5万家。前100家中90家的总部在欧盟、美国和日本。然而，它们的认知度和影响是全球性的，这些广告牌所表示的不过是主要跨国公司在远方设置广告的一个例子。公司名称、总部所在国及广告所在地标注在各图下方。

资料来源: *(a) © Chris Stowers / Panos Pictures; (b) © Deborah Harse / ImageWorks; (c) © Caroline Penn / Panos Pictures; (d) © Mark Henley / Panos Pictures; (e) © Mark Henley / Panos Pictures; (f) © Steven Harris / Newsmakers / Getty Images.*

图8.27 1999年华盛顿州西雅图约有7万人举行示威,反对世界贸易组织及其政策。示威者中有近800个非政府组织的代表。后来世界贸易组织的会议也反复出现此类示威活动。(© Steven Rubin / The Image Works)

也在扩大其成员国。

全球化的另一个影响是国际**非政府组织**(nongovernmental organization,NGO)大量增加。20世纪90年代从大约6000个增加到2.6万个,增加了3倍多。正如大赦国际(Amnesty International)、无国界医生组织(Doctors without Borders)和绿色和平组织(Greenpeace)等著名组织的名称所表明的那样,国际非政府组织所关心的问题的范围很广泛,从人权和酸雨直至赈济饥荒和资源损耗。这些组织的共同点是把世界各地相隔万里但追求共同目标的人们组织到一起。

新闻传播从来没有这么广泛而迅速。你可以像在纽约城一样方便地在新德里买到《时代周刊》(Time),遍及全球的CNN广播告诉人们当前的事件,而有时候会把政府干预带到它鞭长莫及的地方。例如,对波斯尼亚和科索沃战争的新闻报道,促使联合国和北大西洋公约组织派出维和部队制止这场大屠杀。2002年,巴勒斯坦自杀性炸弹造成的大破坏和以色列报复的卫星电视图像,激起了整个阿拉伯世界对巴勒斯坦的支持。

最后,互联网给了人们影响政府政策一个强有力的工具。在此略举数例:因对"国际禁止地雷运动"(International Campaign to Ban Landmines)做出贡献而荣获1997年诺贝尔和平奖的乔迪·威廉姆斯(Jody Williams),利用电子邮件在6个大洲组织了1000个人权和武器控制小组;相似的,1999年非政府组织利用互联网协调,发起了针对西雅图世界贸易组织会议的大规模抗议活动(图8.27)。

文化一体化

想象一下这样的场景：秘鲁利马一位十几岁的少女，头戴美国棒球帽、身穿李维斯（Levis）牛仔裤和GAP牌衬衫、脚蹬锐步（Reebok）鞋，和朋友们去看最新的惊悚电影。看完电影后他们打算到附近的麦当劳就餐。同时，她的哥哥坐在家里，一边用家用电脑玩电子游戏，一边用索尼的随身听欣赏布兰妮·斯皮尔斯（Britney Spears）的歌曲。这两个孩子都见证了文化，尤其是通俗文化的全球化。这种文化起源于西方，而且主要是美国。美国电影、电视节目、软件、音乐、食品和时装均在全球营销。这些方面事实上影响着每个国家人民的信仰、品味和愿望，但是对年轻人的影响最为深远。是年轻人而不是年长者才想模仿电影或音乐录影带（MTV）上他们心仪的明星，接受他们认可的西方生活方式、风度和时尚衣着。

文化一体化的另一个迹象是英语在世界范围内的传播。英语已经成为经济、贸易和科学交流的媒介。

无论是英语的优势还是通俗文化的全球化都有人憎恶和抵制。伊朗、新加坡都试图限制人民收看外国电视节目，不过有些市民可以使用卫星天线和互联网，这可能意味着政府无法达到制止西方文化传播的目的。法国文化部长试图保持法语的纯洁性，避免英语的掺杂。另一些人谴责他们认为是文化均质化的东西，还有一些人发现他们所定义的西方文化的传播一文不值。无论电影、音乐和其他传媒是否准确反映西方文化，但批评家指出，这些媒体还是反映了唯物主义、创新、自我放纵、对性的兴趣、自发行为和挑战权威与传统等方面的价值。许多电影和电视节目似乎宣扬暴力和暴乱、鼓吹喜新厌旧、好逸恶劳和重利轻义。

章节摘要

本章关于空间相互作用的讨论中，我们着重讨论了影响个人如何到处迁移和怎样利用空间的那些因素。本章开头考察了各种变量，例如所得到信息的性质、人们的年龄、他们过去的经历和他们的价值观等。距离衰减原理表明，在空间相互作用的程度上，距离起着相当重要的作用。空间利用范围上的差异问题使我们产生活动空间的概念。个人的年龄、他的机动性大小，以及各种机会的可利用程度等方面，对个人活动空间的限制都起一定的作用。然而，我们看到，随着距离增加，个人对环境的熟悉程度减少。临界距离的概念是指超过这个距离以后，对地方熟悉程度的减少就开始显得很重要。无线电通讯新技术使得相互作用和我们对世界的认识大大提高。

与新技术扩散有关的某些因素预示着居住在不同地方的人会有哪些方面的机会。传染扩散和等级扩散影响着将要发生文化变化的地理方向。当然，确实存在像努力程度和费用等方面对扩散的障碍。

人们相互作用的一种特殊类型是迁移。当各种推力和拉力足够强大的时候，就促使人们实现远程永久性移居。移民通过扩散作用促进了文化传播。迁移决策是人们赋予那些地方的效用和机会的函数。

近年来，复杂的世界银行系统和现代技术促进了全球化。即使全球化过程给许多人带来财富，但世界上大量穷人还是感到被人遗忘，或者对受到全球化威胁的价值标准感到不满。在本章所述的所有过程中，信息流和距离衰减的影响为重中之重。

问题与讨论

1. 距离在帮助我们理解空间相互作用时扮演何种角色？
2. 思考20世纪世界上发生的各种冲突。距离衰减的概念与敌对双方的区位有关吗？为什么？
3. 在一张没有任何地图和提示的白纸上描画一幅美国地图，尽可能画出州界——这就是你关于这个国家的心像地图。把你的地图和标准地图集上的地图相比较。你从中得出什么结论？
4. 活动空间的含义是什么？影响个人活动空间范围的因素是什么？
5. 回忆上周你到过的地方。在你的活动中，距离衰减和临界距离定律是否起作用？哪些变量影响着个人的临界距离？
6. 简要区分传染扩散和等级扩散。这两种扩散形式在第7章所述的文化源地中是否起作用？如果是，以何种方式起作用？
7. 个人对哪些方面的考虑影响着移民决策？什么是地方效用？对地方效用的理解如何促使或抑制移民？
8. 移民生活的障碍是什么？为什么多数人只在本国内移居？
9. 什么是移民场？有些移民场表现为一种渠道化迁移流。选择一条独特的渠道化迁移流（如斯堪的纳维亚人移民美国、美国大平原的人移居加利福尼亚州或南方黑人移居北方），并解释为什么会形成渠道化。
10. 说明全球化对你生活方式以及对你所在城市地区贸易格局的影响。

延伸阅读

Boyle, Paul, and Keith Halfacre, eds. *Migration and Gender in the Developed World.* New York: Routledge, 1999.

Brown, Lawrence A. *Innovation Diffusion: A New Perspective.* New York: Methuen, 1981.

Brunn, Stanley, and Thomas Leinbach. *Collapsing Space and Time: Geographic Aspects of Communication and Information.* Winchester, Mass.: Unwin Hyman, 1991.

Castles, Stephen, and Mark J. Miller. *The Age of Migration: International Population Movements in the Modern World.* 3d ed. New York: Guilford Press, 2003.

Clark, William A. V. *The California Cauldron: Immigration and the Fortunes of Local Communities.* New York: Guilford Press, 1998.

Clark, William A. V. *Immigrants and the American Dream.* New York: Guilford Press, 2003.

Fotheringham, A. Stewart, and Morton E. O'Kelly. *Spatial Interaction Models: Formulations and Applications* (Studies in Operational Regional Science). Dordrecht, Netherlands: Kluwer, 1989.

Golledge, Reginald G., and Robert J. Stimson. *Spatial Behavior: A Geographic Perspective.* New York: Guilford Press, 1996.

Gould, Peter R. *The Slow Plague.* Oxford, England: Blackwell, 1993.

Gould, Peter R., and Rodney White. *Mental Maps.* 2d ed. New York: Routledge, 1993.

Hägerstrand, Torsten. *Innovation Diffusion as a Spatial Process.* Chicago: University of Chicago Press, 1967.

Haines, David W., and Karen E. Rosenblum, eds. *Illegal Immigration in America: A Reference Handbook.* Westport, Conn.: Greenwood, 1999.

Held, David, and Anthony McGrew. *Globalization/Anti-Globalization.* Cambridge, England: Polity Press, 2003.

Janelle, Don G., and David C. Hodge, eds. *Information, Place, and Cyberspace: Issues in Accessibility.* Berlin, Germany: Springer, 2000.

Marcuse, Peter, and Ronald van Kempen, eds. *Globalizing Cities: A New Spatial Order?* Oxford, England: Blackwell, 2000.

Morrill, Richard L., Gary L. Gaile, and Grant Ian Thrall. *Spatial Diffusion.* Scientific Geography Series; vol. 10. Newbury Park, Calif.: Sage, 1988.

Pooley, Colin G., and Ian D. Whyte, eds. *Migrants, Emigrants and Immigrants: A Social History of Migration.* New York: Routledge, 1991.

Sassen, Saskia, ed. *Global Networks: Linked Cities.* New York: Routledge, 2002.

United Nations High Commissioner for Refugees. *The State of the World's Refugees.* New York: Oxford University Press, annual.

Zonn, Leo E., ed. *Place Images in the Media: A Geographic Appraisal.* Savage, Md.: Rowman and Littlefield, 2000.

Zook, Matthew. *The Geography of the Internet Industry.* Malden, Mass.: Blackwell, 2003.

万维网上和地理学有关的网站极其丰富。与本章主题有关的网站请见与本书有关的在线学习中心的"Web Links"部分。网址: www.mhhe.com/getis11e.

政治地理学

第 9 章

登陆那天,他们聚集在小海船的舱房内。从英国出发的航行时间漫长且暴风雨不断。食物储备耗尽了,死了一个人,又降生了一个小男孩。1620年11月的一天,虽然他们很高兴到达了科德角(Cape Cod)海外平静的水面上,但他们聚集在狭窄的船舱里并不是要做感恩祈祷,而是要创建一个管理他们将要建立的殖民地的政治组织(图9.1)。这份《"五月花"号公约》(Mayflower Compact)是他们之间的一份协议,"自愿结成民众自治团体……制定和颁布有益于殖民地全体民众利益的公正与平等的法律、法规、法案、宪章和公职……",他们从同伴中选举了一位行政长官,在完成了这些政治行动后,才放下一只小船,派一小队人登陆。

他们试图殖民的这片土地是他们所来自的英国100多年前要求得到的地方。1497年约翰·卡伯特(John Cabot)的新大陆航行使他们的君主取得了北美洲所有土地的统治权,并被授予管理居住在此地的臣民的合法权力。这项权力由王室委派给殖民者及其赞助者,授予他们管理当地臣民的权力。虽然"五月花"号的殖民者最初并未持有契约或特许权,但是他们自认是已建立政治制度的一部分。他们通过由殖民地全体自由民组成的立法机构州议会(General Court)[①],每年选举自己的行政长官和州的行政部门负责人。

图9.1 《"五月花"号公约》的签署,很可能是美洲第一个成文的自治计划。41名成年男性移民登陆前在"五月花"号船上签署了该项公约。(Courtesy of the Pilgrim Society, Plymouth, MA)

◀ 人们在布拉格挥舞欧盟的旗帜,庆祝捷克共和国获准加入该组织。(© Sean Gallup / Getty Images)

[①] "General Court"是新罕布什尔州和马萨诸塞州议会的正式名称。——译注

图9.2 这些作为各成员国象征的国旗，在纽约市联合国大厦前熠熠生辉。虽然国家位处政治地理利益的核心，但是它只是空间政治组织的一个级别。（© Pictor / Image State）

随着人口的增长，殖民者建立了不少新城镇，其选民距参加州议会选举的地点太远。到了1636年，较大的城镇派出代表和行政部门合作制定法律。每个市镇成为一个法人实体，选举地方官员和制定地方法令是市镇会议的首要议题，这仍然是目前新英格兰地区的常规。

由41名自由民签署的《"五月花"号公约》，作为他们在新大陆的第一个行动，是该殖民地以及更大区域（后来该殖民地成为其中的一部分）政治发展征途中的第一步。马萨诸塞州（以及普利茅斯殖民地）从全体船员占山为王的英国直辖特权殖民地，变成以大陆议会名下的造反派联邦，再变成一个新国家的州，这是空间政治组织持续进程的一部分。

空间政治组织的进程就像人类历史一样古老。从部落到王国，人类群体都提出领土要求，都把自己组织起来并在其领土范围内管理自己的事务。确实，社会政治组织就像经济形式或宗教信仰一样，是重要的文化与文化差异的表现。地理学家对政治架构感兴趣，因为它是人类空间组织的表现，而且与文化在空间上的其他表现（例如宗教、语言与种族特性）密切相关。

政治地理学（political geography）是对政治现象在其地域表现上的组织与分布的研究。国籍是人群之间文化差异的基本要素，传统意义上政治地理学首要的关注点是国土单元（country unit），即国家（state）（图9.2）。政治地理学所关心的核心问题是反映中央政府实施管辖的空间格局，例如边界勘定与实施问题。然而，关心的重点日益转移到政治级别（political scale）的上升和下降方面。在世界舞台上，自1945年以来，国际联盟、地区性协议和生产者卡特尔的声望日隆，代表着空间相互作用的新形式。在地方水平上，选举模式、选区界线和分区规则，以及政治分裂，把公众的注意力引向国内政治进程中的区域重要性方面。

本章讨论政治实体的一些特征，研究司法权的界定、探索依附于政治实体的要素、考察部分放弃主权的含义、考虑政治权力分裂的意义等方面的问题。我们从研究国家开始，以地方政治制度结束。

本章把重点放在政治实体上，但我们不应忽视这样的现实，即国家的根基是各国所表现的经济与社会的运转方式，社会与经济的竞争一如边境冲突那样重要，在某些方面跨国合作和其他非政府机构对国际事务的影响力可能比其所在或在其中运作的某个国家所起的作用更大。下文的论述会更详尽地提及其中某些政治考虑，另有一些会在第10章中更充分地展开。

9.1 国家政治制度

文化地理最重要的要素之一是地球陆地表面几乎全部被划分为的单独的国土单元，如本书对开页的世界各国地图所示。即使南极洲也有7个国家竞相提出领土要求，不过由于有了1959年的《南极条约》(Antarctic Treaty)，因此这些国家未能坚持这种主张（图9.3）。另一个要素——国家单元的划分只是近代才发生的事。虽然自古埃及和美索不达米亚时代起就存在帝国，但直到20世纪，世界才完全被划分为独立的管理实体。今天，各地人民都接受了国家的概念及国家在其边界内行使主权的要求。

国家、民族与民族国家

在开始考虑政治制度之前，我们需要阐明一些术语。地理学家使用的"国家"（state）和"民族"（nation）两个词汇，与日常谈话中的用法略有不同，由于两者都是多义词，因此造成一些混乱。国家或州（state）可定义为：①构成联邦政府的任何政治单位（例如美国的一个州）；②对一片领土拥有主权的独立政治单位（例如美国）。在后一种意义上，"state"是"country"或"nation"的同义语。就是说，"民族"（nation）也可定义为对领土拥有主权的独立政治单位（例如联合国的一个会员国）。但是它也可以用来描述拥有共同文化和地域的一群人（例如库尔德民族）。后一定义就不是"state"或"country"的同义语。

为了避免混乱，我们把国家（state）定义为在国际水平上的独立政治单位，是占有一定面积、有永久居民的领土，而且对其内政与外交事务享有完全主权。我们使用"country"一词作为国家（state）在地域与政治概念上的同

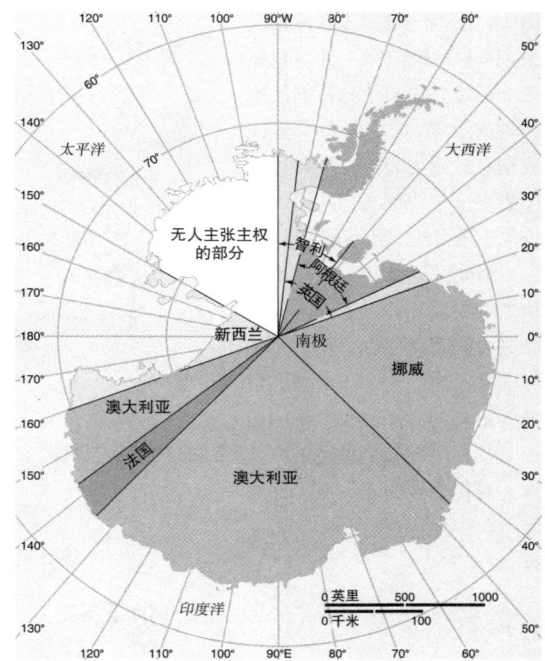

图9.3 对南极洲的领土要求。7个国家提出对南极洲部分领土的要求，其中阿根廷、智利和英国所要求的领土有重叠之处。1959年的《南极条约》禁止了进一步的领土要求，使科学研究成为该大陆的首要用途。南极洲既不是一个独立的国家——没有永久居民或地方政府——也不是某个国家的一部分。

义词。并非所有公认的地域实体都是国家。例如，南极洲既没有确定的政府，也没有永久居民，因此，它不是一个国家。殖民地和保护国也不被认为是国家，尽管它们有确定的边界、永久居民和某种程度上自主的政府架构，但是它们对自己的内政与外交事务没有完全的控制权。

我们使用"民族"的第二种含义，用以指人民而不是政治结构。**民族**（nation）就是拥有共同文化、占据特定地域的一群人，因分享共同的宗教与习俗产生的团结感而紧密联系在一起。语言与宗教可能是一体化的因素，但更重要的是在感情上对文化独特性的信念和民族优越感。例如，北美印第安的克里民族就是

第9章 政治地理学 347

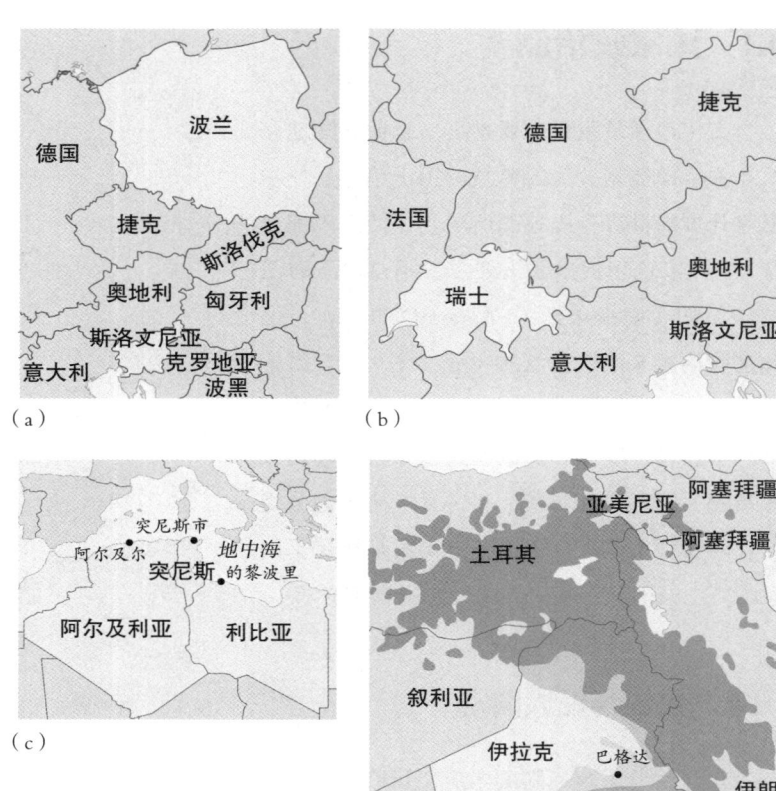

图9.4 国家与民族间关系的类型。(a) 民族国家。波兰和斯洛文尼亚是由一个独特的民族或种族组成的国家。(b) 多民族国家。瑞士表明,对强烈的民族主义意识而言,共同的民族性、语言或宗教不是必要的。(c) 部分民族国家。阿拉伯民族扩散到北非和中东的许多国家并在其中占统治地位。(d) 无国家民族。一个古老的有着独特语言的库尔德族群集中在土耳其、伊朗和伊拉克,少数族人居住在叙利亚、亚美尼亚和阿塞拜疆。

因其文化的独特性,而不是凭借其领土主权而存在。

严格地说,复合词**民族国家**(nation-state)是指一国的领土范围被一个独特的民族或人民所占有,或者至少是其全体居民共享着一种普遍的凝聚感和奉行一套共同的社会道德标准(图9.4 [a])。就是说,民族国家是一个实体,其成员感到彼此间有一种天然的联系,他们共享着语言、宗教或其他文化特点的程度强烈到足以使他们结为一体,并赋予他们一种不同于其社会以外所有人的感觉。事实上,很少国家能够称为真正的民族国家,因为没有几个国家现在是或者曾经是完全由一个民族组成的,或文化上是完全相同的。冰岛、斯洛文尼亚、波兰、朝鲜和韩国是经常被引用的恰当例子。

双民族国家(binational state)或**多民族国家**(multinational state)是含有一个以上民族的国家(图9.4 [b])。此类国家通常没有哪个民族在全体居民中占优势。1988年以前苏联的宪法结构中,政府立法机构的一个部门叫作"民族苏维埃"(Soviet of Nationalities)。该部门由来自苏联各民族区域的代表组成,这些区域居住着官方承认的"民族":乌克兰、哈萨克、爱沙尼亚和其他民族。在此实例中,民族的概念在地域上小于国家的范围。

或者,一个单一的民族可能向外扩散,并在两个或多个国家中占多数。这就是部分民族国家(part-nation state)的案例(图9.4 [c])。

在这种情况下，人们对民族性的意识超越了一个国家的区域界线。阿拉伯民族在17个国家中占优势即是一例。

最后还有一个特别案例是无国家民族（stateless nation），即一个没有国家的族群。例如，库尔德人是一个拥有将近2000万人口的民族，分散在6个国家之中，但没有在任何一个国家中占优势（图9.4[d]）。库尔德民族主义在几个世纪中得到保存，许多库尔德人滋生了一种独立库尔德斯坦的幻想。其他无国家民族是吉普赛人和巴斯克人。

现代国家的演变

空间政治组织和人民的概念与实践，是在世界许多地方独立形成的。西方人的倾向性与偏见，使我们倾向于用近东、地中海地区和西欧的话语来追溯空间政治组织的思想。不过，美索不达米亚和古希腊的城市国家、罗马帝国，以及欧洲进行殖民的王国和敌对的公国不是唯一的。南亚、东南亚和东亚有其相似之处，撒哈拉以南非洲和西半球也一样。虽然西欧模式与殖民地化强烈影响了世界各地现代国家的形式与结构，但是世界上很多国家的文化根基比欧洲单个事例所表明的更加源远流长。

今天现代国家的思想是由18世纪欧洲政治哲学家逐步阐明的。他们提出这样一种概念，即人民效忠于代表他们的国家，而不是效忠于像国王和封建领主之类的领导人。这种新概念与大革命的法国相一致，并传播到西欧、英国、西班牙和德国。

许多国家是17、18和19世纪欧洲扩张的结果，那时非洲、亚洲和美洲被瓜分为殖民地。通常对这些从前从未正式划定的殖民地要求需给予确定或划定边界。当然，前殖民时代土著居民也有相对固定的居住地域控制，其中也曾有公认的统治和边防，而且边界上也许还发生过抢劫性的袭击或对相邻"外国"领土的征战。在已知部落领地的远方，兴起了强大的帝国，同样具有公认的影响或控制区域的外部界线：莫卧儿人和中国人；贝宁人和祖鲁人；印加人和阿芝台克人。在这些领地上边界仍然存在，而且在不甚正式地建立的空间格局上实施了有效的部落控制，后来欧洲殖民者又强加上他们武断地划定的新行政分界线。事实上，没有什么共同点的族群常常被归入同一个殖民地中（图9.5）。因此，新的分界线常常并非以有意义的文化界限或自然界限为根据。相反，这些分界线只不过代表了殖民帝国权力的范围。

随着这些前殖民地取得了政治上的独立，他们保留了国界的观念。他们一般都接受——在非洲的情况下，是通过有意识的决定以避免因对前殖民时代的领土与种族的要求而导致战争——前欧洲统治者所确立的边界。许多新国家所面临的问题是"民族建设"（nation-building）——在任意联合起来的公民之间建立起对国家的忠诚感。1971年坦桑尼亚总统朱利叶斯·尼雷尔（Julius Nyerere）说："这些新国家都是一些人为的单位，是欧洲帝国主义者画在地图上的地理概念。这些就是我们试图转化为民族的单位。"

作为独立个体存在的国家的观念起初进展缓慢，但现在已迅速加快。1776年《美国独立宣言》发表之际，全世界只有大约35个帝国、王国和国家。1939年第二次世界大战开始时，国家的数目增加到大约70个。大战之后，殖民时代的结束带来了主权国家数目的急剧增加。到2003年年底，独立国家总数有将近200个。近年来由于苏联、捷克斯洛伐克和南斯拉夫的解体而创建的20多个国家中，只有3个是原有的（图9.6）。

图9.5 非洲的许多族群与国界并不一致。欧洲殖民强国无视文化界限，造成几乎所有非洲国家都具有相当大的种族多样性，并造成国家之间的边界冲突。

资料来源：Modifed from World Regional Geography: A Question of Place by Paul Ward English, with James Andrew Miller. Copyright © 1977 Harper & Row. Used by permission of the author.

对国家的挑战

长期以来，国家或民族国家是政治地理学研究的重点，下文将在很大程度上围绕这个重点进行讨论。然而，我们还应了解，国家中心论世界观的正确性日益受到多种新的经济与社会力量的攻击。这些力量包括：

- 经济全球化和跨国公司的出现。跨国公司的经济与生产决策与任何一国（包括其总部所在国）都不相干。它们的决策——例如，外购产品与服务——可能有害于其中某个国家的雇佣结构、计税基础和国家安全，也可能限制了其国民经济计划与管理的适用范围。

- 国际机构和超国家机构的激增最初只涉

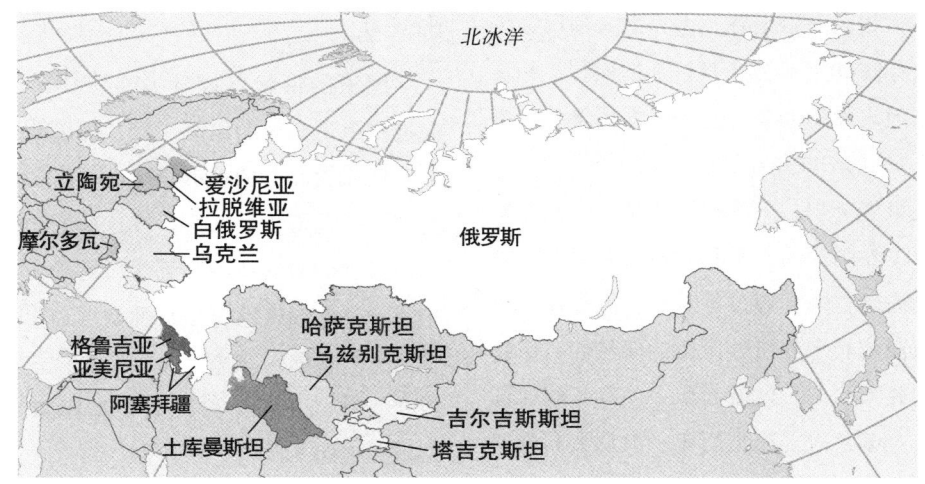

图9.6 迄至1992年的年中，15个新独立的国家取代了苏联。

及金融或安全问题，但是都表现为自愿放弃某些传统的国家自主权。世界贸易组织、欧洲联盟和区域性贸易集团（如北美自由贸易联盟），以及许多国际协议，都对其成员行动的独立性进行限制，从而在经济与社会事务中减少了国家绝对优先的状态。

- 非政府组织的出现和倍增。这些组织特定的兴趣与集体行动超越国界，把关心全球化、艾滋病防治，以及经济与社会不公等问题的人们团结起来。通过非政府组织渠道发起引人注目的抗议活动施加压力，引导社会的压力影响和制约政府的行动。
- 大规模的国际移民流往往损害作为文化共同体的国家，损害其已确立的和所期望的共同价值与忠诚。互联网、便宜的通讯手段和便捷的国际旅行，使移民与其家乡文化以及故国保持着最紧密的联系，阻碍他们完全融入新的社会环境，也妨碍他们把忠诚转移到接纳他们的国家。
- 文化上由不同成分组成的国家中，民族主义和分裂主义运动的增长，通过独立与区域自治的要求，削弱着已建立国家至高无上的地位，而这种地位从前是毋庸置疑的。

这些力量和事态的进展，有一些在前面几章已有所涉及，本章将评述其他几种（见"离心力"一节）。所有这些都代表着近来日益增强的力量。有些看法认为，这些力量削弱了那种认为民族政府和制度化政治无所不能的世界观。

国家的地理特征

每个国家都有某些地理特征，依据这些特征就能对其进行描述，并令其有别于其他国家。只要看一下本书对开页里的世界政治地图，就能看到每个国家都是独一无二的。任何一国的大小、形状和区位，综合起来就使其有别于其他国家。这些特征也影响着各国的力量与稳定性。

大 小

一国所占据的面积可能很大，如中国；也

第9章 政治地理学 351

可能很小，如列支敦士登。世界最大的国家俄罗斯，拥有1700万平方千米以上的面积，相当于世界陆地表面的11%。其面积为瑙鲁（世界袖珍国之一）的100多万倍（见"袖珍国"专栏）。

有人可能会想，一国的面积越大，其蕴藏有用资源（如肥沃的土壤和矿藏）的机会也越大。一般而言，这种假设是对的，但是在很大程度上资源依赖于其所处区位的偶然性。矿物资源分布并不均匀，仅就面积一项并不能保证其存在于一国之内。澳大利亚、加拿大和俄罗斯，虽然幅员辽阔，但能支持丰产农业的面积较小。事实上，面积辽阔反而可能是一种缺陷：面积很广阔的国家可能有着难以到达、人口稀疏、难以纳入经济与社会主流的广大地区。小国较之大国，更容易拥有文化上均一性的人口。这些国家更容易发展交通与通讯系统，便于联系全国各地，而且，需要防止外敌入侵的边界也较短。因此，单就面积而言，它不是决定国家稳定与力量的关键，只不过是一种起作用的因素。

形 状

国家的形状就像其大小一样，也能通过促进或阻碍有效的组织工作从而影响一国的福祉。假如没有大的地形障碍，效率最高的形状是圆形，首都位处圆心。在这样的国家中，可以用最少的时间从中心到达所有地方，而且用于建造公路和铁路等项目的费用最少，需要防卫的边界也最短。津巴布韦、乌拉圭和波兰的形状大体呈圆形，形成**紧凑型国家**（compact state）（图9.7）。

蝌蚪型国家（prorupt state）的形状也比较紧凑，但是有一片、有时有两片狭窄的领土向外延伸。所谓"蝌蚪"，可能只是反映陆地面积半岛状的延伸，就像缅甸和泰国那样。另一些情况下，这种突出的形状具有经济或战略上的重要性，利用这种突出的地方保障国家获得某些资源，或者在两国之间建立一个缓冲带，否则两国就会相毗连。无论国家起源如何，突出的地形都容易使国家的一部分被孤立。

就行政管理而言，效率最低的形状是像挪威和智利这样狭长的国家。在这种**狭长型国家**（elongated state）中，远离首都的部分很可能被孤立，因为这些地方和国家中心联系的费用很高。与紧凑型国家相比，这些国家在气候、资源与民族等方面的差异性也更大，这种情况有可能会损害民族的凝聚力，也可能会提升国家的经济实力。

第四类形状是**松散型国家**（fragmented state），包括完全由岛屿构成的国家（如菲律宾和印度尼西亚）、部分为岛屿部分为大陆的国家（如意大利和马来西亚），以及主要是大陆但其领土被另一国分隔的国家（如美国）。国土的分裂使国家难以将其领土置于中央的控制之下，尤其是那些彼此相隔很远的部分。这就

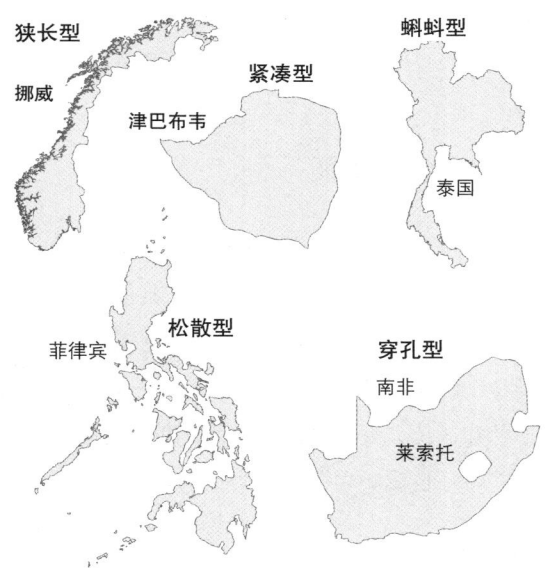

图9.7 国家的形状。图中各国的大小不可比较，各自按不同比例尺绘制。

袖珍国

面积很小、人口很少，但完全或部分自治的政治单位引起了一些很有趣的问题。面积和人口的大小是否应该成为国家地位的标准？**袖珍国**（ministate）在哪些方面可能造成大国间的摩擦？在何种情况下这些袖珍国能在像联合国这样的国际组织中取得代表资格？

世界上小国数目日益增加，人口少于100万的国家有40多个——100万是联合国采用的"小国"人口的上限，虽然这个数字对作为该组织的会员国来说不算太小。瑙鲁在其21平方千米的国土上有大约1.3万居民。其他面积上的小国，例如新加坡，面积为685平方千米，人口420万，远在联合国标准之上。许多小国是岛屿国，分布于加勒比海和太平洋上（如格林纳达和汤加群岛），但是欧洲（梵蒂冈和安道尔）、亚洲（巴林和文莱）和非洲（吉布提和赤道几内亚）也有不少小国。

许多袖珍国是已不复存在的殖民制度的遗迹。西非和阿拉伯半岛的一些小国属于这种类型。其他小国，如毛里求斯，主要是作为远洋航行的加油站。

但是，有些袖珍国占据战略要冲（如巴林、马耳他和新加坡），另一些蕴藏着有价值的矿产（科威特与特立尼达和多巴哥）。更有一些因临海可能要求200海里领海权而独具吸引力。

有些小岛和属地因其战略地位或经济价值，可能会遭到较大邻国的觊觎。1982年英国和阿根廷的福克兰群岛（阿根廷称之为马尔维纳斯群岛）之战和1990年伊拉克入侵科威特，表明这些地区导致大国之间冲突和吸引全世界注意力的能力与其面积大小和人口并不成比例。

袖珍国家数目的增加，产生了他们在国际组织中的代表权和选举权的问题。参加此类国际团体是否必须有一个起码的大小？各国的选举权是否应与其人口成比例？1999年和2000年被接受加入联合国的新成员包括4个太平洋小岛国，人口均少于10万人：瑙鲁、汤加、基里巴斯和图瓦卢。在联合国内，"小岛国联盟"（Alliance of Small Island States, AOSIS）形成了一个重要的力量集团，控制着联合国大会1/5以上的选票。

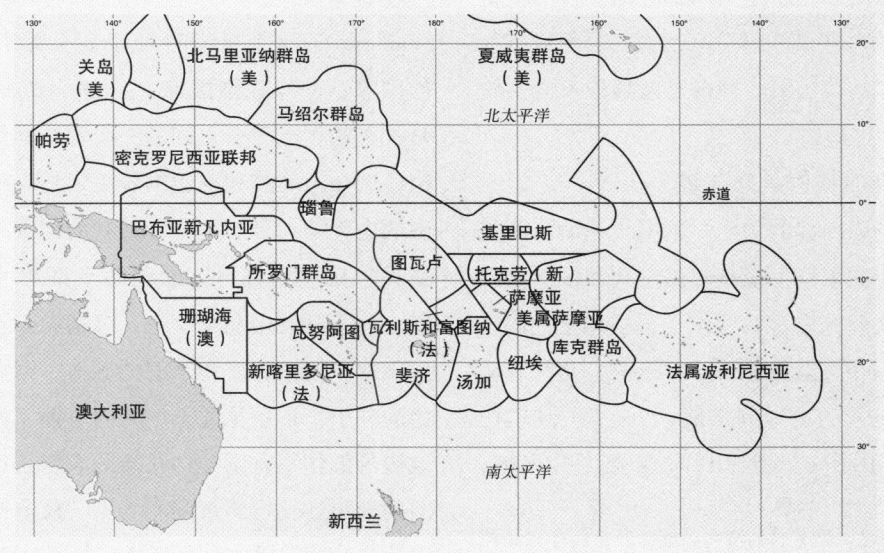

太平洋上的袖珍国家。

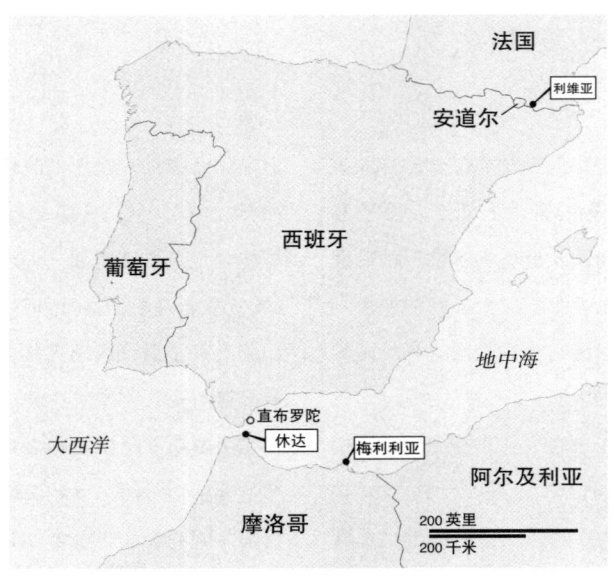

图9.8 北非和法国的西班牙飞地。虽然将近500年前西班牙军队攫取了要塞城市梅利利亚和休达，而且这些飞地中居民大多数是西班牙人血统，但是摩洛哥仍然要求取得这些城市的主权。近年来休达和梅利利亚已成为企图移居西班牙的成千上万人的临时落脚点。来自马里、尼日利亚以及远自克什米尔地区和伊拉克的移民进入休达和梅利利亚要求政治避难，寻求进入欧洲的工作许可证或护照。1660年西班牙根据《比利牛斯条约》放弃了利维亚周围的地区，使其成为飞地。直布罗陀是英国殖民地，而安道尔则是一个独立的袖珍国。

是印度尼西亚遇到的问题，它由1.3万多个岛屿组成，呈弧状绵延5100千米。分裂导致了巴基斯坦的解体，该国于1947年建立时就是一个分裂的国家，东、西巴基斯坦彼此相隔1610千米。这个距离加剧了东西两部分的经济与文化差异。当1971年其东部分离出去，自行宣布为独立国家孟加拉国时，西部巴基斯坦不能实施其控制权。

碎裂型的特例是**外飞地**（exclave），即一国位处另一国内部的领土。德国统一前，西柏林就是西德在东德（德意志民主共和国）之内的飞地。欧洲有许多一国位于另一国之内的飞地。例如，小瓦尔瑟谷（Kleinwalsertal）①是只有从德国才能进入的奥地利飞地；巴尔莱-赫尔托赫（Baarle-Hertog）是比利时在荷兰的飞地；利维亚（Llívia）是法国之内的西班牙城镇。不仅欧洲有飞地，非洲也有安哥拉的飞地卡宾达（Cabinda），西班牙在摩洛哥的两块飞地梅利利亚（Melilla）和休达（Ceuta）（图9.8）。

与外飞地极其相似的概念是**内飞地**（enclave），这个概念有助于划分第五种形状的国家，即**穿孔型国家**（perforated state），就是一国的领土完全包围着一个不受其管辖的国家，例如南非共和国包围着莱索托。被他国包围的内飞地，可能是一个独立的国家，也可能是另一国的一部分。欧洲两个最小的独立国家——圣马力诺和梵蒂冈，就是洞穿意大利的内飞地。西柏林作为西德的飞地，洞穿了前东德的领土，是东德领土中的内飞地。如果内飞地被价值体系有别于穿孔国的人所占据，穿孔国的稳定性就可能被削弱（见"枝节横生的内飞地政治"专栏）。

---

① 小瓦尔瑟谷是一处著名的滑雪胜地，据称共有32条缆车线，80千米长的山地雪道。——译注

枝节横生的内飞地政治

苏联的解体是伴随着种族与民族主义感情的觉醒而发生的，这种感情曾长期受到压制。这种情况没有哪里比纳戈尔诺－卡拉巴赫自治州更明显了，那是位于阿塞拜疆的一块山区飞地，80%居民是亚美尼亚人。亚美尼亚人是基督徒，而阿塞拜疆人则是什叶派穆斯林，不过宗教不同只是1988年开始毁灭该地区的冲突的部分原因。

亚美尼亚和阿塞拜疆都是20世纪20年代初并入苏联的。土耳其曾有过与本土亚美尼亚人不睦的历史，它不希望有一个不必要的强大的亚美尼亚出现在其边界上。斯大林迫于来自土耳其的压力，把纳戈尔诺－卡拉巴赫判给了阿塞拜疆。虽然这个地区得到了作为一个单独个体的地位，并成为共和国的一个自治区，但是亚美尼亚人充满怨愤。阿塞拜疆人在种族上属于土耳其人，而亚美尼亚人声称，他们有100多万亲属在第一次世界大战中被土耳其人杀害。

苏联人认为在共产主义信条下民族主义最终会消失，但事实并非如此。虽然700万阿塞拜疆人在数量上远远超过180万卡拉巴赫亚美尼亚人，但是后者保持着强烈的民族意识，以自己的语言和忠于亚美尼亚基督教而保持同一性。

1987年卡拉巴赫亚美尼亚人受戈尔巴乔夫自由化政策和他宣称要改正过去错误的鼓舞，他们鼓动要和亚美尼亚联合。群众在示威时举着这样的横幅，声称"卡拉巴赫是改革的试验田"。亚美尼亚首都埃里温举行了许多集会，支持卡拉巴赫亚美尼亚人。有人议论要建立一条走廊，把纳戈尔诺－卡拉巴赫和亚美尼亚连接起来——这块飞地西南端有不到16千米的距离把两地分隔开。

阿塞拜疆对这块飞地的反应是加强控制。官方禁止在纳戈尔诺－卡拉巴赫的学校讲授亚美尼亚历史，而且不鼓励使用亚美尼亚语。

1988年2月在苏姆盖特市（Sumqayit）发生了反对亚美尼亚人的暴力行动，触发了亚美尼亚人和阿塞拜疆人之间的战争。苏联军队被召来平息暴力冲突，但是未能恢复秩序，到1992年大部分军队被撤走了，那时亚美尼亚和阿塞拜疆已经变成了两个独立国家。数以千计的人死亡，成千上万阿塞拜疆人和亚美尼亚人成为难民，到各自的故乡寻求庇护。1994年阿塞拜疆人同意休战。

现在纳戈尔诺－卡拉巴赫已经没有阿塞拜疆人。从前阿塞拜疆人居住的村镇，主要住着来自阿塞拜疆的亚美尼亚难民。虽然这方领土在国际上仍然被认为是阿塞拜疆的一部分，但被所居住的亚美尼亚人控制，就如纳戈尔诺－卡拉巴赫西部的拉钦（Lachin）地区一样。

目前在国际和平对话所提出的建议中，承认纳戈尔诺－卡拉巴赫和拉钦地区的自治地位，并用一条连通其飞地纳希切万（Nakhichevan）的受国际保护的公路来补偿阿塞拜疆的领土损失。

纳戈尔诺－卡拉巴赫和其他飞地一样，检验着周围国家的稳定性。它证明了过去对边界所做的决定在今天可能造成怎样的反复；当中央权威衰落时，分裂的力量会怎样增强。最后，飞地的冲突提出了重新出现的政治地理学问题：当少数民族的要求与大多数人的愿望相左时，如何能和平共处。

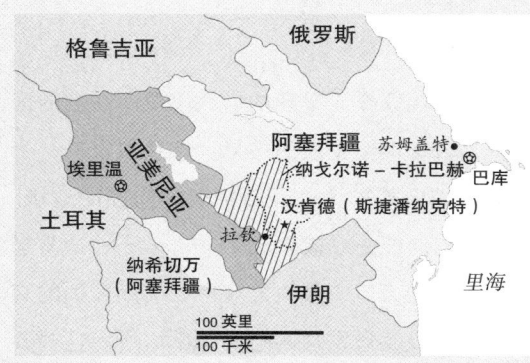

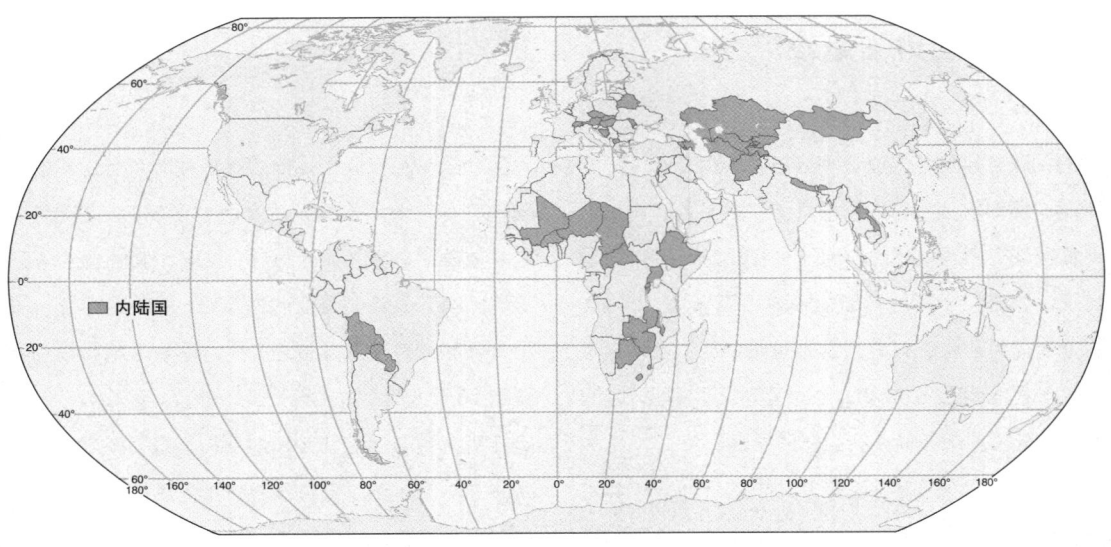

图9.9　内陆国。和有出海口的国家相比，内陆国在商业和战略上居于劣势。

区　位

　　影响民族福祉因素的国家大小和形状的重要性，可能因其区位（无论是绝对区位还是相对区位）而改变。虽然加拿大和俄罗斯面积都极其巨大，但是如果从农业潜力考虑，两国处在中纬度以北的绝对区位降低了其面积优势。另一个例子是冰岛，虽然它具有相当紧凑的形状，但是其处于北冰洋的区位，紧邻北极圈的南界，这意味着其大部分国土是不毛之地，定居点仅限于该岛国的边缘。

　　国家的相对区位，即其所处区位与其他国家区位的比较，也和绝对区位一样重要。那些不临海而且被其他国家所包围的**内陆国**（landlocked state），处于地理上的劣势（图9.9）。这些国家没有海运（船运）贸易的便捷通道，也没有沿岸水体和海床上所发现的资源。1825年玻利维亚独立时获得了480千米的海疆，但1879年被智利征服时又丧失殆尽。该国每年一度的海洋日活动，都在提醒玻利维亚人遭受的损失，并通过持续的外交努力以取得一个替代的出海口。随着苏联的解体和从南斯拉夫和捷克斯洛伐克等多民族国家中产生许多新的小国，内陆国的数量——大约为40个——大量增加。

　　也有几个有利的相对区位成为一国首要资源的实例。面积只有685平方千米和420万人口的新加坡，位于世界海运与贸易的"十字路口"。基于其海港和商业活动，并得益于新近的工业发展，新加坡已经成为引人注目的东南亚经济成就的例子。历史表明，一些国家得益于处在主要贸易通道上的区位，不因为这种区位易带来经济利益，而且因为这些国家容易接受新思想和新技术的扩散。

核心与首都

　　许多国家今天呈现的形状以及所占据的区位，是若干世纪发展的结果。这些国家从一个中心区域向外扩大，逐渐扩展到周围的地域。一国最初的核心或**核心区**（core area），通常容纳最稠密的人口、最大的城市、高度发达的交通系统，以及最发达的经济基础。所有这些要素都随着远离国家的核心而变弱，城市化率和城镇规模下降，交通网变稀疏，而且边远地区的发展强度也比核心区弱。

容易识别而且明确无误的国家核心区包括法国的巴黎盆地、英国伦敦和东南部、莫斯科和俄罗斯欧洲部分大城市、美国东北部和加拿大东南部，以及阿根廷的布宜诺斯艾利斯大都市带。并非所有国家都有这样清楚的核心，有些国家可能有两个或更多相匹敌的核心区。例如，乍得、蒙古国和沙特阿拉伯就没有界线明显的核心区，而厄瓜多尔、尼日利亚、刚果民主共和国和越南则是多核心国家的例子。

一国的首都通常都在其核心区，而且常常是在这个核心区的真正中心，其优势地位不仅是由于它是中央权力的所在地，而且还因为人口与经济功能的集中。就是说，很多国家的首都城市也是其最大的城市或首位城市，主宰着整个国家的结构。法国巴黎、英国伦敦和墨西哥的墨西哥城都是此类在政治、文化和经济上占首位的例子。

首都与核心区的这种结合常见于所谓的**一元化国家**（unitary state）中，即这些国家有着高度中央集权的政府、相对较小的文化差异、强烈的民族认同感，以及在文化上和政治上清晰的边界。欧洲大多数核心区和首都都是这种类型。许多新独立的国家也能见到这种结合，这些国家的前殖民者建立了开发与行政管理的首位中心，并在缺乏城市结构、没有政府组织的地区建立了职能中心。随着国家的独立，这些新国家保留了已建立的基础设施，给首都增加新的职能，并且通过对政府大厦、公共建筑和商业建筑投入大量经费，力图打造国家地位的标志。

联邦国家，即大体上均等的、具有强有力的地区性政府职责的省或州的联盟，其首都城市可能是作为行政中心而新创建的。虽然这个选定的首都是国家多元化核心区的一部分，但是它不是该国最大的城市，也没有获得多少附加的职能使其成为最大的城市。加拿大渥太华、美国华盛顿特区和澳大利亚堪培拉就是这样的例子（图9.10）。

欧洲正在形成一种国家组织的新形式，叫作"地方性政府"或"不对称联邦制"（asymmetric federalism），即原先强大统一的国家承认若干下属单位的自治愿望，在不同程度上准予其地方行政管理权，但保留中央权力机构对全国性事务的权力，如货币政策、国防和对外关系等。自治权最可能给予这样的地区：那里的居民最直言不讳地声称该地区与全国有所不同。此类

图9.10 澳大利亚按规划修建的首都堪培拉，其定位有意离开本国两个最大的城市悉尼和墨尔本。按规划修建的首都往往是一些建筑"橱窗"，集中展示民族的骄傲。（© Chris Groenhout）

第9章 政治地理学

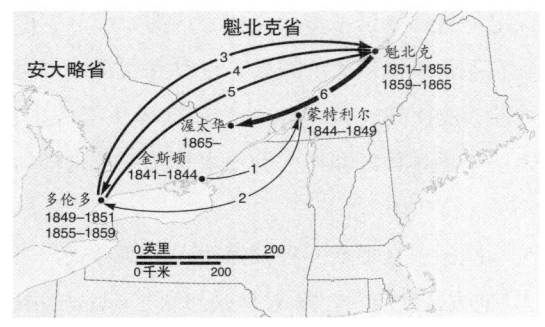

图9.11 加拿大首都的迁徙。金斯顿被选为加拿大联合省（United Province of Canada）第一个首都，它既优先于下加拿大首府魁北克，也优先于上加拿大首府多伦多。1844年政府职能迁往蒙特利尔，并沿用到1849年，随后又在多伦多和魁北克之间来回迁徙——如图所示。1865年省立法机构会议在渥太华举行，1867年这个城市成为加拿大联邦的首都。

资料来源：*Redrawn with permission from David B. Knight, A Capital for Canada. Chicago: University of Chicago, Department of Geography, Research Paper No. 182, 1977, Fig. 1, p. vii.*

要求大多基于宗教、语言或经济中心与利益的差异。全国政府可能承认地区首府、立法议会和行政系统。例如，英国的不对称联邦制现在包括苏格兰、威尔士和北爱尔兰的独立地位及各自的首府爱丁堡、加的夫和贝尔法斯特。西班牙也承认加泰罗尼亚和巴斯克，其首府分别为巴塞罗那和维多利亚。

所有其他事项都是平等的，位于国家中心的首都使各地方到达政府的距离大体相等，方便往来于政治中心的交通，使政府能够自如地发挥权力。许多首都城市，例如华盛顿特区，当初被选定为政府所在地时曾位处国家的中心，但因国土的扩展而失去其中心区位。

有些国家的首都从位处国家边缘的核心区内迁，至少部分地是为了取得中心区位可能具有的优势。这种迁徙的两个例子是巴基斯坦首都从卡拉奇迁到伊斯兰堡，以及土耳其首都从伊斯坦布尔迁到其领土中心的安卡拉。首都迁徙的一种特殊类型是**前推型首都**（forward-thrust capital），即曾经有意地将其定位到一国的边疆地区，表明政府对远离核心区域的认识，以及促使其更均衡地发展的兴趣。20世纪50年代末期，巴西将其首都从里约热内卢迁往新建的巴西利亚城，以表明其开发广大内陆地区的意图。从20世纪70年代末开始，西非国家尼日利亚在靠近其地理中心的地方建设新首都阿布贾，到20世纪90年代初，政府办公室和外国大使馆均已迁往该地。1841—1865年，英国殖民地政府曾6次迁徙加拿大的首都，部分原因是为了追随19世纪中叶人口格局的中心，也是为了谋求一处沟通本国文化隔阂的区位（图9.11）。

国界：国家的边界

让我们回顾一下，地球上没有哪块陆地置身于一国主张的控制权之外，即使无人居住的南极洲，也有过其他国家对它的领土要求（图9.3）。世界上每个国家都有国界以便和其邻国分开，国界就是确定每个国家主权和权力的界限。国界是表明一国主权终止和另一国主权开始的地方。

一国在自己的疆界之内，执行法律、收缴赋税、提供防卫和其他政府职能。因此，边界的区位决定了一定地区内人民要使用哪种货币、服从哪种法规、可能被征召进哪个部队，还有儿童在学校接受的语言教育甚至宗教教育。这些例子表明了，边界在世界上起着强有力的文化差异增强剂的作用。

主权国家的领土主张是三维的。国界不仅是国家所主张的陆地（或水域）表面外部界限的标志，按照国际关于地表资源分配权的共识，国界也是向下投射到地心的界限。各国还将其主权向上投射，不过对于领空的上限较不确定，

图9.12 喜马拉雅山的群峰。(© Fred Bavendam / Peter Arnold)

因为对此尚无一致意见。因此，严格说来，国界是一条没有宽度的"线"，它是相邻国家主权之间的一个垂直界面。

在国界划定之前，国家或帝国之间大概是用一条**边境地带**（frontier zone）分开，这是一个划分不甚清楚而且不时摆动的地区，标志着国家权力有效管辖的终点。这样的地带常常渺无人烟，或者人口稀疏，而且随着聚落格局的改变而改变。目前许多国界处在从前的边境地带内，在这种意义上，边界线已经取代了从前作为一个权力标志的较宽阔的边境地带。

天然边界和人为边界

地理学家传统上把边界区分为"自然"边界和"人为"边界。**自然边界**（natural/physical boundary）就是那些根据山脉、河流和湖泊等可辨认的地文面貌划分的边界。虽然这种特色作为边界看似很有吸引力，因为它们确实存在于景观中，而且是看得见的划分要素，但是事实证明许多自然边界并不令人满意。就是说，它们并不能有效地把两国分开。

许多国界沿山脉走向延伸——例如阿尔卑斯山、喜马拉雅山和安第斯山。山脉很少成为相互作用的绝对屏障。虽然山脉有碍来往，但是可以通过关隘、道路和隧道穿越。高山牧场可用于季节性放牧，山区可能成为水电站的水源（图9.12）。

河流作为边界更不能令人满意。与山脉相反，河流有助于相互作用。河谷可能既有益于农业也有益于工业，而且可能会汇集人口。例如，莱茵河有几百英里用作西欧国家的国界线。它也是主要的交通要道，两岸化工厂、其他工厂和发电站林立，城堡与教堂散布其间，使其成为欧洲主要的旅游胜地之一。河流更像一种公产、一种集中使用的资源，而不是其相邻国家生活中的障碍。

自然边界之外的另一种边界是**人为边界**（artificial boundary）或**几何边界**（geometric

图9.13 德国统一后，柏林墙仍然保存的部分是一条遗存边界。图中柏林墙的残存部分位于波茨坦广场。

boundary）。这种边界常常根据纬线或经线的一部分来划定，主要见于非洲、亚洲和美洲。美国—加拿大的西部边界沿北纬49°划定就是几何边界的例子。许多这样的边界是在殖民地时期对该地区有争议时确定的，那时土地上人口稀少，而且缺乏对边远地区详细的地理认识。

按聚落分类的边界

边界也可以按照主要文化景观的主要特征形成之前或之后来划分。**先成边界**（antecedent boundary）是一个地区人口不多时，也就是大部分文化景观特征形成之前划分的边界。继续援引上文的例子，美国—加拿大的西部边界就是这样一条先辈划定的界线，是根据1846年美国和英国之间的一项条约确定的。

文化景观形成之后划定的边界叫作**后成边界**（subsequent boundary）。后成边界的一种类型是**顺成边界**（consequent boundary，又称民族边界[ethnographic boundary]），是为了顺应两国之间在宗教、语言或经济上存在的差异而划分的边界。北爱尔兰和爱尔兰之间划定的边界即是一例。还可能有征服国或殖民国无视原有文化格局强加于现有文化景观、国家或民族之上的后成的**强加边界**（superimposed boundary）。19世纪在非洲的殖民国把这种边界叠加到原有的非洲文化之上，而无视他们分开的原住民的传统、语言、宗教或所属的民族（图9.5）。

第二次世界大战后英国准备离开印度次大陆时，决定在该地区建立两个独立国家：印度和巴基斯坦。因此，1947年该殖民地分裂为两个独立国时划定的界线，既是后成的，又是强加的界线。当几百万印度人从次大陆西南部移居印度寻找家园时，几百万穆斯林离开即将成为印度的土地前往巴基斯坦。从某种意义上说，他们试图保证这条边界将是后成的——就是说，这条边界将与基于宗教的划分相一致。第13章的"印度次大陆政治区"还要更详尽地讨论这条边界的例子。

如果从前的边界不再起作用，但其仍因双方的某些景观特征或差异而留下印记，这就叫

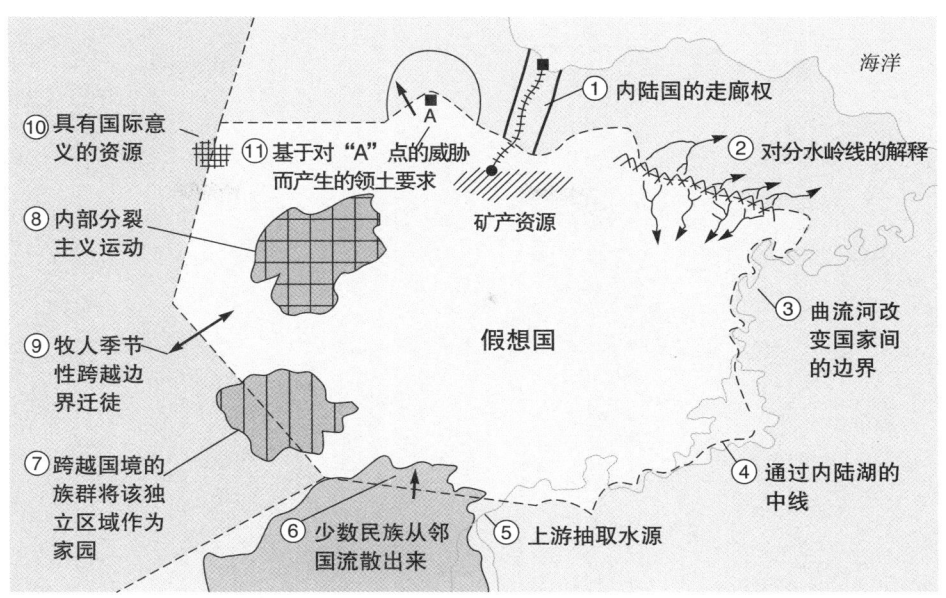

图9.14 国际关系紧张的地理根源。为了阐明引起国家间冲突的条件,英国著名地理学家彼得·哈格特(Peter Haggett)编绘了这张假想国的地图,并确定了潜在的纠纷地区。文中讨论了图中所示关系紧张的地点和有关争论的实例。
资料来源:*Redrawn from Peter Haggett,* Geography, A Global Synthesis *(Prentice Hall, 2001). Figure 17.10, p. 522.*

做"遗存边界"(relic boundary)。星星点点散布的废弃城堡标志着威尔士和英格兰从前的边境地带就是遗存边界。有时这些城堡也是勘界过程中辩论的证据。更近的例子是1961年共产党东德所建的柏林墙,作为用以封锁东西德之间的边界。随着1990年德国的统一,该墙大部分被拆除。柏林人选择保存一些墙体作为历史纪念碑,另有一些地方,柏林墙所经之处用两行铺路石作为标记,这是遗存边界的另一种形式(图9.13)。

成为冲突之源的边界

边界可能在很多方面造成两国之间的冲突。21世纪伊始,大约有80个国家卷入与一个或多个邻国的冲突。虽然冲突的原因各不相同,但地理因素是许多冲突的基础。图9.14表示一个虚构的国家"假想国"(Hypothetica),其空间条件可能引起与邻国的冲突。每个条件都用数字标识,并用下文讨论的真实例子来说明。

内陆国(潜在纠纷地区①) 假想国和世界上1/5的国家一样,是一个内陆国(图9.9)。内陆国要与海外市场进行贸易,就必须通过陆路运输模式进出口货物。这些国家必须和邻国合作安排货物过境,而这种合作可能有困难。

通常有一两种途径通向海洋。内陆国一般协商使用外国港口设施加上到该港口的通行权,但这种安排会有种种问题。几个世纪以来,内陆国必须克服种种限制、通行税、高额运输费与仓储费、复杂的关税手续、货物遗失及损毁,以及妨碍海陆间货物运动通畅的其他障碍。此外,这些国家很难或根本无法控制境外运输与港口设施的效用与效率,而且还面临战时其出海口被关闭的可能性。不过近年来,对于那些签署了国际公约的国家,局面有所改善。此类国际公约允许货物通过跨界地区而不必支付歧视性税金、通行费或货运费。例如,玻利维

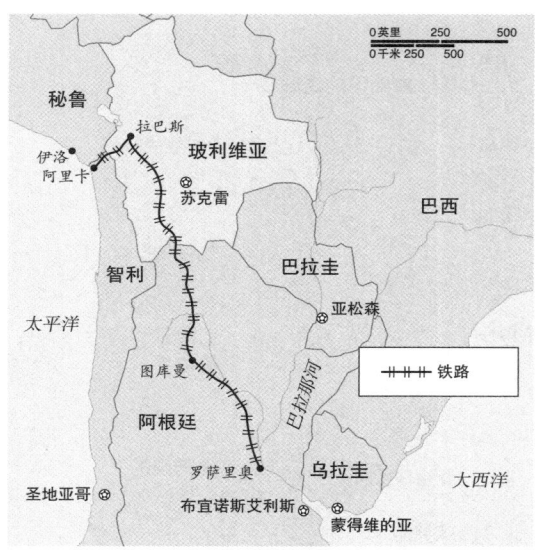

图9.15 玻利维亚和许多内陆国一样，通过与邻国协议获得出海口。然而，玻利维亚不同于大多数内陆国，它能通达两大洋的港口。

图9.16 阿根廷与智利对安第斯山南部边界的争议。两国在该地区的边界未经精确勘探与制图即被条约所确定，使得其准确区位悬而未定。经多年摩擦之后，智利与阿根廷之间最后残存的领土争议，根据1998年末签订的协议得到解决。

亚可使用智利的阿里卡港、秘鲁的伊洛港和阿根廷巴拉那河上的罗萨里奥市（图9.15）。

有些内陆国不依靠另一国的港口和善意，而是通过能出海或到达通航河流的狭窄的陆路走廊得到出海口。这样的例子有刚果共和国的刚果走廊（Congo Corridor）和纳米比亚共和国的卡普里维地带（Caprivi Strip），后者是德国人设计的，让他们以往在西南非洲的殖民地得到通向赞比西河和印度洋的出海口。虽然这些走廊长期存在，但是另有一些——例如第一次世界大战后建立的波兰和芬兰走廊——却是短命的。

水体国界（②③④⑤） 上文谈到，虽然河流与湖泊构成许多国家的界线，但也制造了许多冲突的机会。邻国需要对边界应划在构成边界一部分水体的何处取得一致意见：沿右岸或左岸，还是沿水道中泓线划分，或者沿可通航河道中央划分。苏联坚决要求其主权延伸到中国东北黑龙江与乌苏里江岸边，这是两国之间长期以来的争议事项和边界冲突，直至1987年苏联同意边界应该通过河流主航道才得到解决。即使根据国际惯例达成协议，沿主航道划分的界线也不是永久性的，因为河流还会改道、泛滥或干涸。

潜在纠纷地区（②）涉及划分国家分界线时使用流域界线——就是说，分界线沿着分开两个流域的山脊或山顶延伸。当两国不同意对**划界**（boundary demarcation）文件的解释和（或）界线的划分时，就会出现争议。阿根廷和智利之间的界线最先在是西班牙殖民统治时期划定的，后来1881年经条约确定，界限沿着"安第斯山脉分水岭最高的山顶"延伸（图9.16）。由于安第斯山南段当时还未经充分勘探和制图，不明确山脊线（最高峰）和东西向河流的分水岭是否总是一致。有些地方分水岭在最高峰东面许多千米的地方，因此留下面积约5.2万平方千米的狭长地带，存在争议。对领土要求的矛盾造成阿根廷与智利两国间近一个世纪的不睦。

压力点（③）是一条曲流河（其河道会改变）。如果该河流是国界的一部分，如图9.14，则边界会随时间改变。例如，美国和墨西哥之间的国界沿格兰德河主水道走向，国界也随着河道的改变而改变。同样的，以湖为界（④）也需要两国就在何处划界取得一致意见。在美国和加拿大的案例中，两国同意以伊利湖和安大略湖岸等距离的线，作为国界线的一部分。

另一个纠纷地点（⑤）与假想国以河为界有关，这条河的下游从另一国流入该国。用水日益成为国家间冲突的根源，在干旱和半干旱地区尤其如此。当水源短缺时，一个国家对河水的抽取、改道或污染可能对下游国家的水量与水质产生重大影响。淡水日益紧缺导致许多沿河国家关系紧张，这些河流包括约旦河、底格里斯河和幼发拉底河、尼罗河、印度河、恒河和雅鲁藏布江。

少数民族身份（⑥⑦⑧） 假想国几乎和所有国家一样，有不止一个文化族群。在现实世界中，各地都曾有少数民族地区导致的国际紧张、内战、解放战争和国际冲突。少数民族身份作为许多国家必须处理的最难以解决的问题之一，在"向心力"一节中有更详尽的讨论，不过下面几段内容先简要地举例⑥、⑦和⑧几处压力点的例子。

如果一国的人民声称并试图获取一片领土，其居民在历史上或民族上与该国有联系，但现在受外国政府管辖，就可能引起冲突。压力点⑥就表示这种情况，那里的少数民族从邻国流散出来。在这种情况下，国家边境扩展的愿望被称为**领土收复主义**（irredentism）[①]，该词源自意大利语"未赎回的"（unredeemed）。1938年希特勒利用德国少数民族存在于捷克斯洛伐克苏台德部分地区的事实，证明德国占领第一次世界大战后划归捷克斯洛伐克的这个地区是正当的。第二次世界大战后苏台德地区被归还捷克斯洛伐克。

匈牙利对罗马尼亚特兰西瓦尼亚省（Transylvania）的领土要求既基于历史又基于民族的联系。两国为此争吵了几个世纪。特兰西瓦尼亚从1649年开始受匈牙利控制，直到1920年，随着第一次世界大战后欧洲政治地图的重构，该地变成罗马尼亚的一部分。1940年，德国和意大利强行把该省还给匈牙利，但是第二次世界大战后又不得不再次交还给罗马尼亚。

上文讨论了无国家民族——一个没有国家的民族——的案例，并援引了库尔德人、吉普赛人和巴斯克人的例子。压力点⑦表示在假想国和邻国都有分布的一个特殊族群或民族。当这些民族在自己的国家内寻求自治，并试图从现存国家的版图中划出一个新的民族国家时，就会发生冲突。巴斯克人的例子表明，他们并不需要为了激起冲突而去代表居民的多数。

巴斯克人居住在法国与西班牙交界的地区（图9.17）。为了平息20世纪60年代以来分裂主义者的狂热，1978年西班牙政府同意3个巴斯克省实行很大程度上的自治，但是这仍不能满足极端分裂主义运动ETA（西班牙语Euskadi ta Askatasuna，即"巴斯克故国与自由"）的要求。分裂主义者声称，西班牙人的国家企图破坏巴斯克独特的文化身份，限制他们自己的语言尤斯卡迪语（Euskadi），这是一种与世界上任何其他语言都不相干的语言。他们要求一个独立

[①] 又称领土收复论或民族统一主义。——译注

第9章 政治地理学

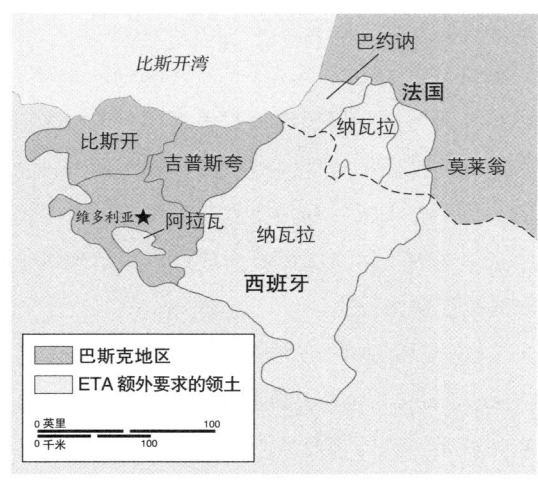

图9.17 横跨西班牙与法国边界的巴斯克地区。虽然巴斯克人已获得一定程度的自治,但是ETA好战的分裂主义者仍然希望在西班牙巴斯克地区和法国南部地区建立一个独立国家。

的、统一的巴斯克国,不仅包括西班牙的巴斯克地区,而且还包括法国南部一部分地区。尽管西班牙巴斯克地区已经拥有远高于法国相应地区的自治权,但西班牙仍然是比法国更为动荡与狂热的场所。这种情况使学者们建立一种理论,认为在这种情况下地方的影响力——加上法国作为强有力的民族国家的历史——造成了这个拟议中国家特异的认同作用。虽然ETA仿效爱尔兰1988年耶稣受难日停火的例子,遵守单方面停火14个月的协议,但是2001年9月11日以后,西班牙决心以武力摧毁ETA,并宣布与其有密切关系的政党不合法。ETA一直进行着意在损害西班牙旅游经济的零星暴力行动。

压力地点⑧的情况是完全处于假想国内寻求独立的族群进行的内部分裂主义运动。虽然19世纪美国的南北战争是分裂主义者冲突的一个例子,但是20世纪中也有无数此类内战,尤其是在非洲和亚洲。1967—1970年尼日利亚内战就是一个例子。

资源争夺(⑨⑩⑪) 邻国可能觊觎边境地区的资源——无论是有价值的矿藏、富饶的渔场、或是文化资源,例如具有宗教意义的地点——对其使用权提出争议。例如,近年来美国就其两个近邻发生资源争议:与墨西哥对分享科罗拉多河和墨西哥湾资源的争议,以及与加拿大对大西洋乔治海岸地区渔场的争议。

当相邻两国对边界地区实施的政策有不同意见时就会发生冲突。此类政策可能和传统的游牧部族的迁徙(⑨)、移民、海关条例之类的问题有关。例如,美国和墨西哥的关系,就曾受到从墨西哥日益增多进入美国的非法入境者以及毒品流的影响(图9.18)。俄罗斯和芬兰签订了一项协议,允许拉普兰人在两国之间跨界放牧驯鹿。

存在于边境地区具有国际意义的资源(⑩)提供了另一种冲突的可能。1990—1991年海湾战争的原因之一是知名的鲁迈拉油田(Rumaila oil field)巨量的石油储藏,该油田主要位于伊拉克境内,小部分延伸到科威特(图9.19)。由于两国对所有权的百分比,即对分享生产成本与收入的规则不能达成协议,科威特在没有任何国际协议的情况下从鲁迈拉油田抽取石油。伊拉克声称,科威特一直在偷取伊拉克的石油,这就相当于一场经济战争,并以此证明自己对科威特入侵的正当性。

最后一个潜在压力点是图9.14中的A点,国家认为该种资源对其生存至关重要而必须予以捍卫,即使这意味着对邻国一片相邻土地提出要求也在所不惜。这种资源可能是物质的,如一处军事基地,也可能是文化上的,如一座圣城。例如,叙利亚和以色列对戈兰高地的争夺,那里既有水源又处于高处。控制了该高地的国家就能俯视和监听对方——以色列就能从黑门山(Mount Hermon)上真切地俯瞰大马士革。文化资源引起冲突的代表是耶路撒冷，一处对基督教徒、犹太教徒和穆斯林都具有重大宗教意义的地点。这里从公元1096年第一次天主教宗教战争开始以来就是冲突的根源。以色列认为耶路撒冷对自己的身份至关重要，近年来已经有效地兼并了穆斯林东耶路撒冷的大部分地区。目前，以色列政府和巴勒斯坦人之间的主要争论点是对城市中圣地的使用权和控制权。

向心力：提升国家的凝聚力

国家的特点是每时每刻都有两种力量在较量：一种是促进团结与国家稳定的力量，另一种是破坏团结与稳定的力量。政治地理学家把团结的力量称为**向心力**（centripetal force），这种力量把一国的人民凝聚在一起，使国家得以运行，使国家强大。另一方面，**离心力**（centrifugal force）使国家不稳定和变弱。如果离心力超过促使国家团结的力量，国家的存在就受到威胁。下文研究四种力量——民族主义、一元化机构、组织与行政部门，以及交通与通讯——如何能够促进凝聚力。

民族主义

向心力中最强有力的一种力量是**民族主义**（nationalism），即对国家的认同和对国家目标的接受。民族主义是基于只效忠一个国家的概念及其理想，以及它所代表的生活方式之上。民族主义是一种情感，提供一种身份与忠诚感，还有集体有别于所有其他民族与国家的意识。

有些国家刻意在其选民中灌输忠诚感，因为这种感情给政治制度以力量。具有这种忠诚感的人可能接受调控本地区人们行为的规则，并参与建立那些规则的决策过程。当然，由于大多数社会都存在分裂力量，并不是每个人都

图9.18 为了阻止无证移民流从墨西哥下加利福尼亚入境美国，1993年美国沿边境建立了3米高的围墙，并加以延伸和加固。现在得克萨斯州、加利福尼亚州与墨西哥之间部分边界有4.6米高的双重围墙。（© Fred Greaves / Corbis Images）

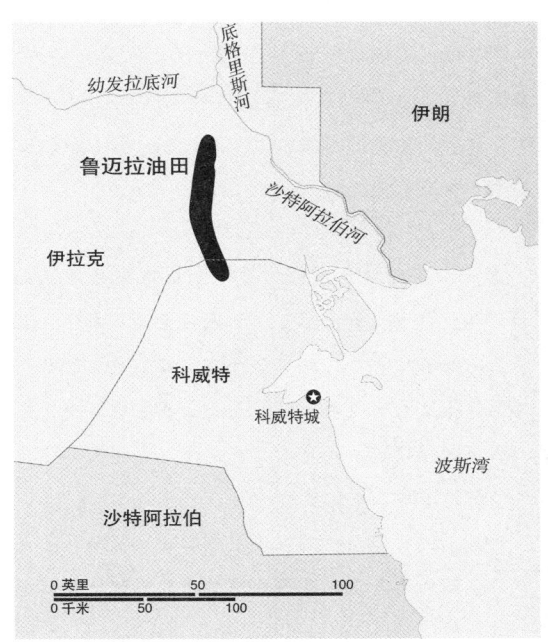

图9.19 鲁迈拉油田。跨越伊拉克—科威特边界的鲁迈拉油田是世界最大的石油储库之一。伊拉克对科威特钻井的不满是造成1990年伊拉克入侵科威特的部分原因。

会感到同等程度的义务和忠诚。最重要的因素是国家人口大多数能够接受该国的意识形态、拥护国家的法律，并参与国家有效的运作。对许多国家而言，这样的接受与忠诚在最近才出现，而且也只是部分地得到实现；在有些国家

第9章 政治地理学 365

专栏 9-3

体育运动与国家认同

2003年,南斯拉夫的两个国家被重新命名,变成塞尔维亚和黑山联邦(The State Union of Serbia and Montenegro)①。那里的居民一致认为新国名很糟糕。贝尔格莱德一位28岁的理发师马杰·乔万诺维奇(Maja Jovanovic)轻蔑地说:"光是把它正确地读出来就要花一辈子时间,我很难真切地想象有谁会在足球赛场上陷入狂热状态为它唱啦啦队歌。"一位经济学家对此有同感:"足球赛场上没有谁会狂喊'塞尔维亚和黑山'。"

塞尔维亚人和黑山人不仅为足球着迷,他们还对可能给这片被战争破坏的土地带来团结的向心力极其关切。长期以来体育运动使人团结。1976年夏季奥运会闭幕的时候,《纽约时报》(The New York Times)一篇文章写道:

> 当第21届奥林匹克运动会落下帷幕的时候,这个形象出现了。把民族主义从奥林匹克运动会中去除,就可能没有奥林匹克。就让纯粹主义者去说教、让社论作者痛苦吧,但是悲惨的事实是——无论是好还是坏——民族主义就是奥林匹克运动的一切。
>
> 这个事实被写在了星期二晚体育场每一根颤动的椽子上,那时美国篮球队击败南斯拉夫队获得金牌。美国国旗挥舞在狂喊"U——S——A,U——S——A"如潮笑脸的背景上,那情景就是一种狂热的民族主义。
>
> 那里也曾有过南斯拉夫的、先前还有过俄罗斯和加拿大的声音和国旗。如果那是一些没有国家的运动队,也就会既没有欢呼也没有国旗——因为那里也不会有人。
>
> 人们并不是在那里为个人和个人的表演欢呼,而是为发泄强烈的爱国主义感情和见证他们国家队的胜利……
>
> 说我们是为比赛而比赛当然很时髦,很潇洒,似乎也很像"世界大同"(one-worldish)的样子,可是人们的精神所需要的比这要多。
>
> 去除了奥林匹克运动会开幕式的壮丽,取消了各国的列队入场式、国旗和民族服装,在统一的旗帜下只唱一首奥林匹克颂歌,让运动员只作为个人入场。如果情况真是这样,奥林匹克运动将会因财政不足而迅即死亡。②

今天民族主义和体育运动是否更加密不可分?请考虑以下事实:由于南非政府实行种族隔离政策而被禁止参加1984年奥运会,长跑运动员佐拉·巴德(Zola Budd)也因此不能代表南非参加比赛。在英国报纸的帮助下,巴德成为英国公民。英国政

斯蒂芬·切罗诺身披卡塔尔国旗。(© AP/Wide World Photos)

---

① 2006年,黑山共和国正式宣布独立。——编注

② © 1976 by The New York Times Company. Reprinted by permission.——原注

府加速办理她的公民权申请，使她在奥运会代表英国参赛。

2002年7月，斯蒂芬·切罗诺（Stephen Cherono）在世界锦标赛上为他的祖国肯尼亚赢取了3000米障碍赛冠军，13个月后，他又为他的新国家卡塔尔赢得同一项目。比赛结束时，切罗诺——现名赛义夫·萨义德·沙欣（Saif Saaeed Shaheen）——身披卡塔尔国旗，但他却为肯尼亚长跑运动员所不齿，包括同为该项目运动员的他的兄弟。据称沙欣通过改变国籍，从卡塔尔政府得到100万美元的酬金和终身丰厚的薪俸。

是国界正在消失，还是个人认为经济状况比国旗更重要？在讨论切罗诺改变国籍一事时，肯尼亚的体育评论员说，不应允许运动员改变其公民身份。你怎么认为？

里，接受与忠诚则比较薄弱甚至濒临灭绝。

上文已述，真正的民族国家很少，只有几个国家的领土只为某一个民族所居住而且与国家的领土界线相一致。大多数国家存在不止一个文化族群，这些族群自认为在某个重要方面有别于其他公民。在多文化社会里，民族主义有助于不同族群联合为一个统一的群体。在美国和瑞士等国家，形成了这种代表民意的民族主义，不同文化族群相结合建立了博得全体公民忠诚的政治实体。

各国以种种方式来发扬民族主义。**意象学**（iconography）①是对象征符的研究，有助于民族团结。国歌和其他爱国歌曲、国旗、国家运动队、典礼和节日等，都是为了发扬民族主义和对国家的忠诚而逐渐形成的国家的象征符（图9.20）（见"体育运动与国家认同"专栏）。通过确保所有公民——无论其人口组成多么多样——都至少具有这些共同象征，国家赋予他们从属于一个政治实体（例如，日本或加拿大）的意识。有些国家的某些文件，如英国的《大宪章》和

---

①Iconography是肖像研究或肖像学，也有艺术品等的意象和象征之意。其研究对象除肖像外，还包括名称、旗帜、文身、球衣、吉祥物等标志，既然本书将其定义为"对象征符的研究"，故试译为意象学。——译注

图9.20 对美国效忠宣誓的仪式仅是美国试图向学生灌输民族认同感的一种方式。（© *The McGraw-Hill Companies, Inc. / Jill Braaten, photographer*）

美国的《独立宣言》，也是为了达到同样的目的。王权可能满足这种需要：瑞典、日本和英国的君主政体起着效忠象征性焦点的功能。象征与信仰是一切文化的主要组分。当一个社会组分非常不一致，由各种不同风俗习惯、宗教与语言的人们所组成的时候，全国性信仰就能把他们紧密团结在一起。

一元化机构

各种机构与象征帮助形成对国家至关重要的奉献意识与内聚力。学校，尤其是小学校，

第9章 政治地理学 367

是其中最重要的机构与象征。儿童在学校学习本国的历史，而对其他国家历史知之较少。人们指望学校向学生逐渐灌输社会的目标、价值与传统，教授他们用以表达的共同语言，指导青年认同自己的国家。

发扬民族主义的其他机构是军队，有时候还有国教。教育军队对国家的认同是必然的。他们把自己视为国家安宁的保卫者，让国家免遭潜在敌人的侵犯。

世界上大约有1/4的国家，把大多数人信奉的宗教定为国教。在这种情况下，教会有时成为一种凝聚力，促进全民的团结。巴基斯坦的伊斯兰教、以色列的犹太教、泰国的佛教和尼泊尔的印度教就是这种情况。在这样的国家里，宗教和教会与国家紧密地融为一体，你对其中某一方的信仰也会爱屋及乌，转变为对另一方的忠诚。

学校、军队和教会仅仅是教育人民成为一国成员的三种机构。作为机构，它们主要在文化的社会子系统水平上起作用，帮助构建社会的观点与行为。但是仅靠这些机构本身，并不足以形成一国的凝聚力并以此使其强大。我们所讨论的每种机构甚至可能是一种破坏稳定的离心力。

组织与行政部门

另一种结合力是公众对国家有效组织的信心。国家能够提供抵御外侮和内乱的安全保障吗？国家资源分布与分配的方式是否使人感到所有公民的经济福利将会提高？是否所有公民都能获得参与政府事务的同等机会（见"立法机关的女性"专栏）？有没有鼓励公民对有争议的问题进行咨询与和解的机构？国家的法规与法庭的权力如何建立？决策系统是否对人民的需求做出响应？

对这些问题的回答与答案的相对重要性因国家而异，但是这些答案与类似的答案都暗含着这样的表述，就像美国宪法中说的那样，国家将"确保正义、保证国家安定、提供共同防卫，（并）全面增进福利……"，如果不能实现那些期望，国家形象与一体化制度所鼓吹的忠诚就可能被削弱或丧失。

交通与通讯

国家交通网通过促进地区之间的互动，并使地区之间在经济和社会两方面紧密结合，增进政治一体化。自古以来，人们就已认识到交通对国家团结的作用。"条条大路通罗马"之说，源自连接罗马与帝国其他地方令人印象深刻的道路系统。几个世纪后，法国也修建了连接巴黎与全国各行政区的系统。首都城市与其他城市的联系，通常都优于边远城市之间的联系。例如，在法国，从一地取道巴黎到另一地的耗时少于两地之间的直达路线。

历史上公路与铁路对促进政治一体化起过重要作用。在美国和加拿大，两国不仅在新地区开辟定居点，而且还增加了乡村与城市地区的相互作用。由于交通系统在国家经济发展中起着重大作用，由此可以推断，一国的经济越发达，其交通系统很可能也越发达。同时，发达程度越高，投资于交通线路建设的钱也越多。二者相互强化。

国家内部交通与通讯的发展虽然受到鼓励，但在国家之间又常常被减弱或至少受到控制，这是为了限制与外国的空间相互作用以增进国家的内聚力而有意为之（图9.21）。控制的手法包括通过关税与禁运来限制贸易、对出入境移民设置法律屏障和通过护照与签证的必备条件来限制旅行。

立法机关的女性

占世界人口多数的女性，在初等与高等教育、就业机会与收入，以及医疗保健等的资源分配等方面，总体上境况不佳。她们的命运有所改善，这是令人鼓舞的。几乎每一个发展中国家，女性在读写能力、入学率和职业市场接受率等方面的差距也有所缩小。

但是在权力最终归宿的政治舞台上，女性影响份额的增加仍很缓慢，而且各国情况也不一致。2005年，全世界大约200个国家中，作为政府首脑（总统或总理）的女性不超过15个，女性作为国会议员的情况亦非远胜于此。这一年女性在全世界立法机构中只占16%的席位。

2005年女性在立法机构中占有1/4以上席位的国家只有29个，这29国（见附图）中，12个在西欧，6个在非洲，3个在加勒比海地区，还有2个在大洋洲。卢旺达是最尊重女权的国家，立法机构成员中女性占49%。但是没有一个国家的立法机构中女性占多数，还有许多国家根本没有女性代表。

虽然那些国家中欧洲占12个，但是全欧洲女性在立法机构里只占19%的席位。许多欧洲国家里，女性只占立法机构席位很微不足道的少数。这种情况既包括早已确立民主制度的北欧和西欧，事实上也包括南欧和东欧所有国家。具有代表性百分比的国家有法国（12%）、意大利（12%）和匈牙利（9%）。

许多国家都显示出对女性在立法机构中所占比例过低而日益不满的趋势。20世纪90年代，在许多发达国家和发展中国家民主政体中，女性在立法机构的代表人数开始有了实质性增加，政治权力的"公平分配"也开始被正式认可或执行。尤其是在西方国家中，女性参政的改善变成一些政党——有时也是政府本身——计划中的重要事项和引以骄傲的事情。从墨西哥到中国的一些政党，都试图改变女性代表过少的状况，他们一般通过设定女性候选人的份额来达到这个目的，还有几国政府——包括比利时和意大利——设法要求他们的政党改善以求平衡。

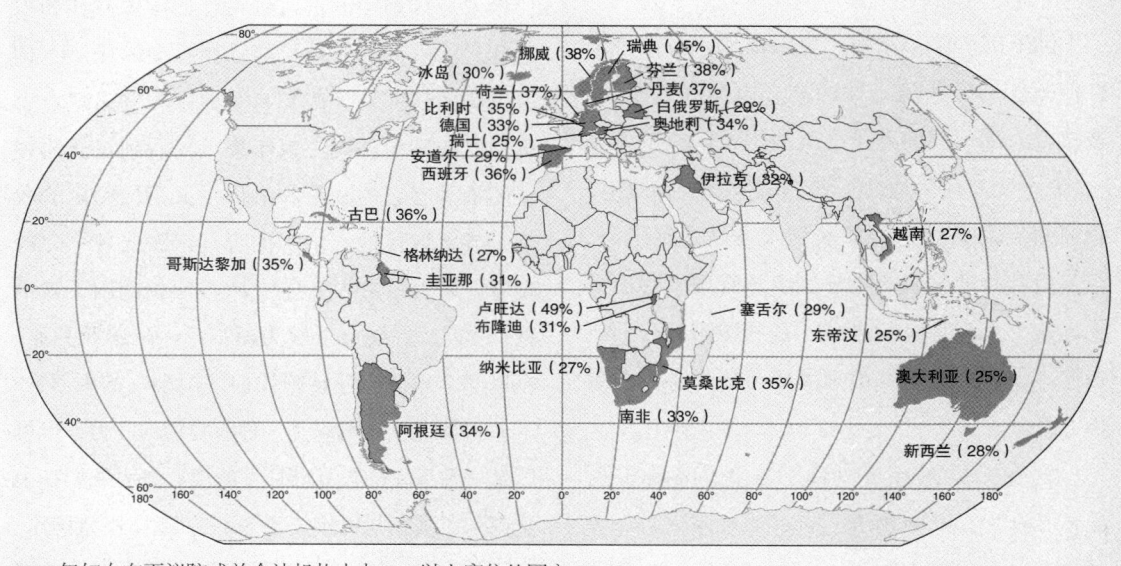

2005年妇女在下议院或单个法机构中占25%以上席位的国家。

法国比其他国家走得更远，1999年通过一项要求平等的宪法修正案，确认女性有平等担任公职的权利。一年后，国民议会颁布法律，要求国家的政党在该国所有选举（地方、地区和欧洲议会）中女性候选人必须达到50%，否则就要损失国家提供的竞选资金相应的份额。就是说，所有政党必须提出与男性候选人一样多的女性候选人。

然而，对配额是有争议的，而且常常是从不赞成的角度看待这个问题，甚至自诩为女权主义者也是如此。有人辩称，配额有失身份，因为这意味着女性本身的条件不如男人。还有些人担心其他群体（例如宗教团体和少数民族等）也会追求配额以保证他们在立法机构中的代表权。

请注意2005年女性在国家立法机构中占25%以上的29国中，美国不在其内。美国第108届国会（2003—2005年）中，参议院只有14名女性，众议院中有62名，参众两院合起来达到14%的史上最高比例。

美国女性在州立法机构选举中取得了较大的进展，过去几十年来所占份额稳步增长，从1969年的4%增加到2005年的22%。2005年州立法机构成员7382人中有1663位女性，占22.5%。然而，各州之间差别很大。在马里兰州和特拉华州，2005年州立法者中34%为女性；在亚利桑那州、内华达州、佛蒙特州和华盛顿州为33%。相对的，南卡罗来纳州和亚拉巴马州，女性只分别占州立法机构的9%和10%。

立法机构中相当数量女性的存在，使通过的议案的种类和受政府重视的项目种类有很大不同。女性们无论属于何种党派，她们的优先问题一般都与男性立法者有些不同。例如，女性相对于男性，更倾向于倡议和投票赞成这样一些政策措施，如儿童保育、老年人长期关怀、支付得起的医疗保险、女性健康问题，以及包括离婚和婚内滥用暴力等在内的女性权益问题。

离心力：对国家权威的挑战

国家的内聚力不易形成，形成以后也不易保持不变。破坏稳定性的离心力却永远存在，播撒着内部不和的种子，挑战国家的权威（见"恐怖主义与政治地理"专栏）。交通与通讯可能因国家的形状不佳或面积太大而受到阻碍，令国内有些地区游离在外。组织管理不善的国家可能失去其公民的忠诚。有些国家的公共机构促进团结，而在其他国家中可能是一种分裂的力量。

例如，宗教组织（organized religion）可能是一种潜在的离心力。它可能和国家争夺人民的忠诚。国内多数派和少数派之间，宗教信仰——如北爱尔兰天主教徒与新教徒之间、克什米尔地区和印度古吉拉特邦的印度教徒和穆斯林之间——的矛盾可能动摇社会秩序。一种占优势的信仰，其内部对立的宗派主义观点也可能激起国内冲突。近年来人民看到好战团体试图推翻官方的政策和世俗主义宪法制定的政策，或者取代他们认为推行其宗教法规不力的政府。宗教激进主义导致1979年伊朗国王被推翻；最近，好战分子成为阿富汗、阿尔及利亚、突尼斯、埃及和沙特阿拉伯等国动乱的因素。

民族主义既可以是一种有力的向心力，也可以是一种潜在的极具破坏性的离心力。我们在上文识别了国家与民族关系的4种类型：民族国家、多民族国家、部分民族国家和无国家民族（图

恐怖主义与政治地理

艾伦·杰克逊（Alan Jackson）在他关于2001年9月11日恐怖主义分子袭击美国的歌中唱道："当地球停止转动时你在哪里？"你或许知道问题的答案，或许你总想知道问题的答案。当然，地球不会真的停止转动，但这就是千百万从未遭受过恐怖主义的美国人的感受。

什么是恐怖主义？它和政治地理如何发生联系？所有国家都会经受恐怖主义吗？恐怖主义是新现象吗？有什么方法可以防止它？很难回答，但是试图回答这些问题可能有助于我们理解这种现象。

恐怖主义（terrorism）是对平民和有象征意义的目标有计划地使用暴力的行动，用以宣扬一种动机，恫吓或强迫平民大众，或影响政府的行为。像2001年9月11日那样的国际恐怖主义，包含跨国界的行动。国际恐怖主义的目的是恫吓其他国家的人民。国内恐怖主义由一些个人或小组的行动组成，反对本国公民或政府。国家恐怖主义是由某一政府力量实行的。亚国家恐怖主义（subnational terrorism）是由政府以外的集团实行的。

因此，恐怖主义是一种武器，是以恫吓为目的的一种武器，其受害者通常是平民。

国家恐怖主义很可能和国家的概念一样古老。例如，早在公元前146年，罗马军队洗劫并完全摧毁了迦太基城，烧毁城市，屠杀男人、女人和儿童，并在田地里撒盐使庄稼不能生长。一些政府使用系统的暴力与恫吓政策以进一步统治和控制本国人民。纳粹德国、柬埔寨波尔布特政权都是20世纪国家恐怖主义的例子。国家首脑下令谋杀、关押或放逐国家的敌人——政治家、知识分子、持不同政见者——和敢于批评政府的任何人。在卢旺达、南斯拉夫、萨达姆·侯赛因执政期的伊拉克，针对少数民族与其他宗教的国家恐怖主义给政府提供了一种巩固权力的方法。在每种情况下，都造成有计划的屠杀或对少数民族的集体谋杀。政府或政府部门发动军事战役对付少数族群。

亚国家恐怖主义发端晚得多，与民族国家的兴起同时。亚国家恐怖主义是那些感到受本国或他国政府不正当待遇的人实施的。例如，一个少数民族群体感到国家政府夺取了他们的领土，并将他们并入一个较大的政治实体，如西班牙的巴斯克人，他们就采取恐怖主义行动抵抗政府。感到受本国政府压迫的政治团体、种族或宗教群体，如在美国俄克拉何马城安放并引爆炸弹的人，他们实行国内恐怖主义行动。

19世纪中叶以来，几乎每个国家都曾在某个时刻经受过某种形式的恐怖主义袭击。这些行动形形色色，诸如19世纪40年代和19世纪晚期美国和欧洲无政府主义对政治领袖的暗杀，1970年魁北克解放阵线（Front for the Liberation of Quebec, FLQ）对加拿大政府官员的绑架，以及1995年日本奥姆真理教在东京地铁施放沙林毒气。

然而，这些袭击者在政治上和宗教上的目的会在世界舞台上造成混乱。2001年，路透社告诫其记者停止使用恐怖主义一词，因为"一个人眼中的恐怖主义是另一个人眼中的自由战士"。恐怖主义的定义有赖于界定动机的能力。

虽然可能难以区别恐怖主义的类型，但是要防止恐怖主义更加困难。一般来说，各国政府与国际组织对恐怖主义有4种共同回应：

1. 减少或排解恐怖主义的原因。在有些情况下，政治上的变革能够减少恐怖主义威胁。例如，1988年北爱尔兰《耶稣受难日协定》（Good Friday Agreement）导致恐怖主义行动的减少；西班牙政府准予巴斯克人在某些地区的自治帮助平息了ETA的行动,并减少了巴斯克人对此类行动的支持。

2. 增加对亚国家团伙监督的国际合作。阿拉伯海湾国家受到巴林和沙特阿拉伯恐怖主义犯罪的刺激,于1998年同意交换有关恐怖主义团伙的情报,分享有关预防恐怖主义行动的情报,并在研究恐怖主义犯罪方面互相帮助。

3. 增加国家安全措施。2001年9月11日以后,美国政府组织了国土安全部,把航空交通筛查置于联邦政府控制之下,并加强削弱对外国恐怖主义组织财政的支持。欧盟一致同意冻结列入恐怖主义组织名单的任何团伙的资产。

4. 动用单边或多边的军事手段对抗恐怖主义者或资助恐怖主义的政府。"9·11事件"以后,美国领导几个盟国攻击了窝藏本·拉登恐怖主义基地组织的阿富汗政府。

对恐怖主义的每种回应都耗资巨大,政治上困难重重,和(或)对平民的生活与自由可能有害。各国政府必须决定采取哪一种或同时采取几种回应以尽可能得到最有益的效果。

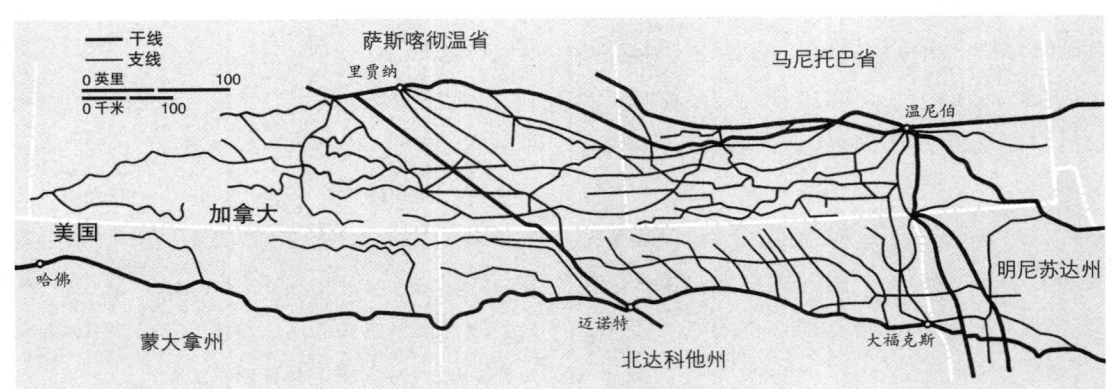

图9.21 加拿大—美国铁路的不连续性。加拿大和美国各自开发独立的铁路系统,把各自的大草原地区与不相连的核心区衔接起来。尽管19世纪和20世纪初进行了广泛的铁路建设,但是所形成的路网即使在最近轨道被废弃之前在边境地带也是不连续的。请注意政治界线造成了相邻领土之间空间相互作用的不便。有许多支线通达边境,但是只有8条穿过边界。事实上,长约480千米的边界上没有铁路连接两边。国界——以及其代表的文化分隔——降低了人们所期望的其他方面相互作用的程度。例如,如果只考虑距离这个制约因素,那么加拿大和美国之间城市通话的数量将远低于人们的期望值。

9.4)。民族国家的概念是指这些国家以某个民族为核心组成,国家与民族相一致。由此迈出一小步就能得出这样的假设:每个民族都有权拥有自己的国家或领土。

在包含多个民族与未同化少数民族的国家里,存在着种族或民族矛盾,存在着不同的文化以及语言与宗教的多样性,这样的国家里离心力尤其强烈,容易受到来自边界以内的民族主义的挑战:一国人口不是由一种共享的民族意识结合起来,可能因分别效忠于几个地方族群而导致分裂,这样的国家就饱受**亚民族主义**(subnationalism)之害。就是说,许多人首先效忠于人口较少的传统族群或民族。

一个包含一个或多个重要少数民族的国家,

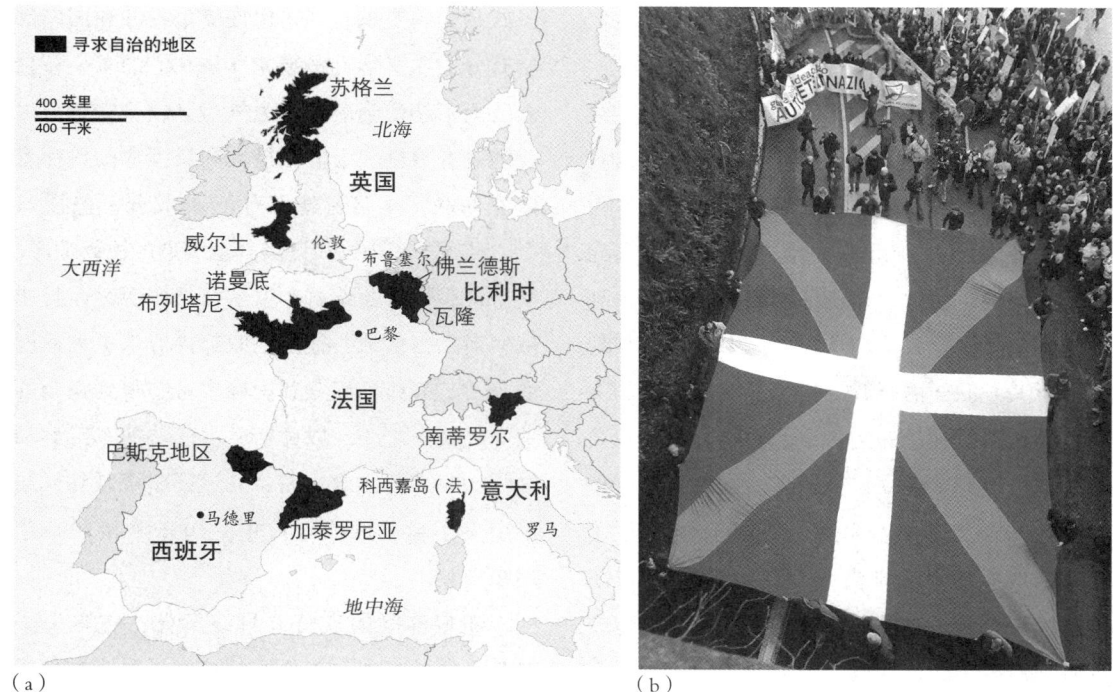

(a) (b)

图 9.22 （a）西欧寻求自治的地区。尽管历史悠久的国家试图在文化上同化这些历史上著名的民族，但是每个民族都有一个政治运动，最近曾寻求或目前正在寻求承认其单独身份的一定程度的自治。例如，科西嘉岛的分裂主义者就要求科西嘉岛从法国分离出去，加泰罗尼亚的分裂主义者要求加泰罗尼亚从西班牙独立。威尔士和苏格兰的民族主义政党，1999 年号称从英国"分离而不独立"，最后因建立了自己的议会并获得一定程度的区域自治而部分地得到和解。（b）示威者在游行中手持巨幅巴斯克旗帜要求巴斯克地区独立，西班牙以不对称联邦制为样板给予巴斯克地区有限的独立。（© *AP / Wide World Photos*）

如果少数族群具有清晰的地域认同感，并认为他们的**民族自决**（self-determination）——一个族群在自己的国家或领土内自我管理的权利——未得到满足，国家就容易受到来自境内的挑战。其最强烈的形式是**地方主义**（regionalism），即少数族群表现出对一个地区而不是对国家的强烈自我意识和认同感，这可能表现为政治上对更大程度自治的渴望，甚至要求从国家分裂出去。当前这种情况流行于世界上许多地区，并在许多国家、甚至是早已建立的国家内形成了动荡的潮流。

例如，加拿大最大的省——法语区魁北克省就隐藏着一股强大的分裂主义运动。1995 年 10 月，在就是否从加拿大分裂出去成为主权国家的公民投票中，分裂主义者以极微弱的差数（49% 赞成，51% 反对）失败。强烈的集体认同感与特殊性，以及保护自己语言与文化的愿望，激励着魁北克的民族主义。此外，分裂主义者认为，魁北克省有着丰富的资源和工业化国家中最高的生活水准，如果作为一个单独的国家，会管理得非常成功。

西欧 5 个国家（英国、法国、比利时、意大利和西班牙）遏制那些拒绝现存主权国家绝对控制的政治运动，这些运动的成员要求成为单独民族实体的核心（图 9.22）。有些分裂主义者可以满足于通常以"自治"（self-government）或"地方自治"（home-rule）形式出现的**区域**

自治（regional autonomy），另一些则寻求他们区域的完全独立。

为了平息这些分裂主义运动，从政治上或文化上把不同的民族容纳在自己的国境之内，几个欧洲国家政府朝着承认地域性或政治控制**权力下放**（devolution，地方分权）的方向发展。英国、法国、西班牙、葡萄牙和意大利就属于此类国家，他们认识到需要有能反映地方上所关心问题的行政结构，并对已核准的下一级政治单位准予一定程度的政治自治，只要这些单位不完全独立，就给予适度的自治。例如，1999年，苏格兰和威尔士的选民选举了两个新成立的立法机构——苏格兰议会和威尔士国民议会——的代表。这些立法机构对地方政府、住房、医疗保健、教育、文化、交通和环境之类的内部事务拥有权力。英国国会则保持其对广泛的全国性政策的权力：国防、外交政策、经济，以及金融政策。

民族主义者对国家权威的挑战，影响着西欧以外的许多国家。许多国家都有差异性极大的族群，他们更易被敌意而不是亲和力所激励，有着强烈的离心倾向。与西班牙的巴斯克人和法国的布列塔尼人境况相似的，是印度的锡克人、斯里兰卡的泰米尔人和菲律宾的摩洛人等。

东欧和苏联各共和国已经见证了许多源自地方的民族主义感情的例子。既然种族、宗教、语言和文化的力量不再受镇压，旧有的敌对状态就比第二次世界大战以来任何时候都更加明显。冷战结束唤起了对和平年代的渴望。但是东欧共产主义的崩溃和苏联的解体孕育了许多小战争。无数大大小小的民族都坚持他们的身份，并认识到决定自己的政治地位是他们的权利。

20世纪90年代初期苏联15个共和国提出民族独立的要求，并未保证满足各共和国内部所有分裂主义运动的要求（图9.6）。多个新独立的国家还受到破坏性力量对其领土完整与生存的强有力挑战。苏联最大和最强势的残存者俄罗斯联邦本身，就拥有89种成分，包括21个"民族共和国"和许多其他类型的民族地区。其中许多地区蕴藏着丰富的自然资源，而且非俄罗斯人占多数，他们在联邦内寻求更大程度的自治。有些民族共和国确实希望得到完全的独立。其中之一，以穆斯林占优势的车臣共和国，1994年要求自决权，并试图脱离联邦，结果引发了血腥的战争，并在1996年和1999年逐步升级。

随着苏联的衰落并最终解体，它丧失了对其东欧共产主义卫星国的控制。民族主义的丧失与复活导致区域政治地图戏剧性的重新排布。1990年东德与西德重新统一，3年后，捷克斯洛伐克人民同意将他们的国家一分为二，以民族为基础分为两个国家：捷克共和国与斯洛伐克共和国。更为极端的是1991—1992年南斯拉夫分裂的5个新共和国中，除了斯洛文尼亚外，其他国家边界与各民族所占据的领土并不相符，这是一种使该地区陷入战争的形势，因为各民族都要为重新划定他们国家的边界而战斗。将一个多民族地区变为只有一个民族地区的一种策略是**种族清洗**（ethnic cleansing），即对力量较弱的民族实施屠杀或强迫其搬迁。这种情况出现在克罗地亚、波黑和塞尔维亚南部的科索沃。

我们可以就民族主义者对国家权威的挑战做些概括。

所有分裂主义运动共同的两个前提是领土和民族。首先，该族群必须聚集在其要求成为祖国的核心区内。该族群寻求重新获得对地区土地和权力的控制，他们认为该地区是被现统治集团不公正地占有的。其次，必须有一定的文化特征为该族群的分离、身份与文化的一致性提供基础。这些特征可能是语言、宗教或一些独特的风俗，这些方面发扬了他们对族群的认同感，同时又助长了他们的排他性。一般地说，这些文化上的差异已经持续了几个世代，而且在强大的同化压力下仍然得以幸存。

许多分裂主义运动的另一些共同特征是边远的区位和社会与经济的不平等。有麻烦的地区一般趋于边远，常常是被乡村包围的孤立地区，其远离中央政府的区位造成了被疏远、被排除在外和被忽视的感觉。其次，主流文化族群常被看作剥削阶级，他们压制当地的语言、控制行政事务的使用权、攫取超过其应有份额的财富与权力。贫穷地区抱怨，与国内其他地区相比，他们的收入低而失业率高，"外人"控制着关键性资源与工业。相对富裕地区的分裂主义者认为，他们本应可以开发自己的资源，没有中央政府强加的约束，经济状况会更好。

9.2 国家间合作

现代国家是脆弱的，如我们业已看到，近年来国家的首位度可能不甚稳固。现在许多国家在诸多方面都比过去软弱。许多国家经济上虚弱，另有一些政治上的不稳定，还有一些兼而有之。战略上没有哪个国家可免受军事攻击，因为现有技术使一些国家能够把武器发射到半个地球之内。核时代还有国家安全可言吗？

当认识到一个国家只靠自己既不能确保繁荣，也不能确保安全时，许多国家就选择与其他国家合作。这些合作的尝试正在迅速蔓延，许多国家都参与其中。这些合作为政治边界的概念增加了新的维度，因为国家联盟的边界比单个国家边界有着更高的空间等级。这样的边界，如现在北约（北大西洋公约组织）与非北约国家之间，欧盟地区与其他欧洲国家之间边界的划分，就代表了不同的空间政治等级的尺度。

超国家主义

国家间的联盟代表国家力量与国家独立性排序的一个新的维度。目前经济全球化和国际合作的趋势使一些人想到，主权国家传统意义上的责任与权威，正在因各种力量的联合以及部分被更高等级的政治与经济组织所取代而被削弱。一些企业乃至非政府机构常常以不受民族国家权限控制的方式运作。

例如，支配着全球市场的跨国公司的兴起，限制了单个国家的影响。网络空间和互联网不受任何人控制，在很大程度上也不受国家对许多政府发出的信息流的约束。而且任何国家的公民，他们的生活和行动方式，不仅受当地与国家权威决定的影响，而且越来越受区域经济联盟（例如北美自由贸易区）、多边军事联盟（例如北约），以及全球性政治机构（例如联合国）的影响。

这种多国合作制度由来已久——例如，古希腊社会的城邦联盟或欧洲中世纪时期自由德国城市的汉萨同盟。自第二次世界大战结束以来，新的合作制度激增。这代表一种走向**超国家主义**（supranationalism）的世界潮流，这种超国家联盟由3个以上的国家组成，追求共同利益和达到分享的目标。虽然很多个人和组织公开谴责超国家主义使国家独立受损，但是21世纪初存在的许多超国家联盟就是其吸引力与渗透力的证明。事实上，几乎所有国家都至少

191国。2002年瑞士和东帝汶加入了联合国。

联合国是有史以来最雄心勃勃的组织,要把世界各国聚集到一个国际机构中以促进世界和平。它比其前身国际联盟更强大、更具代表性,它提供了一个平台,各国可以讨论国际问题和所关切的区域性事务,并提供一种机制——虽然无可否认其软弱,但是对于预防争端,或者必要时结束战争,仍然是有意义的(图9.23)。联合国还主办40个项目和机构,旨在促进特定目标的国际合作。这些组织中有世界卫生组织(WHO)、联合国粮食与农业组织(FAO)和联合国教科文组织(UNESCO)。联合国许多机构和大部分预算致力于帮助会员国解决经济增长与发展问题。

会员国并不把主权交给联合国,这个国际团体也不能合法而有效地制定或实施一部世界性法律,也没有一支世界性警察部队。虽然有经国际法院裁定的公认的国际法,但是只有事先同意遵守其仲裁的那些国家才求助于这个机构的裁决。最后,联合国无权管理各国军队。

然而,联合国在相对较被动的角色与国际关系传统观念两方面,都开始发生明显的改变。由于联合国日益推行"干涉主义"的概念,长期以来确立的一些规则逐渐消失,例如允许各国政府在其境内按其认为适当的方式行事而不受外部干涉的全部国家主权。1991年海湾战争是在联合国授权下,假借禁止一国(伊拉克)通过袭击侵犯别国(科威特)主权的老规则进行的。战后新的干涉主义认可了联合国在伊拉克境内保护库尔德人的军事行动。后来,联合国用军队和救济机构,援引"对不可剥夺的人权的国际权限",不遵守国界或主权的考虑而介入索马里、波斯尼亚和其他地方。

无论干涉主义取代绝对主权的远景如何,

图9.23 联合国维和部队在厄立特里亚执行任务。在联合国主持下,来自多国参谋机构维和部队的士兵和军事观察小组,在世界许多地区进行制止与减轻冲突的工作。在埃塞俄比亚和厄立特里亚经历两年边界争夺之后,联合国同意部署军队监督停火并进行边界巡逻。近来联合国部队部署在波斯尼亚、克罗地亚、塞浦路斯、东帝汶、海地、伊拉克/科威特、以色列、科索沃、黎巴嫩、巴基斯坦/印度、塞拉利昂、索马里等地,表明对维和与观察行动的需求。(© UN/DPI Photo)

是一个——而且大多数是多个——超国家联盟的成员。

联合国及其下属机构

联合国是唯一试图成为世界性结构的组织,其成员从1945年的51国扩大到2002年的短期内联合国依然是世界大多数国家能够集体讨论国际政治与经济事务并试图和平解决分歧的唯一机构。在制定海洋法方面联合国别具影响力。

海洋边界

各国的边界明确规定其政治权限和资源控制的地域，不过对国家权力的要求不只限于陆地。水域覆盖地球表面的2/3，越来越多的国家将其主权向海洋延伸，要求与其接壤的海洋面积与资源。这是一个涉及各国对水域与其蕴藏资源控制权的基本问题。一国的内陆水体，例如河流和湖泊，传统意义上被认为属于该国的主权范围。然而，海洋并不包括在任何国家的边界之内。那么，海洋是否应对所有国家开放使用，还是一个国家可以提出主权要求而限制其他国家进入和使用？

在人类历史的大部分时间里，海洋实际上不受单个国家控制或国际管辖。海洋曾经是敢于在海上冒险者的公共航道、渔民取之不尽的食品库、文明社会巨大的垃圾填埋坑。然而，到了19世纪末，大多数沿海国家要求3或4海里（1海里等于1.85千米）宽度水域带的主权。那时候3海里代表大炮的最远射程，也就是沿海国有效控制的范围。尽管承认他人无害通过的权利，但这种主权可以使检疫和海关条例得以实施，使沿海渔业得到国家的保护，并在他国进行战争时宣布中立的声明得以生效。主要关心的问题是安全和不受限制的贸易。但是，直到第一次世界大战后还没有单项的成文海洋法，并且好像谁也不需要。

1930年在国际联盟为编撰国际法召开的会议上，各国对海事法律问题和所关切的专属海域问题进行了无结果的讨论，这些问题在第二次世界大战后日渐迫切。问题的重点发生了转移，当务之急从贸易和国家安全变成了海洋资源，这是被1945年《杜鲁门公告》（*Truman Proclamation*）激发起来的兴趣。在这个文件中，美国联邦政府受开采海洋石油资源愿望的驱使，对与其海岸相毗邻的大陆架上所有资源提出主权要求。其他许多国家甚至要求更宽的控制区域，加紧吞并沿岸资源。几年之内，地球表面1/4的海域被各沿海国据为己有。

国际海洋法

在各国对沿海空间与资源要求激增的情况下，不受限制的主权扩张与领土争端导致联合国召开了有关海洋法的一系列会议。在前后几年的会议中，来自150多个国家的代表试图达成一项条约，它可能会在"处理一切与海洋法有关事务"问题上取得国际性的一致意见。这些会议的最终成果是1982年起草的**《联合国海洋法公约》**（Convention on the Law of the Sea，UNCLOS）。

该公约通过规定4个控制力逐渐减弱的区域来划定领海边界和权利（图9.24）。

（1）**领海**，宽度可达12海里（19千米）。沿海国家对其拥有主权，包括专属性捕鱼权。各类舰船拥有无害通过该国领海的权利，虽然在某些情况下非商业性船只（主要是军舰和考察船）需要提供身份证明。

（2）**毗邻区**，宽度可达24海里（38千米）。虽然沿海国对该地区不拥有完全的主权，但可以执行其关税、入境移民和卫生方面的法律，并拥有领海以外的紧急追捕权。

（3）**专属经济区**（exclusive economic zone，EEZ），宽度可达200海里（370千米）。在该范围内沿海国拥有公认的勘探、

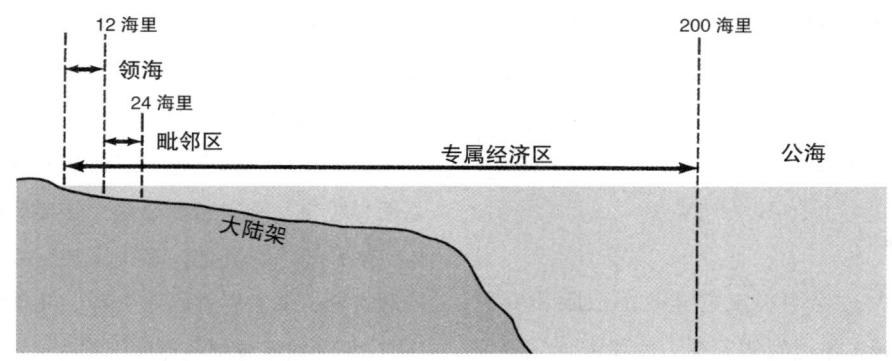

图9.24　1982年《联合国海洋法公约》批准的领土要求。

开采、保护和管理自然资源的权利，包括海床和水体中的生物资源和非生物资源（图9.25）。沿海国对大陆架上的资源拥有排他性的权利，当大陆架向外延伸时，该区域可以向外延伸到离岸350海里（560千米）。该区域保持传统的公海自由。

（4）专属经济区以外的公海。不受任何国家管辖，向所有国家开放，无论是沿海国还是内陆国。公海自由包括航行、捕鱼、飞行、铺设海底电缆和管线，以及进行科学研究的权利。国家管辖以外国际深海海床下的矿物资源属于全人类的共同财产，要为地球上全体人类的利益而管理。

到20世纪80年代末期，大多数沿海国，包括美国在内，利用《联合国海洋法公约》条款宣告并相互承认12海里领海和200海里专属经济区。尽管美国和少数其他工业国对深海海床采矿的规定持保留态度，但是该公约于1994年得到了必需的60国的批准而成为国际法。

联合国分支机构

联合国还创建了对国家和个人的经济、社会与文化事务有影响的另一些完全是或本质上是全球性的超国家组织。其中大多数是专业化的国际机构，属于自治性质并拥有自己的成员，但是把关系挂靠在联合国并在其赞助下运行。这些组织有联合国粮食与农业组织、世界银行（WB）、国际劳工组织（ILO）、联合国儿童基金会（UNICEF）、世界卫生组织和经济上日益重要的世界贸易组织（WTO）。

1995年成立的世界贸易组织已成为全球超国家经济控制最重要的表现之一。在《关税及贸易总协定》（GATT）条款下，该组织负责实施通过多年国际谈判产生的全球性贸易规则。世界贸易组织的基本原则是148个成员国（截至2005年）应该降低关税、取消非关税贸易壁垒、在服务业方面实现自由贸易，并在贸易问题上平等对待所有国家。对一国的优惠应遍及所有成员国。

然而，地区性而不是全球性的贸易协议日益受阻，而自由贸易区迅速增加。只有几个世界贸易组织成员不是另一个地区性贸易协会的成员。有些人认为，这样的地区性联盟通过废除成员国之间贸易关税而保留他们与非成员国间贸易关税的行为使得世界贸易不甚自由。

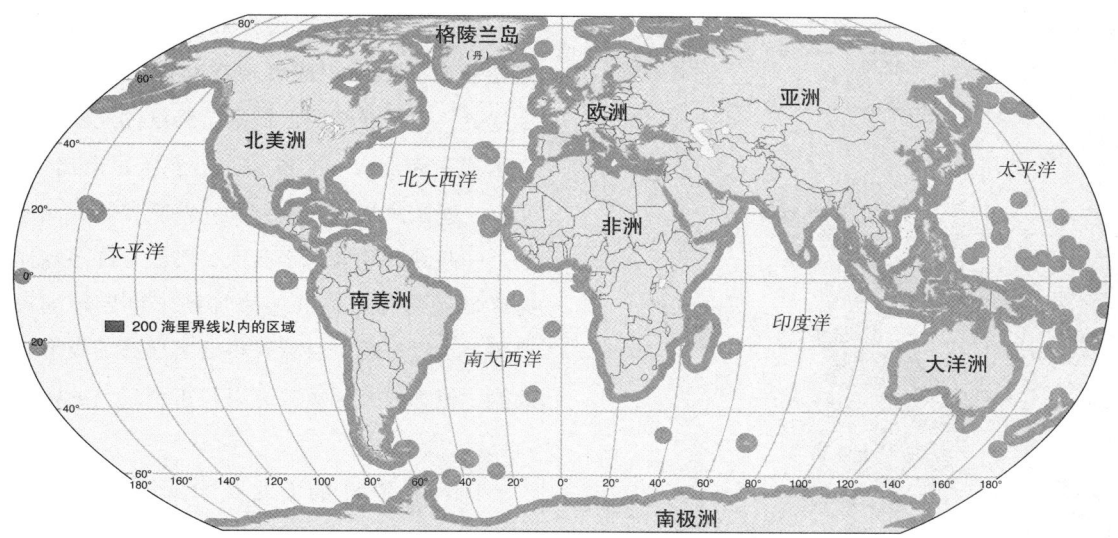

图9.25 沿海国对200海里专属经济区的要求。《**海洋法公约**》(Law of the Sea Convention)的规定实际上改变了世界海图。200海里专属经济区的概念产生了3个重要结果：(1)岛屿获得了新的重要性；(2)一些国家得到了许多新的邻国；(3)专属经济区界线造成了重叠的领海要求。专属经济区界线是沿国家领地以及国家本身划定的。每一个岛屿无论大小，都有自己的200海里专属经济区。这意味着美国虽然只和加拿大与墨西哥分享陆地边界，但它还有与亚洲、南美洲和欧洲国家的海上边界。合起来，美国就可能要和大约30个国家磋商海洋边界问题，这可能要几十年时间。其他国家，尤其是那些有许多领地的国家，未来也须花同样长的时间进行磋商。

地区性联盟

有些国家除了是国际组织成员外，还愿意放弃部分独立性，参加较小的多国体系。这些组合可能是经济性的、军事性的或者是政治性的。经济领域的合作对一些国家来说似乎比政治上或军事上的合作更容易。

经济联盟

最强有力、影响最深远的经济联盟是在欧洲成长起来的那些组织，尤其是**欧洲联盟**(European Union，EU，以下简称欧盟)及其几个前身。第二次世界大战后不久，比利时、荷兰和卢森堡三国组成一个经济联盟——比荷卢经济联盟，创建了一套共同的关税体系，并消除了进口许可证与配额。与此同时，又形成了欧洲经济合作组织(1948)，以协调"马歇尔计划"基金的分配与使用，以及形成了欧洲煤钢共同体(1952)——统筹成员国工业的发展。1957年欧洲经济共同体(EEC)成立，起初只有6个国家：法国、意大利、西德、比利时、荷兰、卢森堡。

为了与以上被称为"六国集团"(Inner Six)的组织相抗衡，1960年其他国家成立了欧洲自由贸易联盟(EFTA)，称为"七国集团"(Outer Seven)，即英国、挪威、丹麦、瑞典、瑞士、奥地利和葡萄牙(图9.26)。1973—1986年，3个成员国(英国、丹麦和葡萄牙)脱离了欧洲自由贸易联盟加入**共同市场**(Common Market)，其位置被冰岛和芬兰取代。欧盟是从共同市场中脱胎而成。起初新成员增加较慢，20世纪80年代希腊、西班牙和葡萄牙加入；1995年奥地利、芬兰和瑞典加入。随着这种发展势头，21世纪初更多国家获准加

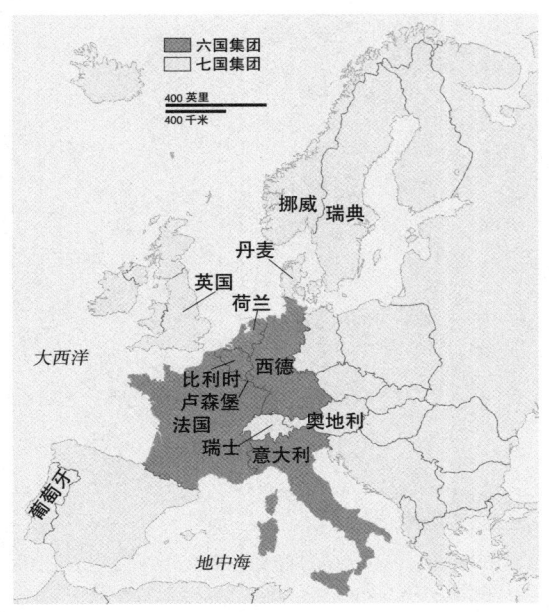

图9.26 最初的欧洲"六国集团"与"七国集团"。

入欧盟，包括岛国马耳他和塞浦路斯，以及原苏联集团的8个国家，从北方的爱沙尼亚到南方的斯洛文尼亚（图9.27）。这些国家的加入使欧盟成员国数目达到25个，土地面积增加23%，总人口超过4.5亿，经济总量堪与美国匹敌。这些增长使欧盟成为世界最大与最富有的国家集团。

多年来，欧盟成员采取了很多步骤整合其经济，并协调运输、农业与渔业等方面的政策。欧盟理事会、欧盟委员会、欧洲议会和欧洲法院赋予欧盟这个超国家机构有效制定与执行各项法律的能力。到1993年1月1日，欧盟消除了大部分残余的自由贸易壁垒和成员国之间资金与人员自由流动的壁垒，创建了单一的欧洲市场。作为朝向经济与货币同盟的另一步骤，1999年用欧元取代了各国的货币。2002年12国的纸币和硬币——如葡萄牙埃斯库多和德国马克—不再使用。欧盟内有些国家，如瑞典和英国，选择延期使用单一货币。

我们追溯欧洲这段发展过程，并非因为记住所有先驱组织或者现在欧盟的机构有多么重要，而是要阐明区域联盟缔结的流程。许多国家一起加入一个联盟，有些国家退出了，又有一些国家加入。签订了一些新条约，又形成了一些新的联盟。事实上，已经有许多这样的区域经济与贸易联盟添加到了世界超国家地图上。没有哪个联盟获得欧盟那样的权力与效能，但都放弃国家独立以谋求更广大的区域目标。

1994年签订的《北美自由贸易协定》（NAFTA），把加拿大、美国和墨西哥结成一个经济共同体，旨在降低或免除国家之间贸易与人员来往的限制。一项新的协议，《中美洲自由贸易协定》（CAFTA-DR，美国–中美洲–多米尼加共和国自由贸易协定），这项哥斯达黎加、多米尼加共和国、萨尔瓦多、危地马拉、洪都拉斯、尼加拉瓜和美国之间全面的贸易协议，获得所有参加国的批准，于2006年生效。自由贸易不是国家间合作的唯一理由。美洲还有其他类似的以增进贸易为目的的协议，虽然此类协议往往还含有社会、政治与文化利益。例如，加勒比共同体和共同市场（CARICOM）建立于1974年，旨在加强其15个成员国之间在经济、医疗保健、文化与外交政策方面的合作。南美洲的例子有南方共同市场（MERCOSUR），把巴西、阿根廷、乌拉圭、巴拉圭和委内瑞拉，以及联系国联合起来，建立关税联盟，以消除各国之间货物往来的关税。

东南亚国家联盟（Association of Southeast Asian Nations，ASEAN）的目的，是促进成员之间在经济、社会及文化合作与发展方面的共同利益。较不富裕的非洲的例子是西非国家经济共同体（Economic Community of West African States，ECOWAS）。亚太经济合作组织（Asia-

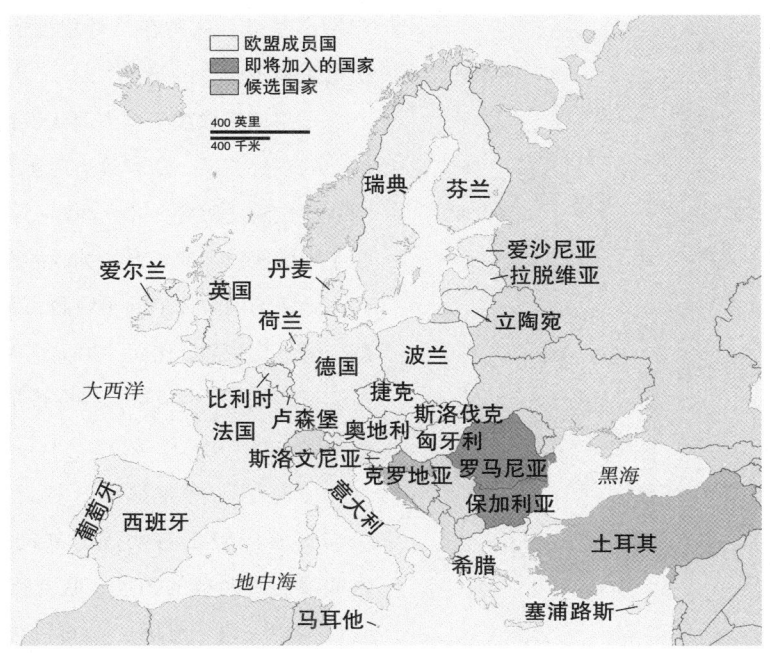

图 9.27 2005年10月的欧盟成员国。保加利亚和罗马尼亚于2007年1月加入欧盟。土耳其也是一个候选成员国,自1987年以来其申请已被搁置多年,现在正在举行正式会谈。(编注:2016年11月24日欧洲议会冻结了土耳其其加入欧盟的谈判。)克罗地亚也表示了成为欧盟成员的兴趣。(编注:克罗地亚于2013年1月正式成为欧盟成员。)欧盟规定,一国如想加入,必须具有保障民主、法治、人权和保护少数族裔的稳定制度,有效的市场经济,以及承担成员国义务(包括政治、经济与货币同盟的目标)的能力。(编注:2016年,英国举行公投日脱离欧盟。)

Pacific Economic Cooperation,APEC)包括中国、日本、澳大利亚、加拿大和美国等21个成员(含中国香港和中国台湾岛),有一个到2020年实现"太平洋自由贸易区"的宏伟计划。规模较有限的双边和区域特惠贸易协定也迅速增加,2005年数目超过400个,产生了错综复杂的章程、关税与国际商品协定,导致有悖于世界贸易组织自由贸易意向的贸易限制与优先权的形成。

因而,是经济利益促使大多数国际联盟的建立,虽然许多联盟在很大程度上也考虑政治、社会与文化的目的。尽管联盟本身会改变,但是超国家联盟的概念似乎已经永久地进入了21世纪的国家政治与全球性现实中。要理解当前的国际秩序,就必须认识这些联盟造成的世界地图的格局。

关于区域性国际联盟还有三点值得注意。

首先,区域中一个联盟的形成常常刺激另一些未加入这个联盟的国家形成另一个联盟。因此,"六国集团"联盟引起了"七国集团"条约的产生。

其次,新的经济联盟趋向于由相毗邻的国家组成(图9.28)。疆域辽阔、新近解体的帝国则不属于这种情况。相互毗邻有利于人员来往和货物流动,通讯与运输也比相互远离的国家更简单和更高效,而且毗邻各国往往有着共同的文化、语言,以及政治特点与利益。

最后,就加入经济联盟而言,各国无论相似还是迥然不同似乎无关宏旨,因为这两种情况都有先例。如果各国情况不同,它们可能相互补充,这是欧洲共同市场的基础。丹麦的乳制品与家具销往法国,让法国放手专攻机械与服装生产。另一方面,生产同一种原料的国家

图9.28 2005年西半球的经济联盟。自20世纪60年代以来国际贸易组织的数目急剧增长。

希望一起加入一个经济联盟,因为这有可能扩大它们对产品的市场与价格的控制。石油输出国组织(The Organization of Petroleum Exporting Countries,OPEC)就是这种情况。还有的企图形成商品卡特尔和在生产国与消费国之间达成价格协议,《国际锡矿协定》(International Tin Agreement)和《国际咖啡协议》(International Coffee Agreement,ICA)等即其代表。

军事联盟与政治同盟

我们已经看到,有些国家为了经济以外的原因结成联盟。战略上、政治上和文化上的考虑也可能促成合作。军事联盟基于团结就是力量的原理。联盟国通常在受到侵略的情况下使用军事协议相互提供援助。当缔结此类联盟时,作用力又产生反作用力。许多欧洲国家和美国组成了防卫性同盟北大西洋公约组织,苏联就与其东欧卫星国建立华沙条约组织与其抗衡。这两个集团都允许其成员国在彼此的领土上建立军事基地,这种在某种程度上放弃主权的做法过去是不常见的。

军事联盟取决于当事国认识到共同利益与政治上的友好关系。随着政治现实的改变,战略上的联盟也随之改变。北大西洋公约组织的建立是为了帮助西欧和北美对抗苏联的军事威胁。苏联和华沙条约的解体消除了威胁,北约联盟的目的就变得不甚清楚。然而,20世纪90年代以来,该组织又增加了7个成员,并在维护和平活动中起到了更大的作用(图9.29)。

所有国际同盟都承认利益的一致性。经济与军事同盟都有明确的共同目标,并且对这些目标有明确的描述,联合行动要与实现那些目标相一致。对历史上的利益更为普遍的共同关切或要求可能是政治联盟的主要基础。此类联盟一般较为松散,无需其成员对联盟放弃很多权力。这样的例子有英国的许多前殖民地和自治领组成的英联邦,以及美洲国家组织(Organization of American States,OAS),二者都既提供经济利益也提供政治利益。

还有许多建立后又夭折的政治联盟,因为各国在政策问题上不能取得一致意见,又不想让本国利益屈从于联盟使之取得成功。阿拉伯联合共和国、中非联邦、马来西亚与新加坡联邦和西印度群岛联邦均属此例。

虽然许多此类政治联盟业已失败,但是一些世界问题观察家推测有这样的可能性,即从现存的一个或几个国际联盟中会出现一些"超大国"。例如,欧盟取得成功后,会不会自然而然地产生由一个单一的政府管辖的"欧罗巴合众国"(United States of Europe)?谁也不知道,但是只要某一国被认为是政治与社会组织的最高形式(如同它现在那样)并作为主权所依托的载体,则彻底统一的可能性就不大。

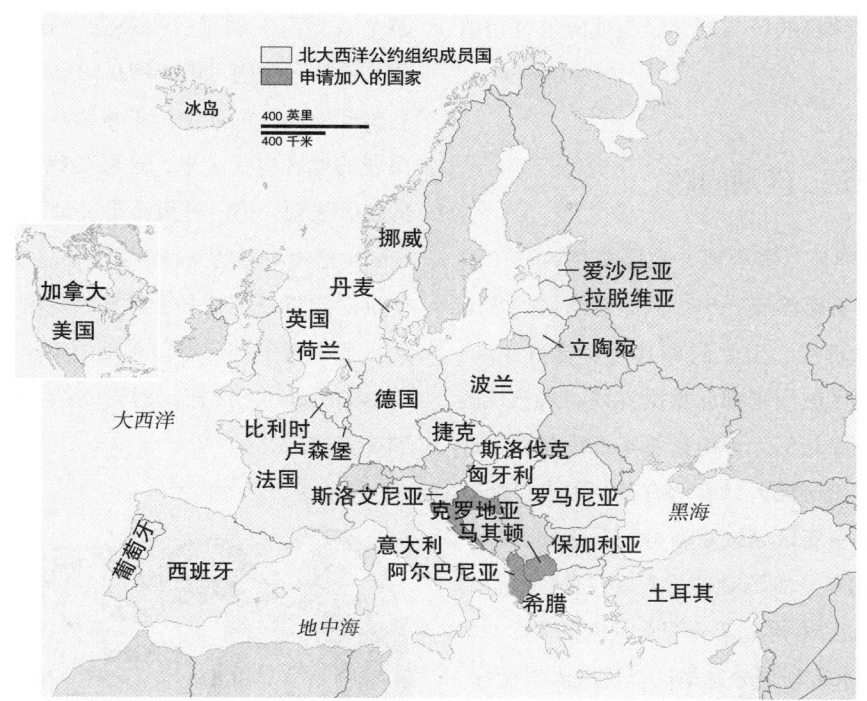

图9.29 北约军事同盟2005年有26个成员国。2004年有7个国家（爱沙尼亚、拉脱维亚、立陶宛、斯洛伐克、保加利亚、罗马尼亚和斯洛文尼亚）加入该同盟，另有3国已申请加盟。扩张的支持者认为必须建立一个遍及全欧洲的稳定与安全地带。反对者则认为扩张是一种制造不和的行动，会给未来的对俄关系投下阴影，因为俄罗斯反对在其身边的扩张。

9.3 地方性与地区性政治组织

最复杂的文化差异一般出现在国家之间而不是国家内部，这也是政治地理学传统上对国家感兴趣的一个主要理由。但是，对我们大多数人来说，对国家的强调不应忽视这样的事实，即正是在地方层面上我们才感到自身和政府之间最密切、最直接的接触，以及政府对我们事务管理的影响。例如，在美国，个人经常要服从地方学校董事会、市政当局、县、州，也许还有许多特殊目的区①的决议与规章——这些都是附加于联邦政府及其各行政部门颁布的法律与规章之外的。此外，地方政治实体还决定儿童到何处上学、个人建造房屋的最小宅基地面积，以及你能在何处合法停车等。美国相邻的州可能有截然不同的个人与企业税率，对武器、酒与烟草销售的不同管理规定，不同的公共设施管理制度，以及对这些公共管理服务的不同开支水平。

所有这些政府实体均属空间系统。由于它们都是在一定的地理区域内运作，还由于它们做出行为—管理的决定，所以各级政府就成为政治地理学家感兴趣的主题。本章结语部分，我们将在地方与区域层面上分析政治组织的两个问题，主要以美国和加拿大为例，因为我们大都熟悉这两国的地方政治地理。不过要记住，北美的城市政府结构、较小的民事部

---

① 美国有两种特殊目的区，即学区（school district）和专区（special district）。学区和我国情况比较接近，即学生就近在公立学校受教育的地区；专区——占美国地方政府总数40%以上的专区政府，是在美国地方政府零碎化、大都市区政府难产而大都市区的高速发展又迫切需要区域性服务的局面下的次优选择。——译注

第9章 政治地理学 383

门，以及特殊目的区与世界其他地区也有相似之处。

地理表象法：区划问题

美国有8.5万多个地方政府单位，其中自治市、镇和县略多于一半。其余为学区、水务区、机场管理局、卫生区和其他特殊目的区。每个这样的区域周围都已划出界线。虽然地区的数目逐年变化不大，但是每年都重新划分许多界线。由于区域人口有增有减，因人口变化进行这样的重新区划或重新分配是必要的。

每隔10年，美国会进行人口普查，最新的数据被用以在50州重新分配众议院的435个席位。宪法要求重新划分选举区以反映人口变化，其目的是确保每个立法者能大体上代表相应比例数目的选民。自1964年以来，加拿大各省、各地区委托独立的选区分界委员会为联邦办公室重划选区界线。虽然美国有几个州由独立的、非党派理事会或委员会划分选区边界，不过大多数州还是依靠州立法机构执行此项任务。全美国10年一次的人口普查数据被用以重划每个州内部的立法区域边界，以及市议会和县委员会之类地方办公机构的边界。

对选区边界如何划定的分析是**选举地理学**（electoral geography）的一个方面，选举地理学还研究选举结果产生的空间格局及其与选民的社会经济特征的关系。在民主政治体制下，可以假定选区应容纳大体上相等数目的选民，假定选区应该相当紧凑，假定选出代表的比例应该与被某政党成员所投的选票份额相符合。由于界线划分的方法可以使一群人的权力最大化、最小化或被取消，因而问题丛生。

选区改划（gerrymandering）是这样的一种做法，即通过改划立法区的界线以达到有利于某个政党而不利于另一政党，分裂选举集团，或其他非民主的目的（图9.30）。暗箱改划[①]是划出迂回曲折的界线，把掌权集团强有力的或薄弱的地区包括进来，这就是我们通常所认为的选区改划。另一种策略是过量选举法（excess vote），把反对党的支持者集中在少数几个选区，使反对党可以在这几个区轻易获胜，但在其他选区几乎得不到议席。相反的策略是浪费选票（wasted vote），即把反对党支持者的选票分散到许多选区。

选区改划（波士顿，1811）

图9.30 最初的选区改划。"选区改划"一词源自1811年埃尔布里奇·格里（Elbridge Gerry）任马萨诸塞州州长时所形成一个选区的形状。那时有个画家在地图上加了几个动物图像，使该地区看似一个"蜥蜴脚尾"（salamander），并迅速称其为"选区改划"（gerrymandering）[②]。

[①] 原文为stacked gerrymandering，stack指洗牌作弊，此处指事先秘密运作，进行不公平的预先安排以期得出所需的结果。暂译为暗箱改划。——译注
[②] 从原文看，gerrymandering一词是用当时该州长的姓氏gerry和形似蜥蜴的动物salamander的词尾-mander构成的新词，后来成为为本党利益改划选区的专有名词，并含有欺骗和不公正操纵的意义。——译注

假设 X 和 O 代表选民数相等但有不同政策偏好的两个团体。虽然 X 和 O 数目相等，但是选区划分的方法会影响选举结果。在图9.31（a）中，X 集中在一个选区，因而很可能只能从 4 个议员中选出 1 人；图9.31（b）中 X 的实力达到最大化，他们可能控制 4 个选区中的 3 个；图9.31（c）中选民均匀分布，X 有可能从 4 个议员中选 2 个；最后，图9.31（d）表明，两个政党怎样才能就选区划分达成一致，为任职者提供"无损于双方的议席"，这样的分区就很少出现偶然性的变化。

图9.31描述的是一个假想区域，形状紧凑、人口分布均匀，而且只有两个团体竞选代表。事实上，美国的城市选区形状常常很怪异，这是多种因素造成的，例如城市范围、历史上的聚落格局、现行人口分布、交通线路，还有过去的选区改划。而且，任何一个大的地区都有许多团体争夺权力。每个选举利益团体都设法通过其划界的"公正"版本。少数派争取与他们人数成比例的代表权，这样他们就能选出关心与反映其需求的议员（见"选举权与种族"专栏）。

选区改划不会自动成功。首先，看似不公平的区划安排可能被诉诸法院。此外，政党成员以外的许多因素影响着投票决定。有些关键事件可能突破党派界限，丑闻可能使得票数出人意料地减少（或因个人魅力而增加），如果没有引人注目的事件，候选人筹措资金的数量或从事竞选运动工作的人数也可能决定选举结果。

政治力量碎裂化

任何一级选区的划界绝非易事，尤其是当政治团体企图将自己的代表数最大化并将对手

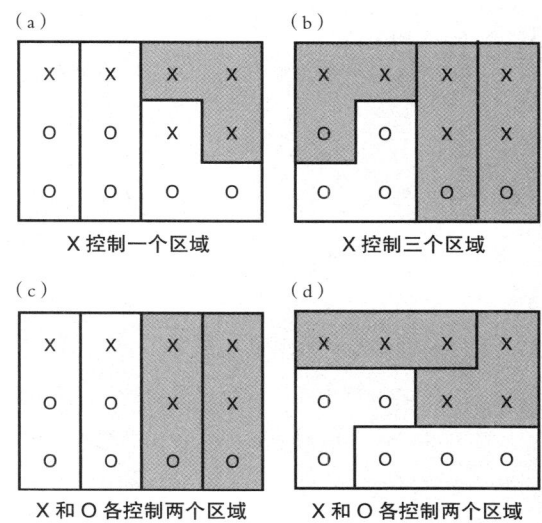

图9.31　供选择的区划策略。X 和 O 可用以分别代表共和党人和民主党人、城市和农村选民、黑人和白人，或者任何其他不同的两个团体。

的代表数最小化时。而且，对一类区域而言，我们需要的界线有可能不是另一类区域所需要的界线。例如，下水道区域必须考虑自然排水的因素，而警区可能基于人口分布或需巡逻街道的里程。学校的就读区域必须考虑学龄儿童的数量和每所学校的容量。

正如这些例子所表明的，美国分为大量的政治行政单位，其控制面积都很有限。50 个州分为 3000 多个县（路易斯安那州叫作"教区"），大多数又进一步划分为镇区，每个镇区还有下一级的管理权。这种政治上的碎裂化因几乎不可胜数的特殊目的区的存在而越发严重，这些特殊目的区的界线很少与国家标准的大民政区或小民政区相一致，甚至彼此也不相一致（图9.32）。每个区代表一种地域的政治安排，以达到当地所需或立法意图的特定目标。

加拿大是由 10 个省和 3 个地区组成的联邦，也有类似的政治分区模式。每个省包含几个较小的民政区——自治市，接受省的管辖，而所

选举权与种族

如图所示，1990年人口普查后，为了使少数派在国会的代表更接近各州少数族群选龄人口的比例，美国建立了形状不规则的选区。大多数此类选区的设计是为了容纳居多数的黑人选民，不过反对者所称的为种族改划选区的极端例子，在少数案例中是用以帮助居多数的西班牙裔少数族群的。这一切都表现出一种深思熟虑的要平衡选举权与种族的目的，并都力图遵照1965年的联邦《选举权法》，该项法令规定少数民族应拥有"不少于其他选民的机会……选举他们自己选择的代表"。

由于有一些新建立的选区边界非常弯曲，最高法院应反对派的上诉，裁决这些选区至少部分地违反宪法。州立法机构保持公正与遵从《选举权法》中所包含的国会训令的目的，被指出不符合选区人口大体相等、选区形状较紧凑，以及避免任何等级选民被剥夺选举权之类的其他标准。这些矛盾准确地反映了建立选区时什么是必要的控制因素。

例如，在北卡罗来纳州，虽然1990年该州24%的人口是黑人，但过去的区划中黑人选民分属几个选区，结果20世纪内黑人没有选出一位国会代表。1991年，司法部命令北卡罗来纳州重做区划，使至少有两个选区黑人占优势。基于黑人人口分布的方式，选区中要使黑人居多数的唯一方法是把几个城镇和乡村地区连成一个蜿蜒弯曲的长条形地带。这两个新建选区黑人只占微弱优势（53%）。

北卡罗来纳州和其他一些州的重新区划产生了直接的影响。黑人在众议院的成员从1990年的26席增加到1992年的39席，和黑人占总人口的12%相比，他们在众议院里占9%。由于许多州提出对重新区划的诉讼，一年之内，那些选举人增加的趋势就受到了威胁。原告的主要论点是，选区不规则的形状是按种族改划选区的产物，结果反而是对白种人的歧视。

1993年6月，在肖诉雷诺案（*Shaw* v. *Reno*）中，意见严重分歧的最高法院裁定北卡罗来纳州第12选区可能侵犯白种人选民的宪法权利，并命令联邦地方法院重审此案。当时最高法院（9名法官）以5∶4的裁决给出这样的证据，即美国并未对如何遵从《选举权法》达成一致意见。这就提出了一个核心问题：一个州是否应该最低限度地增加少数族裔的权利，抑或将种族地位置之不顾？法官意见分歧的法院在1995年、1996年和1997年的裁决提供了这样的答案：否决国会重划佐治亚州、得克萨斯州、北卡罗来纳州和弗吉尼亚州的地图，依据是在划分选区边界时"种族不能成为主要因素"，遵守《选举权法》的善意努力也不能保护重划选区的计划免受宪法的抨击。

下面的事实表明了解释与遵从《选举权法》的困难：虽然1996年最高法院宣布北卡罗来纳州第12选区违反宪法，但是1998年和1999年又否决了替代的选区设计方案。最后，2001年在伊斯利诉克罗马蒂案（*Easley* v. *Cromartie*）中，法院认为重划的第12选区符合宪法要求，并补充说，只要种族不是"居支配地位和控制性"因素，在选区改划中就应予合理考虑。有些观察家为这个结果欢呼，因为它为州立法机构和下级联邦法院建立与裁定新选区提供了指导。有些观察家则声称这项裁决未能解决《选举权法》的训令与法院反对在选区改划中以种族作为主要因素的警告两者之间的紧张关系。

思考题

1. 你是否认为种族是选举过程中应予考虑的因素？为什么？如果是，是否应该改划选区，使少数族裔的代表能赢得选举？如果不是，怎能确定白人为主的选区中少数派的表决权不会被削弱？

2. 肖诉雷诺案的下列观点中你同意哪一个？为什么？"……为种族利益改划选区，即使是为了补救，也可能把我们分割为相互竞争的族群；这预示着有可能把我们带到更远离种族不再成为问题的政治制度"（法官桑德拉·戴·奥康纳[Sandra Day O'Connor]）。"……为了少数族裔选举权免遭削弱，立法者必须考虑种族问题"（法官戴维·苏特[David Souter]）。

3. 北卡罗来纳州第12选区一位候选人说："我爱这个选区，因为我可以打开两扇车门在I-85号公路上开车，碰倒本区每一个人。"在交通与通讯网络完善的条件下，选区形状紧凑的重要性如何？

4. 黑人在人数不占优势的选区里面临难以当选的问题，大多数立法单位中黑人代表数量较低就是证明。但是对"为种族利益改划选区"持批评意见的人认为，在白种人为主的选区中黑人已经当选，并且能继续当选。而且，白人政治家能够、而且确实充分代表了本选区所有选民——包括黑人选民——的要求。你同意吗？为什么？

5. 假如出于党派偏见或者由于在职立法者想保护自己席位的意愿，让立法者划定选区界线有无与生俱来的矛盾？请为你的答案辩护。

6. 1990年人口普查以后，40个州的归档案件中反对全州或个别地区重划选区计划的案件达130多起，其结果是大多数案件以法院判定选区界线告终。从一个选区选出的法官拟定全州的**选区重划**（redistricting）方案，这种做法看起来民主吗？如何能够避免这种情况？

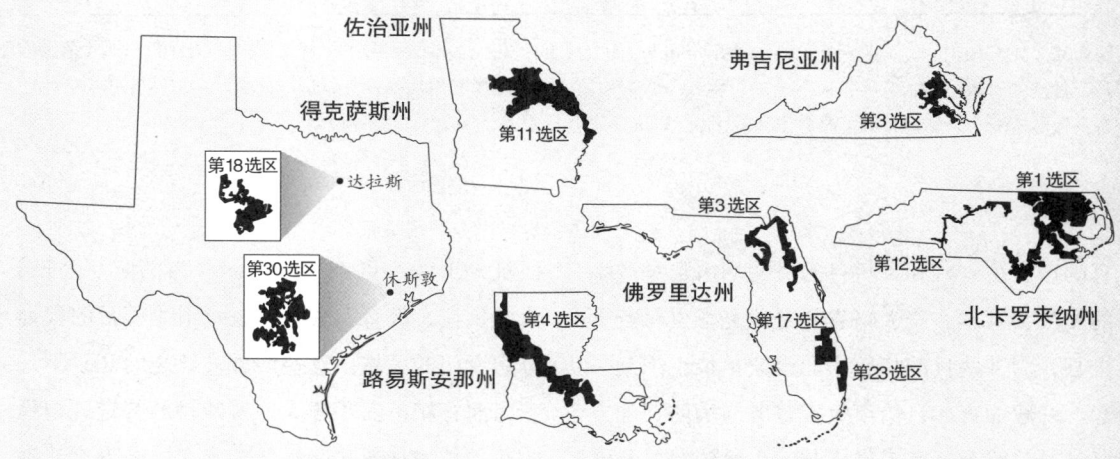

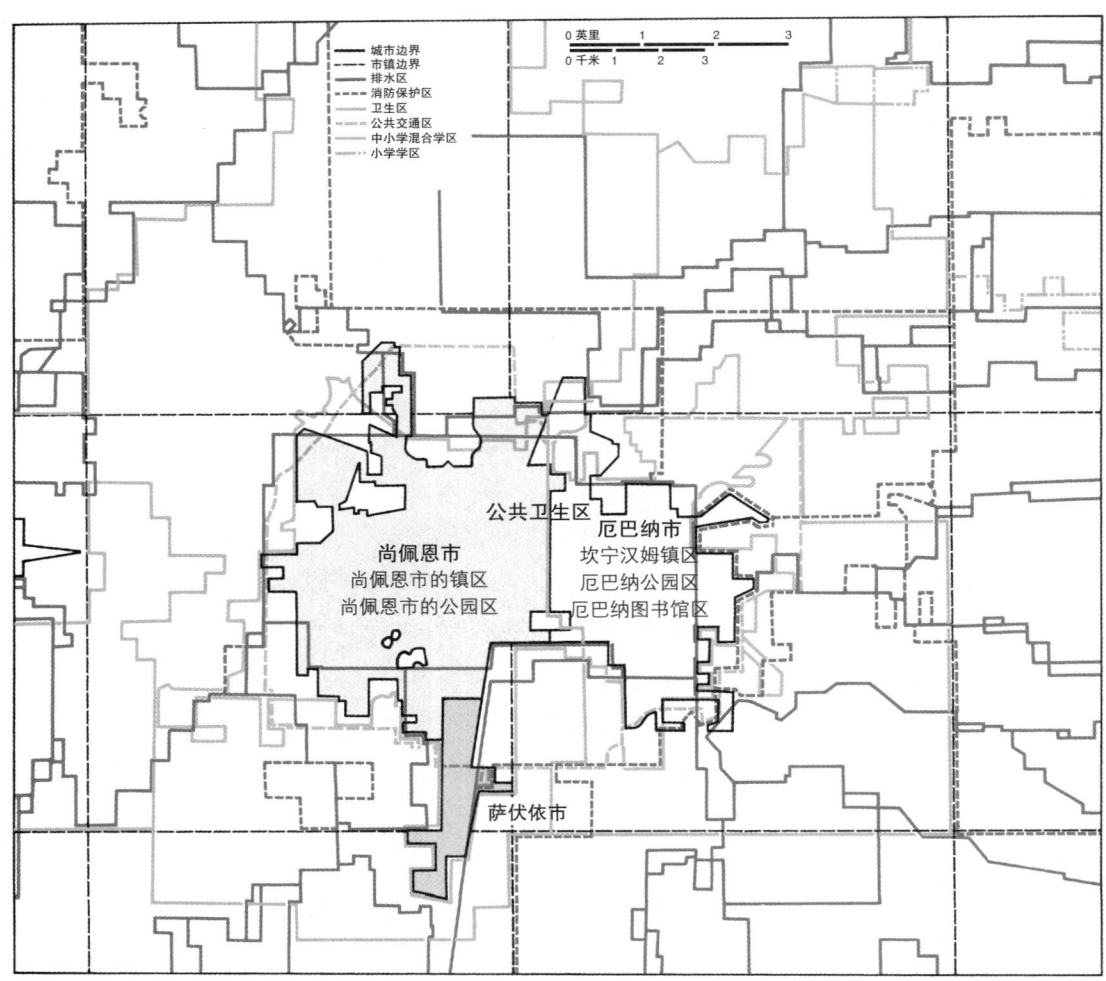

图9.32 伊利诺伊州尚佩恩县（Champaign County）政治上的碎裂化。本图表明了伊利诺伊州一个县的一部分范围内几个独立的行政机构，它们具有各自的管辖权、职责和征税权。除了其他机构以外，造成碎裂政治景观之此类机构还有县政府本身、自然保护区、公共卫生管区、心理健康管区、县房产局和社区大学区。

有的市、镇、村和乡村自治机构均由选举产生的委员会管理。安大略省和魁北克省也有若干个县，为某些目的将较小的市政单位组织到一起。一般而言，自治市负责警务与消防、地方监狱、公路与医院、供水与卫生设施，以及学校，这些职责均由选出的机构或指定的委员会执行。

大多数北美人居住在大小城镇里。在美国，这些城镇也被进一步划分，不仅为选举的目的而被划分为小区或选区，而且为消防与公安、水电供应、教育、娱乐与医疗卫生等目的被划分为专门的区域。这些区域彼此之间几乎不一致，而且城市面积越大，特殊目的的管理与税收小单位增加越多。虽然加拿大社会没有让许多美国城市地区备受折磨的多种多样的政府实体，但是许多加拿大城市可能也遇到同样性质的复杂而且日益增多的体系。例如1998年1月1日大都市多伦多大扩张以前，就有100多个可归为"地方政府"的权力机构。

大都市地区存在的如此大量的区域可能导致公共服务失效并妨碍空间的有序使用。例如，区划条例（zoning ordinance）是由每一个自治市确定的，原意是允许市民自行决定土地的用途，因而，这显然是政治决策影响分区与空间开发的例子。区划政策规定了可能设置轻工业与重工业的地方、公园与其他娱乐区的区位、商务区的区位以及住宅的类型与区位。不幸的是，在大城市地区，一个社区所做的努力可能受到相邻社区的阻碍。比如，一个城市中划作工业园的土地可能与接壤的自治市划作独幢住宅区的土地为邻。每个社区都追求自己的利益，这可能不符合相邻社区或更大区域的利益。

低效率和重复性工作不仅是区划的特色，也是地方政府提供的许多服务的特色。一个社区防止空气污染和水污染的努力可能——而且往往是——被本地区其他城镇的规定与做法所抵消，虽然目前各州与国家环境保护标准正在减少此类潜在矛盾。社会问题和自然问题的蔓延超越城市界线。因此，当中心城市缺乏维持高素质学校或处理社会病害的资源时，附近的郊区社区就会受到影响。卫生机构、水电、交通运输和娱乐空间的供应对整个地区都有影响，而且许多专业人士认为，这些都应该处于一个单一的、一体化的大都市政府的控制之下。

大都市区域数目与面积的增加也加深了其对管理破碎化问题的认识。政府过于破碎和地方控制力不足两方面均被视为需要重视的大都市问题。一方面，多重管辖权可能有碍于资源集中，使其难以满足整个大都市的需要。另一方面，地方社区的需求与利益可能被列入核心城市社会与经济问题的次要地位，外围社区对此会感到缺乏关怀。

章节摘要

主权国家是世界政治单位的主流实体。国家构成了一种文化分野与身份的符号，就像固有的语言、宗教或种族特性一样深入人心。国家的概念是18世纪政治哲学的产物，被欧洲的殖民强国传播给了全世界。在大多数情况下，殖民强国所建立的殖民地边界仍被新独立国沿用作为国界。

国家间差异极大的地理特征是国家实力与稳定性的因素。国家的大小、形状与相对区位影响着各国的经济制度与国际角色，而国家的核心部分与首都是其中心地带。国界在法律上限定了国家大小与形状，决定了国家的主权范围。国界可能反映也可能不反映原已存在的文化景观，而且在一定的情形下，可能是切实可行的，也可能不是。无论是何种性质的边界，都可能是许多国际争端的根源。海洋边界，尤其是《联合国海洋法公约》所反映的边界，为传统的领土主权要求增加了一个新的因素。

国家的内聚力因许多向心力得以提升，其中包括民族象征、各种机构以及对政府、组织和行政部门的信心。交通与通讯也有助于促进政治与经济的一体化。破坏向心力的、尤其是基于民族的分裂主义运动，威胁着许多国家的团结与稳定。

虽然对世界进行分区时，国家仍然处于中心地位，但是日益扩大的政治实体序列对个人和群体都产生了影响。近几十年我们见证了超国家主义以全球性和区域性联盟的形式明显增长，一些国家为此已经放弃了部分主权。在这个序列的另一端，英语美洲城市区域与政府职责的日益扩大，提出了区划程序公正性的问题，以及在政治权力破碎化情况下区划有效性的问题。

问题与讨论

1. 国家、民族和民族国家间的差别是什么？为什么殖民地不是国家？你如何解释"二战"后国家数量的急剧增长？
2. 造成国家间差别的原因是什么？国家的大小和形状如何影响其国力稳定性？一片土地如何既是外飞地又是内飞地？
3. 边界是如何划分的？
4. 边界如何引起冲突？描述三起此类冲突。
5. 区分政治上的向心力和离心力。为什么国家主义既是向心力又是离心力？达到民族凝聚力与民族认同有哪些途径？
6. 所有或大部分自治运动的共同特征是什么？为什么有些此类运动很活跃？为什么自治运动倾向于出现在周边地区而不在国家核心处？
7. 你能说出哪些国际组织和联盟的名称？建立这些组织的目的何在？你如何概括经济联盟？
8. 《联合国海洋法公约》如何划定不受国家管辖的区域？200海里专属经济区的效果是什么？
9. 为什么选区边界的划定至关重要？从理论上讲，能否总是"公平地"划定边界？提出你的论据。
10. 你如何看待美国政治分裂？这样的分裂会引发什么问题？

延伸阅读

Agnew, John. *Making Political Geography*. London: Oxford University Press, 2002.

Beck, Jan Mansvelt. *Territory and Terror: Conliicting Nationalisms in the Basque Country*. London: Routledge, 2005.

Berdun, M. Montserrat Guibernau. *Nations without States*. Cambridge, England: Blackwell, 1999.

Blacksell, Mark. *Political Geography*. New York: Routledge, 2004.

Blake, Gerald H. *Maritime Boundaries*. London: Routledge, 2002.

Boyd, Andrew. *An Atlas of World Affairs*. 10th ed. New York: Routledge, 1998.

Chinn, Jeff, and Robert Kaiser. *Russians as the New Minority: Ethnicity and Nationalism in the Soviet Successor States*. Boulder, Colo.: Westview Press,

1996.

Croft, Stuart, et al., eds. *The Enlargement of Europe.* New York: St. Martin's Press, 1999.

Demko, George J., and William B. Wood, eds. *Reordering the World: Geopolitical Perspectives on the Twenty-first Century.* 2nd ed. Boulder, Colo.: Westview Press, 1999.

Gellner, Martin I. *Encounters with Nationalism.* Oxford, England: Basil Blackwell, 1995.

Gibb, Richard, and Mark Wise. *The European Union.* London: Edward Arnold, 2000.

Glassner, Martin I. *Political Geography.* 3d ed. New York: Wiley, 2003.

Graham, Brian, ed. *Modern Europe: Place, Culture, and Identity.* London: Edward Arnold, 1998.

Hooson, David, ed. *Geography and National Identity.* Oxford, England: Basil Blackwell, 1994.

Jones, Martin, Rhys Jones, and Michael Woods. *Introduction to Political Geography: Place, Space, and Politics.* London: Routledge, 2003.

Muir, Richard. *Political Geography: A New Introduction.* New York: Macmillan, 1999.

Newhouse, John. "Europe's Rising Regionalism." *Foreign Affairs* 76 (Jan./Feb. 1997): 67–84.

Pinder, David. *The New Europe: Economy, Society, and Environment.* New York: Wiley, 1998.

Renner, Michael. *The Anatomy of Resource Wars.* Worldwatch Paper 162. Washington, D.C.: Worldwatch Institute, 2002.

"The Rise of Europe's Little Nations." *The Wilson Quarterly* 18, no. 1 (1994): 50–81.

Shelley, Fred M., et al. *Political Geography of the United States.* New York: Guilford Press, 1996.

Spencer, Metta, ed. *Separatism: Democracy and Disintegration.* Lanham, Md.: Rowman and Littlefield, 1998.

Taylor, Peter J. *Political Geography: World Economy, Nation-State and Locality.* 3d ed. New York: John Wiley & Sons, 1993.

Taylor, Peter J., and Colin Flint. *Political Geography: World-Economy, Nation-State and Locality.* 4th ed. Upper Saddle River, N.J.: Prentice Hall, 2000.

Williams, Allan M. *The European Community: The Contradiction of Integration.* 2d ed. Oxford, England: Basil Blackwell, 1997.

 万维网上和地理学有关的网站极其丰富。与本章主题有关的网站请见与本书有关的在线学习中心的"Web Links"部分。网址:www.mhhe.com/getis11e.

第三篇

区位传统

如果我们打开一张人口地图,它能告诉我们些什么呢?在涉猎不甚熟悉的地图之前,先来看最广为人知的伦敦地图。图中明白无误地显示出大家都很了解的大伦敦地区:人口众多,向各个方向扩散——东、西、南、北,人口遍及泰晤士河河谷及各小支流,黑压压一大片,其间只留下高地上交织的斑块……这个像章鱼一样的伦敦,或者说更像水螅,是某种异常奇怪的、极度不规则增长的东西,在以前的人类生活中没有什么与它相似,也许最相似的就是大片蔓延的珊瑚礁。就像这样:它有石质的骨架,还有活的珊瑚虫,如果你愿意,可以叫它"人礁"(man-reef)。它向外生长,最初很细,灰白的颜色向外扩展,速度比谁都快,但是每个人口较密集的深色地点也稳步紧随其后。这些人口较密集的地点中间有一块黑色的人口密集区,不过,其中每天都在跃动的中心使我们试图去寻找某些新鲜的、与珊瑚的生活相比更高级的不同之处[①]。

20世纪初,号称"人与环境代言人"的帕特里克·格迪斯(Patrick Geddes),在一篇溢美的散文中这样概述了伦敦地区的人口扩散。自然环境、充满活力的城市生活、人们定居方式的变化都隐含在他的评论中,就如同它们在地理学的区位传统中显示出来的那样。

如果将贯穿本书前两部分的主线叫作"区位的主题",那是很恰当的。在我们研究自然景观和文化景观的过程中,气候、地貌、文化源地、宗教分布是我们的兴趣所在。在本书第三篇中,区位分析变成了我们关注的中心,我们不再仅仅把它看作是多个错综复杂的因素之一,这使地理学中的区位传统凸显出来。

在经济地理学或城市地理学研究,或对人类占据与开发利用的环境影响因素的研究中,一个核心问题是某种类型的人类活动发生在哪里,不只是从字面意义上理解,而是要研究彼此的关系。在研究某种活动的分布时,比如研究商品谷物的种植,要关注的是区位模式的识别,通过分析它来搞清为什么谷物种植会安排成这样,寻找蕴涵在其中的区位原理。因为文化因素是相互结合的,这样的研究就必须考虑一种因素的区位对其他因素的区位的影响方式。例如,劳动力储量的某些特征会改变美国纺织工业的分布,而这种改变对新英格兰和南部地区都有经济上的影响,也会影响其他经济活动的区位。

在第10章"经济地理学"中,我们的注意力主要集中在经济活动的区位方面,因为我们试图回答为什么这些经济活动如此分布的问题。是什么力量使得有些地区生产力特别高,而有些地区的生产力水平则无法望其项背,为什么有些企业能够取得成功而其他企业则不然?在这一章里还会研究经济活动的不同阶段,从初级生产到复杂的技术服务。

世界人口城市化水平的不断提高代表了另一种文化发展、经济变化和环境控制的进程,这些方面都是前面各章分别探讨的主题。在第11章"城市地理学"中,将从两方面审视城市地区本身。一方面把城市看作空间中按照一定模式分布的点,这些点各有不同的专门化职能,需要对此进行分析。另一方面,我们把城市看作景观实体,对土地利用的专门管理是源于城市增长和发展的可认识的过程。在城市边界内,它们形成了相互联系的功能系统,城市代表了现阶段人类的经济模式和对资源的利用方式。

第三篇最后对人类在地球表面及其环境中所留下的烙印进行批判性的回顾。第12章"人类对环境的影响"探究了一些基本的地理学原理在世界范围和区域中的某些表现:在人与自然环境相互作用过程中,人类是导致变化的主动的而且常常是破坏性的营力。人类对地球表面的开发利用,在导致一些符合其意愿的对自然世界的改变的同时,还导致了一些未预见到的改变——水资源、全球和区域气候、土壤、植物和动物生活等的改变。生态损害或变化不再是偶发的和地方性的,它已经变成了永久性的和普遍的问题,引起了世界各地人们和政府与日俱增的忧虑。为方便起见,本书的结构暂将本学科分成自然和文化两个组成部分。"区位传统"的最后一章提醒我们,自然地理学与人文地理学是不可分割的整体。

[①] From *Patrick Geddes: Spokesman for Man and the Environment*, ed. by Marshall Stalley. New Brunswick, N.J.: Rutgers University Press, 1972, p. 123.——原注
◀ 加利福尼亚州长滩外的高速公路立交桥。(© Lloyd Sutton / Masterfile)

经济地理学

第 10 章

1846年夏天，庄稼生长得很旺盛。上一年的天灾好像过去了，马铃薯——800万爱尔兰农民唯一的粮食——将会再次慷慨地生产出人们之所需。但是一周之后，神父马修（Mathew）写道："我目睹了一次因大范围植物腐烂而造成的浪费。可怜的人们坐在篱笆上，看着他们腐败的田园……痛苦地悲泣那使他们失去所有食物的灾难。"戈尔（Gore）上校看到"每块地都变黑了"，一位庄园管家注意到"土地……看上去像被火烧过一样"。因此，第二年不可避免地没有了马铃薯，饥荒和瘟疫也就无法避免。

5年之内，这个欧洲人口最稠密的国家的居民点的地理分布被永远地改变了。美国接受了100万移民，他们为美国飞速发展的经济所创造的运河、铁路和矿山提供了所需要的廉价劳动力。他们开创了商品流动的新模式，美国玉米第一次在英格兰—爱尔兰找到了市场——作为贫困救济（Poor Relief）的一部分——之后又进入了更为广阔的欧洲市场，整个欧洲在那一年也正在经受因为种植同一种作物而失收的痛苦。在那些日子中，致使马铃薯坏死、枯萎的微生物改变了两大洲的经济地理和人文地理格局。

这种改变源自一系列复杂的、相互交织的原因和影响因素，它们再一次证明了我们反复观察到的现象，那就是看似各自独立的自然地理和文化地理模式实际上是单一实体中相互联系的组成部分。经济地理学家要专门研究的东西在这些模式中处于核心地位。

简单地说，**经济地理学**（economic geography）研究人们如何谋生及其谋生方式如何因地而异，以及经济活动如何在空间中相互联系。当然，我们不可能真正理解70多亿人全部的经济事务，不可能考察地球表面无处不在的无限多样的生产和服务活动，也不可能追踪它们之间数不清的相互关系、联系和流动。即使我们的理解力能够达到那种程度，那也仅仅是对一瞬间的理解，而经济活动无时无刻不在变化。

经济地理学家努力追求一致性。他们试图揭示普遍规律，以便表征人类生活的经济变化之谜。

◀ 纽约证券交易所交易大厅。（© Stephen Chernin / Getty Images）

他们的研究让人们更深入地认识人类创业中动态的、相互制衡的多样性，认识经济活动对人类生活和文化的其他方面的影响，也认识不同国家和地区经济体系之间与日俱增的相互依赖性（见第13章的"经济区"部分）。马铃薯枯萎病，尽管只侵袭了一个小岛，但是它最终却影响了各大洲的经济。同样，美国自然资源的枯竭以及其经济的"去工业化"及向后工业服务业和以知识为基础的经济活动的转变，正在改变着各国的相对财富、国际贸易的流向、国内就业和收入的模式等（图10.1）。

图10.1 这些在巴尔的摩卸下的日本汽车是不断进口的商品流的一部分，进口汽车夺取了原本由美国制造商占领的国内市场的重要份额。已经建立起来的生产和交换模式正不断受到世界经济和日益相互依赖的各种文化以及相对竞争力变化的影响。（© Paul Conklin / PhotoEdit）

10.1 经济活动和经济体的分类

由于控制人类经济活动的环境和文化现状很复杂，因此理解谋生模式（livelihood pattern）变得更加困难。很多生产方式起源于随空间变化的物理环境背景。例如，潮湿热带地区常见的农作物在中纬度地区的农业系统中就不存在，在美洲的饲养场或西部山区中茁壮成长的牲畜却不能适应北极冻原或撒哈拉沙漠边缘地区的环境。矿藏分布不均使得一些地区和国家经济繁荣、就业机会多，而有些地区却一无所有。林业和渔业也依赖于其他自然资源，其存在、种类和价值的分布也不均匀。

经济或生产决策，除了受环境可能性的限制之外，可能还会受到文化因素的限制。例如，因为文化形成的食物偏好而不是自然环境限制导致的饮食习惯，使得人们选择某些作物或牲畜为食。美洲和非洲的首选作物是玉米，北美洲、澳大利亚、阿根廷、南欧和乌克兰是小麦，亚洲大部分地区是水稻。穆斯林地区不养猪。一种文化环境中的技术发展水平会影响到当地人对资源的认识或者对资源开发利用的能力。在工业化社会之前，人们从事狩猎、采集或园艺活动，他们不懂得、也不需要土地下面的铁矿石或炼焦煤。政治决策可能会推动或阻碍——通过补贴、保护性关税或生产限制——经济活动模式的形成。而且，最终，生产受需求这样的经济因素的控制，不论这样的需求是通过自由市场机制表现出来、通过政府干预表现出来，还是通过单一家庭因自己的需要所产生的消费需求表现出来。

活动类型

这些因地而异的环境、文化、技术、政治和市场因素，给用普遍性方法划分世界的生产活动增加了空间方面的内容。一种分类方法是把经济活动看作随生产或服务复杂性的增加

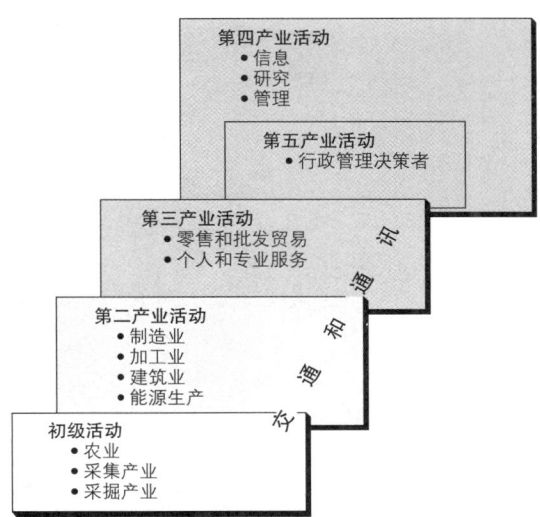

图 10.2 经济活动的类型。5个主要经济部门并不是独立存在的。它们通过交通和通讯服务以及提供给所有部门而不是单一部门的基础设施联系并结合在一起。

以及与物质环境距离的增加而排列的一个连续体。从这种观点看，可以把生产和服务活动区分为几个不同的阶段（图10.2）。

初级活动（primary activity）是指那些从土地上收割或撷取某些事物的活动。此类活动是生产循环的开端，这个阶段中人类与资源和环境的接触最密切。这些初级活动包括最基本的食物和原材料生产。狩猎和采集、放牧、种植业、渔业、林业和采矿业、采石都属于典型的初级活动。

第二产业活动（secondary activity）是那些通过改变原料的形态，或将原料结合在一起，使之成为更有用、更有价值的商品从而给原料增加价值的活动。**形态效用**（form utility）[①]的物品包括陶艺和木器等简单手工产品以及精密的电子产品或者航天器的部件（图10.3）。炼铜、炼钢、金属加工、汽车制造、纺织和化学工业——实际上整个制造业和加工工业——都包括在这个生产阶段中。此

---

① 形态效用是指产品加工后产生的效用，亦称形式效用。——译注

外还包括能源产业（"电力公司"）以及建筑业。

第三产业活动（tertiary activity）由为初级活动和第二产业活动提供服务，以及为整个社会和个人提供商品和服务的商业活动和相关劳动力组成。其中包括专业服务、办公服务和个人服务。它们为生产者和消费者之间构建至关重要的联系，因为第三产业的服务性职业包括了重要的批发和零售贸易活动——包括".com"互联网销售，这在我们这个高度相互依赖的社会是必需的。

在经济发达的社会中，越来越多的个人和组织从事信息加工和传播行业，或者管理和控制自己的或他人的公司。**第四产业活动**（quaternary activity）一词用于经济活动的第四级，全部由从事教育、政府、管理、信息加工和研究领域的白领专业人士提供的服务组成。有时候，这些管理职能中又分出一个分支——**第五产业活动**（quinary activity），指的是各种私有或公共大型机构中的高层决策工作。第三产业、第四产业和第五产业活动的区别将在本章的"超第三产业"部分进一步阐述。如图10.2所示，交通和通讯服务贯穿了各个活动类别，将这些活动联系在一起，使一切人力企业所需要的空间相互作用成为可能。

这些生产和服务活动类别使我们看到了人们为了谋生和自身生活而从事的近乎无限多的活动的基础结构。但是这种分类未能告诉我们由个体劳动者或企业组成的更大经济活动的组织方式。在理解更大组织的世界经济和区域经济时，我们要看经济的体系而不是成分。

经济制度类型

广义来看，在21世纪初期，各国经济分为三种主要的经济制度类型：自给经济、商品经

图10.3 这些正被运进木材厂的圆木是初级生产活动的产品。把圆木加工成木板、胶合板或是活动房屋的活动属于第二产业活动，通过改变它们的形式增加了其价值。很多第二产业的产品——如从钢厂出来的钢板——构成了其他制造商的"原材料"。(© *Mark E. Gibson*)

济和计划经济。其中没有哪种经济制度是或曾经是"纯粹"的。也就是说，没有哪种经济能够孤立于这个日益相互依赖的世界。但是，基于各种经济制度对资源管理和经济的控制方式，每一种经济制度都表现出了基本特性。

在**自给经济**（subsistence economy）中，生产者所提供的物品和服务都是供生产者及其亲属使用的。因此，很少进行商品交换，只有很有限的市场需求。在世界上绝大部分地方已经占统治地位的**商品经济**（commercial economy）中，从理论上讲，生产者或他们的代理商自由地经销他们的产品和服务，供求规律决定价格和数量，市场竞争是影响生产决策和分配的最主要的动力。在与共产党所管辖的社会相伴行的**计划经济**（planned economy）中，生产者或者他们的代理商通过控制供给和价格的政府机构来安排商品和服务。生产的数量和生产的区位模式均按中央计划部门的严格计划安排。

除了少数例外，如古巴和朝鲜，严格的计划经济已经不再维持其传统形式。它们已经被改革或被破除，以便引入自由市场体系；或者仅仅部分被保留，在政府监督下，或在精心挑选的、日益具市场导向的经济部门国有化的基础上，国家对经济的管制程度较低。尽管如此，计划经济却风貌犹存。它们所创造的物质结构、生产模式，以及推行的区域相互联系，仍然影响着后继社会的经济决策。

实际上，没有多少人仅是一种经济体系的成员，尽管其中可能有一种经济体系处于主导地位。印度一位农民生产的水稻和蔬菜也许主要是供其家人食用，但也可能被省下一些用来出售。除此以外，家庭成员也许会到市场上出

图10.4 中国街头的个体零售商、店主和小贩都是计划经济和市场体制的成员。1985年5月在政府取消了对大多数食品的价格控制之后,自由市场和私营小贩越来越多。渐渐地,非食品类的生产和贸易也在私营形式中走向繁荣。一方面国有企业萎缩并解聘工人,另一方面2004年私营企业贡献了国内生产总值的50%以上。私营部门的增长速度是其他经济形式的两倍。照片中是四川省万县(现重庆市万州区)一排户外的家禽商贩。(© Jon C. Malinowski)

售自己生产的布料或其他手工艺品。这位农民用出售产品得来的钱给家人购买衣服、生产工具或燃料。因此,这位印度农民至少是两种经济制度的成员:自给经济和商品经济。

在美国,政府对各种类型商品的生产和服务(如种植小麦或甘蔗、生产酒类、建造和运营核电站,或者从事某种需要执照的个体专业服务)的控制,意味着这个国家实行的并不是纯粹的商品经济。在有限的范围内,美国公民所分享的是有控制和计划的自由市场。非洲、亚洲和拉丁美洲的很多市场经济无疑受到政府政策的影响,政府鼓励或要求生产出口商品而不是国内食品,或者通过限制进口来促进那些仅靠国内市场支持还不容易发展的国内产业。一个又一个的例子说明,世界上没有多少人仅是一种经济制度的成员(图10.4)。

不可避免的是,空间模式,包括经济制度和经济活动的空间模式,都可能发生变化。例如,西欧国家的商品经济,其中一些在很大程度上受计划经济控制的影响,同时又被强化了的自由市场竞争和世界贸易组织与欧盟领导下的超国界调控措施所重构。拉丁美洲、非洲、亚洲和中东很多国家传统上是自给经济占主导,现在却受益于来自先进国家的技术转让,并融入方兴未艾的全球化生产和交换的模式中。

发展阶段

尽管有发展变化和全球性趋同,但地区和

国家之间经济和社会条件方面明显可见的差距仍然存在，而且自20世纪中期以来，这种差距一直是衡量发达和欠发达的尺度以及相关理论的关键因素。我们在第7章中提到过，发展意味着对国家自然资源和人力资源进行充分的生产性利用，我们回顾了这些有比较意义的标签，如发达、欠发达、发展中、新工业化以及类似的说法。我们还回顾了联合国认可的对全球差异对比的认识（图7.8），一边是经济上发达的工业化的"北方"，人均收入相对较高；而另一边是"南方"，工业化很少，甚至没有实现工业化，人均收入水平很低（图7.7）。在这一对比中，关键指标是一个经济体的工业化水平和超越自给性谋生方式的程度。

在20世纪60年代，占主导地位的理论将正常的发展描述成从传统的自给农业社会、低技术水平和不发达的商品交换的限制中，通过增加基础设施和人力资源投资，应用现代先进技术开发自然资源，经过逐步扩大和完善工业基础的"起飞"阶段，实现进步的过程。终于，发展中国家将会到达"大规模生产和消费的时代"，最终会达到大多数西方最发达经济体的后工业化状态。

这种理论上预期的进步被证明是虚幻的，尽管有来自发达国家的贷款、投资和技术转让的注入，但很多欠发达和最不发达国家仍然停滞在起飞前的阶段。20世纪60年代、70年代和80年代——均被联合国宣布为"十年发展计划"——实际上对于最不发达国家和那些相信发展阶段是可定义和可做到的人来说，却是希望破灭的3个10年。不久之后又有人提出了其他发展理论和模型来面对这些现实问题。"大推动"（Big Push）的概念得出的结论是，不发达经济可以通过协调在基本（但高工资）的产业和基础设施方面的投资，并通过保证低成本消费品的批量生产，扩大消费基础，摆脱贫穷。另一种观点认为国家增长速度的差异是由国家对人力资本——技能、习惯、教育和健康的复合体——的投资不同导致的，认为在有效利用先进技术和企业家才能方面，人力资本至关重要。一个引申出来的推断是，对最不发达的国家和新兴工业化国家来说，鼓励外商直接投资和技术转让的激励措施，是发动经济增长最有效的方式。

尽管这些观点因对西方市场经济的偏好而经常受到批评，但可以理解的是，对经济发展阶段的评价主要强调对国家差异标准化的、容易获得的衡量方法。除了常见的人均收入的差异以外，往往还关注不同国家对不同种类的经济活动（初级产业、第二产业等，如本章开头所列）中劳动力的配置方式，以及农业、工业和服务业对国内生产总值（gross domestic product，GDP）的相对贡献。人们认为，发展程度可以通过对劳动力资源的再分配体现：从基本的初级活动（主要是农业）向所占比例越来越高的工作转移，先是在第二产业，然后是第三产业和第四产业。经济不发达的不丹（喜马拉雅山下的一个小国），其劳动力的93%从事农业，2%从事工业，5%从事服务业；而在经济高度发达的澳大利亚，劳动力中只有1.5%的人从事农业，19%从事工业，而有将近80%的人从事服务业，两者形成鲜明对比。同样的，不同类型的经济活动对GDP的相对贡献大小也可以揭示出国家发展水平之间富有意义的差别。例如，大部分GDP来自农业，同时只有很小一部分GDP来自服务业，说明其依赖自给性农业，经济活动只有极少的或是低水平的零售业、个人和专业服务——这无疑是经济不发达的标志（表10.1）。另一方面，高度发达、后工业化社会从初级生产（包括农业）获得的贡献相对较小，GDP主要来自个人和专业

表10.1　经济发展阶段和产出结构

国家类别	2004年国内生产总值百分数（%）			
	农业	工业[a]	制造业[b]	服务业
最不发达国家				
乍得	64	8	6	29
马里	36	26	3	39
新工业化国家				
马来西亚	10	50	31	40
泰国	10	44	35	46
工业化国家				
捷克共和国	3	38	26	59
爱尔兰	3	41	31	56
后工业化国家				
澳大利亚	3	26	12	71
美国	1	22	15	77

[a] 包括采矿、制造业、建筑业和公用事业
[b] 包括在"工业"中
资料来源：The World Bank, *World Development Indicators, 2006.*

服务，这标志着高度一体化的以知识为基础的交换经济。

不论当地盛行哪一种经济制度，无一例外的是，交通是一个关键变量。没有发达的交通网络，哪个国家的经济也不可能繁荣。所有的自给性社会——还有那些发展中国家的自给性地区——其特点就是与区域性的和世界性的交通干道相隔离（图10.5），这种隔离限制了他们发展为更先进的经济体系形式。

经济组织间明显的差距现在正在变得模糊，由于全球化缩小了国家经济在结构方面的差异，各国的经济发展方向正在发生变化。尽管如此，这两种经济分类方法——依据活动类型分类和依据经济组织分类——仍然帮助我们看清并理解世界经济地理格局。在本章中，我们理解这一格局的途径，是对经济活动进行分类，从初级活动到第五产业活动，着重描述每个类别所涉及的技术、空间模式和组织体系。

10.2　初级活动：农业

人类在经济方面最基本的关注就是生产和确保足够的食物资源以满足个人每天的能量需求，进而平衡营养。这种供给可以通过消费者直接从事狩猎、采集、种植和捕鱼（"采集"的一种形式）等初级经济活动，也可以通过从

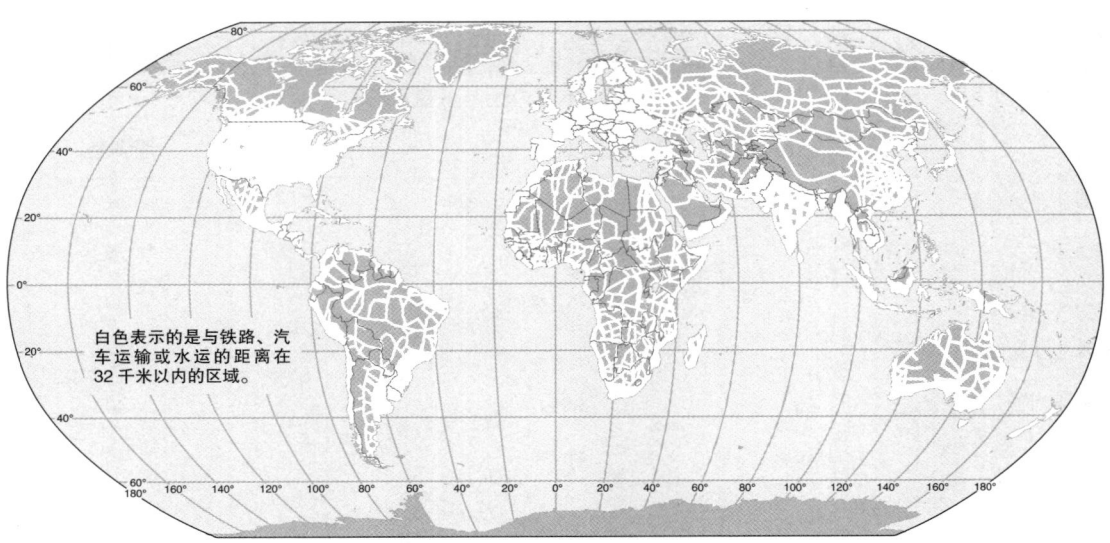

图10.5 通达和孤立的模式。可达性是经济发展的一个关键指标,可以度量世界上一个地区能够参与相互联系的市场活动的程度。经济发达国家中孤立的地区因为交通成本过高而处于价格方面的劣势。以自给经济体制为主的地区交通不便会延缓其现代化的进程,阻碍其参与世界市场。

资料来源:*Copyright Permission: Hammond Incorporated, Maplewood, NJ 07040.*

事其他初级产业、第二产业或更高水平的经济活动获得,这些经济活动的收入使劳动者足以养家糊口。

自20世纪中期以来,一个重新出现但并未被意识到的忧虑是世界的人口持续增长,人口需求最终会不可避免地迅速超过现有和未来的粮食供应潜力。但是,实际情况是,尽管世界人口自1950年以来已经翻了一番多,但是从那时起,全世界人类粮食生产总量也已经翻了一番多。联合国粮食与农业组织已经确定了日最低人均需要能量——2350卡路里。根据这个标准,每年粮食产量足以超过全世界的人口需求。也就是说,如果所有的粮食资源能被平均分配的话,每个人每天都能得到足够的营养。但事实上,世界有近1/7的人口——差不多都是在欠发达国家——得不到足够的粮食和营养(图10.6)。保守地说,有54个国家无法达到联合国粮食与农业组织规定的人均最低需要量,因为他们没有生产出足够的粮食以满足其人口的需求,或者只能通过进口的经济手段来弥补缺口。

世界粮食供应总量充足与大范围营养不良之间存在的严酷矛盾,反映出国家与个人之间收入的差异,还有人口增长速度、土地质量、信贷和教育、地方气候条件或自然灾害,以及交通和存储设施等其他问题。到本世纪中叶,联系日益紧密的世界人口将会增加到大约90亿,对各个国家粮食供应状况的担心不可避免地还会继续存在,而且还会是一个长期存在的国际问题。

在农业出现之前,狩猎和采集是普遍的初级生产方式。但现在全世界只有非常少的人仍在从事这些农业社会以前的营生,他们主要分布在低纬度与世隔绝的偏远地区以及极高纬度人烟稀少的地方。在新几内亚的内陆、东南亚崎岖不平的内陆地区、正在缩小的亚马孙雨林中、热带非洲和澳大利亚北部的小部分地方以及北极地区的部分地方,仍然有保留着这种农

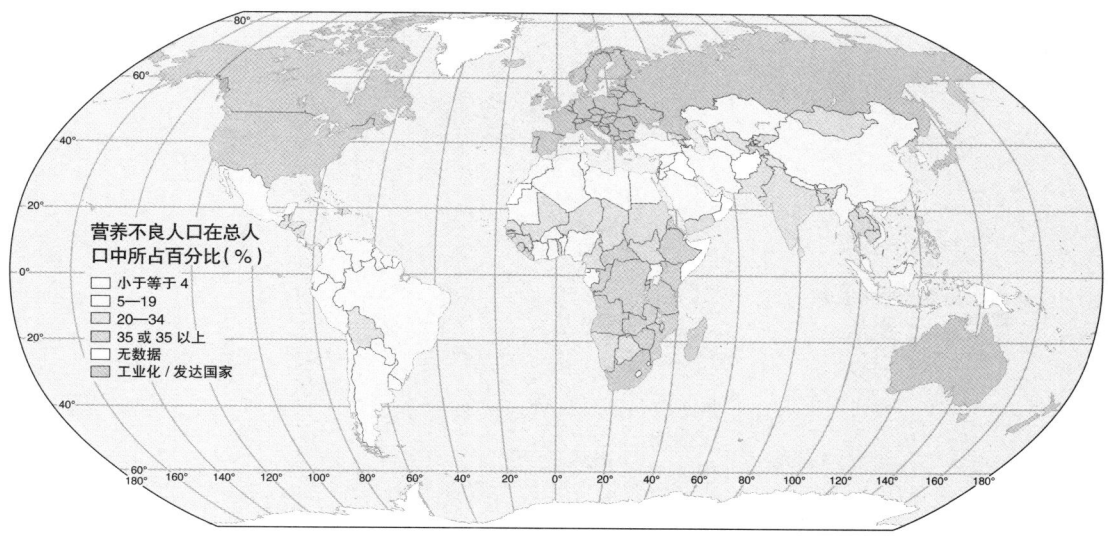

图10.6 2000—2002年处于营养不良状态的国家人口所占的百分比。21世纪初期，全世界大约有8.4亿人营养不良，面临着长期饥饿，缺乏至关重要的铁、碘、维生素A和其他微量营养元素。对于很多人来说，疾病和寄生虫夺走了他们所吃到的为数不多的食物中的营养。在过去几十年中，全世界的营养水平有了适度的提高。1970年1/3以上生活在贫穷国家的人口营养不良，到2002年这个比例降低到了17%。但是，从数字上说，1995—2005年，世界上患营养不良的人数还在以平均每年450万人的速度增长。在撒哈拉以南非洲的人口中，营养不良发生率一直很高，反映出该地区自20世纪60年代以来长期的贫困状态和人均粮食生产的持续下降。与之形成对比的是，经联合国粮食与农业组织统计，所有工业化国家人均每日摄入的热量为生理需要的110%以上，尽管这种普遍状况掩盖了那些令人不安的区域性和家庭性饥饿和营养不良的问题。

资料来源：FAO, *State of Food Insecurity in the World 2004*, and Bread for the World Institute, *Hunger 2005*.

业社会前生产方式的人。他们人数极少并且还在不断减少，不论是在哪里，只要其接触到更为先进的文化，他们的生活方式都会改变乃至消失。

农业（agriculture）的定义是种植庄稼和饲养牲畜，无论是为了生产者的自给还是用来出售或交换，农业已经取代狩猎和采集成为初级活动中经济上最重要的部分。农业的空间分布最为广泛，世界各地只要环境条件——包括足够的水分、适宜的生长期和肥沃的土壤——允许的地方就有农业（图10.7）。单就农作物种植一项就覆盖了世界上大约1500万平方千米土地，大约占地球表面全部土地面积的10%。在很多发展中的经济体中，至少有2/3的劳动力直接从事农业和牧业。在有些国家中，如亚洲的不丹或非洲的布基纳法索和布隆迪，这一比例超过了90%。但是，从总体上看，发展中国家的农业从业人数在不断下降，重复着、但落后于高度发达的商品经济国家走过的历程，那些国家中直接从事农业的人只占劳动力的一小部分（图7.6）。

按照惯例，可以根据两个方面——向外销售的重要性以及机械化和技术进步的水平——对农业社会进行划分。自给、传统（或中间）和先进（或现代）是用来认识这两个方面的常用词语。这两个方面并不相互排斥，而是被看作农场经济变化中连续的阶段。一端是仅为家庭的生计而生产，用的是简陋的工具和本土植物品种；另一端是专业化、资本高度密集、近似于工业化的农业，生产目的是

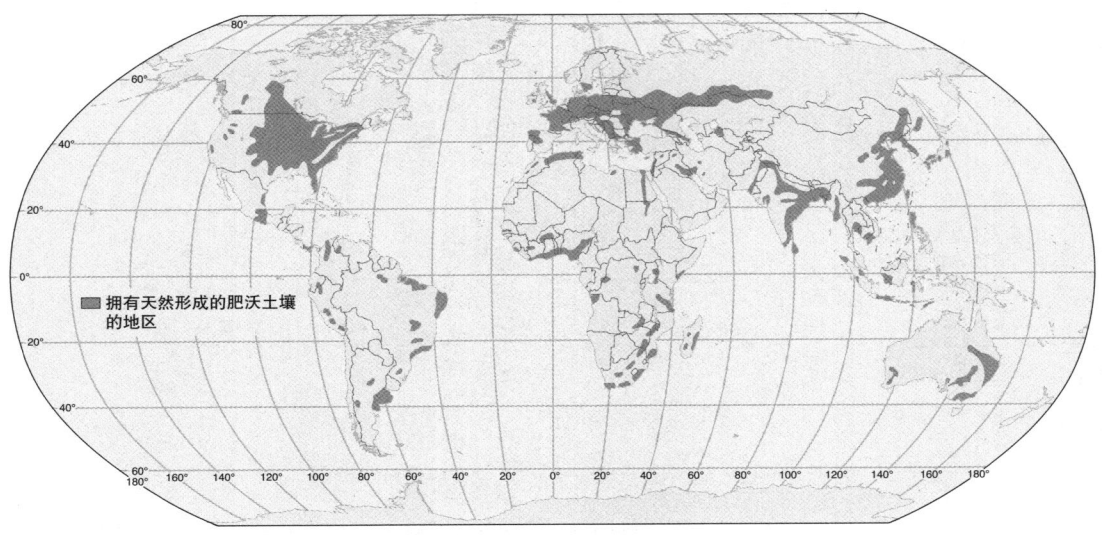

图10.7 天然土壤肥沃的区域占世界谷物生产区的大部分,包括北美的玉米带和小麦带,乌克兰、西伯利亚南部和印度及东南亚盛产水稻的地区。把本图与图10.6进行对比,就能帮助我们找到撒哈拉以南非洲地区普遍营养不良的原因。

将产品运销到农场以外,这是先进经济的标志。在这两个极端之间是传统农业的中间地带,农场的产出部分留给家庭消费,部分被运到农场以外,在当地、全国或者国际市场出售。通过研究农业经济发展过程中"自给"和"先进"的两端,我们可以很清楚地看出农业活动的变化以及控制它们空间模式的方式的不同。

自给农业

根据定义,自给经济制度是指其包含的所有的成员几乎全靠自给,极少有为了交换的生产。每个家庭或组织严密的社会群体都依靠自己来满足其对粮食和其他重要资源的需求。即使到了今天,为了家庭的直接需要而从事农业仍是人类最主要的职业。在非洲、拉丁美洲、亚洲东部和南部的大部分地方,绝大多数人主要是靠自己的土地和自己饲养的牲畜来养活自己。

自给农业(subsistence agriculture)可以分为两种主要的类型:粗放型和集约型。尽管每种类型都有好几个变种,但两者之间最重要的不同之处在于所使用的单位面积土地的产出量,以及其能养活的人口。**粗放型自给农业**(extensive subsistence agriculture)使用大面积的土地,投入最少量的劳动力,单位土地面积的产出和人口密度都低。**集约型自给农业**(intensive subsistence agriculture)是在小块土地上通过耗用大量劳动力来耕作。单位土地面积的产出和人口密度都很高(图10.8)。

粗放型自给农业

在粗放型自给农业的几种类型——因土地利用强度不同而异——中,有两种值得注意:游牧业和迁徙农业。

游牧业(nomadic herding),是让牲畜自由但又受控制地行动,只吃天然草料,这种土地利用方式是最粗放的(图10.8)。也就是说,这种方式为维持生活需要的人均土地面积最大。在亚洲的大部分半荒漠和荒漠地区、某些高原地区、撒哈拉沙漠的边缘和内部,相对少量的

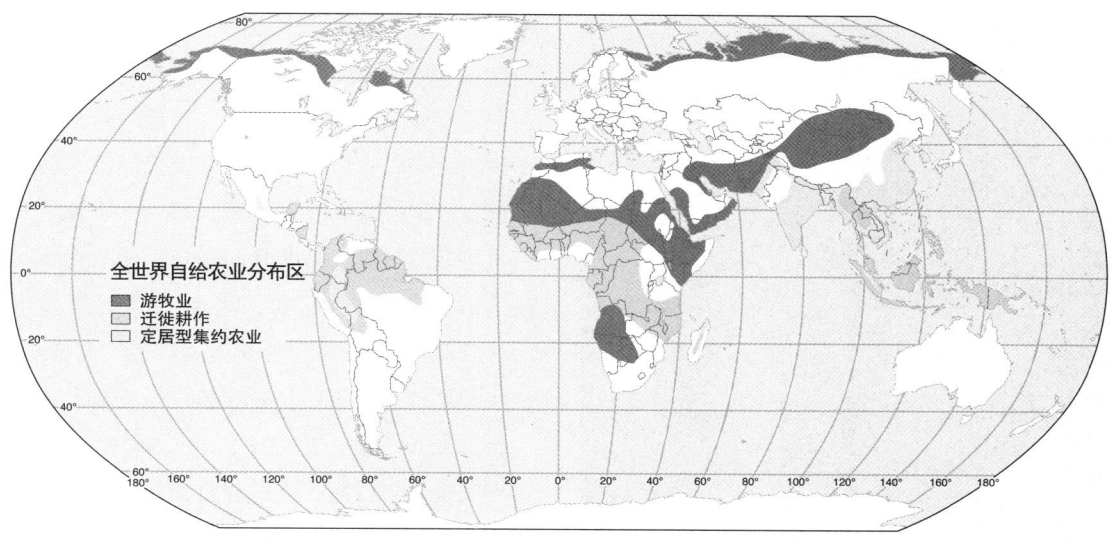

图10.8 自给农业在全世界的分布。游牧业养活的人口较少,是大部分干旱和寒冷地区的古老生活方式。在热带潮湿和干湿交替气候条件下,迁徙耕作和刀耕火种农业这些久经考验的传统方法保持了土壤肥力。在亚洲的大部分地方,千百万人靠定居的集约型农业谋生,水稻和小麦是主要作物。

人口放牧牲畜以供牧民们自己消费,而不是供市场销售。最常见的牲畜是绵羊、山羊和骆驼,有些地方牛、马和牦牛也很重要。过去拉普兰地区的驯鹿也属于游牧牲畜。

不论饲养什么动物,它们共同的特征都是强壮皮实、移动性强、能够靠稀疏的草料存活。这些牲畜提供了各种产品:可食用的奶、奶酪和肉;可以制作衣服的毛、羊毛和皮;可以用来做帐篷的皮;可以用作燃料的粪便。对牧民来说,牲畜代表着最重要的生存手段。游牧的移动路线与稀少而有季节性的降雨密切相关,或者因气候状况和大范围内牧草的荣枯而变化。长时间地停留在一个固定的地方既不可取也不可能。季节性迁移放牧是一种随季迁移牧群的特殊形式,目的是充分利用当地特定的、不断变化的牧场条件。永久性或季节性定居的牧民和放牧的农夫所使用的季节性迁移放牧,或在冬夏之间有规律地从山上垂直迁移到山谷牧场,或者在固定的低地草场之间水平迁移,到达季风所带来(季节性)的短暂的水草丰美的牧场。

游牧形式作为一种经济制度正在走向衰落。很多经济、社会和文化方面的变化正在使游牧民族改变、甚至完全失去他们的生活方式。在北极边缘的俄罗斯,在共产党领导时期,牧民属于国有或集体牧业企业的成员。在斯堪的纳维亚北部,拉普兰人(萨米人[Saami])更多地从事商品农业而不是自给性牧业。在非洲撒哈拉边缘的萨赫勒地区,过去曾经被牧民控制的绿洲现在被农民占有,近几十年的大旱永久性地改变了几千年来的游牧生活方式。

另一种农业与粗放型自给农业的基础及分布形式迥然不同,其存在于世界上低纬度、温暖湿润的地区。在那里,很多人从事一种游牧式的农业。经过开垦和利用,这些地方的土壤失去了大部分的营养物质(土壤中的化学成分被地表水和地下水溶解并被去除掉[淋溶作用]或者营养物因种植的蔬菜被采摘和被食用而离开土地),耕作这些土地的农民在收获了几次庄稼以后不得不离开这些土地。某种意义上,这些农民轮耕土地而不是轮种庄稼以保

图10.9 非洲一处刀耕火种土地正在烧荒。烧荒后空地上仍有残存的树桩和树木。（© Lindsay Hebberd / Corbis Images）

持土地的生产能力。这种**迁徙耕作**（shifting cultivation）[①]有很多名称，其中最常见的是"烧荒"（swidden[②]，英语土语）和刀耕火种（slash and burn）。每个使用这种方法的地区都有各自的称谓——例如，在中美洲和南美洲叫作"milpa"，非洲叫作"chitemene"，东南亚叫作"ladang"。

特殊的是，农民们砍掉天然植被，把砍下的植物烧掉，然后种植玉米、谷子（一种谷物）、

[①] shifting cultivation，据全国科学技术名词审定委员会公布的《地理学名词》译作"迁徙耕作"。有人译作"游耕"，与"游牧"对应，似更简洁。——译注

[②] swidden 尚无相应中译，意为割除和烧除植被后开垦的临时性田田。对于这段文字所述的此类耕种方式，中文多统称为刀耕火种。——译注

树薯或木薯、水稻、马铃薯和甘蔗等农作物（图10.9）。咖啡之类高附加值、劳动密集型、能够提供现金收入的商品作物，也日渐加入众多的作物组合中，这证明所有人在交换经济中的联系正在加强。最初（第一茬和第二茬庄稼）的产量可能非常高，但是在同一块土地上连续种植后，作物产量会迅速下降。在这种情况发生后人们就停止种植，乡土植被得以回归弃耕地，耕作栽培转移到另一块新准备好的土地上。第一次开垦出来的土地就不宜再用来种植庄稼，一直到很多年以后，自然休耕使土地恢复肥力为止（见"刀耕火种农业"专栏）。

世界上还有不足3%的人口在全球1/7的土地面积上主要采用热带迁徙耕作的种植方式（图10.8）。因为这种方式的最根本特征是土地的间歇性耕作，每个家庭占有的总土地面积，等于现在正在使用的地块面积加上所有为恢复地力而处于休耕的土地面积之和。这种地方人口密度特别低，因为需要很多土地才能养活少量的人口。可以这样认为，在那些地广人稀、技术水平低、可获得的资本少的地区，这种迁徙耕作是一种高效率的文化适应。但随着这些条件发生变化，这种耕作制度就不那么可行了。

集约型自给农业

世界人口中大约有45%的人从事集约型自给农业，分布的地区如图10.8所示。集约型自给农业作为一个描述性词汇，不再完全适用于一种变化中的生活方式和经济形式，在这种形式中自给经济和商品经济的差别正在缩小。尽管家庭可能仍主要靠自家土地上的产出生活，但经济体中农场商品的交换也相当可观。

生产食物并将其出售给快速增长的城市市场，对于自给农业区的农村经济来说越来越重要，对于国家和地区中不断增加的、不再从事

刀耕火种农业

专栏 10-1

下面的报告描述了菲律宾哈努努（Hanunóo）人迁徙耕作的情况。在所有保有**刀耕火种农业**（slash-and-burn agriculture）的地方，程序大多如此。

刀耕火种的农夫选择一块大约5000平方米的肥沃土地，开始把不需要的植物除掉。这个过程的第一步是用割灌木的砍刀砍掉灌木丛和小树，其主要目的是用极易燃烧的草木覆盖整块地，以便下一步的烧荒能够以最快速度完成。由于有土壤侵蚀的危险，所以在砍伐过程中不能将土地直接暴露在风雨中。在种植季节的最初几个月中，最主要的就是与砍伐有关的事情。

一旦大多数灌木被砍倒了，接下来就要把较大的树木伐倒，或用环状剥皮（剥去完整的一圈树皮）的方法弄死，以去掉不需要的树阴。但是，有些树木只是被修剪了一番，却没有被弄死或砍倒，这样做一方面是为了节省劳动力，另一方面也是为了留下一些树木，便于其在以后休耕的时候能在田间重新繁衍。

迁徙耕作的整个过程中最关键的步骤是烧荒。一次烧荒中主要的点火过程要经过多星期的准备，人们把砍倒的植物散开并铺平，准备防火道，以免火势蔓延到丛林中去，还要留出晾晒干燥植物的时间。一次完美的烧荒过程会很快把每一片植物都烧干净，用不了一个小时，最多一个半小时，土地上就只剩下灰烬了。

刀耕火种的农夫认为，令人满意的烧荒有以下几个好处：(1) 把不需要的植物都除掉，荒地被清理了出来；(2) 消灭了很多动物和害虫；(3) 使土地更松软和易碎，为点种（用小型手工工具或棍子挖一个洞）做好了准备；(4) 给土地均匀地盖上了一层草木灰，有益于庄稼幼苗的生长，并能保护新种下的谷物种子。在刀耕火种的第一年，农夫平均种植并收获40—50种不同类型的庄稼。

刀耕火种农业最关键的特征是保持土壤的肥力和结构。解决办法就是保持迁徙耕作的体制，1—3年种庄稼，10—20年的时间休耕让树木和灌木重生。当人口压力迫使休耕的周期缩短时，生产力随着土壤肥力的降低而下降，贫瘠的土地也被开垦利用，环境退化。生态平衡是脆弱的。

资料来源：Adapted from *Hanunoo Agriculture*, by Harold C. Conklin (FAO Forestry Development Paper No. 12), 1957.

农业的人口的生计来说也是至关重要的。

尽管如此，数以亿计的印度人、中国人、巴基斯坦人、孟加拉国人和印度尼西亚人，再加上亚洲、非洲和拉丁美洲其他国家的千百万人，仍旧在小地块上从事自给性水稻、小麦、玉米、谷子或豆类（豌豆、蚕豆或其他豆科植物）的生产。其中的绝大多数人生活在亚洲季风地区，那里温暖潮湿，很适合生产水稻，在理想的条件下水稻这种农作物可以在单位面积的土地上提供大量的食物。种植水稻也需要大量的时间和精力，因为站在冷水中手工插秧是一件单调乏味的技术活（图10.10）。在亚洲北

第10章 经济地理学 407

图10.10 插秧需要全体家庭成员艰苦的手工劳动。新灌满水的稻田,已经犁过并施过肥,在水稻成熟之前需要保持稻田的水位。本照片摄于印度尼西亚,这种情景在采用自给性水稻农业的地方随处可见。(© *Wolfgang Kaehler Images*)

纬20°以北较为凉爽和干燥的地方,集约种植小麦,谷子和不太常见的旱稻。

集约型自给农业的特征是在单位土地面积上大量投入劳动力,通过很小的地块和使用大量肥料——主要是农家肥(见"中国农村经济"专栏),在好年景获得高产。出于粮食安全和饮食习惯的原因,他们也种植一些其他农产品。蔬菜和一些牲畜是农业体系中的一部分,还有人在稻田和池塘中养鱼。牛既是一种劳力也是食物来源。供食用的动物包括猪、鸭和鸡,但是由于穆斯林不吃猪肉,因此他们居住的地方就不会有猪。印度人一般很少吃肉,肉食主要是山羊肉和羔羊肉,他们不吃猪肉和牛肉。在印度,牛是重要的劳力,也是牛奶和奶酪的提供者,其粪便还可以用作肥料和燃料。

世界上并不是所有自给农业都在农村地区。城市农业增长也很迅速,根据联合国的统计数据,全世界大约有8亿城市农民,提供了世界食品产量的1/7。城市农业流行于世界各地,无论在发达和欠发达地区都是如此,以亚洲最为盛行,城市农业活动范围很广,从种植小块菜地到在后院养殖家畜,还有在池塘和河里养鱼。千百万人利用雅加达的垃圾堆、墨西哥城的屋顶、加尔各答或金沙萨路边贫瘠的污泥,种植蔬菜、水果,养鱼,甚至生产肉类,供家人食用或在当地市场出售——所有这一切都是他们自己在城市中生产出来的,并且都不会因长距离运输和存储而花费成本或产生损耗。

据报道,非洲城市居民的营养需要有20%是在城镇里生产出来的。肯尼亚和坦桑尼亚2/3的城市家庭从事农业,例如,在加纳的首都阿克拉,城市农业为这个城市提供了90%的新鲜蔬菜。在发展中的世界各处,城市出产的食物降低了由于高出生率和背井离乡的农村移民流而快速增加的城市成人和儿童营养不良的发生率。

中国农村经济

南庆村位于中国南方亚热带珠江三角洲上的广州附近,一位实地调查员描述了其传统自给农业体制的情况,下文对该报告进行了压缩。现在其他生产稻米的社会仍然保留了这种体制的精髓。

在双季稻地区,水稻分别在3月和8月种植,第一次收获的时间是在6月底或7月,另一次是在11月份。3—11月是主要的农时。3月初用水牛拖曳的带铁尖的木犁翻耕田地,用不起水牛的赤贫农户用一种带铁刃的大木锄来翻地。

犁过的土地再用耙子平整好,施上肥料,人们把水灌进田里,为之后的插秧做准备。秧苗种在苗床上,苗床是田地一侧或一角用篱笆隔开的一小片土地。3月中旬插秧工作开始,全家人都要上阵。每人拿着一束秧苗,10—15株,将其插进松软的灌了水的泥土里。在前30—40天,除了保持水位以外,翠绿色的庄稼不怎么需要照料。但是过了这个阶段就要除第一遍草,一个月后除第二遍。这些都是用手工完成的,每个年龄大到能胜任这项工作的人都要参加。除第二遍草的时候要施肥,让水稻在这个时候挺立"灌浆",让谷粒充满淀粉。当谷粒已经"灌满浆",就把水从稻田中排出,让土壤和稻秆在火热的太阳下变干。

然后就是收割,用镰刀把所有水稻从地面以上几寸处割倒。水稻在脱粒板上脱粒。然后农民用扁担把稻谷、稻秆和稻叶挑在肩上担回家去。稻秆在家里作燃料用。

让人精疲力竭的收获季节刚过去,人们就要马不停蹄地开始第二季水稻的犁地、施肥、灌水、插秧等繁重工作。水稻生产季节中还要抽空种植蔬菜。种菜更需要持续不断的照料,因为每个农民家庭都把一部分土地用于种菜。在炎热潮湿的暮春和夏天,种植茄子、瓜类和豆类;绿叶蔬菜在更凉爽干燥的秋冬季和早春长势良好;韭菜一年四季都可以种植。

一种农作物或蔬菜收获后,土地要进行翻耕,人们用锄头把土块打碎,再用铁耙子将地整平。然后施肥,栽种新一茬庄稼的种子或幼苗。手工除草是经常要做的工作。1天用长把的木勺浇3次水,在非常炎热的季节里水蒸发速度很快,因此要1天浇6次水。要经常用锄头松土,因为热带的暴雨经常会把土壤压实。与水稻一般只需要施2次肥不同,蔬菜需要经常施肥。除了在开始种植时要给土壤大量施肥——通常是城市垃圾——以外,对大多数的蔬菜来说,要每10天左右追肥1次,肥料通常是稀释过的尿或粪尿混合物。

资料来源:Adapted from C. K. Yang, *A Chinese Village in Early Communist Transition*. The MIT Press, Cambridge, Mass. Copyright © 1959 by the Massachusetts Institute of Technology.

不断扩大的种植业

持续不断的人口压力迫使人们不断想办法来扩大粮食的供给,不论是发展中经济自给的农民还是整个世界都是如此。很明显,要提高粮食产量有两条道路:扩大耕种的土地面积或提高现有农田作物的产量。

第一种方法——增加种植面积——并不可行。全世界大约有70%的土地不适合用于农业,要么其所处地区的气候太冷,要么太干旱,要么地形太陡峭或其根本就是不毛之地。剩下30%的土地中，大多数适宜发展农业的地方已经被开垦了，此外，无论是在发达国家还是发展中国家，每年都有数百万平方千米土地因土壤侵蚀、盐碱化、荒漠化、城市化、工业和交通建设占用而消失。在美国，由于响应政府的"退耕"计划，或因继续种植某些土地在经济上不太合算而做出的个人决定，土地正在从耕地总面积中退出——而不是增加。只有非洲和南美洲的亚马孙河流域的雨林地区还保有一些可用作耕地的土地。但是，这些地区的土壤是很脆弱的，而且营养成分含量低，涵蓄水分的能力差，失去森林的保护后容易被侵蚀或破坏。因此，出于种种考虑，世界粮食产量不能简单靠扩大耕地面积得到有效提高。

集约化和绿色革命

在过去的几十年间，提高现有农田产量而不是扩大耕地的面积已成为增加农业产出的关键思想。1974—2004年，世界的粮食总产量增长了将近70%。尽管世界人口增加了25亿，但2003—2004年的人均粮食产量还是比1974—1975年提高了近3%。总产量的绝大部分增长来自单产的提高而不是农田面积的扩大。对整个亚洲来说，从1980到21世纪初，谷物产量增长了40%以上，这主要是由于中国和印度的产量增长，两国的增长量比南美洲多35%。在近来的农业实践中，实现这样的增产有两种相互关联的方法。

第一，大部分发展中国家都增加了生产投入，在水、肥料、杀虫剂和劳动力等方面的投入都增加了，以便在相对不变的可耕地面积上提高产量。例如，1960—2004年，灌溉田地的面积几乎翻番，达到了世界农田总面积的17%。自20世纪50年代以来，全世界化肥消耗量也有了惊人的增长，杀虫剂和**除草剂**（herbicide）的投入也同样增加了。传统上撂荒休耕（不耕种）以恢复地力的方式已经被废止。在亚洲甚至是非洲，在气候条件允许的情况下，种两季或三季庄稼的土地面积也增加了，这些地区的边际土地（marginal land）也近乎连续被开发利用，以满足人们对粮食不断增长的需求。

这些集约利用方式中有很多也属于与**绿色革命**（Green Revolution）有关的第二种方法，绿色革命是一种简称，指的是一系列复杂的种子和管理方式的改进，目的是适应集约农业的需要，让有限的农田能有更多的收成。对小麦和水稻进行基因改良是绿色革命的基础。培育出的一些矮化品种，对多施肥有明显的响应，能够抵御病虫害，而且其生长期比传统本土品种短得多。采用新品种、使用灌溉设施、农业机械化、施肥和使用所需要的杀虫剂，已经创造出了一种新型的"高投入、高产出"农业。

但是人们也因此而付出了代价。绿色革命是以商业为导向的，需要很高的投入去购买昂贵的杂交种子、农业机械、灌溉设施和杀虫剂。随着绿色革命的出现，传统的自给农业被取代了。同时失去的还有本地特有的适应当地条件的农作物品种所能提供的食品安全，以及多种农作物精耕细作所保证的营养多样性和营养平衡。无论什么情况下，自给农业都是风险最小的。同一种农作物有很多耐受力不同的品种，无论出现怎样的气候异常，遇到何种病害或虫灾，总能保证相当的收成。但是商品农业的目标是利润最大化，而不是食品安全风险最小。

绿色革命的成功还付出了其他代价。例如，灌溉为提高粮食产量做出了重要贡献，但是灌溉设施毁掉了大片的土地；灌溉条件差导致了土壤过度盐碱化，据估计对全世界10%以上水浇地的产出量造成了严重后果。绿色革命所需的大量灌溉用水造成了严重的地下水枯竭问题，导致了发展中国家——很多都处于半湿润气候——农业用水和不断增加的城市和工业用水之间需求的矛盾，进一步导致了人们对缺水和因水而可能引起战争的忧虑。

人们所认为的绿色革命的那些好处不是在所有自给农业地区都能得到，也不是有利于每个从事农业的人。例如，大多数生活在边际土地和雨养（没有灌溉）土地上的贫穷农民就没有从那些需要灌溉和投入高额化肥的新品种作物上获益，而且在从传统农业向绿色革命更为工业化的农业生产方式过渡的过程中，女性往往是输家（见"女性与绿色革命"专栏）。非洲就是一个很典型的例子。绿色革命对农作物改良主要集中在小麦、水稻和玉米上，而其中只有玉米在非洲比较重要。非洲主要粮食作物包括粟、高粱、木薯、树薯、山药、豇豆和花生。

绿色革命过去在很多地方取得了巨大的成功，但现在它的功效正在下降。以亚洲为例，近来谷物产量的增长速度只有20世纪70年代的2/3，联合国粮食与农业组织认为绿色革命技术"几乎穷尽"了亚洲水稻进一步提高的生产力。在很多发展中国家，没有多少好地，甚至水源也不足以扩大种植，工业化农业技术负面的生态后果和社会后果招致越来越多人的抵制。生物技术——很多人为之欢呼的，前景喜人的绿色革命新方法——看上去也不能弥补亏缺。消费者抵制对农作物基因的改良（genetic modification，GM），害怕其带来负面的生态后果，欧盟市场一直拒绝部分转基因食品，以及开发公司强行推出新生物技术的高成本和受到的限制，这些因素集合在一起，抑制了新技术的广泛应用。

尽管如此，工程化农作物的生产仍在迅速推广。1996年是转基因作物商业化实用的第一年，大约有1.7万平方千米土地采用生物技术种植。到2005年，据报道有90万平方千米的土地种植了转基因作物，比2004年增长了11%。那一年全世界大约1/3（30%）的转基因农作物的种植面积分布在发展中国家；实际上，21世纪的最初几年，发展中国家——特别是在阿根廷、巴西、中国、印度和南非——转基因作物面积增长的百分比是工业化国家的两倍。从全世界来看，主要的转基因作物是转基因大豆、转基因玉米（包括南非食用的白玉米）、转基因棉花和转基因菜籽油。近来所采用的所有基因作物改良方法中，抗除草剂（Roundup Ready[①]转基因大豆）和抗虫害（转Bt基因抗虫玉米和棉花）都是最重要的，也是对有关农作物提高产量和降低成本做出最大贡献的。农作物基因改良的反对者指出，到目前为止，还没有一种被引进的工程化农作物具有营养物质较高或其他品性的特征，能够应对发展中国家的营养不良的问题。相反，改变基因做法的受益者都是农民而不是消费者。

商品农业

没有多少人或哪个地区能够与世隔绝，仍旧保留着纯粹的自给经济。几乎所有的人和地区都与贸易和交换的现代社会有过往来，因而他们调整了他们传统的经济形式。对自给农业经济制度的改革不可避免地使世界变得复杂，这也告诉人们发达国家先进经济体制的某些多样性和活动的联系。在先进经济体制中，农民不是为了自己的生活需要而生产，而主要是为了农场以外的市场生产。他们是相互联系的交换经济的一部分，在

[①] Roundup Ready是总部设在美国圣路易斯的孟山都公司（Monsanto Company）开发的转基因品种系列名称。——译注

女性与绿色革命

女性农民至少生产出全世界食物总量的50%，在某些非洲国家甚至可达到80%。对于家庭的食物消费来说女性的贡献更大：在撒哈拉以南的非洲是80%，在亚洲是65%，在拉丁美洲和加勒比海地区是45%。而且，在发展中国家女性劳动力占到了农业劳动力的1/3—1/2。例如，非洲女性承担了90%粮食作物加工和80%的收割与销售工作。

实际上，在发展中国家，由于男性家庭成员不断离家到城市去寻找工资更高的工作，所以女性在农业中的主导地位在上升。在莫桑比克，农业生产中每100个男性劳动力对应153个女性劳动力。在几乎所有其他撒哈拉以南国家，女性与男性的比值是120∶100—150∶100。男人去或近或远的城市工作，就意味着女人必须承担起家庭中所有农活的有效经营管理。

尽管她们的作用如此重大，但是女性从农业劳动中却未能得到和男性同等的回报，她们也不是总能成为想象中的农业技术和方法改进的受益人。通常，她们不能拥有和继承她们劳作的土地，往往也得不到男性农民能够得到的良种和化肥。

女性农民通常比男性工作时间长而且收入低。这不是因为她们能力低，而是因为这种现象受文化和经济因素的限制。第一，大多数女性农民是为自给农业和当地市场从事食品生产，这产生的现金收入极少。第二，和男人相比，她们极少能得到银行贷款和政府补贴，而这对获得杂交种子和化肥等绿色革命技术是必须的。第三，在有些文化中，女性不能拥有土地，因此她们也就被排除在那些为土地所有者提供的农业改良计划和项目之外。例如，很多非洲农业开发计划的前提都是把公有土地变成私有土地，公有土地女性是有份的，但私有土地女性就无缘了。在亚洲，继承法偏袒男性继承人而歧视女继承人，女性继承的土地也被丈夫掌管。在拉丁美洲，歧视来自法律规定的对女性地位的限制。

与此同时，绿色革命和它更大的农作物商品化，普遍需要每单位面积土地上投入更多的劳动力，专门留给女性的任务更多，比如除草、收割和收割后的工作。如果女性不能从其他日常家务中解放出来，那么绿色革命对她们来说可能就是额外的负担而不是福祉。但如果新的农业体系里引入了机械化，女性就更容易成为输家。通常，收割、剥壳、研磨谷物等往往是女性的工作——传统上这些都是手工完成，但现在机器取代了女性，而不是给女性提供工作岗位。甚至施化肥（"男人的活儿"）代替施牛粪（"女人的活儿"），也降低了女性在农业开发计划中的地位。失去这些传统的、能为女性带来收入的工作岗位，意味着原本已经很贫困的女性和她们的家庭就没有足够的收入来改善一日三餐，即便绿色革命的进步已经使食品的供应显著增加也是如此。

如果女性想要从绿色革命中受益，就需要新的文化准则，或者在传统家庭、性别和惯常的法律体系下进行可接受的文化调整。必须允许女性拥有土地和认识到现在她们还没有明确享有的其他法律权利，允许她们以优惠利率获得银行贷款，使政府援助项目中她们和男性一样有平等的资格。承认这样的现实促使联合国粮食与农业组织出台了"FAO妇女参与发展行动计划（1996—2001年）"和"性别与发展行动计划（2002—2007年）"。这两项计划的目的都是激励和帮助那些为提高女性在经济、社会和政治发展中的贡献者和受益者地位而做出的努力。这两项计划的目标是在生产性资源的控制方面促进性别公正；加强女性在各个层面——地方的和国家的——决策和政策制定过程中的参与；为女性提供银行贷款机会，使她们能够成为小规模制造业、贸易或服务企业的创业者和业主。

关于获得贷款的问题，一位孟加拉经济学家1976年创办的乡村银行(Grameen Bank)[①]是一个范例。秉承"获得信用贷款是基本人权"的理念，这家银行给"微型企业"发放"小额贷款"——平均每笔160美元，借款人大多数是女性。乡村银行的理念已经从起源地孟加拉国传播到亚洲其他地方，以及拉丁美洲和非洲。全世界小额贷款的数据变化很大，由于联合国大会确定2005年为"世界小额贷款年"，在这种政策鼓励下，2005年联合国估计已经发放的贷款总量在7000万到2亿之间，甚至更多，贷给世界上最贫困人口中的一部分人。

[①] Grameen Bank 是孟加拉国银行家穆罕默德·尤努斯(Muhammad Yunus)博士创造的一种乡村银行模式，或译作葛莱敏（或格莱珉）银行。尤努斯获得2006年度诺贝尔和平奖。——译注

这种经济体中，农业只是一个复杂结构的一个组成部分，这个结构包括采矿、制造、加工、第三产业的服务活动，第四产业和第五产业。在这种经济体中，农业活动可能反映了生产对表现为价格的市场需求做出的反应，并与更大的社会消费需求联系在一起，而不仅是与农民自己的直接需要相关。

产品控制

在现代发达经济中，农业的特征是专业化——企业（农场）专业化，区域专业化、甚至国家专业化；对场外销售，而不是自给性生产，以及通过市场相联系的生产者和顾客之间的相互依赖。在自由市场经济中，农民大概会根据市场价格和对生产成本的估计，生产那些可能会带来最大回报的农作物。人们认为，在商品经济中，供给、需求和市场价格机制控制着农业生产。

总生产成本、最终收成，以及未来的市场价格都是每个农场主必须面对的不确定因素。在美国，从20世纪50年代开始，专业化的农场主和公司买家就在研究将不确定性最小化的策略。加工者要求产品质量的一致性和交货的及时性。番茄、甜玉米等蔬菜罐头制造商要求罐头工厂按照工作进度批量交付同样大小、颜色和成分的原材料。农民要求有保障的市场和有保证的价格，以减少他们的专业化所带来的不确定性，使自己的投资获得稳定的回报。

解决的办法是订单生产或纵向联合生产（加工和销售都在一个企业内进行协调），把签约的农场主和经销商、加工企业绑在一起。特定存活期和一定重量的肉鸡、喂养到一定重量后宰杀的牛、蛋白质含量最少的小麦、按配方性状要求生产的爆花玉米、挑剔的快餐连锁店要求的特定品种和质量的马铃薯，以及诸如此类的产品规格，变成了农场主和采购者—加工者之间生产合同的一部分。在美国，通过订单生产或纵向联合形式生产的农产品总量所占比例从1960年的19%上升到世纪之交的逾1/3。例如，2002年有70%的肉猪是通过某种形式的订单销售出去的，而1980年这个比例只有5%。

第10章 经济地理学 413

图10.11 2.54万吨的玉米户外存储。在商品农业社会,供求并不总是平衡的。年成好(拜大自然所赐),或者因为政府计划的干预改变了生产决策,这两种情况都可能导致任何市场都无法消化的商品剩余。(© Bill Gillette / Stock Boston)

"农业综合企业"(agribusiness)一词就是指以农田为中心的旧式农业经济与生产和市场体系更紧密的一体化结合新模式的逐渐融合。

即使是那些没有因订单而与供应商和经销商绑定在一起的家庭农场主,从前的假设——供给、需求和市场价格机制能有效控制农业生产——也不完全有效了。实际上,那些理论上的控制措施往往与很多非市场的政府干预结合在一起,而后者在影响农场主的选择和空间生产模式方面,可能与市场力量具有同样的决定性意义。比如,如果市场上小麦供应过剩,其每吨的价格就会下降,播种面积就相应减少。如果政府出于经济或政治方面的考虑强制进行面积控制,则不管供给状况如何,种植面积都会缩减。

也可以通过补贴、价格支持和市场保护等措施让某些农作物或商品的市场控制失灵。例如,欧盟农场主的政治影响力赢得了可观的农产品补贴,到1992年欧盟积压了大量无法售出的黄油、葡萄酒和谷物,为此其进行了削减过剩库存的改革,这甚至加大了农场的总开支。在日本,国内大米市场受到保护,市场支持日本的稻农,即便他们生产水稻的效率很低且售价高于国际市场标准。在美国,农场价格补贴、面积控制、金融支持等各项计划和政府的其他农业干预措施层出不穷,这也同样起到了使市场失灵的效果(图10.11)。

农业区位模型

早在19世纪,在这些政府干预措施成为常规之前,约翰·海因里希·冯·杜能(Johann Heinrich von Thünen)就观察到了自然属性明

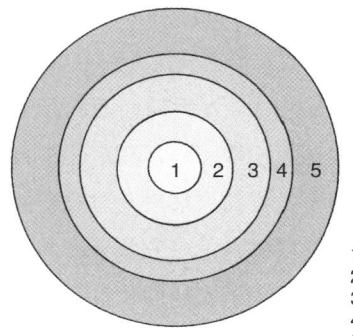

1. 牛奶业和市场园艺业
2. 特产种植
3. 商品谷物和牲畜
4. 混合农业
5. 粗放的谷物种植或牲畜饲养业

（a）

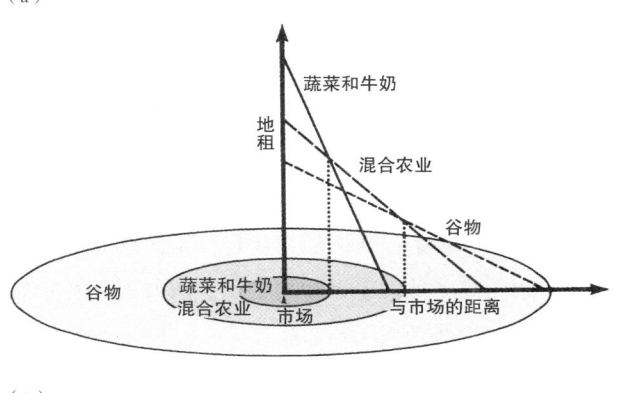

（b）

图10.12 （a）杜能环。认识到随着土地与市场距离的增加，土地价值降低，杜能建立了一个描述性的土地利用强度模型，这个模型在实践应用中被证明是相当合理的。靠近市场的土地种植最为集约的作物，种植强度不那么高的商品位于更远的地方。图上标有数字的区域代表着杜能在大约190年前提出的理论化的土地利用序列的现代版本。随着位于中心的大都市区规模的增大，农业专门化的区域向外迁移，但他们之间的相对位置关系仍保留着。（b）交通梯度和农业区。在模型中，易腐败变质的商品，如水果和蔬菜，单位距离运输费率较高；谷物和其他农作物的费率比较低。生产农产品的地租随着与中心市场距离的增加而下降，下降的速度取决于这种商品的交通梯度。那些市场价格最高，同时运输成本也最高的农作物会被种植在距离市场最近的地方。不容易腐败变质且产量较低、运费也较低的农作物，就会被种植在较远的地方。

显均一的土地被用于不同农业用途的现象。他指出，围绕每个重要的城市市场中心，都会发展出一系列由不同农产品组成的同心圆（图10.12［a］）。最靠近市场的圆环专门生产那些容易腐烂变质、运输价格高又需求量大的农产品。这些农产品在城市市场中可以卖出很高的价钱，因此利用城市近郊高价的土地生产这些产品是合算的。距离城市更远些的农场土地环被用来生产不那么容易变质且相对运输成本低、需求小、市场价格低的商品。普通农作物和谷物种植取代了内环的商品蔬菜种植业。在可获利的农业生产的外圈边缘，距离单一中心市场最远的地方，采用种植牧草之类的粗放土地利用方式。

为了解释这种现象形成的原因，杜能提出了一种形式上的空间模型，这可能是第一个分析人类活动空间模式的模型。他的结论是，地块利用方式是表面上完全一样的土地的不同"地租"价值的函数。他认为，地租的不同反映了为克服农场与中心集镇的距离影响所花费的成本。（他说："每种农作物的一部分都被轮子吃掉了。"）距离越远，农民的生产成本越高，因为运输费用要加到其他花费上。当一种商品的生产成本加上运费刚好等于其市场价值时，农民就处于种植的低利润点。因为在这个模型中，从中心向各个方向的运输费用是一致的，这就形成了被称为"**杜能环**"（von Thünen rings）的土地利用同心圆状模式（图10.12［a］）。

可以通过引入运输差价、地形变化、土壤肥力变化等概念，或者改变商品的需求和市场价格来改造**杜能模型**（von Thünen model）。无论有没有这些修正，杜能模型都能帮助解释为何土地与大城市距离的增加会造成景观中明显的农作物空间分布模式和农场规模的变化,特别是在那些农业在经济中占统治地位的地区。靠近市场的农田价值高,用来集约种植价值高的农作物,而且被细分成较小的单元。远离市场的土地被粗放利用,地块单元也比较大(图10.12 [b])。

有人认为,在工业和后工业经济占主导地位的情况下,决定城市附近农业土地利用的基本因素与城市本身的扩张有关,此时杜能模型就不那么管用了。相反,城市边缘增长具有不规则性和不确定性,两个或多个城市的扩张吞噬农村的土地,以及因土地细分的预期而不再将土地用于农业,都可能导致局部地方产生与杜能集约土地环相反的现象。如果城市化力量占主导,那么农业模式中土地利用集约程度通常随着土地与城市距离的增加而增加——而不是减少。

集约型商品农业

第二次世界大战以后,发达国家市场经济中的农业越来越转向集中的生产方式。机械、化学制品、灌溉和对有限几种精心选择和培育的动植物品种的依赖,都是为了从单位面积农田中榨取更高的产量。

当然,这样做的目标是增加对外销售量,因为美国农业呈现出了从自给性目标转变为完全商品化贸易经济的态势。在1950年以前,大多数美国农场都有明显的自给性取向:它们都是种植多种农作物的"普通农场",农作物一部分供出售,一部分用于饲养农场自己的牲畜——一两头奶牛、肉用和蛋用鸡,几头猪和肉牛,而剩下一部分是供农场自己宰杀食用的。面积很大的菜园为农场家庭成员提供应季消费和家庭制作罐头所需的蔬菜和水果。1949年,美国平均每个农场只出售价值4100美元的产品。但是到了2002年,大多数农场完全投入到市场中,平均对外销售额超过了9.4万美元,而农场家庭——如其他的美国人一样——从超市购买自己所需的食品。随着投资的增加以及对投资回报最大化的大农场的需要,很多效益不高的小农场被放弃了。整合减少了农场的数量,扩大了仍从事生产的农场的规模。1934年美国的农场数量高达680万个,1949年不同规模的农场数量下降到570万个,到2002年减少到210万个,其中很多最小的单元"农场"只是由于得到了农业部宽松的定义认可才纳入统计。

在美国和大多数市场经济高度发达的国家,农场生产目标的重新定位给区域农场生产空间模式带来了显著的变化。所有现代农业都是"集约的",这反映了对进一步加强并专业化产出以及投入大量资金(如投资于机械、化肥和专业建筑物)的要求。但是不同类型农场的专门化生产方式的区别,在于其对所种植的单位面积农田投资的多少(当然是在特定的资本投入形式下)。这些区别说明了传统的集约农业和粗放的商品农业之间普遍的差异。

集约型商品农业(intensive commercial agriculture)一词,现在一般特指能够带来单位面积土地高产出和高市场价值的农作物生产。其中包括水果、蔬菜和奶制品——所有这些都是容易腐败变质的,还有一些"工业化农场"出产的牲畜。很多中等城市和大城市附近都有奶牛场和商品蔬菜农场(生产各种蔬菜和水果的园艺农场或"商品菜园")。由于它们的产品容易腐败变质,需要专门的处理措施,如使用冷藏车和定制的包装,因此交通运输成本就要增加。这是它们的区位靠近市场的另一个原因。注意图10.13中商品蔬菜和果树农场的分布,这也说明气候条件在水果和蔬菜种植方面的重要性。

饲料谷物农业(livestock-grain farming)是

指在生产性农场上种植喂养牲畜的谷物，牲畜是农场的现金产品。在西欧，3/4的农田用来生产喂养牲畜的作物；丹麦90%的谷物被用来喂养牲畜，从而将其转化成肉、奶油、奶酪和牛奶。尽管生产饲料谷物的农民集约地使用他们的土地，但是单位土地面积的产品价值通常比商品蔬菜农场低。因此，至少是在北美，相比园艺农场和奶牛场，饲料谷物农场距离主要市场更远。总的说来，世界上的饲料谷物带都靠近沿海和工业区的主要市场。美国的玉米带和西欧的牲畜饲养区都是这样的例子。

在美国——所有发达国家也是如此，传统小农场和家庭农场的牲畜和谷物生产经营已经在很大程度上被超大规模、高度集中的牲畜饲养业（或者叫作"工业化饲养场"，其中有成千上万头密集圈养的牲畜）——所取代。从20世纪20年代开始出现的集约的、工业化饲养牲畜——尤其是肉牛和奶牛、猪和家禽——的方式已经成为肉、奶和蛋生产的主流。为了实现以尽可能低的单位成本大规模生产可供销售产品的目标，工业化饲养场经营者要把牲畜关在围栏或笼子里，给它们喂抗生素和维生素，以保持牲畜的健康和快速生长，给它们提供加工过的饲料，这些饲料通常含有低成本的动物副产品或作物残渣，然后根据合同把它们送到加工厂、包装厂或者饲养场的母公司。尽管也有人表示出对动物排泄物管理和地下水、河流和大气污染的深切忧虑，但现在订单式集中饲养方式还是为超级市场提供了几乎全部肉类和奶类产品。这种集约商品农业形式的区位通常不是由土地价值或土地与市场的临近程度决定的，而是由州和县政府制定的土地利用限制措施和环境标准决定的。

粗放型商品农业

距离市场较远或者较廉价的土地，就不甚需要进行集约利用。廉价土地使大型农场的出现成为可能。**粗放型商品农业**（extensive commercial agriculture）的典型例子是大型小麦农场和大牧场。

大规模小麦种植需要投入大量资金以购买播种和收割机械，但是单位土地面积上的投入很低。小麦农场规模很大，例如，加拿大萨斯喀彻温省（Saskatchewan）将近一半的农场面积超过4平方千米；堪萨斯州的农场平均面积超过3平方千米；北达科他州，超过5.25平方千米。在北美洲，**春小麦**（spring wheat，春季播种，秋季收割）种植区包括达科他州、蒙大拿州东部和加拿大草原诸省的南部地区。**冬小麦**（winter wheat，秋季播种，仲夏收获）种植带主要集中在堪萨斯州，还包括相邻几个州的接壤地带（图10.13）。阿根廷是南美洲唯一的大规模种植小麦的国家。在东半球，只有伏尔加河以东的哈萨克斯坦北部和西伯利亚南部地区，以及澳大利亚东南部和西部地区才有这样发达的种植制度。

大牧场不同于饲料谷物农业，其商品指向和分布也不同于表面上和它很相似的游牧牧场。19世纪西欧和美国东北城市市场对牛肉和羊毛需求的增长，导致了大牧场大多局限于欧洲人定居的地方。这些牧场主要分布在美国西部和毗邻的墨西哥和加拿大地区（图10.13），阿根廷、巴西、乌拉圭和委内瑞拉的草原，澳大利亚的内陆，新西兰南岛的高地，以及南非卡鲁和附近地区（图10.14）。以上地区除了新西兰和南美洲潮湿的潘帕斯草原以外，全都是半干旱气候。所有这些牧场，包括与市场距离最远的，都是水陆交通条件、运输工具冷藏条件和肉罐头制造技术改善后的产物。总之，引进的肉牛和绵羊取代了当地产的乡土动物，如北美大草原的野牛，这种做法最终总是导致严

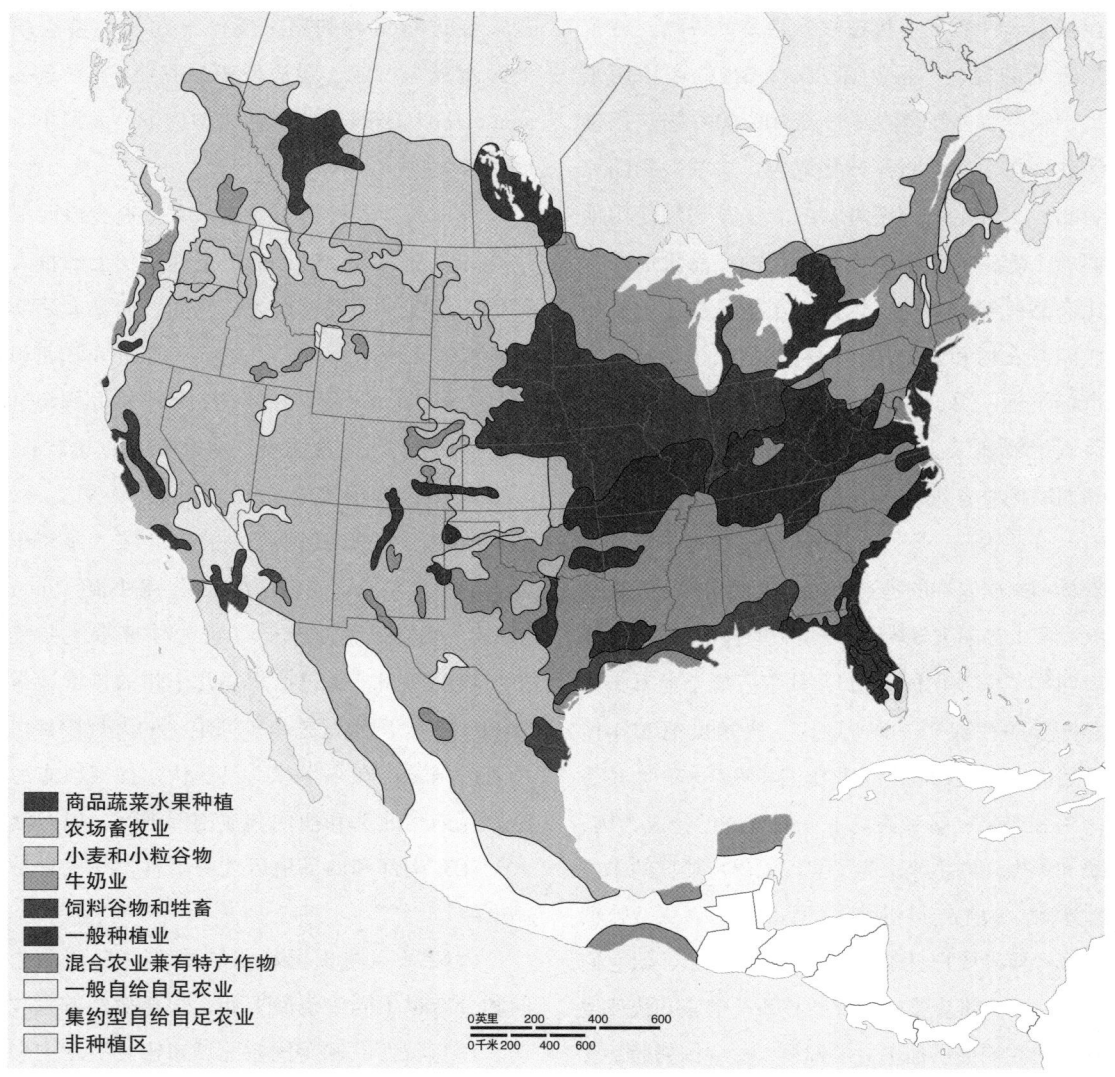

图10.13 北美农业区概况。

资料来源：U.S. Bureau of Agricultural Economics; Agriculture Canada; Mexico, Secretaría de Agricultura y Recursos Hidráulicos.

重的环境退化。近来，中纬度地区对牛肉的需求因扩大了肉牛的生产并大范围地破坏了中美洲和亚马孙河流域的热带雨林而受到谴责，尽管近年来亚马孙河流域的森林砍伐更多的是由于大豆种植的扩大而不是因为牛肉生产。

在所有大牧场中，由于农作物种植已经侵占了其较湿润的边缘地区，改良牧草已经取代了营养成分低的本土草种，谷物催肥补充了传统放牧的不足，因此牲畜放牧（以及专门用于牧场的土地面积）已经减少。因为大牧场是只存在于没有其他土地利用方式可供选择、土地质量很差的情况下的一种经济活动，所以世界上牧场分布地区的特点就是人口密度低、单位土地面积投资低，对劳动力的需求相对也较小。

特种作物

如果地形或者气候条件不利，那么接近市场并不能保证高附加值农作物的集约生产。而距

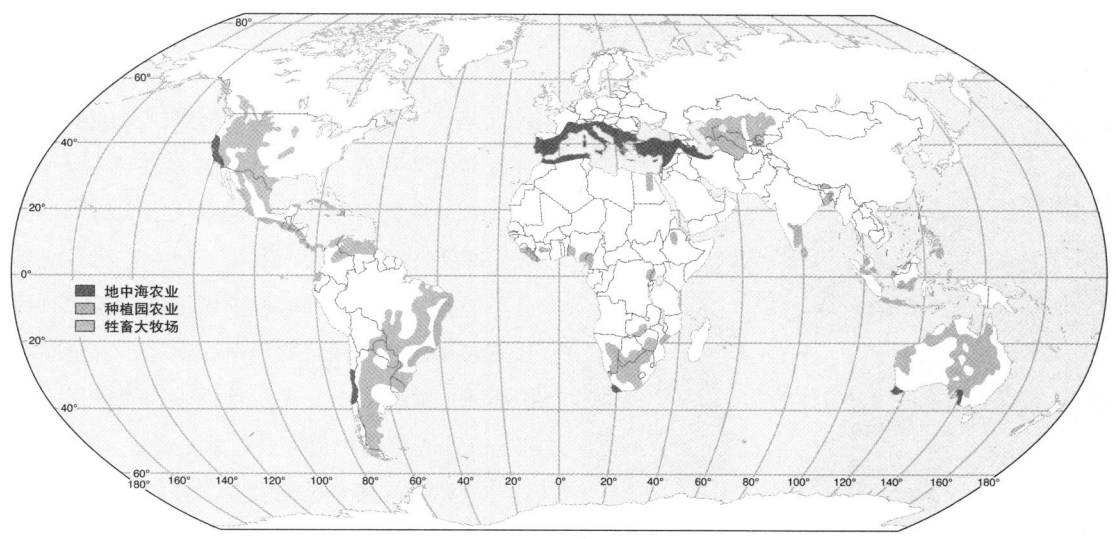

图10.14 大牧场和特种作物农业。大牧场主要在中纬度地区经营，是为了满足工业化国家城市的市场需求。地中海和种植园农业同样是为了迎合西欧和北美发达经济的市场。一些地中海农业区——气候条件大体相同——专门生产某些相似的商品，如葡萄、柑橘、橄榄、梨和蔬菜。种植园农业所生产的特产既受自然地理条件影响，也受现在的、尤其是以往殖民控制对该地的影响。

离市场很远，也不一定就只能在低价格的土地上选择从事粗放的农业。特定的环境条件，往往是气候条件，使得某些远离市场的地区集约地发展成为某种农业区。地中海气候区和种植园地区的农业就是两个特殊的例子（图10.14）。

地中海流域的可耕地大多用来种植谷物，而大部分农业区用来放牧。但是，地中海农业是一种专门的农业经济形式，以葡萄、橄榄、橙子、无花果、蔬菜等商品著称。这些作物需要一年四季暖和的气温和夏季充足的光照。图10.14显示，地中海农业用地位于世界上农业生产力最高的地方。地中海气候区的降水模式——冬季降水而夏季干旱——有助于其控制用水。当然，这些地区必须花费大量资金建立灌溉系统，这也是集约利用土地生产向地中海气候区以外的工业化国家或地区，甚至是从南半球的区位向赤道以北的市场出口高附加值作物的另外一个原因。

气候也是众所周知但并不确切知悉的种植园作物生产的重要因素。**种植园**（plantation）是指将外来的要素——投资、管理和市场——引入本地文化和经济之中，往往雇佣外来劳动力的田产。种植园本身是一项不动产，它的常驻工人生产一到两种特殊作物。这些作物，尽管是热带地区土生土长的，但对种植园所在地而言往往是外来物种：非洲的咖啡和亚洲的糖类作物引入西半球，美洲的可可、烟草和橡胶引进东南亚和非洲都是很好的例子（图10.15）。英国、法国、荷兰和美国等西方国家企业家开始对热带感兴趣，部分原因是热带地区给他们提供了机会，使其满足温带国家对其市场所在地不能生产的农产品的需求。按照惯例和为了方便，通常保留种植园一词，即使当地生产者的种植以本地作物为主也是如此，如在几内亚生产可乐果，在印度和斯里兰卡种植香料，或在尤卡坦州[①]生产剑麻。如图10.14所示，为了

[①] 墨西哥州名。——译注

第10章 经济地理学 419

图10.15 印度尼西亚一个橡胶种植园的工人正在收取挂在树上小杯子里的乳胶，然后在树上再割出新的切口。这种场景在传统种植园业中是很典型的。这个种植园是用外国资本（荷兰）建设的，生产的是非本地的（美洲的）商品作物，将产品作物提供给遥远的中纬度地区的市场，所用劳动力不是本地人（中国人），由外方（荷兰）管理者监督管理。虽然目前的所有权、管理和劳动力可能都已经发生了变化，但是种植园还保留着原来企业经营的性质和市场导向。（© Wolfgang Kaehler）

能够便利地装船运输，大多数种植园作物都种在沿海或近海的地方，因为生产一般是为了出口而不是供本地消费。

计划经济下的农业

顾名思义，计划经济在某种程度上由中央直接控制资源和经济的关键部门，为的是实现政府所确立的目标。当这种控制延伸到农业部门，国家和集体的农庄以及农村公社取代了私人农场，农作物生产就和市场控制或家庭需要相脱离，价格由计划决定，而不是由需求和生产成本决定。尽管最近几年这种对农业极端的控制，在很多过去严格实行计划经济的国家已经有所放松或者被取消，但过去那种对农业的中央集权控制，已经改变了传统的农业景观。1991年苏联解体前，它的农村景观已经由十月革命前的数百万个小农庄所有权变成由不到5万个受中央集权控制的经营单位组成的统一模式。即使在今天，由于农场土地登记和界线划分不清楚，也由于所有权模糊不清，苏联时代集体农庄体制的残留物仍旧在运营，占全国农田面积的90%以上，不过他们现在是根据市场机会而不是根据中央指令来做出反应。

从私人的和农民的农业，经过集体化，然后又回到实质上是私人农场的体制，这样的进步过程发生在实行计划经济的中国。1949年以后，所有的土地被重新分配给3.5亿农民，供其自行耕种，每块地都很小（2000平方米），效率很差，不能满足人们对粮食不断增长的需求。后来，到1957年年末，大约有90%的农民家庭都因合作化而被纳入了人民公社，到20世纪70年代这个数目进一步减少到5万个，平均每个公社有社员1.3万人。

1976年以后，国家重新采用效率高的农场体制，1.8亿新农场被分配给农民家庭不受限制地使用，不收取地租。从理论上讲，农村土地归"集体所有"。在实践中农田仍然控制在国家和乡镇政府手中，禁止私人拥有。农民可以续签土地使用权合同，有效期30年，但是不能出售合同上的权利。很多重要的农产品仍旧以固定价格出售给政府，但是生产决策普遍由农民评价市场做出。中国农民已经越来越多地转向劳动力密集型专业化农产品的生产——如水果、蔬菜、肉类和池塘养鱼，不仅是因为国内快速增长的市场需求，同时也是为了对外出口。在向农业市场经济而不是自给经济或计划经济转变的过程中，中国的人均粮食产量和可支配量获得了飞速的增长。

10.3 其他初级活动

除了农业以外，初级经济活动还包括渔业、林业、采矿业和采石业。这些产业都是对自然资源进行直接开发，这些资源在自然环境中的分布并不均匀，不同社会对其价值的评价也不一样。因此，对它们的开发取决于人们对自然资源的勘查程度、对其自然可用性状的开采技术以及文化上对它们价值的认识。(对自然资源的定义、感知和利用已在第5章中深入探讨。)

初级活动中的两类——渔业和林业——属于**采集业**（gathering industries），建立在收集自然界恩赐的可再生资源的基础之上，尽管它们都已因过度开发利用而陷入严重枯竭的危机中。采矿业和采石业是**采掘业**（extractive industries），把不可再生的金属和非金属矿物，包括矿物燃料，开采出来。它们处于现代工业经济中最初级的原材料生产阶段。

渔 业

尽管鱼类和贝类在人类全部的动物蛋白质消费中所占比例不到20%，但是据估计大约有10亿人——主要在东亚和东南亚、非洲和拉丁美洲部分地区的发展中国家——以鱼类作为主要蛋白质来源。鱼类还是很多发达国家非常重要的食物，不论他们有没有自己的大型国内捕鱼船队。尽管世界每年渔获量的75%都被人类消费了，但还是有25%被加工成鱼粉喂养牲畜或用作肥料。这两个迥然不同的市场对鱼类的需求和每年的鱼类产量都在增长。实际上，对世界鱼类保有量的压力增长速度如此之快，以至于有确实的证据证明，至少是在局部地区，最大可持续产量已经或很可能被突破。某种资源的**最大可持续产量**（maximum sustainable

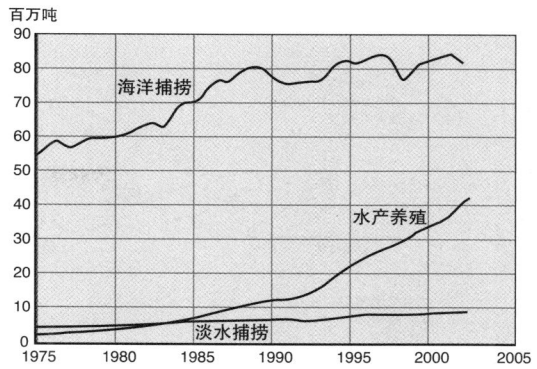

图10.16 1975—2003年官方记录的年渔获量。从1975年的6600万吨不规则地上升到2003年的略多于1.32亿万吨。据单个国家报告的数据，联合国粮食与农业组织计算出了直到2002年的有波动但总体缓慢上升的收获总量；1993年和1998年的下降与厄尔尼诺现象导致的海水温度变化有关。对这幅图的补充性校正将会使2003年的总产量和海洋捕捞量数据减少大约900万吨。联合国粮食与农业组织估计，每年有2000万—4000万吨计划外被捕捞的幼鱼或不够大的鱼和非标的品种，这些鱼都被丢弃了。
资料来源：*Food and Agriculture Organization (FAO)* .

yield）是不伤害其更新能力或保持其未来同样的生产力水平的最大使用量或使用速度。对渔业来说，最大可持续产量的特点是捕获量或收获量等于鱼类资源更新的净增长量。

每年鱼类的供给来自三个方面：

（1）内陆捕捞，来自池塘、湖泊和河流；
（2）水产养殖，在受控制和有限的环境中生产鱼类；
（3）海洋捕捞，包括所有在沿海水域或公海中捕获的野生鱼类。

内陆水域的供给占全球渔获量的7%以下，内陆的和海水的水产养殖加在一起占32%。其余61%甚至更多的收获量来自全世界的海洋（图10.16），其中大部分鱼类是在大陆架上的沿海湿地、江河入海口和相对较浅的海域捕获的。近海岸带、

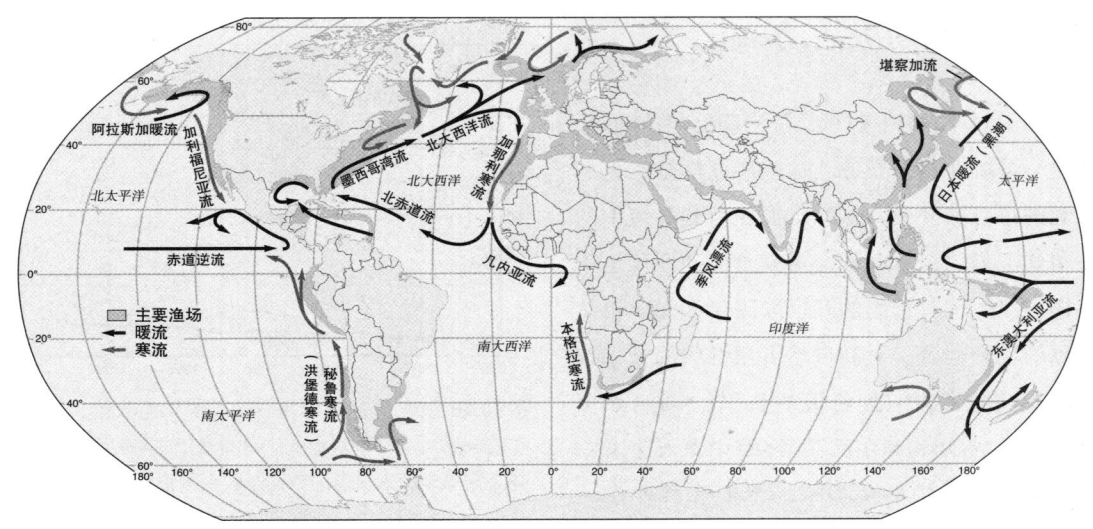

图10.17 世界上主要的商品海洋渔场。距美国海岸线325千米以内的水域约出产了世界鱼类和贝类年收获量的1/5。过度捕捞、城市发展,以及海湾、入海口和湿地的污染已经导致这些近岸海域鱼类资源的枯竭。

较浅的港湾和沼泽湿地为鱼类提供了产卵场所,河水带来的营养物质形成了鱼类高产的环境。这些地方也越来越成为受径流和海洋倾弃物严重污染的地方,有些地方环境破坏非常严重,以至于鱼类和贝类资源被破坏殆尽,没有恢复的希望。

商业性海洋渔业主要集中在北半球的海域,这里暖流和寒流交汇,常见的食用鱼类——如鲱鱼、鳕鱼、鲐鱼、黑线鳕鱼、比目鱼等聚集在这里,在宽广的大陆架上形成"鱼群"(图10.17)。鱼群最多的两个地方是太平洋东北部和大西洋西北部,海洋水产捕获量共占全世界的40%。热带鱼类不爱聚群,而且由于其脂肪含量高、外形奇特怪异,所以其在商品市场上不甚受欢迎。但是,对于本地消费来说它们却很重要。传统的渔民"师傅"几乎全部在能够看见陆地的近岸水域捕鱼,据估计全世界此类渔民共有800万—1000万。他们每年收获的大约2400万吨鱼类和贝类通常不包括在全世界渔业总产量中。海洋捕获量中只有很小一部分来自占世界海洋总面积90%以上的公海海域。

1950年以后,现代技术和更多国家的雄心勃勃的捕鱼船队大大提高了每年的海产捕获量,这些技术包括使用声呐、雷达、直升机和卫星通讯进行鱼群定位;更好用的渔网和鱼钩;能够加工鱼类的拖网渔船,渔船可以追逐鱼群,并将捕获物加工后冷冻。除此以外,更多国家给出力度更大的补贴以扩大和奖励他们的海洋拖网渔船运营。现在技术与渔船数量的增长速度之快已经导致鱼类产量持续不断地飞速上升,也使得人们产生了海洋资源取之不尽、用之不竭的乐观想法。

实际情况恰恰相反。实际上,近年来由于过度捕捞,海洋渔业的生产力已经开始下降(捕获量超过了再生产的速度),而近岸水域的污染已经严重威胁到传统的和受人欢迎的食品种类的供应。经过校正后的全世界总捕获量数字表明,与图10.16所显示稳定增长的捕获速度不同,实际上自20世纪80年代末期以来,捕获量以每年超过66万吨的速度下降。产量的下降,伴随着世界人口的增长,已经导致人均海产品数量明显降低。联合国的报告显示,全世界17个主要海洋渔业区的渔获量已经达到或超过其容量,有13个渔区的产量下降。美国新英格兰地区沿岸海域的掠夺性捕捞已经使很多最受欢迎的鱼类陷入濒危状态；1993年，加拿大关闭了鳕鱼产业，以使鱼类资源能够休养生息；美国政府有关部门报告说67个北美鱼种正在被过度捕捞，其中61种的收获量已经达到极限。

导致过度捕捞的部分原因在于世界的海洋是大家共有财产的固有观念，海洋是一种对所有人开放使用的资源，没有人需要为它的维持、保护和改善而负责。这种"公海"原则的结果只能验证所谓的"**公地悲剧**"（tragedy of the commons）①——经济的现实情况是，当一种资源对所有人来说都是可得的，则每个使用者在没有集体控制的情况下，都认为他应该将这种资源开发利用到极限，以便最好地服务于自己，即便这样会导致资源的最终耗竭也在所不惜。1995年，100多个国家正式通过了一项条约，2001年12月在法律上生效，条约旨在规范领海以外公海上的捕鱼行为。条约适用于大西洋鳕鱼、其他鳕鱼类和金枪鱼，即迁徙鱼类和公海鱼类，要求渔民向地区性组织报告他们的捕获量，区域性组织还会对他们进行配额限制，并会上船检查其是否有触犯法规的情况。这些措施以及其他的渔业管制措施能够为未来重要食用鱼资源的可持续发展提供制度保证。

增加鱼类供给的一个办法是发展养鱼业，或者叫作**水产养殖**（aquaculture），在淡水池塘、湖泊和沟渠，或者用围栏或堤坝围封的沿岸海湾和河口湾内养鱼。近年来，水产养殖的产量占到总渔获量的30%以上，它对人类食品供给的贡献甚至比第一手产量数据所显示的还要大。尽管传统上捕获的鱼有1/3用于制造鱼粉和鱼油，但实际上所有养殖的鱼都被用来供人类食用。养鱼业在亚洲有悠久的历史，鱼类是当地蛋白质的重要来源，但是现在水产养殖遍布各洲。水产养殖产量提高速度快而且可以持续不断增长，这使它成为世界食品经济中增长最快的部门。

林　业

森林，像鱼类一样，是开采程度很高的可再生资源。即使数千年来林地不断被清除用作农业生产，加上近年来商业性伐木、家畜养殖和拾取薪柴等，森林仍然覆盖了地球上近1/3的土地面积。到处都有靠森林资源谋生的人，有的属于自给经济，有的则属于商品经济。对森林资源及其性质、分布和开发利用的全面介绍请见第5章。

采矿业和采石业

处于各个经济发展阶段的社会都能够并确实致力于农业、渔业和林业，但是采掘业——采矿和钻探以获取不可再生的矿物财富——只有当文化进步和经济需要使地球上的自然资源开采成为可能时才会出现。现在，那些采掘业为发达经济体的人们的生活方式提供原材料和能源基础，也是联结世界上发达国家和不发达国家之间国际贸易重要部分的基础。

采掘业依赖对矿产的开采，而矿产的数量和丰度分布都不均匀，其分布由过去地质事件所决定，而不是由现在的市场需求决定。因为有用矿藏是偶然地质事件的结果，因此一个国家的大小和财富与其土地上所拥有的资源之间没有必然联系。尽管面积大的国家更有可能受益于这样的地质"事件"，但是很多小的发展中国家也是一种甚至多种关键性原材料的主要

---

① 公地是指未经划分供人使用的土地，通常是指村庄中大家用作牧场的空地。波士顿公地（Boston Common）之称盖源于此。——原注

公共土地，私人得利

当尤利西斯·S. 格兰特（Ulysses S. Grant）总统签署1872年《矿业法》（Mining Act）的时候，总统和国会的目的，是通过允许任何"硬岩"矿工（包括银、金、铜和其他金属矿的勘测人员）在联邦所有的土地上开矿而不需要支付矿区使用费，从而鼓励他们到西部定居和开发。该法还进一步许可矿业公司以每1万平方米不超过12美元的价格，取得对公有土地和所有地下矿产完全的开发资格。根据这些慷慨的条款，从1872年开始，矿业公司购买了1.3万平方千米联邦土地，每年从政府所有的土地上拿走价值约12亿美元的矿产。与给予金属矿开采者免除矿区使用费的优惠政策相反，石油、天然气和煤炭公司需要为开采联邦土地交纳高达其总收入12.5%的矿区使用费。

不论1872年法案对那些对农场主无甚吸引力的土地的经济开发起到了怎样的推动作用，但是现在遍布西部各州的矿产公司，已经从该法案慷慨的条款中获得了巨额的实际利润和潜在利润。在蒙大拿州，一个公司要想得到8.10平方千米土地，只需要花费不到1万美元的金额，而据估计其铂和钯的价值就有40亿美元；在加利福尼亚州，1994年一家金矿公司取得了储有价值3.2亿美元黄金的0.93平方千米联邦土地的所有权，花费不到1200美元。外国公司和本国公司都是1872年法案的受益者。1994年，一家南非公司计划从政府那里花5100美元购买内华达州4.11平方千米土地，预计该地块下储有价值11亿美元的金矿。1994年一家加拿大公司获得了内华达州埃尔科（Elco）附近8平方千米土地的开发资格，其地下有价值大约100亿美元的金矿——这宗转让被内政部长布鲁斯·巴比特（Bruce Babbitt）称为"布奇·卡西迪（Butch Cassidy）[①]以来最大的黄金抢劫行径"。但是1995年，巴比特将艾奥瓦州0.45平方千米土地下价值大约10亿美元的石灰华（一种用来漂白纸张的矿物）以275美元的价格转让给了一家荷兰公司。

"黄金抢劫"的形容概括了政府和国会越来越强烈的感觉，那就是1872年和现今令金属矿产开发公司满意的法案，对如今拥有土地的美国公众来说不一定有利。因为矿产公司造成的环境破坏需要公众的资金去修复，或者需要公众的忍耐力去接受。矿产公司为了得到低品位矿石破坏了整个山系，随着矿山的迁移或消失，留下有毒的尾矿、污染了的地表水和伤痕累累的露天矿坑。清理5万多个废弃的矿址、数千千米被破坏或无生命的河流和几十亿吨污染废物，需要投入的公共成本据估计至少需要350亿美元。

1993年国会提出了一项提案，但是遭到否决。该提案要求所有开采硬岩矿石的矿产公司交纳总收入8%的矿区使用费，并禁止这些公司直接购买联邦土地。按照1994年公司的收入水平，仅矿区使用费这一条款每年就会带来将近1亿美元的收入。矿产公司声称征收矿区使用费将会彻底毁掉美国的采矿业。他们强调为了提炼和加工品位通常很低的矿石，他们必须进行大量投资，并且他们提供了大量高工资的岗位，这是他们对国家做出的足够大的贡献。例如，开采埃尔科矿产的加拿大公司报告说，自从他们1987年从原业主那里取得采矿权后，已经花费了10亿多美元，而且他们对镇上的下水道系统和学校建设进行了额外的捐助，还创

[①] 原名罗伯特·勒罗伊·帕克（Robert LeRoy Parker），美国历史上声名狼藉的火车劫匪和银行劫匪。生于1866年，1908年被处决。1969年其故事被拍成电影，由保罗·纽曼（Paul Newman）主演。——译注

造了1700个就业机会。美国采矿协会（American Mining Congress）估算，提案中8%的矿区使用费将会减掉现有的14万个就业机会中的4.7万个，即便是美国矿产资源局也将会减少1100个工作岗位。

公众对西部采矿活动的抵制正在产生效果。州和联邦制定规章的程序，很多都要拖延10年甚至更长时间，限制了新矿山的开发；新颁布的环境法规也限制了现有采矿业的经营活动（例如，在提炼金银过程中禁止使用氰化物），减少了其经济生存能力。由此，美国采矿业的投资和就业都在稳步下降，削弱了很多西部地区的经济基础。

思考题

1. 你认为1872年《矿业法》应该被废止或修改吗？如果不，你主张保留这项法案的理由是什么？如果是，那么你支持对采矿公司的收入征收矿区使用费吗？如果征收，应该按照何种水平估算矿区使用费？硬岩和能源公司在取得公共土地资源方面应不应该被同等对待？认为应该或不应该的理由是什么？
2. 你会提议禁止直接将土地出售给采矿公司吗？如果不，那么出售的价格是应该由土地的表面价格决定还是由其蕴藏的矿藏（但尚未兑现）的估价决定？
3. 考虑到硬岩公司在投资和创造就业机会方面的贡献，你是否认为现在由公众承担的清理费用和其他费用是可接受的？你接受该行业认为征收矿区使用费将会毁掉美国的金属矿产业的主张吗？理由是什么？
4. 你赞成州和联邦对开矿经营继续采取限制措施吗，即便失去就业机会和社区经济基础也在所不惜？理由是什么？

产地，从而其成为了越来越活跃的国际矿产贸易中的重要参与者。

运输费用在决定在何处开采低价矿产时起重要作用。人们发现砂砾、制造水泥所需要的石灰石和混凝土用的骨料等原料俯拾皆是，因此它们只有在将要被使用的地方附近才有价值。例如，用来修路的砂砾石如果就在道路修建的现场，那么这些砂砾石就有价值，否则就没有价值。将砂砾石运输到数百千米以外无利可图。

生产其他矿石——特别是金属矿，如铜、铅和铁矿石——受到三种力量之间平衡的影响：可采数量、矿石的丰度以及采矿点与市场的距离。此外还有一个因素，即获取土地和开采权所需的费用，这在矿产开采决策方面可能和其他因素同样重要，或者超过了其他因素（见"公共土地，私人得利"专栏）。即使这些条件都具备，但如果市场上有来自竞争性资源的更便宜的供给，矿产也可能得不到开发。在20世纪80年代，就是由于这种价格竞争，美国和加拿大超过2500万吨铁矿石的生产被永久搁置。由于市场价格下降到国内生产成本以下，所以类似的衰退也发生在北美洲的铜、镍、锌、铅和钼矿中。从20世纪90年代初开始，由于资源的枯竭以及低成本进口矿产的可得性，美国第一次变成了非燃料矿产的净进口国。当然，矿产价格上升可能会反映在回报较低时被认为无利可图的矿山的开采和重新开采上。但是，实行商品经济的发达工业国家，不论其原来或现在的矿产资源禀赋如何，通常都会发现，自己与拥有低成本劳动力和国有矿山、矿藏储量丰富的发展中国家生产者相比，总是处于竞争

图10.18 亚利桑那州莫伦西（Morenci）的费尔普斯-道奇（Phelps Dodge）矿的铜矿石汰选和熔炼设备。汰选粉碎机将铜矿石粉碎，从大堆的石头中分离出含铜的部分。大量废石被去除。在矿体附近完成绝大部分精选作业。熔炉将精选过的矿石和其他不需要的物质——如氧和硫——分离开来。因为熔炼也是"减重"（也减少运费）的过程，因此其作业地常常也——但不是绝对的——位于矿山附近。（© Cameramann International）

的劣势。

当矿石含有高品位的金属时，将其直接运送到市场去精炼就有利可图（铁和铝矿石的情况就是如此）。但是，等级最高的矿石当然总是最先被开采。因此，随着富矿的逐渐枯竭，对低品位矿石的需求近年来有所增长。低等级的矿石在采矿现场通过各种不同的分选处理就会提高等级，这样做为的是避免运输市场花费所不需要的废料的成本。铜的选矿几乎总是布局在矿山周围（图10.18），而精炼则总是在消费地附近。

铜矿的废弃物（占矿石的98%—99%）和很多其他有重要工业意义的矿石的废弃物都不应该被看作是不受人欢迎的残留物。实际上，情况正好相反。很多更高品位的矿石没有被开采——因为提取成本高或储量小，导致大的矿藏即使矿石品位很低也被开发利用。后者的吸引力在于矿藏的规模足够证明长期投入开发资金是正确的，同时也能确保其作为长期的供给来源。过去，高等级磁铁矿从明尼苏达州梅萨比（Mesabi）地区被开采外运，而现在已经枯竭。但是，低等级含铁岩石（铁燧岩）的供给实际上是无限的，人们把大量资金投入到将其开采和加工成高品质铁矿石球的过程中。

这种投资并不能保证对自然资源的开发一定有利可图。金属市场高度不稳定。快速和大范围的价格波动可以很快把有利可图的采矿业和精炼业变成失败的产业。边际品位的金矿和银矿的开采会随贵金属价格涨落而时开时停。在苏必利尔湖地区，由于美国钢铁业的不景气和进口铁矿石的价格优势，铁燧岩的选矿（去掉废物）实际上已经停止。在市场经济中，成本和市场控制着经济决策。在计划经济中，成本与国家发展目标、资源自主等其他因素相比就不那么重要。

发达经济已经通过它们对能源的控制和利用取得了这样的地位。因此，国内的矿物燃料供给，常被认为是国家实力和独立的基础。当这些供给不复存在时，发达国家就会考虑煤炭、石油和天然气在国际贸易中的可得性和价格。第5章中深入探讨了矿物燃料和其他能源的问题。

10.4 初级产品贸易

1980—2004年，国际贸易额增长了10倍，

图10.19 菲律宾宿务岛的港口正在装载准备出口的糖。很多发展中国家依赖矿产和农产品向发达国家的出口，出口所得是他们收入的主要来源。这些商品的市场需求和价格的波动都会严重影响出口国的经济。（© UN/DPI Photo）

占全部经济活动的20%，尽管2003年国际经济的萧条暂时拖了这种增长的后腿。初级商品——农产品、矿产和燃料——占以美元计算的国际物流总价值的1/4。总的说来，在20世纪上半叶大部分时间里，世界上对这些商品供给和需求的分配形成了人们容易理解的商品流模式：从位于欠发达国家原材料生产者那里，流动到位于更发达国家的加工企业、制造企业和消费者那里（图10.19）。相反的流动过程，将工业化国家加工好的制造业产品带回到发展中国家。这种双向贸易可能会使发达国家受惠，因为这种贸易向它们提供了国内所没有的源源不断的工业原材料和食品供给，而给欠发达国家提供了发展所需要的资金投入，以及进口那些他们自己无法生产的制造业产品、食品或商品——如汽油——所需要的花费。

但是，到了20世纪末期，新兴经济体的世界贸易流和出口模式发生了巨变。作为一个整体，发展中国家的出口物流中，原材料急剧下降，制造业产品相应上升。1990年，非制造（未经加工的）产品占这些国家出口的60%，到了2003年，这个份额下降了一半，反过来，制造产品占到了发展中国家向工业化国家出口商品的近65%。但是，即便总的原材料份额出口处于下降状态，未经加工的商品贸易仍然对世界上很多更为贫穷的国家经济的正常运行起到决定作用。逐渐地，它们所依靠的传统贸易流条款被批评为不平等和损害大宗商品出口国。

商品价格是变化不定的：在产品短缺或国际经济增长的时候会飞速上涨，而当世界经济放缓的时候则会快速下降。20世纪80年代到20世纪90年代，商品价格走低，大大损害了靠原材料出口的国家的经济。例如，1975—2000年，农业原材料价格下降了30%，金属和矿石的价格差不多下降了40%。这种价格下降削减了很多新兴经济体的出口所得。但是，同样是这些新兴经济体，它们中很多都从2004年年初开始的世界燃料、金属和其他矿产，以及基本食品和饲料商品价格水平的突然上涨中获利。

不论现在世界原材料的价格如何，作为一个整体，原材料出口国长期以来一直表达着他们的愤慨，他们感到富裕国家和公司为确保低成本的供给一直操纵着商品价格。尽管尚未证明他们串通在一起共谋限定价格，但是其他压价行为确实存在。例如，技术使得发达国家的工业现有大量的材料可以并且已经作为替代品，替代发展中国家出产的矿石或金属。玻璃纤维代替了铜线应用在远程通讯中；合成橡胶代替了天然橡胶；玻璃和碳素纤维，为制造杆、管和仪表板以及其他产品提供原材料，并表现出比它们所替代的金属更好的性能和更大的强度；还有大量不断扩大的塑料品种，作为商品的原材料，具有天然材料无法企及的用途。也就是说，即便在世界工业经济扩张过程中，对传统原材料的需求及其价格也会继续下降。

支付给发展中国家的商品价格很低，而购买制造业产品付给发达国家的价格却很高。为了将加工和制造的利润留给自己，一些发展中国家对未经加工的商品的出口采取限制性措施。例如，马来西亚、菲律宾和喀麦隆限制原木的出口，以利于国内原木加工业的增长和木材的出口。一些发展中国家还鼓励国内制造业的发展，目的是减少进口，使出口产品多样化。但是，这些出口产品往往会遇到工业化国家对本国市场关税和配额的保护。

很多严重依赖商品销售的发展中地区发现，从1970年到21世纪初期，他们在世界贸易中的份额显著下降：非洲次撒哈拉地区的份额从3.8%下降到1%，拉丁美洲从5.6%下降到3.3%，而最不发达的国家整体上从0.8%下降到0.4%。这些相对下降是容易理解的，这是由于中国、韩国、墨西哥和其他快速工业化国家的制造业产品在国际贸易中大规模的扩张，也由于制造业产品和初级产品在新建立的区域性自由贸易区内的工业化国家之间贸易额的扩大。例如，发达国家通过相互贸易获得了价值3/4的农产品进口额和70%的工业原材料，减少了发展中国家出口的可能性。

1964年，正是由于看到了贸易中的种种不公平现象，发展中国家提议创立联合国贸易与发展会议（UNCTAD）。它的核心成员——"77国集团"，到2005年扩大到131个发展中国家[①]——一直强烈要求建立世界新经济秩序，其基础的一部分就是提高发展中国家出口产品的价格和价值，对它们生产的制造业产品提供进口优惠制度，以及重新构建国际合作体系，加大贸易促进力度和对穷国特殊需求的重视。1995年建立的世界贸易组织（第9章进行了详细讨论），其部分初衷就是降低贸易壁垒，促进公平。但是，批评者认为这无助于解决发展中国家的重要问题。对它的不满主要是它在让工业国家显著（或彻底）减少对自己农业和矿产工业的贸易保护方面的作为一直是失败的。举例来说，世界银行已经计算过，富裕国家的农业贸易壁垒和补贴至少使发展中国家每年的收入减少200亿美元。

2001年，世界贸易组织的成员国在卡塔尔的多哈召开会议，开始进行开放世界农业市场（主要出于对发展中国家的考虑）以及开放世界工业产品和服务贸易市场（主要是高度发达国家的利益）的谈判。"多哈回合"的谈判，最初确定的截止时间是2004年12月，但一直持续了4年的时间，各国还没有达成一致。虽然149个国家的贸易部长于2005年12月的世界贸易组织香港会议上确实一致同意在2013年年

[①] 截至2012年，UNCTAD的成员国数量已扩大到194个。——编注

底前消除对农产品的贸易补贴，但这个协议还是因其无济于事和不完整而受到了发展中国家的批评。反过来，富裕国家坚决要求穷国在制造业产品，尤其是服务贸易方面做出明显的妥协。在更为自由的世界贸易流动中得到更公平的目标——特别要考虑到穷国经济和发展的需要，以及在初级产品的国际贸易中取得更大的公平的目标上，仍然需要去争取，以满足各方的要求。

10.5　第二产业活动：制造业

自18世纪末英格兰的工业革命和工厂制被引入以来，制造业和重工业都被看作是实现经济发展的措施和标志。制造业不论被引入到哪里，都是经济和社会全方位变革的催化剂，被看作是现代化及强烈要求脱离传统自给经济的过程。工厂制和标准化生产、低成本产品的大规模生产刺激了交通设施的创造发明和改进，也推动了人口的城市化，使从事农业艰苦劳动的农民解脱出来。工资和货币经济变成了行为准则。批发和零售贸易增长、劳动力的专业化得到加强、经济上中产阶级的崛起、摆脱严格阶级划分的社会和政治运动，是随着制造业的引入和扩张带来的变革中近乎普遍的特征——最早是在欧洲大陆和美国新英格兰地区，现在则席卷全世界。新工业经济所到之处，或繁荣或衰退，其程度全看它所奉行的那些新的区位和空间行为控制手段对新的经济结构来说意味着什么。

尽管初级产业在区位上与它们所采集或开发的自然资源紧密联系在一起，但是经济活动的第二阶段和其后各阶段与自然环境的关系就不那么密切了。对于这些后续的经济活动而言，企业的区位更多的是与文化和经济状况而不是自然环境密切相关。这些企业是可移动的，而不是固守一处，它们会对不断出现的区位要求和控制做出反应。

那些控制来自对人类一般的空间行为和特定经济行为的观察，我们已在前面的讨论中探究了其中的一些假设。例如，我们注意到，空间相互作用的强度随着点与点之间距离的增加而减少——我们把这叫作距离衰减。回顾杜能的农业土地利用模型，它是基于对交通成本和土地价值之间的关系的推测。

这种简化的假设帮助我们理解公认的指导人类经济行为的一系列共同的控制和激励机制。例如，我们假定人们都具有经济理性，也就是说，如果把信息交给他们处理，他们能够洞悉什么最合算、最有利，从而做出区位、生产或购买决策。从商品和服务的生产者或销售者的立场出发，进一步假设：其中每一位都追求利润最大化。为了实现这一目标，一系列生产和市场营销成本及政治、竞争和其他限制因素都要考虑进去，但终极目标是清晰的，那就是追求利润。最后，在商品经济中，大家已经公认，对经济决策最好的调整措施就是通过市场机制以及市场价格确定供求平衡（图10.20）。尽管这些假设受到越来越多的挑战，被认为对人类实际行为和经济决策的解释过于刻板和不现实，但是这些假设仍能说明现在工业空间分布模式的大多数分析结果。

工业区位模型

当市场原则起控制作用的时候，企业家就会通过把制造业活动放在投入总成本最低（并产生高收入）的地点来追求利润最大化。为了评价一个区位相对于另一个区位的优势，工业

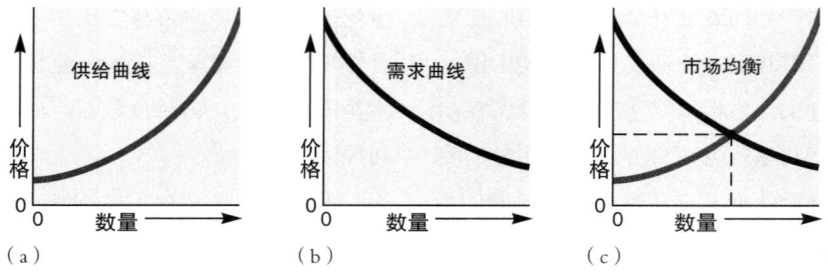

图10.20 供给、需求和市场均衡。市场的调控机制可以用绘图的方式形象化。(a) 供给曲线告诉我们，随着一种商品价格的上升，会有更多的商品出售。与价格的无限上升趋势相抗衡的市场现实是，价格越高，需求就越低，因为潜在的消费者会发现更合算的商品或产品。(b) 需求曲线显示，如果价格下降，市场就会扩大，对于消费者来说，商品就更实惠和更有吸引力。(c) 市场均衡的标志是供给和需求曲线的交叉点，它决定着商品的价格、总需求和买卖的数量。

家必须评估最重要的**可变成本**（variable cost）。他们把总成本划分为不同类别，看每一种成本如何随区位的变化而变化。不同的产业中，交通费用、工资、动力费用、工厂建设或运营开支、货币利率或原材料价格都可能是重要的可变成本。工业家必须考虑其中的每一种因素，经过排除过程，最后选择一个成本最低的地方。如果生产者确定，该地能够以足够低的成本得到一个足够大的市场，那么这个区位就应该是有利可图的。

在经济领域中，没有什么是一成不变的。因为投入的成本、生产技术和市场营销活动的组合都在变化，所以许多原来有利可图的区位不再有优势。人口迁移、技术进步、产品需求的变化都对工业家和工业区位产生极大影响。新英格兰和宾夕法尼亚州钢铁城镇弃置的工厂，乃至在面对不断变化的本国经济和外国工业成本优势和竞争的形势下，美国本身的"限制工业化"[①]，都在证明着所谓的"最佳"区位的变幻无常。同样地，自第二次世界大战以来，世界上制造业从发达国家向欠发达地区的扩散也印证了对制造成本和区位优势变化的认识。

在工业区位决策中，对可变成本的关注作为决定因素，产生了大量理论性文献。这些文献中很多都是基于19世纪末和20世纪初占统治地位的工业分布模型和经济评价理论，并扩展了德国区域经济学家阿尔弗雷德·韦伯（Alfred Weber）提出的**最低成本理论**（least-cost theory），有时也称**韦伯分析**（Weberian analysis）。韦伯用三项基本开支最小化的方法解释一家制造企业的最佳区位：相对交通成本、劳动力成本和集聚成本。**集聚**（agglomeration）是指为了共同的利益，生产活动和人聚集在一起。这种集聚通过共用基础设施和服务能够产生**集聚经济**（agglomeration economy）。但由于竞争这些局限于一处的资源而导致的更高的租金和工资水平，集聚也可能造成不经济。

韦伯的结论是：交通成本是决定区位时考虑的主要因素。即最优区位就是将原材料运输到工厂并把最终产品运到市场的交通成本最低的地方（图10.21）。但是，他也指出，如果劳动力和集聚成本发生了足够大的变化，那么仅靠交通成本来决定的区位在实际中可能就不是最优的了。

但是，如果假设交通成本决定"平衡点"，

[①] 原文 deindustrialization 或译作"去工业化"或"反工业化"。——译注

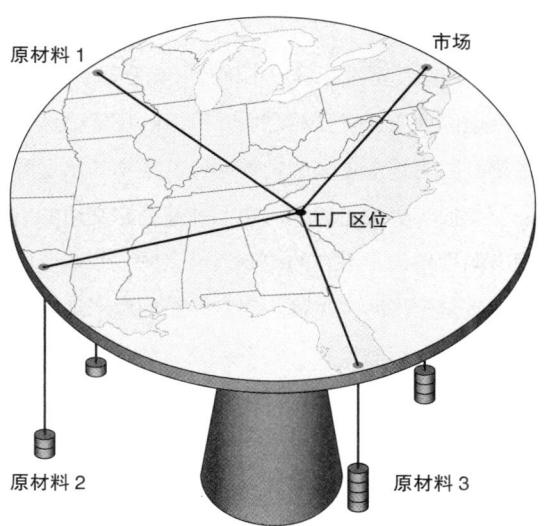
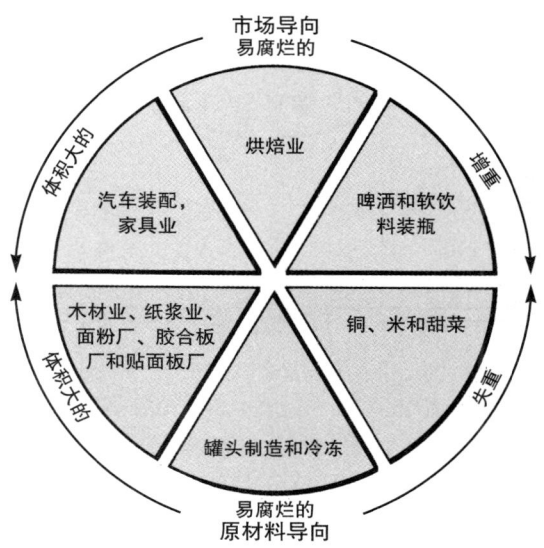

图10.21 解决工厂区位问题的平板绘图仪法。阿尔弗雷德·韦伯提出的这个机械模型，在有几种原材料来源的情况下，用重力来证明最低交通成本点的存在。当用一种重量来代表原材料和市场区位的"拉力"时，就会在平板绘图仪上找到一个平衡点。这个点就是所有的力量相互间取得平衡的点，也代表成本最低的工厂区位。

图10.22 空间指向性。如果可供选择的材料来源有限，或者原料很容易腐烂变质，或者在其自然状态下含有相当多杂质或不可销售的成分，一般就认为存在原材料导向。当制造使用的是处处可得的原材料且最终产品会增重，或者制造过程生产出的产品体积增大很多，或者运输成品比运输其零部件要昂贵得多，或者产品容易腐烂变质，需要在各个市场所在地加工，这时市场导向就代表着成本最低的解决方法。（© 1980 John Wiley & Sons, Inc., New York, NY）

那么最优的区位将决定于距离、所投入的各种原材料的重量，以及成品的最后重量。它可能是原材料导向的，也可能是市场导向的。原材料导向反映出原材料在生产过程中失去了相当大的重量，市场导向说明增重明显（图10.22）。

对很多理论家来说，韦伯的最低成本分析过分刻板而且限制过多。他们提出了**替代原理**（substitution principle），即认为在很多工业过程中，都有可能用一种投入（如投资购买自动化设备）的增加取代另一种投入（如劳动力）的减少，或在增加交通成本的同时大幅度减少租金。通过替代，很多不同地点都可能是最优的制造业区位。不仅如此，他们还认为，可能存在一系列地点，使企业的总收入恰好等于其生产某一种产品的总成本。把这些点连接起来，就标出了空间获利边界，所划出的区域就是可能获利的经营区域（图10.23）。在边界中的任何区位都能保证实现一定的利润，都能抵消信息和人力（而不是经济）因素的不利影响。

其他区位因素

单个厂商在竞争条件下追求特定生产区位的行为，构成了大多数经典工业区位理论的基础。但是这种理论不再能充分说明世界或区域的工业地方化或专门化模式，也不能解释不受客观"因子"——即受新生产技术和公司组织结构影响的、或受非资本主义规划目标指导的因子——控制的区位行为。

传统理论（包括这里没有涉及的很多变量）试图解释为大规模市场进行大规模生产的工厂在交通线固定而交通成本相对较高情况下的区

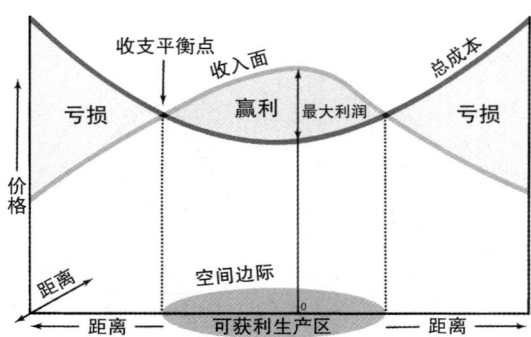

图10.23 收益率的空间边界。在图中，"0"是唯一最优的收益最大化区位，但是在总成本和总收入曲面相交叉所划定区域内任何一个区位的经营都可获利。有些产业的边界宽，其他则空间比较狭窄。相对于那些能力较差的实业家来说，有经验的企业家能够将边界扩得更大。重要的是，即使无法获得做出最优的决策所需要的全部信息，通过合理的估计也可以选择一个令人满意的区位。

位决策。20世纪的最后几年，两方面的情况发生了翻天覆地的变化。受到严格控制的、专门化劳动力为普遍化的大规模市场提供单一产品的装配线生产——称作**福特制**（Fordism），因表彰亨利·福特（Henry Ford）开创性的制度创新而得名——在市场和技术方面变得不那么现实。取代它建立在规模更小的生产运转过程上的后福特主义的柔性制造过程已经很常见，它能够生产出更多样化的商品，指向比传统制造业所迎合的市场更小的、更细分的市场。与此同时，信息技术被应用到机械和操作过程中，劳动力的机动性提高，交通服务成本下降（交通成本越来越被看作是对时间的消耗而不是距离成本），这些都已经显著改变了经典理论所隐含的假设条件。

交通特征

举例来说，在国家和国际经济中，交通媒介的类型和效率交通成本一样，已经成为生产空间模式的中心，能够解释很多种经济活动的区位。水运交通几乎比其他任何一种运输方式都更为廉价，发生在海岸上或者通向海岸的可通航河流的大量商业活动都意味着成本优势。在修建了铁路，对内地的商业开发开始之后，沿海的位置仍然很重要，因为越来越多的货物通过低成本的水运和陆上交通工具被运送到海边。高速公路交通的出现大幅度增加了潜在的"令人满意的"制造业区位的数量，将区位决策从固定线路的生产地点中解放出来。运输模式、效率或成本结构中的任何变化都直接影响到经济活动的区位。

在个别情况下，生产和市场营销中运输成本因素变得可以忽略不计，那么经济活动就不受区位限制。一些制造产业选择区位不考虑原材料因素，例如计算机等电子产品，其原材料价格高、重量轻、体积小，所以运输成本对它在何处生产意义不大。其他产业因为与其服务的市场不可分割，而且分布如此广泛，以至于被叫作"**无处不在的产业**"（ubiquitous industry）。报纸出版、面包房和奶制品厂，所生产的都是非常容易过期变质的商品，以供即时消费，这些都是典型的例子。

总的说来，交通成本一直在下降，而媒体的效率一直在提高。接近宇宙速度的商用喷气式飞机服务的出现、大型远洋超级货轮的开发以及水陆联运货物集装箱的引入已经降低了货运服务的成本，提高了货运速度。随着成本的降低，制造业区位已经开始变得更受那些非交通性的区位因素的影响。达到这种程度后，韦伯的区位理论对现代全球空间经济的适用性就降低了。

集聚经济

经济（包括工业）活动在地理上的集中，是地方尺度和区域尺度上的常态。工业集聚和城市增长产生的累积性和不断加强的吸引力被看作是区位因子，但不容易被量化。成本最小化和利润最大化的理论都考虑到了集聚,它是人员和活动为了互惠而在空间中的聚集。也就是说,两种理论都认识到,工业活动在同一个区域的集群对单个企业来说,可能会带来它们独自存在时不可能享受到的好处。那些好处——**外部经济**(external economy)或者集聚经济——因共同分享交通设施、社会服务、公用设施、通讯设施等所得到的节省的形式而产生。所有这些及其他一些必需的、给工业和其他形式的经济发展带来便利的设施和服务统称为**基础设施**(infrastructure)。区域上的集中还可能造成熟练劳动力和一般劳动力的集聚,资本、辅助性商务服务的集聚。当然,还会造成一个由其他产业和城市人口组成的市场。尤其是新公司,更会因为与从事同类活动的其他公司为邻而获得明显的好处,因为这种活动所需的特定的专业化劳动力和相关支撑服务在该地区已经具备。有些人可能会受益于与有贸易往来的客户或供应商为邻。

资本、劳动力、管理才能、客户基础以及基础设施一词所包含的一切事物,集中起来,都倾向于将更多的产业从其他区位吸引到集聚区。按照韦伯的观点,即经济联系扭曲或改变了那些原本只是建立在交通和劳动力成本基础上的区位决策,而且集聚一旦形成,还会不断扩大(图10.24)。通过乘数效应,集聚区所增加的每个新公司都将会带来基础设施和相互联系的进一步发展。如我们将要在第11章中看到的那样,乘数效应也意味着(城市)总人口的增加,从而扩大备用劳动力资源以及作为集聚经济一部分的地方化的市场。

即时生产和柔性生产

集聚经济及集聚趋势也受到更新的制造业

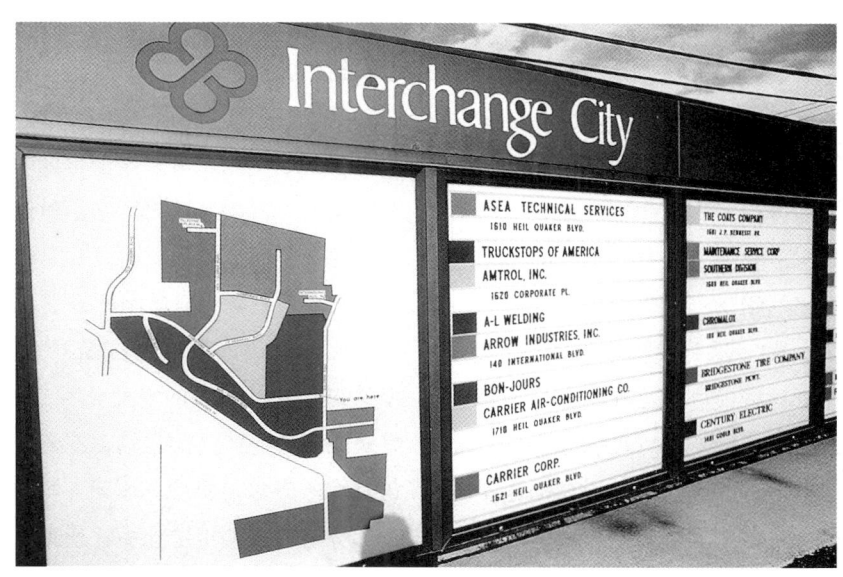

图10.24 在小尺度上,规划的工业园区给承租人提供了与大城市集中区提供给产业的大体类似的外部集聚经济。工业园区提供了一小片土地,根据总体规划给那些(常常是)原本各不相关的公司开发使用。因为园区的开发商——无论是私人公司还是公共机构——提供了基础设施,如街道、供水、污水处理、动力、交通设施等,还可能有私人警察和消防队,所以园区的租户就能够节省自筹这些服务的额外成本。在有些情况下,还有厂房供出租,进一步减少了公司开发费用。与为制造商服务的工业园区相对应的有办公园区、科研园区和科学园区等为给"高科技"公司及第三产业和第四产业服务的企业设立的园区。(© *Cameramann International*)

政策的鼓励，这种政策同时被老的、已经建成的工业和更新的后福特主义的工厂执行着。

传统的福特制工业要求在现场储存大量的原材料，以及在生产实际需要之前就预订和交付的各种储备。这种做法可以做到通过减少订货次数并减少运输费用来节约成本，并给送货延误及买方检查所收到的货物和元件留出时间。对生产周期很长的标准化产品来说，随时保证供应是靠高库存和高仓储成本来实现的。

与之相反，即时（just-in-time, JIT）制造在生产过程中，通过原材料及时到达、产品及时售出的做法减少库存。与花费不菲的资金去积累和储存供应物不同，即时生产需要经常有小批量的订货，精确按时到货并直接卸载到工厂的车间。这种频繁购买即刻就需要的商品的"精打细算的制造业"要求供应商快速送货，鼓励他们设置在与买方邻近的位置。近来的制造业创新也因此而加强和增大了空间集聚趋势，这一点在较老的工业区中很明显，并且不再强调陈旧的单一工厂区位理论的适用性。

即时生产体现了从大规模生产的福特制向更为柔性的生产体制转变的过程。柔性体制设计的目的是允许生产者迅速和容易地在不同水平的产品之间完成转换，而且，重要的是，能够根据市场需要的指示，从一个生产过程或一种产品转到另一种。这种柔性能够成为可能，靠的是能够简单易行地进行重新编程的电脑化机器工具的新技术，以及计算机辅助设计和计算机辅助制造系统。这些技术允许根据现在的市场需求在以计算机为基础的信息系统的监控下小批量、即时地生产和分配。

柔性生产在很大程度上需要从外部供应商那里获得重要的元件和服务，而不是靠自己内部生产。例如，标准组件装配，一个复杂的最终产品的很多子系统在进入工厂时已经都装配好了，节省了工厂的空间，降低了对工人的要求。柔性生产鼓励与元件供应商的接近，给工业集聚倾向增加了另一个维度。根据某些人的观察，"柔性生产区"的出现是为了适应新的柔性生产战略以及公司间相互依存的状况。据称，这些区域通常与福特制的工业化所建立起来的集中区在空间和社会方面保持着一定的距离。

比较优势、外部采购和境外业务

比较优势原理和外部采购及境外业务的实践在有关工业区位和专门化的决策中有着日益重要的国际意义。这三者是相互联系的，每一个都反映了专业化的成本优势，每一个都依赖于自由贸易和信息的自由流动。**比较优势**（comparative advantage）告诉我们，地区和国家可以通过专业化和贸易，最大限度地改进他们的经济和生活水平。如果每个地区和国家都能集中精力生产那些他们与其他区域相比具有最大相对优势、或者具有最小相对劣势的产品，同时进口其他所有商品，那么这些好处就会体现出来。这个原理对于理解地区专业化来说是最基本的，只要区域之间在两种或更多的商品之中存在不同的相对优势，而且彼此之间存在自由贸易，它就一直适用。

比较优势的推理方法是19世纪被经济学家认识到的，当时的专业化和交换涉及谷物、煤炭或制造业产品的运输，在不同地区它们的相对生产成本很明显。今天，当其他国家的比较优势可能反映出劳动力、土地和资本更低成本的时候，一些批评者就不甚赞成该原理的应用。他们认为制造业活动可能会从更高成本的市场—国家区位重新定位到更低成本的外国生产地点，将工作机会和收入从消费国带走，明显损害该国的经济繁荣。但是，其他观察家认为美国制造商这种自愿的**外部采购**（outsourcing）——在海外生产产品的零部件用于国内销售——对国内经济的后果与那些外国公司由成功竞争策略导致的结果毫无差别，与工业区位决策惠及国家的一个部分而不是其他部分的结果也并无不同。

外部采购也开始意味着将生产和服务部门的工作转包出去，常常是转包给本公司以外的、非工会的国内公司。据估计2004年美国公司外部采购了价值4万亿美元的商品和服务，与世纪初相比增长了50%；在纯粹的美国背景下进行的外部采购每年的增长速度是15%—20%。2004年外部采购总价值中约有一半与制造业有关，其中1/3的份额涉及外国而不是本国的供货商。在制造业中，外部采购已经成为即时获得预先组装好的部件，然后立即装配成最终产品的过程中一个非常重要的因素。当比较优势和外部采购被单个公司采用后，经典区位理论所采用的制造业严格的空间集中逐渐被侵蚀，柔性生产系统就很明显地呈现了出来。

沿着墨西哥北部边界，可以找到通过外部采购实现更多样化工业分散的一个有特色的实例。在20世纪60年代，墨西哥颁布法律，允许外国（特别是美国）公司在墨西哥与美国边界20千米范围内建立免税的再出口产品装配"姐妹"工厂，叫作"边境加工厂"（maquiladora）。到2003年，该地区已经建立了超过3000家这样的装配和制造工厂，生产各种商品，包括电子产品、纺织品、家具、皮革制品、玩具和汽车零件。这些工厂直接或间接地雇佣了100多万墨西哥工人（图10.25）和大量美国公民，由于乘数效应，美国这边的边境加工供应商，各种不同服务指向的商务活动雇员不断增加。

从更广阔的世界视角来看，外部采购通常是由发展中国家生产商品，它们从工业化国家的技术和资金转让中获益，使用新的设备和技术来提高当地的生产力水平，而这些地方原来曾经被能赚钱的国产货和富裕国家出口的货物所统治。例如，来自中国和东南亚的电气和电子产品与原来产自西方公司的同类产品竞争并在市场上取代了它们。这种替代，被很多新兴国家在生产国际贸易所需要的各种生产资料和消费资料时复制，已经导致了全球新的工业区和专业化分布模式的形成。它们还令人惊奇地改变了发展中世界在全球总产出中的份额，用购买力平价法测定（图7.7[b]），从20世纪中期的20%上升到2005年的50%多一

图10.25 20世纪60年代美国制造商为了寻求更低成本的劳动力，开始沿着墨西哥的边界建立元件制造和组装厂。美国法律允许最终产品或半成品免税进入国内，这些来自雷诺萨的匡威（Converse）运动鞋工厂的货物就是这样。外部采购已经使美国的电子产品、小电器、汽车零部件和成衣产业中的一大部分转移到了海外子公司或亚洲和拉丁美洲的承包商那里。（© *Sharon Stewart*）

第10章 经济地理学 435

点。这种提高至少部分地反映出,它们的出口中制造业的份额从1990年的不到1/2上升到2004年的近2/3的事实。对一些观察者来说,这种变化充分证明了比较优势对世界经济的有益影响。

境外业务(offshoring)是指雇佣外国员工,或者通常是与海外的第三方服务提供商签订合同,接管并运营某项特殊业务的过程或操作,比如呼叫中心或会计、广告宣传,以及制造业中类似的非生产性"内勤"工作。境外业务已日益成为一项标准的成本控制战略,反映出近年来通讯成本的大幅度下降、互联网使用的便捷和外国劳动力储备技术水平的提高。

通过从经济发达国家向不发达国家转让技术实现对比较优势的开发和对外部采购和境外业务的利用,通过引入新国际劳动分工(new international division of labor,NIDL)改变着世界的经济。19世纪和20世纪的上半叶,国际劳动分工一直是指"工业国家"出口制造业产品,"殖民地"或"不发达"国家出口原材料。现在角色已经发生改变。制造业不再是欧洲和北美经济或就业结构的支柱,世界工业生产的格局正在转变,反映出那些原来被当作自给性小农社会的国家支配能力的提高。这些国家现在正在成为国际市场上各种有竞争力的制造业产品的来源地。认识到这种转变,根据现在制造业过程中进一步分工的趋势,新国际劳动分工划分出更细的步骤(类似于专业服务的阶段划分)。这种细分提供了更多的外部采购和境外业务机会,建立在全球化世界经济中存在着土地和资本成本以及技术水平差异的基础上,跨国公司可以有效开发利用各种机会。

强制性因素

区位理论指出,在纯粹的竞争性经济中,原材料、运输、劳动力和建厂成本应该在区位决策中起主导作用。很明显,无论在美国还是其他任何市场经济国家中都不存在这样理想化的条件。其他的限制———一些代表成本因素,其他的代表着政治或社会的强制性要求——也有影响,很可能决定性地影响着区位决策过程。土地利用和区划控制、环境质量标准、政府的区域发展激励措施、地方的减免税条款或开发合同授权、对准政府公司的非经济压力,以及其他因素,都会构成纯粹理论背景和考虑因素之外对工业的吸引或排斥因素(见"竞争与贿赂"专栏)。如果这些非经济力量居支配地位,商品经济分类的假设不再流行,那些使人联想到现在或以前的计划经济所施行的区位控制措施就起决定作用了。

没有什么强制性因素像计划经济那样无所不在地控制着工业区位。商品经济中所应用的理论对工厂区位决策的控制,从定义上看,对东欧和苏联中央集权的计划经济并不起决定性作用。在那些经济体中,工厂区位决策是由政府机构而不是由各企业做出的。

官僚政治的决策而非公司决策,并不意味着建立在因素成本基础上的区位评价就会被忽视,它意味着中央集权的规划者会在创建新工厂和工业集中区的时候更多地考虑纯粹经济因素以外的其他因素。例如,在苏联,重要的是通过对国家资源的全面开发实现工业合理化的控制政策,不论在哪里发现了资源都要开发,不考虑这种开发的成本或其竞争力。尽管在资本主义和非资本主义经济中工业生产因素是相同的,但不可避免地,两者间工业区位和区域发展的理念和模式是不同的。因为重要的资金投入是相对永久地附着在景观中,因此通常是非经济政治或哲学决策成果会固定下来,长期影响着工业区划和竞争效率。同样的决策和僵

竞争与贿赂

1985年，肯塔基州花了1.4亿美元——每个职位大约4.7万美元——吸引丰田公司把一家汽车装配厂设置在肯塔基州的乔治敦城。这还算便宜。1993年，亚拉巴马州为每个职位花费了16.9万美元，吸引梅塞德斯-奔驰公司来到该州；2001年密西西比州同意给尼桑公司投资和减税4亿美元；2002年佐治亚州在和南卡罗来纳州竞争戴姆勒-克莱斯勒公司新建工厂的过程中，许诺给该公司3.2亿美元并获得成功。早些时候，肯塔基州为每个职位给出了35万美元的退税额度，要把一家加拿大钢铁厂迁到该州。

这种火热的职位竞拍并不仅局限在制造业领域。明尼苏达大学的经济学家计算出他所在的州为了西北航空公司的两个新维修厂创造的1500个以上的永久性职位，每个要花费50万美元。伊利诺伊州为了将西尔斯-罗巴克公司的雇员留在该州，给出了2.4亿美元（平均每份工作4.4万美元），纽约市奖励1.84亿美元给纽约商品交易所，给了摩根斯坦利公司、基德尔·皮博迪等金融公司每家3000万美元，目的是吸引它们留在该市。为了吸引新的雇主和就业机会，州与州之间、地方与地方之间的出价中有些变得太残酷了。肯塔基州退出了对联合航空公司一家维修厂的竞争，让印第安纳波利斯胜出，因为印第安纳波利斯的出价总和超过了4.5亿美元。2003年，随着航空业的下滑，联合航空从已经建设完成的经营设施中撤出，留给该市和该州的是3.2亿美元的公债借款，以及几间空空的机库和办公楼。

吸引公司的刺激物不仅是现金和贷款——尽管它们都包括在某些报价中。对制造业来说，激励措施包括对工人的培训、财产税减免、土地和建筑物成本补贴或直接赠送，以及低于市场价格的债券融资等。类似的优惠往往出现在州、县和城市政府对批发商、零售商、重要白领和其他服务业活动雇主的政策中。据估计，每年市或州政府通过税收减免、补贴、专项拨款等方式给留下来或吸引来的公司的优惠，损失高达300亿—400亿美元的税收收入。当然，目标不仅是为了获得所吸引的公司代表的新工作机会，而是要从这些工作机会——及它们所在的公司——创造的普遍意义上的经济激励和就业增长中获益。汽车零部件制造厂可能会被吸引到新装配厂所在的区位，城市人口增长，各种服务产业——医疗、百货商店、饭店、食品店——因为吸引新的基本就业的投资而繁荣。

但是，并不是每个人都相信那些投资是明智的。明尼苏达州的一项民意测验显示，多数人反对州政府慷慨大方地出价给西北航空公司。20世纪80年代末，印第安那州的州长，肯塔基州的一位州长候选人，及密歇根州弗拉特罗克市（Flat Rock）市长，均被挑战者击败，原因就是挑战者攻击他们各自在吸引斯巴鲁-五十铃、丰田、马自达公司建厂的过程中花钱太多。已经建立的公司也常因感到自己的利益好像受忽视、自己所缴纳的税款都被用到了新来者身上而不满。"城市经济开发理事会"看到竞价战不断升级，积极游说反对这种激励措施，很多学术界人士指出，工业吸引措施是一项零和博弈（zero sum game）：除非吸引来的新公司是一家外国公司，否则无论一个州在吸引正在扩张的美国公司的过程中有什么样的收获，都是另一个州的损失。

有些人质疑吸引措施是否真的有那么大的作用。尽管，很明显，寻找新位置的公司肯定会四处比较，寻求尽可能最低的价格和最好的买卖，但他们对位置的选择还是容易被更现实的商业因素所决定：就近有劳动力、供货商和市场，运输和设施成本，气候条件，劳动力的特质，以及总体的生活成本。只有当两个或更多的有近似吸引力的区位都有本质上相当的成本构成时，像减免税这样的特别激励措施才会决定区位决策。

思考题

1. 作为一位公民和纳税人，你认为花公众的钱去吸引新雇主到你所在的州或社区的做法合适吗？如果不合适，为什么？如果合适，那么应该采取什么样的激励措施，对你来说为每个就业机会出多少钱是合理的？你这样认为的理由是什么？
2. 如果你相信总体上经济中的"最佳区位"就是那些由纯粹的区位理论所决定的区位，那么你将提出怎样的理由去劝阻地方和州政府，不要为了规避被抽象理论证明了的选址决策而提供财政支持？

化刻板的做法会继续阻碍从原来的完全计划经济向现代资本主义工业技术和柔性生产的转型。

跨国公司

外部采购只是现代制造业和服务企业日益国际化的组织结构中的一小部分。商务活动和工业现在正变得越来越无国界，经济也变得无国界，如巨型的跨国公司（transnational corporation，TNC）——在总部所在国之外的国家建立了分支运营机构的私人公司——在全球化的世界空间经济中正变得越来越重要。21世纪初，大约有6.2万家跨国（或多国）公司（第8章已做简单介绍），控制着超过90万个国外分支机构，雇佣了大约5600万员工。除母公司以外，跨国公司的分支机构销售额达到19万亿美元，占全世界GDP的1/10，世界出口总量的1/3。

按照增加值（而不是总销售额）计算，2003年世界前100强经济体中有29个是公司而不是国家。它们都是跨国公司，其中大多数从事第二产业。也就是说，除了少数以资源为基础的企业以外，这些公司主要从事制造业产品的生产和销售。尽管第三产业和第四产业活动范围也已经国际化，而且公司结构也采用了跨国公司的形式，但是在多个国家间经营的区位和运营上的好处最先是被制造业者认识到并采用的。由于外部采购原材料、零部件和元件以及服务，2003年在世界范围内与跨国公司有关的职位总数达到1.5亿个以上。

跨国公司的发源地和行政管理总部变得越来越国际化，其所依存的经济发达国家和新工业化国家的数量也越来越多。在21世纪的前一两年，世界上最大的100家跨国公司中有大约90%的总部办公室设在欧盟国家、美国和日本，只有两个公司的总部是在发展中国家，但是，到2005年，中国、印度、韩国、墨西哥和巴西等发展中国家有钱的跨国公司即将进入这个行列。通过他们自己的快速扩张，也通过合并和收购，原来在发展中世界运作的区域性公司——往往是国有的或由国家控制的——已经成为重要的全球化公司。"现在有25家世界级正在崭露头角的（国家级的）跨国公司，15年内至少将会有100家。"2005年一位资深的国际金融顾问这样说。

最初，跨国公司的直接影响局限在相对较少的国家和地区。**外商直接投资**（foreign direct investment，FDI）——跨国公司购买或建造工厂和其他固定资产——已经成为全球化的重要引擎。但是，20世纪末和21世纪最初几年，外商直接投资中只有不到30%流向发展中国家，而其中大多数则集中在10—15个国家，主要在南亚、东南亚和东亚（中国是发展中国家中接受直接投资最多的）以及拉丁美洲和加勒比海地区。但是，据2004年的估计，全世界有42%的外商直接投资流入了发展中国家，到2005年达到了最高水平，这意味着这些国家对跨国公司直接投资的吸引力越来越大。外商直接投资给作为一个整体的50个最不发达国家——包括几乎所有的非洲国家——的份额虽然很小，但一直在稳定增长，从1994年的不到1%增长到2004年的将近5%。值得注意的是，位于印度、巴西、南非、马来西亚和中国等国家的公司投资外流量的增长，从1991年的30亿美元到2004年的400亿美元，2004年总外流量中的1/3流入了其他发展中国家。

由于世界上超过60亿的消费者中有80%生活在日益扩大的发展中国家，所以总部位于新工业化国家的跨国公司能够更熟悉这些国家的市场，比起它们在西方国家的跨国公司竞争对手，它们具有向这些市场提供更便宜、使用起来更简便顺手、配送也更有效率的商品和服务优势。但是，尽管穷国希望外国投资能够刺激他们本国的经济增长，可是外商直接投资中的绝大多数却没有流向穷国或发展中国家，而是流向了富裕国家。

发达国家这些资本流动的目的是可以理解的：在经济发达的海外市场，跨国公司积极投入到兼并和收购有竞争力的已有公司的活动中，而跨国合并和收购已经成为外商直接投资背后的主要动力。2004年，仅在制造业领域，全世界宣布的跨国兼并和收购就已经有13.5万起。由于大多数跨国公司都仅在少数几个产业——计算机、电子产品、石油和采矿、机动车辆、化学制品和制药——内运营，因此它们的联合对世界的影响举足轻重。有些跨国公司控制了基本商品和专门化商品的市场营销和分配。例如，在原材料领域，少数跨国公司占到了世界小麦、玉米、咖啡、棉花、铁矿石和木材贸易量的85%甚至更多。在制造业领域，高度集中的世界制药产业仅受控于6家公司，21世纪初世界的主要汽车生产商有15家，据预测到2015年将会减少到5—10家。

由于跨国公司是在多市场、多工厂和多原材料来源的情况下进行国际化运营，因此它们能积极利用比较优势原理，抓住外部采购和境外业务的机会。在制造业领域，它们已经将工厂选址决策过程国际化，并将必须进行评估的区位分离的运营数量扩大了多倍。跨国公司在原材料、劳动力或其他生产投入要素成本最小化的国家和地区进行生产，同时保持着对运营的控制，并在经济环境最适宜的地方报税。研究与开发、会计和其他公司活动被放置在经济和便利的地点。

跨国公司已经变成全球化的实体，因为全球化的交流使之成为可能。很多公司已经失去了其起源地国家的身份，也不再与其名义上的母国的文化、社会和法律制度紧密联系或受其控制。与此同时，它们的经济活动的增加已经减少了早期的以单一产品或过程为特征的情形，导致了覆盖服务业和工业部门大部分领域的"跨国一体化集团"的产生。

世界制造业格局和发展趋势

不论区位决策是由私人企业家做出还是由中央集权的计划者做出，也不论决策所考虑的因素是什么，多年以后其结果总是会形成独特的世界

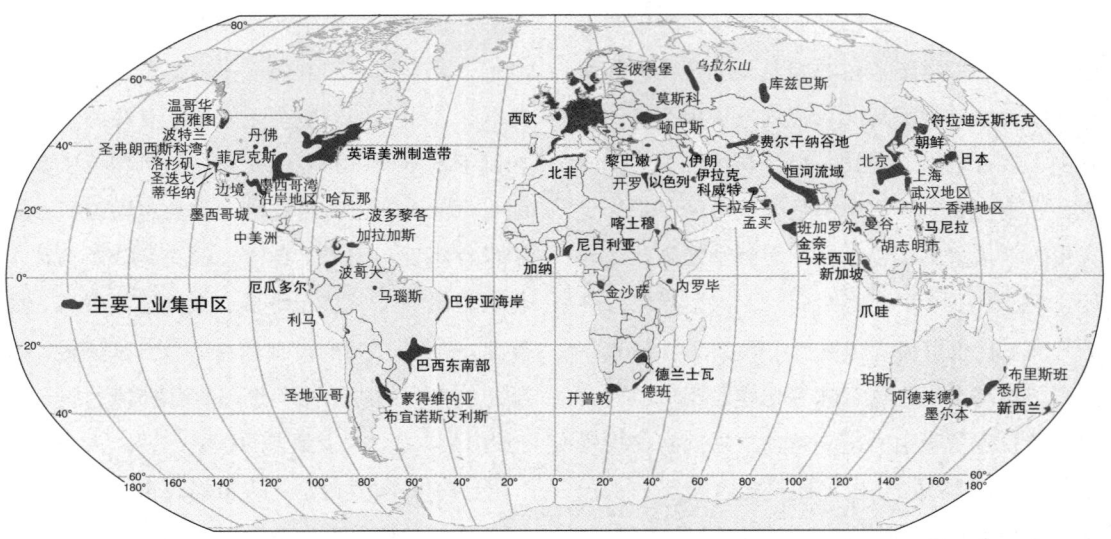

图10.26 世界工业区。工业区并不像图上所显示的那样是连续的或"实心的"。即便在分布最集中的地区，制造业也是用地相对较少的部门。

制造业的格局。从图10.26可以看出，位于相对少的几个国家——主要但不绝对是"工业化"或"发达"世界的一部分——的数量较少的主要工业集中区表现出惊人的突出地位。这些集中区可以粗略地分成四个公认的主要制造业区域：英语美洲地区东部、西欧和中欧、东欧、东亚。这些已经形成的集中区里的工厂加在一起，占全世界制造业产出量和价值的3/5。

这些集中区持续的统治地位并没有保证。前三处——英语美洲地区和欧洲——是18世纪工业革命之后一直持续到第二次世界大战后早期制造业发展和扩张的受益者。这些地方各国现在正在加速发展后工业经济，其中传统制造业和加工业的相对重要性正在下降。

第四处——东亚工业区——是近年来出现的范围更广的世界工业化新模式的一部分，也是其中的先驱者，这是20世纪后半叶国际文化汇聚交融和技术转让的结果，第7章对此做了简要的回顾。随着工业活动的各个领域——从初级的金属加工（如钢铁产业）到先进的电子产品装配——从越来越多的国家向外扩散，或者在越来越多的国家中独立布点，古老的、刻板的发达国家与发展中世界之间工业"北—南"划分的方式已经被迅速弱化。

墨西哥、巴西、中国和其他发展中国家已经建立起具有国际意义的工业区，而一些更小的新工业化国家（NIC）对世界制造业活动的贡献也正在引人注目地增大。即使是那些直到最近仍然是自给性经济占绝对主导地位、或者以农产品和矿产品出口为主的国家，也变成了世界制造业变化舞台上的重要角色。在低工资的亚洲、非洲、拉丁美洲国家投资建设国外分厂不仅建设了工业基础设施，而且也显著提高了这些国家的**国民生产总值**（gross national product，GNP）和人均收入，以至于这些国家有能力扩大生产以满足不断增长的国内——而不仅仅是出口——需求。

例如，在马来西亚——东南亚经济体中快速增长的国家之一——1981—2004年农业在国内生产总值中的份额减少了57%，制造业商品出口的份额从19%上升到了76%。南亚的巴基斯坦，在这期间制造业产品的出口值从低于50%跃升到85%，而南美的玻利维亚，制造业商品出口在过去23年间从3%上升到14%。从总体上看，"发展中世界"占2005年世界生产总值的26%（按购买力平价法计算是50.2%）；制造业商品在这些国家产出中所占的份额日益增大，而先前这些产品几乎无一例外都是由北方的"发达世界"生产的。

高科技模式

世界上主要的工业区是随着时间的推移，由企业家和规划者根据经典区位论中拉力和指向的预测建立传统的第二产业而开发出来的。这些理论在解释最新产生的制造业活动——高级技术或叫高科技的加工和生产，是发达经济中越来越大的组成部分——的区位时就不那么适用了。对于这些公司来说，已经出现新的、不同的区位指向模式和优势，其与传统的区域和地点的吸引力是不同的。

高科技只是一个概念，没有精确的定义。对它最好的理解可能是应用高强度研究与开发的成果，创造和制造出具有更先进的科学和工程特征的新产品。① 专业的工作人员——"白领"——占职工总数的大部分。其中包括从事研究的科学家、工程师和熟练技术人员。这些高技能专门人才再加上行政、管理、市场营销和其他专业人员，可能大大多于公司雇员结构中实际从事生产的工人。也就是说，在高科技界，区分第二（制造）产业、第四（知识）产业活动和工人的界限正变得越来越模糊。

---

① 美国国会技术评估办公室把高科技企业描述为"通过系统性地应用科学和技术知识来从事新产品和（或）创新制造过程的设计、开发和引进"。——译注

尽管只有少数几种工业活动被公认为是绝对的高科技——电子、通讯、计算机、软件、制药和生物技术、航天等，但是先进技术正在成为各种形式工业活动结构和过程的一部分。装配线上的机器人技术、计算机辅助设计和制造、熔炼和精炼过程中的电子控制、化学和制药产业中新产品的不断开发都是很典型的例子。实际上，2002年在美国，所有产业的总就业人口中平均有近5%是在技术指向的岗位上。

高科技产业对经济地理模式的影响至少通过三种方式表现出来。第一，高科技活动正在成为发达国家和新工业化经济中就业增长和制造业产出的重要影响因素。以严格符合定义的真正高科技产业为限统计，2002年美国有1440万个有工资的岗位，占经济中非农业岗位总数的11%。而且，1992—2002年的10年间，高科技产业的就业增长了7.5%，占总就业增长的5%。但是，这种增长低于经济总体中近20%的就业增长。高科技就业很重要，但它并不像有时候被认为的那样是占主导地位的经济力量。展望未来，2005年美国劳工统计局（Bureau of Labor Statistics, BLS）预测，一直到2012年，高科技产业雇员的增长会比其他产业的平均水平缓慢，尽管它也预测高科技产业的产出（不是就业）可能会快速增长。仅在制造业部门，美国劳动统计局就预期，随着实体制造业继续向国外转移，高科技制造比整个制造业下降速度快。英国、德国、日本和其他发达国家已经有类似的高科技就业轨迹，随着高科技制造业在南亚、东南亚和东亚新工业化国家的迅猛建设和增长，这些也是最初外部采购和境外业务的受益国，最近已经成为世界市场上独立、活跃和成功的竞争者。

很多对高科技产业，尤其是对计算机和软件业两个部门，以及对其就业和持续扩张的发

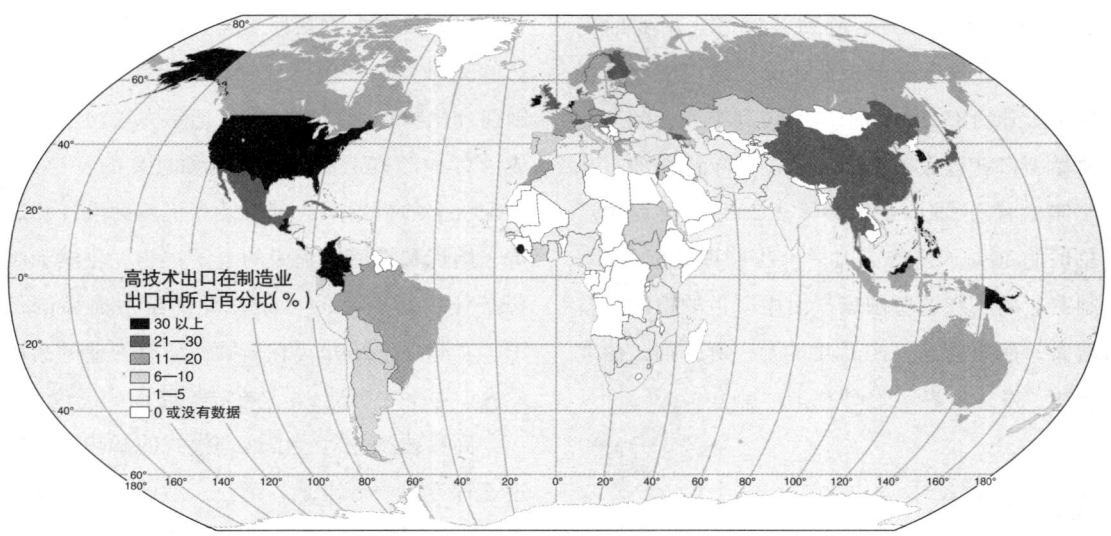

图10.27 图中清晰地显示出2003年工业化国家——特别是美国和西欧——在高科技制造业和出口方面的重要性。较不明显的是一些较小的、发展中国家在高科技制造产品出口方面的相对作用:同年高科技出口占菲律宾制造业出口的74%,新加坡为59%,马来西亚为58%。当然,图中没有显示出一个国家在高科技制造产品出口的数量或价值方面所处的地位。

资料来源: The World Bank, *World Development Report 2006*.

展前景自信的判断,因21世纪初网络公司泡沫突然破裂而出现了问题。数以万计的软件职位没有了,大量创新的、有梦想的或者仅仅就是有希望的软件和硬件新企业破产了,数十亿美元的风险投资和股票市值灰飞烟灭,大量的办公楼和工厂闲置,标志着造就了高科技区位模式并支撑了遍布世界的国家经济增长的一段充满活力的经济增长时期和预期的结束。但是,随着新世纪的到来,高科技继续被应用到已经存在的一般性的制造业活动中,同时高科技硬件和软件开发方面的投资和就业渐渐恢复。区位集中和专门化可能会发生变化,但是高科技对旧经济结构和模式的根本性改变仍会继续。

对很多国家而言,高科技和中高科技制造业的产品占据了增加值总额(GVA)[①]的重要份额。2002年的数据显示,它们占爱尔兰增加值总额的21%、韩国的14%、德国的13%和芬兰的10%,但是在美国和英国只占到7%。全球的数据不完整,但是图10.27说明国与国之间在出口的制造业产品中高科技产品在重要性方面的差距悬殊。

第二方面的影响更清楚地表现在空间上。高科技产业倾向于在发展它们的国家里集中在某些区域,在这些区域内它们往往形成自我发展、高度专业化的集聚。例如,加利福尼亚州的高科技就业比例就比它在美国人口中所占的比例要高得多。除加利福尼亚州以外,太平洋西北部(包括加拿大不列颠哥伦比亚省),还有新英格兰、新泽西州、得克萨斯州和科罗拉多州的高科技产业工人的比例都高于全国水平。在这些州和其他州或地区的高科技集中区里,某些特定的区位尤为突出:圣弗朗西斯科附近圣克拉拉县的硅谷、洛杉矶以南欧文县和奥兰治县、西雅图附近的硅林

[①] 增加值总额是与国内生产总值联系在一起的,它们之间的联系可以表示为增加值总额+产品税-产品补贴=国内生产总值。——原注

园（Silicon Forest）、北卡罗来纳州的研发三角地带、犹他州的软件谷、环波士顿附近的128公路和495公路、华盛顿特区的硅沼（Silicon Swamp）、加拿大渥太华的北部硅谷以及多伦多以西的加拿大技术三角区[①]，这些都是英语美洲为人熟知的例子。

在这些集中区里，专门化常常是一种惯例：明尼阿波利斯和费城的医药技术、圣安东尼奥附近的生物技术、东弗吉尼亚和得克萨斯州奥斯汀的计算机和半导体业、新泽西州"普林斯顿走廊"的生物技术和电信技术、华盛顿特区附近的电信和网络产业，等等。在其他地方，像苏格兰的硅谷、英格兰的日出地带和硅谷、斯德哥尔摩的无线电通讯谷、北京的中关村和印度的班加罗尔等，都是以低层、现代化、分散的办公－厂房－实验室建筑为特征的工业景观的例子，与那些以巨型工厂、车间或装配设备、运输设施和仓储区为特征的工业景观截然不同。按规划建造的、适合小企业的商务园区越来越多地出现在区域和地方经济规划中。以加利福尼亚州欧文的品谱公司（Spectrum）为例，其最多同时容纳4.4万雇员办公，有2200家公司，其中大多数是以高科技创业的公司。

以往的高科技产业分布模式显示，它们更多地受控于不同的地方化驱动力，而不是那些传统制造业的控制因素。至少已经识别出5种区位倾向：①邻近主要的大学或研究机构，以及大量科学技术人才和熟练劳动力；②避开那些工会力量强大的地区，以免合同的严格限制会延误创新过程，影响用工的灵活性；③当地可以获得风险投资，并有富于冒险精神的企业家；④位于因"生活质量"——气候、景色、娱乐休闲、好的大学和足够大的就业基础，能够提供所需要的工人，并为受过专业培训的员工提供就业机会——令人满意而闻名的地区和重要的大城市区；⑤有一流的通讯和交通运输设施，以便把各自独立的研究、开发和制造环节联系起来，把企业与供应商、市场、资金以及在支持研究活动方面至关重要的政府机构联系起来。从本质上说，所有重要的高科技集聚都是在大都市区边缘的半农业地带发展起来的，远离市中心的那些问题和不便。它们中很多都以设施完善的细分地块的面目出现，公司所在位置附近有购物中心、学校和公园，而办公园区则位于中心地带。尽管纽约的大都市区是重要的高科技集中区，但是大多数技术岗位还是在其郊区，而不是在曼哈顿；在20世纪末，该地区边缘地带与计算机有关的就业岗位在地区所占的份额达到了80%。

在新工业区位模型中，集聚的力量也很重要。在新发明不断涌现、创新层出不穷的产业中，新公司的形成频繁而迅速。因为很多都是"派生"出来的子公司，由从已有的当地企业离职的员工创办，因此现有的高科技集聚区容易催生出新的企业，并为其提供必需的劳动力技能。所以，集聚既是空间联系的产物又是空间联系的起因。

但是，并不是高科技生产的所有阶段都必须集聚。影响高科技的那些专业的、科学的和知识密集方面的空间吸引因素，对很多零部件制造和组装操作来说几乎毫无意义，这些操作可能是高度自动化的，或者不需要什么劳动技能。这些任务，在我们早期的区位术语当中，是"不受束缚"的，它们需要具高度流动性的资本和技术投资，但是可以很方便地在低工资地区由年轻女性在家里操作，或者——更有可能——在中国内地与中国的台湾和香港地区、马来西亚、墨西哥这样的国家和地区完成。合

[①] 有人把这些地方统称为"山寨版硅谷"。——译注

同制造商在空间和管理上与那些产品约占2004年所有电子硬件产品15%—20%的公司是完全分离的。通常，同一个工厂生产属于多个不同品牌的类似的或者相同的产品。

因此，通过制造业的技术转让和外部采购，高科技活动扩散到了新近工业化的国家。这种因区域转移和扩散而导致的全球化，代表了高科技活动对世界经济地理格局的第三次冲击，这种格局正在经历着意义重大而令人捉摸不定的变化。1980—2002年，美国一直是世界领先的高科技产品生产国，贡献了世界高科技产品总产值的约1/3。2001年，欧盟在世界高科技生产中的份额是23%，比20世纪80年代初有所下降。另一方面，在20世纪最后20年间，亚洲的市场份额稳步增长，首先是日本在20世纪80年代领头，后来是20世纪90年代的韩国和中国。截止到2001年，韩国占世界高科技产值的7.1%，中国占8.7%。这些概略的数据往往容易掩盖在某种特定高科技产品生产和贸易方面国家的相对重要性。例如，到2004年，中国已经在出口笔记本电脑、手机和数码相机等知识-技术产品方面超过了美国。

10.6　第三产业和超第三产业

提到初级活动，你会想起采集、提炼或种植。第二产业活动通过制造和加工的劳动使初级产业的产品具有了形态效用。但是，国内和国际经济活动中一个重要并不断扩大的部分是服务业，而不是商品生产。这些第三产业活动包括为初级和第二产业部门、为全社会和个人提供服务的那些商务活动和劳动力专门化。第三产业活动意味着实实在在地生产可触摸到的商品以外的职业活动。

如我们在本章前面部分所看到的那样，区域和国家经济正经历着根本性变化，重点是发展进程的变革。完全依赖初级产业的自给社会可能会步入第二阶段的加工和制造活动。在这个进步过程中，举例来说，农业作为劳动力的雇佣者、或者作为国家收入的贡献者的重要性在下降，而制造业的重要性在增大。随着经济继续增长，第二产业活动作为经济主要支柱的职能再次被服务业——即第三产业所取代。已经完成了这种转变的发达经济国家通常被叫作后工业化国家，因为它们的服务业部门占统治地位，而制造业作为就业大户和国家收入创造者的地位显著下降。

与其他任何一个主要国家的经济相比，美国可能都更多地进入了后工业化状态。其初级产业部门的劳动力所占比重，从1850年的66%降到2000—2005年的3%，而服务业部门从18%上升到81%（图10.28）。1993—2003年美国创造的1300万个新增就业，在抵消了其他就业部门减少的职位以后，几乎都出现在服务业。类似的变化也出现在其他国家。21世纪初，经济发达国家，如日本、加拿大、澳大利亚、以色列和所有主要西欧国家中，65%—80%的工作岗位也是在服务业部门，而俄罗斯和东欧国家的平均水平要低得多。

第三产业活动对国家经济的意义，以及发达国家和欠发达国家之间的对比，不仅从就业上可以看清楚，而且从服务业对各国国内生产总值的贡献中也可以看出来。图10.29展示了服务业的相对重要性，显示了发达经济和自给性社会的显著差别。服务业在经济中所占的份额越大，社会的一体化程度和相互依赖程度就越高。在大多数地区和所有国家的收入分类中，这个份额都是随着时间的推移而增长的，因为所有经济体都在某种程度上分享着世界发展所带来的经济增长（表10.2）。实际上，20世纪

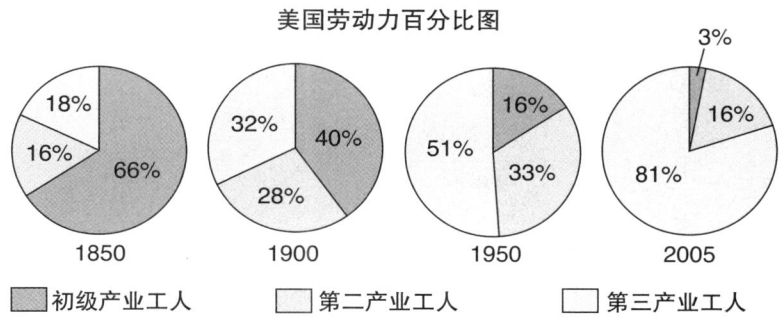

图10.28 美国劳动力部门配置的变化是该国经济发展的尺度。从农业化状态到后工业化状态，其进步是很明显的。

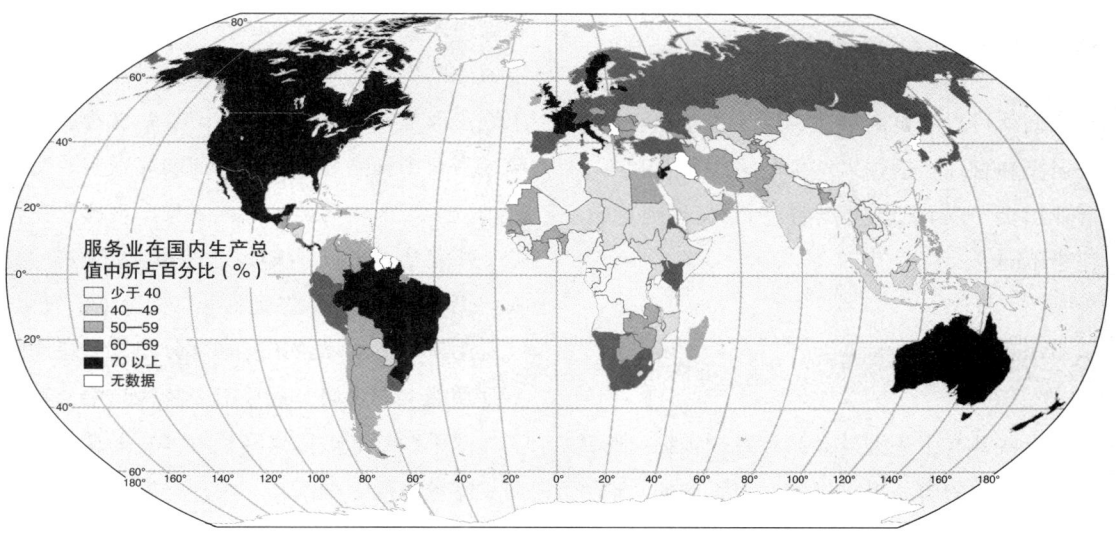

图10.29 2003年服务业约占全球GDP的70%，比20年前的50%显著提高了。如图所示，服务业对各国经济的贡献大不相同，表10.2表明所有类别的国民收入都在某种程度上分享了服务业的增长。
资料来源：World Bank, *World Development Indicators 2005* and CIA, *World Fact Book 2005*.

90年代走向现代化的东亚、南亚和太平洋地区第三产业部门的扩张是世界平均水平的两倍以上。拉丁美洲和加勒比海地区，2004年服务业占总产值的60%。

但是，第三产业和服务业都是含义宽泛而不精确的术语，涵盖了从居民小区理发到世界银行管理在内的各种活动。这两个名称同样适用于传统的、低等级的个人和零售业活动，也适用于主要提供给其他公司而不是为了个人消费的、高等级的以知识为基础的专业性服务活动。

从逻辑上说，复合的服务业门类应该进一步被细分，以把那些满足日常生活需要和满足个人和当地社区需要的活动与那些在区域、国家和国际层面上涉及专业性管理、行政管理或金融管理任务的活动区分开来。活动的不同水平和范围代表了不同的区位原理以及对国内和世界经济做贡献的不同角色。

为了认识这些根本性差异，我们可以有效地将"第三产业"这个术语专门限制在较低层次的活动，主要与满足人们的日常需要有关，是在全世界那些小城镇中经常用到的职能。那

第10章　经济地理学　445

表 10.2 服务业对国内生产总值的贡献

国家分组	占 GDP 的百分比（%）		
	1960	1980	2003—2004
低收入	32	29	49
中等收入	47	48	56
高收入	54	61	71
美国	58	63	75
全世界		55	68

资料来源：Data from World Bank.

么我们就可以将更高层次、更为专业化的信息与研究和管理活动归入特别的第四产业和第五产业门类（图10.2），其特征和意义是独特的、完全不同的。

第三产业服务

有些基本服务涉及商品批发或零售，给其他地方生产的商品提供经济学家所谓的"地方效用"。它们实现了发达经济中的交换功能，为高度相互依赖的社会提供必要的市场交易。在商品经济中，第三产业活动也提供了关于市场需求的至关重要的信息，没有这些信息，就不可能做出经济上合理的生产决策。

但是，很多第三产业活动与典型地集聚在大大小小城市里的商店和办公室所提供的个人和商务服务有关。这些低水平的、必需的服务种类的供给必须与有效需求——即因有购买力而有意义的需求——的空间分布保持一致。零售和个人服务活动的区位取决于它们的市场，因为服务的生产和消费是同时发生的。因此，零售商和个人服务提供者倾向于选择市场密度最大、多种服务需求集中在一起的位置（图10.30）。它们的区位模式和所意味着的就业支撑是城市经济结构中很重要的方面，第11章将对此进行介绍。

在世界范围内，后工业化社会相互依赖程度增加，服务业部门的增长不仅反映了日益复杂的社会、经济和行政管理组织的发展，也显示出因个人收入的增加或因家庭结构和个人生活方式的改变而成为可能或必需的变化。例如，在自给经济中，每个家庭在自己的家庭范围内生产、调制和消费食物。城市化过程中的工业社会对专业化种植食物的农场主和把食品销售给家庭的批发商和零售商的依赖增加了，这些家庭主要是在家里烹调和消费这些食物。随着第三产业中食品服务业工人的加速增多改变了需求，后工业化的美国人越来越多地选择在餐馆、快餐店和外卖店购买已经准备好的食物。人们仍旧能吃上饭，但是就业结构发生了变化。

第三产业的增长，有一部分归因于统计而不是功能。在我们对现代工业的讨论中，看到了外部采购逐渐被用作降低成本并提高制造业和装配效率的一种工具。同样，原本是由机构内部提供服务的外部采购也是现代商务活动的特色。对工厂、车间和办公室的清洁和维护——原来都是作为内部工作的一部分由企业自己完成的——现在被转包给了专门的服务提供商。工作仍会完成，甚至可能是由同一个员工完成的，但是工人的地位变了，从"第二产业"（假设员工是一家制造工厂的雇员）变成了"第三产业"（作为服务公司的员工）。

要特别注意旅游业——为了休闲娱乐而不是为了商务的旅行。它不仅已经变成第三产业中最重要的单个部门活动，而且是世界上就业量和总产值最大的产业。在世界范围内，旅游业有大约2.5亿个有记载的就业岗位，在非正式的经济中还有无法列举的数量。加在一起，为休闲娱乐的旅行者提供服务的从业人数占到消费的商品和服务的形式，如餐饮、住宿、交通——总额的47%。对于世界上最贫困的50个国家中半数以上的国家来说，到2003年旅游业已经成为占首位的服务出口部门。

不论第三产业就业增长的来源是什么，其社会后果和组织后果是相似的。发展的过程导致一国之内劳动力专门化和经济相互依赖程度的增加。在20世纪后半叶，对于所有经济体来说这都是事实，如表10.2所示。把以先进技术为基础的经济体和高人均收入带入后工业化阶段，服务业部门无论在雇佣劳动力数量方面还是在国内生产总值方面都跃居领先地位。

超第三产业

不幸的是，根据可以拿到的统计数据，我们并不总是能够清楚地区别反映日常生活方式或公司结构变化的第三产业服务业就业与更为专业的、高水平的第四产业和第五产业活动。

第四产业部门实际上可以被看作是服务业的高级阶段，要用到专门的知识、技能、沟通能力或者管理才能。这些任务都是在写字楼、中小学和大学教室、医院和医生办公室、剧院、会计师事务所和经纪公司等场所开展的。随着对以信息为基础的服务人员——证券投资基金经理、税务顾问、网络和软件开发员、统计人员等——的需求和服务消费的爆炸式增长，在最发达的国家里，第四产业的就业已经确定无误地取代了所有初级产业和第二产业的就业而成为经济增长的基础。实际上，在富裕国家里，一半以上的就业是在"知识产业部门"——从事信息的生产、存储、检索或发布的部门。

为其他企业组织服务的第四产业活动常常体现出专门化服务的"外部化"，与低水平的

图10.30　在需求和购买力集中的地方提供低水平服务最有效且最有力，如孟加拉国城市市场中这个修补成衣的人那样。这些在"非正式部门"就业的街头小贩、打零工的人，以及在街头提供理发、擦鞋、修补衣服等个人服务的人，他们通常不在政府的登记之列，因此并不包括在官方的服务业就业总数之中。（© Laurence Fordyce; Eye Ubiquitours / Corbis Images）

了世界劳动力总数的15%甚至更多，2004年旅游业商品和服务的经济总价值达到了4.5万亿美元，占世界生产总值的8%。在中等收入和高收入国家中，旅游业通过交通成本、路边服务、娱乐表演、国家公园参观等在国内支出中占的比例各不相同。另一方面，国际旅游给发展中国家带来的新收入和职位越来越多。总的说来，在21世纪初，世界范围内国际游客游览次数达到了每年8亿次，其中1/3以上的目的地是欠发达的中低收入国家。这些入境的客流2003年给发展中国家带来了外汇总收入的7%，并且占这些国家"服务出口"——以外国游客

第三产业功能的外部采购类似。两者的区别在于，以知识和技能为基础的独立的第四产业服务机构能够在空间上与他们的委托人相分离，它们不受资源的限制，不受环境的影响，也不需要选择市场所在的区位。它们能够通过在高科技地区服务多个客户来实现成本的降低，能够让委托方的公司用上专业的技术和技能以获得竞争优势，而无需花费额外的金钱来增加自己的雇员。

当然，通常在需要高层次人际接洽的时候，一国之内委托方和服务公司功能上的紧密联系就会鼓励第四产业机构形成与它们所服务的初级产业和第二产业总部分布相似的区位和就业模式。但是第四产业服务的运输便利性也意味着很多第四产业活动可以在空间上与它们的客户相分离。至少在美国，这些混合的倾向既导致了某些专门服务——如商业银行业务或债券包销——在主要大都市区的集聚，同时也导致了第四产业部门随着所服务的公司在区域上的日趋分散而扩散。即便是在空间上限制很严格的发达国家，如英国和法国，也出现了类似的区位倾向。

信息、经营管理和"知识"活动，从广义来说是依赖通讯的。因此，它们的空间分散状态因大多数第四产业活动的潜在技术基础——电子数字处理和电信传输数据——而得到支持。技术使得很多"后台办公"（back-office）任务能够在距离服务公司或委托方的总部办公室很远的地方完成。保险索赔、信用卡付费、共同基金和证券市场交易等，在租金与劳动力成本低廉的区位——通常是在郊区或小城镇和农业为主的州——进行记录或处理会比在大城市的金融区更有效率也更经济。这些服务的生产和消费在空间上可以是分离的，但这种方式对那些需要面对面进行的第三产业活动来说是行不通的。

最后，还有第五产业活动，被看作第三产业部门的另一个独立分支，代表着专业的、高收入专门人才，如顶级的公司执行官、政府官员、从事研究的科学家、金融和法律顾问等等。这些人工作的地点都在大城市中心区，处在或者靠近主要的大学和研究园区、一流的医疗中心，还有政治首都的政府内阁和各个部委的办公室。在他们所集中的城市，他们很可能集中在某些著名街道（公园大道、华尔街）、邮局（新泽西州普林斯顿）或某些专管"签字画押"的著名写字楼（泛美大厦、西格拉姆大厦）中。他们在发达经济体结构中的重要性远远超过了他们的人数。

10.7 世界贸易中的服务业

世界贸易服务业，如同服务活动已经成为最发达国家经济增长的主要发动机一样，也已经成为国际贸易流动和经济相互依赖的一个推动因素。1980—2004年，服务业占世界贸易总额的比例从15%增加到近20%。其中增长最快的是金融、经纪和租赁活动等私人服务部门，到21世纪初其已经增加到商业服务贸易总量的50%。和在国内市场一样，由于有线和无线通讯成本已经降低到可以忽略不计的程度，因此信息技术和电子数据传输的快速发展已经成为服务国际化的核心要素。很多在20世纪90年代末期还被看作是无法完成的远距离交易服务，如今已经很活跃，境外业务服务的增长很清楚地显示出这一点。

发展中国家是新技术的特别受益者。他们的服务出口——2003年总价值达到3000亿美元——在20世纪90年代的年增长速度是15%，是工业化地区服务出口的两倍。可交易服务的增长扩大了发展中国家在大规模数据处理、计算机软件开发等相对劳动力密集的远距离服务活动方面的国际比较优势。与此同时，他们也因能够接触到发达经济国家转让的更多高效的、达到最新技术发展水平的设备和技术而受益。

例如，在班加罗尔和海得拉巴集聚的计算机软件开发业，已经使印度成为世界上一个重要的软件创新源地，而该国其他地方为西方保险公司和航空公司提供的后台办公区数量也在不断增大。为人寿和健康保险公司进行索赔处理工作已经在讲英语的加勒比海国家形成集聚，以利用这里低工资和有大量受过教育的雇员的优势。在所有这些例子中，结果都是在这些信息和远距离通讯服务扩张的地区加速了技术转让速度，并且加快了发展中国家融入世界经济一体化的进程。

这种一体化越来越走向更高水平的经济和专业服务。在近乎无限广泛的商务领域里，外购这些熟练职能——如律师和法律服务、会计、医疗分析和技术服务，以及研究与开发工作——的成本和效率优势现在已经被广泛接受并得到好评。数据、文件、医疗和技术记录、图表、X射线等有线和无线传输技术，使得第四产业和更高级的服务在瞬间就可以很方便地从远处获得。而且，很多更高水平的服务可以轻易地被细分，然后依次操作，或者同时在不同的地点进行。软件开发员中著名的"追日"法——完成一天的任务后把工作传给世界其他地方的同事——现在被很多其他领域的专业人员越来越多地采用。当这种需要受过高等教育的天才专业人员的做法需要发展中国家人才补充时，成本对发达国家公司的吸引力就是不可抗拒的。从更大范围来说，比起欧洲和北美洲大学昂贵的培训，所需要的教育和技术能力水平更容易通过网上的远程学习课程和专业学校辅导获得。

很多发展中国家现在所获得的国际第四产业服务是外商对服务部门直接投资增长的结果。这种流动占到了21世纪最初几年全部外商直接投资的3/5。但是，这种投资中的大部分还是在发达国家之间转移，而不是在工业化国家和发展中国家之间转移。不论哪种情况，跨国公司都用大型计算机不间断地处理数据，他们能够利用或者消灭总部所在国和他们分支机构所在国之间的时差。这种跨境公司内部的服务交易通常不会记录在贸易支出差额或贸易统计数据中，但实际上它增加了国际服务流动的总量。

尽管发展中国家在全球服务贸易中所占的份额增加了，但是世界服务贸易——进口加出口——仍然被极少数最发达国家所主宰（表10.3）。国家和类别之间的反差巨大，如"高收入"和"低收入"组的对比所示。由于水平不同，一个小岛国新加坡2004年在世界服务贸易中占的份额（1.9%）比整个撒哈拉以南非洲（1.4%）地区还要大。

第四产业公司和第五产业活动在国内增长速度的提高及其服务范围的成本和技能优势的扩大，也在国际舞台上发挥了作用。所有发达国家的大银行都建立了国外分支机构，世界上最重要的那些银行已经成为主要金融中心的主体。反过来，世界上少数几个城市以国际商务和金融中心的面目出现，其作用和影响是持久的、无国界的。同时大量离岸银行安全港已经出现，它们利用了管制和税法的漏洞（图10.31）。源自北美和欧洲的会计师事务所、广告代理商、管理顾问公司以及类似的第四产业部门的机构大都在世界各地增设了分支机构，而主要分支机构都位于全世界的各个重要商务中心。

第三产业、第四产业和第五产业的职业目录很长。其多样性和发达程度提醒了我们现代生活的复杂性，以及我们离自给性经济已经是多么遥远。随着社会经济的进步，初级产业、第二产业和复合的第三产业部门所创造的就业和国家收入的比例在不断变化，人类活动的空间模式反映了这种变化。从初级生产和第二产业的加工向第三产业部门的贸易、个人服务和专业服务，第四产业和第五产业信息和管理控制活动的转变是稳步前进的。

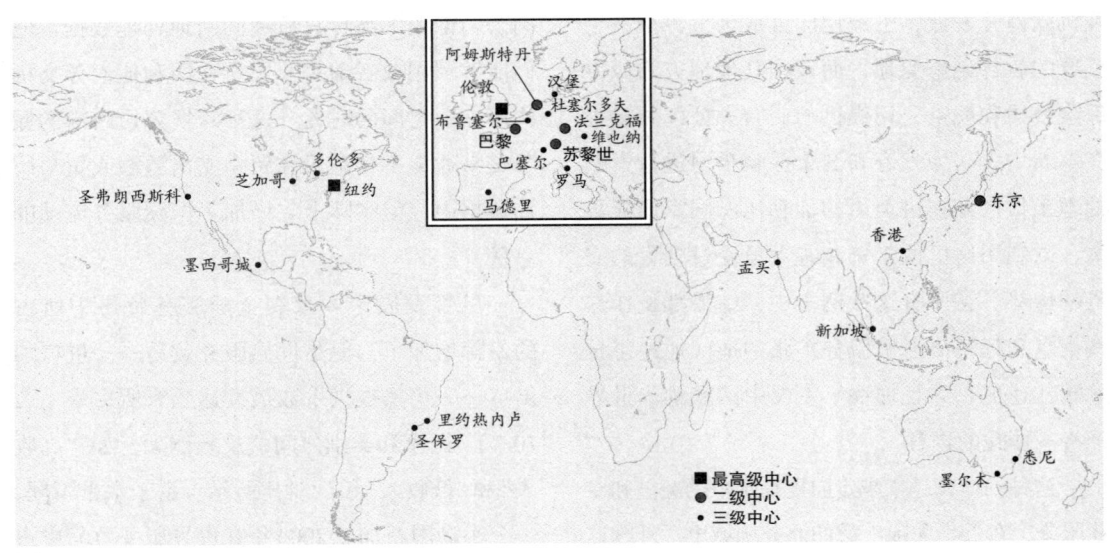

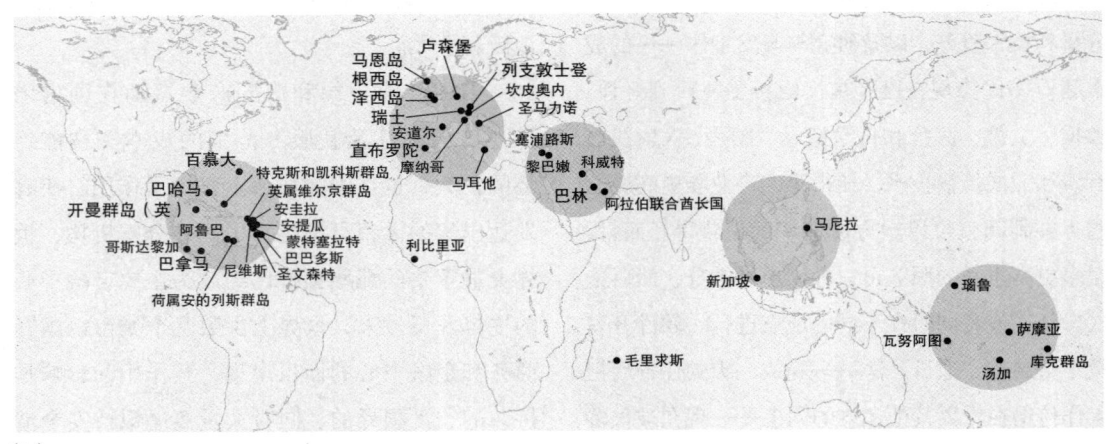

图 10.31 （a）国际金融中心的层级结构，最高级别是纽约和伦敦，说明最高级的第四产业活动在少数几个世界级和国家级中心集聚的趋势。（b）与此同时，有多个离岸位置，使"来历不明的钱"得到了避开管制和政府税收的避风港，这说明国际金融机构同样也利用了分散布点的便利。

资料来源：Peter Dicken. *Global Shift*. 4th. ed. Guilford Press, 2003, Figures 13.8 and 13.10.

表10.3　世界服务贸易的份额
（出口加进口，2004）

国家或类别	占世界服务业百分数（%）
美国	13.6
德国	7.6
英国	7.4
日本	5.3
法国	4.8
意大利	3.8
荷兰	3.3
西班牙	3.3
加拿大	2.4
比利时	2.3
奥地利	2.2
韩国	2.1
总计	**58.1**
高收入国家	79.4
低收入国家	3.5
撒哈拉以南非洲	1.4
欧洲货币联盟	33.2

资料来源：Data from International Monetary Fund and World Bank.

章节摘要

人们是如何谋生的，地球上多种多样的资源是如何为不同的人们和文化所利用的，这是地理学区位传统所关心的基本问题。在寻找空间和活动规律的过程中，我们认识到有三种经济体制：自给经济、商品经济和计划经济。第一种是为个体生产者和家庭成员的直接消费而生产。在第二种中，理想的经济决策要根据客观的市场力量和对金钱收益的理性评价做出反应。在第三种中，至少有某种与金钱无关的社会和政治目标影响了生产决策。

我们可以根据生产阶段和专业化程度进一步将经济活动分类。用这种方法，我们区分出初级活动（食品和原材料生产）、第二产业活动（加工和制造）、第三产业活动（销售以及一般性专业服务和个人服务），以及标志着高度发达的计划抑或商品体制社会的管理、信息和技术专业化（第四产业和第五产业活动）。最后，我们可以看到，不同国家和地区处于不同的经济发展阶段，从不发达的自给状态到标志着现代市场经济的发达的第二产业、第三产业和第四产业活动一体化之间，并没有单一的、不可逾越的进步模式。

农业是初级产业中分布最为广泛的活动，既是自给社会也是发达社会空间经济的一部分。最初，它受到生产者群体直接消费需求的影响，也反映出当地的自然环境条件。后来，农业反作用于通过自由市场或受控制市场表现出来的消费者的需求。它的空间表现形式反映出对获利能力的评价以及社会和经济规划的要求。

制造业是第二产业活动的主要形式，是经济发展超越自给水平的标志。区位理论帮助我们解释观察到的工业发展模式。这些理论的基础就是简化固定和可变的生产和运输成本的假设，包括原材料、能源、劳动力、市场可达性和交通运输的成本。"韦伯分析"坚信最小成本区位是最优的，这个区位受到运输费用的强烈影响，或者只受运输费用的影响。不甚严格的区位理论承认在一个空间获利边界中可能存在多个可以接受的区位。集聚经济和乘数效应可能会使对单个公司有吸引力的区位与预想的不同，而比较优势可能会影响企业家的生产决策。当新的即时生产和柔性生产体系引入不同的区位考虑因素时，区位概念的发展便解释了福特制生产限制下的工业分布受到的挑战。

在全球范围内，第二产业制造业活动的主导地位只存在于相对少的几个主要工业集中区和跨国地区中。但是，由于有着更具吸引力成本结构的新工业化国家市场的竞争，这些地区中最发达的国家也正经历着后工业化的过程。在经济发达国家中，随着第二产业部门在就业和国民生产总值中的份额下降，第三产业、第四产业和第五产业活动开始变得更加重要。新的高科技和后工业化空间模式不一定与根据在制造业中获得成功的理论和实践的决定因素发展出来的模式完全相同。

最后需要提醒的是：与世隔绝的经济已不复存在。世界经济和文化一体化模式的覆盖范围是如此广泛，以至于不能允许与世隔绝的国家经济体存在。牵一发而动全身。一个半世纪以前发生在欧洲的一个孤立角落的马铃薯枯萎病的例子在现在仍有启示意义。尽管存在语言、文化或意识形态的差异，人类在经济上仍旧是一个不可分割的整体。

问题与讨论

1. 自给经济、商品经济、计划经济体制的典型特征是什么？它们是相互排斥的，还是可以在同一个政治单元中共存？
2. 如何区别集约的自给型农业与粗放的自给型种植业？按照你的观点，在温暖潮湿热带不同的地方为什么会有如此不同的土地利用方式？
3. 简要概括杜能环的假设和原则。随着某种农作物市场价格的增加，该模型预测的土地利用模式会如何变化？某种农作物运输成本减少而其他所有农作物的运输成本不变，该模型会如何变化？
4. 你能够列举出哪些确定或可能影响到林业和渔业这样的采集产业的经济或生态问题？什么是最大可持续产量？这个概念与你所找出的问题有关系吗？
5. 韦伯在他的工厂区位理论中提出了什么样的简化假设？韦伯找到最小成本区位的方式与找出空间获利边界的方式的区别是什么？
6. 按照你的观点，比较优势和外部采购的概念或实践是如何影响发达国家和发展中国家的工业结构的？
7. 当高科技产业和第四、第五产业就业在发达国家的经济结构中变得更加重要的时候，你预计它们对经济地理模式的意义是什么？请加以解释。
8. 发达国家公司外部采购第四产业服务的激励因素和回报是什么？你认为，这种外部采购在哪些方面会对进行外部采购的公司的母国经济产生有利或不利的影响？

延伸阅读

Atkins, Peter J., and Ian Bowler. *Food in Society: Economy, culture, geography.* New York: Oxford University Press, 2001.

Chang, Claudia, and Harold A. Kostner, eds. *Pastoralists at the Periphery: Herders in a Capitalist World.* Tucson: University of Arizona Press, 1994.

Chapman, Keith, and David Walker. *Industrial Location.* 2d ed. Cambridge, Mass.: Basil Blackwell, 1991.

Clark, Gordon L., Maryann P. Feldman, and Meric S. Gertler, eds. *The Oxford Handbook of Economic Geography.* New York: Oxford University Press, 2001.

Daniels, Peter, John Bryson, and Barney Warf. *Service Industries in the New Economy.* New York: Routledge, 2003.

Dicken, Peter. *Global Shift: Transforming the World Economy.* 4th ed. New York: Guilford Press, 2003.

Food and Agriculture Organization of the United Nations. *The State of Food and Agriculture.* Rome: FAO, annual.

Grigg, David. *An Introduction to Agricultural Geography.* 2d ed. New York: Routledge, 1995.

Hardin, Garrett. "The Tragedy of the Commons." *Science* 162 (1968): 1243–1248.

Hart, John Fraser. *The Changing Scale of American Agriculture.* Charlottesville: University of Virginia Press, 2003.

Hudman, Lloyd, and Richard Jackson. *Geography of Travel and Tourism.* 4th ed. Albany, N.Y.: Delmar Learning, 2002.

Inglehart, Ronald, and Pippa Norris. *Rising Tide: Gender Equality and Cultural Change Around the World.* New York: Cambridge University Press, 2003.

International Bank for Reconstruction and Developments/The World Bank. *World Development Indicators.* Washington, D.C.: The World Bank, annual.

Knox, Paul, John Agnew, and Linda McCarthy. *The Geography of the World Economy.* 4th ed. New York: Oxford University Press, 2003.

Pauly, Daniel, and Reg Watson. "The Last Fish." *Scientific American,* July 2003, pp.43–47.

Potter, Rob, Tony Binns, Jenny Elliott, and David W. Smith. *Geographies of Development.* 2d ed. London: Longman, 2003.

Robinson, Guy M. *Geographies of Agriculture: Globalization, Restructuring, and Sustainability.* New York: Prentice Hall, 2004.

Smil, Vaclav. *Feeding the World: A Challenge for the Twenty-First Century.* Cambridge, Mass.: MIT Press, 2000.

Stutz, Frederick P., and Barney Warf. *The World Economy: Resources, Location, Trade, and Development.* 4th ed. Upper Saddle River, N.J.: Prentice Hall, 2005.

Wheeler, James O., Peter Muller, Grant Thrall, and Timothy Fik. *Economic Geography.* 3d ed. New York: John Wiley & Sons, 1998.

Zook, Matthew A. *The Geography of the Internet Industry.* Malden, Mass.: Blackwell, 2005.

万维网上和地理学有关的网站极其丰富。与本章主题有关的网站请见与本书有关的在线学习中心的"Web Links"部分。网址：www.mhhe.com/getis11e。

城市地理学

第11章

14世纪的开罗是当时世界级的城市。它位于非洲、亚洲和欧洲的交界处,控制着地中海沿岸的贸易。14世纪初,开罗已经拥有50万以上的人口,市中心到处是10—14层的高楼。有1.2万多家店铺,其中有些是专营来自世界各地的奢侈品的,西伯利亚的紫貂皮、锁子甲、乐器、布匹和鸣禽。外来者惊讶于开罗的规模、人口密度和五光十色,赞叹地把它与威尼斯、巴黎和巴格达相提并论。据那个时代开罗的编年史家麦格里齐(原名Taqui-al-Din-Al-Maqrizi)记载,当时建造的一栋巨型建筑物,底层是商铺,上面是公寓,能住4000人。一位来自佛罗伦萨的观光者估计,开罗一条街上住的人比佛罗伦萨全城的人要多。来自欧洲和亚洲各地的旅行者遍布开罗的大街小巷,在布拉格(Bûlâq)港停泊的船只数量远远超过威尼斯和热那亚的总和。

今天,开罗是一个庞大的、向四周蔓延的大城市,代表着人口增长远远超过经济发展速度的发展中国家近年来城市化的几种趋势的典型。据估计,1970年埃及人口有3500万。近几十年,医疗卫生条件的改善大大降低了婴儿死亡率,使全国人口达到了7700万。大约有900万人住在开罗大都市区。这个大都市区现在占地面积超过450平方千米,人口密度达到了每平方千米30,900人。人口增长的趋势还会继续,预计到2015年开罗人口将达到1150万。

每天外来人口都像河水一般源源不断地流进开罗,因为人们觉得这里是能找到机会的地方,是能比拥挤的乡间生活得更好、更幸福的地方。开罗是现代埃及的象征,是年轻人宁愿过苦日子以换取"成功"机会的地方。但是真正的机会从来都是罕见的。在这里,数以百万的穷人,挤住在一排排的公寓住宅里,这些房子大多都建得比较简陋。更有数以万计的穷人住在屋顶阁楼或者尼罗河上的小船里,有50万人在开罗东边南面和北面的公墓——被称为"死人城"(Cities of the Dead)——里栖身。不时发生建筑物倒塌的事件;1992年10月12日发生的地震虽然只有里氏5.9级,却造成了巨

◀ 台北居民正在照料她靠近市中心的小片地。(© Chris Stowers / Panos Pictures)

图11.1 埃及开罗。大都市区的人口增长——从1970年的300万到今天的900万——在很多发展中国家都有所反映。城市区的快速增长导致住房短缺、交通及其他基础设施开发不足、失业、贫困和环境恶化等问题。(© Scott Gilchrist / Masterfile)

大的损失，夷平了几千栋建筑。但是城市仍然在扩张，占用了宝贵的农田，因此减少了可供给全国不断增长的人口的粮食数量。

来到开罗市中心的人的第一印象是这里的富有，与市中心以外的地方形成鲜明对比。高层公寓、跨国公司的区域总部大楼、现代化的酒店矗立在交通拥挤的街道间，这些都是新埃及的象征（图11.1）。有钱人可以吃麦当劳、必胜客、Taco Bell（墨西哥快餐）或香辣肉酱；新的郊区开发和封闭式的社区给富人创造出了独立王国。但是，豪华公寓和昂贵的轿车距离占埃及人口20%的失业人群所居住的贫民窟只有咫尺之遥。在开罗，贫富之间、现代建筑与贫民窟之间、开敞与拥挤之间鲜明的对比是意味深长的。像很多大城市一样，开罗见证了城市爆炸性的增长，看到了世界城市人口的比例不断提高，但却没有足够的房屋容纳所有人。

由于增长过快，开罗已经不能为其居民规划与建造充足的基础设施。1992年的地震加速了该城市第一次开发规划的实施。尽管最近有所改善，修建了围绕城市的环路和地铁，但交通仍是开罗的老问题。堵车时车辆怠速空转，消耗大量燃料；10%的开罗人因空气污染而患上呼吸系统的疾病。事实上，开罗的空气污染比长期以来被认为是全世界最差的墨西哥城还要严重。交通和拥挤的人流造成噪声污染，噪声水平经常超过80分贝。尼罗河水和已经处理过的饮用水都有污染，铅和镉的含量都达到危险的水平，对健康的影响在若干年后将会显现出来。所有城市在某种程度上都会面临城市规模问题、人口问题、贫困问题、规划和基础设施等方面的问题，其中一些问题我们在本章中将要谈到。

11.1 城市化的世界

今天城市正在以一个我们能感觉到的速度增长。1900年只有13座城市的人口超过100万，到2000年这样的城市有375座（图11.2）。据预测，到2015年将会有564座城市人口超过100万[①]。

1900年，没有一座城市的人口超过1000万。2003年有20座特大城市人口超过1000万（表11.1和图11.3）。美国把这样的城市叫作"巨型城市"（megacity）。当然，正如我们在第6章看到的，我们希望随着世界人口的快速增长，城市也随之增长。但是，城市化和大城市化增长的速度比总人口增长的速度快得多。1800年，世界上只有3%的人口生活在城市里，现在城市人口的比率大约是49%。洲与洲之间、国家与国家之间城市人口增长的数量不尽相同，但是所有国家有一点是相同的：生活在城市中的人口比率在上升。

表11.2显示了世界各地区的城市人口。请注意世界上工业化率最高的北美和西欧地区，按照生活在城市中的人口比例算，也是城市化水平最高的地区，而亚洲和非洲的城市人口比例较低。工业化促进城市化，但是在发展中国家，城市化只是部分源自工业化。人们蜂拥到城市，目的是寻找比农村更好的生活，但是他们往往没有找到。撒哈拉以南非洲的城市增长速度很快，主要原因是从农村到城市的人口迁移。但是，城市的增长超过了经济体创造就业、住房和社会服务的能力。棚户区和在非法占地的定居点，以及失业、不充分就业是尼日利亚前首都拉各斯、塞内加尔首都达喀尔这样

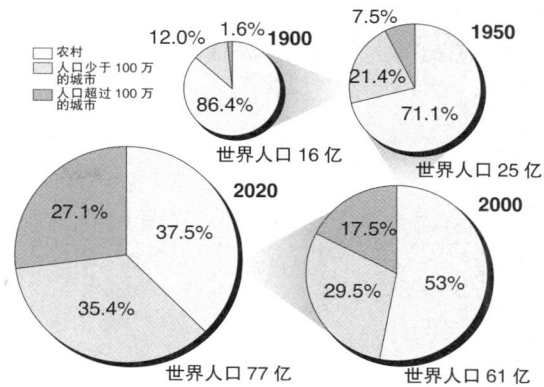

图11.2 世界城市化趋势。请注意生活在农村地区的人口所占比例在稳步下降。联合国预测，2000—2020年间全部的人口增长几乎都将集中在世界上的城市地区。

资料来源：*Estimates and projections from Population Reference Bureau.*

的城市的共同特征。

表11.2中很有意思的是，中国和东南亚（越南、印度尼西亚等国）城市地区的人口比例相对较低。但是，这些国家城市地区的人口绝对数却是世界上较高的。考虑到亚洲人口数量巨大，而且大多从事农业（日本和韩国除外），有时候我们就会忘记很多巨型城市存在于世界上这些大多数人仍以自给农业为生的地方的事实。

本章的第一个目标是考察与城市地区的发展、区位和职能相关的主要因素。第二个目标是研究城市地区的体系——即它们相互之间的关系。第三个目标是识别这些地区土地利用模式的性质。第四个目标，我们试图通过考察能够帮助解释它们特殊性质的因素，对世界上的城市进行分类。

11.2 城市的起源及演变

人们需要彼此接近：他们聚在一起结为夫

[①] 据《2016世界城市区域研究》（Demographia World Urban Areas, 2016）显示，全球有509座城市人口超过100万。——编注

表11.1　2003年和2015年人口在1000万（含）以上的超大城市（人口单位：百万人）

城市	所在国	人口 2003	人口 2015	排名 2003	排名 2015
东京	日本	35.0	36.2	1	1
墨西哥城	墨西哥	18.7	20.6	2	4
纽约	美国	18.3	19.7	3	6
圣保罗	巴西	17.9	20.0	4	5
孟买	印度	17.4	22.6	5	2
德里	印度	14.1	20.9	6	3
加尔各答	印度	13.8	16.8	7	10
布宜诺斯艾利斯	阿根廷	13.0	14.6	8	12
上海	中国	12.8	12.7	9	15
雅加达	印度尼西亚	12.3	17.5	10	8
洛杉矶	美国	12.0	12.9	11	14
达卡	孟加拉国	11.6	17.9	12	7
大阪–神户	日本	11.2	11.4	13	18
里约热内卢	巴西	11.2	12.4	14	17
卡拉奇	巴基斯坦	11.1	16.2	15	11
北京	中国	10.8	11.1	16	20
开罗	埃及	10.8	13.1	17	13
莫斯科	俄罗斯联邦	10.5	10.9	18	21
马尼拉	菲律宾	10.4	12.6	19	16
拉各斯	尼日利亚	10.1	17.0	20	9
巴黎	法国	9.8	10.0	21	22
伊斯坦布尔	土耳其	9.4	11.3	23	19

资料来源：The UN Population Division.

妇、家庭、团体和组织的地方变成城镇。除了交往之外，人们还需要彼此以维持重要的谋生体系。城市的起源是由于几种因素：定居人群（非猎采社会）的存在、人口的集聚、不直接从事农业的人群，以及居统治地位的精英人群的存在。这些因素是城市聚落的基础和文明的基石（请注意城市"城市"［city］和"文明"［civilization］这两个词有着相同的拉丁词根 civis）。尽管在最早的城镇和城市出现之前文明是必需的，但城市的发展依赖于适宜的环境，包括肥沃的土壤、运输所需的水路、建筑材料和可设防的位置等。农业生产和食品运输储存方面的技术也是城市发展所必需的。具备了这些条件之后，城市是如何在古代世界中出现的呢？

第一位也是最重要的，是最早的城市有赖于

表11.2　1950年和2000年一些地区和国家城市人口占总人口的比例估计及2030年的预测

地区或国家	1950	2000	2030
北美洲	64	79	87
拉丁美洲	42	76	85
欧洲	51	73	80
俄罗斯	45	73	78
大洋洲	61	73	75
日本	35	65	73
中国	13	36	61
东南亚	15	40	61
非洲	15	37	54
全世界	29	47	61

资料来源：United Nations Population Division.

农业剩余产品。很多早期的城市在城墙之内还有农田，但是城市和乡村之间的主要区别在于大多数城市居民的非农业身份。这就意味着必须由城市周围的**腹地**（hinterland）给城市人口提供食物。优越的环境条件和技术进步所带来的农业发展，使人口中心的周围地区创造出了剩余农产品。那些处于萌芽状态的小镇中不从事农业的人们可以自由地从事其他职业——多半是金属加工，反过来又推动了创造剩余农产品所需的重要的技术进步。其他人可能变成统治精英或神职阶层中的一员，帮助完善组织居民生活所需要的权力结构和文明秩序。

通常反映在宗教中的社会组织和权力是城市发展所必需的第二个先导。大多数古代城市以教堂或宫殿为中心，其中生活着僧侣，有粮仓、学校，往往还有统治者。城市变成了中央集权的所在地，将其与腹地的关系固定下来，使得剩余农产品从腹地抽调出来并在城市中进行再分配。

古代城市多形成于便于防御的地点，这是城市出现的第三个因素。沿着河流的位置交通便利，但山顶上的位置有防御优势。通常，居民们修筑城墙将城镇围起来，以提高防御能力。修筑城墙，有时候还加上护城河，是欧洲很多地方都采取的一种战略，但是这些防御体系可能也会限制城市的扩张。有些城市——如罗马——曾突破好几重城墙，每一次扩张都扩大了居民生活的地盘。

与城市地区出现有关的第四个因素是更为复杂的经济发展。城市从周围的腹地取得所需要的给养。随着城市权力和组织的扩大，它能够将控制权扩大到更广阔的腹地。随着农业技术的进步，腹地能生产更多的粮食，而且随着运输和仓储措施的改进，城市可以运进更多的粮食并安全地储藏好，供城市人口进行最终的再分配。腹地的规模会限制城市的增长，因为城市的增长只有在农业剩余产品增长的情况下才有可能。

在欧洲和亚洲，从10世纪到18世纪，经济关系的转换改变了城市与其腹地之间简单的索取关系。当贸易变成了经济的引擎，城市商人开始进行买卖交易。他们一般购买原材料——羊毛、木材、香料，然后将其加工成制

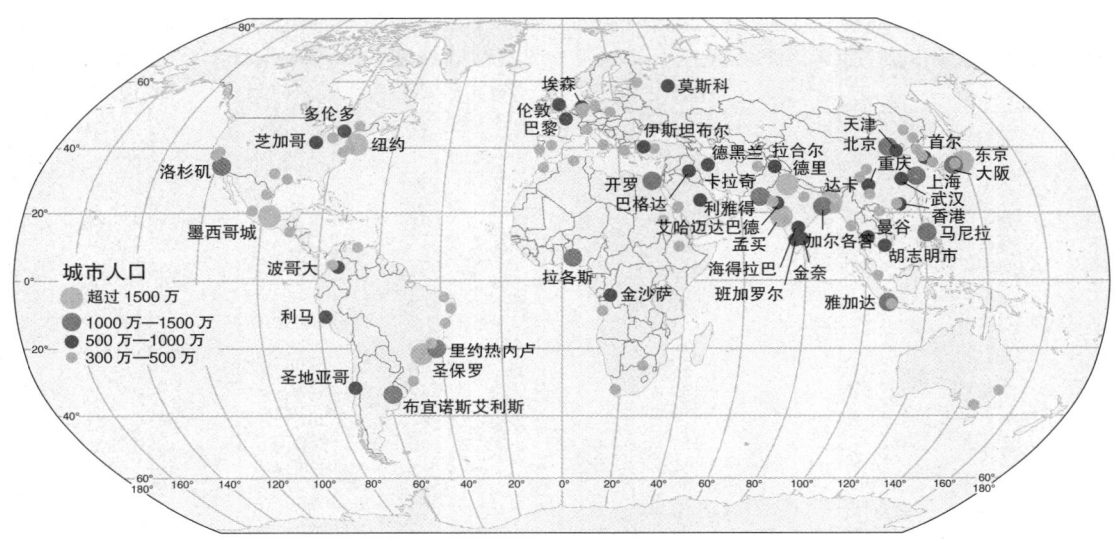

图 11.3 2005 年有 300 万（含）以上人口的大都市区。只标注了人口在 500 万及以上的大都市的名称。广阔的城市化区域不再仅是工业化发达国家的特征。请注意发展中国家中的大都市区集群，如巴西的里约热内卢－圣保罗地区，中国的北京－天津和印度的孟买。

资料来源：*Population projections from United Nations Populations Division.*

成品，如纺织品、小船和食品。

随着工业革命的到来，经济组织发生了另一次转变。工业革命加速了城市化的进程，尤其是在欧洲。以水力或火力为动力，工厂中被工业人口所操作的越来越多的新机器形成了大规模生产。过去以教堂或宫殿为中心、被城墙环绕、集中在市场或河流旁的城市，现在发生了根本性变化：城市的经济财富集中在工厂、铁路和工厂工人的住房附近。

对城市地区发展过程的这一非常简要的回顾，仅仅揭开了极为复杂的城市现象和极为悠久的城市历史的一角，但是在考察城市的其他方面之前，这种回顾对于理解城市的起源是很重要的。它对于把握影响城市所在地的区位和城市经济结构的因素来说也是至关重要的。

城市聚落的区位

城市中心在功能上与城市其他地区和农村地区相联系。正如我们看到的那样，城市中心依赖于腹地。城市还必须依赖其以外的地区——其他城市或腹地——以获得本地不生产的商品和服务，同时城市也是其产品的市场和各种活动的场所。

除此以外，城市中心为自己和其他城市提供服务。为了能够圆满地完成维持自身的运转并为更大的经济体的需要而增添新职能等各项任务，城市单元（urban unit）必须选择最有效率的区位。效率可能来自其中心地位，来自其所处位置的自然特征，或者来自与资源、生产区以及联系其市场的交通网络有关的区位。

在讨论城市聚落区位的时候，地理学家经常要区分地点和位置，这两个概念在第 1 章中已经做了介绍。你能回忆起"地点"指的是聚落的精确所在，可以用纬度和经度来描述，或者用该地点的自然地理特征来描述。例如，费城的地点在宾夕法尼亚州的东南部，紧邻特拉华河西岸，位于特拉华河与斯库尔基尔河

（Schuylkill River）的交汇点以北（图11.4）。

描述可以或繁或简，依所须达到的目的而定。以费城为例，实际情况是该城市部分位于大西洋海岸的平原上，部分位于山麓地带（山麓丘陵），又可通航的河流为其服务——在

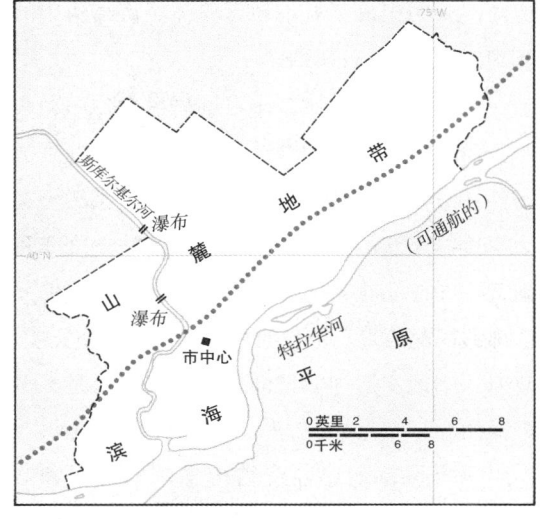

图11.4 费城的地点。

工业革命期间，如果想要发展城市，这是很重要的。如图11.5所示，在美国主要城市建立的过程中，水运是一个很重要的区位因素。

因为认识到特殊的地点条件的意义，所以有人提出根据地点的特征对城市进行分类。这些地点包括卸货点——如河流交叉点，在这里货物和人都必须中断其旅程；航运的起点或湾头，这里是水运的终点；铁路终点站，这里是铁路的末端。在欧洲，安全和防御——岛屿区位或者地势高的位置——是早期聚落区位选择时考虑的因素。

与地点所表示的绝对区位不同，位置则表示相对区位，它根据周围地区的自然和文化特征设置定居地。通常重要的是了解在该聚落附近的地区存在着哪些可能的机会和活动，如原材料、市场区、农业区、山地和海洋的分布。

芝加哥中心的地点是在北纬41°52′，西经87°40′的滨湖平原上。但是，更重要的是，

图11.5 2000年居民超过100万的美国大都市区，注意主要城市和可通航水路的关系。19世纪中期铁路出现前，所有主要城市都以水路连结。

第11章 城市地理学 461

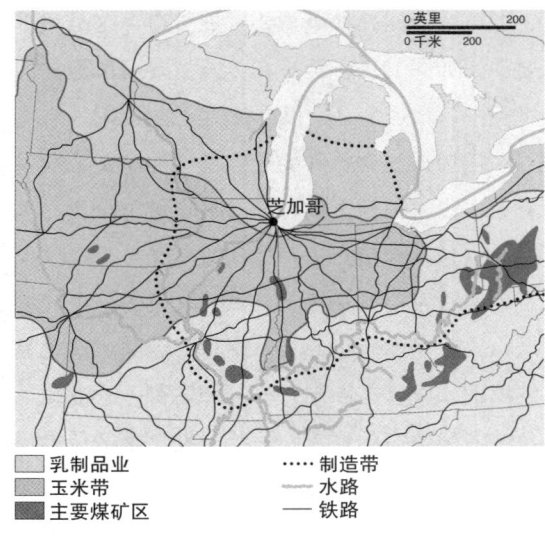

图11.6 芝加哥的位置有助于说明其职能多样化及其成为大城市的原因。

它的位置靠近五大湖水系插入美国内陆的最深处，横跨五大湖—密西西比河水道，并且靠近制造业地带的西部边界、玉米带的北部边界、主要的乳制品区的东南缘。因为有铁路、煤田和矿山，所以其位置特征更加突出（图11.6）。作为东西部之间往来的门户，芝加哥的奥黑尔（O'Hare）国际机场是美国最繁忙的机场之一。从这些对芝加哥位置的描述中可以得到有关市场、原材料和交通中心地位的信息。

最初导致一个城市单元产生的地点或位置可能不会一直作为城市成长和发展的最关键因素而长期存在。一个成功的城市中已经存在的市场、劳动力和城市设施，可能会吸引与其最初的区位因素毫无关系的人和活动。例如，尽管煤矿对匹兹堡的早期发展做出过很大贡献，但是其他因素对其今天的健康发展更重要。

11.3 经济基础

城市地区的**经济基础**（economic base）可以用基础部门和非基础部门来描述，一个部门的变化往往影响到其他部门。理解城市兴衰的关键在于理解这两个部门间的关系。

城市中的一部分就业人口为城市以外的地区和人口生产商品或提供服务。他们是从事"出口"活动的工人，他们的劳动使得金钱流入本地区，共同构成了城市地区整体经济结构中的**基础部门**（basic sector）。

其他工人靠为城市本身的居民提供产品和服务而谋生。他们的劳动对于当地良好的生活条件和成功运转来说是必不可少的，虽然不能为本地挣来新的资金，但构成了经济中的**非基础部门**（nonbasic sector）。这些人对城市单元内部的职能负责。他们对城市的商店、办公楼、政府、本地交通和学校的持续运转来说是至关重要的。

一个城市整体经济结构是基础部门和非基础部门的总和。在现实中，很难绝对地将职业归于某一部门或另一部门，因为绝大多数工作都与其他地区的居民有某种财政上的相互作用。以医生为例，当患者主要来自本地时，他们应该属于非基础部门就业人员，但是当救治来自外地的患者时，他们为城市赚取了新的资金，也就成为了基础部门的一部分。

根据这种职能专门化可以将城市分为不同类别：制造业、零售业、批发业、交通运输、政府管理等。图11.7显示出美国一些大都市区的职能专门化情况。

假设有可能将一个城市的就业人口非常精确地分为截然不同的基础部门和非基础部门，就可以算出这两个就业群体间的比值。图11.8中显示的基础与非基础部门的比值说明随着一个聚落规模的增大，非基础部门人口比新的基础部门人口增加的速度快。在有100万人口的城市中，这一比率是大约2个非基础人口对应

图11.7 美国部分大都市区的专门化职能。选择了5种就业类别以说明美国一些大都市区的专业化模式。除此以外,"最多样"的类别包括了就业大体上平衡分布的城市的代表性例子。因为它们的"平衡"意味着发挥多种职能,多样化城市在专门化地图上表示为空心圆。请注意最多样化的城市区往往也是最大的。

1个基础人口。这就意味着增加10个新的基础就业岗位可以使劳动力增加30个（10个基础，20个非基础）。总人口的增长等于增加的工人数加上他们所抚养的人口。因此存在与经济增长相联系的**乘数效应**（multiplier effect）。乘数效应这一术语指的是作为新的基础部门就业的补充，一个城市的就业和人口随着非基础部门工人和被抚养人口的增加而增长。效应的大小取决于该城市基础与非基础就业人口的比值。一个城市中基础部门的工人越多，就需要越多非基础部门的工人来养活他们，乘数效应的作用就更明显。

11.4　城市职能

大多数现代城市都承担着多种职能。其中包括制造业、零售业、交通枢纽、公共管理、军事用途，以及重要大学的所在地。但是很多城市专门从事某些类别，即使是对于那些真正多样化的城市来说也可以根据它们与市场、生产区位或者行政管理以及其他服务的关系来认

第11章　城市地理学　463

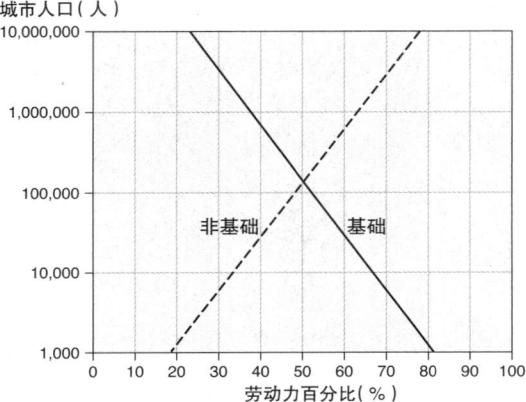

图11.8 从事基础与非基础活动劳动力比例的概括性图解。随着聚落的增大,在非基础活动中就业的劳动力的比例提高。1000万人口的城市大约会有1/4的劳动力从事基础活动,而只有10万居民的城市则会有一半以上的劳动力从事基础活动。

识这些城市。

无论规模大小,城市聚落的存在都是为了高效率地发挥其必要的职能。城市有3项主要职能:①中心地职能,为周围地区提供普遍服务;②交通职能;③专门职能,或者不一定适应当地需求的单一职能。所有城镇都能提供前2种职能,但不一定具备第3种职能。

例如,1950年底特律人口达到了1,849,568的最高值,因为这个城市不仅提供一般性的商品服务,还有便捷的五大湖交通和通达中西部地区的铁路网节点,并且有制造汽车的专门化职能。现在,底特律只剩下一个汽车组装厂,但城市的大都市区还在继续扩大。其他专门化职能的例子还有华盛顿特区,它为全美国提供政府服务,还有明尼苏达州罗切斯特的梅奥医疗中心,为一切有需要的人提供专门的医疗服务。

作为中心市场的城市

当人们想要购买某样东西或者服务时,他们就会进城。自城市出现以来,其就一直被用作市场,不仅为本地居民服务,也向城市以外的人开放。小城市提供一系列商品和服务,能够满足大多数人的需要。但特别少见的东西或特殊服务就只有在最大的城市才能找到。

地理学家瓦尔特·克里斯塔勒(Walter Christaller)创立了**中心地理论**(central place theory)(见"中心地理论"专栏),解释聚落的规模和区位。他发现了一种小、中、大聚落之间相互关联的模式。他认为,小镇是为周围人口服务的市场,而昂贵的奢侈品就只有在为周围小城市服务的大城市才能买到。人们购买基本的生活用品——如食品——只需要走很短的距离,而购买稀有的商品——如豪华轿车——就要走得远些。克里斯塔勒的理论在商品社会里迥然不同的地区都被证明是普遍正确的。在收入、文化、景观、交通体系变化的情况下,该理论都能很好地适用。这套理论特别适用于农村地区,在城镇的规模和间距方面尤其有效。如果我们把克里斯塔勒的方法与帮助我们理解工业区位和交通布局的理论(见第10章)相结合,我们就能很好地理解大多数城市和集镇的区位。

大、中、小城市之间相互依赖的关系在它们对彼此的影响中也能看出来。一个城市单元的影响范围通常与其规模成正比。譬如,一个小城市可能影响当地65平方千米的区域,假如它的报纸可以送达这么大的区域。超过这个范围,就是以另一个城市的影响为主了。**城市影响区**(urban influence zone)就是城市以外受其影响的区域。随着与城市距离的增加,城市对周围农村地区的影响不断减弱(请回想第8章讨论的距离衰减理论)。

各种规模的城市之间普遍存在着错综复杂的关系和等级体系。如北达科他州的大福克斯

中心地理论

1933年，德国地理学家瓦尔特·克里斯塔勒试图对聚落的规模和区位加以解释。他创建了一套理论体系，叫作"中心地理论"，用来解释城镇之间的相互依赖关系。克里斯塔勒认为他的理论在相当理想化的情形下才最为适用，它需要满足这样一些条件：

1. 为周围农村提供食品杂货和服装等生活必需品的城镇，会在农民专门生产商品性农产品的地方逐渐形成。
2. 农业人口以均匀的分散方式分布。
3. 人们具有相近的喜好、需求和收入。
4. 人们所能得到的每种商品或服务都有各自的**阈值**（threshold），即支持供给所需的最低消费人数。因为像豪华轿车这样的商品价格昂贵且需求量又不大，所以这些商品的阈值就很高，而只需较少量的消费者就可以维持一个小食杂店的运营。
5. 消费者会从距离最近的商店购买商品和服务。

当所有假设条件同时满足时，就会产生下面的结果：

1. 将会出现覆盖整个平原的一系列六边形的市场区，如图所示。
2. 在每个六边形市场区的中心都会有一个中心地。
3. 一个中心地市场区的大小与该中心地提供的商品和服务的数量成正比。

此外，克里斯塔勒还得出了两个重要的结论。第一，同样规模的城镇会大致均匀地分布，大镇间的距离大于小镇间的距离。这意味着小镇的数量比大镇多得多。在图中，小镇与比它稍大一些的镇的数量比是3∶1。这种明显按大小和功能区分的梯级形城镇规模等级系列叫作**"中心地等级"**（hierarchy of central place）。

第二，城镇体系是相互依赖的。如果去掉一个城镇，整个体系就不得不重新调整。消费者需要各种商品，其中每一种商品都有不同的维持其销售所需的最低消费者人数。那些能够提供很多种商品和服务的镇就会成为区域的零售中心，而小的中心镇只能给周围最近的人们提供商品。所得到的某种商品的阈值越高，消费者购买这种商品的平均距离越远。

在克里斯塔勒模型之一的这张图中，两个A级中心地是最大的。B级中心地可供出售的商品和服务较少，只服务于中等规模的六边形地区。数量很多的C级中心地规模很小，空间上更为紧密，服务于更小的市场区域。C级中心地提供的商品在A级和B级中心地也能够买到，但是后者却能提供多得多的专门商品。注意同等规模的中心地是均匀分布的。（© *Arthur Getis and Judith Getis*, "Christaller's Central Place Theory," Journal of Geography, 1966. *Used with permission of the National Council for Geographic Education, Indiana, PA*）

◉ A级中心地
● B级中心地
· C级中心地

（Grand Forks）作为当地的市场控制着围绕在其周边的农村地区，但是大福克斯要受州首府俾斯麦市所做出的政治决策的影响。在各种文化、商业和银行业活动方面，大福克斯还受明尼阿波利斯的影响。作为小麦生产中心，大福克斯和明尼阿波利斯受制于芝加哥的谷物市场。当然，来自华盛顿特区有渗透力的农业控制措施和其他政治控制也对大福克斯、明尼阿波利斯和芝加哥施加影响，这充分说明城市影响区是多么巨大、复杂。

作为生产和服务中心的城市

城市的增长是与工业发展联系在一起的，最近的200年间尤其如此。某种产品的制造总是城市的重要组成部分，不过在工业革命之前，制造业的规模一般很小。随着大规模生产的发展，制造业变成驱动城市经济的第一发动机。工业产品往往会输出到其他地方，赚来的钱会在整个城市经济中分配。

大多数城市，特别是大城市，履行着很多输出职能。即使在多样化经济基础的城市，也是一小部分出口性经济活动主导着当地社会的结构，并据此确认其在城市体系中运行的目的。回顾乘数效应这个术语，其含义就是城市的就业和人口随着制造业工人及其抚养人口的增加而增加，作为新的基础就业或制造业就业的补充。

城市的发展可能是自发的——"循环的和渐进的"，其发展在某种程度上与专门生产供出口的物品（如汽车和纸制品等）的工业发展无关，而是与服务活动的吸引力有关。银行和法律服务、相当规模的市场、各种劳动力资源、广泛的公共服务等，可能会引发基础和非基础活动劳动力的增加。近年来，服务业已经发展到了新阶段，新的服务活动为传统的服务活动服务。例如，计算机系统公司帮助银行开发更高效的由计算机驱动的银行系统。

正如聚落的规模和复杂程度会增长一样，其规模和复杂程度也会衰落。当对某个城市单元的产品和服务的需求下降、需要的工人减少时，聚落中基础和非基础的部分都会受到影响。但是，抗拒衰退的努力会阻止这一进程，推迟其影响。尽管聚落的人口可以因移民对更多劳动力需求的快速回应而快速增长，但在衰退的情况下，很多已经在当地扎下根的人不愿意离开，或者在经济上没有能力移居他地。图11.9显示近年来美国南部和西部城市地区一直在快速增长，而东北部和中北部地区的城市增长缓慢，有的甚至陷入衰退。

作为行政和公共机构中心的城市

最早城市的标志是一座庙宇、一座粮仓，还有统治者的居所。城市一直都是行政管理的中心。州和联邦的首府几乎都坐落在有一定规模的城市中，而一旦政府进驻，这些城市往往就会有相当大的发展，因为政府是重要的雇主。

各种规模的城市中，总有一定比例的人口受雇于政府服务部门。除了政府雇员以外，无论在联邦、州、大城市还是地方上，教育和医疗卫生工作者通常也都受雇于政府。在教育部门内，人们受雇于小学、中学，以及中学后教育、技术学校和职业教育学校。在医疗卫生领域，政府雇佣人们在社会代理机构、医院和治疗机构工作。教育和医疗卫生服务必须是处处可得的，因为有人的地方就必须有这些服务。所以，政府部门的就业规模通常与城市人口的规模成正比。

政府部门就业规模与地方人口规模之间的相关性并不一定适用于政府服务，后者一般集

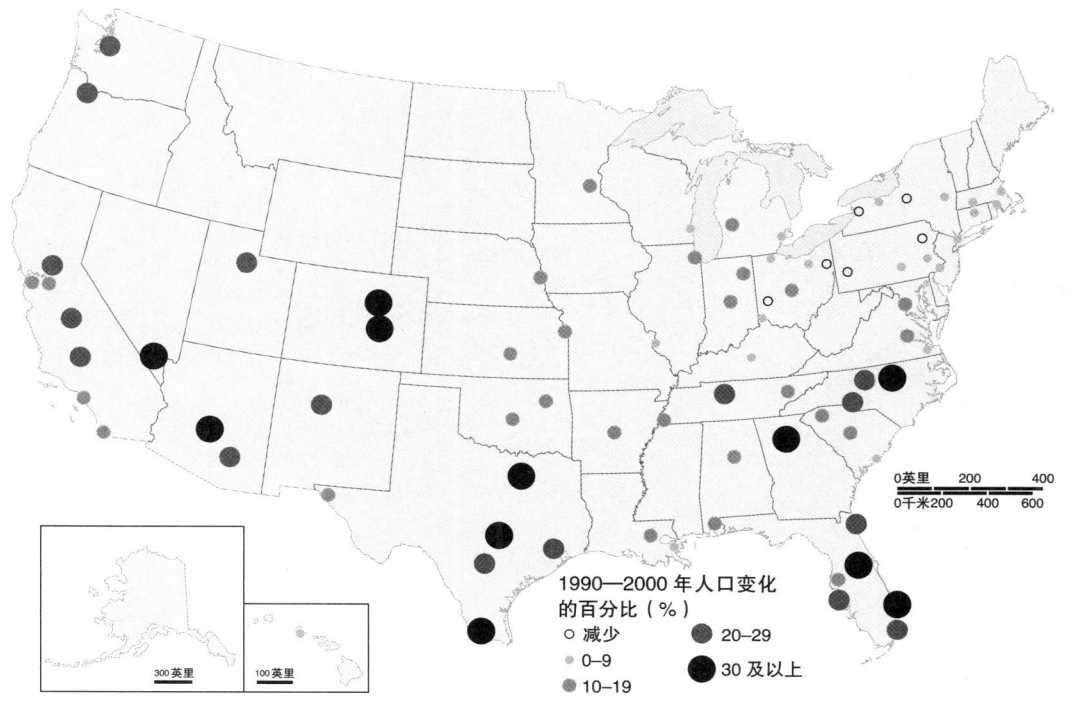

图11.9 1990—2000年美国增长和衰退的大都市分布图。图上显示了2000年人口超过60万的大都市。"阳光地带"以南和西南部的城市增长速度相对较快。东北和中西部地区的城市增长速度适中、保持稳定,或者陷入衰退。资料来源：*Data from U.S. Bureau of the Census.*

中在首府。教育服务与人口的分布是紧密联系在一起的，但有些城市里在教育部门供职的人口与城市人口不成比例，特别是那些大学或学院所在的城市。例如，威斯康星州麦迪逊市政府雇员人数众多，就是因为这里不仅是州政府所在地，而且拥有一所规模很大的公立大学。

11.5 城市体系

今天的城市是相互联系的。任何一个城市都有几种或多重职能，这些职能都受其区位和规模的影响。还会受到它与其他城市的距离，其他城市的规模和职能的影响。整体来看，各类大小城镇都是城市聚落体系的组成部分。

城市等级体系

要认识城市体系是如何组织的，最有效的办法也许是研究**城市等级体系**（urban hierarchy），即根据城市规模和职能组合来评定城市的等级。可以测算出每个城市或大都市区提供的服务的数量和种类。这个等级体系就像一座金字塔，少数大而复杂的城市位于上部，很多较小的城市位于底部。小城市总是比大城市数量多。

如果给等级体系加上空间尺度，如图11.10所示，就可以很清楚地看到一个由大都市中心、大城市、小城市和集镇组成的地域系统。商品、服务、通讯和人员在等级体系中往来流动。少数几个高等级的大都市区为大区域提供特殊的职能，而小城市为小区域服务。各个独立的中

图11.10 美国大都市区的职能等级体系。图中只显示了重要的大都市区。等级体系包括依赖大城市或为大城市服务的小城市（没有显示）。

资料来源：Redrawn from P. L. Knox, ed., *Urbanization.* Upper Saddle River, N.J.:Prentice-Hall, 1994, p. 64.

心与其周围地区相互作用，但由于同等级的城市提供的是几乎相同的服务，因此那些规模相同的城市彼此之间不会互相服务，除非它们能够设立某种专门化服务机构，例如重要的医院或者研究型大学。因此，在该等级体系中某种等级的定居点不是独立的，而是与体系中其他等级的定居点相互关联。体系中各等级的所有中心共同组成一个城市体系。

等级—规模关系

全球范围内城市体系的发展提出了在地区或国家之内的城市体系组织的问题。有些国家，特别是那些经济复杂、城市历史悠久的国家，可以用**等级—规模法则**（rank-size rule）来描述城市体系。这个法则告诉我们，一个国家城市体系中第n个大城市的规模是最大城市规模的1/n。也就是说，第二大城市的规模是第一大城市规模的1/2，第十大城市是第一大城市规模的1/10，依此类推。尽管没有一个国家的城市体系能够精确地满足等级—规模法则的要求，但是俄罗斯和美国的城市体系与此规律比较接近。

等级—规模序列在经济发展中国家和城市体系被**首位城市**（primate city）所支配的国家不那么适用，所谓"首位城市"就是比排在第二位的城市的规模远大一倍以上的城市。实际上，很可能根本就没有明显的"第二位城市"，因为首位城市等级结构的特征就是有一个非常大的城市、少数几个中等规模的城市或根本没有中等规模的城市和发育很多次级的小城市。例如，大都市首尔（2000年人口980万）容纳

468　地理学与生活

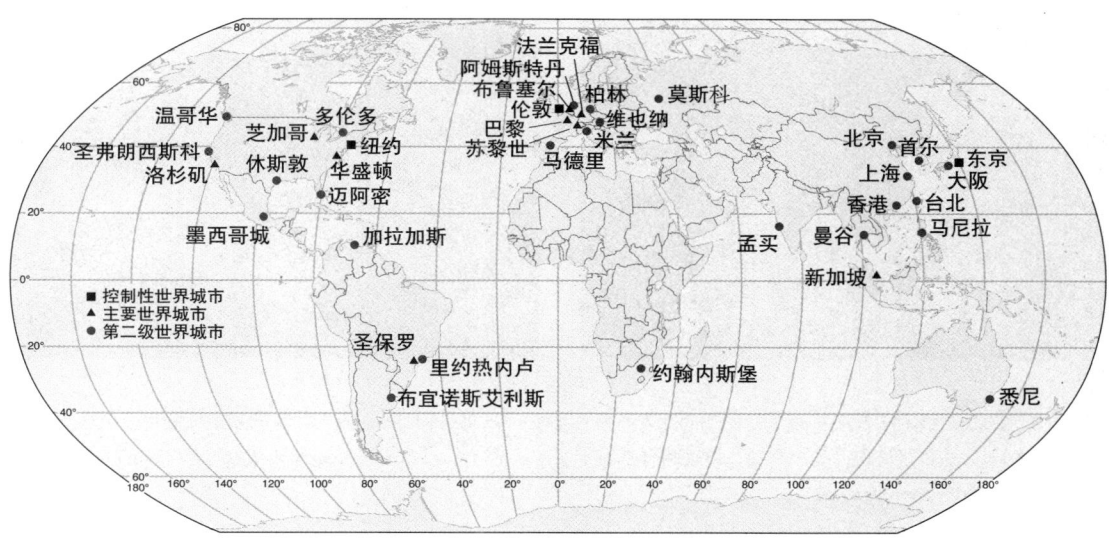

图11.11 世界城市的分类。世界城市是国际生产、营销和金融中心。它们相互交织成复杂的网络,所有这些城市以多种不同的方式相互联系在一起。

了韩国总人口的40%以上。曼谷的人口超过了泰国城市居民总数的一半。

很多发展中国家的首都都表现出这种压倒性的首位优势。部分原因在于,首位城市模式是这些国家殖民地历史的遗产,在殖民地时代经济发展、殖民统治、交通和贸易活动都集中在一地。达喀尔(塞内加尔)、罗安达(安哥拉)等很多非洲国家的首都均属这种情况。

在另一种情况下,经济发展和人口增长倾向于集中在规模不成比例的首都城市,其城市规模吸引了进一步的发展和增长。很多欧洲国家(如英国、法国和奥地利)都显示为首位结构,这往往是由于过去经济和政治权力集中在首都的宫廷,那里可能也是庞大殖民帝国的行政管理和贸易中心。

世界城市

位于国家城市体系之巅的是少数几个被称为**世界城市**(world city)的中心城区。这些巨大的城市中心是国际生产、营销和金融的控制节点。它们被称为全球经济的"控制指挥中心"。

伦敦、纽约和东京普遍被看作是3个首要的世界城市。这几个城市中跨国服务办公机构和跨国公司的总部数量最多,它们在世界上各自的地区内控制着商业往来。每个中心直接与很多其他世界城市相联系。所有这些城市都被编织进控制着全球金融、制造业和贸易体系的组织和管理的复杂网络。图11.11显示出这些控制性中心和所提到的主要的、二级的世界城市——包括巴黎、香港、新加坡、米兰、多伦多、芝加哥和洛杉矶——之间的联系。这些城市都通过政府、重要公司、股票和期货交易所、证券和商品市场、主要的银行和国际组织之间先进的通讯系统联系在一起。

重要的跨国公司刺激了世界城市的发展,提高了其统治地位。跨国公司的规模和复杂程度不断增加,使之不得不向专业化服务公司外包其主要管理职能,以便将控制分散的经营活动的复杂程度最小化。这些专门化服务机

图11.12 纽约市（[a]）和某小镇（纽约州的阿米蒂维尔[Amity ville][b]）在规模、密度和土地利用复杂性之间的差别非常明显。一个是城市，一个是镇，但是两者都属于城市地区。（[a] © Comstock Royalty Free / Getty Images; [b] © Dennis O' Clair / Getty Images）

构——法律、会计、金融等——也需要依靠大量的专业技能、信息和人才储备，而这些只有在世界城市里才能找到。

11.6 城市的内部

城市地区有其独特的自然景观和文化景观，所以如果不知道城市内部的特征，对城市性质的理解就是不全面的。至此我们已在城市等级体系的范围内探究了城市的起源和职能。现在我们要对城市土地利用模式、城市形态的变化、城市的社会区域以及决定城市地区大部分特点的制度约束（institutional control）进行探讨。尽管这种讨论将主要围绕着美国的城市进行，但是世界上大多数城市都有着很多共同的要素。第一步，重要的是理解我们在本节将要用到的常用术语。

定义今天的城市

各个城市地区并非只有一种类型、结构或规模。它们共同的特征都是有核心的非农村聚落。城市地区规模的一个极端是可能仅有一条主要商业街的小镇，而另一个极端则是复杂的、多功能的大都市区或特大城市（图11.12）。"城市"这个词通常用来描述市镇、城市、市郊或大都市区这样的地方，但它是一个通用词，并不用来专指某一特定类型的聚落。人们使用通用词的方式不同。佛蒙特州或西弗吉尼亚州农村地区的居民称为城市的地方可能对加利福尼亚州或新泽西州的人来说根本算不上城市。此外，必须记住的是，"城市"这个词在世界各地含义也有所不同：在美国，人口普查局把城市地区描述为有2500名以上居民的地方；在希腊，城市被定义为其中最大的人口中心有超过1万名居民的自治地方；在尼加拉瓜，城市指的是有街道、电灯，至少有1000名居民的行政管理中心。本章必须对普遍采用但解释不同的术语的含义加以统一。

城（市）（city）和**（市）镇**（town）这两个词表示的都是有核心的聚落，有着与之相称的多种职能，包括一个建成的中央商务区，有居住和非居住用途的土地。镇比城市的规模小，职能的复杂程度也不及城市，但它们也有一个核心的商务集聚区。**市郊**（suburb）指的是附属的区域,是大的城市综合体中依赖于城市地区的、有专门功能的部分。市郊可以主要或专门用于居住、工业或商业用途。但是市郊可以是独立的政治实体。**中心城区**(central city)是城市地区中位于郊区带之内的部分,通常有正式的分界线。

这些城市类型中的一部分或全部可能被结合到更大的单元中。**城市化地区**(urbanized area)是楼房连片的景观,它根据建筑物和人口密度定义而与政治界限无关。其中可能含有一个中心城区及很多毗连的市、镇、市郊以及其他城市地段。另一方面,**大都市区**(metropolitan area)指的是大型的功能实体,可能包含多个城市化地区,尽管建成区不连续,但是经济上结合为一个整体运营(图11.13)。美国最主要的大都市区如表11.3所示。

土地利用模式

想想你熟悉的某个城镇。镇中心做的是什么生意?它们为什么会在那里?很多店主希望选址在自己的潜在顾客容易到达的地方,因为商业活动处在交通方便的地方才能生意兴隆。中心城区一般都被需要方便地接近大量人口的商店和行政管理机构所占据。工厂和住宅一般都位于中心城区之外,因为它们的需要有所不同。工厂需要布置在能够同时方便地获得工人和原材料的地方。住宅要求接近工作场所、商店和学校。可达性是理解城市内部土地利用的关键。

在城市地区内部存在着一种反复出现的土地利用分布和人口密度模式。城市内部组织的方式有某种相同之处,特别是在某一特定的文化圈内部,如北美和欧洲。影响内部土地利用模式的主要变量有可达性、竞争性的土地市场

表11.3 2000年人口超过200万的美国大都市区

排名	大都市区 (主要城市)	人口
1	纽约	18,323,002
2	洛杉矶	12,365,627
3	芝加哥	9,098,316
4	费城	5,687,147
5	达拉斯–沃斯堡	5,161,544
6	迈阿密	5,007,564
7	华盛顿特区	4,796,183
8	休斯敦	4,715,407
9	底特律	4,452,557
10	波士顿	4,391,344
11	亚特兰大	4,247,981
12	圣弗朗西斯科	4,123,740
13	里弗赛德–圣贝纳迪诺	3,254,821
14	菲尼克斯	3,251,876
15	西雅图	3,043,878
16	明尼阿波利斯–圣保罗	2,968,806
17	圣迭戈	2,813,833
18	圣路易斯	2,698,687
19	巴尔的摩	2,552,994
20	匹兹堡	2,431,087
21	坦帕	2,395,997
22	丹佛	2,179,240
23	克利夫兰	2,148,143
24	辛辛那提	2,009,632

资料来源:U.S. Bureau of the Census.

以及城市发展时期可利用的交通技术等。

中央商务区

在美国,第一批城市发展的时候尚处于步行与驮运时代。人口很少,城市很紧凑。19世纪末和20世纪初,城市建设了公共交通系统,尽管代价高昂但是高效。虽然引入了公共交通,但是

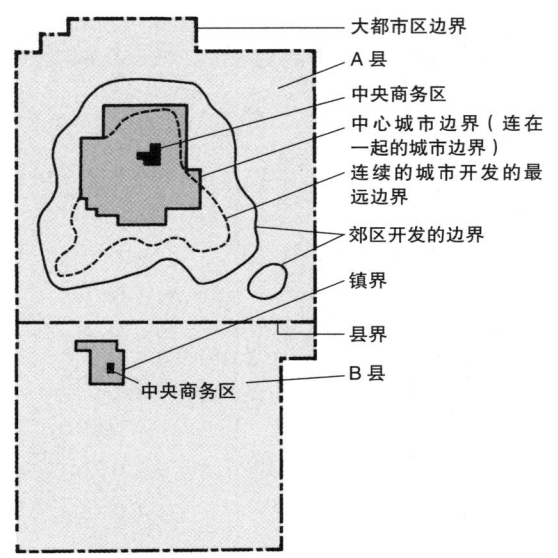

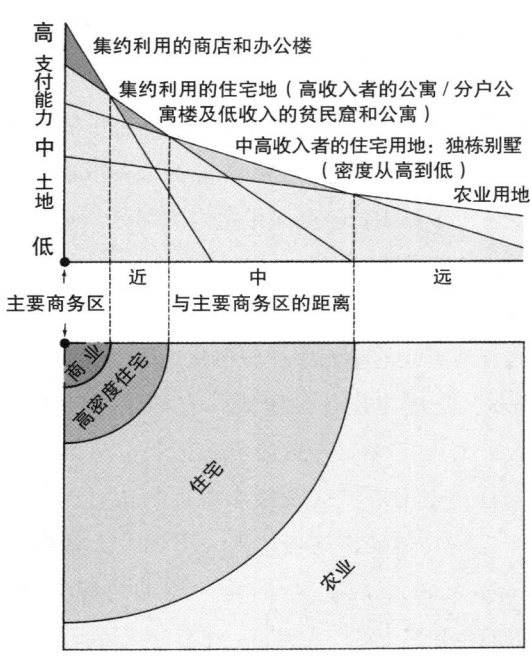

图11.13 假想的大都市区内城市单元的空间分布。有时中心城区的正式边界范围非常大，包括通常被认为是市郊甚至是农村的地方。另一方面，历史较长的美国东部城市和某些西部城市——如圣弗朗西斯科——的正式边界仅包含大都市范围内土地利用和人口密度高的那部分。

图11.14 城市土地利用一般模型。模型描绘了在理想的城市地区内不同土地利用方式的区位，出价最高者得到交通最便利的土地。

只有在公共交通线路附近的步行距离内的土地，才可以被成功地结合进城市结构扩张的范围之内。在更古老的中心城区内，即叫作**中央商务区**（central business district，CBD）的城市核心区位，交通最为便利，因此成了实现很多城市职能最理想的地方。当时的中央商务区位于公共交通线路的交叉点（在欧洲城市和美国的大城市）或者城市的中央道路两旁（在小城市）。

城市中心的地块不仅交通便利而且价值很高。城市土地的价值取决于潜在使用者竞争性的报价。公共用途——如公园和学校——根据规范而不是支付能力来划拨土地。在私人市场上，对交通便利有最大需求的土地使用者出价最高，占据了中央商务区内的地块。交通便利程度稍逊一筹的中央商务区地块一般都会被高层的办公楼（摩天大楼）和大饭店之类的土地利用者占据，这些建筑物共同构成了商业城市的天际线。

中央商务区的土地是稀缺商品，它的稀缺性使得其价格昂贵，需要集约的、高密度的利用方式。由于可用的土地供给有限，所以公共交通时代的工业城市都是紧凑的。其特征是住宅密度和结构密度高，在其边缘地区有一条城市和非城市用途泾渭分明的界线。美国东北部和加拿大东南部老一些的中心城区往往都呈现出这种模式。

中央商务区之外

在城市的核心区之外，类似的但等级较低的商业集合体在较为偏远的公共交通系统交叉点——换乘点——上发展起来。工业占据了临近重要的货物运输线路——铁路、水运码头、河流或运河——的地块。鳞次栉比的商店、轻工业和高密度的公寓建筑能够接受大容量公共交通线路沿线的区位，并可从中获益。城市内交通最不方便的位置就留给竞争力最差的土地使用者：低密度的住宅。图11.14的简图是对这种在城市用地竞争者之间反复进行的空间配置过程的总结。

对土地的竞争性出价应该产生——至少是在理论上——两种独立的但有关联的距离衰减模型。土地价格和人口密度都会随着与中央商务区距离的增加而降低。土地价格的降低有一种独特的模式：在距离土地最高峰值点——中央商务区可达性最好和最为昂贵的地块——很近的地方，土地价格有一个急剧的下降，然后价格降低的幅度较小，直到建成区的边缘。中心城区人口密度模型也呈现出相似的距离衰减分布，如图11.15所示。

旧时代美国东部以公共交通为主的中心城区的土地利用规律，没有全部被复制到20世纪西部的城市中心来。这些较新的城市密度和土地利用结构，更多地受到小汽车而不是公共交通系统的影响。这些城市更容易扩张，低密度发展，因此呈现出的土地利用模式没有东部的先行者那么紧凑，也没有那么标准。即便如此，我们这里一直在讨论的模式自20世纪初以来也已经被社会学家和地理学家们认识到了。

城市形态模型

20世纪20年代至20世纪30年代就提出了城市增长和土地利用模式的一般模型——简化的图形概括。尽管无可否认，这些模型所概括的是城市中变数极大的部分，但它们仍然能够

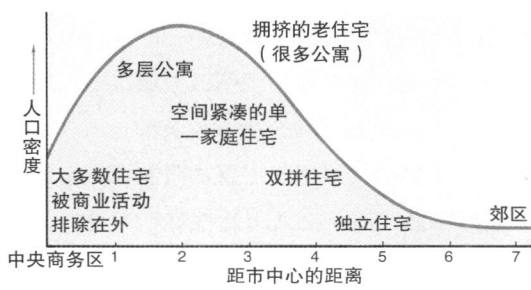

图11.15 人口密度的一般曲线。随着与多层公寓建筑区距离的增加，人口密度降低。

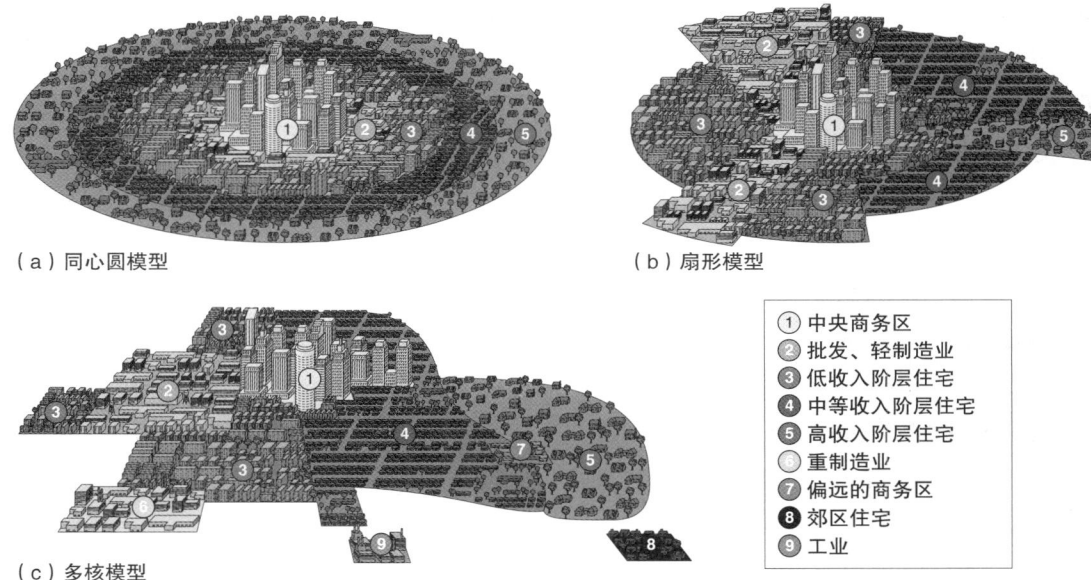

（a）同心圆模型　　（b）扇形模型　　（c）多核模型

① 中央商务区
② 批发、轻制造业
③ 低收入阶层住宅
④ 中等收入阶层住宅
⑤ 高收入阶层住宅
⑥ 重制造业
⑦ 偏远的商务区
⑧ 郊区住宅
⑨ 工业

图11.16 城市内部结构的三种经典模型：(a)同心圆模型，(b)扇形模型，(c)多核模型。

资料来源 "The Nature of Cities" by C. D. Harris and E. L. Ullman in volume no. 242 of *The Annals of the American Academy of Political and Social Science*. Copyright © 1945 The American Academy of Political and Social Science, *Philadelphia, PA*. Used by permission of the publisher and authors.

帮助我们理解城市形态的某些规律。更近一些时候，城市地理学家开始采用模型来帮助我们更好地理解分散化的城市。

经典模型共同的起点出现在古老的中心城区里的独特中央商务区中。这个地区的核心呈现出高强度的土地利用开发：高层建筑、众多商店和办公楼、拥挤的街道。在核心区外边是仓库、交通枢纽和轻工业（所需原材料不多，污染也极少）组成的边缘区。在城市核心之外，就是住宅用地。

同心圆模型（concentric zone model）（图11.16[a]）是社会学家欧内斯特·伯吉斯（Ernest Burgess）于20世纪20年代提出的。他描绘了五个圈层，从第一圈的中央商务区向外辐射开去，第二圈是过渡带，其特征是萧条和衰退，其中有高密度的低收入阶层的贫民窟、出租房屋，可能还有少数民族聚居区；第三个圈层是工人的住宅，往往是在不大的地块上的更小、更破旧的房子；第四和第五圈分别是中产阶级和富裕阶层的独立住宅和公寓。

同心圆模型是动态的。每种类型的土地用途和每类人群都倾向于向外迁移到下一个圈层。这种迁移是连续不断的侵入和演替过程的一部分，这种过程导致了土地利用模式的重构和人口因收入水平的不同而分化。芝加哥的发展（图11.17）与该模型有相符之处。

扇形模型（sector model，图11.16[b]）形成于20世纪30年代，主要关注的是交通干道。它认为房租高的住宅区都是从市中心沿主要的交通干线——如市郊通勤铁路——向外扩展。这种模型指出，随着城市的扩大，最高收入的人群会迁往沿线有交通干线从城市中心向外延伸的新小区的新家。中等收入阶层的住宅聚集在富裕阶层的住宅外面，而低收入者的住宅占据了邻近工业区和相关的交通线——如货运铁路——的地方。

扇形模型也是动态的，其中有着一种过滤式的过程，旧区被向外迁移的原来的居民所放弃，而最低收入的人群（离市中心最近，离富人目前住处最远）或许会成为他们腾出来的最不受欢迎地方的受益者。城市扩张呈放射状，而不是同心圆模型中的带状。扇形模型与加拿大卡尔加里的实际情况相一致（图11.18）。

城市土地利用模式的第三种模型是**多核模型**（multiple-nuclei model）（图11.16[c]），其前提与同心圆和扇形模型的核心假设——即城市增长和发展都是从一个单一的中心向外扩展——相反。这种模型表明，大城市的发展是从几个——而不是一个——增长节点向外围扩展的。某些活动根据其需要被限制在特定的区域：如零售区需要交通可达性好，而港口需要岸线的区位。各个独立的核心向外围扩展的部分最终会连接在一起，用途各不相容的土地会沿着连接线交汇。因此，城市土地利用模式并不是从一个中心向外形成的一系列同心圆或扇形的有规律的结构，而是建立在活动各不相同、各自独立扩展的组团基础上。

尽管这三种模型所概括的文化、社会、经济和技术条件现在已经被淘汰，但是它们所说明的自然格局仍然保留着，并控制着现在的景观。1950年以前很多城市就类似于同心圆或扇形模型，有一个界线清晰、处于主导地位的中央商务区，但是第二次世界大战后几十年城市变得越来越复杂。多核模型可能与近年来城市开发的实际情况更接近，但是也应该用第四种模型——边缘模型——进行补充。

边缘模型（peripheral model）考虑了自第二次世界大战以来城市形态发生的重大变化，特别是郊区化的出现。边缘模型补充而不是取代早期的三种城市土地利用模型（图11.19）。它重

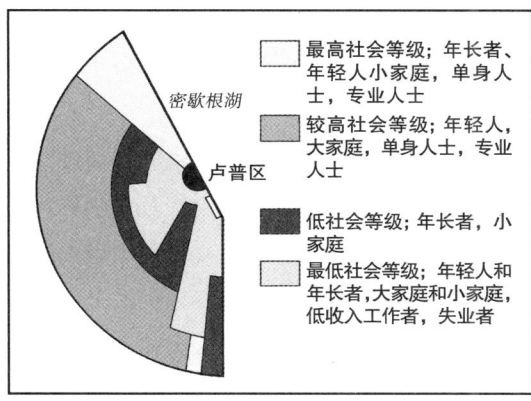

图11.17 芝加哥地区主要社会区域的简图。中央商务区被称为卢普区。

资料来源：*Redrawn with permission from Philip Rees, "The Factorial Ecology of Metropolitan Chicago," M.A. Thesis, University of Chicago, 1968.*

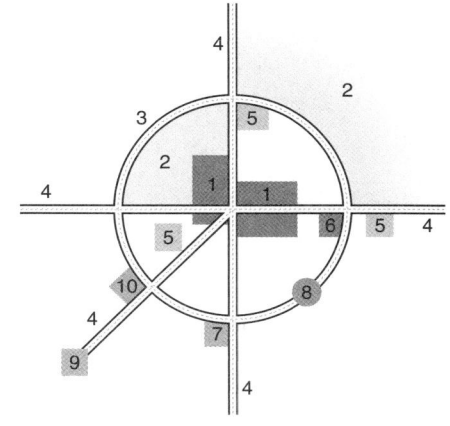

1. 中心城市
2. 郊区住宅区
3. 环形公路
4. 放射状公路
5. 大型购物中心
6. 工业区
7. 办公园区
8. 服务中心
9. 机场综合楼
10. 就业和购物中心综合体

图11.19 城市形态的边缘模型。这个模型是对同心圆模型、扇形模型和多核模型的补充。

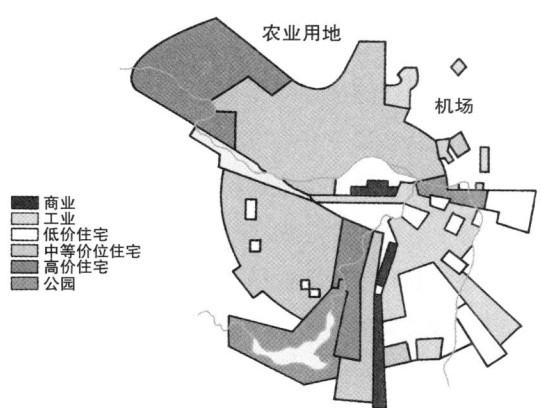

图11.18 1981年加拿大艾伯塔省卡尔加里市内部及周围地区的土地利用模型。自然和人文的障碍以及城市地区随着时间的演进往往导致其向扇形模型或者类似的土地利用模式发展。卡尔加里的中央商务区是多个扇形区共同的中心。

资料来源：*Revised and redrawn with permission from P. J. Smith, "Calgary: A Study in Urban Patterns," Economic Geography, 38, no. 4, p. 328. Copyright © 1962 Clark University, Worcester, MA.*

点关注位于大都市区内、中心城区之外的边缘地带。边缘地带的功能不取决于它们与城市中心的关系，而是取决于它们与边缘地带其他部分的关系。在这个模型中，中心城区之外都有一条环形公路，使大片土地可供开发。住宅形式相对划一，位于大规模开发区内。边缘地带的节点附近是就业或服务中心。其中包括大型购物中心、工业园、配送和仓储建筑群、办公园区和机场综合楼群（其中有旅馆、会议设施和汽车租赁公司）。边缘地带的居民大部分活动都在边缘地带内部而不是在市区里进行，他们在郊区的大型购物中心购买食品、衣服和服务，在乡间俱乐部和娱乐城休闲娱乐，在工业园或办公园区找工作。但是边缘地带与市区并不是截然分开的，它仍旧是大都市区一个功能部分。

上文所讨论的城市形态模型帮助我们理解城市的结构和发展，但是必须强调，模型不是地图，而且很多城市可能兼具几种模型的某些特点。

城市形态的变化

20世纪人类见证了美国城市模式的巨大

变化。这是技术、物质和制度结构创新的成果，这些方面的创新促进了变化。第一，汽车的改良增加了其可靠性、使用范围和便捷程度，把车主从回家、上班、购物要依赖固定线路的公共交通中解放了出来。新的交通灵活性给城市开发提供了大面积的新的非城市土地。

第二，州际公路系统的开发使得长距离通勤更为可行。在20世纪70年代，州际公路系统主体部分完成，重要的大都市高速公路都已完工，这样一来，30—45千米甚至更远的距离都可看作是从家到工作地点的通勤距离。

第三，第二次世界大战后，美国家庭的住房拥有率大幅度提高，从1945年的不到50%上升到1960年的60%。政府通过授权给联邦住房管理局（Federal Housing Administration，FHA）和退伍军人管理局（Veterans Administration，VA）发放更多的家庭住房贷款，从而刺激了这种繁荣。这些机构提供比战前的私人银行家宽松得多的贷款条件，战前买房人从私人银行贷款需要很高的首付比例（有时是50%甚至更多），偿还期限很短，往往是10年。联邦住房管理局和退伍军人管理局改革了家庭购房政策，提供高达住房价值90%的抵押贷款，贷款偿还期限长达30年。退伍军人管理局允许很多退伍军人零首付购买住房。第四，1938年美国人接受了每周最多工作40小时的观念，这保证了数以百万计的美国人通勤路程的时间。在工作日普遍工作10小时以上的时候，这是不可能的。

这些发展改变了可达性的一般模式，并大大改变了土地价值曲线。在过去的60—70年间，美国的城市经历了市中心人口减少的过程，居民、商业和工业向外迁到了市郊，从而导致市中心衰落，近来这种趋势有小幅的逆转，有些人又回到很多城市的中心区。

郊区化

因多年的经济萧条和战时的限制而被抑制的对住房的需求，在1945年之后如潮水般释放出来，规模宏大的郊区化改变了美国城市的现有模式。1950—1970年，最突出的两个人口增长模式就是人口的大城市化和人口在大都市内的郊区化。20世纪70年代由于能源价格上涨，所以郊区化的进展放缓，但是到了20世纪80年代，郊区化又重新快速发展起来。

住宅土地利用将潮流引导到了郊区。一个非常典型的情况是，整齐划一但空间上不连续的住宅开发越过了大多数旧中心城区的边界。新的设计是没有中心的向外蔓延式，因为它不受公共交通线路的限制。它还代表了购买力大规模的重新布局，零售商们很快对此做出了反应。规划的区域性大型购物中心变成了相当于高等级中心地的中心城区外围商业区。小一些的购物中心和带状商业中心渐渐组成了完整的零售业等级体系。

面对新出现的劳动力郊区化，产业也随之向外搬迁，这也是受到了成本低廉的郊区现代化单层厂房的吸引，这还可以给雇员提供充足的停车位。工业不再需要靠近铁路设施选址，高速公路为成本更低、更为灵活的卡车运输提供了新机会。服务业也受到购买力的吸引，大批受过良好教育的劳动力现在都生活在郊区，像商业中心一样，综合性办公楼的开发选在高速公路的交叉点上，或者沿着高速公路和大的支线公路两侧。

主要大都市区的面积和人口都在快速扩张。芝加哥地区的增长模式如图11.20所示。城市向外扩展，将人口从中心城区带走。图11.21是俄亥俄州克利夫兰市50年间人口密度

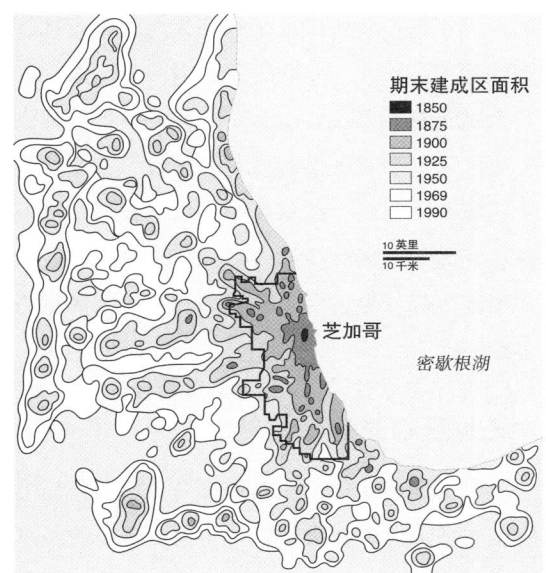

图 11.20 城市扩展史。和美国很多较老的大城市一样，19世纪后半叶和20世纪初的芝加哥城市边缘扩展缓慢；1945年以后，其随着汽车郊区（automobile suburb）开发的开始而突然加速。黑色线表示芝加哥城市的边界。

资料来源：*Revised with permission from B. J. L. Berry, Chicago: Transformation of an Urban System, Ballinger Publishing Co., Cambridge, Mass. 1976, with additions from other sources.*

模式时间序列图，说明了人口密度随时间的变化情况。1940年的时候，该市人口密度最高值出现在距离中央商务区4.5千米的地方，而1990年的时候距离是9.4千米。随着城市的扩张，中心附近的人口密度下降。但是到了2000年，这种模式出现了逆转，因为富裕的年轻人开始选择在交通最便捷的区位生活。

到20世纪90年代，一种新型美国城市已经在主要的大都市区的周边出现。由于边缘地带的功能区片之间越来越大的空间分隔所导致的建成区不断蔓延和生活成本的上升，外围扩张速度放慢，可开发土地的供给减少，土地开发的密度提高。郊区不再依赖中心城区，再生为规模巨大的、集团式的、自给自足的远离中心的城市，其标志性景观是工业园、摩天大楼办公园区、巨大的零售商业综合体，以及遍地开花的独立社区和公寓综合楼。

新郊区开始在规模和复杂程度方面与旧的

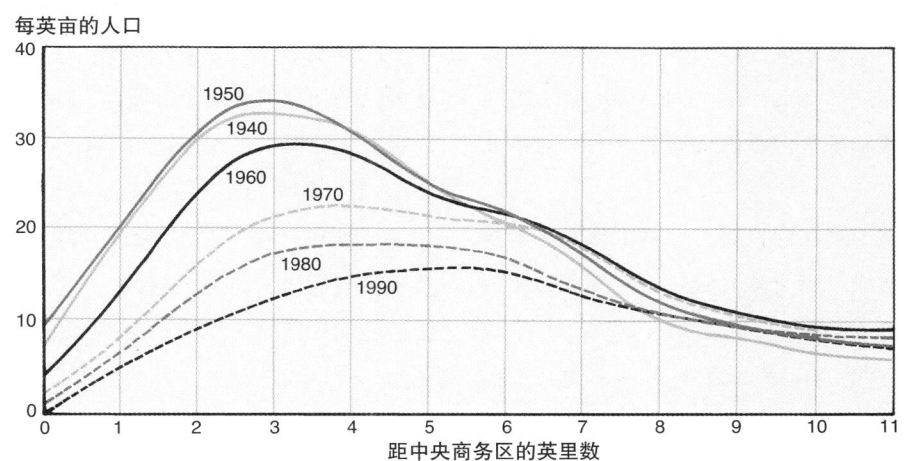

图 11.21 俄亥俄州克利夫兰市1940—1990年人口密度梯度。图中清楚显示，随着克利夫兰从公共交通为主向小汽车占主导地位的转变，中央核心地区人口逐步减少，人口密度梯度向城市边缘愈加平缓。克利夫兰模式与对城市密度的其他研究得出的结论是一致的：随着时间的推移，密度梯度会变得平缓，城市越大，梯度曲线就越平缓。（编注：1英亩约等于4047平方米；1英里约等于1609米）

资料来源：*Anupa Mukhopadhyay and Ashok K. Dutt, "Population Density Gradient Changes for a Postindustrial City-Cleveland, Ohio 1940–1990," GeoJournal 34:517, no. 4, 1994. Redrawn by permission of Kluwer Academic Publishers and Ashok K. Dutt.*

图11.22 位于底特律联信银行公园（Comerica Park）内的一座破败的建筑。大城市中有些地区已经被废弃，现在只居住着穷人。（© AP / Wide World Photos）

中央商务区相抗衡。总的说来，作为就业机会和收入的制造者，新中心超过了中心城区。郊区和旧的中央商务区一起，提供着作为后工业大城市标志的第三产业和第四产业。在20世纪80年代，美国郊区比中心城区创建了更多的办公处所。例如，弗吉尼亚州的泰森斯科纳（Tysons Corner，在阿灵顿和雷斯顿之间）就变成了美国第九大中央商务区。大公司的区域性和全国性总部、银行业、各种专业服务、大型酒店大厦和娱乐中心逐渐成为新的外围城市——有时叫作边缘城市（edge city），是城市地区边缘处的办公楼和零售活动的大型节点——的组成部分。

边缘城市现在存在于已经城市化的北美洲各地。加利福尼亚州奥兰治县的南海岸购物中心（South Coast Metro Center）、休斯敦西边的城市波斯特奥克的风雨廊商业街（City Post Oak-Galleria center）、费城西北的"普鲁士王"（King of Prussia）购物中心和202公路走廊、纽约市西部新泽西的梅多兰兹（Meadowlands）、伊利诺伊州芝加哥西部郊区的绍姆堡（Schaumburg），这些只是这种新城市形态的几个代表。亚特兰大郊区甚至还有一个就叫作"外围中心"（Periphery Center）的地方。

近年来，郊区已经扩张到了与大都市区接壤的程度。波士顿-华盛顿走廊——一般被称为**大城市连绵区**（megalopolis）——是连绵的建成区，其中有很多可以与波士顿、普罗维登斯、纽约、费城、巴尔的摩、华盛顿的中央商务区相媲美的新中心。在第13章的"大城市连绵区"部分将进一步分析美国东北部的城市走廊。

中心城区的衰落

可达性的变化模式对中央商务区及其周围内城的活力有着极大影响。中央商务区曾经享有高度的可达性，位于电车和城际铁路的中心。但是随着州际公路系统的出现和航空运输的广泛扩展，中心城区越来越被看作是过度拥挤和交通相对不便的地方。给中心城区带来经济优势的动力现在反而对它造成了损害。很多工作职位已经从中心城区迁移到了城市边缘区，随之迁移的是很多富有的人口。

城市不断增加拥有汽车的居民——更年轻、更富有、受过更好的教育，利用汽车和高速公路的便利离开了中心城区。而贫穷、年老、最没有优势的城市居民则留了下来（图11.22）。中心城区和郊区的差距越来越大。城市中大片的地方现在只有穷人和少数族裔居民，这些人几乎没有能力支付他们自己、他们的邻里以及维持他们生活状况所需的不断上涨的社会服务费用。

维持穷人生活所必需的服务包括社会福利金、社会工作者、警察和消防、健康服务系统及福利住房。中心城区本身没有能力筹集足够的税收来提供这一系列社会服务并保证其力度，因为它们已经失去了迁到郊区的商业、工业和中上收入水平的住宅用地所代表的计税基数。同时失去的还有原本是中心城区组成结构一部分的工作机会。穷人和少数民族人群日益被束缚在没有就近就业可能的中心城区，因距离、交通不便和经验不足而被剥夺了仅存的为数不多的低技能工作机会，而这种工作现在主要在郊区。这种不幸的局面通常被叫作"空间错位"（spatial mismatch）。

人口转移以及工商业职能对中心城区的放弃，几乎摧毁了传统的、活跃的城市土地公开拍卖市场。在私人投资者离开后留下的空白中，联邦政府开始了城市更新计划，特别是在划时代的1949年《住宅法案》（Housing Act）颁布后更是如此，有的计划规定可以与私人住宅和再开发投资合作，有的则没有。在一大批从20世纪40年代末开始制定和投资的计划下，政府清除了贫民窟、建造了公共住房，还创建了综合文化中心和工业园，城市中心得到了重建（图11.23）。

但是，随着对城市经济基础持续不断的侵蚀和对中心城区人口组成不利的重构，政府为保留或者振兴中心城区所进行的艰苦斗争经常被证明是失败的。密歇根州的底特律、俄亥俄州的托莱多、康涅狄格州的布里奇波特等城市见证了城市更新计划多次失败的尝试。近年来，中心城区已经变成了成千上万无家可归者（见"无家可归者"专栏）的归宿。很多人住在公园里、门道里、街上的地铁暖气排放口边和地铁站里。中心城区土地价格和住房价格高、对缺少技能的人的就业机会有限、社会服务的资源不足，在很多旁观者看来，这里的经济状况几乎没有或根本没有希望改观。

在美国西部地区，中心城区的情况与东部稍有不同。在20世纪后半叶，美国最激动人心的城市增长速度出现在西部山区和太平洋西岸的各州。1940年西部只有一半多一点的人口生活在城市中，到2000年城市人口占到了

图11.23 不完美的塔楼。很多精心建造的——也是巨大的——公共住房项目已经失败了。芝加哥的罗伯特·泰勒住宅区于1962年完工，由28座同样的16层住宅楼组成，是世界上最大的公共住房项目，也是美国最大的穷人聚居区。4400套公寓占据了国家大道南面3千米长的街面，像是一道混凝土幕墙，将完全毁坏了这个项目的恶意破坏和犯罪行为与往来车辆和行人隔离开来。人们逐渐认识到，高层公共住宅的开发本来是要振兴中心城区，但是它不能满足其中居民的住房和社会需要。因此，自20世纪90年代以来，总数超过130万个公共住宅单位中有将近10万个被拆除，其中也包括罗伯特·泰勒项目。（© AP / Wide World Photos）

将近90%。亚利桑那、加利福尼亚、内华达和犹他州的城市人口比例都超过了纽约，美国增长最快的大都市的前10位中有7个在西部（表11.4）。与此同时，增长最慢的大城市出现在美国东部。

在很大程度上，这些新兴的、汽车推动的大都市区能够通过将其外围的新增长区保持在中心城区边界范围内来实现城市实体上的扩张。它们几乎无一例外地对城市实体上的扩张没有多少限制。没有限制的增长常常会导致个

第11章 城市地理学 479

无家可归者

在过去的20年间,美国无家可归者的人数大幅度上升。现在,每个大城市都可能有数百甚至数千名没有自己住宅的人。人们看到他们用购物车推着自己的家当,在免费食品发放点或者救助站排队,睡在公园或者门道里。对他们人数的可靠统计数并不存在,官方数据认为美国的无家可归者人数在60万—300万之间。

无家可归者的存在造成了很多问题,但是,这些问题的答案还需要美国人达成一致。谁是无家可归者,为什么他们的人数一直在增加?谁应该对他们所产生的问题负责?有没有消除人们无家可归现象的办法?

有些人认为无家可归者从根本上说是富裕而冷漠的社会中穷困潦倒的受害者。他们认为这些人本是普通人,但是遭遇了厄运,由于失业、离婚、家庭暴力或者使人丧失劳动能力的疾病而被迫离家。他们指出,在无家可归者中,家庭、妇女和儿童的数目在增加。妇女和孩子不像"单身汉"(主要指男人)那么引人注意,因为他们往往住在汽车里、紧急避难场所,或者挤住在条件很差的房子里。支持无家可归者的人认为,政府在20世纪80年代和20世纪90年代的政策应该因这一现象而受到部分谴责,因为是这些政策导致了可以买得起的住房严重短缺。1980年,建造低收入者住房和补贴福利住房的联邦预算超过了300亿美元。到20世纪80年代末,预算缩减了3/4,减少到了75亿美元。同一时期,城市政府实行旨在拆除低收入阶层住房的政策,特别是单人房旅馆。此外,很多州减少了对精神病院的投资,把住院的人赶到了大街上。

而另外一个极端,有些人认为,无家可归者多半是那些应为自己悲惨处境负责的人。用某位评论家的话来说,他们是"精神错乱、病态的掠夺者,破坏了邻里关系,吓坏了路人,威胁到公共福利"。他们指出,有研究表明,全国所有无家可归者中有66%—85%身受酒精中毒、滥用毒品或精神疾病之害,评论家认为人们应该为自己的酗酒和吸毒行为负责,他们不是疾病的无助受害者。

社区也曾经尝试多种策略来应对他们无家可归的成员。有些社区建立临时避难所,特别是在寒冷的季节;有些社区资助建立永久性住房和(或)庇护所。他们鼓励非官方、非盈利性组织设立免费食品发放点或食品库。其他社区试图把无家可归者从自己的城镇驱赶出去,或者至少在城镇的部分地区看不到他们。禁止他们午夜以后在城市公园或长椅上逗留,在公园长椅和公交车站安装不能睡觉的座位,宣布攻击性的行乞行为为非法。

还有一些人认为上述两种解决办法皆不可取,他们认为无家可归者不仅缺少庇护所,而且他们是一个多半精神不正常的人群,人们需要帮助他们离开大街进行治疗。无家可归者需要的,用他们自己的话说,是一种"持续关怀"——一系列全面的服务,包括教育、戒毒戒酒与精神疾病治疗,以及职业培训。

思考题

1. 你所生活或者最为熟悉的社区里无家可归者问

一位无家可归者睡在华盛顿白宫附近的长椅上。
(UPI / Bettmann / Corbis mages)

题的本质是什么?

2. 谁应该对无家可归者的问题负责任,是联邦、州,还是地方政府?把这个问题留给非官方组织——如教会和慈善团体——来解决是不是最好的办法?为什么?

3. 有些人认为对流落街头的人提供钱、食品或住房而不予治疗会"助纣为虐",或者成为瘾君子的帮凶。你同意吗?为什么?

4. 有一位专栏作家提出,应在军事基地对男性流浪者进行隔离检疫并强迫他们接受药物治疗。那些抗拒的人将会被控暴力犯罪而转给刑事审判机关。你认为无家可归者应该被强迫治疗或者被强制性收治吗?如果是,那么在什么样的条件下这样做?

别城市的合并,形成不断增大的大都市综合体。

增长的速度和数量引起了一系列的忧虑,有些是因为联想到了东部的老城市,有些则是西部快速扩张的城市地区所特有的。西部的情况和东部一样,中心城区里最老的地区往往会成为贫穷、种族冲突和废弃建筑物的孤岛。除此以外,西部中心城区的政府还面临着不加限制的边缘扩张所带来的所有经济、社会和环境后果。例如,1950年,亚利桑那州的斯科茨代尔(Scottsdale)占地面积只有2.6平方千米,到2000年时已经增加到近500平方千米,是圣弗朗西斯科面积的4倍。目前与斯科茨代尔连成一体的菲尼克斯市,蔓延的面积已经超过了洛杉矶,而人口只有洛杉矶的1/3。内华达州拉斯维加斯的异常增长与此相似,大片的沙漠景观变成了低密度的城市用地(图11.24)。

市中心复兴和中产阶级化

20世纪80年代,正在进入传真机、互联网、移动电话的时代,消除了城市固有的需要面对面的接触,中心城区往往被看作不合时宜而被遗忘。实际上,信息已经变成以知识为基础的产业和活动的核心关注点。这些产业和活动包括金融、娱乐、医疗保健和企业管理等,

图11.24 内华达州拉斯维加斯大都市区的城市蔓延。拉斯维加斯像很多西方城市一样,在大片沙漠上的扩张是为了适应人口的快速增长。作为20世纪90年代美国人口增长最快的大都市区,拉斯维加斯的人口从1990年略多于85万到90年代末的156万,增长了83%。(© Robert Cameron / Getty Images)

在地理上集中在依靠高密度、资本密集型信息技术的中心市场。城市——特别是大都市区核心——提供一流的电讯和光纤基础设施,并能够提供现代后工业经济所需要的熟练技术工人、消费者、投资者及科学研究、教育和文化机构。

作为城市重新焕发吸引力的反映,20世纪90年代全国50个最大城市的就业和国内生产总值显著增加,扭转了过去10年间停滞和衰退的状况。对市中心写字楼的需求因大量的新建筑

第11章 城市地理学 481

表11.4 1990—2000年美国大都市区人口变化百分比		
排名*	大都市区	增长(%)
增长最快的		
1	拉斯维加斯，内华达州	85.5
2	奥斯汀，得克萨斯州	47.7
3	菲尼克斯，亚利桑那州	45.3
4	亚特兰大，佐治亚州	38.4
5	奥兰多，佛罗里达州	34.3
6	丹佛，科罗拉多州	30.7
7	夏洛特，北卡罗来纳州	29.8
8	达拉斯–沃斯堡，得克萨斯州	29.4
9	波特兰，俄勒冈州	26.5
10	里弗赛德–圣贝纳迪诺，加利福尼亚州	25.7
增长最慢或衰退的		
40	底特律，密歇根州	4.8
41	密尔沃基，威斯康星州	4.8
42	费城，宾夕法尼亚州	4.6
43	圣路易斯，密苏里州	4.6
44	新奥尔良，路易斯安那州	4.1
45	罗切斯特，纽约州	3.5
46	哈特福德，康涅狄格州	2.2
47	克利夫兰，俄亥俄州	2.2
48	匹兹堡，宾夕法尼亚州	-1.5
49	布法罗，纽约州	-1.6

*在人口超过100万的美国城市中的排位
资料来源：U.S. Census Bureau.

和城市更新而得到满足，甚至制造业也以提供高技术设备和加工的中小型公司的形式复苏。这些反过来也支持了供应商和专业服务网络的不断扩大，导致"循环累积"的增长。

中心城区新的活力部分来自于新居民。1980—2000年，约1500万移民来到美国，其中大多数聚集在"门户"城市，通过在内城区购房和翻建旧宅，在新社区深深扎下根来，在邻近的商店消费，而最重要的是开张了自己的生意（图11.25［a］）。他们还是城市普通劳动力的重要补充，提供了正在扩张中的办公室工作、服务业和制造业所需要的熟练和不熟练工人。

中心城区住宅复兴的另一个部分是**中产阶级化**（gentrification），即中高收入阶层修复最老的、现在已经破败的内城区的住宅（图11.25［b］）。中产阶级化已经成为在全国各地城市中围绕中央商务区的一些已经萧条的街区进行重建的一支积极的、私人出资的力量。一项对全国26个城市的研究发现，每个城市都预期其市中心人口到2010年之前能够增长，有的预期增长2%。

这种预期的增长和实际增长的原因在于人口统计。年轻的专业人士推迟结婚生子，或者常常离婚，或者不结婚。对于他们——美国人中正在增长的一部分——来说，郊区生活和大型购物中心不再有多少吸引力，而居住在中心城区，在步行距离或者骑自行车的距离内就可以获得高技术和管理职位，而且文化、休闲娱乐和专卖店购物的有利环境近在咫尺。同性恋者和同性恋家庭往往也会选择在城市中心生活。不再有孩子在家里生活的"空巢"夫妇，也和更年轻的人群一样，觉得郊区土地上的大房子不再那么吸引人了。由于他们的兴趣和努力，这两个群体已经大体上或者完全重塑和改善了老城市街区，如明尼阿波利斯的"磨坊区"（Mill District）、罗得岛州普罗维登斯市的"军械库区"（Armory District）、西雅图的丹尼·里格雷德街区（Denny Regrade）和贝尔

(a) (b)

图11.25 中心城区的复兴。(a) 纽约市的企业家。很多拉丁裔美国人和亚裔移民已经建立起自己的买卖，修理、制造或销售产品，为中心城区增添了活力。有些人从街边小摊干起，有些则拥有了自己的商店。根据美国人口调查局的数据，36%的纽约市民是在国外出生的。(b) 华盛顿特区乔治敦区的中产阶级化住宅。从波士顿南部沿着大西洋沿岸到南卡罗来纳州的查尔斯顿和佐治亚州的萨凡纳，中产阶级化在美国东部重要的城市中心受到特别关注。它也越来越成为全国主要中心城区内老旧、破败的第一代居住区重建工作的一部分。([a] © David Grossman / Image Works; [b] © Carl Purcell / Words and Pictures)

镇（Belltown）、休斯敦的主干道/市场广场区（Main St./Market Square district），全国各地还有很多其他例子。

地方、州或联邦政府正在通过投资清除贫民窟、开发公园、文化中心、体育设施等来扶植这种转变。例如俄亥俄州的哥伦布市近期就在市中心建造了一座曲棍球场，在中央商务区北边建了一个足球场，促成了市中心附近几个街区的重建工作，并资助附近几个艺术画廊的开发，现在这些画廊已经在市中心主干道北部占主要地位。密尔沃基市修建了河畔步行街，吸引了5000万美元的私人投资。印第安纳波利斯市的官员们目前正在撤销查塔姆·阿奇（Chatham Arch）街区的住宅建造计划，官员们把它们卖给开发商，将其改造为公寓和单元住宅。对亚特兰大贫民区一家老纺织厂的修缮改造产生了500套新公寓，这样的房屋再生项目在很多老城市都很常见。随着整个地区被中产阶级化或再开发为住宅，其他投资流入附近的商业活动中。例如，丹佛的"下城"（LoDo）[①]，过去曾经是贫民窟，现在已经被整体改造成了一个繁荣的区域，除了居住用的复式建筑外，还有商铺、餐馆和运动酒吧。

中产阶级化导致了老住户和新居民之间的紧张状态。每个群体对这个地区有不同的期望，有时矛盾会很尖锐。一旦一个地区被彻底中产阶级化了，如果城市中有低收入者的住宅，原来的居民通常就会迁出这个地区。这种变动也会导致美国城市性质的不断变化。

美国大部分增长最快的大都市区所在的西部地区（表11.4），过去30年来中心城区不受限制的扩张已经导致了不同程度的财政危机。由于州法律禁止提高税收，所以很多中心城区已经没有能力为蔓延的人口提供所需要的基础设施改造和社会服务了。学校得不到修缮和投资；供水越来越困难，水费也越来越贵；对公共用地的开放空间要求被忽略；即便需求增加

[①] LoDo是丹佛人对市中心旧城区（Lower Downtown Historic District）的爱称。——译注

了,街道和公路改造和维修也不够。不受限制的增长所增加的每一项额外开支,都超过市政当局增加的开发项目所产生的税收。

美国东部和西部的中心城区和大都市区,正在越来越多地寻找限制而不是鼓励城市实体增长的途径。俄勒冈州的波特兰市20世纪70年代末在城市周围划出了一道"不可逾越"的红线,禁止城市对周围森林、农场和开放空间的改造。这样做并没有失去人口和职能,反而两者都有所增加,同时也保护和增加了公共用地及其他娱乐设施。

其他城市、大都市区和州也开始抵制和限制城市扩张。"精明增长"(Smart Growth)计划已经被科罗拉多州、特拉华州、明尼苏达州和华盛顿州采用。不论是西部还是东部,美国城市都开始对不受限制的增长进行严格控制。

城市的社会区域

规模越大、经济和社会越复杂的城市,城市居民根据社会地位、家庭状况和种族背景将各自分隔、组成不同群体的倾向性就越强烈。在一个有着各种各样人口的大都市里,这种划分地盘的行为可能是一种对未知的和不喜欢的事物的保护,一种想生活在相似人群中间的需要,一种对收入限制的反应,或者是社会和制度藩篱的结果。大多数人在接近自己容易打成一片的人生活时会感到更自在。在城市中,人们倾向于根据收入或职业(社会地位)、生命周期的阶段(家庭状况)、语言或种族(种族特征)组成群体(见"人以群分……或者你的邻居都是谁?"专栏)。

这些群体划分,许多是因住房的大小和价值造成的。土地开发商,尤其是城市里的开发商,在特定的区域里建造质量相近的住房。当然,随着时间的流逝,住房的质量会发生变化。土地用途可能改变,新群体可能会取代从前的群体,从而导致具有相近社会特征的新邻里单位的形成。

家庭状况

随着与城市中心距离的增加,一家之主的平均年龄在下降,或家庭的规模在增加,或者两者兼有。孩子已经不同自己一起生活的富裕老年人和没有家庭的年轻专业人士愿意靠近市中心居住。年轻的家庭为了抚养孩子需要较大空间,而上了年纪的人渴望更多接触城市的文化和商业生活。如果内城的生活不让人愉快,老年人往往就会迁移到郊区或者退休社区去。

在社会地位较低的人口中,也容易出现同样的模式。过客和单身人士住在内城,而有家的人,如果觉得可能或者值得,就会住得离市

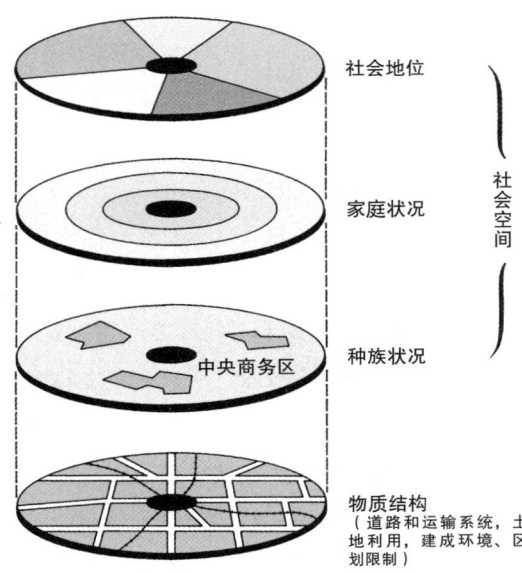

图11.26 美国和加拿大城市地区的社会地理。
资料来源: Redrawn with permission from Robert A. Murdie, "Factorial Ecology of Metropolitan Toronto," *Research Paper 116, Department of Geography Research Series, University of Chicago*, 1969.

人以群分……或者你的邻居都是谁？

"麦当劳"或"汉堡王"是如何决定在某一个特定地点促销菜单上哪个1美元商品，或者认为在该特许经销点出售沙拉有利可图呢？那里有没有足够数量的有孩子的家庭来证明建设一个游戏场的决策是合理的？星巴克或易力润自动注油器是根据哪些因素决定在什么样的街区开一家新店的？

很多生意——有大有小，其决策的基础是总部设在圣迭戈的克拉瑞塔斯公司（Claritas）开发的市场分析系统。这个系统根据人口统计数据，使用邮政编码按照住在哪里、在哪儿工作和在哪里消费对美国人进行分类。系统显示人们倾向于聚居在社会地位、家庭状况、种族和其他文化标记相似的区域里。任何一个群体中的人都愿意拥有或采用相似的生活方式——正如克拉瑞塔斯公司所说，"你是你所生活的地方的人"。某一群体中的居民读同样的书，订阅同样的杂志和报纸，看同样的电影和电视节目。他们在食物、饮料、服装、家具、汽车及商品社会提供的其他所有消费品方面也显示出相似的偏好。

克拉瑞塔斯用多种变量对国内的地区进行分类：每平方英里的家庭密度、区域类型（城市、郊区、镇、农场）、种族多样化的程度、家庭类型（已婚有孩子、单身等）、优势年龄群、教育程度、就业类型、住房类型、邻里单位的品质。对数据进行分析后，该公司概括出每一个邮政编码地区的特征，归入67个可能的邻里单位生活方式类型中的1—5类。克拉瑞塔斯公司给这些群体起了好记的名字，从"贵族庄园"（精英，超级富豪家庭）到"金色池塘"（小镇上的退伍军人、看"价格竞猜"节目的单身老年人），还有"猎枪和皮卡"[①]（年轻的乡村家庭，打猎，有皮卡小货车）。还有一些如："赢家圈子"（住在郊区的经理、董事家庭）、"水池和院子"（确认的空巢家庭）、"美国梦"（使用多种语言的邻里单位中移民的孩子）、还有"年轻的数码精英"（精通技术的城市大学毕业生）。

该公司意识到这种命名并不能确定社区中每个人的喜好和习惯，但是它们确实识别出了大多数人容易随大流的行为。在"新兴都市单身者"（年龄在18—34岁之间的大学城单身者）所在的邮政编码区，居民们往往购买另类音乐唱片、踢足球、看MTV、开大宇（Daewoo）汽车。但是在"金钱与头脑"（较年长、老练，主要从事白领工作，住在联排住宅内的夫妇）邮政编码区，居民们更有可能购买艺术品、在诺德斯特龙（Nordstrom）[②]购物、听新闻频道的广播、读《商业周刊》[③]（*Business Week*）、驾驶美洲豹（Jaguar）汽车。

[①] 皮卡，又名轿卡。顾名思义，亦轿亦卡，是一种采用轿车车头和驾驶室，同时带有敞开式货车车厢的车型。——译注

[②] 全美客户服务排名第一的服装连锁店，创建于1901年，也是美国代购产品网站中的著名网站。——译注
[③] *Business Week* 是美国著名的商业性杂志，于1929年创刊。2009年，彭博新闻社买下该杂志，并更名为《彭博商业周刊》（*Bloomerg Businessweek*）。——编注

中心远一些。呈现出来的布局就是根据家庭状况的不同而形成的同心圆模式（图11.26）。总体上，内城地区住的是年纪大一些的人，而外城住的是较年轻的人。

由于在过去的半个世纪中，美国的城市结构已经发生了改变，越来越多的工作机会已经从中心城区转移到了郊区。这已经对那些居住在中心城区的人们产生了长期的影响，中心城区的工作机会现在更有限了。

很多大城市区——如底特律和菲尼克斯，除了大都市公共汽车服务外没有公共交通，其他城市大多只最低限度地提供连接城市中某些特定区域的交通系统。在底特律，要花3小时倒3趟车才能从市中心到达郊区的工作地点。这特别影响那些无法拥有或供养一辆小汽车的人，特别是女性和少数族群。最近对贫困现象的研究表明：

- 美国的中心城区中，女性为主的家庭比男性为主的家庭多。
- 在穷人中女性占大多数。
- 绝大部分穷人生活在中心城区。
- 居住在市中心的人以老年人居多，其中又以女性为主。
- 女性比男性更依赖公共交通。
- 少数族群比白人更有可能使用公共交通工具。

是否做某项工作取决于工作地点的区位、其他必要设施——如儿童保育设施——的区位以及对非工作时间的限制。这些限制可能包括对其他家庭成员的责任或者在紧急情况下迅速做出反应的能力。郊区的租金对低工资的人来说承受不起，对那些经济能力刚刚能承受郊区生活的人来说长距离的通勤是家常便饭。

社会地位

个人或家庭的社会地位取决于收入、教育水平、职业和住宅价值。在美国，高收入、大学教育、专业技术或管理职位及高住宅价值构成了高社会地位。住宅价值高可能是指租金昂贵的公寓或者占据大片土地的大房子。

社会地位中居住条件的指标是每个房间的人数。每个房间的人数低就说明地位高。地位低的人的特征是工作收入低、居住价值低的房子。社会地位层次很多，人们愿意渗透进那些大多数家庭成员属于相近社会阶层的邻里单位中。

社会地位模型与扇形模型是一致的。在大多数城市中，社会地位相近的人集聚在从最里面的城市居住区向外散开的扇形区内（图11.26）。芝加哥模式如图11.17所示。如果某一个社会群体内的人数增加，他们往往会沿着一条连结他们与老社区的主干道搬离中心城区。通向市中心的主要交通线通常就是从城市中心向外搬迁的路线。

今天，社会地位的划分常常在各个不同的城市固定下来，这些城市的相对收入可能差别很大。很多居住区开发也是以收入区别开的，因为住房的价值相似。为了保持优质开发的品质，保护土地价值，社区自治组织颁布了条件和限制（见"封闭式社区"专栏）。这些条件既全面又详细，具体规定了诸如外墙和围栏的大小、构造和颜色，后院和侧院的大小及允许的使用方式，灯具和信箱的设计等事宜。有些甚至要告诉居民可以种什么树木，可以养什么样的宠物，可以在哪里停放自己的船或者娱乐用交通工具。

种　族

对有些群体来说，种族是比社会地位或家庭状况更为重要的居住选址决定因素。在城市

封闭式社区

大约每6个美国人中就有一个——总共约有4800万人——生活在经过总体规划的社区内。这是国家中增长最快的区域的独特特征,这些社区大部分位于南部和西部,但这样的社区到处都有。经过总体规划的社区可以追溯到20世纪60年代,如加利福尼亚州欧文市和亚利桑那州太阳城建设的时期。

经总体规划的社区内是一个个**封闭式社区**(gated community)——用篱笆或墙围起来的居住区,只限特定的人士进出。900多万美国人生活在这样的中高等收入的房地产开发区中。进出这些经过总体规划的封闭社区要受到限制,社区大门口配备有保安,只能用电子钥匙卡或打电话才能进入。一些这样的社区雇佣私人保安队伍在街道上巡逻。监控系统监视着公共的休闲娱乐区,如社区游泳池、网球场和健康俱乐部。住宅普遍都装有保安系统。饱受高犯罪率、毒品滥用、团伙犯罪和驾车枪击案的困扰是很多城市区域的特征,因此人们在他们围封的地盘内寻求安全。

封闭并受到保护的社区不是仅美国才有的现象,这在世界各地也日益增多。越来越多有保安的封闭式社区坐落在西班牙、葡萄牙、法国这样社会稳定的西欧国家。印度城市中的开发商也已经开始用封闭式社区吸引富裕的居民。为了设法引起在波士顿高技术走廊和硅谷等地生活多年后回国的印度人的兴趣,开发商为建造的封闭院落取名为"摄政王宫"或"金色庄园",以两层小楼和后院烧烤为卖点。

在其他地方,如南美洲的阿根廷或委内瑞拉,或中东地区的黎巴嫩,城市基本上没有规划,城市管理也不稳定,由于城市缺少足够的警力保护,所以不仅富人,中产阶级的市民也会选择有保护的住宅区。在俄罗斯,私人的和有保安的住宅区的突然兴起部分地反映了后共产主义社会阶层差别的一种新形式,而南非的封闭式社区则是种族之间有效的隔离手段。

封闭式社区。(*Courtesy of Arthur Getis*)

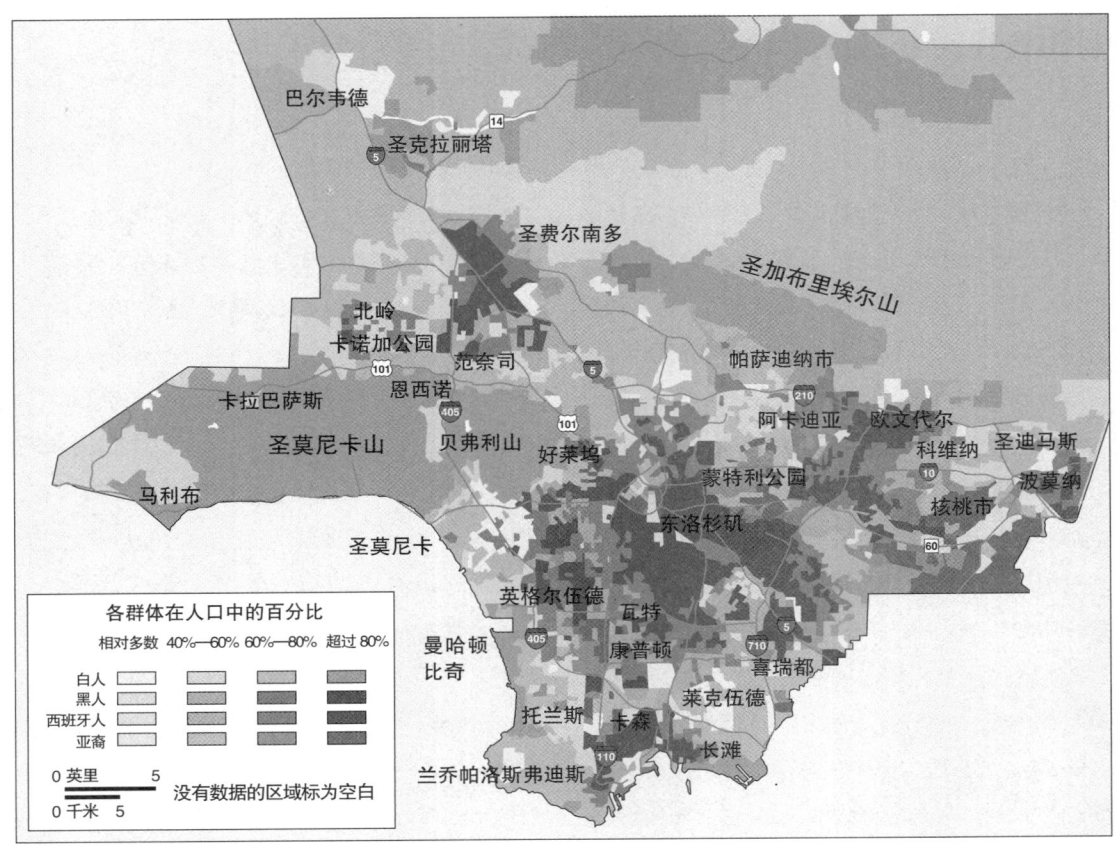

图11.27 2000年洛杉矶的种族/民族分布。尽管洛杉矶有着特别多样化的人口，但人们还是倾向于聚集在各个不同的种族和民族的邻里单位中。1990—2000年，洛杉矶西班牙裔人口从38%增长到45%，亚裔人口比例从10%增长到12%。黑人在人口中的比例从11%减少到9%，而白人的比例从41%下降到31%。

资料来源：*U.S. Census Bureau as published in* The New York Times, *March 30, 2001, p. A16.*

社会地理中，同一种族身份的区域表现为互相分隔的组团或核心，使人想起城市结构的多核概念。对有些种族群体来说，文化上的隔离状态既是他们所追求的，也是他们有力捍卫的，即便在住房空间的潜在竞争者所施加的街区变革的压力面前也是如此。在很多美国城市中，"小意大利"和"唐人街"及波兰、希腊、亚美尼亚及其他种族的街区的长期存在，就证明了人们对自我维护的隔离状态的坚持。

有些种族或民族的群体，特别是黑人，已经被隔离在核状的社区里。美国每个城市都有一个或多个黑人居住区，在很多方面它们都可以被看作城中之城。图11.27表明了黑人、西班牙人和其他种族/民族的人群在洛杉矶不同街区内集聚的状况。迁出这个地区的社会和经济障碍一直都很多。在美国的很多城市，最穷的居民是黑人，他们常常被赶到城市里最差地段的档次最低的房子里。对西班牙裔和其他非英语的少数民族裔也有类似的限制。

制度控制

西方城市化社会的大多数政府——地方政府或全国政府——已经制定了数不清的法律来

控制城市生活的各个方面,包括使用街道的规则、公共卫生服务规则以及土地利用的规则。这里我们只谈土地利用方面。

制度和政府的控制措施已经强烈影响到世界上大多数城市的土地利用安排和增长模式。各个城市已经通过了土地利用规划,并颁布分区控制法规和分区规划条例以实现这些规划。这些城市已经通过了建筑、卫生、安全方面的条例,以确保城市开发和维护在法律允许的范围内进行。所有这些控制措施都是基于市政府监管权力的广泛应用,以及它们确保公共健康、安全和福利的权利,即便私人财产权利受到侵犯时也是如此。

这些非市场化的土地利用控制措施被设计成将不相容(如居住区靠近重工业的情况)的情况降到最低,提供有助于形成秩序井然的和谐社区所需的,营建公共用途(如交通系统、污水处理、政府建筑、监狱和公园)和私人用途(大学、购物中心和住宅)建筑物的适宜区位。理论上,这样的精心规划应该可以防止贫民窟的出现,还有常常形成的临近土地上不受欢迎的利用方式,应该能够通过减少市场引导的土地利用改变的压力来稳定社区。

在美国,区划条例和分区法规被用来防止"不受欢迎"的土地利用——公寓、老年人专用住宅、低收入住宅、过渡性住宅——在高收入地区的出现。已经有过因为这种"排他性"区划做法而引起激烈的官司:支持者主张不受欢迎的土地利用有害于城市,而更重要的是会损害不动产的价值;反对者认为这样的利用方式对作为一个整体的城市来说很重要。近年来,一些新近合并的郊区试图通过区划将能够带进孩子的住宅排除在外来减少增长的成本——如开发基础设施、建学校和运动场等。

亚洲大多数地方没有区划,小规模工业活动在居住区中运营的情况很常见。即使在日本,住宅中也可能会有几个人为当地工厂做着计件工。在欧洲和日本,邻里单位的修造和重建都是用比较长的时间逐步完成的,在同一条街道上不同时代各种各样的建筑形式混杂在一起的情况司空见惯。在美国和加拿大这种混杂的情形要少得多,而且经常被看成区域向整体再开发过渡时所处的一种临时状态。可能唯一例外的大城市是得克萨斯州没有区划法规的休斯敦。

11.7 世界城市的多样性

各个地区城市的结构、形态和职能都有差别,这反映着传统和经济的不同。本章中大部分讨论都建立在美国城市模型的基础上。但是美国城市的模型和描述不能普遍适用于世界其他地方的城市。那些城市已经发展出不同的职能和结构模式,有些与我们已经研究过的模式是如此不同,以至于我们会觉得它们实在是陌生和未知的景观。城市是普遍的,但它具有文化性和区域性的特征。

西欧城市

尽管每个城市在历史文化方面都是唯一的,但西欧城市作为一个整体却有着某些共性。比起人口相近的美国城市,它们的形态一般要紧凑得多,占地总面积较少,城里大多数居民住在公寓里。较老的区域里住宅区街道往往很狭窄,很少有前院、侧院、后院或者花园。

欧洲的城市也有着悠久的历史传统。中世纪起源、文艺复兴时期重建、工业时代发展普遍留下的共同遗产赋予西欧城市鲜明的特征。尽管有过战争的破坏和战后的重新开发,但很

图11.28 即便在中心区,很多欧洲城市的市中心天际线也很低,如照片中的巴黎市中心。尽管自第二次世界大战以来,主要城市里更高的建筑——高达20层、30层甚至50层——越来越多,但它们却没有像在美国那样成为中央商务区的普遍标志,也未成为受到普遍欢迎的进步和骄傲的象征。(© Scott Gilchrist / Masterfile)

多城市仍保留着过去的居住者和技术的印记,有的甚至可以追溯到古罗马时期。不规则的狭窄街道系统可能沿袭了中世纪时期供行人和驮畜随意行走的街道格局。主要街道从城市中心向外放射,与四周的"环路"相交,告诉我们这里本是穿过城墙上的城门进城的大路,现在城墙已经消失,被环状的林荫大道所取代。宽阔的大道、公园和广场标志着文艺复兴时期城市美化的理想和满足游行和行进仪式的审美需要。

欧洲城市过去是为步行者发展起来的,现在仍旧保留着适宜步行距离的紧凑感。美国城市边缘区或郊区的蔓延现象在这里一般看不到。同时,紧凑和高密度并不意味着摩天大楼所组成的天际线。大多数欧洲城市的出现比钢结构建筑和电梯的出现要早。城市的天际线往往很低,高3—5层,有时(如巴黎市中心)建筑条例或限高令不允许私人建筑超过某座主要公共建筑——一般是中央大教堂——的高度(图11.28)。但是在那些限制已经放宽的地方,高层写字楼已经拔地而起。

紧凑、高密度和公寓式住宅形式鼓励开发公共交通,包括完善的地铁系统,并一直保持其重要性。私人汽车已经变得更常见,但是大多数的城市中心区目前仍没有大规模改造出更宽阔的街道和停车设施以容纳小汽车。汽车并没有像在美国城市那样成为欧洲人的普遍需要,因为家和工作地之间一般都离得比较近。即便大多数欧洲城市的中心人口很稳定,吸引——而不是驱逐——成功的中产阶级和社会地位上升的阶层,但它们也受到了逆中心化过程的影响。随着小汽车的拥有和使用变得更加普遍,很多居民选择在郊区居住,加拿大也有这种情况(见"加拿大的城市"专栏)。

老城市的防御工事可以勾勒出中心区和周围质量较差的住宅区、19世纪的工业区和近年来移民所在的过渡区之间的界线。欧洲国家的政府采取一种策略,将工业开发和工人住宅集

加拿大的城市

尽管美国和加拿大看上去有着一模一样的文化背景，但是两个国家的城市还是有着微妙而明显的差别。城市形态相似但并非完全一样。例如，同样的人口规模，加拿大的城市比美国的更紧凑，建筑和人口密度更高，人口和城市职能郊区化的程度更低。

在加拿大，节省空间的多个家庭的住宅单元更为普遍，因此相似的人口规模可以居住在更小的地块上，城市中心区的人口密度要高得多。比起美国的城市，加拿大城市公共交通服务更好，人们也更依赖公共交通。因为加拿大大都市区的人均高速公路里程数只有美国大都市区的1/4，边境线以北郊区化的范围也不像边境线以南的美国那么大。

差别也存在于文化方面。两个国家的城市都是种族多元化的（实际上加拿大的社区中外来人口比例更高），但是美国的中心城区内部，种族、收入、社会地位的差异要大得多，中心城区和郊区居民之间的反差更为明显。也就是说，中等收入的加拿大人"逃往郊区"的就少得多。其结果是，与美国中心城区相比，加拿大城市的社会更稳定、人均收入更高、保留了更多的购物设施和更多的就业机会及城市设施。特别是，它不会面临来自明确的、竞争性的、将美国的大都市综合体切割得支离破碎的郊区边缘城市的竞争。

在这张照片中很容易看出，多伦多的中心商务区和外围商务区仍旧牢牢地因公共交通的汇聚和使用而扎根。加拿大大都市区的平均人口密度几乎是美国大都市区的2倍。按人均计算，加拿大的城市居民对公共交通的依赖是美国城市居民的2.5倍，这种依赖决定了加拿大中心城区的形态、结构和连续性。现在向外蔓延和破碎的美国大都市已经无可挽回地失去了这些特点。（© Thomas Kitchin / Tom Stack & Associates）

中在城市核心区之外的郊区，这些地方已经成为外来移民——一般来自北非和土耳其——的安身之所。其中一些地区已经被人们遗忘，承受着衰落的痛苦，特别是在失业率很高的时期尤其如此。

东欧城市

以前曾经是共产主义世界一部分的城市，大多数位于东欧和苏联欧洲部分的共和国。后共产主义的城市与西欧城市有许多共同的传统和做法，但也有不同，如曾经在共产主义时期（1945—1990年）被设计用来塑造和控制新旧住宅区的集中管理的规划原则。当时政府的目标，第一是限制城市的规模，避免大都市区的蔓延；第二是确保邻里单位平等和自给自足的内部结构；第三是将土地用途分隔开来。经过规划的共产主义城市并没有全面实现这些目

图11.29 罗马尼亚布加勒斯特的景象，清晰地显示出东欧城市保持下来的重要特征：被林荫大道包围的"车辆禁行区"提供公共交通服务；设备齐全的公寓住宅小区里设有自己的商业区、学校和其他设施。（© Aubrey Diem / Valan Photos）

标，但是其在向这些目标努力的过程中确实形成了特色鲜明的城市形态。

后共产主义城市是紧凑的，建筑比较高，人口密度也较高，表现为公寓式住宅几乎已经普及，在边缘地区城市和农村的土地利用截然分开。后共产主义城市几乎都依赖公共交通。

在共产主义时期，东欧城市与西欧不同，它们是纯粹由政府而不是市场来控制土地利用和职能布局。这种控制要求城市中心的土地留给公共用途，而不是按西方资本主义的模式那样被零售机构或写字楼占据。东欧政府更喜欢大型的中心广场，其周边是行政办公和文化建筑，中心广场附近有大型的娱乐性和纪念性的公园。他们强调城市的工业开发，忽视消费服务。居住区被认为应该在提供大部分低等级的商品和服务方面能自给自足，而把赴中心商业区购物的需要最小化。

住宅区由小区组成，小区是一模一样的公寓楼的组团，居住着1万—1.5万人，周围是宽阔的林荫大道，小区的中心位置有托儿所和小学、食品杂货店和百货商场、剧院、诊所以及邻里单位所必需的其他设施（图11.29）。规划要求用景观缓冲带有效地将居住区和工业区隔离开，但实际上很多小区是工厂给自己的工人建造的，因此其紧挨着工厂。因为在正在扩张的城市边缘的开阔地建设小区最容易也最快，所以居住密度高的地方转移到了城市的外围。

在今后的几十年中，随着资本主义的土地配置原则被采用，这种模式将会发生变化。现在私有利益可以拥有土地和建筑物，后共产主义的东欧城市地区可能会呈现出西欧城市的基本形态。经济的权重在发生变化，它不再那么

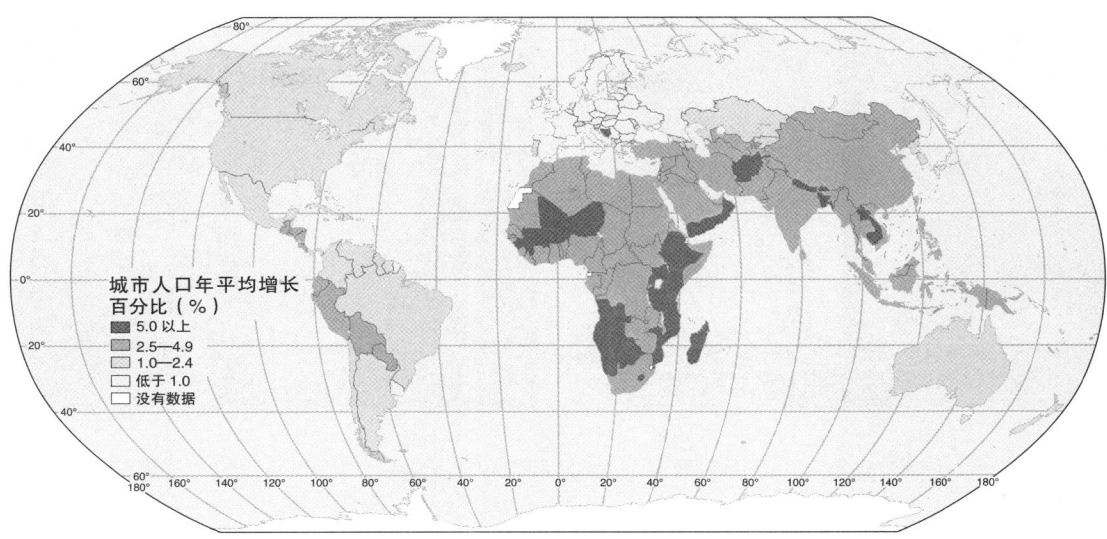

图 11.30 1995—2000年城市人口年均增长率。一般而言，发展中国家城市人口年均增长百分比最高，已经高度城市化和工业化的国家最低——欧洲大多数低于1%。人口统计学家预计，发展中国家的城市人口增长将会是21世纪人口统计中最突出的趋势，而最爆炸性的人口增长预计将会出现在非洲和亚洲。城市增长率5%意味着仅用14年城市人口就可以翻一番。

资料来源：*Data from United Nations Population Division.*

强调工业，而更多强调服务业。城市中的社会经济分化正在加大，新近富裕的阶层可以买得起宽敞的私人公寓和独立的家庭住宅，但不那么富裕的人群的住房短缺问题已经变得很尖锐。

快速成长的非西方城市

增长最快的城市和增长最快的城市人口都出现在发展中国家（图11.30）。这些国家大多是在最近才开始工业化。能够掌握的现代交通和公共设施技术还很少，城市的结构和居民的文化与北美地区人们所熟悉的城市截然不同。发展中世界不仅范围广，而且自然景观和文化景观也是多姿多彩的。

发展中世界的城市背景、历史以及现在的经济和行政管理水平迥然不同，因此我们很难概括出它们的内部结构。有些城市很古老，在欧洲和北美更为发达的城市出现前的几个世纪中就已经建成。有些城市尚未工业化，只有一个不大的位于中央的商业中心，这种城市缺乏工业区、公共交通或任何程度上的有意义的土地用途分异。其他的城市，尽管形态上越来越像西方，但刚刚处于工业化初期。

尽管各具特色的拉丁美洲、非洲、中东和亚洲地区的城市形态千差万别，但我们仍能识别出它们中的大多数所具有的某些共同特征。第一个方面，现在被归入发展中国家的大多数国家都曾经是殖民地，当时几个大城市的建设主要是为了满足殖民国家的需要。第二个方面，这些城市普遍正在体验着其首要地位和巨大的增长，因为社会的工业化没有给这些城市留下足够的设施，使其无法跟上人口的增长。第三个方面，发展中国家中大多数城市现有的特征，是由新移民草草建成、远离城市服务的邻里单位，而且经常是非法占地而建。这些非法聚落是这些城市中庞大的、正在增长的部分，既反

图 11.31　发展中国家的城市。对比巴西首都巴西利亚的纪念碑式政府建筑（[a]）和墨西哥由宗教建筑居首位的瓜纳华托州首府瓜纳华托（[b]）。（[a] © Julia Waterlow / Corbis Images；[b] © Jose Fuste Raga / Corbis Images）

映出城市有比较多的机会，也反映出城市的贫穷。最后，在很多情况下，政府已经做出反应，拿出了更宏伟的规划，有时甚至将国家的首都从过于拥挤的首位城市迁移到新址，或是创造出全新的城市，用作工业或者交通中心。

前殖民地和非殖民地城市

发展中国家因各种原因产生的城市一直承担着多种职能，根据其位置的不同而分别作为市场、生产、政府或者宗教的中心。城市的历史传统和功用影响着城市的形态。

发展中国家很多城市是殖民主义的产物，是作为行政管理和掠夺资源的港口或前哨阵地而建立的，由欧洲人按照西方模式建设。例如，英国人在印度建立了加尔各答、新德里和孟买，在非洲建立了内罗毕和哈拉雷。法国人开发了越南的河内和胡志明市、塞内加尔的达喀尔和中非共和国的班吉。荷兰人把雅加达作为自己重要的前哨阵地，比利时当时拥有金沙萨（原利奥波德维尔，现在在刚果民主共和国境内），而葡萄牙人当时在安哥拉和莫桑比克建立了很多城市。

城市结构不仅是城市创建之初的时代或是创设者的反映，而且是城市在其文化背景中所扮演的角色的反映。首都城市的土地利用模式反映了政府职能的中央集权化以及财富和权力在一个城市的集中（图11.31 [a]）。宗教中心或圣城的布局要适应它所服务的宗教——不论是印度教、佛教、伊斯兰教、基督教还是别的某种宗教信仰——的要求。通常情况下，占据城市中心的是纪念碑式的建筑——如寺庙、清真寺或者大教堂——及相关的建筑，而不是政府办公楼（11.31 [b]）。服务于广大地区的传统市场中心（马里的廷巴克图和巴基斯坦的拉合尔）或者文化中心（埃塞俄比亚的亚的斯亚贝巴和秘鲁的库斯科）具有反映其特殊职能的土地利用模式。同样的，港口城市——如迪拜（阿拉伯联合酋长国）、海法（以色列）或上海（中国）——的土地利用结构有别于工业或矿业中心城市，如约翰内斯堡（南非）。实际情况是，有的城市有很长历史，反映出统治者和（或）殖民势力给城市带来的变化，而且随着发展中世界里一些巨大城市的成长，附近的城镇和城市被吞并了，这些都使情况变得更复杂。

城市首位度与快速增长

发展中国家已经经历了人口在首都和区域

图11.32 巴西圣保罗的超高层建筑。将本图与图11.34里约热内卢的棚户区对比。(© Yann Arthus-Bertrand / Corbis Images)

首府的不成比例的集中过程。没有几个发展中国家拥有成熟的、功能完善的小型或中型中心。首位城市主宰着这些国家的城市体系。尼加拉瓜1/4以上的人口生活在马那瓜,利伯维尔的人口占到加蓬的1/3。

经济快速发展的发展中国家里的很多城市都有一个生气勃勃、现代化的市中心(图11.32)。这些地区拥有许多在大都会中心里才能找到的娱乐设施,这些地区也是社会中最富有的成员工作和经常居住的地方。它们也是生意人、官员、旅游者和其他观光人士最愿意在城市中看到的部分。有些城市在这些城市中心进行了巨额投入:例如,马来西亚吉隆坡的石油双子塔(Petronas Tower)是世界上最高的建筑之一,经过6年的规划和建设,于1998年完工(图11.33)。

但是,辉煌的市中心的存在,并不能掩盖大多数城市跟不上它们正在经历巨大增长的事实。美国和其他西方国家的城市化水平约为76%,发展中国家约为40%。统计数字变化很快,预计到2030年世界人口的城市化水平将达到60%,其中大部分的城市增长出现在发展中国家。拉丁美洲、非洲和亚洲的很多城市的人口增长速度惊人:尼日利亚的拉各斯是非洲城市中人口第二稠密的,排在埃及的开罗之后。2005年它的人口在1300万—1500万之间,每年增长速度在6%—8%,增长速度比纽约或洛杉矶快9倍。每年这里新增60万人口,每天增加1644人。尽管拉各斯大部分人能用上电,但只有65%的家庭能用上自来水,仅2%有下水道或电话。城市中的废弃物大部分都从明沟排放进了城市的滨水处。

尼日利亚和其他发展中国家正在经历着人口由农村向城市迁移所激发的城市增长过程。2005年,中国有1.14亿—1.5亿人口从农村流入城市,这至少是1820—1930年间从爱尔兰移民到美国的人数的25倍。政府允许这种流动,目的是为廉价产品工厂和建筑业提供劳动力,其长远目标是将农村经济为主转变为城市经济为主。

在这些快速发展的城市里,交通总是成问题。大多数人没有汽车,必须依赖公共交通。

图11.33 马来西亚的吉隆坡。位于棚户区后方的是市中心石油双子塔和雷迪森（Radisson）酒店。(© Mark Henley / Panos Pictures)

非法聚落[①]

如我们已经看到的，所有发展中国家都经历了人口从农村大规模迁入城市的过程，大量的低收入居民搬进城市，希望找到工作改善自己的社会经济条件。这种希望罕有实现的，因为城市里现有人口已经超过其正常职能和就业基础所能供养的数量。他们中有很多人以惯常薪酬以外的"非正式"行当为生，例如当叫卖食品、香烟或小饰品的小贩，在街边理发或当裁缝，跑腿当差或运送包裹等。

大多数新城市居民没有多少选择，只能在城市边缘的贫民窟和非法聚落勉强容身，没有卫生设备和公用设施，而且只有在市中心才能找到工作机会。在有些城市，1/3—2/3的人口生活在贫民区，这样做通常是违法的。

贫穷的非法聚落存在于非洲、亚洲和拉丁美洲的大多数大城市中（图11.34）。在本章开头部分的文字中你已经看到，大约有50万人生活在开罗北部和南部的墓地里。在肯尼亚内罗毕无序蔓延的玛萨瑞谷（Mathare Valley）的贫民窟，25万人挤住在15平方千米的地方，没有或几乎没有自来水、下水道和排水沟、铺装道路、垃圾清运等公共服务。在类似的棚户区和非法聚落居住的人大概占曼谷（泰国）、吉隆坡（马来西亚）和雅加达（印度尼西亚）等亚洲城市人口的1/4。印度很多城市中非法聚落人口比例更高，其中包括金奈和加尔各答。另有数万人住在租金低廉的危旧房子里，他们中的很多人最终会被迫住到棚户区去，因为他们的住处要被改建成商业地产或高收益的公寓。

发展中国家的城市新增住宅中，由正规的住宅部门建造的不超过20%，其他都是非正规的开发，无视建筑法规、分区限制、物权和基

在公共交通系统有限的地方，就形成以一个传统上的大商业区为中心的过度拥挤的城市。在拉各斯，10—20千米的路程平均要花2—3小时，因为只有3座桥连结城市的4个岛和陆地。在那些汽车使用量增加的城市里，交通拥堵和空气污染变得更严重了。墨西哥城和曼谷就深受街道交通拥堵和空气污浊之苦。

对有钱人来说，生活在这些城市中可能会遇到一系列挑战。与很多发达国家的城市居民不同，他们无法认同城市规划、稳定的城市管理和足够的保护都是理所当然的。

[①] 又称棚户区。——译注

图11.34 里约热内卢的一个棚户区。这些住房是用废旧木板和金属建成的,没有下水道、自来水和街道清扫等城市服务。(© Paul Almasy / Corbis Images)

础设施标准。非正规聚落里居住的此类人口所占比例各不相同,但是从20世纪80年代到20世纪90年代低收入的发展中国家总体来看,每9个新家庭才能新增1套正规住宅单元——所有新家庭中70%—90%都是在棚户区或贫民窟安身的。城市外围非法聚落尽管建筑密度很高,但仍有可能提供适当的居住空间,甚至通过居民的努力还可能提供自来水、下水道并划定行车道。但更为常见的是,过分拥挤会使这些居民区变成疾病大流行和脏乱差的地区,经常受到崩塌、火灾和洪水的威胁。非法占地建住宅的办法是非正规而且往往是非法的,这意味着那些仓促建造了自己的遮风避雨之所的人的住房所有权或者所占据土地的所有权是没有登记,也没有经过认可的。没有这类合法文件,就没有基于住房不动产的资本积累,也不能为修缮住房或为其他目的而取得抵押贷款。

经规划建造的城市

有些首都城市已经搬到了国家的核心地区之外,要么是为了在居中的位置上获得设想的优势,要么就是为了促进国家更均衡地发展。例如伊斯兰堡(巴基斯坦)、安卡拉(土耳其)、巴西利亚(巴西)和阿布贾(尼日利亚)(见第9章)。很多发

图11.35　海德拉巴科技城的"网络之道"（Cyber Gateway）大厦。这个大厦中有微软、IBM和东芝这样的跨国软件公司，还有印度本土的公司，如惠普罗（Wipro）——提供信息技术服务和产品设计的公司。科技城里还有商务和信息技术方面的专业学校。（© Mehdi Chebil / Alamy）

展中国家也已经或正在建造新城市，目的是把人口从不堪重负的大城市中吸引出来和（或）形成工业或交通中心。

在中国，大量由农村向城市流动的人口已经超出了城市能够提供的住房的上限。在上海，对住房的需求使得数百个由多栋摩天大楼组成的新公寓项目涌现出来，项目都取名为"豪门"（Rich Gate）或"大亨之家"（Home of the Tycoons）之类。这个城市有超过4000栋楼房的高度在18层以上，高楼数量比纽约要多得多，新卫星城的规划建设不久就能完成。

另一个亚洲城市，泰国的曼谷是世界上人口最密集的城市之一，据估计大都市区的人口大约有1000万，是泰国的首位城市。泰国的第二大城市清迈人口不到50万。近年来，比宫殿和庙宇更令曼谷闻名于世的是干道的交通拥堵严重妨碍了小汽车或公共汽车的出行。2006年，泰国开放了重要的素万那普（Suvarnabhumi）国际机场，该机场距曼谷一个小时的车程。该机场与海港和其他交通设施连结，成为东南亚地区的空中交通枢纽，一期工程规划可接待4500万旅客，三期可接待1亿旅客。政府规划在机场附近建造一个新省——那空素万那普（Nakhon Suvarnabhumi）。规划师把它设想为国家的一个重要的新经济中心，主要有无污染的工业、仓库、商店和住宅。希望新省能够帮助降低曼谷的人口密度，还能为现在以低收入的农业区为主的地方带来生财之道。①

规划也能够影响那些正在经历人口大幅度增长的更古老城市的命运。印度的海德拉巴人口超过了500万，预计到2015年人口会增加到740万。为了应对人口的增长，地方官员将具有国际技术水平的制药、生物工程和银行保险公司吸引到郊区的规划区（图11.35）。他们把资金投向城市的清洁和"绿化"——种树、新建公园和花园。除此之外，政府官员还运用计算机反腐败和征税，设立交易中心使得票据支付和银行业务更为便捷。这个城市现在还规划了国际机场，以便与孟买和德里竞争。海德拉巴并不是唯一实例，各洲都有城市规划师努力应对人口增长的例子，而且还有更为成功的做法。

---

①2007年4月3日，泰国内阁撤销了建设那空素万那普的提案。——编注

章节摘要

古代的城市是在某种条件之下发展起来的,其出现在有富余食物、社会组织、防御条件和发展中的经济的地方。尽管从古代开始城市地区就一直存在,但是直到近代,城市才变成工业化国家大部分人口生活的地方,以及发展中国家不计其数人口的商业中心。

所有以乡村为起源发展起来的聚落,都具有将自己与乡村、与更大的聚落体系结合起来的职能。随着聚落的扩大,其职能也变得更加复杂。它们的经济基础——由基础活动和非基础活动组成——可能变得各不相同。基础活动是指为更大的经济和城市体系服务的职能,非基础活动满足城市居民自身的需要。城市是市场、生产中心、政府行政管理中心。

城市体系反映在城市等级体系和等级-规模法则中。当一个城市比这个国家内所有其他城市都大得多的时候,它就被称为"首位城市"。很多国家都将这种处于绝对控制地位的城市作为主要的城市聚落,但是控制着全球经济的世界城市为数不多。

在北美城市中,城市地区的形态往往比较相似。在核心处,中央商务区价值最高,交通最便利。在中央商务区以外,土地以较低等级的商务用途为主。这些模式激发了地理学家的灵感,让他们概括出城市形态的同心圆、扇形、多核和边缘模型。第二次世界大战以后,城市组织发生巨大的变化,伴随着中心城区的衰退和复兴,伴随着郊区地位的上升和扩大。这些变化因城市居民按照家庭状况、社会地位和种族分类的倾向而强化。在西方国家中,这些模式还受到政府控制的影响,这有助于决定土地的用途。

城市化是一种世界性现象,北美地区城市体系、土地利用和社会区域的模式与世界其他地方的城市有本质的区别,反映出各地历史传统和经济结构的不同。西欧城市与东欧城市不同,东欧的土地利用方式反映了共产主义的城市结构原则。当前发展中国家的城市发展速度如此之快,以至于城市没有能力给所有居民提供就业、住房、用水、卫生条件和其他最低限度的基本服务和设施。在有些城市中,政府已经能够通过规划新城市或者将规划原则运用到快速发展的老城市中来缓解这种状况。

问题与讨论

1. 想想你生活、上学或者你最熟悉的城镇。用一段简短的文字讨论社区的地点和地理位置;如果有的话,指出其地点和地理位置与其过去或现在提供的基本职能之间的联系。
2. 描述乘数效应与城市单元人口增长的关系。
3. 在你最熟悉的社区中有没有零售活动等级体系?有多少种?由哪些等级组成?影响零售活动在社区中分布的决定选址因素是什么?
4. 简单描述城市开发中以同心圆、扇形、多核和边缘模型为代表的土地利用模式。如果有的话,哪种土地利用模式及其增长最符合你熟悉的社区。
5. 社会地位、家庭状况、种族是如何影响居民对家庭地点的选择的?你认为城市社会区域的哪些分布模式同上述各种情况相联系?你社区的社会地理学是否符合预测的模式?
6. 郊区化是如何损害中心城区的经济基础和财政

收入稳定的？

7. 加拿大城市在哪些方面有别于美国的城市分布模式？

8. 为什么到2015年发展中国家的大都市区预计可能变得比美国很多大都市区还要大？

9. 什么是首位城市？为什么发展中国家首位城市负担过重？怎样做才能缓解这种状况？

10. 北美、西欧、东欧城市一般的土地利用模式有哪些显著的不同？

11. 发展中国家的城市是如何受到殖民历史影响的？如果你必须为孟买和曼谷这样的城市创建一个土地利用模型，什么是你要考虑进去的至关重要的因素？

延伸阅读

Brunn, Stanley D., Jack F. Williams, and Donald Ziegler, eds. *Cities of the World: World Regional Urban Development.* 3d rev. ed. Lanham, Md.: Rowman and Littlefield, 2003.

Carter, Harold. *The Study of Urban Geography.* 4th ed. London: Edward Arnold, 1995.

Chapman, Graham P., and Ashok K. Dutt, eds. *Urban Growth and Development in Asia: Living in the Cities.* Aldershot, Hampshire: Ashgate, 1999.

Drakakis-Smith, David. *Third World Cities.* 2d rev. ed. New York: Routledge, 2000.

Ford, Larry R. *America's New Downtowns.* Baltimore: Johns Hopkins University Press, 2003.

Ford, Larry R. *Cities and Buildings: Skyscrapers, Skid Rows, and Suburbs.* Baltimore: Johns Hopkins University Press, 1994.

Hall, Tim. *Urban Geography.* 2d ed. London: Routledge, 2001.

Hanson, Susan, ed. *The Geography of Urban Transportation.* 3d ed. New York: Guilford, 2004.

Harris, Chauncy D. "'The Nature of Cities' and Urban Geography in the Last Half Century." *Urban Geography* 18, no. 1 (1997): 15-35.

Hartshorn, Truman. *Interpreting the City.* 3d ed. New York: Wiley, 1998.

Kaplan, David, James O. Wheeler, and Steven Holloway. *Urban Geography.* New York: Wiley, 2004.

King, Leslie J. *Central Place Theory.* Newbury Park, Calif.: Sage, 1984.

Knox, Paul L., and Steven Pinch. *Urban Social Geography: An Introduction.* 4th ed. Upper Saddle River, N.J.: Prentice Hall, 2000.

Knox, Paul L., and Peter J. Taylor, eds. *World Cities in a World System.* Cambridge: Cambridge University Press, 1995.

Ley, David. *The New Middle Class and the Remaking of the Central City.* Oxford: Oxford University Press, 1996.

Marcuse, Peter, and Ronald van Kampen, eds. *Globalizing Cities: A New Spatial Order?* Oxford: Blackwell, 2000.

Massey, Doreen, John Allen, and Steve Pile, eds. *City Worlds (in the Understanding Cities series).* New York: Routledge, 2000.

Pacione, Michael. *Urban Geography: A Global Perspective.* London: Routledge, 2005.

Scott, Allen J. *Metropolis: From the Division of Labor to Urban Form.* Berkeley: University of California Press, 1988.

Sheehan, Molly O'Meara. *City Limits: Putting the Brakes on Urban Sprawl.* Worldwatch paper 156.

Washington, D.C.: Worldwatch Institute, 2001.

Smith, Neil. *The New Urban Frontier: Gentrification and the Revanchist City.* New York: Routledge, 1996.

Stimpson, C. R., E. Dixler, M. J. Nelson, and K. B. Yatrakis. *Women and the American City.* Chicago: University of Chicago Press, 1981.

United Nations Center for Human Settlements (Habitat). *An Urbanizing World: Global Report on Human Settlements 1996.* New York: Oxford University Press, 1996.

Yeates, Maurice. *The North American City.* 5th ed. New York: Addison-Wesley, 1998.

 万维网上和地理学有关的网站极其丰富。与本章主题有关的网站请见与本书有关的在线学习中心的"Web Links"部分。网址：www.mhhe.com/getis11e。

人类对环境的影响

第12章

密苏里州泰晤士滩（Times Beach），一度是圣路易斯西南梅勒梅克河沿岸一个拥挤的工人阶级社区。但现在人去楼空，空荡荡的房舍、店铺、弃置的汽车和生锈的电冰箱无声地伫立着。"欢迎光顾"——自动洗衣店的广告牌向不存在的顾客说。野花开放在杂草丛生的草坪上，苍蝇嗡嗡叫，树上的松鼠互相追逐，偶尔还有郊狼在大街上游荡。如果这里允许参观，观光客可能认为他们看到的是好莱坞一处神秘的场景。其实，这个"鬼城"是危险废物污染一个社区后造成的景象。

麻烦始自1971年夏天，那时泰晤士滩雇佣了一个人，在该市镇长达16千米肮脏的公路上喷洒油料用来防尘。不幸的是，他所用的是该州南部一家市镇化工厂的废油和其他废物，他在当年和翌年夏天把这些废物的混合物洒遍全城，这是被二噁英（dioxin）污染的几万升紫色污泥，是人类制造出来的毒性最强的物质之一。

接触二噁英的后果几乎立即在两个赛马场上显示出来。几天内，数百只小鸟和小动物死亡、小猫死产、许多马匹染病死亡。接着，居民开始报告各种症状，包括流产、癫痫、肝损伤和肾癌。直到1982年，美国国家环境保护局（Environmental Protection Agency，EPA）才对该化工厂储存的废物中高水平的二噁英发出警告，并对泰晤士滩进行了彻底调查。他们发现有些土壤样品中二噁英化合物TCDD[①]水平高达300×10^{-9}；而1×10^{-9}被认为是最大安全浓度。环境保护局购买了该市的所有地产，下令居民撤离（图12.1）。

此处选取泰晤士滩的故事是用以表明，这只是人们如何影响他们赖以生存的水、空气和土壤质量的许多方式之一。

陆地和洋盆的特征、气象要素和气候特征、植物和动物区系等构成了被称为"环境"的复杂马赛克体的众多模块，也就是说，环境就是以各种方式影响生物的众多事物的总体。动植物、地貌、土壤和养分、气象和气候都是生物体的环境。研究生物间相互影响以及生物与环

◀ 科罗拉多州莱德维尔一处矿渣堆流出的污染径流。（© David Hiser / Getty Images）

[①] 四氯二苯并–P–二噁英（tetrachlorodibenzo-P-dioxin），除草剂中一种含剧毒的杂质。

图12.1 密苏里州泰晤士滩。大多数公路地图不再标示这个前社区的位置。(*Joe Sohm / Image Works*)

境相互影响的学科称为**生态学**(ecology)。生态学对了解环境问题至关重要,环境问题通常是由于人类对构成我们的世界的自然系统的干扰而产生的。人类生存在自然环境中,并通过个人或集体的行动改变了自然环境。人们砍伐森林、耕垦草原、修筑水坝、建造城市,然后自然环境被改造成文化环境,改造着、改变着或破坏着人类影响出现以前就已经存在的自然平衡。本章所讨论的是关于人类与被其极大改变了的自然环境之间的相互作用。

自农业社会开始以来,人类就改变着地球的面貌,改变着自然界精巧的平衡和相互作用,这个过程增强了或危害了人们所建立的社会和经济。自然平衡的本质和人类改变它的方式不仅是本章的主题,也是我们这个时代社会所关切的国内和国际主要事务。我们将会看到,我们所消费的燃料、所使用的原料、所创造的产品、所抛弃的废物都是对**生物圈**(biosphere)有害的改变。生物圈就是我们生活在其中由空气、水和土壤组成的薄薄的圈层。

12.1 生态系统

生物圈由3个相互联系的部分组成:

(1)对流层,地球大气层的最下层,从地面向上延伸大约9.5—11.25千米;

(2)**水圈**(hydrosphere),包括海洋、河流、湖泊、冰川表层和亚表层的水体或地下水——其中大部分封闭在冰川或地球内部,不能被直接利用;

(3)地壳最上层,最多几千米,包括支持植物的土壤和动植物赖以生存的矿物质,以及人类开采的化石燃料和矿石。

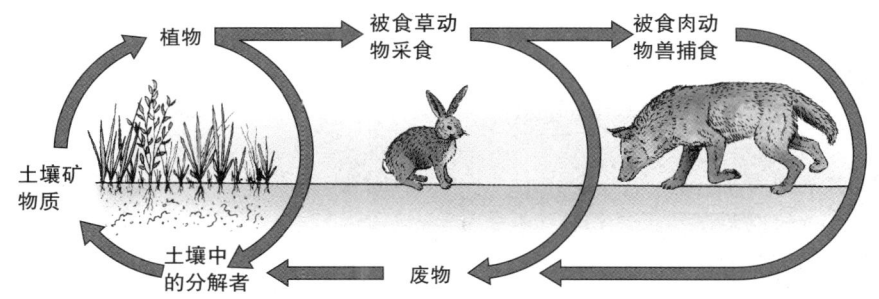

图 12.2 生态系统中食物的供应是一个"谁吃什么"的级序——创造食物链的级序。在这个简化的实例中,绿色植物是生产者(自养生物),利用养分和太阳能制造自己的食物。食草的野兔(初级消费者)直接以植物为食,而食肉的狐狸(第二级消费者)以野兔为食。食物链是复杂的食物网中的一条线,食物网就是存在于生态系统中的所有摄食关系。例如,老鼠可能以图中的植物为食,而老鼠又被该食物网中另一条食物链中的鹰捕食。

生物圈是一个错综复杂、相互联结的系统,容纳着生命所需的一切。所有这一切都被生物所利用,而且有可能永远被利用。生物圈的成分必须不间断地在自然界循环和再生。植物使空气净化、空气帮助水净化,而水和矿物又被动植物利用并回归自然,而后被再利用。

因此,生物圈是由两个相互交织的成分组成的:①无生命的外部能源——太阳——和必需的化学物质;②有生命的动植物界。生物圈又可以细分为具体的**生态系统**(ecosystem),即某地区由所有生物(动植物)和自然要素(空气、水、土壤和化学物质)共同组成的自给单位。对一切生态系统而言,最重要的原则是一切事物都是相互联系的。对自然平衡的任何侵扰或阻断,都必然导致系统出现不良的反应。每种生物都占据生态系统中一处特殊的**生态位**(ecological niche)或地方。在能量交换系统中,每种生物都起一定的作用,生物个体的存活是因为在这个环境中有其他生物的生存。问题不在于对生态位的认识,而在于预测系统的因果链以及某个生态位占有者受干扰后的调整。

生命依赖于流过生态系统的能量和养分。能量和物质从一种生物向另一种生物转移是**食物链**(food chain)中的一环。食物链就是一个生物序列,如绿色植物—草食动物—肉食动物,能量和物质通过这个序列在生态系统中移动(图12.2)。大多数食物链有3—4个环节,虽然有些食物链只有2个环节——例如人类吃米饭。由于自然界中生态系统处于相互协调运行的连续循环之中,因此食物链无始无终。这里只有养分转移的不同阶段,各阶段食物链中每个较低水平的环节将其所含能量的一部分转移到下一个较高级的消费者中。

图12.2中的**分解者**(decomposer)在维持食物链和生命循环中至关重要。它们使有机质——动物尸体与粪便、死亡的植物、废纸等——分解。分解过程中,物质的化学性质发生改变,其中所含养分变成有效态供动植物再利用。养分,即生物生长所需的矿物质和其他元素,永远不会被消灭;它们会从生物体移向非生物体,再回到生物体。我们躯体中所含养分曾经是其他生物的一部分,也许是一只野兔、一只鹰或一棵橡树。

生态系统中无论有没有人,都处于永恒的变化之中,但是人类对它的影响超过其他任何一个物种。起初人类对生态系统的影响很小,那时人口规模小,能耗与技术水平低。但是这种影响增长得非常迅速而且无处不在,以至于现在我们看到的是公认的各色生态危机。

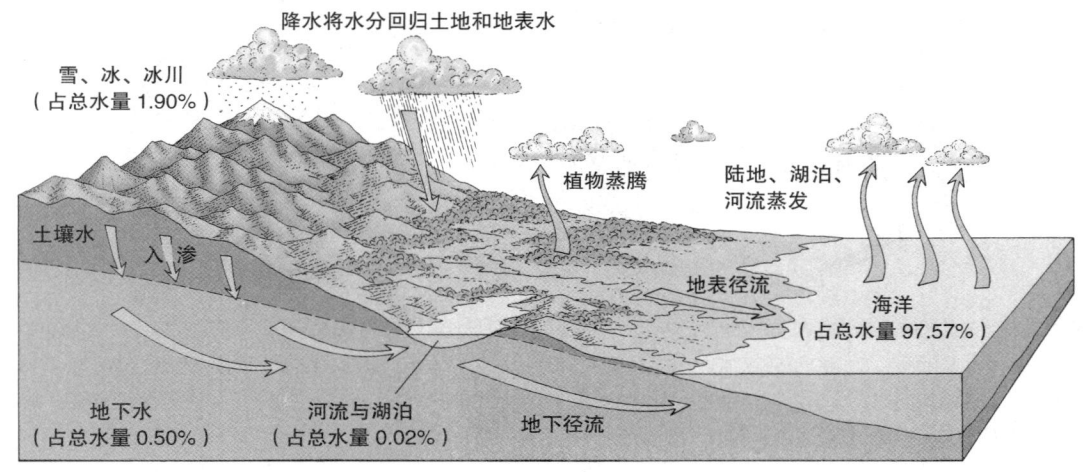

图12.3 水循环。太阳提供的能量使淡水和海水蒸发。空气中的水分达到饱和以前,水保持水蒸气的形态。大气层水分以固态或液态降水的形式回到地面,从而完成水循环。由于降水分布不均,水分不一定以同样的数量回到其蒸发的地区。大陆得到的水多于其损失。多余部分以地表水或地下水的形式回归海洋。但是,全球总是维持着水分平衡。

本章后面还要讨论人类对自然环境影响的一些问题。

12.2 对水的影响

水的供应是持续的。通过生物圈不断循环水的系统叫作**水循环**(hydrologic cycle)(图12.3)。在水循环中,水的形式可能发生改变,但在自然环境中,水在再循环中被净化,因其适合于地球生态系统的性质而被再利用。蒸发、蒸腾(水蒸气从植物中散发出来)和降水是重新分配水分的机制。水蒸气在云中汇聚、凝结,然后再降落到地面,在地面上再蒸发、再蒸腾,以降水的形式再次降落。

人类对水的依赖使我们早就开始努力控制水的供应。这种实践业已改变了江河的水量和水质。

水的可利用性

就全球范围而言,淡水资源很丰富。每年雨雪降落到各大陆的水分以830毫米厚的水层覆盖于陆地表面。每年从水循环中再生的淡水通常被认为足以满足现在世界人口5—10倍的需要。

然而,世界上许多地方水供应不足,而且水资源日趋减少。问题不在于全球的总水量,而在于它的分配(一个地区得到的平均降水量)和可靠性(降水的逐年变化)。区域水分充足的程度是用水人口规模以及人口对资源需求的函数。就全世界而论,灌溉农业用水占淡水使用量的70%,在最贫穷的国家里占90%(图12.4)。工业用水约占1/4(23%),其余为家庭与城市用水(饮用、洗浴和浇灌草坪等)。1950年以来,人类从河湖和地下含水层中提取的淡水增加了2倍以上(含水层就是地表以下水分饱和的砂砾层,它所含的水叫地下水,不同于河水和湖水之类的地表水)。

"短缺"是部分发达国家和发展中国家经常用以描述用水供应的词汇(图12.5)。灌溉用水不足周期性地危及农作物,并预示饥馑;常年性河流变成了间歇性河流;湖泊缩小;来自全世界

图 12.4 澳大利亚西部阿盖尔湖（Argyle）灌溉工程。1950年以来，该工程每年增加灌溉面积五六万平方千米。目前灌溉农业以其17%的耕地面积生产全世界40%的粮食。通常输送和灌溉到农田中的水量比农作物的实际需要多得多，浪费了大量的紧缺水资源。"滴灌"就是通过铺设在田间的有小孔的水管把水分直接递送到植物根部，这是一种减少用水量的方法。（ *Robert Frerck / Odyssey Productions* ）

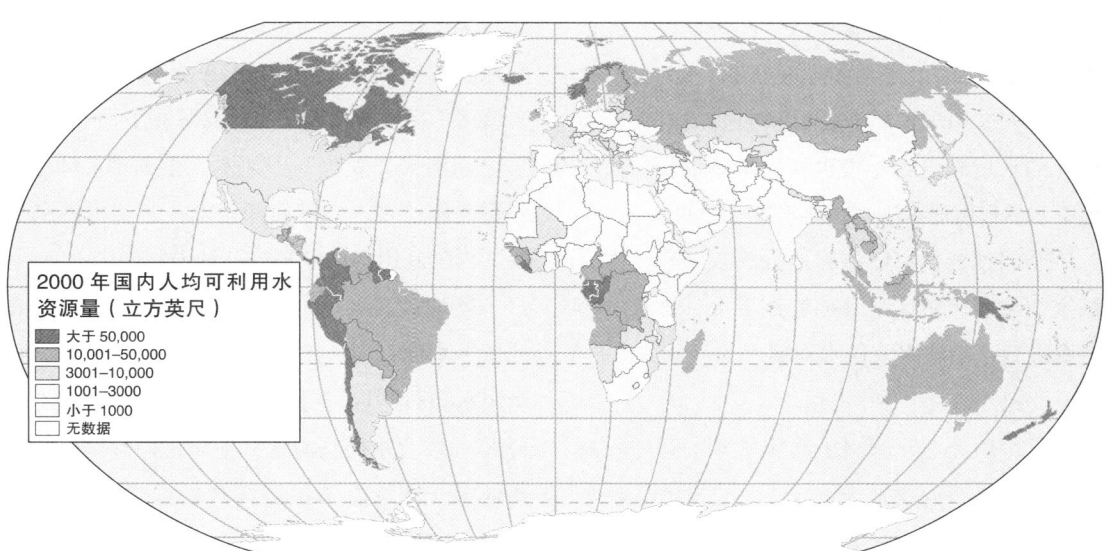

图 12.5 人均可更新淡水的可利用性。可更新水资源是指从河流、湖泊和地下含水层中得到的水。虽然美国有着数量巨大的淡水，但其使用量也是巨大的。用水量随人口的增长、生活标准的提高、灌溉农业的扩展，以及随之发展而来的工业与城市用水需求的增大而上升。世界上越来越多的地区水资源短缺，抑制了可持续发展，需要抉择是否对互相竞争的用户之间进行硬性分配。（编注：1立方英尺约等于0.0283立方米。）

资料来源：Student Atlas of World Geography, *3 / e, John Allen, Map 50, p. 63. McGraw-Hill / Dushkin, 2003.*

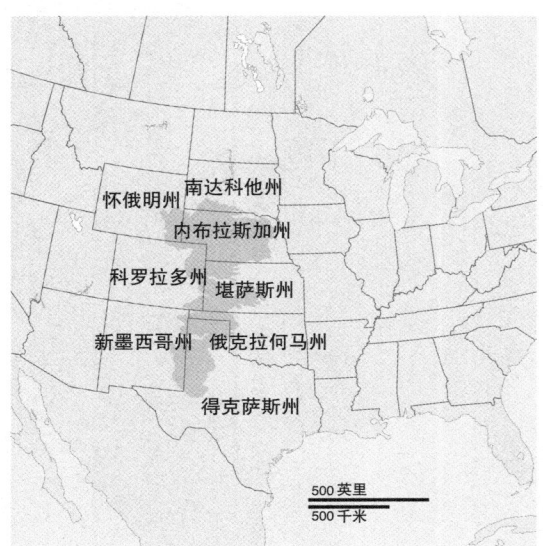

图12.6 美国最大的地下水源，巨大的奥加拉拉含水层提供了全国灌溉用水量的1/4左右。该含水层南部水分消耗最为严重。那里，奥加拉拉从降雨中得到的补给寥寥无几。得克萨斯州的情况最令人担心，该州人口预期从2000年的2100万到2050年增加一倍。从1950年以来，该含水层容量已经减少了约1/3。

的报道称地下水位急剧下降，水井干涸。据世界银行报道，威胁着粮食生产、经济发展、医疗卫生和环境保护的慢性缺水正折磨着80个国家。北非和中东10国正处于缺水的境地：这些国家所消耗的水量超过每年可更新的水量供应，抽取地下水的速度通常高于降雨给地下水的补给。

全国性数据可能掩盖地方缺水问题。许多国家的主要产粮区过分抽取地下水，含水层的耗竭导致严重缺水及供水限制。

- 中国北方，水浇地和城市与工业增长对水资源的消耗十分巨大，以至于多数年份里黄河下游水流在进入渤海前就已经干涸。中国100多座大城市（多在北方）已经严重缺水。中国北方大部分地区地下水位每年下降1—2米。
- 世界人口第二大国——印度——抽取地下水的速率是再生速率的两倍。在一些地区，包括该国的"面包篮子"哈里亚纳邦和旁遮普邦，用水过多造成了地下水位下降和水井干涸。
- 乍得湖因气候干旱和从入流河抽水灌溉，面积严重缩小。该湖曾经是非洲第二大湖，1965年面积为2.5万平方千米，到2005年只有1500平方千米。
- 墨西哥最大的淡水水体查帕拉湖（Lake Chapala），自20世纪70年代以来已经损失了其入流水量的80%。该湖主要由莱尔马河（Rio Lerma）补给，但该河全部流量几乎都被引作灌溉和工业用水。墨西哥城地下水抽取的速度比其天然补给快40%，城市对此的反应是在20世纪内沉陷了9米。

美国也是这样，亚利桑那、新墨西哥、加利福尼亚和内华达等州的部分地区，地下水消耗的速度超过其更新速度。美国西南各州对重要地表水源科罗拉多河的依赖如此巨大，以至于该河（在墨西哥湾）入海时只剩下涓涓细流。灌渠和沟渠"吸吮"了河水，供西部7州和墨西哥北部使用。许多西部城市，包括丹佛和圣菲，为限制用水已经采取各种强制性措施。

奥加拉拉（Ogallala）含水层是美国最大的地下水储存库，为美国25%的水浇地提供灌溉用水，目前其消耗速率是补充速率的3倍（图12.6）。该含水层从南达科他州延伸到得克萨斯州西部，支持着美国近半数的养牛业、1/4的棉田，以及大量玉米和小麦的种植。目前有15万口井打入该含水层中，提水供灌溉、工业和家庭使用。

据联合国估计，到2015年全世界将有30亿人——预期世界人口的40%——生活在水资源不足的国家中，很难或根本不可能得到足够的水以满足其基本需要。这种必需资源的绝对短缺使开发商和环境主义者之间发生争执，各种用户——农业、工业和城市用户相互竞争。拉斯维加斯，这个美国发展最迅速的大都市，从科罗拉多河上的"水库"米德湖（Lake Mead）抽水以满足其对水的需求，但是目前该市实质上已经用光了它的份额。预期下一个10年内该地区人口将近倍增，南内华达州水务局不顾担忧土地会干涸的牧场主的反对，打算从附近农业县开发河水和地下水。在两三个国家分享一条河流的地方，关系更加紧张。例如，墨西哥对美国在科罗拉多河到达其国境之前用光河水感到愤怒；土耳其通过筑坝和灌溉农田，截取了底格里斯河和幼发拉底河河水，减少了下游叙利亚和伊拉克的用水量。

由于海洋含有看似无穷无尽的水，有人指望通过脱盐[①]（去除海水中的盐分和矿物质）作为解决水资源短缺的技术手段。然而，由于这种过程在经济上效益不高，所以它只能满足人类一小部分的需求。如果将来其成本降到足够低，脱盐也只能增加一些生活用水的供应，但未必能便宜到供应农业用水。

河流整治

为了防止泛滥、控制农业与城市聚落供水，或者为了发电，人们千百年来用拦河筑坝、开凿运河、建造水库等方法整治河流。虽然人们一般都能达到他们的目的，但是这些构筑物也会带来未曾料到的后果，如第5章所述。这些后果包括下游泥沙量减少，农作物与鱼类所

[①] 国内通常称为海水淡化。——译注

需的养分减少，土壤的含盐量增加，以及地面沉陷等（见"灾难'蓝图'：河流改道与咸海"专栏）。

渠道化（channelization）是对河流整治的另一种方法，即修堤筑坝、裁弯取直、加宽挖深，以此控制洪水或改善航运。从全球看，有50万千米以上的河流经过疏浚和渠道化。世界上许多大河，包括密西西比河、尼罗河和黄河，已经建成河堤系统。这些河堤系统像水坝一样，可能产生不可预见的后果。河堤减少了自然蓄洪，加重了下游的洪峰，而且会造成过度的侵蚀。

直至1960年，佛罗里达州基西米（Kissimmee）河蜿蜒曲折流淌于基西米湖和奥基乔比（Okeechobee）湖之间的泛滥平原上（图12.7）。这里的生境供养着几百种鸟类、爬行类、哺乳类动物和鱼类。应开发商、牧场主和农民的要求——他们打算移居到这片湿地上，但受到河流泛滥倾向的烦扰——美国陆军工程兵团挖深河道，把166千米的曲流河裁直，变为只有90千米长的土质水渠。1971年水渠竣工，湿地消失，外来植物种入侵，鱼类大幅减少，90%的水禽（包括若干濒危种）消失。

渠道化和筑坝是人类经过深思熟虑后为整治河流格局所做的努力。但是，人类另外几种活动也对河流水文产生重大影响。例如城市化产生了重大的水文影响，包括降低地下水位、污染、增强洪水径流。同样的，去除森林覆盖使径流量增加、促进洪峰突发、降低地下水位和加速侵蚀。

尽管如此，人类对水的负面影响主要是在水质方面。人们抽取河水、湖水和地下水用于饮食、洗浴、农业、工业和许多其他目的。尽管所提取的水又回归水循环，但其并不总能保持被提取时的状态。水和生态系统其他部分一

(a)

(b)

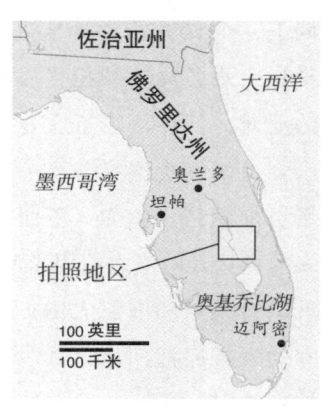
(c)

图12.7 佛罗里达州基西米河。工程兵团裁直河道之前（[a]）和之后（[b]）。河流过去供养成千种鱼类、水禽和林鹳、雪鹭以及大蓝鹭等涉禽。渠道化造成奥基乔比湖和大沼泽的退化。美国联邦政府和佛罗里达州政府不得不启动一项长期工程，把基西米河恢复为曲流河道。

资料来源：*Courtesy of South Florida Water Management District.*

样，也常常面临严重的污染问题。

水 质

因人类造成的**环境污染**（environmental pollution），其广义的定义是进入生物圈的废物，由于其体积、组成或二者兼有，而不能被自然过程迅速分解的过程。对水而言，污染的核心概念是由于一种或多种物质存在于水体中，使水的组成发生改变，达到不能用于某种目的或降低了其自然状态下的适用性的程度。水污染是指排放到水中的物质造成水的化学性质或物理性质发生不利的改变，或者造成生活在其中的生物在数量和质量上发生不利的改变。污染是一个相对的词语，不适于饮用的水可能完全满足洒扫街道的要求，对鱼类污染严重的水可能为某些水生植物提供可生存的环境。

人类活动不是造成水污染的唯一原因。落叶腐烂、动物粪便、油苗渗出等自然现象也可能影响水质，但是，有些自然过程能够处理这种污染。水中生物能够降解、吸收和分散此类物质，使之降低到自然水平。天然污染物超过受纳水体净化能力的情况比较少见。目前的情况是人类排放污染物的数量常常超过某个水体的自净能力。此外，人类还引进各种污染物，如金属和其他无机物。天然生物需要很长时间才能将其破坏或根本不能破坏。

只要地球上存在人类，就会有污染。因此，问题就不是消灭污染，而是要控制它。这种控制生死攸关。水媒病原体和污染每年导致几百万人死亡（大多为儿童）。人们死于痢疾

灾难"蓝图":河流改道与咸海

1960年,咸海还是世界上第四大内陆海,面积为6.45万平方千米,比西弗吉尼亚州还要大。现在咸海面积已经缩小到原来的一半以下,水量也只有原来的1/4。海平面下降了18米,而且一分为二:北咸海和南咸海。

这个内陆海的缩小,只是将其原有水源——阿姆河和锡尔河——几乎全部改道,使河水用以灌溉中亚农田的结果之一。其他后果还有:

- 随着水量减少,几千平方千米海床上留下污染废物。原来入流的河流被农田径流和未经处理的高含量化肥、农药、重金属和其他有毒化合物污染。目前南咸海被看作死海。由于不能生存在高盐、有毒的海水之中,20种已知鱼类全部死亡,商业性捕鱼业全面崩溃。过去一度是渔港和大众海滩的莫伊诺克(Mo'ynoq)现在距海100千米。过去曾是北岸主要港口的阿拉尔斯克(Aralsk)现在距海80千米。
- 猛烈的风暴从干涸的海床和邻近陆地上扬起含盐的粗砂和有毒化学品,沉降到几百千米以外的农田里,损害土壤的肥力。讽刺的是,让咸海为之做出牺牲的农作物——主要是棉花和水稻——本身也处于危险之中。
- 当地野生动物赖以生存的森林和湿地骤减。据估算,该流域3/4的野生物种已经消失。
- 受污染的水、土壤和空气威胁着当地人的健康。像霍乱、斑疹伤寒、胃癌和食道癌等严重疾病以及呼吸道疾病(哮喘和支气管炎)的发病率明显增加。流产率与出生缺陷率普遍增高,婴幼儿死亡率居世界首位。

为了拯救咸海,世界银行和哈萨克斯坦政府为锡尔河筑坝与修堤提供贷款。到2006年,咸海水位从海拔30米以下上升到38米,海面扩大了30%左右。若干年内,当海水恢复原有水位时,政府官员准备放养几百万尾鲟鱼、鲤鱼和其他咸海本土鱼类。或许将来终有一天可以改变这个"世界最大的人造环境灾难"。

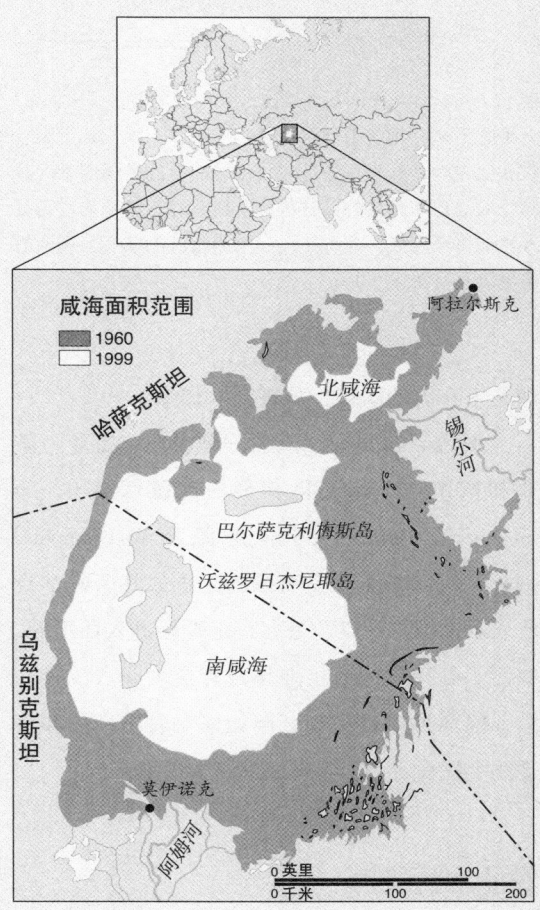

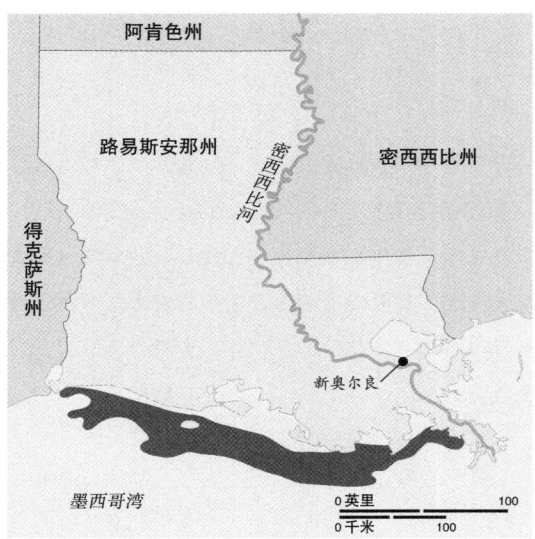

图12.8 2001年墨西哥湾中的"死亡带"覆盖了大约2.3万平方千米,相当于马萨诸塞州的面积。人们认为来自农业径流的营养物质是造成该海域缺氧的关键因素。营养物质为夏季兴盛的藻类种群供给营养。藻类死亡后沉入墨西哥湾海底,分解并耗尽海床附近的氧气,剩余的少量氧气难以支撑生命。

和与水有关的疾病,如霍乱和伤寒。

水污染的四大"元凶"是农业、工业、矿业和城市住宅区,将其分为**点源污染**(point source of pollution)与**非点源污染**(nonpoint source of pollution)是有用的。正如其名称本身所表示的那样,点源是在特定地点进入环境的,如污水处理设施或工业排放管道。非点源较分散,因而也更难控制,例如来自农田径流和在道路上撒化冰盐。

农业水污染源

就全世界而言,农业对水污染的"贡献"可能比其他任何单项活动都大。在美国,据估计农业占造成河流污染原因的2/3。农业径流携带3种主要污染物:化肥、生物杀灭剂和动物粪便。

化 肥

农业是造成水体过度营养的主要原因。当所施用化肥以及动物粪肥中的氮和磷排入江河,最后积聚在池沼、湖泊和河口湾时,就会出现污染。养分加速了**富营养化**(eutrophication),即水体中养分富集的过程。当周围地区的营养物质被冲刷进水中时,也会自然地出现富营养化,但是,当物质来源是商业肥料之类人为的富集营养物时,水体就可能负荷过重的营养物。藻类和其他植物受刺激而大量生长,阻断其他生物生长所需要的阳光。当这些藻类等生物死亡分解后会使水中溶解氧水平下降,进而使不能忍受缺氧状态的鱼类和植物窒息死亡。

据估计,在世界范围内,北美、欧洲和东南亚有50%、南美有40%、非洲有28%的湖泊和水库受到这种加速富营养化的影响。富营养湖泊的症状是杂草疯长、藻类繁茂、鱼类死亡、湖底沉积物迅速堆积、水体腐臭。

虽然污水处理厂、暴雨径流和空气污染也提供刺激藻类生长的氮和磷,但是高营养水平的农业径流才是世界上超过30个"死亡带"形成的原因。"死亡带"是严重缺氧、鱼蟹等水生动物无法存活的地区。世界上最大的死亡带在波罗的海、黑海和路易斯安那州沿岸的墨西哥湾北部海域(图12.8)。这些地带的大小逐年不同,夏季随着水温增高和太阳辐射增强而达到峰值,形成藻华。

生物杀灭剂

农业上使用的除草剂和**杀虫剂**(pesticide)是水体化学污染的另一来源。施用过生物杀灭剂的农田径流污染着地下水和地表水。与生物杀灭剂使用相关联的问题之一,是人们对这种用法的长期效应并不总能立即了解到。例如,人们使用DDT多年之后,才发现它对鸟类、鱼类和水生植物的影响。另一问题是,现在广泛使用的成千种此类产品,包含600多种活性成分,但只有很少几种经环境保护局做过安全检查。最后,在这些化学品不再被使用后,即使过了很长时间,被淋洗到地下含水层中的生物杀灭剂可能仍然停留在那里。虽然美国自20世纪60年代后期起禁止使用DDT,但迄今水体中仍然检测到它的存在。

动物粪便

最后一种农业上的化学污染源是动物粪便,在集约饲养动物的国家尤其如此。问题存在于两方面:其一是在饲养场,牲口在屠宰前被高度密集育肥;其二是在工厂式的农场里,牛肉、猪肉和家禽产品日益集中生产(图12.9)。美国的农场和大型饲养场产出大量粪肥——每天近30亿吨,但通常没有污水处理设施。处理方法主要是将粪肥排放到防渗漏水池内,随后喷洒到周围田地上,粪肥可能从那里被淋滤到地下水和河流中。

有人怀疑因喷洒粪肥造成的水污染是切萨皮克湾微生物噬鱼费氏藻(*Pfiesteria piscicida*)爆发的原因。这些单细胞藻类在粪肥高水平氮磷环境中高速增殖并变得有毒。粪肥来自马里兰州、弗吉尼亚州和北卡罗来纳州大型家禽养殖场和养猪场。有害费氏藻已经毒死成百万尾鱼,还有证据显示这种微生物可使人类致病。

其他水污染源

如上文所述,农业只是人类活动造成水污染的原因之一。其他污染源是工业、矿业、城市居民区。

(a)

(b)

图12.9 俄亥俄州一处工业化养猪场的运作。(a)照片中的工业化养猪场中,几千头猪在长方形大型畜棚中被喂养四五个月,长到120千克。(b)猪粪尿通过地面水槽被冲洗到管道和沟渠中,进入室外坑塘中。这些废物携带病原体和来自动物饲料的多余营养物质,特别是高浓度的氮和磷,污染附近的土壤和水。([a] © Larry Lefever / Grant Heilman Photography, Inc. [b] © Keith Myers / The New York Times)

工 业

在发达国家,工业对水污染的"贡献"可能与农业一样大。许多工业把有机和无机污染物排放到水体中。这些污染物可能是酸,也可能是汞和砷之类的剧毒金属,或是炼油工业产生的有毒有机化学品。核电工业的放射性废料从海底或地下埋藏罐中渗出时也造成某种水污染。

这些污染可能具有多方面的效应。不适于生活在污染水体中的生物可能死亡;受污染的水可能变得不宜用于家居或灌溉；废物可能进入食物链，对人类有毒害作用。在国际上成为工业污染威胁的焦点、最声名狼藉的污染案例之一，是40年前出现在日本西南部水俣村的事件。一家使用氯化汞的化工厂在加工过程中把废汞排放到水俣湾，氯化汞沉积到淤泥中。汞被以淤泥中的生物为食的鱼吸收，并在鱼体内富集。然后，鱼类又被人摄食。这一事件的死亡人数超过700，另有至少9000人致畸或其他永久性残疾。

美国也存在汞污染。环境保护局报告称，事实上全国所有湖泊和河流均被汞污染，48个州都发布了有关吃鱼的忠告。汞作为燃煤发电厂的副产物，随风飘扬到河流湖泊中，被鱼类和贝类吸收。发电厂集中的东北部和中西部问题最为严重。

在美国，已经排放到水中的污染物中包括**多氯联苯**（polychlorinated biphenyls，PCBs），这是作为管道滑润剂和用于各种电气设备、油漆和塑料中的一类化学品。许多公司在加工过程中把多氯联苯倾倒进河流中，致使其从那里进入食物链。有几个州已经禁止在一些河流湖泊中进行商业捕鱼，因为鱼体内多氯联苯含量高于有关部门认为安全食用的水平。虽然多氯联苯对人体健康的影响尚未完全清楚，但其可能和出生缺陷、免疫系统伤害、肝病和癌症有关。1977年环境保护局禁止把多氯联苯直接倾倒到美国水体中，但由于多氯联苯并不立即分解，因此仍有大量此类化学品残存于水体中。

最近，高氯酸盐和氯乙烯也被列为地下含水层和水井的污染物。高氯酸盐是火箭燃料的主要成分，氯乙烯用以制造塑料管、家具和室内装潢。受污染的水用于饮用、洗浴或烹饪能导致肝癌、神经伤害、血液循环疾病和皮肤损伤。

石油工业是水化学污染的重要原因。海洋日益受到石油的污染。虽然像1989年瓦尔迪兹号（*Exxon Valdez*）油轮那样的大规模石油泄漏吸引了公众的注意，但较小规模的泄漏造成每年成百万升石油"例行公事"地倾倒入美国的水体中。通常有一半以上的石油来自油轮和驳船，其中多半与海难中船体断裂相关。其余大多来自炼油厂漏油、冲洗储油罐、排放含油压仓水和海底钻探平台漏油等。作为大范围海底钻探场的墨西哥湾是世界上污染最严重的大水体之一。

酸沉降（通常叫作酸雨）来自工厂、发电厂和汽车尾气排放的副产物，影响着世界上成千上万湖泊和河流的水质与生态系统。由于酸沉降是空气污染造成的，因此本章后面还要对其进行讨论（见"酸雨"一节）。

许多工业过程和电力生产需要用水作为冷却剂。被加热了的水回到环境中就出现**热污染**（thermal pollution），对水体中的动植物产生不良影响。如果热废水温度明显高于受纳水体，就可能破坏鱼类种群的生长、繁殖和洄游。甚至只有几度的水温变化也使许多植物和鱼类不能存活。它们不是死亡就是被迫迁徙，以其为食的物种也是如此。食物链就这样被破坏了。此外，水温越高，氧气含量越少，这意味着只有较低等级的动植物才能生存。

矿 业

煤矿、铜矿、金矿、铀矿和其他矿物的露天开采所产生的废弃物造成水源污染。雨水与矿山废弃物发生反应，溶出矿物质，渗入邻近水体。所发生确切的化学变化取决于煤和矿渣的成分，以及矿物与沉积物或河水之间的反应。

例如，堆浸法[①]是将大量氰化物倾倒到低

---

① 堆浸法，即矿石经过开采、破碎、磨矿等流程后，进入氰化槽进行氰化浸出，再熔炼为成品金。——译注

品位矿石堆上来提取金。许多国家，包括美国、秘鲁、罗马尼亚、坦桑尼亚和印度尼西亚的大型矿业公司，都使用这种较新式的技术。这些公司把大量含氰化物的废物倾倒到河流中，造成水污染。这些污染物除了改变水质以外，还给土壤、植被和动物带来次生影响。例如，美国西部各州，如亚利桑那州、内华达州和加利福尼亚州，每年都有成千种栖息于金矿湖沼中的动物和候鸟因饮用了被氰化物污染的水而死亡。

亚马孙河及其支流水源也发生同样的污染，但污染物是汞而不是氰化物。因为汞本身附着在金子上，所以可以把金从土壤和岩石中分离出来。据估计，巴西、委内瑞拉和相邻各国有50万被称为"露天矿勘探者"（garimpeiros）[①]的由独立矿工组成的合作团体使用这种有毒液体采金。他们把矿石从河床里挖掘出来，碾碎矿石后把汞倒在上面，用手把汞挤出来，然后焚烧混合物，让多余的汞蒸发掉。这样开采金矿，估计每年要把大约100吨汞排放到亚马孙河中，毒化河水，使鱼类中毒，另有100吨汞蒸发到大气层。由于可能要几十年，河水中汞的浓度才达到中毒水平，因此，汞对河流的污染就像一颗定时炸弹，许多年内亚马孙流域汞中毒的全部效应可能不为人知。然而，已经查明的是，有很高比例的矿工通过接触和吸入，体内汞浓度已达极高水平。还查明，他们和其他人通过吃鱼也遭到汞的污染。

城市和居民区

许多污染物来自与城市化有关的活动。洗涤剂的使用增加了河流中磷的含量，用于道路防冻的盐类增加了径流中氯化物的含量。城市地区的径流中含有垃圾、动物粪便、树叶和车辆漏油带来的污染物。由于污染源多种多样，因此任何一个地区的水源都常常受到多种污染物影响使水污染控制问题变得很复杂。

受污染的饮用水井遍及美国半数以上的州。垃圾填埋、汽油与其他燃料油储罐破裂、化粪池破裂，以及农田喷洒杀虫剂和除草剂，使化学品渗入地下含水层而进入地下水。含水层污染特别麻烦，因为地下水与地表水不同，其自我净化能力很低，污染能保存几个世纪。

污水也是主要水污染源，这取决于污水排放前是否得到良好的处理。它不单和环境有关，还直接影响人的健康。未经处理的人类粪便含有导致痢疾、肝炎、脊髓灰质炎（小儿麻痹症）、脊膜炎和其他疾病的病毒。

虽然最发达国家城市废水处理日渐增加，但发展中国家90%以上的污水未经任何处理就被直接排放到江河、湖泊和沿海水体中。对俄罗斯200条主要河流的调查表明，其中80%受到原生污水的污染，含有危险程度很高的细菌和滤过性病毒。印度全部地表水至少有70%受污染，因为其3000多座城市里至多只有200座有完备或部分的污水收集和处理设施。

虽然污水处理厂遍及美国，但只有一半美国人居住在符合联邦《清洁水法》（Clean Water Act）所规定最低目标设施的社区。1100座城市里老化的下水道系统仍然把处理很差的污水排放到河流、湖泊和海洋中。当佛罗里达州戴德县（Dade County）下水道系统周期性破裂的时候，成百万升原生污水泄入迈阿密河，在迈阿密市区排入比斯坎湾（Biscayne Bay）。同样的，未经处理的污水从老化的污水处理厂溢流入五大湖中，湖滩也因此遭到污染而被关闭。

在许多社区，如果含有动物粪便、街道垃

[①] 葡萄牙语，金矿等露天勘探者，中文未有定译。——译注

圾和草坪化学品的雨水涌进下水道，那么在大雨后会出现特殊的问题。由于污水处理厂超负荷，暴雨径流和原生污水一起流入河流、海湾和海洋中。仅纽约市就有500多个排洪口，每年把大约2460亿升未经处理的污水（约占该市污水总量的10%）排入哈得孙河和长岛海峡。除此以外，美国东部、中西部和西北部1200座城市也有和暴雨溢流系统相结合的污水网络。

控制水污染

近几十年来，对污染日益严重的关切已在美国和其他国家引发了对一些地表水体水质较大的改善。1972年美国联邦政府在调控水污染方面率先制定了《清洁水法》。其目标为"恢复、维持本国水体的化学、物理和生物的完整性"。国会针对每一类主要污染工业，建立了全国性统一管理制度，规定政府支付新建污水处理厂的大部分费用。自1972年以来，美国建立了服务于8000万人的污水处理厂，工业界花费了几十亿美元按照《清洁水法》减少有机废物排放。

这些成绩令人印象深刻。许多在生态学上已经死亡和正在死亡的河流、湖泊重现生机。一度成为各种生活垃圾和工业垃圾倾倒场的哈得孙河、波托马克河、凯霍加河与特里尼蒂河变得比过去更干净、更有吸引力和生产力了。人们现在可以在这些河流上进行垂钓捕鱼、游泳和划船等娱乐活动。同样的，西雅图的华盛顿湖和五大湖也比20年前更健康了。最近，有关当局宣布了几项雄心勃勃的计划，要清洁本国最大的河口——切萨皮克湾——的水体，并通过改善基西米河和奥基乔比湖的水质来消除对佛罗里达大沼泽造成的伤害。

其他国家环境意识的提高也促进了立法和相关行动的实施。例如，英国南部因排入污水和工业废物而被严重污染的泰晤士河，现在处于几个世纪以来最清洁的时候。严格的污染控制标准的执行停止了水质下降的趋势。藻类、海草、鱼类和野禽又大量回归河中。

甚至地中海也进入逐步康复之途。1976年周边18国签署了《保护地中海免受污染公约》（Convention for the Protection of the Mediterranean Sea against Pollution）。那时所有沿岸城市都把未经处理的污水倾倒入海，油轮喷出含油废物，成吨的磷、洗涤剂、铅和其他物质污染着海水。现在，许多城市建立了或正在建立污水处理厂，禁止轮船随意倾倒污水，有些国家政府开始实行对陆地污染源的控制。

我们不应为这些进展所误导。尽管有些最严重的问题已经得到处理，但是根据美国国家环境保护局的资料，美国50%的河口湾、45%的湖泊和39%的河流仍然受到污染。解决水污染问题取决于对城市、工业废物的有效处理；取决于对来自农业、矿业和林业的化学径流的控制；还取决于对低污染技术的开发。虽然污染控制项目代价高昂，但污染的长期代价更高。

12.3 对空气和气候的影响

对流层，即地表上面薄薄的一层空气，包含着我们呼吸的所有空气。每天都有成千吨污染物被车辆、焚化炉、工厂和飞机排入空气中。当空气中所含物质的浓度足以对生物造成有害影响时，空气就被污染了。

空气污染物

可能从来就不存在真正纯净的空气。就像存在着天然的水污染源一样，即使人类不向空气中加入任何物质，也会有一些物质使空气遭到污染。火山爆发产生的灰尘、沼泽气体、林火产生的烟气，以及被风吹扬的尘埃，都是天然的空气污染源。

这些污染物通常数量很少，而且充分扩散到整个大气层。一座大火山偶尔爆发可能产生非常多的灰尘，以至于大气层发生短期的改变。一般来说，天然的空气污染源不会对空气造成长期的明显影响，而且，空气就像水一样，也能够自行净化这种污染。

人类排放到空气中的物质远比自然界产生的污染物更多。这些人为污染物主要是燃烧化石燃料（煤、天然气和石油）和其他物质造成的。发电厂、许多工厂、家庭炉灶、小汽车、卡车、公共汽车和飞机都燃烧化石燃料。科学家估计，所有空气污染物中3/4来自化石燃料燃烧。此外，其余污染物大多为工业过程造成，如焚化固体垃圾、森林与农田起火和溶剂蒸发。图12.10描述了主要的空气污染源。表12.1总结了6种大量排放的污染物的主要来源。这些原生污染物一旦进入大气层，就有可能和其他原生污染物或水蒸气等正常大气成分发生反应，生成次生污染物。

空气污染是一个全球性问题。世界卫生组织新近一项研究断定，11亿以上居住在城市地

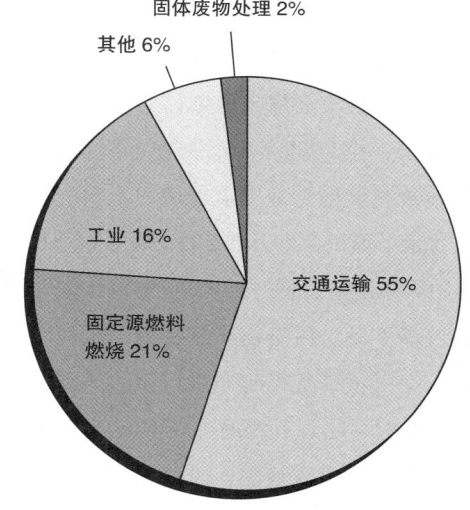

图12.10　美国原生空气污染物来源。原生空气污染物就是直接排入大气层的物质，其数量足以对人类健康或对环境造成不良影响。交通运输是人类造成空气污染最大的单项来源，其次是使用燃料的发电厂和工厂等固定源。
资　料　来　源：Redrawn from Biosphere 2000, by Donald G. Kaufman and Cecilia M. Franz (NY: HarperCollins College Publishers, 1993, Fig. 14.3, p. 251).

区的人呼吸着不健康的空气。发展中国家中大约有6.25亿人生活在被认为不可接受的二氧化硫水平中，12.5亿人生活在不可接受的烟尘和其他颗粒物水平中。居住在墨西哥城、开罗、德里、首尔、北京和雅加达等特大城市的居民，处于呼吸特别恶劣空气的危险之中。

污浊的空气也和受污染的水一样致命。据世界卫生组织估计，每年至少有300万人因空气污染致病而死。

影响空气污染的因素

影响一地空气污染类型和程度的因素很多。相对而言，人类难以控制的因素有气候、天气、风的类型和地形等。这些因素决定着污染物是被吹往他方，还是就地积聚。总体来说，位于平原上的城市比谷地中的城市遭到污染物

表12.1 原生空气污染物主要来源		
污染物类型	符号	主要来源
二氧化碳	CO_2	化石燃料燃烧
一氧化碳	CO	大多为车辆化石燃料不完全燃烧
碳氢化合物	HC	化石燃料燃烧，石油化工厂
氮氧化物	NO_x	运输车辆，发电厂
颗粒物	—	汽车尾气、炼油厂、燃煤发电厂、耕种与建筑作业
硫氧化物	SO_x	含硫燃料（特别是煤炭）燃烧

第12章　人类对环境的影响　517

积聚的可能性要小。

不寻常的天气可能改变污染物扩散的正常模式。逆温现象加强了空气污染的效应。在正常状况下，空气温度从地表往上降低。但是，一层干暖空气稳定地覆盖在地表上空，将妨碍暖空气从下面正常上升和变冷。如第4章所述（图4.10和"多诺拉悲剧"专栏），逆温出现时空气变得停滞不动。污染物积聚在最下层而不是被吹走，空气污染变得越来越严重。逆温通常只持续几小时，尽管有些地方经常出现这种情况。洛杉矶秋季常出现逆温，丹佛则多在冬季。如果逆温徘徊时间足够长——超过几天，空气污染物就会积聚到严重影响人类健康的程度。

某地形成的空气污染物可能在几百千米以外产生最严重的影响，因为大气环流能无视政治界限让污染物自由迁移。因此，康涅狄格州和马萨诸塞州部分地区能够感受到纽约市最严重的空气污染带来的影响。产生烟雾的化学反应要历经几小时，这时，气流已把污染物携带到纽约以外。纽约也以同样方式接受产生自其他地方的污染物。影响新英格兰地区和加拿大东部的酸雨，大多来源于五大湖地区和俄亥俄河谷的极高烟囱中飘散过来的硫化物。而俄罗斯和欧洲基于燃煤的工业产生的硫、碳和其他污染物，被气流传输到北极圈地面，在那里造成被称为"**北极霾**"（Arctic haze）的污染。

某一地区影响空气污染类型和程度的其他因素是当地城市化和工业化的水平。人口密度、交通密度、工业类型与密度和家庭供暖方式共同决定着一个地区所排放到空气中的物质的类型。一般而言，一个地区城市化和工业化程度越高，其就越应对污染负责。为改良或扩大耕地而烧荒，加上城市与工业迅速发展——这是发展中国家广大地区日益普遍的现象——造成广泛的大气污染。例如，全彩卫星照相机定期地揭示一条近乎连续的烟雾带——由煤烟、有机化合物、灰尘和其他空气垃圾组成，厚达3.2千米，绵延于印度、孟加拉国和东南亚的大部分地区。

污染源如此多样而多变，我们不能在本章中全都讨论。鉴于此，我们先来研究3种空气污染类型及其有关的效应。

酸　雨

虽然酸沉降是更精确的描述，但更普遍使用的是**酸雨**（acid rain）一词，用以描述化石燃料燃烧产生的污染物，主要为硫和氮的氧化物。它们在大气层中传输时发生化学变化，最后成为酸雨、酸雪、酸雾或酸尘降落到地面。这些污染物的主要来源是车辆、各种工厂、发电厂和矿冶设施。二氧化硫被大气层中的水蒸气吸收，变成具高度腐蚀性的硫酸。二氧化硫对雨水中酸的"贡献"占2/3。大约有1/3的酸来自在大气层中转化为硝酸的氮氧化物。

一旦污染物在空气中产生，就能被风携带到几百千米之外，沉降到远离其源头的地方。在北美，最盛行的风是西风，这意味着降落到东海岸和加拿大东部的大多数酸雨来源于中部和中西部以北的10个州（图12.11）。同样，产生于英国、法国和德国空气中的污染物造成了斯堪的纳维亚半岛的酸化问题。

酸雨有3种效应：陆地的、水体的和物质的。酸改变土壤和水的pH值（pH factor，一种0—14的酸碱性等级），引起一系列化学反应和相关的生物链反应（图12.12）。要注意pH值是一种对数尺度，即尺度上的每一级都代表10倍。因此，4.0就比5.0酸10倍，比6.0酸100倍。正常雨水的平均pH值为5.6，归为微酸性一类，不过曾经记录到pH值为1.5的酸雨（远比食醋和柠檬汁酸性强）。

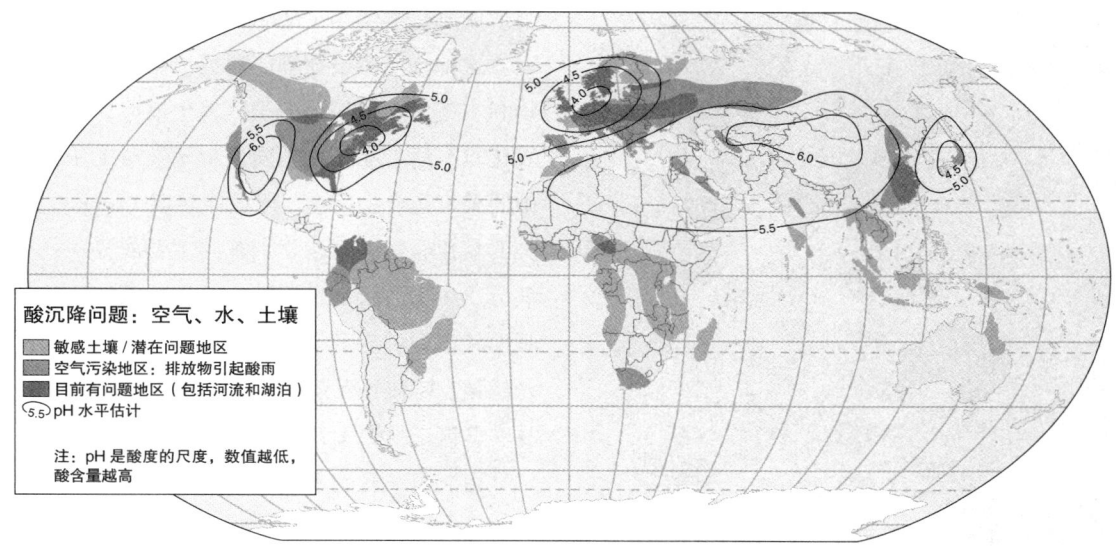

图12.11 酸沉降的源地和当前有问题的地区。盛行风能把酸沉降带到远离其源地的地方。降水中的酸损害土壤、植被、水生生物和建筑物。

资料来源：*Student Atlas of World Geography, 3d ed., John Allen, Map 46, p. 59. McGraw-Hill / Dushkin, 2003.*

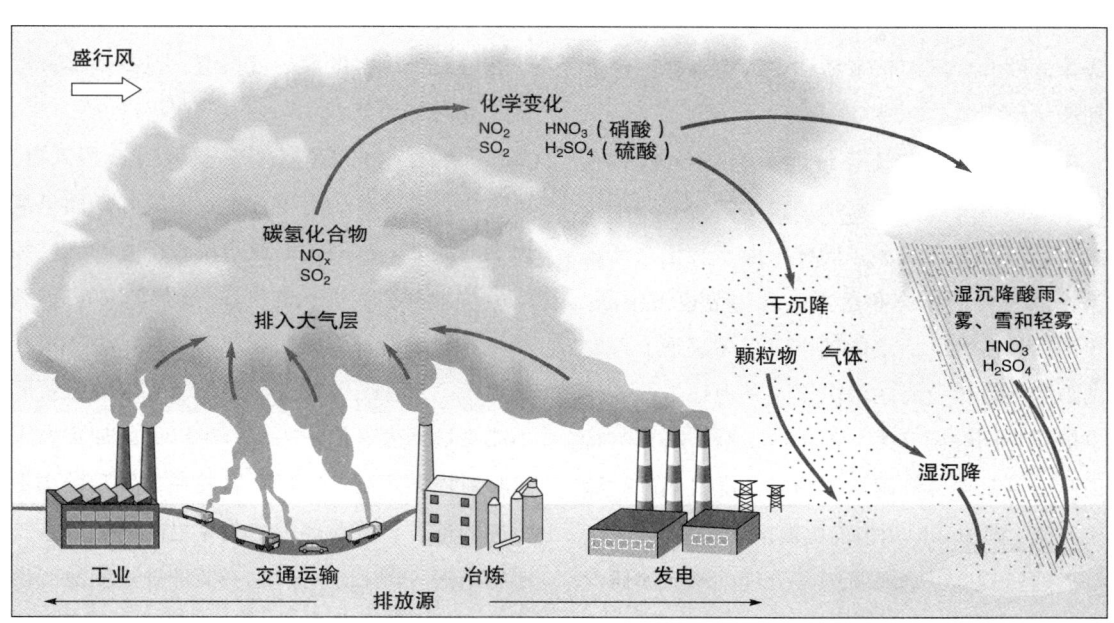

图12.12 酸雨的形成。化石燃料燃烧产生的二氧化硫和氮氧化物转化为硫酸盐和硝酸盐颗粒，这些颗粒和水蒸气发生反应，形成硫酸和硝酸，然后降落到地表。

资料来源：*Redrawn from Biosphere 2000, by Donald G. Kaufman and Cecilia M. Franz (NY: HarperCollins College Publishers, 1993, Fig. 14.5, p. 259).*

　　酸沉降通过对土壤的酸化以及将铝和有毒重金属镉与铅等颗粒覆盖在地面上而危害土壤和植被。酸沉降杀死土壤中分解有机质和使营养物质通过生态系统再循环的微生物。美国东

第12章　人类对环境的影响　519

图12.13 法国兰斯市（Reims）教堂这座石灰岩雕塑见证了酸雨的破坏作用。硫酸把石灰岩转化为石膏，使其在多年同雨水接触中被冲刷掉。(© William E. Ferguson)

部、北欧和西欧、俄罗斯和中国的森林已经遭到严重伤害。

酸雨对水生生态系统的影响是多方面的。湖泊或河流的酸度无需增加很多就会开始干扰鱼类繁殖的早期阶段。同样，由于酸化杀死鱼类赖以为食的植物和昆虫，食物链也被中断。美国、加拿大和斯堪的纳维亚半岛成千上万的湖泊和河流中鱼类的消失以及其他地方鱼类减少被认为同酸雨有关。内华达山脉、喀斯喀特山脉、落基山脉和阿迪朗达克山脉等地的高海拔河流、湖泊和池沼也面临高酸度的慢性伤害。

建筑物和纪念碑见证了大气中酸的实质性影响。酸腐蚀着许多建筑材料，包括大理石、石灰石、钢铁和青铜（图12.13）。世界范围内，成千上万的建筑物正在被酸沉降缓慢地溶蚀。

光化学烟雾

二氧化硫是酸雨的罪魁，而氮的氧化物则是形成**光化学烟雾**（photochemical smog）的祸首。这种空气污染类型的形成，是由于氮氧化物和空气中水蒸气里的氧气发生反应，生成二氧化氮。后者在日光下同汽车尾气与工业废气中的碳氢化合物反应，生成像**臭氧**（ozone）之类的新化合物。光化学烟雾的主要成分——臭氧分子由3个而不是2个氧原子组成。天气干暖而环流微弱有利于臭氧形成。天气越热，日光越强，臭氧与烟雾形成越多。因此一般说来，夏季臭氧产生多于其他季节。

由于氮氧化物和碳氢化合物主要来源于机动车辆和工业，所以光化学烟雾多属城市问题。任何地方，光化学烟雾问题的严重程度都取决于气候、地形和交通状况。此类烟雾世界各地均有发生，影响着许多城市，如土耳其的安卡拉、印度的新德里、墨西哥的墨西哥城和智利的圣地亚哥。据世界银行报道，亚洲烟雾最严重的16座城市都在中国。

大约有1.6亿美国人，即一半以上美国人口，居住在不符合2004年6月生效的联邦地面臭氧标准的地方。加利福尼亚州温暖阳光的气候和地形特别有利于臭氧的生成（图12.14）。加利福尼亚州的河谷被山地环绕，空气污染保留在盆地中。出现逆温时，污染物被有效地截留而不能逃逸到大气层中去。一半以上的加拿大人也和对面的美国人一样，居住在臭氧污染水平超标的地方。从温莎到魁北克之间的区域空气质量最差（图12.15）。近一半臭氧是就地产生的，另一半来自俄亥俄河谷、克里夫兰和底特律地区。

光化学烟雾既伤害人类健康又伤害植被。长期暴露于烟雾中会对人的肺部造成永久性伤害，使之过早老化，而且据信会增加哮喘、支气管炎、肺炎和肺气肿之类的发病率。由于儿童呼吸道较短小，而且免疫系统不如成人发育

(a)　　　　　　　　　　　　　　　(b)

图12.14　洛杉矶(a)晴天；(b)被光化学烟雾掩盖。空气停滞在城市上空时，汽车与工业废气越积越多，减弱下午的阳光，变成阴暗的霾，使臭氧水平剧增。《清洁空气法》的要求和对汽车排气更严格的规定已令臭氧峰值降低到1955年水平的1/4。（[a] © Gregory Mancuso / Stock Boston；[b] © Robert Landau / Corbis Images）

图12.15　美国和加拿大受烟雾污染最严重的城市。本图仅标示两国臭氧污染水平最高的20座城市。尽管近年来有害的排放明显减少，但就每年"坏空气"天数而言，洛杉矶仍然是美国臭氧污染最重的城市。而且，有些烟雾污染最严重的情况也出现在美国得克萨斯州休斯敦和达拉斯－沃斯堡。在加拿大的20座城市中，有10座位于温莎至魁北克廊道上，受到来自美国的越境污染。

资料来源：*American Lung Association, Environment Canada.*

成熟，所以他们尤其容易受到空气污染的伤害。

臭氧除了对人类有影响以外，也伤害植被。即使是百万分之一的低浓度也会对树木、植物和农作物造成伤害。虽然烟雾是城市工业中心产生的，但是对其下风向地区也有影响。日本东京和大阪、中国北京、巴基斯坦卡拉奇和美国加利福尼亚州洛杉矶等城市下风向的森林就受到与光化学烟雾有关的伤害。

臭氧层损耗

虽然臭氧在近地层是一种有害污染物，但对大气层却至关重要。在地面以上大约10—24千米的高度上，臭氧形成一个叫作**臭氧层**（ozone layer）的保护层，它护卫着地球上所有生命免遭来自太阳的致命紫外线（ultraviolet，UV）的过度辐射。越来越多的证据显示，各种化学品的排放正在破坏臭氧层。其中最重要的一类合成化学物质是1931年开发的**氯氟碳**（chlorofluorocarbons，CFCs）。成百种产品中含有氯氟碳。它被用作冰箱和空调器中的冷却剂，用作气溶胶喷雾剂，用作塑料泡沫包装、家居绝缘和室内装潢材料等。它还以液化形式用于外科手术工具的消毒，清洗电脑芯片和其他微电子设备。

另一些与臭氧层损耗有关的是用于灭火器中的哈龙（halon），用作溶剂和清洁剂的四氯化碳和甲基氯仿，以及用于土壤和谷仓消毒以及熏蒸易腐货物的杀虫剂溴化甲烷。不过，氯氟碳远比这些都重要。

这些气体释放到空气中后，穿过低层大气，在7—15年内上升到平流层（图12.16）。在那里，这些气体分子被紫外线辐射破坏，产生游离的氯原子和溴原子。经过一定时间，一个这样的原子就能破坏成千上万个（如果不是无限多个）臭氧分子。

每年7月开始，南极上空大气层的臭氧损失就增多。1985年研究人员发现南极上空臭氧层中今天人所共知的"空洞"（实际上是一个低浓度臭氧区），其大小和美国大陆相当，并向北延伸，远达南美洲有人居住的地区（图12.17）。臭氧损耗在8—9月加强，直至10月温度上升，风向改变，臭氧亏缺的空气与周围大气相混合使损耗逐渐停止。北极上空臭氧层的损耗虽然较不令人注目，但也很严重，而1978年以来中纬度上空的臭氧层也显著变薄。

臭氧层的损耗让更多的紫外辐射抵达地表。人类接受的紫外线辐射增多，提高了皮肤癌的发病率，同时由于紫外线辐射抑制了身体的防御机制，也增加了罹患各种传染病的风险。由于紫外线辐射还对植物细胞和组织造成伤害，因此其还可能造成农业减产。最严重的损害可能出现在海洋中。紫外线辐射量的增加，影响光合作用和被称为浮游植物的微小植物的代谢作用。这些浮游植物就繁衍在南大洋海面之下，构成海洋食物链的基础，而且在地球二氧化碳循环中起核心作用。

根据1987年由160国签署的一项国际协议——《关于消耗臭氧层物质的蒙特利尔议定书》（Montreal Protocol on the Depletion of the Ozone Layer，以下简称《蒙特利尔议定书》），氯氟碳和其他臭氧层损耗物的生产正在被逐步淘汰。该协议要求发达国家在1996年1月1日之前停止生产和消费氯氟碳、四氯化碳、哈龙和甲基氯仿，发展中国家在2010年之前停止生产。《蒙特利尔议定书》使氯氟碳的产量急剧下降。到1998年其产量已比10年前的峰值减少了90%。下层大气中溴的浓度从1998年到2003年下降了5%。

即使所有国家最后都执行了《蒙特利尔议定书》，但由于过去的排放，未来若干年内这些物质仍将继续造成臭氧降解。两种使用最广泛的氯氟碳仍停留在平流层中，且会在漫长的120年时间里继续分解臭氧分子。所以，无法

图12.16 臭氧层如何消失。释放到空气中的氯氟碳和哈龙通过对流层时（如同大多数污染物那样）并不分解并最终进入平流层。一旦到达臭氧层，氯氟碳和哈龙就被紫外线分解，释放出氯（来自氯氟碳）和溴。这些元素随后破坏臭氧分子，将其分解为氧分子，由此破坏臭氧层。

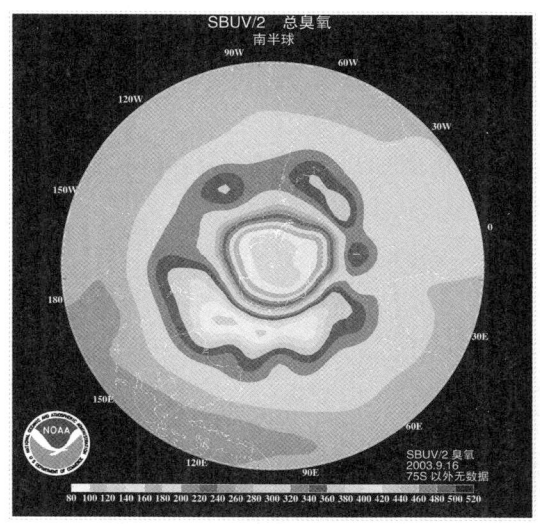

图12.17 2003年9月16日南半球上空臭氧层损耗情况。影像下面的色阶表示臭氧总水平。重大损耗区域面积大小逐年不同。2003年记录的臭氧空洞近于2900万平方千米。虽然南极洲上空的臭氧层损耗特别严重，但在世界上其他地方也已观察到平流层中臭氧浓度下降的现象。
(© *National Centers for Environmental Prediction, NOAA*)

期待到21世纪末时臭氧层能够完全恢复。

控制空气污染

近年来，多方面的进展给人们带来了逆转空气质量下降局面的希望。1970年以来，汽油中铅的总量减少了75%。若干国家，包括发达国家和发展中国家在内，从市场上取缔了加铅汽油。其他许多国家也减少了汽油中的含铅量和（或）引进了不含铅汽油。这种进展意义重大，因为，接触含铅汽油燃烧释放到大气层的微粒状铅，会导致智力缺陷、高血压，并增加心脏病发作和中风的风险。

如前所述，1987年《蒙特利尔议定书》提倡全球努力淘汰氯氟碳生产，以保护臭氧层。此协议曾经引起重大分歧。该议定书及其修正案禁止工业化国家生产氯氟碳。到1999年，世界氯氟碳生产总量已从1988年的峰值下降了88%。下降最显著的是欧盟和美国，而实际上，截至2005年，氯氟碳的消费在中国、印度和其他发展中国家仍在上升。

另一项成功的协议是1979年《长程跨界空气污染公约》（Convention on Long-Range Transboundary Air Pollution），由33个欧洲和北美国家签署，旨在减少氮氧化物和二氧化硫的排放。例如，由于奥地利、西德、瑞典和挪威等国已将他们的二氧化硫排放减少了50%以上，所以20世纪80年代欧洲的空气污染已经减少。氮氧化物的排放则被证明比较难控制。

美国近几十年来在净化空气方面取得了明显进步。一系列"清洁空气法"（1963、1965、1970、1977）和修正案确定了主要污染物，并建立了全国空气质量标准。国会经过多年辩论之后，于1990年通过了迄今最彻底的《清洁空气法》。该法案宣布要通过减少可能排放的空气污染物量来保护人体健康和环境，并制定了达到那些目标的时间表。主要条款要求：

- 通过设立空气中颗粒物和臭氧浓度允许标准以减少城市烟雾；
- 在污染最严重的城市使用清洁燃料；
- 降低机动车辆氮氧化物和碳氢化合物的排放；
- 要求公共部门减少氮氧化物和二氧化硫的排放。

尽管美国人口、经济和机动车数量有所增加，但全国空气比第一个"清洁空气法"颁布时更干净了。1985年以来，铅的排放量降低了98%，二氧化硫降低了50%，一氧化碳降低了32%。不过，美国许多地方的空气仍然不符合公共卫生标准。

要达到《清洁空气法》的目标，需要从固定污染源和非固定污染源中减少空气污染物的种类和数量。清洁固定污染源可以采取的策略很多。技术选项包括改用清洁燃料、煤炭燃烧前进行洗煤以去除大部分的硫，使用洗涤器、吸尘器和过滤器去除烟道气体中的污染物等。另外还可使用更高效器械以降低能耗、安装密封条和绝热材料、在建筑法规中加强新建筑物的能量消费标准等。

减少非固定源——主要是各种机动车辆——的排放，可以采取许多方法，包括按照更严格的尾气排放标准淘汰旧汽车、驾驶燃油高效汽车、逐步淘汰含铅汽油和实行严格的汽车年检制度等。催化式排气净化器能大幅度减少机动车产生的烟雾。汽油价格上涨会减少汽油消费。如果社会承诺奖励合伙用车、使用自行车或公交等替代交通方式，出行就会更加节能。

12.4 对地貌的影响

人类无论住在什么地方都会对地表产生影响。我们为了满足自己的基本需求进行过很多活动，但无论做过什么，这些行为都已经对景观造成了影响（图12.18）。为了衣食住行和防御，我们清理土地，改种植物，改造河流，建设道路、要塞和城市。我们开采地球资源、砍伐整片森林、修筑梯田，甚至填海造地。对任何一个地区所做改变的性质取决于那里的起始状态和人们利用土地的方式。

挖掘作业产生的地貌

虽然我们一般认为地貌是"天赐"的，是千百万年的自然过程创造的，但是人类在改造局部自然景观方面已经扮演过、而且继续扮演着重要角色。有些面貌是刻意创造的，有些则是无意或间接造就的。挖掘作业造成的主要地貌景观有坑、塘、垄脊与壕沟、凹陷、运河和水库等。其中有些可追溯到新石器时代，那时人们挖进白垩系土坑中掘取用于制作工具的燧石。但是，最近两个世纪的挖掘作业影响最大，为了采矿、建造构筑物和发展农业，为了建造交通设施，诸如铁路、通航运河和公路等，都需要进行挖土作业。

露天采矿需要去除地表植被、表土和岩石以获取地下资源，这也许是对环境影响最大的方式。深坑露天开采和带状露天开采是地表采矿最常用的两种方法。深坑露天开采（open-pit mining）主要用于获取铁、铜、沙、砾和石料。如图12.19（a）所示，由于大部分物料被移取处理，所以采掘完毕以后留下了巨大的深坑。

美国煤矿采用带状露天开采（strip mining）的方式日益增多，现在每年用带状露天开采的

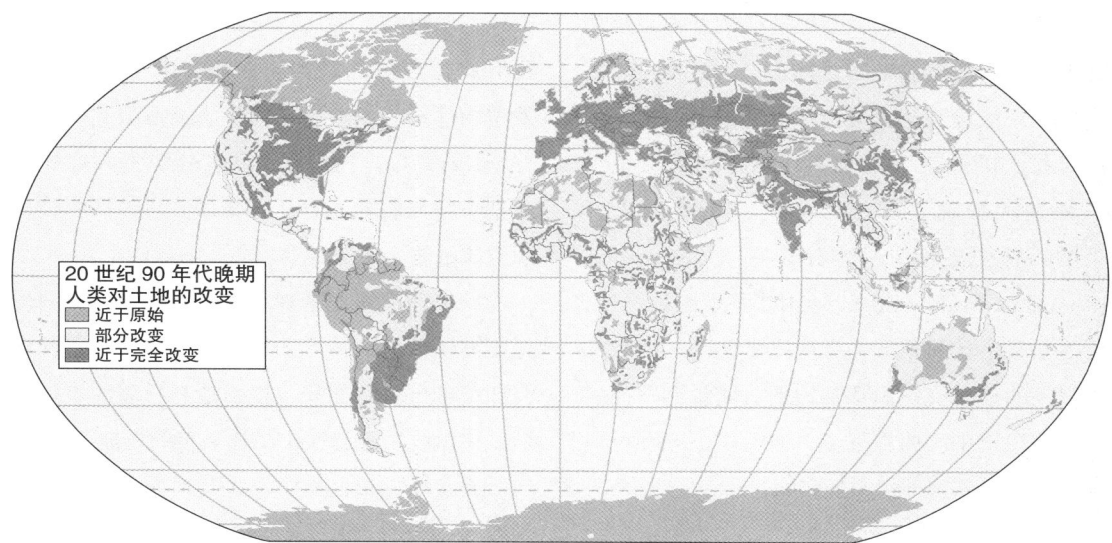

图12.18 人类改变土地。人类用某种方式改变了许多地方的地貌。覆盖着原始植被的"近于原始"的地区往往是高寒干燥和不适合大量人口居住的地方。这些地方人口密度非常低。"部分改变"的地区是描述那些原始植被去除后生长着次生植被的地区。这种地方大多用于农业或放牧牲畜。"近于完全改变"的地区就是那些有永久性和集约性农业与城市聚落的地区，只有很少或没有原始植被被保留下来。

资料来源：*Student Atlas of World Geography, 3d ed., John Allen, Map 61, p. 74. McGraw-Hill / Dushkin, 2003.*

图12.19 （a）犹他州宾厄姆坎宁露天铜矿坑鸟瞰图，据称这是世界上最大的人造大坑。该地自开始采矿以来，已移去近150亿吨土石料，形成一个深逾800米、顶部直径达4000米的大坑。该矿生产了海量的铜、金、银和钼。（b）美国每年因露天开采煤炭和其他资源而损失大约400平方千米地面，全世界遭此破坏的土地远高于此数。在平坦或波状起伏的地面上，带状露天开采留下了平行的垄沟相间的景观，这是因剥离或者堆填土石料造成的。为了取得下伏的矿物，从一条堑壕里挖掘土石而后将其放置于相邻的堑壕里，留下了照片中的波浪状地面。除改变地形以外，带状露天开采还干扰地面和地下的排水格局、破坏植被、使土地贫瘠，并且常常把强酸性底土和岩石堆置于新地表上面。（[a] © *Bettmann/Corbis Images*；[b] © *Jim Richardson / Corbis Images*）

煤炭超过了地下开采。磷酸盐矿的开采也是用这种方式。先挖掘一条壕沟，采出矿物，然后挖掘另一条壕沟，把废石填回第一条沟里，依此类推。除非工人回填熟练，否则就会留下一种垄状景观（图 12.19 [b]）。带状露天开采的一种变化叫作"移山填谷"（mountaintop removal and valley fill），即用炸药把山顶炸掉，留下平顶山状的顶部并暴露出煤矿脉，再用20层楼高的推土机把山顶连同废石渣推到下面的山谷和河道中。弗吉尼亚、西弗吉尼亚和肯塔基等州均受到这种作业的影响。

被广大的露天矿坑或起伏不平的壕沟损毁的景观是地表采矿最明显的结果。成千上万平方千米的土地受到影响，而且其随着地表采矿的增长还会继续增加。露天采矿所造成的影响不只是一个地区美学价值受损，如果涉及的地区很大，还会造成野生动物栖息地的破坏，地表和亚表层的排水格局也会被扰乱。近年来美国对带状露天开采的关切促使联邦与州立法增加法令，以制止最严重的滥用。现在人们期望露天开采公司平整那些土岗，提升地区的等级，修复土壤，重新种草或其他植被。

倾倒产生的地貌

一个地区的挖掘作业通过倾倒常常导致在附近地区产生某些地形。地表和亚地表露天采矿都产生大量废物和巨量的废料堆。事实上，按吨位来说，采矿是**固体废物**（solid waste）最大的单项"贡献者"，仅在美国每年留下的需要处置的固体废物大约有20亿吨。一般习惯是把废石和尾矿在矿点附近倾倒成巨大的废渣堆。不幸的是，这种做法为环境带来了次生的环境效应。

废弃物中的灰尘被风和水携带，污染了空气，溶解的矿物质污染附近的水源。有时候废弃物造成更大的伤害，如1966年威尔士所发生的那样。当时煤矿的矿渣堆滑塌到阿伯凡（Aberfan）村，掩埋了140多名学童。这样的悲剧唤起人们的注意——要以潜在破坏力较小的方式处置采矿废弃物。

挖掘和填埋对景观起联合作用的另一例子是亚洲部分地区特有的农业梯田。为了留住水分和增加可耕地面积，把山地和丘陵的坡地开垦成梯田，用矮墙保护小片平整的土地。

在水土交界的地方，人类对土地的影响尤其强烈。为了治水，人们进行挖掘和填土作业，建造了堤坝之类的地景。许多地方海岸线的真实形状已被改变，施工人员为了增加土地而把固体废弃物倾倒到填埋地上。在荷兰，筑堤围垦加上开沟排水开垦了百万平方千米土地。河谷中的农耕作业对三角洲产生了重大影响。例如，增多的泥沙常常使陆地向海洋延伸。

地面沉陷的形成

从地下挖掘物料能导致地面**沉陷**（subsidence），即部分地面下陷。世界上许多大城市由于从地下抽取流体（地下水、石油和天然气）而沉陷。受此类沉陷威胁的城市常位于松散沉积物（新奥尔良和曼谷）、海岸沼泽（威尼斯和东京）或湖床（墨西哥城）上。当地下液体被抽走后，沉积物被压实，地面随之下沉。由于许多城市坐落在海岸或河口湾，而且海拔只有几米，所以地面沉陷使这些城市更易遭受海水泛滥之害。

因地下采矿而取走固体矿藏（如煤、盐和金）可能造成矿山上面的地面塌陷。**落水洞**（sinkhole）或陷坑（pit，圆形陡壁的坑洞）和凹陷（sag，较大较浅的洼地）是此类塌陷造成的地景。如果地面排水格局遭到破坏，低

图 12.20　墨西哥城沉陷是由为城市供水而抽取城市下面的含水层所致。照片中所示为该城地下铁系统 2 号线的一段，在 20 世纪 60 年代建成时曾是水平的。城市的一些区域已经下沉多达 9.15 米。沉陷使百座建筑物受损或毁坏，建于殖民时期的市中心尤甚。自来水管道、下水道和地铁隧道仍在不断破裂。（© Gerardo Magallón）

洼处可能形成沉陷湖。因不少城镇扩展到采矿区上方，现地面沉陷已变成较严重的问题。

可以预料，地面沉陷会损害地面构筑物，包括房舍、道路和下水道管线。1963 年洛杉矶出现一个戏剧性例子，地面沉陷造成鲍德温山水库（Baldwin Hills Reservoir）大坝破裂，库水在不到两小时内倾注到市区，造成几百万美元的财产损失。墨西哥城抽取地下水导致了地面严重的不均衡沉陷（图 12.20）。1985 年地震使该城受害如此严重的原因之一就是沉陷使建筑物的结构变得脆弱。

12.5　对动植物的影响

人类以种种方式影响动植物生活。当这种影响足够严重的时候，一个物种就会灭绝，即不再存在。虽然化石记录表明灭绝是地球生命的正常现象，但科学家判断近代历史上灭绝速率呈指数增长——因人类活动造成。濒危物种个体数量太少，如果危害原因继续存在，它们就将在野生状态下灭绝；而**渐危物种**（vulnerable species）是种群数量减少，在可预见的未来有可能变成濒危的物种。濒危物种和渐危物种合称**受胁物种**（threatened species）。

某些类型的物种比其他物种灭绝的几率高。这些物种通常具有以下一种或多种特性：或以分散个体的小种群存在；或繁殖率低，尤其是比捕食它们的物种低；或生存在一个小的地理区域内；或为特化生物，其生存依赖环境中少数几种关键因素。

世界自然保护联盟（International Union for Con-

(a)　　　　　　　　(b)

图12.21　生境破坏的受害者和人口增加对土地的需求。面临灭绝的野生动物中有：(a)银白长臂猿；(b)猩猩。银白长臂猿仅存在于印度尼西亚的爪哇岛，岛上大部分森林已遭砍伐。专家估计自1975年以来，银白长臂猿的数量已从约2万只骤降至400—2000只。伐木也是印度尼西亚猩猩数量下降的主要原因。据信，20世纪90年代其种群已减少一半。现已宣布银白长臂猿和猩猩均属濒危物种。（[a] © Gerard Lacz / Animals Animals; [b] © R. Lynn / Photo Researchers）

servation of Nature，IUCN）对各大陆野生动物的状况做了估计，2000年发表的报告称，所有已知哺乳类物种中24%被认为属于受胁物种，其中4%属于紧急濒危物种。各哺乳动物纲中受胁的名单如下：

- 奇蹄类动物（犀牛、斑马等）11种；
- 食肉动物（野猫和野狗、熊等）65种；
- 偶蹄类动物（河马、鹿、羊等）70种；
- 灵长类动物（猴和猿）96种。

拥有受胁哺乳类动物数目最多的国家是中国、印度、印度尼西亚和巴西。这些国家总人口占世界人口的40%，这对危急的生境施加了日益增加的压力。

2000年对鸟类物种的评估断定，全世界大约有9900种鸟类，其中1/8有灭绝的危险。含受胁鸟类物种数量最多的国家是印度尼西亚、中国、巴西和哥伦比亚。

尽管濒危哺乳类和鸟类已经引起公众注意，但是许多植物也处在危险之中。据世界观察研究所（Worldwatch Institute）2000年发表的报告，世界已知27万种植物中，有3万多种面临灭绝的危险。在处境危险植物物种的数量上，美国居于首位（16,108种植物中有4669种，即29%处于危险之中），其次为澳大利亚和南非，但是产生这种统计结果的部分原因可能是这些国家的植物调查做得比其他国家好。

本节中，我们将分析人类改变动植物生活的某些途径。

生境破坏

物种灭绝的主要原因之一是野生动植物生境的损失或改变。所有受胁物种中大约2/3受生境退化或丧失的影响。农业活动（种植和畜牧业）、采掘活动（伐木和采矿）以及各种开发（例如房舍、道路、水坝和水渠）都改变或毁坏动植物的生境（图12.21）。据某些人士估计，地球上生物多样性最丰富的地方——全世界热带雨林——的破坏，正在造成每年上百个动植物物种的灭绝。

许多人担心，随着非洲和南美洲国家变得更加工业化和城市化，扩大的耕种面积，将为野生动植物带来越来越大的负面影响。现在已经了解的是，非洲野生动物正在迅速消失，部分原因是生境的破坏。例如，在博茨瓦纳，人们竖立围栏以保护家畜，导致10年之内25万只羚羊和斑马因迷途而死亡。某个物种数量下降，就会扰乱物种之间的平衡，使整个生态系统被破坏。

生境破坏既是发达国家也是发展中国家的特征。例如，美国海边的潮滩就因住宅和工业开发而被疏浚和填实。这种地区的损失减少了鱼类、甲壳类和软体类动物的重要生境。美国的高鸣鹤实质上已消灭殆尽，因为其筑巢的沼泽被疏干，道路和沟渠又使侵入者进入其栖息地。美国和加拿大试图通过繁殖计划令其回归，但前途未卜。

捕猎与商业性开发

人们影响动植物的另一种方式是蓄意地破坏。为了取得食物、毛皮、皮革、珠宝和战利品，我们过度捕猎和捕捞。过去无节制的捕猎伤害了全世界的野生动物，并造成许多种群和物种的破坏。美国轻率的开发把海狸、海獭、美洲鳄和美洲野牛等物种带向灭绝的边缘。目前在立法保护下这些种群数量正在增长，但是发展中国家的捕猎活动仍然对许多物种造成威胁。

非洲有3个物种——象、犀牛和山地大猩猩，其生存因捕猎（多属非法）而受到威胁。为了获取象牙，非洲象被残酷屠杀。据估计，20世纪30年代存活的象有500万—1000万头，到1979年降至130万头。而现在仅存30万—50万头。为取其角而被猎杀的黑犀牛，现在是一个濒危物种。一个世纪前在撒哈拉以南的非洲，该种群有近100万头，现在降至约2500头。大猩猩所有亚种均属濒危物种，其中最稀有的是山地大猩猩。据信现在山地大猩猩仅存650只，其中多数在刚果民主共和国、乌干达和卢旺达的国家公园中（图12.22）。

第10章所讨论的海洋渔业产量下降，主要

图12.22 山地大猩猩是世界上最濒危的灵长类动物之一。虽然大猩猩生活在国家公园，但它们的存活前景毫无保障。生境破坏——砍伐薪柴和木料——和非法偷猎使其数量减少。（© Digital Vision / Getty Images）

原因是现代捕鱼技术的广泛应用，其使捕捞变得更容易、更高效。现代捕鱼技术包括使用声呐、雷达、直升机和全球定位系统测定鱼群，使用更高效的渔网和滑车，以及应用拖网加工船跟随捕鱼船队加工和冷冻捕获物。

据联合国粮食与农业组织的资料，现在世界17个主要海洋渔场的捕获量等于或超过可持续水平，13个渔场捕获量下降。美国沿岸水体掠夺式捕鱼已经危及大多数最值得捕捞的鱼类物种，包括新英格兰水体中的黑线鳕、黄尾比目鱼和鳕鱼，墨西哥湾的马鲛鱼、石斑鱼和红甲鱼，加利福尼亚沿岸的大比目鱼和条纹石鲈，太平洋西北部的鲑鱼和虹鳟等。

日本、韩国和其他国家的商业渔民使用漂网捕捞乌贼、金枪鱼和鲑鱼。这种延伸达65千米的漂网因其极具破坏性的效应而被称为"死亡之帘"，所到之处把一切生命一网打尽——不仅捕捞其目标物种，而且殃及成百万的非目标鱼类、海鸟、海龟和海洋哺乳类。世界野生动植物基金会（World Wildlife Fund）[①]估计，每年至少有6万头海豚、鼠海豚和鲸因被卷入渔网和

[①] 成立于1961年，总部位于瑞士格朗。1986年易名为世界自然基金会（Word Wide Fund for Nature，WWF），但美国和加拿大仍保留了原来的名字。——编注

其他设备而溺毙。这些被船员捕捞其他物种时意外捕获的物种叫作间接渔获（bycatch），他们使80个海洋鲸目（似鱼的）哺乳类中的许多种群大量减少，其中有些近于濒危。

外来物种

一种植物、动物或其他生物（例如微生物）被投放到一个它未曾在其中进化的生态系统中，这种生物就是非本土（非本地）种——**外来物种**（exotic species）。一个造成经济或环境伤害的外来物种叫作"入侵种"（invasive species）。人类活动是入侵种传入的主要方式。

有意或无意将一个物种引进到它从前不存在的地区，可能产生有害和不可预见的后果。被引进的物种常常把它们的天敌——捕食者和疾病——留在源地，使它们获得比本土物种更大的优势，因为本地物种受到当地生物调节的抑制。例如，1859年兔子被有意地引进澳大利亚。最先的十几兔子对在几年内繁殖到几千只，尽管采取了多项控制计划，但到1950年还是达到了约10亿只。由于5只兔子的食量就等于一只羊的食量，由此产生了一个全国性问题——兔子成了经济负担和环境威胁：兔子同羊竞争牧草地并加速土壤侵蚀。

由于世界贸易与旅游的速度和范围的增大，外来（又称非原生）物种的入侵也在增加。仅就美国而言，近年来已发现上百种有害入侵者——之所以有害是因为它们消灭了或在竞争中击败了本土物种（见"贻贝之祸"专栏）。这些物种包括：

- 非洲化的蜜蜂[①]，比欧洲蜜蜂更好斗，毒性更强，这些蜜蜂于1957年从巴西一个试验站逃逸后，在20世纪90年代到达美国西南部；
- 亚洲舞毒蛾，是树木和某些作物的贪婪采食者，1991年到达俄勒冈州、华盛顿州和加拿大不列颠哥伦比亚省；
- 亚洲天牛，可能是在1996年由中国的木制运货架带到纽约州布鲁克林的，而后他们出现在芝加哥地区，威胁着枫树、榆树、柳树和桦树；
- 亚洲虎蚊，1985年在运往得克萨斯州一家轮胎翻新工厂的一艘日本装轮胎的集装箱中被发现，后来蔓延到25个州，它们携带许多热带病毒，包括黄热病、登革热和各种脑炎；
- 虾虎鱼，一种好斗的鱼，1990年随来自黑海和里海的船只压仓货到达美国，成为五大湖生态系统的威胁。

在美国，外来物种是造成物种濒危的仅次于生境丧失的原因。美国大约有一半受灭绝威胁的物种是由外来物种造成的。

岛屿上的动植物特别容易灭绝（图12.23）。孤立发育的本土动植物少有疾病和捕食者。而且，许多岛屿物种只生存在一个或几个岛屿上，只要损失几个个体就可能破坏一些小种群。在美国，夏威夷比其他各州有着更多的濒危物种。截至2005年，该群岛有104种本土繁殖的鸟类已灭绝，剩余的71种中有32种已被认为受到威胁。鸟类减少的原因是生境改变（采伐森林）和有会爬树的老鼠、猫鼬、野猫、野狗和野猪之类的外来捕食者。引进夏威夷的植物有桉树、姜和金雀花等。有一种叶子很大的植物——野牡丹（Miconia）被作为热带观赏植物引进。它不受花盆约束以后，能长到十几米高。其长

[①] 又称"杀人蜂"（killer bee）。——译注

贻贝之祸

有小巧条纹外壳的斑纹贻贝看起来似乎是无害的生物,但是生态学家认为它们近年来进入北美洲无异于一场灾难。1988年北美首次发现原产里海和黑海的斑纹贻贝。据信,它们是在东欧货船在底特律附近的圣克莱尔湖倾泻压舱水时逃逸出来的。

几年之内贻贝就蔓延到五大湖和许多内陆湖泊中。驳船把它们传播到密西西比河、俄亥俄河和阿肯色河等通航水道中。贻贝的迅速增殖是由于缺乏潜水鸭和小龙虾之类的天敌,也因为贻贝惊人的繁殖力。成年雌贻贝每年产卵3万—10万粒,雄贻贝也能贡献相应数量的精子。

贻贝对经济和生态系统都有负面影响。它们附着在硬质表面上,拓殖到本土贝类上、船坞中、船只上、渔网上、水中阀门和管道中。美国每年要花费几百万美元去控制贻贝群落,它们现在阻塞着水下取水管和发电厂、自来水厂以及各种工业设施的水下格栅。在一处公用事业设备1平方米的墙上找到了70多万只贻贝,安大略一家水厂的一支进水管被30吨贻贝阻塞。

贻贝吞食作为水生食物链基础的浮游植物和浮游动物等微体动植物,并与食藻鱼类竞争食物和氧气。斑纹贻贝大量孳生的湖泊和河流中,本土种群饥饿而死,这影响了整个水体的生态平衡。

你可以从以下网站了解有关美国入侵物种的更多资料:http://www.invasivespeciesinfo.gov/。

(a) 被斑纹贻贝严重阻塞的进水管断面。(© Peter Yates / Getty Images)

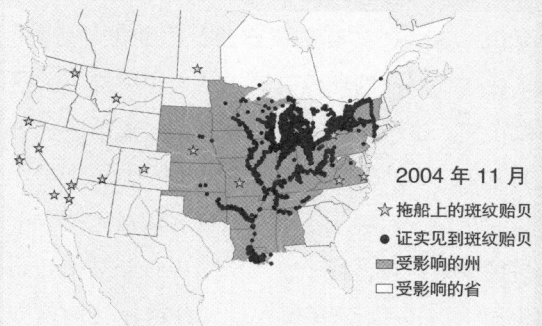

(b) Map courtesy of USGS.

达1米的巨叶投下浓荫,杀死下面的本土植被,助长径流和土壤侵蚀。这些植物的小群体散布群岛各处。该岛现在正在实行一项大规模根除计划,以抑制其传播。人们担心野牡丹对夏威夷的伤害可能像其对塔希提岛(Tahiti)那样,取代70%的本土热带雨林,并威胁该岛25%的本土野生物种。

如本章所指出的,引进植物和动物能够改变植被格局。目前美国和加拿大有大约300种入侵植物威胁着本土生态系统。这些植物至少有一半是有意引进的,包括千屈菜、白千层树、挪威枫和水葫芦等。这些植物和其他引进物种

图12.23 濒危物种加拉帕戈斯巨型陆龟。厄瓜多尔加拉帕戈斯群岛（Galápagos Islands）开展一项计划抗击威胁本土物种的外来动植物物种。入侵者包括破坏本土植被的野羊和野猪的种群；以蜥蜴、鸟卵、龟卵和蛇卵为食的野狗、野猫和鼠类；袭击本土植物的昆虫；野葛、水葫芦和奎宁树一类的植物。（© Tui De Roy / Minden Pictures）

没有同它们的天敌一起被引进，导致蔓延失控，赶走了本土物种。

亚洲栗疫病毁坏了大部分美国土生的美洲栗树，这些树具有重要商业价值和美学价值。导致这一局面的原因是美国从中国引进了一些栗子树。这些树带来了一种真菌，亚洲变种对其有免疫力，但其对美洲栗树却是致命的。

黑藻，一种水生藤蔓植物，从斯里兰卡引进佛罗里达州，种于水族箱，1951年被抛弃到坦帕（Tampa）的水渠中。这种植物又被称为水生百里草，在佛罗里达州40%的河流与湖泊中疯长并继续迅速蔓延。黑藻附着在机动船只推进器和拖船上，传遍许多南方湖泊与河流，向西远达加利福尼亚州，向北远达缅因州和华盛顿州。这种植物在水面生成浓密的伞冠，妨碍游泳、划船和垂钓。这种水草伞冠阻塞轮船推进器和取水管，并减少进入水底的阳光。黑藻垄断了鱼类和水生植物赖以繁衍的溶解氧，从而降低了本土生物的多样性。

为了进行生物控制，引进一种在他处能抑制这种植物的捕食者，佛罗里达州的官员引进一种吃草的罗非鱼，以解决黑藻造成的问题。然而这种鱼对清理佛罗里达的水道没有起多少作用，却把多种本土鱼类驱赶走了，尤其是加州鲈鱼。

这些只是许多例子中的其中几个，它们表明一个常常被忽视的生态学真理：植物和动物的生活相互联系如此紧密，以至于当人们引进一个新物种到一个地区时，不管有意无意，都可能产生不可预见的长远后果。

然而指出这一点也很重要，即并非所有引进物种都是有害的。如果这些物种能很好地被同化，而且和本土种属共存，人们对它们就不用过于担心。而且，一种引进物种可能对某地产生危害，但对其他地方不一定有高度侵略性。

中毒与污染

人类还通过使动植物中毒和被污染而影响它们的生活。过去若干年中，我们已经深切感内积累"（bioaccumulation）。以很小剂量存在于环境中的毒素能够在细胞和组织中达到危险的水平。

食物网放大了环境中毒素的效应。当一个捕食者摄食大量较低营养级的动植物时，就从捕食对象中集中和浓缩了那些毒素。**生物放大作用**（biological magnification / biomagnification）是一种化学品在生物脂肪组织中的积累，并且逐步向上一级食物链浓缩。例如，浮游动物和小鱼从水、泥沙和生物残体中积累和保留毒素，它们又被大鱼、虾和蚌摄食，后者使毒素浓度增加，如图12.24所示。食物链中等级越高的动植物所含的毒素浓度越高。食物链顶端的食肉动物——大鱼、食鱼鸟类和人类，对生物杀灭剂积累的浓度之高，会对他们的健康和繁殖产生不利的影响。例如，业已表明，DDT造成某些大型鸟类蛋壳厚度变薄，使这些鸟蛋破裂的数目高于正常水平。游隼、秃鹰和褐鹈鹕就属于因繁殖过程遭到这样的破坏而近于灭绝的鸟类之列。

DDT是最古老和最危险的杀虫剂之一。第二次世界大战中首次被盟军用作除虱剂和用以清除小路上的疟蚊，因而被誉为一个化学奇迹。战后世界卫生组织首批重大任务之一是1955年发起的"全球根除疟疾计划"，其主要手段就是DDT。该计划很快就使用了数以吨计的这种杀虫剂，用于抗击疾病和增加农业产量，但是10年之内就出现2大问题：①生物放大作用，即上级食物链化学品浓度增加；②杀虫剂抗药性——蚊子经过几年繁殖后就对毒素产生免疫力。

虽然对DDT的使用因其明显的有害效应而减少，但许多发展中国家（主要在非洲）仍在使用DDT。同时，又开发了其他被广泛使用的氯烃化合物。事实上，过去25年来美国杀虫剂

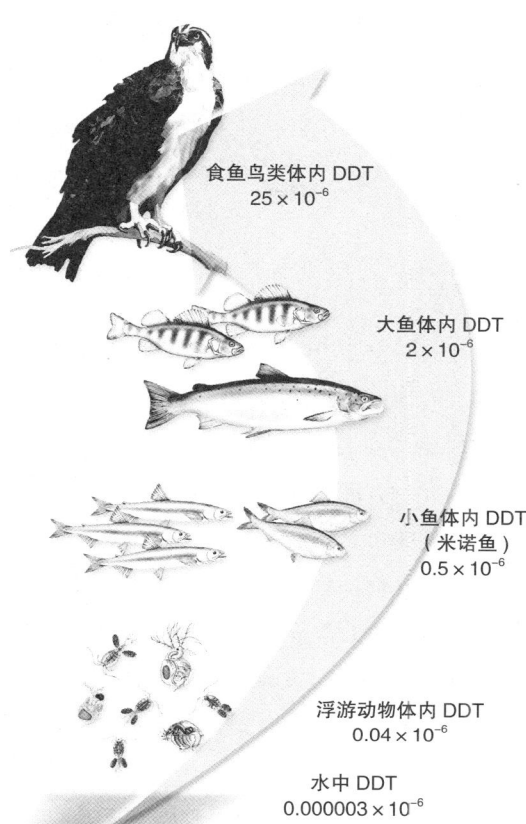

图12.24 DDT的生物体内积累水平和生物放大作用。虽然水中DDT水平可能很低，但请注意随着食物链向上，鱼类和鸟类体内DDT水平升高。在这个简化例子中，位于食物链顶端的鸟类体内毒物残留浓度已是小鱼中的50倍。食物链中汞、艾氏剂、氯丹和其他氯烃（如多氯联苯等）也经历着生物放大作用。

资料来源：*Cunningham, Cunningham, and Saigo, Environmental Science*, 7th ed. Boston: McGraw-Hill, 2003.

食鱼鸟类体内DDT 25×10^{-6}

大鱼体内DDT 2×10^{-6}

小鱼体内DDT（米诺鱼） 0.5×10^{-6}

浮游动物体内DDT 0.04×10^{-6}

水中DDT 0.000003×10^{-6}

受到杀虫剂、灭鼠剂和除草剂（统称为**生物杀灭剂**[biocide]）的影响。

关于这些生物杀灭剂的一些副作用，已有足够的文献记录使科学家对其随意使用提出质疑。生物杀灭剂一经使用，就会沉降并保留在土壤中，也可能被冲刷到水体中。在这两种情况下，它都被生活在水中、土壤和淤泥中的生物吸收。如果一种生物不能排泄生物杀灭剂，后者就在动物体内继续浓缩，浓度增加，这个过程叫作"**生物体**

使用量增加了一倍多。每年使用的杀虫剂超过9亿千克，含有600多种有效成分。杀虫剂污染水源，往往污染人们想要保护的农作物，引起过敏反应，有时令施药的农民染病。此外，杀虫剂的功效常常是短暂的。

使用生物杀灭剂的原意是根除害虫，但事实上这加剧了虫害。生物杀灭剂改变了决定种群中有害生物（昆虫、鼠类和杂草）存活的自然过程，刺激了有抗性物种的发展。如果用一种杀虫剂消灭了蚊子的种群，但其中有5%幸免，这些存活的个体最具抗性，正是它们繁殖后代。

现在有些昆虫对某些杀虫剂具有彻底抗药性，使有些科学家断定开发杀虫剂的整个过程可能弄巧成拙。尽管生物杀灭剂的使用大量增长，但农作物因害虫和杂草造成的损失实际上增加了。据美国农业部的数字，1945年有32%的农作物损失于虫害，40年以后，此类损失增加到37%。

生物杀灭剂还造成更大的问题，它消灭了目标昆虫的天敌，使害虫繁殖毫无障碍。这样的例子有烟草蚜虫和褐飞虱，在对集约农作物喷洒农药消灭其对手害虫之前，它们是相对次要的害虫。

12.6 固体废物处理

人们总是面对这样的问题，即总想摆脱他们不需要或不想要的物料。史前人类的居住地是根据他们的贝丘来定位和分析的，贝丘就是包含厨房废弃物、破损工具和人类聚落其他碎屑的垃圾堆。通过对古代居民点附近堆积如山的垃圾堆的研究，我们了解了罗马时代和中世纪欧洲的城市生活的许多方面。现代社会的垃圾在数量和特点上与前辈们有所不同。社会人口越多，物质越丰富，垃圾数量就越大，种类就越多。垃圾的处置是每个人和每个社会都必须面对的问题。

城市垃圾

社区一定要设法处理的废物包括报纸、啤酒罐、牙膏管、旧电视机、破旧的冰箱、汽车和轮胎（图12.25）等。美国各社区在处理这些废弃物方面均面临两大障碍：废物数量巨大，而且其中大多数有毒。美国人抛弃的垃圾比世界上任何国家都多，平均每人每天约2千克。固体废物处理费现在是多数地方政府位居第二的财政支出。美国人产生的废物2倍于日本人和欧洲人，4倍于巴基斯坦人和印度尼西亚人。

如此大量的垃圾是由三种因素造成的——富有、包装和空地。追求方便的美国人，依赖于稍经使用随即抛弃的商品。因此，尽管唾手可得的代用品更为经济，但美国人每年抛弃数以十亿计的婴儿纸尿布、剃须刀、笔、纸盘子、纸杯、毛巾和纸巾。较不富裕国家的人修理和重复利用大部分本国产品。此外，几乎所有生活消费品都有某种包装，无论是用纸、纸板、塑料，还是泡沫塑料。每年有1/3的城市垃圾是这些包装材料。最后，美国传统上有充分的空地堆放多余物件。缺乏此类空间的国家几十年前就在减少废弃物数量方面取得了很大进步。

虽然普通家庭垃圾并非政府所指的**危险废物**（hazardous waste）——储存、运输或处置不当可能对人类健康或环境具有实质性威胁的被抛弃的物料——但是其中许多是危险的。含有有毒化学成分的产品包括涂料稀释剂和去除

图 12.25 美国人每年要替换大约2.4亿个轮胎。大多数旧轮胎被合法或非法抛弃。有些轮胎被翻新,有些被切碎后焚烧发电,有些出口海外,只有少量被切碎后用以覆盖树根或与沥青混合后铺设街道。虽然许多州都颁布了废旧轮胎管理计划,通过购买新轮胎时征收消费税得到财政支持,但是大部分废旧轮胎仍然被弃置在日益增大的垃圾场中无人问津,成为火灾以及蚊、蝇、老鼠及其所携带疾病孳生的场地。

资料来源:*Don Kohlbauer / San Diego Union-Tribune.*

剂、旧电视机和计算机、漂白剂、炉灶与排水管清洁剂、废机油,以及花园除草剂与杀虫剂等(见"电子垃圾"专栏)。

各国使用各种方法处理固体废物,每种废物对环境都有各自的影响。沿海国家长期的做法是把废物装在驳船上倾倒到海中,这不可避免地会污染海洋。陆地露天垃圾场对公众健康是一种威胁,因为这些垃圾场是携带病菌的鼠类和昆虫的藏身之处。焚烧可燃物会把化学品和颗粒物排放到空气中。美国采用三种方法处理固体废物:填埋、焚化和循环利用(图12.26)。

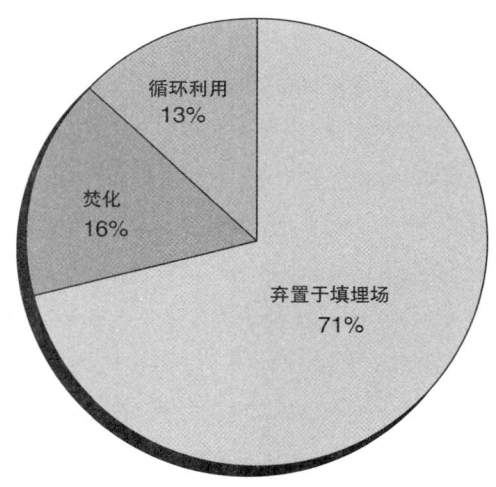

图 12.26 美国处理固体废物的方法。

填 埋

估计美国71%的城市垃圾堆放在卫生填埋场中,每天垃圾会被压实并覆盖一层土壤。"**卫生填埋**"(sanitary landfill)是一个欺骗性词汇。迄今还没有各地填埋场必须遵守的联邦标准,

虽然有些社区和州对垃圾场的环境影响进行控制,但是许多地方并未这样做。即使场地上没有商业或工业垃圾,但多数填埋场最终都产生**沥出液**(leachate,受化学污染的排出物),即污染地下水的液体。当雨水渗入填埋场,与分

第12章 人类对环境的影响 535

电子垃圾

这是发达国家中增长最快的垃圾，其中很可能有若干件就是被你迅速淘汰的设备。电子垃圾一般也叫作"e垃圾"，就是家庭和企业报废的用于数据处理、无线电通讯和娱乐的电子产品，包括计算机、计算机显示器和打印机、复印机、传真机、移动电话、电视机、录像机、数码相机、便携式摄像机、便携式光盘播放机、iPod等。由于购买新设备比修理或升级旧设备更容易也更便宜，因此每年都有千百万套设备被替换。美国手机平均替换的时间仅为18个月。

电子产品中有些部件能够被拆除循环利用——例如，钢铁、铝、铜和金。但是，这些产品也含有较难分离的有毒化学品和金属，包括铅、砷、三氧化锑、硒、镉和汞。如果这些产品没有被适当地循环再造，那么这些化学品就难免从填埋场进入土壤、空气和水中。

据美国国家环境保护局估计，美国产生的电子垃圾比任何国家都多。由于人们不了解如何处置他们的电子商品，尤其是还能使用的设备，因此被弃置的器件有75%储存在储藏室、车库、办公室和库房里。不过，2000年此类器件有超过460万吨进入了美国的垃圾填埋场，预计到2010年还要增加3倍。其余器件存放在循环利用中心。此类"循环利用"器件至少有一半出口到中国、印度、巴基斯坦和尼日利亚等国，那里的工人用手拆卸后回收钢铁、铝、铜和金。儿童和成人劳动者很可能不知道他们处理的是有毒物品，这可能损害他们的健康和环境。

例如，在中国广东省的贵屿镇，成千上万以此为生的拾荒者直接接触这些悄悄进入他们皮肤和肺部的有毒废物。他们把余下的塑料焚烧或丢弃到河道、灌渠中，或将其与其他残余物堆放在田地里，让氯和二噁英之类的毒素释放到空气中，并产生可污染环境的灰堆，其中的化学品渗入土地和水中。截至2004年，贵屿镇的饮水中铅含量比世界卫生当局认为的危险水平高出2400倍，土壤铅含量超过阈限值200多倍。①

世界各地的电子垃圾堆与日俱增。各国政府开始为友善地处置此类废物起草法律。2005年，欧盟颁布了几项针对电子垃圾循环利用和毒物含量问题的指令。这些指令要求电子产品不得含有铅、镉、汞和六价铬等6种有毒物质；禁止将未经处理的电子垃圾做填埋处置；还禁止出口有毒废物。此外，这些指令要求厂商负责电子垃圾的收集、循环利用和处理，消费者个人可以把电子设备退还给厂商。相反，虽然有几个州通过了把电子垃圾送往填埋场属于非法的法律，但美国国家环境保护局直至2006年尚未发布管制电子垃圾的一套明确目标和全国性指导方针。所有此类产品都必须进行循环利用或被送往城市危险废物收集中心。

Courtesy of Arthur Getis.

---

①2005年10月，中国国家发展和改革委员会、国家环保总局等6个部门开展了第一批循环经济试点，目的是探索循环经济发展模式，推动建立资源循环利用机制。贵屿镇被列入第一批循环经济试点。——编注

解中的物质发生反应时就形成沥出液。因此，重金属就从电池和旧电气部件中、氯乙烯从塑料生活用品中被淋洗出来。一般沥出液含有40多种有机化合物，其中许多是有毒的。目前环境法规要求垃圾填埋场必须使用衬垫层以保护地下水源，同时要安装抽水和抽取甲烷的系统。

位于斯塔滕岛（Staten Island）的纽约市最大垃圾填埋场弗莱士河（Fresh Kills）就说明这个问题。半个多世纪以来，无数货车和驳船每天运来近1.1万吨垃圾。1948年设立时占地2平方千米临时性的弗莱士河填埋场，并不是为了安全保存其容纳物而建造的。它位于生态上敏感的湿地并紧邻居住区，后来又扩大到12平方千米，垃圾分解时放出恶臭。4个大垃圾堆高达70米，比自由女神像还高。每天数以千升计的沥出液渗进垃圾场下面的地下水中。2001年弗莱士河作为城市固体废物堆放场被关闭，虽然同年其又作为世贸中心双子塔碎渣的受纳场而临时性重新开放。人们计划把该场地变成纽约市最大的公园，兼具运动场、音乐舞台和野生生物避难所之类的功能。这种转变需要复杂的技术，并且需要很多年的时间。在垃圾分解、垃圾山处理完成、污染水消散之前，还不能进行建设。

弗莱士河垃圾场的关闭使纽约市垃圾处理变得更复杂、更费钱。现在垃圾车、拖拉机拖车和火车把垃圾——每天大约2.5万吨——运到纽约州以外的宾夕法尼亚州、弗吉尼亚州、南卡罗来纳州、佐治亚州和俄亥俄州的填埋场和焚化炉。许多社区面临同样的固体废物处理问题。例如，2003年加拿大多伦多在自己的填埋场被关闭后不能在安大略省找到一处愿意设立新填埋场的地点，于是开始把所有垃圾运送到靠近美国密歇根州底特律附近的一个市镇。

20世纪90年代美国城市垃圾填埋场数量显著减少，从1990年的6500处减少到2006年的1800处。填埋场的关闭是由于填埋场已满或不符合环境法规，或是被区域性大型填埋场取代。和美国相反，许多西欧国家和日本很少用填埋场处理市政垃圾，而是依靠焚化和循环利用。

焚 化

垃圾减量最迅速的方法就是将其燃烧。这是美国露天垃圾堆最常用的做法，直到1970年才因《清洁空气法》而停止。对空气污染的关切还不得不关闭旧式低效的焚化炉（为焚烧废物而设计的设备），这为设计新一代设备提供了推动力。美国的城市垃圾焚化炉大多在东北部，焚烧全国垃圾总量的16%；加拿大焚烧8%。大多数焚化炉属于变废为能的类型，用超高温（980℃）把垃圾烧成灰，同时出售产生的电力或水蒸气以补贴运营费用（图12.27）。

10年前，焚化炉作为解决填埋场超载的理想办法而大受欢迎，但是焚化炉本身向空气排放有毒污染物和灰烬产生的环境问题也很明显。已经发现焚化炉烟囱排气中含有从a（砷）到z（锌）各种高毒性元素的"杂烩汤"，包括铬、二噁英、铅和汞等，以及数量可观的二氧化碳、二氧化硫和氮氧化物之类的气体。通过安装静电除尘器、过滤器和涤气器等设备，能够使排出物中的污染物被排放到外部空气中之前保持在可接受的最低水平，当然这些设备使工厂增加了大量费用。

焚烧后灰烬中的毒素（尤其是铅和铬）的浓缩，产生更大的问题。焚烧一般使垃圾减量90%，其余10%化为灰烬，随后必须将其埋藏到垃圾填埋场中。1994年美国最高法院裁决必须测定灰烬的毒性，如果毒性超过联邦安全标准，则必须将其按危险废物处理。这意味

图12.27 纽约州皮克斯基尔（Peekskill）的变废为能焚化炉，新一代处理厂之一，原计划到2000年将全国1/4以上的城市垃圾转化为能量。最高法院的一项裁决规定，必须对此类处理厂灰烬中的危险毒物进行测定，并将其适当地放置在有保护的填埋场中。日益增多的公众反对和诉讼，对填埋场排出气体数量与类型日益严格的控制，都使现有焚化炉的运行费用远高于填埋场处理的费用，并改变了建造新焚化炉的评估标准。但是，当一些城市无法将垃圾就地处理而必须将其运送到远处时，焚化炉就更具有成本效益。（© Mark Antman / The Image Works）

着必须将其安排到得到许可的垃圾填埋场中，这种填埋场有双层塑料衬垫、水分收集系统和比一般城市垃圾场更严格的操作程序。

虽然焚化炉副产物污染的可能性在美国激起了对建造焚化炉的强烈抗议，但是在其他国家却更易被人接受。然而，空气污染的严重性和有毒灰烬问题已唤起了广泛的关切。在日本，3/5以上的城市垃圾被焚化，大气中毒素的高水平使卫生部在1997年加强了先前的排放指导方针。有些欧洲国家在重新考虑安全因素后至少中断了焚化炉的建设，越来越多的填埋场拒绝接受焚化炉的残余物。

源头减量与循环利用

对填埋场和焚化炉有关问题的认识激发了人们对两种废物管理策略的兴趣：源头减量和循环利用。源头减量就是在第一地点产生较少废物，以压缩废物流的数量并降低与填埋场和焚化炉有关的金钱成本和环境成本。厂商可以减少包装食物和其他消费品的纸张、塑料、玻璃和金属。例如，1977年以来塑料软饮料瓶和铝质饮料罐减少了20%—30%。有些产品，如去污剂和饮料等，能够以浓缩的形式生产并被包装在较小的容器里。

减少须处理废物数量的另一种方法是**循环利用**（recycling），即把原先用过的物料回收加工或再利用，使其成为用于同一目的或其他目的的新产品。例如，通常把铝质饮料罐重铸成新罐；把玻璃瓶打碎，熔化，制作新瓶。将废旧轮胎切碎变成掺橡胶的铺路材料，或用作游

图12.28 循环利用轮胎用作覆盖物。轮胎碎片能用作花园的覆盖物,保持地面的水分。虽然不能提供有机质培肥土壤,但这种覆盖物清洁,而且不像木质覆盖物那样吸引白蚁。还能像照片中那样用在游乐场设备周围,因为它不积聚灰尘,使用时也不会被压实。(Courtesy of American Rubber Technologies, Inc)

乐场器材周围的覆盖物(图12.28)。有些社区收集树叶和其他庭院废物用作堆肥,这些物料占城市废物流的20%左右。塑料回收比较困难,因为常用塑料容器品种繁多,循环利用前必须先行分拣。再生塑料可改造为编织地毯的纤维、游乐场设备、服装保温材料和其他产品。

目前美国广泛采用的城市垃圾循环利用计划,估计转化了填埋场和焚化炉垃圾的25%—30%。全国循环利用了进入垃圾流的60%的铝质饮料罐、40%的纸张和25%的玻璃。同其他固体废物处理方法相比,循环利用对环境有着良好的影响,尽管事实上在回收、加工和把这些物质转化为新产品时也需要用水、能量和其他资源。循环利用能减少伐木、减少燃油和减少石油开采,从而节约了自然资源。因为一般用回收物料制作产品比用原材料制造需要的能量更少,因此循环利用也节能。它还减少了用新原料制作产品和其他垃圾处理方法带来的对空气、水和土地的污染,还节约了掩埋不能循环利用物料的场地。

既然有这么多好处,为什么美国不更广泛采用循环利用的方法?日本和许多欧洲国家回收利用其废物流的比例要大得多。分析家对此提出了多方面的解释:①收集回收物品的费用;②日用品市场价格的波动;③用回收物料制造的产品没有现成的市场。然而,也许最重要的因素是历史上美国能源的价格低廉、供应充足,从而用原料制造产品而不用回收材料制作所花费的金钱与环境代价就被掩盖了。

在较不富裕的国家中,工业产品价格昂贵而劳动力低廉,循环利用在减少固体废物量方面起着重要作用。很多发展中国家的城市,如马尼拉(菲律宾)、金边(柬埔寨)、开罗(埃及)

图12.29 估计约有8万名拾荒者在菲律宾马尼拉"希望之乡"垃圾场（Promised Land dump）以捡拾废物为生，他们正在寻找可转售的物件。金属、玻璃、塑料、纸张、衣物、坏掉的玩具和机械零部件均属捡拾对象。对许多贫穷家庭而言，拾荒是一项重要收入来源，但受害者多为女性和儿童，他们通常都在不健康的状况下长时间工作。2000年7月，垃圾山因一个星期的季风雨而松软、崩塌，掩埋了垃圾堆旁边的贫民区，造成数百人死亡。（© Romeo Ranoco / Hulton Archive / Getty Images）

和墨西哥城（墨西哥），成千上万穷人从城市垃圾中讨生活，寻找可循环利用的物品——罐头盒、铜、木材、电子废物、衣物等——卖给工商业中间商（图12.29）。拾荒者或清洁工在垃圾减量方面起着至关重要的作用。这些垃圾本来应该被压实并每天被覆盖一层干净的泥土。例如，据估计印度尼西亚城市里拾荒者能够减少城市垃圾总量的1/3。

不幸的是，拾荒者工作的环境状况很差，他们的预期寿命比一般人群低很多。健康风险包括事故伤害、被带病菌生物感染，以及接触从发酵垃圾层逸出的气体、二噁英和重金属等危险废物。

危险废物

美国国家环境保护局将400多种物质划归为对人体健康和对环境造成威胁的危险品。工业有毒废物的毒性稳步增长。目前约有10%的工业废物被认为有毒。

所有使用或产生放射性物质的设备都产生**低水平（放射性）废物**（low-level waste），此类物料的放射性在100年内衰减到安全水平。核电站以废旧树脂、滤泥、润滑油和去垢剂废物等形式产生低水平废物的一半左右。生产放射性药品、烟雾报警器、夜光表盘和其他生活消费品的行业，产生由机械零部件、塑料和有机溶剂构成的低水平废物。研究机构、大学和医院也产生放射性废物。

由于产生低水平废物的来源很多，所以此类废物的处理特别难以控制。有证据表明大多数低水平废物被放置到垃圾填埋场（常常是在城市垃圾堆）中，废物中的化学品可能从那里经过土壤淋洗到地下水中。据美国国家环境保护局估计，美国含有危险废物的合法和非法垃圾堆至少有2.5万处。据信，多达2000处是潜在的生态灾难。

高水平（放射性）废物（high-level waste）能保持放射性达1万年以上，钚在保存24万年后仍然保持危险的放射性。高水平废物主要为核反应堆失效燃料部件——民用废物——以及作为核武器副产品产生的废物，即军用废物。仅民用废物一项不仅数量巨大，而且增长

尤卡山

如果美国联邦政府能随心所欲，内华达州一个低矮狭长的盆岭区就会变成美国第一个储存核电站致命放射性废物的永久性"墓地"。但是，如果该计划反对者的主张得以实现，尤卡山将成为社会无力解决核电生产造成的基本问题——何处可以处置核废料——的象征。目前世界上还没有任何永久性处置放射性废料的地方。

1982年，美国国会命令能源部（DOE）在1998年前建设一个民用核电站失效燃料和制造核武器产生的大量废料的永久"墓地"。内华达州南部尤卡山被选作储存这种高水平废物的地点，计划安全储存这种废物1万年，直至放射性衰变到不像现在那样危险为止。大多数废物将以放射性燃料芯块的形状密封在金属棒内，这些金属棒将装入极其坚固的玻璃容器中放在钢罐里埋藏在内华达沙漠下面300米深的地下室中。钢质容器将在一两个世纪内被腐蚀。此后，山体的火山岩将负起容纳放射性物质的责任。

目前计划要求2010年启用该"墓地"，但是对尤卡山设施最终能否完成并得到许可仍有许多疑问。出现了四方面的关切。第一，该地区易受火山和地震活动危害，这可能造成地下水突然上涌，淹没该储藏库。尤卡山本身是1200万—1500万年前火山爆发形成的，有些地质学家担心该地区可能发生一次新的火山爆发。紧邻该地区的7个火山锥近期就曾爆发过，最近一次在1万年前。此外，尤卡山附近有许多地震断层。其中的一条"鬼魂舞"断层（Ghost Dance fault）直接通过储藏库所在的地方。"小头骨山"（Little Skull Mountain）1992年和2002年地震的震中离拟议的存放地点仅19千米。

第二，向下渗透、通过山地的雨水可能穿透保存废物的穹顶。经过若干世纪，水分可能溶解废物本身，形成的有毒浸提液可能被带入山下的地下水，然后流到储藏库范围以外。

第三，尤卡山位于能源部用作核弹试验的内华达试验场和内利斯空军基地的轰炸和射击靶场之间。有人提出问题，把废物储藏所安排在离地下爆炸和空中投弹区几千米的地方是否明智。

第四，该计划的反对派指出，高水平核废物横越全国的运输是危险和不负责任的。因为每一辆货车、驳船或铁路集装箱将携带比第二次世界大战所使用的原子弹更多的放射性物料，即使其中一个因事故或遭恐怖袭击而破裂都将是大灾难。正如内华达州议会一位众议员所指出的："他们可以通过步行、乘飞机、乘卡车或乘火车把它运来这里，但是都没有任何程度的安全感。这是对全世界恐怖分子的公开邀请。"内华达州首席检察官对建设拉斯维加斯西北145千米尤卡山场地的反对意见做了这样的总结：这个场地简直就是"一座真正的火山，坐落

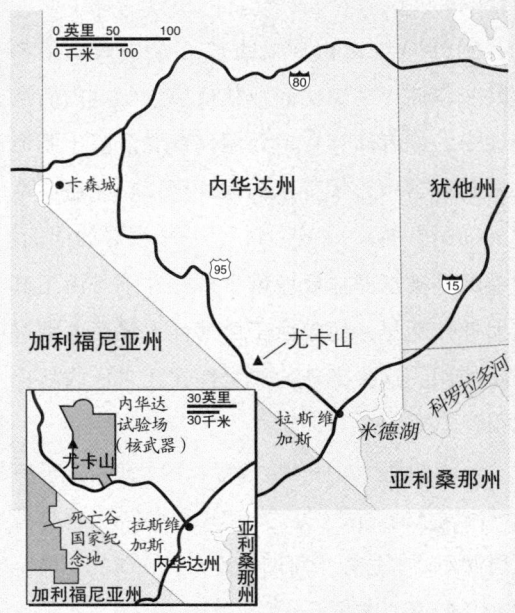

在地震断层上，上面有含水层，紧邻内华达试验场，紧邻全国最大的有机农场之一，紧邻全国最大的奶品场，接近美国发展最快的大都市区，紧邻本国最繁忙的空军基地"。

尽管疑虑重重，但2002年能源部还是建议把尤卡山指定为全国核废料储藏库地点，总统和国会后来批准了这个项目。不过，该项目仍然面临技术上、法律上和政治上的大量挑战，并可能因技术问题被司法机关推翻。能源部必须得到核管理委员会批准该储藏库设计和建设的许可证，然后必须举行听证会，决定尤卡山是否能保存这些废料1万年并符合环境保护局的指导方针。这项计划面临着内华达州官员的强烈反对，他们宣称要向法院起诉这项设施。

思考题

1. 核电站不建立危险废物处理系统就被允许运行的好处和坏处是什么？
2. 尽管钚的危险放射性能残存24万年，但仍然被储存在只能安全保存1万年的储存库里，请对这种自相矛盾的做法做出评论。
3. 即使启用尤卡山储存库，其容量也太小了。该储存库设计能接纳7.7万吨民用和军用废物，但是仅核电站一处的放射性废物即超过此数。你对此有何看法？
4. 采用不可逆转的地下埋藏法处理高水平放射性废物，考虑到这种方法的不可靠性，你是否认为政府应该改用能持续监测和回收废物的形式进行地面储藏？为什么？
5. 美国产生高水平放射性废物的地点相对有限。低水平放射性废物的产生则普遍得多，仅加利福尼亚州就有2000多处。你认为高水平废物和低水平废物两者中，哪一个更应引起公众的关切和讨论？

迅速，因为反应堆中近1/3的芯棒每年都需要更换。

到2004年为止，大约12万个失效核燃料部件或者储存在美国商业核反应堆的室内防泄漏池中，或者储存在室外用钢铁和混凝土制成的密封容器中，等待永久性处理。每年还要增加6000个左右。"失效燃料"是一个误导的词汇：这些部件被从商业反应堆中拆除并不是由于其放射性被耗尽，而是由于放射性太强而不宜进一步使用。这些部件的放射性在几千年内将仍然很强。

不幸的是，对任何危险废物的处理都还没有设计出满意的方法（见"尤卡山"专栏）。虽然把放射性寿命长达数千年的液体密封在预期不能坚持40年的钢桶中并不是解决核废料的方法，但这却是广泛使用的手段之一。

有些核废物被密封在保护容器中抛入海底，目前在世界范围内已禁止使用这种方法。装有受钚污染的废物纸板箱被旋耕机绞碎到土壤中，推想土壤能稀释并吸收放射性。许多低水平放射性废物被装在槽罐中并被埋藏在美国能源部运营的13个地点和3个私人公司的场地中。几百万立方米高水平军用废物被临时储存在4个地点的地下槽罐中：华盛顿州的汉福德（Hanford）、南卡罗来纳州的萨瓦纳河（Savannah River）、爱达荷州的爱达荷福尔斯（Idaho Falls）和纽约州的西谷（West Valley）（图12.30）。这些储存地区中的几处已经发生过渗漏，废物渗入周围的土壤和地下水。

甚至还有一种破坏性的做法，是把放射性

物料和其他危险废物出口到限制不严或管理费用较低、愿意接纳或不知情的国家。发达国家对危险废物处置的规章、社会反对和急剧上涨的处理费用促使厂商寻找放置此类废物的替代地区。20世纪90年代初期，每年都有几千批越境运输的危险废物，其目的地包括负债累累的东欧国家和欧洲以外贫穷的发展中国家。

这种交易激起目的地国家的愤怒，使其最终通过几项国际协议停止了这种做法。尽管如此，1998年联合国其中一个委员会还是把美国、德国、澳大利亚、英国和荷兰确定为继续大量出口有毒废物的国家。该委员会报告称，欧洲大宗废物运向波罗的海各国、东欧和中欧。英国此类废物大多运到亚洲，而美国一半废物出口到拉丁美洲。尽管1988年非洲统一组织（Organization of African Unity）通过一项决议谴责外国将废物弃置该大陆，但是非洲仍在接受发达国家的大量有毒废物。

固体废物问题永无休止，但是通过减少废物产生的数量、消除或减少有毒残余物的产生、停止不负责任的倾倒、寻找再利用废物中所含资源的方法，就可能减轻固体废物对环境的影响。在此之前，现今的废物处理方法将继续污染土壤、空气和水。

图12.30　华盛顿州汉福德在建的大储罐。1943—1985年间建造此类储罐保存来自汉福德原子能保留地高水平放射性废物，照片中的大储罐——有些容量达11亿加仑（编注：1美制加仑约为3.79升）——用混凝土包住后埋入地下。迄至20世纪90年代初，177个地下储罐中已知有66个发生渗漏。这些储罐保存的约5500万加仑废物中，大约有100万加仑液体已渗入土壤中，增加了对于放射性废物已经影响地下水源和流向哥伦比亚河的忧虑。

资料来源：*Pacific Northwest National Laboratory.*

章节摘要

人类是自然环境的一部分，而且要依靠生物圈中的水、空气和其他资源生存。但是人们却使生物圈中错综复杂地交织在一起的系统——对流层、水圈和岩石圈——遭受深刻的而且常常是无意的破坏性改变。人类一切活动对环境都有影响，这些影响是复杂的，而且绝不是孤立的。冲击"自然之网"

的外部行动不可避免地引发连锁反应,人们无法预料最终结果。例如,密苏里州泰晤士滩镇夏季防尘的朴素愿望最终导致了该社区的死亡。

　　控制供水的努力既改变了河流的水量,也改变了水质。建造水坝和水库常常引起意料之外的副作用。世界上许多地方对淡水的日增需求导致供水不足。与农业、工业和其他活动伴随而来的污染物降低了供应淡水的质量,尽管近年来某些地区通过调控带来了明显的改善。

　　化石燃料的使用造成了空气污染的严重问题。这种污染可能导致的后果,例如酸雨和臭氧层损耗,是全世界关心的问题。

　　农业和采矿之类的活动长期以来改变了当地的景观,产生了各种地貌。20世纪世界人口增长和经济扩张加速了世界大部分地区空气、水和土壤的恶化。

　　人类影响其他生物——植物和动物,把它们引进其原先未生存过的地区、破坏其生境、狩猎和使用生物杀灭剂根除它们。人类最大的影响发生在热带雨林,那里的农业、工业化和城市化造成了每年成百上千物种的灭绝。

　　最后,处理人类产生的废弃物,常用方法都是把污染物释放到周围环境中。这些方法为下述事实提供进一步的证据,即人们不可能在利用、滥用、污染或破坏生态系统任何部分的同时又不降低其质量或不破坏其结构。

　　但是,我们学习地理学并非止步于失望。我们以这样的信念来结束本章:我们现在对作为自然地理学和人文地理学基础的空间过程和格局的深刻认识,将帮助我们了解人类社会与我们所占据的——而且在很大程度上被改造了的——自然景观之间的无数种联系方式。

问题与讨论

1. 画一张生物圈的示意图并予标注。简要指出各组分的内容。这些内容是永恒不变的吗?请给予解释。
2. 生态系统、生态位和食物链这些概念是如何联系起来的?它们之中每一个怎样增加了我们对"自然之网"的理解?
3. 用示意图或文字简述水文循环。人口增长、城市化和工业化如何影响水文循环?
4. 是否所有环境污染都是人类活动造成的?我们什么时候能够判定生物圈的一部分发生了污染?
5. 描述主要的水污染源。美国和其他国家采取了什么措施控制水污染?
6. 影响一个地方空气污染的类型和程度的因素是什么?什么是酸雨?什么地方有酸雨问题?描述臭氧与光化学烟雾的关系。为什么臭氧层会损耗?
7. 挖掘作业产生哪些地貌?倾倒作业形成哪些地貌?影响地面沉陷的主要原因是什么?
8. 简述人类影响动植物生活的主要方式。生物放大作用是什么意思?为什么使用生物杀灭剂是弄巧成拙?
9. 社会上用什么方法处理固体废物?目前固体废物处理造成什么生态问题?政府怎样定义危险废物?危险废物是如何被处理的?

延伸阅读

Cunningham, W., M. Cunningham, and B. Saigo. *Environmental Science: A Global Concern.* 7th ed. Boston: McGraw-Hill, 2003.

Diamond, Jared. *Collapse: How Societies Choose to Fail or Succeed.* New York: Viking, 2005.

Enger, Eldon D., and Bradley F. Smith. *Environmental Science: A Study of Interrelationships.* 9th ed. Boston: McGraw-Hill, 2004.

Gleick, Peter. *The World's Water: The Biennial Report on Freshwater Resources.* Covelo, Calif.: Island Press, biennial.

Goudie, Andrew. *Encyclopedia of Global Change: Environmental Change and Human Society.* New York: Oxford University Press, 2001.

Goudie, Andrew. *The Human Impact.* 5th ed. New York: Blackwell, 2000.

Harrison, Paul, and Fred Pearce. *AAAS Atlas of Population and Environment.* Victoria D. Markham, ed. Berkeley, Calif.: American Association for the Advancement of Science and the University of California Press, 2001.

Horton, Tom. "Saving the Chesapeake." *National Geographic,* June 2005, pp. 22–45.

Kaufman, Donald G., and Cecilia M. Franz. *Biosphere 2000: Protecting Our Global Environment.* 3d ed. New York: HarperCollins, 2000.

Mallin, Michael. "Impacts of Industrial Animal Production on Rivers and Estuaries." *American Scientist* 88 (Jan./Feb. 2000): 26–37.

McGrath, Susan. "Attack of the Alien Invaders." *National Geographic,* March 2005, pp. 92–117.

McGuinn, Anne P. *Safeguarding the Health of Oceans.* Worldwatch Paper 145. Washington, D.C.: Worldwatch Institute, 1999.

Miller, G. Tyler, Jr. *Living in the Environment.* 11th ed. Belmont, Calif.: Wadsworth, 1999.

National Geographic Society. "A World Transformed" and "A Thirsty Planet." Maps and text produced by National Geographic Maps for *National Geographic Magazine.* Washington, D.C.: National Geographic Society, 2002.

Postel, Sandra. "When the World's Wells Run Dry." *Worldwatch* 12, no. 5 (Sept./Oct. 1999): 30–38.

Sampat, Payal. "Groundwater Shock." *Worldwatch* 13, no. 1 (Jan./Feb. 2000): 10–22.

Spencer, Edgar W. *Earth Science: Understanding Environmental Systems.* Boston: McGraw-Hill, 2003.

Thomas, William, ed. *Man's Role in Changing the Face of the Earth.* Chicago: University of Chicago Press, 1956.

World Resources Institute/International Institute for Environment and Development. *World Resources.* New York: Oxford University Press, annual or biennial.

Worldwatch Institute. *State of the World.* New York: Norton, annual.

Worldwatch Institute. *Worldwatch Papers* issued several times a year provide in-depth analysis of a variety of environmental issues. Washington, D.C.

万维网上和地理学有关的网站极其丰富。与本章主题有关的网站请见与本书有关的在线学习中心的"Web Links"部分。网址：www.mhhe.com/getis11e。

第四篇
区域分析传统

尤利乌斯·凯撒（Julius Caesar）从评述高卢被分成三部分开始，说明他跨越阿尔卑斯山作战的理由。他用对空间的概括，给所有学生举出了一个地理学在起作用的例证。

凯撒给罗马人做报告，需要向不知情的听众传达一张切实可行的心像地图。他有选择性地采用收集到的大量空间资料，突出可达到其意图的重要内容，略去不重要的部分，从而达到了他的目的。他是在用地理学的区域分析传统，该传统以强调对空间一致性的认识和对其重要性的查验为核心。

区域分析传统通常与区域地理学相联系，区域地理学是研究地球表面某些特定部分的学科。区域地理学家如同凯撒所做的那样，试图观察某个地区并概述其在空间上的重要性。当然，谁也不能了解一个地区的一切事物，即使了解"一切事物"，也无助于加深我们对地区本性的认识。然而，区域地理学家从事先选定的一个地方———个大陆、一个国家或某个地区——着手，试图尽可能全面地了解其本质的方方面面。正是从这个区域分析学派中派生出了"区域地理学家"，例如，研究非洲、美国或西北太平洋的区域地理学家。

由于区域地理学家研究的范围如此广泛，因此他们必须彻底精通学科所有部门分支学科。只有这样，区域专家才能选取那些揭示其研究区域本质的一致性和多样性的现象。区域地理学家用他们的方法，基于其部门知识，经常用一种或有限几种标准来界定和研究区域。

本书讨论过的三种专题性传统——地球科学传统、文化-环境传统和区位传统——常常被误解为迥异于区域分析传统。实际上，部门地理学和区域地理学的从业者，都不可避免地在区域分析传统内工作。双方都寻求一种观点——地球空间有组织。一方质疑什么是从一套事先专门选择的现象中发育而成的区域单元；另一方则质疑，在区域研究中，怎样才能对各种事物进行最好的概括和解释。

本章专门阐述区域分析传统。导言部分探讨区域的本质和区域分析的方法。本章主体由一系列特定的区域短文组成，每篇均基于前面各章所引出的一个主题。由于前面各章都是按部门组织的，所以下文的各项研究从部门（有时称为"系统"）地理学的角度展示区域分析传统。这些都是地理学家所追求的最终区域化目标的例子，他们寻求对手头资料空间表述的理解。从这些范围狭窄的部门研究迈出一步，走向区域分析学家所追求的更广泛的综合认知，步伐无须多大，而在认识上又能令人满意。

◀ 新西兰霍克湾（Hawke's Bay）的农田和丘陵。（© R. Ian Lloyd / Masterfile）

区域概念

第 13 章

从本书第1章可以看出，地理学家提出的问题，最终都集中在地方的区位和特征上。我们提出这样的问题：各种事物在地球表面上是怎样分布的？各地区的自然与文化特色有何相似或相异之处？各地互不相同的内涵是怎样形成的？所有这些差异性和相似性对我们意味着什么？

13.1 区域的性质

我们在上述各章中叙述了各地区的自然和文化特征，以及人类行为在空间上的某些重要表现。我们考虑了导致各地环境差异的地球自然过程，研究了人类在地球空间中——通过政治组织、经济制度与实践、影响空间行为和相互作用的文化与社会过程——组织自己行为的

◀ 津巴布韦最美的旷野地区之一，奇马尼马尼村附近的步道。（© Albert Normandin / Masterfile）

方式。人口与聚落模式，以及人类对自然资源的利用与滥用的区域性差异，均被看作是地理学使命的组成部分。

我们所研究的每个主题，从地貌到城市，都具有空间规律性。我们发现事物在地球表面上的分布不是无规律的，而是反映了一种基于可理解的自然过程与文化过程的潜在的空间秩序。简言之，我们发现，尽管没有两个地方是完全一样的，但组成整个世界的事物的某些重要特性有其内在的相似性，又有不同于周围地区的独特性，认识到这一点是可能的、也是有用的。

对地理学家而言，这些有着显著一致性的区域，就相当于历史学家的"年代"（era）或"时代"（age）的空间等价物，因而其被赋予简明的称谓，表明这些区域在某些重要方面有别于其相邻的或遥远的地域。那么，**区域**（region）是对地区进行概括，尝试把极其复杂多样的地球表面划分为可识别的组分。

我们对区域的理解大体上是一种概念，而且在日常说话和行动中也提到区域。我们拜访"老邻居"或者"进城"，计划到"阳光地带"

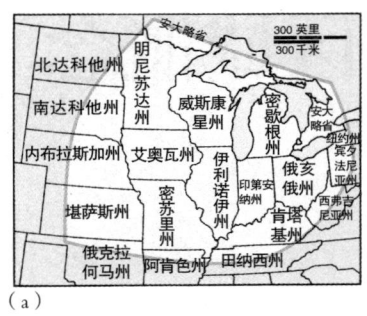 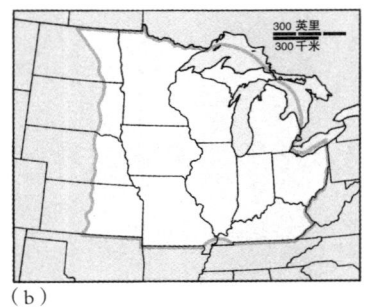 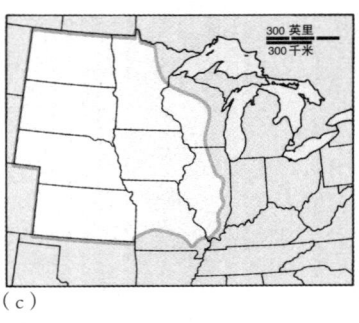

图 13.1 不同学科分支的地理学家眼中的中西部。认识空间等级的需要与划定区域单位的需要相一致并不意味着边界标准的选择也完全一致。所有资料来源都认为中西部是美国空间结构中一个重要的区域实体,对其核心区的认识也一致。但是,在对其限制性特征评价方面存在差异。

资料来源:(a) John H. Garland, ed., *The North American Midwest*. New York: Wiley, 1955; (b) John R. Borchert and Jane McGuigan, *Geography of the New World*. Chicago: Rand McNally, 1961; and (c) Otis P. Starkey and J. Lewis Robinson, *The Anglo-American Realm*. New York: McGraw-Hill, 1969.

度假或享受退休后的生活,或者推测"北部平原"或"玉米带"的天气状况对谷物供应或翌年的粮食价格是否有影响。在每一种情况下,我们都对所述及的地区形成一些心像。那些心像是基于似乎对我们有用、听到的人也都耳熟能详的地方特征与地区概况。简言之,我们着手建立了一种非正式的地方分类,以传达十分复杂的、空间的、有组织的或有内容的思想。我们应用**区域概念**(regional concept)给地球表面无限的多样性带来了秩序。

我们作为个体非正式地所做的事情,就是地理学作为一个专业试图要正式做的事情——定义区域并对其进行解释(图 13.1)。其目的很清楚,就是通过空间概括使我们周围无限多样的世界变得可以理解。世界不大可能被单纯细分为准确无误的均一性"组件"。无论环境还是人类的区域性行为(areal action),都不能分门别类地呈现在我们眼前。人类的历史进程不能预先确定"年代",所有植物标本也不能在野外就自行贴上种名标签。我们必须对事物进行分类才能理解它们,地理学家依据区域对世界进行分类。

区域是心中影像的空间表述,或是用以分析手头问题的总结。虽然由于区域有着自然、文化或组织等许多方面的属性,因此可能存在着很多种区域,但是地理学家只选择对了解某特定专题或空间问题有用的那些区域变量进行研究。其他区域变量则因与问题无关而被置之度外。

上文述及"玉米带"时,我们把美国国土中具有共同农业经济和市场实践的这部分划分出来,而不考虑——在那种概括水平上——区域内部基于坡度、土壤类型、州界或人口特性的差异。划分时假定"玉米带"的界线划在这样的地方:此区域内部的一致性特征有了重大改变,以至于其他农业经济占据了主导地位,因而需要做不同的区域概括。区域的内容间接表明了它的定义并决定了划界的基础。

尽管各区域之间差异很大,但是它们都享有和地球空间有关的共同特征:

- **区域具有区位**。区位通常表现在所选择的地区名称中,如中西部、近东、北非等。区域名称的这种形式强调相对区位的重要性(见第 1 章)。
- **区域具有空间范围**。空间范围以地域来识别，该地域内所界定的特征或对自然、文化或组织内容的概括保持不变。

- **区域具有边界**。划定边界的基础是研究的特征在地域上的延伸范围。由于区域是靠所划定区域的特征来识别的，因此区域边界就划在那些特征不再存在或不居主导地位的地方。区域边界很少像图13.2或本书和其他地理教科书所表示的那样分明，更常见的情况是，随着所划定区域的特征由区域核心向四周逐渐减弱，一个独特的核心区和另一个区域之间必然存在着一条宽阔的过渡带。根据世界区域地图的比例尺和大多数区域讨论的概括性特点，划出线性边界。
- **区域可能是形式区也可能是功能区**。如第1章所示。

形式区（formal region）是一种或数种自然特性或文化特性基本一致的地区。我们在前述各章里遇到过此类形态上的自然区，如副热带湿润气候带和非洲的萨赫勒地区，也遇到过形态上的（均质的）文化区，其中存在着标准化的语言、宗教、种族或生活特征。对开页中的各国地图和地形区图显示出其他的形式区模式。无论依据什么来界定，形式区都是能够做出一致属性有效概括的最大的区域。对其中一部分的描述也适用于该区域的其他部分。

相反，**功能区**（functional region）是一种空间系统，以赋予它动态的、有组织的基础相互作用与相互联系来界定。只有在确立该区域的交换作用保持不变的情况下，其边界才保持恒定。图1.10所示通勤区的形状和大小，只有在它所依赖的道路格局和住宅区保持不变的情况下才能维持原状。

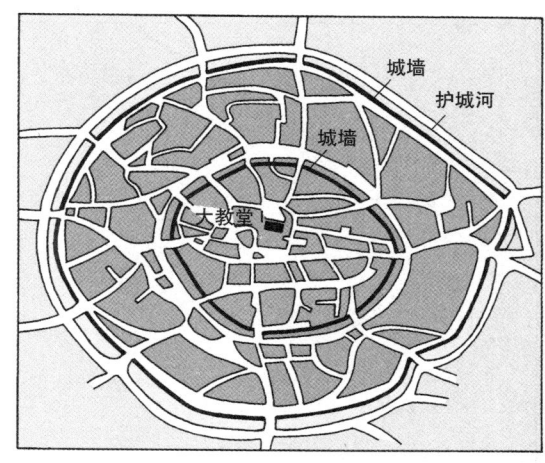

图13.2 1649年德国亚琛。对区域范围的认同意味着对区域边界的认同。在某些界定的点上，城市被非城市（nonurban）取代，中西部终止扩张而大平原开始发育，或者雨林消失而热带草原出现。当然，区域边界罕有像中世纪城墙那样精确而可见的标志。现代城市无计划地向外蔓延可能使边界更难界定，但是城市概念中边界的重要性依然存在。

- **区域是分等级安排的**。尽管区域间规模、类型和概括度各不相同，但是没有哪一个区域可以作为理解区域的关键而独立存在。每个区域仅能解释空间现实的一部分。

按照形式区规模由小到大的顺序，美国东部德玛瓦半岛（Delmarva Peninsula）可视为大西洋海岸平原的一部分，该平原又是北美东部大陆性湿润气候区的一部分，这是随概括水平和目的变化而改变区域认知基础的一种递阶系统[①]（图13.3）。芝加哥中心商务区是功能区递阶系统中的一个土地利用综合体，它描述了以该中心商务区为核心的芝加哥市和大都市区的空间影响。此类连续系统中所识别出的每个区域实体可能是一个独立单位，也可能是更大的、同样有效的地域单位的一部分。

[①] hierarchy system，原译作等级系统。全国科学技术名词审定委员会公布的《地理学名词》第2版（2006，科学出版社）译作递阶系统，释义为："多个系统的集合，其中亚系统分层次地相互作用。"——译注

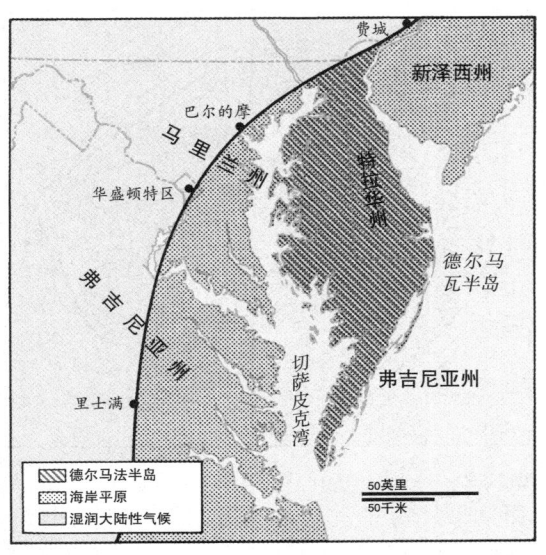

图13.3 区域递阶系统。用不同标准划分的区域递阶系统可能存在区域嵌套。每个区域单位都具有内在一致性。对区域组分的认识有助于对整个区域单位的理解。

此类连续系统还可以反映出用以界定区域的现象的空间优势强度等级。唐纳德·迈尼希（Donald Meinig）特别关注按文化群体分布划分的区域，但是这种划分方法也应用到按其他标准划分的区域，他提出"核心"一词，用以指区域特性最集中和一致性最突出的中央地段。他把文化（或其他本质特征）占主导、但发展强度较弱且整体性较差的地区标志为"域"（domain）。最后，迈尼希提出"圈层"（sphere）一词，用以表示面积最宽广但区域特征表现最弱的地域，其中某些典型特征虽然存在但在空间上不再占主导地位。

并非所有地区都像地理学家所构想和分析的形态区和功能区那样，具有严格和客观的结构。有些地区只是泛泛地存在于其居民或族群的感觉中，可以意会为**感知区**（perceptual region）、**俚俗区**（popular region）[①]或**方言区**

[①] popular region 多译作热门地区。此处根据本文语意，暂译作俚俗区。——译注

（vernacular region）。这些区域就像一般人所构建的心像地图那样，反映了个人和人群对区域的认同——地方感。感知区或乡土区就像形态区和功能区一样，规模可能差别很大，从城市邻里单位（美国城市中的西裔聚居区、"小哈瓦那"、市中心）到大陆上的大片区域（迪克西[②]）不等。随着个人和群体的心智和感情的建立，要了解俚俗区那些人的生活和行为，俚俗区的概念比地理学家提出的相对客观的区域更直接、更有意义。

对区域性质与区域概念的这些归纳是想牢固地灌输一种思想，即区域是人类为某种目的而进行的理性创造。区域把我们的注意力聚焦到空间一致性上面，使我们居住的世界中看似混乱的自然与文化特征变得清晰。区域为我们提供有目的地组织空间资料的框架。

13.2　本章结构

下文介绍地理学家如何按区域组织他们所观察到的自然和文化现象的实例。每项研究或简评，都是对区域实体各个方面的探讨。每项研究均以适合其主题和目标的方式组织资料，但是在每项研究中，都可以看出区域边界和结构的某些或者全部共同特征。每个区域实例均基于本书前述各章的内容，所选各部分内容是指与其最密切相关的各章的资料，或者用区域案例研究做进一步解释。为了形象地展示区域概念的应用，我们参照地理学介绍一些把主题与方法相结合的传统的实例。

[②] 原文Dixie，是指美国南部和东部的地区，通常包括内战中组成南部邦联的各州。该称呼因19世纪中叶流行的说唱歌曲《迪克西的土地》（Dixie Land）而普及。——译注

13.3 地球科学传统中的区域

所有区域中定义最简单、一般最容易被认知的是基于单个明显组分或确定特性的形态区。岛屿是陆地而不是水体，其边界是自然清楚地给出的，在边界上一种要素过渡为另一种要素。终碛可能标志着从近代形成的肥沃黑土过渡到上一个地质时代形成的杂色黏土。密林可能明显地被沼泽或大草原所阻断。变化的性质突出而明显。

虽然自然地理学家关心解释自然环境的全部地球科学，但他们的研究始自单因素的形态区。当然，自然地理学所关心地球的许多特征并非存在于简明清晰地划定的单位之中。他们必须运用边界的定义武断地进行"区划"。一定量的降水、某些重要的土壤特性、事实上占优势的某种特别的植物群落——这一切都必须被确定为区域的界线，而所有这些界线又随时间或区域地理学家的目的而改变。

地形区

（见第86页"湿润区的河流景观"）

地形区的界线较之土壤、气候或植被等过渡性自然特征明显得多。后面这几种特征的界线取决于研究者所做出（并为之辩护）的释义性判定。另一方面，地形区却从自然中自行呈现，明显可见、明明白白、毫无争议，不受人的影响，也不受人类历史意义上的时间影响。地形构成了自然地理学所关心的、天然界定的基本区域。大地形区——山脉、低地和高原——的存在无论在公众的认识还是科学定义中都是毫无疑问的。本书前文业已诠释了地形对气候、植被类型乃至自给型人口初级经济的影响。下文对一个独特地形区的讨论，描述了它的组成及其与景观其他自然特征和文化特征的关系，这是根据华莱士·W.阿特伍德（Wallace W. Atwood）的经典研究成果改编的。

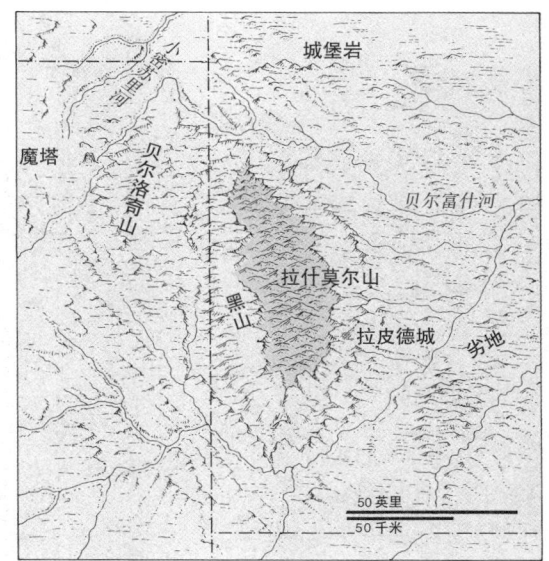

图13.4 黑山地形区。

黑山地区[①]

黑山屹立于一片平原之上（图13.4）。对偶游此地的大多数过客而言，该地区边缘的地形转折十分明显。因此，依靠地形上的对比，该地区边界很容易确定。

如果对自然环境进行较深入的研究，就可能认识到附近平原下面的岩层近于水平状态。这些岩石是砂岩、页岩、砾岩和石灰岩。山麓丘陵下同样的沉积岩层向上弯曲，有些地方近乎垂直状态。恰恰是在地形出现变化的地方，我们发现了地质构造的显著变化，由此找到地形变化的解释。

黑山是因地壳部分明显隆起（或成穹）形成的。随后穹隆的上部被河流侵蚀作用切割，被切开的核心岩石便形成现在

[①] Adapted from *The Physiographic Provinces of North America* by Wallace W. Atwood. (© Copyright, 1940, by Ginn and Company. Used by permission of Silver, Burdett & Ginn, Inc.)——原注

图13.5 沿着花岗岩垂直节理侵蚀形成的黑山"岩针"。(© B. F. Molina / Terraphotographics / BPS)

起伏的面貌。随着侵蚀的继续进行,复杂的古老变质岩系越来越多地出露地表。和核心部分非常古老的岩石以及有些地方的沉积岩层一起出露的,还有许多后来岩浆侵入并冷却形成的坚硬岩石,其在黑山北部边缘形成较小的穹窿。

由于该地区海拔较高使降水增加,因此海拔与降水的增加又造成其地形、土壤和植被与四周的差异。

当我们从周围一马平川的平原登上黑山的时候,就进入一处地形变化多端的地景。西南面、南面和东面的山麓地带是不时被峡谷或关口(gateway)切开的"猪背脊",那些关口是由从山地核心呈放射状流出的河流切割而成的。各"猪背脊"之间是大体呈同心圆状的河谷低地。山地西面没有"猪背脊",但未遭侵蚀而呈高原状的地面被沉积岩覆盖着。在这里侵蚀没有发展到足以使地形变得与东部相同的程度。山地中心有深切的峡谷、崎岖的谷间山脊、醒目的山势、陡峭的岩柱等如画的景色(图13.5)。黑山经历了山地发育的若干时期和几个侵蚀阶段或轮回。

黑山地区的雨量略高于下面褐色、干涸、半干旱的平原地区,山间生长着常绿树木。我们离开山艾灌丛和草地进入森林之中。暗色的常绿树使先民称这里为"黑山"。我们进入该地区的时候,从一片牧场和一些半游牧的牧羊人之乡,到达另一片乐土,当地居民的生活特色是从事林业、矿业、一般农业和休闲旅游业。黑山的色彩、外形、地形、气候、植被和经济机会,使它成为一个独特的地理单位。

天气与气候动力区

(见第119页"气团")

黑山轮廓分明的地形区、稳定不变的面貌及其边界勾画的精确性在其他形态自然区中难以复制。尽管大多数自然环境都有着持久不变的外貌,但其本质上是动态的。植被、土壤和气候因自然过程或人类行为而随时间发生变化。边界的移动有时可能是急剧的，如近年来撒哈拉沙漠的南移。沼泽的疏干或森林被农田所取代造成的则是全区根本特征的改变。

我们简明地称之为"天气"并概括为"气候"的地方性自然状态的复杂性，特别明显地展示了我们周围环境变幻无常的性质。不过即使在大气层的狂暴变化中，还是存在着一些明确的区域实体，其边界可以被划定，在水平与垂直方向上有着内在的一致性。"气团"及其交绥的结果构成了当前天气分析与预报的主要内容。虽然气团的动力学性质及其运动模式使它们明显有别于地形区之类稳定的自然实体，但它仍然满足多因素形式区（multifactor formal region）的一切标准。下面摘自乔治·R. 拉姆尼（George R. Rumney）《气候学与世界气候》（*Climatology and the World's Climates*）一书的片段清楚地表明了这一点。

气团[①]

气团是大气层的一部分，其中某些物理特征，尤其是温度和湿度，在水平分布上比较一致。这些性质是气团在大面积、相对不变的陆地或海洋下垫面上停滞或缓慢移动时获得的。在此类情况下，近地层空气逐渐趋同于下垫面的温度和湿度，然后趋于稳定，并把这些性质依次传达到上方，最终造成这些性质在垂直方向上明显的过渡。使气团获得独特性质的地球上的那些部分叫作"源地"。

气团的高度受下垫面的影响取决于它在源地停留时间的长短，也取决于它到达该地之初其本身初始状态与下垫面性质的差别。例如，当入侵气流停留在某个源地的时候，如果其温度比下垫面低，该气团就自下而上地增温，形成对流，使上面一定高度的空气迅速具有新的温度和湿度特征。反之，如果气团温度高于源地，其下层就降温，不会发生垂向热量流，只有下部空气发生改变。改变过程可能在缓慢水平漂移过程中在几天之内完成，虽然常常需要更长的时间，有时长达几个星期。导致改变的主要原因是辐射、对流、紊流和平流。

发生此类变化的先决条件是空气移动、向外扩散和发散十分缓慢，还要有性质相当均一的宽广下垫面。一般都有微风，而且气压较高。因此，大多数气团形成于大气环流的半永久性的反气旋地区，那里一般无风或有变化不定的微风，总体上空气下沉。

目前识别出4种主要源地类型：极地大陆气团源地、极地海洋气团源地、热带大陆气团源地和热带海洋气团源地。发育于高纬陆地或冰面上的极地气团是大陆性的，寒冷而干燥。发育于高纬海洋上的极地气团是海洋性的，这些源地上的气团寒冷而湿润。同样的，起源于北非北回归线和澳大利亚北部南回归线的热带气团是大陆性的，温暖而干燥。形成于热带海洋的气团是海洋性的，温暖而湿润。一个气团充分形成后通常覆盖几千平方千米的地面。

气团主要靠基本性质——温度和湿度——及其垂直分布的一致性来识别。还要考虑一些次要性质，如云的类型、降水和能见度等。气团远离其源地以后，这些性质能保持相当长的时间——通常为几周，这些性质使此气团能够和其他气团相

[①] George R. Rumney, *Climatology and the World's Climates*. New York: Macmillan, 1968. Used by permission.——原注

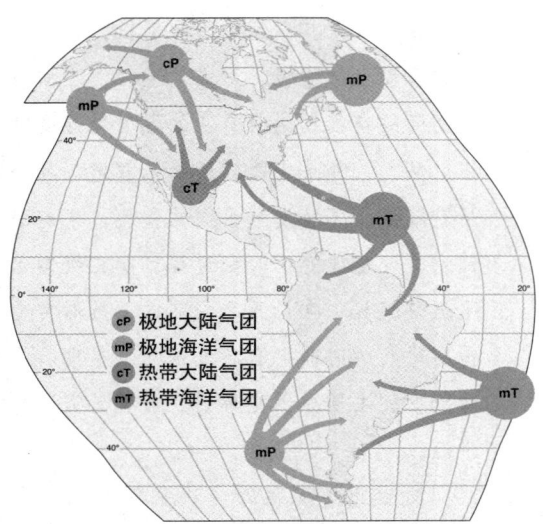

图13.6 北美洲和南美洲气团源地和运行路线。

区别。

图13.6表示美洲的主要气团类型及其对应的源地和运行路径。

自然资源区

（见第161页"煤炭"）

人们赖以生存的、分布不均的资源，理所当然地成为属于地球科学的地理学感兴趣的主题。人们编制资源区的地图，讨论原料的质量与数量。地区与工业集中的关系和物料开采对地区土地利用方式的影响，都是资源地理学研究和定义资源区所感兴趣的典型问题。

然而，我们通常都把那些资源区看作可观察到的地表现象的符号，就好像一个油田被莫明其妙地像一个土壤区或林区那样揭示为一个二维的区域。大多数矿藏是地下的三维区域这一点却被忽视了。除了面积的特性可用以划定区域界线和描述地表现象以外，地表以下的区域又将其特殊性加入到区域定义问题之中。例如，这些资源除了表面的周界以外，还有上界和下界。还可能有与地面景观不一致的内部地

形。地下部分的关系——例如矿物分布及其与围岩的关系，或地下水的数量与运动对矿物的影响——对于了解这些特殊而真实的区域是至关重要的。下面引述宾夕法尼亚州东北部斯库尔基尔（Schuylkill）无烟煤区的例子有助于表明地下区域的性质。

斯库尔基尔无烟煤区[①]

在产无烟煤的乡间旷野的地表上，没有任何迹象表明地下存在着煤层与互层岩石、板岩和耐火黏土组成的同样崎岖的地形，最厚处垂直总深度达到900米。不过地表景观的形成本质上也是由斯库尔基尔地区的区域范围、其地层扭曲程度以及其含煤特性所决定的。该地区一个县的史料称："无烟煤地区的自然特征是一片旷野，展示着一系列奇特的平行峻岭与深谷，就像平坦岸滩上一排排起伏的拍岸浪一般。"地表和地下地形都反映了煤层沉积后地层的强烈褶皱，无烟（硬）煤是原先的烟煤层碳化而形成的。随后河流和冰川侵蚀掉了多达95%的无烟煤沉积，并使那些残留的煤层以不连续的形式存在，分布在像斯库尔基尔那样界线分明的旷野中，构成一个断续地绵延470平方千米的区域实体（图13.7）。

斯库尔基尔地区地下不规则的地形意味着整个无烟煤地区最陡峭倾斜的煤矸互叠层（图13.8）明显地出露在山坡上和河谷旁。这些出露早在1770年就使人们知道煤层的存在，不过直到1795年斯库尔基无烟煤才首次被当地铁匠所使用。尽管1815年之前无烟煤曾用于斯库尔基尔河一带的电线厂和轧钢厂，1830年以前该地也

[①] By Jerome Fellmann.——原注

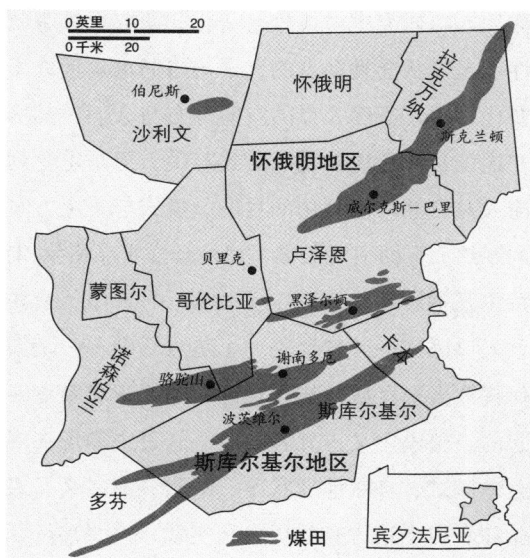

图13.7 宾夕法尼亚州东北部无烟煤区因形成其的地质事件而界线分明。

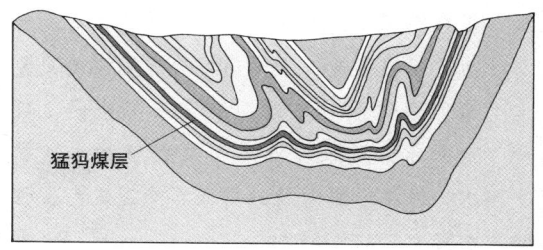

图13.8 斯库尔基尔煤层的深部褶皱使开采费用高昂。猛犸煤层深度达地下450—600米。

图13.9 斯库尔基尔运河，如照片中的利哈伊（Lehigh）运河一样，1825年以来为无烟煤地区煤炭资源输往市场提供了出路。（© Elizabeth J. Leppman）

曾用它生产蒸汽，但其仍被斥为不能点燃的"石煤"或"黑石头"，因而找不到现成的商业市场。

直到1825年斯库尔基尔运河开通（图13.9），为这种燃料和新近落户该地区的工业产品提供了通向快速扩张的外部市场的通道，该地区的地下资源才开始影响当地人的生活模式。日益增长的需求诱发了采煤业的繁荣，导致容易开采的裸露煤矿的耗竭，进而当地人开始进行更艰辛而危险的地下开采。

早期的开采方法很简单：只须从裸露煤矿上采掘，通常略微倾斜地掘进以便自然排水。无须、实际上也未曾考虑过打深井，因为无人指望深层无烟煤的存在。后来在已知裸露上已不能再采到煤炭，就向下挖掘一个9—12米深的小坑；当坑中煤炭和积水不能安全地用卷扬机提升到地面时，就放弃旧坑开采新坑。最后竖井开采成为必须，即从地表开凿一条垂直通道穿透一个或多个煤层；有了竖井，就认识到煤层厚度、岩石与黏土互层的性质、瓦斯的存在以及地下水运动之间复杂的相互关系。

斯库尔基尔地区地下有一个三维利用模式。煤层的构型和变化不定的厚度要求开采活动集中在某些地方。由于岩层的交叠和极端的褶皱，可采煤层在任何垂直或水平断面上都不是均质的。开采还受到竖井位置和巷道构筑的进一步限制，而这些又受制于矿山所有制结构和煤层的厚度。一般说来，厚度小于0.6米的煤层就无法被开采，而理想厚度——15米——仅见于该区的猛犸煤层。

夹层中易碎的岩石增加了采煤的风险，提高了冒顶防护的费用。虽然斯库尔基尔矿山瓦斯不多，但是留作矿山支护的煤柱崩塌可能释放瓦斯，这就必须有高于为矿工提供最低限度通风换气要求的更复杂的通风系统。无烟煤开采工作面上经常有水，开采作业时必须经常抽水或排水。河流下面地层的坍塌可能造成突发性水灾。

斯库尔基尔地下无烟煤区域在自然与文化特色分布上表现出一种复杂模式，同时展现了各种现象之间的相互关系模式，比如寻找伟大并引人瞩目的地理分析与纯粹的地表区域之间的联系。

13.4 文化-环境传统中的区域

地理学的地球科学传统对区域分析造成了某些特殊的限制。无论做怎样的界定，可能划分出来的区域都是建立在自然状况的基础上而不是在人类活动的基础上。然而，文化-环境传统向区域地理学引入了人类对空间的占有和组织方式的无穷变化。所识别的区域类型和区域边界的判定也相应地成倍增加。

虽然自然地理学家与文化地理学家兴趣不同，但是他们的研究共同关心一个要素：过程。一个生态系统、一处文化景观或一种经济制度下交易模式的"形成"，几乎是一切地理学领域中有待研究或必须研究的重要部分。许多地理研究都证明温故可以知新，今天分布的格局或区域的演化只不过是连续变化过程中一个短暂的阶段。

作为区域核心的人口

（见第230页"世界人口分布"）

对了解区域而言，地理学中没有哪个方面比人口研究中对过程与变化的研究更具基础性。人口状况是动态的，聚落格局也永远处于变化之中。虽然人口的空间分布与人们对其所在地区自然环境的利用方式有关，但是也受到前人对自然环境利用的目的、模式与解决方案的制约。下面引述美国人口地理学泰斗格伦·T·特里瓦撒（Glenn T. Trewartha）的著作，请注意人口区划——曾经是一个焦点话题——是如何将许多对区域的描述和理解的线索联系在一起的。殖民主义占领者的雄心、过去和现在的运输模式、自然地理状况、政治分离主义、农业和农村土地占有的历史和实践，这些都从区域观点引入以增加对人口的了解。

> 拉丁美洲人口格局[①]
>
> 拉丁美洲人口空间排布的独特之处是其强烈的核状特性：一种突出的集群模式。大多数人口聚居区界线分明，周围人口稀少的地域与其他聚居区相分隔。这种孤立聚落节点的格局是许多新开拓地区共有的特色，的确，这是欧洲和北美东部早期聚落的特征。在那些地区，随着人口的增长，各聚居区之间的人口稀少区域逐渐充满移民，节点渐次融合。但是拉丁美洲并未普遍出现这种演化过程，因此其一直保持这种核状分布。可以预料，各人口聚居区内人口密度会有较大的变化。
>
> 核状聚落格局的起源可部分地追溯到深深影响着西班牙殖民者的淘金热和传教狂热。他们的聚落一般都经过细心选址，因为只有蕴藏着可供开采的贵金属和有大

[①] From Glenn T. Trewartha, *The Less Developed Realm: A Geography of Its Population*. Copyright © 1972 by John Wiley & Sons, Inc. Reprinted by permission of John Wiley & Sons, Inc.——原注

量印第安人口可以传教和提供劳动力的地区，才能满足他们的双重欲望。拉丁美洲分散的地域和定居区内盛行的社会隔离和地方主义也助长了集群的模式。

几乎每个明显的人口密集区都有一个显而易见的城市核心。在一个区域性密集区内，经济、政治和社会生活集中于一个首位大城市的程度超乎想象，而且这个首位城市也是当地交通线的枢纽。

这种普遍的核状人口分布格局还与政治界限有关。在有些国家中……个别人口密集区就是该民族的核心地区。不过，在更多情况下，人口密集区构成一个民族国家主要政治分区的核心，因此一个国家可能有不止一个人口密集区。导致这种简单的人口分布格局及其与行政分区关系的原因，是政治界限通常落在把各人口密集区分隔开的人口稀少区域上。在拉丁美洲，几乎没有哪个国家或省份的界线穿过人口相对密集聚落的节点（图13.10）。

核状人口分布带来的另一特色是一国的国土总面积常常迥异于其有效国土面积，因为后者仅包括支持该国经济的有人居住的区域。

从交通线和交通系统的特性中也可以发现这种核状格局的深远影响。人口密集区之间的陆地道路通常不甚发达，而各密集区内交通网络一般比较高效，并有陆路将各区域内的网络与最近的港口相连结。因此，连结各人口密集区的主要交通线常常是海上的航线而不是陆路交通。随着公路的开发和改善，密集区之间的陆路交通也在逐渐增加。

……当前拉丁美洲人口数量可观的增长率并未引起相应的空间重新分布。任何

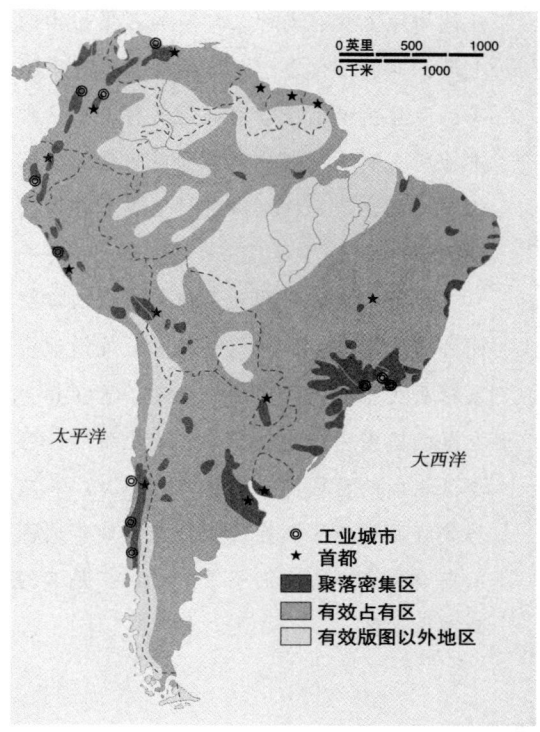

图13.10　南美洲聚落的基本格局。拉丁美洲国家聚落的传统格局是人口密集区集中在城市核心区，四周被人口稀少的乡村分隔开。(*Used with permission of Simon & Schuster, Inc. from the Macmillan College Text* Introduction to Latin America, *by Preston E. James. Copyright © 1964 by Macmillan College Publishing Company, Inc*)

一张拉丁美洲人口地图都展现出大片未被利用和利用不充分的土地。此类土地部分是高原，受制于陡坡，更受制于潮湿的热带气候，不是热带湿润气候就是热带干湿交替气候。这样的气候环境，加上原始的植被、土壤和排水系统，必然给处女地的新殖民者呈现出许多令人生畏的要素……单独用热带气候并不能充分解释为何巴西奥格兰德（Rio Grande）以南的大片土地近乎无人居住。这里面还包括文化因素，如果它不比自然因素更重要的话，至少也与其同样重要。文化因素之一是该大陆根深蒂固的令人遗憾的土地所有制，居住在

第13章　区域概念　559

外地的地主拥有大片未利用的可供耕作的土地，他们不仅自己对土地的利用效率不高，而且拒绝小经营商进行耕种。在这种土地所有制下，自耕农难以保护他们自己的土地，这是一种阻碍农村出现新聚落的情况……

目前人口数目的大量增加造成人口空间分布的变化，但这似乎并未大规模地将农村居民推向未开发的处女地。只在相当有限的范围内产生了新的农业小村庄。密集区之间的区域并未迅速得到填补。总趋势是人民继续聚集在城市内部或城市周围的旧有聚落中心，而不是扩展到拓荒者的新殖民地区。

语言区

（见第269页"语言"）

世界上大的文化区（简要概括于图7.3）在历史上是基于不同的人群构成的。文化区并不是严格地根据民族、语言、宗教或技术，而是根据所有这些方面和更多因素的多样组合来确定的。因此，文化区是一种多因素区域，这种区域不是使地球上各色人等之间的根本差别更加明晰，而是使之较为模糊。文化地理的基础是识别在单一因素上具有同质性的那些小区，这种同质性小区造就了该地区常见的特征，并共同为文化区的全面泛化提供必要的平衡。

语言为此类微小区域的差异性提供了一个实例，第7章已对此进行了初步探讨。图7.19所示的各语系掩盖了各国各种正式语言的同一性和差异性。这些情况反过来又忽略或淹没了少数民族的语言形态，这些少数民族可能将其身份的自豪感寄寓于其地方语言的独特性之中。甚至在这些按民族界定的地方语言下面，

还有一些语音的变异，在规模和认识上常常不被确认为一种语言，而且被用作使用这些语言的人愚昧和没有文化的佐证。然而，这样一种地域很小、使用人口有限的语言包含了经典的以文化为基础的区域的一切元素。其范围是清楚的，边界易于勾画，它代表了该区域成员的同质性与大多数人的行为，它以专一的文化特点概括了该区域特色的总和。

嘎勒语①

与世隔绝是一种独特的甚至外界无法了解的语言得以保持或创造的关键因素。大约25万现在讲嘎勒语（Gullah）的人——他们自称为嘎勒人——的祖先几乎完全与世隔绝。他们住在美国南卡罗来纳州到佛罗里达州近海的岛屿和几乎同样偏远的东南沿海边境的海岸低地上（图13.11），成百上千的奴隶保持了源自奴隶群体的非洲语言——埃维语（Ewe）、凡蒂语（Fanti）、曼丁哥语（Mandinka）、契维语（Twi）、沃洛夫语（Wolof）、伊博语（Igbo）、班巴拉语（Bambara）、约鲁巴语（Yoruba）和埃菲克语（Efik）——的模式和从这些语言中汲取的4000多个词汇。今天塞拉利昂讲克里奥尔语（Krio）的听众能够听懂嘎勒人用克里奥尔语讲的民间故事。

这些奴隶和他们的白人工头进行最低限度交流时不得不使用英语词语，但是经过改变、误用，而且在那种不熟悉的语言中插入了一些基于非洲语言的替换词，嘎勒语口语虽保持了自己的语调、用词和表意顺序，却使白人雇主或更完全地融入美

---

① By Jerome Fellmann.——原注

洲大陆的奴隶都难以理解。由于这种语言难以被听懂，因此讲这种语言的人就被认为愚昧无知，无法掌握英语的精妙。又由于自己被归入愚昧无知之列，嘎勒人对自己、对他们的文化和语言感到羞愧，甚至他们自己也没有认识到嘎勒语是一种高度结构化的非常复杂的单独的语言。

嘎勒人和许多语言上的少数派一样，他们正在摆脱原先的自卑感，增长对自己文化遗产与代表这种遗产的独特语言的自豪感。出自经济上的需要，他们对在校儿童教授标准英语。但是，对他们的语言结构和对其文化性质日益增长的学术兴趣和大众关心，业已使嘎勒语成为一种书面语言，成为学习的第二语言，并被翻译为英语。

无论嘎勒语的书面语还是口语，都露出了非洲语法模式的痕迹，尤其是它所使用的句尾定位词："Where you goin' at?"用英语中所没有的特殊时态"I be tired"传达"这段时间我很累"（"I have been tired for a period of time"）这一概念，也显示两者同样的非洲语言起源。虽然非洲起源的语言中有时态，但是这些语言中更多的是用词尾变化而不是用特别的单词和结构来表达。

"He en gut no morratater fer mak no pie wid"也许不是好英语，但它是好嘎勒语。把它翻译为"他再也没有甘薯做馅饼"（He has no more sweet potatoes for making pie）使听英语的人能够理解，但是丧失了原来语音明快悦耳的节奏，更重要的是翻译模糊了说话人的文化身份，他们是一群在地域上群集的独特美国人，其地域范围可以用其处于支配地位的语言清楚地划定。

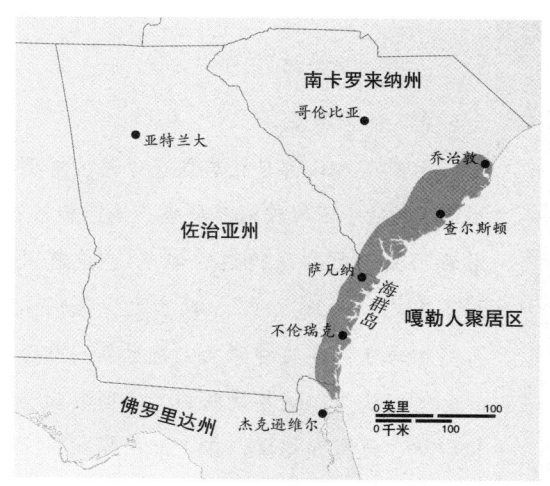

图13.11 讲嘎勒语的人集中在南卡罗来纳州和佐治亚州的海岛和沿海陆地上。造成其语言特色的隔离状态如今正在减弱。

心像区

（见第313页"心像地图"）

迄今用作实例的区域单位和所使用的区划方法都是有形的实体。这些区域是明确的、有可测量内容的形态区或功能区，其界线是用某些客观标准的变化或内容的改变来划定的，在精确测量的全球网格上有界线的位置。

有些人和整个文化可能对世界性质和各地结构用很随意的、不精确的图像来表现，而且能成功地运作。第8章所讨论的心像地图就代表了个人对区域和区划的看法。我们还可以看出，这些心像地图所具体表达的个人世界观受到这些地图绘制人所隶属文化的影响。

原始社会尤其具有独特的世界观，那时人们根据这种世界观对熟悉的事物进行分类，对不熟悉的事物也能做出满意的说明。加利福尼亚州北部克拉马斯河（Klamath River）地区尤罗克印第安人（Yurok Indians）就是这样。沃特曼（T. T. Waterman）的文章《尤罗克地理》记录了他们的地理概念，以下引文就是文章的概要。

尤罗克人的世界观[①]

尤罗克人认为自己居住在一片大体圆形的平地上，四周被海洋环绕。他们相信，沿着河流上行到足够远的地方，"你就又到了有咸水的地方了"。换言之，他们认为克拉马斯河在某种意义上把世界一分为二。他们认为，这整块陆地，连同其森林和山脉、河流和海崖，在上涨的原始洪水上面以一种巨大而察觉不到的韵律缓缓升降。这片"陆地"如此广袤，使你察觉不到这种平缓的升降。因此，这片陆地不仅被海洋环绕，而且还飘浮在海洋上面。在这个"世界"中心附近有一个地方，在克拉马斯河南岸，尤罗克人称之为"奎内克"（qe'nek），这个地点以下几千米处特里尼蒂河（Trinity River）从南面流过来。在印第安人的概念里，这个地点似乎被公认为世界的中心。

这个地点也是天的所在。在实体的天空上面有一个天国叫做"沃诺伊克"（wo'noiyik），例如，在尤罗克人心目中，天国的地形毋庸置疑地就像门多西诺县（Mendocino County）南部一样。在奎内克下游一处叫作"奎内克浦"（qe'nek-pul）（"奎内克下游"）的地方，是通向天国的无形天梯。虽然据我所知近来没有谁曾上去过，但人们认为天梯仍然在那里。在尤罗克人的宇宙图式中，天穹是十分确切的。尤罗克人把天穹的结构及其笼罩下的广袤地景和水体叫做"基维索纳"（ki-we'sona，

字面上为"存在之物"之意）。于是，上面的天和下面的地景就构成了"我们的世界"。我过去对尤罗克人将天地混为一谈迷惑不解，例如，他们告诉我，某棵巨人般的红杉树"支撑着世界"。他们的概念当然是完全合乎逻辑的，因为在他们的意识中，天就和地一样是"世界"的一部分。

尤罗克人相信，穿过天边再向外航行就会重新进入陆地。那不是我们的世界，凡人通常不能到达那里，但是那里是美好富饶的土地。这里的大风大浪到那里只不过是小小的涟漪。更远处有几个区域。北面（我们意识上的北面）的普列丘克（pu'lekūk）是世界北端的下游。普列丘克的南面是契克契寇（tsī'k-tsīk-ol，金钱居住的地方），神话中交易媒介象牙贝的住所。再往南一处叫作"寇威契克"（kowe'tsik）的地方，是神话中鲑鱼的家，那里一切生物都有一所"房子"。克拉马斯河口正西方附近是尔克格尔（rkrgr'），住着教化英雄乌赫帕库马（wo'xpa-ku-mä，海那边的鳏夫）。

尔克格尔再往南是宽广的海，叫作"基欧拉奥帕阿"（kiolaaopa'a），是半树脂状的——顺便说一句，这是元古代虚构的概念。上述这些坚实的陆地均位处天边，事物的绝对边缘。更远的地方尤罗克人甚至连想都不去想。他们把对面的地方叫作"匹兹卡克"（pe'tskuk），是河流的"上端"，但仍然在这个世界上。他们似乎不甚关心那里的地形。

尤罗克人对其所在的世界的概念可以用图解来概括（图13.12）。

[①] T. T. Waterman, "Yurok Geography," *University of California Publications in American Archaeology and Ethnology* 16, no. 5 (1920): 189–93.——原注

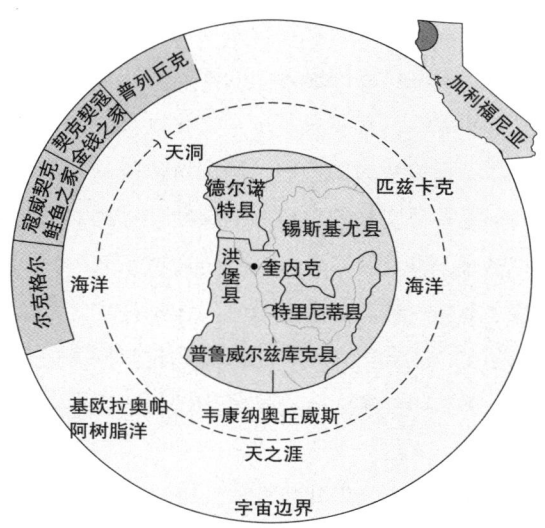

图13.12 尤罗克人的世界观。此图是沃特曼对该部落进行人类学研究时拼凑而成的。图中央的奎内克标志着印第安人认为的世界中心。

资料来源：*T. T. Waterman*, "*Yurok Geography*," University of California Publications in American Archaeology and Ethnology 16, no. 5: 189-93, 1920.

政治区

（见第358页，"国界：国家的边界"）

定义最严格的形态文化区是民族国家，其界线大体上都经过仔细测量，而且多半以栅栏或界桩为标志。边界上存在着一条被武断划分的过渡带，或者区域核心的基本性质向边界减弱，这是毫无疑问的。国家边界的刚性，在空间上明确无误的定位，以及其独有的各种外部标志——国旗、国歌、政府和军队——使国家有一种有别于其他较不固定的文化区的永恒不变的面貌。但是它的稳定性经常是想象多于现实。政治边界不一定是永久性的，在内部或外来压力下，有些国家边界也发生变化，有时还是激烈的变化。印度次大陆的变化就表明这一点。

印度次大陆的政治区[①]

[①] By Jerome Fellmann.——原注

从大约公元前400年以来，印度次大陆的历史就是一部帝国建立与解体交替，以恒河流域为控制中心向外扩张，以及该半岛边缘地域反抗中央集权化的历史。1858年在很大程度上是被无意地创建的英属印度，只不过是试图把令人难以置信的复杂的广阔地域和难以调和的敌对种族、宗教和语言群体置于统一控制下的最后的、但或许是最成功的尝试。

第二次世界大战末期，要求独立和摆脱英国人的统治、争取自由的共同渴望，把次大陆差异极大的族群团结了起来。然而，这种共同的愿望遭到宗教上相互憎恶的穆斯林和印度教徒的反对，这两种宗教信徒各自占有该殖民地单独的区域，都不想隶属于或听命于对方。1947年英国人交出次大陆控制权的时候，他们认识到了这些明显不可调和的宗教差异，并把次大陆一分为二，使两者分别成为地球上人口数量居第二位和第七位的两个国家。独立国印度是由这个前殖民地的主体——主要信奉印度教的地区——组成的，另一个主权国家是穆斯林占绝大多数的地区——巴基斯坦。即便如此，这次划分还是留下了边界问题，特别是克什米尔谷地，边界不明导致争议不断，危机四伏。

估计有100万人在随着分割而发生的宗教骚乱中丧生。在也许是历史上短时期内最大规模的移民潮中，大约有1000万印度教徒从巴基斯坦迁移到印度，750万穆斯林离开印度前往"纯洁的国土"巴基斯坦。

不幸的是，这种"纯洁"仅存在于共同的宗教信仰上面，而不是在空间一致性或共享的语言、种族特性、风俗习惯、食物或经济上。不出所料，巴基斯坦在1947—1971年的24年里，是一个极度分分裂的国家。分割的决定造成了东西两部分被1600千米长的外国领土所隔离，只靠对阿拉的共同信仰联系在一起。西巴基斯坦面积等于得克萨斯和俄克拉何马两州之和，人口5500万，主要为浅肤色、讲乌尔都语的旁遮普人，和中东文化有着强烈的联系。东巴基斯坦由大约7000万讲孟加拉语的人组成，人口拥挤在恒河和布拉马普特拉河（雅鲁藏布江）三角洲像艾奥瓦州那么大的地区内。该国西部是西亚半干旱区的一部分，而东部与盛产稻谷的东南亚湿润地区相连。

除了宗教上的亲密关系以外，再没有其他方面可以联系这个棘手的、被分隔之国。东巴基斯坦感到被西部专横的少数人剥削——他们企图将其语言和经济发展、行政目标和军事控制强加于东部。不管是对还是错，东巴基斯坦人认为自己受到委屈和虐待。他们抱怨人均收入水平远低于西部同胞，声称在投资资本的分配上受到歧视，发现进口粮食定价不平等，并宣称他们出口的原材料——尤其是黄麻——支撑着国民经济，而他们并未分享到相应的份额。他们坚称，建国以来他们提出的区域自治要求遭到了否决。

1970年11月，东巴基斯坦遭受热带气旋和风暴潮的袭击，约50万人死亡，这使他们的忍耐达到了极限。自然灾害降落到自己头上的时候，他们对西巴基斯坦全然不足的援助感到愤怒，中央政府还拒绝了他们要求按时召开东巴基斯坦代表占绝对多数的国民大会的要求，这更激怒了东巴基斯坦。进而导致了内战并创建了一个独立的新国家——孟加拉人民共和国。

我们意识中如此根深蒂固而且界线如此稳固的国家和民族国家，如同本书对开页地图所展示的那样，其实只不过是文化区域景观一种新近而且短暂的创造物。国家所依赖的是或多或少能有效实施的对权力的垄断和居民对政府的忠诚，以及凌驾于社区、语言或宗教的归属感之上的权威，这种归属感在国家建立之前就已存在，或者声言这种归属感超过对国家的忠诚。正如印度次大陆充满暴力的近代史所表明的那样，人们可能在追求民族独立，但是民族独立却不一定是靠其初衷来维持的。

13.5　区位传统中的区域

众所周知，虽然区位是所有地区的首要属性，但地理学区位传统中的区划所意味的远不止是地球空间一种命名的界定。区划所关心的核心问题是人类活动的分布及其对自然景观和文化景观的影响。

在这种意义上，世界农业区划和与之相关的土壤和气候区划都属于区位传统之列。然而，由于实际的和可接受的原因，此类基本自然模式已经被纳入地球科学传统之内。但有一点是公认的：区位传统强调人类事物中的"行为"，"行为"不是一种抽象的事物，而是生命与生命所依赖的环境的相互关系。

因此，区位传统比地球科学传统或文化–环境传统更有助于对各种区域类型的识别和**定界**（boundary definition）。任何经济活动或文化相互作用的单一模式都能引起对可界定的形态区的识别。商品的交换、城市市场区域的控制、资本的流动或港口的集散活动，只不过是可能在分析上有用的无数功能区的几个例子。

图13.13 肯塔基东部废弃的小屋无言地使人回想起阿巴拉契亚经济和社会变化。人均收入增加、城市就业机会增多和路网改善已经减少了该地区长期贫穷与孤立的状况。(© Jean-Yves Rabeuf / Image Works)

经济区

(见第396页)

经济区划是区域方法中最常见和最常被采用的一种。地理学家通过经济区来识别各种活动和资源,用地图表现其存在和使用方式,并研究其相互关系以及构成当代世界复杂性的各种流。

第10章探讨过一些经济区的例子,不应把经济区仅仅视作有可能用以记录一种形式区或功能区内事物的一种图形。经济区已日益成为研究"可能是什么"或"应该是什么"的一种手段。经济区作为一种规划工具,作为对人、对资源和对复合区域经济结构调控的框架的概念,来源于20世纪30年代美国大萧条时期。区域规划的关键因素是公众对主要地域单位的认识,在该单位中,人们把经济变化和衰退看作是各种问题相互联系的原因,例如人口向外迁移、区域隔离、文化匮乏、落后与贫困等。

阿巴拉契亚[①]

直至20世纪60年代初期,对大多数人而言,"阿巴拉契亚"不过是泛指美国东部与阿巴拉契亚山脉有关的复杂地文区域。即使你能想起来,那也不过是一处具有乡村风味的、与世隔绝的、林木荫蔽的地方,一个开采煤矿、山峦起伏、到处有民歌的地区(图13.13)。

然而,在20世纪50年代,该地区经济停滞与功能衰退日益明显,而这时全国范围内却是经济增长、个人收入增加的环境,对消除贫困和对每一群公民经济匮乏的关切也日益增长。虽然阿巴拉契亚不像先前的风沙侵蚀区(Dust Bowl)或田纳西流域那样引人注目,但这里也确实无疑地成为一个公认的经济区和文化区以及一个政府决定的规划地区。

对一个承认并力图根除这种状况的国家而言,该地区的贫困、欠发达和社会危机是很明显的。1960年前后,阿巴拉契亚的

[①] By Jerome Fellmann. ——原注

人均收入为1400美元,而全国平均为1900美元。20世纪50年代的10年间,矿业就业率下降了60%,农业职位下降52%;而全国各地的矿业职位仅损失1%,农业职位减少35%。铁路雇员也随采煤业的下降而减少。年轻人大量外迁,迁往芝加哥、底特律、代顿、克利夫兰和加里等城市。即使这样,留下来的人失业率仍然比全国平均高50%。由于人口外迁,所以剩余人口——1960年只有47%住在城区或近郊,而全美为70%——的年龄结构变形。年轻人口和老年人口不成比例,有生产能力的劳动年龄组多已外迁,至少暂时是这样。

把这些指标和其他社会经济指标按县和国家经济区作图,一个长条形、连贯而且边界清楚的阿巴拉契亚作为一个新近为人所知的地区跃然纸上(图13.14)。该地区绵延13州,从密西西比州到纽约州,面积50.5万平方千米,人口1800万,其中93%为白人。

到1963年,在联邦和州水平上对该地区这些问题的认识,使这里从一个多因素经济区升级到一个规划地区。创建了一个联邦-州联合的阿巴拉契亚区域委员会,以制定一项满足整个地区需要的计划。所选用的方法,是将有限的投资放在数目有限的高度地方性开发项目上,期望这可以激发由私人资金支持的经济增长。

概括地说,该计划:①忽略那些孤立的贫困和失业的地区,那是一些散布全区的不能到达的"空洞";②选定一些"发展中心",这些地方发展潜力最大而且集中了经济扩张所需的一切费用,据信该区域在所确定项目的支出方面的发展潜力足以超过脱贫致富所需;③建设新的道路网使孤立的失业者能够到他们喜爱的发展中心有望提供的新岗位上班。当然,道路的建设还将为旅游业开辟一些可通达的区域,加强整个规划地区的经济基础。

阿巴拉契亚区域委员会建立后,以一

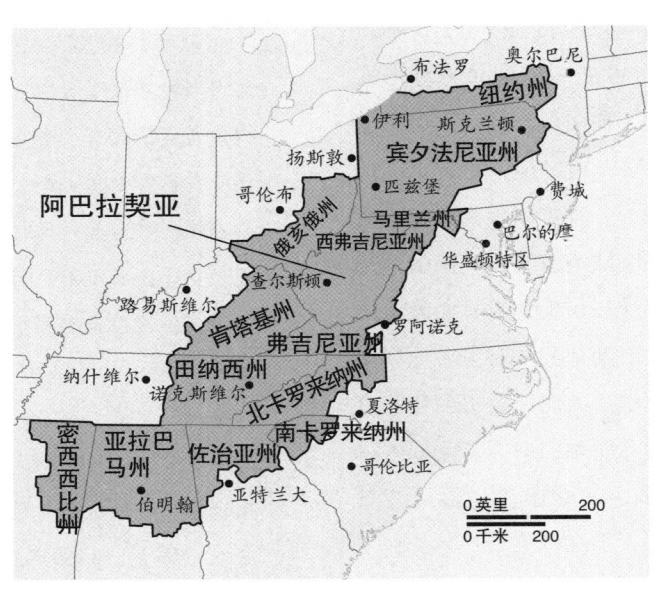

图13.14 阿巴拉契亚区域委员会划定的"阿巴拉契亚"界线是基于受政治考虑影响的社会与经济状况,而不是基于地形。

些未曾预见的方式使阿巴拉契亚的经济前景得到了改变。到了20世纪80年代，随着制造业在"阳光地带"的阿巴拉契亚部分重新安置或新建，新的工业职位数量倍增。新工厂就业机会开始超过当地劳动力储备，从前外出的移民从外面的城市返回家园，重新建立较为平衡的人口年龄金字塔。不过，与此同时，该地区的煤矿职位数量骤降，失业率仍然高于全国平均水平。到20世纪90年代初期，阿巴拉契亚区域委员会对该地区的投入已超过60亿美元，还有100亿美元为其他来源。

这些投资彻底改变了20世纪60年代持续不景气的景象。1990年，该地区生活贫困的人口比例从1960年的31%下降到15%，1960年人均收入为全国平均的79%，到20世纪90年代初上升到85%。人口流动趋于稳定，进出阿巴拉契亚的人数大致相等。到20世纪90年代中期，铺设了超过3500千米的道路；公路网仍在发展，到2002年达到近3700千米——尽管公路建设尚未达到原来所希望的效果，但现在整个地区四通八达。公路绕开了一些小城镇及其腹地，使之孤立如故，人口减少。不过，有些基本社会服务首次近乎涉及该地区的每一个人。例如，到21世纪初，委员会辖区内410个县中的每一个都有了一个诊所或一位医生。

20世纪90年代末至21世纪初财运又发生逆转，纺织业和制衣业职位普遍丧失给低薪酬的外籍竞争者。即使获得补贴的外国汽车零部件厂和装配厂所获得的成果，以及服务部门就业方面的增长，也不能完全保持前几十年所取得的进展。由于该地区不成比例地遭受全国经济逆转的影响，所以其从2001年开始人均收入再次滑落到远低于美国平均水平的位置，即使在制造业仍占优势的一些县份，实际工资的下降也削弱了经济基础。

21世纪初阿巴拉契亚表现的进退掺杂的倾向，使大部分地区在经济上依然陷入困境。其制造业基础在很大程度上仍然依赖于金属原材料和金属制品、木材产品、纺织业和制衣业——所有这些行业也因进口产品取代本土产品而遭到削弱。采煤机械化和关于环境保护法适用范围和应用的冲突抑制了该部门的就业率，该地区仍被官方列为"穷困"的121个县份（2003年）中，有一半以上依然高度依赖于烟草生产，而阿巴拉契亚的失业率继续远高于全国平均水平。

然而，自从1963年该地区委员会创建以来，阿巴拉契亚地区经济已在很大程度上实现了多样化，而且40年后更多地依赖于服务业、零售业和政府部门比较稳定的职位。生活贫困居民的比例从1960年的1/3减少了一半。从总体上看，阿巴拉契亚已经从近乎单一的经济和社会贫困向各县区差别悬殊的混合经济格局转化。许多县份和社区已经成功地使自身经济多样化并趋于稳定；有些县区继续调整其就业率下降的部门，进行结构上的改变，成功与否尚难确定；还有一些县区仍须改善排水系统之类的基础设施。

城市区

（见第478页"大城市连绵区"）

城市地理占据地理学区位传统舞台的中心位置。在世界范围内，现代一体化相互依存的

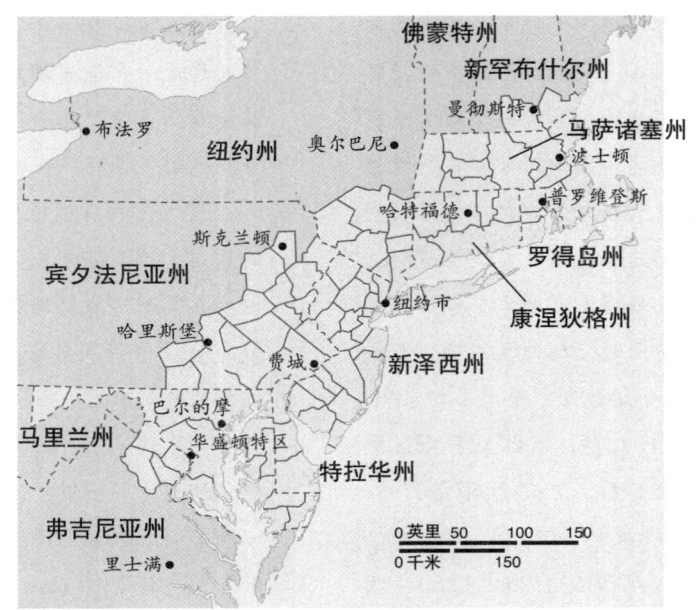

图 13.15 1960年的大城市连绵区。当时该地区是根据美国人口调查局按人口与经济特征定义为"城市"的县份组成的。该地区许多地方目前在土地利用上仍然是明显的"乡村"。

社会是以城市为中心的。城市乃是生产、交换和行政管理不可或缺的功能核心。各个城市都是相互交织的城市递阶系统中的基本元素。城市内部展示着土地利用与功能方面复杂而重复出现的格局。

城市以其文化与生活的多样性，成为区域研究中极佳的主题。当然，城市本身是一种形式区。从总体上看，城市的分布为城市集结的形式区提供了实质性的形体。城市也是各种类型和递阶性等级功能区的核心。城市内部在功能、土地利用和社会经济格局等方面的多样性要求进行区域分析。让·戈特曼（Jean Gottmann）清晰地展示了在形式与功能两种方式上所采用的研究方法，他研究了美国东部20世纪中叶的资料和景观，识别并分析了大城市连绵区。以下引用的是其研究成果。

大城市连绵区[①]

今天美国东北海岸是一处显著发展的地区——大体上连续的城市和郊区连绵的区域，从新罕布什尔州南部到弗吉尼亚州北部，从大西洋沿岸到阿巴拉契亚山麓（图13.15）。深深扎根于美国过去的城市化过程在此稳步前进，使该地区具有独特的生活方式和土地利用方式。美国其他地域都没有如此高度密集的人口，没有这样高的平均人口密度，绵延在如此广大的地域。国内没有哪个地域能起着可比拟的作用，世界上也没有哪里能有可比拟的重要性。这里逐步形成了一种政治上、经济上甚至文化活动上的某种"霸权"，从前像这样大小的地区很少能达到这种程度。

[①] Jean Gottmann, *Megalopolis: The Urbanized Northeastern Seaboard of the United States.* Copyright © 1961. Twentieth Century Fund, New York. Reprinted with permission.——原注

图 13.16 新泽西州的"松林荒地"仍然是大城市连绵区的核心区基本未受干扰的自然残余群落。其保育是环保主义者和开发商之间辩论的主题。(© *Elizabeth J. Leppman*)

因而,"巨大"就是美国该地域和在其中起作用的各种过程的重要性。但是还难以将该地区与周围地区区分出来,因为该地区的界线穿过原先确立的历史分界线,例如新英格兰和美国中部濒临大西洋各州。由于该地区包括几个州的全部和另一些州的一部分,穿过一些政治实体,因此,就需要有一个专门的名称来识别这个特殊的地理区域。

这种特别的地区类型是全新的,但它又是由一些古老过程造成的,例如城市的扩大、文明社会的劳动分工和世界资源的开发等。因此,作为一个地名它应该是新的,而作为人们所热望的悠久传统符号又要古朴,还要隐含当地的形势和目前所发现的问题。于是本研究选用了**大城市连绵区**(megalopolis)一词。

当你沿着波士顿至华盛顿的干线公路或铁路前行的时候,你很难忽略建成区、紧密交织的居民社区或非常密集的工厂。另一方面,沿同一路线飞行,你会发现在沿着这些交通要道分布的人口密集的条带后面,以及环绕老城市中心的郊区集群之间,仍然保留着大片空地,它们遍布着森林与灌丛,中间还有一些精耕细作的农田(图 13.16)。不过,在近距离观察的时候,这些绿色空间似乎到处都有结构松散但极其凌乱的建筑物,其中大多数是住宅,但也有些工业建筑。就是说,你会发现这些地域中有许多看似乡村,但其真正功能在很大程度上是一些城市商业中心势力范围内的郊区。即使是占有较大片田地的农庄,其主人也很少以此为主业,并不以农业为主要收入来源。

因此，从前城乡之间的差别在此已不再适用。只要看一眼大城市连绵区的广阔范围就能发现土地利用方面的革命。大多数人居住在所谓的乡村地区，而且最近的人口统计仍然将其归入"农村人口"，但是他们几乎和农业毫无联系。根据他们的兴趣和职业，他们就是通常所称的"城里人"，不过他们的生活方式和住宅周围景观并不符合从前城市的含义。

因而，我们必须摈弃这样一种概念，即城市是一个鳞次栉比有组织的单位，其中人群、活动和财富密集在迥异于其周围非城市地区的弹丸之地上。这个地区每座城市都从原有核心区向四面八方延伸，这种地区在乡村与郊区犬牙交错的地景中发展壮大，其开阔的前沿与周围其他相邻城市有些近似但结构各异的郊区相融合。

因此，一个城乡深度交织，1960年人口就达到约3700万的近乎连续的系统就屹立在大西洋沿海地区的东北部。该系统横跨州界，穿越广阔的河口和海湾，并且存在许多区域差异。事实上，大城市连绵区景观呈现出巨大的多样性，可能使一般观察者高度质疑该地区的一致性。对观察者来说，沿海主要核心城市彼此不相干。其中6座最大的城市如果地处他方，凭着其本身的特色，它们本应就是一些独立的大城市连绵区。这个区域的确就像亚里士多德所说的那样，像巴比伦这样的城市，它们拥有的是"一个国家而不是一座城市的幅员"。

对1960年大城市连绵区的描述，如同任何区域研究所做的那样，代表着区域变化链中一个引人注目的瞬间。只要清晰地记述这一瞬间并清楚地理清区域特征的思路，区域研究就既能用作对现状的概括，又能用作对未来的预测，因为从现状中可以看出未来的端倪。在戈特曼对该地区进行描述以后，大城市连绵区沿着他所概括的方向继续发展。城市化在形式上和功能上继续进行，蚕食着乡村景观而置州界于不顾，甚至也无视1960年起主导作用的大城市连绵区的核心。于是新的发展中心——就其本身而言这些中心正在变得相当于核心城市——和不断扩张的交通廊道连结起来，尽管目前日渐重要的是高速公路而不是铁路。

在南部，围绕着华盛顿特区的交通通道是费尔法克斯县（Fairfax County）的环首都高速公路（Capital Beltway）及其向西延伸到弗吉尼亚州劳登县（Loudoun County）和杜勒斯机场的延长线，其向北进入马里兰州蒙哥马利县（Montgomery County）的I-270通道。以泰森斯科纳（Tysons Corner）为中心的弗吉尼亚郊区专长于国防工业，但大量写字楼联合体和商业中心迅速把乡村土地转化为一般城市用地。马里兰郊区在其新写字楼、工商业"园区"和联合企业中突出保健、航天和通讯等方面的优势。在20世纪80年代，交通要道继续向北进入"普林斯顿通道"，一条42千米长的地段沿着1号公路从新不伦瑞克（New Brunswick）通往新泽西州托伦顿（Trenton），庞大的写字楼群（corporate parks）[①]为从纽约地区迁移到普林斯顿大学四周的新技术公司提供了办公和研发的空间。新泽西州莫里斯敦（Morristown）和纽约州韦斯特切斯特县（Westchester County）的怀特普莱恩斯（White Plains），是纽约市北面和西面另两处类似的

[①] corporate park 亦称 office park，此处暂译作写字楼群。——译注

工商业和写字楼开发的密集地区。往东，20世纪80年代末期康涅狄格州有15万人每日通勤上班的斯坦福德（Stamford），成为全国性大公司总部的中心，并且是自有大城市连绵区记述以来作为一座真正的大型中心城市以其当前的形态而出现的。

按生态系统划区

（见第504页"生态系统"）

地理学的传统定义是"对地球表面区域变化的研究"，这种定义虽然过于简单，但也意味着该学科专注于区域分类并把地球细分为各个分区。对区域研究所暗含的下述主要目标而言，对区域组织和功能方面的考虑是次要的甚至是不必要的。区域研究的目标是界定区域自然特性和文化特征同一性的核心和边界。然而，我们在地理学的地球科学传统、文化–环境传统与区位传统一章的述评中强调，本学科更具动力学性质的观点认为，人类对他们所占据的自然环境不断地施加着可辨别的、可变的而且常常是负面的影响。那些受人类影响的景观证据也是区域研究的主题，尽管对其研究需要借助于或得益于种种技术，这些技术有别于经常与区域研究相联系的各种描述性方法。

较新的研究思想强调从系统分析观点进行空间关系研究——尤其是人类与环境相互作用——的必要性。这种方法偏重区域内的组织、结构与功能的动态，提供空间中各种事物之间联系的量化方法。第12章所介绍的生态系统或**生物群系**（biome）[①]提供了一种极其灵活的系统分析概念，能够研究环境和生物界之间的关系，这种关系常常受到人为干预的影响。由于这种关系是结构性的，因此结构比空间一致性更加吸引人们的注意，并形成对区域新的理解。尤其是生态系统的概念，为研究人类对自然环境影响的复杂后果提供了一种观点。

下文引述威廉·J.施奈德（William J. Schneider）的一篇论文，请注意生态系统的概念是如何被用以识别和分析各种尺度、复杂性与各种性质的区域和分区的。本案例还介绍了生态过渡带（ecotone）或生态胁迫区（zone of ecological stress）的概念，在本案例中，后者就是人类对自然系统所施加的压力。

佛罗里达大沼泽地[②]

佛罗里达大沼泽地是一条河。它就像哈得孙河或密西西比河一样是一条河道，水流从高处流向低处最终进入海洋。它以一个大弧形从佛罗里达州中部奥基乔比湖南端延伸到墨西哥湾海岸和佛罗里达湾的潮汐河口。它是一片开阔的浅水泥沼，平均宽度64千米，最宽处113千米，迂回曲折穿过大片锯齿草[③]和树"岛"。即使在雨季，水深也很少超过0.6米。但是，佛罗里达大沼泽地还是像哈得孙河和密西西比河一样，留下了人类文明深远的烙印。

自1万年前更新世结束以来，佛罗里达大沼泽地就是奥基乔比湖周期性溢流的天然排水通道。当多雨的夏天湖水满盈，或飓风劲吹把湖水舀出湖盆的时候，超量的湖水就溢出湖泊的南缘。溢流的水分和

[①] 据《地理学名词》的定义，生物群系是"以占优势的或主要植被类型和气候类型所确定的地理区域"。——译注

[②] With permission from *Natural History*, November, 1966. © Copyright American Museum of Natural History, 1966.——原注
[③] saw grass, 锯齿草，尤指产于美国东南部的牙买加砖子苗（*Cladium*）。——译注

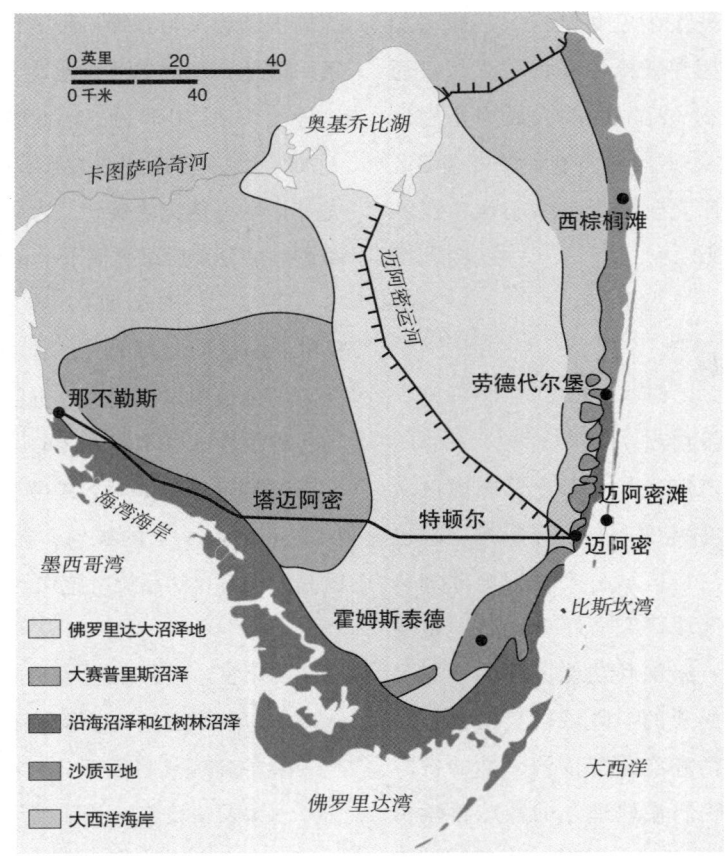

图13.17 佛罗里达大沼泽地是佛罗里达州从奥基乔比湖向南绵延到海边的生态系统综合体的一部分。排水与防洪系统业已改变了其自然状态。

所收集的雨水一起集中在一条通道上,在大赛普里斯沼泽(Big Cypress Swamp)和西面的沙质平地与东面大西洋海岸山脉之间缓缓地向南流去,最后汇入海岸沼泽的微咸水中(图13.17)。

水始终是佛罗里达大沼泽地生命的关键因素。平均年降雨量(1.4米)的3/4落在6—10月底的夏季,这时水位上升,淹没大沼泽地面的90%被淹没。早先旱季时水面一般覆盖地面的10%以下。大沼泽地大部分地区在最近工程启动之前,由这种季节性雨水周期造成的水位波动平均为0.9米。偶然出现的严重洪水和伴随着火灾的长期干旱都周期性地给生态系统施加压力。这种随孔出现的生态伤害对大沼泽地的特性可能至关重要。

三种优势生物群落——开阔水面、锯齿草和木本植被——反映了覆盖大沼泽地的泥炭土表面高程上微小而稳定的差别(图13.18)。开阔水面地区出现在较低处,一年中大部分时间被水淹没,生长着稀散的沼泽草类和藻团。比周围开阔水面高出仅仅几厘米的土壤上面生长着锯齿草群落。树岛下面土基层最厚。土壤厚度几厘米的差异显然控制着这三种群落的物种组成。

572 地理学与生活

图13.18 照片中所见的开阔水面、锯齿草和树岛组成了佛罗里达大沼泽地相互分开的生物群系，这里也是很多动物的家园。(© *Reinhard Eisele / Corbis Images*)

今天佛罗里达大沼泽地已不再是严格意义上的天然河流。其大部分已经被排水、渠道化和构筑水闸和水坝之类的大规模水利工程所改变。为市政和工业利用而大量抽取地下水已耗竭了地下含水层，使海水通过含水层和地面水渠向陆地入侵。成千上万个供水井被入侵的咸水污染，迈阿密南部原先的淡水沼泽发生了大规模的生物变化。红树林——盐度的指示植物——生境向陆地延伸，火灾席卷原先很潮湿的地方。生态过渡带——相异生态系统接壤处的胁迫地带——因人类对大沼泽地生态系统的改造而改变。

大沼泽地生态系统的组织、结构和功能动态也因此发生变化。生态系统各组分的结构性关系——受胁迫影响与形成的性质——正在以人们未能完全理解的方式遭到人为的扭曲。

章节摘要

区域是一种在脑海里构建的、通过想象力创造的实体，其唯一功能是对空间资料进行有目的的组织。那种组织的安排、供分析数据的选择和由这些决策得出的区域反映了所提出的知识问题。

本章并未试图探索区域政策和区划方法所有方面的问题，只是试图通过实例证明其基本主题：地理学家的区域虽然是人为的，但是对引起地理分析的孤立事物、格局、相互关系和各种流动趋势慎重地构想了一些技术。在此意义上，所有地理学家都是区域地理学家，而本章述及的区域实例可能在逻辑上完成我们对地理学4种传统的评述。

问题与讨论

1. 地理学家认识或界定区域时，他们想达到什么目的？区域界线是按什么划定的？区域是有形的实体吗？区域的大小和特性是所有研究地球空间同一地段的人都同意的吗？询问3位对地理学了解不深的同学对"南方"的定义。如果答案不同，他们用以划定区域界线的不明晰的或明晰的标准是什么？他们识别的是哪类区域？

2. 一切区域共有的空间要素或用以识别的特性是什么？

3. 用以识别形式区的特征是什么？其边界是如何被确定的？从本书前面章节中举出3个不同形式区的例子。每个形式区是如何被界定的，识别其的目的是什么？

4. 功能区是如何被界定的？其划界标准的本质是什么？给出先成界定的三四个功能区的例子。

5. 生态系统被认为是定界区域的一种可行方法。识别生态系统时提出了什么地理概念？一个生态系统等同于一个形式区吗？为什么？

6. 本章识别出了国家区域、语音区域、历史区域、规划区域和其他区域。你的日常事务中还有你所熟悉的其他区域实体吗？防火区、警务区、选区或分区制地区单元是否都是和本章或本书其他地方所讨论过的地理区相一致的区域单位？你或其他人对区域的定界如何影响着你们的生活？

延伸阅读

Borchert, John R. *Megalopolis: Washington, D.C., to Boston.* Series: *Touring North America.* New Brunswick, N.J.: Rutgers University Press, 1992.

Freeman, T. W. *A Hundred Years of Geography.* Chapter 2, "The Regional Approach." Chicago: Aldine, 1961.

Gottmann, Jean. *Megalopolis Revisited: 25 Years Later.* College Park: Institute for Urban Studies, University of Maryland, 1987.

Johnston, R. J., J. Hauer, and G. A. Koekveld, eds. *Regional Geography: Current Developments and Future Prospects.* New York: Routledge, 1990.

McDonald, James R. "The Region: Its Conception, Design and Limitations." *Annals of the Association of American Geographers* 56 (1966): 516–28.

Meinig, Donald. "The Mormon Culture Region: Strategies and Patterns in the Geography of the American West, 1847–1964." *Annals of the Association of American Geographers* 55 (1965): 191–220 (esp. 213–216).

Minshull, Roger. *Regional Geography.* Chicago: Aldine, 1967.

Moore, Tyrel G. "Core-Periphery Models, Regional Planning Theory, and Appalachian Development." *Professional Geographer* 46, no. 3 (1994): 317–31.

Murphey, Rhoads. *The Scope of Geography.* 3d ed. Chapter 2, "The Region." London and New York: Methuen, 1982.

Wheeler, James O. "Notes on the Rise of the Area Studies Tradition in U.S. Geography, 1920–1929." *Professional Geographer* 38 (1986):53–61.

Whittlesey, Derwent. "The Regional Concept and the Regional Method." *In American Geography: Inventory and Prospect,* ed. Preston E. James and Clarence F. Jones. Syracuse, N.Y.: Syracuse University Press (for the Association of American Geographers), 1954.

 万维网上和地理学有关的网站极其丰富。与本章主题有关的网站请见与本书有关的在线学习中心的"Web Links"部分。网址：www.mhhe.com/getis11e.

附　录

地图投影

　　地图投影就是把地球曲面展示在平面的纸张上。不管你如何绞尽脑汁想把世界"压平"，你用投影的方法永远也无法把地球的细节按其正确的相对大小、形状、距离或方向表示出来。地图上有些地方总是不能正确反映其实际地理位置，地图学家的任务就是选出并保留地球上对我们当前的意图有特殊意义的那些联系，尽量减少或者接受那些不可避免但不甚重要的歪曲。

　　如果直视地球仪，我们只能看见前面而看不到后面。要绘制一张世界地图，就必须采用一种方法把我们看得见的半球的曲面压平。然后必须把地图从看不见的半球的中间剪开，把后面的2个1/4各自贴在可见半球的两边。简单地说，就是必须从地球仪上把地图一片片地"剥"下来并将其压平，就像把柑橘皮剥开压平一样（图 A.1）。在"剥离"和"展平"的过程中，地图表面不可避免地

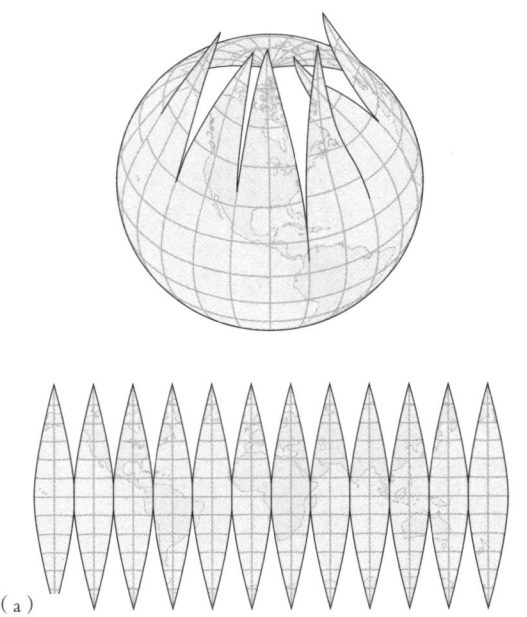

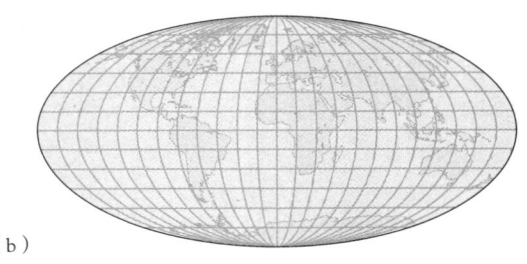

图 A.1　（a）从全球范围的地图上被小心剥离的"小片"产生一整套锥形三角条带，虽然每一条拉伸或压缩不多，但总体上未能形成一张很有用的世界地图。（b）通常认为最好把整个地球表面描绘成一个平面的圆、椭圆或矩形，以避免或尽量减少地图的中断。但是，面积连续性的代价只能是真实形状、距离、方向和（或）面积相当大程度的改变。虽然本图所示的莫尔韦德①投影正确地表示了面积大小，但是扭曲了形状。

---

① Mollweide, or homolographic, projection. 旧译毛尔威特等积投影。——译注

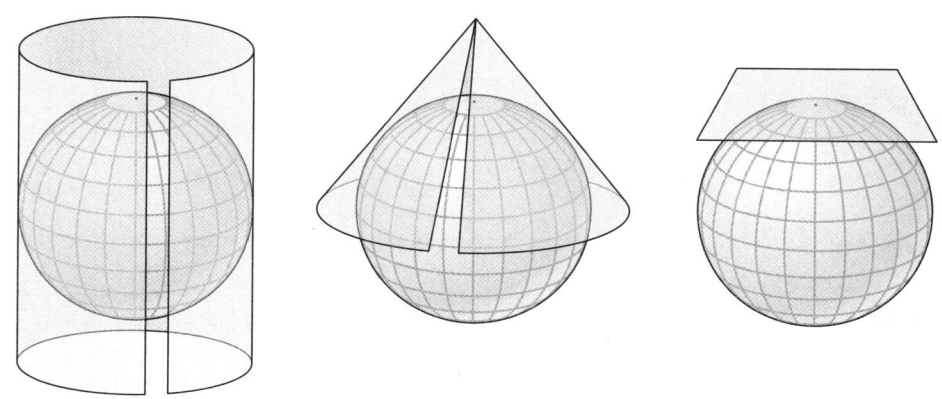

图A.2 几何投影。常用的3种几何投影是圆柱投影、圆锥投影和平面投影。你可以这样想象地图投影的制作：把一个光源置于透明地球仪里面，把一张纸如图中所示的方式与地球仪接触。地球仪上的网格和大陆轮廓就会被映射到纸上形成一张地图。

会发生断裂，或者为了使地图展平导致地球表面拉伸或收缩。

当然，制图者并不真正对地球表面进行切割、剥离、展平或拉伸作业。他们的任务更多的是把地球仪网格或地理坐标网的纬线和经线网络画在或投影到平面上。有多种方法可以做到这一点。在讨论地图投影之前，谈及下面这点很重要，即地球仪的球形网格中有两种圆。一种是**大圆**（great circle），即一个平面穿过球体中心时在球面上形成的圆。因此，赤道就是一个大圆，每条经线是大圆的一半。每个大圆都把地球仪切成两半，将其分成相等的两个半球。地球表面任意两点间的最短距离就是大圆上连接这两点的弧线长度。另一种是**小圆**（small circle），是不通过地球中心的平面在地球仪表面形成的圆。除赤道外，所有纬线圈都是小圆。不同的投影以不同方式表示大圆和小圆。

几何投影法

虽然所有投影均可用数学方法描述，但是其中有些可以被认为是用几何方法而不是数学公式构建的。在几何投影中，理论上网格系统是将地球仪转换为一种几何图形，例如圆柱形或圆锥形，随后学者就能将其剪开和铺平（或展开）而没有任何拉伸或撕裂（图A.2）。我们说圆柱、圆锥和平面是**可展曲面**（developable surface）——可以把圆柱和圆锥切开、展平而不变形，而平面本来就是平的。实际上，几何投影不是把影子描摹下来，而是应用几何学原理，把线、圆、弧和角画在纸上。

设想一个透明的地球仪，两侧或外面有一个光源。地球仪上的经线和纬线（或海岸线或其他任何特征）就会被投影到附近的平面上。投影上的地球仪网格就代表一种地图几何投影。如图A.3所示，光源相对于地球仪表面的位置对可展几何表面上的方格线投影产生相当大的变形影响。光源位于理论上无限远处就得到正射投影（orthographic projection）。光源位于地球仪中心就产生球心投影（gnomonic projection）。光源置于对跖点——相切点正相对的两点上，或地球仪与地图相接触的点上——就产生球面投影（stereographic projection）。

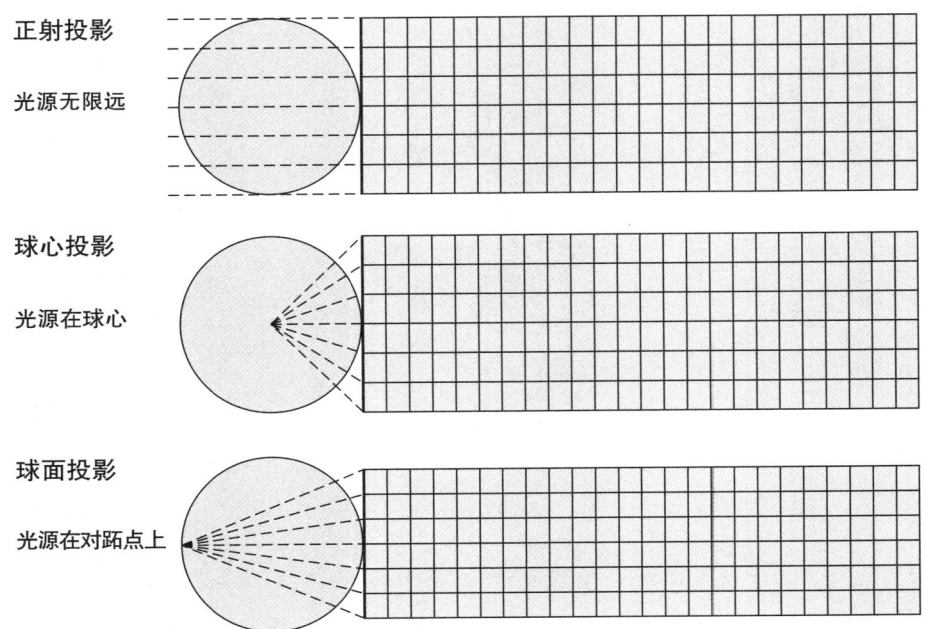

图A.3 光源位置对平面投影的影响。请注意光源移动时纬线间距出现的变化。使用圆柱投影和圆锥投影会形成完全不同的地图网格。

圆柱投影

假如把一张纸卷贴在透明地球仪上,令其与赤道圈相切(相接),那么该切线叫作"标准线"(standard line,如果它是一个纬度圈,就叫标准纬线),在这条线上地图没有变形。这张纸的高度不等于地球仪的高度,纸张远远延伸到两极以外。至于球心投影,是将光源置于地球仪中心,让光线投影到圆柱形纸筒上。结果就得到许多**圆柱投影**(cylindrical projection),所有这一切都是从包围着地球仪的圆柱上用几何方法或数学方法得到的。

请注意刚才投影所得的网格与真实地球仪网格的不同之处。经纬线网格如同地球仪上那样以直角相交,投影出的经纬线分别是南北向和东西向的直线。但是经线并不像地球仪上那样在两极交会。相反,经纬线都是等距离、相互平行或相互垂直的线条。由于各地经线之间都是等距的,因此所有纬线长度也都相等。虽然切线(赤道)上比例不失真,但是离赤道越远,失真越大。两极地区向南北东西四方伸展,面积被极度夸大。圆柱投影的光源位于地球仪中心、圆柱与赤道相切,这种投影永远无法表示两极本身。

源自数学方法的**墨卡托投影**(Mercator projection)是在圆柱与赤道相切的启发下得到的。这是一种最常用(和误用)的圆柱投影。墨卡托投影是1569年格拉尔杜斯·墨卡托(Gerardus Mercator)发明的,用以绘制航海图,那时欧洲正处于世界探险的高峰期。它是航海家使用的标准投影,因为这种投影具有一种特别有用的特性:地图上任意画出的直线就是恒定的罗盘方位。只要沿着这条被称为**恒向线**(rhumb line)的方向走,船只或飞机罗盘的读数就永远是航线和地理北极所构成的夹角(图A.4)。其他投影都不具备图上直线既是恒向线又指示真实方向的性质。

墨卡托投影虽然是极佳的导航设备,但是也常常作为多用途世界地图误用于书本上或挂

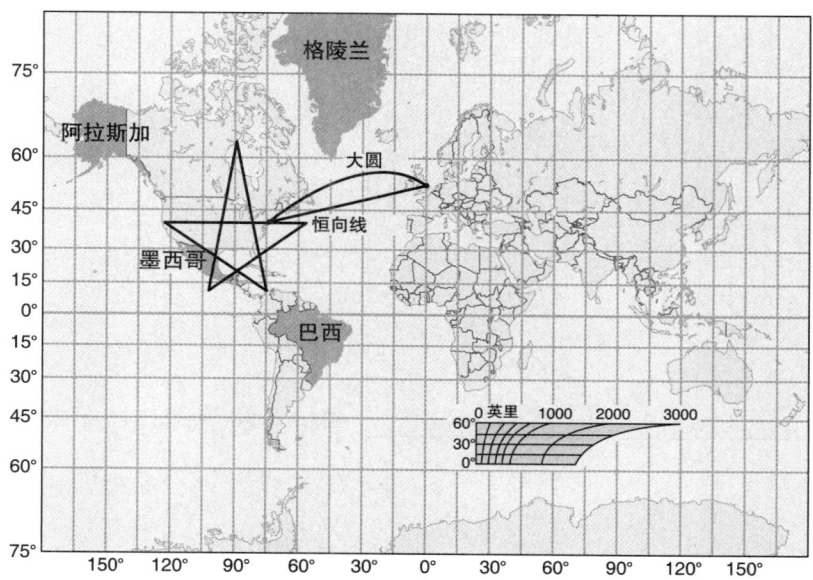

图 A.4 墨卡托投影的失真。把一个完美的五角星画在地球仪上，图中所示就是被转移到墨卡托地图上五角星各点的经纬度。五角星失真的样子反映了陆地面积的投影变形。随纬度增高，面积扩大到除非有不同纬度比例尺的图例，否则墨卡托地图根本不应刊印。墨卡托投影最重要的性质是地图上任何直线都是不变的罗盘方位，或称恒向线，这在所有投影法中是唯一的。虽然恒向线通常并非两个地点之间的最短距离，但是航海家会在起点和目的地之间画一系列直线来逼近大圆弧航线。

在墙上——因为其上远离赤道地区陆地面积给人以极其夸大的印象。请注意图 A.4 中格陵兰好像比墨西哥大许多倍，事实上它只略微大一点。而阿拉斯加和巴西大小好像差不多，但事实上，巴西面积是阿拉斯加的 5 倍以上。

许多圆柱投影既不是等积的也不是正形的，例如图 A.5 所示的米勒圆柱投影（Miller cylindrical projection），此类投影常用作世界地图的底图。米勒投影上经线和纬线之间的间距不像墨卡托投影那样向两极迅速增大，因此高纬度地区面积失真较小。尽管米勒圆柱投影没有保持住地球的特性，但仍被用于地图集和挂图上。

圆锥投影

在三种可展开的几何形式——圆柱、圆锥和平面——中，圆锥最接近真实的半球形状。因此，**圆锥投影**（conic projection）常用于描述半球或更小的地区。

此类投影中很实用而且最可视化的是单圆锥投影（simple conic projection）。试设想把一个圆锥置于地球仪一半处，与 30° 纬线相切，如图 A.6(a) 所示。只有这条**标准纬线**（standard parallel）上的距离是真实的。当然，圆锥展开时标准纬线就变成一段圆弧，其他所有纬线也变成同心的圆弧。如使用中心光源，离极地越近，纬线间距越大，因而失真也越大。

可以通过下述方法减少失真的程度：缩短中央子午线的长度，把经线上纬线的间距取成等长，并把 90° 纬线（南北极）画成弧形而不是一个点。一般使用的圆锥投影大多采用这种数学调整法。如使用一条以上的标准纬线的方法，就叫作"多圆锥投影"（polyconic projection，图 A.6 [b]）。

圆锥投影应用很广，因为其能把失真调整到

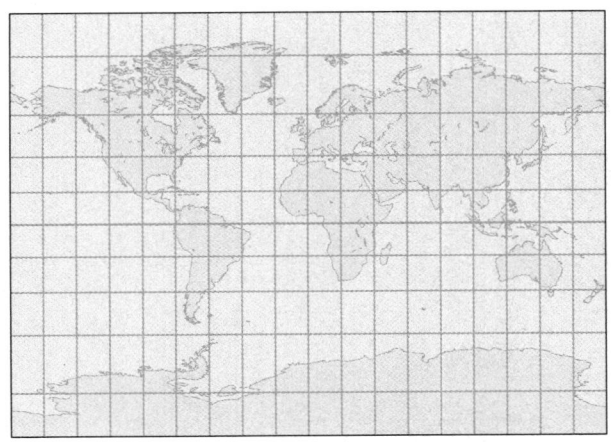

图A.5 用数学方法产生的米勒圆柱投影。

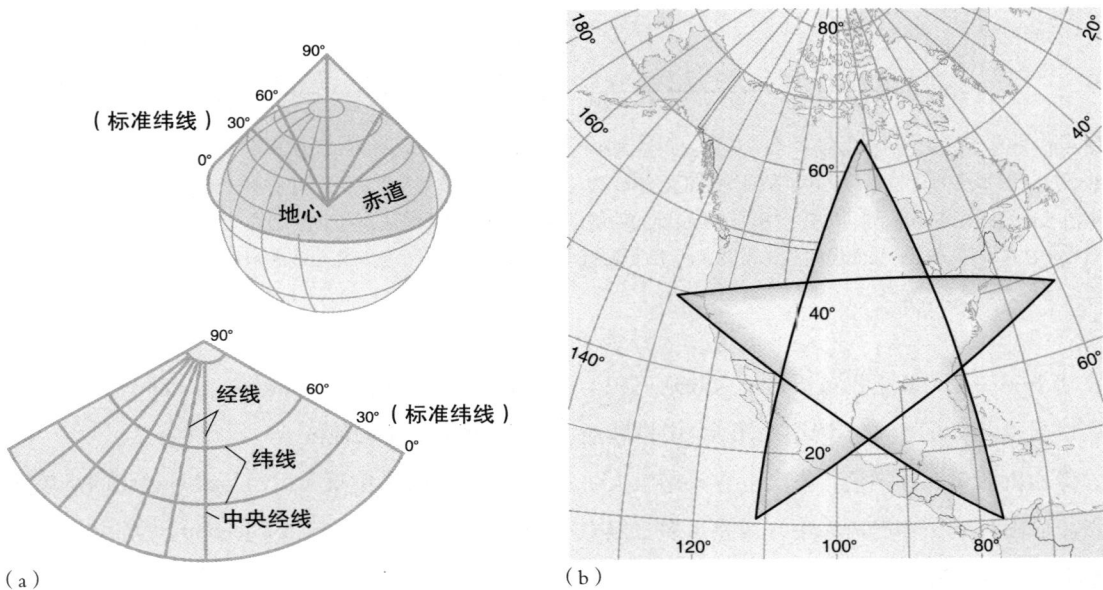

图A.6 （a）一条标准纬线的单圆锥投影。大多数圆锥投影经过调整，因而其中央子午线上纬线间距相等。（b）多圆锥投影。制图时从一系列圆锥中把许多条带东西端连接起来，每个圆锥均与不同纬线相切。这种投影与单圆锥投影不同之处在于各纬线不是同心圆弧，经线也不是直线而是曲线。虽然既非等积亦非正形，但这种投影长于展示形状。注意图上的星形是近于完美的五角星，不像图A.4所示的星形那样。

最低限度，而且要么是等积的，要么是正形的。然而，它不能表示地球的全貌，这是其本性使然。事实上，这种投影最常用于而且通常也局限于制作中纬度地区东西距离较长南北距离较短的地图。许多官方地图系列使用圆锥投影。例如美国地质调查局编绘的《美国地图集》（National Atlas of the United States of America）就选用阿伯斯等积圆锥投影（Albers equal-area conic projection）。这是一种等积投影，即使像美国这样大的面积也基本不失真，见图A.7。

平面投影

平面（或方位）投影（planar projection / azimuthal projection）是通过把一个平面正切于地球仪上某一点来构建的。虽然该平面可以接

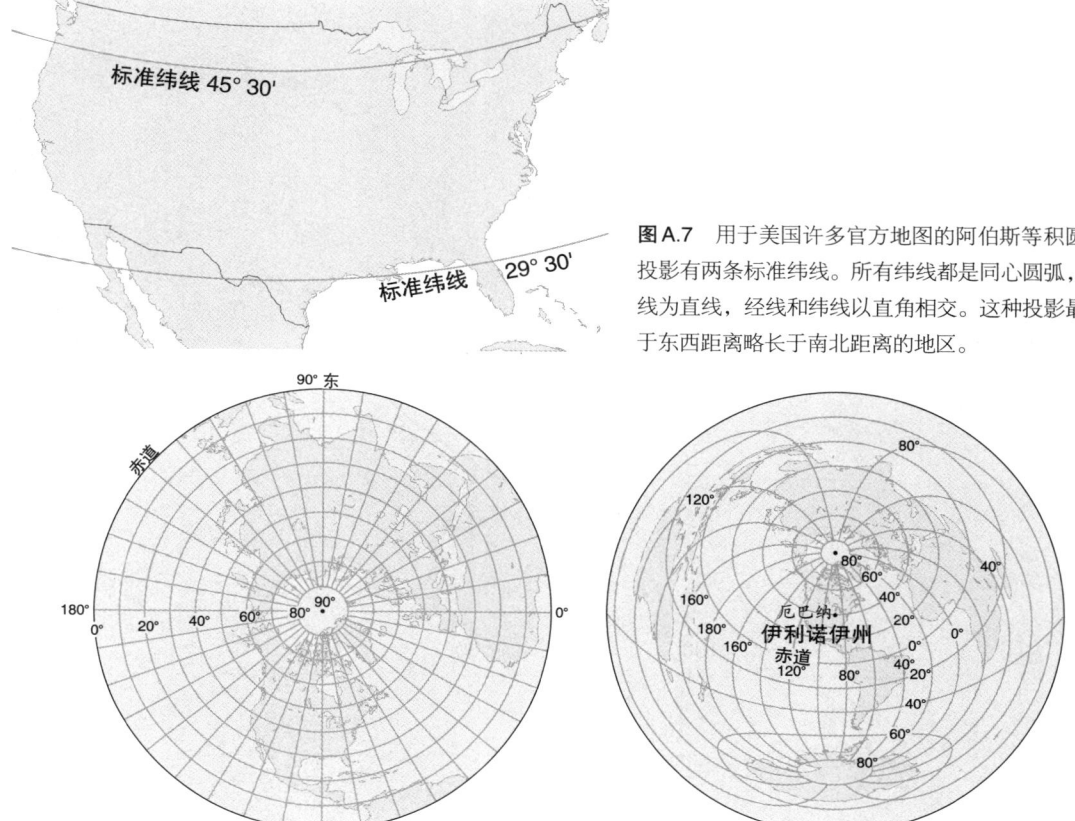

图A.7 用于美国许多官方地图的阿伯斯等积圆锥投影有两条标准纬线。所有纬线都是同心圆弧，经线为直线，经线和纬线以直角相交。这种投影最适于东西距离略长于南北距离的地区。

图A.8 （a）平面等距投影。经线为直线，纬线是经线上等距的圆。由于这种投影从中心到其他任何地点的距离都是准确的，因此其实用性强。如果把网格延伸以表示南半球，则南极就被描绘成一个圆而不是一个点。（b）以伊利诺伊州厄巴纳为中心的平面等距投影。以英里表示的比例尺仅适用于从厄巴纳开始或通过该地点的航线的距离。地图边缘代表厄巴纳相对地点的数值被无限地拉长了。（［b］Copyright 1977, Brooks and Roberts; with permission）

触制图师想要的任何一点，但是在选择极点的情况下，即把平面中心放在北极或南极，最容易做到可视化（图A.8［a］）。

等距投影（equidistant projection）能够以任何地点为中心，因此十分有用，有助于校正从一点到其他任意地点的距离。因此，常用以表示从某个地点飞往其他地点的航线。如果平面置于极点以外的其他地点，则经线和纬线会变得奇形怪状，如图A.8（b）所示。

由于这种投影特别适合表示极地大陆的排布，因此地图集中常使用平面投影地图。依靠特别的投影方法，就能够描绘真实的形状、面积，或两者的折中。此外，有一种平面投影广泛应用于导航和无线通讯。图A.9所示的球心平面投影（gnomonic planar projection）是唯一能以直线表示所有大圆（或部分大圆）的投影。由于大圆是两个地点之间的最短距离，因此航海家只须把两点之间连一直线就可以找到最短航线。

数学投影

上述所有几何投影均可看作是由把地球仪

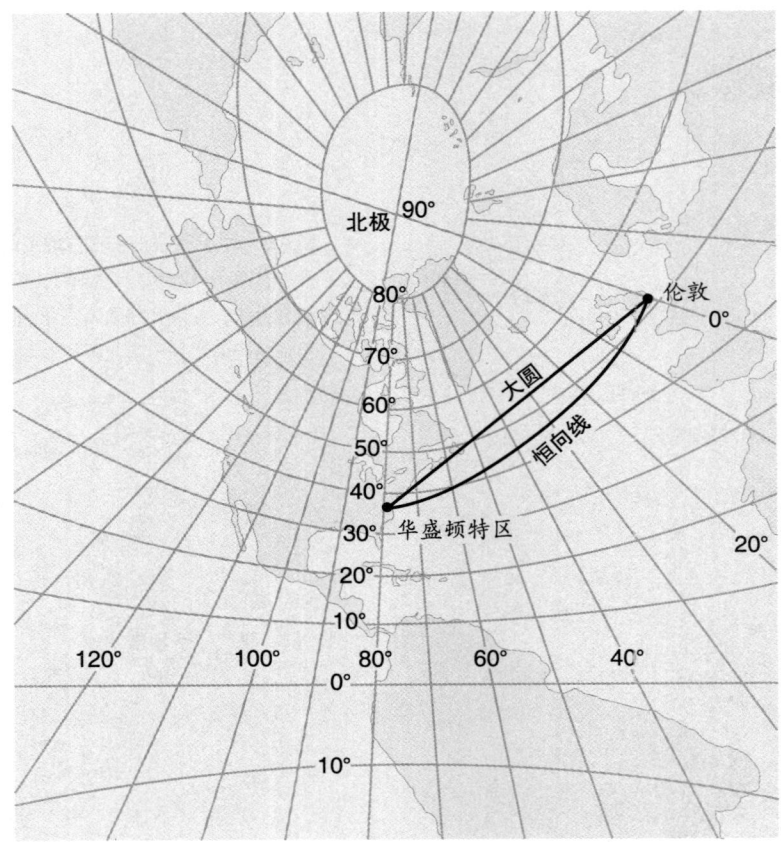

图A.9 球心投影是唯一将所有大圆呈现为直线的投影。恒向线为曲线。从这种意义上说，它和墨卡托投影正相反，后者恒向线为直线而大圆为曲线（图A.4）。注意一个地区的形状和面积随其离中心点的距离增加而失真加大。这种地图不是等角、等积或等距的。

网格投射到圆柱、圆锥或平面上形成的。但是，许多投影却不能按简单的几何形状分类。这些投影由数学公式产生，并且通常是用一种视觉上可接受的方式来展示全球或其中一部分。椭圆形投影是最常见的，但是，为某些特殊目的，还设计出心形、梯形、星形、蝴蝶形和其他形状——有时很奇异——的投影。

地理学家约翰·保尔·古德（John Paul Goode）为统计制图开发的古德等积投影（Goode's Homolosine）就属于此类投影。如图A.10所示，这种投影通常以不连片的方式表现，实际上是让两种不同投影（正弦曲线投影和莫尔韦德等积投影）相配合使失真最小，而且让不连片的地图以多条标准经线为中心，使陆地和海洋表面扭曲减少到最低限度。这种能很好表现形状的等积投影得到了广泛应用，尤其是在《古德世界地图集》（Goode's World Atlas）中。

理查德·巴克敏斯特·富勒（Richard Buckminster Fuller）是一位建筑师和设计师，著名的网格球顶（geodesic dome）的发明者，制作了富勒戴马克松投影（Fuller dymaxion projection）[①]（图A.11）。这种投影由20个等边三角

[①] dymaxion是由发明人理查德·巴克敏斯特·富勒根据dynamic、maximum和ion三个词组合而成的新词，词典给出的中译为"最大限度利用能源的，以最少结构提供最大强度的"。现在国内音译为"戴马克松"。——译注

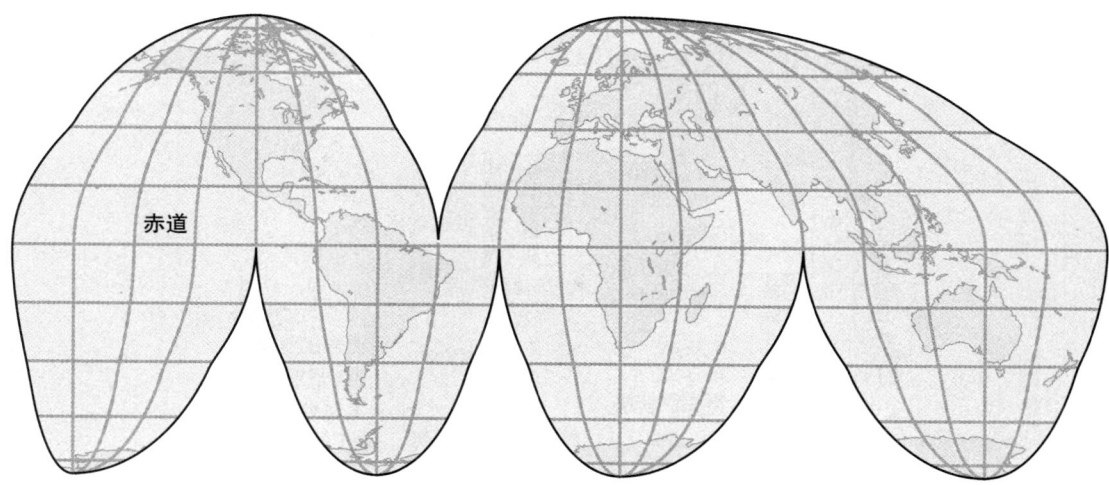

图A.10 古德等积投影是两种不同投影的结合。它把北纬40°和南纬40°左右的正弦投影和等积投影结合起来。为了改善大陆的形状,每个大陆都置于一瓣当中,接近其中央经线的位置。这种投影还能把各大陆隔断,以完整展示海洋的面积。(Copyright by the Committee on Geographic Studies, University of Chicago. Used by permission)

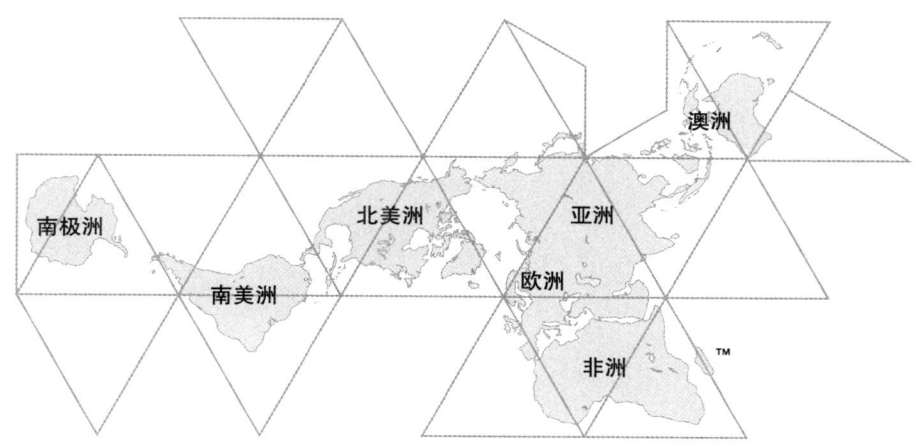

图A.11 戴马克松投影。这些等边三角形能够折叠成一个近似于地球的球体。
资料来源:Buckminster Fuller Institute and Dymaxion Map Design, Santa Barbara, CA. The word Dymaxion and the Fuller Projection Dymaxion Map design are trademarks of the Buckminster Fuller Institute, Santa Barbara, California, © 1938, 1967 & 1992. All rights reserved.

形组成,每个三角形都能沿不同的边连接,借以表现令人感兴趣的陆地之间的关系。该投影把大陆大小和形状的变形降至最低限度。

古德投影和富勒投影表明,投影能够通过巧妙的处理或调整,达到想要达到的目的。由于大多数投影都是基于数学方法可靠地描述真实的地球网格,因此这种处理的可能性几乎是无限的。把地球仪网格复制到平面地图上,要保持地图的特性,展示各地区的大小和形状,以及椭圆形地图设计,这些方面都影响着地图学家的选择。

有些非常有效的投影,都不是起源于欧几里得几何学,而是以非传统方式进行空间转化。距离可能以非线性方式(按时间、费用、人数,甚至感觉)量度,而表示相对空间关系的地图就可能根据这些数据构建。图A.12就是这种转换的例子。

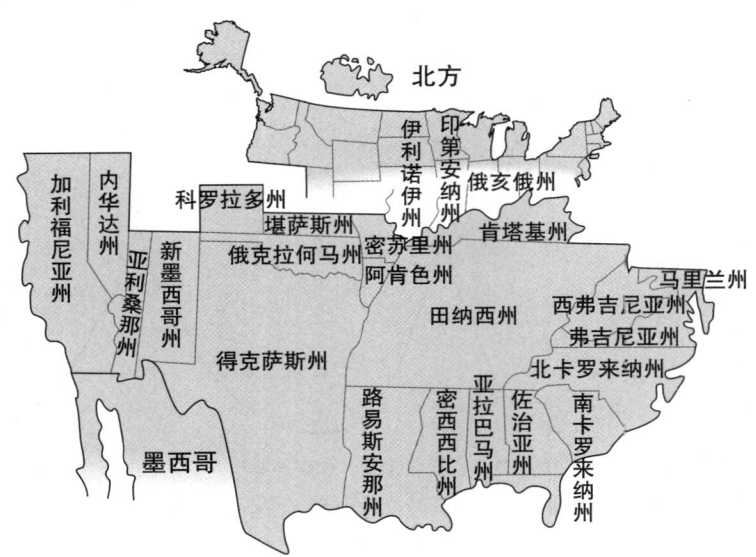

图A.12 以乡村音乐歌词表述的美国地图。在本地图的转换中，如果乡村音乐歌词中最经常提及的那些州面积也最大，那么美国看起来可能就是图上所显示的样子。

章节摘要

把地球仪转换成平面地图而不发生变形是不可能的。地图学家业已设计出几百种可能的几何投影和数学投影，以尽可能展示他们想要着重表现的世界的面貌和联系。有些投影高度专门化，局限于某个有限的目的，其他投影则得到更广泛的接受并应用于多种用途。

重要词汇

A

absolute direction 绝对方向 以东、西、南、北为方位基点的方向。

absolute distance 绝对距离 以标准长度单位（通常用英里或千米）量度的两地间的最短距离。亦称真实距离。

absolute location 绝对位置（同义词：数学位置[mathematical location]） 某物体或某地用专为定位目的而设计的网格系统空间坐标所确定的准确位置。在地理学中，该参考系统是由赤道南北方的纬度线和本初子午线东西方的经度线构成的全球网格系统。

accessibility 可达性 从他地容易到达目的地的程度，空间相互作用的相对机会。可从几何的、社会的或经济的角度来衡量。

acculturation 文化互渗 因吸收较先进社会或主流社会文化群体或个人文化特质导致的文化上的改善或改变，通过"借鉴"引起的文化发展。

acid rain 酸雨 酸度异常的降水。硫和氮的氧化物溶解在大气层水蒸气中发生化学变化，并以酸雨、酸雪、酸雾或干颗粒物的形式回到陆地上。

activity space 活动空间 人们日常活动中自由移动的范围。

adaptation 适应性 对环境因素的反应形成的具可遗传特质的改善。

agglomeration 集聚 人群或活动为了互惠互利在空间上的组合。

agglomeration economy 集聚经济（同义词：外部经济[效益][external economy]） 一个企业与另一些性质相近的经济体在空间上相联合从而得到节省的好处的经济模式。

agricultural density 农业密度 单位农用地上乡村居民的数目。在人口密度计算中，该参数排除了地区的城镇人口和非可耕地。

agriculture 农业 耕种土地，生产农作物和养殖牲畜；耕作。

air mass 气团 在水平方向上温度、气压和湿度变化很小的一大团空气。

air pressure 气压 地表某一点上测得的单位面积大气压力。

alluvial fan 冲积扇 河流在山地或丘陵沉积形成的扇形冲积物。

alluvium 冲积物 河流所携带并沉积在泛滥平原或三角洲中的沉积物。

amalgamation theory 集聚理论 人文地理学中多民族社会各成员群体的文化特质的融合。

anaerobic digestion 厌氧消化 在缺氧环境中有机物分解产生甲烷气体（沼气）的过程。

anecumene 非宜居地 见 nonecumene。

animism 泛灵论 认为各种自然物可能是逝者、灵魂或诸神寄寓之处的一种信仰，它们有时会使各种事物有着生命的外观。

antecedent boundary 先成边界 在该地区大量殖民之前既已确定的边界。

aquaculture 水产养殖 在淡水池塘、湖泊、运河或围封的海湾和河口湾中养殖和捕捞鱼类和贝类的产业，又称养鱼业。

aquifer 含水层 地下能保存水体的多孔具渗透性的岩层，尤其是能向水井或泉水提供有经济意义的大量水的岩层。

arable land 可耕地 已耕种或能耕种的土地。

Arctic haze 北极霾 携带燃烧产生的污染物的气流移至北极圈以北地区造成的空气污染。

area analysis tradition 区域分析传统 地理学的四个传统之一，即区域地理学。

area cartogram 面积分区统计图 一种地图，其中各单位的面积与其所代表的数据成比例，又称面积数值地图（value-by-area map）。

arithmetic density 算术密度 见 crude density。

arroyo 旱谷 荒漠土地上被快速流水切割而成的陡坡平地冲沟，一般无水。

artifact 人工产物 文化的物质体现，包括工具、房舍、土地利用系统和衣着之类。文化的技术子系统中的要素。

artificial boundary 人为边界 见 geometric boundary。

assimilation 同化作用 丧失独立的民族身份与社会身份融入复合文化而达到文化同质化的社会过程。

asthenosphere 软流层 地球内部地核和下地幔上面部分熔融的塑性地层。

atoll 环礁 形成于浅海中近乎圆形的低矮珊瑚礁，围成一个潟湖，最常见于太平洋中部和西部。

azimuthal projection 方位投影 见 planar projection。

B

barchan 新月形沙丘 形如新月的沙丘，新月的两角指示下风向。

basic sector 基础部门 一个城市的经济产品或服务输出到外埠，为该地区赚取收入的那些部门。

bioaccumulation 生物体内累积 一种物质在有机体内的积累。

biocide 生物杀灭剂 杀灭动植物害虫和致病生物的化学品。见 herbicide，pesticide。

biological magnification 生物放大作用 生物脂肪组织中化学品的积累及其在食物链中浓度日益增高的现象，亦作 biomagnification。

biomass 生物质 生命物质，包括任何形式的动物和植物。

biomass fuel 生物质燃料 动植物或微生物产生的有机物，通过直接燃烧或转化为液体或气体而用作能源。

biome 生物群系 一个大生态区内全部生物体的总和。

biosphere 生物圈 我们生活在其中的空气、水和土壤的薄层，包括大气层、地表水和地下水，以及地壳的上层。

birth rate 出生率（同义词：粗出生率[crude birth rate]） 一年内活产婴儿数目与总人口的比率，通常以同一年的年中为准，用每年每千人出生的数目表示。

blizzard 暴风雪 伴随大风的雪暴。

boundary definition 定界 两个国家之间关

于彼此领土分配的总协议。

boundary demarcation 划界 地面上边界线的真实标志,确定边界的最终阶段。

butte 孤峰 顶平、坡陡、孤立的小丘,干旱气候地区常见。

C

carrying capacity 承载力 可利用资源能满足基本生活需求的任一种群成员的数量;对人类而言,就是某一地区已知和已被利用的资源——常指农业——能维持的人口数量。

cartography 地图学 包括编制地图的艺术、科学与技术的学科。

caste 种姓 印度教世袭的社会等级,决定人的职业和社会地位。

central business district(CBD) 中央商务区 城市的中心区或闹市区,零售商店、写字楼和文化活动集中地,地价高。

central city 中心城区 大都市区主要城市范围内的一部分,其外围发展郊区。

central place theory 中心地理论 瓦尔特·克里斯塔勒(Walter Christaller)提出的一种演绎理论,通过参考向分散的郊区人口提供商品与服务的竞争性供给来解释聚落的规模和分布。

centrifugal force 离心力 政治地理中瓦解、动摇一个国家,威胁其团结的力量。

centripetal force 向心力 政治地理中促进团结和民族认同的力量。

CFCs 氯氟碳 见 chlorofluorocarbons。

chain migration 链式迁移 从家乡移居到某特定目的地的迁移运动,这个过程,在先行移民与后来者之间,因朋友或亲属关系得以维持。

channelization 渠道化 对河流的改造,尤指曲流取直或河道挖深。

channelized migration 渠道化迁移 地区之间移民的倾向在社会或经济上可能与过去的移民模式相关,或出于对经济贸易的考虑,或与某种姻亲关系有关。

chemical weathering 化学风化作用 陆地物质因化学反应而分解,包括氧化、水化和碳酸化作用。

chlorofluorocarbons(CFCs) 氯氟碳 一组合成化学物质,被广泛应用于商业,但其排放造成臭氧层损耗。

choropleth map 分级统计图 用各种图案和(或)颜色描绘各地区单元中各种数量的地图。

city 城(市) 一种多功能有核心的聚落,有一个中心商务区,兼有居住和非居住的土地利用。

climate 气候 某地方或某地区长期平均的气象状况。

climax community 顶极群落 草本、灌木和(或)乔木的结合体,与当地的气候和土壤达到平衡,是生态学演替的最终阶段。

climograph 气候图 用以描绘月平均温度和降水的棒状或线状图。

cognition 认知 个人对信息给予精神含义的过程。

cohort 同生群 具有特定共同特征——例如年龄——的一组群体,他们的一生被当作一个统计学单元。

commercial economy 商品经济 在竞争性市场中商品生产和服务是为了交换,其价格和有用性取决于供求关系。

Common Market 共同市场 见 European Union。

compact state 紧凑型国家 领土近于圆形的国家。

comparative advantage 比较优势 一地区生产活动效益的潜力与生产同种商品的另一地区或本地区资源的另一用途相比其优势。

concentric zone model 同心圆模型 土地利用的一种模型,中心商务区周围有一系列圆形地带或圆环，每个环各有不同的土地利用类型。

conformal projection 正形投影　地图投影的一种，能精确展示小地区的形状。

conic projection 圆锥投影　地图投影的一种，把地球坐标系统投影到一个假想可展曲面的圆锥上。

connectivity 连通性　连结两地的直接路径，两地间一切有形和无形的联系和交流手段。

consequent boundary 顺成边界　（同义词：民族边界［ethnographic boundary］）与某种文化——如宗教或语言——界限相一致的边界。

conservation 保育　对自然资源的明智利用或保护，可维持其供应和质量，达到满足当代和后代需求的水平。

contagious diffusion 传染扩散　概念、习俗或物品通过接触和（或）信息交流从一地传播到另一地。

continental drift 大陆漂移　一种假说，认为原始单一的陆块（泛大陆）破裂并极其缓慢地在软流层上面移动到今天的位置。

contour interval 等高线间距　相邻两条等高线之间的垂直距离。

contour line 等高线　地图上的线，线上所有点均位于基准面（通常为平均海平面）以上或以下相同的高程。

convection 对流　暖空气上升、冷空气下沉的循环运动。

convectional precipitation 对流性降水　潮湿空气受热上升，然后冷却到露点以下而形成的降雨。

Convention on the Law of the Sea《联合国海洋法公约》　见 Law of the Sea Convention。

coral reef 珊瑚礁　热带浅海中主要由致密的珊瑚和其他有机物质形成的岩石状地形。

core 核心　一个区域或国家的中心地区，工业、商业、人口、政治和精神生活的主要中心；在城市地理学中，是指以集约土地开发为特征的中央商务区。

core area 核心区　国家的中心地区，拥有最发达的区域，最富有、最稠密的人口和最明显的民族特性。

Coriolis effect 科里奥利效应　与地球旋转有关的一种惯性力，尤指使运动对象或液体在北半球向右偏（顺时针）和南半球向左偏（逆时针）的力。

counter migration 逆向移民　见return migration。

country 国家　见state。

Creole 克里奥尔语　由一种混合语（洋泾浜语）发展为某个群体母语的语言。

critical distance 临界距离　超过该距离，出行费用、努力和（或）手段就会超过人们旅行意愿。

crude birth rate(CBR)粗出生率　见 birth rate。

crude death rate(CDR)粗死亡率　见 death rate。

crude density 原始密度（同义词：算术密度［arithmetic density］，人口密度［population density］）　单位面积土地上的人口数。

crude oil 原油　地下储藏的液态烃类混合物；天然存在的石油，从油井里抽出的石油，或去除无关杂质后的石油。

cultural convergence 文化趋同　现代世界因交通和通讯的改善使不同文化越来越多地分享各种技术与组织结构进而彼此相似的趋势。

cultural divergence 文化趋异　孤立的文化随着时间的流逝日益相异的可能性或趋势。

cultural ecology 文化生态学　研究社会与自然环境相互作用的学科。

cultural integration 文化整合/文化融合　一种文化各方面的互联性，除非影响其他文化特质，否则文化的任何部分都不会改变。

cultural lag 文化滞后　尽管环境变化，但既定的文化特征滞留不变致使其不合时宜。

cultural landscape 文化景观 人类活动改变了的自然景观,从而其带有该文化族群或社会的印记;建成环境。

culture 文化 社会的集体信仰、象征、价值、行为方式和社会组织,连同其工具、结构和人工产品;世世代代传承并在这个过程中经历借鉴、修改和变化。

culture complex 文化情结 文化特质之集大成,描述一个社会行为或活动的一个方面。

culture-environment tradition 文化-环境传统 地理学四个传统之一,在本书中是指人口地理学、文化地理学、政治地理学和行为地理学。

culture hearth 文化源地 一种核心地区,其中发展了一套先进而独特的文化特质,该地向外传播其独特的技术与生活方式。

culture realm 文化泛区 几个共享相关文化体系的文化区的集团;世界上具有充分独特性的大区,其文化特征和文化情结与其他泛区有所不同。

culture region 文化区 一种形式区或功能区,其中共同的文化特征占优势。文化区可能基于单个文化特质、基于文化情结,或者基于对政治、社会或经济方面的综合考虑。

culture system 文化系统 对共享的、确认将两个或更多文化情结合并起来的文化特质的概括。

culture trait 文化特质 一种文化中经常出现的独特风貌,例如使用筷子或遵守特殊的种姓制度;一种习得行为的单个要素。

cyclone 气旋 大气层扰动的一种类型,其中大量空气围绕一个低气压区快速流转。

cyclonic precipitation 气旋性降水(同义词:锋面性降水[frontal precipitation]) 一个气团的潮湿空气被推升到另一个气团边缘上面造成的雨雪。

cylindrical projection 圆柱投影 地图投影的一种,把地球的经纬网投影到一个假想可展表面的圆柱上。

D

database 数据库 见 geographic database.

DDT 一种氯烃,人类普遍使用的最持久的杀虫剂之一。

death rate 死亡率(同义词:粗死亡率[crude death rate],死亡率[mortality rate]) 以每年每千人死亡人数计算的指标。

decomposer 分解者 以死亡有机体为食,使其化学分解的微生物和细菌。

deforestation 毁林 清除全部森林覆盖的土地清理。

delta 三角洲 河流流入静水水体时形成三角形的淤泥、粉砂或砾石的沉积物。

demographic equation 人口方程 总结某地区某一时段各种人口学过程对人口变化贡献的数学表达式:$P_2=P_1+B_{1-2}-D_{1-2}+IM_{1-2}-OM_{1-2}$,式中 P_2 为时间2的人口数,P_1 是开始日的人口数;B_{1-2} 为时间1与2之间的出生人数,D_{1-2} 是该时段的死亡人数;IM_{1-2} 是时间1与2之间的迁入人数,OM_{1-2} 是同期的迁出人数。

demographic momentum 人口学惯性 见 population momentum。

demographic transition 人口转型 经济发展对人口增长影响的模式。第一阶段为高出生率与高死亡率;第二阶段显示高出生率而死亡率下降,人口增加;第三阶段显示出生率降低到死亡率的水平,人口增长减速;最后的第四阶段意味着人口重新稳定,但人口数高于转型循环开始时。

demography 人口学 研究人口的学科,尤其偏重于其数量问题。

dependency ratio 赡养率 平均每100个工作年龄人口必须赡养的老幼人数。

desertification 荒漠化 因气候变化、人类过度放牧或毁林造成干旱区和半干旱区土地变为荒漠的过程。

developable surface 可展曲面 一种几何形状，例如圆柱或圆锥，可以将其表面展平而不扭曲。

devolution 权力下放/地方分权 指国家中央政府把某些权力转移到本土内的下级政治单位，政治控制分散化。

dew point 露点 空气充分冷却达到凝结时的温度。

dialect 方言 一种较广泛使用语言的地区性或社会经济上的变体。

diastrophism 地壳运动 地应力使岩石发生褶皱、断层、扭曲和压缩的过程。

distance decay 距离衰减 一种事物或一种功能随着离其起始点距离的增加而呈指数下降。

domestication 驯化 动植物种类从野生状态成功地转化为仰仗人类管理的状态，通常明显地改变了其野生祖先的身体状态。

doubling time 倍增时间 在复利式增长中原始总量达到两倍时所必需的时段。

dune 沙丘 风吹扬沙子形成的波浪状荒漠地貌。

E

earthquake 地震 地壳沿着地质断层或某些薄弱地点在地表或近地表处的运动。

earth science tradition 地球科学传统 地理学四个传统之一，一般指自然地理学。

ecological niche 生态位 一个生物或物质在生态系统中占用的地方。

ecology 生态学 研究生物如何相互影响和什么因素决定生物分布与丰度的学科。

economic base 经济基础 城市的劳动力基础部门完成的制造业和服务业，能满足本市和外地的需求并赚取收入以支持城市运转。

economic geography 经济地理学 研究人们何以为生、生计体系如何因地而异和经济活动如何在空间上相互联系和联合的学科。

ecosystem 生态系统 一个生物种群连同其所依赖的能量、空气、水、土壤和化学物质，共同存在的一个特定地区。

ecumene 宜居地 地球上有永久居民的地区。又见 nonecumene。

electoral geography 选举地理学 研究选区划分与选举结果空间格局的学科。

El Niño 厄尔尼诺 南美洲西岸温暖海水周期性（每3—7年或8年）增强，置换了秘鲁沿岸的洪堡冷洋流，使浮游生物水平下降（并降低了鱼类的食物供应）的短期内广泛的气候改变。

elongated state 狭长型国家 领土长而窄的国家。

enclave 内飞地 领土被他国包围，但不是该包围国的一部分的地区。

endangered species 濒危物种 现存数量极少，面临即将灭绝危险的物种。

energy 能量 做功的本领。见 kinetic energy, potential energy。

energy efficiency 能量效率 能量转化过程中有用能的输出与总能量输入的比值。

environmental determinism 环境决定论 认为自然环境——尤其是气候——塑造了人的行为并调控着文化发展的一种观点。

environmental pollution 环境污染 指进入生物圈的废物因不能用于某种目的，或无法自行分解而对自然环境造成的负面影响。

equal-area projection 等积投影 见 equivalent projection。

equator 赤道 北极和南极之间一半处环绕地球的一条假想的线。

equidistant projection 等距投影 投影的一

种，图中所有方向上的真实距离均可以从一两个中心点开始量测。

equivalent projection 等积投影 投影的一种，图中各区域的面积均能与地球上的真实情况相对比，以正确的或者恒定的比例表示，又称等面积投影。

erosion 侵蚀 使土壤和岩石物质松散、溶解、磨损并移动的过程。包括风化、溶解、损耗和搬运等作用。

erosional agent 侵蚀营力 风、流水、冰川和海流等切割、损耗和移动岩石与土壤颗粒的力。

estuarine zone 河口带 沿海岸线咸水与淡水混合处分布的比较狭窄的湿地。

ethnic cleansing 种族清洗 一个族群被另一个族群屠杀或强迁。

ethnicity 族群 通常用以指一国人口中少数群体的社会地位。对族群的识别主要是基于文化特征，例如宗教、特色风俗、天然的或祖传的民族血统等。

ethnic religion 民族宗教 与某个同种、同文化族群有关，并在很大程度上专属于该族群的宗教。

ethnocentrism 民族优越感 认为本族群优于所有其他族群的信念。

ethnographic boundary 民族界限 见 consequent boundary。

European Union(EU) 欧洲联盟（欧盟） 一些西欧国家为促进成员国之间的自由贸易，于1957年建立的经济合作组织，常称为共同市场。

eutrophication 富营养化 因流域水土流失和径流使水体受纳过多营养物质的过程。

evapotranspiration 蒸发作用 陆地上水分经土壤表面蒸发和植物蒸腾回归大气层的过程。

exclave 外飞地 与主要版图相分离并被他国包围的地区。

exclusive economic zone(EEZ) 专属经济区 联合国《海洋法公约》所确定的沿海国在外延200海里海域拥有专属采矿与捕鱼权利的开发区。

exotic species 外来物种 有意或无意被引进非其进化地区的动植物或其他生物；非本地物种。

extensive agriculture 粗放农业 一种种植或养殖制度，土地质量或面积对产出的决定作用比资本或劳动力的投入更大。它可能是商业或自给经济的一部分。

extensive commerical agriculture 粗放型商品农业 商品经济中的粗放耕种，例如大规模的小麦种植和大牧场。

extensive subsistence agriculture 粗放型自给农业 自给经济中粗放耕种，例如游牧和迁移农业。

external economy 外部经济 见 agglomeration economy。

extinction 灭绝 某物种所有个体的灭亡。

extractive industries 采掘业 包括开采非再生金属资源的采矿业和开采非金属矿物资源的采石业在内的初级生产活动。

extrusive rock 喷出岩 熔融的物质（岩浆）从地下流向地面后凝固而形成的岩石。

F

false-color image 假彩色图像 人眼看来有异于自然色的遥感影像。

fault 断层 由挤压或岩石圈板块运动导致的岩石破裂或断裂。

fault escarpment 断层崖 地面沿断层垂直运动形成的陡坡。

fiord 峡江 下端充满海水的冰川槽谷。

floodplain 泛滥平原 河流两岸洪水泛滥的河谷地区。

flow-line map 流线地图 展示两地之间线性

运动的地图，可定性也可定量。

fold 褶皱 岩石处于可塑态时受到挤压而形成的弯曲或皱纹。

folk culture 原生态文化 一个同族的、孤立的、基本自给的、相对稳定的社会族群所具有的一整套制度、衣着、器物、集体智慧和传统。

food chain 食物链 生态系统内有机体传递能量和物质的序列。

Fordism 福特制/福特主义 源自装配线生产与大众化标准消费品的制造经济和制度，因对生产技术进行了多项改革的亨利·福特而得名。

foreign direct investment 外商直接投资 跨国公司购买或建设外国工厂，并且购买或融入外国公司。

formal (uniform) region 形式（均质）区 具有一种或多种一致性特征的地区，这些特征能用作概括该区域的基础并与相邻地区形成对照。

form utility 形态效用 一种原料或商品形式上——因而也是效用上——增值的改变。

forward-thrust capital 前推型首都 被有意选址在国家前沿地带的首都。

fossil fuel 化石燃料 来源于腐烂有机质被地球过程改变形成的任何燃料，尤指煤、石油和天然气，也包括沥青砂和油页岩。

fragmented state 松散型国家 国土彼此隔开、不连续的国家。

frictional effect 摩擦效应 气候学上，风的运动速度由于地球表面的摩擦阻力而减慢的效应。

friction of distance 距离摩擦 距离对空间相互作用阻滞效应的量度。一般来说，距离越大，"摩擦力"越大，相互作用或交换越少，或者，实现交换的费用越大。

front 锋 分割两个温度与湿度不同的气团的线或面。

frontal precipitation 锋面性降水 见 cyclonic precipitation。

frontier zone 边境地带 两国之间的地带，或有人定居与无人定居（或人烟稀少）地区之间的地带。

functional (nodal) region 功能（节点）区 根据区域内存在的事物而不是根据其自然或文化现象的同质性区分的地区；基于确定的组织标准，被确认为一种功能单位的地区。

G

gated community 封闭式社区 限制出入的小区或街道，常有围栏，仅限居民与访客进出；在土地利用和设计上通常有总体规划。

gathering industries 采集业 包括收获陆地或水中可再生自然资源的初级活动，商业采集通常是指林业和捕鱼业。

gender 性别 由社会造成的而不是基于生理学的女性与男性之间的区别。

gene flow 基因流 一个繁殖种群的基因特征通过异种繁殖进入另一个基因库的通道。

genetic drift 基因漂移 孤立种群中基因组偶然改变并通过同系繁殖得到加强的现象。

gentrification 中产阶级化 中高收入群体在破旧的市中心平民区重新装修和重建住房并置换低收入群体的过程。

geodetic control data 大地测量控制数据 具体说明一地水平与垂直位置的数据。

geographic database 地理数据库 地图学中地理信息的数字化记录。

geographic information system(GIS) 地理信息系统 收集、储存、处理、分析和展示地理参考信息的计算机硬件和软件系统。

geometric boundary 几何边界（同义词：人为边界 [artificial boundary]） 没有明显自然地理基础的边界，通常是经度线或纬度线的一部分。

geomorphology 地貌学/地形学 研究地貌起

源、特性及其发育过程的学科。

geothermal energy 地热能 利用地壳中热岩与地下水接触而自然形成的蒸汽和热水产生的能量。

gerrymandering 选区改划 选举中将一个地区划分为若干选区，使一个政党取得不公正的利益，分裂投票集团，或达到其他非民主目的的操作。

glacial till 冰碛 冰川后退时沉积的岩石、粉砂和沙子。

glacial trough 冰川槽谷 冰川侵蚀形成的U型深谷或堑壕。

glacier 冰川 运动缓慢的巨大大陆冰块。

globalization 全球化 地球各地在社会、文化、政治、经济和环境等方面的过程与变化模式日益加强的相互联系在规模和影响方面变得世界性。

Global Positioning System(GPS) 全球定位系统 用卫星观测，极精确地测定位置的方法。

global warming 全球变暖 地球表面温度的上升，据信是由人类活动增加了大气层温室气体的浓度，增强了温室效应造成的。

globe grid 地球仪网格 见 grid system。

globe property 地球仪属性 地球仪上经纬度网格系统的特性。

gradational process 均夷作用 造成陆地表面降低的风化、重力运移和侵蚀的过程。

graphic scale 图示比例尺 地图图例中的一条刻度线，据以用地图上的距离计算真实的距离。

great circle 大圆 一个通过地心的平面在地球表面形成的圆。赤道就是一个大圆，经度线是半个大圆。

greenhouse effect 温室效应 大气层对短波的太阳能透明而对长波的地球辐射不透明，从而使地表变暖。亦指大气层因二氧化碳、氮氧化物、甲烷和氯氟碳浓度增大而不透明度增加。

greenhouse gas 温室气体 人类活动增加到大气层的吸热气体；如二氧化碳、氯氟碳、甲烷气和氮氧化物。

Green Revolution 绿色革命 表示粮食产量重大增加的术语，主要是在亚热带地区，通过引进高产粮食作物（特别是小麦和水稻）实现。

Greenwich mean time(GMT) 格林尼治标准时间 通过英国格林尼治天文台的本初子午线（零度经线）上的地方时。

grid system 网格系统 一套经纬度垂直相交的假想线条，形成地球表面地点定位的参考系统。

gross national income(GNI) 国民总收入 见 gross national product，GNP。

gross national product(GNP) 国民生产总值 一国一年商品和服务生产的总值，亦称国民总收入（GNI）。

groundwater 地下水 积聚在岩石或土壤孔隙或裂隙中地下水位以下含水层中的水。

H

hazardous waste 危险废物 不适当地被处理、储存或运输弃置可能对人类健康或环境造成实质性威胁的固态、液态或气态物质。

herbicide 除草剂 杀灭植物尤其是杂草的化学品。又见 biocide，pesticide。

hierarchical diffusion 等级扩散 人与人的接触造成某些事物或思想扩散的过程，首先出现在同一层级水平中，然后向较低的层级扩散（例如，某些思想或物品在大城市中普及之后小城市的居民才得到）。

hierarchical migration 逐级迁移 个体从小地方移居较大地方的趋势。

hierarchy of central place 中心地等级 按规模大

小与功能区分的阶梯状城市单位等级。

high-level waste 高水平（放射性）废物 能保持放射性达几千年的核废物，主要由核电站和核武器制作产生。

hinterland 腹地 为中心地区提供原材料或农业产品的外围地区，城镇服务的市场范围或区域。

homeostatic plateau 自稳平台 可利用资源能充分支持人口的平衡水平，相当于人口承载力。

humid continental climate 大陆性湿润气候 中纬度东海岸和内陆的气候，表现为冬季寒冷、夏季炎热，温度年差较大；各季度降水均匀。

humid subtropical climate 副热带湿润气候 低纬度大陆东岸的气候，其特征是夏季炎热有对流雨，冬季凉爽有气旋雨。

hurricane 飓风 源于大西洋热带海域、加勒比海或墨西哥湾的时速超过120千米的热带强气旋。

hydrologic cycle 水循环 水分通过蒸发、凝结和降水连续不断通过生物圈的系统。

hydropower 水力发电 发电厂的水轮机被流水驱动把流水的动能转变为电力的方式。

hydrosphere 水圈 地面上或近地面不被化学键束缚在岩石中的一切水，包括海洋、地表水体、地下水和大气层中的水。

I

iconography 意象学 政治地理学中对使国家团结的标志的研究。

ideological subsystem 意识形态子系统 表征一种文化的思想、信仰、知识和人们交流手段等方面的复合体。

igneous rock 火成岩 岩浆冷却固化形成的岩石，可能形成于地下或地表。

Industrial Revolution 工业革命 指18世纪最后二三十年工厂制生产制度引入英国纺织业之后造成农业和制造业在经济和社会方面的急剧变化。

infant mortality rate 婴儿死亡率 每1000个活产婴儿在一年内死亡的比率。

infrared 红外线 电磁辐射波长大于可见光的部分。

infrastructure 基础设施 工农业与其他经济发展所需的服务、安装和各种设施。

innovation 创新 一个地区引进的新思想、新做法或新事物，起源于社会群体内部的风俗习惯或文化的改变。

insolation 日射 地球表面接受的太阳辐射。

intensive agriculture 集约农业 单位耕地上使用大量资金和（或）劳动力以增加产出的农业；可能是部分的商品经济，也可能是部分的自给经济。

intensive commercial agriculture 集约型商品农业 商品经济中的集约农业，作物产量高、市场价值也高。

intensive subsistence agriculture 集约型自给农业 自给经济中的集约农业，小的土地拥有者通过耗用大量劳动力进行耕种。

International Date Line 日界线 国际协议设定新一天开始的界线，大体沿着第180条经线。

intrusive rock 侵入岩 岩浆在地表下面硬化，并穿入或被推入已有的岩石之中形成的火成岩。

irredentism 领土收复主义 一个国家想要得到或收复在历史上或文化上与其有联系的人民所居住，但现在属于邻国的那部分领土。

isoline 等值线 地图上连接等值点的线，如等高线或等压线。

J

J-curve J型曲线 用以描绘指数增长或几何增长（1, 2, 4, 8, 16……）的形状像字母J

的曲线。

jet stream 急流 上层大气的强风曲流带，因其引导天气系统的运动而具有重要性。

K

karst topography 喀斯特地貌 以落水洞、洞穴和地下河为标志的石灰岩地区。

kerogen 干酪根 存在于油页岩中的有机质，经蒸馏能转化为原油。

kinetic energy 动能 颗粒或物体运动产生的能量。

L

land breeze 陆风 从陆地吹向海面的气流，夜间气压梯度使风从较凉的陆地表面吹向较暖的海面。

landform region 地貌区 地球表面具有大量同类地貌类型的大片地区。

landlocked state 内陆国 没有海岸的国家。

Landsat satellite 地球资源卫星 持续运行的轨道卫星系列之一，携带扫描仪测量光谱中反射的可见光和近红外线。

landscape 地景 一个地区的外观以及组成这种外观的所有事物。常常区分为只涉及地貌、天然植被和土壤等的"自然景观"和"人文景观"。

language 语言 有组织的讲话系统，人们通过语言根据共同的理解相互交流。

language family 语系 被认为起源于一个共同祖传语言的一组语言。

La Niña 拉尼娜 太平洋低纬度海面变暖的厄尔尼诺高峰期之间出现的海水变凉的现象。

lapse rate 直减率 对流层中温度随高度的变化率，平均直减率约为每千米6.4°C。

large-scale map 大比例尺地图 表示面积较小地区的地图，数字比例尺通常为1:75,000或更小。

latitude 纬度 赤道以南或以北的角距离，以度量算，从0°（赤道）到90°（北极和南极）。

lava 熔岩 出露在地表的熔融物质。

Law of the Sea Convention《海洋法公约》 1982年联合国批准的海洋法典，除其他规定外，该公约确认领海为海岸向外延伸的12海里，并确认200海里专属经济区。一般被称为UNCLOS。

leachate 沥出液 从卫生填埋垃圾中流出的污染液体，流到地表、地表下的土壤、岩石或水体中。

least-cost theory 最低成本理论（同义词：韦伯分析［Weberian analysis］） 认为制造业设置最佳区位是运输和劳力成本，以及集聚或分散优势最有利之处的观点。

levee 堤坝 农业上围绕受淹地区的连续堤防。

lidar 激光雷达 "光探测和测距"（light detection and ranging）的缩写词，任何一种在光频段利用电磁波辐射的雷达系统。对射向某物体然后被反射回来的光进行分析以测定其距离、速度和（或）性质。

lingua franca 混合语 讲若干种语言地区的人们用作共同语言的任何一种辅助语言。

liquefied natural gas(LNG) 液化天然气 为方便储存或运输而冷却液化的甲烷气。

lithosphere 岩石圈 地球的最外层，由地壳和上地幔组成。

loam 壤土 农业上高产的土壤，含有大体等量的砂粒、粉粒和黏土粒。

locational tradition 区位传统 地理学四个传统之一；本书中相当于经济地理学、城市地理学和环境地理学。

loess 黄土 一种风成的粉砂级沉积物。

longitude 经度 本初（0°）子午线以东或以西的角距离，从0°—180°，以度数量测。

longshore current 沿岸流 一个大体平行于海岸移动的洋流，运送沙粒以形成海滩和沙嘴。

low-level waste 低水平（放射性）废物　含有的放射性在100年内衰减到安全水平的有害物质，主要产自工厂和核电站。

M

magma 岩浆　地下的熔融物质。

malnutrition 营养不良　食物摄入量不足或质量不佳，不足以维持生命达到最佳健康状态。

Malthus 马尔萨斯　托马斯·R.马尔萨斯（Thomas R. Malthus, 1766—1834年），英国经济学家、人口学家和牧师，提出"除非自我控制、战争或自然灾害抑制，否则人口不可避免的增长必将超过供养人口所必需的食物供应"。

map projection 地图投影　将地球曲面网格系统转移到地图平面上的方法。

map scale 地图比例尺　见 scale。

marine west coast climate 西海岸海洋性气候　大陆西海岸中纬度偏北地区的区域性气候，四季有雨、夏季较凉爽、冬季较温和。

mass movement 块体运动（同义词：物质坡移［mass wasting］）　土状物质因重力作用向坡下运动。

mass wasting 物质坡移　见 mass movement。

material culture 物质文化　被某文化族群成员制作和使用，能反映其传统、生活方式与技术的有形物品。

maximum sustainable yield 最大可持续产量　可再生资源能被开采而不损害其更新或补充能力的最大估算值。

mechanical weathering 机械风化作用　陆地物质的物理性分解，通常是由冰冻作用、根系作用或盐类晶体的发育所致。

Mediterranean climate 地中海气候　中纬度南部以温和、冬季多雨、夏季炎热干燥为特征的一种气候类型。

megalopolis 大城市连绵区　因城市扩展而由若干个分离的大都市区合并形成的广阔的人口密集的城市复合体，其中包含开放的非城镇化土地；（大写时）该名称指美国东北部从缅因州到弗吉尼亚州连绵不断的功能性城市地区。

mental map 心像地图　一个人心中对世界、国家、区域或其他地区的类似于地图的想象；包括实际位置和空间相互关系的信息，而且带有个人对该地方的感知和喜好的色彩。

mentifact 精神产物　一种文化表达其价值和信仰的主要的、恒久的元素，包括语言、宗教、民俗、艺术传统等方面。文化的意识形态子系统中的元素。

Mercator projection 墨卡托投影　1569年首次发表的真实正形圆柱投影，有助于航海。

mesa 方山/平顶山　广阔、平顶、高耸的台地，具有水平地层、抗侵蚀的冠岩及一面或几面陡坡；大型孤峰。

metamorphic rock 变质岩　因产生热、压力或化学变化的地应力，由火成岩和沉积岩变化而来的一种新的岩石类型。

metropolitan area 大都市区　大型功能实体，可能包含若干个城市化地区，不连片，但连成一个经济整体进行运营。

migration 迁移　个人或群体永久性（或半永久地）移居到一个新的、通常较远的居住地。

migration field 移民场　一个发送大量移民流或接受来自某处大移民流的地区。

mineral 矿物　具有一定化学组成和特征性结晶构造、硬度和密度的天然无机物。

ministate 袖珍国　描述人口和面积都很小的国家或地域的不严密的术语。被联合国接受的非正式定义为人口少于100万和领土小于700平方千米的国家。

monotheism 一神教 认为只有一个神的宗教。

monsoon 季风 一种按季节转变风向，形成湿季和干季的风系；尤用以描述南亚、东南亚和东亚的风系。

moraine 冰碛 由冰川搬运和沉积的碎屑组成的几种地貌类型之一。

mortality rate 死亡率 见 death rate。

mountain breeze 山风 夜晚从山腰吹向下方谷地的较重的冷空气。

multiple-nuclei model 多核模型 大城市不是由一个中央商务区而是由若干个节点（每个节点都有专门的用途）发展形成的概念。

multiplier effect 乘数效应 伴随着新基础部门就业而预期的非基础部门工人及其家属对城市总就业人数和人口的增加。

N

nation 民族 居住在某个地区，因共同的种族、信仰与风俗习惯的统一感而结合在一起的，有独特文化的族群。

nationalism 民族主义 把一国人民团结起来的意识，忠于某个民族的利益，认同国家并接受国家的目标。

nation-state 民族国家 领土范围与某个民族居住范围相一致的国家。

natural boundary 自然边界（同义词：物理边界［physical boundary］）基于可辨别的地文特征的边境线，例如山脉、河流或荒漠。

natural increase 自然增长 人口排除移入或迁出以后通过出生率超过死亡率造成的增长。

natural landscape 自然景观 未受人类影响的自然环境。人类对地球表面长久的并近乎全部的占领使得几乎不存在符合严格定义的"自然景观"。与"文化景观"相反。

natural levee 天然堤 曲流河两岸因河水泛滥时泥沙堆积形成的堤坝。

natural resource 自然资源 一个群体认为其生计与福祉所必需的自然存在物。

natural selection 自然选择 最能适应环境的个体或群体成功存活与繁殖的过程，说明该个体或群体的遗传素质最适合于那种环境。

natural vegetation 自然植被 人类不干预其发育而生存于某一地区的植物区系。

neo-Malthusianism 新马尔萨斯主义 进行人口控制规划以改善全民族繁荣与福祉的主张。

neritic zone 浅海带 位于大陆架上面海水较浅的区域。

net migration 净移民 一地迁入与迁出移民之差。

nomadic herding 游牧业 完全依赖于天然草料的家畜受控的迁移。

nonbasic sector 非基础部门 城市单元中为居民提供商品和服务的那些经济部门。

nonecumene 非宜居地（同义词：anecumene）地球表面无人居住或仅供人临时性或间歇性居住的部分。见 ecumene。

nonfuel mineral resource 非燃料矿物资源 不以提供能源为目的的矿物。

nongovernmental organization(NGO) 非政府组织 在政府或大商业征信机构外进行主张或游说活动的一群人。

nonmaterial culture 非物质文化 一个文化群体的口头传说、歌曲和故事以及其信仰和习惯行为。

nonpoint source of pollution 非点源污染 来自广阔地区而不是单独来源的污染，例如化肥或农药的污染。

nonrenewable resource 非再生资源 不能补充或被自然过程取代，或其使用率超过其更新率的自然资源。

North Atlantic drift 北大西洋漂流 大西洋

中来自加勒比海和墨西哥湾的温暖海水向东北方流向不列颠群岛和斯堪的纳维亚半岛的大规模运动。

nuclear fission 核裂变 受控的原子释放能量的爆裂。

nuclear fusion 核聚变 一个氘原子和一个氚原子聚合为一个氦原子释放能量的过程。

O

offshoring 境外业务 业务流程与服务迁移至低成本的外国的操作，尤其是白领技术、专业性和办公室服务的外包。

oil shale 油页岩 含有固体有机物质（油母质），能被蒸馏转化为原油的沉积岩。

ore 矿石 能被开采获利的矿藏。

organic 有机物 来源于生物体的物质；植物或动物生命。

Organization of Petroleum Exporting Countries (OPEC) 石油输出国组织（欧佩克） 由11国组成，旨在实行共同营销与价格政策的国际卡特尔。

orographic precipitation 地形性降水 暖湿空气在运行中被迫爬升越过丘陵或山地致冷而形成的雨雪。

orthophotomap 正射影像地图 多彩色、无畸变，并包含某些附加信息的航空摄影图像。

outsourcing 外部采购 （1）为国内使用或销售而在国外生产零部件或产品；（2）转包生产或服务而不是"自家"履行此类活动。

outwash plain 外冲平原 冰川前缘由冰川融水河流所携带光洁的层状冰碛物组成的缓坡地区。

overpopulation 人口过剩 一个区域的资源不足以使当地供养其目前人口的价值判断。

oxbow lake 牛轭湖 被荒弃的曲流河道形成的新月形湖泊。

ozone 臭氧 由双原子的氧（O_2）暴露在紫外线下形成的3个氧原子（O_3）的气体分子。在低层大气中，臭氧是构成有害的光化学烟雾的成分；在上层大气中，臭氧形成阻挡紫外线的通常连续的薄层。

ozone layer 臭氧层 大气层高处通过吸收太阳的紫外线辐射来保护地球生命的一层臭氧。

P

parallel of latitude 纬度圈 指示距赤道南北距离的东西向线条。

PCBs 多氯联苯 "Polychlorinated biphenyls"的缩写，能在食物链中被放大的含氯化合物。

perceptual region 感知区 被其居民或一般民众感知到存在的地区，亦称为方言区或俚俗区。在普通老百姓的心像地图中表现为一种流行文化或民间文化元素的实体。

perforated state 穿孔型国家 领土被一个完全包含在其边界之内的不相关的独立国所隔断（穿孔）的国家。

peripheral model 边缘模型 描述大都市区环城发展带土地利用的模型。该地带的各节点是就业和服务业的中心，发展带的居民大部分时间在城市外围度过。

permafrost 多年冻土 长期处于冰冻状态的底土。

perpetual resource 永久资源 来自永不耗竭来源（如太阳、风和潮汐）的资源。

pesticide 杀虫剂 杀灭昆虫、啮齿类、真菌、杂草和其他害虫的化学品。见 biocide、herbicide。

petroleum 石油 石油和所有类型的石油产品，如原油和未经提炼的石油。

pH factor pH值 水和土壤酸性或碱性的尺度，数值范围从0—14，数值随碱性增大而增大。

photochemical smog 光化学烟雾 烃类和氮氧化物在阳光下反应产生的一种空气污染。

photovoltaic(PV)cell 光伏电池 直接把太阳能转化为电能的一种装置。见 solar power。

physical boundary 物理边界 同 natural boundary。

physiological density 生理密度 单位面积农用地上的人口数。见 population density。

pidgin 混杂语 一种语言经减少词汇和简化结构派生的一种辅助语言。为有限的贸易或管理事务而创立的一种能相互沟通的非本国语言。

place utility 地方效用 (1)感受到的某地在社会、经济或环境属性等方面的吸引力;(2)为特定市场的需要提供物品的第三产业赋予商品或服务的价值。

planar projection 平面投影 把地球网格投射到一个假定可展平面上的一种地图投影。

planned economy 计划经济 商品生产与服务的数量和价格由政府计划决定,而且商品和服务通常被政府部门消费或分配的一种制度。

plantation 种植园 一种通常为外资控制的大型田产,专门用于生产单一作物供出口。

plate tectonics 板块构造理论 这种理论认为地壳由承载着大陆和洋底的岩石圈板块组成,板块在塑性的上地幔上面缓慢浮动并彼此碰撞和刮擦。

playa 干盐湖 荒漠环境中的临时性湖泊或湖床。

Pleistocene 更新世 距今200万年至大约1万年的地质时代,期间出现过4次大陆冰期。

point source of pollution 点源污染 由分散源造成的污染,如烟囱或管道出口。

political geography 政治地理学 涉及政治现象空间分析的人文地理学分支。

polychlorinated biphenyls 多氯联苯 见 PCBs。

polytheism 多神教 对多个神信仰或崇拜的宗教。

popular culture 通俗文化/流行文化 大批量生产和通过大众传媒传播到城市化非传统多样性社会的不断变化的物质和非物质元素的混合物。

popular region 俚俗区 见 perceptual region。

population density 人口密度(同义词:原始密度[crude density]) 一个事先确定的范围——通常是政治边界或人口普查边界——内人口数目的量度。见 physiological density。

population geography 人口地理学 人文地理学分支,涉及人口数量、组成与分布,及其与地球空间条件变化的关系。

population momentum 人口惯性(同义词:人口学惯性[demographic momentum]) 尽管实行了严格的计划生育,但由于孕龄人口较多使得人口仍有继续增长的趋势。

population projection 人口预测 基于现有数据推算未来人口规模、年龄和性别组成的过程。

population pyramid 人口金字塔 描绘一个地区(通常是一国)人口年龄和性别组成的图形。

possibilism 或然论 一种哲学观点,认为自然环境给人类提供了一套机会,人们可以根据其文化需求与技术认知度从中进行选择。

potential energy 势能 储存在颗粒或物体中的能量。

potentially renewable resource 潜在的可再生资源 如果不超过其自然更新率就能无限期地持续的资源,例如森林、地下水和土壤。

precipitation 降水 从大气层降落到地表的一切固态和液态水分。

pressure gradient force 气压梯度力 地区之间的气压差,这种差异导致空气从高压地区流向低压地区。

primary activity 初级活动　使自然资源可资利用或被进一步加工的经济活动，包括采矿、农业、林业、渔业、狩猎和放牧等。

primate city 首位城市　国家内规模远大于其他城市，功能也更为复杂的主导城市，通常也是首都和财富与权力的中心。

prime meridian 本初子午线　通过英国格林尼治皇家天文台的一条虚拟的线，为零度经线。

projection 预测／投影　基于目前趋势对未来状况的估计。或见 map projection。

prorupt state 蝌蚪型国家　形状基本上紧凑，唯有一两处狭长领土向外延伸的国家。

proved(usable)reserves 已证实（可用）资源量　储量业已认定而且能用当前技术开采获利的那部分自然资源。

psychological distance 心理距离　个人感知的距离。

pull factor 拉力因素　作为一种吸引力从他地吸引移民的区域特性。

purchasing power parity (PPP) 购买力平价　考虑一国货币实际购买力的货币量度。

push factor 推力因素　让居民不满意而迫使他们移民的区域特性。

Q

quaternary activity 第四产业活动　同信息收集与传播、行政管理（包括对其他等级经济活动的管理）有关的就业。

quinary activity 第五产业活动　有时把第三产业活动中的管理职能（包括各种大型单位的最高层的决策机构）看作一个单独的门类。

R

race 种族　一个人口子集，其成员分享某些独特的遗传生物学特质。

radar 雷达　"radio detecting and ranging" 的首字母缩写。一种通过高频率无线电波束测量目标从物体返回的速度来探知其是否存在、测定其距离与速度的装置。

rank-size rule 等级－规模法则　观察到的一些国家城市大小及分布的规律。在等级－规模层级中，任一城市的人口与其等级排名成反比，即第 n 级城市的规模是最大城市的 1/n。

rate 比率　一个指定时期内一种事件出现的次数。

rate of natural increase 自然增长率　出生率减去死亡率，表明不考虑净移民条件的每年的人口增长率。

recycling 循环利用　指处置物料经某种形式处理后被重新利用（例如把玻璃瓶熔化制造新瓶）。

redistricting 选区重划　划定选区的新界线以响应人口格局的变化或法律要求的变化。

reflection 反射　地球获得的日射量部分地返回外太空的过程。

region 区域　在地理学中，该词是指地球上展示出具有独特自然现象或文化现象组合或在功能上联结成一个单独组织单位的一个地区。

regional autonomy 区域自治　国家部分地区自我治理的措施。

regional concept 区域概念　认为地球表面自然现象和文化现象是由复杂的但可理解的过程所安排的观点。

regionalism 地方主义　在政治地理中，少数族群对国内某个特定区域认同而不是对整个国家认同。

relative direction 相对方向　文化上对位置的提法，例如美国的中西部、老南方或中东。

relative distance 相对距离　用时间或费用之类的相对估量对绝对距离的转换。这种方法较之单独使用线性距离对人的空间行为产生了不同的解释。地方之间的距离总是用绝对的术语表示，但是相对距离可能随着交通或通讯技术或心理上对距离的感觉差异而改变。

relative humidity 相对湿度 描述空气中水分含量的尺度，以水汽含量与当时温度下的可能存在水汽的最大含量的比值表示。

relative location 相对位置 一处地方或一项活动相对于另一处地方或另一项活动的位置。

relic boundary 遗存边界 仍可辨认并以一种文化景观风貌为标志的前边界。

religion 宗教 正式或非正式敬奉的价值体系，以及对神圣和神职人员的信仰。

remote sensing 遥感 传感器不必和一个地区直接接触（例如用航空摄影或卫星传感器）就能获取影像的技术。

renewable resource 可再生资源 由于其连续地流动（如太阳辐射或风）或能在短期内更新（例如生物质）因而可能不会耗竭的天然存在的物料。见 sustained yield。

replacement level 替代水平 指每个家庭的儿女数恰好可以保持总人口的恒定。取决于死亡率的替代水平，通常估计为2.1—2.5个儿女。

representative fraction(RF) 数字比例尺 以与地图上单位距离相同的单位估量实地距离的地图比例尺（例如1：250000）。

reradiation 逆辐射 地球把太阳能返回太空的过程，被陆地和水体吸收的短波太阳能部分地以长波地球辐射形式回归大气层。

resource 资源 见 natural resource。

return migration 回归迁移 指移民回归其先前迁出的地区。

rhumb line 恒向线 恒定的罗经方位线，该方位线与所有经线均以同一角度相交。

Richter scale 里氏震级 表示地震级别的对数比例等级。

S

Sahel 萨赫勒 撒哈拉沙漠和西非南部萨瓦纳地区之间的半荒漠地带，经常出现干旱、饥馑和环境退化的地区。

salinization 盐碱化 因地表水蒸发造成的表土盐分集中，出现在干旱气候下排水不良的土壤中，常常是不合理灌溉造成的。

sandbar 沙坝 波浪回流形成的离岸沙洲。

sanitary landfill 卫生填埋 将固体废物摊成层状并覆盖以足够厚的土壤或灰烬以控制臭味、鼠类和苍蝇的措施。

Savanna 萨瓦纳 散布着稀疏的树木，每年有明显干湿季的热带草地。

scale 尺度/比例尺 地图学中一个区域的长度或大小与地球表面该区域真实长度或大小的比率；地图比例尺可用言辞、图解或分数表示。用更通俗的术语说，尺度是指所研究从地方到全球的地区的大小。

S-curve S型曲线 J型指数曲线的水平转折或拉平产物。

sea breeze 海风 从海向陆运动的气流，是由日间气压梯度使海面较凉的风吹向较暖的陆地而形成的。

secondary activity 第二产业活动 将初级活动的原材料进行加工的经济产业，包括制造业、建筑业和发电产业等。

sector model 扇形模型 描述城市土地利用的模型，一些扇形分区从中央商务区沿着交通廊道向外辐射。放射状道路把一些特殊项目吸引到某些扇区。

secularism 世俗主义 对宗教和宗教信仰漠视或排斥的主张。

sedimentary rock 沉积岩 由先成岩石遭受侵蚀后形成的砾石、砂粒、粉粒和黏土颗粒堆积成层而形成的岩石。

seismic wave 地震波 地球内部因地震引起的震动。

self-determination 民族自决 各民族在自己的国家或地域内有权自我管理和自治的概念。

shale oil 页岩油 蒸馏油页岩中的干酪根得到的原油。

shamanism 萨满教 基于下述信仰的一种部落宗教：相信隐秘世界里面的神、先人灵魂和恶魔只回应的萨满或代为求情的祭司。

shifting cultivation 迁徙耕作（同义词：刀耕火种农业［slash-and-burn agriculture］，烧垦［swidden agriculture］）森林被清理后垦殖农作物直至土地中迅速降低的肥力丧失殆尽为止。先清理小片地而后撂荒并开垦新地块。

sinkhole 落水洞 地面崩塌落入地下洞穴形成很深的地表凹陷。

site 地点 事物坐落的地方，紧邻的环境及其属性。

situation 位置 事物所在的与大地区自然与人文特性有关的地点。

slash-and-burn agriculture 刀耕火种农业 见 shifting cultivation。

small circle 小圆 一个不通过球体中心的平面切过球面所得的圆。

small-scale map 小比例尺地图 表现大面积地区的地图，其中小的地物（例如公路和建筑物等）不能按比例表示。

sociofact 社会产物 团结一种文化的个人与群体之间的制度和联系，包括家庭结构、政治、教育和宗教体系；文化的社会子系统的组分。

sociological subsystem 社会子系统 一种文化或亚文化共同的预期和公认的人际关系模式的总体。

soil erosion 土壤侵蚀 裸露地表面土壤颗粒被流水、风或冰等营力耗损或移除的过程。

soil horizon 土壤层 因成土过程造成的颜色、质地和其他特征彼此不同的土壤层次。

soil order 土纲 在组成、土层、风化与淋溶等方面具有广泛相似性的土壤的总体性组合。

soil profile 土壤剖面 各土壤层的垂直截面。

soil property 土壤性状 区别各种土壤类型的特性，包括有机质和无机物、质地、结构和养分等。

solar energy 太阳能 来自太阳的辐射，大部分在地表、少部分在大气层转变为热。

solar power 太阳能动力 来自太阳产生的辐射能；可直接转变为动能供人类利用。见 photovoltaic cell。

solid waste 固体废物 生产或消费过程中产生的非液态或气态形式的多余物质。

source region（气团）源区 气候学上指气团形成的大面积均一的表面，其温度相对恒定。

southern oscillation 南方涛动 周期性出现在澳大利亚附近的大气条件，造成南美洲沿岸的厄尔尼诺状况。

spatial diffusion 空间扩散 一种概念、做法或人口从其发源地向他处传播。

spatial distribution 空间分布 地球表面事物的排布。

spatial interaction 空间相互作用 人口、商品和信息等在各地之间的运动，地区之间相互依赖的迹象。

special-purpose map 专用地图 见 thematic map。

spring wheat 春小麦 春天播种，夏天或秋天成熟的小麦。

stage in life 生命阶段 特定年龄组的全体成员。

standard language 标准语 拼写、语法、读音和词汇大体相同并被认为可代表社会语言规范的一种语言。

standard parallel 标准纬线 圆锥投影中通常是纬线的相切圆，这条标准线上的比例尺就是地图上标明的比例。

state 国家 占有永久居民的确定的领土和掌握对国内与国际事务完全控制主权的独立政治单位。

step (stepwise) migration 逐步迁移 分阶段移居，最终在远方定居的过程。例如，从农场迁到乡村，再到小城镇，最后到城市。

steppe 草原 适用于中纬度无树草地的名称。

subduction 俯冲 岩石圈一个板块因受碰撞被迫下降到软流层的过程。

subnationalism 亚民族主义 认为一个人应主要效忠于一个传统族群或民族而不是效忠于国家的主义。

subsequent boundary 后成边界 一个区域的争议问题解决后，结合该界定地区文化特征才确定的边界线。

subsidence（地面）沉陷 部分地面下沉，有时是由从地下沉积物中抽取石油或地下水之类的液体造成的。

subsistence agriculture 自给农业 种植农作物主要供自己食用，几乎不供给当地消费的一种农户经济。

subsistence economy 自给经济 创造的物品和服务供生产者或其直系亲属使用的经济制度。市场交换有限而且不重要。

substitution principle 替代原理 工业上倾向于以一种生产要素取代另一种要素以求得到最佳工厂区位和利润率的理论。

suburb 市郊 大城市复合体中心城区之外功能上专门化的部分。

succession 演替 各植物物种顺次占据新定植地形或新近被改变的景观的自然过程。

superimposed boundary 强加边界 加在一种现存文化模式上但无视这种模式的边界线。

supranationalism 超国家主义 承认多国的利益，为获取共同利益与实现共同目标而建立的多国联合。

surface water 地表水 地球表面的水，例如河流、水库、湖泊和池塘。

sustainable development 可持续发展 满足当代需要又不危害未来世代满足其需要能力的经济发展与资源利用。

swidden 烧荒 见 shifting cultivation。

syncretism 融合 例如宗教与音乐等各具特色的元素通过融合发展出的一种新的形式。

syntax 语法 将词语放在一起构成短语和句子的句法规则。

systems analysis 系统分析 研究大系统的一种途径，它包括：（1）把整个系统分离为若干组成部分；（2）研究系统各要素之间的相互作用；（3）研究系统内的输入、输出、各种流、相互作用和系统边界。

T

talus 倒石堆 由堆积在陡崖、丘陵或山坡底部的岩石碎粒组成的地貌。

tar sand 沥青砂 饱含重油的沙和砂岩。

technological subsystem 技术子系统 人们用以进行生产活动的技术的复合体。

tectonic force 构造力 塑造和再塑地壳的营力，其两种主要作用类型是地壳运动和火山爆发。

temperature inversion 逆温 逆辐射造成下层空气温度低于上层空气的状况。

territoriality 领域性 大多数动物对某些地区持久的依恋与保卫本土相关的行为。

terrorism 恐怖主义 蓄意对平民和其他象征性目标使用暴力，以此宣扬一种目标或削弱人民对领袖、政府、政策或暴力实施者所反对的生活方式的支持。

tertiary activity 第三产业活动 履行交换功能和供应商品市场的经济部门；包括批发和零售业以及相关的运输、管理和信息服务部门。

thematic map 专题地图（同义词：专用地图

[special-purpose map]）表现某种空间分布或数据类别的地图。

thermal pollution 热污染 导入环境中的对水生生物有负面影响的热水。

thermal scanner 热扫描仪 探测地球上物体辐射能（热量）的遥感设备。

Third World 第三世界 本来（20世纪50年代）用以指既不属于西方资本主义集团"第一世界"也不属于东方共产主义集团"第二世界"的国家，后来用以指在经济或社会方面处于未充分发达或欠发达状态的国家。

threatened species 受胁物种 个体总数大量减少并可能濒临灭绝的物种；濒危的或渐危的物种。

threshold 阈值 经济地理学中支持产品或服务供应最低的市场需求量。

topographic map 地形图 通常极详细地展示地表形态和高度的地图。

toponym 地名 地方的名称。

toponymy 地名学 对一个地区地名进行研究的学科。

tornado 龙卷风 一种小型的风暴，其特征是发育大旋风的漏斗状云，能在邻近的冷锋下面形成积雨云，以时速高达480千米的速度移动。

total fertility rate(TFR) 总生育率 每个育龄女性以该年龄段女性本年度的生育率可能生育孩子的平均数。

town（市）镇 包含中央商务区，但其规模较小而且功能的复杂性小于城市的有核心的聚落。

traditional religion 传统宗教 见tribal religion。

tragedy of the commons 公地悲剧 对人人都可以使用的资源缺乏集中控制，所有使用者都使其份额最大化而不管集体的压力可能降低总产量甚至使资源完全被破坏的现象。

transform fault 转换断层 岩石圈板块水平运动滑过另一板块造成的岩石破裂。

transnational corporation(TNC) 跨国公司 在至少两个单独的国家经济体中运作的大型商业组织。

tribal religion 部落宗教（同义词：传统宗教[traditional religion]）一种特定于地方性前工业化文化小群体的种族宗教。

tropical rain forest 热带雨林 与持续潮湿热带低地有关的由高大的高树冠常绿阔叶树种组成的森林植被。

tropical rain forest climate 热带雨林气候 热带和赤道低地持续的温暖无霜的气候，全年降水丰富。

troposphere 对流层 大气层最接近地球的一层，两极地区向上延伸11—13千米，赤道地区达到约26千米。

truck farming 商品果蔬栽培 为市场销售而不是为集约加工或制罐头生产水果和蔬菜的栽培模式。

tsunami 海啸 地震、火山爆发或水下崩塌造成海床突然移动，使上面海水震动形成的海浪。

tundra 苔原 北极地区介于树木线与永久冰盖地带之间的无树地区。

typhoon 台风 发生在西太平洋地区的暴风。

U

ubiquitous industry 无处不在的产业 一类具市场导向的产业，公司的分布与人口（市场）分布成正比。

underpopulation 人口不足 一种评价性表述，反映区域人口大大小于其资源与人口承载力的看法。

unitary state 一元化国家 一种由中央政府规定地方或区域自治程度和地方政治单位性质的国家；一个很少有文化冲突的国家，并且具有很强的国家认同感。

United Nations Convention on the Law of the Sea

(UNCLOS) 见 Law of the Sea Convention。

universalizing religion 普世宗教 声称代表全球性真理和普世价值，并寻求全人类改宗的宗教。

urban hierarchy 城市等级体系 按城市大小和功能划分的阶梯状城市单位系列（例如：小村—村庄—市镇—城市—大都市）。

urban influence zone 城市影响区 地处城市以外但仍然受城市影响的地区。

urbanization 城市化 人口从农村状态向城市状态的转型，城市形成和扩大的过程。

urbanized area 城市化地区 以建筑物和人口密度界定的鳞次栉比的城市景观，与城市的行政界限无关；它可能包含一个中心城市和若干个邻近的市镇、市郊和直辖地区。

usable reserve 可用储量 见 proved reserve。

V

valley breeze 谷风 白天从山坡向上流动的空气。

value-by-area map 单位面积数值地图 见 area cartogram。

variable cost 可变成本 经济地理中随着生产水平变化，生产投入成本的变化。有别于一些工农业厂商的生产成本固定而不随着生产量的变化而改变的概念。

verbal scale 文字比例尺 地图上量度单位与实地距离之间关系的表述，如"1厘米代表1千米"。

vernacular 老土[①]（1）非标准的土著语言或某地的方言；（2）属于或与原居民有关的艺术和建筑，例如一幢民居；（3）属于或与普通群体感知与理解有关的事物，例如一个方言区。

[①] 本书正文中译作"土话"。但从本术语表给出的3种含义理解，暂译作中文口语的"老土"。——译注

vernacular region 方言区 见 perceptual region。

volcanism 火山作用 把地下物质（常是热的，有时是熔融的）输送到地表的地球应力。

von Thünen model 杜能模型 约翰·H.冯·杜能提出的解释控制农产品价格的因素和那些可变价格是如何影响农业土地利用格局的模型。

von Thünen rings 杜能环 杜能模型提出的围绕单一市场中心形成的农业土地利用的同心带状模式。

vulnerable species 渐危物种 个体数量减少到生存可能受到威胁的濒危物种。

W

warping 挠曲作用 因大陆运动或大陆冰川融化引起地表广大区域的弯曲。

wash 冲蚀沟 荒漠地区降雨径流冲刷后留下的辫状干沟。

water table 地下水位 地下水饱和带的上限位置，含水层中水的顶部。

weather 天气 某时某地大气层的状态。

weathering 风化作用 使岩石破裂和分解的机械过程和化学过程。

Weberian analysis 韦伯分析 见 least-cost theory。

wetland 湿地 内陆或沿海有时或长期被静水淹没或水分饱和的有植物生长的地区。

wind farm 风电场 生产商业电力的风力涡轮机群。

wind power 风力 指风的动能，它被驱动发电机发电的风力涡轮机转变为机械能。

winter wheat 冬小麦 秋天播种，初夏收割的小麦。

world city 世界城市 少数几个相互联系、在国际上占主导地位的中心（例如纽约、伦敦和东京），这些城市共同控制着全世界的金融和商业。

Z

zero population growth(ZPG) 人口零增长 由于出生、死亡和移民的组合，人口规模年复一年保持不变的状态。

zoning 区划 指为了特别的土地利用，根据分区法把一个行政区划分为几个地区。

译后记

由阿瑟·格蒂斯（Arthur Getis）等三位作者编著的《地理学与生活》（*Introduction to Geography*），是西方较为流行的一本地理学教科书，人们通常用其中两位作者Getis & Getis的名字来指称该书。这个中译本是根据2008年出版的第11版翻译的。

地理学是一门既古老又年轻的科学，本书内容充分反映了这个特点：全书分为四篇，均以"传统"贯穿——自然科学传统、文化–环境传统、区位分析（或空间）传统和区域分析传统。传统，反映了地理学古老的一面。而在各章节里，又详述了现代地理学理论与实践的发展和应用，反映了其年轻的一面。因此，译者认为，本书的主旨是阐述地理学的传承、发展与应用。

无论中外，地理学通常被定义为对地球表面的描述，就是对面积、人口、山川、物产的记述。我国古代，更把地理和风水混为一谈，把看风水的从业者尊称为地理先生。

近代科学的发展，使地理学的研究内容从对自然的描述逐渐变成了对自然的解释，进而提出合理利用、改造和保护环境的方法。

西方国家的地理学，在20世纪经历了从衰落到复兴的过程，20世纪70年代以来，其甚至发生了革命性的改变。以美国地理学为例，在研究领域开拓、方法论、地理技术、电脑应用、地理信息系统、地理表述方法等方面，都取得了长足的进步。地理学从业人员数量、在校学生人数、在美国教育法中的地位、地理学会会员人数等方面，都在不同程度上超过许多学科。

对于这种变化，美国国家研究院、地学–环境与资源委员会、地球科学与资源局和重新发现地理学委员会共同编辑出版了一本总结性著作《重新发现地理学——与科学和社会的关联》（有中译本）。

饶有兴趣的是钱学森先生对地理学的关注，他的学术领域本来与地理学风马牛不相及，但他却对地理学一往情深，并对地理学的发展寄予厚望。他在现代人类知识体系的11个门类中，将地理科学归结为自然科学与社会科学之间的桥梁科学；在五大开放的复杂巨系统中，把地理系统排在星系系统与社会系统之间；在社会总体设计部下设四大建设中，将地理建设与政治文明、物质文明、精神文明建设并列。钱学森把地理科学看作举足轻重的科学体系。钱学森从哲学高度，从人类知识体系的高度，从复杂性系统科学的理论框架中，从社会总体设计工程的实践出发，把地理学提升到为国民经济服务的科学，因此，地理科学具有重要的理论与实践意义。（参见钱学森等．《论地理科学》，杭州：浙江教育出版社，1994。）

近百年来，世界人口、科学技术与生产力的迅猛发展，在改善人类的生活质量和健康水平的同时，也带来了资源紧缺、环境污染与生态破坏等严重问题，人类面临着严峻的挑战。人口—资源—环境—可持续发展问题成为政界和科技界的热门话题。读者面前的这本著作就涉及这些问题的方方面面，相信读者会从中获得必要的科学知识和启发。

本书共13章，其中第1章至第5章前半部分由韩慕康教授所译，第10章与第11章为孙颖老师翻译，而第5章后半部分与其余各章的翻译及全书的校订工作由本人完成。

虽然译者们长期从事地理科学和环境科学教学与研究，但是翻译内容如此广泛的著作仍然不无困难。我们抱着与读者一起学习和研究的态度翻译本书，对一些未有定译的词语和较生僻的概念，我们都一一加了脚注，以方便读者阅读和理解。译文虽经多次校对，但错误在所难免，欢迎读者不吝指正。

黄润华

2013年3月于北大燕北园

出版后记

地理学离我们的生活很遥远吗？其实不然。我们行走的大地，呼吸的空气，赖以为生的食物与水，每天都在使用的燃料等，都在地理学的研究范畴内。但这门学科在出现之初，仅指对地球的绘图与勘查，通过不断发展与扩充，今天地理学已成为一门范围广泛的学科，包括自然地理学、文化地理学等诸多分支学科。遗憾的是，此前没有一本著作能在囊括地理学各分支学科的同时又将其与生活紧密结合，而本书做到了这一点。

此次出版的《地理学与生活》（插图第11版）相对于其他地理学书籍，对学科的覆盖更全面，也更突出地理学与生活的相关性。全书囊括自然地理学、人口地理学、文化地理学、城市地理学、政治地理学等学科分支，以介绍地理学的发展、若干核心概念，以及长期以来在地理学思想与著作中形成的四种系统性传统为开端。四大传统又独立成篇，每篇集中论述这些地理学观点的一个方面。前三篇专门介绍地理学的分支学科，而区域分析传统则单独成为最后一章，利用前述三种传统和主题，并通过相互参照进行综合。同时作者通过大量的实例与专栏，鼓励我们对地理学与现实世界所关心问题的联系进行思考。

《地理学与生活》（全彩插图第11版）一经面世，读者反响热烈，其发行量与流传度可观，不仅激发了读者对地理学的热情，亦开启了人们对自身与社会，乃至人与自然之间关系的探索之心。根据读者反馈与国际时讯，我们特此推出全新平装版。本版对译文进行了全面的勘误以及精心的校订，并对书中450余幅图表与照片逐一进行检查，更新与修正了数据，使主题紧密联系时代。

城市如何发展？人类与环境的相互作用会产生哪些后果？什么天气现象导致污染物久聚不散？公海捕鱼是否符合人类利益？城市形态的变化对我们衣食住行有何影响？垃圾与危险废物的处理是否与人们的生活休戚相关？你将在书中看到关于这些问题的各方观点，并在作者巧妙的引导下进行思考，得出自己的结论。相信读者会从书中汲取到所需的知识，以及一种新的思维方式。

服务热线：133-6631-2326　188-1142-1266
服务信箱：reader@hinabook.com

后浪出版公司
2018年4月

图书在版编目（CIP）数据

地理学与生活：插图第11版 /（美）阿瑟·格蒂斯，
(美) 朱迪丝·格蒂斯, (美) 杰尔姆·D. 费尔曼著；黄
润华, 韩慕康, 孙颖译. -- 北京：北京联合出版公司，
2018.7（2025.4重印）
(后浪大学堂)
ISBN 978-7-5596-0509-2

Ⅰ.①地… Ⅱ.①阿… ②朱… ③杰… ④黄… ⑤韩… ⑥孙… Ⅲ.①地理学 Ⅳ.①K90

中国版本图书馆 CIP 数据核字 (2017) 第 132663 号

Arthur Getis , Judith Getis , Jerome D.Fellmann
Introduction to Geography, 11e
ISBN 0-07-325649-8

Original edition copyright © 2008 by The McGraw-Hill Companies, Inc. All rights reserved.
Simple Chinese edition copyright © 2018 by Ginkgo (Shanghai) Book Co., Ltd. All rights reserved.

本书封面贴有 McGraw Hill 公司防伪标签，无标签者不得销售。

地理学与生活：插图第11版

著　　者：[美]阿瑟·格蒂斯　朱迪丝·格蒂斯　杰尔姆·D. 费尔曼
译　　者：黄润华　韩慕康　孙　颖
出 品 人：赵红仕
选题策划：后浪出版公司
出版统筹：吴兴元
特约编辑：张晨晨　赵晓莉　张　鹏　闻　静
责任编辑：李　伟
营销推广：ONEBOOK
装帧制造：墨白空间·张静涵

北京联合出版公司出版
（北京市西城区德外大街83号楼9层　100088）
小森印刷（天津）有限公司印刷　新华书店经销
字数974千字　787毫米×1092毫米　1/16　39.5印张　插页4
2018年7月第1版　2025年4月第15次印刷
ISBN 978-7-5596-0509-2
定价：110.00元

后浪出版咨询（北京）有限责任公司　版权所有，侵权必究
投诉信箱：editor@hinabook.com　fawu@hinabook.com
未经书面许可，不得以任何方式转载、复制、翻印本书部分或全部内容
本书若有印、装质量问题，请与本公司联系调换，电话010-64072833